유럽3대리그 스카우팅리포트 2016-17

장원구 | 정지훈

지음

북카라반
CARAVAN

유럽 3대 리그
스카우팅 리포트 2016-17

© 장원구 · 정지훈

초판 1쇄 2015년 10월 7일 찍음
초판 1쇄 2015년 10월 14일 펴냄

지은이 | 장원구 · 정지훈
펴낸이 | 이태준
기획 · 편집 | 박상문, 박효주, 김환표
마케팅 | 박상철
디자인 | 최진영, 최원영

외주 디자인 | studio Y (02-433-0314)
어시스턴트 라이터 · 기록 정리 | 전승범
사진제공 | Getty images, 연합뉴스
자료 참고 사이트 | UEFA 오피셜, FIFA 오피셜, 위키피디아, 후스코어드, 사커웨이, 풋볼라인업스, 풋볼스쿼드
인쇄 · 제본 | 대정인쇄공사

펴낸곳 | 북카라반
출판등록 | 제17-332호 2002년 10월 18일
주소 | (121-839) 서울시 마포구 서교동 392-4 삼양E&R빌딩 2층
전화 | 02-486-0385
팩스 | 02-474-1413

www.inmul.co.kr | cntbooks@gmail.com

ISBN 979-11-6005-006-6 13690
값 25,000원

이 도서의 국립중앙도서관 출판시도서목록(CIP)은 서지정보유통지원시스템 홈페이지(http://seoji.nl.go.kr)와
국가자료공동목록시스템(http://www.nl.go.kr/kolisnet)에서 이용하실 수 있습니다. (CIP제어번호: CIP2016023333)

장 원 구

스포츠에 완전히 미친 사람. 초등학생 때인 1976년, 차범근이 말레이시아를 상대로 5분 간 3골을 넣었던 대통령배축구대회, 경남고 최동원이 군산상고를 상대로 삼진 20개를 뺏으며 완투승을 거뒀던 청룡기 고교야구선수권대회를 현장에서 직접 보며 스포츠에 빠져들기 시작했고, 이후 그의 삶은 스포츠와 하나였다. 중고교 시절 축구장, 야구장, 농구장에 가느라 그가 빠진 수업 일수는 연평균 30일 이상. 부모님 장롱을 털어 동대문구장 허름한 여관에 장기간 머물며 경기장에 다니다 선생님, 부모님에게 잡혀간 적이 한두번이 아니었다. 그의 노트에는 영어 단어, 수학 공식 대신 그가 직접 작성한 어설프기 짝이 없는 선수 리포트로만 가득 차 있었다. 이후 그는 스포츠 기자가 됐다. 1990년 『월드사커』 기자를 시작으로 『베스트일레븐』, 『스포츠조선』, 『일간스포츠』에서 축구, 농구 전문 기자로 일했다. 월드컵, 유로, 코파아메리카 등 메이저대회 현장 경험이 풍부하다. 그는 해외 축구 선수들의 기술 및 팀 전술 분석에 능하다. 특히 월드컵, 유로, 코파아메리카 등 국가대항전 분석에 관한 한 국내 최고의 전문가다.

정 지 훈

축구 선수를 꿈꾸던 열혈 축구 전문기자. 초등학생 시절부터 축구 선수를 꿈꾸며 국내 프로축구 및 해외축구를 관심 있게 지켜봤고, 꾸준하게 분석 노트를 작성했다. 축구 선수의 꿈은 이루지 못했지만 꾸준하게 축구와 관련된 일을 했고, 대학교 시절에도 명예기자를 하면서 축구에 대한 글을 썼다. 이후 축구 규정에 대한 전문적인 지식과 현장에 대한 경험을 얻고 싶어 2010년 12월 서울시 생활체육 축구심판 자격증을 획득했다. 축구 심판으로 생활하면서 많을 것을 느끼며 축구의 매력에 더 푹 빠졌다. 결국 2012년 『스포탈코리아』 기자를 시작으로 현재는 축구 전문 매체 『인터풋볼』의 취재팀장으로 현장을 누비고 있다. FC서울, 전북 현대의 담당기자로 다양한 현장에서 글을 쓰고 있으며 잉글랜드 프리미어리그 전문 기자로 활약하고 있다. 축구 전술에 해박한 지식과 독특한 시선을 가지고 있는 것이 장점이고, 최근에는 〈싸커베이스〉라는 팟캐스트에서 고정 패널로 활약하고 있다.

CONTENTS

46   PRIMERA LIGA

유럽파
코리안리거

시즌 전망

글 | 인터풋볼 정지훈 기자

EPL 적응 완료,
흥해라 손흥민

총 39경기(선발 22경기-교체 17경기)서 8골-5도움. '박지성의 후계자' 손흥민의 잉글랜드 프리미어리그(EPL) 데뷔 시즌의 성적이다. 'Not bad.' 사전적으로 '나쁘지 않은' 또는 '생각보다 괜찮은'을 의미한다. 지난 시즌을 앞두고 토트넘 홋스퍼로 이적한 손흥민의 데뷔 시즌은 'Not bad'라는 말이 가장 적절한 표현이다. 물론 단순한 기록만 놓고 보면 아시아 최고 이적료인 2200만 파운드(약 325억 원)를 받고 EPL에 입성한 손흥민의 기대치에 부응하지 못했다고 평가할 수도 있다. 그러나 자세히 보면 손흥민의 데뷔 시즌은 나쁘지 않았고, 충분히 인상적이었다.

일단 토트넘의 막강 2선 공격수들과의 경쟁에서 살아남았다는 것이 중요하다. 리그 우승은 놓쳤지만 토트넘이 지난 시즌 좋은 성적을 거둔 이유는 막강한 공격력에 있었다. EPL 득점왕을 차지한 해리 케인을 비롯해 델레 알리, 크리스티안 에릭센, 에릭 라멜라, 무사 뎀벨레 그리고 손흥민까지. 누가 선발로 나서도 이상할 것이 없는 스쿼드다. 그만큼 경쟁이 치열했다. 이런 상황에서 손흥민은 꾸준히 기회를 잡았다. 물론 리그에서 선발보다는 교체 출전이 더 많았던 것이 사실이다. 그러나 손흥민은 한정된 출전 기회 속에서도 8골-5도움을 기록했고, 이 중 7골-5도움을 선발 출전했을 때 뽑아냈다는 점은 긍정적이다.

토트넘의 '에이스' 라멜라의 케이스를 기억해야 한다. 라멜라는 지난 시즌 총 44경기(리그 34경기)에 출전해 11골 9도움을 기록하며 토트넘의 측면을 책임졌다. 그러나 라멜라가 데뷔 시즌부터 최고의 활약을 펼친 것은 아니었다. 라멜라는 구단 역대 최고 이적료를 받고 토트넘의 유니폼을 입었지만 데뷔 시즌 리그 9경기 출전(327분)에 1도움, 유로파리그 6경기 1골 3도움이 전부였다. 제2의 메시라는 평가를 받았던 라멜라였기에 실망스런 성적이었다. 이적설까지 나왔다. 그러나 절치부심한 라멜라는 꾸준히 발전하며 토트넘의 에이스로 자리 잡았고, 손흥민 역시 라멜라의 케이스를 벤치마킹해야 한다.

이제 EPL 적응은 끝이 났다. 새로운 리그에 적응하는 것은 쉽지 않은 일이지만 손흥민은 예상보다 빠르게 새로운 리그와 새로운 팀에 적응했다. 반전 가능성은 충분하다. 손흥민의 스타일상 빠르고 역동적인 프리미어리그에 완벽하게 적응한다면 엄청난 폭발력을 가질 수 있기 때문이고, 실제로 지난 시즌 막판 엄청난 폭발력을 보여줬기 때문이다. 알리의 징계로 기회를 잡은 손흥민은 리그 막판 3경기서 2골을 몰아넣으며 가능성을 보여줬다. 특히 2골 모두 손흥민의 결정력과 폭발적인 스피드가 나온 장면이라는 점도 고무적이다.

물론 경쟁은 더 치열해졌다. 최전방과 2선에서 활약할 수 있는 네덜란드 특급 공격수 빈센트 얀센과 중원 장악력이 뛰어난 프랑스 국가대표 무사 시소코가 새로 영입됐기 때문이다. 그러나 걱정은 없다. 이적설이 나오기도 했지만 손흥민은 여전히 매력적인 카드고, EPL에서 충분히 통할 수 있는 공격수다. 여기에 현 토트넘의 스쿼드에 손흥민 같은 유형의 공격수가 없다는 점에서 손흥민의 새 시즌을 충분히 기대할 수 있다. EPL 적응을 마친 손흥민. 이제 그의 활약을 지켜보는 일만 남았다.

스완지의 중원 사령관 기성용, 치열한 주전 경쟁 예고

다사다난했던 2015-16시즌이었다. 기성용은 지난 2014-15시즌 8골-1도움을 기록하며 스완지 시티 팬들이 선정한 올해의 선수상을 받으며 팀을 대표하는 간판스타로 떠올랐다. 팀 성적도 최고였다. 기성용의 활약상에 힘입어 스완지는 구단 역사상 한 시즌 최다 승점(56점) 획득하며 EPL 8위에 오르며 최고의 시즌을 보냈다.

그러나 지난 시즌은 조금 아쉬웠다. 기성용은 시즌 초반부터 무릎과 햄스트링에 이상 신호가 발견되며 잦은 부상에 시달렸고, 한국 대표팀과 소속팀을 오가면서 빡빡한 일정을 소화했다. 제대로 쉴 시간이 없었다. 이런 이유로 기성용은 제 컨디션을 찾지 못했고, 소속팀의 성적도 곤두박질쳤다. 결국 기성용에 신임을 보내던 게리 몽크 감독이 경질됐고, 이 과정에서 기성용은 "우리가 더 잘해야 한다. 팀 성적은 감독의 책임만이 아니고, 선수들이 책임감을 가지고 좋은 경기력을 보여야 한다. 우리는 지난 10경기 동안 좋은 모습을 보이지 못했고, 이로 인해 몽크 감독이 책임을 지고 팀을 떠났다"며 아쉬움을 감추지 못했다.

스완지로서는 변화가 필요했다. 이에 스완지는 앨런 커티스 감독 대행을 거쳐 프란체스코 귀돌린 감독을 정식 사령탑으로 임명했다. 이때부터 기성용의 입지에 변화가 왔다. 물론 여전히 스완지 중원에 있어서 핵심 선수인 것은 부정할 수 없었지만 머리와 발목 부상까지 겹치며 시즌 후반기에는 선발로 나서는 기성용의 모습을 자주 볼 수 없었다. 여기에 시즌 중반에 임대 영입된 르로이 페르가 인상적인 모습을 보이며 치열한 주전 경쟁을 펼쳤다.

이번 시즌도 마찬가지다. 확고한 주전 자리는 없다. 특히 기성용은 이번 여름 휴식기를 통해 4주간의 군사훈련을 받았고, 이런 이유로 프리 시즌을 제대로 소화하지 못했다. 여기에 9월에는 한국 대표팀에 발탁돼 A매치 2연전을 풀타임 소화하면서 피로도가 누적됐고, 시즌 초반 다소 무거운 움직임을 보이고 있다.

결국에는 기성용 스스로 돌파구를 마련해야 한다. 이미 실력은 충분히 검증된 미드필더다. 지난 시즌에는 잦은 부상과 감독 교체 여파로 리그와 컵대회를 포함해 총 30경기(선발 23) 출전에 그쳤지만 컨디션만 돌아온다면 주전 경쟁에서 큰 어려움이 없을 전망이다. 귀돌린 감독 역시 기성용에게 점차 믿음을 보이고 있다. 이런 이유로 귀돌린 감독은 페르를 완전 영입한 것을 제외하고 중원 보강을 하지 않았고, 이번 시즌 역시 기성용, 페르, 잭 코크를 중심으로 중원을 구성할 것으로 보인다.

롤러코스터 같은 시즌이었다. 출발은 나쁘지 않았다. 모처럼 부상 없이 시즌을 준비했던 이청용의 몸 상태는 좋았고, 앨런 파듀 감독 역시 이청용에게 기회를 주겠다고 공식적으로 밝혔다. 시즌 초반 이청용은 확고한 주전은 아니었지만 꾸준하게 기회를 받았고, 선발과 교체를 오가면서 가벼운 몸놀림을 보여줬다. 특히 이청용은 리그 17라운드 스토크 시티전에서 후반 36분 교체 투입돼 환상적인 결승골로 팀의 극적인 2-1 승리를 이끌며 주목받았다.

그러나 시즌 중반 이후 이청용의 자리는 없었다. 특히 파듀 감독과의 관계가 금이 가기 시작했다. 좋은 경기력을 보여주더라도 이청용의 자리는 항상 벤치였다. 이에 이청용은 국내 언론사와 인터뷰를 통해 자신의 답답한 속마음을 털어놨다. 당시 이청용은 경기 출전과 관련해 파듀 감독에게 당했던 굴욕적인 한 사건을 설명했고, 이적을 암시하는 발언까지 했다.

문제는 이청용의 이 인터뷰가 그대로 영문으로 옮겨졌다는 점이다. 얼마 안 있어 영국 주요 매체는 일제히 이청용의 인터뷰 내용을 보도했고, 상황이 급격하게 안 좋은 쪽으로 흘렀다. 특히 영국 언론 〈데일리 메일〉은 "파듀 감독에 대한 비판을 한 이청용이 올 여름 팀을 떠날 것이 확실하다. 그러나 이청용의 생각이 꼭 맞는 것은 아니다. 이 사태는 이청용이 어떻게 훈련했는가에 달려 있고, 프로들은 가끔 자신들을 돌아보지 않는다"며 이청용을 비판했다.

결국 파듀 감독도 자신을 비판한 이청용에게 벌금 징계를 내렸다. 파듀 감독은 "이청용은 벌금 징계를 받을 것이다. 잘못된 발언으로 선수단에 혼란을 초래했다. 다른 선수들도 이청용의 징계로 교훈을 얻길 바란다"며 공개적으로 이청용에 벌금 징계를 내렸고, 이어 "감독, 동료, 구단 스태프들을 향해 비판하고 싶다면 클럽하우스 내에서 해야 한다. 문제가 있다면 나를 찾아와라. 문제를 해결해주겠다"고 덧붙이면서 이청용과 파듀 감독의 관계는 완전히 금이 갔다.

기회 잡은 이청용
비상하라! 블루드래곤!

역시나 출전 기회를 잡지 못했다. 시즌 초중반에는 그나마 교체 명단에는 포함됐지만 이후에는 주전에서 완벽하게 밀렸고, 출전 명단에서 제외되는 일이 더 많았다. 물론 시즌 막판 부상자가 발생하면서 이청용이 다시 기회를 잡았지만 가장 중요했던 맨체스터 유나이티드와의 FA컵 결승전에서 이청용의 자리는 없었고, 결국 시즌은 그렇게 끝이 났다.

결별이 유력해보였다. 그러나 이청용의 선택은 잔류였다. 마지막 도전을 해보겠다는 의지가 강했다. 이에 이청용은 프리 시즌부터 맹훈련에 돌입하며 최상의 컨디션을 만들었다. 준비하는 자에게 기회가 온다고 했다. 이청용이 그랬다. 지난 시즌 팰리스의 에이스였던 야닉 볼라시에가 팀을 떠나면서 자연스럽게 이청용에게 기회가 왔다. 인상적이었다. 개막전부터 선발 출전 기회를 잡은 이청용은 특유의 부지런한 움직임과 번뜩이는 재치를 발휘하며 팰리스 공격의 새로운 옵션이 됐고, 파듀 감독의 마음을 조금씩 사로잡고 있다. 이제부터가 진정한 주전 경쟁이다. 이청용의 몸 상태는 그 어느 때보다 좋고, 강력한 경쟁자도 사라졌다. 이제 모든 것은 이청용에게 달려 있고, 블루드래곤의 비상은 이제부터다.

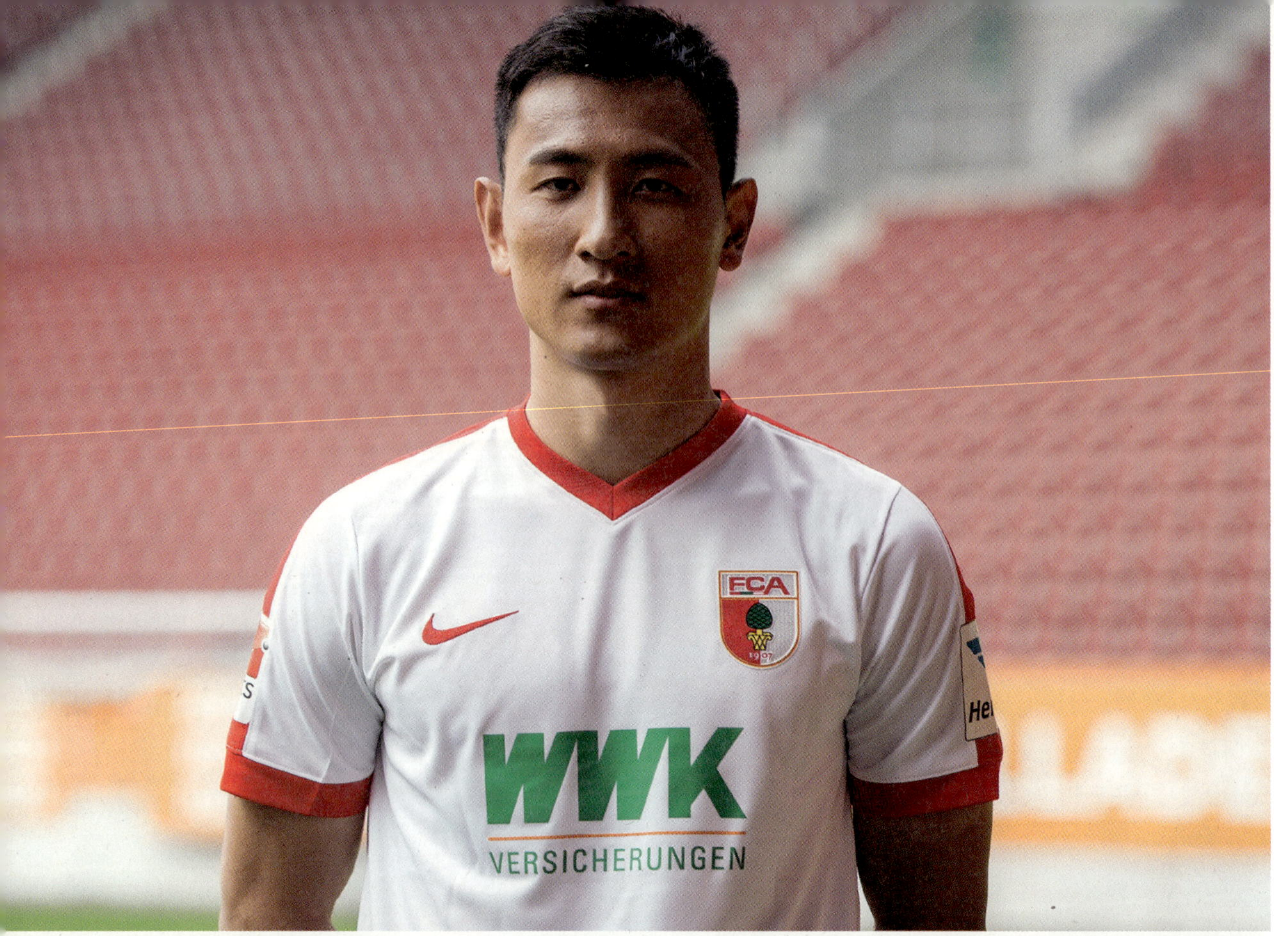
FCA
WWK
VERSICHERUNGEN

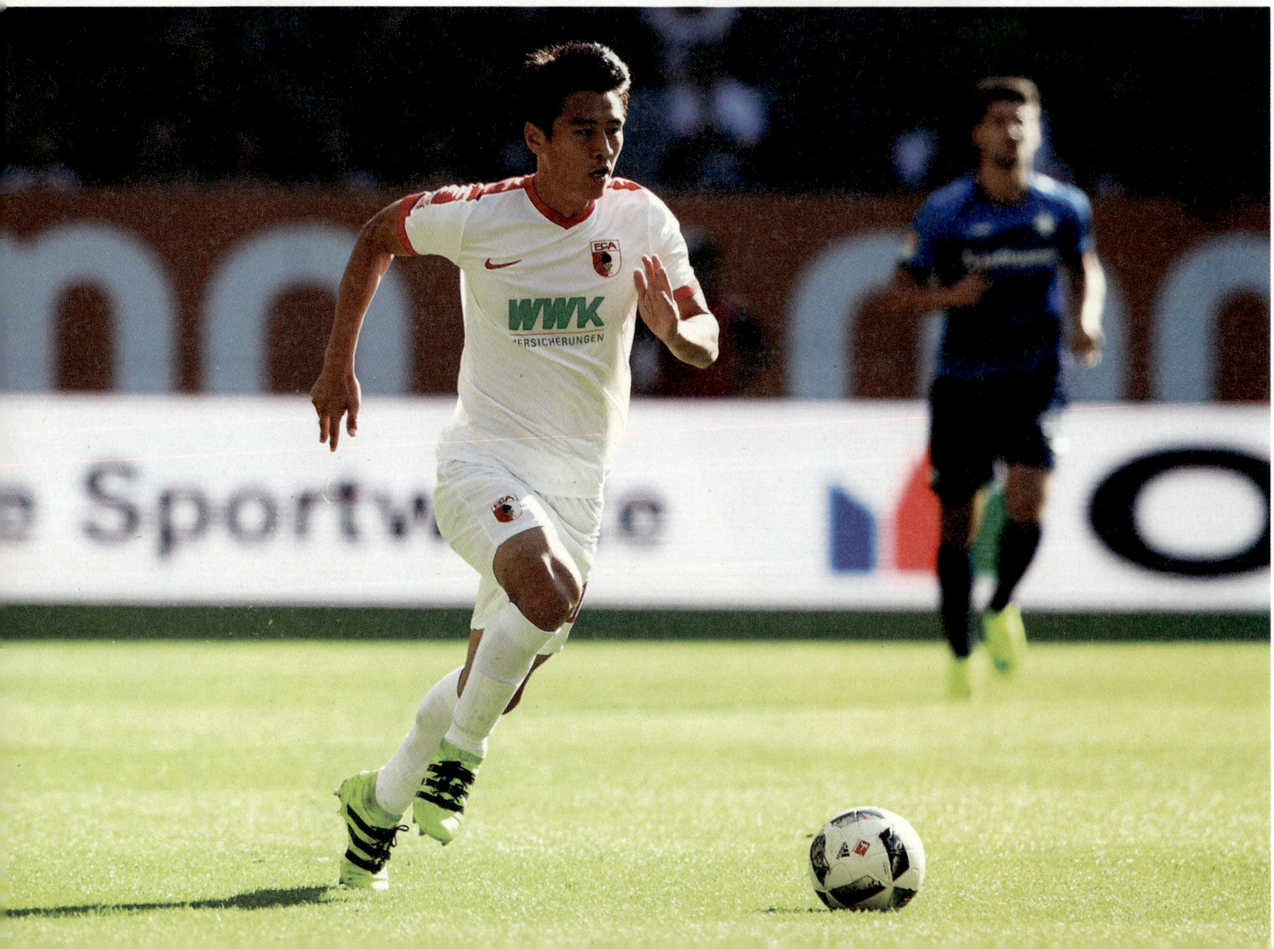
FCA
WWK
VERSICHERUNGEN

'지구 특공대' 지동원–구자철
기대되는 2016–17 시즌

지난 시즌 아우크스부르크는 한국 축구 팬들에게 많은 사랑을 받았던 독일 분데스리가 클럽이다. 그 이유는 한국 축구 대표팀의 간판 스타 구자철, 지동원, 홍정호가 한 팀에서 활약했기 때문이다. 이에 국내 축구 팬들은 아우크스부르크를 '아우국'이라 줄여 부르며 특별한 애정을 보였고, 선수들의 활약도 인상적이었다. 비록 홍정호가 이번 시즌을 앞두고 중국 무대로 진출했지만 지난 시즌 좋은 모습을 보였던 구자철이 건재하고, 지동원도 본격적인 주전 경쟁을 펼친다. 한마디로 지구 특공대의 부활을 준비하고 있다.

지난 시즌 가장 빛났던 별은 역시 구자철이다. 국내는 물론 독일 언론에서도 아우크스부르크의 에이스로 구자철을 뽑았고, 그만큼 인상적인 경기력으로 아우크스부르크의 공격을 이끌었다. 확실한 스타 플레이어였다. 지난 시즌 주로 공격형 미드필더로 배치됐던 구자철은 리그 27경기에 출전해 8골 1도움을 기록하며 팀 내 최다 득점자에 이름을 올렸다. 특히 구자철은 팀이 가장 필요

로 할 때 공격 포인트를 만들며 아우크스부르크 팬들의 사랑을 한 몸에 받았다.

이번 시즌도 확고한 주전이다. 어쩌면 지난 시즌보다 더 좋은 몸 상태를 유지하고 있고, 더크 슈스터 감독 체제에서 다양한 역할을 소화할 것으로 보인다. 일단 구자철은 프리 시즌 초반 중앙 미드필더로 나서며 안정적인 경기 운영을 보여줬다. 그러나 아우크스부르크가 득점력에 문제를 드러내자 슈스터 감독은 구자철을 다시 공격형 미드필더로 전진 배치했고, 이는 즉각적으로 효력을 발휘했다. 공격형 미드필더로 배치된 구자철은 프리 시즌과 시즌 초반 득점포를 가동하며 이번 시즌도 자신이 에이스라는 것을 증명했다.

반면, 지동원은 치열한 주전 경쟁이 기다리고 있다. 일단 지난 시즌은 조금 아쉬웠다. 그라운드에 나서면 날카로운 움직임을 보여주며 가능성을 남겼지만 정작 공격 포인트가 없었다. 공격수로서는 치명적인 약점이었고, 결과적으로 지동원은 확실한 주전 자리를 차지하지 못했다. 지난 시즌 지동원

은 리그와 컵대회를 포함해 총 29경기에 나섰지만 2골 2도움에 그쳤고, 분데스리가 2시즌 연속 무득점이라는 굴욕을 맛봤다.

이제는 달라져야 한다. 다행히 해법을 조금씩 찾는 모습이다. 그동안 지동원은 최전방 공격수와 측면 공격수로 활약했지만 확실한 포지션이 없었다. 그러나 슈스터 감독이 지휘봉을 잡고 나서 지동원은 주로 측면 공격수로 기용되고 있다. 슈스터 감독과의 궁합도 잘 맞는 모습이다. 슈스터 감독은 선수비 후역습에 기반을 둔 롱볼 축구를 선호하는데 이런 이유로 측면에 제공권이 좋은 선수들을 활용하는 경향이 있다. 이에 적합한 선수가 지동원이라 할 수 있고, 제공권과 움직임이 좋은 지동원을 이번 시즌 더 많이 활용할 것으로 예상된다.

문제는 역시 공격 포인트다. 아무리 측면 공격수로 활약한다고 해도 공격수는 골로 말해야 한다. 이런 이유로 지동원이 이번 시즌 더 좋은 활약을 펼치기 위해서는 첫 골이 빨리 나오는 것이 중요하고, 득점에 대한 부담감을 빨리 털어버리는 것이 중요하다.

박주호-김진수-윤석영-류승우
위기를 기회로 바꿔야 산다!

위기의 유럽파다. 사실상 출전 기회가 없었고, 한국 대표팀에서도 점차 멀어졌다. 특히 독일 분데스리가에서 활약하는 박주호와 김진수에게 지난 시즌은 악몽에 가까웠다. 시즌 초반은 나쁘지 않았다. 박주호와 김진수 모두 감독의 신임을 받으며 주전급으로 활약했지만 시즌을 치를수록 벤치에 머무는 일이 많았고, 결국에는 주전 경쟁에서 완전히 밀렸다. 여기에 한국 축구 대표팀의 울리 슈틸리케 감독의 눈에서도 멀어져 어려움을 겪고 있다.

반전이 필요하지만 일단 두 선수 모두 잔류를 선택했다. 그러나 시즌 전망이 그리 밝지는 않다. 먼저 지난 시즌 분데스리가에서 단 339분 출전한 박주호는 이번 시즌도 험난한 주전 경쟁을 예고하고 있다. 가장 큰 문제는 도르트문트의 스쿼드. 올 여름 도르트문트는 3명의 선수를 떠나보냈으나 무려 8명의 선수를 영입하면서 스쿼드의 두께를 늘렸고, 박주호의 포지션인 왼쪽 측면 수비와 중앙 미드필더 자리는 경쟁자가 넘쳐난다. 왼쪽 측면 수비수에는 마르첼 슈멜처,

하파엘 게레이루, 에릭 두름 등이 있고, 중앙 미드필더에는 곤살로 카스트로, 제바스티안 로데, 스벤 벤더, 율리안 바이글, 누리 사힌, 미켈 메리노까지 있어 가동할 수 있는 자원이 넘쳐나 박주호의 입장에서는 주전 경쟁이 더 어려워졌다.

김진수도 마찬가지다. 김진수는 전임 감독인 마르쿠스 기스돌 체제에서 주전으로 중용되며 시즌 초반 선발로 꾸준하게 나섰지만 율리안 나겔스만 감독 부임 이후 단 한 경기도 뛰지 못했다. 사실상 감독의 구상에서 제외된 모습이다. 나겔스만 감독은 김진수에 대해 "김진수가 월드컵과 아시안 게임, 아시안컵 등을 소화하면서 체력적으로 많이 지쳐 있는 상태다. 여기에 김진수는 공격적인 면에서 발전이 필요하다"며 주전 경쟁에서 밀린 이유를 밝혔다.

결과적으로 박주호와 김진수 모두 이번 시즌 초반 나란히 결장하고 있다. 반전이 필요하다. 만약 전반기 동안 상황이 좋아지지 않는다면 임대나 이적을 통해 새로운 돌파구를 마련해야 한다. 그렇지 못한다면 한국 대

표팀에서 영원히 멀어질 수 있다.

반대로 윤석영과 류승우는 뛸 수 있는 곳을 찾아 떠났다. 그나마 희망이 있는 셈이다. 먼저 지난 시즌을 끝으로 퀸스 파크 레인저스(QPR)와 결별한 윤석영은 덴마크의 강호 브뢴비에 입단했다. 4개월 단발 계약이다. 윤석영으로서는 짧은 시간 동안 자신의 가치를 증명해야 한다. 다행히 윤석영의 경쟁자들이 부상 또는 부진에 빠져 있어 주전으로 활약할 가능성이 상당히 높은 상황이다. 류승우도 도전을 선택했다. 지난 2014년 1월, 독일 명문 바이엘 레버쿠젠에 입단했지만 기회를 잡지 못한 류승우는 리우 올림픽에서 좋은 모습을 보인 뒤 헝가리의 명문 페렌츠바로시로 임대를 떠났다. 벌써부터 득점포 소식이 들려오고 있다. 류승우는 페렌츠바로시 데뷔전에서 데뷔골을 터트리며 강렬한 인상을 남겼고, 주전 경쟁에서 청신호를 밝혔다.

악몽 같았던 시즌을 보낸 박주호, 김진수, 윤석영, 류승우. 이들에게 필요한 것은 반전이고, 위기를 기회로 바꿔야 한다.

석현준과 황희찬에게 지난여름은 아주 뜨거웠다. 한국 올림픽 축구 대표팀에 발탁돼 2016 리우 올림픽에 출전했고, 두 선수 모두 최전방에서 인상적인 활약을 펼치며 한국을 8강 진출로 이끌었다. 비록 온두라스에 아쉬운 패배를 당했지만 경기력만큼은 인상적이었고, 두 공격수 모두 좋은 인상을 남겼다.

이제는 소속팀에서 활약이 중요해졌다. 특히 출전 기회를 얻기 위해 FC포르투를 떠나 터키 명문 트라브존스포르로 임대 이적한 석현준에게는 이번 시즌이 매우 중요하다. 지난 시즌 석현준은 극명하게 엇갈린 전반기와 후반기를 보냈다. 전반기에는 비토리아 세투발에서 간판 공격수로 활약하며 리그에서만 9골-7도움을 올리며 포르투갈 리그 득점 랭킹 상위권에 이름을 올렸다. 이런 활약상에 힘입어 겨울 이적 시장을 통해 포르투갈 명문 FC포르투로 이적했지만 출전 기회를 잡지 못했고, 결국 이번 여름 터키 무대라는 새로운 도전을 선택했다.

희망이 가득하다. 트라브존스포르는 석현준에 등번호 9번을 부여하며 높은 기대감을 표현했고, 석현준 역시 이적하자마자 출전 기회를 꾸준하게 받고 있다. 또한, 트라브존스포르 에르순 야날 감독이 석현준에 강한 믿음을 가지고 있어 남은 기간 주전으로 활약할 가능성이 높고, 경쟁자들도 이미 팀을 떠난 상황이다.

반면, 황희찬은 레드불 잘츠부르크에서 도약을 꿈꾸고 있다. 올림픽 무대와 한국 대표팀에서 좋은 활약을 펼쳤지만 아직 소속팀에서 확고한 입지를 다지지 못한 황희찬에게 이번 시즌은 매우 중요하다. 이제 더 이상 잘츠부르크의 유망주로 남아서는 곤란하다. 이런 이유로 황희찬 역시 주전 경쟁에서 강한 의지를 드러내고 있고, 반드시 살아남겠다는 각오다.

일단 가장 중요한 것은 출전 시간을 늘리는 것이다. 지난 시즌 황희찬은 좀 더 많은 기회를 잡기 위해 시즌 전반기는 오스트리아 2부 리그 소속인 FC리퍼링에서 활약했고, 후반기에는 원 소속팀 잘츠부르크에서 뛰었다. 그러나 많은 기회를 잡았던 전반기와 달리 잘츠부르크에서는 기회를 잡지 못했고, 리그 13경기서 1도움에 그쳤다. 이런 이유로 황희찬은 이번 시즌 최대한 출전 시간을 늘려 주전 경쟁에 참가해야 한다.

이제는 도약을 꿈꿔야 한다. 기회는 분명히 온다. 잘츠부르크는 이번 시즌 유로파 리그에 참가하는데 황희찬도 출전 명단에 포함됐고, 꾸준하게 기회를 받을 것으로 보인다. 실력으로 모든 것을 증명해야 한다. 가능성은 충분하다. 올림픽과 A매치를 치르면서 황희찬은 분명 한 단계 더 성장했고, 자신의 장점만 잘 살린다면 잘츠부르크 내에서 주전 경쟁을 펼칠 수 있다.

새로운 도전을 선택한 **석현준과** 도약을 꿈꾸는 **황희찬**

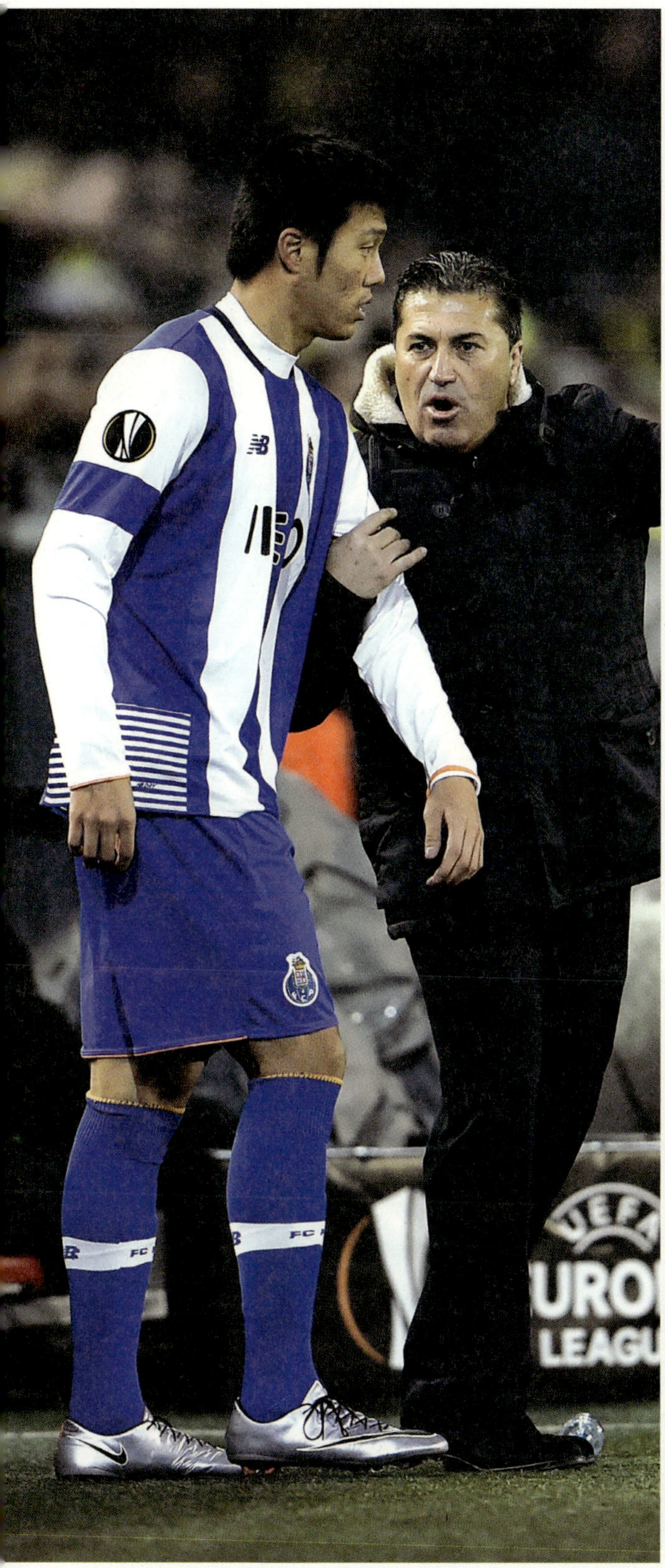
UEFA

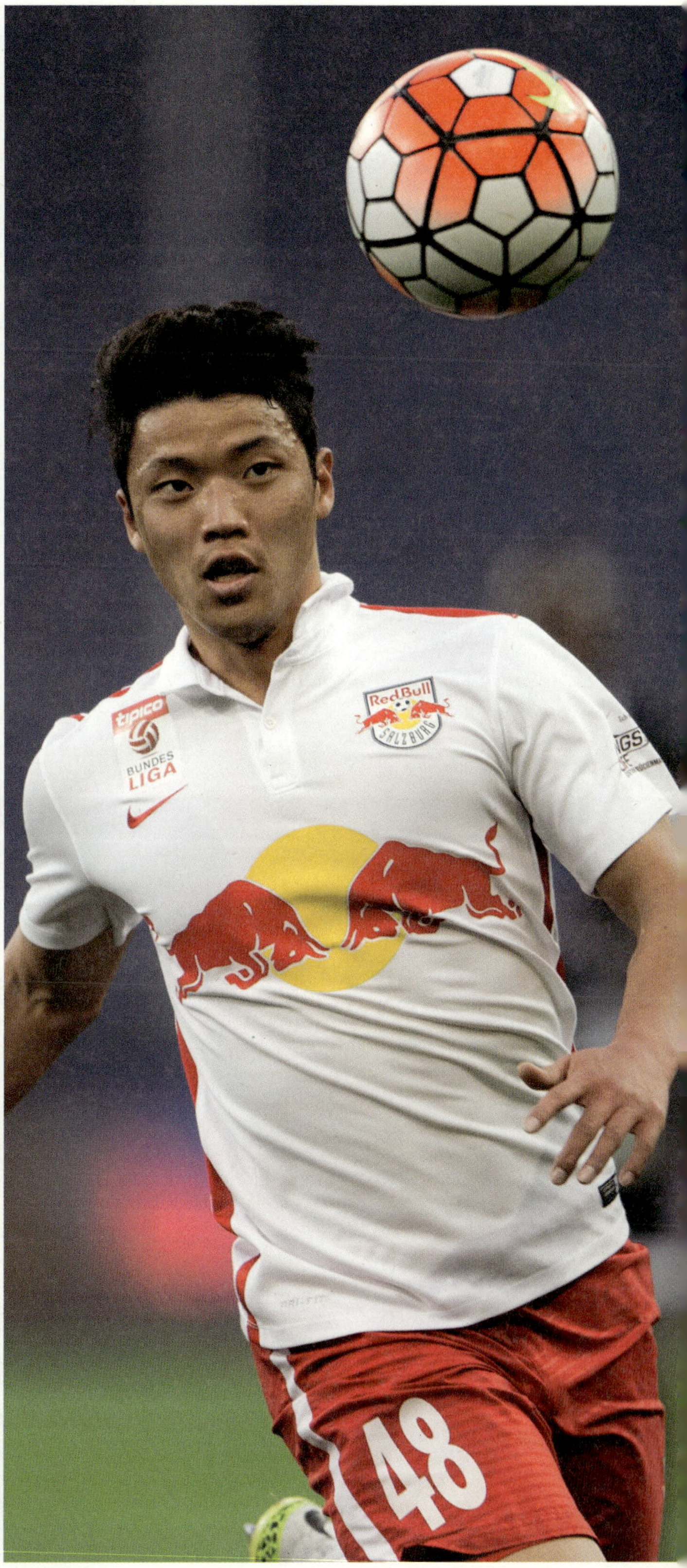
Red Bull
SALZBURG
tipico
BUNDES
LIGA
48

목표는
바르셀로나
1군!

드디어 FIFA(국제축구연맹)의 징계가 해제됐다. 시기는 각자 다르지만 지난 4월 장결희를 마지막으로 바르셀로나 삼총사 이승우, 백승호, 장결희가 FIFA의 징계에서 모두 벗어나 다시 바르셀로나로 돌아왔다. 이제 본격적인 훈련과 공식 경기를 소화할 수 있게 됐다. 벌써부터 엄청난 기대를 받고 있다. 일단 모든 언론의 관심은 '코리안 메시'로 불리며 세계 최고의 유망주로 평가받던 이승우에게 쏠린다.

무려 1098일 만에 복귀전이었다. 이승우는 지난 2016년 1월 6일, 자신의 18번째 생일을 맞이해 FIFA의 징계가 해제됐고, 곧바로 바르셀로나 후베닐 A팀으로 복귀했다. 역시 이승우였다. 실전 감각이 떨어져 아주 완벽한 모습은 아니었지만 복귀하자마자 가벼운 움직임과 날카로운 공격 침투로 바르셀로나의 공격을 이끌었고, 이후에는 공격 포인트까지 기록하며 자신의 가치를 증명했다.

스페인 언론들의 관심도 상당했다. 이승우가 복귀하지 스페인 매체 '아스'는 "코리안 메시가 돌아왔다. 이승우의 플레이는 여전히 매우 좋았고, 미래를 기대하게 만들었다"며 이승우의 경기력을 극찬했다. 이후 이승우는 2015-16 UEFA 유스 리그에 곧바로 참가해 극적인 골들을 만들며 스페인 언론들의 주목을 다시 한 번 받았고, 시즌이 끝날 때까지 화제의 중심에 서 있었다.

새 시즌도 미래는 밝다. 일단 이승우는 후베닐A에 속해 시즌을 소화하겠지만 프로팀인 바르셀로나B를 오가면서 활약할 것으로 보인다. 실제로 이승우는 프리 시즌을 통해 바르셀로나 B팀에 합류했고, 차원이 다른 클래스를 보여주며 기대감을 충족시켰다.

이승우보다 더 빠르게 징계에서 해제된 백승호 역시 대형 유망주로 꾸준하게 성장하고 있다. 이승우가 공격 쪽에서 활약한다면 백승호는 공격형 미드필더 자리에서 활약하고 있고, 이미 바르셀로나 B팀에서 없어서는 안 될 존재로 성장했다. 여기에 최근에는 바르셀로나 1군 선수들과 함께 훈련하며 루이스 엔리케 감독도 주목하고 있을 정도다. 이에 스페인 언론들은 바르셀로나 1군에서 조만간 볼 수 있는 유망주로 백승호를

소개하며 높은 기대감을 표현했다.

장결희 역시 바르셀로나 후베닐A로 복귀했다. 생일이 늦어 지난 4월에서야 징계가 해제된 장결희는 프리 시즌을 통해 감각을 회복하는 데 중점을 두고 있고, 최근에는 풀백으로 포지션을 변경해 새로운 포지션에 적응하고 있다. 현재까지는 후베닐A에서 확고한 주전이라 말하기는 어렵지만 워낙 공격력이 좋아 바르셀로나 내부에서도 많은 기대를 걸고 있다.

FIFA 징계라는 어두운 그림자에서 벗어난 바르셀로나 삼총사. 이제 그들의 목표는 바르셀로나 1군이다.

名將名匠

'칠룡이 나르샤'
EPL 명장들의 전쟁이 시작된다

글 | 인터풋볼 정지훈 기자

2016-17 잉글랜드 프리미어리그(EPL)의 키워드는 명장들의 전쟁이다. 과거 EPL은 빅4가 우승권을 놓고 경쟁하는 리그였지만 이제는 상황이 달라졌다. 특히 독일 분데스리가와 이탈리아 세리에A를 평정한 세계적인 감독들이 이번 시즌 EPL에 입성했고, 이제는 빅4가 아닌 빅7이 우승컵을 놓고 치열한 경쟁을 펼칠 것으로 예상된다. 한마디로 칠룡이 나르샤. 말 그대로 '일곱 마리의 용이 하늘로 날아오르다'는 의미로 명장 7명의 치열한 지략 대결이 이번 시즌을 뜨겁게 만들고 있다. 특히 바르셀로나와 바이에른 뮌헨을 이끌면서 세계 최

고의 감독으로 떠오른 펩 과르디올라 감독과 유벤투스와 이탈리아 대표팀을 성공적으로 이끈 안토니오 콘테 감독이 새로 가세하면서 개막전부터 뜨거운 관심을 받고 있다.

여기에 맨체스터 유나이티드의 명가 재건을 명받은 주제 무리뉴 감독, EPL의 터줏대감 아르센 벵거 감독, 지난 시즌 아름다운 동화를 완성한 클라우디오 라니에리 감독, 젊은 토트넘의 돌풍을 일으켰던 마우리시오 포체티노 감독, EPL 적응을 마친 '노말원' 위르겐 클롭 감독이 우승컵을 놓고 경쟁한다.

완벽한 전술가이자, 패스 축구의 신봉자. 펩 과르디올라 감독이 맨체스터 시티의 지휘봉을 잡았다. 대대적인 투자로 최강의 스쿼드를 갖춘 맨시티와 세계적인 명장 과르디올라 감독이 만나 벌써부터 엄청난 시너지 효과를 내고 있다. 기대와 우려가 공존했다. 과르디올라 감독이 추구하는 축구가 워낙 전술적으로 적응하기 어려워 시즌 초반에는 맨시티가 어려움을 겪을 것이라 예상했지만 시즌 초반부터 압도적인 경기력으로 연승 행진을 달리고 있고, 맨체스터 더비에서 승리를 거두며 강력한 우승 후보로 떠올랐다. 전술적인 유연성도 갖췄다. 그동안 과르디올라 감독은 극단적으로 점유율을 높이는 축구를 구사했지만 맨시티에서는 패스 축구를 구사하면서도 EPL에 맞게 전술적인 변화를 가져가고 있다. 핵심은 측면에 있었다. 과르디올라 감독은 중원에서 점유율을 높게 가져가면서도 라힘 스털링, 놀리토, 르로이 사네 등을 이용해 빠른 측면 공격을 시도하고 있어 더욱 완성된 모습을 보이고 있다. 결과적으로 맨시티는 이번 시즌 우승에 가장 근접한 전력을 갖추고 있다는 평가를 받는다.

名將名匠 #1

완벽한 전술가, 펩 과르디올라

지난 시즌 극심한 부진에 빠지며 첼시와 결별한 '스페셜 원' 주제 무리뉴 감독이 맨체스터 유나이티드의 지휘봉을 잡았다. 그의 미션은 맨유의 명가재건. 사실 맨유와 무리뉴 감독의 만남은 운명적이다. 과거 알렉스 퍼거슨 감독이 후임을 정할 때 무리뉴 감독도 후보 중 하나였지만 성사되지 못했고, 돌고 돌아 결국 맨유로 왔다. 그동안 무리뉴 감독은 맨유 감독직에 대한 마음을 공개적으로 드러낸 적이 있는데 이제야 꿈이 이뤄졌고, 어쩌면 퍼거슨 감독의 진정한 후계자를 찾은 모습이다.

벌써부터 시너지 효과를 내고 있다. 무리뉴 감독은 압도적인 카리스마로 선수단을 장악하고, 강력한 리더십을 발휘한다. 여기에 뛰어난 언변으로 주목받는 감독인 동시에 전술적으로 완성도가 높은 감독이다. 전술적으로 간격과 수비 라인을 중요시해 때로는 너무 수비적인 전술을 사용한다고 비난을 받지만 시즌 초반 맨유의 모습을 봤을 때 공수 밸런스가 잘 잡혀진 팀을 만들고 있는 것으로 보인다. 여기에 1500억의 사나이 폴 포그바와 세계 최고의 공격수 즐라탄 이브라히모비치 등을 영입하면서 딱 필요한 영입을 진행했고, 벌써부터 우승 후보로 손꼽히고 있다.

名將名匠 #2

스페셜한 명장, 주제 무리뉴

名將名匠 #3

이탈리아 대표팀과 유벤투스를 성공적으로 이끈 안토니오 콘테 감독이 첼시의 지휘봉을 잡았다. 이탈리아의 혁명가라 불리는 콘테 감독은 2011-12시즌 유벤투스의 무패 우승을 이끌었고, 이탈리아 대표팀에서도 성공적인 커리어를 이어왔다. 첼시가 아직 무리뉴 감독의 향기가 남아 있는 가운데 콘테 감독은 이것을 완전히 지우는 것이 아닌 기존의 색깔에 자신의 축구 스타일을 더해 새로운 팀을 만들어내고 있고, 은골로 캉테 등 자신이 필요한 선수를 데려와 팀을 완성시키고 있다.

콘테 감독 축구의 핵심은 역시 수비와 중원이다. 유벤투스 시절에는 스리백을 사용해 안정적인 수비력을 과시했지만 첼시에서는 포백을 사용하면서도 수비 조직력을 극대화 시키고 있다. 그 중심에는 신형 엔진 캉테가 있다. 캉테는 왕성한 활동량과 수비력을 바탕으로 포백을 안정적으로 보호하는 동시에 공격 전개의 시발점 역할까지 하고 있다. 이에 콘테 감독은 네마냐 마티치, 세스크 파브레가스, 오스카 중 두 명의 선수를 공격적으로 올려 막강한 중원을 구축했다. 이런 이유로 현지에서는 첼시가 지난 시즌의 부진을 극복하고, 우승에 도전할 수 있는 팀으로 평가하고 있다.

名將名匠 #4

그야말로 아름다운 동화를 완성했다. 사실 지난 시즌 레스터 시티의 우승을 예상하는 이는 거의 없었다. 그러나 경험이 풍부한 클라우디오 라니에리 감독은 한정된 예산에서 효율적인 영입을 진행했고, 강등 1순위의 팀을 단숨에 우승후보로 바꿔놓았다. 특히 레스터 시티의 우승은 엄청난 자본력을 갖춘 EPL 빅 클럽들과 경쟁에서 승리했다는 점에서 더 큰 의미가 있었다.

라니에리 축구의 핵심은 강력한 압박과 중원 장악 그리고 빠른 역습이다. 라니에리 감독은 지난 시즌 클래식한 4-4-2 포메이션을 사용해 EPL을 지배했는데 상당히 공격적인 포메이션을 사용하면서도 안정적인 수비를 자랑했다. 핵심은 역시 중원 장악이었다. 지난 시즌 캉테와 다니엘 드링크워터를 중원에 배치해 강력한 압박을 시도하는 동시에 세밀한 패스 플레이로 역습의 시작점이 되게 만들었고, 이것을 제이미 바디와 리야드 마레즈가 잡아 날카로운 침투로 마무리했다. 한마디로 원샷원킬이었다. 다만 레스터 시티의 스타일을 이미 상대팀들이 많이 파악하고 있어 새로운 변화가 필요한 시점이고, 챔피언스리그를 병행하면서 효율적으로 승점을 관리하는 것이 관건이다.

어쩌면 지난 시즌이 아르센 벵거 감독의 축구 인생에서 가장 큰 위기였다. 매년 똑같은 패턴에 아스널 팬들의 인내심이 폭발했고, 벵거 감독의 퇴진을 요구하는 목소리가 더욱 높아졌다. 이유는 분명했다. 벵거 감독의 아스널은 시즌 초반 아름다운 패스 축구로 인상적인 경기력을 보이며 리그 선두로 올라서지만 시즌 중반 이후 부상자가 대거 발생하는 동시에 급격하게 팀이 무너지며 결국에는 우승권에서 멀어지는 모습이었다. 지난 시즌도 마찬가지였고, 시즌 초반에는 강력한 모습을 보였지만 결국에는 레스터 시티에 우승컵을 내줬다.

그래도 벵거 감독만한 명장은 없다. 지난 시즌 극심한 부진에 빠졌다는 평가를 받았어도 결국에는 준우승을 차지했고, 어려운 상황 속에서도 팀을 잘 이끌었다. 맨시티, 맨유, 첼시가 부진한 상황에서도 아스널은 크게 흔들리지 않았고, 이는 벵거 감독의 공이 컸다. 결국 이번 시즌이 중요하다. 적어도 하나의 우승 트로피는 들어 올려야 한다. 그러나 쉽지는 않아 보인다. 라이벌팀인 맨유, 맨시티, 첼시가 대대적인 보강을 진행한 반면 아스널은 그라니트 샤카, 시코드란 무스타피, 루카스 페레스 등을 영입했는데 무게감이 떨어져 보이는 것이 사실이다. 그래도 아스널은 벵거 감독의 힘을 믿고 있고, 이번 시즌 극적인 반전을 준비하고 있다.

名將名匠 #5

아름다운 패스 축구, 아르센 벵거

지난 시즌은 분명 성공적이었다. 챔피언스 리그 진출권만 따내도 성공적이라는 평가가 지배적이었던 상황에서 마우리시오 포체티노 감독의 토트넘은 리그 3위를 차지했다. 물론 아직 명장이라 부르기는 어렵고, 앞서 언급한 감독들과 비교했을 때 커리어가 약한 것은 사실이다. 그러나 분명 포체티노 감독은 젊은 지도자의 돌풍을 이끌고 있는 감독이고, 이번 시즌도 많은 기대를 받고 있다.

일단 팀이 상당히 젊다. 그래서 역동적이다. 지난 시즌 토트넘은 해리 케인, 크리스티안 에릭센, 델레 알리, 에릭 라멜라, 손흥민 등을 중심으로 공격진을 구성했는데 평균 연령이 대략적으로 23세였고, 중원과 수비진의 나이도 그리 많지 않았다. 이런 이유로 이번 시즌 더욱 강력해진 토트넘을 기대하고 있다. 여기에 빈센트 얀센, 빅토르 완야마 등 팀에 꼭 필요한 선수들을 영입해 스쿼드가 더 강해졌고, 이번 시즌 또 한 번의 돌풍을 준비하고 있다.

名將名匠 #6

**젊은 지도자의 돌풍,
마우리시오 포체티노**

名將名匠 #7

스스로를 평범하다고 말하지만 위르겐 클롭 감독은 아주 특별한 감독이다. 독일 분데스리가 시절 침체기를 겪던 도르트문트의 지휘봉을 잡고 바이에른 뮌헨의 유일한 대항마로 성장시켰고, 챔피언스리그 무대에서도 게겐 프레싱이라는 매력적인 축구로 인상적인 성적을 거뒀다. 그런 그가 EPL 전통의 명가 리버풀의 지휘봉을 잡았고, 엄청난 기대를 받고 있다.

확실히 리버풀이 달라졌다. 지난 시즌 도중 리버풀에 온 클롭 감독은 리버풀에 자신의 축구 색깔을 확실하게 심었고, 유로파리그 준우승을 차지하는 등 좋은 성과를 냈다. 특히 이번 시즌에는 자신이 원하는 선수들을 대거 영입하면서 팀을 완성시키고 있고, 맨시티, 맨유, 첼시 등 우승 후보들 사이에서 강력한 다크호스가 될 것으로 예상된다. 리버풀의 부활은 이제 꿈이 아닌 현실이다.

神들의 전쟁

MESSI V

S RONALDO

PART 1

PROLOGUE

리오넬 메시(FC 바르셀로나)와 크리스티아누 호날두(레알 마드리드)

'엘 클라시코(El Clasico).'
스페인 프리메라리가 FC 바르셀로나와 레알 마드리드의 맞대결을 말한다. 이 경기는 지구상에 존재하는 최고의 '빅매치'다.
'엘 클라시코'의 백미는 역시 리오넬 메시와 크리스티아누 호날두의 맞대결에 있다. 이들은 현 시점 지구상 최고의 선수들이다. 팬들로부터 '축구계의 양신(兩神)'으로 불린다.
그럼 메시와 호날두 중 누가 세계 최고일까? 전 세계 축구팬들의 의견은 정확히 반분돼 있다. 사람들은 각자의 취향에 따라 세계 최고 선수를 꼽는다. 일단 전문가들은 "두 선수 모두 최고다. 플레이 스타일이 다를 뿐"이라고 말한다.
정말 어려운 비교. 스카우팅리포트가 이 어려운 일을 자청했다. 최대한 객관적으로 두 선수를 분석해보겠다.
이 특집기사는 ▲프롤로그 ▲스카우팅 리포트 ▲오프 더 피치 ▲기록표 ▲에필로그 등 5개로 구분돼 있다.
'프롤로그'는 현재 읽고 있는 부분으로 이 특집기사가 어떻게 전개될지 알려주는 서론이다.
'스카우팅 리포트'에선 득점력, 슈팅, 드리블, 패스, 크로스, 프리킥 등에서 두 선수의 공통점과 차이점을 알아보고, 현역 선수들 및 은퇴한 레전드들 중 각 항목에서 두각을 나타낸(나타냈던) 선수들을 꼽아본다.
'오프 더 피치'에서는 두 선수의 사생활, 연봉 및 이적료, 기타 다양한 시각에서 비교를 한다.
'통산 기록표'는 두 선수의 프로 통산 경기, 득점, 도움 수 그리고 역대 우승 및 개인상 수상에 대해 알려준다.
마지막으로 '에필로그'에서는 이 글 전체의 내용을 10개의 문장으로 축약해 독자들이 두 선수의 장단점 및 차이점을 한눈에 파악할 수 있도록 했다.

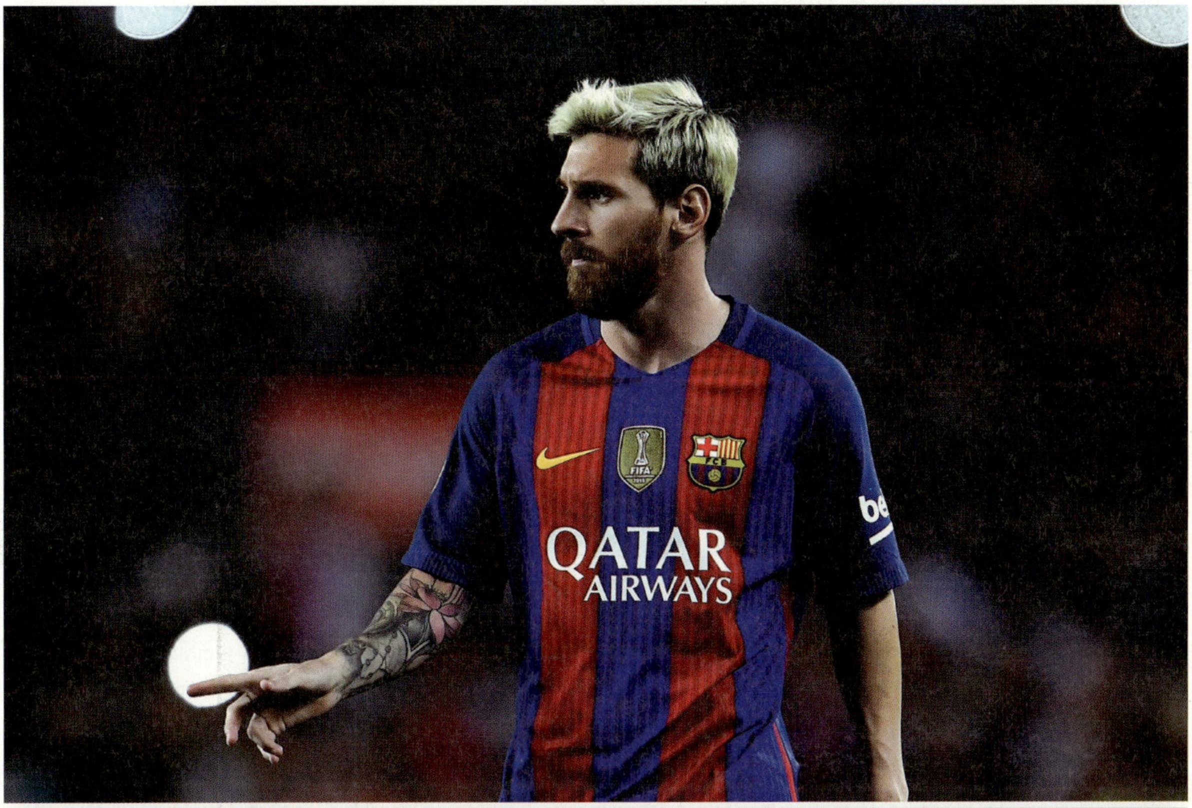
QATAR
AIRWAYS

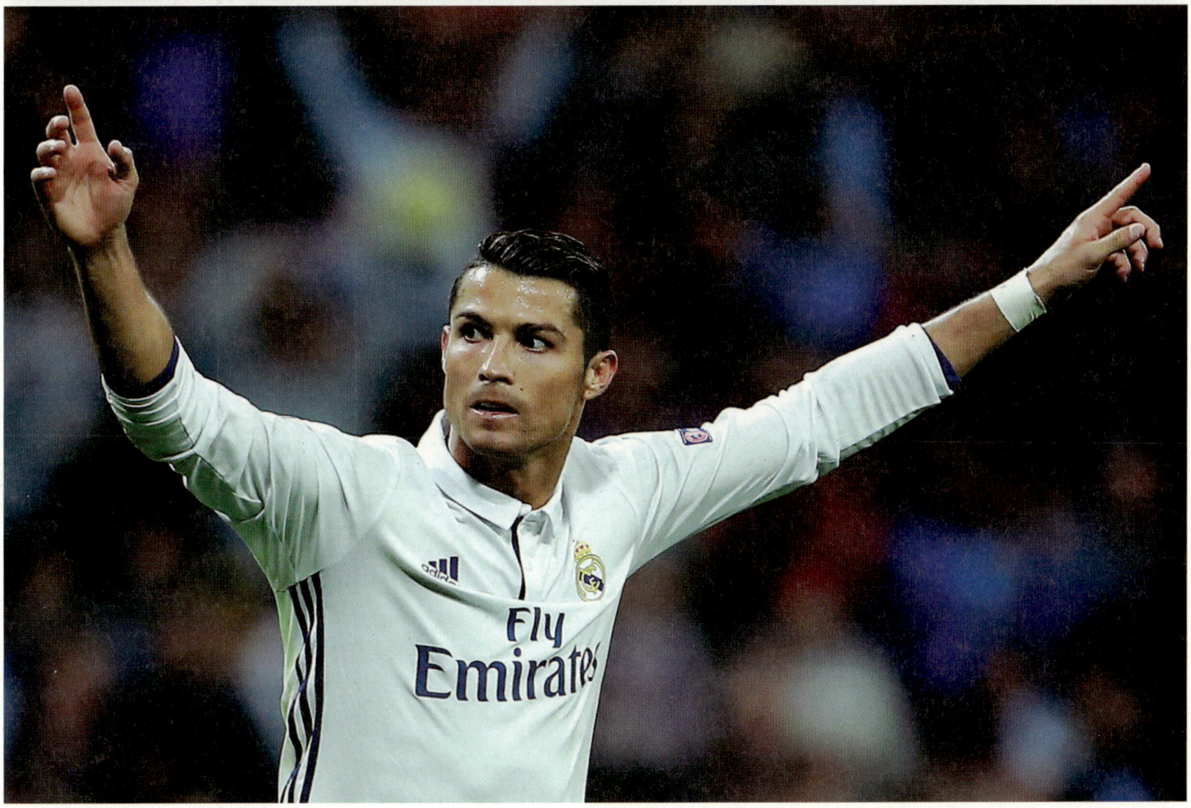
Fly
Emirates

PART 2

SCOUTING REPORT

득점력, 슈팅

위에서 언급한 바와 같이 두 선수의 득점력은 현 시점에 단연 세계 최강이고, 역대급 선수들과의 비교에서도 전혀 뒤지지 않는다. 메시와 호날두는 프리메라리가와 유럽 챔피언스리그에서 번갈아 가며 득점왕 타이틀을 차지했다. 또한 매 경기 신기록 행진을 벌이고 있다.

메시는 지구상에서 득점 기술이 가장 다양한 공격수다. 특히 움직이는 상황에서 다이렉트 슈팅을 연결하는 동작은 단연 최고다. 드리블로 상대 수비 2,3명을 순식간에 제치고 몸을 갑자기 휙 틀어 바로 슈팅을 날린다. 슈팅을 할 때 상대 수비의 조그만 틈을 노리며, 수비 블로킹에 걸리지 않도록 슈팅 타이밍을 의도적으로 조절한다. 그의 슈팅 궤적은 활처럼 휘어져 날아간다. 급박한

상황에서도 인프런트를 활용해 골문 구석을 노리기 때문이다. 드리블을 하다 골키퍼가 튀어나올 때 칩샷(일명 무지개슛)을 하는 장면은 단연 압권.

신체적인 불리함이 있기에 드리블로 밀집된 수비를 돌파하거나 상대 수비 배후로 빠져 들어가 패스를 받아 슈팅하는 경우가 많다. PA 외곽 좌중간이나 우중간에서 프리킥 기회가 생기면 '핀-포인트 컨트롤'로 스핀킥을 날린다. 순간적인 방향 전환으로 수비수들을 우수수 따돌리고, 수비가 완전히 밀집된 상황에서도 눈 깜짝할 사이에 왼발 슈팅을 날린다.

호날두는 이제 거의 완벽한 득점기계로 진화했다. 웨이트 트레이닝으로 단련된 그의 강철 몸매는 상대 수비를 힘으로 밀어내고

박스 안에서 가장 좋은 위치를 선점하도록 만든다. 포스트워크가 압도적이고, 슈팅의 강도는 거의 대포알 수준이다.

호날두는 거의 왼발만 쓰는 메시와는 달리 양발을 고루 사용하며 거의 차이가 없다. 이건 매우 큰 장점이다. 발리킥, 하프발리킥, 터닝 슛, 오버헤드킥 등 고난도 슈팅을 할 때도 볼이 매우 강력하게 날아간다.

그의 가장 강력한 무기는 자신감. 언제 어느 상황에서든 일단 슈팅을 날리고 본다. 슈팅 욕심이 많기에 골도 많이 터뜨리는 것이다. 아마 그는 지구상에서 가장 많은 슈팅을 하는 선수일 것이다. 측면에서 중앙으로 파고들어 가는 컷-인, 역습 마무리, 강력한 중장거리 슈팅, 무회전 프리킥, 엄청난 점프를 이용한 타점 높은 헤딩 등 모든 방법을 동원해 골을 넣는다.

현역 중 득점력 좋은 선수들

루이스 수아레스, 즐라탄 이브라히모비치, 디에구 코스타, 주세페 로시, 세르히오 아구에로, 로베르트 레반도프스키, 에딘손 카바니, 라다멜 팔카오, 로빈 판페르시, 마리오 만주키치, 카를로스 테베스, 앙투안 그리즈만, 카림 벤제마

레전드 중 득점력 좋았던 선수들

(1950년 이후 출생자에서 선별)

호나우두, 호마리우, 마르코 판바스턴, 마리오 켐페스, 우고 산체스, 파올로 로시, 가브리엘 바티스투타, 칼-하인츠 루메니게, 다보르 슈케르, 필리포 인자기, 앨런 시어러, 안드리 셰브첸코, 게리 리네커, 위르겐 클린스만

드리블은 축구에서 가장 화려한 개인 기술이다. 현란한 드리블로 상대 수비를 눈 깜짝할 사이에 제치고 돌파하면 팬들은 미치도록 열광한다.

메시는 현역 선수들 중 최고의 드리블러이고, 디에고 마라도나는 축구 역사상 최고의 드리블러다. 메시가 2007년 코파델레이 헤타페전에서 수비 6명(GK 포함)을 제치고 넣은 골은 1986 멕시코 월드컵 때 마라도나가 잉글랜드 수비 6명(GK 포함)을 제치고 넣은 골과 완전 판박이다.

메시와 마라도나는 짧은 다리, 낮은 무게중심, 볼을 몰고 갈 때 더 빨라지는 스피드 등 본인들의 장점을 최대한 활용한다. 이들은 왼발 바깥으로 볼을 밀어내는 식으로 드리블을 한다. 이는 극히 짧은 순간 방향을 획획 바꿀 때 절대적으로 유리하다. '메시 스팟', '마라도나 스팟'이라고 한다.

이들은 볼과의 간격을 20~40cm로, 순간적인 방향 전환 각도를 40~50°로 유지한다. 현재 월드 클래스 드리블러들의 볼과의 간격은 50~70cm, 방향 전환 각도는 30~40° 정도다. 메시, 마라도나의 드리블은 다른 선수들의 드리블에 비해 볼과 발이 훨씬 가깝게 붙어 있고, 순간적인 방향 전환 각도가 더 크다.

그리고 또 하나. 메시는 '헛다리 짚기'를 하지 않는다. 팀 전체의 공격 템포를 죽이기 때문이다. 대신 최고 속도와 테크닉이 동반된 드리블로 수비진을 단숨에 무너트리거나 여의치 않으면 바로 패스할 뿐이다.

호날두는 역습에 최적화된 드리블러다. 공의 무게 중심을 가운데 두고 인프론트로 볼을 강하게 차면서 빠르게 전진한다. 스타트가 폭발적일 뿐 아니라 볼을 몰고 가면서 더욱 가속이 붙는다. 볼을 발 정면에 두고 드리블을 하기에 종 방향 스피드를 최고로 올릴 수 있다.

사실 호날두의 드리블은 메시의 드리블과 비교하면 아기자기한 테크닉은 부족한 편이다. 그러나 경기를 보는 팬의 입장에서는 정말 시원시원하다. 야구로 비교하면 메시는 '컨트롤의 마술사' 그렉 매덕스, 호날두는 '텍사스 특급' 놀런 라이언이라고 할 수 있다. 시속 160km/h의 강속구로 상대 타자를 통쾌하게 삼진으로 잡는 그 모습 말이다.

현역 중 드리블 잘하는 선수들
아르연 로번, 네이마르, 프랑크 리베리, 안드레스 이니에스타, 루이스 수아레스, 개러스 베일, 후안 콰드라도, 제르비뉴, 에덴 아자르, 앙헬 디마리아, 안드레 아유, 마르코 로이스, 메수트 외질

레전드 중 드리블 잘 했던 선수들
(1950년 이후 출생자에서 선별)
디에고 마라도나, 루이스 피구, 미하엘 라우드루프, 데얀 사비체비치, 피에르 리트바르스키, 브루노 콘티, 로베르토 바조, 케빈 키건, 호나우두, 아리엘 오르테가, 데니우손, 호나우지뉴, 마르크 오버르마스, 크리스 워들, 라이언 긱스

올 수 있다.

그러나 메시에게는 하늘이 두 쪽 나도 이런 상황은 발생하지 않는다. 메시가 볼을 잡는 그 즉시 상대 수비 2~3명이 바짝 붙기에 항상 어려운 상황에서 볼을 컨트롤하며 고난도 다이렉트 패스를 시도할 수밖에 없다. 이게 바로 메시와 다른 선수들의 차이다.

호날두의 패스 테크닉은 메시의 그것에 비해 화려하지 않다. 하지만 호날두는 간결하게 플레이한다. 볼을 오래 소유하지 않는 것도 그 때문이다. 오픈된 상황, 역습 기회 때 직선 드리블로 치고 올라갈 때 외에는 슈팅을 바로 하거나 원터치로 동료에게 빨리 넘긴다. 호날두의 패스 테크닉은 메시의 그것보다는 한 수 아래다. 그러나 역습 찬스에서 앞 선의 가레스 베일, 카림 벤제마가 최고 속도로 올라갈 때 한 번에 날려주는 롱패스는 치명적인 위력을 지녔다.

현역 중 패스 잘하는 선수들

안드레스 이니에스타, 메수트 외질, 프란체스코 토티, 세스크 파브레가스, 안토니오 카사노, 안드레아 피를로, 코케, 토니 크로스, 프랑크 리베리, 하메스 로드리게스, 사비 알론소, 누리 사힌, 앙헬 디마리아, 마리오 괴체, 즐라탄 이브라히모비치

레전드 중 패스 잘했던 선수들
(1950년 이후 출생자에서 선별)

디에고 마라도나, 지쿠, 지네딘 지단, 미셸 플라티니, 로베르토 바조, 후이 코스타, 이반 데라페냐, 메메트 숄, 엔소 프란체스콜리, 드라간 스토이코비치, 카를로스 발데라마, 야리 리트마넨, 호나우지뉴, 소크라테스, 잔프랑코 졸라, 게오르게 하지

화려한 드리블은 팬들을 즐겁게 만든다. 그러나 정확한 패스는 팀의 승리를 부른다. 메시는 무빙 상태에서의 다이렉트 패스가 특기다. 항상 드리블을 하며 상대 수비 2~3명을 달고 다니다 정말 좁은 틈 사이로 볼을 빼내 날카로운 패스를 찌른다. 전문가들은 그의 패스를 두고 "연기처럼 사라진다"는 평가를 내린다.

일부에서는 "메시의 패스 성공률이 그렇게 높은 편은 아니다"고 비판한다. 하지만 그건 하나만 알고 둘은 모르는 발언이다. 패스 성공률을 높이는 방법은 아주 간단하다. 백패스, 횡패스, 수비가 전혀 없는 상태에서의 쉬운 패스만 구사하면 100% 가까이도 나

역동적인 측면 돌파에 이은 택배 크로스, 그리고 시원한 골. 축구에서 가장 멋진 장면 중 하나다.

메시는 바르셀로나에서 '폴스 9'의 스트라이커다. 올 시즌엔 좀 더 뒤로 물러나 플레이메이킹에 주력하고 있다. 그렇다고 해서 측면 공격이 이뤄지지 않는 것은 아니다. 페널티 박스 우중간 혹은 좌중간에서 드리블로 직접 돌파하거나 짧은 패스 콤비네이션으로 박스 안으로 쉽게 파고든다. 이때 중앙의 동료에게 기회가 생기면 짧은 패스를 낮고 빠르게 찔러준다. 이걸 크로스라고 부르기는 좀 애매하다. 어쨌든 그런 상황을 자주 만들어낸다.

호날두는 맨유에서의 초창기, 윙어로 뛰며 크로스를 많이 올렸다. 그러나 2006-07 시즌부터 중앙으로 파고들며 바로 슈팅을 날리는 스타일로 바뀌며 크로스 횟수는 자연히 줄어들기 시작했다. 그리고 올 시즌엔 아예 센터포워드처럼 뛰고 있다.

하지만 호날두의 크로스 능력은 여전히 뛰어난 편이다. 특히 카림 벤제마, 가레스 베일에게 낮고 빠르게 깔아주는 크로스는 상당히 정확하다. 플레이 스타일의 차이일 수도 있지만 호날두가 메시보다는 크로스 횟수, 위력에서 앞서 있는 건 분명한 사실이다.

현역 중 크로스 좋은 선수들

프랑크 리베리, 필립 람, 하피냐, 다리오 스르나, 레이튼 베인스, 사미르 나스리, 알렉산다르 콜라로프, 다니엘 카르바할, 메수트 외질, 로렌초 인시녜, 바카리 사냐, 코케, 앙헬 디마리아, 다비드 알라바, 에덴 아자르

레전드 중 크로스 좋았던 선수들
(1950년 이후 출생자에서 선별)

데이비드 베컴, 루이스 피구, 안드레아 브레메, 윌리 사뇰, 호베르투 카를로스, 안토니오 카브리니, 로베르트 야르니, 마르크 오버르마스, 파올로 말디니, 게리 네빌, 카푸, 조르지뉴, 부르노 콘티, 만프레트 칼츠, 발레리 카르핀, 제바스티안 다이슬러

우중간에서 프리킥을 얻을 경우 대부분 메시가 킥을 한다. 왼발로 강하게 회전을 주고 수비벽을 넘기면 곧바로 휘어져 떨어지며 골대의 사각 지역으로 날아가 꽂힌다. 골 아니면 골키퍼의 슈퍼 세이브. 메시의 프리킥 중 와이드오픈으로 벗어나는 것은 별로 없다.

호날두는 무회전 킥과 장거리 직사포가 특기다. 무회전킥은 스핀킥과는 정반대의 메커니즘으로 찬다. 발등 중앙에 강하고 정확히 임팩트시켜 볼의 회전을 최소화한다. 이 경우 공기 소용돌이에 의해 볼의 움직임이 매우 불규칙해진다. 직사포는 매우 단순하다. 30m 이상의 먼 거리에서 힘을 최대한 모아 가장 강하게 찬다. 과거 호베르투 카를로스가 장거리 직사포의 1인자였고, 현재는 호날두와 야야 투레가 가장 강력한 직사포를 날린다.

현역 중 프리킥 잘 차는 선수들

안드레아 피를로, 네이마르, 루이스 수아레스, 다리오 스르나, 야야 투레, 즐라탄 이브라히모비치, 웨인 루니, 세야드 살리호비치, 가레스 베일, 다비드 알라바, 혼다 게이스케, 하메스 로드리게스, 웨슬리 스네이더르, 토니 크로스, 메수트 외질

레전드 중 프리킥 잘 찬 선수들

(1950년 이후 출생자에서 선별)
디에고 마라도나, 시니사 미하일로비치, 데이비드 베컴, 지쿠, 미셸 플라티니, 잔프랑코 졸라, 호베르투 카를로스, 피에르 판호이동크, 드라간 스토이코비치, 지네딘 지단, 로베르토 바조, 로날트 쿠만, 토마스 헤슬러, 히바우두, 흐리스토 스토이치코프, 게오르게 하지

직접 프리킥 기회에서 슈팅을 하는 방법은 크게 스핀킥, 직사포, 무회전킥 등 3가지다. 프리킥을 야구 투수의 구종과 비교하면 스핀킥은 커브, 직사포는 빠른공, 무회전킥은 너클볼이다.

메시는 스핀킥의 정확도에서 호날두보다 한 수 위다. 바르셀로나, 아르헨티나 대표팀이 PA 외곽 그리 멀지 않은 곳의 좌중간 또는

PART 3

OFF THE PITCH

'순정파' 메시 vs '플레이보이' 호날두

두 선수는 각자의 축구 스타일이 있듯, 여자를 사랑하는 방법도 다르다.

메시는 그야말로 순정파다. 첫 사랑 안토넬라 로쿠조(28)와 결혼해 아이까지 낳고 행복하게 살고 있다. 그는 5세 때 안토넬라를 처음 만났다. 고향 친구고, 가족들끼리 잘 아는 사이였다. 메시가 성장 호르몬 장애 때문에 바르셀로나 구단에 가서 치료를 받는 동안에도 두 사람의 우정(사랑)은 변하지 않았다.

메시는 모든 게 힘들고 낯설었지만 안토넬라를 생각하면서 힘을 냈다. 그리고 2004년에 프로선수로 데뷔했다. 이후 그가 어떤 선수가 됐는지는 다 아는 사실이다. 메시는 2008년 여름 휴가 때 아르헨티나에 가 안토넬라를 본격적으로 만나기 시작했다. 그리고 2012년 11월, 아들 티아고를 낳았다. 당시 메시는 "세상에서 가장 행복한 남자가 됐다"며 기뻐했다.

메시에 비한다면 호날두는 정말 호색한(好色漢)이다.

2002년 이후 그의 여성 편력은 다음과 같다. 조다나 자델, 카리나 페로, 다니엘레 아기아르, 이사벨 피규어, 디아나 차베스, 누리아 베르무데스, 소라이아 차베스, 메르시 로메로, 루시아나 아브레우, 젬마 앳킨슨, 비파샤 바수, 카리나 바키, 카롤리나 파트로치노, 루시아 가르시아, 마리아 샤라포바, 니키 가지안, 타이에세 커닝햄, 네레이다 가야르도, 미아 주다켄, 이모젠 토마스, 레티치아 필리피, 알리요나 헤인즈, 올리비아 손더스, 가브리엘라 엔드링거, 루아나 벨레티, 패리스 힐튼, 라파엘라 피코, 킴 카다시안, 이리나 샤크, 카산드라 데이비스, 에이자 곤살레스, 크리스티나 부치노(널리 알려진 S 라인만 나열했음).

대부분 영화배우, 방송인, 모델, 속옷 모델, 스포츠스타 등이고 피부색, 키, 체형 등을 가리지 않았다.

물론 알려지지 않은 일반인도 있다. 그러다 보니 책잡힐 일도 생겼다. 그가 20세 때 아들 크리스티아누가 생긴 것. 생모가 누군지는 밝혀지지 않았으나 입을 막기 위해 1400만 유로(185억 원)의 위자료를 줬다고 한다.

사람은 완벽할 수는 없다. 메시와 호날두 모두 축구 외적인 문제로 말썽을 일으켰다.

메시는 탈세 혐의로 법정에 서야 한다. 그의 아버지 호르헤는 지난 2005년 벨리즈에 페이퍼 컴퍼니를 설립해 바르셀로나로부터 받는 급여와는 별개로 메시의 저작권, 초상권 관련 사업을 했다. 당시 메시는 미성년이었다.

호르헤는 메시가 2007년부터 3년 동안 420만 유로(64억 원)를 불법적으로 환급받도록 조작했다. 스페인에서는 탈세액이 12만 유로(1억 8000만 원) 이상일 경우 경제사범으로 분류해 형사 처벌한다. 만약 호르헤의 단독 범행이고 메시가 그 사실을 몰랐다면 메시는 무죄다.

메시 측은 지난해 탈세액에 이자까지 포함해 500만 유로(68억 원)를 냈고, 스페인 검찰도 메시를 불기소 처분했다. 그러나 판사는 불기소 처분을 기각하고 "어떤 상황이 됐든 메시의 직접 증언을 들어야 한다"며 "법원에 출두하라"고 명령했다.

상급법원에 낸 재판 불출석 요청이 받아들여지지 않는다면 메시는 또 출두해야 한다. 아직 모든 게 유동적이지만 메시는 도덕적으로 큰 타격을 받은 것만은 틀림없다.

호날두는 '상남자'이자 '육식남'이다. 완벽한 초콜릿 복근에서 나오는 파워 넘치는 주먹은 복싱을 했어도 성공했을 것이라는 얘기가 나온다.

그는 맨체스터 유나이티드 시절인 지난 2007-08 시즌 상대 선수에게 고의로 박치기를 해 퇴장을 당했다. 또한 에버턴 원정경기에서는 그라운드 밖으로 나온 공을 주워주려는 관중의 오른팔을 밟아 구설수에 올랐다.

이후 잠잠하다가 아틀레티고 마드리드와의 2014 슈퍼컵 2차전에서 디에고 고딘의 얼굴을 가격한 장면이 방영돼 또 논란이 일었다. 국내 네티즌들은 그를 '호복서'라고 조롱했다.

이밖에도 지난 2009년 자신을 따라다니며 사진 촬영을 한 10대 소녀 자동차의 유리를 발로 깬 일(이 때문에 소녀는 병원에서 치료를 받았다), 2011년 실비오 베를루스코니 전 이탈리아 총재 겸 AC 밀란 구단주가 주최한 섹스 파티에 참석했다가 증인으로 법정에 출석하는 등 수모를 겪기도 했다.

호날두는 세계 축구 선수 중 가장 돈을 많이 버는 스타다. 미국 경제지 〈포브스〉에 따르면 호날두는 2015년 기준 연봉 2100만 유로를 포함 총 수입 8800만 유로를 벌어들였다.

메시는 그보다 약간 적다. 연봉 2000만 유로를 포함한 총 수입 8100만 유로.

연봉과 관련한 두 선수의 자존심 싸움도 대단하다.

메시는 2014년 4월 2000만 유로에 계약했다. 당초 메시는 바르셀로나와 2017-18 시즌까지 연봉 1300만 유로에 계약돼 있었다. 그러나 구단은 메시의 팀 기여도, 라이벌 호날두와의 자존심 문제를 감안해 계약 기간 도중 연봉을 700만 유로나 올려주는 파격적인 행보를 보였다.

그러자 레알 마드리드도 움직였다. 1700만 유로였던 호날두의 연봉을 메시보다 딱 100만 유로 많은 2100만 유로로 올려준 것.

두 선수와 양 구단의 자존심 걸린 '쩐의 전쟁'은 두 선수 중 1명이 은퇴하기 전까지 계속 이어질 것이다.

지금까지 메시와 호날두의 '엘 클라시코' 및 통산 기록, 테크닉 분석, 사생활 및 문제점 등에 대해 길게 비교해봤다. 이제 위의 긴 글을 다음 10개 항목으로 간단히 정리했다. 이 내용만 알고 있으면 당신은 메시와 호날두에 대해 그 어떤 질문을 받아도 정확하고 쉽게 답해줄 수 있을 것이다.

① 두 선수 통산 평균 득점은 비슷, 올 시즌 득점력은 호날두 우세함

② 올 시즌 메시는 플레이메이커, 호날두는 센터포워드 역할이 늘어남

③ 메시는 기술적인 방향 전환 드리블, 호날두는 역습 때 직선 드리블

④ 메시는 무빙 상황의 다이렉트 패스, 호날두는 간결하고 빠른 패스

⑤ 플레이 특성상 메시는 크로스 적음. 호날두는 메시보다 크로스 많음

⑥ 메시의 프리킥은 스핀킥, 호날두의 프리킥은 무회전 킥과 장거리포

⑦ 순정파 메시는 여성들의 로망, 플레이보이 호날두는 남성들의 로망

⑧ 메시는 탈세 혐의로 법정에 가고, 호날두는 주먹 사용해 문제 일으킴

⑨ 연봉 킹 메시와 이적료 킹 호날두, '쩐의 전쟁' 갈수록 치열해질 것

⑩ 메시와 호날두 현 시점 세계 최고의 선수들. 플레이 스타일은 달라

CLUB MATCHES

MESSI			VS	RONALDO		
경기	도움	득점	시즌	득점	도움	경기
0	0	0	2002-03	5	7	31
0	0	0	2003-04	6	7	40
9	0	1	2004-05	9	8	50
25	3	8	2005-06	12	8	47
36	3	17	2006-07	23	15	53
40	13	36	2007-08	42	7	49
51	17	38	2008-09	26	9	53
53	11	47	2009-10	33	7	35
55	23	53	2010-11	53	15	54
60	29	73	2011-12	60	15	55
50	15	60	2012-13	55	12	55
46	14	41	2013-14	51	14	47
57	27	58	2014-15	61	21	54
49	23	41	2015-16	51	15	48
8	5	8	2016-17	3	0	5
539	183	481	TOTAL	490	160	676
	0.34	0.89	AVG.	0.72	0.24	

기록은 국내 리그, 국내 컵대회, 유럽 클럽대항전, 세계클럽대항전 포함

INTERNATIONALS

MESSI		VS	RONALDO	
경기	득점	대회	득점	경기
15	5	월드컵	3	13
38	16	월드컵예선	15	29
40	27	친선경기	14	42
21	8	대륙대회	9	21
–	–	대륙 예선	20	27
114	56	TOTAL	61	132
	0.49	AVG.	0.46	

대륙대회는 코파아메리카와 유로, 대륙 예선은 유로 예선

유럽 3대 리그 스카우팅

팀 별 분 석

❶ 평균 볼 점유율, 득점 패턴
볼 점유율은 팀의 객관적인 전력을 평가하는 지표이며, 득점 패턴은 오픈 플레이, 역습, 세트피스, PK, 자책골 등 5가지 형태로 구분해 어떤 방식으로 골을 많이 넣는지 알 수 있게 했다.

❷ STRENGTHS & WEAKNESSES
팀의 전력을 공격과 수비로 크게 구분한 다음 각 파트별로 11개씩의 항목을 선정해 A(매우 강함), B(강한 편), C(보통), D(약한 편), E(아주 약함)의 5등급으로 평가했다. 이 표만 보면 해당 팀의 세분화된 전력 평가 요소 중 장단점을 명확히 알 수 있도록 만들었다.

❸ 시간대별 특실점 분포
시간을 킥오프~15분, 15분~30분, 30분~45분, 45분~60분, 60분~75분, 75분~90분 등 6개 구간으로 나누고, 각 구간별 득실점을 게재했다. 이 데이터만 보면 해당 팀이 경기 초반에 강한지 후반에 강한지 바로 알아볼 수 있다.

❹ 득점 분포도
골 에어리어 안, 골 에어리어~페널티 박스, 페널티 박스 밖 등 3개의 구간을 나누고 각 구간에서 몇 골이 나왔는지 표시. 점이 아니라 수치로 표현했기에 좀더 직관적이고 쉽게 판단을 하도록 만들었다. 해당 팀의 득점 분포가 편중됐는지 아니면 안팎에 밸런스를 갖췄는지 쉽게 파악할 수 있다.

❺ 공격 방향, 볼 점유 위치
공격 방향은 왼쪽, 가운데, 오른쪽 등 횡 방향 볼 점유 및 공격 빈도를 나타낸다. 볼 점유 위치는 상대 진영, 중간 지역, 우리 진영 등 세로 방향 볼 점유율 및 공격 빈도를 보여준다. 두 기록 모두 프레싱의 위치와 관계가 있다.

❻ 포지션별 득실점 분포
해당 팀은 어느 포지션의 선수가 골을 많이 넣는지, 그에 따른 팀 전술의 운영 형태를 짐작할 수 있다. 실점의 경우 상대의 포워드에게 골을 많이 내주느냐, 미드필더에게 실점을 많이 하느냐에 따라 운영 방식이 달라지기에 매우 중요한 포인트가 될 수 있다.

❼ 토토 가이드
지난 시즌 리그 경기에서 맞대결했던 팀들과의 홈, 원정 스코어를 정리했다. 스포츠토토를 하는 데 필수 요소다.

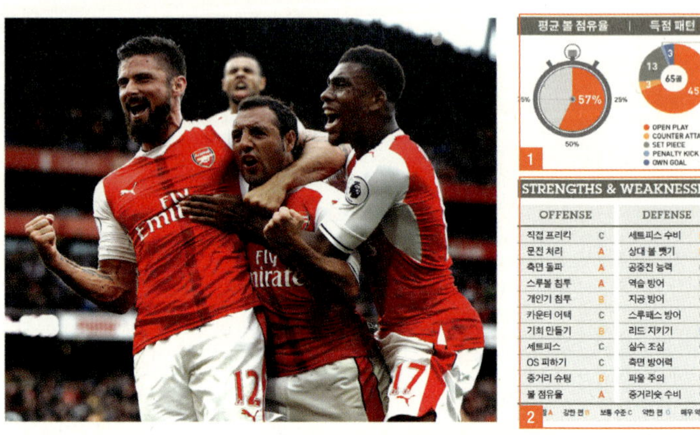

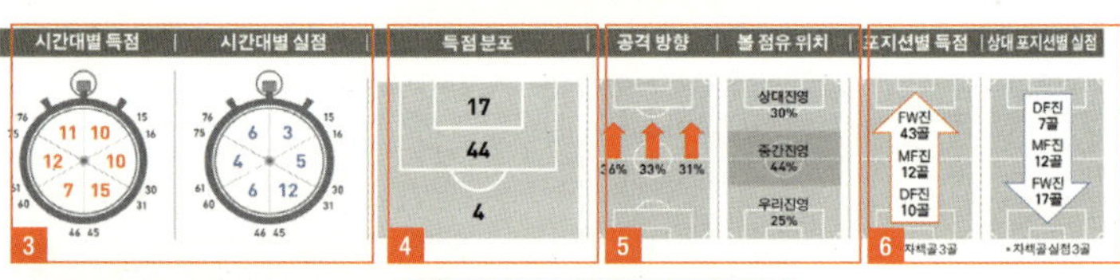

STRENGTHS & WEAKNESSES

OFFENSE		DEFENSE	
직접 프리킥	C	세트피스 수비	B
문전 처리	A	상대 볼 뺏기	B
측면 돌파	A	공중전 능력	C
스루볼 침투	A	역습 방어	C
개인기 침투	B	지공 방어	C
카운터 어택	C	스루패스 방어	C
기회 만들기	B	리드 지키기	D
세트피스	C	실수 조심	C
OS 피하기	C	측면 방어력	C
중거리 슈팅	B	파울 주의	C
볼 점유율	A	중거리슛 수비	C

매우 강함 A 강한 편 B 보통 수준 C 약한 편 D 매우 약함 E

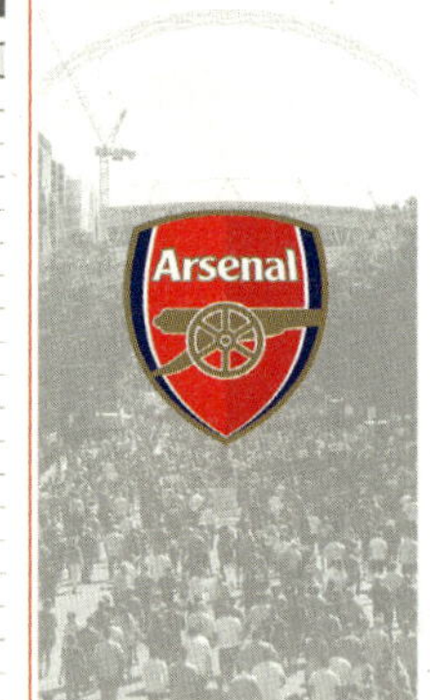

7 TOTO GUIDE 지난 시즌 상대팀별 전적

상대팀	홈	원정
Leicester City	2-1	5-2
Tottenham	1-1	2-2
Manchester City	2-1	2-2
Manchester Utd	3-0	2-3
Southampton	0-0	0-4
West Ham Utd	0-2	3-3
Liverpool	0-0	3-3
Stoke City	2-0	0-0
Chelsea	0-1	0-2
Everton	2-1	2-0
Swansea City	1-2	3-0
Watford	4-0	3-0
West Bromwich	2-0	1-2
Crystal Palace	1-1	2-1
Bournemouth	2-0	2-0
Sunderland	3-1	0-0
Newcastle Utd	1-0	1-0
Norwich City	1-0	1-1
Aston Villa	4-0	2-0

192

리포트 보는 법

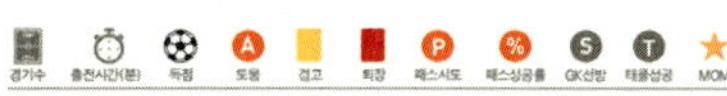

David Ospina (GK) 13
다비드 오스피나

아스널의 No.2 수문장. 오스피나는 골키퍼로서 작은 체격을 지녔지만 뛰어난 반사신경과 경이적인 숏-스토핑을 선보인다. 특히 문전 노마크 위기에서 상대가 때린 슈팅을 감각적으로 막아내는 장면은 단연 압권이다. 그러나 지난 시즌 세흐가 합류하면서 백업 골키퍼로 밀렸고, 리그에는는 4경기에만 출전했다. 순발력과 집중력이 좋아 페널티킥 방어 능력도 뛰어나지만 안정감에서 체흐에 밀린다.

국적: 콜롬비아

2005년 나시오날에서 데뷔했고, 2008년 프랑스 니스로 이적해 성장했다. 콜롬비아 연령별 대표를 모두 거쳤고, 2007년 A대표로 데뷔해 현재까지 70경기 이상을 소화했다. 특히 2014 브라질 월드컵에서 맹활약하며 아스널로 이적했다.

슈팅 위치별 선방

	⏱	⚽	A	🟨
4	360	0	0	0
🟥	P	%	S	★
0	109	56%	17	0

1 / 7 / 9

Petr Čech (GK) 33
페트르 체흐

아스널의 주전 수문장. 순발력, 일대일 방어, 공중볼 처리, 볼 스토핑, 안정감 등 골키퍼에 필요한 모든 것을 갖췄다는 평가를 받는다. 지난 시즌을 앞두고 첼시를 떠나 아스널로 이적하며 곧바로 주전 자리를 꿰찼고, 리그 34경기에 출전해 안정감이 강해 잔 실수가 적고, 중거리 슈팅이나 세트피스 대처 능력은 단연 최고다. 전성기에 비해 민첩성이 떨어졌지만 여전히 최고의 골키퍼다. **1**

국적: 체코

2004년부터 11년 간 첼시에서 활약했고, 지난여름 아스널로 이적했다. 그는 음악에도 관심이 있어 드럼을 수준급으로 연주한다고 한다. 2002년 A대표로 데뷔해 124경기를 소화했고, 유로 2016을 끝으로 국가대표 은퇴를 선언했다. **2**

슈팅 위치별 선방

	⏱	⚽	A	🟨
34	3060	0	0	0
🟥	P	%	S	★
0	854	59%	98	2

5 / 47 / 46

Kieran Gibbs (DF) 3
키어런 깁스

나초 몬레알과 치열한 주전 경쟁을 펼치고 있는 레프트백. 폭발적인 스피드와 드리블 능력을 갖추고 있어 종종 왼쪽 윙어로도 활약하는 공격적인 풀백이다. 오버래핑과 공격침투가 뛰어나지만 크로스가 살짝 부정확한 편이고, 기복 있는 플레이를 펼친다. 저돌적인 태클 능력을 가지고 있지만 수비력과 안정감에 있어서 아쉬운 편이라 지난 시즌 경쟁에서 밀렸고, 리그에서 15경기(선발 3경기)에만 출전했다.

국적: 잉글랜드

아스널 유스 출신. 2007년 이 팀 1군에서 데뷔해 잠시 노리치 시티로 임대된 것을 제외하곤 줄곧 아스널에서 활약해왔다. 아스널 유니폼을 입고 FA컵 2회, 커뮤니티 실드 1회씩 우승했다. 2010년 이후 잉글랜드 A대표로 활약 중이다.

위치별 슈팅-득점

	⏱	⚽	A	🟨
3(12)	381	1	0	0
🟥	P	%	T	★
0	199	74%	12	0

1 - 1 / 3 - 0 / 1 - 0

Per Mertesacker (DF) 4
페어 메르테사커

수비의 핵심이자, 아스널의 캡틴. 메르테사커는 2m에 가까운 키를 자랑하는 '초대형 센터백'이고, 큰 키를 이용한 공중전은 난공불락이다. 발이 느려 스피드가 좋은 공격수에 약점을 보이지만 '축구 IQ'와 노련함을 바탕으로 수비진을 리드하고 상대의 패스를 자른다. 집중력 또한 최고. 정확한 짧은 패스로 공격을 빌드-업한다. 이번 시즌에는 초반부터 무릎과 햄스트링 부상을 당해 아쉬움을 남기고 있다.

국적: 독일

2003년 하노버에서 데뷔해 베르더 브레멘을 거쳐 2011년 여름 아스널로 이적해 수비의 핵심으로 활약했다. 2004년부터 독일 국가대표로 활약해 104경기에 출전했고, 월드컵 3회(2006, 2010, 2014년), 유로 2회(2008, 2012년)에 출전.

위치별 슈팅-득점

	⏱	⚽	A	🟨
24	2049	0	0	1
🟥	P	%	T	★
1	1246	89%	27	0

2 - 0 / 6 - 0 / 0 - 0 **3**

Gabriel Paulista (DF) 5
가브리엘 파울리스타

투쟁심이 넘치는 파이터형의 중앙 수비수. 지난 시즌 코시엘니, 메르테사커와 함께 아스널의 수비진을 책임졌고, 리그 21경기에 출전해 1골을 기록했다. 엄청나게 큰 키는 아니지만 점프력과 민첩성을 갖춰 제공권에 강한 모습이고, 스피드와 넓은 수비 범위를 자랑한다. 여기에 블로킹과 가로채기에 강점을 보이고, 몸을 사리지 않는 플레이를 펼친다. 다만 잦은 부상과 경고를 자주 받는 것은 아쉽다.

국적: 브라질

브라질 상파울루에서 태어나 2010년 비토리아에서 프로 데뷔했고, 2013년 비야레알로 이적해 정상급 수비수로 성장했다. 2015년 1월 수비 강화가 절실했던 벵거 감독의 부름을 받아 아스널로 이적했다. 아직까지 국가대표 경력은 없다.

위치별 슈팅-득점

	⏱	⚽	A	🟨
18(3)	1762	0	0	0
🟥	P	%	T	★
1	1112	90%	41	0

1 - 0 / 10 - 1 / 0 - 0 **4**

Laurent Koscielny (DF) 6
로랑 코시엘니

아스널 수비의 핵심. 지난 시즌 종아리와 엉덩이 부상이 있어 고생했지만 리그 33경기에 출전해 4골을 터트리며 공수 모두에서 기여했다. 좋은 체격에 점프력과 스피드를 갖췄다. 마킹, 인터셉트, 공중전 등 수비의 기본 요소를 잘 갖춘 선수다. 공격 전환 때도 낮게 깔리는 짧은 패스로 빌드-업을 돕는다. 상당히 영리한 수비를 자랑하고 공critic 걷어내는 깔끔한 태클이 일품이다. 세트피스에서 득점력도 갖췄다.

국적: 프랑스

8세 때 축구를 시작해 2004년 강감에서 프로선수로 데뷔했다. 이후 투르, 로리앙을 거쳐 2010년 여름 아스널로 이적했고, 2011년부터 프랑스 A대표로 활약하고 있다. 특히 지난 유로 2016에서 전 경기에 출전해 준우승을 이끌었다.

위치별 슈팅-득점

	⏱	⚽	A	🟨
33	2847	4	0	3
🟥	P	%	T	★
1	1691	87%	48	3

6 - 3 / 12 - 1 / 1 - 0 **5**

194

선수 분석

❶ SCOUTING REPORT
지난 시즌 성적, 부상 유무, 장기 레이스에서의 경쟁력, 득점, 슈팅 기술, 드리블, 패스, 수비 등 축구 선수로서 다양한 평가 기준을 만들고 리포트를 작성했다. 이 파트만 읽어보면 해당 선수에 대해 웬만한 축구 전문가 이상 알 수 있을 것이다.

❷ PLAYER'S HISTORY
클럽 및 대표 팀 경력은 물론, 신변, 가족, 연인 등 개인 신상에 관련된 정보를 담았다.

❸ 슈팅 및 득점 분포
골에어리어 안, 골에어리어~페널티 박스, 페널티 박스 외곽 등 상대 진영을 크게 3개로 구분하고, 어느 위치에서 어떤 형태로 골을 터뜨렸는지 체크. 이 그래픽만 보면 해당 선수가 골문 근처에서만 슈팅을 하는지 박스 외곽에서도 폭발적인 중거리 슈팅을 할 수 있는지 바로 알 수 있다.

❹ 시즌 기록
15-16 시즌 기록을 출전시간(분), 경기수, 득점, 도움, 경고, 퇴장, MOM별로 수록했다. 지난 시즌 기록을 바탕으로 올 시즌의 활약상을 예측해 볼 수 있다.

❺ 포지션
주 위치와 보조 위치 등 해당 선수가 출전 가능한 모든 포지션을 점으로 찍어 나타냈다.

Realmadrid
Realmadrid
RONALDO
7
RONALDO
BBVA

PRIMREA
LIGA

FC BARCELONA

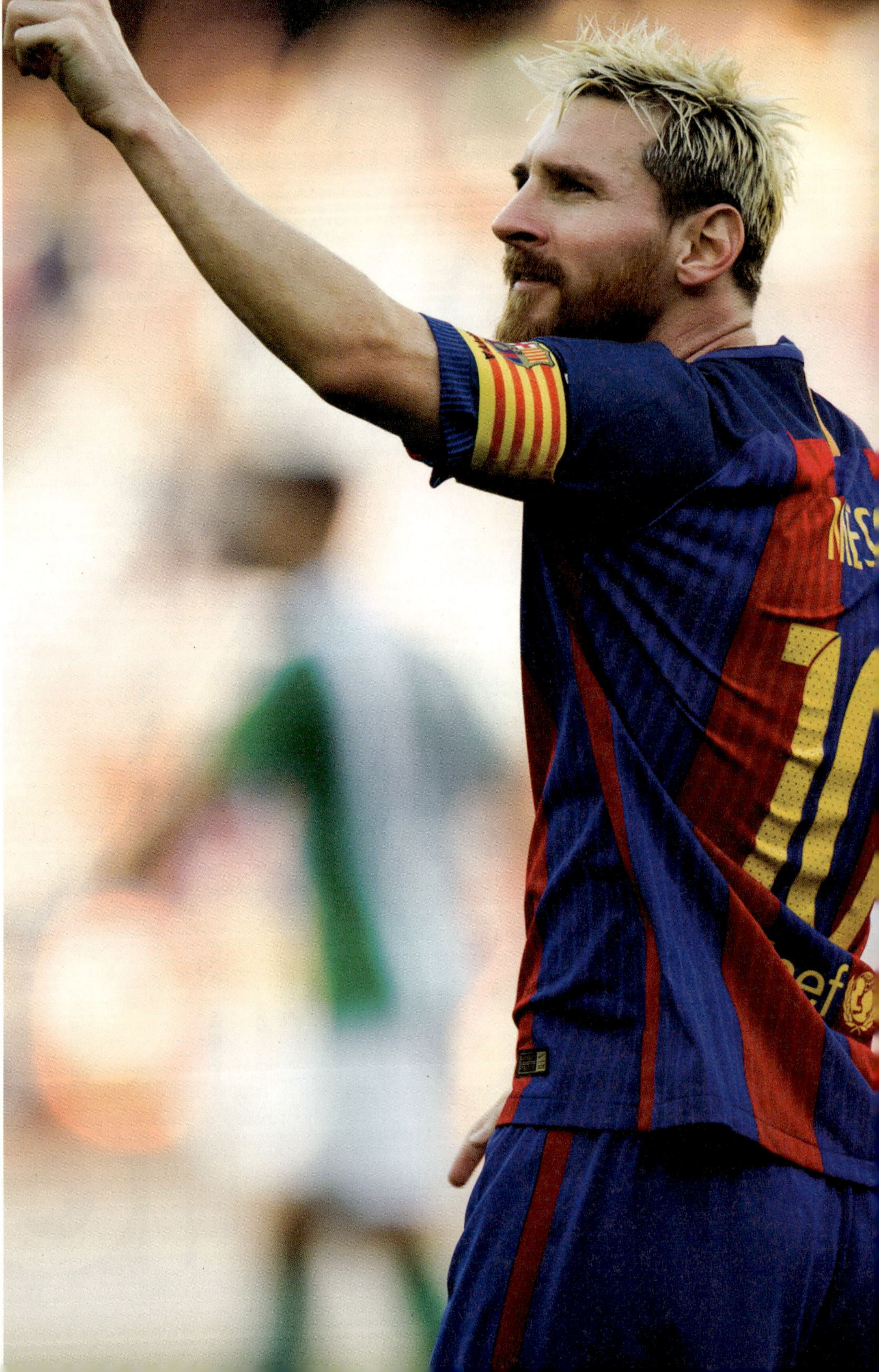

구단 창립 : 1899년
홈구장 : 캄프 누
감독 : 루이스 엔리케
2015-16시즌 : 1위(승점 91점)
29승 4무 5패 112득점 29실점
닉네임 : Barca, Blaugrana

24	SPANISH PRIMERA LIGA	28	SPANISH COPA DEL REY
5	UEFA CHAMPIONS LEAGUE	3	UEFA EUROPA LEAGUE
3	FIFA CLUB WORLD CUP	0	UEFA-CONMEBOL INTERCONTINENTAL

Home

Away

'神' 메시 · '괴물' 수아레스 · '천재' 네이마르
세계 최강 전력, 2년 만에 트레블 재도전

2015-16 SEASON REVIEW

라리가 24번째, 코파델레이 28번째 정상에 올랐다. 그리고 12월 일본 도쿄에서 FIFA 클럽 월드컵 트로피도 들어올렸다. 유일한 아쉬움은 챔피언스리그 우승을 놓친 것. 메시가 무릎 부상으로 결장한 2015년 9월 27일부터 두 달 간 수아레스와 네이마르가 빈자리를 정말 잘 메웠다. 그리고 神 메시가 복귀한 이후는 그야말로 무적이었다. 이들 트리오는 정말 환상적인 케미를 보여주며 하나가 됐다. 축구 역사상 가장 막강한 공격 삼총사의 위력에 상대 수비진들은 '추풍낙엽'이었다. 시즌 막판 살짝 삐끗해 위기를 맞기도 했으나 잘 마무리했다.

SUMMER TRANSFER

FIFA 징계가 풀렸다. 그리고 여름 이적 시장 때 꼭 필요한 선수들을 영입했다. 발렌시아 공격수 파코 알카세르를 3000만 유로에 영입한 게 가장 눈에 띈다. 또한 비야레알의 미드필더 데니스 수아레스(3300만 유로), 발렌시아 미드필더 안드레 고메스(3000만 유로), 리옹 센터백 사뮈엘 움티티(2500만 유로) 등 중원과 후방에 스타급을 골고루 영입했다. 이적 시장 마감 직전 골키퍼 클라우디오 브라보가 맨체스터 시티로 떠나는 바람에 아약스에서 야스페르 실러선을 1300만 유로에 급히 사들였다. 팀의 미래를 위해 10명의 선수를 임대 보냈다.

2016-17 SEASON OUTLOOK

목표는 오직 하나. 트레블이다. 1개 대회 우승은 의미가 없다. 현 시점 바이에른 뮌헨, 레알 마드리드와 함께 세계 최강의 전력을 자랑한다. 여기에 FIFA 클럽 월드컵까지 제패한다면 '금상첨화'다. MSN은 축구가 생긴 이래 역대 최강의 공격 조합이다. 그러나 이들이 월드컵 남미 예선을 넘나들면서 체력 안배를 어떻게 할지가 매우 중요한 변수다. 그리고 주전과 비주전 간 레벨 차이가 있다는 평가를 듣기에 파코 알카세르, 사뮈엘 움티티, 루카 디뉴 등이 얼마나 해주느냐도 관심거리다. 엔리케 감독이 로테이션을 어떻게 돌릴지 주목된다.

감독 루이스 엔리케(Luis ENRIQUE)

감독 첫 해 3관왕을 달성했지만 지난 시즌엔 챔스 우승을 놓쳤다. 올 시즌 트레블에 재도전한다. 하지만 아직 과르디올라만큼 치밀하고 꼼꼼한 전술가적 기질을 드러내지는 못했다. 카리스마도 부족했다. 이제 감독 3년 차인 올 시즌 본인의 색을 더 확실히 낼 필요가 있다. 스포르팅 히혼 출신으로 레알 마드리드와 바르셀로나에서 선수로 활약했다. 전투적인 플레이를 바탕으로 월드컵에 세 차례나 출전한 바 있다. 2008년부터 과르디올라 후임으로 바르셀로나 B팀을 맡아 2011년까지 1군과 철학을 공유하며 선수 육성에 신경 썼다. 이후 AS 로마로 건너가 '티키타카'를 시도했지만 금세 한계를 보였고 1년 만에 자진 사임했다. 셀타 비고를 이끌 때는 로마 시절보다 조금 나아진 모습을 보였다.

PROFILE
- 출 생 : 1970.5.8
- 국 적 : 스페인
- 계 약 : 2017.6.30

STADIUM

Estadio del Camp Nou

- 구장 오픈 : 1957년
- 구장 증축 : 1982년
- 구장 소유 : FC 바르셀로나
- 수용 인원 : 9만 3053명
- 피치 규모 : 105m × 68m
- 잔디 종류 : 천연 잔디

SQUAD LIST

위치	번호	이름	국적	신장	체중	생년월일
GK	1	Marc-André ter Stegen	GER	185	82	30-04-92
	13	Jasper Cillessen	NED	187	82	22-04-89
	25	Jordi Masip	ESP	180	72	03-01-89
DF	3	Gerard Piqué	ESP	192	85	02-02-87
	18	Jordi Alba	ESP	165	63	21-03-89
	19	Lucas Digne	FRA	178	74	20-07-93
	23	Samuel Umtiti	FRA	181	75	14-11-93
	24	Jérémy Mathieu	FRA	190	82	29-10-83
	33	Marlon	BRA	182	80	07-09-95
	34	Sergi Palencia	ESP	172	66	23-03-96
MF	4	Ivan Rakitić	CRO	184	79	10-03-88
	5	Sergio Busquets	ESP	189	73	16-07-88
	6	Denis Suárez	ESP	181	72	06-01-94
	7	Arda Turan	TUR	176	72	30-01-87
	8	Andrés Iniesta	ESP	170	65	11-05-84
	10	Lionel Messi	ARG	169	67	24-06-87
	12	Rafinha	BRA	177	75	12-02-93
	14	Javier Mascherano	ARG	178	77	08-06-84
	20	Sergi Roberto	ESP	173	70	07-02-92
	21	André Gomes	POR	188	83	30-07-93
	22	Aleix Vidal	ESP	176	70	21-08-89
	27	Wilfrid Kaptoum	CMR	174	71	07-07-96
	28	Carles Aleñà	ESP	180	70	05-01-98
	30	Alex Carbonell	ESP	175	70	15-09-97
	32	Nili Perdomo	ESP	176	71	18-02-94
FW	9	Luis Suárez	URU	181	81	24-01-87
	11	Neymar	BRA	174	64	05-02-92
	17	Paco Alcácer	ESP	174	71	30-08-93
	29	Marc Cardona	ESP	183	75	08-07-95

2016-17 SEASON SCHEDULE

날짜	장소	상대팀	날짜	장소	상대팀
20/AUG	H	Real Betis	28/JAN	A	Real Betis
28/AUG	A	Athletic Bilbao	04/FEB	H	Athletic Bilbao
10/SEP	H	CD Alaves	11/FEB	A	CD Alaves
17/SEP	A	CD Leganes	18/FEB	H	CD Leganes
21/SEP	H	Atletico Madrid	25/FEB	A	Atletico Madrid
24/SEP	A	Sporting Gijon	28/FEB	H	Sporting Gijon
02/OCT	A	Celta Vigo	04/MAR	H	Celta Vigo
15/OCT	H	Deportivo La Coruna	11/MAR	A	Deportivo La Coruna
22/OCT	A	Valencia CF	18/MAR	H	Valencia CF
29/OCT	H	Granada CF	01/APR	A	Granada CF
05/NOV	A	Sevilla FC	04/APR	H	Sevilla FC
19/NOV	H	Malaga CF	08/APR	A	Malaga CF
26/NOV	A	Real Sociedad	15/APR	H	Real Sociedad
03/DEC	H	Real Madrid	22/APR	A	Real Madrid
10/DEC	A	CA Osasuna	25/APR	H	CA Osasuna
17/DEC	H	Espanyol Barcelona	29/APR	A	Espanyol Barcelona
07/JAN	A	Villarreal CF	06/MAY	H	Villarreal CF
14/JAN	H	UD Las Palmas	13/MAY	A	UD Las Palmas
21/JAN	A	SD Eibar	20/MAY	H	SD Eibar

RANK OF LAST 5 YEARS

	2011-12	2012-13	2013-14	2014-15	2015-16
순위	2	1	2	1	1
승점	91점	100점	87점	94점	91점

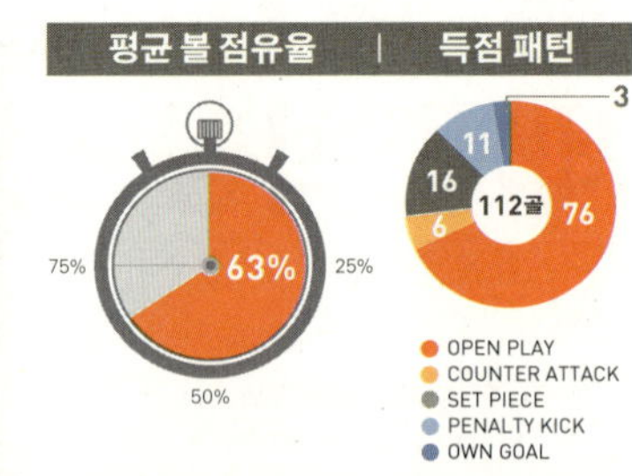

평균 볼 점유율 | 득점 패턴

STRENGTHS & WEAKNESSES

OFFENSE		DEFENSE	
직접 프리킥	B	세트피스 수비	D
문전 처리	A	상대 볼 뺏기	C
측면 돌파	A	공중전 능력	C
스루볼 침투	A	역습 방어	C
개인기 침투	A	지공 방어	D
카운터 어택	C	스루패스 방어	D
기회 만들기	B	리드 지키기	C
세트피스	B	실수 조심	C
OS 피하기	E	측면 방어력	C
중거리 슈팅	C	파울 주의	C
볼 점유율	A	중거리슛 수비	C

매우 강함 A   강한 편 B   보통 수준 C   약한 편 D   매우 약함 E

시간대별 득점 | 시간대별 실점 | 득점 분포 | 공격 방향 | 볼 점유 위치 | 포지션별 득점 | 상대포지션별 실점

시간대별 득점 (76 / 75 / 61 / 60 / 46 / 45 / 15 / 16 / 30 / 31): 25, 11, 20, 15, 25, 16

시간대별 실점 (76 / 75 / 61 / 60 / 46 / 45 / 15 / 16 / 30 / 31): 7, 5, 3, 5, 6, 3

득점 분포: 27 / 77 / 8

공격 방향: 35% 31% 34%

볼 점유 위치: 상대진영 33% / 중간진영 45% / 우리진영 22%

포지션별 득점: FW진 95골 / MF진 8골 / DF진 6골
* 상대 자책골 3골

상대포지션별 실점: DF진 0골 / MF진 7골 / FW진 20골
* 자책골 실점 2골

FORMATION

4-3-3

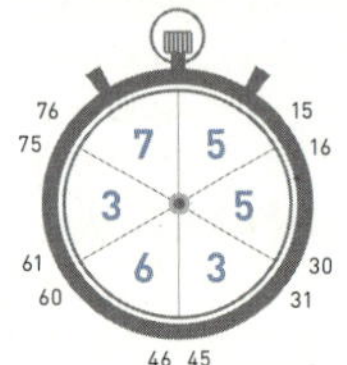
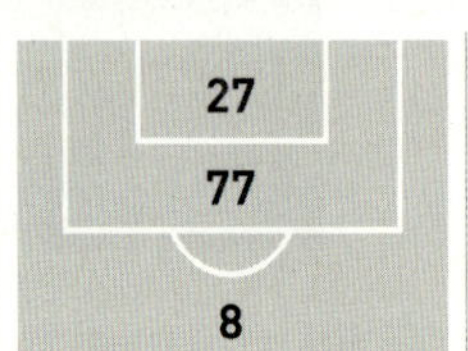
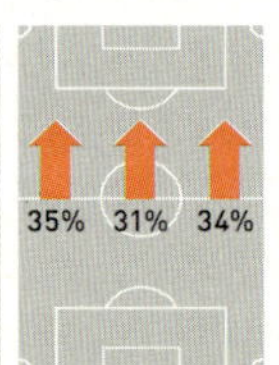
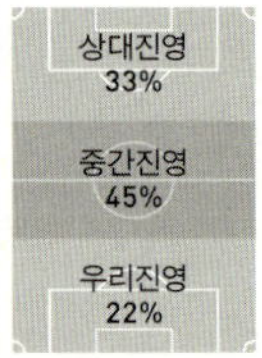

TOTO GUIDE 지난 시즌 상대팀별 전적

상대팀	홈	원정
Real Madrid	1-2	4-0
Atletico Madrid	2-1	2-1
Villarreal	3-0	2-2
Athletic Bilbao	6-0	1-0
Celta Vigo	6-1	1-4
FC Sevilla	2-1	1-2
Malaga	1-0	2-1
Real Sociedad	4-0	0-1
Real Betis	4-0	2-0
Las Palmas	2-1	2-1
Valencia	1-2	1-1
Espanyol	5-0	0-0
Eibar	3-1	4-0
Deportivo	2-2	8-0
Granada	4-0	3-0
Sporting Gijon	6-0	3-1
Rayo Vallecano	5-2	5-1
Getafe	6-0	2-0
Levante	4-1	2-0

 (GK) Marc-André ter Stegen

1

골키퍼 인재가 넘치는 독일 내에서도 젊은 GK 중 가장 우수하다는 평. 독일에서 스페인으로 무대를 옮겨 바르셀로나의 UEFA 챔피언스 리그, 국왕컵 우승을 함께했다. 올 시즌 클라우디오 브라보의 이적으로 인해 테어 슈테겐이 바르셀로나 주전 골키퍼로 출전할 것이다. 기본적인 GK 임무를 침착하게 해낸다. 순발력이 좋고 반응 속도가 빠르다. 발 기술이 뛰어나고 킥이 정확한 데다 침착히 빌드-업한다.

마크-안드레
테어 슈테겐

뮌헨글라드바흐 유스 출신으로 이 팀에서 프로로 데뷔했다. 청소년 시절부터 엄청난 유망주였고 19세 때인 2011년 1군에서 주전으로 활약하며 팀의 승강 플레이오프까지 주전으로 나섰다. 2014년 5월 바르셀로나 이적을 결정했다.

국적 : 독일

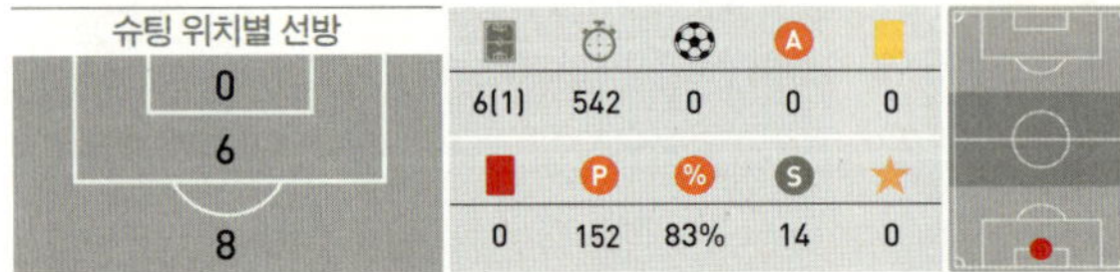

슈팅 위치별 선방	경기수	출전시간	득점	도움	경고
0	6(1)	542	0	0	0
6	퇴장	패스시도	패스성공률	GK선방	MOM
8	0	152	83%	14	0

 (GK) Jasper Cillessen

13

지난 시즌 아약스 소속이었다. 올 여름 이적 시장 막판, 클라우디오 브라보가 맨시티로 옮김에 따라 바르사 경영진이 부랴부랴 실러선을 접촉해 이적을 성사시켰다. 엔리케 감독이 테어 슈테겐과 실러선의 역할 분담을 어떻게 지시할지 관심거리다. 실러선은 반사신경이 뛰어나다. 특히 가까운 거리에서의 슈팅, 좌우 코너로 날아가는 슈팅을 잘 막는다. 집중력이 좋아 직접 프리킥이나 중거리 슈팅을 잘 방어한다.

야스페르
실러선

네덜란드 네이메헨 출생. NEC 유스 아카데미 출신으로 2010년 이 팀 1군에서 데뷔했다. 이어 아약스 2군, 아약스 1군을 거쳐 2016년 여름 1300만 유로로 FC 바르셀로나로 이적했다. 현 네덜란드 국가대표로 활약 중이다.

국적 : 네덜란드

슈팅 위치별 선방	경기수	출전시간	득점	도움	경고
2	33	2970	0	0	0
36	퇴장	패스시도	패스성공률	GK선방	MOM
39	0	923	62%	77	0

 (DF) Gerard Piqué

3

기복 없이 꾸준함만 보일 수 있다면 세계에서 다섯 손가락 안에 꼽아야 할 중앙 수비수다. 지난 시즌에는 상대적으로 수비 숫자가 적은 바르셀로나 후방을 안정적으로 지켜줬다. 그러면서 리그에서만 무려 91%의 패스 성공률을 기록했다. 영리하고 뛰어난 축구 IQ를 바탕으로 수비 위치를 잡는다. 미리 움직이면서 동선을 차단하고 과감한 태클로 상대 공격 맥을 끊어버린다. 볼을 끌고 올라가는 기술도 수준급.

제라르
피케

바르셀로나 유스. 17세 때인 2004년 잉글랜드 맨체스터 유나이티드 유니폼을 입었지만 적응에 어려움이 있었다. 2008년 다시 스페인 무대로 돌아와 지금 자리까지 올라왔다. 10세 연상인 세계적인 가수 샤키라 사이에 아이가 둘 있다.

국적 : 스페인

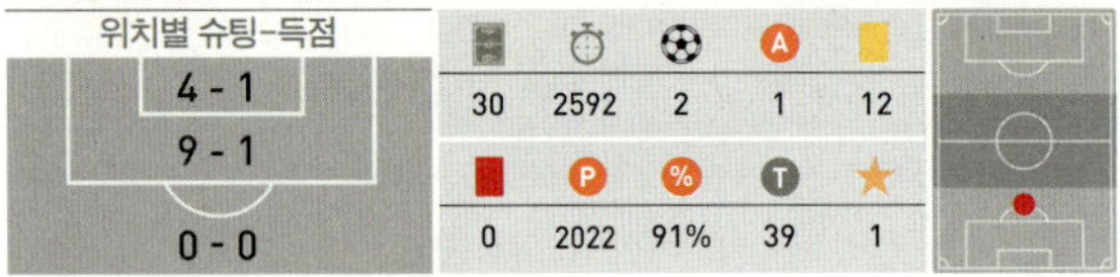

위치별 슈팅-득점	경기수	출전시간	득점	도움	경고
4 - 1	30	2592	2	1	12
9 - 1	퇴장	패스시도	패스성공률	태클성공	MOM
0 - 0	0	2022	91%	39	1

 (DF) Javier Mascherano

14

세계 최고 수비형 미드필더 중 한 명. 바르셀로나에서는 세계 최고 수비수 가운데 한 명이다. 바르셀로나 입단 후 중원에서 쉽게 적응하지 못하다 중앙 수비로 보직을 바꿨다. 상황에 따라서는 허리로 올라가 수비를 돕는다. 발이 빠르고, 머리가 좋아 상대의 패스를 앞 선에서 기가 막히게 자른다. 태클 능력은 월드클래스. 박스 안에서도 적극적으로 공을 낚아챈다. 패스 성공률 91%에 강력한 카리스마를 자랑한다.

하비에르
마스체라노

리버 플레이트 유스 출신으로 이 팀에서 데뷔. 이후 코린티안스를 거쳐 2006년 웨스트햄으로 이적했지만 소유권 문제로 리버풀로 갔다. 2010년 8월 2400만 유로로 바르셀로나로 떠났다. 2006, 2010, 2014년 3차례 월드컵에 출전.

국적 : 아르헨티나

위치별 슈팅-득점	경기수	출전시간	득점	도움	경고
0 - 0	31(1)	2694	0	0	9
1 - 0	퇴장	패스시도	패스성공률	태클성공	MOM
2 - 0	1	2120	91%	82	0

 (DF) Jordi Alba

18

폭발력이 뛰어난 왼쪽 풀백. 운동능력이 좋아 쉬지 않고 왼쪽 터치라인을 부지런히 따라 다닌다. 중앙 미드필더들이나 공격수들이 공간을 확보해주면 어김없이 그의 전진을 볼 수 있다. 속도가 빠르고 수비 뒤쪽 공간을 자주 무너뜨린다. 박스 근처에서 빠르게 크로스를 하거나 박스 안에서 돌진한다. 직선적으로 마지막 마무리 패스 정확도가 아쉽다는 지적도 있다. 수비 상황에서 몸싸움은 조금 약한 편이다.

조르디
알바

1998년부터 2005년까지 바르셀로나 유스 클럽에 있었지만 프로 선수로 처음 계약한 곳은 발렌시아였다. 발렌시아 B팀 경기를 뛰고 힘나스틱 임대를 거쳐 2009년 당당히 1군 주전이 됐다. 2012년 7월 바르셀로나의 구애를 받아들였다.

국적 : 스페인

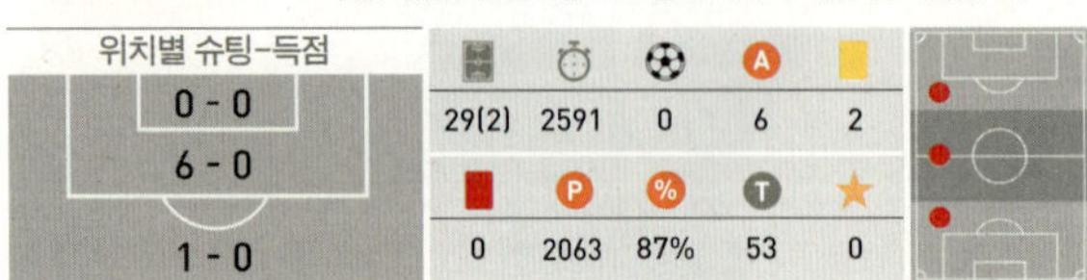

위치별 슈팅-득점	경기수	출전시간	득점	도움	경고
0 - 0	29(2)	2591	0	6	2
6 - 0	퇴장	패스시도	패스성공률	태클성공	MOM
1 - 0	0	2063	87%	53	0

 (DF) Lucas Digne

19

이탈리아 AS 로마의 주전으로 활약하며 세리에 A 33경기에 출전해 3골-3도움-패스 성공률 81%의 준수한 성적을 올렸다. 올 시즌 바르셀로나에서는 이 포지션 터줏대감 조르디 알바와의 경쟁이 볼 만하다. 디뉴는 간결한 드리블과 민첩한 공간 선점이 돋보이는 선수다. 동료와 짧게 주고받는 패스 콤비네이션은 강력한 무기. 평범한 체격이지만 점프력과 위치선정이 좋아 공중전에 강점을 보인다.

루카
디뉴

프랑스 모 출생. 릴 유스 아카데미를 거쳐 2011년 이 팀 1군에서 데뷔했다. 파리 생제르맹, AS 로마(임대)를 거쳐 2016년 여름 1650만 유로로 FC 바르셀로나로 이적했다. 프랑스 연령별 대표를 다 지냈고, 현 A대표로 활약 중.

국적 : 프랑스

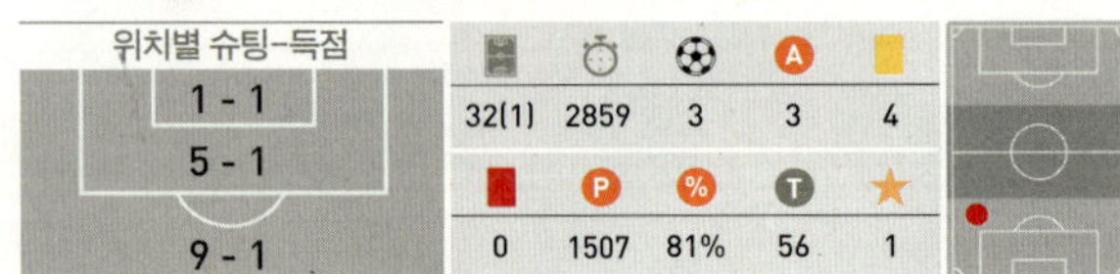

위치별 슈팅-득점	경기수	출전시간	득점	도움	경고
1 - 1	32(1)	2859	3	3	4
5 - 1	퇴장	패스시도	패스성공률	태클성공	MOM
9 - 1	0	1507	81%	56	1

DF Sergi Roberto

20

세르지 로베르토

골키퍼를 제외한 어느 위치에서든 뛸 수 있다. 지난 시즌 선발 출전 기준으로 라이트백 8회, 중앙 미드필더 4회, 라이트윙 4회, 레프트윙 3회, 레프트백 1회, 센터포워드 1회였다. 1군 합류 3년이 흐른 지난 시즌, 가장 확실한 로테이션 멤버로 자리를 굳혔다. 간결하고 빠른 드리블, 날카로운 장-단 패스, 정확한 크로스 등 기본에 충실한 선수다. 볼을 잘 지켜내고, 짧은 패스 콤비네이션으로 기회를 만든다.

국적 : 스페인

카탈루냐 지방 레우스 출신. 레우스, 힘나스틱 유스 클럽을 거쳐 2006년 라 마시아에 합류했다. 일찍이 스페인 청소년 팀에 이르게 발탁되는 등 재능을 선보였고 2009년부터 B팀 주전으로 활약했다. 1군 데뷔전은 2010년 11월이었다.

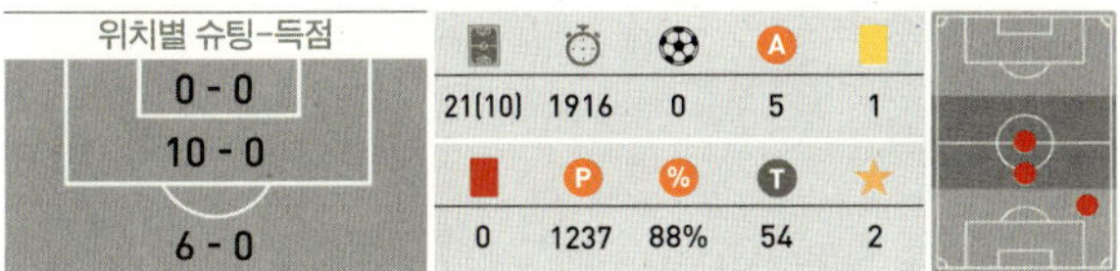

위치별 슈팅-득점		경기수	출전시간	득점	도움(A)	경고
0 - 0		21(10)	1916	0	5	1
10 - 0						
6 - 0	퇴장	패스시도(P)	패스성공률(%)	태클(T)	MOM	
	0	1237	88%	54	2	

DF Samuel Umtiti

23

사뮈엘 움티티

프랑스 리그 리옹에서 좋은 퍼포먼스를 선보였다. 올 시즌 제라르 피케, 하비에르 마스체라노, 제레미 마티외 등과 함께 중앙 수비 로테이션의 한 축을 이룰 것이다. 또한 팀 상황에 따라 레프트백으로 출전할 수도 있다. 움티티는 수비수치고 평범한 체격이다. 그러나 스피드, 점프력, 밸런스 등 운동 능력이 상당히 좋은 편이다. 맨마킹과 커버플레이가 좋고, 드리블, 패스, 볼 키핑, 크로스, 집중력도 수준급이다.

국적 : 프랑스

카메룬 야운데 출생. 어린 시절 부모를 따라 프랑스로 이주했다. 리옹 유스 출신이고 2010년 이 팀에서 데뷔했다. 2016년 여름 2500만 유로에 FC 바르셀로나로 이적. 프랑스 연령별 청소년 대표를 다 지냈고, 현재 프랑스 국가대표.

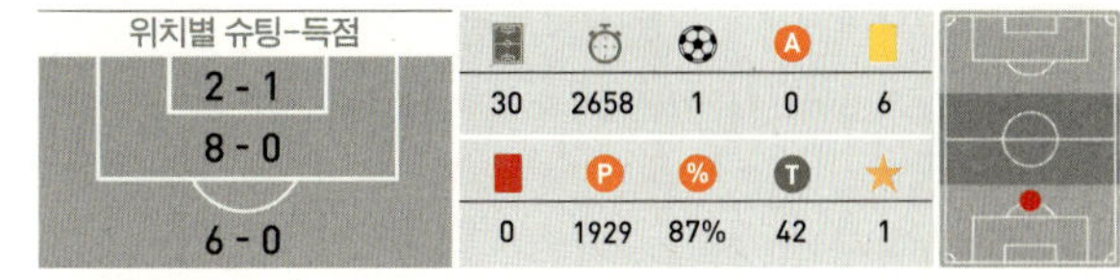

위치별 슈팅-득점		경기수	출전시간	득점	도움(A)	경고
2 - 1		30	2658	1	0	6
8 - 0						
6 - 0	퇴장	패스시도(P)	패스성공률(%)	태클(T)	MOM	
	0	1929	87%	42	1	

DF Jérémy Mathieu

24

제레미 마티외

지난 시즌 중앙 수비와 왼쪽 풀백을 오가며 리그 21경기, 챔피언스 리그 3경기, 국왕컵 1경기에 출전했다. 리그에서는 선발 못지않게 교체 출전도 많았다. 순발력이 조금 떨어지는 편이라 중앙 수비로 나왔을 때 위기가 많았다. 옆에 반드시 발이 빠른 파트너를 붙여줘야 한다. 바르셀로나 왼쪽 풀백으로 기용하기에는 민첩성과 압박, 공격 전개에서 아쉬움을 드러내기도 했다. 공중볼 처리는 압권.

국적 : 프랑스

2002년 프랑스 소쇼에서 프로 선수로 데뷔했다. 리그에서 주목받는 수비수가 되기까지 시간이 얼마 걸리지 않았다. 2005년 툴루즈, 2009년 발렌시아를 거쳐 2014년 이적료 약 2000만 유로에 바르셀로나 유니폼을 입었다.

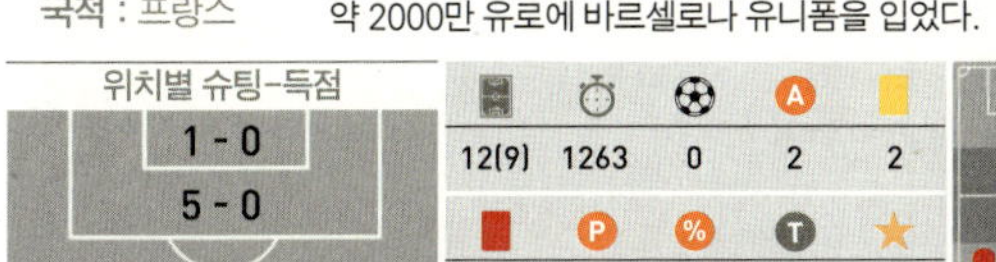

위치별 슈팅-득점		경기수	출전시간	득점	도움(A)	경고
1 - 0		12(9)	1263	0	2	2
5 - 0						
1 - 0	퇴장	패스시도(P)	패스성공률(%)	태클(T)	MOM	
	0	799	88%	18	0	

MF Ivan Rakitić

4

이반 라키티치

샬케, 세비야 시절에는 공격을 주도하는 역할이었다. 그러나 바르셀로나에서는 1차 전개와 압박에 더 많은 신경을 쓴다. 올 시즌 오른쪽에서 메시, 세르지 로베르토와 삼각형을 만들어 경기를 풀어나갈 것이다. 기본기가 탄탄하고 킥이 정확하다. 움직임 자체는 그렇게 빠른 편은 아니지만 공간을 잘 확보한다. 박스 근처에서 터트리는 중거리 슈팅은 상대 골키퍼를 긴장시킨다. 바르셀로나에서는 교체 아웃이 많다.

국적 : 크로아티아

스위스 출생. 바젤 유스 클럽을 거쳐 이 팀에서 프로 선수로 데뷔했다. 2007년 샬케로 이적하면서 국가대표로도 발탁됐다. 이후 세비야를 거쳐 2014년 바르셀로나에 합류했다. 스위스 U-21을 지냈지만 국가대표는 크로아티아를 골랐다.

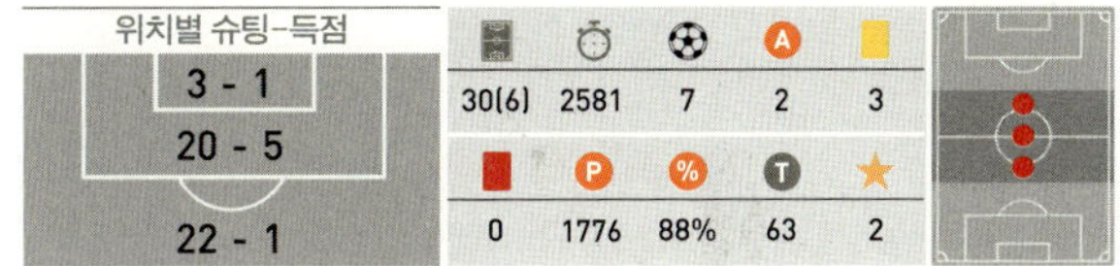

위치별 슈팅-득점		경기수	출전시간	득점	도움(A)	경고
3 - 1		30(6)	2581	7	3	3
20 - 5						
22 - 1	퇴장	패스시도(P)	패스성공률(%)	태클(T)	MOM	
	0	1776	88%	63	2	

MF Sergio Busquets

5

세르히오 부스케츠

'수비형 미드필더'의 정의를 바꾼 사나이. 그의 등장 이전 수비형 미드필더라면, 신체 조건이 우수하고 강한 몸싸움을 바탕으로 공격을 차단하는 선수를 그렸다. 하지만 부스케츠는 영리한 두뇌를 바탕으로 역동적인 움직임이나 강한 몸싸움, 태클 등을 하지 않고도 수비적인 임무를 훌륭히 해낸다. 뛰어난 기술을 바탕으로 깔끔하게 상대 볼을 빼앗는다. 패스 성공률이 매우 높고(90%) 늘 좋은 위치를 차지한다.

국적 : 스페인

2005년부터 바르셀로나 유스 클럽에 합류, 프로 선수까지 올라왔다. 과르디올라가 B팀 감독 시절부터 중용하면서 영광을 함께했다. 스페인 대표팀도 2009년 데뷔. 아버지 카를레스 부스케츠도 1990년대 바르셀로나에서 골키퍼로 뛰었다.

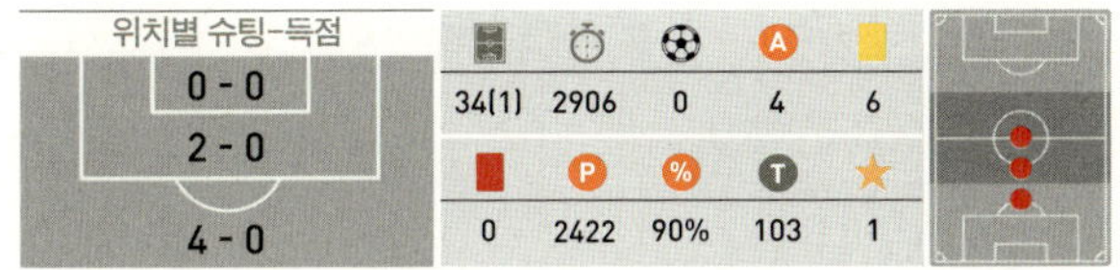

위치별 슈팅-득점		경기수	출전시간	득점	도움(A)	경고
0 - 0		34(1)	2906	0	4	6
2 - 0						
4 - 0	퇴장	패스시도(P)	패스성공률(%)	태클(T)	MOM	
	0	2422	90%	103	1	

MF Denis Suárez

6

데니스 수아레스

'비야레알 수퍼스타가 바르사 살림꾼으로 변신.' D.수아레스는 전형적인 2선 공격수다. 지난 시즌 선발 출전 기준으로 레프트윙 18회, 라이트윙 6회, 공격형 미드필더 1회였다. 로테이션을 돌리며 3관왕(리그, 컵, 챔스)에 도전하기 위해 그는 중요한 몫을 담당한다. 상대 수비진의 틈새를 가르는 스루패스와 짧은 패스 콤비네이션은 최강의 무기. PA 외곽 중거리슈팅과 직접 프리킥, 정확한 크로스도 중요하다.

국적 : 스페인

셀타, 맨시티 유스 아카데미 출신. 2010년 셀타 2군에서 데뷔했고, 맨체스터 시티, 바르셀로나 2군, 세비야(임대), 비야레알을 거쳐 2016년 여름 바르셀로나로 이적했다. 스페인 연령별 대표를 다 거쳤고, 현재 스페인 국가대표다.

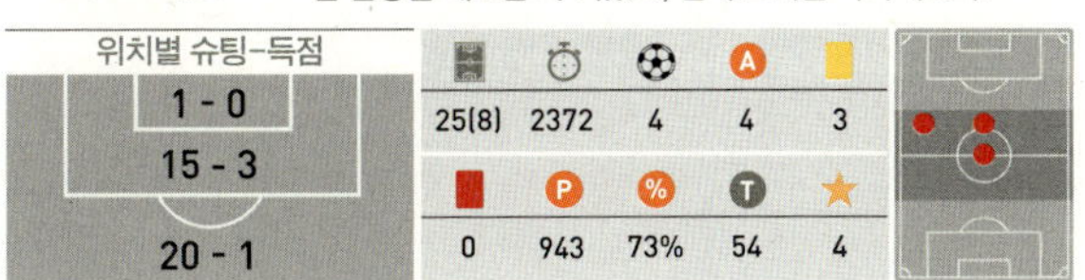

위치별 슈팅-득점		경기수	출전시간	득점	도움(A)	경고
1 - 0		25(8)	2372	4	4	3
15 - 3						
20 - 1	퇴장	패스시도(P)	패스성공률(%)	태클(T)	MOM	
	0	943	73%	54	4	

MF Arda Turan

7 / 아르다 투란

바르셀로나의 FIFA 징계로 전반기는 경기에 나서지 못했다. 그럼에도 불구하고 후반기 리그 18경기에 출전해 2골-3도움을 올렸다. 평타 이상은 한 셈. 기술적으로 뛰어난 선수라 올 시즌 적응만 하면 더 발전할 것이다. 최강의 무기는 패스. 지난 시즌 92%의 성공률로 팀 내 최고였다. 볼 터치가 경쾌하고, 좁은 공간에서도 볼을 잘 지켜낸다. 짧게 치고 올라가는 전진 드리블도 성공률이 높다. 수비력도 OK.

국적 : 터키

2000년부터 터키 갈라타사라이 유스 클럽에 합류해 프로 선수까지 성장했다. 터키 청소년 팀부터 월반이 익숙했고 19세 때인 2006년에는 국가대표 데뷔전을 치렀다. 어린 시절부터 메시를 동경했고 드디어 2015년 그와 함께 뛰고 있다.

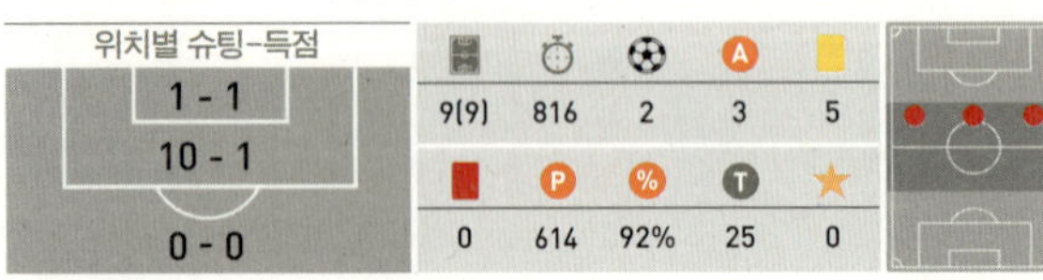

위치별 슈팅-득점

1 - 1		
10 - 1		
0 - 0		

경기수	출전시간	득점	도움	경고
9(9)	816	2	3	5

퇴장	패스시도	패스성공률	태클성공	MOM
0	614	92%	25	0

MF Andrés Iniesta

8 / 안드레스 이니에스타

전성기 때 이니에스타는 이론의 여지없는 유럽 최고의 공격형 미드필더였다. 하지만 나이에 따른 체력 저하는 피할 수 없다. 여기에 더해 지난 시즌엔 햄스트링 부상, 뇌진탕 등으로 40여 일 결장했다. 이 때문에 리그 28경기에 출전해 1골-2도움에 그쳤다. 올 시즌 라리가 개막과 함께 데니스 수아레스에게 선발 자리를 내줬다. 이니에스타가 과연 정상으로 복귀할 것인가가 최대의 관심거리다.

국적 : 독일

바르셀로나 유스 출신으로 2002년 10월 챔피언스 리그를 통해 1군 데뷔전을 치렀다. 2012년 결혼해 아들과 딸이 있다. 사업에도 관심이 많아 와인을 판매 중이다. 2011년 처음 축구를 시작한 알바세테에 재정적인 도움을 준 바 있다.

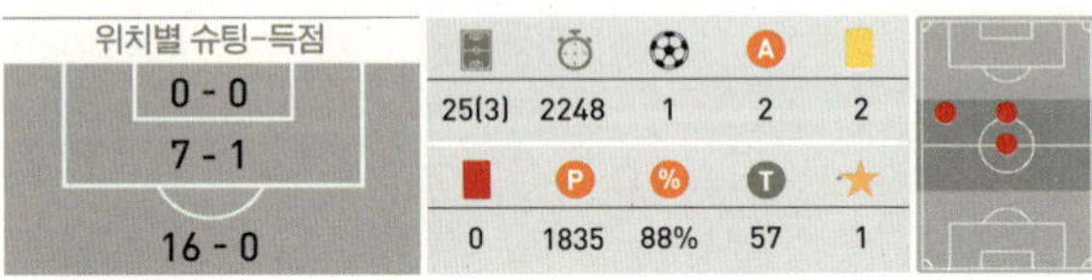

위치별 슈팅-득점

0 - 0		
7 - 1		
16 - 0		

경기수	출전시간	득점	도움	경고
25(3)	2248	1	2	2

퇴장	패스시도	패스성공률	태클성공	MOM
0	1835	88%	57	1

MF Rafinha

12 / 하피냐

2015년 9월 17일 무릎 십자인대가 파열돼 6개월 간 재활에 매달렸다. 아직 기회는 많다. 일단 올 시즌 정상 컨디션으로 시즌을 마치는 게 중요하다. 하피냐는 바르셀로나 축구에 최적화돼 있다. 동료에게 볼을 주고 다시 움직이면서 받기 편한 위치로 간다. 드리블 능력은 팀 내에서 메시, 네이마르 다음으로 좋다. 볼을 잘 지켜내고, 결정적인 키패스와 크로스도 위력적이다. 전체적인 수비력도 평균 이상.

국적 : 브라질

바르셀로나를 거쳐 간 티아고 알칸타라의 동생이다. 마징요의 아들이기도 하다. 브라질 상파울루에서 태어났다. 13세 때부터 바르셀로나 유스 클럽에 합류해 차근히 기량을 닦았다. 형과는 다르게 2015년 브라질 국가대표를 택했다.

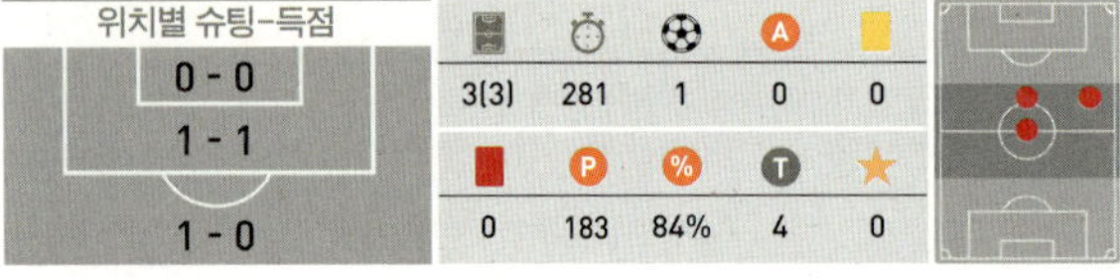

위치별 슈팅-득점

0 - 0		
1 - 1		
1 - 0		

경기수	출전시간	득점	도움	경고
3(3)	281	1	0	0

퇴장	패스시도	패스성공률	태클성공	MOM
0	183	84%	4	0

MF André Gomes

21 / 안드레 고메스

발렌시아의 살림꾼이었다. 햄스트링 부상과 출전정지로 약 30일간 결장한 것을 제외하곤 꾸준히 그라운드에 나섰다. 주로 레프트윙이었지만 라이트윙, 공격형 미드필더, 중앙 미드필더, 센터포워드로도 출전했다. 바르셀로나에서도 로테이션 멤버로 대기하면서 다양한 위치를 소화할 가능성이 높다. 고메스는 '드리블 마스터'다. 볼을 몰고 가면서 다양한 기술을 가미시킨다. 수비할 때 적극성이 부족한 게 문제.

국적 : 포르투갈

포르투갈 그리조 출생. 보아비스타와 벤피카 유스를 거쳤고, 2012년 벤피카에서 데뷔했다. 발렌시아 임대와 발렌시아 이적을 거쳐 2016년 8월 3500만 유로에 바르셀로나 유니폼을 입었다. 포르투갈 청소년 대표 출신으로 현재 A대표다.

위치별 슈팅-득점

1 - 0		
17 - 2		
24 - 1		

경기수	출전시간	득점	도움	경고
27(3)	2381	3	3	10

퇴장	패스시도	패스성공률	태클성공	MOM
0	1293	81%	34	0

MF Aleix Vidal

22 / 알렉스 비달

그가 2015년 여름 세비야에서 바르셀로나로 복귀했을 때 다들 '금의환향'이라고 했다. 하지만 바르사 1군에서 자리 잡는 건 결코 쉬운 일이 아니었다. 리그 9경기 출전에 무득점. 일단 올 시즌은 더 경기에 많이 출전할 수 있도록 노력해야 한다. 비달은 측면에서 과감히 공격을 전개한다. 드리블과 볼 키핑이 좋아 상대로부터 자주 파울을 얻어낸다. 태클, 가로채기 등 수비력이 좋아 풀백을 맡기도 한다.

국적 : 스페인

어린 시절 바르셀로나, 힘나스틱, 레알 마드리드, 레우스, 에스파뇰 등 여러 유스 클럽을 전전했다. 프로 선수가 되고도 팀에 제대로 정착하지 못하다 2011년 알메리아 유니폼을 입고 모든 것이 달라졌다. 2015년 국가대표 데뷔전도 치렀다.

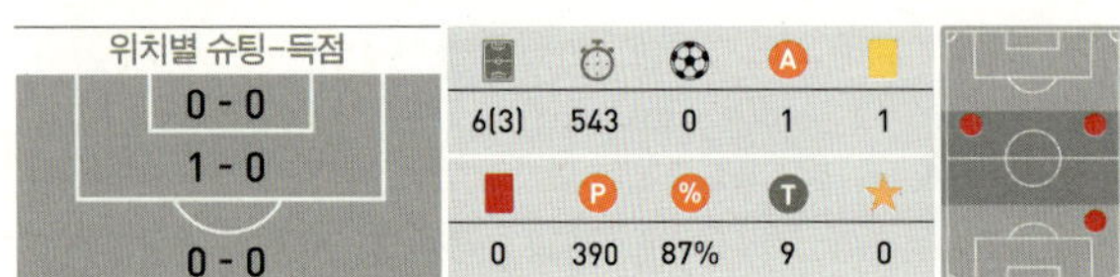

위치별 슈팅-득점

0 - 0		
1 - 0		
0 - 0		

경기수	출전시간	득점	도움	경고
6(3)	543	0	1	1

퇴장	패스시도	패스성공률	태클성공	MOM
0	390	87%	9	0

MF Wilfrid Kaptoum

27 / 윌프리드 캅툼

터프한 플레이를 펼치는 '박스-투-박스' 미드필더. 기술 축구를 구사하는 바르셀로나에 이런 근성 있는 선수는 꼭 필요하다. 지난 시즌 바르셀로나 2군 소속으로 스페인 2부 리그 25경기에 출전해 3골을 넣었다. 올 시즌 1군 경기에 어느 정도 출전할지는 미지수지만 만약 엔트리에 들어간다면 일단 부스케츠, 라키티치의 백업으로 대기할 가능성이 높다. 장·단 패스와 수비력에서 비교적 좋은 평가를 받는다.

국적 : 카메룬

카메룬 두알라 출생. 12세 때인 2008년 바르셀로나와 계약을 맺었고, 이 팀 유스 아카데미에서 7년 간 기본기를 배웠다. 2014년 바르셀로나 2군에서 데뷔했고, 2015년 레버쿠젠과의 챔피언스리그 경기 때 1군 데뷔전을 치렀다.

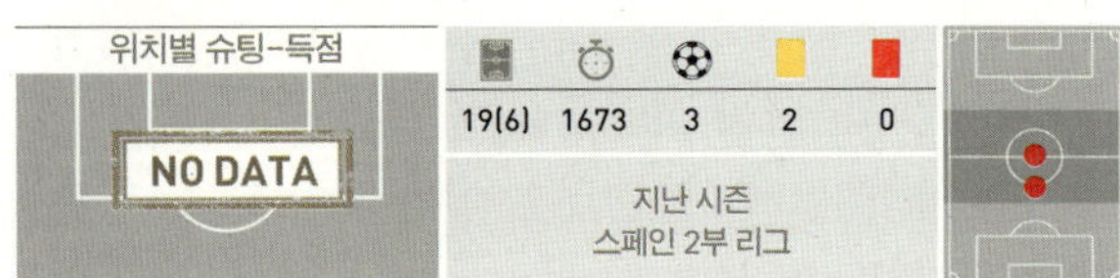

위치별 슈팅-득점

NO DATA

경기수	출전시간	득점	경고	퇴장
19(6)	1673	3	2	0

지난 시즌
스페인 2부 리그

FW Luis Suárez

루이스
수아레스

국적 : 우루과이

리그에서만 40골-16도움. 수아레스 본인의 축구 인생에서 단연 최고의 순간을 보냈다. 리버풀 시절과는 다르게 중앙에서 직접 득점보다는 동료에 헌신한다. 특히 '9번' 자리에서 포스트플레이나 측면으로 빠져 공간을 만드는 임무다. 특히 메시가 오른쪽으로 이동하는 새로운 시스템이 가능했던 것도 수아레스가 있기 때문이었다. 물론 기회가 있을 때 특유의 드리블 돌파와 슈팅으로 해결사 면모를 과시하기도 한다.

각종 기행으로 구설에 오른다. 브라질 월드컵에서는 이탈리아 수비수 조르지오 키엘리니를 물어뜯어 중징계를 받았다. 네덜란드 시절부터 알려진 것만 3번째. 2009년 오랜 연인이었던 소피아 발비와 결혼해 딸과 아들을 낳았다.

위치별 슈팅-득점

| 17 - 10 |
| 104 - 30 |
| 16 - 0 |

경기수	출전시간	득점	A	경고
35	3150	40	16	6

퇴장	P	%	T	★
0	926	73%	23	8

FW Lionel Messi

리오넬
메시

국적 : 아르헨티나

'축구의 神.' 라리가에서 26골-16도움-13MOM을 기록했다. 2014-15시즌 43-18-25와 비교하면 아쉽지만 무릎 통증과 복통으로 40일 결장한 것을 감안해야 한다. 메시에게 기록은 무의미하다. 이미 해탈의 경지에 올랐기 때문. 최고의 공격수, 완벽한 드리블러, 최고의 패스 마스터다. '메시 스팟'에서 나오는 드리블은 마라도나와 함께 역대 최고다. 또한 가장 다양한 슈팅 기술, 신기에 가까운 패스를 구사한다.

2000년 아르헨티나 뉴웰스 올드보이스에서 바르사 유스 클럽으로 옮기며 역사가 시작됐다. 바르셀로나의 골에 관한 기록은 모두 그가 깨뜨렸다. 어린 시절부터 친구 사이였던 안토넬라와의 사이에 티아고, 마테오 두 아들이 있다.

위치별 슈팅-득점

| 9 - 3 |
| 84 - 17 |
| 65 - 6 |

경기수	출전시간	득점	A	경고
31(2)	2730	26	16	3

퇴장	P	%	T	★
0	1838	81.9	11	13

FW Neymar

네이마르

국적 : 브라질

2016 리우 올림픽 금메달 획득으로 브라질 국민들의 박수를 한 몸에 받고 라리가 무대로 복귀했다. 지난 시즌 라리가 34경기에 출전해 24골-12도움-7MOM. 메시, 수아레스와 짝을 이루는 MSN 트리오가 올 시즌도 엄청난 폭발력을 과시할 것이다. 바르셀로나에서 역할은 왼쪽에 한정되지만 경기장 반을 사용하면서도 본인이 하고 싶은 플레이를 다 해낸다. 몸싸움도 많이 향상됐다.

17세 때였던 2009년 브라질 명문 산토스에서 프로 선수로 데뷔했다. 첫 시즌부터 두 자리 득점을 터트리며 활약했고 곧 브라질 최고 자리에 올랐다. 2013년 바르셀로나 유니폼을 입었는데 아직도 명확한 이적료가 밝혀지지 않았다.

위치별 슈팅-득점

| 13 - 6 |
| 83 - 17 |
| 28 - 1 |

경기수	출전시간	득점	A	경고
34	3057	24	12	6

퇴장	P	%	T	★
0	1814	81%	28	7

FW Paco Alcacer

파코
알카세르

국적 : 스페인

2014-15시즌 11골-5도움에서 지난 시즌 13골-6도움으로 기록이 좋아졌다. 발렌시아에서는 중심이었지만 바르셀로나에서는 보조 역할을 할 수밖에 없다. 알카세르 본인이 그걸 감안하고 이적을 감행한 것이다. 그는 체격이 평범하지만 골 냄새를 무척 잘 맡는다. 박스 안에서 공간을 찾아 정말 민첩하게 움직이고 한 치의 오차도 없이 골네트를 흔든다. 슈팅이 간결하고 한 박자 빠르게 나온다. 전형적인 CF.

발렌시아 유스 출신. 2009년 발렌시아 2군에서 데뷔. 이듬해 1군으로 승격했고, 잠시 헤타페 임대를 떠났다가 복귀했다. 2016년 여름 바르셀로나로 이적했다. 스페인 U-16부터 U-21까지 연령별 대표를 모두 거쳤고 현재 국가대표.

위치별 슈팅-득점

| 13 - 5 |
| 32 - 8 |
| 16 - 0 |

경기수	출전시간	득점	A	경고
25(9)	2420	13	6	2

퇴장	P	%	T	★
0	463	75%	20	4

REAL MADRID

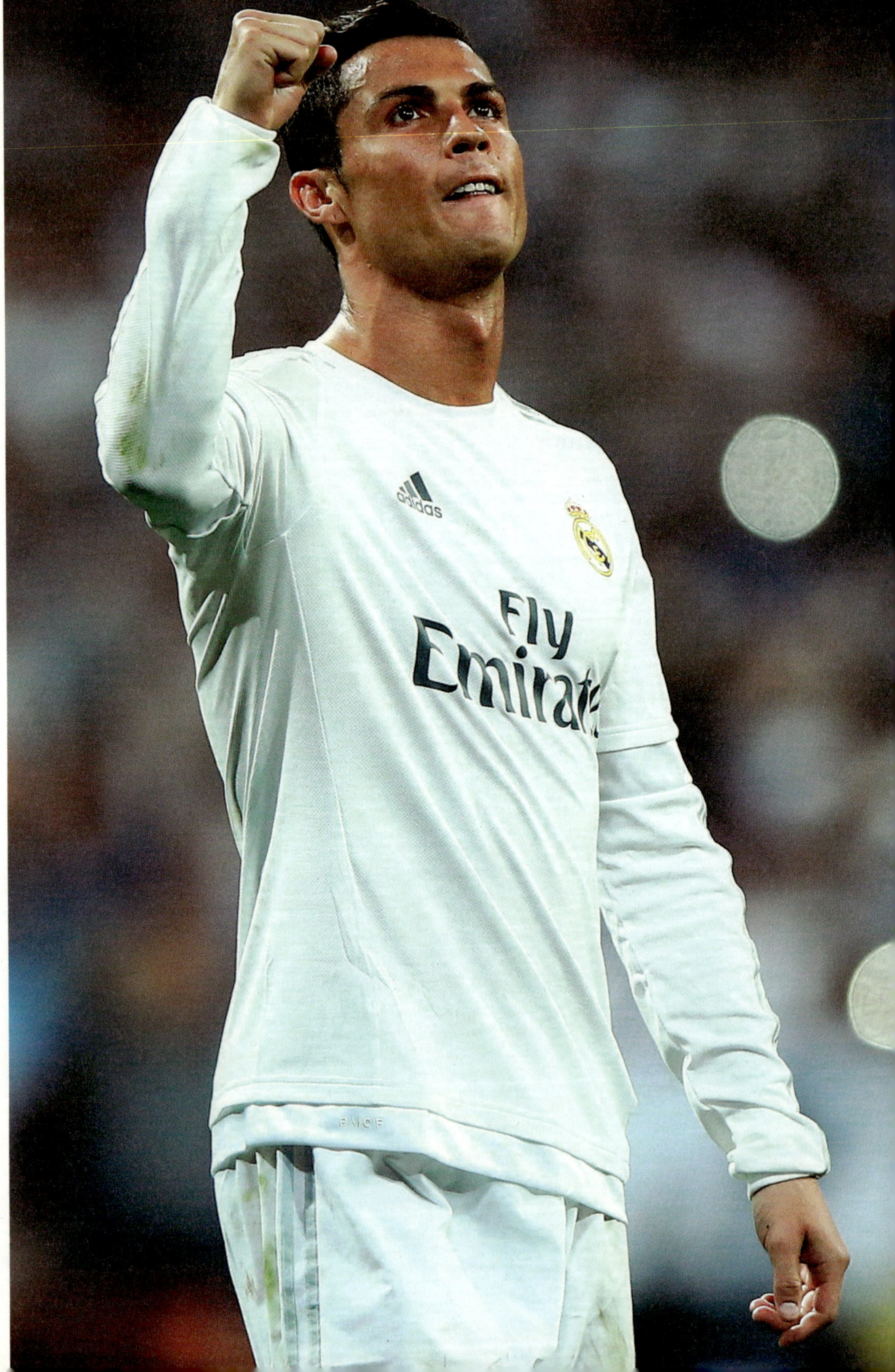

구단 창립 : 1902년
홈구장 : 산티아고 베르나베우
감독 : 지네딘 지단
2015-16시즌 : 2위(승점 90점)
28승 6무 4패 110득점 34실점
닉네임 : Los Blancos

32	SPANISH PRIMERA LIGA	19	SPANISH COPA DEL REY
11	UEFA CHAMPIONS LEAGUE	2	UEFA EUROPA LEAGUE
1	FIFA CLUB WORLD CUP	3	UEFA-CONMEBOL INTERCONTINENTAL

Home

Away

지단, 지휘봉 잡자마자 챔스 운데시마 달성
BBC 트리오 앞세워 올 시즌 트레블 노린다

2015-16 SEASON REVIEW

'불안했던 전반기와 화려했던 후반기.' 레알은 라파엘 베니테스에게 지휘봉을 맡기고 시즌을 시작했다. 그러나 그의 새 시스템은 팀에 잘 녹아들지 못했다. 홈경기에서 바르셀로나에 0-4로 참패한 것을 비롯해 세비야, 비야레알 원정에서 연속 덜미를 잡히며 말이 나오기 시작했다. 결국 2016년 1월, 베니테스가 해임되고 레알 마드리드 카스티야 감독이던 지네딘 지단이 1군 감독으로 승격했다. 지단은 선수단을 바로 장악했다. 유럽 챔피언스리그 '라 운데시마'를 달성했고, 프리메라리가에서는 바르사에 1점 모자라는 성적으로 2위를 차지했다.

SUMMER TRANSFER

2016년 여름은 조용히 보냈다. 영입한 18명 중 가장 눈에 띄는 선수는 유벤투스 출신 알바로 모라타. '챔스의 사나이'로 불리는 그를 위해 레알은 3000만 유로를 유벤투스에 지불했다. 모라타 외에 AS 모나코 수비수 파비우 코엔트랑, 마르세유 미드필더 루카스 실바 정도가 이름값 있는 선수들일 뿐이다. 현재 레알 전력이 좋기에 기존 선수들로 꾸려가겠다는 방침이다. 방출된 26명 중 PSG에 2500만 유로를 받고 넘긴 헤세, 발렌시아에 1500만 유로를 받고 이적시킨 알바로 메드란 등이 알려진 선수들. 나머지는 대부분 임대로 내보냈다.

2016-17 SEASON OUTLOOK

지단 감독이 지난 시즌 챔스 운데시마를 달성했을 때와 비교해 멤버, 시스템, 전술 변화가 거의 없다. 그리고 올 시즌 초반 연승 행진을 거듭하며 지단 감독이 옳았음을 입증하고 있다. 크리스티아누 호날두, 가레스 베일, 카림 벤제마, 루카 모드리치, 토니 크로스 등 멤버만 놓고 봐도 FC 바르셀로나, 바이에른 뮌헨과 함께 유럽 축구 '빅3'로 불리기에 충분하다. 레알의 목표는 1개 대회 우승이 절대 아니다. 최소한 프리메라리가, 코파델레이, 유럽챔피언스리그 트레블이다. 여기에 FIFA 클럽월드컵에서 우승하면 '화룡점정'이 될 것이다.

감독 지네딘 지단(Zinedine ZIDANE)

'UEFA 골든 주빌리 폴'에 의해 최근 반세기(50년) 유럽 최고의 선수로 선정됐다. 또한 펠레, 디에고 마라도나, 요한 크루이프, 알프레드 디스테파노, 프란츠 베켄바우어와 함께 축구 역사상 최고의 레전드로 꼽히는 인물이다. 프랑스 국가대표로 108경기에 출전해 31골을 넣으며 98 프랑스월드컵 및 유로 2000에서 우승했다. 은퇴 후 레알 마드리드 카스티야에서 유망주들을 지도하다가 전임 라파엘 베니테스가 성적 부진으로 해임된 직후인 2016년 1월 전격 1군으로 승격했다. 지단 감독은 지휘봉을 잡은 후 본인이 현역 시절 추구했던 패스&무브, 유연한 전술 변화를 주며 팀을 단번에 정상 궤도로 끌어올렸다. 그리고 그해 5월 유럽챔피언스리그 '라 운데시마'를 달성했다.

PROFILE
- 출 생 : 1972.6.23
- 국 적 : 프랑스
- 계 약 : 2018.6.30

STADIUM

SANTIAGO BERNABEU

- 구장 오픈 : 1947년
- 구장 개조 : 1982, 2001년
- 구장 증축 : 1953, 92, 94, 2011년
- 구장 소유 : 레알 마드리드
- 수용 인원 : 8만 5,454명
- 피치 규모 : 105m × 68m
- 잔디 종류 : 천연 잔디

SQUAD LIST

위치	번호	이름	국적	신장	체중	생년월일
GK	1	Keylor Navas	CRC	186	78	15-12-86
	13	Francisco Casilla	ESP	192	83	02-10-86
	25	Rubén Yáñez	ESP	190	81	12-10-93
	30	Luca Zidane	FRA	181	78	13-05-98
DF	2	Daniel Carvajal	ESP	173	70	11-01-92
	3	Pepe	POR	186	72	26-02-83
	4	Sergio Ramos	ESP	183	73	30-03-86
	5	Raphaël Varane	FRA	191	76	25-04-93
	6	Nacho Fernández	ESP	180	74	18-01-90
	12	Marcelo	BRA	174	73	12-05-88
	15	Fábio Coentrão	POR	178	66	11-03-88
	23	Danilo	BRA	184	73	15-07-91
	27	Álvaro Tejero	ESP	172	65	20-07-96
	33	Philipp Lienhart	AUT	185	78	11-07-96
MF	8	Toni Kroos	GER	182	71	04-01-90
	10	James Rodríguez	COL	180	77	12-07-91
	11	Gareth Bale	WAL	183	74	16-07-89
	14	Casemiro	BRA	184	80	23-02-92
	16	Mateo Kovačić	CRO	181	75	06-05-94
	17	Lucas Vázquez	ESP	173	69	01-07-91
	19	Luka Modrić	CRO	175	67	09-09-85
	20	Marco Asensio	ESP	178	70	21-01-96
	22	Isco	ESP	176	80	21-04-92
	40	Borja Sánchez	ESP	186	80	26-02-96
FW	7	Cristiano Ronaldo	POR	186	75	05-02-85
	9	Karim Benzema	FRA	182	74	19-12-87
	18	Mariano	DOM	179	74	01-08-93
	21	Álvaro Morata	ESP	189	85	23-10-92
	29	Enzo Fernández	FRA	184	80	24-03-95

2016-17 SEASON SCHEDULE

날짜	장소	상대팀	날짜	장소	상대팀
21/AUG	A	Real Sociedad	28/JAN	H	Real Sociedad
27/AUG	H	Celta Vigo	04/FEB	A	Celta Vigo
10/SEP	H	CA Osasuna	11/FEB	A	CA Osasuna
18/SEP	A	Espanyol Barcelona	18/FEB	H	Espanyol Barcelona
21/SEP	H	Villarreal CF	25/FEB	A	Villarreal CF
24/SEP	A	UD Las Palmas	28/FEB	H	UD Las Palmas
02/OCT	H	SD Eibar	04/MAR	A	SD Eibar
15/OCT	A	Real Betis	11/MAR	H	Real Betis
23/OCT	H	Athletic Bilbao	18/MAR	A	Athletic Bilbao
29/OCT	A	CD Alaves	01/APR	H	CD Alaves
05/NOV	H	CD Leganes	04/APR	A	CD Leganes
19/NOV	A	Atletico Madrid	08/APR	H	Atletico Madrid
26/NOV	H	Sporting Gijon	15/APR	A	Sporting Gijon
03/DEC	A	FC Barcelona	22/APR	H	FC Barcelona
10/DEC	H	Deportivo La Coruna	25/APR	A	Deportivo La Coruna
17/DEC	A	Valencia CF	29/APR	H	Valencia CF
07/JAN	H	Granada CF	06/MAY	A	Granada CF
14/JAN	A	Sevilla FC	13/MAY	H	Sevilla FC
21/JAN	H	Malaga CF	20/MAY	A	Malaga CF

RANK OF LAST 5 YEARS

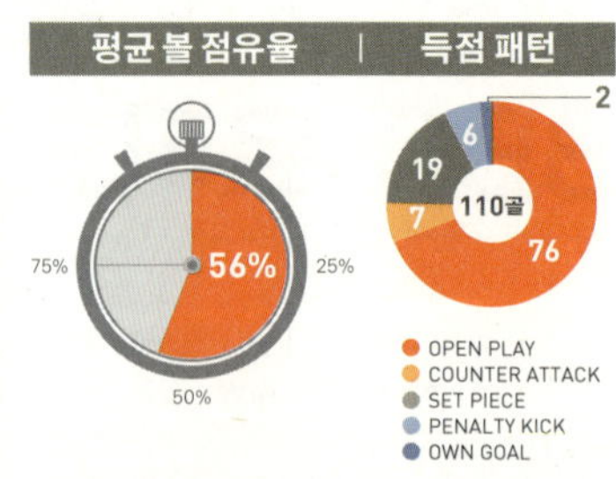

STRENGTHS & WEAKNESSES

OFFENSE		DEFENSE	
직접 프리킥	C	세트피스 수비	B
문전 처리	B	상대 볼 뺏기	C
측면 돌파	B	공중전 능력	B
스루볼 침투	C	역습 방어	C
개인기 침투	A	지공 방어	C
카운터 어택	C	스루패스 방어	C
기회 만들기	A	리드 지키기	C
세트피스	A	실수 조심	C
OS 피하기	D	측면 방어력	C
중거리 슈팅	A	파울 주의	C
볼 점유율	A	중거리슛 수비	C

매우 강함 **A**　　강한 편 **B**　　보통 수준 **C**　　약한 편 **D**　　매우 약함 **E**

FORMATION	

4-3-3

TOTO GUIDE 지난 시즌 상대팀별 전적

상대팀	홈	원정
FC Barcelona	0-4	2-1
Atletico Madrid	0-1	1-1
Villarreal	3-0	0-1
Athletic Bilbao	4-2	2-1
Celta Vigo	7-1	3-1
FC Sevilla	4-0	2-3
Malaga	0-0	1-1
Real Sociedad	3-1	1-0
Real Betis	5-0	1-1
Las Palmas	3-1	2-1
Valencia	3-2	2-2
Espanyol	6-0	6-0
Eibar	4-0	2-0
Deportivo	5-0	2-0
Granada	1-0	2-1
Sporting Gijon	5-1	0-0
Rayo Vallecano	10-2	3-2
Getafe	4-1	5-1
Levante	3-0	3-1

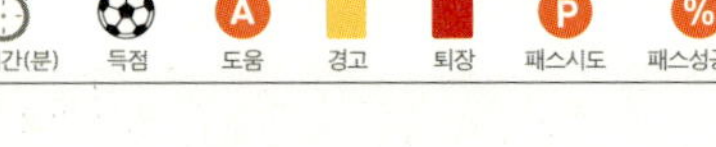

GK Keylor Navas

1 / 케일러 나바스

레알의 터줏대감 이케르 카시야스를 밀어냈다. 브라질 월드컵 때의 경이적인 퍼포먼스를 생각해보면 놀랄 일도 아니다. 그러나 지난 8월 아킬레스건을 다쳐 9월 말에나 복귀한다. 나바스의 최대 강점은 엄청난 반응속도. 동물적인 감각과 움직임으로 상대의 슈팅을 신들린 듯 막아낸다. 또한 재차 빠른 움직임으로 2차, 3차 슈팅까지 연속으로 걷어낸다. 페널티킥 방어, 중거리 슈팅 선방 능력도 단연 발군이다.

국적 : 코스타리카

월드컵 활약을 바탕으로 레알 마드리드 유니폼을 입었지만 카시야스의 벽을 넘을 수 없었다. 2015-16시즌 등번호 1번을 받고 주전으로 낙점됐지만 팀이 맨체스터 유나이티드로 이적을 결정했다. 서류 문제로 이적은 없던 일이 됐다.

슈팅 위치별 선방

위치별 선방	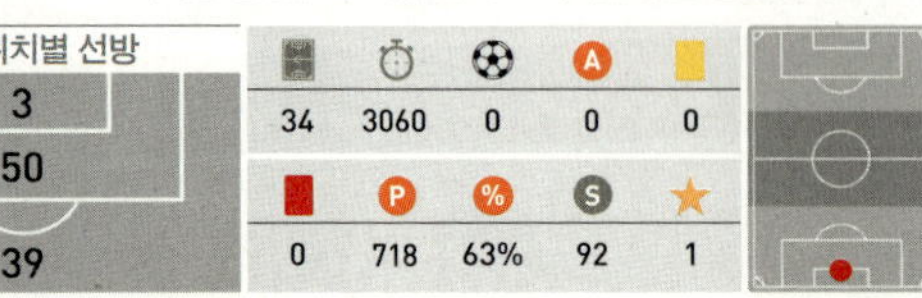			A	
3	34	3060	0	0	0
50					
39	0	718	63%	92	1

GK Kiko Casilla

13 / 키코 카시야

이케르 카시야스의 이적으로 골키퍼가 필요해진 레알의 선택을 받았으나 지난 시즌엔 출전 기회가 무척 적었다. 그러나 올 시즌 개막 직전 나바스가 아킬레스건을 다치는 바람에 임시 선발 GK로 나섰다. 9월 말 이후 두 선수 간 경쟁구도를 살펴봐야 한다. 카시야는 골키퍼로서 유리한 신체조건을 지녔다. 팔이 길기에 공중볼을 캐치하거나 일대일 상황에서의 숏-스토핑을 할 때 매우 유리하다. 반응속도도 좋다.

국적 : 스페인

2000년부터 레알 마드리드 유스 클럽에서 성장했다. C, B팀을 거쳤지만 아쉽게도 1군으로 승격하지 못하고 에스파뇰 유니폼을 입었다. 에스파뇰 이적 후에도 카디스, 카르타헤나 등으로 임대됐다가 2012년부터 활약하게 시작했다.

슈팅 위치별 선방

위치별 선방	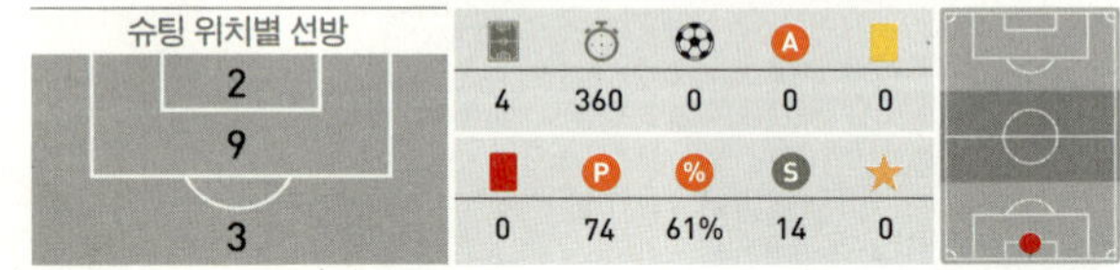			A	
2	4	360	0	0	0
9					
3	0	74	61%	14	0

DF Daniel Carvajal

2 / 다니엘 카르바할

레알 부동의 오른쪽 풀백이었다. 그러나 지난 시즌 다닐루의 가세 이후 치열하게 경쟁이 붙었다. 프리메라리가 기준으로 봐도 두 선수가 라이트백으로 선발 출전한 횟수가 거의 비슷했다(다닐루 19, 카르바할 18). 카르바할은 오른쪽에서 지치지 않는 체력으로 터치라인을 넘나든다. 빠른 속도로 상대 뒤쪽 공간을 넘어 박스 안으로 날카로운 크로스를 올린다. 수비와의 간격 유지, 커버 플레이 등 수비력도 OK.

국적 : 스페인

레알 마드리드 유스 출신. B팀에서 프로 선수로 데뷔해 1군에 합류하지 못하고 2012년 독일 바이어 레버쿠젠으로 이적했다. 이듬해 레알이 바이백 조항을 발휘, 다시 산티아고 베르나베우로 그를 불렀다. 스페인 U-19, U-21 출신이다.

위치별 슈팅-득점

위치별 슈팅-득점	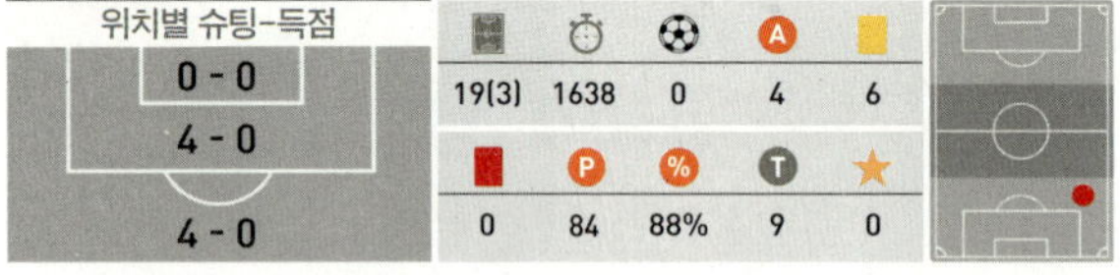			A	
0 - 0	19(3)	1638	0	4	6
4 - 0					
4 - 0	0	84	88%	9	0

DF Pepe

3 / 페페

지난 시즌 부상으로 2개월간 결장했다. 또한 한동안 잠잠하던 출전 정지 처분도 당했다. 이 때문에 프리메라리가 21경기에 출전하는 데 그쳤다. 올 시즌 라파엘 바란, 세르히오 라모스의 뒤를 잇는 '넘버 3' 센터백이다. 페페는 발이 빠르고 상대와 적극적으로 몸싸움을 시도한다. 빈틈이 없는 마킹, 태클, 점프를 이용한 공중전 등 발군이다. 올 시즌에는 전반적으로 로테이션으로 출전할 가능성이 높다.

국적 : 포르투갈

어린 시절을 브라질에서 보냈지만 2002년 마르티무 소속으로 프로 데뷔전을 치렀다. 이어 FC 포르투를 거쳐 2007년 3000만 유로의 이적료에 레알 마드리드 유니폼을 입었다. 포르투갈 대표로 두 번의 유로와 월드컵에 참가했다.

위치별 슈팅-득점

위치별 슈팅-득점				A	
1 - 0	21	1887	1	1	5
11 - 1					
1 - 0	0	1138	88%	33	0

DF Sergio Ramos

4 / 세르히오 라모스

현 세계 최고 수비수 가운데 1명. 레알 마드리드 입성 초기에는 오른쪽 수비였지만 이제는 중앙에서 수비를 지휘한다. 지난 시즌 리그 23경기에 나서 2골-2도움을 기록. 그가 세계 최고 수비수로 꼽히는 이유는 수비력에 공격력까지 겸했기 때문이다. 빠른 속도, 과감한 태클, 몸싸움, 중앙선까지 볼을 운반하는 능력, 세트플레이 득점력, 여기에 오른발 프리킥까지. 경고만 조금 줄인다면 흠 잡을 데 없다.

국적 : 스페인

세비야 유스 아카데미 출신. 2004년 이 팀 1군에서 데뷔했다. 이듬해 주전으로 활약하자마자 레알 마드리드가 약 2700만 유로를 제시하고 영입하는 데 성공했다. 스페인 청소년대표 출신이고, 2005년부터 국가대표로 활약 중이다.

위치별 슈팅-득점

위치별 슈팅-득점	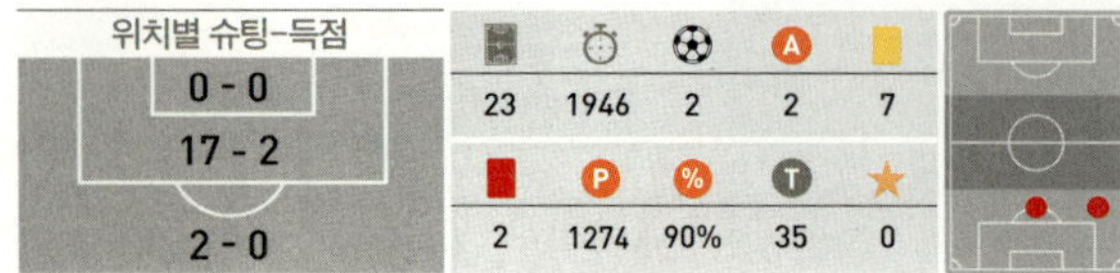			A	
0 - 0	23	1946	2	2	7
17 - 2					
2 - 0	2	1274	90%	35	0

DF Raphael Varane

5 / 라파엘 바란

어린 시절부터 프랑스에서 '제2의 로랑 블랑'으로 불렸다. 큰 체격임에도 발이 빠르고 몸이 유연해 방향을 무리 없이 전환한다. 바란은 영리한 두뇌를 앞세워 수비를 지킨다. 상대 패스 길목을 읽다가 순간적으로 튀어나가 볼을 끊는다. 마지막 태클 타이밍도 좋아 반칙 없이 깔끔하게 볼만 걷어낸다. 중원 지역으로 보내는 패스도 날카롭다. 몸싸움을 조금 꺼리는 편이지만 상대와 부딪히기 전에 수비를 마무리한다.

국적 : 스페인

프랑스 릴 출생으로 랑스에서 프로 선수로 데뷔했다. 2011년 무리뉴 감독 눈에 띄면서 약 1000만 유로에 레알 마드리드 유니폼을 입었다. 백업에 만족하지 않으며 이적설도 있었지만 2014년 9월, 6년 계약 연장에 성공했다.

위치별 슈팅-득점

위치별 슈팅-득점	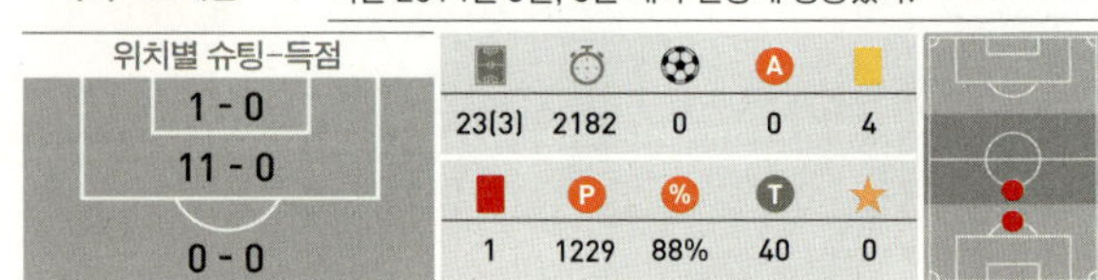			A	
1 - 0	23(3)	2182	0	0	4
11 - 0					
0 - 0	1	1229	88%	40	0

DF Nacho

6

나초

지난 시즌 센터백 8회, 레프트백 3회, 라이트백 1회씩 출전했다(프리메라리가 선발 출전 기준). 멀티플레이어라는 장점이 있지만 한편으로는 그 능력이 포지션 정착과 큰 성장을 방해하는 요인이 되기도 한다. 올 시즌도 비슷할 전망. 나초는 볼을 잘 다룬다. 상대로부터 볼을 잘 지켜내고, 90%의 패스 성공률을 자랑하며 짧은 패스 콤비네이션이 특기다. 민첩한 가로채기, 결정적 순간의 블로킹 등 수비도 OK.

국적 : 스페인

마드리드 태생으로 2001년부터 레알 마드리드와 연을 맺었다. 2011년 4월 1군 데뷔전을 치르면서 조금씩 1군과 가까워졌다. 스페인 U-16부터 U-21까지 엘리크 코스를 두루 밟았다. 동생 알렉스 페르난데스도 레알 출신 축구 선수다.

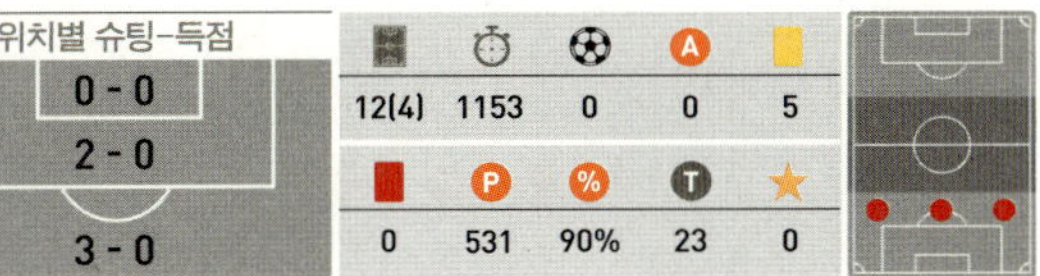

위치별 슈팅-득점	경기수	출전시간	득점	도움	경고
0 - 0	12(4)	1153	0	0	5
2 - 0	퇴장	P	%	T	★
3 - 0	0	531	90%	23	0

DF Marcelo

12

마르셀루

최강의 공격력을 자랑하는 레프트백. 90년대 후반과 2000년대 초반을 풍미했던 브라질 대표 팀 선배 호베르투 카를로스를 연상케 한다. 마르셀루의 플레이를 보면 이 선수는 레프트윙에 가깝다. 폭발적인 속도와 화려한 기술을 바탕으로 전진 드리블을 구사하며, 2대1 패스, 왼발 킥 등 그라운드에서 자유롭게 움직인다. 최근 수비력 부족의 비판도 줄어들었다. 중앙 수비와 라인을 맞추고 뒤쪽 공간을 잘 막아낸다.

국적 : 브라질

브라질 리우 데 자네이루 출신. 플루미넨시 유스 클럽을 쳐 2005년 프로 선수로 데뷔했다. 2007년 레알 마드리드로 이적해 2007-08시즌부터 주전으로 입지를 다졌다. 2009년, 오래 교제한 여자 친구 알베스와 결혼해 아들을 낳았다.

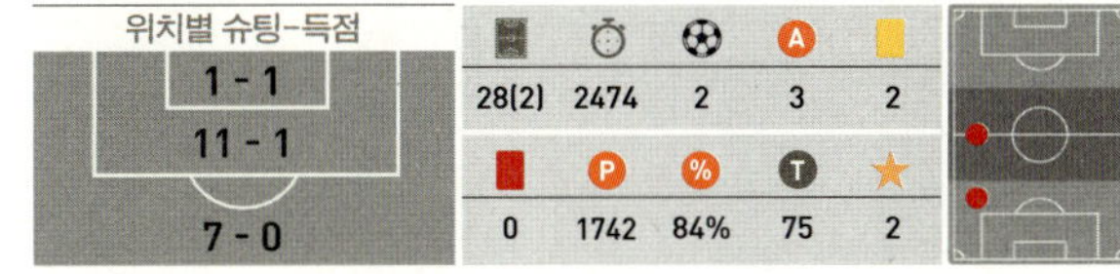

위치별 슈팅-득점	경기수	출전시간	득점	도움	경고
1 - 1	28(2)	2474	2	3	2
11 - 1	퇴장	P	%	T	★
7 - 0	0	1742	84%	75	2

DF Danilo

23

다닐루

레알에서의 첫 시즌, 나름 선방을 했다. 라이트백 터줏대감 카르바할과 출전 시간을 거의 비슷하게 나눠 가졌다. 다닐루는 체력이 좋고 공격과 수비에서 모두 안정적인 기량을 발휘한다. 특히 공격으로 잘 치고 나가 득점 기회를 잘 만들어낸다. 과감한 전진으로 측면을 돌파하고 박스 근처에서 날카로운 크로스를 시도한다. 중앙으로 이동하면서 때리는 슈팅도 강하다. 지난 시즌 리그 2골-5도움을 기록했다.

국적 : 브라질

2010년 브라질 아메리카-MG에서 프로 선수로 데뷔했다. 이듬해 산토스에 스카우트되면서 주목받았고 곧 포르투 레이더망에 걸렸다. 2015년 3월, 계약 기간이 1년 남았지만 레알 마드리드가 3150만 유로를 쓰면서 영입에 성공했다.

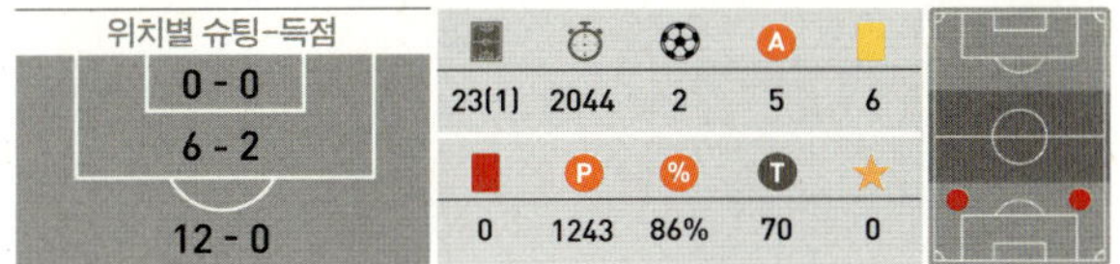

위치별 슈팅-득점	경기수	출전시간	득점	도움	경고
0 - 0	23(1)	2044	2	5	6
6 - 2	퇴장	P	%	T	★
12 - 0	0	1243	86%	70	0

MF Toni Kroos

8

토니
크로스

세계 최고의 중앙 미드필더. 독일 선수지만 스페인 출신보다 볼을 더 정확하게 처리한다. 기본기가 탄탄하고 터치부터 시작되는 간결한 플레이는 군더더기가 없다. 허리에서 좌우로 정확한 패스를 선사하고 박스 근처까지 올라가 기습적으로 강렬한 중거리 슈팅을 날린다. 전방으로 부챗살처럼 퍼지는 장-단 패스의 성공률은 무려 94%. 수비 위치를 잘 잡기에 반칙을 범하지 않으면서 상대의 공격을 확실히 차단한다.

국적 : 독일

한자 로스톡, 바이에른 뮌헨 유스 클럽을 거쳐 2007년부터 프로 선수 길에 들어섰다. 1군에서 기회가 적어 레버쿠젠 임대를 선택했고 이는 신의 한 수가 됐다. 2014년 팀과 재계약 문제로 마찰을 빚다 레알 마드리드 유니폼을 입었다.

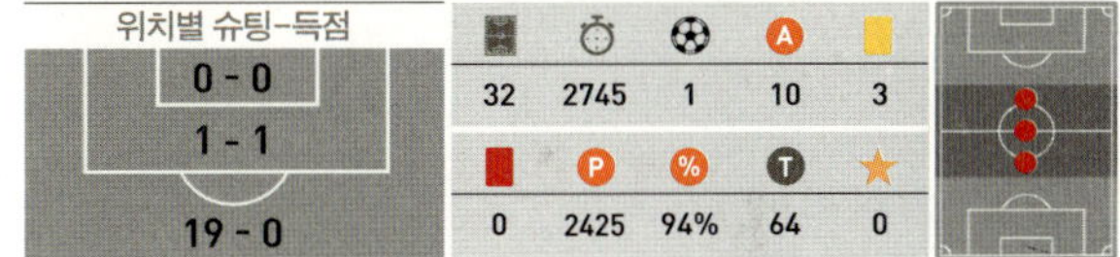

위치별 슈팅-득점	경기수	출전시간	득점	도움	경고
0 - 0	32	2745	1	10	3
1 - 1	퇴장	P	%	T	★
19 - 0	0	2425	94%	64	0

MF James Rodríguez

10

하메스
로드리게스

2015년 9월, 햄스트링을 다쳐 1개월간 결장했다. 결국 리가 26경기(선발 17+교체 9)에 출전해 7골-8도움에 그쳤다. 2014-15시즌 13골-13도움에 비해 성적이 확 떨어진 셈이다. 하메스는 몸이 부드러워 방향을 자유롭게 전환한다. 그는 왼발의 마법사다. 결정적인 패스, 크로스, 중거리 슈팅은 리그 최고 수준. 전방으로 부챗살처럼 퍼지는 장-단 패스, 볼 키핑, 직접 프리킥, 문전 처리, 컷-인 플레이 모두 엄지 척이다.

국적 : 콜롬비아

아르헨티나 반필드에서 프로 선수가 됐다. 이후 FC 포르투, AS 모나코 등을 거쳐 2014년 7월 이적료 최대 8000만 유로에 레알 마드리드 유니폼을 입었다. 콜롬비아 대표팀 동료이자 아스널 골키퍼, 다비드 오스피나의 동생과 결혼했다.

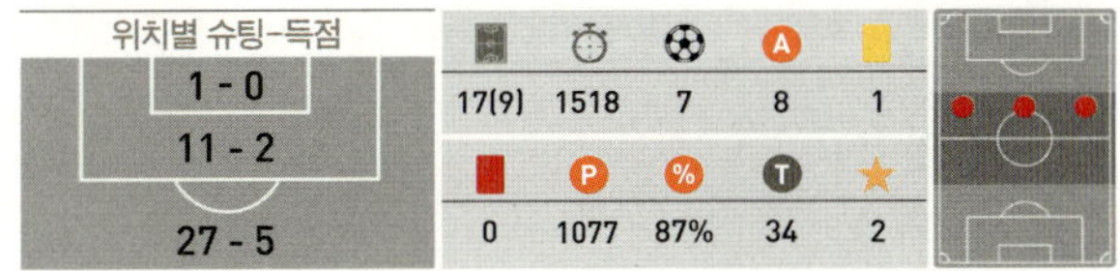

위치별 슈팅-득점	경기수	출전시간	득점	도움	경고
1 - 0	17(9)	1518	7	8	1
11 - 2	퇴장	P	%	T	★
27 - 5	0	1077	87%	34	2

MF Gareth Bale

11

가렛
베일

종아리 근육 부상으로 80일, 햄스트링 이상으로 일주일 결장했다. 다행히 올 시즌은 정상 컨디션으로 출발했다. 베일은 RW, CF, LW, AM등 공격 라인의 전 위치를 커버해 낸다. 지단 감독도 베일의 다재다능함을 높이 평가하고 있다. 폭발적인 스피드를 이용한 쾌속 드리블은 강력한 무기. 왼발로 터뜨리는 대포알 같은 슈팅, 적중률 높은 직접 프리킥, 결정적인 스루패스, 역습 능력, 컷-인 플레이는 최대 장점.

국적 : 웨일스

어려서부터 각종 운동에 소질을 보였고 단거리 달리기 기록이 좋았다. 고등학생 때부터 교제한 엠마 리스-존스와 결혼해 딸을 낳았다. 여전히 논란이지만 영연방 언론에서는 베일이 크리스티아누 호날두의 이적료를 깨뜨렸다고 보고 있다.

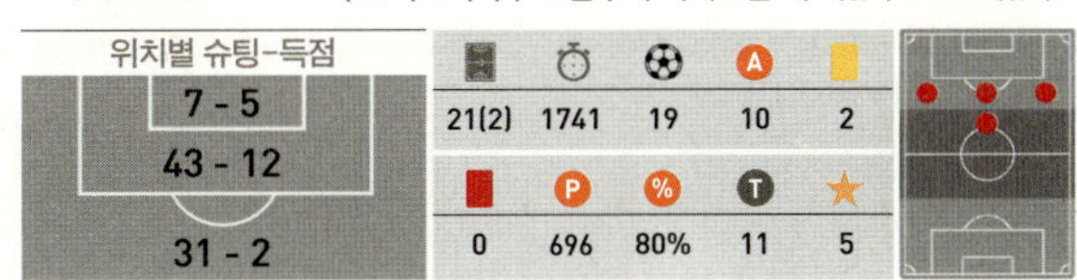

위치별 슈팅-득점	경기수	출전시간	득점	도움	경고
7 - 5	21(2)	1741	19	10	2
43 - 12	퇴장	P	%	T	★
31 - 2	0	696	80%	11	5

DF Casemiro

14

카세미루

과거 레알에서 활약한 에메르송을 떠올리게 한다. 클럽에서도 그렇게 성장하기를 바라는 눈치다. 화려한 기술보다는 안정적이고 투쟁적인 플레이를 우선시한다. 포르투 임대를 마치고 복귀한 지난 시즌 팀의 로테이션 멤버로 활약했다. 올 시즌엔 크로스와 중원 사령관 역할을 나눠 맡는다. 카세미루는 미드필드 후방에서 강력한 수비를 자랑한다. 수비진을 확실하게 보호하고 주변 동료에 일차적으로 볼을 건넨다.

국적 : 브라질

10세 때부터 브라질 상파울루에서 뛰었다. 2010년 프로 선수로 데뷔하면서 바로 두각을 나타냈다. 2012년 레알 B팀으로 이적했고 이후 안첼로티 감독이 1군으로 올려 기용하기 시작했다. 포르투 임대를 마치고 2015년 여름에 복귀.

위치별 슈팅-득점

| 1 - 1 |
| 6 - 0 |
| 13 - 0 |

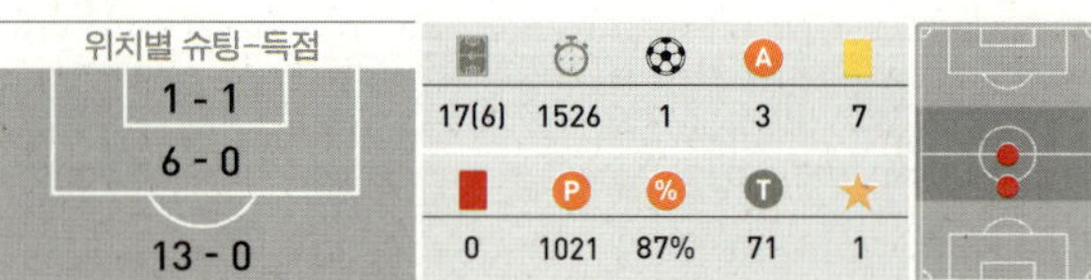

17(6)	1526	1	3	7
0	1021	87%	71	1

DF Lucas Vázquez

17

루카스
바스케스

팀의 로테이션 멤버로 출전해 주전들의 체력 보충을 도왔다. CF, RW, LW, RB 등 팀이 필요로 하는 어느 위치에서든 제 역할을 묵묵히 수행했다. 올 시즌도 그의 이런 기능은 변함이 없을 것이다. 루카스는 과감하게 측면을 파고든다. 상대를 제치고 나가는 속도가 일품. 짧은 드리블을 통해 수비수 중심을 무너뜨리고 편하게 다음 동작을 이어간다. 이 과정에 파울도 자주 얻어낸다. 낮고 빠른 크로스도 매우 정확하다.

국적 : 스페인

CD 쿠르티스, 우랄 FC, 레알 마드리드 유스 클럽을 거쳐 프로 선수가 됐다. 에스파뇰 임대가 끝나고 약 200만 유로에 정식 에스파뇰 선수가 됐지만 베니테스 감독이 곧바로 바이백 조항을 발동시키면서 레알 마드리드로 돌아왔다.

위치별 슈팅-득점

| 1 - 0 |
| 17 - 4 |
| 5 - 0 |

10(15)	1231	4	6	4
0	625	86%	53	1

MF Luka Modric

19

루카
모드리치

천재 플레이메이커. 미드필드 전역을 커버한다. 지난 시즌 쾌조의 레알이 흔들린 것도 그의 대퇴부 부상(10일), 발목 부상(10일) 탓이 컸다. 그는 볼을 가지고 있을 때 매우 위력적이다. 기술이 뛰어나고 드리블을 매우 잘 한다. 넓은 시야를 바탕으로 좌우를 가르는 패스, 상대 수비 허를 찌르는 스루패스는 단연 최고다. 양발잡이로 박스 근처에서 날리는 슈팅은 대포알처럼 강력하고 컴퓨터처럼 정확하다.

국적 : 크로아티아

17세 때인 2002년 디나모 자그레브에서 프로 선수가 됐다. 2008년 1650만 파운드에 토트넘 유니폼을 입었고 2012년 레알 마드리드로 이적 때는 몸값이 3000만 유로까지 뛰었다. 2010년 반야 보스니치와 결혼해 딸과 아들을 낳았다.

위치별 슈팅-득점

| 0 - 0 |
| 8 - 1 |
| 27 - 1 |

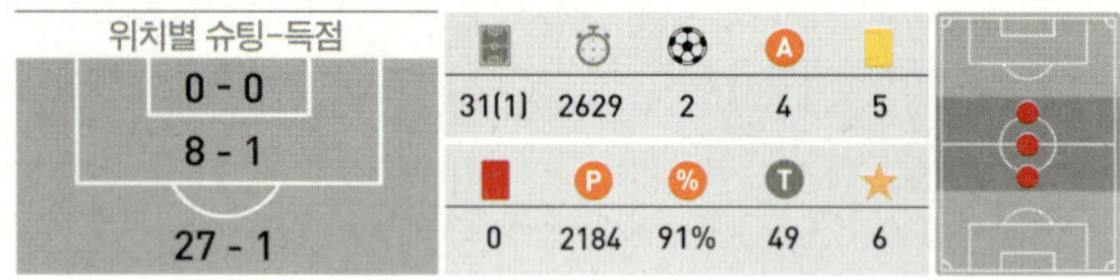

31(1)	2629	2	4	5
0	2184	91%	49	6

MF Isco

22

이스코

레알 마드리드 공격 옵션 가운데 놓칠 수 없는 '전진 드리블러'다. 패스 타이밍이 늦고 볼을 조금 끈다는 지적이 있지만 그럼에도 그의 드리블 실력은 보는 이들을 감탄하게 한다. 상대 골문 가까이 있을 때 빛나는 선수지만 레알 마드리드에서는 수비적인 가담을 주문받는다. 허리에 배치되는 경기가 많고 지난 시즌에는 '하프윙'에서 활약했다. 좁은 공간을 뚫고 나가 오른발로 감아 차는 슈팅이 압권.

국적 : 스페인

발렌시아 유스 출신으로 이 팀에서 프로 선수로 데뷔했다. 하지만 2011년 말라가로 이적하는 과정에서 친정팀의 원성을 샀다. 그래서 여전히 발렌시아에서는 홈 관중의 강한 야유를 받는다. 스페인 각 연령별 팀에서 에이스였다.

위치별 슈팅-득점

| 0 - 0 |
| 21 - 3 |
| 19 - 0 |

21(10)	1826	3	7	2
1	1181	89%	31	0

MF Mateo Kovačić

16

마테오
코바치치

크로아티아가 배출한 천재 미드필더 중 1명. 자국에서는 레알 마드리드 선수이기도 했던 로베르트 프로시네츠키와 비교하기도 한다. 기술이 잘 갖춰져 있고 공격적인 드리블 시도가 많다. 공격형 미드필더부터 딥라잉 플레이메이커까지 미드필드 전역을 소화할 수 있다. 다만 아직 확실한 자리를 찾은 것은 아니다. 인테르 밀란에서는 역할이 다소 애매했지만 지난 시즌 레알에서는 모드리치의 백업으로 기회를 얻었다.

국적 : 크로아티아

오스트리아 린츠에서 태어나 라스크 린츠에서 축구를 배웠다. 2007년 여러 빅클럽이 그를 노렸지만 가족은 디나모 자그레브 입단을 택했다. 2013년 약 1500만 유로로 인터밀란으로 이적했고 2년 만에 3200만 유로의 사나이가 됐다.

위치별 슈팅-득점

| 0 - 0 |
| 5 - 0 |
| 5 - 0 |

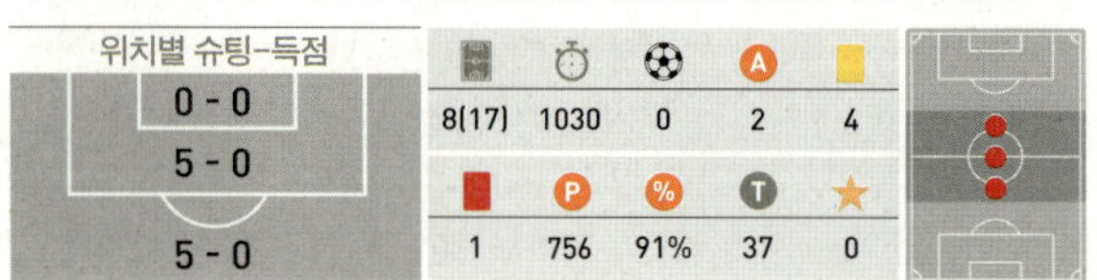

8(17)	1030	0	2	4
1	756	91%	37	0

MF Marco Asensio

20

마르코
아센시오

에스파뇰 최고 스타였던 그가 레알 마드리드 슈퍼스타들과 선의의 경쟁을 벌여야 한다. 그는 재능이 풍부하다. 아센시오는 전형적인 '2선 공격수'다. LW이 주 포지션이지만 AM, RW 위치에서도 얼마든지 제 몫을 해낼 수 있다. 화려한 드리블로 상대 수비 한두 명을 쉽게 제치거나 파울을 얻어낸다. 볼을 잘 지켜내고, 결정적인 패스와 환상 스루패스를 찔러준다. 컷-인 플레이를 즐기고, 태클도 적극적으로 한다.

국적 : 스페인

스페인 팔마 출생. 마요르카 유스 아카데미 출신으로 2013년 이 팀 2군에서 데뷔했다. 이어 마요르카 1군, 레알 마드리드, 에스파뇰(임대)를 거쳐 2016년 여름 레알로 복귀했다. 스페인 연령별 대표를 모두 거쳤고, 현재 국가대표다.

위치별 슈팅-득점

| 3 - 0 |
| 29 - 3 |
| 29 - 1 |

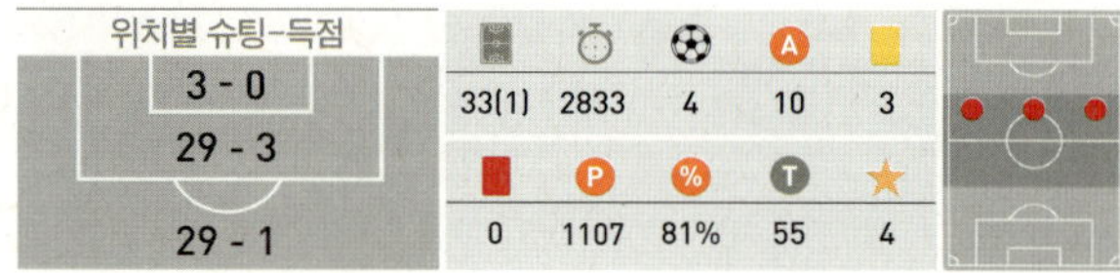

33(1)	2833	4	10	3
0	1107	81%	55	4

FW Cristiano Ronaldo

7

크리스티아누
호날두

국적 : 포르투갈

유럽 챔피언스리그와 UEFA ERO 트로피 획득. 올해 '발롱도르' 수상이 유력해졌다. 호날두는 머리부터 발끝까지 '온몸이 무기인 사나이'다. 무시무시한 운동 능력은 리그 최강. 양발을 사용해 박스 내−외곽 어디서든 공포의 득점포를 터뜨린다. 직접 프리킥, 공중전, 컷−인 플레이, 역습 전개 등 파워풀하고 스피드 있는 공격의 모든 영역에서 세계 최고 수준을 자랑한다. 오픈 상태에서의 장거리 드리블도 압권.

일거수일투족이 언론에 노출된다. 경제지가 발표하는 '세계에서 가장 수입이 많은 축구 선수'에서 1~2위를 다툰다. 패션에도 관심이 많아 자신의 상표 'CR7'을 런칭하기도 했다. 1년에 여러 차례 헌혈을 하고 불쌍한 이웃을 돕는 훈남이다.

위치별 슈팅−득점

13 - 5	
130 - 25	
84 - 5	

경기수	출전시간	득점	A	경고
36	3185	35	11	3
퇴장	P	%	T	★
0	1071	79%	11	8

FW Karim Benzema

9

카림
벤제마

국적 : 프랑스

역대급 퍼포먼스를 선보였다. 지난 시즌 라리가 27경기에 출전, 24골−7도움을 기록했다. 벤제마는 전방에서 폭넓은 움직임으로 수비를 분산시키고 기술적으로 수비를 따돌린다. 특히 깔끔한 첫 터치에서 시작되는 마무리나 연계는 감탄사가 나올 정도. 박스 안에서 이타적(利他的)인 플레이로 동료를 수시로 돕는다. 키패스, 스루패스, 골 결정력, 볼 키핑, 헤딩, 역습 전개 등 공격의 모든 면에서 돋보인다.

1996년 리옹 유스에 입단했고, 2004년 이 팀에서 데뷔했다. 1군 데뷔전도 18살 때인 2005년이었다. 이후 프랑스 리그를 평정하면서 2009년 최대 4100만 유로에 레알 마드리드 유니폼을 입었다. 2007년부터 프랑스 국가대표로 활약 중.

위치별 슈팅−득점

8 - 7	
81 - 17	
9 - 0	

경기수	출전시간	득점	A	경고
26(1)	1994	24	7	1
퇴장	P	%	T	★
0	668	82%	8	3

FW Mariano Mejia

18

마리아노
메히아

국적 : 도미니카

우선 국적이 눈에 띈다. '야구 강국' 도미니카 출신이다. 2012-13시즌 레알 마드리드 C팀에 입단한 이후 꾸준히 성장했다. 지난 시즌엔 레알 B팀 소속으로 스페인 2부 리그에서 무려 27골(!)을 폭발시켰다. 올 시즌 레알 본진에서는 로테이션 멤버로 대기할 것이다. 마리아노는 '박스 안의 여우'이자 '골 사냥꾼'이다. 체격은 평범하지만 민첩하게 움직이고 골 냄새를 잘 맡으며 기회 때 여지없이 마무리한다.

아버지는 스페인, 어머니는 도미니카계. 9세 때부터 9년 간 5개 유스 클럽을 거치며 기본기를 배웠다. 2011년 바달로나에서 데뷔했고, 2012년 레알 마드리드와 계약해 3군부터 1군까지 단계적으로 올라갔다. 현재 도미니카 국가대표다.

위치별 슈팅−득점

NO DATA

경기수	출전시간	득점	경고	퇴장
21(12)	2063	27	13	0

지난 시즌
스페인 2부 리그

FW Álvaro Morata

21

알바로
모라타

국적 : 스페인

유벤투스의 조커였다. 세리에A 선발 출전 16회에 교체 투입 18회였고, 7골−7도움을 기록했다. 올 시즌 레알에서도 조커로 뛴다. 모라타는 CF, LW, RW을 겸한다. 빠른 스피드를 이용해 쾌속 드리블을 한다. 다양한 장−단 패스, 결정적인 키패스도 좋다. 공중전에 능하고 볼을 잘 지켜낸다. 박스 안에서 효율적으로 움직이고, 골 결정력이 뛰어나다. '챔스의 사나이'로 불릴 정도로 챔피언스리그에 강한 게 특징.

스페인 마드리드 출생. 헤타페와 레알 유스 출신. 2010년 레알 마드리드 2군에서 데뷔했고, 레알 1군, 유벤투스를 거쳐 2016년 8월 레알로 복귀했다. 스페인 U-17, U-18, U-19, U-21 대표를 차례로 지냈고, 현재 스페인 국가대표다.

위치별 슈팅−득점

7 - 4	
30 - 3	
11 - 0	

경기수	출전시간	득점	A	경고
16(18)	1456	7	7	6
퇴장	P	%	T	★
0	503	79%	17	1

ATLETICO MADRID

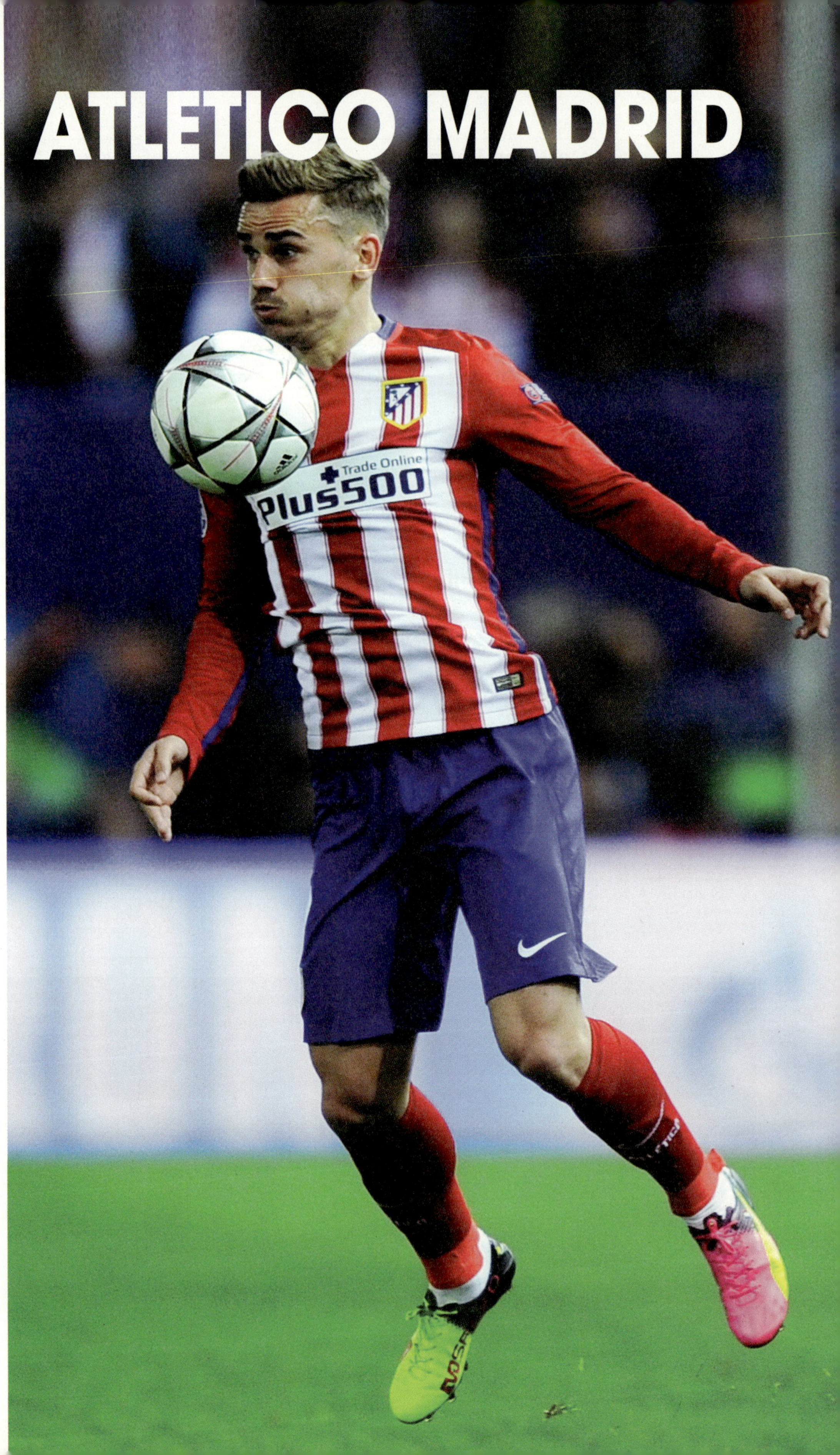

구단 창립 : 1903년
홈구장 : 비센테 칼데론
감독 : 디에고 시메오네
2015-16시즌 : 3위(승점 88점)
28승 4무 6패 63득점 18실점
닉네임 : Los Colchoneros

10	10
SPANISH PRIMERA LIGA	SPANISH COPA DEL REY
0	2
UEFA CHAMPIONS LEAGUE	UEFA EUROPA LEAGUE
0	1
FIFA CLUB WORLD CUP	UEFA-CONMEBOL INTERCONTINENTAL

Home

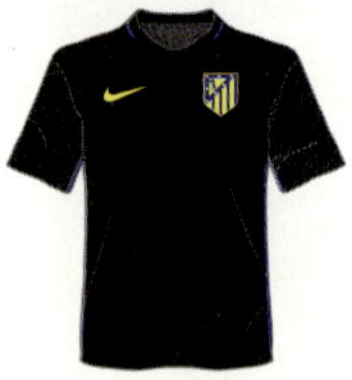

Away

이적 시장서 지출과 수입 1억 유로씩 '균형'
'양강 체제' 무너뜨린 시메오네 지도력 최강

2015-16 SEASON REVIEW

챔스 2위 및 라리가 3위. 시메오네 감독 부임 이후 2년 연속 트로피는 없었다. 하지만 이들의 성적이 이제 일장춘몽이 아니라 명실상부 스페인 3강 중 하나로 자리매김했다는 점이 중요하다. 라리가에서 28승 4무 6패 63득점 18실점을 기록했다. 우승팀 바르셀로나에 승점 3점, 준우승팀 레알 마드리드에 승점 2점이 부족했다. 22골-5도움을 기록한 앙투안 그리즈만은 이제 리오넬 메시, 크리스티아누 호날두에 이은 세계 축구 '넘버 3'로 자리를 굳혔고, 디에고 고딘은 수비의 중심을 잡아줬다. 코케는 14도움을 기록하며 리그 최상급 MF로 올라섰다.

SUMMER TRANSFER

2016년 이적 시장에서는 수입과 지출이 각각 1억 유로씩으로 밸런스를 이뤘다. 영입 리스트 중 눈에 띄는 선수는 세비야 스트라이커 출신 케빈 가메이로. 이적료는 3200만 유로였다. 그리고 벤피카에서 데려온 아르헨티나 출신 미드필더 니콜라스 가이탄(2500만 유로), 사수올로에서 영입한 수비수 시메 브르살리코(1700만 유로), 리버 플레이트에서 데려온 스트라이커 니코 시아파카세 등이다. 방출 선수 중엔 지난 1월 바르사로 떠난 아르다 투란(3400만 유로), 발렌시아 유니폼을 입은 기예르메 시케이라(4200만 유로)로 수입을 늘렸다.

2016-17 SEASON OUTLOOK

지난 시즌 라리가 최소 실점(18실점)을 기록했다. 디에고 고딘이 중심이 된 수비진은 올 시즌에도 빈틈이 없다. 또한 측면 공격진의 속도 강화로 풀백이 갖던 공격 부담이 낮아진 것도 긍정적인 요소다. 미드필드 중심 코케는 올 시즌에도 여전히 아틀레티코 전력의 핵이다. 앙투안 그리즈만은 이론의 여지없이 팀 내 최고의 스타플레이어다. 여기에 올 시즌 합류한 케빈 가메이로가 투스트라이커로 호흡을 잘 맞춘다면 득점력은 한층 강화될 것으로 보인다. 스페인 양강의 위력은 여전하다. 그러나 아틀레티코는 결코 '넘버 3'에 만족하지 않을 것이다.

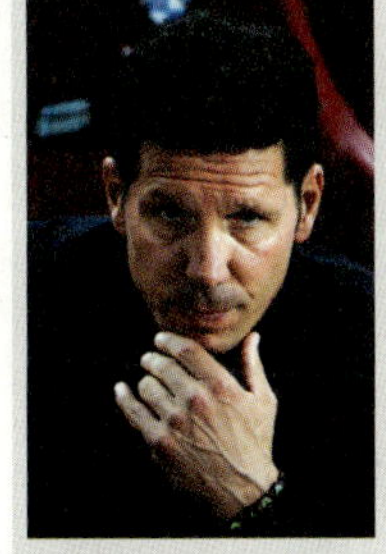

감독 디에고 시메오네(Diego SIMEONE)

영국 축구 전문지 포포투에 의해 세계 최고의 감독으로 선정됐다. 펩 과르디올라, 조세 무리뉴, 안토니오 콩테 등 유명 전술가들을 모두 제치고 당당히 1위에 오른 것. 그는 4-4-2포메이션을 강한 압박과 빠른 역습으로 연결하며 현대축구에 재도입시킨 뛰어난 전술가다. 또한 선수들을 강하게 격려하며 동기부여를 극대화시킨다. 오늘날 아틀레티코의 대성공은 시메오네의 지도력을 빼놓고는 결코 설명할 수 없다. 그는 선수 시절 매우 터프한 박스-투-박스 미드필더였다. 트로피도 많이 수집했다. 현역 은퇴 후 에스투디안테스, 리버 플레이트에서 지도자로서 성공을 거뒀다. 이후 산로렌소, 카타니아, 라싱 클럽에서 잠시 주춤했으나 2012년 아틀레티코 지휘봉을 잡은 후 완전히 '초대박'을 쳤다.

PROFILE
- 출 생 : 1970.4.28
- 국 적 : 아르헨티나
- 계 약 : 2020.6.30

STADIUM

Camp Nou

구장 오픈 : 1966년
구장 증축 : 1982년
구장 소유 : AT 마드리드
수용 인원 : 5만 4,907명
피치 규모 : 105m × 70m
잔디 종류 : 천연 잔디

SQUAD LIST

위치	번호	이름	국적	신장	체중	생년월일
GK	1	Miguel Ángel Moyá	ESP	185	75	02-04-84
	13	Jan Oblak	SVN	185	77	07-01-93
	25	André Moreira	POR	195	85	02-12-95
DF	2	Diego Godín	URU	185	73	16-02-86
	3	Filipe Luis	BRA	182	70	09-08-85
	15	Stefan Savi	MNE	186	73	08-01-91
	16	Šime Vrsaljko	CRO	183	76	10-01-92
	19	LucasHernández	FRA	180	75	14-02-96
	20	Juanfran	ESP	180	72	09-01-85
	24	José Giménez	URU	185	80	20-01-95
MF	5	Tiago	POR	183	75	02-05-81
	6	Koke	ESP	178	73	08-01-92
	8	Saúl Ñíguez	ESP	182	73	21-11-94
	10	Yannick Ferreira Carrasco	BEL	180	67	04-09-93
	11	Ángell Correa	ARG	174	69	09-03-95
	12	Augusto Fernández	ARG	177	71	10-04-86
	14	Gabi	ESP	179	68	10-07-83
	22	Thomas Partey	GHA	185	73	13-07-93
	23	Nicolás Gaitán	ARG	173	67	23-02-88
FW	7	Antoine Griezmann	FRA	174	72	21-03-91
	9	Fernando Torres	ESP	186	78	20-03-84
	17	Alessio Cerci	ITA	180	78	23-07-87
	21	Kevin Gameiro	FRA	172	69	09-04-87

2016-17 SEASON SCHEDULE

날짜	장소	상대팀	날짜	장소	상대팀
21/AUG	H	CD Alaves	28/JAN	A	CD Alaves
27/AUG	A	CD Leganes	04/FEB	H	CD Leganes
10/SEP	A	Celta Vigo	11/FEB	H	Celta Vigo
17/SEP	H	Sporting Gijon	18/FEB	A	Sporting Gijon
21/SEP	A	FC Barcelona	25/FEB	H	FC Barcelona
25/SEP	H	Deportivo La Coruna	28/FEB	A	Deportivo La Coruna
02/OCT	A	Valencia CF	04/MAR	H	Valencia CF
15/OCT	H	Granada CF	11/MAR	A	Granada CF
23/OCT	A	Sevilla FC	18/MAR	H	Sevilla FC
29/OCT	H	Malaga CF	01/APR	A	Malaga CF
05/NOV	A	Real Sociedad	04/APR	H	Real Sociedad
19/NOV	H	Real Madrid	08/APR	A	Real Madrid
26/NOV	A	CA Osasuna	15/APR	H	CA Osasuna
03/DEC	H	Espanyol Barcelona	22/APR	A	Espanyol Barcelona
10/DEC	H	Villarreal CF	25/APR	H	Villarreal CF
17/DEC	H	UD Las Palmas	29/APR	A	UD Las Palmas
07/JAN	A	SD Eibar	06/MAY	H	SD Eibar
14/JAN	H	Real Betis	13/MAY	A	Real Betis
21/JAN	A	Athletic Bilbao	20/MAY	H	Athletic Bilbao

RANK OF LAST 5 YEARS

평균 볼 점유율 | 득점 패턴

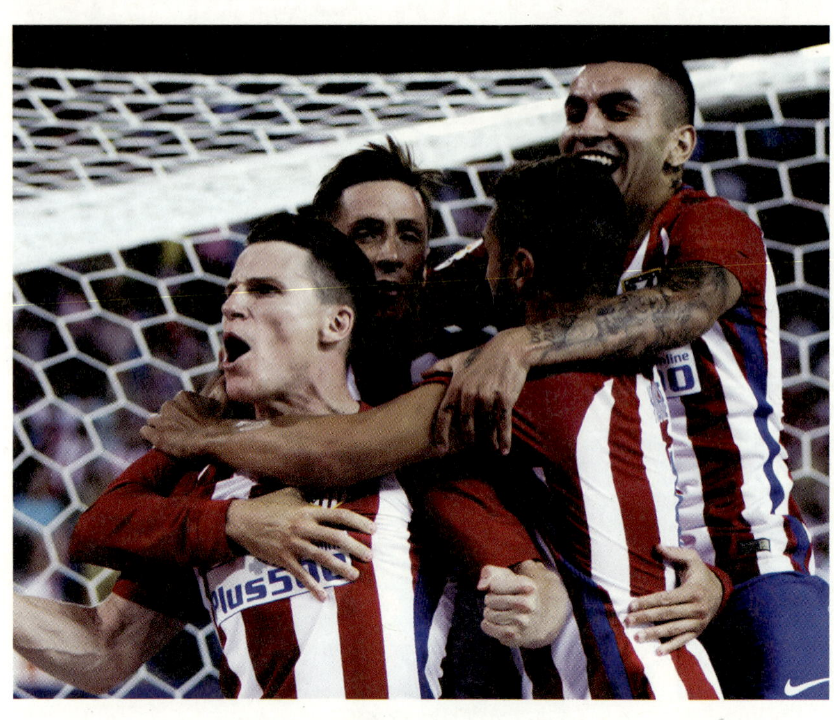

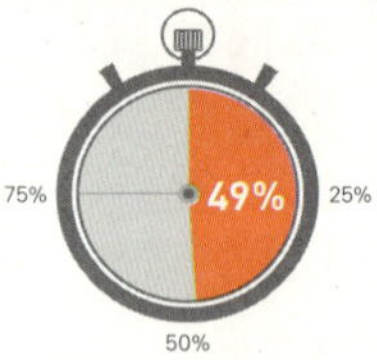

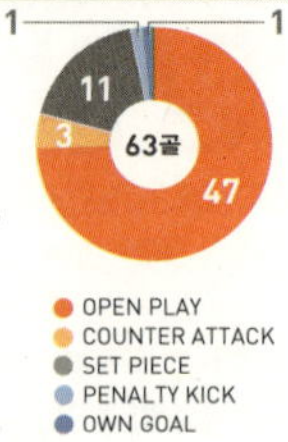

STRENGTHS & WEAKNESSES

OFFENSE		DEFENSE	
직접 프리킥	C	세트피스 수비	B
문전 처리	B	상대 볼 뺏기	B
측면 돌파	A	공중전 능력	B
스루볼 침투	C	역습 방어	C
개인기 침투	A	지공 방어	C
카운터 어택	C	스루패스 방어	C
기회 만들기	A	리드 지키기	B
세트피스	C	실수 조심	C
OS 피하기	C	측면 방어력	C
중거리 슈팅	B	파울 주의	C
볼 점유율	C	중거리슛 수비	C

매우 강함 A 강한 편 B 보통 수준 C 약한 편 D 매우 약함 E

시간대별 득점 | 시간대별 실점 | 득점 분포 | 공격 방향 | 볼 점유 위치 | 포지션별 득점 | 상대포지션별 실점

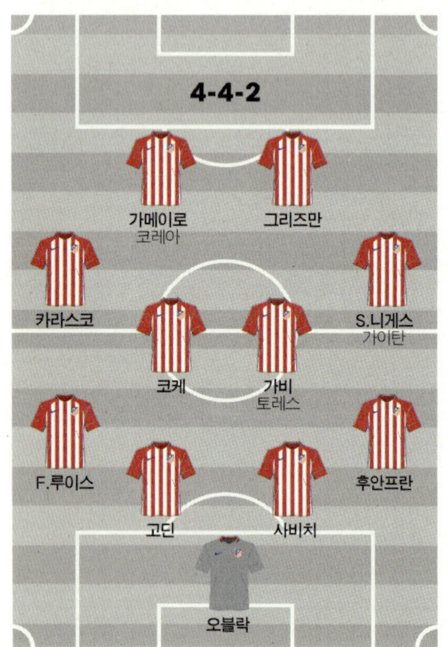

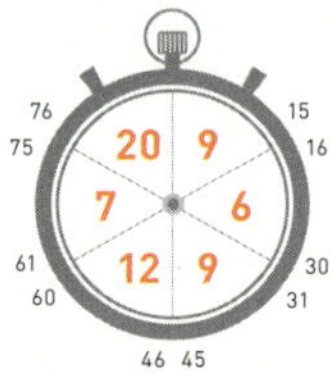

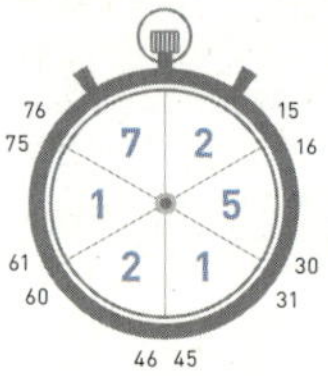

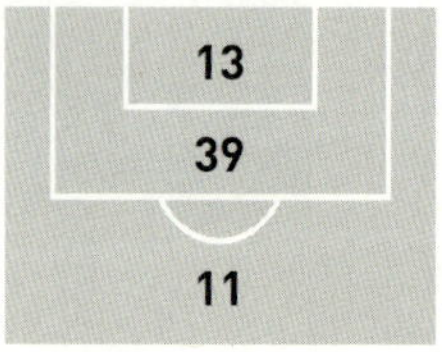

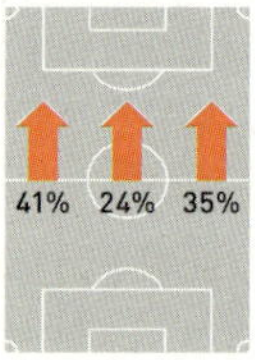

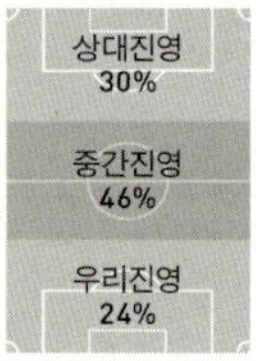

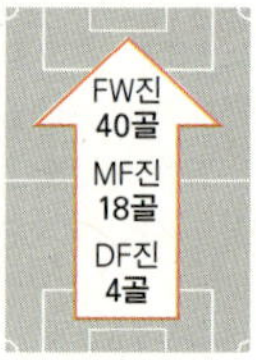

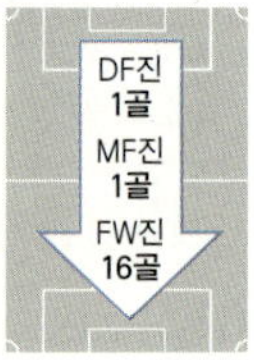

*상대 자책골 1골

FORMATION

TOTO GUIDE 지난 시즌 상대팀별 전적

상대팀	홈	원정
FC Barcelona	1-2	1-2
Real Madrid	1-1	1-0
Villarreal	0-0	0-1
Athletic Bilbao	2-1	1-0
Celta Vigo	2-0	2-0
FC Sevilla	0-0	3-0
Malaga	1-0	0-1
Real Sociedad	3-0	2-0
Real Betis	5-1	1-0
Las Palmas	1-0	3-0
Valencia	2-1	3-1
Espanyol	1-0	3-1
Eibar	3-1	2-0
Deportivo	3-0	1-1
Granada	3-0	2-0
Sporting Gijon	1-0	1-2
Rayo Vallecano	1-0	2-0
Getafe	2-0	1-0
Levante	1-0	1-2

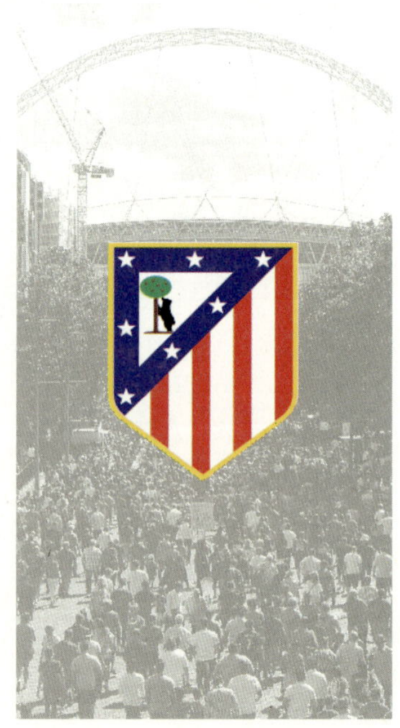

GK Jan Oblak

얀
오블락

'남의 불행은 나의 행복.' 미겔 모야의 무릎 부상 재발이 오블락에게 2년 연속 주전 자리를 보장한다. 지난 시즌 라리가 38경기에 모두 선발로 출전해 81회 선방을 기록했다. 놀라운 반사신경을 이용한 숏-스토핑, 좌우 코너로 빠르게 날아가는 슈팅에 대한 방어력은 리그 정상급. 골문을 꽉 채우는 큰 신체조건, 안정된 킥, 공중볼 장악까지 모두 OK. 패스 성공률이 너무 낮아(47%) 빌드-업에 문제가 있다.

국적 : 슬로베니아

올림피아 류블리아나 유스 출신으로 2009년 이 팀 1군에서 데뷔했다. 2010년 벤피카로 이적했으나 베이라마르, 올랴넨세, 우니앙 레이리아, 리우 아베로 계속 임대됐다. 2014년 여름 아틀레티코로 이적. 현재 슬로베니아 국가대표다.

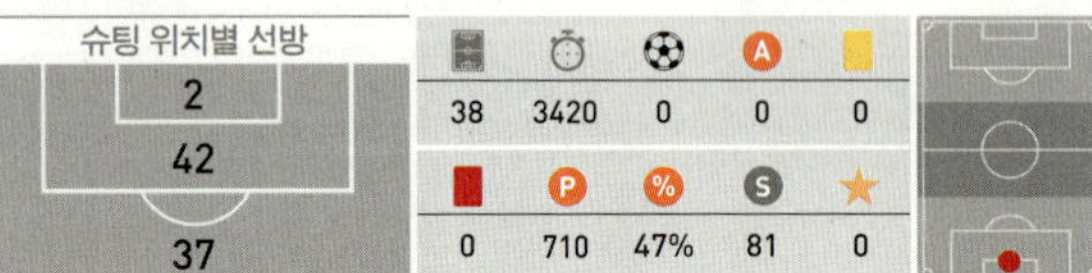

슈팅 위치별 선방		경기수	출전시간	득점	A	경고	
2		38	3420	0	0	0
42						
37		0	710	47%	81	0

GK André Moreira

앙드레
모레이라

당당한 체격을 지닌 20세 골키퍼. 미겔 모야의 무릎 부상이 재발돼 당분간 오블락의 백업 GK로 대기한다. 또한 아틀레티코가 3개 대회(라리가, 코파델레이, 챔스)에 출전해야 하므로 코파델레이에서 출전 기회가 어느 정도 보장될 수 있을 것이다. 앙드레는 포르투갈 U-20 대표 출신으로 유럽 청소년 레벨에서는 톱클래스로 평가받아 왔다. 나이에 비해 침착하고, 숏-스토핑, 볼핸들링 등에서 나무랄 데 없다.

국적 : 포르투갈

포르투갈 빌라노바 데 파말리상 출생. 2013년 히베이랑에서 데뷔. 팀에 적을 둔 채 경험을 쌓기 위해 3년 간 모레이렌제, 우니앙 마데이라, 벨레넨제스에 임대됐다. 그리고 2016년 여름 아틀레티코로 이적했다. 포르투갈 U-20 대표 출신.

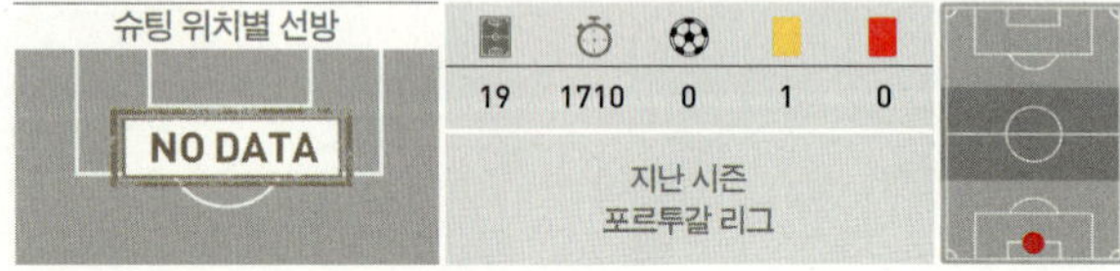

슈팅 위치별 선방	경기수	출전시간	득점	경고	퇴장
NO DATA	19	1710	0	1	0

지난 시즌
포르투갈 리그

DF Diego Godín

디에고
고딘

현재 세계 최고 수비수를 꼽는 데 다섯 손가락 안에 들어갈 선수다. 특히 디에고 시메오네 감독을 만나면서 모든 능력이 더 향상됐다. 후방에서 라인을 컨트롤하고 과감한 태클로 상대 공격을 차단한다. 강한 몸싸움으로 공격수를 밀어내는 것은 기본. 여기에 공을 다루는 기술이 뛰어나 짧고 긴 패스, 드리블 전진 등 공격 가담도 수준급이다. 특히 세트플레이에서 득점을 터트리며 분위기를 단번에 바꾼다.

국적 : 우루과이

우루과이 로사리오 출생. 데펜소르 아카데미에서 축구를 배웠고, 2003년 세로에서 데뷔했다. 이어 나시오날, 비야레알을 거쳐 2010년부터 현재까지 아틀레티코에서 뛰고 있다. 우루과이 국가대표로 '센추리 클럽'에 가입된 베테랑이다.

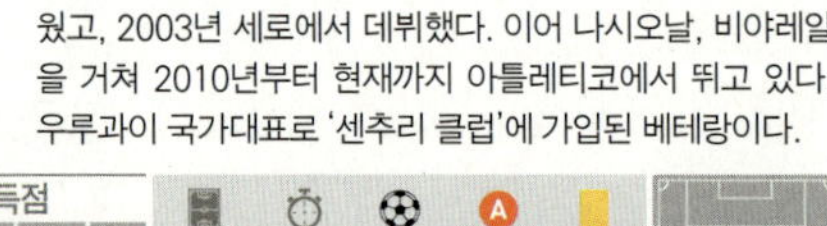

위치별 슈팅-득점	경기수	출전시간	득점	A	경고
5 - 1	31	2651	1	1	5
20 - 0					
0 - 0	1	1108	78%	72	6

DF Filipe Luís

필리페
루이스

아틀레티코로 복귀한 첫 시즌, 역대 본인 최고의 퍼포먼스를 선보였다. 2014-15시즌 첼시에서 출전 기회도 보장 못 받았던 것과 비교하면 천만다행이었다. 친정팀으로 돌아온 뒤 특유의 공격능력을 선보였다. 폭발적인 스피드, 부드러운 방향 전환, 드리블 돌파, 정확한 크로스 등 여러 공격 지원이 가능하다. 수비 복귀가 빨라 상대에 뒤 공간을 쉽게 허용하지 않는다. 지치지 않는 체력의 소유자이기도 하다.

국적 : 브라질

브라질 출신으로 피게이렌시, 네덜란드 아약스 등을 거쳐 레알 마드리드 카스티야로 이적했다. 레알 1군 승격이 어려워지자 데포르티보 유니폼을 입었고 여기서 대박이 났다. AT 마드리드로 이적한 후에는 선수로서 최고점을 찍은 상태.

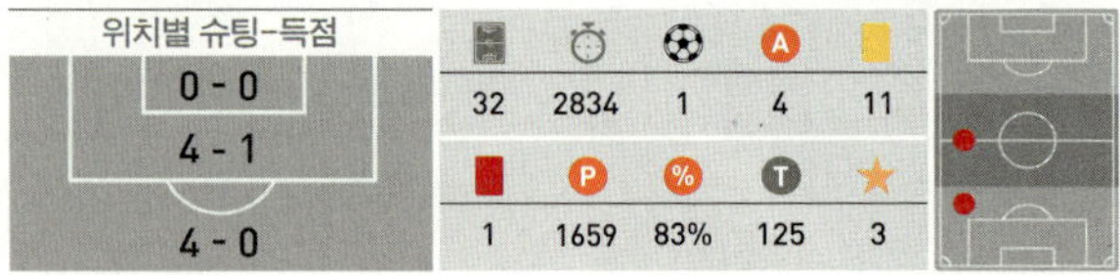

위치별 슈팅-득점	경기수	출전시간	득점	A	경고
0 - 0	32	2834	1	4	11
4 - 1					
4 - 0	1	1659	83%	125	3

DF Stefan Savić

스테판
사비치

햄스트링 부상으로 20여일, 종아리 근육 부상으로 50여 일 결장했다. 이 때문에 지난 시즌 라리가 12경기에 출전하는 데 그쳤다. 올 시즌은 정상 컨디션으로 출발했기에 기대가 크다. 사비치는 체격이 좋은 데다 발이 빨라 후방을 잘 지켜낼 수 있다. 이미 이탈리아 무대와 유럽 대항전에서 검증을 거친 점도 높이 평가된다. 경고가 적어 고딘, 히메네스와 호흡을 맞추면서 적절한 역할 분담이 가능할 것이다.

국적 : 몬테네그로

17세 때인 2008년 세르비아 BSK에서 프로 선수로 데뷔했다. 2010년 아스널 입단 테스트 후 벵거의 관심을 끌었지만 여러 사정이 겹쳐 입단은 좌절됐다. 이후 맨체스터 시티, 피오렌티나를 거쳐 2015년 AT 마드리드 유니폼을 입었다.

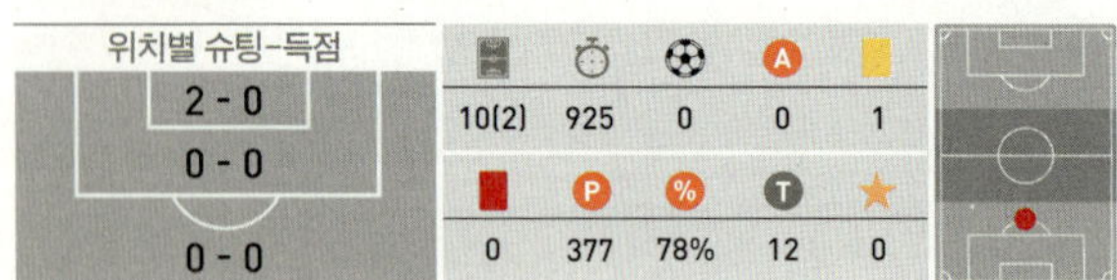

위치별 슈팅-득점	경기수	출전시간	득점	A	경고
2 - 0	10(2)	925	0	0	1
0 - 0					
0 - 0	0	377	78%	12	0

DF Šime Vrsaljko

시메
브르살리코

세리에 A 사수올로에서 꽤 좋은 활약을 펼쳤다. 리그 35경기에 선발 출전해 태클 67회와 MOM 선정 4회. 올 시즌 개막 시점엔 백업으로 출발했다. 브르살리코는 '터치라인 전문가'다. 주 위치는 RB, RM이지만 상황에 따라 LB, LM로 뛸 수도 있다. 팀에 꼭 필요한 멀티플레이어. 크로스가 정확하고 키패스가 날카로우며 집중력이 좋다. 중거리 슈팅도 위력적. 평범한 체격임에도 공중전 능력은 리그 최고 수준.

국적 : 크로아티아

크로아티아 리에카 출생. 디나모 자그레브 아카데미 출신으로 2009년 이 팀 1군에서 데뷔했다. 로코모티바(임대), 제노아, 사수올로를 거쳐 2016년 여름 아틀레티코로 이적했다. 크로아티아 연령별 대표를 다 지냈고, 현재 국가대표다.

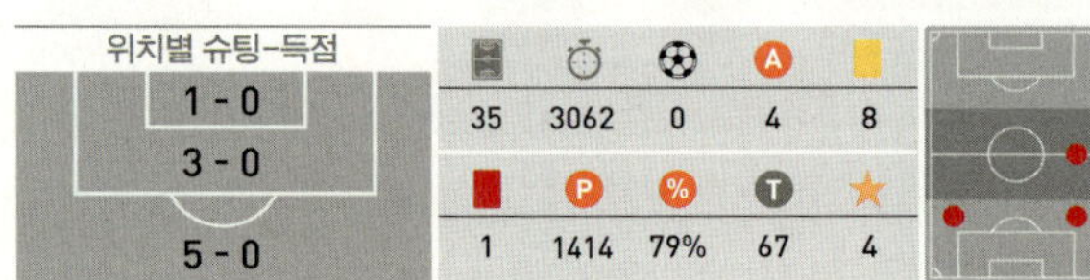

위치별 슈팅-득점	경기수	출전시간	득점	A	경고
1 - 0	35	3062	0	4	8
3 - 0					
5 - 0	1	1414	79%	67	4

DF Lucas Hernández

루카
에르낭데

프랑스 출신이지만 아틀레티코 유스로 시작해 줄곧 이 팀에서만 활약해 왔다. 그러나 현재까지 팀에서 제자리를 잡지는 못했다. 아직 젊기에 더 노력해야 한다. 에르낭데는 중앙 수비수로서는 평범한 체격이다. 그러나 스피드가 좋고 축구 IQ가 우수하기에 효율적인 수비를 펼칠 수 있다. 태클, 클리어링, 블로킹, 인터셉트 등 수비의 기본기가 잘 갖춰져 있다. 빌드-업 상황에 좀 더 과감한 패스를 할 필요가 있다.

국적 : 프랑스

프랑스 마르세유 출생. 아틀레티코 유스를 거쳐 현재까지 이 팀에서 활약 중이다. 프랑스 U-16, U-18, U-19, U-20, U-21 대표를 모두 지냈다. 아버지 장-프랑수아 역시 선수 출신으로 과거 아틀레티코에서 중앙 수비수로 활약했다.

위치별 슈팅-득점

0 - 0
0 - 0
0 - 0

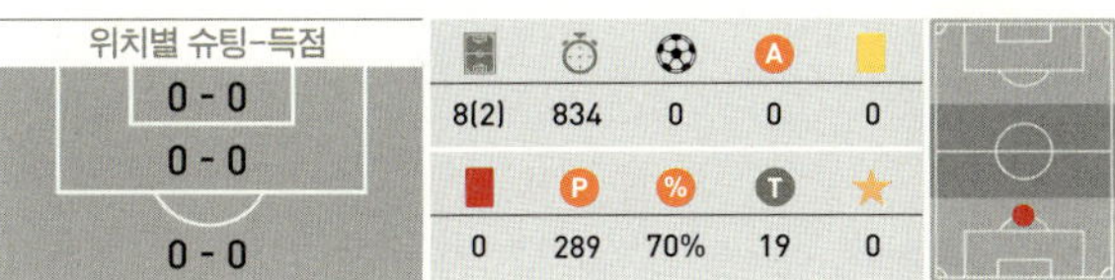

경기수	출전시간	득점	A	경고
8(2)	834	0	0	0
퇴장	P	%	T	★
0	289	70%	19	0

DF Juanfran

후안프란

포지션 변경이 선수 운명을 바꾼 케이스다. 후안프란은 원래 오른쪽 날개 출신이다. 오사수나에서 AT 마드리드로 이적했을 때도 마찬가지였다. 그러다 2011년 시메오네 감독이 오른쪽 풀백으로 적극 활용하면서 잠재력이 폭발했다. 미드필드에서 평범했던 공격력이 극대화됐고 수비와 호흡을 맞추는 부분에서도 부족함이 없었다. 터치라인을 파고드는 공격 가담은 후안프란의 최대 장점. 크로스도 꽤 정확하다.

국적 : 스페인

레알 마드리드 유스 출신으로 1군까지 올라갔지만 치열한 경쟁에서 밀렸다. 이후 에스파뇰, 오사수나를 거쳐 2011년 약 400만 유로에 AT 마드리드 유니폼을 입었다. 스페인 U-17, U-20 출신으로 2012년부터 대표팀에 발탁 중이다.

위치별 슈팅-득점

1 - 1
1 - 0
5 - 0

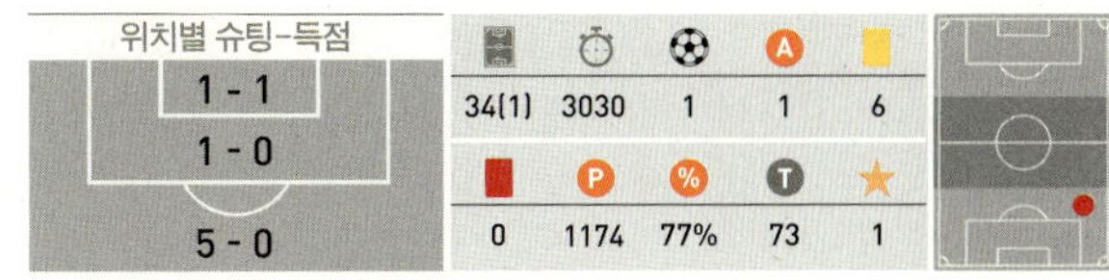

경기수	출전시간	득점	A	경고
34(1)	3030	1	1	6
퇴장	P	%	T	★
0	1174	77%	73	1

DF José Giménez

호세
히메네스

햄스트링 부상으로 보름, 출전 정지 처분으로 일주일, 대퇴부 부상으로 60일 등 총 80여 일 결장하는 가운데서도 라리가 27경기에 출전했다. 어린 나이지만 터프한 수비로 AT. 마드리드 후방을 든든하게 지킨다. 특히 대표팀 센터백 파트너 고딘과 아주 잘 맞는다. 강한 힘, 때로는 거칠게 느껴질 만큼 과감한 태클, 공중볼 경합, 패스 커팅 등 수준급 수비를 자랑한다. 일단 몸으로 들이대는 스타일.

국적 : 우루과이

우루과이 톨레도 출생. 2013-14시즌 다누비오에서 프로 선수로 데뷔했다. 2013 FIFA U-20 월드컵에 출전하기도 전에 AT 마드리드가 스카우트해서 영입을 결정지었다. 2013년 9월부터는 우루과이 국가대표 주전으로 활약 중이다.

위치별 슈팅-득점

2 - 1
9 - 0
1 - 0

경기수	출전시간	득점	A	경고
27	2430	1	1	8
퇴장	P	%	T	★
0	861	73%	56	1

MF Tiago Mendes

티아구
멘데스

시즌 초반 잘 나가다 2015년 11월 29일 정강이뼈가 부러져 시즌 아웃됐다. 올 시즌엔 정상 컨디션으로 출발했다. 그는 시메오네 감독과 함께 눈에 띄게 달라진 선수다. 유벤투스에서 AT.마드리드로 이적할 때만 해도 내림세라는 평이 많았다. 하지만 스타일이 맞는 스페인에서 진가를 발휘해왔다. 중원에서 수비와 공격 균형을 절묘하게 맞춘다. 기술을 앞세운 공격뿐 아니라 1차 압박도 적극적이다.

국적 : 포르투갈

1999년 포르투갈 브라가에서 프로 선수로 데뷔했다. 벤피카, 첼시, 리옹, 유벤투스 등 빅 클럽을 거쳐 아틀레티코로 이적했다. 유벤투스 시절에는 기복이 있었다. 포르투갈 U-21 대표 출신으로 2002년부터 국가대표로 활약 중이다.

위치별 슈팅-득점

0 - 0
3 - 0
4 - 1

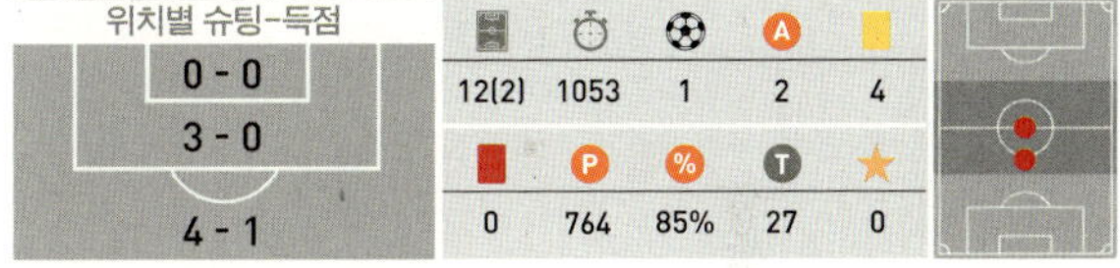

경기수	출전시간	득점	A	경고
12(2)	1053	1	2	4
퇴장	P	%	T	★
0	764	85%	27	0

MF Koke

코케

AT.마드리드 유스 시스템이 배출한 스타. 지난 시즌 팀에서 최고의 퍼포먼스를 선보였다. 코케는 미드필드 전 지역을 커버할 수 있다. 중앙 미드필더가 주 포지션이지만 왼쪽과 오른쪽에서도 제 몫을 다한다. 몸동작이 빠르고, 날카로운 오른발 킥으로 공격 물꼬를 튼다. 좁은 공간에서도 볼을 잘 지켜낸다. 전문 프리키커이고 측면에서 활약할 경우 크로스가 매우 정확하다. 태클, 인터셉트 등 종합 수비력도 OK.

국적 : 스페인

마드리드에서 태어나 8세 때부터 AT 마드리드 유니폼을 입고 있다. 2009년 1군 데뷔전을 치렀고 시메오네 감독이 오면서부터는 1군 주전으로 확실하게 자리 잡았다. 스페인 연령별 팀을 두루 거쳤고 이제는 스페인 국가대표 일원이다.

위치별 슈팅-득점

1 - 1
23 - 4
18 - 5

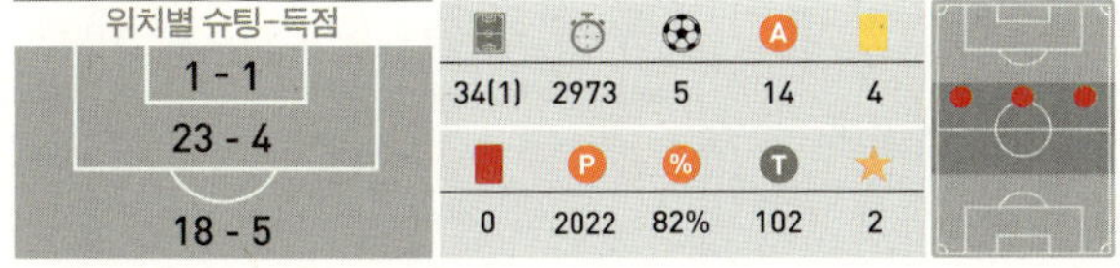

경기수	출전시간	득점	A	경고
34(1)	2973	5	14	4
퇴장	P	%	T	★
0	2022	82%	102	2

MF Augusto Fernández

아우구스토
페르난데스

지난겨울 이적 시장 때 셀타에서 아틀레티코로 옮겼다. 부상으로 시즌 아웃 된 티아구의 빈자리를 대신하기 위해서였다. 두 팀 합해 라리가 28경기에 패스 성공률 87%를 기록. 올 시즌 중앙 MF로 가비, 티아구와 경쟁한다. 그는 '박스-투-박스 MF'로 공수 밸런스 유지 및 수비에 특화된 선수다. 투쟁심이 강하고, 강력한 태클을 구사하며 패스를 잘 자른다. 정확하고 짧은 패스로 안정되게 빌드-업한다.

국적 : 아르헨티나

아르헨티나 페르가미노 출생. 리버 플레이트 아카데미 출신으로 2006년 이 팀 1군에서 데뷔했다. 생테티엔, 벨레스, 셀타를 거쳐 2016년 겨울 이적 시장 때 아틀레티코로 옮겼다. 2011년부터 아르헨티나 국가대표로 활약 중이다.

위치별 슈팅-득점

1 - 1
4 - 0
8 - 0

경기수	출전시간	득점	A	경고
26(2)	2195	1	1	11
퇴장	P	%	T	★
0	1449	87%	99	0

MF Gabi

14

가비

조용하고 꾸준히 중원을 책임진다. 지난 시즌에도 라리가와 챔스에서 주전으로 뛰었다. 공격 지원이 조금 뜸해지면서 노쇠화 기미가 걱정됐으나 크게 신경 쓸 정도는 아니다. 안정된 볼 키핑, 정확한 장·단 패스, 박스 외곽에서 날리는 강렬한 중거리 슈팅 및 직접 프리킥도 인상적이다. 상대를 향해 앞 선에서 적극적으로 압박하고 강력한 태클을 구사한다. 터프한 플레이를 하다보니 파울, 경고도 많다.

국적 : 스페인

AT 마드리드 유스 출신으로 경력 대부분을 마드리드에서 보냈다. 어린 시절에는 1군에 자리 잡지 못하며 헤타페로 떠나기도 했다. 2007년부터 2011년까지 사라고사에서 뛰면서 지금 활약의 기반을 마련했다. 2011년 7월, AT로 돌아왔다.

위치별 슈팅-득점

	0 - 0				
0 - 0					
	17 - 0				

⏱	🏐	🏐	A	🟨	
34(1)	2883	1	3	11	
🟥	P	%	T	★	
1	0.5	82%	1.3	2	

MF Saúl Ñíguez

17

사울
니게스

측면과 중앙에서 전천후로 활약한다. 스페인 미드필더답게 기본기가 우수하다. 좁은 공간에서 2대1 패스를 주고 돌아서는 동작이 빠르다. 왼쪽 측면 미드필더로 배치되면 터치라인을 따라 날카롭게 전진한다. 중앙에서는 공격보다는 주로 수비적인 임무를 맡는다. 박스 안에서 슈팅 기회를 잘 잡고 어려운 동작에서도 어떻게든 마무리한다. 라요 바예카노 시절 중앙 수비도 봤다. 태클, 인터셉트, 블로킹 모두 잘 한다.

국적 : 스페인

레알 마드리드와 AT 마드리드 유스 클럽을 모두 거쳤다. 프로 선수로 데뷔한 곳은 AT 마드리드였다. 2011년 1군 데뷔전을 치렀고 라요로 임대되어 경험을 쌓았다. 아버지도 엘체에서 활약한 축구 선수 출신. 2명의 형도 모두 축구 선수다.

위치별 슈팅-득점

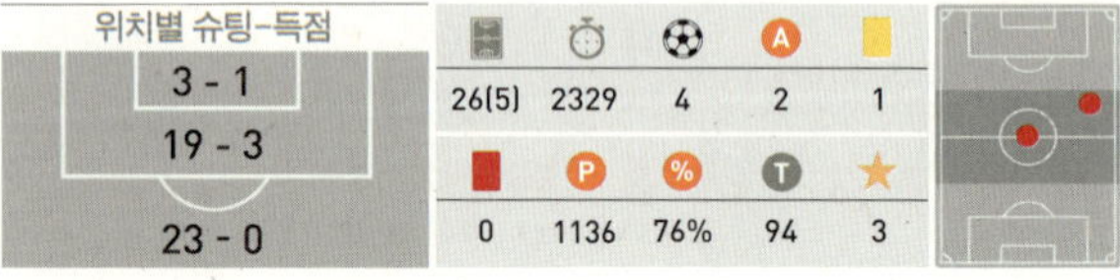

	3 - 1				
19 - 3					
	23 - 0				

⏱	🏐	🏐	A	🟨	
26(5)	2329	4	2	1	
🟥	P	%	T	★	
0	1136	76%	94	3	

MF Yannick Carrasco

10

야닉
카라스코

아르다 투란의 바르사 이적 공백을 메우기 위해 모나코에서 영입된 미드필더. 첫해 성적은 무난했다. 로테이션 멤버로 출전하면서 4골-1도움-패스 82%를 기록했고, MOM으로 1회 선정됐다. 주 위치는 레프트윙이지만 라이트윙으로 뛸 수도 있다. 폭발적인 스피드, 과감한 드리블, 정확한 크로스, 강한 킥으로 공격을 이끈다. 특히 박스 외곽에서 날리는 대포알 같은 중거리 슈팅과 프리킥은 치명적인 무기.

국적 : 벨기에

벨기에서 어린 시절을 보내다 프로 선수로 데뷔는 모나코에서 했다. 팀이 2부였기에 조금 더 빠른 데뷔가 가능했다. 2015년 7월 AT 마드리드와 5년 계약을 맺었다. 벨기에 청소년 팀을 거쳐 2015년 국가대표 데뷔전까지 치렀다.

위치별 슈팅-득점

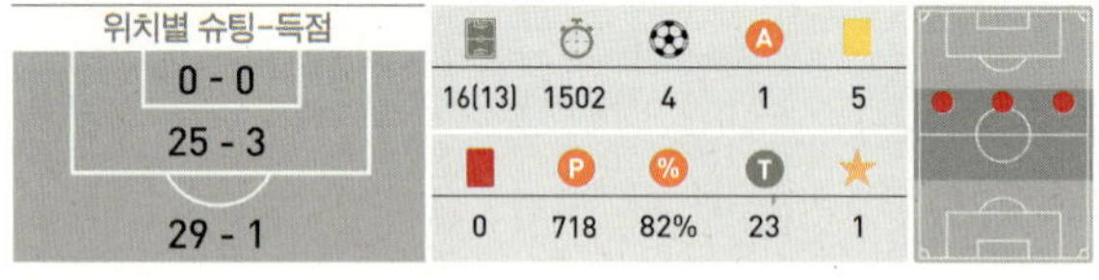

	0 - 0				
25 - 3					
	29 - 1				

⏱	🏐	🏐	A	🟨	
16(13)	1502	4	1	5	
🟥	P	%	T	★	
0	718	82%	23	1	

MF Thomas Partey

22

토마스
파티

친정팀으로 복귀한 후 첫 시즌, 라리가 13경기에 출전해 2골을 넣었다. 알메리아 시절 라리가 31경기에서 4골을 넣었던 것과 비교하면 기록이 '반토막' 난 셈. 파티는 수비형 미드필더다. 상황에 따라 측면 또는 센터백도 맡는다. 가나 출신답게 유연성과 힘, 속도를 모두 겸해다. 허리에서 적극적으로 압박한다. 볼을 가진 공격수에게 과감하게 도전한다. 그러다보니 경고도 많다.

국적 : 가나

가나 오두마세 크로보에서 태어났다. 2011년 AT 마드리드와 계약하면서 일찍 스페인으로 건너왔다. 2012-13시즌 B팀에서 데뷔하며 관리가 시작됐다. 마요르카, 알메리아 임대 생활을 거치며 성장했고 친정 팀에 복귀할 수 있었다.

위치별 슈팅-득점

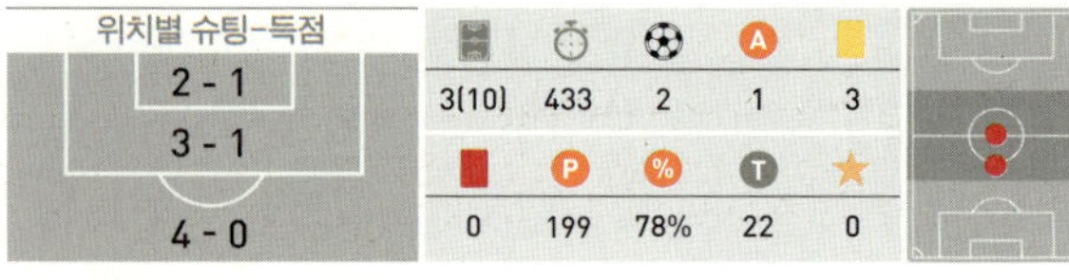

	2 - 1				
3 - 1					
	4 - 0				

⏱	🏐	🏐	A	🟨	
3(10)	433	2	1	3	
🟥	P	%	T	★	
0	199	78%	22	0	

MF Nicolás Gaitan

23

니콜라스
가이탄

포르투갈 벤피카 소속으로 리그 25경기에 출전해 4골-2도움을 기록했다. 무릎 부상으로 1개월 가까이 결장하지 않았다면 훨씬 더 좋은 성적을 낼 수 있었다. 가이탄은 전형적인 '2선 공격수'다. 측면에서 활발하게 플레이하지만 스트라이커 뒤에서도 역할을 할 수 있다. 그는 볼을 아주 잘 다룬다. 특히 빠르게 볼을 몰고 가면서 다양한 기술을 가미하는 드리블은 치명적인 무기. 왼발 프리킥과 중거리 슈팅도 강점.

국적 : 아르헨티나

아르헨티나 산마르틴 출생. 보카 주니어스 유스 출신으로 2008년 이 팀 1군에서 데뷔했다. 2010년 벤피카로 옮겼고, 2016년 여름 2500만 유로로 아틀레티코 유니폼을 입었다. 지난 2009년부터 아르헨티나 국가대표로 활약 중이다.

위치별 슈팅-득점

NO DATA

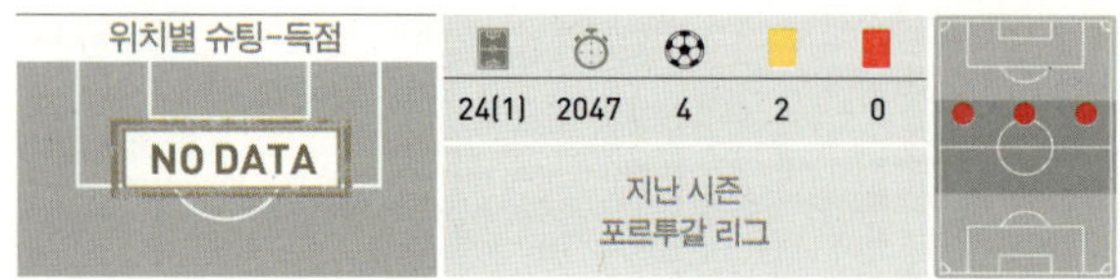

⏱	🏐	🏐	🟨	🟥	
24(1)	2047	4	2	0	

지난 시즌
포르투갈 리그

FW Antoine Griezmann

7

앙투앙
그리즈만

리오넬 메시, 크리스티아누 호날두에 이은 세계 축구 '넘버 3.' 이론의 여지없이 프랑스 대표 팀과 아틀레티코 최고의 선수다. 지난 시즌 라 리가에서 22골-5도움-8MOM을 기록했다. 폭발적인 스피드, 적극적인 컷-인 플레이, 위력적인 왼발 킥, 안정적인 볼 터치, 정확한 위치 선정을 이용한 위력적 헤딩 등 다양한 루트로 골을 터뜨린다. 활동 범위도 넓어 수비에까지 적극 가담한다. 압박, 커팅, 블로킹 모두 좋다.

국적 : 프랑스

레알 소시에다드 유스 출신. B팀을 생략하고 팀이 세군다 리가에 있던 2009년 1군에서 프로 선수로 데뷔했다. 1부 리그 승격 후에도 활약이 이어지자 여러 팀이 군침을 흘렸고 결국 2014년 7월 3000만 유로에 AT 마드리드로 이적했다.

위치별 슈팅-득점

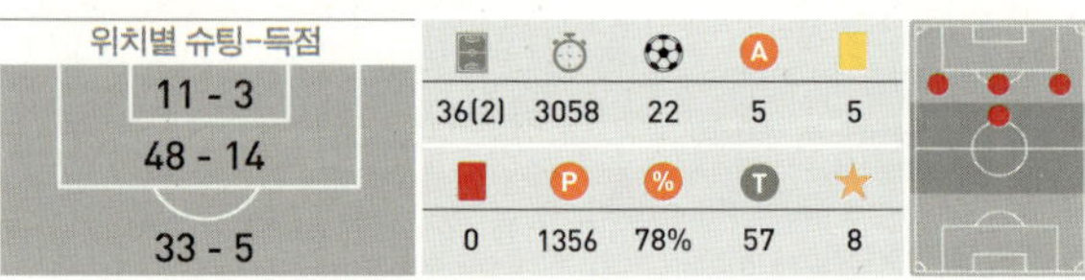

	11 - 3				
48 - 14					
	33 - 5				

⏱	🏐	🏐	A	🟨	
36(2)	3058	22	5	5	
🟥	P	%	T	★	
0	1356	78%	57	8	

(FW) Fernando Torres

9
페르난도
토레스

팬들이 그에게 바란 건 딱 두 가지였다. 프랜차이즈 플레이어로서의 향수, 그리고 조커로서 역할에 충실해줄 것. 결과는? 대성공. 토레스는 지난 시즌 라리가에서 선발 17회, 교체 13회 출전해 11골-4도움을 올렸다. 특히 박스 안에서 슈팅 51회에 11골을 뽑아낸 건 순도가 높았다. '박스 안의 지배자'였던 과거의 모습을 어느 정도 재현했기 때문이다. 올 시즌도 이 정도만 해주면 감독, 팬 모두 만족할 것이다.

국적 : 스페인

AT 마드리드 유스 출신으로 2001년 프로 선수로 데뷔했다. 리버풀을 거쳐 2011년 4000만 파운드에 첼시 유니폼을 입었지만 실망스러운 성과를 남겼다. 2015년 1월 다시 AT 마드리드 복귀를 결정했다. 신사답고 깔끔한 태도로 인기다.

위치별 슈팅-득점

4 - 3			
46 - 8			
7 - 0			

경기수	출전시간	득점	도움	경고
17(13)	1692	11	4	3

퇴장	패스시도	패스성공률	태클성공	MOM
0	359	66%	17	1

(FW) Ángel Correa

11
앙헬
코레아

CF, SS, AM, RW, LW 등 공격 전 위치에서 뛸 수 있다. 2년 전 심장 수술을 받고 컨디션 회복에 집중했다. 그리고 지난 시즌 아틀레티코의 로테이션 멤버로 활약했다. 아르헨티나 내에서 "체격은 아구에로, 플레이는 테베스"라는 평가를 받는다. 최대의 장점은 빠르고 화려한 드리블. 세밀한 패스 콤비네이션을 전개하며 승부를 결정 짓는 칼날 스루패스를 찌른다. 한 템포 빠른 슈팅으로 골을 터뜨리는 것도 매력적.

국적 : 아르헨티나

아르헨티나 로사리오 태생으로 알리안사 스포트, 티로, 산 로렌소 유스 클럽을 거쳐 18세 때인 2013년 3월 1군 데뷔전을 치렀다. 2014년 5월 750만 유로에 AT 마드리드와 5년 계약을 체결. 2015년 아르헨티나 대표로 발탁됐다.

위치별 슈팅-득점

1 - 0			
24 - 4			
6 - 1			

경기수	출전시간	득점	도움	경고
8(18)	949	5	4	7

퇴장	패스시도	패스성공률	태클성공	MOM
0	333	69%	25	1

(FW) Kévin Gameiro

21
케반
가메이로

세비야의 주축 공격수로 16골-4도움을 기록했다. 주 위치는 CF지만 RW으로 뛸 수도 있다. 볼을 잘 컨트롤하고 잘 지켜낸다. 동료로부터 패스를 받아 다이렉트로 슈팅하는 게 특기. 이 때문에 상대 수비수가 발을 뻗을 타이밍을 잡기 어렵다. 밸런스가 무너진 상황에서도 어떻게 하든 슈팅을 날린다. 결정력만큼은 그 누구에게도 뒤지지 않는다. 짧은 패스 콤비네이션, 세트피스 상황에서의 헤딩도 강력한 무기.

국적 : 프랑스

프랑스 상리스 출생. 스트라스부르 아카데미 출신으로 2005년 이 팀 1군에서 데뷔했다. 로리앙, 파리생제르맹, 세비야를 거쳐 2016년 여름 최대 4000만 유로에 아틀레티코 유니폼을 입었다. 프랑스 청소년대표를 거쳐 현재 국가대표다.

위치별 슈팅-득점

16 - 4			
50 - 12			
6 - 0			

경기수	출전시간	득점	도움	경고
22(9)	2084	16	4	2

퇴장	패스시도	패스성공률	태클성공	MOM
0	410	74%	21	2

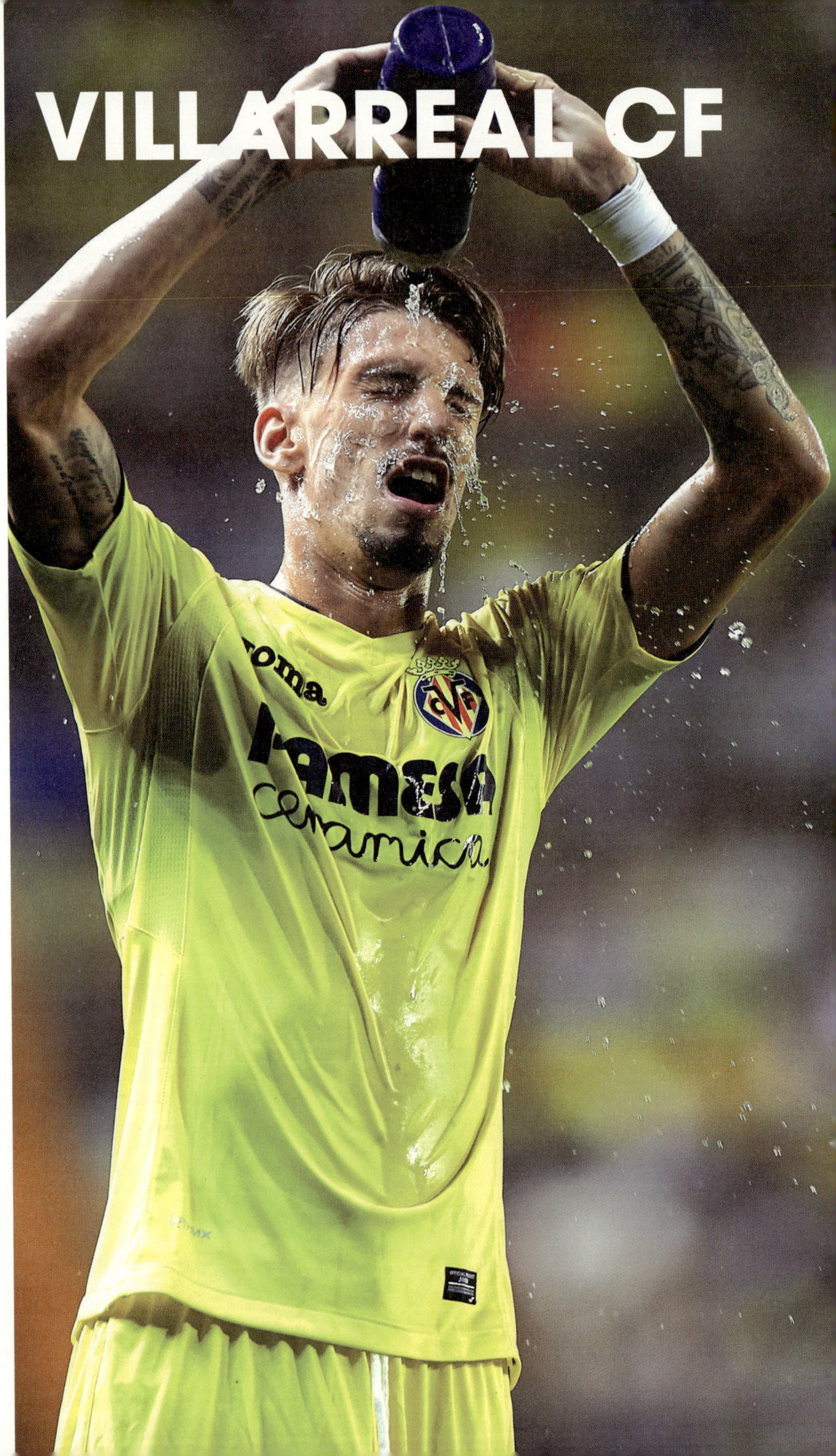

구단 소개

구단 창립 : 1923년
홈구장 : 엘 마드리갈
감독 : 프란 에스크리바
2015-16시즌 : 4위(승점 64점)
18승 10무 10패 44득점 35실점
닉네임 : El Submarino Amarillo

주요대회 우승횟수

0		0
SPANISH PRIMERA LIGA		SPANISH COPA DEL REY
0		0
UEFA CHAMPIONS LEAGUE		UEFA EUROPA LEAGUE
0		0
FIFA CLUB WORLD CUP		UEFA-CONMEBOL INTERCONTINENTAL

UNIFORM

Home

Away

예상 외 선전, 라리가 무대서 돌풍 일으켜
올 시즌 공격적인 포진으로 '3강'에 도전장

지난 시즌 6라운드까지 5승 1무를 기록하며 1위를 유지했다. 구단 역사상 처음 있는 일. 그러나 7라운드에서 레반테에 패하며 순위가 살짝 밀렸다. 부침을 겪다 2015년 12월 6일 라요 바예카노전(2-1승)부터 2016년 3월 2일 셀타 비고전 (0-0무)까지 14경기 연속 무패(9승 5무)를 기록하면서 선두권을 위협했다. 리그 막판 6경기에서 1승 1무 4패로 부진했지만 리그 4위로 마치며 챔피언스리그 출전권을 획득했다. 세드릭 바캄부(12골-3도움), 로베르토 솔다도(5골-10도움)가 공격을 이끌었고, 마테오 무사키오, 후아메 코스타가 수비의 중심을 잡아줬다.

25명을 방출하며 4900만 유로를 벌어들였고, 21명을 영입하며 5600만 유로를 지출했다. 방출 선수 중 맨체스터 유나이티드로 떠난 수비수 에릭 베일리(3800만 유로), 루빈 카잔 유니폼을 입은 사무(500만 유로) 등이 비야레알의 주머니를 두둑하게 만들어줬다. 반면 영입 선수들 중엔 삼프도리아 출신 미드필더 로베르토 소리아노(1400만 유로), 사수올로 공격수였던 니콜라 산소네(1300만 유로), 레알 마드리드 윙어 데니스 체리셰프(700만 유로) 등이 눈에 띈다. 그러나 라리가 4위로 챔스 출전권을 따낸 팀 치고 그렇게 수입, 지출 액수가 큰 건 아니다.

올 시즌에 참가하는 모든 대회에서 좋은 성적을 내려는 의도가 보인다. 특히 리그 성적을 유지해 다음 시즌에도 챔스에 참가하는 게 1차 목표다. 비야레알은 2013-14시즌 재승격 이후 6위, 6위, 4위를 기록해 라리가 상위권으로 자리매김한 지 오래다. 이제 한단계 더 도약할 상황이 됐다. 바르사, 레알, 아틀레티코의 '3강 체제'에 균열을 일으킬 수 있다면 그 다음은 자연스럽게 진행이 될 수 있다. 일단 적절한 로테이션으로 선수들의 출전 시간을 보장해야 한다. 짧은 패스에 의한 중앙 돌파, 과감한 중거리 슈팅으로 초반부터 승부수를 띄울 것이다.

감독 프란 에스크리바(Fran ESCRIBA)

프로 선수 출신은 아니다. 2002년 발렌시아 유스와 관련된 업무를 시작하면서 새로운 길을 걸었다. 그러다 키케 플로레스 감독을 만나 프로 선수를 지도하기 시작했다. 플로레스 감독이 헤타페, 발렌시아, 벤피카, AT 마드리드를 거칠 때마다 에스크리바가 어시스턴트로 그를 도운 것. 그러다 2012년 세군다리가였던 엘체에서 처음 감독을 맡아 능력을 증명했다. 첫 시즌에 팀을 세군다리가 정상에 올리며 25년 만의 승격을 이뤄냈다. 그리고 라리가로 무대를 넓혔다. 2015년 6월, 엘체가 세금 체납 문제로 강등되면서 헤타페의 감독이 됐으나 이듬해 4월 팀이 강등되자 해임됐다. 2016년 8월 마르셀리노 토랄 감독에 이어 비야레알 지휘봉을 잡게 됐다. 기간은 1년.

PROFILE
- 출 생 : 1965.5.3
- 국 적 : 스페인
- 계 약 : 2017.6.30

STADIUM

EL MADRIGAL

구장 오픈 : 1923년
구장 증축 : 1952, 2005년
구장 소유 : 비야레알 CF
수용 인원 : 2만 4,890명
피치 규모 : 105m × 68m
잔디 종류 : 천연 잔디

SQUAD LIST

위치	번호	이름	국적	신장	체중	생년월일
GK	1	Sergio Asenjo	ESP	182	85	28-06-89
	13	Andrés Fernández	ESP	184	86	17-12-86
	25	Mariano Barbosa	ARG	186	82	27-07-84
DF	2	Mario	ESP	175	70	24-11-90
	3	José Ángel	ESP	182	77	05-09-89
	5	Mateo Musacchio	ARG	179	72	26-08-90
	6	Víctor Ruiz	ESP	184	73	25-01-89
	11	Jaume	ESP	169	67	18-03-88
	12	Álvaro González	ESP	180	68	08-01-90
	15	Bojan Jokič	SVN	176	75	17-05-86
	22	Antonio Rukavina	SRB	177	72	26-01-84
	23	Daniele Bonera	ITA	183	74	31-05-81
MF	4	Alfred N'Diaye	SEN	187	87	06-03-90
	7	Denis Cheryshev	RUS	179	72	26-12-90
	8	Jonathan dos Santos	MEX	180	74	26-04-90
	14	Manu Trigueros	ESP	178	70	17-10-91
	16	Rodri	ESP	190	85	22-06-96
	20	Roberto Soriano	ITA	181	76	08-02-91
	21	Bruno	ESP	179	70	12-06-84
	36	Chuca	ESP	182	74	10-06-97
	38	Ramiro Guerra	URU	183	71	21-03-97
	43	Daniel Raba	ESP	184	74	29-10-95
FW	9	Roberto Soldado	ESP	179	81	27-05-85
	10	Alexandre Pato	BRA	179	71	02-09-89
	17	Cédric Bakambu	FRA	180	70	11-04-91
	18	Nicola Sansone	ITA	173	68	10-09-91
	19	Samu Castillejo	ESP	179	61	18-01-95
	24	Rafael Santos Borré	COL	174	70	15-09-95
	27	Aitor Cantalapiedra	ESP	177	67	10-02-96
	29	Leonardo Suárez	ARG	167	63	30-03-96

2016-17 SEASON SCHEDULE

날짜	장소	상대팀	날짜	장소	상대팀
20/AUG	A	Granada CF	28/JAN	H	Granada CF
28/AUG	H	Sevilla FC	04/FEB	A	Sevilla FC
10/SEP	A	Malaga CF	11/FEB	H	Malaga CF
18/SEP	H	Real Sociedad	18/FEB	A	Real Sociedad
21/SEP	A	Real Madrid	25/FEB	H	Real Madrid
25/SEP	H	CA Osasuna	28/FEB	A	CA Osasuna
02/OCT	A	Espanyol Barcelona	04/MAR	H	Espanyol Barcelona
16/OCT	H	Celta Vigo	11/MAR	A	Celta Vigo
23/OCT	H	UD Las Palmas	18/MAR	A	UD Las Palmas
29/OCT	A	SD Eibar	01/APR	H	SD Eibar
05/NOV	H	Real Betis	04/APR	A	Real Betis
19/NOV	A	Athletic Bilbao	08/APR	H	Athletic Bilbao
26/NOV	H	CD Alaves	15/APR	A	CD Alaves
03/DEC	A	CD Leganes	22/APR	H	CD Leganes
10/DEC	H	Atletico Madrid	25/APR	A	Atletico Madrid
17/DEC	A	Sporting Gijon	29/APR	H	Sporting Gijon
07/JAN	H	FC Barcelona	06/MAY	A	FC Barcelona
14/JAN	A	Deportivo La Coruna	13/MAY	H	Deportivo La Coruna
21/JAN	H	Valencia CF	20/MAY	A	Valencia CF

RANK OF LAST 5 YEARS

■ 2부 리그

2011-12	2012-13	2013-14	2014-15	2015-16
18	2	6	6	4
41점	77점	70점	55점	64점

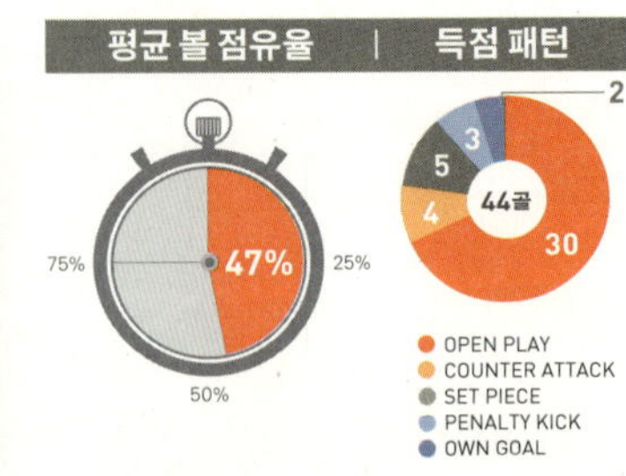

STRENGTHS & WEAKNESSES

OFFENSE		DEFENSE	
직접 프리킥	B	세트피스 수비	D
문전 처리	C	상대 볼 뺏기	C
측면 돌파	C	공중전 능력	E
스루볼 침투	C	역습 방어	C
개인기 침투	C	지공 방어	C
카운터 어택	C	스루패스 방어	C
기회 만들기	B	리드 지키기	C
세트피스	C	실수 조심	C
OS 피하기	C	측면 방어력	C
중거리 슈팅	C	파울 주의	C
볼 점유율	D	중거리슛 수비	C

매우 강함 A   강한 편 B   보통 수준 C   약한 편 D   매우 약함 E

시간대별 득점	시간대별 실점	득점 분포	공격 방향	볼 점유 위치	포지션별 득점	상대포지션별 실점

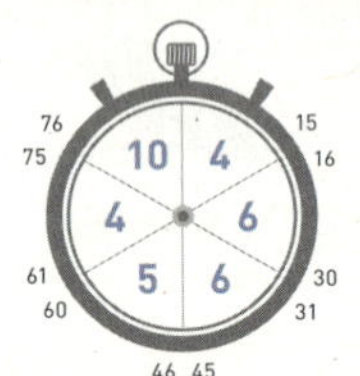

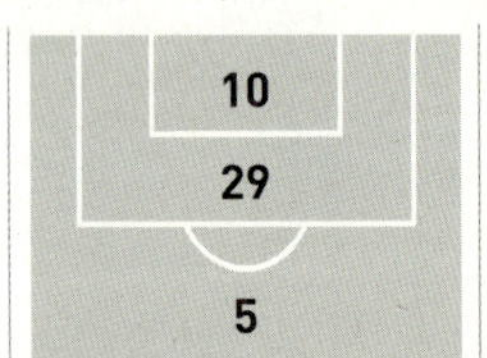

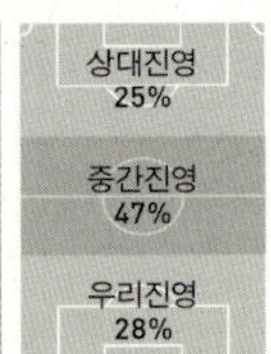

* 상대자책골 2골

* 자책골 실점 1골

FORMATION

TOTO GUIDE 지난 시즌 상대팀별 전적

상대팀	홈	원정
FC Barcelona	2-2	0-3
Real Madrid	1-0	0-3
Atletico Madrid	1-0	0-0
Athletic Bilbao	3-1	0-0
Celta Vigo	1-2	0-0
FC Sevilla	2-1	2-4
Malaga	1-0	1-0
Real Sociedad	0-0	2-0
Real Betis	0-0	1-1
Las Palmas	0-1	0-0
Valencia	1-0	2-0
Espanyol	3-1	2-2
Eibar	1-1	2-1
Deportivo	0-2	2-1
Granada	1-0	3-1
Sporting Gijon	2-0	0-2
Rayo Vallecano	2-1	1-2
Getafe	2-0	0-2
Levante	3-0	0-1

GK Sergio Asenjo

1

세르히오
아센호

국적 : 스페인

2015년 4월 29일 AT 마드리드와의 라리가 34R에서 십자인대가 파열됐다. 8개월 간 재활에 몰두했고, 그러는 사이 골문은 알폰스 아레올라가 지켰다. 시즌 종료 후 아레올라는 파리생제르맹으로 떠났고, 아센호가 주전으로 복귀. 그는 반사신경, 숏-스토핑, 바운드 볼 및 공중볼 처리, 크로스 차단, 수비 조율, 볼 키핑 등 종합적인 능력에서 높은 평점을 받는다. 패스 성공률이 낮아 빌드-업 때 아쉬움이 있다.

바야돌리드 유스 출신으로 18세 때인 2007년 라리가 데뷔전을 치렀다. 2009년 AT 마드리드 유니폼을 입었지만 다비드 데 헤아와의 경쟁에서 조금 밀렸고 부상까지 당했다. 말라가 임대 등으로 돌파구를 찾다 비야레알로 자리를 옮겼다.

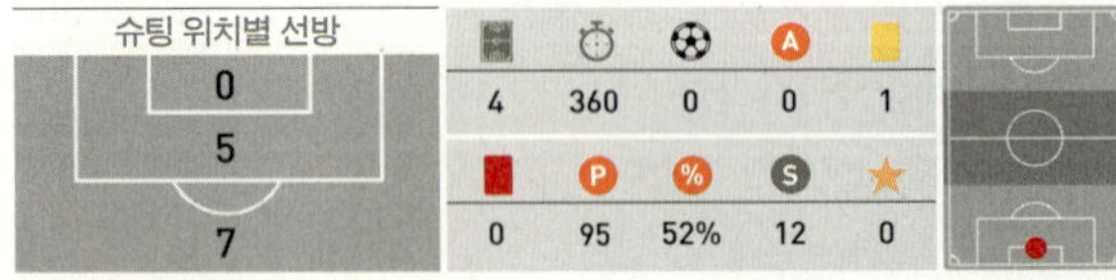

슈팅 위치별 선방

0	
5	
7	

	⏱	⚽	A	🟨
4	360	0	0	1

🟥	P	%	S	★
0	95	52%	12	0

GK Andrés Fernández

13

안드레스
페르난데스

국적 : 스페인

파리 생제르맹으로 떠난 알폰스 아레올라의 빈자리를 메우기 위해 임대 영입됐다. 지난 시즌 오사수나 소속으로 라리가 37경기에 출전해 102회 선방했다. 올 시즌 세르히오 아센호의 백업으로 대기한다. 페르난데스는 캐칭, 펀칭 등 골키퍼의 기본적인 볼 핸들링을 제대로 갖춘 선수다. 반사신경도 우수하고, 활동 범위가 넓어 자신 있게 외곽으로 나간다. 장거리 패스가 정확해 속공 상태에서의 빌드-업이 우수하다.

2005년 마요르카에서 데뷔했다. 2007년 오사수나로 이적했고 2014년 여름 3000만 유로에 포르투로 옮겼다. 지난 시즌 그라나다로 임대돼 풀시즌 활약했고, 올 시즌 골키퍼 부족에 허덕이던 비야레알의 요청으로 재임대됐다.

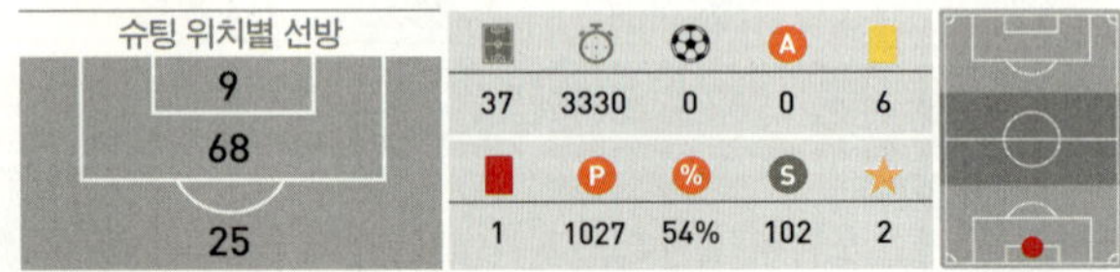

슈팅 위치별 선방

9	
68	
25	

	⏱	⚽	A	🟨
37	3330	0	0	6

🟥	P	%	S	★
1	1027	54%	102	2

DF Mario Gaspar

2

마리오
가스파르

국적 : 스페인

우측면에서 줄기차게 왕복운동을 한다. 특히 지난 시즌을 기점으로 공격능력이 향상되면서 빅클럽 영입 리스트에 올라 있다. 라리가, 유로파 리그, 국왕컵 등에 거의 빠지지 않고 출전했다. 미드필더 혹은 공격수와 기습적으로 주고받는 2대1 패스를 통해 박스 안으로 과감히 침투한다. 오른발 마무리 능력이 좋아 구석으로 꽂히는 고난도 슈팅을 자주 시도한다. 집중력이 좋아 상대의 패스를 앞 선에서 잘 자른다.

스페인 노벨다 출신. 비야레알 유스 클럽에서 축구를 시작해 C, B를 거쳐 1군 선수까지 올라왔다. 18세 때인 2009년 3월 1군 데뷔전을 치르는 등 특별한 재능을 나타냈다. 2010년 9월부터 오른쪽 측면을 꿰찼다. 스페인 U-19 출신이다.

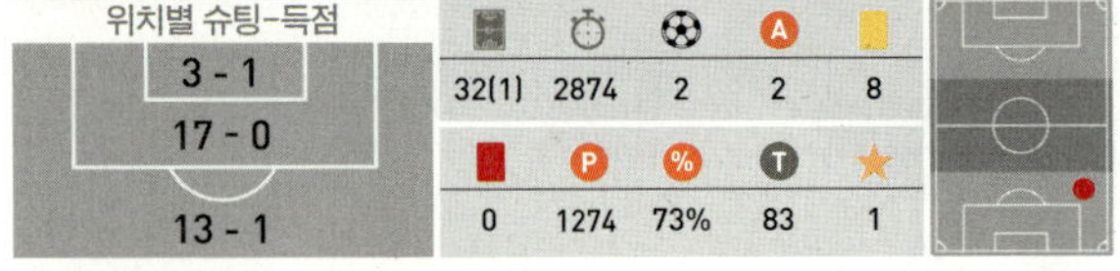

위치별 슈팅-득점

3 - 1	
17 - 0	
13 - 1	

	⏱	⚽	A	🟨
32(1)	2874	2	2	8

🟥	P	%	T	★
0	1274	73%	83	1

DF José Angel

3

호세
앙헬

국적 : 스페인

포르투 FC 소속으로 리그 7경기에 출전하는 데 그쳤다. 부상과 컨디션 난조로 미겔 라이운과의 레프트백 경쟁에서 완전히 밀렸던 것. 올 시즌 비야레알에서도 후아메 코스타, 안토니오 루카비나와 치열하게 경쟁해야 한다. 호세 앙헬의 최대 강점은 화려한 드리블. 속도와 테크닉이 가미된 드리블로 경기당 2회 정도는 상대 수비를 완벽히 제친다. 결정적인 패스와 얼리 크로스도 주무기. 수비 집중력도 좋다.

스페인 히혼 출생. 스포르팅 히혼 유스 출신으로 2008년 이 팀 2군에서 데뷔했다. 이어 스포르팅 1군, AS로마, 레알 소시에다드(임대)를 거쳐 2014년 6월 포르투 FC로 이적했다. 2년 간 활약한 뒤 올 시즌 비야레알에 임대 됐다.

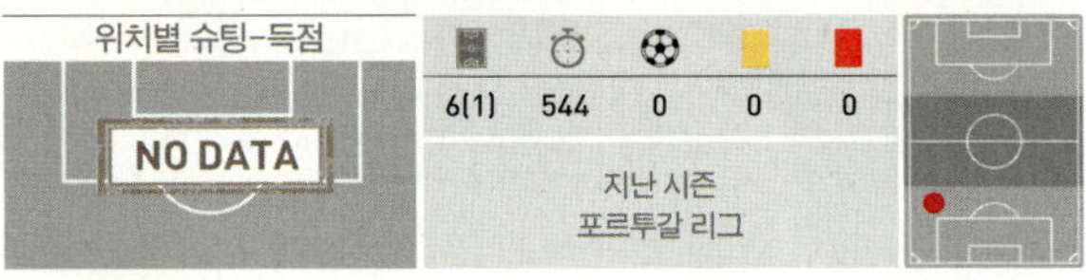

위치별 슈팅-득점

NO DATA

	⏱	⚽	🟨	🟥
6(1)	544	0	0	0

지난 시즌
포르투갈 리그

DF Mateo Musacchio

5

마테오
무사키오

국적 : 아르헨티나

2015년 4월 13일 발목이 부러져 8개월간 결장했고, 2016년 2월 29일에는 햄스트링을 다쳐 다시 1개월간 쉬었다. 하지만 올 시즌은 정상 컨디션으로 개막을 맞이했다. 비야레알 수비에서 중심을 확실하게 잡아 줄 센터백이다. 그는 최후방에서 수비진을 컨트롤한다. 축구 IQ가 좋고 시야가 넓어 상대 패스를 미리 자르고 나간다. 또한 적극적으로 태클을 건다. 공중볼에 강하고 나름 득점력도 갖췄다.

아르헨티나 출신이지만 알바니아계 조부모의 영향을 받아 '무사키오'라 부른다. 리버플레이트 유스 출신으로 2009년 이른 시기에 스페인 진출을 결정했다. B팀에서 재능을 보이자 곧 1군으로 승격했고 이듬해부터 주전으로 뛰고 있다.

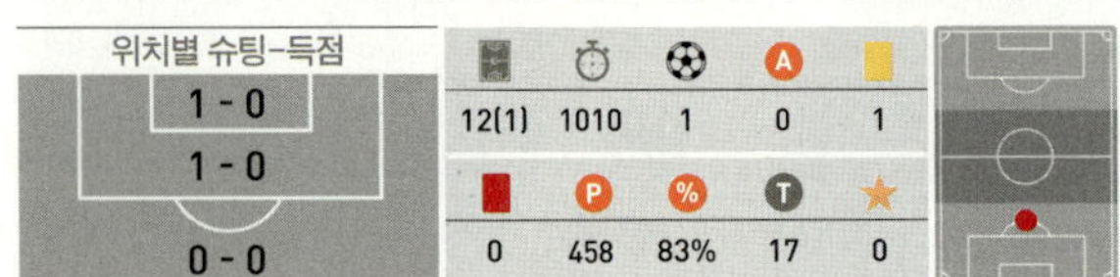

위치별 슈팅-득점

1 - 0	
1 - 0	
0 - 0	

	⏱	⚽	A	🟨
12(1)	1010	1	0	1

🟥	P	%	T	★
0	458	83%	17	0

DF Víctor Ruiz

6

빅토르
루이스

국적 : 스페인

당초 무사키오의 백업으로 영입한 케이스. 그러나 무사키오가 발목 골절로 시즌을 통째로 날리는 사이 루이스가 주전 자리를 꿰찼다. 올 시즌도 선발 센터백으로 출전한다. 위치를 잘 잡고, 수비수 기본 기술이 좋으며 앞 선에서 상대의 패스를 잘 자르고 나간다. 왼발로 시도하는 장-단 패스는 81%의 성공률을 나타냈다. 반면 컨디션이 좋은 날과 그렇지 못할 때의 편차가 큰 게 문제. 의외의 실수가 나온다.

바르셀로나, 코르네야, 에스파뇰 유스 클럽을 거쳤다. 포체티노 감독 시절 20세에 라리가 깜짝 주전으로 올라섰다. 이후 빅클럽 이적을 선택한 것이 발전에 큰 도움이 되지는 못했다. 나폴리, 발렌시아를 거쳐 2014년 비야레알로 왔다.

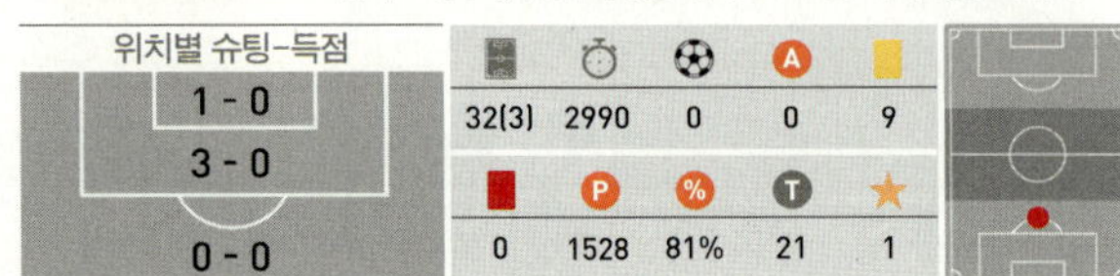

위치별 슈팅-득점

1 - 0	
3 - 0	
0 - 0	

	⏱	⚽	A	🟨
32(3)	2990	0	0	9

🟥	P	%	T	★
0	1528	81%	21	1

DF Jaume Costa

11

하우메
코스타

발목 부상으로 60일, 햄스트링 이상으로 70일 결장했다. 결국 프리메라리가 18경기에 출전하는 데 그쳤다. 하지만 올 시즌은 정상 컨디션으로 개막을 맞이했다. 하우메는 작고 빠르며 몸이 단단하다. 스페인 레프트백들의 특성이다. 날카로운 침투나 공격력을 갖춘 것은 아니지만 워낙 많이 뛰어주면서 상대를 압박한다. 왼쪽 터치라인을 따라 움직이면서 긴 패스보다는 짧고 간결하게 나가는 방식을 선호한다.

국적 : 스페인

발렌시아 메스타야 출신으로 바르셀로나의 알바보다 먼저 1군에 올라갔다. 하지만 곧 카디스로 임대되면서 다른 길을 걸어야 했다. 다시 지역으로 돌아온 것은 2010년 비야레알 B팀으로 이적하면서다. 스페인 U-16, U-17을 거쳤다.

위치별 슈팅-득점

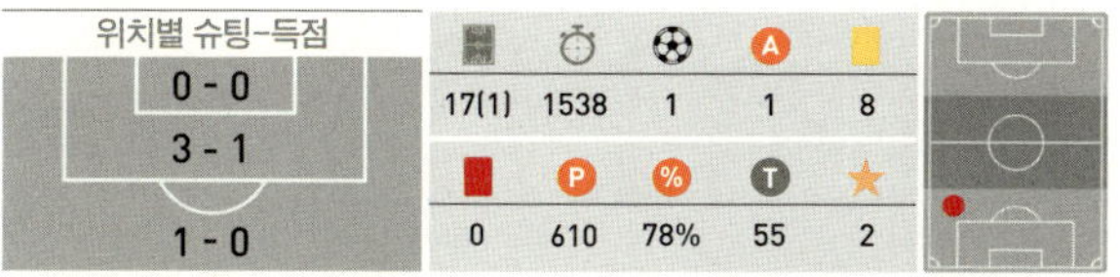

0 - 0					
3 - 1					
1 - 0					

경기수	출전시간	득점	A	경고
17(1)	1538	1	1	8

P	%	T	★
0	610	78%	55	2

DF Antonio Rukavina

22

안토니오
루카비나

지난 시즌 여러 위치를 소화하며 리그와 유로파 리그 등에서 기회를 잡았다. 오른쪽 풀백이 가장 익숙한 자리지만 왼쪽 풀백, 오른쪽 미드필더 등 팀이 필요한 자리라면 빠르게 적응했다. 발이 아주 빠른 선수로 순식간에 측면을 무너뜨리는 움직임이 돋보인다. 동료 선수를 활용해 공간을 찾고 패스를 받아 단번에 뒤쪽 공간을 무너뜨린다. 슈팅 시도는 거의 하지 않고 대부분 크로스 형태로 공격을 마무리한다.

국적 : 세르비아

베오그라드 출신으로 세르비아 국가대표를 선택했다. 2006년 크로아티아 대표팀 차출 소문이 돌았지만 단번에 일축한 것으로 유명하다. 세르비아 명문 파르티잔, 보루시아 도르트문트, 1860뮌헨, 바야돌리드 등 여러 클럽에서 뛰었다.

위치별 슈팅-득점

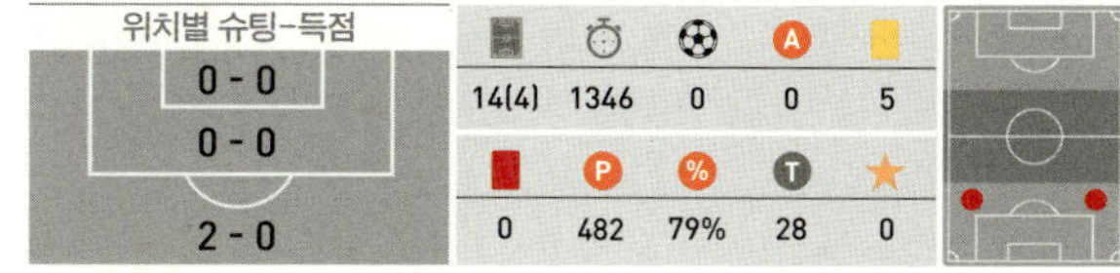

0 - 0					
0 - 0					
2 - 0					

경기수	출전시간	득점	A	경고
14(4)	1346	0	0	5

P	%	T	★
0	482	79%	28	0

MF Alfred N'Diaye

4

알프레드
은디아예

전투력이 충만한 세네갈계 프랑스 출신 미드필더. 당당한 체격에서 느껴지는 우직함은 상대 공격수들에게 공포의 대상. 중앙 MF가 본업이지만 팀 사정에 따라 CB로 내려갈 수도 있다. 어린 시절에는 공격적인 역할도 담당했기에 볼을 다루는 기술이 꽤 좋은 편이다. 슈팅력이 좋아 박스 근처에서 흘러나오는 공을 과감하게 때린다. 잉글랜드 무대를 거치면서 수비력이 더욱 발전했다. 파울, 경고가 많은 편.

국적 : 프랑스

2013년부터 세네갈 대표 팀을 선택했지만, 파리에서 태어나 프랑스 연령별 팀을 거친 사실상 프랑스 선수. 낭시 유스 출신으로 한국 팬에게는 EPL 선덜랜드에 입단하면서 이름이 많이 알려졌다. 레알 베티스를 거쳐 비야레알로 이적했다.

위치별 슈팅-득점

1 - 1					
17 - 1					
7 - 0					

경기수	출전시간	득점	A	경고
34	3010	2	0	6

P	%	T	★
0	1146	80%	93	4

MF Denis Cheryshev

7

데니스
체리셰프

넓적다리 부상으로 고생했다. 이 때문에 지난 시즌 막판 50여 일 결장했고, 올 시즌 개막 직전 3개월을 고생했다. 다행히 9월 들어 정상 컨디션을 되찾았기에 향후 경기력이 올라갈 가능성이 있다. 체리셰프는 윙 전문 플레이어다. 주 위치는 레프트윙이지만 팀 상황에 맞춰 라이트윙으로 뛸 수도 있다. 다이내믹한 드리블 돌파, 결정적인 스루패스, 날카로운 컷-인이 특기. 수비 면에서도 태클, 인터셉트에 강점이 있다.

국적 : 러시아

러시아 니즈니 노브고로드 출생. 어린 시절 스페인으로 축구 유학을 가 레알 마드리드 아카데미에서 컸다. 2009년 레알 마드리드 2군에서 데뷔했고, 레알 마드리드 1군, 세비야를 거쳐 비야레알로 옮겼다. 현재 러시아 국가대표다.

위치별 슈팅-득점

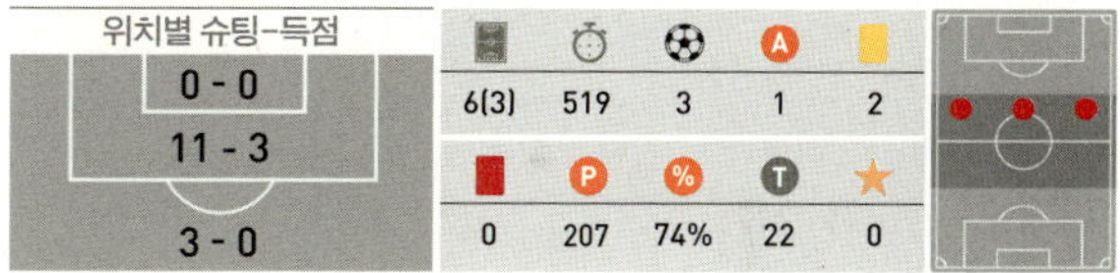

0 - 0					
11 - 3					
3 - 0					

경기수	출전시간	득점	A	경고
6(3)	519	3	1	2

P	%	T	★
0	207	74%	22	0

MF Jonathan Dos Santos

8

호나탄
도스산토스

유명한 멕시코 공격수 지오바니 도스 산토스의 친동생. 한 때 비야레알에서 같이 뛴 적이 있지만 형이 이적하면서 이제는 동생만 남았다. 지난 시즌 비야레알에서 로테이션 선수로 활약하며 많은 경기를 소화했다. 중앙 미드필더, 측면 미드필더를 오갔고 특히 오른쪽 측면에서 더 나은 기량을 선보였다. 잘 갖춰진 기본기를 토대로 주고받는 패스 플레이에 강점을 보인다. 중거리 슈팅으로 공격 활로를 열기도 한다.

국적 : 멕시코

'브라질 축구 선수 지지뉴'의 아들이다. 12세 때인 2002년 바르셀로나 유스 클럽에 합류했다. 2009년 B팀으로 승격하면서 1군 데뷔전까지 치렀다. 하지만 1군 출전 기회가 늘지 않았고 2014년 7월 비야레알과 5년 계약을 맺었다.

위치별 슈팅-득점

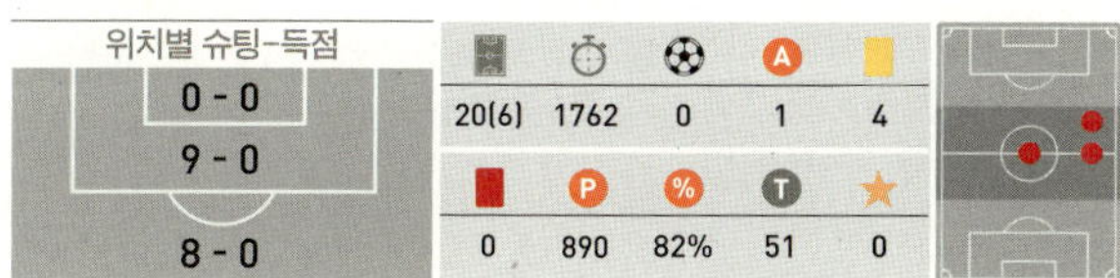

0 - 0					
9 - 0					
8 - 0					

경기수	출전시간	득점	A	경고
20(6)	1762	0	1	4

P	%	T	★
0	890	82%	51	0

MF Manu Trigueros

14

마누
트리게로스

'박스-투-박스' 미드필더. 기동성이 좋아 경기장 이곳저곳에 관여한다. 주로 머무는 위치는 PA 바깥이지만 순식간에 수비 뒤쪽 공간을 침투하면서 슈팅 기회를 얻는다. 공격수가 수비와 등을 지는 지점을 활용한 영리한 플레이가 장기. 슈팅력에 자신이 있어 PA 내·외곽을 오가며 과감한 슈팅을 시도한다. 킥이 꽤 날카롭고 강팀을 상대로 적중률이 높은 징크스가 있다. 후반 막판 체력이 급격히 떨어지는 게 문제.

국적 : 스페인

한때 바르셀로나 유스에 소속됐던 경력이 있다. 하지만 금방 레알 무르시아로 옮겨 프로 선수 길을 걸었다. 2010년 비야레알 이적 후에는 C, B팀 등 차례대로 순서를 밟았다. 그러다 2012-13시즌부터 1군 주전으로 경기에 나섰다.

위치별 슈팅-득점

0 - 0					
6 - 1					
22 - 1					

경기수	출전시간	득점	A	경고
24(7)	2119	2	1	5

P	%	T	★
0	1173	82%	59	1

MF Rodri Hernández

16

로드리
에르난데스

비야레알 2군 소속이었으나 8월 29일 1군에 등록됐다. 지난 시즌 1군 경기에 3회, 2군 경기에 34회 출전했다. 로드리는 190cm, 85kg의 큰 체격을 지녔다. 수비형 미드필더로 포백을 보호하고, 넓은 시야와 우수한 축구 IQ로 패스 커팅과 커버 플레이를 잘 해준다. 거친 플레이를 펼치다 파울, 경고를 많이 받는다. 큰 키를 이용해 세트피스 헤딩포를 날린다. 빌드-업 상황에 강하게 내지르는 롱볼도 위력적.

국적 : 스페인

스페인 마드리드 출생. 어린 시절부터 비야레알 유스 아카데미에서 기본기를 탄탄히 닦았고, 2016년 이 팀 2군에서 데뷔했다. 지난 시즌 1군 출전 경험은 3경기가 전부. 스페인 연령별 청소년대표를 거쳤다.

위치별 슈팅-득점

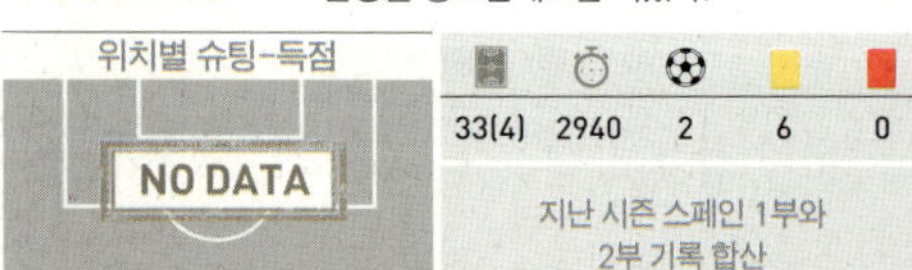

NO DATA

경기수	출전시간	득점	도움	경고	퇴장
33(4)	2940	2		6	0

지난 시즌 스페인 1부와 2부 기록 합산

MF Roberto Soriano

20

로베르토
소리아노

삼프도리아 소속으로 세리에A 37경기에서 8골-4도움-패스 성공률 84%의 준수한 성적을 냈다. 올 시즌 비야레알에서는 선발 레프트윙으로 출전할 가능성이 높다. R.소리아노는 측면에서 테크닉과 스피드를 겸비한 드리블로 과감히 돌파한다. 동료와의 짧은 패스 콤비네이션, PA 외곽에서 터뜨리는 강렬한 중거리 슈팅이 특기. 수비력도 좋다. 집중력이 좋고 위치를 잘 잡기에 앞 선에서 상대의 패스를 잘 자른다.

국적 : 이탈리아

이탈리아 부모를 뒀지만 독일 다름슈타트에서 태어났다. 바이에른 뮌헨 유스에서 축구를 시작해 삼프도리아 유스로 옮겼다. 2010년 삼프도리아 1군에서 데뷔했고, 2016년 6월 1400만 유로에 비야레알로 이적했다. 현 이탈리아 국가대표.

위치별 슈팅-득점

	1 - 0				
	23 - 5				
	29 - 3				

경기수	출전시간	득점	A	경고	
33(4)	2829	8	4	7	
퇴장	P	%	T	★	
0	1322	84%	64	1	

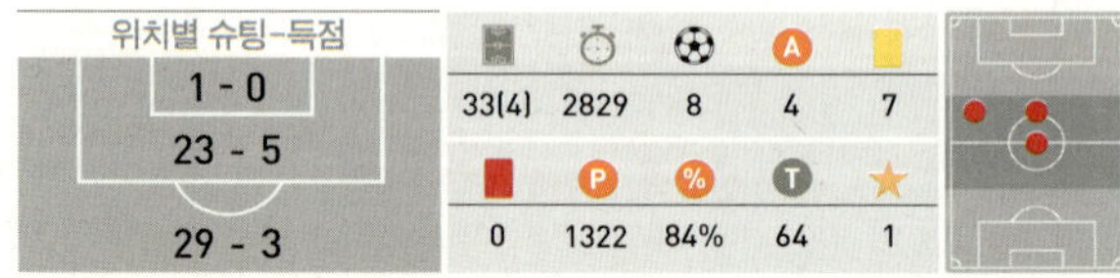

MF Bruno Soriano

21

브루노
소리아노

비야레알의 상징과도 같은 선수. 클럽의 세군다 리가 강등에도 팀을 떠나지 않고 재승격을 도왔다. 그래서 팬의 절대적인 지지와 성원을 받는다. 베테랑 미드필더로서 이제는 경기 운영을 능수능란하게 해낸다. 과거 마르코스 세냐의 파트너 시절만 하더라도 플레이메이커 기질은 크게 드러나지 않았다. 하지만 지금은 다르다. 경기 조율뿐 아니라 직접 슈팅으로 마무리하는 해결사 능력까지 다양한 임무를 맡는다.

국적 : 스페인

어린 시절 비야레알에서 꿈을 키워 지금까지 같은 팀에서 프로 선수로 활약 중이다. 18세 때인 2006년 7월 슬로베니아 마리보르와의 인터토토컵을 통해 1군 데뷔전을 가졌다. 2010년 처음 대표팀에 발탁됐지만 출전은 6경기에 그쳤다.

위치별 슈팅-득점

	0 - 0				
	13 - 4				
	12 - 1				

경기수	출전시간	득점	A	경고	
28(3)	2594	4	1	5	
퇴장	P	%	T	★	
1	1675	86%	52	1	

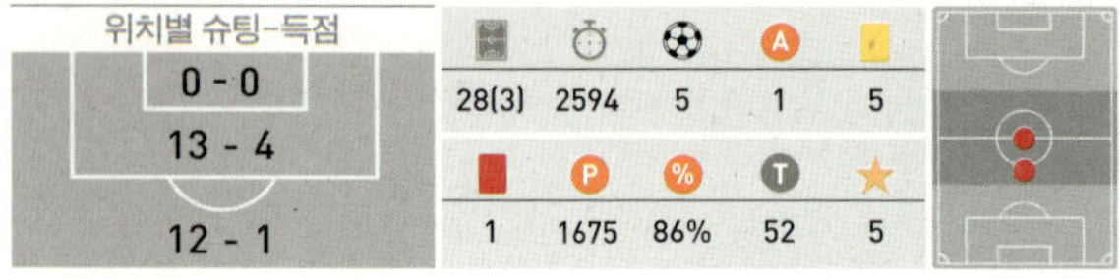

FW Alexandre Pato

10

알렉산드레
파투

아래 파투의 기록은 2015년 상파울루, 2015-16시즌 첼시 기록을 합한 것이다. 올 시즌 비야레알에서는 선발 CF로 출전할 가능성이 높다. 파투는 스피드가 빠르고 과감하며 매우 창조적인 공격수다. 테크닉이 우수하고 골 냄새를 잘 맡으며 공중전에도 강하다. 그는 한때 브라질 전문가들로부터 "카레카, 호마리우, 호나우두의 대를 잇는 공격수가 될 것"이라는 극찬을 받았다. 그러나 아쉽게도 현실은 그렇지 못했다.

국적 : 브라질

그의 곁에는 항상 여자가. 여배우 스테파니 브리토, 미스 브라질 데보라 리라, AC 밀란 구단주 딸인 바바라 베를루스코니, 알바니아 모델 알메다 아바지 등을 거쳤고, 현재는 브라질 모델 겸 배우 피오렐라 마테이스와 교제 중이다(!!!).

위치별 슈팅-득점

	4 - 1				
	43 - 8				
	23 - 2				

경기수	출전시간	득점	A	경고	
30(5)	2613	11	5	4	
퇴장	P	%	T	★	
0	766	75%	32	1	

FW Nicola Sansone

18

니콜라
산소네

이탈리아 사수올로 소속으로 세리에A 37경기에 출전해 7골-4도움을 올렸다. 올 시즌 비야레알에서는 알렉산드레 파투와 파트너를 이룰 것이다. 산소네는 RW, CF, LW, SS 등 공격 전 위치를 해낼 수 있다. 볼을 아주 잘 다루고, 날카로운 컷-인과 변칙적인 움직임으로 상대 수비를 따돌린다. 폭발적인 드리블로 역습을 전개하고, 짧은 패스 콤비네이션으로 정돈된 상대 수비진을 천천히 허물어트린다.

국적 : 이탈리아

이탈리아계로 독일 뮌헨에서 태어났다. 바이에른 아카데미를 거쳐 2010년 이 팀 2군에서 데뷔했다. 파르마, 크로토네(임대), 사수올로를 거쳐 2016년 8월 비야레알에 입단했다. 이탈리아 청소년대표를 거쳐 2015년 국가대표로 발탁됐다.

위치별 슈팅-득점

	4 - 2				
	21 - 3				
	39 - 2				

경기수	출전시간	득점	A	경고	
28(9)	2544	7	4	8	
퇴장	P	%	T	★	
0	909	80%	26	1	

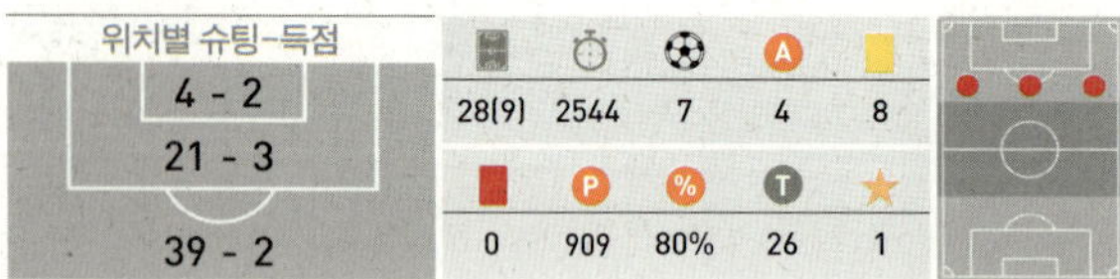

FW Samu Castillejo

19

사무
카스티예호

지난 시즌 20세의 나이로 비야레알 로테이션 멤버로 뛰었다. 라리가 28경기에 출전해 측면에서 강한 파괴력을 선보였다. 선호하는 위치는 레프트윙. 대각선으로 움직이면서 슈팅을 시도하거나 측면으로 벌린 다음 다시 박스 안을 노리는 공격적인 움직임이 인상적이다. 발바닥을 활용한 드리블 시도가 잦은 편이다. 상대로부터 파울을 자주 얻어낸다. 몸이 왜소한 편이라 힘을 기르면서 동시에 체력을 키워야 한다.

국적 : 스페인

2007년 말라가 유스 클럽에 합류했다. 유스 시절부터 폭발적인 득점력을 자랑하며 기대치를 키웠다. B팀 승격도 빨랐다. 스페인 연령별 팀을 거쳐 현재 U-21에서 활약 중이다. 2015년 6월 5년 계약으로 비야레알 유니폼을 입었다.

위치별 슈팅-득점

	0 - 0				
	15 - 1				
	9 - 0				

경기수	출전시간	득점	A	경고	
19(9)	1701	1	1	4	
퇴장	P	%	T	★	
0	570	71%	26	1	

FW Santos Borré

24

산토스
보레

2015년 콜롬비아 리그에서 11골을 터뜨렸고, 2016년 전반기 6골을 기록한 다음 비야레알로 이적했다. 첫 클럽인 데포르티보 칼리 시절 26경기에서 14골을 터뜨리며 '많은 골을 넣는 공격수(prolific goalscorer)'라는 닉네임을 얻었다. 이것을 기반으로 유럽 무대에 진출할 수 있었다. CF, LW, RW을 다 볼 수 있다. 정확한 마무리, 한 템포 빠른 슈팅, 민첩한 드리블, 칼날 스루패스는 그의 강력한 무기다.

국적 : 콜롬비아

콜롬비아 바랑키야 출생. 2013년 데포르티보 칼리에서 데뷔했고, 2015년 여름 아틀레티코 마드리드로 이적했다. 친정팀 데포르티보에 1년 임대를 간 뒤 2016년 8월 비야레알로 다시 임대됐다. 콜롬비아 대표로 리우 올림픽에 출전했다.

FW Aitor Cantalapiedra

27

아이토르
칸탈라피에드라

비야레알 2군 소속으로 스페인 2부 리그 25경기에 출전했다. 그리고 올 시즌도 2군에서 시작했으나 8월 말 1군으로 전격 콜-업됐다. 바르셀로나 '라 마시아' 출신으로 개인기가 우수한 공격수다. 주 위치는 윙어. 왼쪽과 오른쪽 어디서든 폭발적인 스피드와 화려한 드리블, 정확한 크로스로 공격을 이끈다. 바르사 유스에서 기본기를 탄탄히 닦았기에 경험을 더 쌓는다면 비야레알의 중요한 공격 무기가 될 것이다.

국적 : 스페인

스페인 바르셀로나 출생. 6세 때부터 13년 간 6개 유소년 클럽을 거치며 기본기를 철저히 다졌다. 2015년 바르셀로나 2군에서 데뷔했고, 바르셀로나 1군, 비야레알 2군을 거쳐 2016년 8월 말 비야레알 1군으로 전격 올라갔다.

위치별 슈팅-득점

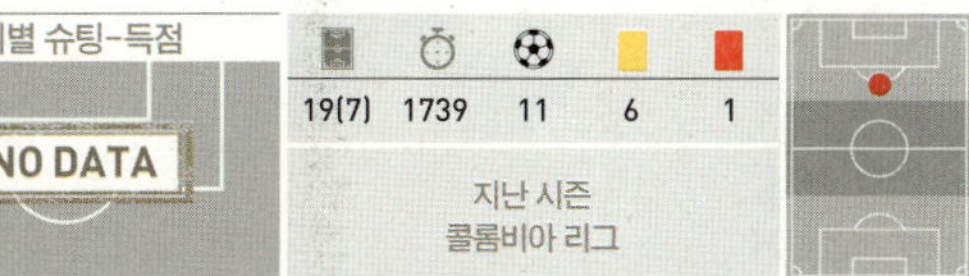

NO DATA

경기수	출전시간	득점	경고	퇴장
19(7)	1739	11	6	1

지난 시즌
콜롬비아 리그

위치별 슈팅-득점

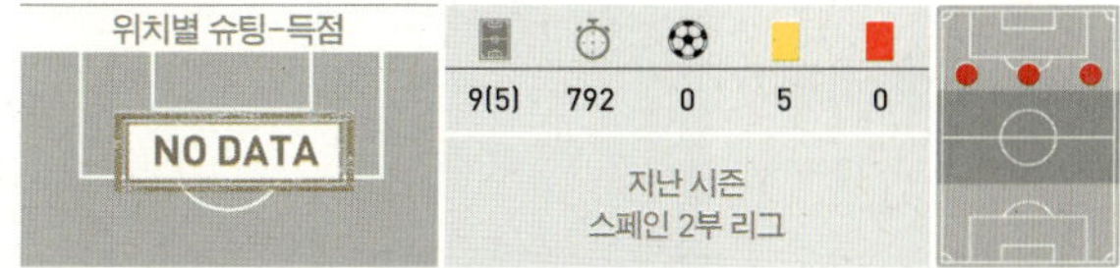

NO DATA

경기수	출전시간	득점	경고	퇴장
9(5)	792	0	5	0

지난 시즌
스페인 2부 리그

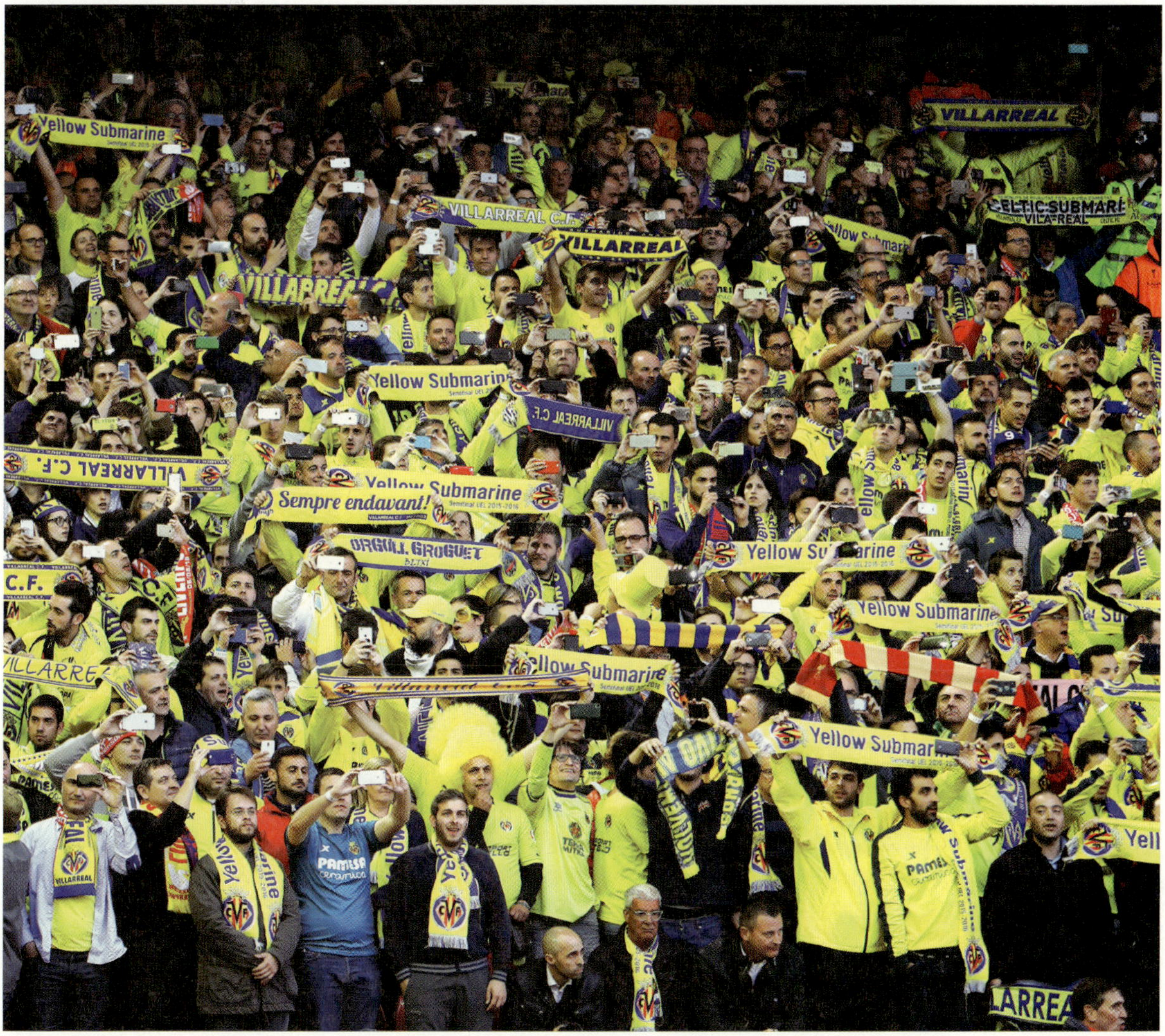

ATHLETIC BILBAO

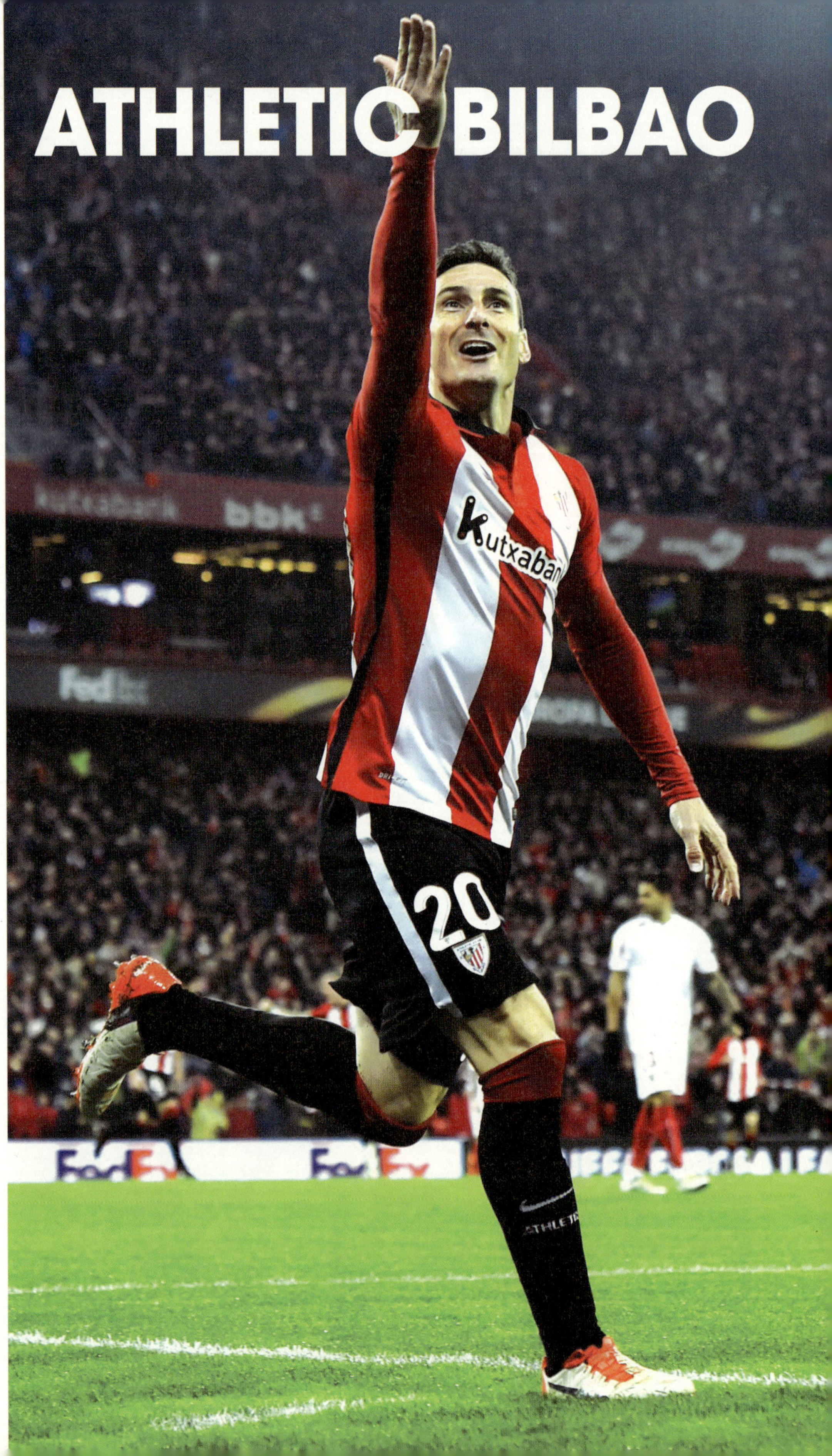

구단 소개

구단 창립 : 1898년
홈구장 : 산마메스
감독 : 에르네스토 발베르데
2015-16시즌 : 5위(승점 62점)
18승 8무 12패 58득점 45실점
닉네임 : Los Leones

주요대회 우승횟수

8	SPANISH PRIMERA LIGA	23	SPANISH COPA DEL REY
0	UEFA CHAMPIONS LEAGUE	0	UEFA EUROPA LEAGUE
0	FIFA CLUB WORLD CUP	0	UEFA-CONMEBOL INTERCONTINENTAL

UNIFORM

Home

Away

'바스크의 자존심' 선수 보강에 제한적
젊은 선수들의 1군 적응력이 관건

2015-16 SEASON REVIEW

바르셀로나와의 수페르코파 1차전에서 4-0으로 대승하며 시즌을 상쾌하게 출발할 준비를 마쳤다. 그러나 정작 라리가 개막 후 5경기 1승 4패로 부진하며 순위 테이블 아래쪽으로 떨어졌다. 다행히 9월 27일 레알 소시에다드전부터 11월 8일 에스파뇰전까지 6경기 연속 무패(4승 2무)를 올리며 위기에서 탈출했다. 이후 큰 위기 없이 꾸준한 성적을 냈다. 20골-6도움의 아리츠 아두리스는 단연 1등 공신이었고, 중원 사령관 라울 가르시아와 마르켈 수사에타, 탄탄한 수비를 자랑한 미켈 산호세, 아이메릭 라포르테 등은 중요한 '조연'이었다.

SUMMER TRANSFER

바스크와 연관된 선수만 영입하는 구단 정책상 늘 전력 보강에 제약이 따른다. 그나마 아두리스, 가르시아, 라포르테 등 라리가 상위권 진출 주역들을 지켜낼 수 있어 다행이었다. 올 여름 이적 시장에서는 28명을 내보내고 12명을 받아들였다. 영입, 방출 리스트에서 눈에 확 띄는 선수는 없다. 거의 대부분 코파델레이에 로테이션으로 출전시킨 수준의 선수들이다. 일부 선수는 임대를 보냈다. 미들즈브러에서 영입한 공격수 키케 솔라는 헤타페로, 레가네스에서 데려온 수비수 우나이 부스틴사는 전 소속 팀으로 각각 보내 경험을 쌓도록 했다.

2016-17 SEASON OUTLOOK

특유의 조직력이 살아 있는 클럽이다. 에르네스토 발베르데 감독의 능력 또한 높은 평을 받아 마땅하다. 이는 이미 지난해 수페르 코파에서 바르셀로나를 꺾고 우승을 차지하면서 입증이 됐다. 선수들의 의욕은 항상 차고 넘친다. 라리가와 유로파리그를 병행하면서 유럽 대항전 쪽에 초점을 맞출 공산이 크다. 대체 불가능한 스트라이커 아두리스의 컨디션 유지에 모든 것이 달렸다. 마르켈 수사에타와 공격형 미드필더 이케르 무니아인의 공격 지원도 마찬가지. 1군에서 다시 경쟁력을 보여줄 젊은 선수들의 적응과 발전이 팀 수준을 높일 것이다.

감독 에르네스토 발베르데(Ernesto VALVERDE)

스페인에서 성공 가도를 달리는 감독. 여러 클럽에서 다양한 경험을 쌓은 만큼 팀을 능수능란하게 운영한다. 공격수 출신으로 선수 시절에는 알라베스, 에스파뇰, 바르셀로나, 아틀레틱 빌바오, 마요르카 등을 거쳤다. 단신임에도 많은 골을 터트렸고 특히 빌바오와 궁합이 좋았다. 은퇴 후 빌바오에서 유프하인케스 어시스턴트로 지도자 생활을 시작, B팀을 거쳐 A팀 감독까지 올라섰다. 이후 에스파뇰을 이끌고 UEFA컵 준우승을 차지했고, 그리스 올림피아코스 시절에는 리그 3회, 컵대회 2회 등 우승 트로피도 여러 차례 들어올렸다. 점유율을 바탕으로 한 공격 중심의 축구를 선호하지만 상황에 따라서는 라인을 내리고 선이 굵은 축구를 구사하기도 한다.

PROFILE
- 출 생 : 1964.2.9
- 국 적 : 스페인
- 계 약 : 2017.6.30

STADIUM

SAN MAMES

구장 오픈 : 2013년
구장 증축 : –
구장 소유 : 아틀레틱 클럽
수용 인원 : 5만 3,289명
피치 규모 : 105m × 68m
잔디 종류 : 천연 잔디

SQUAD LIST

위치	번호	이름	국적	신장	체중	생년월일
GK	1	Gorka Iraizoz	ESP	191	81	06-03-81
	13	Iago Herrerín	ESP	186	90	25-01-88
	26	Kepa Arrizabalaga	ESP	186	81	03-10-94
DF	2	Eneko Bóveda	ESP	180	77	14-12-88
	4	Aymeric Laporte	FRA	189	85	27-05-94
	6	Mikel San José	ESP	183	78	30-05-89
	15	Iñigo Lekue	ESP	179	70	04-05-93
	24	Mikel Balenziaga	ESP	179	74	29-02-88
	25	Enric Saborit	ESP	186	72	27-04-92
	27	Yerai Alvarez	ESP	182	75	24-01-95
MF	3	Gorka Elustondo	ESP	182	73	18-03-87
	5	Javier Eraso	ESP	180	71	22-03-90
	7	Beñat Etxebarria	ESP	175	72	19-02-87
	8	Ander Iturraspe	ESP	187	73	08-03-89
	12	Mikel Vesga	ESP	191	86	21-05-93
	14	Markel Susaeta	ESP	179	68	14-12-87
	16	Xabier Etxeita	ESP	185	79	31-10-87
	17	Mikel Rico	ESP	178	75	01-11-84
	18	Óscar de Marcos	ESP	180	73	14-04-89
	22	Raúl García	ESP	183	80	11-07-86
	23	Ager Aketxe	ESP	174	70	30-12-93
	30	Urtzi Urzelai	ESP	178	69	27-04-95
	31	Iker Undabarrena	ESP	180	75	18-05-95
FW	10	Iker Muniain	ESP	168	62	19-12-92
	11	Iñaki Williams	ESP	186	71	15-06-94
	19	Sabin Merino	ESP	187	78	04-01-92
	20	Aritz Aduriz	ESP	177	75	11-02-81
	28	Asier Villalibre	ESP	183	82	30-09-97

2016-17 SEASON SCHEDULE

날짜	장소	상대팀	날짜	장소	상대팀
21/AUG	A	Sporting Gijon	28/JAN	H	Sporting Gijon
28/AUG	H	FC Barcelona	04/FEB	A	FC Barcelona
11/SEP	A	Deportivo La Coruna	11/FEB	H	Deportivo La Coruna
18/SEP	H	Valencia CF	18/FEB	A	Valencia CF
21/SEP	A	Granada CF	25/FEB	H	Granada CF
24/SEP	H	Sevilla FC	28/FEB	A	Sevilla FC
02/OCT	A	Malaga CF	04/MAR	H	Malaga CF
16/OCT	H	Real Sociedad	11/MAR	A	Real Sociedad
23/OCT	A	Real Madrid	18/MAR	H	Real Madrid
29/OCT	H	CA Osasuna	01/APR	A	CA Osasuna
05/NOV	A	Espanyol Barcelona	04/APR	H	Espanyol Barcelona
19/NOV	H	Villarreal CF	08/APR	A	Villarreal CF
26/NOV	A	UD Las Palmas	15/APR	H	UD Las Palmas
03/DEC	H	SD Eibar	22/APR	A	SD Eibar
10/DEC	A	Real Betis	25/APR	H	Real Betis
17/DEC	H	Celta Vigo	29/APR	A	Celta Vigo
07/JAN	H	CD Alaves	06/MAY	A	CD Alaves
14/JAN	A	CD Leganes	13/MAY	H	CD Leganes
21/JAN	H	Atletico Madrid	20/MAY	A	Atletico Madrid

RANK OF LAST 5 YEARS

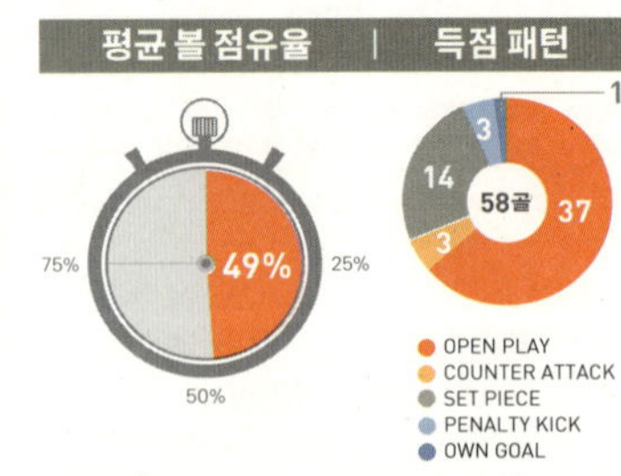

STRENGTHS & WEAKNESSES

OFFENSE		DEFENSE	
직접 프리킥	C	세트피스 수비	C
문전 처리	D	상대 볼 뺏기	C
측면 돌파	C	공중전 능력	A
스루볼 침투	B	역습 방어	D
개인기 침투	B	지공 방어	C
카운터 어택	C	스루패스 방어	C
기회 만들기	C	리드 지키기	B
세트피스	C	실수 조심	C
OS 피하기	C	측면 방어력	C
중거리 슈팅	C	파울 주의	C
볼 점유율	D	중거리슛 수비	C

매우 강함 A　강한 편 B　보통 수준 C　약한 편 D　매우 약함 E

시간대별 득점 | 시간대별 실점 | 득점 분포 | 공격 방향 | 볼 점유 위치 | 포지션별 득점 | 상대포지션별 실점

FORMATION

TOTO GUIDE 지난 시즌 상대팀별 전적

상대팀	홈	원정
FC Barcelona	0-1	0-6
Real Madrid	1-2	2-4
Atletico Madrid	0-1	1-2
Villarreal	0-0	1-3
Celta Vigo	2-1	1-0
FC Sevilla	3-1	0-2
Malaga	0-0	1-0
Real Sociedad	0-1	0-0
Real Betis	3-1	3-1
Las Palmas	2-2	0-0
Valencia	3-1	3-0
Espanyol	2-1	1-2
Eibar	5-2	0-2
Deportivo	4-1	2-2
Granada	1-1	0-2
Sporting Gijon	3-0	2-0
Rayo Vallecano	1-0	3-0
Getafe	3-1	1-0
Levante	2-0	2-2

GK Gorka Iraizoz

부동의 넘버 1. 지난 시즌 리그 37경기에 선발로 출전해 선방을 거듭했다. 라리가에 전념하느라 유로파리그 경기에는 에레린에게 선발 자리를 내주고 딱 1경기에만 출전했다. 이라이소스는 라리가에서 안정감 넘치는 골키퍼 가운데 1명이다. 판단력이 좋고 무리하거나 위험한 플레이를 선보이지 않는다. 체격 조건이 뛰어나 각도를 좁히고 나오면 상대 슈팅이 몸에 자주 걸린다. 공중 볼도 안정적으로 캐치한다.

고르카 이라이소스

스페인 팜플로나 출신이다. 유스 시절에는 두각을 나타내지 못하다 성인이 되면서 실력을 인정받기 시작했다. 스페인 하부 헤르니카를 비롯해서 에스파뇰, 에이바르를 거쳐 2007년부터 어슬레틱 빌바오에서 주전 골키퍼로 활약 중이다.

국적 : 스페인

슈팅 위치별 선방

	6
	55
	32

경기수	출전시간	득점	A	경고
37	3244	0	0	1

퇴장	P	%	S	★
1	1210	56%	93	93

GK Iago Herrerín

백업 골키퍼 역할을 하기에는 아까운 인재. 지난 시즌 라리가에서는 딱 1경기에 출전했으나 유로파리그에서는 선발 골키퍼로서 12경기에 나섰고 비교적 평가도 좋았다. 머지않아 이라이소스를 대체할 수 있을 것이다. 키에 비해 체중이 많이 나가는 스타일의 골키퍼. 골문을 비교적 듬직하게 지킨다. 공중 볼 상황에 강점이 있고 지난 시즌 유로파 경기에 계속 출전하면서 경험을 쌓고 자신감까지 얻었다.

이아고 에레린

빌바오에서 태어나 계속 지역 클럽에서 골키퍼로 성장했다. 바스코니아와 어슬레틱 B팀을 오가다 2010년 AT 마드리드 B팀으로 향했는데, '새로운 도전'이 이유였다. 그러다 2012년 다시 고향으로 복귀하면서 지금까지 활약 중이다.

국적 : 스페인

슈팅 위치별 선방

	0
	1
	0

경기수	출전시간	득점	A	경고
1(1)	174	0	0	0

퇴장	P	%	S	★
0	78	50%	1	0

DF Aymeric Laporte

'빅 클럽이 주목하는 차세대 수비수.' 1994년생으로 20대 초반이지만 기량은 이미 무르익은 선수다. 지난 시즌에도 리그 26경기, 유로파리그 9경기에 출전하며 수비진을 이끌었다. 그만큼 어슬레틱 빌바오 수비에는 없어서는 안 될 존재. 후방에서 수비를 조율하는 능력 더하기 스피드, 몸싸움, 태클, 커팅, 패스 등 여러 면에서 제 몫을 해낸다. 예전에는 잔실수가 많았으나 집중력이 좋아져 이 부분도 개선됐다.

아이메릭 라포르테

비센테 리자리쥐 이후 두 번째 프랑스 출신 선수. 2010년 어슬레틱 빌바오를 택했고 2012-13 시즌 후반기 1군으로 승격했다. 이후 꾸준하게 주전으로 활약 중이다. 2011년 프랑스 U-17을 시작으로 U-19, U-20, U-21까지 왔다.

국적 : 프랑스

위치별 슈팅-득점

	4 - 2
	10 - 1
	5 - 0

경기수	출전시간	득점	A	경고
25(1)	2214	3	1	7

퇴장	P	%	T	★
2	1293	80%	50	1

DF Mikel San José

6 / 미켈 산 호세

일찍 잉글랜드 무대를 노크했지만 빨리 돌아와 더 성공한 케이스. 팀에서는 수비형 MF와 CB를 오가며 전천후 역할을 펼친다. 유형을 따지면 '전투형' 수비수에 가깝다. 적극적인 몸싸움, 과감한 태클을 자주 시도하며 커버 플레이에도 능하다. 발 기술이 좋고 패싱력이 있어 미드필더로도 배치된다. 세트플레이에서 터트리는 득점력은 팀 내 최고다. 지난 시즌 과격한 플레이로 두 차례 출전정지를 당한 바 있다.

국적 : 스페인

빌바오 유스 클럽 시절이던 2007년 리버풀과 3년 계약을 했지만 계속 리저브 팀에 머물렀다. 2009년 다시 고향팀으로 돌아오면서 주전 자리를 확보했다. 스페인 U-19, U-21에서 중심을 잡았고 2014년 9월 대표 팀 데뷔전을 치렀다.

위치별 슈팅-득점

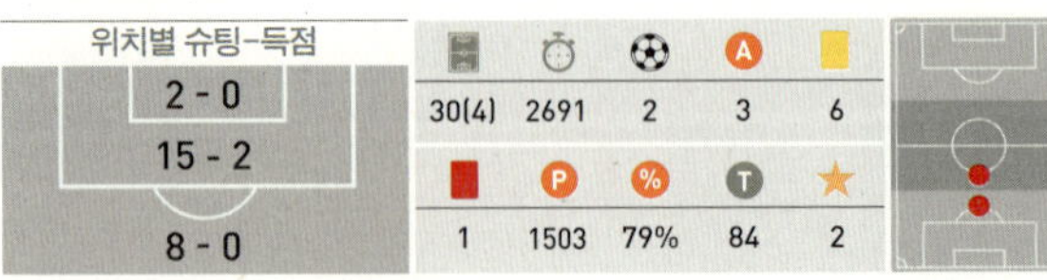

경기수	출전시간	득점	A	🟨
30(4)	2691	2	3	6

🟥	P	%	T	★
1	1503	79%	84	2

위치별 슈팅-득점: 2 - 0 / 15 - 2 / 8 - 0

DF Xabier Etxeita

16 / 사비에르 에체이타

라포르테의 센터백 파트너. 지난 시즌 리그 30경기, 유로파리그 9경기에 출전하며 좋은 무난한 활약을 펼쳤다. 에체이타는 화려하지 않지만 후방에서 묵묵하게 자기 영역을 지켜낸다. 성공률이 높은 깔끔한 태클로 상대의 볼을 걷어내거나 빼앗는다. 순간적으로 발을 내밀어 커팅하는 기술도 좋은 편이다. 점프력이 좋아 공중전에 두각을 나타낸다. 수비 클리어링뿐 아니라 세트피스 헤딩포도 꽤 위력적이라는 평.

국적 : 스페인

바스크 지방의 작은 클럽 아모레비에타에서 실력을 쌓았다. 2006년 어슬레틱 빌바오 B팀으로 스카우트됐고 2009년에는 1군 백업 선수로 승격했다. 2010년 엘체로 이적했다가 2013년 빌바오로 복귀. 스페인 대표로 2015년에 데뷔.

위치별 슈팅-득점

경기수	출전시간	득점	A	🟨
28(2)	2485	0	1	5

🟥	P	%	T	★
0	1132	80%	41	0

위치별 슈팅-득점: 4 - 0 / 6 - 0 / 0 - 0

DF Oscar De Marcos

18 / 오스카르 데마르코스

지난 시즌 34경기에 출전해 알토란 같은 활약을 펼쳤다. 주로 라이트백으로 뛰었지만 가끔 우측 미드필더, 레프트백, 중앙 수비수의 역할도 했다. 올 시즌에도 기대를 모은다. 데마르코스는 운동능력이 뛰어나 90분간 끊임없이 왕복운동을 하며 공격과 수비를 뒷받침한다. 빠른 드리블과 정확한 크로스가 강점이며 항상 과감하게 플레이를 하는 편이다. 가끔 볼을 끌다가 빼앗겨 역습을 허용하는 게 아쉬운 점이다.

국적 : 스페인

알라베스 유스 아카데미 출신. 2007년 알라베스 2군에서 데뷔했고, 이듬해 이 팀 1군으로 승격하며 프리메라리가 데뷔전을 치렀다. 2009년 여름 35만 유로의 이적료에 아슬레틱 빌바오 유니폼을 입었다. 스페인 U-20, U-23 대표 출신.

위치별 슈팅-득점

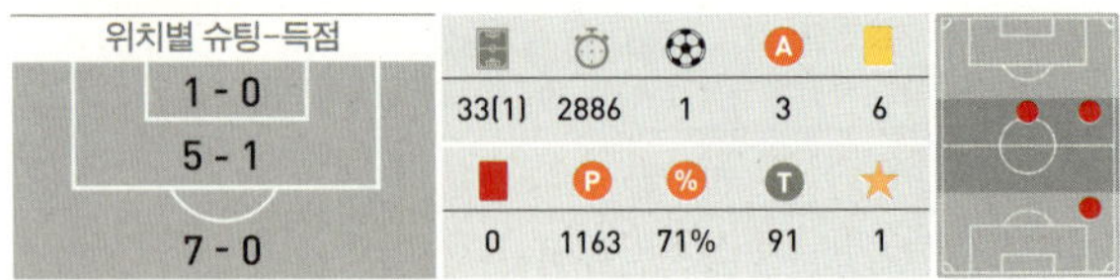

경기수	출전시간	득점	A	🟨
33(1)	2886	1	3	6

🟥	P	%	T	★
0	1163	71%	91	1

위치별 슈팅-득점: 1 - 0 / 5 - 1 / 7 - 0

DF Mikel Balenziaga

24 / 미켈 발렌시아가

지난 시즌 라리가 34경기, 유로파리그 11경기, 국왕컵 4경기에 모습을 드러냈다. 다른 포지션에 비해 로테이션 비율이 낮은 자리. 그만큼 팀에서 차지하는 비중이 높은 선수다. 발렌시아가는 공격적인 왼쪽 풀백은 아니다. 그렇지만 기본적인 패스 정확도나 크로스 능력은 보유하고 있다. 팀 균형에 맞게 왼쪽에서 제한적인 움직임을 주문받는다. 측면 커버가 빠르고 순간적인 위치 변화에 잘 대처하는 편이다.

국적 : 스페인

레알 소시에다드 유스 아카데미 출신. 2006년 레알 소시에다드 B팀에서 데뷔했고 2008년 아슬레틱 빌바오, 2009년 누만시아(임대), 2011년 바야돌리드를 거쳐 2013년 여름 빌바오로 복귀했다. 스페인 U-19, U-21 대표 출신이다.

위치별 슈팅-득점

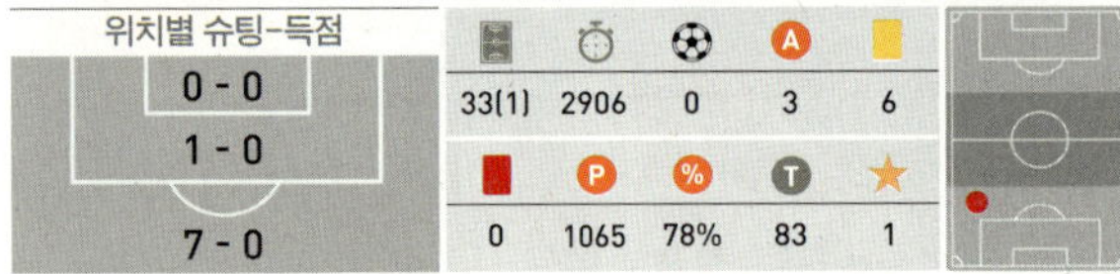

경기수	출전시간	득점	A	🟨
33(1)	2906	0	3	6

🟥	P	%	T	★
0	1065	78%	83	1

위치별 슈팅-득점: 0 - 0 / 1 - 0 / 7 - 0

MF Beñat Etxebarria

7 / 베냐트 에체바리아

팀에 합류한 지 3년째인 지난 시즌, 기량이 꽃을 피웠다. 프리메라리가 36경기, 유로파리그 12경기, 코파델레이 5경기에 출전하며 주전으로서 입지를 탄탄히 다졌다. 올 시즌에도 중앙 미드필더로서 팀의 중심을 잡아줄 것이다. 베냐트는 중원에서 진취적으로 공을 소유하고 돌릴 때 진가가 드러난다. 짧은 패스보다는 선이 굵은 축구를 선호한다. 날카로운 오른발 킥으로 경기장 구석구석을 찌른다.

국적 : 스페인

어슬레틱 유스 출신으로 바스코니아, 어슬레틱 B, 어스레틱 빌바오 1군으로 이어지는 코스를 밟았다. 하지만 1군 정착에 실패하고 레알 베티스로 이적해 스페인 대표 미드필더로 성장했다. 2013년 6월 이적료 800만 유로에 친정으로 복귀.

위치별 슈팅-득점

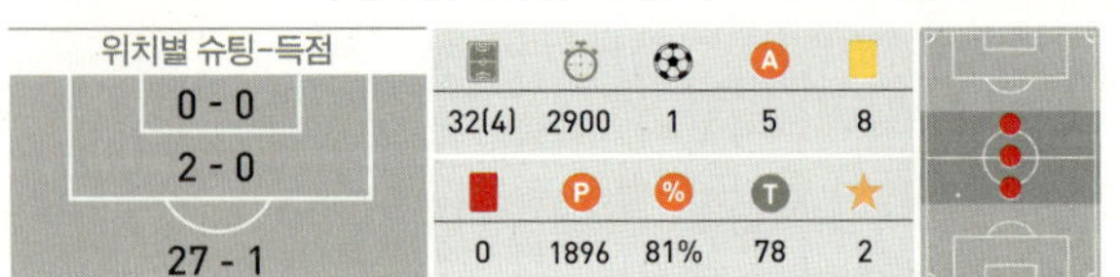

경기수	출전시간	득점	A	🟨
32(4)	2900	1	5	8

🟥	P	%	T	★
0	1896	81%	78	2

위치별 슈팅-득점: 0 - 0 / 2 - 0 / 27 - 1

MF Ander Iturraspe

8 / 안데르 이투라스페

지난 시즌 부상으로 고생했다. 대퇴부 부상으로 70일, 햄스트링 이상으로 20일 결장. 이 때문에 리그 16경기에 출전하는 데 그쳤다. 그러나 정상 컨디션의 이투라스페는 매우 뛰어난 MF로 평가받는다. 그는 빌바오가 자랑하는 '후방 플레이메이커'다. 드리블, 패스, 볼 키핑 등 전체적인 볼 컨트롤이 안정돼 있고, 허리에서 공수 조율을 비롯한 다양한 장점을 발휘해 팀을 이끈다. 부상만 조심하면 아무 문제 없다.

국적 : 스페인

어린 시절 빌바오 유스 클럽을 잠시 떠났다가 다시 돌아왔다. 그것을 제외하면 프로 선수 데뷔부터 지금까지 계속 같은 팀에서 활약하고 있다. 풀타임 주전이 된 것은 2011-12 시즌부터다. 2014년 5월, 스페인 대표 팀 데뷔전을 치렀다.

위치별 슈팅-득점

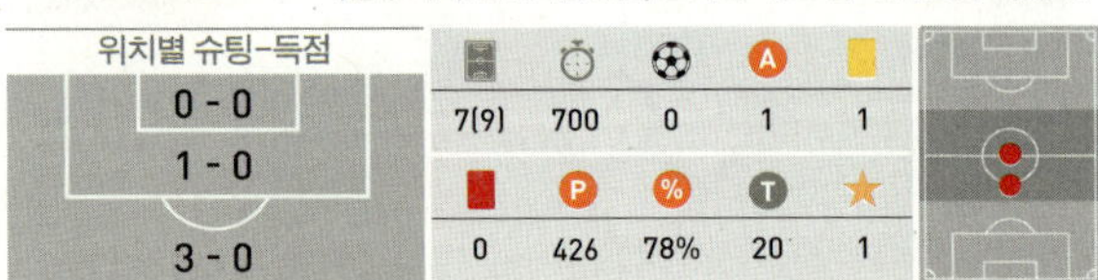

경기수	출전시간	득점	A	🟨
7(9)	700	0	1	1

🟥	P	%	T	★
0	426	78%	20	1

위치별 슈팅-득점: 0 - 0 / 1 - 0 / 3 - 0

(MF) Iker Muniain

지난 시즌 무릎, 햄스트링, 대퇴부 등 여러 차례 부상으로 고생했다. 결국 라리가 20경기, 코파델레이 3경기, 유로파리그 5경기에 출전하는 데 그쳤다. 정상 컨디션 대비 60% 정도밖에는 역할을 하지 못한 것. 무니아인은 현 유럽 축구를 주름잡는 '1992년생' 가운데 1명이다. 흐름을 뒤집는 놀라운 드리블, 깔끔한 마무리 슈팅. 날카로운 크로스와 번뜩이는 패스까지 다양한 공격 기술을 자랑한다.

이케르 무니아인

스페인 팜플로나 출신. 2005년부터 어슬레틱 빌바오와 함께하고 있다. 17세 때인 2009년 7월, 유로파리그 3차 예선에서 1군 데뷔전을 가졌다. 2009년 17세 월드컵 준비 기간부터 스페인 연령별 팀을 두루 거치면서 주전으로 활약했다.

국적 : 스페인

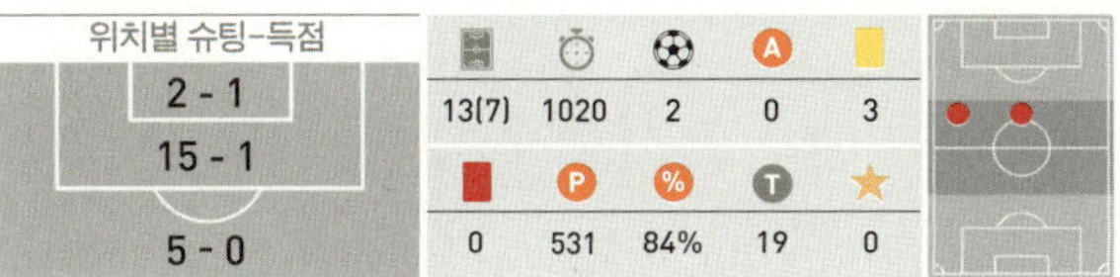

위치별 슈팅-득점							
2 - 1		13(7)	1020	2	0	3	
15 - 1							
5 - 0		0	531	84%	19	0	

(MF) Markel Susaeta

주 포지션은 라이트윙이지만 레프트윙과 중앙 미드필더로 뛸 수도 있다. 지난 시즌 햄스트링 부상, 바이러스 감염 등으로 몇 차례 결장한 것을 제외하곤 리그 28경기, 유로파리그 13경기에 꾸준히 출전하며 중원을 장악했다. 올 시즌 부상만 없다면 더 좋은 활약이 기대된다. 수사에타는 측면에서 박스 안으로 움직이는 선수를 향해 날카로운 크로스나 창의적인 패스를 연결한다. 움직이는 동료를 보는 눈이 매우 좋다.

마르켈 수사에타

10세 때인 1997년 어슬레틱 빌바오와 처음 인연을 맺었다. 바스코니아, 어슬레틱 B를 거쳐 2007-08 시즌 1군 주전으로 빠르게 승격했다. 벌써 어슬레틱 빌바오 1군에서만 9시즌째다. 사촌 네스토르도 소시에다드를 거친 축구 선수다.

국적 : 스페인

위치별 슈팅-득점							
0 - 0		22(6)	1922	3	3	3	
12 - 3							
14 - 0		0	653	77%	55	0	

(MF) Mikel Rico

올해 32세. 필드 플레이어 가운데 노장에 속한다. 베테랑으로 그라운드에서 젊은 선수들을 다독이고 궂은일에 적극적이다. 지난 시즌 프리메라리가 17경기, 유로파리그 9경기에 각각 출전했다. 그라나다 시절 조금 투박한 '박스-투-박스' 미드필더였다. 그래서 발베르데 감독도 수비적인 임무를 생각했다. 그러나 워낙 활동량이 많고 적극적이라 박스 안으로 전진을 많이 시킨다. 그 결과 득점력도 향상됐다.

미켈 리코

바스코니아에서 어린 시절을 보냈다. 이후 어슬레틱 B팀으로 가지 못하고 스페인 하부 리그 클럽에서 프로 선수가 됐다. 경력을 조금 쌓은 뒤에는 우에스카, 그라나다 등 세군다리가에서 활약했다. 2013년 8월, 다시 고향으로 돌아왔다.

국적 : 스페인

위치별 슈팅-득점							
0 - 0		8(9)	692	1	1	2	
4 - 1							
8 - 0		1	363	76%	26	0	

(FW) Iñaki Williams

빌바오에서 공들이는 22세의 젊은 스트라이커. 공격수 부재를 해결하고자 지난 2014년 12월 급하게 B팀에서 호출해 데뷔전을 치렀고, 지난 시즌 기량이 만개했다. 186cm의 큰 키로 제공권과 속도를 모두 갖췄다. 머리보다는 발을 잘 쓴다. 몸이 유연해 드리블을 잘 하고, 측면에서 중앙으로 이동해 날카롭게 슈팅한다. 예전에 비해 이타적인 움직임도 좋아졌다는 평. 지난 시즌 햄스트링, 발목 부상이 아쉬웠다.

이냐키 윌리암스

가나인 아버지와 라이베리아인 어머니 사이에서 태어났다. 팀에서 보기드문 흑인 선수. 2012년 이적해 후베닐 A부터 바스코니아, 어슬레틱 B, 1군으로 승격했다. 지난 5월 29일 보스니아와의 평가전을 통해 스페인 A대표로 데뷔했다.

국적 : 스페인

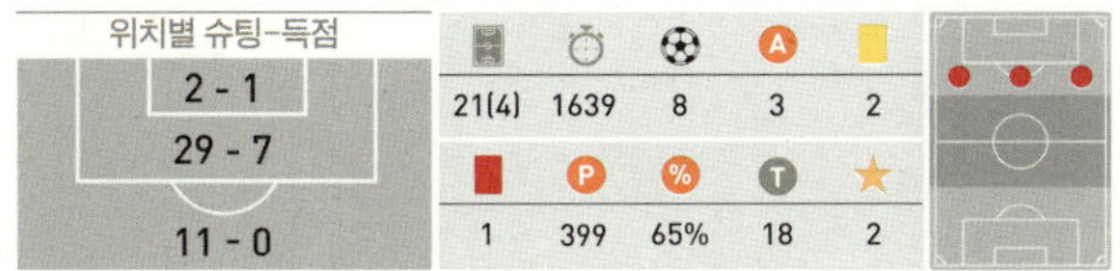

위치별 슈팅-득점							
2 - 1		21(4)	1639	8	3	2	
29 - 7							
11 - 0		1	399	65%	18	2	

(FW) Aritz Aduriz

프로 데뷔 후 최고의 시즌을 보냈다. 리그 34경기에 출전해 20골-6도움. 유로파리그 11경기에서 11골-3도움을 각각 기록했다. 거의 매경기 공격 포인트를 올려준 셈. 아두리스는 기복이 거의 없고 꾸준한 득점력을 자랑하며 몰아치기에도 능하다. 그는 온몸이 무기다. 젊을 때보다 왼발-오른발 슈팅 정확도가 더 높아지면서 발로 기록하는 골이 늘어났다. 공중전은 리그 최강 수준. 포스트에서 정확히 피딩해 준다.

아리츠 아두리스

1999년 아루레라에서 데뷔했고, 어슬레틱 B, 부르고스, 바야돌리드, 어슬레틱 빌바오, 마요르카, 발렌시아를 거쳐 2012년 여름 어슬레틱 빌바오로 복귀. 2010년부터 스페인 대표로 활약해 왔고, 동시에 바스크 지역 대표 선수이기도 하다.

국적 : 스페인

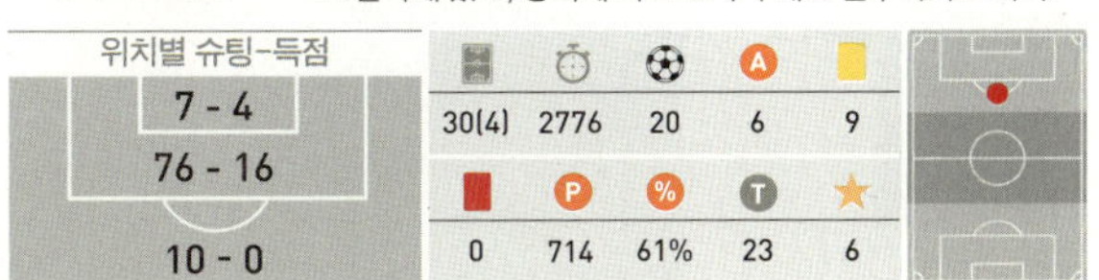

위치별 슈팅-득점							
7 - 4		30(4)	2776	20	6	9	
76 - 16							
10 - 0		0	714	61%	23	6	

CELTA VIGO

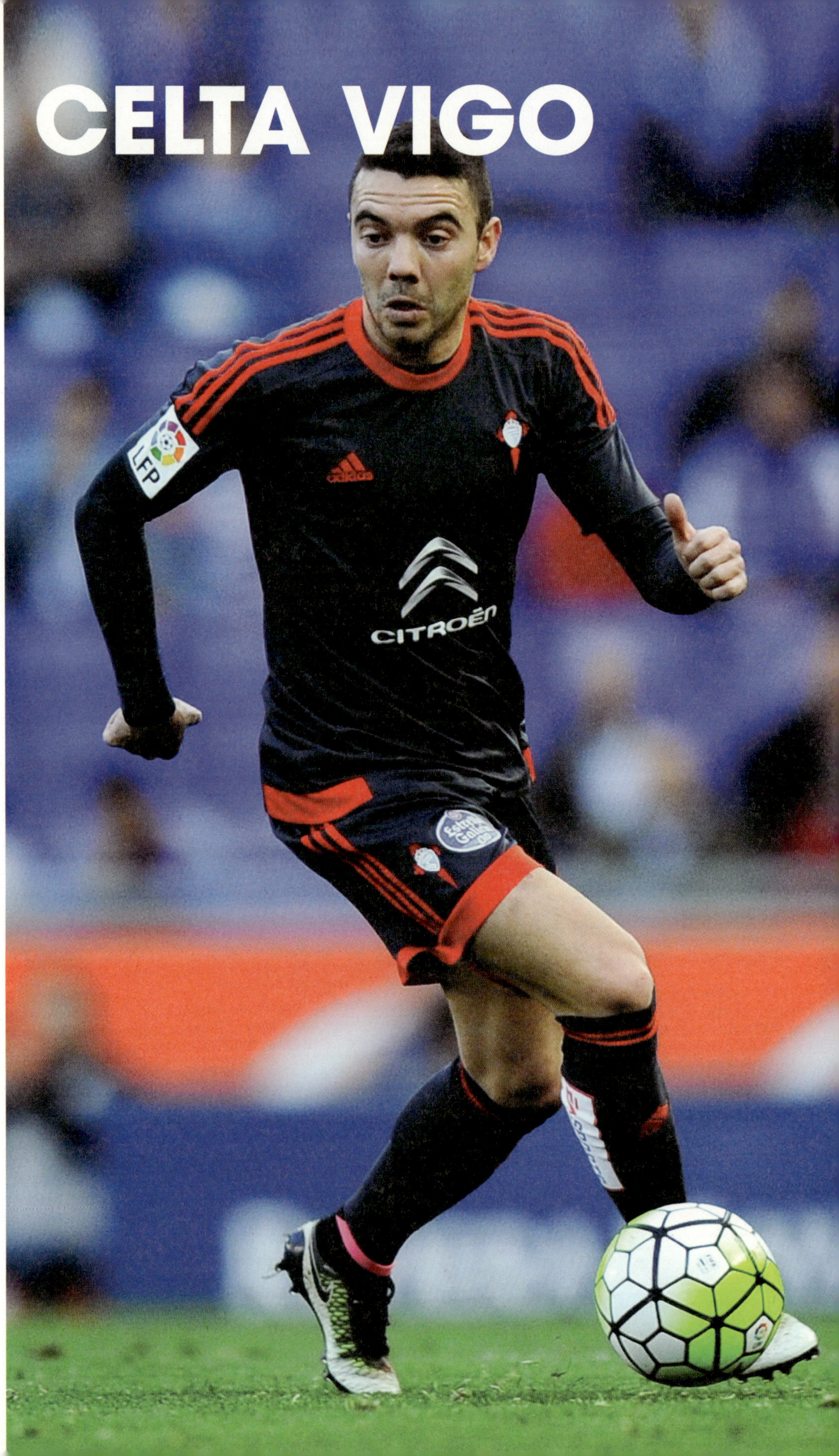

구단 소개

구단 창립 : 1923년
홈구장 : 발라이도스
감독 : 에두아르도 베리소
2015-16시즌 : 6위(승점 60점)
17승 9무 12패 51득점 59실점
닉네임 : Os Celticos

주요대회 우승횟수

0	SPANISH PRIMERA LIGA	0	SPANISH COPA DEL REY
0	UEFA CHAMPIONS LEAGUE	0	UEFA EUROPA LEAGUE
0	FIFA CLUB WORLD CUP	0	UEFA-CONMEBOL INTERCONTINENTAL

UNIFORM

Home

Away

라리가 중상위권 전력으로 자리 굳혀
놀리토 이적 아쉽지만 아스파스 건재

2015-16 SEASON REVIEW

기복이 있는 시즌이었다. 초반 16경기에서 3패만 기록하며 상위권 도전에 나섰다. 그런데 갑자기 난조를 보였다. 12월 15일 아슬레틱 빌바오와의 홈경기에서 0-1로 진 뒤 8경기 동안 1승 1무 6패로 급격한 부진에 빠졌던 것. 다행히 2월 16일 에이바르 홈경기에서 3-2로 승리하면서 부진에서 탈출했고, 이후 11경기 동안 6승 4무 1패를 기록하면서 시즌을 잘 마무리했다. 한때 경질설에 휘말렸던 베리쏘 감독은 위기를 넘겼다. 최고의 공격수 이아고 아스파스는 14골을 터뜨려 건재를 과시했고, 센터백 구스타보 카브랄은 팀의 중심을 잘 잡아줬다.

SUMMER TRANSFER

여름 이적 시장에서 9명을 방출하고 16명을 영입했다. 대차대조표는 흑자 1250만 유로. 물론 그 이유는 주전 스트라이커 놀리토를 맨체스터 시티에 내주며 1800만 유로를 받았기에 가능했다. 대신 '비고의 아들' 이아고 아스파스와 폭발적 윙어 파비안 오레야나를 이적 시장 '정글의 법칙'에서 지켜낸 건 최대의 수확이다. 영입 선수들 중 즉시 전력감은 피오렌티나에서 데려온 스트라이커 주세페 로시(한때 파올로 로시의 후계자로 꼽혔으나 무릎 부상 이후 기량이 하락했다), 덴마크 미틸란드에서 영입한 미드필더 피오네 시스토 등이다.

2016-17 SEASON OUTLOOK

주 포메이션은 4-2-3-1이고 보조 포메이션으로 4-3-3을 채택할 것으로 보인다. 일단 공격진 변화가 주목된다. 놀리토가 맨시티로 이적했기에 CF 아스파스를 중심으로 새로 구성을 한다. 라이트윙 시스토, 레프트윙 봉곤다가 포진해 아스파스를 보조할 것이다. 또한 바스를 중앙 미드필더로 포진시키고, 오레야나와 구이데티를 교체 카드로 투입할 공산이 크다. 주전에 대한 의존도가 높고 적절한 백업이 부족한 상황이라 부상이나 체력 저하가 왔을 때 극복할 힘이 모자란 것은 걱정거리다. 믿을 만한 수비수 숫자도 부족한 편이다.

감독 에두아르도 베리소(Eduardo BERIZZO)

지난 시즌 남미 대륙을 떠나 감독으로는 처음 유럽에 도전장을 내밀었다. 그에게 셀타 비고는 매우 익숙한 클럽으로 선수 시절 이 팀에서 주전으로 활약하며 골 넣는 수비수로 인기가 많았다. 아르헨티나 뉴웰즈 올드 보이즈 출신으로 멕시코 아틀라스, 아르헨티나 리버 플레이트, 프랑스 마르세유, 스페인 카디스 등 명문 팀을 거쳤고 아르헨티나 대표팀 경험도 있다. 마르셀로 비엘사가 칠레 대표팀을 맡을 때 어시스턴트로 지도자 생활을 시작, 영향을 많이 받은 것으로 알려졌다. 2011년 아르헨티나 에스투디엔테스에서 감독 데뷔전을 치렀으나 성적 부진으로 바로 하차했고, 칠레 오이힌스를 맡아 2013년 전반기 우승, 2014년 칠레 수페르코파 트로피를 차지하면서 주목을 끌기 시작했다.

PROFILE

- 출 생 : 1969.11.13
- 국 적 : 아르헨티나
- 계 약 : 2017.6.30

STADIUM

Estadio Balaidos

- 구장 오픈 : 1928년
- 구장 개축 : 2004년
- 구장 증축 : 1967, 1982년
- 구장 소유 : 콘셀로 데 비고
- 수용 인원 : 3만 1,800명
- 피치 규모 : 105m × 68m
- 잔디 종류 : 천연 잔디

SQUAD LIST

위치	번호	이름	국적	신장	체중	생년월일
GK	1	Sergio Álvarez	ESP	179	75	03-08-86
	13	Rubén Blanco	ESP	188	70	25-07-95
	27	Iván Villar	ESP	183	76	09-07-97
DF	2	Hugo Mallo	ESP	181	78	22-06-91
	3	Andreu Fontàs	ESP	181	72	14-11-89
	4	David Costas	ESP	182	73	26-03-95
	6	Nemanja Radoja	SRB	186	77	06-02-93
	18	Daniel Wass	DEN	181	74	31-05-89
	19	Johny	ESP	175	70	03-03-94
	20	Sergi Gómez	ESP	181	76	28-07-92
	21	Carles Planas	ESP	180	80	04-03-91
	22	Gustavo Cabral	ARG	182	81	14-10-85
	24	Facundo Roncaglia	ARG	179	76	10-02-87
MF	5	Marcelo Díaz	CHI	166	64	30-12-86
	8	Pablo Hernández	CHI	184	79	24-10-86
	11	Pione Sisto	DEN	171	65	04-02-95
	15	Álvaro Lemos	ESP	175	72	30-03-93
	28	Pape Cheikh	ESP	180	68	08-08-97
	32	Borja Fernandez	ESP	177	71	16-08-95
FW	7	Theo Bongonda	BEL	177	70	20-11-95
	9	John Guidetti	SWE	181	79	15-04-92
	10	Iago Aspas	ESP	176	67	11-08-87
	12	Claudio Beauvue	FRA	174	66	16-04-88
	14	Fabián Orellana	CHI	169	68	27-01-86
	17	José Naranjo	ESP	182	73	28-07-94
	23	Josep Señé	ESP	185	74	10-12-91
	25	Giuseppe Rossi	ITA	173	73	01-02-87

2016-17 SEASON SCHEDULE

날짜	장소	상대팀	날짜	장소	상대팀
22/AUG	H	CD Leganes	28/JAN	A	CD Leganes
27/AUG	A	Real Madrid	04/FEB	H	Real Madrid
10/SEP	H	Atletico Madrid	11/FEB	A	Atletico Madrid
18/SEP	A	CA Osasuna	18/FEB	H	CA Osasuna
21/SEP	H	Sporting Gijon	25/FEB	A	Sporting Gijon
25/SEP	A	Espanyol Barcelona	28/FEB	H	Espanyol Barcelona
02/OCT	H	FC Barcelona	04/MAR	A	FC Barcelona
16/OCT	A	Villarreal CF	11/MAR	H	Villarreal CF
23/OCT	H	Deportivo La Coruna	18/MAR	A	Deportivo La Coruna
29/OCT	A	UD Las Palmas	01/APR	H	UD Las Palmas
05/NOV	H	Valencia CF	04/APR	A	Valencia CF
19/NOV	A	SD Eibar	08/APR	H	SD Eibar
26/NOV	H	Granada CF	15/APR	A	Granada CF
03/DEC	A	Real Betis	22/APR	H	Real Betis
10/DEC	H	Sevilla FC	25/APR	A	Sevilla FC
17/DEC	A	Athletic Bilbao	29/APR	H	Athletic Bilbao
07/JAN	H	Malaga CF	06/MAY	A	Malaga CF
14/JAN	H	CD Alaves	13/MAY	A	CD Alaves
21/JAN	A	Real Sociedad	20/MAY	H	Real Sociedad

RANK OF LAST 5 YEARS

2011-12	2012-13	2013-14	2014-15	2015-16
2	17	7	8	6
85점	37점	49점	51점	60점

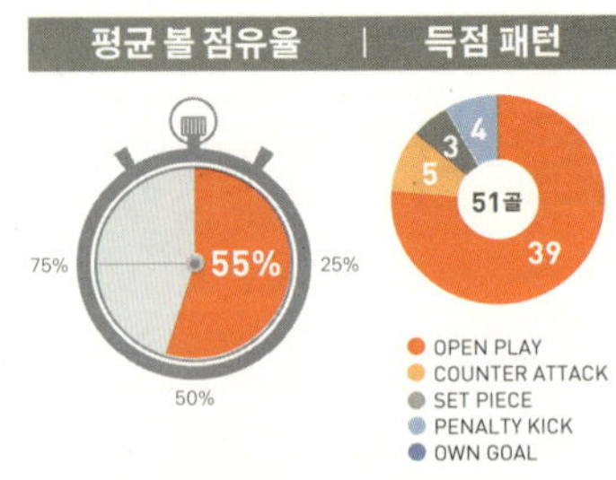

STRENGTHS & WEAKNESSES

OFFENSE		DEFENSE	
직접 프리킥	A	세트피스 수비	C
문전 처리	D	상대 볼 뺏기	B
측면 돌파	C	공중전 능력	C
스루볼 침투	C	역습 방어	C
개인기 침투	C	지공 방어	D
카운터 어택	C	스루패스 방어	C
기회 만들기	C	리드 지키기	B
세트피스	C	실수 조심	C
OS 피하기	D	측면 방어력	D
중거리 슈팅	C	파울 주의	C
볼 점유율	A	중거리슛 수비	D

매우 강함 A   강한 편 B   보통 수준 C   약한 편 D   매우 약함 E

시간대별 득점	시간대별 실점	득점 분포	공격 방향	볼 점유 위치	포지션별 득점	상대 포지션별 실점

시간대별 득점: 76 13 6 15 / 75 5 11 16 / 61 5 11 30 / 60 31 / 46 45

시간대별 실점: 76 16 5 15 / 75 12 9 16 / 61 9 8 30 / 60 31 / 46 45

득점 분포: 9 / 36 / 6

공격 방향: 39% 29% 32%

볼 점유 위치: 상대진영 27% / 중간진영 47% / 우리진영 26%

포지션별 득점: FW진 43골 / MF진 5골 / DF진 3골

상대 포지션별 실점: DF진 9골 / MF진 11골 / FW진 37골

* 자책골 실점 2골

FORMATION

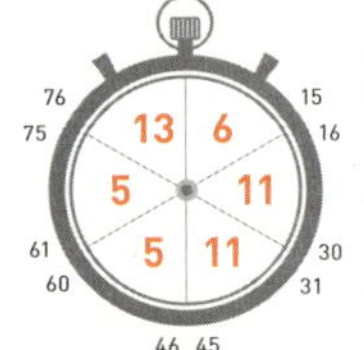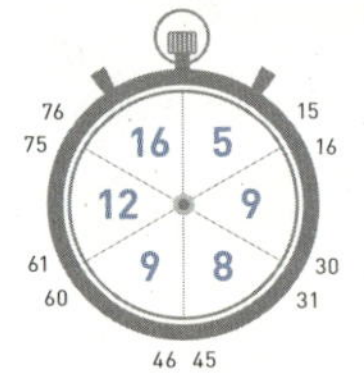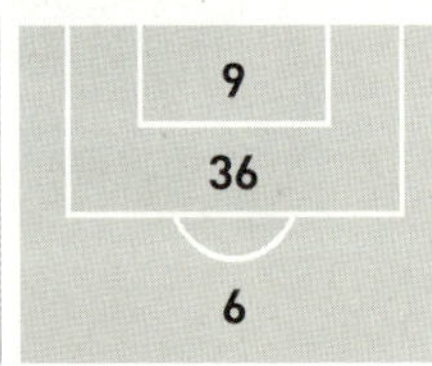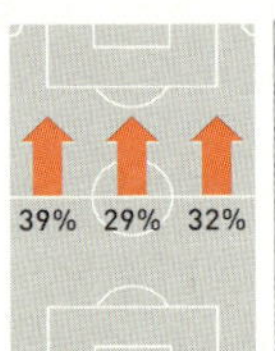

TOTO GUIDE 지난 시즌 상대팀별 전적

상대팀	홈	원정
FC Barcelona	4-1	1-6
Real Madrid	1-3	1-7
Atletico Madrid	0-2	0-2
Villarreal	0-0	2-1
Athletic Bilbao	0-1	1-2
FC Sevilla	1-1	2-1
Malaga	1-0	0-2
Real Sociedad	1-0	3-2
Real Betis	1-1	1-1
Las Palmas	3-3	1-2
Valencia	1-5	2-0
Espanyol	1 0	1-1
Eibar	3-2	1-1
Deportivo	1-1	0-2
Granada	2-1	2-0
Sporting Gijon	2-1	1-0
Rayo Vallecano	3-0	0-3
Getafe	0-0	1-0
Levante	4-3	2-1

GK Sergio Álvarez

세르히오
알바레스

뛰어난 순발력으로 작은 체격(180cm)의 단점을 보완하는 주전 골키퍼. 2년 전 처음 라리가에서 풀타임 활약했던 그는 지난 시즌에도 프리메라리가 31경기에 출전하며 기량을 과시했다. 알바레스는 놀라운 반응 속도를 자랑한다. 상대의 기습적인 슈팅에도 빠르게 대처하며 다음 준비 동작까지 이어간다. 공중 볼 상황에서도 정확한 판단을 선보인다. 볼을 무리해서 잡기보다는 골대 뒤로 쳐내는 동작이 많다.

국적 : 스페인

갈리시아 지방 카토이라 출신. 1999년 셀타 비고 유스 클럽 입단 후 라싱 페롤 임대 시절을 제외하면 줄곧 같은 팀에서만 활약 중이다. 1군에 올라와서는 긴 백업 생활로 마음고생을 했지만 2014-15 시즌 주전으로 도약하며 보상받았다.

슈팅 위치별 선방						
4		30(1)	2725	0	0	1
46						
32		0	839	53%	82	0

GK Rubén Blanco

루벤
블랑코

셀타 비고에서 착실히 키우는 야심작. 지난 시즌 코파델레이와 프리메라리가에서 각각 8경기씩 출전하며 주전 GK 알바레스를 든든히 보좌했다. 블랑코는 건장한 체구에 기본기가 탄탄하고 잔 실수를 거의 하지 않는다. 안정감이 있다는 얘기다. 좌우에서 날아오는 크로스에 빠르게 반응하고, 동료에게 손과 발로 건네는 1차 패스는 꽤 정확한 편이다. 지난 8월 6일 무릎을 다쳐 9월 중순 이후에나 복귀한다.

국적 : 스페인

2010년부터 셀타 비고 유스 클럽에서 성장했다. 17세 때인 2012년 1월 B팀 데뷔전을 치르는 등 승격 속도가 빠르다. 2013년 5월에는 1군 경기에 처음 모습을 드러내기도 했다. 스페인 연령별 팀을 두루 거쳤다. 현재 U-21에서 활약한다.

슈팅 위치별 선방						
0		8	690	0	0	1
7						
11		1	193	51%	180	0

DF Hugo Mallo

우고
마요

셀타 비고가 키워낸 오른쪽 풀백이다. 지난 시즌 프리메라리가 34경기에 출전해 1골-4도움을 기록했다. 마요는 팀이 2부 리그에 있을 때 1군 멤버로 빠르게 성장했고, 라리가로 승격한 후에도 자리를 내주지 않았다. 우수한 체력을 바탕으로 오른쪽 터치라인을 지치지 않고 뛰어다닌다. 오른발에서 시작되는 낮고 빠른 크로스는 상대에 꽤 위협적이다. 발이 빨라 상대 공격수의 공간 침투를 사전에 잘 막아선다.

국적 : 스페인

1999년 셀타 비고에 합류했다. 성장 속도가 빨라 월반을 거듭했고 성인 무대도 B팀이 아닌 1군에서 시작했다. 2009년 8월 세군다리가 데뷔전을 치렀고 이후 탄탄대로였다. 2011 U-20 월드컵 멤버로 한국과의 경기에도 출전한 바 있다.

위치별 슈팅-득점						
0 - 0		33(1)	2944	1	4	9
5 - 1						
2 - 0		0	1450	79%	90	1

DF Andreu Fontás

3

안드레우
폰타스

부상이 문제였다. 지난해 9월 24일 발목 부상으로 한 달간 고생한 데 이어 11월 26일 아킬레스건이 파열돼 수술을 받고 시즌 아웃. 현재는 정상 컨디션이기에 올 시즌 셀타 수비진을 이끌어야 한다. 폰타스는 중앙 수비수로서 안정감 있게 후방을 리드한다. 특히 성공률 높은 태클은 강력한 무기. 재치 있는 패스 커팅도 OK. 종종 미드필더로 올라가 정교한 짧은 패스와 강력한 왼발 중장거리 패스로 공격수를 돕는다.

국적 : 스페인

2007년부터 바르셀로나 유니폼을 입었다. 2009년 1군 데뷔전을 치르고 2010-11 시즌에는 백업 선수로 간간이 경기도 나섰지만 기회가 적었다. 2013년 마요르카 임대 후 바로 셀타 비고 이적을 결정했다. 스페인 U-19, U-20 출신.

위치별 슈팅-득점

0 - 0	2 - 1	0 - 0

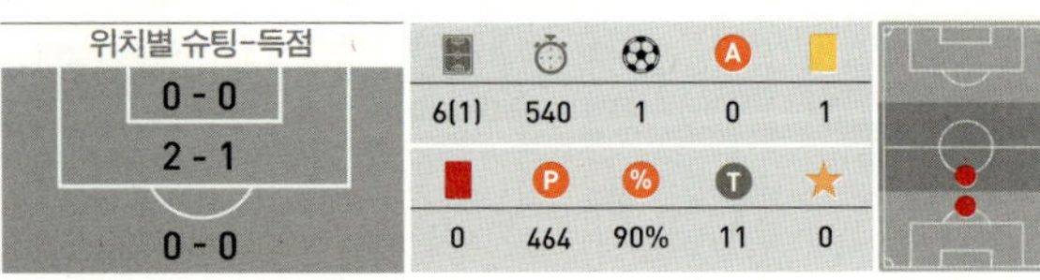

경기수	출전시간	득점	A	경고
6(1)	540	1	0	1
퇴장	P	%	T	★
0	464	90%	11	0

DF Jonny

19

조니

수비 라인의 전 영역을 커버하는 멀티포지션 플레이어. 지난 시즌 레프트백 20회, 라이트백 11회, 센터백 3회씩 선발로 출전했다. 팀에서 없어서는 안 될 존재로 자리매김한 것. 조니는 볼을 잘 다루고 키핑력이 좋아 안정감이 있다. 수비수치고 패스능력도 우수한 편. 특히 동료 미드필더와 주고받는 2대1 패스는 순식간에 상대 압박을 벗겨낸다. 수비에서 앞선에서의 패스 커팅은 수준급으로 평가받는다.

국적 : 스페인

비고에서 나고 자라 비고 유스 클럽을 선택했다. 단 한 번도 비고를 떠난 적이 없는 '비고의 아들이다.' 2011-12 시즌 B팀으로 올라와 다음 시즌 바로 1군에 합류했다. 스페인 연령별 팀을 두루 거쳤다. U-19부터 지금은 U-21에서 뛴다.

위치별 슈팅-득점

0 - 0	4 - 0	10 - 1

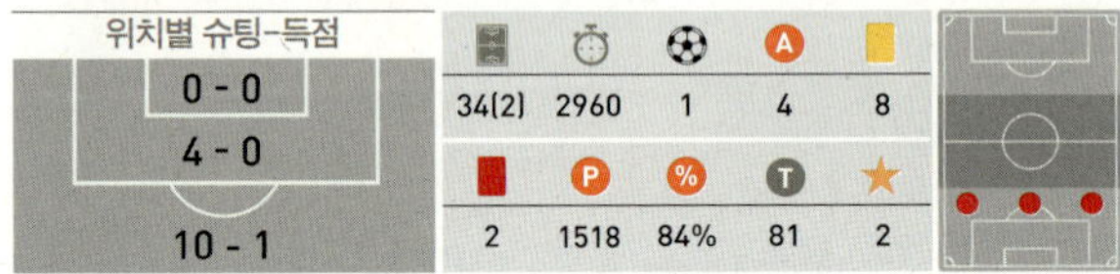

경기수	출전시간	득점	A	경고
34(2)	2960	1	4	8
퇴장	P	%	T	★
2	1518	84%	81	2

DF Sergi Gómez

20

세르히
고메스

지난 시즌 주전 센터백 폰타스가 아킬레스건 파열로 아웃된 사이 기회를 잡았다. 라리가 31경기에 출전한 것. 올 시즌 폰타스가 정상 컨디션으로 복귀하기에 경쟁은 불가피하다. 세르히 고메스는 상황에 따라서는 라이트백으로도 출전할 수 있어 활용 가치는 높다. 경고를 많이 받지 않고 미리 길목을 차단하는 수비를 좋아한다. 미드필드 지역으로 보내는 1차 패스 정확도가 뛰어나고 짧게 치는 드리블도 정확하다.

국적 : 스페인

14세 때인 2006년부터 바르셀로나에 합류해 1군 승격을 꿈꿨다. 대단한 재능답게 그 사이 스페인 연령별 팀에 꾸준하게 발탁, 수비를 이끌었다. 2014년 여름 결국 1군 무대가 좁다는 것을 깨닫고 셀타 비고 유니폼을 입었다.

위치별 슈팅-득점

0 - 0	1 - 0	0 - 0

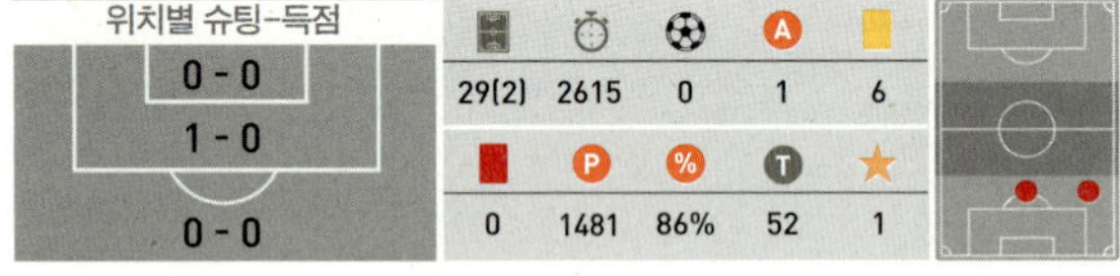

경기수	출전시간	득점	A	경고
29(2)	2615	0	1	6
퇴장	P	%	T	★
0	1481	86%	52	1

DF Gustavo Cabral

22

구스타보
카브랄

후방에서 거친 몸싸움과 과감한 태클 등 궂은일을 담당하는 셀타 비고의 '전사'다. 지난 시즌 리그 31경기에 선발 출전해 좋은 활약을 보였다. 뒤에서 지능적인 수비보다는 앞으로 튀어나가 상황을 해결한다. 몸싸움에 능해 상대를 밀어내면서 위기 상황을 넘긴다. 공중전에서의 승률도 높은 편. 강력한 태클을 구사하며 동료와 짧게 주고받는 패스 게임도 잘 해낸다. 다만 지나치게 거친 플레이를 하는 게 옥에 티.

국적 : 아르헨티나

2003년 아르헨티나 라싱 클럽에서 프로 선수로 데뷔했다. 이후 아르헨티나 명문 리버 플레이트에서 두 시즌을 뛰었다. 스페인 무대에 첫선을 보인 것은 지난 2011년이었다. 레반테에서 주전이 되지 못하자 바로 셀타 비고로 옮겼다.

위치별 슈팅-득점

0 - 0	5 - 0	1 - 0

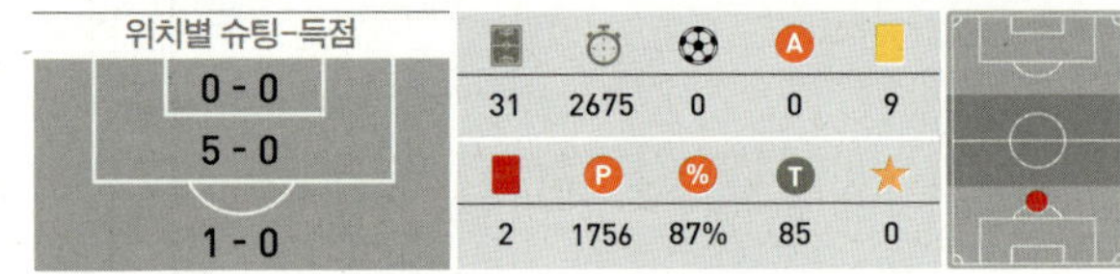

경기수	출전시간	득점	A	경고
31	2675	0	9	
퇴장	P	%	T	★
2	1756	87%	85	0

MF Marcelo Diaz

5

마르셀로
디아스

겨울 이적시장 때 분데스리가 함부르크에서 라리가 셀타 비고로 옮겼다. 셀타에서의 후반기 주전 중앙 미드필더로 출전하며 공수를 조율했다. 올 시즌 아우구스토 페르난데스가 아틀레티코로 이적한 만큼 네마냐 라도야, 다니엘 바스 등과 주전 경쟁을 벌인다. 패스가 정확하고, 앞 선에서 상대의 볼을 날렵하게 자른다. 강력한 무기는 폭발적인 중장거리 슈팅과 직접 프리킥. 태클 성공률이 높지 않은 게 문제.

국적 : 칠레

칠레 산티아고 출신. 우니베르시다 유스 아카데미에서 축구를 배웠고, 2005년 이 팀 1군에서 데뷔전을 치렀다. 2012년 FC 바젤, 2015년 함부르크 SV를 거쳐 2016년 겨울 이적시장 때 셀타 유니폼을 입었다. 현재 칠레 국가대표.

위치별 슈팅-득점

0 - 0	2 - 0	20 - 0

경기수	출전시간	득점	A	경고
14(21)	1443	0	1	4
퇴장	P	%	T	★
0	1112	88%	29	0

MF Nemanja Radoja

6

네마냐
라도야

선발 출전 15회에 교체인 15회. 완전한 주전은 아니었다. 물론 지난해 11월 20일 서혜부 탈장으로 20여 일간 결장한 것도 좋지 않은 영향을 미쳤다. 하지만 올 시즌엔 정상 컨디션으로 출전하는 데다 아르헨티나 국가대표 아우구스토 페르난데스가 아틀레티코로 이적한 만큼 라도야의 선발 가능성은 높은 편이다. 라도야는 수비를 보호하고 1차 압박 지점을 정확하게 가져간다. 간결하게 넘기는 패스도 정확한 편.

국적 : 세르비아

세르비아 북부 노비 사드 출신으로 지역 클럽인 보이보디나에서 선수 생활을 시작했다. 일찍이 세르비아 연령별 팀에 호출되면서 재능이 눈에 띄었고 2014년 8월 셀타 비고와 5년 계약을 맺었다. 세르비아 U-19를 거쳐 현재 U-21 소속.

위치별 슈팅-득점

0 - 0	2 - 0	4 - 0

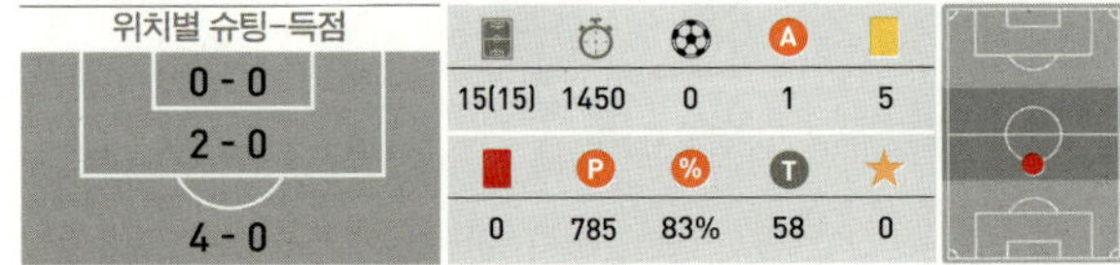

경기수	출전시간	득점	A	경고
15(15)	1450	0	1	5
퇴장	P	%	T	★
0	785	83%	58	0

MF Pablo Hernández

8

파블로
에르난데스

국적 : 칠레

지난 시즌 셀타 비고의 왼쪽 날개로 리그 33경기, 국왕컵 7경기에 출전했다. 2년 전에 비해 선발 출전 비율이 훨씬 늘었다. 이제는 셀타의 주전 멤버라는 얘기다. 에르난데스는 주로 왼쪽에서 공격적인 움직임을 선호하지만 중앙 미드필더로 뛰어도 제 몫을 해낼 수 있다. 박스 안으로 침투해 낮고 빠른 슈팅을 자주 때린다. 큰 키를 이용한 공중전에도 능하고, 종합적인 수비능력도 평균 이상이다.

어린 시절에는 아르헨티나 라싱 클럽, 아틀레티코 투쿠만에서 축구를 배웠다. 이후 우루과이, 미국, 칠레 등 여러 팀을 거쳐 셀타 비고에 합류했다. 아르헨티나 태생이지만 고민 끝에 2014년 최종적으로 칠레 국가대표를 선택했다.

위치별 슈팅-득점

1 - 0	
16 - 1	
11 - 1	

경기수	출전시간	득점	도움	경고
28(5)	2313	2	4	14

퇴장	패스시도	패스성공률	태클성공	MOM
1	1510	79%	66	1

MF Fabián Orellana

14

파비안
오레야나

국적 : 칠레

셀타 비고의 테크니션.' 다소 기복이 있는 편이지만 컨디션이 좋은 날에는 특유의 섬세하고 빠른 드리블로 상대 수비를 무너뜨리고 다닌다. 지난 시즌에는 리그 35경기에 출전, 5골과 6개의 도움을 기록했다. 좌우 날개, 공격형 미드필더 등 공격 2선 어느 곳에서나 활약할 수 있다. 발 감각이 좋아 기술적인 플레이를 즐긴다. PA 내·외곽에서 적극적인 슈팅을 시도하고 침투하는 동료를 향한 감아 차기 킥이 인상적이다.

스페인 무대에 도전장을 내민 것은 2009년이었다. 우디네세 소속으로 세레스, 그라나다, 셀타 비고로 계속 임대되다가 2013년 1월 셀타 비고에 완전히 정착했다. 칠레 국가대표로 2010, 2014 두 번의 월드컵에 참가했다.

위치별 슈팅-득점

5 - 2	
36 - 4	
36 - 1	

경기수	출전시간	득점	도움	경고
34	2921	7	7	9

퇴장	패스시도	패스성공률	태클성공	MOM
1	1527	78%	34	2

MF Daniel Wass

18

다니엘
바스

국적 : 덴마크

셀타에서의 첫 시즌부터 안착했다. 라리가 36경기에 출전해 2골-도움을 올린 것. 선발 기준으로 중앙 MF 15회, 오른쪽 MF 15회, 라이트백 1회씩 출전했다. 팀에 없어서는 안 될 유틸리티 플레이어가 된 셈. 바스는 어느 자리에서나 공격적 움직임을 자랑한다. 거리에 상관없이 정확하고 강력한 슈팅을 날린다. 특히 오른발에서 터지는 프리킥은 치명적인 무기다. 수비벽을 넘겨 구석으로 강하게 휘어져 꽂힌다.

17세 때인 2007년 덴마크 브뢴비에서 프로 선수로 데뷔전을 치렀다. 이미 덴마크 연령별 팀에서 활약하던 터라 활약에 무리가 없었다. 2011년 벤피카에 스카우트됐지만 바로 에비앙으로 임대 후 이적했다. 현재 덴마크 국가대표다.

위치별 슈팅-득점

1 - 1	
11 - 1	
38 - 0	

경기수	출전시간	득점	도움	경고
31(5)	2706	2	5	3

퇴장	패스시도	패스성공률	태클성공	MOM
0	1525	80.3	51	1

FW Theo Bongonda

7

테오
봉곤다

국적 : 벨기에

지난 시즌 리그 23경기에 출전해 2골-1도움을 기록했다. 2014-15 시즌 8경기-무득점이었던 것과 비교하면 셀타에서의 2년째 많은 발전이 있던 셈. 올 시즌 역시 존 구이데티, 이아고 아스파스의 백업으로 대기하다 조커로 출전할 가능성이 높다. 봉곤다는 CF, LW, RW 등 공격 라인의 전 포지션을 수행할 수 있다. 드리블 능력이 우수한 데다 짧게 주고받는 패스 게임에 능하다. 골 결정력을 보완할 필요가 있다.

벨기에 샬루아 출생. 어린 시절 줄테-바네헴 아카데미에서 축구를 배웠고, 2013년 이 팀 1군에서 프로 선수로 데뷔했다. 그는 2년 간 좋은 활약을 보였고, 2015년 1월 셀타 비고로 이적했다. 벨기에 U-19, U-21 대표 출신.

위치별 슈팅-득점

1 - 0	
12 - 2	
5 - 0	

경기수	출전시간	득점	도움	경고
14(9)	1195	2	1	5

퇴장	패스시도	패스성공률	태클성공	MOM
0	297	76%	19	0

FW John Guidetti

9

존
구이데티

국적 : 스웨덴

셀타에서의 첫 시즌은 조커로 투입됐다. 지난 시즌 리그 35경기에 출전했지만 그중 선발은 12회였다. 비교적 제한된 출전 시간에서도 7골을 터뜨리는 등 알토란 같은 활약을 했다. 올 시즌엔 출전 기회가 더 늘어날 전망이다. 구이데티는 마무리 능력이 돋보인다. 체격이 좋으면서도 발이 빠르고 공을 잘 지켜낸다. 강력한 무기는 오른발 킥. 기회가 주어지면 프리킥이나 페널티킥을 모두 담당하기도 한다.

2008년 잉글랜드 맨체스터 시티에 스카우트되면서 이름을 알렸다. 하지만 1군 승격이 어려워 계속 임대되는 신세. 페예노르트, 스토크 시티, 셀틱 그리고 2015-16은 셀타 비고다. 스웨덴 연령별 팀을 두루 거쳐 현재는 A대표다.

위치별 슈팅-득점

3 - 0	
28 - 7	
2 - 0	

경기수	출전시간	득점	도움	경고
12(23)	1234	7	0	3

퇴장	패스시도	패스성공률	태클성공	MOM
0	302	72%	10	0

FW Iago Aspas

10

이아고
아스파스

국적 : 스페인

그는 역시 '셀타의 사나이'였다. 지난 2012-13 시즌 라리가에서 12골-7도움 터뜨렸던 그는 3년 만에 친정팀으로 복귀해 14골-4도움을 기록했다. 올 시즌에도 팀 부동의 스트라이커다. 아스파스는 체형, 플레이 면에서 공격형 MF에 가깝다. 그러나 셀타에서는 CF에서 빛을 발한다. 정확하고 빠른 왼발 슈팅은 강력한 무기. 짧게 주고받는 패스 게임, 동료에게 연결되는 킬러 스루패스, 볼 키핑력 등도 돋보인다.

1995년부터 셀타 비고 유스 클럽에서 성장했다. B팀을 거쳐 1군으로 올라가자마자 득점원으로 명성을 날렸다. 2013년 EPL 리버풀 유니폼을 입었지만 초반 적응에 실패하고 말았다. 세비야 임대를 거쳐 2015년 다시 셀타 비고에 왔다.

위치별 슈팅-득점

7 - 3	
52 - 10	
21 - 1	

경기수	출전시간	득점	도움	경고
31(4)	2668	14	4	8

퇴장	패스시도	패스성공률	태클성공	MOM
0	2.3	78%	0.6	6

SEVILLA FC

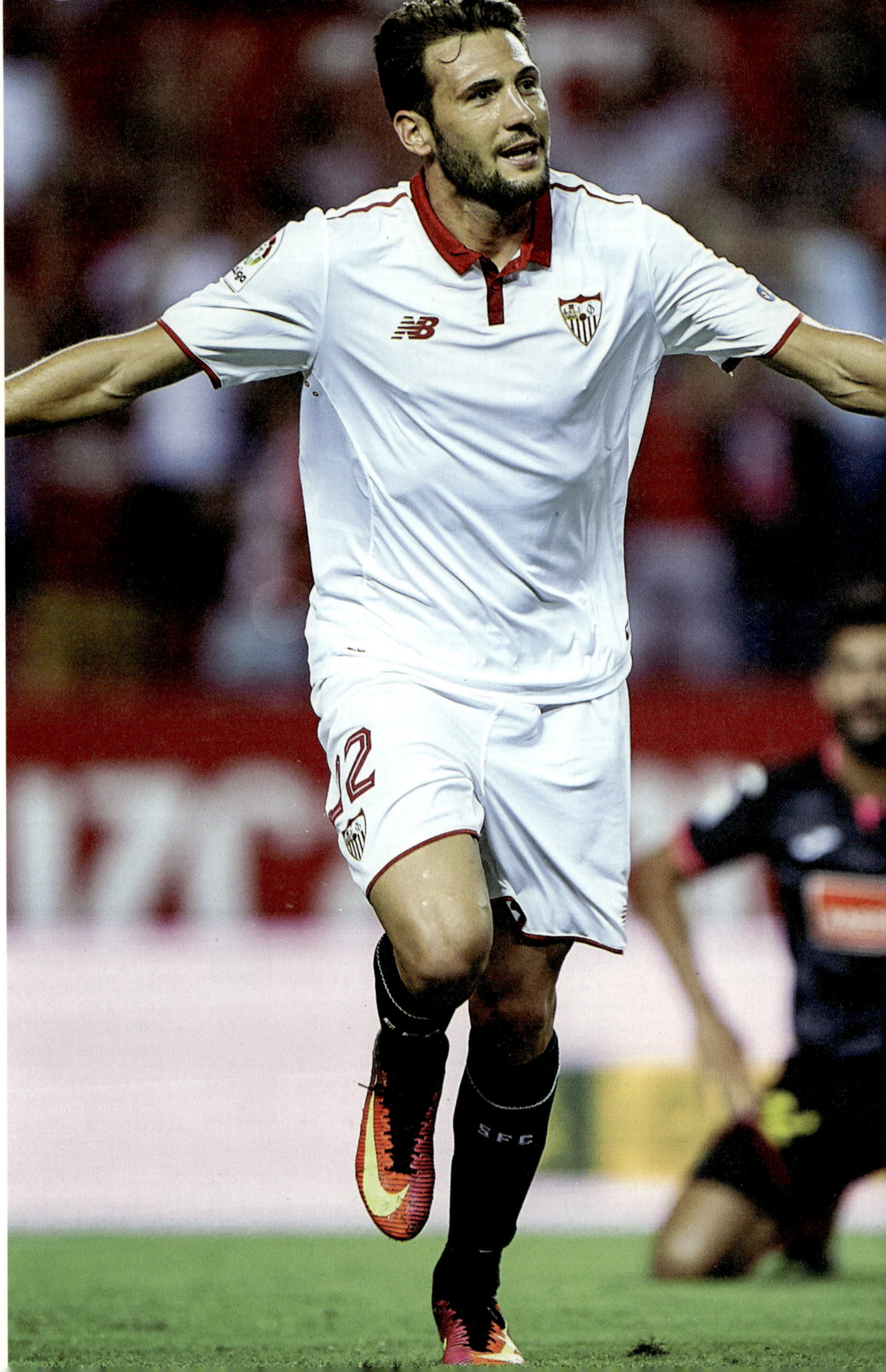

구단 창립 : 1890년
홈구장 : 라몬 산체스 피스후안
감독 : 호르헤 삼파올리
2015-16시즌 : 7위(승점 52점)
14승 10무 14패 51득점 50실점
닉네임 : Los Rojiblancos

주요대회 우승횟수

1	5
SPANISH PRIMERA LIGA	SPANISH COPA DEL REY
0	5
UEFA CHAMPIONS LEAGUE	UEFA EUROPA LEAGUE
0	0
FIFA CLUB WORLD CUP	UEFA-CONMEBOL INTERCONTINENTAL

UNIFORM

Home

Away

두 시즌 연속 유로파리그 우승
새롭게 전력 갖춰 상위권 판도 변화에 도전장

2015-16 SEASON REVIEW

'유로파의 절대강자'가 위력을 또 과시했다. 지난 2013-14시즌 이후 유로파리그 3연패(連覇). 마지막까지 유로파리그 우승과 라리가 4위를 저울질하다 결국 유로파리그를 택했다. 어차피 유로파리그 승자도 챔피언스리그 출전권이 주어지므로 거기에 승부수를 건 것. 2016년 2월까지만 해도 상위권 유지가 유력해보였으나 3월부터 급격히 페이스가 나빠졌다. 3월 20일 레알 마드리드전(0-4패) 이후 9경기 동안 1승 1무 7패. 이들이 유로파리그에 전념할 수 없던 이유다. 시즌 종료 후 세비야는 호르헤 삼파올리를 새 감독으로 임명했다.

SUMMER TRANSFER

챔피언스리그에서 번번이 좌절을 겪은 만큼 올 시즌 좋은 모습을 보이기 위해 전력을 보강했다. 세비야는 2016 이적 시장 기간 31명을 내보내고 26명을 영입했다. 영입 비용 7100만 유로에 방출 비용 9900만 유로. 대차대조표는 2800만 유로 흑자였다. 대신 세비야는 즉시 전력 보강을 위해 임대 영입을 잘 활용했다. 공격형 미드필더 사미르 나스리(맨시티), 골키퍼 살바토레 시리구(PSG), 스트라이커 루시아노 비에토, 수비형 미드필더 마티아스 크라네비테르(이상 아틀레티코) 등 주전 혹은 로테이션 멤버로 쓸 선수들을 다수 임대로 불러들였다.

2016-17 SEASON OUTLOOK

지난 시즌 라리가 7위였다. 일단 '스페인 3강'에는 미치지 못하더라도 '넘버 4'까지는 올라가야 자존심을 세울 수 있다. 일단 시즌 초반에는 챔피언스리그 조별리그와 프리메라리가를 병행하면서 조심스럽게 운영을 해야 한다. 일단 챔피언스리그에 빠르게 적응하는 게 중요하다. 유로파리그와는 또 다른 일정으로, 여기에서 흔들리면 초반 리그 성적에까지 영향이 크게 미칠 수밖에 없다. 주전과 비주전의 기량 차이가 적은 편이라 장기 레이스에서 유리하다. 삼파올리 감독의 패스에 기반을 둔 공격 축구가 세비야에서도 제대로 작동할지 주목된다.

감독 호르헤 삼파올리(Jorge SAMPAOLI)

어린 시절 뉴웰스 올드 보이즈 아카데미에서 나름 좋은 평가를 받았다. 그러나 경기 도중 정강이뼈를 크게 다쳐 19세에 은퇴하고 말았다. 그는 1994년 카실다 지역 축구 학교에서 지도자 생활을 시작했다. 2002년 후안 아우리치라는 마이너 클럽에서 감독으로 첫 발을 내디뎠고, 스포르트 보이스, 코로넬 볼로네시, 스포르팅 크리스탈, 오이긴스, 에멜렉, 우니베르시다 카톨리카를 거쳐 2012년 12월 칠레 국가 대표팀을 맡았다. 그는 2015년 칠레를 코파 아메리카 우승으로 이끌며 정점을 찍었다. 2016년 1월 칠레 감독직을 사임하고 잠시 쉬던 그는 그해 6월 공석이던 세비야 감독으로 임명됐다. 마르셀로 비엘사의 후예답게 전방에서의 강력한 프레싱을 구사한다.

PROFILE
- 출 생 : 1960.3.13
- 국 적 : 아르헨티나
- 계 약 : 2018.6.30

STADIUM

RAMON SANCHEZ PIZJUAN

- 구장 오픈 : 1958년
- 구장 증축 : -
- 구장 소유 : 세비야 FC
- 수용 인원 : 4만 5,500명
- 피치 규모 : 105m × 68m
- 잔디 종류 : 천연 잔디

SQUAD LIST

위치	번호	이름	국적	신장	체중	생년월일
GK	1	Sergio Rico	ESP	194	88	01-09-93
	13	David Soria	ESP	192	85	04-04-93
	25	Salvatore Sirigu	ITA	190	80	12-01-87
DF	2	Benoît Trémoulinas	FRA	173	64	28-12-85
	3	Mariano	BRA	177	70	23-06-86
	5	Timothée Kolodziejczak	FRA	181	74	01-10-91
	18	Sergio Escudero	ESP	176	65	02-09-89
	21	Nicolás Pareja	ARG	181	75	19-01-84
	23	Adil Rami	FRA	190	90	27-12-85
	24	Gabriel Mercado	ARG	180	77	18-03-87
	26	David Carmona	ESP	175	72	11-01-97
	32	Diego González	ESP	184	75	28-01-95
MF	4	Matías Kranevitter	ARG	178	74	21-05-93
	6	Daniel Carriço	POR	180	75	04-08-88
	7	Michael Krohn-Dehli	DEN	170	71	06-06-83
	8	Vicente Iborra	ESP	190	76	16-01-88
	11	Joaquín Correa	ARG	188	76	13-08-94
	14	Hiroshi Kiyotake	JPN	172	63	12-11-89
	15	Steven N'Zonzi	FRA	190	75	15-12-88
	17	Pablo Sarabia	ESP	177	72	11-05-92
	19	Paulo Henrique Ganso	BRA	184	73	12-10-89
	22	Franco Vázquez	ITA	186	82	22-02-89
	27	Antonio Coton	ESP	174	65	19-09-95
FW	9	Luciano Vietto	ARG	173	68	05-12-93
	10	Samir Nasri	FRA	177	75	26-06-87
	12	Wissam Ben Yedder	FRA	170	68	12-08-90
	20	Vitolo	ESP	183	80	02-11-89
	30	Carlos Fernández	ESP	186	72	22-05-96

2016-17 SEASON SCHEDULE

날짜	장소	상대팀	날짜	장소	상대팀
20/AUG	H	Espanyol Barcelona	28/JAN	A	Espanyol Barcelona
28/AUG	A	Villarreal CF	04/FEB	H	Villarreal CF
10/SEP	H	UD Las Palmas	11/FEB	A	UD Las Palmas
17/SEP	A	SD Eibar	18/FEB	H	SD Eibar
20/SEP	H	Real Betis	25/FEB	A	Real Betis
24/SEP	A	Athletic Bilbao	28/FEB	H	Athletic Bilbao
01/OCT	H	CD Alaves	04/MAR	A	CD Alaves
15/OCT	A	CD Leganes	11/MAR	H	CD Leganes
23/OCT	H	Atletico Madrid	18/MAR	A	Atletico Madrid
29/OCT	A	Sporting Gijon	01/APR	H	Sporting Gijon
05/NOV	H	FC Barcelona	04/APR	A	FC Barcelona
19/NOV	A	Deportivo La Coruna	08/APR	H	Deportivo La Coruna
26/NOV	H	Valencia CF	15/APR	A	Valencia CF
03/DEC	A	Granada CF	22/APR	H	Granada CF
10/DEC	A	Celta Vigo	25/APR	H	Celta Vigo
17/DEC	H	Malaga CF	29/APR	A	Malaga CF
07/JAN	A	Real Sociedad	06/MAY	H	Real Sociedad
14/JAN	H	Real Madrid	13/MAY	A	Real Madrid
21/JAN	A	CA Osasuna	20/MAY	H	CA Osasuna

RANK OF LAST 5 YEARS

2011-12	2012-13	2013-14	2014-15	2015-16
9	9	5	5	7
50점	50점	63점	76점	52점

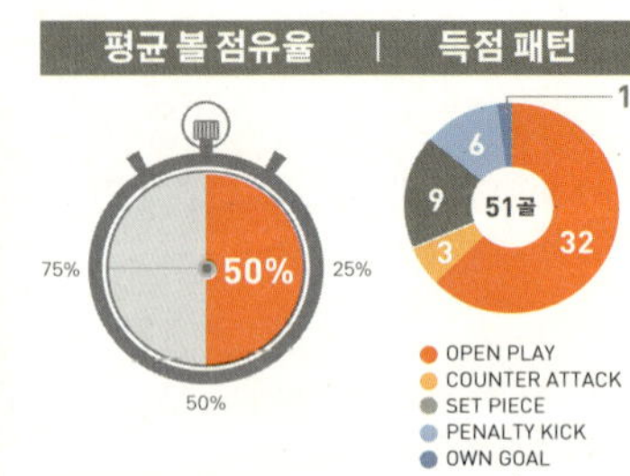

평균 볼 점유율 | 득점 패턴

50%

75% 25%
50%

51골
6
1
32
9
3

- OPEN PLAY
- COUNTER ATTACK
- SET PIECE
- PENALTY KICK
- OWN GOAL

STRENGTHS & WEAKNESSES

OFFENSE		DEFENSE	
직접 프리킥	C	세트피스 수비	A
문전 처리	B	상대 볼 뺏기	C
측면 돌파	C	공중전 능력	C
스루볼 침투	A	역습 방어	C
개인기 침투	C	지공 방어	D
카운터 어택	C	스루패스 방어	C
기회 만들기	C	리드 지키기	C
세트피스	B	실수 조심	E
OS 피하기	C	측면 방어력	D
중거리 슈팅	C	파울 주의	C
볼 점유율	A	중거리슛 수비	E

매우 강함 A 강한 편 B 보통 수준 C 약한 편 D 매우 약함 E

시간대별 득점 | 시간대별 실점 | 득점 분포 | 공격 방향 | 볼 점유 위치 | 포지션별 득점 | 상대포지션별 실점

시간대별 득점:
76 75 — 15 16
10 5
9 7
11 9
61 60 — 30 31
46 45

시간대별 실점:
76 75 — 15 16
13 5
10 8
5 9
61 60 — 30 31
46 45

득점 분포:
14
32
5

공격 방향: 39% 24% 37%

볼 점유 위치:
상대진영 28%
중간진영 42%
우리진영 30%

포지션별 득점:
FW진 28골
MF진 18골
DF진 4골
*상대자책골 1골

상대포지션별 실점:
DF진 6골
MF진 10골
FW진 32골
*자책골 실점 2골

FORMATION

4-1-4-1

TOTO GUIDE 지난 시즌 상대팀별 전적

상대팀	홈	원정
FC Barcelona	2-1	1-2
Real Madrid	3-2	0-4
Atletico Madrid	0-3	0-0
Villarreal	4-2	1-2
Athletic Bilbao	2-0	1-3
Celta Vigo	1-2	1-1
Malaga	2-1	0-0
Real Sociedad	1-2	0-2
Real Betis	2-0	0-0
Las Palmas	2-0	0-2
Valencia	1-0	1-2
Espanyol	2-0	0-1
Eibar	1-0	1-1
Deportivo	1-1	1-1
Granada	1-4	1-2
Sporting Gijon	2-0	1-2
Rayo Vallecano	3-2	2-2
Getafe	5-0	1-1
Levante	3-1	1-1

GK Sergio Rico

1

세르히오
리코

베투의 난조를 틈타 선발 자리를 꿰찼고, 지난 시즌은 그 기조가 완전히 굳어져버렸다. 결국 베투는 팀을 떠나고 말았다. 올 시즌 살바토레 시리구의 도전을 받겠지만 부상이 아닌 한 리코가 주전에서 밀리는 일은 없을 것이다. 그는 반사신경이 매우 뛰어나다. 동물의 촉수와 같은 감각으로 상대가 가까운 거리에서 날린 슈팅을 번개처럼 막아낸다. 전체적인 볼 핸들링이 좋고, 펀칭했을 때 볼이 멀리 나간다.

국적 : 스페인

스페인 안달루시아 태생으로 어렸을 때부터 골키퍼로 세비야 유스 클럽에서 성장했다. 2011년부터 B팀과 A팀을 오가며 훈련했고 2014년부터는 완전히 1군으로 올라갔다. 2015년 5월 델 보스케 감독이 스페인 대표팀으로 처음 소집했다.

슈팅 위치별 선방

			6		
			60		
			45		

	⏱	⚽	A	
34	3060	0	0	2

	P	%	S	★
0	851	61%	111	2

GK Salvatore Sirigu

00

살바토레
시리구

PSG에서 발목 염좌, 사타구니 부상, 바이러스 감염 등 이런저런 부상, 질병이 겹치며 한 시즌을 통째로 날렸다. 그러는 사이 독일 출신 케빈 트랍에게 주전 자리를 내줬고, 결국 세비야로 옮겼다. 정상 컨디션의 시리구는 경쟁력이 있는 선수다. 특히 반사신경을 이용한 슛-스토핑, 가까운 거리에서 날린 슈팅에 대한 방어력 등은 여전하다. 집중력도 잃지 않았다. 경험이 풍부해 리코의 백업으로 안성맞춤이다.

국적 : 이탈리아

이탈리아 누오로 출생. 팔레르모 유스 출신으로 2006년 이 팀 1군에서 데뷔했다. 크레모네세(임대), 안코나(임대)를 거쳐 2011년 390만 유로에 파리생제르맹으로 이적했다. 그리고 2016년 여름 세비야에 임대됐다. 현 이탈리아 국가대표.

슈팅 위치별 선방

			4		
			5		
			1		

	⏱	⚽	A	
2(1)	225	0	0	0

	P	%	S	★
0	70	80%	10	0

DF Benoît Trémoulinas

2

베누아
트레물리나

주전 레프트백. 2016년 5월 5일 무릎을 크게 다쳐 언제 복귀할지 현재로서는 미지수다. 호르헤 삼파올리 감독은 일단 콜로지에작과 에스쿠데로 체제로 시즌을 출발했다. 정상 컨디션일 경우 트레물리나는 상대 공격수와 용감하게 맞선다. 보르도 시절에는 공격 능력도 겸하던 수비수였다. 간결한 드리블과 정확한 크로스를 자랑한다. 수비 집중력이 좋아 상대의 패스를 잘 자른다. 태클 성공률이 높지 않아 아쉽다.

국적 : 프랑스

9세 때인 1994년 보르도 유스에 입단했고, 2007년 1군 무대에 데뷔했다. 팀에서 주전으로 올라서자마자 우승을 경험하는 등 팀 영광을 함께 나눴다. 2013년 디나모 키에프로 이적했지만 적응에 실패했고 이듬해 세비야로 이적했다.

위치별 슈팅-득점

			0 - 0		
			10 - 0		
			2 - 0		

	⏱	⚽	A	
24	2159	0	3	3

	P	%	T	★
0	836	76%	24	0

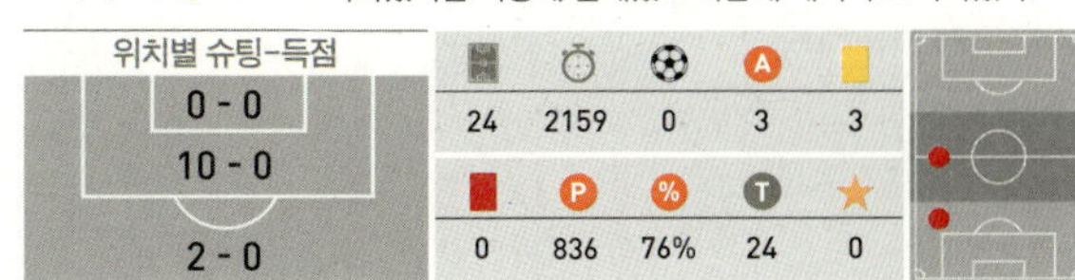

DF Mariano

3

마리아누

국적 : 브라질

세비야에서의 첫 시즌, 라이트백 주전 자리를 놓고 코케와 치열하게 경쟁을 벌였다. 결론은 무승부(선발 출전 기준 마리아누 18회, 코케 17회). 코케가 올 시즌 샬케 04로 이적했기에 마리아누의 올 시즌 입지는 매우 탄탄할 것이다. 그는 라이트백뿐 아니라 오른쪽 미드필더, 심지어 센터백으로도 뛸 수 있다. 브라질 출신답게 화려한 드리블로 적진을 돌파하고, 결정적인 스루패스와 날카로운 크로스를 날린다.

브라질 상조앙 출생. 과라니 유스 아카데미를 거쳐 2004년 이 팀 1군에서 프로 선수로 데뷔했다. 이파팅가, 톰벤세, 크루제이루(임대), 아틀레티쿠 미네이루(임대), 플루미네세, 보르도를 거쳐 2015년 세비야에 3년 기간으로 입단했다.

위치별 슈팅-득점

| 1 - 0 |
| 3 - 0 |
| 6 - 0 |

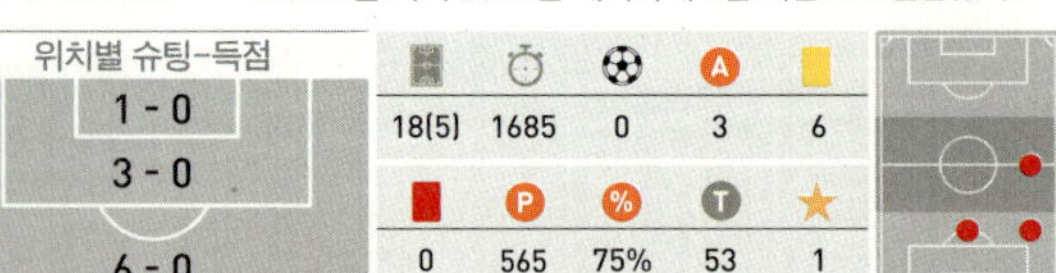

경기수	출전시간	득점	도움	경고
18(5)	1685	0	3	6

퇴장	P	%	T	★
0	565	75%	53	1

DF Adil Rami

23

아딜 라미

국적 : 프랑스

지난 시즌 콜로지에작과 센터백 파트너를 이뤄 후방을 지켜냈다. 올 시즌은 파레하와 짝을 이룰 가능성이 높다. 라미는 투지 넘치는 파이터형 수비수다. 발걸음이 빠르고 강한 몸싸움을 바탕으로 쉽게 밀리지 않는 강한 수비를 선보인다. 신체 능력이 워낙 뛰어나 공중전에서 볼을 잘 따낸다. 자주 시도하지는 않지만 오른발 슈팅도 묵직하다. 경기 성향을 봤을 때 경고를 자주 받지 않는 것도 장점 중 하나다.

프랑스 릴에서 본격적인 프로 경력이 시작됐다고 볼 수 있다. 거기서 리그 우승도 경험하고 프랑스 대표팀으로 처음 발탁됐다. 2011년 발렌시아로 이적해서도 빠르게 적응했다. AC 밀란을 거쳐 2015년 7월 세비야 유니폼을 입었다.

위치별 슈팅-득점

| 3 - 0 |
| 8 - 0 |
| 1 - 0 |

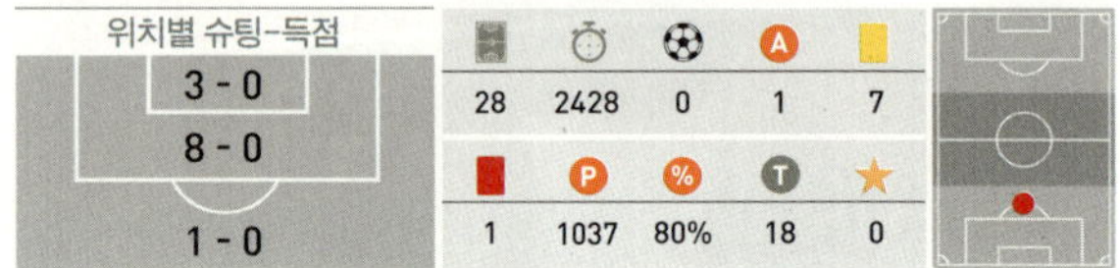

경기수	출전시간	득점	도움	경고
28	2428	0	1	7

퇴장	P	%	T	★
1	1037	80%	18	0

DF Timothée Kolodziejczak

5

티모시 콜로지에작

국적 : 프랑스

당초 백업 센터백으로 예상됐으나 주전을 꿰찼다. 리그 29경기에 출전해 태클 성공 40회, 패스 성공률 83%를 기록했다. 젊은 선수지만 1군 무대에 빨리 데뷔한 것이 장점이다. 그래서 쉽게 흔들리지 않고 수비 중심을 잘 잡아준다. 속도가 빠르고 볼을 잘 다룬다. 기습적으로 공격에 가담해 결정적인 패스를 찔러준다. 수비수로서 투쟁심도 강하다. 올 시즌 트레물리나의 부상 이탈로 초반엔 레프트백으로 나선다.

폴란드계 이민 2세로 프랑스 아라에서 태어났다. 어린 시절 리옹에 스카우트돼 17세 때인 2008년 11월 1군 데뷔전을 치렀다. 그러나 기회가 늘지 않아 니스로 이적했고 2014년 다시 세비야로 왔다. 프랑스 연령별 대표를 모두 지냈다.

위치별 슈팅-득점

| 3 - 0 |
| 4 - 0 |
| 1 - 0 |

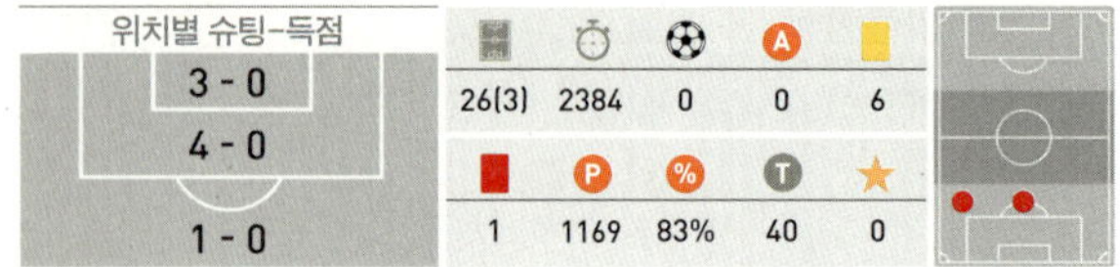

경기수	출전시간	득점	도움	경고
26(3)	2384	0	0	6

퇴장	P	%	T	★
1	1169	83%	40	0

DF Nico Pareja

21

니코 파레하

국적 : 아르헨티나

2015년 4월 24일 제니트와의 유로파리그 경기에서 무릎 십자인대가 파열돼 수술을 받고 지난 시즌을 통째로 날렸다. 하지만 올 시즌은 정상 컨디션으로 개막을 맞이했다. 그는 '세비야 수비진의 리더'다. 뒤에서 수비진 위치를 잘 잡아주고 노련하게 이끈다. 리더십이 뛰어나고 지능이 높아 효율적인 수비를 펼친다. 인터셉트, 블로킹은 그의 전매특허. 여기에 공중전과 프리킥 등 득점 능력까지 겸비했다.

아르헨티나노스 주니어스를 거쳐 벨기에 안더레흐트에 입단하면서 유럽 생활이 시작됐다. 에스파뇰, 스파르탁 모스크바에 이어 2013년부터 세비야에서 뛰고 있다. 2008년 베이징 올림픽에서 리오넬 메시와 함께 금메달을 목에 걸었다.

위치별 슈팅-득점

| 0 - 0 |
| 0 - 0 |
| 0 - 0 |

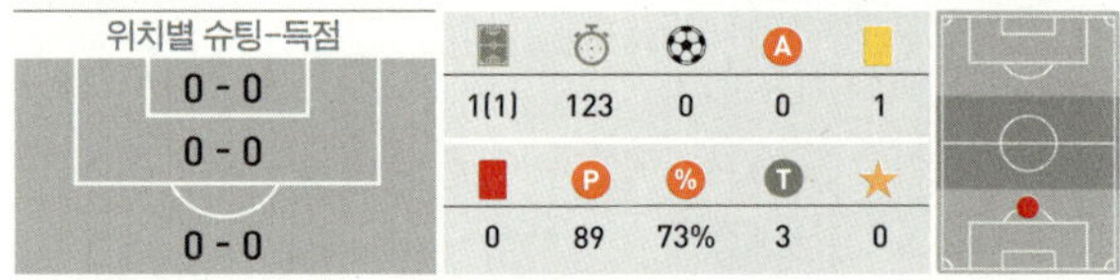

경기수	출전시간	득점	도움	경고
1(1)	123	0	0	1

퇴장	P	%	T	★
0	89	73%		

MF Michael Krohn-Dehli

7

미하엘 크론-델리

국적 : 덴마크

전형적인 '2선 공격수.' 지난 시즌 선발 출전 16회 중 LW 9회, CAM 4회, RW 3회였다. 젊은 시절처럼 터치라인을 과감하게 돌파하는 윙-플레이어의 움직임보다는 경기를 설계하고 속도를 조절하는 플레이메이커 성격을 띤다. 좁은 공간에서 안정된 터치로 볼을 소유한다. 시야가 넓고, 킥이 정확해 크로스나 장거리 패스를 자신 있게 날려준다. 2016년 4월 29일 무릎을 다쳐 오는 12월 초 복귀할 예정이다.

어린 시절 네덜란드로 떠나 아약스 유스 아카데미에 입단했다. 발베이크, 스파르타 임대 생활을 거쳤지만 아약스 1군 입성은 무리가 있었다. 다시 고국으로 돌아가 브뢴비를 거쳐 2012년 셀타 비고 유니폼을 입었다. 덴마크 주전 미드필더.

위치별 슈팅-득점

| 2 - 0 |
| 15 - 1 |
| 8 - 0 |

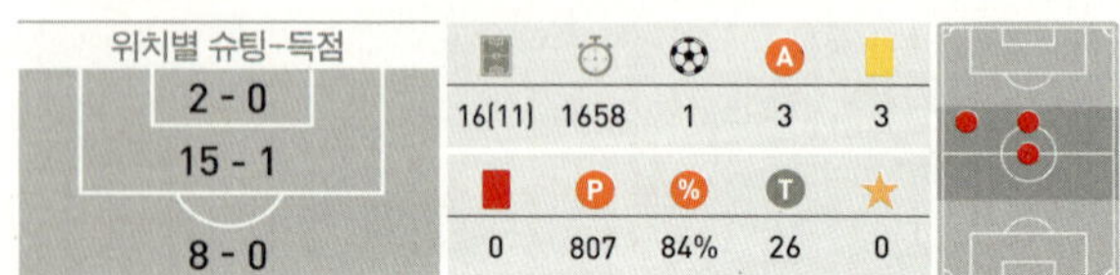

경기수	출전시간	득점	도움	경고
16(11)	1658	1	3	3

퇴장	P	%	T	★
0	807	84%	26	0

MF Vicente Iborra

8

비센테 이보라

국적 : 스페인

190cm의 키를 생각하면 중앙 미드필더 가운데서도 당연히 수비형 미드필더라는 선입견이 생긴다. 하지만 이보라는 기술이 뛰어나고 공격 성향이 강한 중앙 미드필더로 항상 과감히 전진하는 성향을 보인다. 이는 레반테 시절부터 유명했다. 슈팅에도 자신이 생겨 라리가에서만 7골을 터뜨렸다. 높은 타점에서 터지는 헤딩도 위력적. 수비할 때 전방에서 강력하게 상대를 압박한다. 한마디로 '토털 패키지'다.

레반테 유스 시스템 속에서 성장했다. 2007년 B팀을 거쳐 1군 데뷔전을 치렀다. 주로 교체 선수로 분위기를 익힌 뒤 이듬해부터 본격적인 주전 행보를 걸었다. 2013년 8월 세비야와 5년 계약을 맺고 안달루시아로 건너갔다.

위치별 슈팅-득점

| 2 - 1 |
| 26 - 6 |
| 3 - 0 |

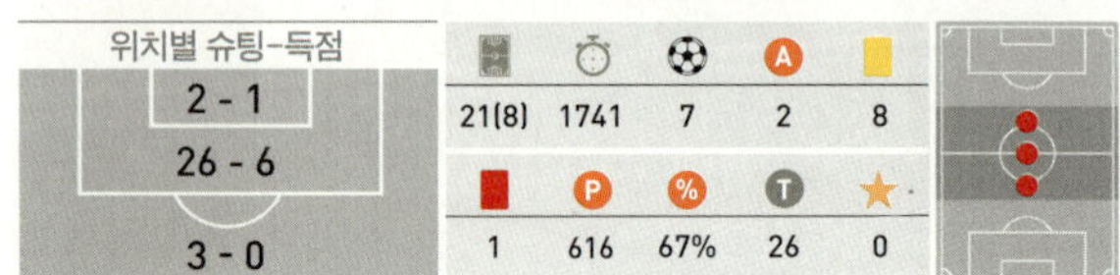

경기수	출전시간	득점	도움	경고
21(8)	1741	7	2	8

퇴장	P	%	T	★
1	616	67%	26	0

MF Kiyotake Hiroshi

14

기요타케
히로시

다재다능한 2선 공격수. LW, CAM, RW 모두 제 몫을 해낸다. 상황에 따라 측면 수비수를 맡을 수도 있다. 강점은 킥. 강력하고 정확한 오른발 킥을 이용해 세트피스를 도맡아 찬다. 또한 기회만 생기면 과감히 중거리 슈팅을 날린다. 센스 있는 스루패스로 찬스 메이킹에도 능하다. 문제는 기복이 심한 점. 하루는 팀의 구세주, 다른 하루는 팀의 역적이 된다. 에이스가 되기 위해선 매경기 꾸준함이 필요하다.

국적 : 일본

일본 대표 팀의 에이스. 2008년 오이타 트리니타에서 데뷔해 세레조 오사카, 뉘른베르크, 하노버 96을 거쳐 2016년 세비야로 이적했다. 김보경의 절친이다. 그와 김보경이 SNS에서 간단한 영어로 대화를 주고받아 화제가 된 바 있다.

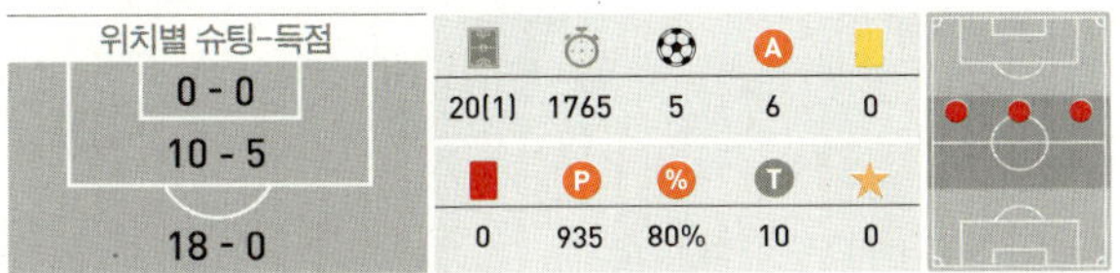

위치별 슈팅-득점

0 - 0
10 - 5
18 - 0

경기수	출전시간	득점	도움	경고	퇴장	패스시도	패스성공률	태클성공	MOM
20(1)	1765	5	6	0	0	935	80%	10	0

MF Steven N'Zonzi

15

스티븐
은존지

지난 시즌 두 차례의 출전 정지, 햄스트링 부상으로 약 60일 간 뛰지 못했다. 은존지는 강한 수비를 구사하면서 경고가 적고 부상을 잘 당하지 않는다. 어렸을 때부터 '파트릭 비에이라'의 후계자로 명성을 날렸다. 공수를 겸비한 스타일, 큰 키, 유연한 중심 이동, 넓은 시야, 비상한 두뇌 등 많은 부분이 닮았다. 수비진 보호가 우선이고 커버 플레이, 패스 커팅을 제대로 해낸다. 오른발 슈팅과 타점 높은 헤딩도 강점.

국적 : 프랑스

2013년 맨체스터 인근에서 운전 중 자전거와 충돌 사고가 일어났다. 하지만 은존지가 자신의 정보를 제대로 전달하지 않아 뺑소니 사고로 일이 커졌다. 이에 격분한 자전거 피해자가 차량 번호판을 SNS에 올려 경찰에 적발된 바 있다.

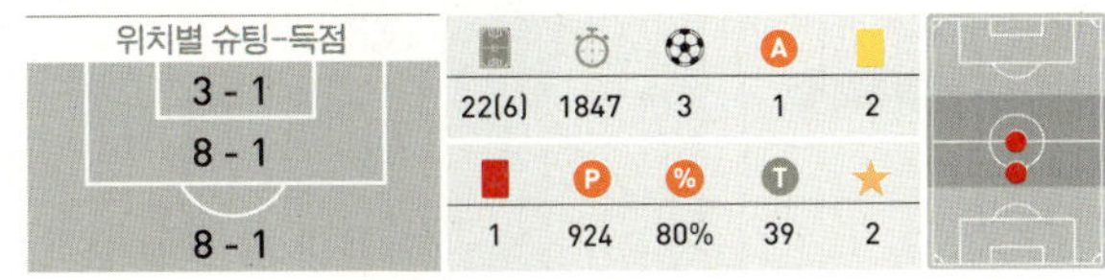

위치별 슈팅-득점

3 - 1
8 - 1
8 - 1

경기수	출전시간	득점	도움	경고	퇴장	패스시도	패스성공률	태클성공	MOM
22(6)	1847	3	1	2	1	924	80%	39	2

MF Vitolo

20

비톨로

전형적인 윙어. 가끔 세비야에서 가짜 9번으로 투입되기도 한다. 올 시즌엔 중앙 미드필더도 실험 중이다. 지난 시즌 리그 28경기, 유로파 리그 7경기, 챔피언스리그 5경기, 코파 델레이 6경기에 각각 출전했다. 비톨로는 양발을 모두 사용하면서 좁은 공간을 잘 활용한다. 폭발적인 스피드를 이용해 드리블 돌파를 즐기며, 적절한 중심 이동으로 상대를 무너뜨린다. 체력적인 문제와 기복을 줄이는 것이 과제다.

국적 : 스페인

스페인 라스팔마스에서 태어나 국가대표까지 성장했다. 라스팔마스 B팀에서 프로 선수로 데뷔했고 2010년 1군으로 올라와 득점에 두각을 나타냈다. 2013년 6월 세비야와 4년 계약을 맺었다. 2015년 3월 A매치 데뷔전을 치렀다.

위치별 슈팅-득점

1 - 1
16 - 1
8 - 0

경기수	출전시간	득점	도움	경고	퇴장	패스시도	패스성공률	태클성공	MOM
23(5)	2053	2	4	4	1	761	75%	46	0

MF Franco Vázquez

22

프랑코
바스케스

지난 시즌 팔레르모 최고의 선수였다. 세리에A 36경기에 선발로 출전해 8골-7도움-MOM 5회의 성적을 냈다. 시즌 평점 7.51점. 이탈리아 작은 클럽에서 스페인 중견 클럽으로 옮겨 전력 차이는 분명히 있다. 그러나 그의 능력을 볼 때 충분히 적응할 것이다. 스피드와 테크닉을 겸비한 드리블은 최강의 무기. 결정적인 스루패스, 폭발적인 중거리 슈팅, 강력한 태클 등 공격과 수비에서 팀에 큰 도움을 줄 것이다.

국적 : 이탈리아

이탈리아계 이민 2세로 아르헨티나 탄티에서 태어났다. 벨그라노 아카데미에서 축구를 시작했고, 벨그라노 1군, 팔레르모, 라요 바예카노를 거쳐 2016년 7월 1500만 유로로 세비야 유니폼을 입었다. 2015년 이탈리아 국가대표로 데뷔.

위치별 슈팅-득점

3 - 0
44 - 7
58 - 1

경기수	출전시간	득점	도움	경고	퇴장	패스시도	패스성공률	태클성공	MOM
36	3186	8	7	11	0	1418	77%	82	5

FW Luciano Vietto

9

루시아노
비에토

2015년 10월 급성 충수염으로 30일 간 결장했다. CF, LW, RW 등 어느 위치든 플레이할 수 있지만 세비야에서는 선발 CF로 출전할 것이다. 비에토는 아르헨티나 출신답게 드리블을 즐긴다. 스피드를 바탕으로 화려한 테크닉이 가미된 드리블로 상대 수비를 쉽게 제압한다. 짧은 패스 콤비네이션과 상대 수비진의 틈새를 가르는 칼날 스루패스도 장점. 박스 안에서 민첩하게 움직이고 한 템포 빠른 슈팅을 날린다.

국적 : 아르헨티나

아르헨티나 발네아리아 출생. 라싱 클럽 아카데미 출신으로 2011년 이 팀 1군에서 데뷔했다. 비야레알을 거쳐 2015년 아틀레티코 마드리드로 이적했다. 올 시즌에는 세비야로 임대됐다. 2013년 아르헨티나 U-20 대표를 지냈다.

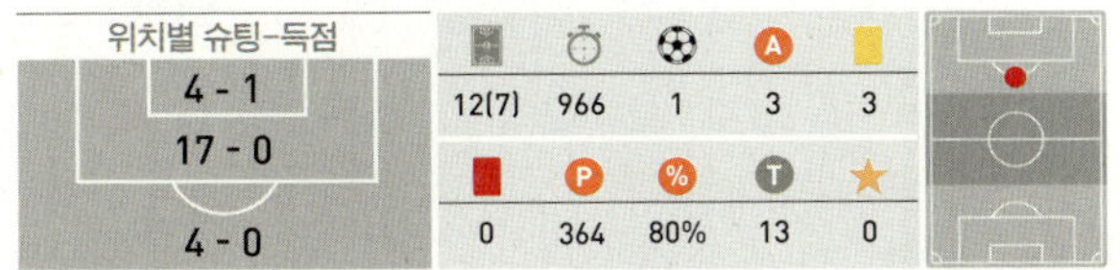

위치별 슈팅-득점

4 - 1
17 - 0
4 - 0

경기수	출전시간	득점	도움	경고	퇴장	패스시도	패스성공률	태클성공	MOM
12(7)	966	1	3	3	0	364	80%	13	0

FW Wissam Ben Yedder

12

위삼
벤 예데르

프랑스 툴루즈 소속으로 절정의 기량을 뽐냈다. 리게앙 35경기에 출전해 17골-5도움-4 MOM. 이런 놀라운 성적을 안고 스페인 무대로 옮겼다. 아르헨티나 출신 루시아노 비에토와 선의의 경쟁을 벌일 수도, 함께 뛸 수도 있다. 벤예데르는 '박스 안의 여우'다. PA 안에서 민첩하게 움직이다가 결정적으로 기회를 잡는다. 그리고 영리하게 마무리를 한다. 짧은 패스 콤비네이션, 스루패스, 전술적 드리블도 훌륭하다.

국적 : 프랑스

프랑스 사르셀 출생. 생드니 아카데미 출신으로 2009년 UJA 알포르빌에서 데뷔했다. 툴루즈 2군, 툴루즈 1군을 거쳐 2016년 7월 900만 유로로 세비야로 이적했다. 2010년 프랑스 풋살 대표를 지냈고, 2012년 U-21 대표를 거쳤다.

위치별 슈팅-득점

8 - 4
71 - 12
14 - 1

경기수	출전시간	득점	도움	경고	퇴장	패스시도	패스성공률	태클성공	MOM
34(1)	2896	17	5	2	0	927	73%	24	4

MALAGA CF

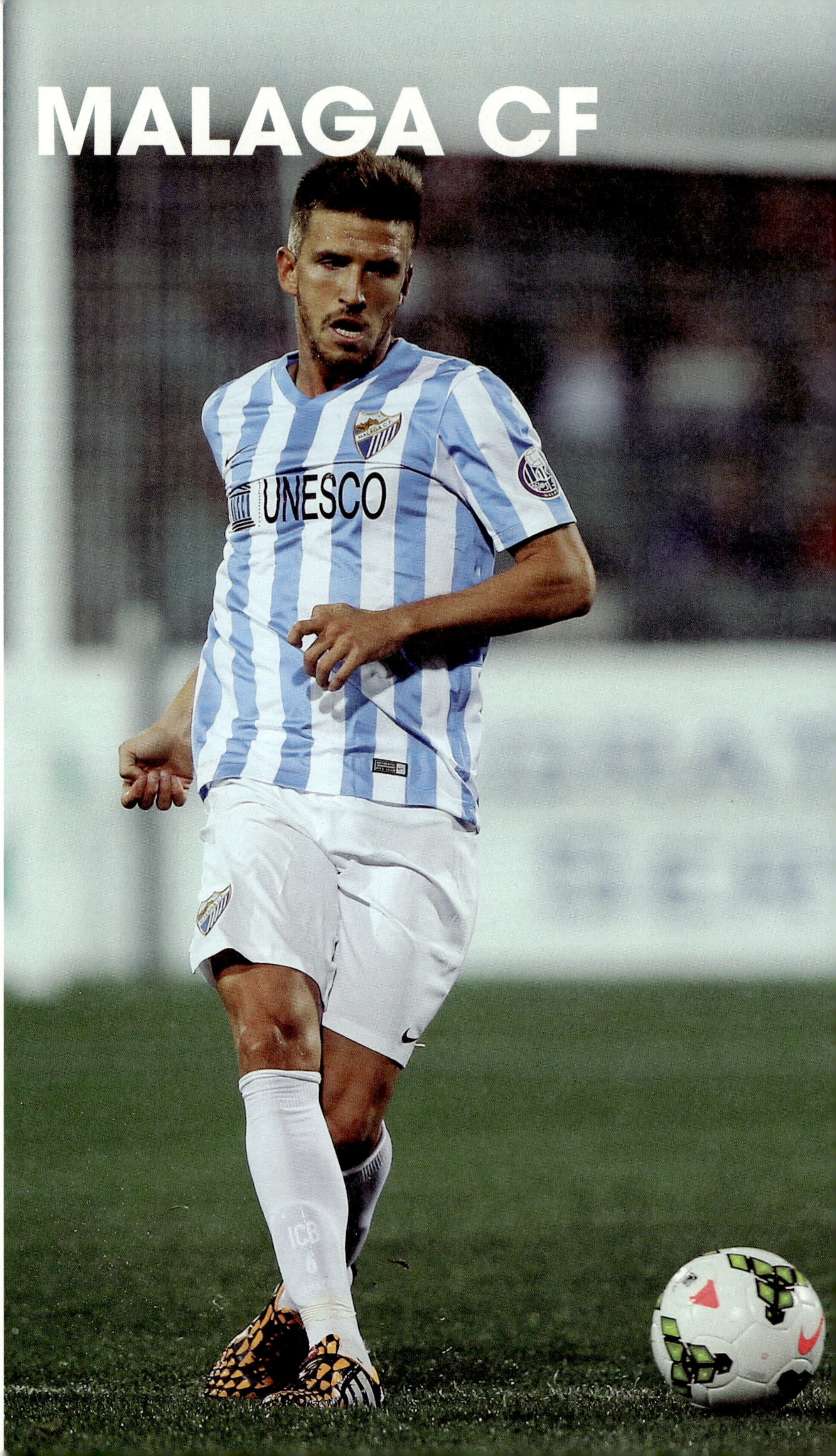

구단 창립 : 1904년
홈구장 : 라 로살레다
감독 : 후안데 라모스
2015-16시즌 : 8위(승점 48점)
12승 12무 14패 38득점 35실점
닉네임 : Los Boquerones

0	SPANISH PRIMERA LIGA	0	SPANISH COPA DEL REY
0	UEFA CHAMPIONS LEAGUE	0	UEFA EUROPA LEAGUE
0	FIFA CLUB WORLD CUP	0	UEFA-CONMEBOL INTERCONTINENTAL

Home

Away

중동 구단주 투자는 거의 메마른 상태 '저비용 고효율'로 중위권 안착 기대

2015-16 SEASON REVIEW

시즌 출발은 매우 나빴다. 세비야와의 개막전 무승부를 포함, 14경기 2승 5무 7패. 그러다 12월 13일 라요바예카노 원정 경기에서 2-1로 승리한 것을 포함 4연승을 달렸다. 그리고 3월과 4월 5경기 연속 무패를 기록하며 중위권 잔류의 발판을 마련했다. 말라가는 레알 마드리드와의 2경기 모두 비기면서 승점 2점을 챙겼다. 또한 아틀레티코 마드리드와의 홈 경기에서 1-0으로 승리했다. 시즌 우승팀인 바르셀로나가 레알에 승점 1점, 아틀레티코에 3점차로 간신히 앞섰던 것을 생각해보자. 말라가의 선전이 시즌 판도에 큰 영향을 미친 셈이다.

SUMMER TRANSFER

여름 이적 시장 때마다 주축 선수들이 팀을 떠나는 추세다. 중동 자본이 팀을 운영하기 시작한 초기에는 스타플레이어 영입이 있었지만 지금은 아니다. 이번 이적 시장에서도 지난 시즌 7골-3도움을 올렸던 두에 솝을 비롯해 세르히 다르데르, 라울 알벤토사, 기예르모 오초아 등이 팀을 떠났다. 대신 산드로 라미레스. 케코, 즈드라브코 쿠즈마노비치, 바카리 코네, 크리스티안 아추 등 각 포지션에서 나름대로 몫을 해줄 수 있는 선수들이 가세했다. 그러나 자본이 부족하기에 판도에 결정적인 영향을 줄 스타급 선수는 보이지 않는다.

2016-17 SEASON OUTLOOK

주전들의 이탈로 차질이 불가피하다. 이적 시장에서 다르데르가 빠지면서 중앙 미드필더에 추가 공백까지 생겼다. 대체 선수가 영입 되지 않아 부상 선수라도 발생하면 팀 운영에 큰 공백이 생길 것이다. 이런 어려움 속에 믿을 것은 후안데 라모스 감독의 지도력이다. 4-4-2 또는 4-2-3-1 포메이션을 바탕으로 강력한 수비와 날카로운 역습을 구사할 가능성이 크다. 측면에서 빠른 역습을 이어가던 선수들의 대안을 찾는 것이 큰 고민이다. 새 선수들의 활약에 따라 다시 중위권에 도전하거나 아니면 밑에서 힘든 경쟁을 펼칠 것으로 예상한다.

감독 후안데 라모스(Juande RAMOS)

지도자 경력 26년째. 위기 상황인 말라가를 지도하기에 딱 알맞다. 1990년 일리치타노에서 감독 생활을 시작했고, 알코야노, 레반테, 로그로녜스, 바르셀로나 2군, 에이다, 라요 바예카노, 레알 베티스, 에스파뇰, 말라가, 세비야, 토트넘 핫스퍼, 레알 마드리드, CSKA 모스크바, 드니프로를 거쳤다. 그의 감독 경력 중 가장 화려했던 건 역시 2000년대 중후반 세비야와 토트넘 시절. 세비야를 지도하며 UEFA컵(유로파리그의 전신)에서 두 차례(2006, 2007년) 우승했고, UEFA 수퍼컵(2006년), 코파델레이(2007년)에서 정상에 올랐다. 그리고 토트넘을 이끌며 2008년 풋볼리그컵 트로피를 들어올렸다. 말라가는 지난 2003-04시즌 이후 13년 만의 복귀다.

PROFILE
- 출 생 : 1954.9.25
- 국 적 : 스페인
- 계 약 : 2019.6.30

STADIUM

La Rosaleda

- 구장 오픈 : 1941년
- 구장 개축 : 1982, 2000, 2010년
- 구장 소유 : 말라가 시, 말라가 의회
- 수용 인원 : 3만 44명
- 피치 규모 : 105m × 68m
- 잔디 종류 : 천연 잔디

SQUAD LIST

위치	번호	이름	국적	신장	체중	생년월일
GK	1	Idriss Carlos Kameni	CMR	186	86	18-02-84
	13	Denys Boyko	UKR	191	84	29-01-88
	27	Aarón Escandell	ESP	188	72	27-09-95
DF	2	Bakary Koné	BFA	188	80	27-04-88
	3	Weligton	BRA	186	78	26-08-79
	4	Mikel Villanueva	VEN	190	78	14-04-93
	5	Diego Llorente	ESP	185	74	16-08-93
	15	Federico Ricca	URU	176	71	01-12-94
	18	Roberto Rosales	VEN	174	73	20-11-88
	23	Miguel Torres	ESP	184	78	28-01-86
MF	6	Ignacio Camacho	ESP	181	68	04-05-90
	7	Juan Carlos	ESP	176	68	30-03-90
	10	Juanpi	VEN	171	65	24-01-94
	11	Gonzalo Castro	URU	176	70	14-09-84
	14	Recio	ESP	183	74	11-01-91
	17	Duda	POR	180	76	27-06-80
	20	Keko	ESP	172	68	27-12-91
	21	Jony	ESP	179	80	09-07-91
	22	Zdravko Kuzmanovic	SRB	186	72	22-09-87
	31	Pablo Fornals	ESP	178	67	22-02-96
	39	Javi Ontiveros	ESP	172	68	09-09-97
FW	8	Michael Santos	URU	170	70	13-03-93
	9	Charles	BRA	179	75	04-04-84
	19	Sandro Ramírez	ESP	172	60	09-07-95
	26	Yousseff En-Nesyri	MAR	188	75	01-06-97

2016-17 SEASON SCHEDULE

날짜	장소	상대팀	날짜	장소	상대팀
19/AUG	H	CA Osasuna	28/JAN	A	CA Osasuna
26/AUG	A	Espanyol Barcelona	04/FEB	H	Espanyol Barcelona
10/SEP	H	Villarreal CF	11/FEB	A	Villarreal CF
17/SEP	A	UD Las Palmas	18/FEB	H	UD Las Palmas
20/SEP	H	SD Eibar	25/FEB	A	SD Eibar
23/SEP	A	Real Betis	28/FEB	H	Real Betis
02/OCT	H	Athletic Bilbao	04/MAR	A	Athletic Bilbao
16/OCT	A	CD Alaves	11/MAR	H	CD Alaves
23/OCT	H	CD Leganes	18/MAR	A	CD Leganes
29/OCT	A	Atletico Madrid	01/APR	H	Atletico Madrid
05/NOV	H	Sporting Gijon	04/APR	A	Sporting Gijon
19/NOV	A	FC Barcelona	08/APR	H	FC Barcelona
26/NOV	H	Deportivo La Coruna	15/APR	A	Deportivo La Coruna
03/DEC	A	Valencia CF	22/APR	H	Valencia CF
10/DEC	H	Granada CF	25/APR	A	Granada CF
17/DEC	A	Sevilla FC	29/APR	H	Sevilla FC
07/JAN	A	Celta Vigo	06/MAY	H	Celta Vigo
14/JAN	H	Real Sociedad	13/MA	A	Real Sociedad
21/JAN	A	Real Madrid	20/MA	H	Real Madrid

RANK OF LAST 5 YEARS

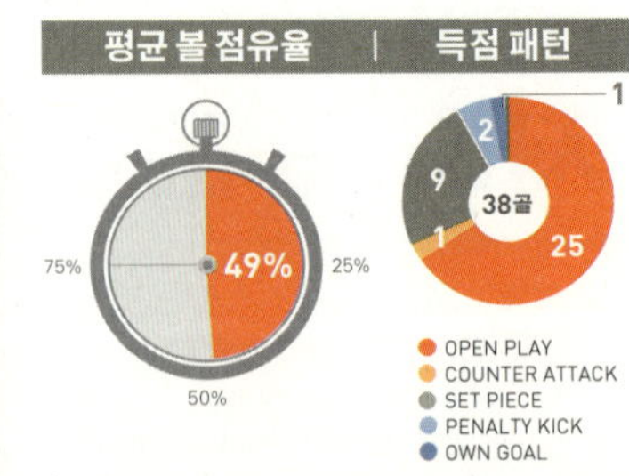

STRENGTHS & WEAKNESSES

OFFENSE		DEFENSE	
직접 프리킥	C	세트피스 수비	B
문전 처리	D	상대 볼 뺏기	B
측면 돌파	C	공중전 능력	B
스루볼 침투	C	역습 방어	C
개인기 침투	C	지공 방어	C
카운터 어택	C	스루패스 방어	C
기회 만들기	C	리드 지키기	B
세트피스	B	실수 조심	C
OS 피하기	D	측면 방어력	C
중거리 슈팅	C	파울 주의	C
볼 점유율	C	중거리슛 수비	C

매우 강함 **A**　강한 편 **B**　보통 수준 C　약한 편 D　매우 약함 E

시간대별 득점	시간대별 실점	득점 분포	공격 방향	볼 점유 위치	포지션별 득점	상대포지션별 실점

시간대별 득점: 76 75 13 5 15 16 / 5 4 / 61 60 3 8 30 31 / 46 45

시간대별 실점: 76 75 6 6 15 16 / 6 6 / 61 60 4 9 30 31 / 46 45

득점 분포: 7 / 27 / 4

공격 방향: 40% 25% 35%

볼 점유 위치:
상대진영 29%
중간진영 45%
우리진영 26%

포지션별 득점:
FW진 22골
MF진 12골
DF진 3골
*상대자책골 1골

상대포지션별 실점:
DF진 21골
MF진 10골
FW진 1골
*자책골 실점 3골

FORMATION

4-2-3-1

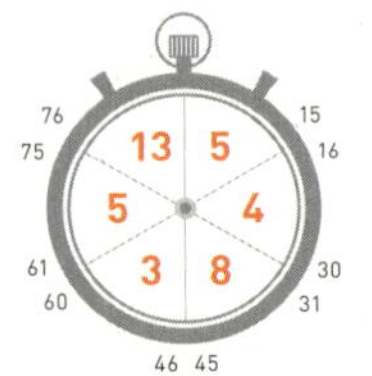 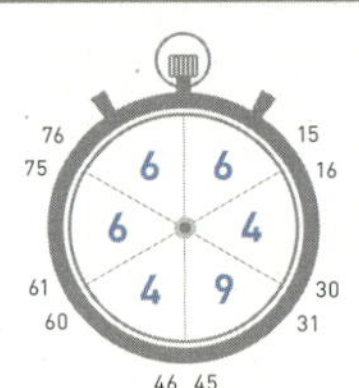 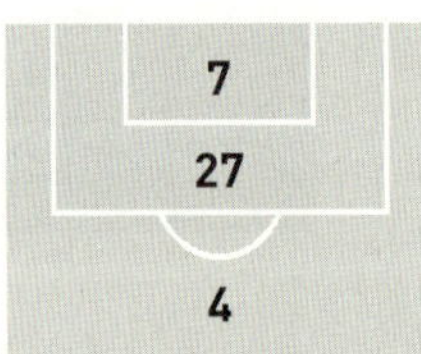 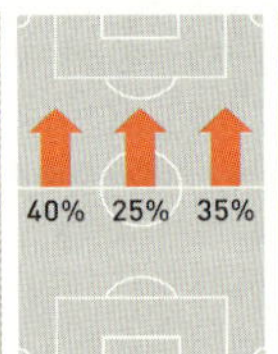   

TOTO GUIDE 지난 시즌 상대팀별 전적

상대팀	홈	원정
FC Barcelona	1-2	0-1
Real Madrid	1-1	0-0
Atletico Madrid	1-0	0-1
Villarreal	0-1	0-1
Athletic Bilbao	0-1	0-0
Celta Vigo	2-0	0-1
FC Sevilla	0-0	1-2
Real Sociedad	3-1	1-1
Real Betis	0-1	1-0
Las Palmas	4-1	1-1
Valencia	1-2	0-3
Espanyol	1-1	0-2
Eibar	0-0	2-1
Deportivo	2-0	3-3
Granada	2-2	0-0
Sporting Gijon	1-0	0-1
Rayo Vallecano	1-1	2-1
Getafe	3-0	0-1
Levante	3-1	1-0

GK Carlos Kameni

1

카를로스
카메니

지난 시즌 잘 나가다 3월 초 무릎을 다쳐 시즌 아웃됐다. 그럼에도 불구하고 프리메라리가 28경기에 출전하며 선방을 거듭했다. 올 시즌 정상 컨디션으로 출전한다. 카메니는 놀라운 신체 속도를 자랑하는 카메룬 출신 수문장이다. 스페인에서는 에스파뇰 시절부터 정상급 실력을 인정받았다. 멕시코 대표팀 기예르모 오초아를 벤치로 밀어냈을 정도로 방어력이 좋다. 특히 페널티킥 방어 능력은 라리가 정상급이다.

국적 : 카메룬

2000년 시드니 올림픽에서 금메달을 따며 존재감을 알렸다. 프랑스 르아브르에 입단했지만 주전이 되지 못했고 2004년 에스파뇰로 이적 이후 7시즌 간 부동의 주전으로 활약했다. 포체티노 감독과 사이가 틀어지면서 2012년 말라가로 왔다.

슈팅 위치별 선방

	3	
	47	
	26	

경기수	출전시간	득점	A	경고
28	2467	0	1	2

퇴장	P	%	S	★
0	650	60%	76	2

GK Aaron Escandell

8

아론
에스칸델

카를로스 카메니의 백업 골키퍼. 멕시코 대표 기예르모 오초아가 카메니와의 경쟁에서 밀려 그라나다 임대를 떠난 지금 팀의 '넘버 2' 수문장으로 올라섰다. 말라가 유스 출신으로 이제 겨우 20세의 어린 선수다. 아직 큰 경기에 뛸 수 있을 만한 실력이 안 된다. 라리가에서는 카메니가 부상으로 나서지 못할 경우에 한해 출전할 수 있고, 코파 델 레이 하위권 팀들과의 경기에서는 한번 주전으로 나설 만하다.

국적 : 스페인

발렌시아 카르카이센트 출신. 발렌시아 유스와 말라가 유스 팀에서 기초를 닦았다. 말라가 2군인 아틀레티코 말라게뇨에서 프로 선수로 데뷔. 어린 시절부터 나름 선방을 거듭하자 2013년 여름 말라가 1군에 넘버 3 골키퍼로 콜-업됐다.

슈팅 위치별 선방

NO DATA 출전 기록 없음

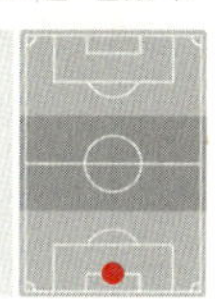

DF Bakary Koné

2

바카리
코네

발뒤꿈치를 크게 다쳐 지난해 9월 10일부터 40일, 올해 1월 21부터 보름씩 결장했다. 결국 지난 시즌 프리메라리가 6경기에 출전하는 데 그쳤다. 올 시즌에는 건강한 몸으로 시즌을 마쳐야 한다. 정상 컨디션일 경우 코네는 꽤 능력 있는 선수다. 동료와 주고받는 짧은 패스 콤비네이션은 강력한 무기. 큰 키를 이용한 공중전도 OK. 지난 시즌엔 부상 여파로 태클 시도가 매우 적었는데 올 시즌 어떨지 궁금하다.

국적 : 부르키나파소

부르키나 파소 우가두구 출신. 어린 시절 에투알 필랑트 유스에서 기초를 닦았다. 2006년 프랑스 깅강 2군에서 데뷔했고, 깅강 1군, 리옹을 거쳐 2016년 여름 말라가로 이적했다. 2006년 이후 부르키나파소 국가대표로 활약 중이다.

위치별 슈팅-득점

	0 - 0	
	3 - 0	
	0 - 0	

경기수	출전시간	득점	A	경고
4(2)	430	0	0	1

퇴장	P	%	T	★
0	226	91%	3	0

DF Weligton

3 / 웰링턴

터프하고 힘이 넘치는 중앙·수비수. 꾸준하게 주전으로 제 몫을 해냈다. 30대로 접어들면서 수비진을 이끄는 능력까지 갖췄다. 단순하게 신체 능력을 활용하는 수비에서 영리하게 패스 길목을 차단하고 공간을 지키는 형태로 진화한 것이다. 그러다보니 파울, 경고 횟수도 줄었다. 2014-15시즌 32경기에서 옐로카드 13장에 레드카드 2장을 받았지만 지난 시즌엔 30경기에서 경고 5회만 받았을 뿐 퇴장은 없었다.

브라질에서 포르투갈 하부리그로 건너갈 때만 해도 평범한 선수였다. 페나피엘을 거쳐 스위스 그라스호퍼스로 이적하면서 서서히 존재감을 알렸다. 거기서 UEFA 컵에 나서는 등 좋은 활약을 펴자 2007년 말라가가 손을 내밀었다.

국적 : 브라질

위치별 슈팅-득점

경기수	출전시간	득점	도움	경고
30	2608	0	2	5
퇴장	패스시도	패스성공률	태클성공	★
0	1135	72%	56	

DF Diego Llorente

5 / 디에고 요렌테

체격이 좋고, 축구 IQ가 우수해 팀 수비진의 중심을 이룬다. 지난 시즌에도 프리메라리가 33경기에 출전해 게임 평균 태클 1.8회, 인터셉트 3.2회, 클리어링 3.6회 등 다방면에서 뛰어난 기량을 펼쳤다. 넓은 시야와 빠른 판단력을 이용한 패스 커팅은 요렌테의 최대 장점. 볼을 끊어낸 뒤 과감히 드리블하면서 역습 기회를 만들어낸다. 공중전에도 능한 편. 강력한 수비를 구사하다 파울을 자주 범한다.

스페인 마드리드 출생. 레알 마드리드 유스 아카데미를 거쳐 2012년 이 팀 3군에서 데뷔했다. 레알 2군을 거쳐 2013년 레알 1군 데뷔전을 치렀다. 지난 시즌 라요바예카노로 임대돼 경험을 쌓았고, 올 여름 말라가로 다시 임대됐다.

국적 : 스페인

위치별 슈팅-득점

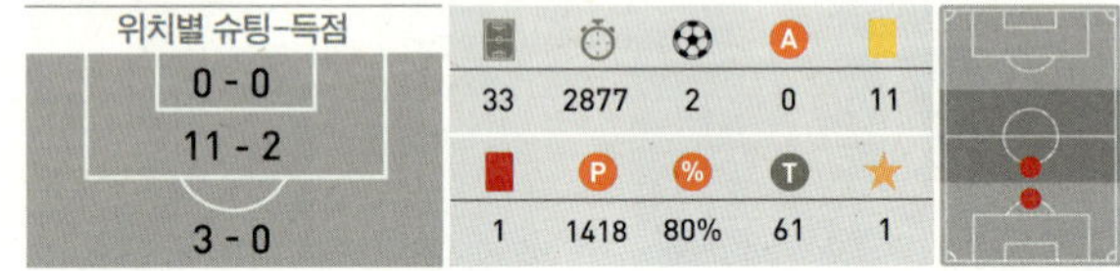

경기수	출전시간	득점	도움	경고
33	2877	2	0	11
퇴장	패스시도	패스성공률	태클성공	★
1	1418	80%	61	1

DF Roberto Rosales

18 / 로베르토 로살레스

'태클의 명수'로 불린다. 지난 시즌 프리메라리가 35경기에서 110개의 태클을 성공시켰다. 경기당 3.1개. 뿐만 아니라 태클 성공률 75%로 리그 상위권이다. 당연히 코칭스태프의 신뢰도 높은 편이다. 1988년생이지만 베네수엘라 대표로 A매치 70경기 출전을 앞두고 있을 정도로 경험이 풍부하다. 오른쪽 수비와 미드필더를 병행하면서 측면을 부지런히 넘나든다. 오른발 크로스와 중거리 슈팅, 롱스로인이 특기

베네수엘라 카라카스 출생. 카라카스의 데포르티보 길마 유스 출신으로 2006년 카라카스 FC에서 데뷔했다. 이어 헨트, FC 트벤테를 거쳐 2014년 여름 말라가로 이적했다. 베네수엘라 U-20 대표 출신이고 현재 A대표 주전으로 활약 중.

국적 : 베네수엘라

위치별 슈팅-득점

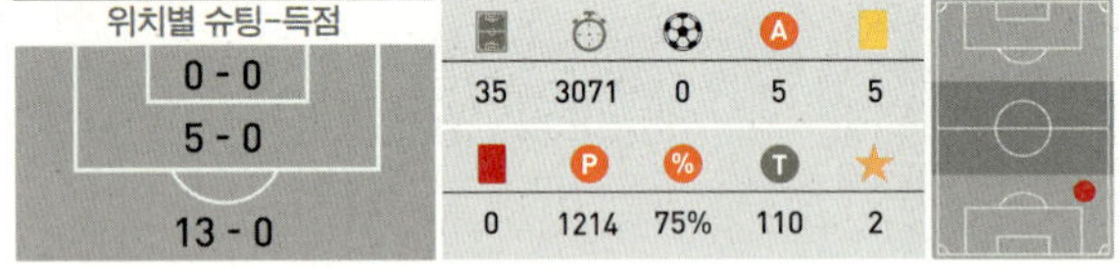

경기수	출전시간	득점	도움	경고
35	3071	0	5	5
퇴장	패스시도	패스성공률	태클성공	★
0	1214	75%	110	2

DF Miguel Torres

23 / 미겔 토레스

수비 전 포지션 소화가 가능한 숨은 재주꾼이다. 지난 시즌에는 부상 후유증에 시달리며 많은 경기에 출전하지 못했다. 그러면서도 좌우 풀백, 중앙 수비수 등 공백이 발생한 자리를 채웠다. 머리가 워낙 좋아 수비 어디에 배치해도 빠른 적응력을 보인다. 빠른 공격수를 만나도 주눅 들지 않는 침착한 수비를 자랑한다. 태클 타이밍이 좋고 공을 빼앗아 주변 동료에 건네는 동작이 신속하다. 든든한 백업 요원이다.

레알 마드리드 유스 출신으로 갈락티코 정책 속에서도 1군으로 승격해 많은 경기를 뛰었다. 하지만 부상 선수 복귀, 선수 영입 등으로 자리를 잃었다. 이후 헤타페로 이적해 안정적인 활약을 펼쳤고 올림피아코스를 거쳐 말라가로 왔다.

국적 : 스페인

위치별 슈팅-득점

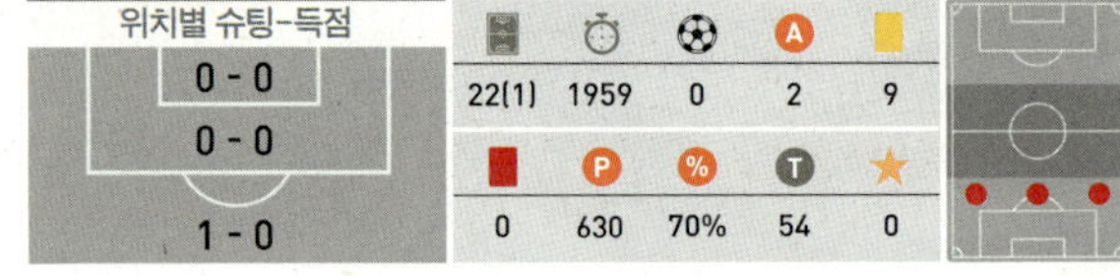

경기수	출전시간	득점	도움	경고
22(1)	1959	0	2	9
퇴장	패스시도	패스성공률	태클성공	★
0	630	70%	54	0

MF Ignacio Camacho

6 / 이그나시오 카마초

말라가에서의 꾸준한 활약을 바탕으로 스페인 대표까지 승선한 대기만성형. 단순한 수비형 미드필더에서 공격과 수비를 넘나드는 고른 능력의 미드필더로 진화 중이다. 패스 정확도가 향상되고 특히 공을 앞으로 보내는 종-패스 비율이 늘어나고 있다. 지난 시즌에는 리그 25경기, 국왕컵 3경기에서 모습을 드러냈다. 사타구니 부상으로 시즌 말미에 컨디션이 좋지 않았다. 수비 과정에서 경고를 많이 받는 편이다.

AT 마드리드 유스 출신으로 1군까지 올라가 경쟁해봤지만 팀은 다른 선수들을 선택했다. 리그 기회가 주어지지 않자 2011년 말라가로 팀을 옮겼다. 그러면서 기량이 점점 발전, 급기야 AT 마드리드가 다시 영입한다는 소문까지 나왔다.

국적 : 스페인

위치별 슈팅-득점

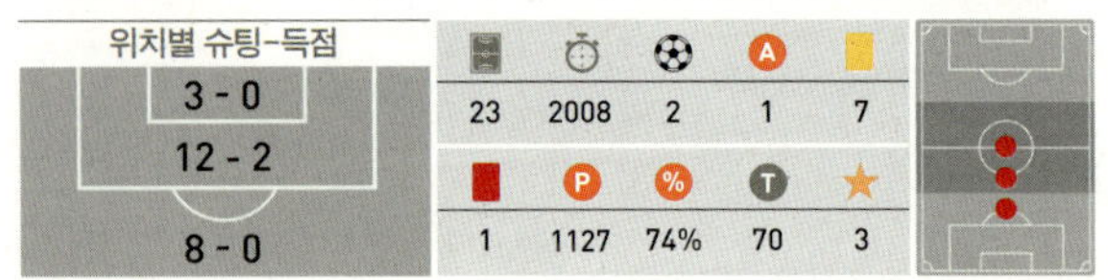

경기수	출전시간	득점	도움	경고
23	2008	2	1	7
퇴장	패스시도	패스성공률	태클성공	★
1	1127	74%	70	3

MF Gonzalo Castro

11 / 곤살로 카스트로

2016년 1월 31일부터 3월 1일까지 넓적다리 염좌로 결장했다. 그 바람에 후안 카를로스, 히라크두 호르타와 경쟁해야 했다. 올 시즌 정상 컨디션으로 임하기에 기대가 크다. 카스트로는 왼발을 즐겨 사용하면서 전진 드리블을 해낼 수 있는 마법사다. 남미 특유의 공격적인 움직임이 장기. 왼측면에서 중앙으로 이동하며 골을 터뜨린다. 왼발 발목 힘을 이용해 정확한 킥을 날린다. 전문 세트플레이 키커 중 1명.

우루과이 명문 나시오날에서 데뷔. 2005-06시즌 13골로 정점을 찍었다. 2007년 스페인 마요르카, 2012년 레알 소시에다드를 거쳐 2016년 1월 말라가 유니폼을 입었다. 별명은 '초리 카스트로.' 그의 여동생 줄리아나도 축구 선수다.

국적 : 우루과이

위치별 슈팅-득점

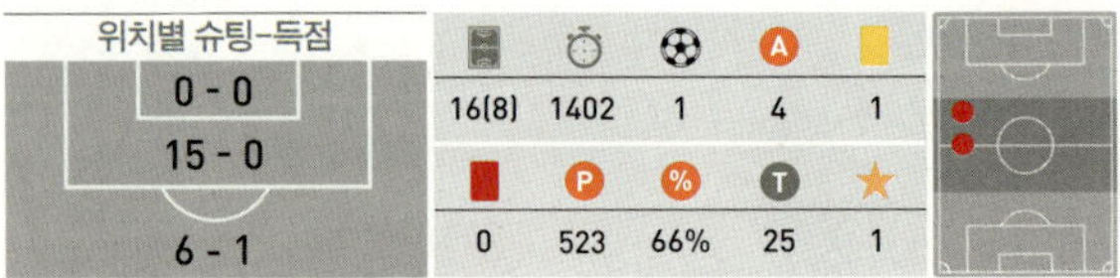

경기수	출전시간	득점	도움	경고
16(8)	1402	1	4	1
퇴장	패스시도	패스성공률	태클성공	★
0	523	66%	25	1

(MF) Recio

레시오

'박스-투-박스' 미드필더. 활동 범위가 넓고 미드필더에 필요한 능력을 고루 갖췄다. 감독의 전략, 전술에 따라 공격과 수비를 넘나든다. 기본적인 패스 정확도가 뛰어나다. 지난 시즌에는 경기당 0.7개의 키 패스를 시도할 정도로 공간을 찌르는 능력이 좋다. 패스 성공률도 85%를 웃돈다. 아쉽게도 다르데르와 카마초가 버티고 있어 주전 경쟁이 쉽지만은 않다. 로테이션으로 머무르기에는 조금 아까운 인재다.

국적 : 스페인

말라가 선수진 가운데 보기 드문 말라가 유스 출신이다. 2010년 마누엘 펠리그리니 감독이 1군으로 발탁해 주전 경쟁을 시켰다. 하지만 기회가 늘지 않으면서 그라나다로 임대되어 두 시즌을 보냈다. 스페인 U-20 출신이다.

위치별 슈팅-득점

위치	슈팅-득점
0 - 0	
7 - 0	
29 - 0	

경기수	출전시간	득점	도움	경고
32(1)	2750	0	4	16

퇴장	패스시도	패스성공률	태클성공	MOM
0	1387	82%	93	1

(MF) Duda

두다

말라가가 자랑하는 '왼발의 마법사.' 그라운드에 주전으로 나서기보다는 백업으로 정신적인 지주 역할을 담당한다. 노장이지만 경기에 출전하면 안정적인 공격 운영을 가져가고 왼발의 공격적인 킥을 선보인다. 특히 세트플레이 상황에서 터지는 왼발 킥은 각도, 속력 등이 전혀 녹슬지 않았다. 여전히 공격 지역에서 활약할 수 있지만 팀 정책상 젊은 선수들을 선호하고 있다. 이번 시즌도 백업이 유력하다.

국적 : 포르투갈

조국 포르투갈에서 유소년 시절을 보냈다. 하지만 프로 선수로 데뷔는 스페인 카디스에서였다. 2001년부터 시작된 말라가와의 인연이 지금까지 이어진다. 중간에 레반테 임대, 세비야 이적이 있었지만 그가 가장 익숙한 곳은 말라가다.

위치별 슈팅-득점

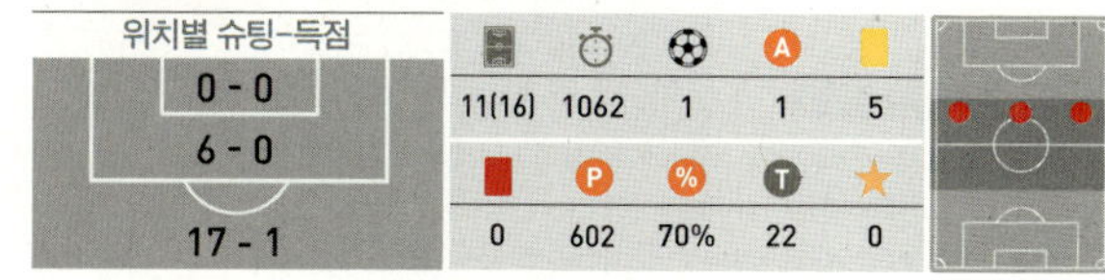

위치	슈팅-득점
0 - 0	
6 - 0	
17 - 1	

경기수	출전시간	득점	도움	경고
11(16)	1062	1	4	5

퇴장	패스시도	패스성공률	태클성공	MOM
0	602	70%	22	0

(MF) Keko

케코

지난 시즌 에이바르 소속으로 라리가 29경기에 출전, 3골을 넣었다. 유소년 시절 '제2의 호아킨'으로 기대를 모았던 유망주. 하지만 출전 기회를 얻기 위해 AT 마드리드를 떠나면서 오히려 발전 속도가 느렸다. 그냥 평범한 선수가 되고 말 것. 올 시즌이 주목되는 이유다. 코케는 측면에서 폭발적인 스피드로 돌파하는 날개다. 볼을 잘 다루고, 크로스도 꽤 정확한 편. 문제는 후반전의 급격한 체력저하다.

국적 : 스페인

스페인 청소년대표 출신. 티아고 알칸타라, 카날레스와 호흡을 맞춰 스페인을 2008년 UEFA U-17 대회 우승으로 이끌었다. 이탈리아 카타니아, 그로세토 시절은 순탄치 못했으나 알바세테, 에이바르로 등 스페인리그에서 만개했다.

위치별 슈팅-득점

위치	슈팅-득점
2 - 0	
19 - 2	
14 - 1	

경기수	출전시간	득점	도움	경고
27(2)	2316	3	3	4

퇴장	패스시도	패스성공률	태클성공	MOM
1	736	71%	77	0

(DF) Michael Santos

미차엘 산토스

주 위치는 센터포워드지만 레프트윙, 라이트윙으로도 뛸 수 있다. 지난 시즌 리버 플레이트 몬테비데오 소속으로 우루과이 1부 리그 23경기에 출전해 11골을 넣었다. 천부적으로 골 냄새를 잘 맡는 데다 문전 기회 때 무섭도록 침착하게 마무리한다. 순간적인 침투, 상대를 등지고 하는 플레이, 과감한 슈팅 등 공격수로서의 필요충분조건을 갖춘 선수다. 올 시즌 말라가에서는 차를레스, 산드로와 경쟁해야 한다.

국적 : 우루과이

우루과이 몬테비데오 출생. 5세 때인 1998년부터 유스 아카데미에 다녔다. 몬테비데오 완더러스, 리버 플레이트 유스팀을 거쳐 2011년 리버 플레이트 1군에서 데뷔했다. 그리고 2016년 여름 말라가로 이적했다. 우루과이 국가대표다.

위치별 슈팅-득점

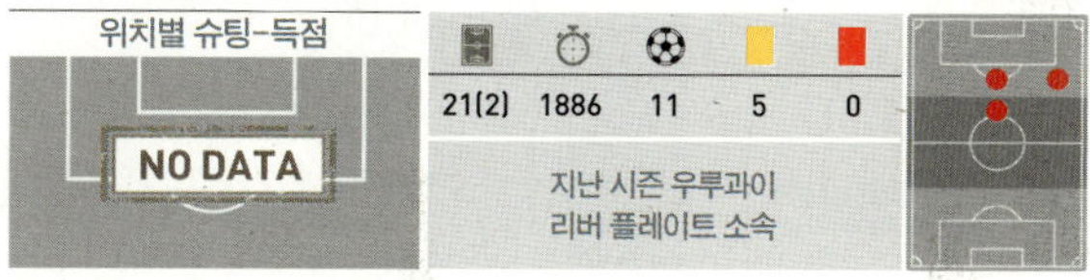

NO DATA

경기수	출전시간	득점	경고	퇴장
21(2)	1886	11	5	0

지난 시즌 우루과이
리버 플레이트 소속

(FW) Charles

차를레스

말라가에서의 첫 시즌, 꽤 좋은 퍼포먼스를 선보였다. 프리메라리가 35경기에 출전해 12골-3도움. 체격은 평범하지만 위치를 잘 잡고 축구 IQ가 좋아 매우 효율적인 플레이를 펼친다. 헤딩으로 곧잘 어시스트를 하고, 문전 기회 때 과감하게 슈팅을 날린다. 또한 상대 수비로부터 파울을 잘 유도해낸다. 브라질 출신이지만 발 기술이 화려하거나 드리블 능력이 뛰어난 편은 아니다. 그냥 '박스 안의 지배자'다.

국적 : 브라질

어린 나이에 브라질을 떠나 포르투갈에 도착했다. 스페인 폰테베드라에 이적할 때도 크게 주목받지 못했다. 3부 리그에서 골을 많이 터트리자 코로바, 알메리아 등 세군다 클럽들의 관심이 이어졌다. 말라가에는 2015년 여름에 합류.

위치별 슈팅-득점

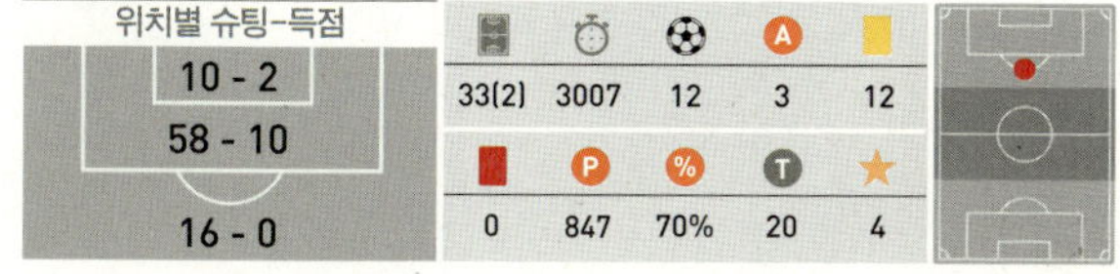

위치	슈팅-득점
10 - 2	
58 - 10	
16 - 0	

경기수	출전시간	득점	도움	경고
33(2)	3007	12	3	12

퇴장	패스시도	패스성공률	태클성공	MOM
0	847	70%	20	4

(FW) Sandro Ramirez

산드로 라미레스

센터포워드, 섀도스트라이커, 윙어를 겸하는 공격 라인의 유틸리티 플레이어. 바르셀로나 소속이던 지난 시즌엔 리오넬 메시, 네이마르, 루이스 수아레스 등 막강 공격진에 밀려 경기에 제대로 출전할 수 없었다. 그러나 제한된 시간 속에서도 나름대로 최선을 다했다. 올 시즌 말라가로 이적했기에 출전 횟수는 당연히 늘어날 것이다. 페널티 박스 안팎을 활발하게 넘나들며 기회를 잡고 과감하게 슈팅을 날린다.

국적 : 스페인

라스 팔마스와 바르셀로나 유스 출신. 2013년 바르셀로나 2군에서 데뷔했고, 2014년 1군으로 승격. 그러나 제한된 출전 기회만 잡다가 2016년 여름 말라가로 이적했다. 스페인 U-16, U-17, U-18, U-19, U-21 대표를 차례로 거쳤다.

위치별 슈팅-득점

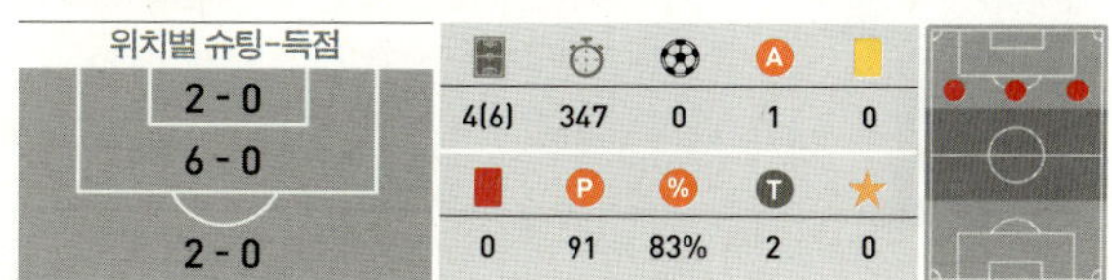

위치	슈팅-득점
2 - 0	
6 - 0	
2 - 0	

경기수	출전시간	득점	도움	경고
4(6)	347	0	0	0

퇴장	패스시도	패스성공률	태클성공	MOM
0	91	83%	2	0

REAL SOCIEDAD

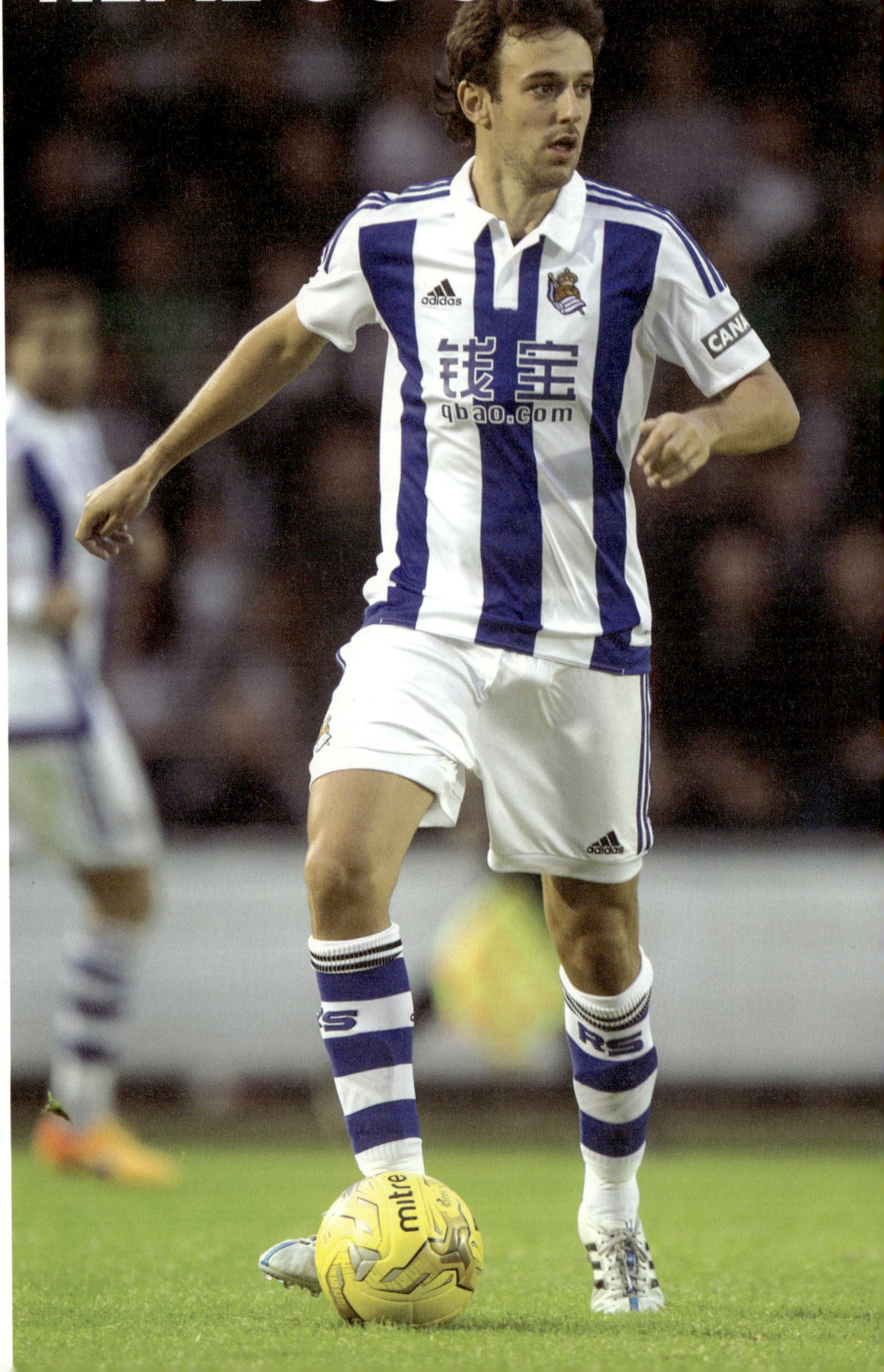

구단 창립 : 1909년
홈구장 : 아노에타
감독 : 에우세비오 사크리스탄
2015-16시즌 : 9위(승점 48점)
13승 9무 16패 45득점 48실점
닉네임 : Txuriurdin

2		2
SPANISH PRIMERA LIGA		SPANISH COPA DEL REY
0		0
UEFA CHAMPIONS LEAGUE		UEFA EUROPA LEAGUE
0		0
FIFA CLUB WORLD CUP		UEFA-CONMEBOL INTERCONTINENTAL

Home

Away

사크리스탄, '모예스 수비 축구' 지운다
한정된 예산에 적절한 선수단 보강

2015-16 SEASON REVIEW

"수비 위주의 모예스 감독은 스페인 축구의 이상과 맞지 않는다." 레알 소시에다드 팬들의 의견이었다. 그리고 실제 그들의 예상대로 레알 소시에다드는 극심한 공격력 부재를 나타내며 고전했다. 8월 22일 개막전인 데포르티보전 0-0 무승부를 시작으로 11월 6일 라스 팔마스 원정경기(0-2패)까지 11경기 동안 레알 소시에다드가 올린 성적은 2승 3무 6패 14득점 14실점. 순위는 리그 16위. 결국 모예스 감독이 전격 경질되고 에우세비오 사크리스탄이 지휘봉을 잡았다. 하지만 한번 망가진 폼은 올라오지 않았고, 결국 시즌을 9위로 마감했다.

SUMMER TRANSFER

전 포지션에 선수를 보강했다. 공격수와 미드필더를 보강하며 점검에 나섰다. 2년 전 거액에 영입한 알프레드 핀보가손이 실패하면서 타격이 컸던 터라 지난해와 올해 영입에 더욱 신경을 쓰는 모양새다. 사우샘프턴 공격수였던 후안미를 500만 유로로 데려왔고, 맨체스터 시티 백업 골키퍼 헤로니모 루이를 임대로 영입했다. 또한 브라질 출신 만능 공격수 윌리안 조세를 데포르티보 말도나도로부터 싼 값(이적료 미상)에 불러들여 중요한 역할을 맡겼다. 자본이 넉넉지 않아 저렴한 가격 혹은 임대로 선수를 영입했기에 알짜배기 팀으로 꼽힌다.

2016-17 SEASON OUTLOOK

지난 시즌 모예스 축구는 득점력 부족으로 고전했다. 그러나 사크리스탄이 개막부터 지도할 올 시즌은 과거 짧은 패스에 의한 점유율 축구를 되찾을 것으로 보인다. 실제 올 시즌 초반 전방 압박과 패스 게임이 되살아났다는 평을 받는다. 측면 돌파를 자주 시도하고, 상대 진영에서 경기를 풀어나가는 등 적극적인 모습을 보인다. 문제는 체력. 주전들과 백업들의 기량 차이가 크기 때문에 선발 일레븐 중심으로 팀이 돌아갈 수밖에 없다. 어차피 참가하는 대회가 많지 않다고는 하지만 너무 초반에 오버페이스하다가는 시즌 후반 고전할 수 있다.

감독 에우세비오 사크리스탄(Eusebio SACRISTAN)

2015년 9월 11일. 레알 소시에다드 경영진은 팀이 프리메라리가 16위로 완전히 추락하자 당시 감독이던 데이비드 모예스를 경질하고 에우세비오 사크리스탄에게 지휘봉을 맡겼다. 이후 그는 망가진 팀을 잘 추슬렀다. 사크리스탄과 레알 소시에다드 구단은 일단 2017년 6월 말까지 계약이 돼 있다. 올 시즌 사크리스탄이 좋은 성적을 내면 2017년 여름 좋은 조건에 장기 계약을 맺을 수 있을 것이다. 그는 현역 시절 바야돌리드, 아틀레티코 마드리드, 바르셀로나, 셀타 비고 등에서 미드필더로 활약했고 스페인 국가대표로도 뛰었다. 은퇴 후 바르셀로나 어시스턴트 코치 5년, 셀타 비고 감독 1년, 바르셀로나 2군 감독을 4년 간 거쳤다. 그리고 레알 소시에다드 감독에 올랐다.

PROFILE
- 출 생 : 1964.4.13
- 국 적 : 스페인
- 계 약 : 2017.6.30

STADIUM

ANOETA

- 구장 오픈 : 1993년
- 구장 증축 : -
- 구장 소유 : 산세바스티안 시
- 수용 인원 : 3만 2,300명
- 피치 규모 : 105m × 68m
- 잔디 종류 : 천연 잔디

SQUAD LIST

위치	번호	이름	국적	신장	체중	생년월일
GK	1	Gerónimo Rulli	ARG	189	80	20-05-92
	13	Ander Bardaji	ESP	192	78	03-05-95
	25	Toño Ramírez	ESP	189	83	23-11-86
DF	2	Carlos Martínez	ESP	188	78	09-04-86
	3	Mikel González	ESP	188	78	24-09-85
	6	Iñigo Martínez	ESP	176	62	17-05-91
	15	Aritz Elustondo	ESP	178	72	11-01-94
	19	Yuri Berchiche	ESP	180	78	10-02-90
	20	Joseba Zaldúa	ESP	176	71	24-06-92
	21	Héctor Hernández	ESP	171	65	23-05-91
	22	Raul Navas	ESP	185	83	11-05-88
MF	4	Asier Illarramendi	ESP	177	74	08-03-90
	5	Markel Bergara	ESP	180	74	05-05-86
	8	Esteban Granero	ESP	179	77	02-07-87
	10	Xabi Prieto	ESP	185	77	29-08-83
	14	Rubén Pardo	ESP	175	70	22-10-92
	16	Sergio Canales	ESP	176	65	16-02-91
	17	David Zurutuza	ESP	184	70	19-07-86
	18	Mikel Oyarzabal	ESP	180	75	21-04-97
	23	Jon Gaztañaga	ESP	182	78	28-06-91
FW	7	Juanmi	ESP	169	63	20-05-93
	9	Imanol Agirretxe	ESP	185	74	24-02-87
	11	Carlos Vela	MEX	176	72	01-03-89
	12	Willian José	BRA	186	81	23-11-91
	24	David Concha	ESP	172	61	20-11-96
	26	Jon Bautista	ESP	178	72	03-07-95

2016-17 SEASON SCHEDULE

날짜	장소	상대팀	날짜	장소	상대팀
21/AUG	H	Real Madrid	28/JAN	A	Real Madrid
27/AUG	A	CA Osasuna	04/FEB	A	CA Osasuna
09/SEP	H	Espanyol Barcelona	11/FEB	H	Espanyol Barcelona
18/SEP	A	Villarreal CF	18/FEB	H	Villarreal CF
21/SEP	H	UD Las Palmas	25/FEB	A	UD Las Palmas
24/SEP	A	SD Eibar	28/FEB	H	SD Eibar
30/SEP	H	Real Betis	04/MAR	A	Real Betis
16/OCT	A	Athletic Bilbao	11/MAR	H	Athletic Bilbao
22/OCT	H	CD Alaves	18/MAR	A	CD Alaves
29/OCT	A	CD Leganes	01/APR	H	CD Leganes
05/NOV	H	Atletico Madrid	04/APR	A	Atletico Madrid
19/NOV	A	Sporting Gijon	08/APR	H	Sporting Gijon
26/NOV	H	FC Barcelona	15/APR	A	FC Barcelona
03/DEC	A	Deportivo La Coruna	22/APR	H	Deportivo La Coruna
10/DEC	H	Valencia CF	25/APR	A	Valencia CF
17/DEC	A	Granada CF	29/APR	H	Granada CF
07/JAN	H	Sevilla FC	06/MAY	A	Sevilla FC
14/JAN	A	Malaga CF	13/MAY	H	Malaga CF
21/JAN	H	Celta Vigo	20/MAY	A	Celta Vigo

RANK OF LAST 5 YEARS

■ 2부 리그

2011-12	2012-13	2013-14	2014-15	2015-16
12 (47점)	4 (66점)	7 (59점)	12 (46점)	9 (48점)

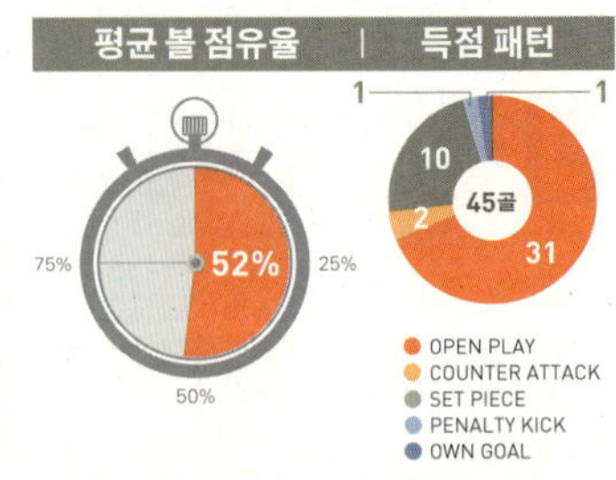

STRENGTHS & WEAKNESSES

OFFENSE		DEFENSE	
직접 프리킥	C	세트피스 수비	B
문전 처리	B	상대 볼 뺏기	C
측면 돌파	B	공중전 능력	B
스루볼 침투	C	역습 방어	C
개인기 침투	C	지공 방어	C
카운터 어택	C	스루패스 방어	C
기회 만들기	C	리드 지키기	B
세트피스	C	실수 조심	C
OS 피하기	C	측면 방어력	C
중거리 슈팅	A	파울 주의	C
볼 점유율	B	중거리슛 수비	D

매우 강함 A 강한 편 B 보통 수준 C 약한 편 D 매우 약함 E

시간대별 득점	시간대별 실점	득점 분포	공격 방향	볼 점유 위치	포지션별 득점	상대 포지션별 실점

시간대별 득점:
76 75 / 15 16
11 12
4 6
5 7
61 60 / 30 31
46 45

시간대별 실점:
76 75 / 15 16
9 8
3 7
13 8
61 60 / 30 31
46 45

득점 분포:
12
29
4

공격 방향: 40% 21% 39%

볼 점유 위치:
상대진영 29%
중간진영 45%
우리진영 26%

포지션별 득점:
FW진 34골
MF진 6골
DF진 4골
*상대자책골 1골

상대 포지션별 실점:
DF진 2골
MF진 13골
FW진 32골
*자책골 실점 1골

FORMATION

4-2-3-1

TOTO GUIDE 지난 시즌 상대팀별 전적

상대팀	홈	원정
FC Barcelona	1-0	0-4
Real Madrid	0-1	1-3
Atletico Madrid	0-2	0-3
Villarreal	0-2	0-0
Athletic Bilbao	0-0	1-0
Celta Vigo	2-3	0-1
FC Sevilla	2-0	2-1
Malaga	1-1	1-3
Real Betis	2-1	0-1
Las Palmas	0-1	0-2
Valencia	2-0	1-0
Espanyol	2-3	5-0
Eibar	2-1	1-2
Deportivo	1-1	0-0
Granada	3-0	3-0
Sporting Gijon	0-0	1-5
Rayo Vallecano	2-1	2-2
Getafe	1-2	1-1
Levante	1-1	4-0

GK **Gerónimo Rulli**

헤로니모
루이

아르헨티나에서 혜성처럼 등장했다. 유소년 시절부터 재능을 인정받았지만 이렇게 빨리 유럽 무대에서 실력을 뽐내게 될 줄 몰랐다. 2014-15시즌 후반기부터 중용되기 시작했고, 지난 시즌에도 라리가 36경기에 선발로 나섰다. 나이답지 않게 침착하고, 안정감이 있다. 놀라운 반사 신경에서 나오는 슛-스토핑, 중거리 슈팅 방어력 등은 수준급이다. 상대와의 일대일에서 각도 좁히기, 롱패스에 의한 빌드-업도 좋다.

국적 : 아르헨티나

아르헨티나 에스투디안테스 유스 출신. 2011년 이 팀 1군에서 데뷔했고, 데포르티보 말도나도를 거쳐 2016년 맨체스터 시티로 이적했다. 루이는 경험을 쌓기 위해 데포르티보 시절에 이어 올 시즌에도 레알 소시에다드에 임대됐다.

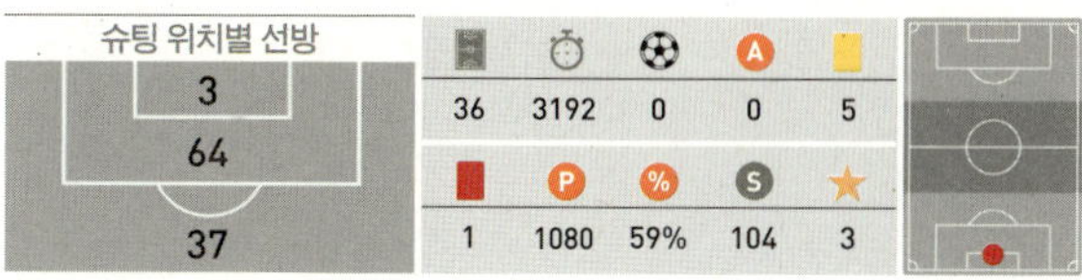

슈팅 위치별 선방		경기	시간	득점	A	경고
3		36	3192	0	0	5
64		퇴장	P	%	S	★
37		1	1080	59%	104	3

GK **Toño Ramírez**

토뇨
라미레스

유럽 축구의 '저니맨'이다. 지난 12년 간 6개 클럽을 9차례나 전전했다(레알 소시에다드 3회째 입단). 또한 유럽 빅 리그 1군 무대에서 뛰어본 적도 없다. 그럼에도 그가 일자리를 잃지 않고 작은 클럽에서 꾸준히 출전 기회를 잡았다는 건 그를 필요로 하는 팀이 있다는 얘기다. 그렇다. 토뇨는 작은 클럽, 혹은 빅 클럽 2군 멤버로 출전해왔다. 그러면서 쌓은 경험치는 만만치 않다. 올 시즌 루이의 백업으로 대기한다.

국적 : 스페인

2010년 우니베르시다 파이스 바스코에서 데뷔한 이래 레알 소시에다드 2군, 테네리페 2군, 과달라하라(스페인), 쿨투랄 레오네사, AEK 라르나카(키프러스) 등 마이너 팀에서만 뛰었다. 올 시즌 그를 라리가 무대에서 볼 수 있을까?

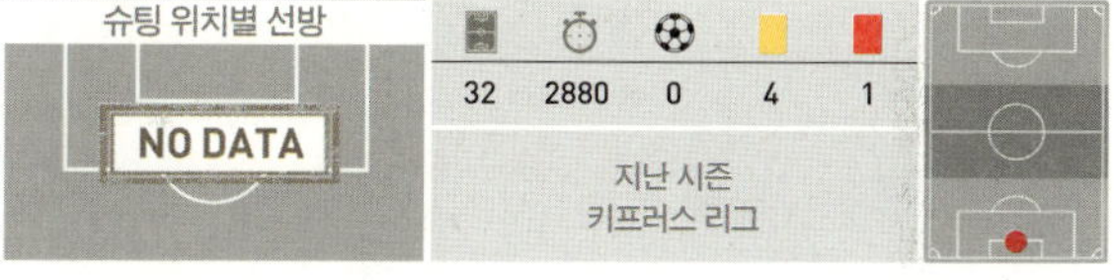

슈팅 위치별 선방		경기	시간	득점	경고	퇴장
NO DATA		32	2880	0	4	1

지난 시즌
키프러스 리그

DF **Mikel González**

미켈
곤살레스

대퇴부 부상으로 12월 한 달간 경기에 거의 나서지 못했다. 또한 센터백 한 자리를 놓고 디에고 레예스와 출전 시간을 반분했다. 하지만 올 시즌 레예스가 에스파뇰로 이적했기에 미켈은 이니고 마르티네스의 센터백 파트너로 선발 출전할 것이다. 미켈은 큰 키에 볼을 잘 다루는 수비수다. 축구 IQ가 좋아 인터셉트, 블로킹, 커버링을 잘 한다. 파울을 범하지 않으면서 상대의 볼만 빼앗는 태클도 수준급.

국적 : 스페인

스페인 몬드라곤 출생. 레알 소시에다드 유스 출신으로 2004년 이 팀 2군에서 데뷔했다. 2군 무대에서 리그 55경기에 출전한 그는 2005년 후반기부터 1군에 합류했다. 가장 좋았던 시기는 34경기 출전-2골을 기록한 2012-13 시즌.

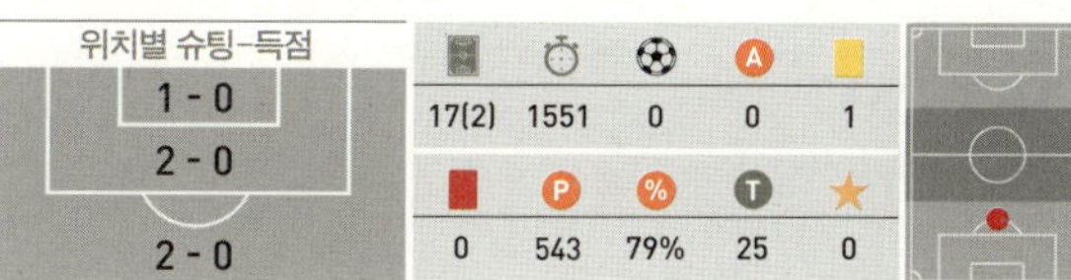

위치별 슈팅-득점		경기	시간	득점	A	경고
1 - 0		17(2)	1551	0	0	1
2 - 0		퇴장	P	%	T	★
2 - 0		0	543	79%	25	0

DF Iñigo Martínez

이니고
마르티네스

이탈리아 명 수비수 파비오 칸나바로를 연상케 한다. 센터백을 보기에는 키가 크지 않지만 넓은 시야, 높은 점프, 정확한 위치 선정으로 커버한다. 축구 IQ가 우수해 수비 라인을 제대로 통솔한다. 수비수로서의 능력도 인상적이지만 세트플레이에서 머리를 활용한 공격은 좋은 무기다. 수비에서 공격으로 전환할 때 간결한 드리블, 날카로운 패스로 빌드-업을 한다. 내구성이 좋아 부상으로 빠지는 경기가 드물다.

국적 : 스페인

레알 소시에다드 유스 출신으로 팀을 떠나본 적이 없다. B팀을 거치면서 1군 무대까지 고속 성장 중. 2011-12 시즌부터 부동의 주전으로 활약 중이다. 같은 해 스페인 U-20에 발탁됐고 2013년 UEFA U-21 정상에 오르기도 했다.

위치별 슈팅-득점							
0 - 0		30	2700	1	0	7	
14 - 1							
2 - 0		0	1409	79%	57	1	

DF Yuri Berchiche

유리
베르치체

델라벨라와의 레프트백 경쟁에서 승리했다. 올 시즌도 이 위치에서 선발로 나선다. 유리는 어린 시절부터 좋은 재능을 선보였고, 최근 기량이 만개한 느낌이다. 비교적 안정된 수비를 선보인다. 특히 날렵한 인터셉트와 저돌적인 태클이 주무기. 동료와 짧은 패스 콤비네이션을 잘 만들고, 크로스도 비교적 정확한 편이다. 공격으로 나갈 때 좀 더 타이밍을 빨리 가져갈 필요는 있다. 여전히 발전 가능성이 크다.

국적 : 스페인

소시에다드, 빌바오, 토트넘 3개 유스 팀을 거쳤다. 2008년 토트넘에서 데뷔했고, 첼트넘 타운과 바야돌리드로 임대됐다. 레알 우니온을 거쳐 2012년 레알 소시에다드로 이적했다. 에이바르 임대에 이어 2014년 소시에다드로 복귀했다.

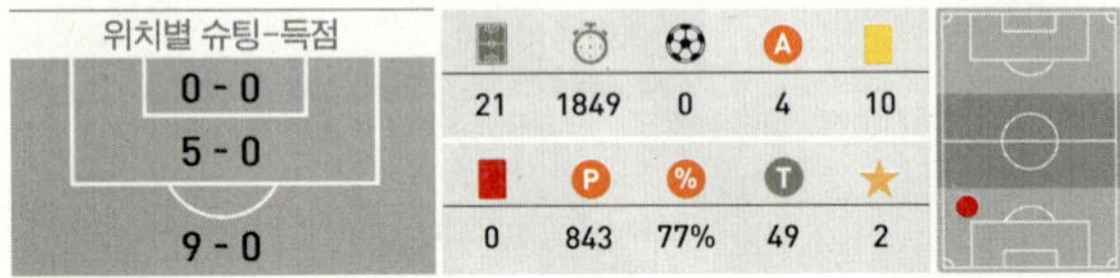

위치별 슈팅-득점							
0 - 0		21	1849	0	4	10	
5 - 0							
9 - 0		0	843	77%	49	2	

DF Zaldúa

살두아

2013-14 시즌 후반기에 등장해 가능성을 인정받았다. 포지션은 오른쪽 풀백. 워낙 어린 시절부터 B팀에서 주전으로 활약했던 터라 1군 무대 적응에 큰 어려움은 없었다. 살두아는 작은 체구지만 빠른 스피드를 앞세워 공수를 넘나든다. 특히 공격수보다 더 과감한 수비 뒤쪽 공간 침투로 상대를 무너뜨린다. 아쉬운 것은 작은 체구로 몸싸움이 조금 약하다는 점. 마무리 킥의 정확도를 향상시키는 것도 과제다.

국적 : 스페인

산 세바스찬 출신으로 레알 소시에다드 유스 클럽을 거쳐 B팀 그리고 아노에타(소시에다드 홈구장)까지 입성한 진짜 소시에다드 맨. 2014년 5월 2018년까지 계약 연장에 성공하면서 계속 원클럽 맨으로 남고자 한다.

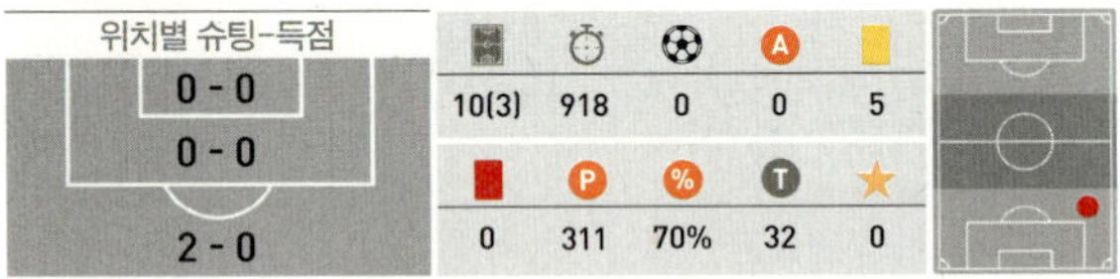

위치별 슈팅-득점							
0 - 0		10(3)	918	0	0	5	
0 - 0							
2 - 0		0	311	70%	32	0	

MF Asier Illarramendi

아시에르
이야라멘디

미드필드의 살림꾼. 지난 시즌 중앙 MF로 25회, 왼쪽 MF 6회, 오른쪽 MF 1회씩 출전했다(선발 기준). 올 시즌은 본래 포지션인 중앙, 특히 수비형 미드필더로 더 많이 출전할 전망이다. 이야라멘디는 투쟁심이 매우 강하다. 포백을 보호하면서 공격과 수비의 밸런스를 적절히 유지시킨다. 저돌적인 태클을 구사하고, 과감하게 전진해 상대의 패스를 앞 선에서 자른다. 깔아주는 패스와 띄우는 패스 모두 정확하다.

국적 : 스페인

레알 소시에다드 유스 출신. 2008년 이 팀 2군에서 데뷔했고 2년 후 1군으로 승격했다. 2013년 레알 마드리드 유니폼을 입었으나 적응을 하지 못했다. 결국 2015년 여름 친정팀으로 복귀했다. 스페인 연령별 청소년대표를 다 지냈다.

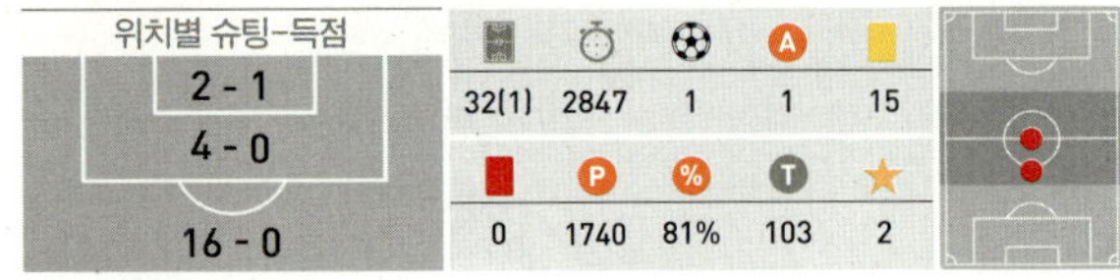

위치별 슈팅-득점							
2 - 1		32(1)	2847	1	1	15	
4 - 0							
16 - 0		0	1740	81%	103	2	

MF Markel Bergara

마르켈
베르가라

베르가라는 중앙에서 수비력을 장점으로 삼는 미드필더다. 강하고 터프한 1차 저지선을 형성하면서도 경고를 많이 받지 않는 특징이 있다. 전술적 이해도가 높아 강팀과의 경기에서 상대 주요 공격수를 에워싸는 지역 방어 형태를 제대로 구사한다. 태클, 인터셉트, 블로킹 등 기본적인 수비력을 갖췄다. 스페인 미드필더답게 볼을 다루는 기술도 좋다. 동료에게 연결하는 패스도 비교적 정확한 편이다.

국적 : 스페인

2002년부터 꾸준히 스페인 청소년 팀에 발탁됐다. 2004년 라모스, 후안프란, 솔다도, 다비드 실바 등과 UEFA U-19 본선에 참가하기도 했다. 레알 소시에다드 유스 클럽 출신으로 임대 생활을 제외하면 이곳에서만 활약한 '원-클럽맨.'

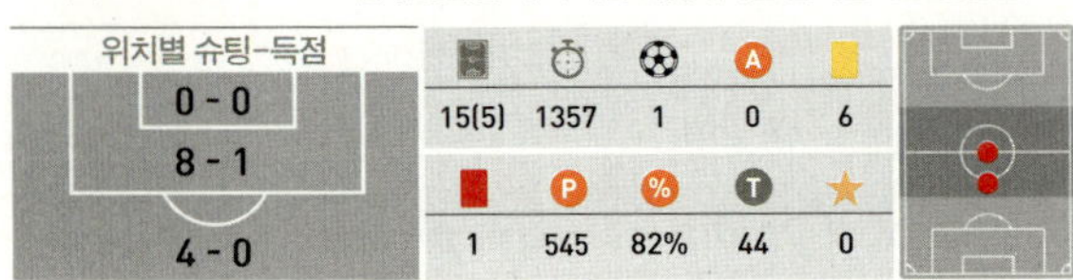

위치별 슈팅-득점							
0 - 0		15(5)	1357	1	0	6	
8 - 1							
4 - 0		1	545	82%	44	0	

MF Xabi Prieto

사비
프리에토

레알 마드리드 홈구장 '산티아고 베르나베우'에서 해트트릭을 기록한 사나이다. 볼을 부드럽게 다루고 정확한 터치에서 시작되는 드리블이 일품이다. 빠른 속도로 전진하는 성향은 아니지만 중앙뿐 아니라 오른쪽 측면에서도 활약할 수 있다. 패스 실력도 뛰어나 플레이메이커로 기용되면 전방으로 좋은 패스를 뿌린다. 한때 팀의 로테이션 멤버로 전락했지만 2014-15 시즌부터 다시 주전으로 돌아왔다.

국적 : 스페인

B팀에서 두 시즌을 보내고 2003년 10월 1군 데뷔전을 치렀다. 2013년 레알 마드리드 원정에서 해트트릭을 기록하며 스포트라이트를 받았다. 흥미롭게도 라리가 무대에서 첫 골을 터트린 경기도 2004년 5월 레알 마드리드 원정이었다.

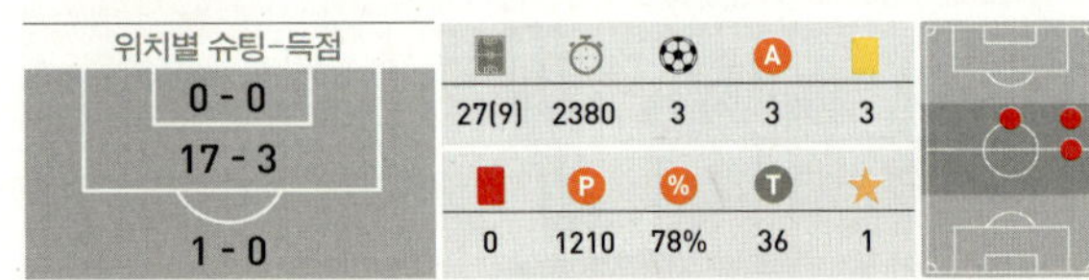

위치별 슈팅-득점							
0 - 0		27(9)	2380	3	3	3	
17 - 3							
1 - 0		0	1210	78%	36	1	

MF Carlos Vela

카를로스
벨라

국적 : 멕시코

벨라는 '멕시코의 메시'로 불려도 손색이 없는 공격수다. 가짜 9번부터 윙어, 공격형 미드필더까지 공격 위치 어디에서나 자신의 기량을 뽐낸다. 빠른 속도를 앞세운 과감한 드리블 돌파, 창의적인 패스, 왼발로 시도하는 날카로운 킥 등 많은 장점이 있다. 본인이 직접 득점을 해결하면서도 동료를 활용한 이타적인 플레이도 잊지 않는다. 반면 공격 욕심이 많아 자주 오프사이드에 걸리고, 수비를 등한시한다.

2005년 아스널 입단 후 소시에다드에 정착하기 전까지 떠돌이 신세였다. 2011년 도착한 클럽과는 궁합이 맞는지 네 시즌을 함께했다. 2010년 징계로 멕시코 대표팀과의 관계가 끊어졌다가 2014 브라질 월드컵 이후 다시 이어졌다.

위치별 슈팅-득점

| 4 - 2 |
| 39 - 2 |
| 16 - 1 |

경기수	출전시간	득점	도움	경고
32(3)	2765	5	4	5

퇴장	패스시도	패스성공률	태클성공	MOM
0	1045	79%	27	1

MF Rubén Pardo

루벤
파르도

국적 : 스페인

현 유럽에서 축구 좀 한다는 '1992년생.' 유소년 시절부터 '레알 소시에다드의 미래'라 불리며 체계적인 관리를 받아왔다. 2011년 UEFA U-21 본선에 발탁되면서 존재감을 알렸지만 이후 행보는 다소 미흡하다. 파르도는 중앙에서 경기를 조율하는 플레이메이커다. 기본기가 잘 갖춰져 있고 동료에게 전달하는 인사이드 패스가 꽤 정확하다. 1군 경기 속도를 따라가지 못하는 경향이 있었으나 점차 발전 중이다.

스페인 로그로뇨 출생. 레알 소시에다드 아카데미 출신. 2010년 이 팀 2군에서 데뷔했고, 이듬해 1군으로 승격했다. 프로 데뷔 후 소시에다드 유니폼만 입은 충성파. 스페인 U-17, U-18, U-19, U-21 등 연령별 대표를 다 지냈다.

위치별 슈팅-득점

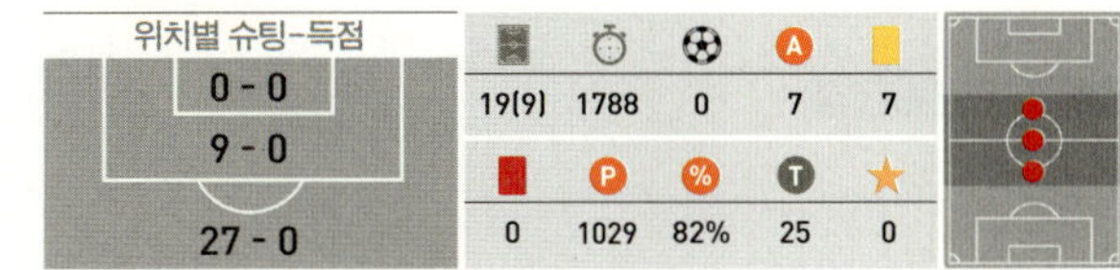

| 0 - 0 |
| 9 - 0 |
| 27 - 0 |

경기수	출전시간	득점	도움	경고
19(9)	1788	0	7	7

퇴장	패스시도	패스성공률	태클성공	MOM
0	1029	82%	25	

MF David Zurutuza

다비드
수루투사

국적 : 스페인

'박스-투-박스' 미드필더. 상황에 따라 AM으로 올라가기도 한다. 지난 시즌 중반 대퇴부 부상으로 90일, 시즌 막판 충돌로 인한 충격으로 보름간 쉬었다. 좋은 리듬으로 잘 나가던 그로서는 아쉬운 순간이었다. 하지만 올 시즌 정상 컨디션으로 나선다. 수루투사는 '원터치 패스'의 달인이다. 팀플레이를 물 흐르듯 이끈다. 볼을 잘 지켜내고 상대로부터 파울을 잘 얻어낸다. 종합적인 수비력도 우수한 편.

아버지는 스페인, 어머니는 프랑스 사람. 프랑스 로슈포르에서 태어났지만 곧 스페인 바스크 지방으로 이주. 레알 소시에다드 아카데미 출신. 2005년 이 팀 2군에서 데뷔했고, 에이바르 임대를 거쳐 레알 소시에다드 1군으로 복귀했다.

위치별 슈팅-득점

| 2 - 0 |
| 9 - 0 |
| 7 - 1 |

경기수	출전시간	득점	도움	경고
14(2)	1130	1	3	1

퇴장	패스시도	패스성공률	태클성공	MOM
0	548	79%	37	0

MF Mikel Oyarzabal

미켈
오야르사발

국적 : 스페인

지난 시즌 레프트윙, 라이트윙, 중앙 미드필더, 센터포워드 등 다양한 위치를 소화해냈다. 올 시즌도 팀의 필요에 따라 여러 포지션을 해낼 것이다. 오야르사발은 재능이 풍부한 윙어다. 터치라인을 따라 과감하게 드리블을 하면서 상대 수비를 돌파하거나 파울을 얻어낸다. 동료와 세밀하게 주고받는 패스 콤비네이션이 위력적이고, PA 외곽에서 강렬한 중거리 슈팅을 날린다. 크로스 성공률을 높여야 할 과제가 있다.

스페인 에이바르 출생. 고향 팀 에이바르와 레알 소시에다드 아카데미 출신. 2014년 레알 소시에다드 2군에서 데뷔했고, 이듬해 1군으로 승격했다. 스페인 U-18, U-19 대표를 지냈고, 2016년 5월 스위스 평가전 때 A대표로 데뷔했다.

위치별 슈팅-득점

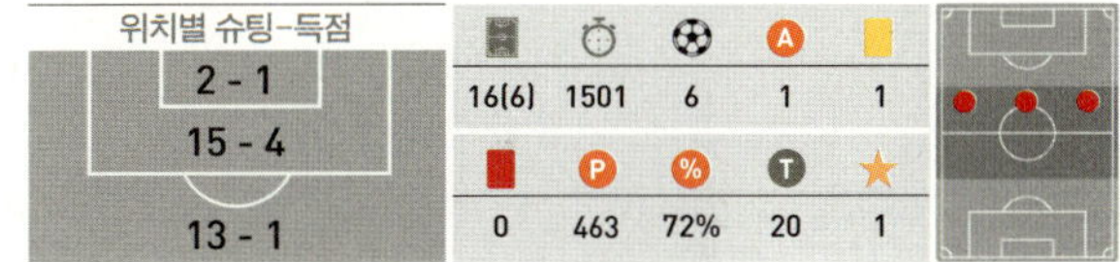

| 2 - 1 |
| 15 - 4 |
| 13 - 1 |

경기수	출전시간	득점	도움	경고
16(6)	1501	6	1	1

퇴장	패스시도	패스성공률	태클성공	MOM
0	463	72%	20	

FW Imanol Agirretxe

이마놀
아히레체

국적 : 스페인

2015년 12월 말 발목 염좌로 2개월간 결장했다. 2016년 3월 1일 발목이 골절돼 현재 재활 중이며 12월 말쯤 복귀한다. 아히레체는 등번호(9번)처럼 '전형적인 센터포워드'다. 박스 안에서 동료들의 패스를 마무리 짓는 스타일. 탄탄한 체구를 바탕으로 포스트플레이를 해주거나 전방에서 미드필더 쪽으로 공을 내려준 다음 다시 침투해 들어간다.

스페인 우수르빌 출생. 아슬레틱 빌바오와 레알 소시에다드 유스 클럽을 모두 거쳤다. 2004년 레알 소시에다드 2군에서 데뷔했고, 카스테온 임대 시절을 빼곤 계속 친정팀에서 활약해 왔다. 1군 데뷔전은 18세였던 2005년 5월로 아주 빠른 편. 스페인 U-16, U-17 대표를 지냈다.

위치별 슈팅-득점

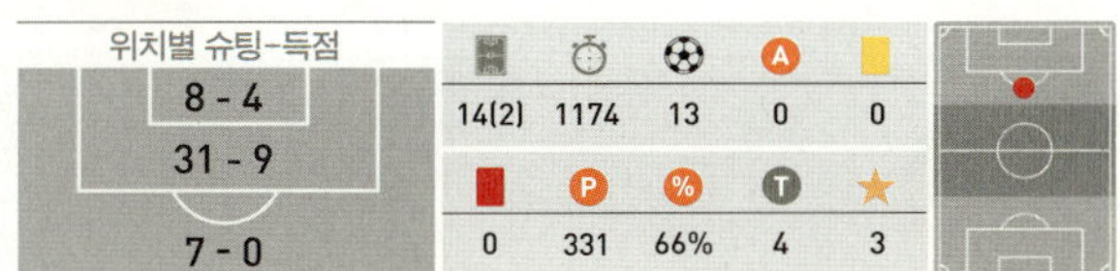

| 8 - 4 |
| 31 - 9 |
| 7 - 0 |

경기수	출전시간	득점	도움	경고
14(2)	1174	13	0	0

퇴장	패스시도	패스성공률	태클성공	MOM
0	331	66%	4	3

FW Juanmi

후안미

국적 : 스페인

잉글랜드 사우샘프턴에서 처참하게 실패했다. 선발 출전 한 번 없이 교체로만 달랑 162분 출전한 게 전부였다. 결국 1년 만에 프리메라리가로 복귀했다. 소속 팀은 레알 소시에다드. 자존심을 되찾아야 한다. 후안미는 전방의 모든 포지션을 해낼 수 있다. 그는 볼을 정말 잘 다룬다. 특히 폭발적인 순간 스피드와 화려한 테크닉을 이용한 드리블은 '치명적인 무기'다. 날카로운 컷-인, 한 템포 빠른 슈팅도 위력적이다.

스페인 코인 출생. 말라가 유스 출신으로 2009년 이 팀 2군에서 데뷔했다. 이어 말라가 1군, 라싱 산탄데르(임대), 사우샘프턴을 거쳐 2016년 6월 500만 유로에 레알 소시에다드로 이적했다. 스페인 U-17, U-18, U-19 대표를 지냈다.

위치별 슈팅-득점

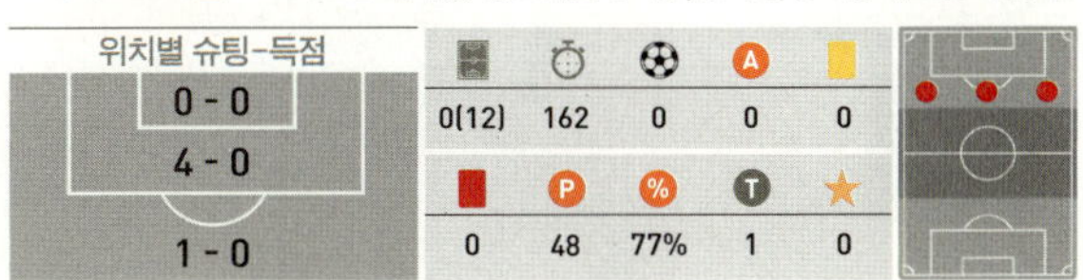

| 0 - 0 |
| 4 - 0 |
| 1 - 0 |

경기수	출전시간	득점	도움	경고
0(12)	162	0	0	0

퇴장	패스시도	패스성공률	태클성공	MOM
0	48	77%	1	0

REAL BETIS

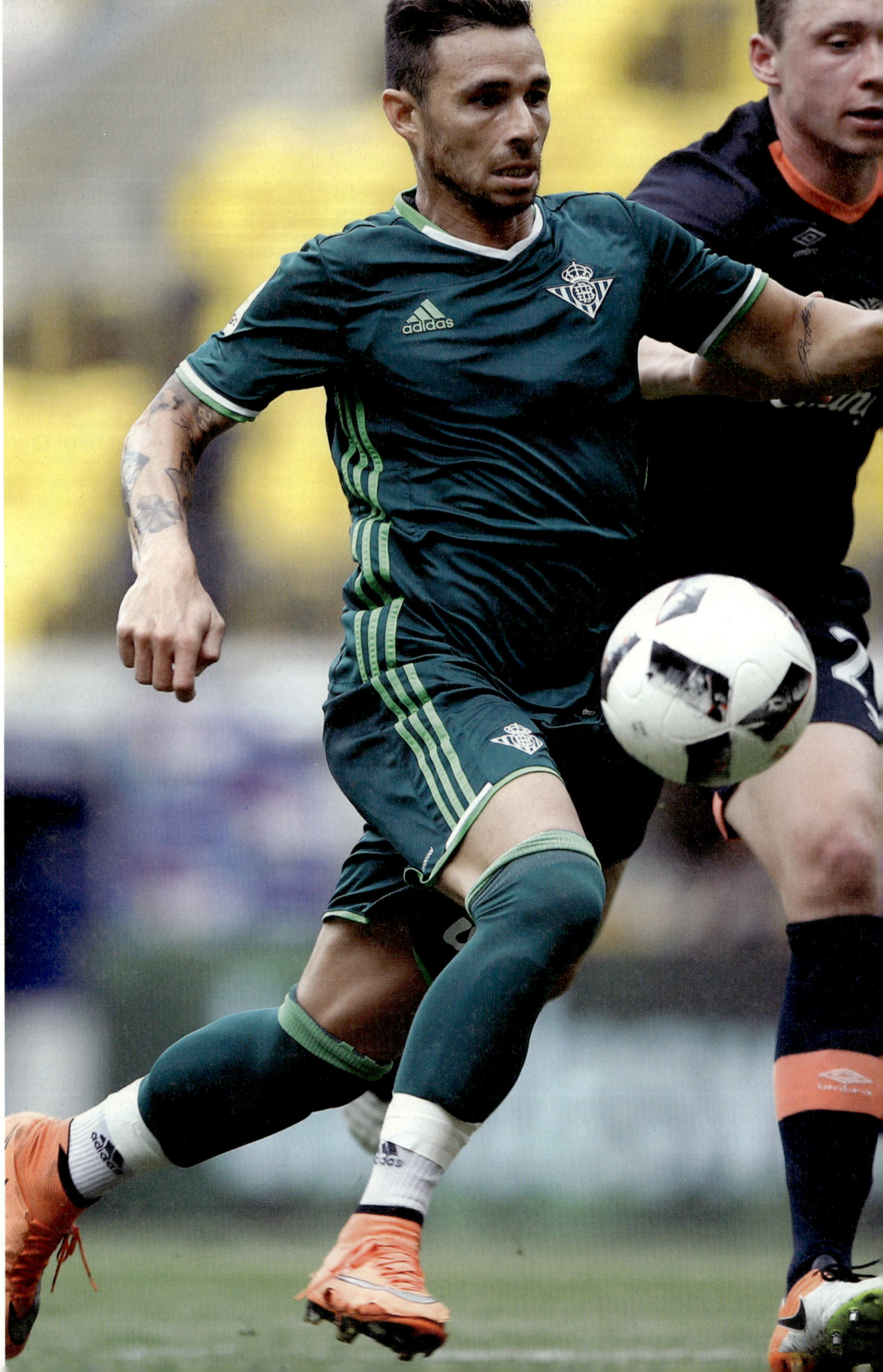

구단 창립 : 1907년
홈구장 : 베니토 비야마린
감독 : 구스타보 포옛
2015-16시즌 : 10위(승점 45점)
11승 12무 15패 34득점 52실점
닉네임 : Beticos

1	2		
SPANISH PRIMERA LIGA	SPANISH COPA DEL REY		
0	0		
UEFA CHAMPIONS LEAGUE	UEFA EUROPA LEAGUE		
0	0		
FIFA CLUB WORLD CUP	UEFA-CONMEBOL INTERCONTINENTAL		

Home

Away

전력 보강으로 안달루시아 명가 재건
알레그리아-카스트로 공격진 파괴력 막강

2015-16 SEASON REVIEW

세군다리가에서 복귀한 첫 시즌, 11승 12무 15패 승점 45점으로 20개 팀 중 딱 중간인 10위로 마감했다. 아무리 1부 리그 복귀 첫해지만 '전통 명가'로서 자존심에 상처를 입었다. 라리가 정상권 팀들과 맞대결하기에는 실력이 부족했던 게 사실. 시즌 전체를 놓고 봤을 때 전반기보다는 후반기 도약이 눈에 띈다. 개막일인 8월 15일부터 19라운드가 끝난 1월 9일까지 성적은 5승 5무 9패. 그러나 1월 16일 비야레알전부터 마지막 경기인 5월 15일 헤파페전까지 후반기 19경기에서는 6승 7무 6패로 5할 승률을 맞추면서 순위를 중위권으로 끌어올렸다.

SUMMER TRANSFER

여름 이적시장 때 25명을 방출하고 18명을 영입했다. 대차대조표는 600만 유로 흑자. 영입된 선수들 중 FC 트벤테에 3500만 유로를 주고 데려온 칠레 국가대표 미드필더 펠리페 구티에레스, 파르티잔에 1500만 유로를 지불하고 불러들인 세르비아 대표 미드필더 다르코 브라샤나치 등이 가장 눈에 띈다. 또한 누만시아에서 온 장신 스트라이커 알렉스 알레그리아, 렌스에서 400만 유로에 사 온 수비수 아이사 만디 등도 주목할 대상. 이들은 당장 레알 베티서의 선발 라인업에 들어갈 수 있는 실력파들이다. 비교적 알짜로 전력을 보강한 셈이다.

2016-17 SEASON OUTLOOK

좋은 선수들이 몇몇 영입되면서 상위권 도전에 관심이 쏠린다. 노장들이 녹슬지 않은 기량을 발휘한다면 중위권을 넘어 그 이상도 바라볼 수 있을 것이다. 레알 베티스 포옛 감독이 이들 영입 스타들에게 기대하는 것은 공격 포인트를 비롯한 해결 능력, 팀 중심을 확실하게 잡아주는 것 그리고 꾸준함이다. 워낙 경쟁이 심하다보니 시즌 초반 조직력을 시급히 갖추는 것도 숙제다. 여기에 아무래도 주요 선수들의 나이가 많다는 점도 변수가 될 수 있다. 특히 호아킨, 카스트로 등 30대 중반이 가까운 주전들이 부진했을 때 현실적인 대안이 부족하다.

감독 구스타보 포옛(Gustavo POYET)

현역 시절 우루과이 국가대표로 인기 있는 스타플레이어였고, 1995년 코파아메리카 우승의 주역 중 1명이다. 1988년 그라노블에서 프로 선수로 데뷔했고, 리버 플레이트, 사라고사, 첼시, 토트넘 핫스퍼에서 활약했다. 프로 통산 463경기에 출전해 125골을 넣었다(국내 리그만 계산). 2006년 7월 스윈던 타운 보조코치로 처음 지도자 생활을 시작했다. 2009년 11월, 잉글랜드 '풋볼 리그 원(3부 리그)' 브라이튼&호브 알비온에서 지휘봉을 잡았다. 2010-11시즌 팀을 리그 우승으로 이끌며 '풋볼 리그 원 올해의 감독상'을 받았다. 이어 선덜랜드에서 2년, AEK 아테네에서 1년 간 팀을 지도한 뒤 2016년 5월 공석인 레알 베티스의 감독으로 부임했다.

PROFILE
- 출 생 : 1968.11.15
- 국 적 : 우루과이
- 계 약 : 2018.6.30

STADIUM

Benito Villamarin

- 구장 오픈 : 1929년
- 구장 개축 : 1982, 2000년
- 구장 소유 : 레알 베티스
- 수용 인원 : 5만 2,500명
- 피치 규모 : 105m × 68m
- 잔디 종류 : 천연 잔디

SQUAD LIST

위치	번호	이름	국적	신장	체중	생년월일
GK	1	Dani Giménez	ESP	182	77	30-07-83
	13	Antonio Adán	ESP	189	85	13-05-87
	25	Manu	ESP	182	75	29-09-81
DF	2	Rafa Navarro	ESP	173	61	23-02-94
	3	Alejandro Martínez	ESP	176	64	12-08-90
	4	Bruno	ESP	184	82	24-05-90
	12	Cristiano Piccini	ITA	183	77	26-09-92
	14	Riza Durmisi	DEN	168	67	08-01-94
	15	Ryan Donk	NED	192	80	30-03-86
	20	Germán Pezzella	ARG	186	81	27-06-91
	23	Aissa Mandi	ALG	186	78	22-10-91
	28	José Carlos	ESP	182	75	10-05-96
MF	5	Petros	BRA	182	78	29-05-89
	6	Felipe Gutiérrez	CHI	170	64	08-10-90
	7	Charly Musonda	BEL	173	65	15-10-96
	8	Jonas Martin	FRA	182	70	09-04-90
	10	Dani Ceballos	ESP	176	65	07-08-96
	16	Álvaro Cejudo	ESP	180	72	29-01-84
	17	Joaquín Sánchez	ESP	179	75	21-07-81
	21	Fabián Ruiz	ESP	189	70	03-04-96
	22	Darko Brašanac	SRB	178	73	12-02-92
FW	9	Antonio Sanabria	PAR	180	74	04-03-96
	11	Nahuel Leiva	ESP	174	67	22-10-96
	18	Roman Zozulya	UKR	175	62	17-11-89
	19	Alex Alegría	ESP	189	82	10-10-92
	24	Rubén Castro	ESP	174	72	27-06-81

2016-17 SEASON SCHEDULE

날짜	장소	상대팀	날짜	장소	상대팀
20/AUG	A	FC Barcelona	28/JAN	H	FC Barcelona
26/AUG	H	Deportivo La Coruña	04/FEB	A	Deportivo La Coruna
11/SEP	A	Valencia CF	11/FEB	H	Valencia CF
16/SEP	H	Granada CF	18/FEB	A	Granada CF
20/SEP	A	Sevilla FC	25/FEB	H	Sevilla FC
23/SEP	H	Malaga CF	28/FEB	A	Malaga CF
30/SEP	A	Real Sociedad	04/MAR	H	Real Sociedad
15/OCT	H	Real Madrid	11/MAR	A	Real Madrid
21/OCT	A	CA Osasuna	18/MAR	H	CA Osasuna
29/OCT	H	Espanyol Barcelona	01/APR	A	Espanyol Barcelona
05/NOV	A	Villarreal CF	04/APR	H	Villarreal CF
19/NOV	H	UD Las Palmas	08/APR	A	UD Las Palmas
26/NOV	A	SD Eibar	15/APR	H	SD Eibar
03/DEC	H	Celta Vigo	22/APR	A	Celta Vigo
10/DEC	H	Athletic Bilbao	25/APR	A	Athletic Bilbao
17/DEC	A	CD Alaves	29/APR	H	CD Alaves
07/JAN	H	CD Leganes	06/MAY	A	CD Leganes
14/JAN	A	Atletico Madrid	13/MAY	H	Atletico Madrid
21/JAN	H	Sporting Gijon	20/MAY	A	Sporting Gijon

RANK OF LAST 5 YEARS

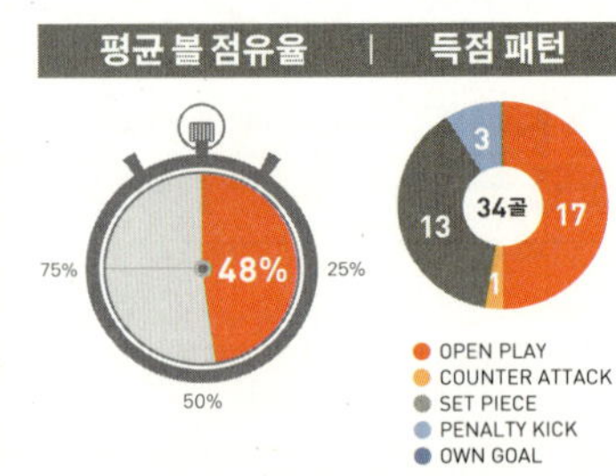

STRENGTHS & WEAKNESSES

OFFENSE		DEFENSE	
직접 프리킥	A	세트피스 수비	D
문전 처리	C	상대 볼 뺏기	C
측면 돌파	C	공중전 능력	C
스루볼 침투	C	역습 방어	C
개인기 침투	B	지공 방어	E
카운터 어택	C	스루패스 방어	D
기회 만들기	C	리드 지키기	C
세트피스	C	실수 조심	C
OS 피하기	C	측면 방어력	C
중거리 슈팅	C	파울 주의	D
볼 점유율	C	중거리슛 수비	C

매우 강함 **A** 강한 편 **B** 보통 수준 **C** 약한 편 **D** 매우 약함 **E**

시간대별 득점	시간대별 실점	득점 분포	공격 방향	볼 점유 위치	포지션별 득점	상대포지션별 실점

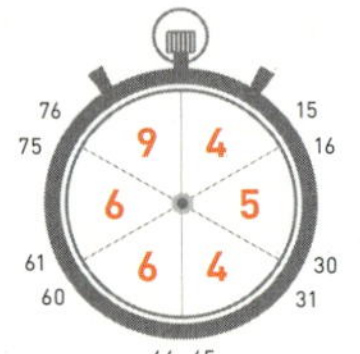

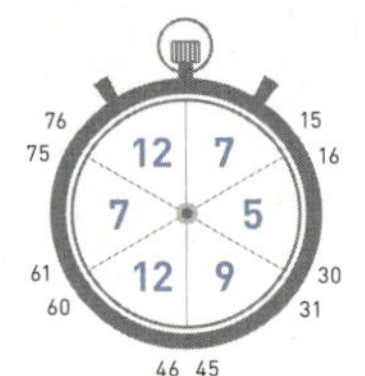

*자책골 실점 1골

FORMATION

TOTO GUIDE 지난 시즌 상대팀별 전적

상대팀	홈	원정
FC Barcelona	0-2	0-4
Real Madrid	1-1	0-5
Atletico Madrid	0-1	1-5
Villarreal	1-1	0-0
Athletic Bilbao	1-3	1-3
Celta Vigo	1-1	1-1
FC Sevilla	0-0	0-2
Malaga	0-1	1-0
Real Sociedad	1-0	1-2
Las Palmas	1-0	0-1
Valencia	1-0	0-0
Espanyol	1-3	3-0
Eibar	0-4	1-1
Deportivo	1-2	2-2
Granada	2-0	1-1
Sporting Gijon	1-1	2-1
Rayo Vallecano	2-2	2-0
Getafe	2-1	0-1
Levante	1-0	1-0

GK Antonio Adán

다니
히메네스

국적 : 스페인

다니 히메네스는 주로 소속팀에서 'No.2 골키퍼'를 담당한다. 크게 돋보이는 기량은 아니지만 성실하게 훈련에 매진하는 것으로 정평이 나 있다. 어느덧 30대 초반으로 여러 클럽을 전전하면서 두각을 나타낸 시기는 짧았다. 비교적 단신이지만 골문을 침착하게 지키며 안정감을 준다. 그러나 공중볼을 처리할 때 약점을 드러낸다. 낙하지점을 포착했을 때는 무리가 없지만 반응이 늦어 쉽게 기회를 내줄 때도 있다.

스페인 항구도시 비고 출신. 지역 명문 셀타 비고 유스 클럽을 거쳐 B팀까지 승격하면서 1군 입성을 꿈꿨다. 하지만 이후 사모라로 이적하면서 하부 리그 주전 골키퍼가 됐고 라요 바예카노, 알코르콘을 거쳐 2014년 베티스에 입단했다.

슈팅 위치별 선방

		1	
		3	
		1	

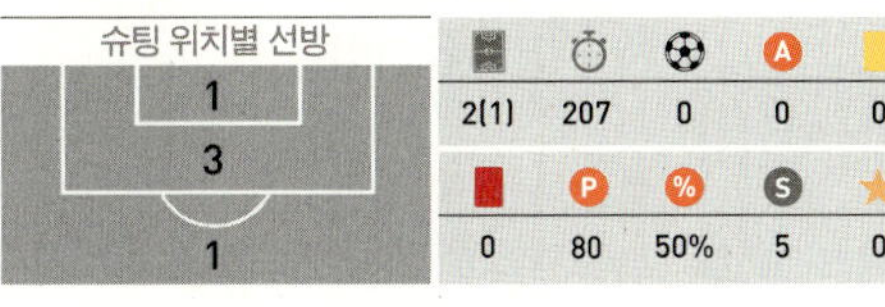

	⏱	⚽	A	🟨
2(1)	207	0	0	0
🟥	P	%	S	★
0	80	50%	5	0

GK Antonio Adán

안토니오
아단

국적 : 스페인

레알 베티스에서의 2년 간 매우 좋은 퍼포먼스를 선보이며 주전 자리를 확고히 굳혔다. 2012-13 시즌 한때 레알 마드리드의 '넘버3'에서 '넘버1'이 됐던 잠깐의 꿈은 이제 잊어도 될 듯싶다. 아단은 신체조건이 매우 좋다. 큰 키를 이용한 공중볼 처리, 반사신경을 이용한 슛-스토핑, 각도 좁히기 등은 나무랄 데 없다. 그러나 가끔 상황 판단 미스가 나오고, 패스 성공률 39%(!)는 빌드-업 때 매우 불리한 요소.

레알 마드리드 유스 출신이다. 무리뉴 감독과 카시야스 간 대립이 벌어졌을 때 주전 기회를 얻었지만 퇴장으로 기회를 놓쳤다. 이탈리아 칼리아리로 이적하며 변화를 꾀했지만 실패했고 2014년 1월부터 레알 베티스에 정착했다.

슈팅 위치별 선방

		5	
		89	
		35	

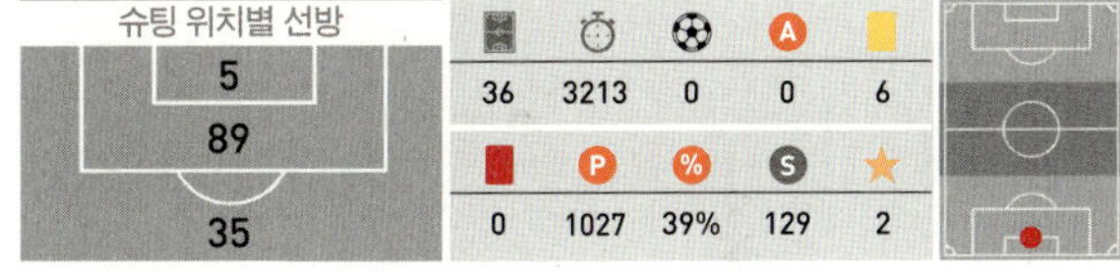

	⏱	⚽	A	🟨
36	3213	0	0	6
🟥	P	%	S	★
0	1027	39%	129	2

DF Bruno González

브루노
곤살레스

국적 : 스페인

강력한 대인방어를 자랑하는 센터백. 세군다리가에서의 풍부한 경험을 바탕으로 스페인 1부 리그 첫 해의 불안감을 말끔히 씻어냈다. 브루노 곤살레스는 수비할 때 집중력이 좋고 매우 전투적으로 임한다. 강력한 태클은 트레이드 마크. 또한 세트 플레이 때 터트리는 헤딩은 꽤 위력적이다. 그러나 후방에서 상대 공격수를 거칠게 다루다보니 파울, 경고가 많은 편이다. 지난 시즌에도 한 차례 출전 정지를 당했다.

스페인 테네리페 출생. 고향 클럽인 테네리페에서 프로 선수로 데뷔했다. 2009년 B팀 데뷔전을 치르고 이듬해 1군에서 선발 출전하는 기회를 얻었다. 2012-13 시즌부터는 풀타임 주전으로 활약했고 2014년 7월, 베티스로 옮겼다.

위치별 슈팅-득점

		1 - 0	
		15 - 0	
		1 - 0	

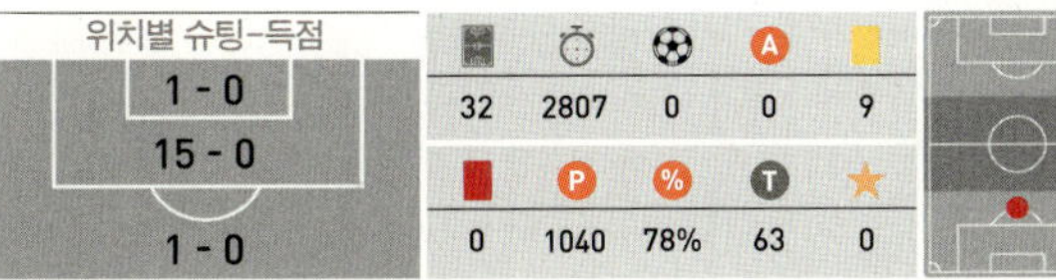

	⏱	⚽	A	🟨
32	2807	0	0	9
🟥	P	%	T	★
0	1040	78%	63	0

DF Cristiano Piccini

12

크리스티아노
피치니

지난 시즌 전반기 몰리네로와의 라이트백 경쟁에서 승리하며 잘 나갔다. 그러나 2016년 1월 무릎을 크게 다쳐 시즌 아웃 됐고, 7월에야 복귀했다. 다행히 올 시즌은 정상 컨디션으로 개막을 맞이해 주전 자리를 되찾았다. 피치니는 스피드를 이용한 쾌속 드리블이 특기다. 과감하게 돌파하고 시원하게 크로스를 날린다. 짧은 패스 콤비네이션에 의한 돌파도 OK. 적극적으로 수비하는 건 좋은 데 파울도 자주 범한다.

국적 : 이탈리아

피오렌티나 유스 출신으로 2010년 이 팀 1군에서 데뷔했다. 피오렌티나에 적을 둔 채 카라레세, 스페치아, 리보르노, 레알 베티스로 임대 됐고, 2015년 7월 레알 베티스로 완전히 이적했다. 이탈리아 청소년대표를 지냈다.

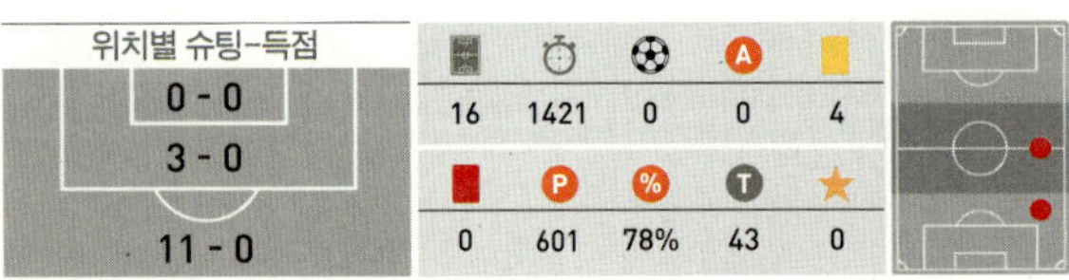

위치별 슈팅-득점				
0 - 0				
3 - 0				
11 - 0				

16	1421	0	0	4
0	601	78%	43	0

DF Riza Durmisi

14

리자
두르미시

덴마크 리그 정상급 레프트백이었다. 이제 더 큰 무대인 프리메라리가로 진출했다. 두르미시는 왼쪽 터치라인 전문가다. 주 위치는 왼쪽 수비수지만 왼쪽 미드필더로 올라갈 때도 많다. 올 시즌 레알 베티스 사정에 의해 두 포지션을 자유롭게 넘나들 것이다. 두르미시는 드리블을 잘 하고, 날카롭게 크로스를 올린다. 상대로부터 볼을 잘 지켜내고 정확한 스루패스를 찔러준다. 그러나 태클 성공률이 낮아 아쉽다.

국적 : 덴마크

덴마크 이스호이 출생. 6세 때 명문 클럽 브뢴비의 유스 아카데미에 입단해 12년 간 기초를 닦았다. 2013년 브뢴비에서 프로 선수로 데뷔했고, 2016년 5월 레알 베티스와 계약했다. 덴마크 연령별 대표를 거쳐 현재 국가대표다.

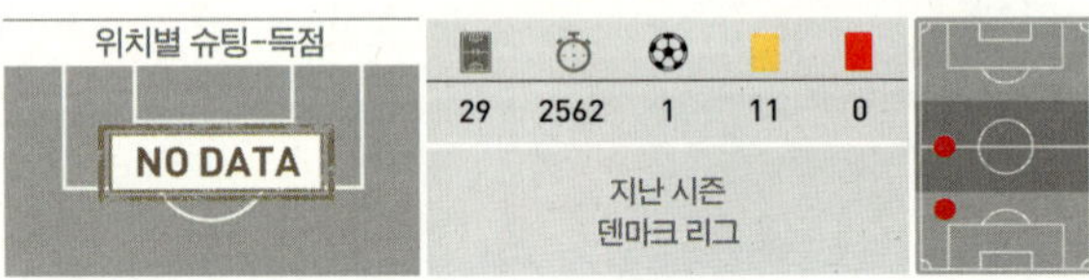

위치별 슈팅-득점	
NO DATA	지난 시즌 덴마크 리그

29	2562	1	11	0

DF Germán Pezzella

20

헤르만
페세야

새로운 도전을 위해 유럽을 택했다. 그리고 그 첫해 나름대로 좋은 성적을 냈다. 브루노, 베스터만과 함께 팀의 중앙 수비 라인을 번갈아 맡으며 라리가 25경기에 출전했다. 올 시즌 베스터만이 아약스로 이적했기에 페세야의 출전 기회는 더 늘어날 것이다. 그는 정확히 태클을 걸고, 민첩하게 인터셉트하며, 위기의 순간 슈팅을 제대로 블록 한다. 수비수 본연의 임무에 충실하다. 큰 키를 이용한 공중전도 위력적.

국적 : 아르헨티나

아르헨티나 청소년 팀 출신으로 2011년 FIFA U-20 월드컵에 주전으로 참가했다. 당시 함께 했던 동료는 페레이라(유벤투스), 라멜라(토트넘), 이투르베(로마) 등이 있다. 아르헨티나 명문 리버 플레이트 유스 출신으로 유럽 무대는 처음.

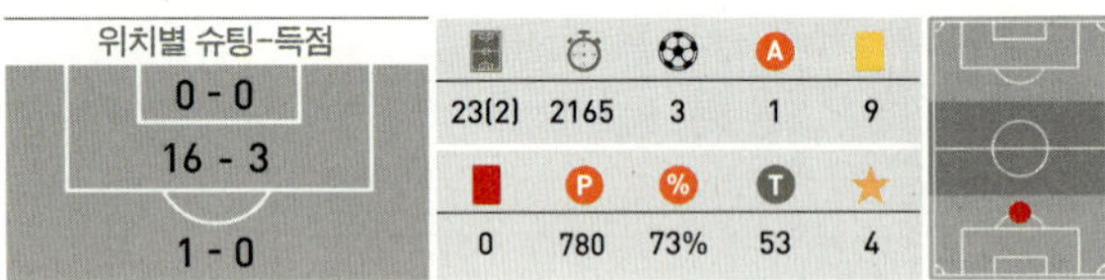

위치별 슈팅-득점				
0 - 0				
16 - 3				
1 - 0				

23(2)	2165	3	1	9
0	780	73%	53	4

DF Aissa Mandi

23

아이사
만디

지난 시즌 좋은 퍼포먼스를 선보였다. 프랑스 리게앙 32경기에 출전해 5골-1도움-패스 성공률 82%-MOM 3회. 이제 프리메라리가에서 실력을 재검증받아야 한다. 일단 팀의 특성 상 주전 센터백으로 출전할 전망이다. 만디는 전투적인 수비수다. 맨마킹 능력은 리그 정상급으로 꼽힌다. 상대 공격수와의 몸싸움(자리 다툼)에서 전혀 밀리지 않는다. 롱스로인도 주무기. 재능이 풍부해 측면 수비수로 뛸 수도 있다.

국적 : 알제리

알제리계 이민 2세로 프랑스 샬롱-앙-샹팡에서 태어났다. 스타드 렝스 유스 출신으로 2009년 이 팀 2군에서 데뷔했다. 이듬해 스타드 렝스 1군으로 승격했고, 2016년 레알 베티스로 이적했다. 현재 알제리 국가대표로 활약 중이다.

위치별 슈팅-득점				
7 - 3				
7 - 2				
6 - 0				

32	2860	5	1	3
1	1383	82%	42	3

MF Petros

5

페트로스

지난 시즌 미드필드 중앙에서 팀의 중심을 잡아주는 역할을 했다. 그러나 올 시즌엔 팀의 상황에 따라 왼쪽이나 오른쪽 미드필더를 맡을 수 있다. 그만큼 재능이 풍부하다는 얘기다. 페트로스는 강력한 태클, 민첩한 인터셉트, 위기의 순간 나오는 블로킹, 팀 디펜스 응용력 등 종합적인 수비력에서 높은 평가를 받는다. 볼을 잘 지켜내고. 동료와 짧게 주고받는 패스 게임에 능하며 과감한 전진 패스를 찔러준다.

국적 : 브라질

브라질 주아제이루 출생. 비토리아 아카데미에서 축구를 시작했고, 2008년 이 팀 1군에서 데뷔했다. 데모크라타(임대), 리우 브랑쿠(임대), 플루미넨세, 보아 에스포르테, 페나폴레넨세, 코린티안스를 거쳐 2015년 6월 레알 베티스로 이적.

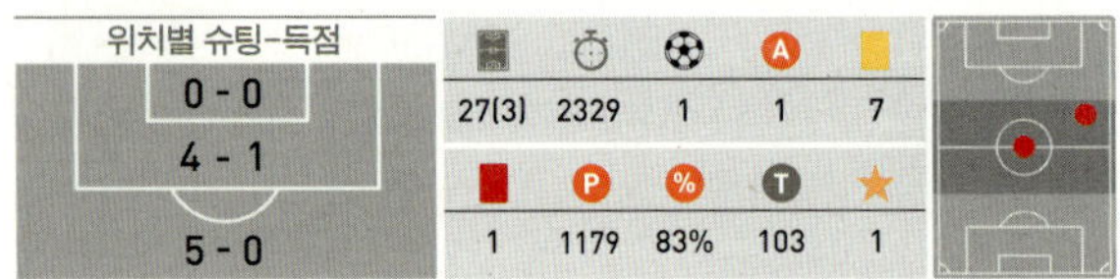

위치별 슈팅-득점				
0 - 0				
4 - 1				
5 - 0				

27(3)	2329	1	1	7
1	1179	83%	103	4

MF Jonas Martin

8

조나스
마르탱

몽펠리에에서 가장 좋은 퍼포먼스를 선보였던 선수 중 1명. 리게앙 36경기에 출전해 4골-3도움-패스 성공 88%-MOM 2회 선정 등 나무랄 데 없었다. 올 시즌 프리메라리가에서는 어떤 성적을 낼지 궁금하다. 마르탱은 '박스-투-박스' 미드필더이자 공격형 미드필더다. 전방이나 좌우 측면으로 부챗살처럼 퍼지는 장-단 패스는 '핀-포인트 컨트롤'을 자랑한다. 볼을 잘 지켜내고. 항상 적극적으로 플레이한다.

국적 : 프랑스

프랑스 버상송 출생. 몽펠리에 아카데미 출신으로 2008년 이 팀 2군에서 데뷔했다. 2010년 몽펠리에 1군으로 승격했고, 이듬해 아미앙으로 임대 됐다가 복귀했다. 그리고 2016년 6월 레알 베티스로 이적했다. 프랑스 U-19 대표 출신.

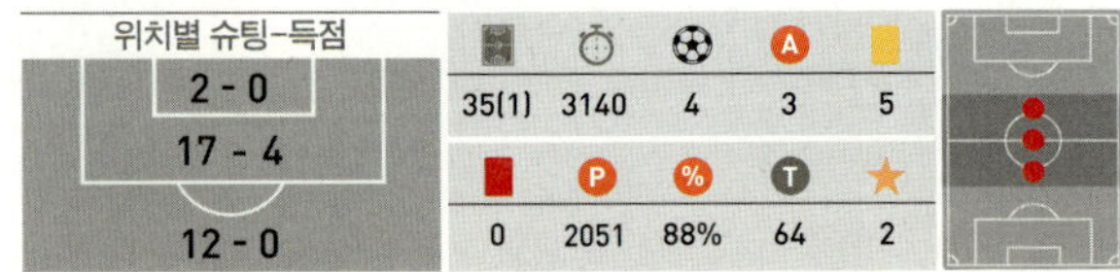

위치별 슈팅-득점				
2 - 0				
17 - 4				
12 - 0				

35(1)	3140	4	3	5
0	2051	88%	64	2

MF Álvaro Cejudo

16

알바로
세후도

윙 전문 플레이어. 발이 빠르고 과감한 돌파가 인상적이다. 국내 팬에게는 오사수나 시절의 오른쪽 지배자로 인상이 깊다. 왼쪽과 오른쪽을 모두 소화할 수 있지만 오른쪽에서 더 좋은 활약을 선보인다. 중앙으로 이동하는 성향이 아니라 바깥으로 벌려서 크로스를 자주 시도하는 고전적인 날개에 가깝다. 좋은 돌파에 이은 패스뿐 아니라 기습적인 슈팅도 시도한다. 프로 데뷔 후 매년 골을 터뜨렸다.

국적 : 스페인

레알 베티스 유스 출신으로 오랜 시간을 돌고 돌아 고향으로 복귀했다. 라스 팔마스와 오사수나를 거치면서 윙어로 한층 성숙된 플레이를 펼쳤다. 2014년 여름 오사수나가 세군다리가로 강등 되면서 레알 베티스 유니폼을 입었다.

위치별 슈팅-득점

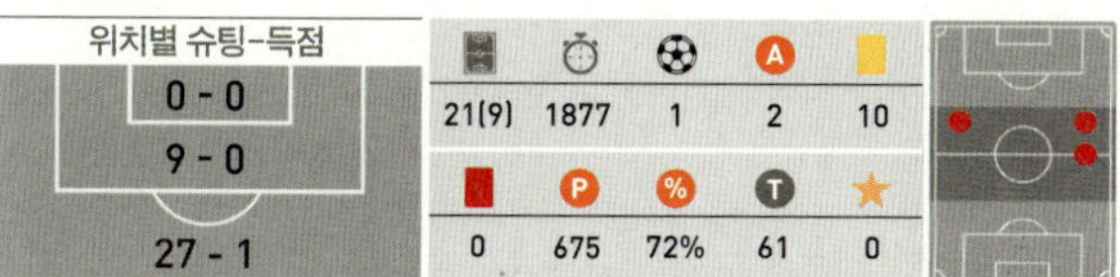

위치	슈팅-득점
	0 - 0
	9 - 0
	27 - 1

경기수	출전시간	득점	도움	경고
21(9)	1877	1	2	10

퇴장	패스시도	패스성공률	태클성공	MOM
0	675	72%	61	0

MF Fabián Ruiz

21

파비안
루이스

레알 베티스 1군과 2군을 넘나들었다. 올 시즌 팀 사정상 1군 출전 기회가 더 늘어날 것이다. 파비안은 다양한 포지션을 해낸다. 가운데서 밸런스를 잡아주는 중앙 MF가 주 위치지만 라이트윙과 공격형 MF도 해낼 수 있다. 최대 강점은 드리블. 빠르게 볼을 몰고 가면서 다양한 테크닉을 선보인다. 볼을 잘 다루기에 상대로부터 파울을 자주 얻어낸다. 짧은 패스 콤비네이션에 의한 돌파도 위력적이다.

국적 : 스페인

스페인 로스팔라시오스 출생. 2014년 레알 베티스 2군에서 데뷔했고, 곧 1군으로 승격했다. 그러나 쉽게 자리를 잡지 못했고, 2년 간 1군과 2군을 넘나들었다. 하지만 올 시즌 1군 붙박이가 될 가능성이 높다. 스페인 U-19 대표 출신.

위치별 슈팅-득점

NO DATA

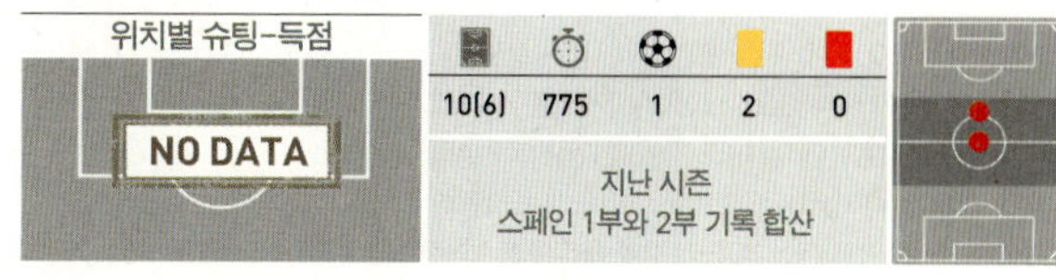

경기수	출전시간	득점	경고	퇴장
10(6)	775	1	2	0

지난 시즌
스페인 1부와 2부 기록 합산

MF Felipe Gutiérrez

6

펠리페
구티에레스

네덜란드 에레디비지에서 좋은 활약을 보인 뒤 프리메라리가에 입성했다. 주 위치는 중앙 미드필더. 그러나 레알 베티스에서는 팀 상황에 따라 왼쪽 날개로 뛸 수도 있다. 구티에레스는 미드필더에게 필요한 요소들을 두루 갖췄다. 민첩한 움직임과 넓은 활동 범위, 날카로운 장-단 패스, 정확한 볼 컨트롤, 스피드와 테크닉이 가미된 드리블링 등 장점이 많은 선수다. 태클과 인터셉트 등 수비면에서도 도움을 준다.

국적 : 칠레

칠레 킨테로스 출생. 우니베르시다 카톨리카 아카데미 출신이고, 2009년 이 팀 1군에서 데뷔했다. 2012년 네덜란드 FC 트벤테로 옮겼고, 2016년 5월 레알 베티스로 이적했다. 아내 클라라와의 사이에 아들 마티아스를 두고 있다.

위치별 슈팅-득점

위치	슈팅-득점
	1 - 0
	18 - 2
	9 - 0

경기수	출전시간	득점	도움	경고
26(3)	2296	2	3	4

퇴장	패스시도	패스성공률	태클성공	MOM
0	1114	78%	70	0

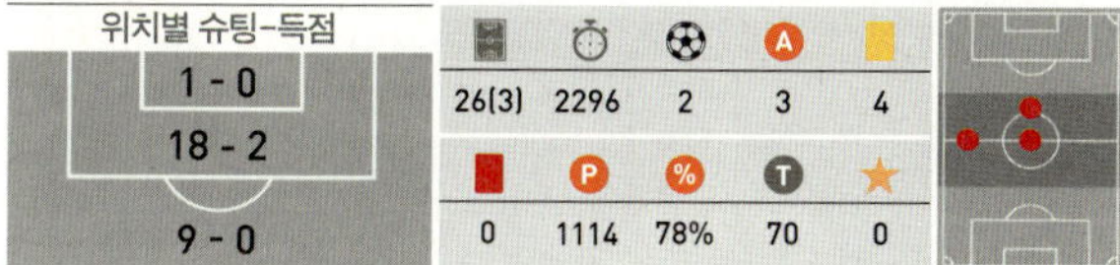

FW Antonio Sanabria

9

안토니오
사나브리아

지난 시즌 드디어 꽃을 피웠다. 스포르팅 히혼 소속으로 라리가 29경기에 출전해 11골을 터뜨리고 MOM으로 3차례나 선정됐다. 파라과이의 재능으로 2013년 U-20 월드컵에서 활약하며 이름을 알리는 등 유명했으나 성인 무대 기회가 적었던 그로서는 최고의 성적을 낸 셈이다. 볼 터치가 부드럽고, 드리블을 잘 한다. 박스 외곽에서 강렬한 중거리 슈팅과 직접 프리킥을 날린다. 공중전에서도 승률이 높다.

국적 : 파라과이

바르셀로나 유스를 거쳐 이탈리아 AS 로마로 갔다. 그러나 이 팀 소속으로 1군 무대에 진입하기 어려웠다. AS 로마가 외국인 쿼터 제한에 걸리면서 스포르팅 히혼으로 임대됐다. 그리고 히혼에서 성적을 낸 뒤 레알 베티스로 이적했다.

위치별 슈팅-득점

위치	슈팅-득점
	10 - 6
	29 - 4
	11 - 1

경기수	출전시간	득점	도움	경고
27(2)	2265	11	1	4

퇴장	패스시도	패스성공률	태클성공	MOM
0	592	72%	16	3

FW Alex Alegría

19

알렉스
알레그리아

개막 직전 레알 베티스 2군에서 '콜-업'된 유망주 스트라이커. 지난 시즌 임대로 갔던 누만시아 소속으로 스페인 2부 리그에서 12골을 넣었다. 올 시즌 레알 베티스의 팀 사정상 카를로스 카스트로와 공격 파트너를 이룰 것이다. 알레그리아는 189cm, 82kg의 당당한 체격을 지닌 센터포워드다. 박스 안에서 효율적으로 움직이고, 기회를 잡으면 정확한 타이밍에 득점포를 터뜨린다. 헤딩, 중거리 슈팅도 주무기.

국적 : 스페인

카세레뇨 유스 출신으로 2010년 이 팀 1군에서 프로 선수로 데뷔했다. 2012년 레알 베티스 2군으로 등록됐고, 2015년 7월 레알 베티스 1군으로 승격했다. 지난 시즌 누만시아 임대를 갔다가 2016년 6월 레알 베티스로 복귀했다.

위치별 슈팅-득점

NO DATA

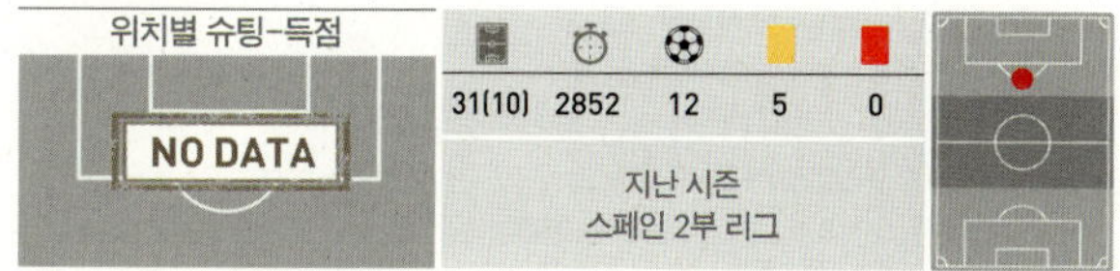

경기수	출전시간	득점	도움	경고	퇴장
31(10)	2852	12	5	0	

지난 시즌
스페인 2부 리그

FW Rubén Castro

24

루벤
카스트로

이탈리아의 안토니오 디나탈레를 연상케 하는 공격수. 어린 시절부터 뛰어난 득점 감각을 자랑하면서 여러 클럽의 구애를 받았다. 루벤 카스트로는 최전방과 측면을 오가며 다양한 패스를 받아 골을 잡아내는 스타일이다. 올 시즌 베티스에서는 알레그리아와 '빅&스몰 조합'으로 이상적인 형태를 나타낸다. 움직임이 민첩하고, 한 박자 빠른 슈팅으로 골키퍼를 잘 속인다. 킥이 정확해 구석으로 정교한 슈팅을 시도한다.

국적 : 스페인

2004년 알바세테에서 데뷔해 2009년까지 5번이나 팀을 옮겨 다녔다. 그러다 2010년 여름 170만 유로로 레알 베티스로 이적했다. 두 형 기예르모, 알레한드로도 축구 선수였다. 2013년 여자 친구 폭행 사건에 휘말려 곤욕을 치렀다.

위치별 슈팅-득점

위치	슈팅-득점
	12 - 7
	61 - 10
	30 - 2

경기수	출전시간	득점	도움	경고
38	3378	19	4	3

퇴장	패스시도	패스성공률	태클성공	MOM
0	948	75%	4	0

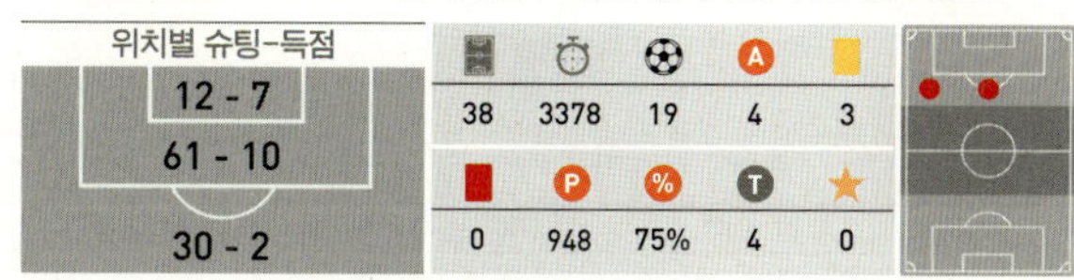

LAS PALMAS

구단 소개

구단 창립 : 1949년
홈구장 : 에스타디오 그란 카나리아
감독 : 키케 세티엔
2015-16시즌 : 11위(승점 44점)
12승 8무 18패 45득점 53실점
닉네임 : Los Amarillos

주요대회 우승횟수

0	SPANISH PRIMERA LIGA	0	SPANISH COPA DEL REY
0	UEFA CHAMPIONS LEAGUE	0	UEFA EUROPA LEAGUE
0	FIFA CLUB WORLD CUP	0	UEFA-CONMEBOL INTERCONTINENTAL

UNIFORM

Home

Away

모로코 서쪽 '지옥의 원정' 라리가 잔류
포지션별 알짜배기 전력 보강으로 주목

2015-16 SEASON REVIEW

2015년 5월, 14년 만에 라리가 승격을 이뤄냈다. 그리고 맞이한 첫 시즌. 이 팀은 예상외로 선전하며 11위로 시즌을 마쳤다. 라스 팔마스가 목표로 했던 건 두 가지였다. '한 팀에 두 번 다지지 말 것, 그리고 안정적인 중위권으로 라리가에 잔류한다'였다. 사실 첫 번째 목표는 이뤄지기 정말 어려운 것이다. 그럼에도 얼추 비슷하게 갔다. 바르사, 레알, 아틀레티코 등 '3강'과 하위권 라요 바예카노에게는 홈&어웨이 경기 모두 내줬다. 하지만 나머지 팀들에게는 최소 승점 1점~6점까지 가져갔다. 차분히 승점을 쌓아가는 전략이 제대로 맞아떨어졌다.

SUMMER TRANSFER

이탈 선수를 최소화하는 동시에 전력 보강에 나섰다. 여느 리가 중소 클럽과 마찬가지로 재정적인 어려움에서 벗어나지 못한다. 그럼에도 수비수부터 공격수까지 경쟁력 강화에 힘썼다. 루빈 카잔 수비수 마우리시오 레모스를 200만 유로를 들여 영입했고, 인스티투토 미드필더 마테오 에세키엘을 40만 유로라는 '헐값'에 불러들였다. AC 밀란의 천재 공격수 케빈 프린스 보아텡, 알메리아의 브라질 출신 수비수 미셸 마세두, 루빈 카잔 공격수 마르코 리바야 등은 FA로 영입해 돈이 전혀 들지 않았다. 이들 모두 즉시 전력감으로 손색이 없다.

2016-17 SEASON OUTLOOK

14년 만에 라리가로 복귀한 지난 시즌, 득점력 부족으로 고전했다. 1부 리그 수비수들을 상대하는 데 어려움이 있었다. 라리가 경험이 부족하다는 점에서 공격수들이 초반에 빠른 결정을 지어줄 필요가 있다. 결정력이 따르지 않으면 미드필드 지역에서 짧고 세밀함을 강조하는 팀 전략 역시 수정이 불가피하다. 원정팀들에 지옥의 여정이 될 홈경기 성적을 극대화하는 것도 중요 목표. 지난 시즌 원정 경기 4승 3무 12패에 비해 홈경기 8승 5무 6패로 압도적으로 우세한 모습을 보였다. 올 시즌도 홈그라운드 어드밴티지를 최대한 살려야 한다.

감독 키케 세티엔(Quique SETIEN)

라싱 산탄데르, 아틀레티코 마드리드, 로그로녜스, 레반테 등에서 미드필더로 활약했다. 스페인 U-21 대표를 거쳐 국가대표로 3경기에 출전한 바 있다. 1996년 현역에서 은퇴한 후 5년 간 코치 자격증을 획득하고 어시스턴트로 일했다. 그가 처음 지휘봉을 잡은 곳은 친정 팀 라싱 산탄데르이다. 2001년 10월 4일부터 1년 간 18승 10무 8패를 기록했다. 이어 폴리 에히도(2승 4무 7패)에서는 성적 부진으로 곧 경질됐고, 2007년 5월 로그로녜스를 맡았지만 역시 5승 6무 9패의 저조한 성적으로 물러났다. 세티엔의 가장 돋보였던 지도자 생활은 2009년 6월부터 2015년 7월까지 루고에서 무려 6년 간 97승 83무 78패를 올린 것.

PROFILE
- 출 생 : 1958.9.27
- 국 적 : 스페인
- 계 약 : 2017.6.30

STADIUM

Estadio Gran Canaria

구장 오픈 : 2003년
구장 증축 : –
구장 소유 : 그란 카나리아 시의회
수용 인원 : 3만 2150명
피치 규모 : 105m × 68m
잔디 종류 : 천연 잔디

SQUAD LIST

위치	번호	이름	국적	신장	체중	생년월일
GK	1	Raúl Lizoáin	ESP	186	76	27-01-91
	13	Javi Varas	ESP	182	73	10-09-82
	31	David Ramírez	ESP	185	78	07-09-95
DF	2	David Simón	ESP	178	74	31-12-89
	3	Mauricio Lemos	URU	186	79	28-12-95
	5	David García	ESP	182	76	25-02-82
	12	Michel	BRA	176	72	15-02-90
	16	Aythami	ESP	178	68	27-08-88
	17	Pedro Bigas	ESP	181	78	15-05-90
	22	Hélder Lopes	POR	179	66	04-01-89
	23	Dani Castellano	ESP	180	76	02-11-87
MF	4	Vicente Gómez	ESP	187	77	31-08-88
	6	Ángel Montoro	ESP	180	70	25-06-88
	7	Kevin-Prince Boateng	GHA	185	86	06-03-87
	8	Nabil El Zhar	MAR	175	72	27-08-86
	11	Momo	ESP	182	74	15-07-82
	14	Hernán Trujillo	ESP	180	74	26-08-90
	15	Roque	ESP	171	68	07-06-89
	18	Javi Castellano	ESP	185	82	02-11-87
	19	Mateo García	ARG	167	55	10-09-96
	21	Jonathan Viera	ESP	170	64	21-10-89
FW	9	Marko Livaja	CRO	182	81	26-08-93
	10	Sergio Araujo	ARG	180	72	28-01-92
	20	Tyronne	ESP	182	78	27-01-91
	24	Tana	ESP	168	65	20-09-90
	25	Asdrúbal Padrón	ESP	173	74	13-03-91

2016-17 SEASON SCHEDULE

날짜	장소	상대팀	날짜	장소	상대팀
22/AUG	A	Valencia CF	28/JAN	H	Valencia CF
28/AUG	H	Granada CF	04/FEB	A	Granada CF
10/SEP	A	Sevilla FC	11/FEB	H	Sevilla FC
17/SEP	H	Malaga CF	18/FEB	A	Malaga CF
21/SEP	A	Real Sociedad	25/FEB	H	Real Sociedad
24/SEP	H	Real Madrid	28/FEB	A	Real Madrid
01/OCT	A	CA Osasuna	04/MAR	H	CA Osasuna
14/OCT	H	Espanyol Barcelona	11/MAR	A	Espanyol Barcelona
23/OCT	A	Villarreal CF	18/MAR	H	Villarreal CF
29/OCT	H	Celta Vigo	01/APR	A	Celta Vigo
05/NOV	H	SD Eibar	04/APR	A	SD Eibar
19/NOV	A	Real Betis	08/APR	H	Real Betis
26/NOV	H	Athletic Bilbao	15/APR	A	Athletic Bilbao
03/DEC	A	CD Alaves	22/APR	H	CD Alaves
10/DEC	H	CD Leganes	25/APR	A	CD Leganes
17/DEC	A	Atletico Madrid	29/APR	H	Atletico Madrid
07/JAN	H	Sporting Gijon	06/MAY	A	Sporting Gijon
14/JAN	A	FC Barcelona	13/MAY	H	FC Barcelona
21/JAN	H	Deportivo La Coruna	20/MAY	A	Deportivo La Coruna

RANK OF LAST 5 YEARS

2부 리그

2011-12	2012-13	2013-14	2014-15	2015-16
9	6	6	4	11
58점	66점	63점	78점	45점

평균 볼 점유율 | 득점 패턴

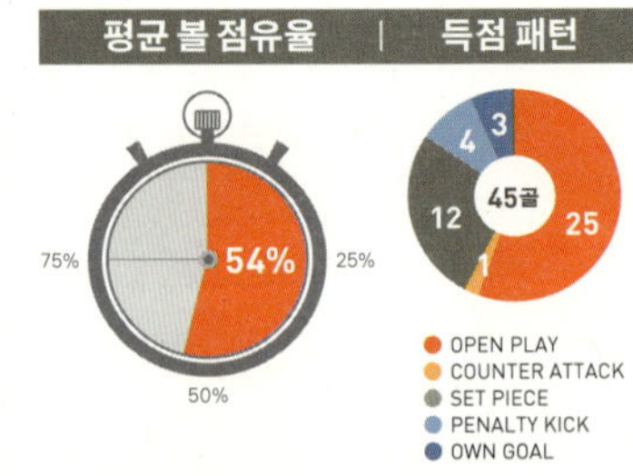

STRENGTHS & WEAKNESSES

OFFENSE		DEFENSE	
직접 프리킥	C	세트피스 수비	D
문전 처리	A	상대 볼 뺏기	C
측면 돌파	C	공중전 능력	C
스루볼 침투	C	역습 방어	C
개인기 침투	C	지공 방어	D
카운터 어택	A	스루패스 방어	C
기회 만들기	C	리드 지키기	D
세트피스	C	실수 조심	C
OS 피하기	D	측면 방어력	C
중거리 슈팅	B	파울 주의	C
볼 점유율	C	중거리슛 수비	D

매우 강함 A　강한 편 B　보통 수준 C　약한 편 D　매우 약함 E

시간대별 득점 | 시간대별 실점 | 득점 분포 | 공격 방향 | 볼 점유 위치 | 포지션별 득점 | 상대포지션별 실점

시간대별 득점:
76 75	11	5	15 16
61 60	6	5	30 31
46 45	10	8	

시간대별 실점:
76 75	10	12	15 16
61 60	10	11	30 31
46 45	6	4	

득점 분포:
5
37
3

공격 방향: 38% 27% 35%

볼 점유 위치:
상대진영 22%
중간진영 49%
우리진영 29%

포지션별 득점:
FW진 31골
MF진 4골
DF진 7골
*상대 자책골 3골

상대포지션별 실점:
DF진 3골
MF진 8골
FW진 41골
*자책골 실점 1골

FORMATION

4-2-3-1

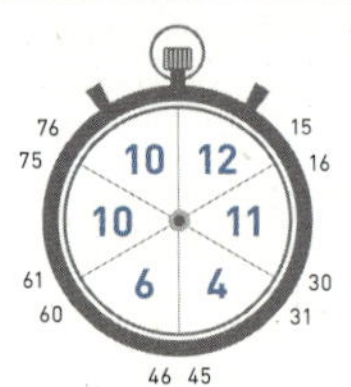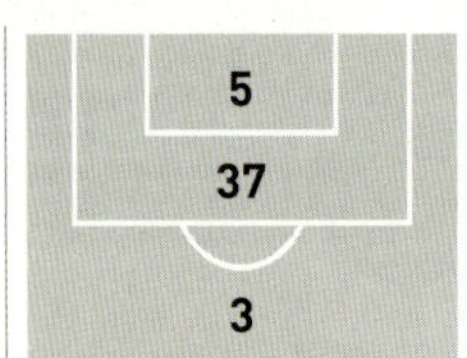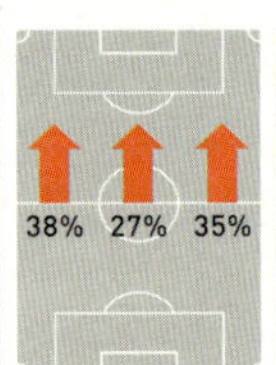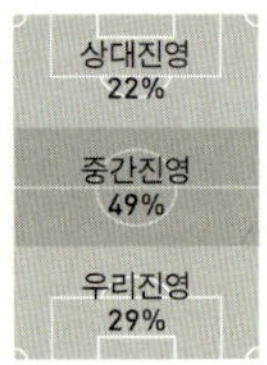

TOTO GUIDE 지난 시즌 상대팀별 전적

상대팀	홈	원정
FC Barcelona	1-2	1-2
Real Madrid	1-2	1-3
Atletico Madrid	0-3	0-1
Villarreal	0-0	1-0
Athletic Bilbao	0-0	2-2
Celta Vigo	2-1	3-3
FC Sevilla	2-0	0-2
Malaga	1-1	1-4
Real Sociedad	2-0	1-0
Real Betis	1-0	0-1
Valencia	2-1	1-1
Espanyol	4-0	0-1
Eibar	0-2	1-0
Deportivo	0-2	3-1
Granada	4-1	2-3
Sporting Gijon	1-1	1-3
Rayo Vallecano	0-1	0-2
Getafe	4-0	0-4
Levante	0-0	2-3

GK Raúl Lizoáin

1

라울
리소아인

지난 시즌 하비 바라스와의 경쟁에서 밀렸다. 프리메라리가 8경기에, 코파 델레이 6경기씩 출전했다. 올 시즌에도 백업 GK로 대기할 가능성이 높다. 리소아인은 안정감 있는 수비를 펼친다. 캐칭, 볼 핸들링 등 골키퍼로서 기본기는 훌륭한 편. 특히 상대의 중장거리 슈팅이나 직접 프리킥을 잘 막아낸다. 가끔 기습적으로 튀어나가 감독을 깜짝 놀라게 만들 때도 있다. 크로스 캐치와 롱-패스 능력을 보완해야 한다.

국적 : 스페인

라스 팔마스 출신으로 지역팀이었던 우니온 비에라를 거쳐 2009년부터 라스 팔마스 유니폼을 입고 있다. 2011년 1군에 올라와 데뷔전을 치렀고 이후 꾸준하게 백업을 활약 중이다. 스페인 유명 가수 세라핀 수비리의 조카다.

슈팅 위치별 선방

1
19
14

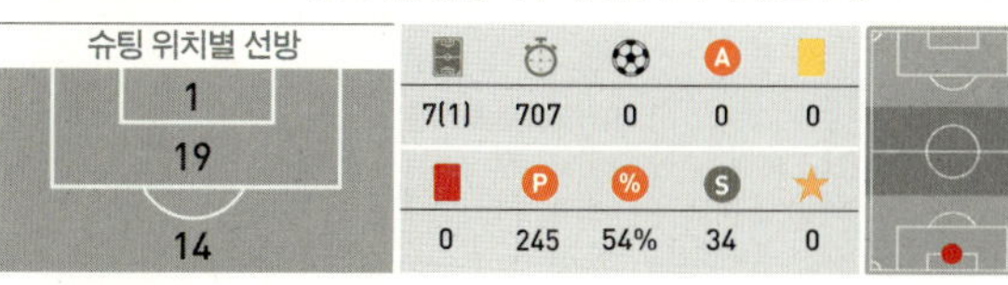

경기수	출전시간	득점	A	경고
7(1)	707	0	0	0
퇴장	P	%	S	★
0	245	54%	34	0

GK Javi Varas

13

하비
바라스

지난 시즌 라울 리소아인과의 포지션 경쟁에서 승리했다. 프리메라리가 31경기에 출전해 95회의 세이브를 기록했다. 매 경기 3회 이상 팀을 구한 것. GK치고 단신이지만 뛰어난 위치 선정, 반응 속도, 순발력으로 골문을 지킨다. 정확한 캐칭, 볼 핸들링, 공중볼 처리 등 모든 부분에서 안정된 기량을 자랑한다. 기습적인 중거리 슈팅에 대한 반응도 빠른 편이다. PK 방어력이 상대적으로 떨어지는 게 '옥에 티.'

국적 : 스페인

세비야 B팀을 거쳐 2008년부터 1군 주전으로 활약한 경력이 있다. 하지만 계속된 세비야의 골키퍼 영입, 부상 등으로 자리를 잃었다. 2012년에는 셀타 비고로 임대됐고 바야돌리드를 거쳐 2015년 여름 라스 팔마스 유니폼을 입었다.

슈팅 위치별 선방

8
54
33

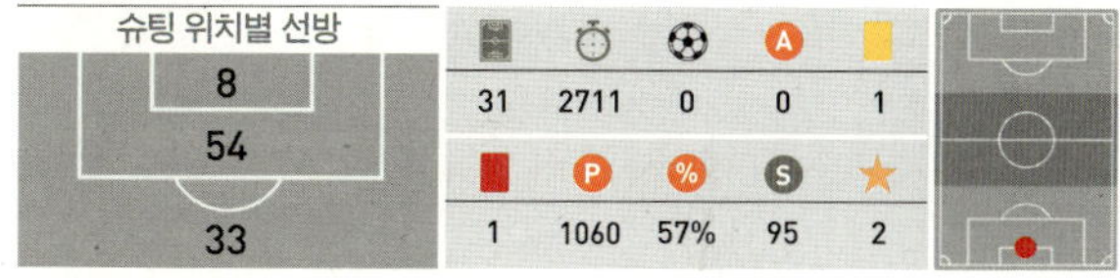

경기수	출전시간	득점	A	경고
31	2711	0	0	1
퇴장	P	%	S	★
1	1060	57%	95	2

DF David Simón

2

다비드
시몬

오른쪽 풀백으로 공격적인 움직임이 눈에 띈다. 시몬은 지치지 않는 체력을 앞세워 오른쪽 라인을 부지런히 오간다. 내구성이 뛰어난 편으로 경고 누적이 아니면 경기에 결장하는 일이 드물다. 기습적인 침투로 골을 터트리는 것도 매력 중 하나. 시몬이 오른쪽을 든든하게 지켜줬기에 팀은 강등당하지 않고 올 시즌도 프리메라리가에 살아남았다. 문제는 카드. 지난 시즌에도 무려 7차례나 옐로카드를 받았다.

국적 : 스페인

라스 팔마스에서 태어나 섬을 떠난 적이 없다. 지역 클럽을 거쳐 2010년 라스 팔마스 B팀에서 프로 선수로 데뷔했다. B팀 주전이 된 것은 2013-14시즌부터다. 이후 한 시즌 만에 1군으로 올라오는 가파른 성장세를 자랑하고 있다.

위치별 슈팅-득점

1 - 0
10 - 1
1 - 0

경기수	출전시간	득점	A	경고
24(3)	2262	1	2	7
퇴장	P	%	T	★
0	1063	79%	59	0

DF Mauricio Lemos

3

마우리시오
레모스

지난 시즌 도중 러시아 루빈 카잔에서 라스 팔마스로 이적했다. 올 시즌 라스 팔마스에서는 백업 센터백으로 대기할 것이다. 레모스는 공격 성향이 강한 수비수다. 드리블을 잘 하는 데다 빌드-업 때 과감히 긴 패스를 날린다. 강력한 태클도 주무기. 그러 나 파울을 자주 범하고, 종종 옐로카드를 받는다. 2016년 5월 16일 3개월 간 출전 정지 처분을 받았으나 실질적으로 올 시즌에 영향을 주지는 않았다.

국적 : 우루과이

우루과이 리베라 출생. 데펜소르 스포르팅 유스 아카데미에서 축구를 배웠다. 2013년 이 팀 1군에서 데뷔했고, 루빈 카잔을 거쳐 2016년 1월 라스 팔마스 임대에 이어 7월 완전히 이적했다. 우루과이 U-20, U-23 대표 출신이다.

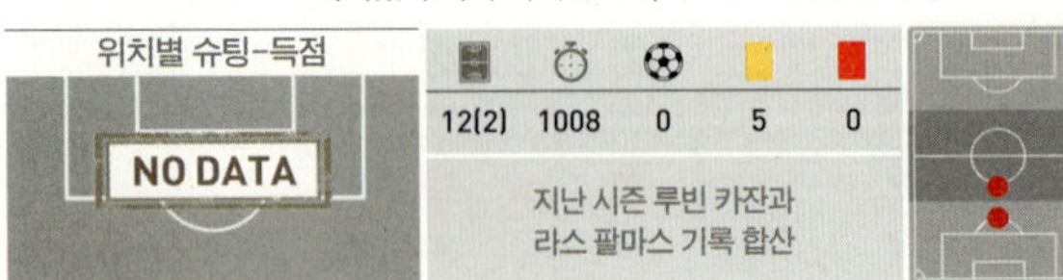

경기수	출전시간	득점		경고	퇴장
12(2)	1008	0		5	0

NO DATA

지난 시즌 루빈 카잔과
라스 팔마스 기록 합산

DF David García

5

다비드
가르시아

원래 포지션은 센터백. 그러나 지난 시즌엔 다비드 시몬과 라이트백으로 출전 시간을 나눠 가졌다. 가르시아는 주장으로 동료와 팬 사이에 신임이 두텁다. 그는 경고를 불사하는 과감한 수비로 상대를 거칠게 다룬다. 때로는 PA 안에서 수비 정도가 심해 PK를 헌납하기도 한다. 하지만 과감한 태클, 세트플레이 공격 가담 등 여전히 존재감을 보인다. 팀의 정신적인 지주이지만 체력 안배가 필요하기도 하다.

국적 : 스페인

스페인 휴양지 마스팔로마스 출생. 고향 팀 마스팔로마스 유스 아카데미에서 축구를 배웠고, 인근 클럽 베신다리오에서 프로 선수로 데뷔했다. 2003년부터 라스 팔마스에서만 활약 중이다. 프리메라리가 500경기 출장을 위해 달리고 있다.

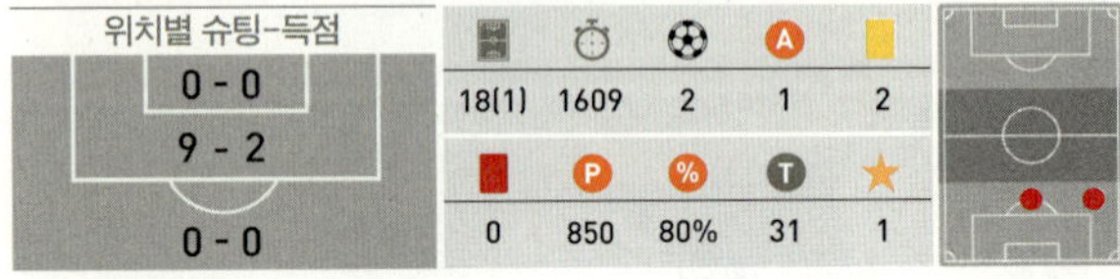

경기수	출전시간	득점	A	경고	
18(1)	1609	2	2	1	
퇴장	P	%	T	★	
0	850	80%	31	1	

DF Aythami Artiles

16

아이타미
아르틸레스

라스 팔마스가 자랑하는 영리한 수비수. 파트너인 가르시아가 주로 몸을 쓴다면 아이타미는 후방으로 빠져 공간을 커버하는 플레이를 즐긴다. 미드필더로 건네는 1차 패스가 정확하고, 세트 플레이 상황에서 적극적으로 헤딩을 노린다. 집중력이 좋고 축구 IQ가 우수해 상대의 패스를 앞 선에서 잘 끊어낸다. 결정적인 순간 걷어내기도 압권. 경험이 쌓이면서 경고가 줄고 수비진을 리드하는 능력도 좋아졌다는 평.

국적 : 스페인

라스 팔마스 유스 클럽에서 쭉 성장했다. 2004년 18세의 나이로 1군 주전 자리를 꿰차면서 범상치 않은 실력을 뽐냈다. 이후 2007년 데포르티보로 이적해서 2013년까지 활약하다 팀이 강등당하면서 다시 라스 팔마스로 돌아왔다.

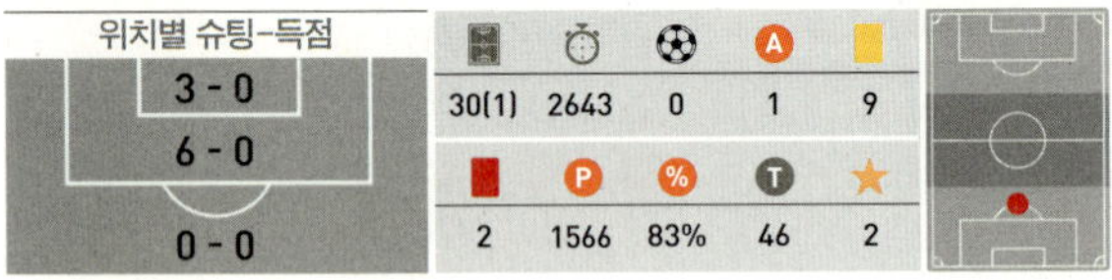

경기수	출전시간	득점	A	경고	
30(1)	2643	0	1	9	
퇴장	P	%	T	★	
2	1566	83%	46	2	

DF Pedro Bigas

17

페드로
비가스

프리메라리가 27경기에 출전해 3골을 넣었다. 상황에 따라 레프트백, 수비형 MF로 출전할 수도 있다. 비가스는 평범한 체격의 소유자. 그러나 시야가 넓고 상황 판단이 빠르다. 앞 선에서 상대의 볼을 날렵하게 자른다. 또한 결정적인 순간에 자주 클리어링을 해준다. 빌드-업 상황에서 드리블을 자주 한다. 그러나 이 때문에 시간을 끌거나 볼을 빼앗겨 위기를 맞는 경우도 종종 있어 아쉽다.

국적 : 스페인

스페인 팔마 출생. 마요르카 유스 아카데미에서 축구 기본기를 익혔고, 2009년 스페인 3부 리그 팀인 몬투이리에서 프로 선수로 데뷔했다. 이어 아틀레티코 발레라에스, 마요르카 2군, 마요르카 1군을 거쳐 2015년 여름 라스 팔마스로 이적했다.

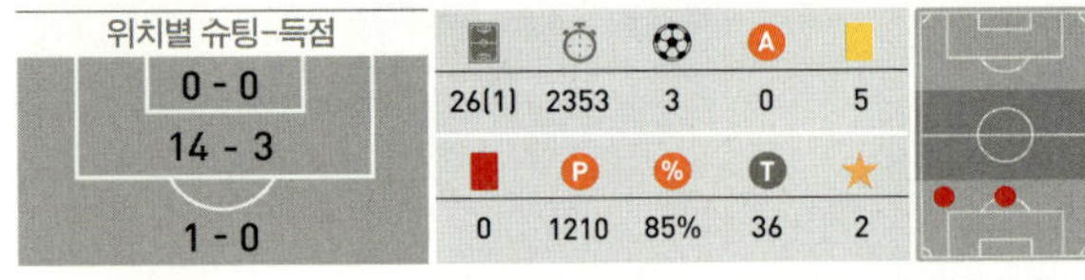

경기수	출전시간	득점	A	경고	
26(1)	2353	3	0	5	
퇴장	P	%	T	★	
0	1210	85%	36	2	

MF Vicente Gómez

4

비센테
고메스

시즌 초반 에르난 산타나가 무릎 부상으로 빠졌다. 결국 비센테의 부담이 더 커진 셈이다. 지난 시즌엔 포지션 경쟁으로 16경기에 선발 출전하는 데 그쳤으나 올 시즌엔 출전 기회가 더 늘어날 것이다. 비센테는 포백을 보호하면서 강력한 태클을 구사한다. 앞 선으로 과감히 돌진하며 상대의 패스를 민첩하게 자른다. 동료와 짧게 주고받는 패스 콤비네이션도 특기. 패스 성공률은 90%에 육박한다. 파울이 많은 편.

국적 : 스페인

스페인 라스 팔마스 출생. SD 우라칸 유스 아카데미에서 기본기를 배웠고, 2007년 이 팀 1군에서 프로 선수로 데뷔했다. 2009년 라스 팔마스 2군으로 옮겨 경험을 쌓았고, 2010년 여름 이 팀 1군으로 승격한 뒤 현재까지 활약 중이다.

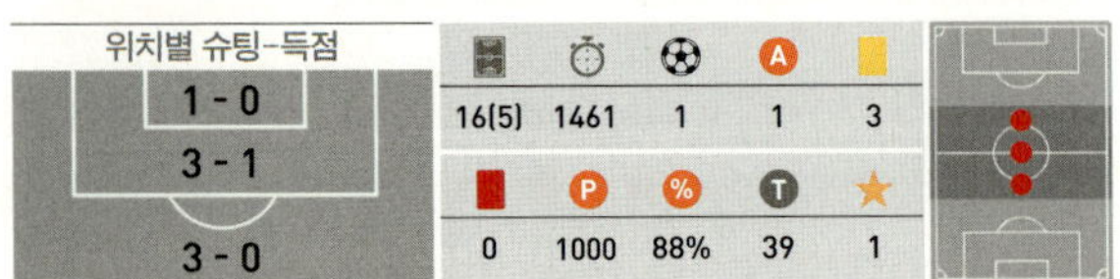

경기수	출전시간	득점	A	경고	
16(5)	1461	1	1	3	
퇴장	P	%	T	★	
0	1000	88%	39	1	

MF Kevin-Prince Boateng

7

케빈-프린스
보아텡

'말썽꾼' 보아텡이 복귀했다. 그는 지난 시즌 분데스리가 샬케 04, 세리에A AC 밀란 두 팀에서 시즌 도중 방출됐다. 너무나 불성실한 태도를 보였기 때문이다. 과연 라스 팔마스에서 어떤 행동을 보일지 궁금하다. 그러나 그의 재능만큼은 정말 인정해야 한다. 그는 축구 천재다. 놀라운 운동능력, 폭발적인 스피드, 자로 잰 듯한 패스, 위력적인 중거리 슈팅, 놀라운 득점 감각 등은 그 누구도 따라올 수 없다.

국적 : 가나

2004년 헤르타에서 데뷔한 이래 토트넘, 도르트문트(임대), 포츠머스, AC밀란, 샬케 04, AC밀란 복귀를 거쳐 2016년 8월 라스 팔마스에 입단했다. 가나 국가대표였으나 2014 브라질 월드컵 때 가나 축구협회로부터 영구 추방당했다.

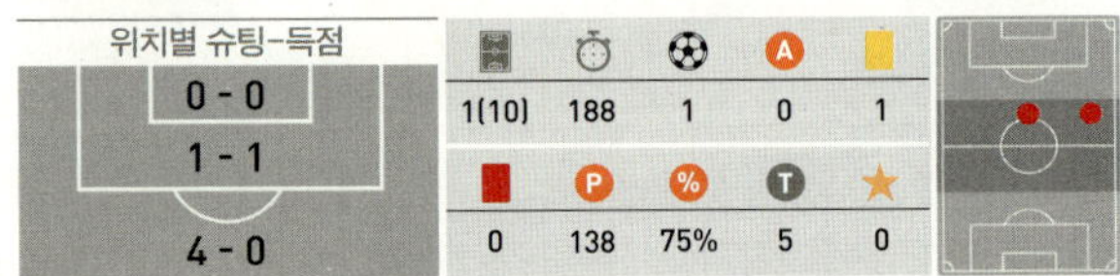

경기수	출전시간	득점	A	경고	
1(10)	188	1	0	1	
퇴장	P	%	T	★	
0	138	75%	5	0	

MF Nabil El Zhar

8

나빌
엘즈하르

지난 시즌 프리메라리가 30경기에 출전해 2골-4도움을 기록했다. 이 중 선발 출전 17회, 교체 투입 13회였고, 거의 대부분 라이트윙으로 활약했다. 재능이 풍부한 선수이기에 상황에 따라 중앙 공격형 미드필더 또는 레프트윙으로 뛸 수도 있다. 개인기가 우수하다. 특히 동료와 세밀하게 주고받는 짧은 패스 콤비네이션이 특기. 박스 외곽에서 안으로 컷-인하며 슈팅을 잘 날린다. 결정력 부족은 '옥에 티.'

국적 : 모로코

모로코계 이민 2세로 프랑스 알레에서 태어났다. 알레, 생테티앤 아카데미에서 축구를 배웠고, 2006년 리버풀에서 프로 선수로 데뷔했다. 2015년 여름 라스 팔마스에 입단했다. 프랑스 U-21 대표 출신이지만 모로코 A대표를 선택.

위치별 슈팅-득점				
0 - 0	17(13)	1708	2	4	4
19 - 2				
9 - 0	0	560	81%	27	0

MF Momo

11

모모

2선 공격수. 지난 시즌 선발 출전 15회 중 LW 7회, RW 6회, CAM 2회씩 출전했다. 교체 투입된 8경기 역시 세 포지션에 고루 나섰다. 올 시즌에도 백업 혹은 로테이션 멤버로 출전할 가능성이 높다. 모모는 전성기에 비해 스피드가 느려졌다. 그러나 여전히 공간으로 잘 침투하고 박스 외곽에서 강렬한 중거리 슈팅을 터뜨린다. 볼 키핑, 스루패스, 키패스, 롱패스 등 미드필더의 기본 요소는 여전히 우수하다.

국적 : 스페인

20세에 라스 팔마스에서 1군 선수로 데뷔했다. 이후 데포르티보, 알바세테, 라싱 산 데르, 세레스, 레알 베티스 등 여러 팀을 옮겨 다녔다. 2012년 베티스에서 주전 확보에 실패하면서 다시 라스 팔마스 복귀를 결정했다.

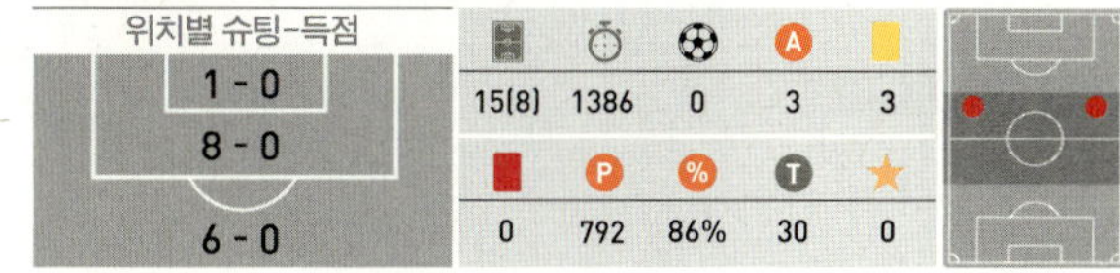

위치별 슈팅-득점				
1 - 0	15(8)	1386	0	3	3
8 - 0				
6 - 0	0	792	86%	30	0

MF RoqueMesa

15

로케
메사

지난 시즌 라스 팔마스 미드필더진의 핵이었다. 중앙에서 28회, 오른쪽에서 6회씩 선발 출전하며 팀을 이끌었다. 올 시즌에도 비센테와 함께 중앙의 '야전 사령관'으로 활약할 것이다. 로케의 최대 장점은 패스. 지난 시즌 총 2039회의 패스를 시도해 무려 88%나 정확히 동료에게 연결시켰다. 장-단 패스와 키패스에 모두 능하다. 화려한 개인기를 이용한 드리블링, 외곽에서 터뜨리는 중거리 슈팅도 위력적.

국적 : 스페인

라스 팔마스 출신이지만 육지로 건너가 레반테에서 축구를 시작했다. 이후 2009년 다시 육지를 떠나 테네리페 섬으로 건너갔다. 라스 팔마스 유니폼을 입은 것은 2010년이었다. B팀에서의 활약을 토대로 2014년 1군으로 승격했다.

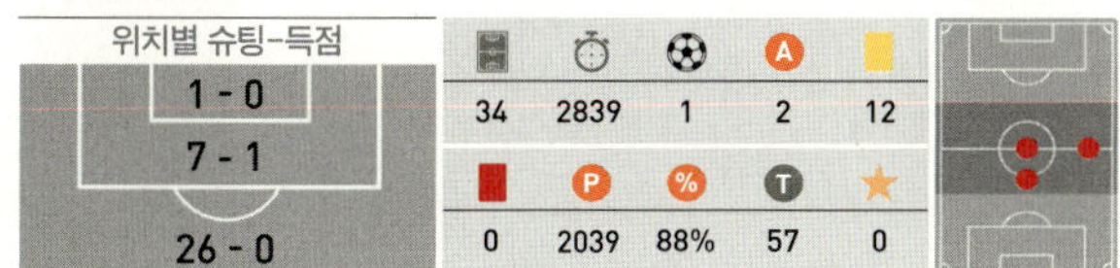

위치별 슈팅-득점				
1 - 0	34	2839	1	2	12
7 - 1				
26 - 0	0	2039	88%	57	0

MF Jonathan Viera

21

호나탄
비에라

36경기 10골-9도움. 프로 데뷔 후 단연 최고의 성적이었다. 세부 지표도 뛰어나다. LW 19회, CAM 11회, CF 5회, RW 1회. 올 시즌에도 팀 공격의 핵을 이룰 것이다. 비에라는 볼을 매우 잘 다룬다. 볼을 잘 지켜내고, 전방이나 터치라인 쪽으로 날카로운 장-단 패스를 찔러 넣는다. 특히 골을 부르는 킬러 스루패스는 치명적인 무기. 역습의 중심이고 날카롭게 컷-인하며 대포알 같은 중거리 슈팅을 날린다.

국적 : 스페인

스페인 라스 팔마스 출생. 고향 팀 유스 아카데미에서 기본기를 익혔다. 2008년 라스 팔마스 2군에서 데뷔했고, 발렌시아, 라요 바예카노(임대), 스탕다르 리에쥐를 거쳐 2015년 라스 팔마스로 복귀했다. 현재 스페인 U-21 대표.

위치별 슈팅-득점				
0 - 0	36	3121	10	9	4
36 - 9				
50 - 1	0	1867	82%	70	5

FW Marko Livaja

9

마르코
리바야

지난 시즌 세리에A 엠폴리에서 마시모 마카로네, 마누엘 푸차렐리, 리카르도 사포나라 등 팀 선발 공격수들의 백업으로 출전했다(교체 출전 14회). 그러나 올 시즌 라스 팔마스에선 선발 CF로 출전할 가능성이 높다. 탄탄한 근육질 체격에 운동능력이 뛰어나다. 박스 안에서 민첩하게 움직이고 골 냄새를 잘 맡으며 자신 있게 마무리한다. 포스트에서 동료에게 절묘한 패스를 찔러준다. 박스 외곽 중거리 슈팅도 OK.

국적 : 크로아티아

크로아티아 스플리트 출생. 9세 때부터 유스 팀에서 축구를 배웠고, 2011년 인테르 밀란에서 데뷔했다. 이어 루가노, 체세나, 아탈란타, 루빈 카잔, 엠폴리를 거쳐 2016년 여름 라스 팔마스로 이적했다. 현재 크로아티아 U-21 대표다.

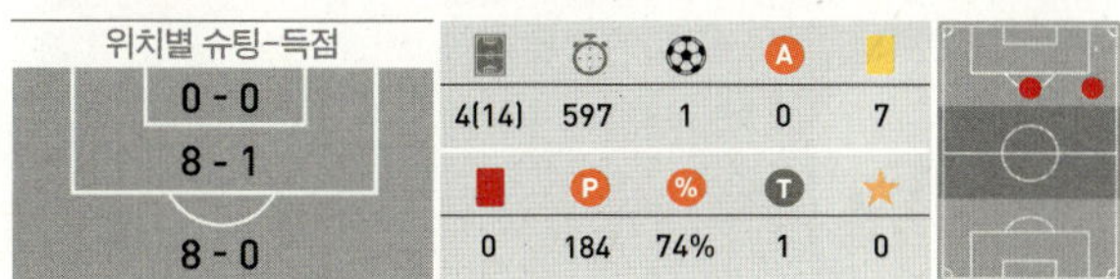

위치별 슈팅-득점				
0 - 0	4(14)	597	1	0	7
8 - 1				
8 - 0	0	184	74%	1	0

FW Sergio Araújo

10

세르히오
아라우호

전형적인 센터포워드. 지난 시즌 프리메라리가 30경기에 출전해 5골을 넣었다. 2년 전 세군다리가에서 25골을 터뜨린 것과 비교하면 아쉽지만 1부리그와 2부리그 수준 차이를 감안해야 한다. 플레이 스타일은 멕시코 CF 치차리토와 비슷하다. 박스 안에서 골 냄새를 기가 막히게 잘 맡고, 매우 침착하게 마무리한다. 볼 터치가 좋고 정확한 드리블을 구사한다. 오른발, 왼발을 가리지 않는 정확한 슈팅을 날린다.

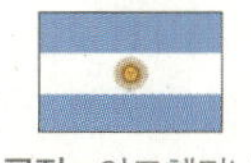

국적 : 아르헨티나

아르헨티나 명문 보카 주니어스 유스 출신이다. 2012년 바르셀로나 B팀으로 옮겨 34경기에 출전했지만 1군으로 올라설 정도는 아니었다. 이후 아르헨티나로 돌아갔다가 2014년부터 라스 팔마스 유니폼을 입고 유럽 무대에 도전 중이다.

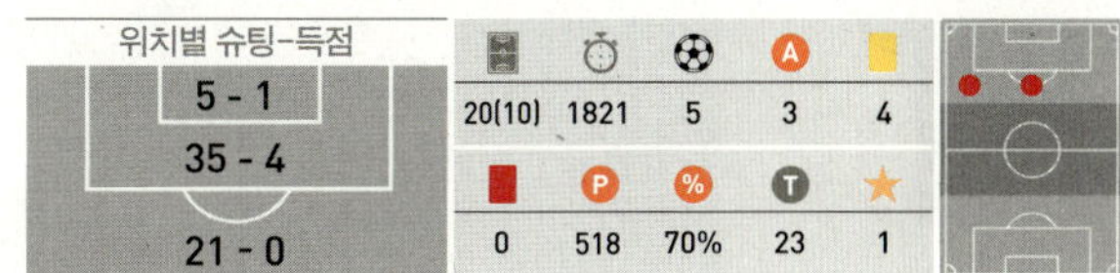

위치별 슈팅-득점				
5 - 1	20(10)	1821	5	3	4
35 - 4				
21 - 0	0	518	70%	23	1

VALENCIA CF

구단 소개

구단 창립 : 1919년
홈구장 : 메스타야
감독 : 보로
2015-16시즌 : 12위(승점 44점)
11승 11무 16패 46득점 48실점
닉네임 : Los Che

주요대회 우승횟수

SPANISH PRIMERA LIGA	6	SPANISH COPA DEL REY	7
UEFA CHAMPIONS LEAGUE	0	UEFA EUROPA LEAGUE	1
FIFA CLUB WORLD CUP	0	UEFA-CONMEBOL INTERCONTINENTAL	0

UNIFORM

Home

Away

2000년대 최악성적, 구단주 지갑 닫아 임시 감독 체제 언제까지 유지할까?

2015-16 SEASON REVIEW

11승 11무 16패 라리가 12위. 바르사, 레알, 아틀레티코와 함께 스페인 명문 구단 중 하나였던 발렌시아의 지난 시즌 순위다. 2000년대 들어 지난 2007-08시즌 10위보다 못한 최악의 순위였다. 그 여파로 감독이 바뀌고 시즌 내내 잡음이 끊기질 않았다. 역시 성적은 좋고 봐야 한다. 발렌시아는 시즌 개막 후 4경기 동안 1승 3무로 부진한 출발을 보였다. 이후 승리와 패배가 반복되는 롤러 코스터기를 지났다. 발렌시아가 결정적인 타격을 받은 일정은 12라운드부터 21라운드까지. 이 동안 3승 7패에 그쳤고, 더 이상 반등의 기회를 잡지 못했다.

SUMMER TRANSFER

싱가포르 출신 구단주 피터 림은 올 여름 지갑을 완전히 닫아버렸다. 대규모로 선수들을 방출하며 1억 1500만 유로를 벌어들인 반면, 선수 영입에 사용한 돈은 달랑 1000만 유로. 1억 4000만 유로의 흑자를 냈다. 파코 알카세르(3000만 유로), 쇼코르단 무스타피(4100만 유로), 안드레 고메스(3500만 유로) 등이 타 팀 이적을 통해 구단주의 지갑을 두둑하게 만들어준 주인공들. 2015년 여름 선수 영입에만 1억 5700만 유로를 썼던 것과 비교하면 '상전벽해'였다. 영입 선수 중 센터백 에세키엘 가라이, 중앙 MF 마리오 수아레스 등은 주전급이다.

2016-17 SEASON OUTLOOK

발렌시아는 평소 라리가와 챔스를 병행하는 팀이었다. 항상 우승권에서 맴돌았으니까. 하지만 지난 시즌 12위의 성적표는 올 시즌 발렌시아에게 다른 선택지를 제공하지 않는다. 오로지 프리메라리가 상위권으로 복귀하는 것만이 목표다. 하지만 상황은 녹록치 않다. 올 여름 투자를 거의 하지 않은 상황에 기막힌 반전 드라마를 쓸 수 있을지 미지수다. 측면 수비수 마르틴 몬토야, 윙어 나니, 중앙 미드필더 다니엘 파레호, 스트라이커 산티 미나 등 주전급 선수들이 팀을 얼마나 캐리하느냐가 중요하다. 객관적인 전력상 상위권 진출은 어려워 보인다.

감독 보로(VORO)

발렌시아 임시 감독이다. 발렌시아가 순위표 꼴찌로 처져 있던 지난 9월 20일, 쫓겨난 파코 아예스타란에 이어 임시 감독으로 올라섰다. 그는 이 직책이 낯설지 않다. 지난 2008, 2012, 2015년에 이어 무려 네 번째 임시 감독을 맡는다. 보로는 1982년부터 1999년까지 발렌시아, 테네리페, 데포르티보 라코루냐, 로그로녜스에서 중앙 수비수로 뛰었다. 1993년부터 1995년까지는 스페인 국가대표로도 활약했다. 1994 미국 월드컵에도 참가했다. 선수로서 데포르티보 시절 코파델레이와 수페르코파에서 우승 트로피를 들어 올렸다. 발렌시아 임시 감독을 맡았던 2007-08 시즌엔 코파델레이에서 우승한 바 있다.

PROFILE
- 출 생 : 1963.10.9
- 국 적 : 포르투갈
- 계 약 : 임시직

STADIUM

MESTALLA

- 구장 오픈 : 1923년
- 구장 증축 : -
- 구장 소유 : 발렌시아 CF
- 수용 인원 : 4만 6010명
- 피치 규모 : 105m × 68m
- 잔디 종류 : 천연 잔디

SQUAD LIST

위치	번호	이름	국적	신장	체중	생년월일
GK	1	Diego Alves	BRA	188	83	24-06-85
	13	Jaume Doménech	ESP	185	79	05-11-90
	25	Matthew Ryan	AUS	181	73	08-04-92
DF	2	João Cancelo	POR	180	66	27-05-94
	4	Aderlan Santos	BRA	193	83	09-04-89
	5	Eliaquim Mangala	FRA	187	74	13-02-91
	6	Guilherme Siqueira	BRA	184	76	28-04-86
	14	José Luis Gayá	ESP	169	62	25-05-95
	21	Martín Montoya	ESP	174	74	14-04-91
	23	Aymen Abdennour	TUN	187	84	06-08-89
	24	Ezequiel Garay	ARG	189	83	10-10-86
	26	Toni Lato	ESP	176	69	21-11-97
MF	7	Mario Suárez	ESP	185	77	24-02-87
	8	Enzo Pérez	ARG	177	71	22-02-86
	10	Daniel Parejo	ESP	180	75	16-04-89
	16	Fede Cartabia	ARG	170	65	20-01-93
	17	Nani	POR	175	66	17-11-86
	20	Álvaro Medrán	ESP	176	71	15-03-94
	28	Carlos Soler	ESP	183	72	02-01-97
FW	9	Munir El Haddadi	ESP	172	62	01-09-95
	11	Zakaria Bakkali	BEL	164	59	26-01-96
	19	Rodrigo Moreno	ESP	180	74	06-03-91
	22	Santi Mina	ESP	180	71	07-12-95
	27	Rafa Mir	ESP	186	75	18-06-97

2016-17 SEASON SCHEDULE

날짜	장소	상대팀	날짜	장소	상대팀
22/AUG	H	UD Las Palmas	28/JAN	A	UD Las Palmas
27/AUG	A	SD Eibar	04/FEB	H	SD Eibar
11/AUG	H	Real Betis	11/FEB	A	Real Betis
18/SEP	A	Athletic Bilbao	18/FEB	H	Athletic Bilbao
22/SEP	H	CD Alaves	25/FEB	A	CD Alaves
25/SEP	A	CD Leganes	28/FEB	H	CD Leganes
02/OCT	H	Atletico Madrid	04/MAR	A	Atletico Madrid
16/OCT	A	Sporting Gijon	11/MAR	H	Sporting Gijon
22/OCT	H	FC Barcelona	18/MAR	A	FC Barcelona
29/OCT	A	Deportivo La Coruna	01/APR	H	Deportivo La Coruna
05/NOV	A	Celta Vigo	04/APR	H	Celta Vigo
19/NOV	H	Granada CF	08/APR	A	Granada CF
26/NOV	A	Sevilla FC	15/APR	H	Sevilla FC
03/DEC	H	Malaga CF	22/APR	A	Malaga CF
10/DEC	A	Real Sociedad	25/APR	H	Real Sociedad
17/DEC	H	Real Madrid	29/APR	A	Real Madrid
07/JAN	A	CA Osasuna	06/MAY	H	CA Osasuna
14/JAN	H	Espanyol Barcelona	13/MAY	A	Espanyol Barcelona
21/JAN	A	Villarreal CF	20/MAY	H	Villarreal CF

RANK OF LAST 5 YEARS

■ 2부 리그

2011-12	2012-13	2013-14	2014-15	2015-16
3	5	8	4	12
61점	65점	49점	77점	44점

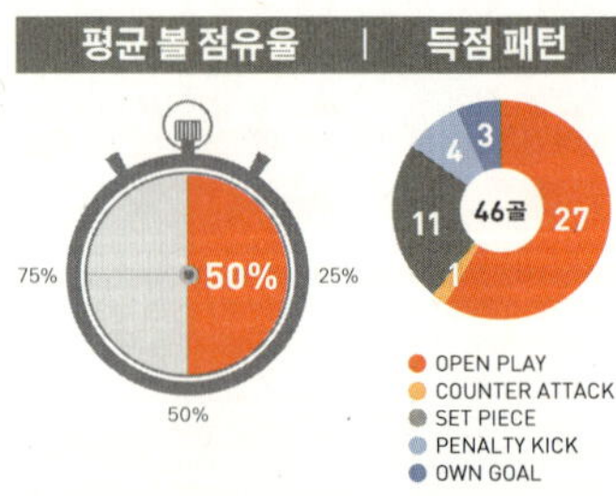

평균 볼 점유율 | 득점 패턴

평균 볼 점유율: 50% (75% / 50% / 25%)

득점 패턴: 46골
- 27 OPEN PLAY
- 1 COUNTER ATTACK
- 11 SET PIECE
- 4 PENALTY KICK
- 3 OWN GOAL

STRENGTHS & WEAKNESSES

OFFENSE		DEFENSE	
직접 프리킥	C	세트피스 수비	C
문전 처리	C	상대 볼 뺏기	B
측면 돌파	C	공중전 능력	C
스루볼 침투	B	역습 방어	E
개인기 침투	C	지공 방어	C
카운터 어택	C	스루패스 방어	D
기회 만들기	B	리드 지키기	D
세트피스	B	실수 조심	C
OS 피하기	C	측면 방어력	C
중거리 슈팅	B	파울 주의	D
볼 점유율	B	중거리슛 수비	C

매우 강함 A　강한 편 B　보통 수준 C　약한 편 D　매우 약함 E

시간대별 득점 | 시간대별 실점 | 득점 분포 | 공격 방향 | 볼 점유 위치 | 포지션별 득점 | 상대포지션별 실점

시간대별 득점: 76/75 14, 15/16 5, 61/60 7, 30/31 9, 46 45 5, 6

시간대별 실점: 76/75 11, 15/16 4, 61/60 10, 30/31 7, 46 45 9, 7

득점 분포: 9 / 27 / 7

공격 방향: 38% 26% 36%

볼 점유 위치:
- 상대진영 25%
- 중간진영 45%
- 우리진영 30%

포지션별 득점:
- FW진 28골
- MF진 12골
- DF진 3골

*상대 자책골 3골

상대포지션별 실점:
- DF진 5골
- MF진 8골
- FW진 34골

*자책골 실점 1골

FORMATION

4-3-3

TOTO GUIDE 지난 시즌 상대팀별 전적

상대팀	홈	원정
FC Barcelona	1-1	2-1
Real Madrid	2-2	2-3
Atletico Madrid	1-3	1-2
Villarreal	0-2	0-1
Athletic Bilbao	0-3	1-3
Celta Vigo	0-2	5-1
FC Sevilla	2-1	0-1
Malaga	3-0	2-1
Real Sociedad	0-1	0-2
Real Betis	0-0	0-1
Las Palmas	1-1	1-2
Espanyol	2-1	0-1
Eibar	4-0	1-1
Deportivo	1-1	1-1
Granada	1-0	2-1
Sporting Gijon	0-1	1-0
Rayo Vallecano	2-2	0-0
Getafe	2-2	2-2
Levante	3-0	0-1

GK Diego Alves

디에구
알베스

2015년 5월 24일 알메리아전 때 무릎 십자인대가 파열돼 8개월 간 재활에 매달렸다. 결국 지난 시즌 13경기 출전에 그쳤다. 그럼에도 47회의 선방을 기록하며 발렌시아 수호신의 역할을 다 해냈다. 올 시즌 정상 컨디션으로 출전했지만 매 순간 라이언과의 경쟁은 불가피하다. 알베스는 집중력과 안정감이 뛰어나다. 잔 실수를 거의 범하지 않는다. 가까운 거리에서의 숏-스토핑, 페널티킥 방어력은 리그 정상급이다.

국적 : 브라질

브라질 리우 데 자네이루 출신으로 지역 클럽인 보타포쿠 유스 클럽을 거쳤다. 아틀레티쿠-MG에서 프로 선수로 데뷔했고 2007년 알메리아 유니폼을 입었다. 에메리 감독이 발렌시아 시절 영입을 결정했다. 2014년 재계약에도 성공.

슈팅 위치별 선방

	4
	34
	9

경기수	출전시간	득점	도움(A)	경고
13	1170	0	0	1
퇴장	P	%	S	★
0	358	61%	47	1

GK Mathew Ryan

매슈
라이언

호주 출신으로 '제2의 마크 슈왈처'로 불린다. 벨기에 1부 클럽 브뤼헤에서 안정적인 기량을 선보인 까닭에 골키퍼가 필요했던 발렌시아 레이더망에 걸렸다. 지난 시즌 초반부터 기본 백업이었던 요엘을 제치고 주전으로 투입됐다. 경기 상황에서 높은 집중력을 자랑한다. 반사신경이 좋아 숏-스토핑, 캐칭 등 기본 능력에서 편안함을 준다. 다만 키가 조금 작은 편이라 공중 볼을 처리할 때 가끔 어려움을 겪는다.

국적 : 호주

2010년부터 호주 센트럴 코스트에서 주전으로 올라섰다. 2015 AFC 아시안컵에서 호주 대표로 좋은 활약을 펼치는 등 국가대표 경력도 늘고 있다. 2013년 5월 유럽 진출을 결정하고 벨기에 클럽 브뤼헤 유니폼을 입었다.

슈팅 위치별 선방

	0
	15
	8

경기수	출전시간	득점	도움(A)	경고
8	720	0	0	0
퇴장	P	%	S	★
0	233	58%	23	0

DF João Cancelo

조앙
칸셀루

라이트백 주전을 놓고 바라간과 치열하게 경쟁했다. 올 시즌 바라간이 미들즈브러로 이적했기에 칸셀루의 출전 기회는 더 늘어날 것이다. 물론 칸셀루는 재능이 풍부하기에 라이트 윙, 레프트백으로 출전할 수도 있다. 칸셀루는 폭발적인 스피드와 화려한 기술이 가미된 드리블로 적진을 단숨에 돌파한다. 크로스도 정확하고 동료에게 칼날 스루패스를 찔러준다. 앞 선에서 패스를 잘 자르고 열심히 압박도 해준다.

국적 : 포르투갈

포르투갈 바레이루 출신으로 바레이렌시 유스 클럽을 거쳐 2008년 벤피카 유니폼을 입었다. 2012년 벤피카 B팀으로 승격하면서 1군 진출을 목전에 뒀지만 스페인 발렌시아로의 이적을 택했다. 포르투갈 연령별 대표팀을 두루 거쳤다.

위치별 슈팅-득점

	0 - 0
	5 - 1
	4 - 0

경기수	출전시간	득점	도움(A)	경고
25[3]	2121	1	4	5
퇴장	P	%	T	★
1	873	79%	63	2

DF Aderlan Santos

아델란
산토스

후반기에 합류해 나름대로 좋은 성적을 냈다. 프리메라리가 17경기에 출전해 태클 46회, 패스 성공률 84%를 기록했다. 올 시즌 센터백 포지션을 놓고 가라이, 압데누르, 루벤 베주와 치열하게 경쟁할 것이다. 산토스는 193cm의 거대한 체격에 매우 강력한 수비를 펼친다. 파울을 범하지 않고 상대의 볼만 뺏어내는 태클능력은 리그 최상급. 판단력이 빨라 결정적인 순간 블로킹을 해낸다. 공중전 능력도 우수하다.

국적 : 브라질

브라질 살게이루 출생. 고향 팀 살게이루 유스 출신으로 2008년 이 팀 1군에서 데뷔했다. 이어 트로펜세, 브라가 2군, 브라가 1군을 거쳐 2015년 8월 발렌시아 유니폼을 입었다. 발렌시아가 브라가에 지불한 이적료는 950만 유로.

위치별 슈팅-득점

	3 - 0
	2 - 0
	2 - 0

경기수	출전시간	득점	도움(A)	경고
17	1520	0	0	0
퇴장	P	%	T	★
	637	84%	46	0

DF Eliaquim Mangala

엘리아킴
망갈라

엉덩이(10일), 충돌로 인한 충격(7일), 햄스트링(45일) 등 이런 저런 부상으로 약 60여 일 결장했다. 그런 가운데서도 프리미어리그 23경기에 출전해 32회의 태클과 87%의 패스 성공률을 보였다. 부상만 없었다면 훨씬 좋은 성적을 냈을 것이다. 올 시즌 발렌시아에서는 좀 더 경쟁이 치열할 것이다. 본인이 이겨내야 한다. 패스 커팅, 블로킹, 클리어링, 태클, 공중전 등 센터백으로서 장점이 많은 선수다.

국적 : 프랑스

프랑스 콜롱브 출생. 스탕다르 리에주 아카데미 출신이고 2008년 이 팀 1군에서 데뷔했다. 포르투 FC를 거쳐 2014년 8월 4000만 유로에 맨체스터 시티로 이적했다. 프랑스 U-21 대표를 지냈고, 2013년부터 국가대표로 활약 중.

위치별 슈팅-득점

	3 - 0
	4 - 0
	0 - 0

경기수	출전시간	득점	도움(A)	경고
23	2011	0	0	8
퇴장	P	%	T	★
0	1003	87%	32	0

DF Martín Montoya

21
마르틴
몬토야

국적 : 스페인

인테르 밀란과 레알 베티스 2팀에서 뛰었다(아래 기록은 합산한 것). 시즌 막판 대퇴부 부상으로 보름 정도 쉰 것을 제외하고 몸에 특별한 이상은 없었다. 결국 포지션 경쟁에서 밀렸다고 봐야 한다. 올 시즌 발렌시아에서는 조앙 칸셀루와 라이트백 주전을 놓고 경쟁할 사이다. 본인의 장점을 어필해야 한다. 몬토야는 볼을 잘 컨트롤 한다. 드리블이 좋고, 짧은 패스가 정확하다. 그러나 크로스 성공률을 높여야 한다.

바르셀로나 유스 출신으로 2009년 이 팀 2군에서 데뷔했다. 2011년 1군으로 승격했고, 인테르 밀란, 레알 베티스로 연속 임대됐다. 그리고 2016년 8월 발렌시아로 이적했다. 스페인 U-17부터 U-23까지 연령별 대표를 다 지냈다.

위치별 슈팅-득점

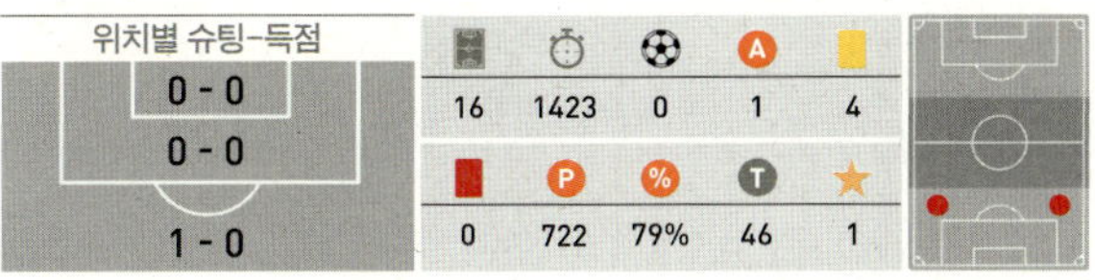

0-0				
0-0				
1-0				

경기수	출전시간	득점	도움	경고
16	1423	0	1	4

퇴장	패스시도	패스성공률	태클성공	MOM
0	722	79%	46	1

DF José Gayá

14
호세
가야

국적 : 스페인

지난 시즌 대퇴부 부상, 탈장 등으로 80여 일간 결장했다. 부상만 없었다면 훨씬 좋을 성적을 냈을 것이다. 가야는 발렌시아가 키워낸 강력한 왼쪽 풀백. 체구와 스타일이 바르셀로나로 돌아간 조르디 알바를 연상케 한다. 가야는 알바에 비해 공격할 때 부분 전술에서 더 세밀한 편이다. 알바가 직선형으로 움직인다면 가야는 발재간이 있고, 마무리 능력이 좋다. 또한 박스 안으로 보내는 크로스가 정확하다.

발렌시아 유스 출신. 17세 때 B팀으로 올라와 1군 승격을 기다렸다. 후안 베르나트가 이적하면서 주전으로 올라섰고 단 1시즌 활약만으로 레알 마드리드를 비롯한 빅클럽이 노리는 선수가 됐다. 2015년 5월 발렌시아와 재계약했다.

위치별 슈팅-득점

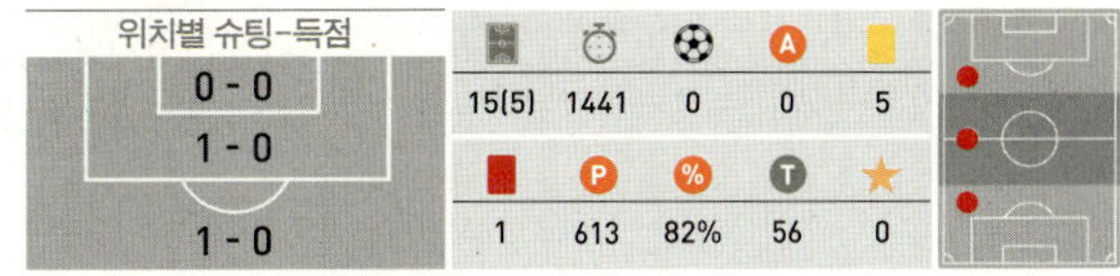

0-0				
1-0				
1-0				

경기수	출전시간	득점	도움	경고
15(5)	1441	0	0	5

퇴장	패스시도	패스성공률	태클성공	MOM
1	613	82%	56	0

DF Aymen Abdennour

23
아이멘
압데누르

국적 : 튀니지

햄스트링이 문제다. 지난 시즌 2개월간 결장한 데 이어 올 시즌 개막 직후 다시 통증이 도졌다. 햄스트링은 자주 재발하는 부위이기에 조심해야 한다. 압데누르는 현역 아프리카를 대표하는 센터백 중 1명이다. 체격이 당당하고 운동능력이 좋아 상대 공격수들이 그를 만나면 피곤해진다. 경기당 2회 이상의 태클을 성공시키면서 반칙은 적게 범한다. 감각이 뛰어나 동료와 짧게 주고받는 패스로 빌드-업을 한다.

튀니지 수사 출신. 에투알 뒤 사헬 아카데미 출신으로 2008년 이 팀 1군에서 데뷔했다. 베르더 브레멘(임대), 툴루즈, AS 모나코(임대 후 이적)를 거쳐 2015년 8월 발렌시아로 이적했다. 튀니지 U-21 대표를 거쳐 현재 국가대표다.

위치별 슈팅-득점

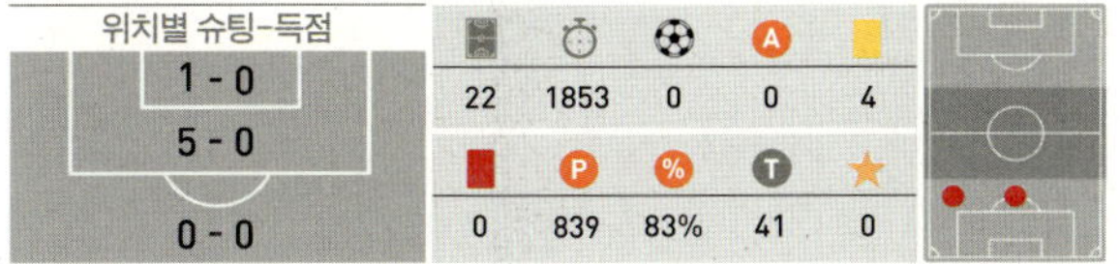

1-0				
5-0				
0-0				

경기수	출전시간	득점	도움	경고
22	1853	0	0	4

퇴장	패스시도	패스성공률	태클성공	MOM
0	839	83%	41	0

DF Ezequiel Garay

24
에세키엘
가라이

국적 : 아르헨티나

2016년 9월 16일 대퇴부를 다쳐 10월 5일에 복귀한다. 정상 컨디션일 경우 가라이는 리그 정상급 센터백이 될 수 있다. 188cm의 큰 키에 운동능력이 뛰어난 데다 축구 IQ도 우수하다. 인터셉트를 자주 성공시키고, 정확한 패스로 빌드-업한다. 동료와 주고받는 패스 콤비네이션, PA 외곽에서 터뜨리는 중거리 슈팅은 강력한 무기다. 아쉽다면 다른 센터백들에 비해 태클 시도 횟수가 적다는 점.

아르헨티나 로사리오 출신. 뉴웰스 올드 보이스 아카데미 출신으로 2004년 이 팀 1군에서 데뷔했다. 라싱산탄데르, 레알 마드리드, 벤피카, 제니트를 거쳐 2016년 8월 2000만 유로에 발렌시아에 입단했다. 현재 아르헨티나 국가대표다.

위치별 슈팅-득점

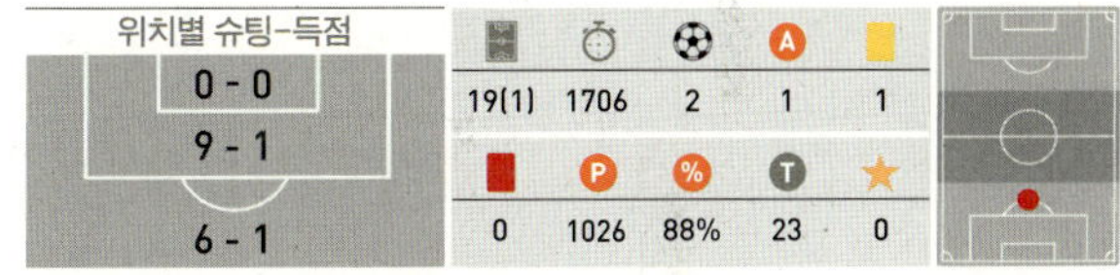

0-0				
9-1				
6-1				

경기수	출전시간	득점	도움	경고
19(1)	1706	2	0	1

퇴장	패스시도	패스성공률	태클성공	MOM
0	1026	88%	23	0

MF Mario Suárez

7
마리오
수아레스

국적 : 스페인

잉글랜드 왓포드와 이탈리아 피오렌티나에서 활약했다(아래 기록은 두 팀 기록을 합산한 것). 두 리그 합해 26경기에 출전했다. 이 중 선발 15회였다. 예전과는 달리 몸에 특별한 부상이 있었던 것도 아니었다. 결국 경쟁에서 밀렸다는 얘기다. 올 시즌 발렌시아에서 새로운 각오로 출발해야 한다. 수아레스는 수비형 MF다. 투쟁심이 강하고, 간결하고 전술적인 드리블을 구사하며 기습적인 중거리 슈팅을 날린다.

스페인 알코벤다스에서 태어났다. 아틀레티코 유스 출신으로 2004년 이 팀 2군에서 데뷔했다. 이어 아틀레티코 1군, 바야돌리드, 셀타, 마요르카, 피오렌티나를 거쳐 2016년 1월 왓포드로 이적했다. 현재는 발렌시아에 임대된 상태다.

위치별 슈팅-득점

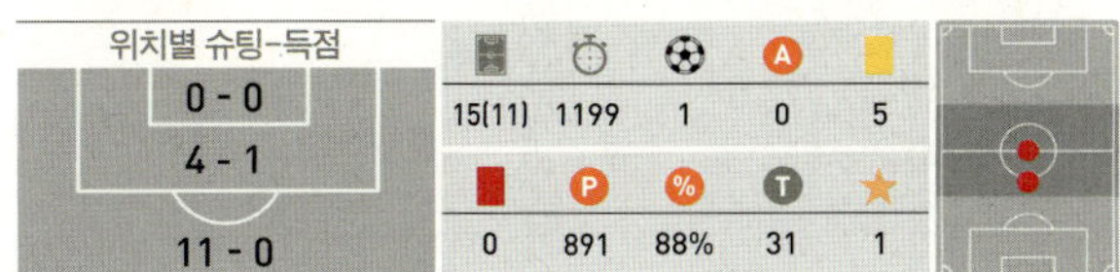

0-0				
4-1				
11-0				

경기수	출전시간	득점	도움	경고
15(11)	1199	1	0	5

퇴장	패스시도	패스성공률	태클성공	MOM
0	891	88%	31	1

MF Daniel Parejo

10
다니엘
파레호

국적 : 스페인

발렌시아 중원 사령관. 2012-13 시즌부터 기회를 늘리더니 지난 시즌 리그 33경기에 출전하며 8골-5도움-MOM 3회 선정 등 뛰어난 기량을 선보였다. 그는 어린 시절부터 경기 운영과 창조성을 인정받았으면서도 1군 무대 수비 압박에 은근히 시달렸다. 그러다 중앙 MF로 위치를 바꿔 성공했고, 이제는 자리에 구애받지 않고 활약 중이다. 슈팅에 자신감이 넘치고 좁은 지역에서도 볼을 잘 소유한다.

2003년부터 레알 마드리드 유스 시스템 속에서 성장했다. 레알 C, 카스티야를 거쳐 QPR 임대를 통해 1군에 정착하는 시나리오를 그렸다. 하지만 헤타페로 떠나면서 계획이 수정됐고 2011년 6월, 600만 유로로 발렌시아로 이적했다.

위치별 슈팅-득점

1-0				
12-4				
33-4				

경기수	출전시간	득점	도움	경고
30(3)	2735	8	5	8

퇴장	패스시도	패스성공률	태클성공	MOM
0	1749	86%	71	3

MF Enzo Pérez

엔소
페레스

지난 시즌 부상으로 고생했다. 종아리, 허벅지, 광대뼈 등을 번갈아 다치며 50여 일 결장했다. 그런 가운데서도 중앙, 왼쪽, 오른쪽 미드필더를 넘나들며 팀플레이를 뒷받침했다. 올 시즌도 팀 사정에 따라 다양한 위치를 커버할 것이다. 페레스는 종합 능력치가 뛰어나다. 볼을 다루는 테크닉이 뛰어나면서 활동량까지 겸비했다. 팀에 헌신하는 일도 마다치 않는다. 팀이 스리백을 채용하면 센터백으로 뛸 때도 있다.

국적 : 아르헨티나

10세 때 셀타 비고 유스 클럽에 합류해 17세 때인 2013년 1군까지 승격했다. 같은 해 9월 빌바오와의 경기에서 골을 터트리며 팀 내 최연소 득점 기록을 갈아치웠다. 2015년 7월, 이적료 1000만 유로에 발렌시아로 옮겼다.

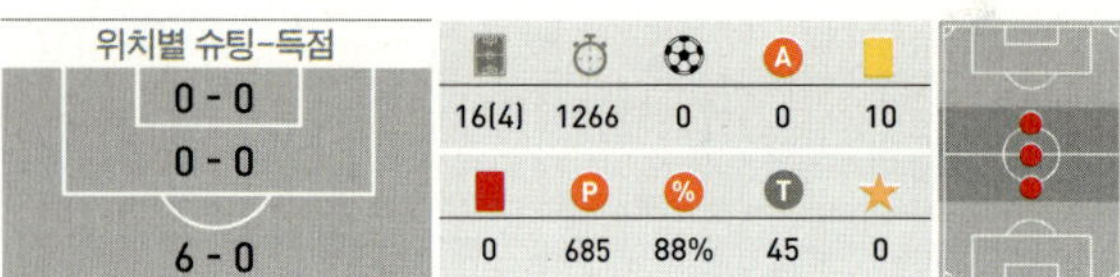

위치별 슈팅-득점					
0 - 0	16(4)	1266	0	0	10
0 - 0					
6 - 0	0	685	88%	45	0

MF Nani

나니

페네르바체 소속으로 터키 리그 28경기에 출전해 8골-8도움-MOM 선정 4회 등을 기록했다. 그의 드리블은 월드클래스다. 볼을 몰고 가면서 시서스 페이크, 마르세유턴, 템포 변환 드리블 등 고급 기술을 선보인다. 물론 폭발적인 직선 드리블도 압권이다. 결정적인 스루패스, 전방으로 부챗살처럼 퍼지는 장-단 패스, 강렬한 중거리 슈팅과 프리킥 등 모든 면에서 '보급형 호날두'가 아닌 '원조 나니'가 됐다.

국적 : 포르투갈

카포베르데 프라이아 출생. 스포르팅 유스 아카데미 출신으로 2005년 이 팀 1군에서 데뷔했다. 이어 맨체스터 유나이티드, 페네르바체를 거쳐 2016년 7월 발렌시아로 이적했다. 포르투갈 국가대표로 유로 2016 우승에 공헌했다.

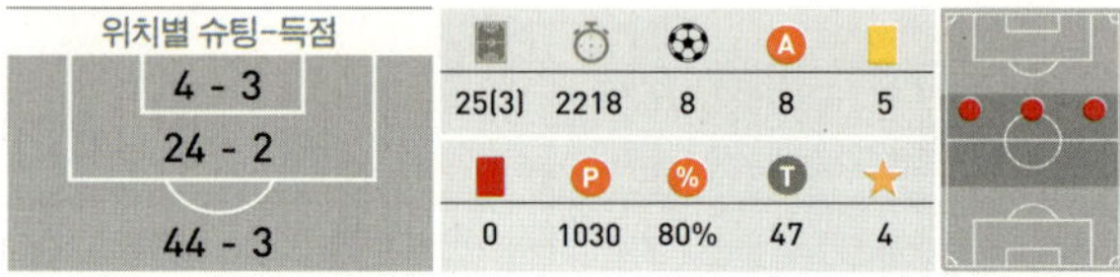

위치별 슈팅-득점					
4 - 3	25(3)	2218	8	8	5
24 - 2					
44 - 3	0	1030	80%	47	4

MF Álvaro Medrán

알바로
메드란

2015년 4월과 10월 두 차례나 광대뼈가 골절됐다. 이 중 10월 부상으로 110일이나 결장했다. 그러나 2월 초에 복귀해 잘 마무리했다. 올 시즌은 정상으로 출발했다. 메드란은 박스-투-박스 미드필더이자 공격형 미드필더다. 넓은 활동 범위로 공수 밸런스를 제대로 유지시키면서도 기습적으로 공격에 가담해 슈팅을 날리고 동료에게 기회를 만들어준다. 민첩한 드리블과 강렬한 중거리 슈팅은 최고의 무기.

국적 : 스페인

스페인 도스 토레스 출생. 레알 마드리드 유스 출신으로 2012년 이 팀 3군에서 데뷔했다. 이어 레알 2군을 거쳐 2014년 1군으로 승격했다. 2015-16 시즌 헤타페 임대를 떠난 뒤 2016년 7월 발렌시아와 4년 계약을 했다.

위치별 슈팅-득점					
2 - 0	16(4)	1486	2	1	7
12 - 1					
17 - 1	0	607	81.4	18	0

FW Munir El Haddadi

무니르
엘하다디

지난 시즌 바르셀로나에서 로테이션 멤버로 뛰었다. 프리메라리가 15경기, 코파델레이 5경기, 챔피언스리그 4경기에 각각 출전했다. 올 시즌 발렌시아에서는 이야기가 달라진다. 무니르의 리그 출전 횟수가 더 많아질 전망이다. 그는 어린 시절부터 리오넬 메시와 아델 타랍을 표본으로 삼았다. 파괴력 넘치는 드리블, 절묘한 페이크, 폭발적인 순간 스피드, 날카로운 프리킥, 정확한 마무리 등 모든 면에서 우수하다.

국적 : 스페인

스페인의 엘 에스코리알 출생. 아틀레티코 유스를 거쳐 바르셀로나 아카데미를 졸업했다. 2014년 바르셀로나 2군에서 데뷔했고, 이듬해 바르셀로나 1군으로 올라갔다. 현재는 발렌시아에 임대된 상태다. 스페인 국가대표로 활약 중.

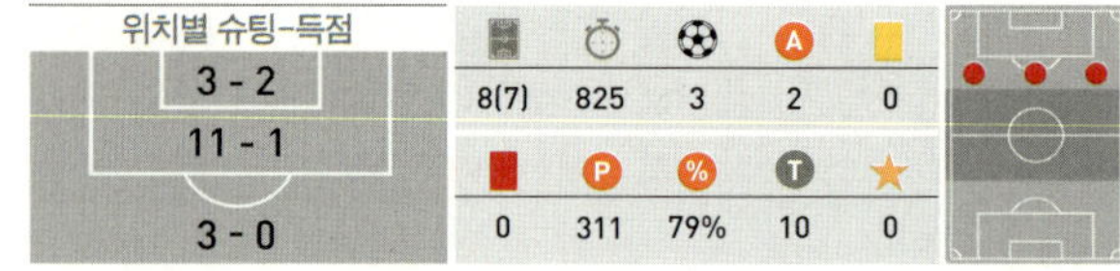

위치별 슈팅-득점					
3 - 2	8(7)	825	3	2	0
11 - 1					
3 - 0	0	311	79%	10	0

FW Zakaria Bakkali

자카리아
바칼리

2016년 2월 발목을 크게 다치는 바람에 그대로 시즌 아웃됐다. 올 시즌은 정상 컨디션이다. 바칼리는 '벨기에의 메시'로 불린다. 키는 작지만 전방 여러 위치를 두루 커버하는 데다 개인기가 뛰어나기 때문이다. 특히 현란한 발재간으로 시도하는 드리블은 최강의 무기. 승부를 결정 짓는 칼날 스루패스, 정확한 크로스, 민첩한 컷-인 플레이 등은 크게 주목을 받는다. 그러나 태클, 압박 등 수비력은 부족한 편.

국적 : 벨기에

모로코계 이민 2세로 벨기에 리에주에서 태어났다. 스탕다르 리에주, PSV 아카데미를 거쳤다. 2013년 PSV에서 데뷔했고, 2015년 6월 발렌시아로 이적했다. 벨기에 U-15, U-16, U-17, U-21 등 연령별 대표를 다 거쳤고, 현재 A대표다.

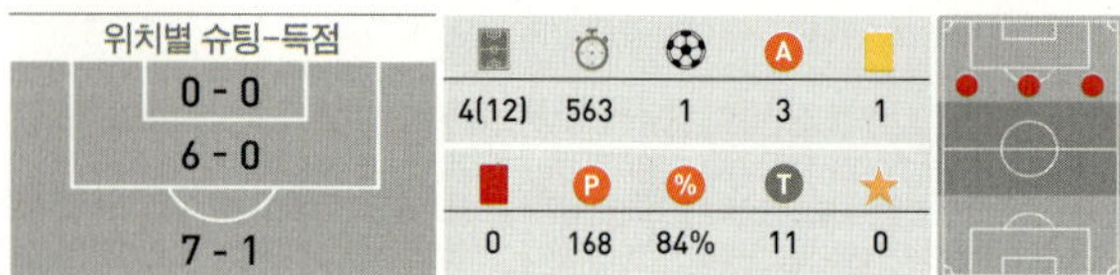

위치별 슈팅-득점					
0 - 0	4(12)	563	1	3	1
6 - 0					
7 - 1	0	168	84%	11	0

FW Rodrigo

로드리고

뛰어난 속도를 앞세워 측면과 중앙을 오가는 공격적인 선수. 발렌시아에서도 위치를 가리지 않고 날카로운 움직임을 뽐낸다. 지난 시즌은 팀에서 전폭적인 지원을 받았지만 2골-3도움으로 약간 겉돈 모습이었다. 그래서 올 시즌은 선수로서 중요한 분수령이 될 전망. 지금까지는 젊고 유망하다는 장점이 있었지만 이제는 확실한 기량을 보여줄 때다. 아직 빠른 속도 외에는 다른 무기를 선보이지 못했다.

국적 : 스페인

브라질 리우 데 자네이루 출생. 어린 시절 스페인으로 축구 유학을 간 뒤 그곳 여권을 취득했다. 2009년 레알 마드리드 3군부터 시작해 레알 2군, 벤피카, 볼튼을 거쳐 2015년 6월 발렌시아로 이적했다. 티아구 알칸타라와 사촌간이다.

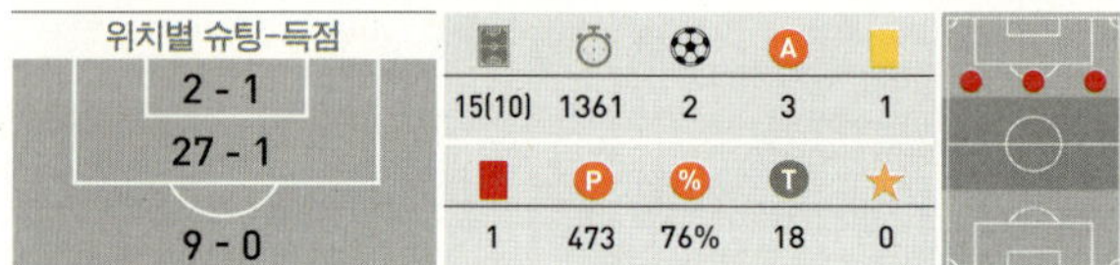

위치별 슈팅-득점					
2 - 1	15(10)	1361	2	3	1
27 - 1					
9 - 0	1	473	76%	18	0

FW Santi Mina

산티 미나

국적 : 스페인

2년 전 그가 셀타 비고를 떠나 발렌시아로 이적할 때 사람들은 "조금만 더 스몰 클럽에서 경험을 쌓는 게 좋지 않을까"라고 걱정했다. 하지만 그건 기우였다. 산티 미나는 중견 클럽 발렌시아에서 훌륭히 적응을 했고, 팀의 로테이션 멤버로 자리를 잡아나갔다. 아직 주전은 아니다. 그러나 그에게는 밝은 미래가 있다. 센터포워드와 좌우 날개를 겸한다. 드리블, 패스, 헤딩, 슈팅 등 공격수의 요소를 두루 갖췄다.

스페인 비고 출생. 셀타 비고 유스 출신으로 2012년 이 팀 B팀에서 데뷔했다. 이듬해 셀타 비고 A팀으로 승격해 2년 간 로테이션 멤버로 뛰었고, 2015년 7월 1000만 유로로 발렌시아와 6년 계약을 맺었다. 스페인 U-18, U-19, U-20 대표 출신.

FW Rafa Mir

라파 미르

국적 : 스페인

발렌시아가 야심차게 키우고 있는 대형 센터포워드. 186cm의 훤칠한 체격에 기술이 훌륭해 관심을 모으고 있다. 아직은 프리메라리가 무대에 선발로 투입하기는 쉽지 않다. 그러나 부담 없는 상황에 조커로 들어가 마음껏 플레이하다보면 언젠가는 감을 잡을 것이다. 2군 경기 때 보면 박스 안에서 민첩하게 움직이고, 골 냄새를 잘 맡는 데다 정확한 임팩트로 골네트를 가른다. 큰 키를 이용한 공중전도 압도적.

발렌시아 유스 출신. 지난 시즌 발렌시아 2군에서 6경기에 출전했고, 올 시즌 개막 직전 1군에 '콜-업' 됐다. 라파 미르의 아버지 마힌 미르는 예전 마요르카와 무르시아 선수 출신이다. 우상은 독일 대표팀 센터포워드 마리오 고메스.

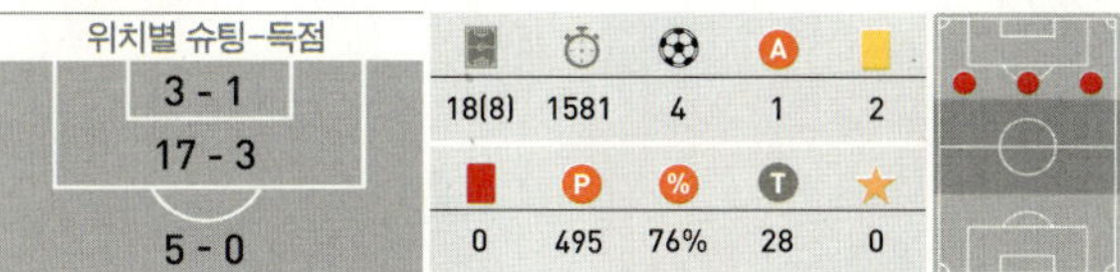

위치별 슈팅-득점		
3 - 1		
17 - 3		
5 - 0		

경기수	출전시간	득점	도움	경고
18(8)	1581	4	1	2

퇴장	P	%	T	★
0	495	76%	28	0

위치별 슈팅-득점
NO DATA

경기수	출전시간	득점	경고	퇴장
2	180	0	1	0

지난 시즌
스페인 2부 리그

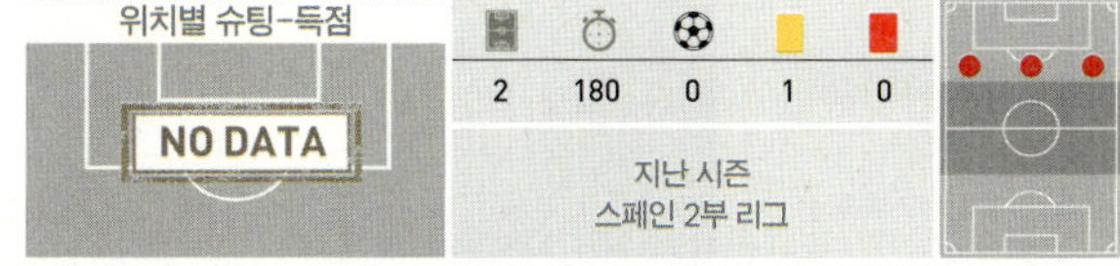

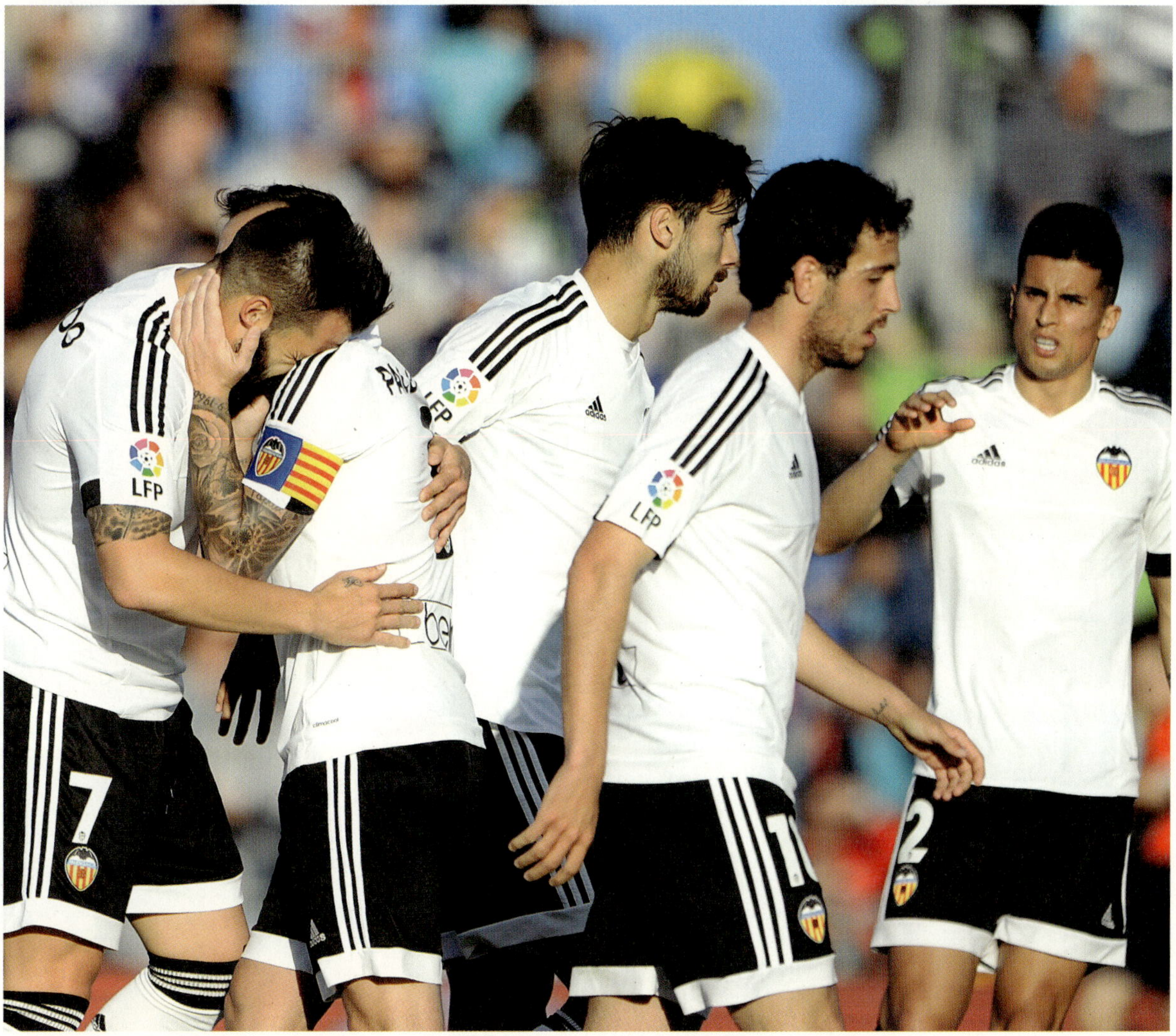

RCD ESPANYOL

<table>
<tr><td colspan="2">구단 소개</td></tr>
</table>

구단 창립 : 1900년
홈구장 : 에스타디 쿠르널라-엘프라트
감독 : 키케 플로레스
2015-16시즌 : 13위(승점 43점)
12승 7무 19패 40득점 74실점
닉네임 : Los Periquitos

<table>
<tr><td colspan="2">주요대회 우승횟수</td></tr>
</table>

0	SPANISH PRIMERA LIGA	4	SPANISH COPA DEL REY
0	UEFA CHAMPIONS LEAGUE	0	UEFA EUROPA LEAGUE
0	FIFA CLUB WORLD CUP	0	UEFA-CONMEBOL INTERCONTINENTAL

<table>
<tr><td>UNIFORM</td></tr>
</table>

Home

Away

가르시아, 스투아니, 카시야 등 대거 이적 영입 선수들 빠른 적응이 시즌 성적 좌우

2015-16 SEASON REVIEW

우려가 현실로. 초보 세르히오 곤살레스가 2014-15 시즌 나름 좋은 퍼포먼스를 선보였지만 여름 이적 시장 때 주축 선수들을 대거 내보냈고, 결국 지난 시즌 그 여파가 고스란히 나타났다. 곤살레스는 2015년 12월 성적 부진으로 물러났고, 그 뒤를 루마니아 출신 콘스탄틴 갈카가 맡아 시즌을 마무리했다. 에스파뇰 경영진은 지난 시즌 왓포드를 지도했던 키케 플로레스에게 새 지휘봉을 맡겼다. 에스파뇰은 홈구장에서 9승 5무 5패로 비교적 좋은 승률을 보였다. 그러나 원정 경기에서 3승 2무 14패의 참담한 성적을 내며 중하위권으로 전락했다.

SUMMER TRANSFER

매우 울적한 여름 이적 시장이었다. 팀의 핵심이던 마르코 아센시오, 알바로 곤살레스, 엔소 로코, 주요 백업 멤버였던 부르기, 아르라함 등이 모두 팀을 떠났다. 졸지에 클럽의 미래가 불투명해졌다. 다행스럽게도 뒤늦게 이적 시장에 뛰어들어 알바로 바스케스, 디에고 레예스, 레앙 바티스탕, 파블로 피아티 등을 합류시켰다. 에르난 페레스, 하비 로페스를 지킨 것도 큰 성과라고 볼 수 있다. 전체적으로 돈을 거의 쓰지 않았다. 18명의 영입 선수 중 이적료를 지불한 경우는 3명뿐이고 나머지는 임대 영입 혹은 FA 계약이었다. 결과가 주목된다.

2016-17 SEASON OUTLOOK

올 시즌도 중위권을 벗어나기는 쉽지 않을 것 같다. 다행히 주전급 중 부상자 없이 시즌 개막을 맞이했기에 일단 팀이 낼 수 있는 베스트는 할 수 있을 것으로 보인다. 그럼에도 불구하고 가지고 있는 전력 자체가 강하지 않기에 라리가 상위권 팀들을 상대로 어떤 퍼포먼스를 낼지는 지켜봐야 알 수 있을 것이다. 상대의 공격을 차단한 다음 최대한 빨리 역습하는 전술로 공격을 풀어나가야 한다. 수비수, 수비형 미드필더들의 빠르고 정확한 롱볼이 필요하다. 강력하고 다양한 중거리 슈팅, 오프사이드 트랩 전술도 눈여겨볼 만하다.

감독 키케 플로레스(QUIQUE Flores)

에스파뇰은 최근 잦은 감독 교체로 몸살을 앓았다. 2015년 12월 이후 10개월 간 세르히오 곤살레스, 콘스탄틴 갈카, 키케 플로레스 등 3명의 감독이 오갔다. 키케 플로레스 감독은 이번 시즌을 앞두고 세비야 지휘봉을 잡았다. 그는 잉글랜드 왓포드에서도 잦은 감독 교체로 위기를 맞은 상황에 팀을 잘 추슬렀다. 그는 선수 시절 발렌시아와 레알 마드리드, 사라고사에서 오른쪽 풀백으로 활약했다. 1990년 이탈리아 월드컵 스페인 대표로 뽑혔다. 지도자로는 2001년 레알 마드리드 유스팀을 시작으로 헤타페, 발렌시아, 벤피카, 아틀레티코 마드리드, 알 아흘리, 알 아인, 헤타페 등을 거쳤다. 조직과 전술적 움직임을 강조하며 카운터 축구를 즐겨 활용한다.

PROFILE
- 출 생 : 1977.11.29
- 국 적 : 잉글랜드
- 계 약 : 2019.06.30

STADIUM

Estadi Cornella-El Prat

- 구장 오픈 : 2009년
- 구장 증축 : -
- 구장 소유 : RCD 에스파뇰
- 수용 인원 : 4만 500명
- 피치 규모 : 105m × 68m
- 잔디 종류 : 천연 잔디

SQUAD LIST

위치	번호	이름	국적	신장	체중	생년월일
GK	1	Roberto Jiménez	ESP	188	82	10-02-86
	13	Diego López	ESP	196	88	03-11-81
	26	Andres Prieto	ESP	193	86	17-10-93
DF	2	Martin Demichelis	ARG	184	78	20-12-80
	3	Rubén Duarte	ESP	172	68	18-10-95
	5	Víctor Álvarez	ESP	178	69	14-03-93
	6	Óscar Duarte	CRC	184	70	03-06-89
	16	Javi López	ESP	179	76	21-01-86
	23	Diego Reyes	MEX	185	64	19-09-92
	29	Aaron Martín	ESP	180	72	22-04-97
MF	4	Víctor Sánchez	ESP	174	73	08-09-87
	8	Salva Sevilla	ESP	178	70	18-03-84
	14	José Manuel Jurado	ESP	173	72	29-06-86
	15	David López	ESP	185	77	09-10-89
	17	Hernán Pérez	PAR	177	68	25-02-89
	18	Javi Fuego	ESP	181	74	04-01-84
	20	Papakouli Diop	SEN	180	73	19-03-86
	28	Marc Roca	ESP	184	74	26-11-96
FW	7	Gerard Moreno	ESP	177	75	07-04-92
	9	José Antonio Reyes	ESP	176	76	01-09-83
	10	Felipe Caicedo	ECU	185	78	05-09-88
	11	Leo Baptistão	BRA	181	71	26-08-92
	19	Pablo Piatti	ARG	163	63	31-03-89
	22	Álvaro Vázquez	ESP	182	75	27-04-91

2016-17 SEASON SCHEDULE

날짜	장소	상대팀	날짜	장소	상대팀
20/AUG	A	Sevilla FC	28/JAN	H	Sevilla FC
26/AUG	H	Malaga CF	04/FEB	A	Malaga CF
09/SEP	A	Real Sociedad	11/FEB	H	Real Sociedad
18/SEP	H	Real Madrid	18/FEB	A	Real Madrid
22/SEP	A	CA Osasuna	25/FEB	H	CA Osasuna
25/SEP	H	Celta Vigo	28/FEB	A	Celta Vigo
02/OCT	H	Villarreal CF	04/MAR	A	Villarreal CF
14/OCT	A	UD Las Palmas	11/MAR	H	UD Las Palmas
22/OCT	H	SD Eibar	18/MAR	A	SD Eibar
29/OCT	A	Real Betis	01/APR	H	Real Betis
05/NOV	H	Athletic Bilbao	04/APR	A	Athletic Bilbao
19/NOV	A	CD Alaves	08/APR	H	CD Alaves
26/NOV	H	CD Leganes	15/APR	A	CD Leganes
03/DEC	A	Atletico Madrid	22/APR	H	Atletico Madrid
10/DEC	H	Sporting Gijon	25/APR	A	Sporting Gijon
17/DEC	A	FC Barcelona	29/APR	H	FC Barcelona
07/JAN	H	Deportivo La Coruna	06/MAY	A	Deportivo La Coruna
14/JAN	A	Valencia CF	13/MAY	H	Valencia CF
21/JAN	H	Granada CF	20/MAY	H	Granada CF

RANK OF LAST 5 YEARS

■ 2부 리그

2011-12	2012-13	2013-14	2014-15	2015-16
14 (46점)	13 (44점)	14 (42점)	10 (49점)	13 (43점)

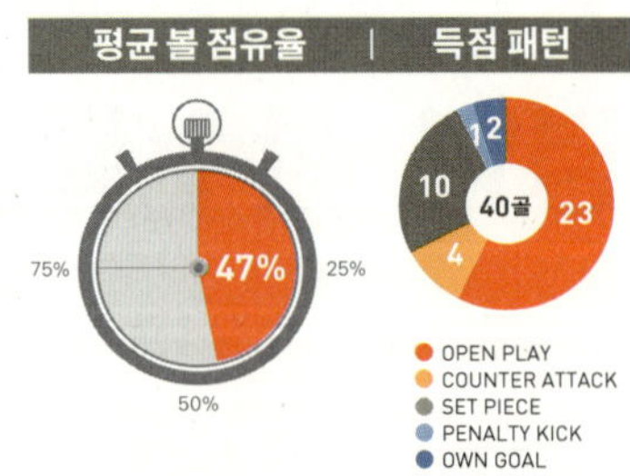

STRENGTHS & WEAKNESSES

OFFENSE		DEFENSE	
직접 프리킥	-	세트피스 수비	-
문전 처리	-	상대 볼 뺏기	-
측면 돌파	-	공중전 능력	-
스루볼 침투	-	역습 방어	-
개인기 침투	-	지공 방어	-
카운터 어택	-	스루패스 방어	-
기회 만들기	-	리드 지키기	-
세트피스	-	실수 조심	-
OS 피하기	-	측면 방어력	-
중거리 슈팅	-	파울 주의	-
볼 점유율	-	중거리슛 수비	-

매우 강함 **A**　강한 편 **B**　보통 수준 **C**　약한 편 **D**　매우 약함 **E**

시간대별 득점 | 시간대별 실점 | 득점 분포 | 공격 방향 | 볼 점유 위치 | 포지션별 득점 | 상대포지션별 실점

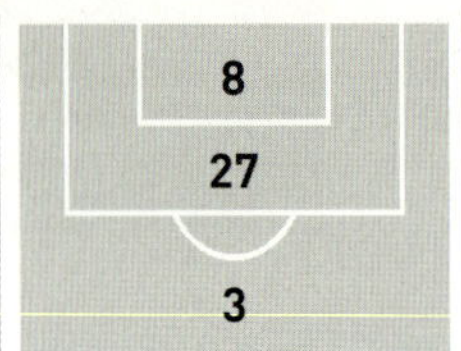

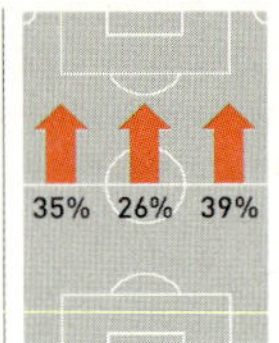

FORMATION

TOTO GUIDE 지난 시즌 상대팀별 전적

상대팀	홈	원정
FC Barcelona	0-0	0-5
Real Madrid	0-6	0-6
Atletico Madrid	1-3	0-1
Villarreal	2-2	1-3
Athletic Bilbao	2-1	1-2
Celta Vigo	1-1	0-1
FC Sevilla	1-0	0-2
Malaga	2-0	1-1
Real Sociedad	0-5	3-2
Real Betis	0-3	3-1
Las Palmas	1-0	0-4
Valencia	1-0	1-2
Eibar	4-2	1-2
Deportivo	1-0	0-3
Granada	1-1	1-1
Sporting Gijon	1-2	4-2
Rayo Vallecano	2-1	0-3
Getafe	1-0	1-3
Levante	1-1	1-2

GK Roberto Jiménez

1

로베르토
히메네스

지난 시즌 그리스 슈퍼리그 올림피아코스에서 뛰며 좋은 퍼포먼스를 선보였고, 2016년 여름 에스파뇰로 이적했다. 파우 로페스와 포지션 경쟁을 벌이겠지만 시즌 개막 시점 선발 골키퍼로 출전했다. 프로 경력 12년차 베테랑으로 안정감 있는 수비를 펼친다. 캐칭, 펀칭, 스로잉 등 기본적인 볼 핸들링이 좋고, 판단력이 빠른 편이다. 페널티킥 방어능력은 리그 최상위권. 집중력이 좋아 잔 실수를 적게 범한다.

국적 : 스페인

아틀레티코 유스 출신. 2005년 이 팀 2군에서 데뷔했고, 아틀레티코 1군, 힘나스틱, 레크레아티보, 아틀레티코 복귀, 사라고사, 벤피카, 사라고사 복귀, 올림피아코스를 거쳐 2016년 여름 에스파뇰로 이적. 스페인 U-21 대표 출신.

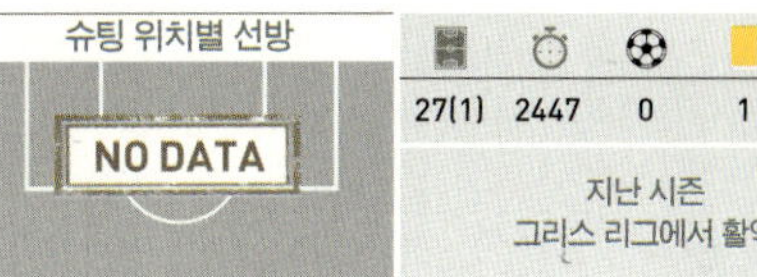

슈팅 위치별 선방	경기수	출전시간	득점	경고	퇴장
NO DATA	27(1)	2447	0	1	0

지난 시즌
그리스 리그에서 활약

GK Pau López

13

파우
로페스

지난 시즌 팀의 주전 골키퍼로 프리메라리가 36경기에 출전해 나름대로 선방했다. 올 시즌은 그리스 슈퍼리그 출신 로베르토가 팀에 합류했기에 경쟁이 불가피하다. 성장 속도가 빨라 경험을 더 쌓는다면 경쟁력은 충분히 있다. 로페스는 반사신경이 좋고 성격이 침착하기에 상대 공격수의 슈팅을 민첩하게 막아낸다. 공격수와 1대1이 됐을 때 무리하게 나서기보다는 기다렸다가 최대한 각도를 좁히는 유형이다.

국적 : 스페인

에스파뇰 유스 클럽 출신으로 2007년부터 고향 팀에서 성장했다. 2012년 B팀으로 올라왔고 이듬해 B팀 주전 선수로 35경기를 뛰었다. 에스파뇰은 성장 가능성이 보이자 2014년 7월, 4년 연장 계약을 맺었다. 1군 데뷔전은 2014년 12월.

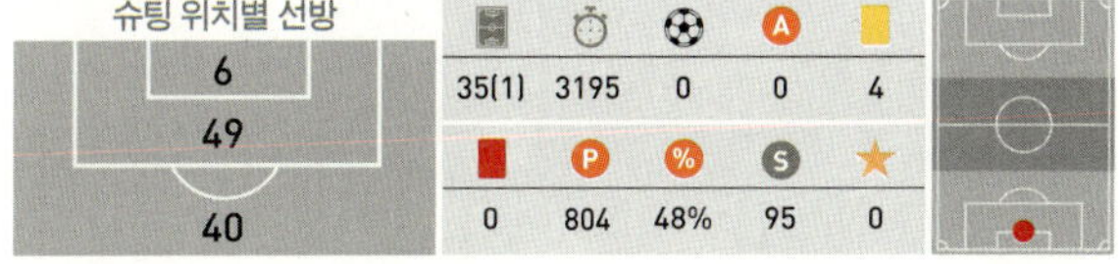

슈팅 위치별 선방	경기수	출전시간	득점	도움	경고
6	35(1)	3195	0	0	4
49	퇴장	패스시도	패스성공률	GK선방	MOM
40	0	804	48%	95	0

DF Rubén Duarte

3

루벤
두아르테

레프트백. 지난 시즌 빅토르 알바레스, 후안 푸엔테스와의 경쟁에서 승리했다. 올 시즌엔 빅토르 산체스와 주전 자리를 놓고 맞서야 한다. 두아르테는 경기당 2.8회의 태클과 2.7회의 인터셉트를 성공시킨다. 볼에 대한 수비와 지역에 대한 방어개념이 나름 갖춰진 수비수다. 측면에서 올리는 크로스, 후방에서 한 번에 날리는 롱볼도 비교적 정확한 편이다. 짧은 패스에 의한 빌드-업 능력을 더 키워야 한다.

국적 : 스페인

스페인 알메리아 출생. 에스파뇰 유스 아카데미 출신으로 2012년 이 팀 2군에서 데뷔했고, 2015년부터 1군으로 승격해 현재까지 활약 중이다. 스페인 U-16, U-17, U-18, U-19, U-21 등 연령별 대표를 모두 거친 엘리트다.

위치별 슈팅-득점	경기수	출전시간	득점	도움	경고
0 - 0	21(1)	1865	0	1	5
6 - 0	퇴장	패스시도	패스성공률	태클성공	MOM
5 - 0	0	634	73%	62	0

DF Óscar Duarte

오스카르 두아르테

지난 시즌 전반기는 벨기에 클럽 브뤼헤에서, 후반기는 스페인 에스파뇰에서 각각 활약했다. 비교적 빠른 시기에 적응을 마치고 나름 좋은 퍼포먼스를 선보였다. 올 시즌 소속 팀에서는 선발 센터백으로 출전할 것이다. 두아르테는 당당한 체격에 강력한 승부 근성으로 수비를 펼친다. 특히 타이밍에 맞춰 정확히 시도하는 블로킹과 클리어링이 장점. 그러나 가끔 집중력 부족으로 잔 실수를 범하고 파울이 많다.

국적 : 코스타리카

부모는 코스타리카 사람이지만 니카라과 카타루니아에서 태어났다. 데포르티보 사프리사 아카데미 출신으로 2008년 이 팀 1군에서 데뷔했다. 푼타레나스 임대를 거쳐 2013년 클럽 브뤼헤로 이적했고, 2016년 여름 에스파뇰로 옮겼다.

위치별 슈팅-득점

	3 - 1	
5 - 0		
8 - 0		

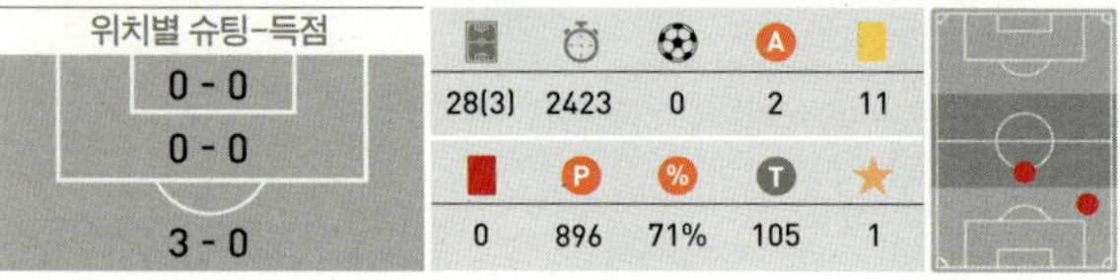		A	
13(1)	1196	1	0	5

P	%	T	★
0	434	73%	15	0

DF Javi López

하비 로페스

화려한 플레이어는 아니지만 항상 조용히 제 몫을 다 해낸다. 지난 시즌에도 리그 31경기(선발 28회+교체인 3회)에 출전했다. 에스파뇰 1군 승격 이후 경기에 빠지는 일이 드물다. 선호하는 포지션은 라이트백. 공격력이나 속도로 승부하기보다는 체력과 부지런함 그리고 집중력으로 대인방어와 협력 수비에 힘쓴다. 지난 시즌에는 중앙 미드필더로도 영역을 넓혔다. 올 시즌도 주어진 역할은 같을 것이다.

국적 : 스페인

레알 베티스에서 성장했지만 에스파뇰에서 프로 선수로 데뷔했다. 2009년 본격적인 B팀 주전이 되면서 1군 훈련에도 참가하기 시작했다. 이듬해 1군으로 완전히 승격했고 후반기부터는 주전을 꿰찼다. 첫 골을 터트린 경기에서 퇴장당했다.

위치별 슈팅-득점

0 - 0		
0 - 0		
3 - 0		

			A	
28(3)	2423	0	2	11

P	%	T	★
0	896	71%	105	1

DF Diego Reyes

디에고 레예스

레알 소시에다드에서 리그 27경기에 출전해 평균 태클 2.1회, 인터셉트 3.9회, 클리어링 3.7회 등 안정감을 보였다. 시즌 에스파뇰에서도 센터백 주전으로의 경쟁력이 충분히 있어 보인다. 센터백과 수비형 MF를 겸하기에 공격력도 갖췄다. 앞 선에서 상대의 볼을 날렵하게 뺏은 뒤 바로 역습에 가담한다. 키가 큰 선수치고 드리블도 나쁘지 않고, 패스도 비교적 정확하다. 큰 키를 이용한 공중전은 치명적인 무기.

국적 : 멕시코

멕시코시티 출생. 아메리카 유스에서 축구를 배웠다. 2010년 이 팀 1군에서 데뷔했고, 2013년 포르투 FC로 이적했다. 포르투에 적을 둔 상태로 레알 소시에다드 임대를 거쳐 2016년 여름 에스파뇰로 재임대됐다. 현재 멕시코 국가대표.

위치별 슈팅-득점

2 - 1		
7 - 1		
2 - 0		

			A	
26(1)	2313	2	0	3

P	%	T	★
1	1047	82%	58	2

MF Víctor Sánchez

빅토르 산체스

놀라운 지구력으로 그라운드를 줄기차게 누비는 '에너자이저.' 지난 시즌 주전 미드필더로 리그 29경기에 출전했다. 수비형 미드필더이면서 빌드-업에 적극 참여하고, 날카로운 킬 패스로 6개의 도움을 성공시켰다. 공격에 참가했다가 수비로 전환하는 속도가 빠르고 앞 선에서 적극적으로 1차 압박을 한다. 문제는 카드. 최근 4시즌 연속 두 자릿수 옐로 카드를 받은 데다 무려 16차례나 출전정지 처분을 받았다.

국적 : 스페인

바르셀로나 C, B를 거쳐 2008-09시즌 1군 12경기에 모습을 보였다. 아쉽게 가능성을 선보이지 못하고 세레스, 헤타페, 스위스 크사막스 등으로 옮겨갔다. 지역 라이벌인 에스파뇰 유니폼을 입은 것은 2012년 겨울 이적 시장에서였다.

위치별 슈팅-득점

0 - 0		
13 - 1		
11 - 0		

			A	
28(1)	2315	1	6	11

P	%	T	★
2	1001	79%	99	3

MF Léo Baptistão

레우 바티스탕

로테이션 플레이어. CAM, RW, LW 등 2선 공격 어디서든 뛸 수 있다. 한창 잘 나가던 10월 22일, 햄스트링을 다쳐 두 달간 결장했다. 부상만 없었다면 더 큰 활약을 했을 것이기에 안타깝다. 올 시즌은 정상 컨디션으로 개막을 맞았다. 바티스탕은 화려한 드리블로 상대 수비를 쉽게 제치거나 파울을 얻어낸다. 짧은 패스 콤비네이션과 컷-인은 강력한 무기. 수비 집중력이 좋아 앞 선에서 상대의 패스를 잘 자른다.

국적 : 브라질

브라질 산토스 출생. 어린 시절 라요 바예카노 유스 아카데미로 유학을 갔고, 2011년 그 팀 2군에서 프로 데뷔전을 치렀다. 이어 라요 바예카노 1군, 아틀레티코 마드리드, 레알 베티스, 비야레알을 거쳐 2016년 여름 에스파뇰로 이적.

위치별 슈팅-득점

1 - 0		
23 - 3		
8 - 0		

			A	
12(14)	1259	3	1	1

P	%	T	★
0	359	67%	15	0

MF Javi Fuego
하비 푸에고

발렌시아 소속이던 지난 시즌 엉덩이 부상으로 한 달, 3차례 출전 정지로 20여 일간 각각 결장했다. 결국 프리메라리가 26경기에 출전하는 데 그쳤다. 올 시즌 에스파뇰에서 새로운 도전에 나선다. 하비 푸에고는 중앙 미드필더. 강력한 태클, 날렵한 가로채기, 결정적인 순간의 블로킹 등 수비에서 강점을 보인다. 패스 성공률 85%로 준수한 편이다. 그러나 플레이가 너무 과격하다. 항상 카드를 조심해야 한다.

국적 : 스페인

폴라 데 시에로 출생. 스포르팅 유스 아카데미 출신. 2002년 이 팀 1군에서 데뷔했고, 스포르팅 1군, 레반테, 레크레아티보, 라요 바예카노, 발렌시아를 거쳐 2016년 여름 에스파뇰에 입단했다. 스페인 연령별 청소년대표를 모두 거쳤다.

위치별 슈팅-득점

0 - 0			
1 - 0			
4 - 0			

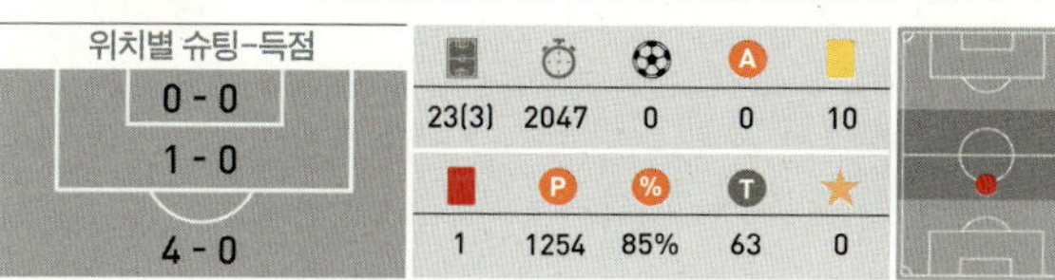

경기수	출전시간	득점	도움	경고
23(3)	2047	0	0	10

퇴장	패스시도	패스성공률	태클성공	MOM
1	1254	85%	63	0

MF Pablo Piatti
파블로 피아티

지난 시즌 발렌시아에서는 주로 조커로 투입됐으나 에스파뇰에서는 주전 레프트윙으로 뛸 가능성이 높다. 피아티의 최대 강점은 킥. 세트피스 때 전문 키커 중 1명이고, 크로스와 짧은 패스 콤비네이션이 매우 정확한 편이다. 볼 키핑력이 좋아 상대로부터 파울도 자주 얻어낸다. 공격 성향이 강한 선수이면서도 강력한 태클을 구사한다. 지난 시즌 햄스트링 부상으로 고전했다. 부상 재발방지에 신경 써야 한다.

국적 : 아르헨티나

아르헨티나 우카차 출생. 에스투디안테스 유스 아카데미에서 축구를 처음 배웠고, 2006년 이 팀 1군에서 프로 선수로 데뷔했다. 알메리아를 거쳐 2011년 발렌시아로 이적했다. 그리고 2016년 여름 에스파뇰로 임대됐다.

위치별 슈팅-득점

1 - 0			
5 - 0			
4 - 0			

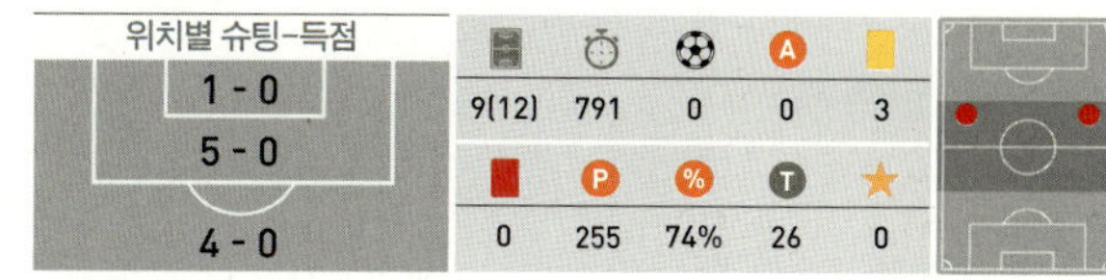

경기수	출전시간	득점	도움	경고
9(12)	791	0	0	3

퇴장	패스시도	패스성공률	태클성공	MOM
0	255	74%	26	0

MF Pape Diop
파프 디오프

지난 시즌 나름 좋은 활약을 보였다. 프리메라리가 30경기에 출전해 3골을 넣었고, 78%의 패스를 성공시켰다. 올 시즌도 중앙 MF 자리를 놓고 빅토르 산체스, 하비 푸에고 등과 경쟁을 벌인다. 디오프는 포백을 보호하면서 강력한 수비를 펼친다. 태클, 인터셉트, 커버 플레이, 블로킹 등 탄탄한 수비를 보여준다. 후방에서 장거리 패스로 빌드-업을 돕는다. 그러나 짧은 패스 콤비네이션은 그리 위력적이지 않다.

국적 : 세네갈

세네갈계 이민 2세. 어린 시절 부모를 따라 프랑스로 이주했고, 스타드 렌 유스에서 축구를 배웠다. 2006년 이 팀 1군에서 데뷔했고, 투르, 힘나스틱, 라싱 산탄데르, 레반테를 거쳐 2015년 여름 에스파뇰로 이적. 현재 세네갈 국가대표.

위치별 슈팅-득점

1 - 0			
9 - 3			
12 - 0			

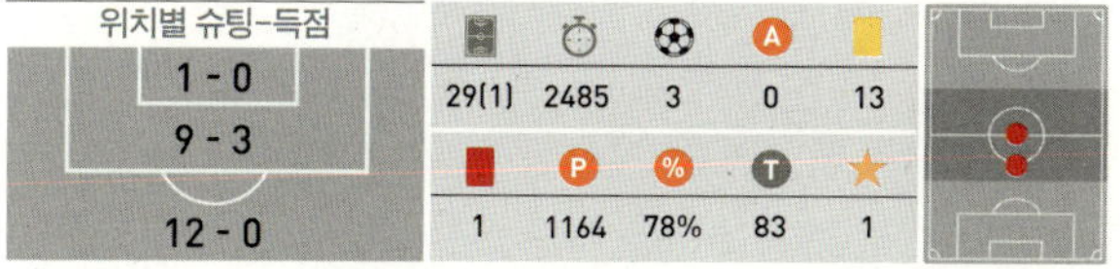

경기수	출전시간	득점	도움	경고
29(1)	2485	3	0	13

퇴장	패스시도	패스성공률	태클성공	MOM
1	1164	78%	83	1

FW Gerard Moreno
헤라르드 모레노

에스파뇰이 팀을 떠난 세르히오 가르시아의 후계자로 생각하고 영입했다. 지난 시즌 비야레알에서 리그+국왕컵+유로파 리그를 포함해 16골을 터트리는 빼어난 활약을 펼쳤다. 체구가 조금 작지만 최전방에서 골을 잡아채는 스타일이다. 발이 빠르고 공에 대한 집중력이 좋아 세컨드 볼을 적극적으로 따낸다. 박스 안에서 공을 받고 다가오는 미드필더를 보는 패턴 플레이에도 재주를 보인다. 체력 보완이 가장 큰 숙제.

국적 : 스페인

2010년 비야레알에 입단해 C, B를 거쳐 1군까지 초고속 성장을 거듭했다. 2012년 처음 비야레알 1군 무대를 밟았고 이듬해 마요르카로 임대되어 경기 경험을 쌓았다. 2015년 8월, 비야레알의 대대적인 공격수 개편으로 팀을 옮겼다.

위치별 슈팅-득점

3 - 3			
34 - 4			
16 - 0			

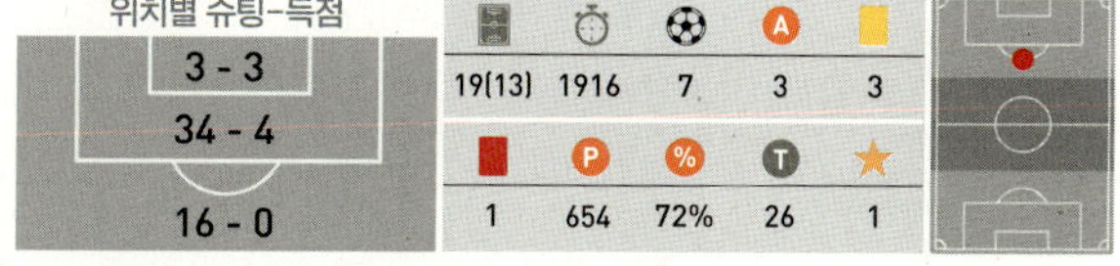

경기수	출전시간	득점	도움	경고
19(13)	1916	7	3	3

퇴장	패스시도	패스성공률	태클성공	MOM
1	654	72%	26	1

FW Felipe Caicedo
펠리페 카이세도

2년 연속 팀의 주축 공격수였다. 2014-15시즌 9골, 지난 시즌엔 8골을 터뜨렸다. 2월의 대퇴부 부상, 3월의 햄스트링 부상만 없었다면 훨씬 더 좋은 활약을 했을 것이기에 아쉬움이 남는다. 정상 컨디션의 카이세도는 몸동작이 빠르고 꽤 유연하게 움직인다. 위치를 잘 잡고 몸싸움에도 능하다. PA 안에서 유효 슈팅이 많고, 골도 많이 나온다. 드리블을 잘 하고 파울도 잘 얻어낸다. 기분파로 기복이 심한 게 단점.

국적 : 에콰도르

2008년 1월 아직 덜 여문 선수를 EPL 맨체스터 시티가 영입하며 이름을 알렸다. 하지만 이후 임대생활이 시작되면서 한 곳에 머무르지 못했다. 17세 때 대표팀에 처음 발탁돼 2번의 코파아메리카, 2014 브라질 월드컵에 참가했다.

위치별 슈팅-득점

4 - 2			
28 - 6			
8 - 0			

경기수	출전시간	득점	도움	경고
26(5)	2145	8	0	6

퇴장	패스시도	패스성공률	태클성공	MOM
0	498	76%	18	0

FW Hernán Pérez
에르난 페레스

2선 공격을 담당하는 윙 전문 플레이어. 주 위치는 라이트윙이지만 팀 사정에 따라 레프트윙으로 뛸 때도 있다. 스페인에서 7번째인 지난 시즌 나름대로 좋은 활약을 보였다. 페레스는 공격적인 움직임을 선호하고 본인 위주로 패스가 돌아갔을 때 강한 자신감을 보인다. 빠르고 박스 내·외곽을 가리지 않고 강렬한 슈팅을 날린다. 민첩한 드리블도 장점. 상대적으로 수비 가담은 부족한 편이다.

국적 : 파라과이

파라과이 U-20을 거쳐 2010년부터 대표 선수로 활약 중이다, 당시 나이 21세. 2009년 비야레알 유니폼을 입으면서 기대를 모았지만 적응에 실패하며 올림피아코스, 바야돌리드로 임대됐었다. 에스파뇰과는 4년 계약을 맺었다.

위치별 슈팅-득점

4 - 1			
33 - 6			
10 - 0			

경기수	출전시간	득점	도움	경고
27(5)	2448	7	1	12

퇴장	패스시도	패스성공률	태클성공	MOM
0	882	71%	42	2

SD EIBAR

구단 소개

구단 창립 : 1940년
홈구장 : 이푸라 스타디움
감독 : 호세 루이스 멘딜리바르
2015-16시즌 : 14위(승점 43점)
11승 10무 17패 49득점 61실점
닉네임 : Armeros

주요대회 우승횟수

SPANISH PRIMERA LIGA	0	SPANISH COPA DEL REY	0
UEFA CHAMPIONS LEAGUE	0	UEFA EUROPA LEAGUE	0
FIFA CLUB WORLD CUP	0	UEFA-CONMEBOL INTERCONTINENTAL	0

UNIFORM

Home

Away

어부지리로 얻은 잔류권, 실력으로 입증 그러나 여전히 불안한 강등 후보 순위권

2015-16 SEASON REVIEW

2014-15 시즌 성적은 18위. 그러나 당시 13위였던 엘체가 연봉 및 세금 체납, 부채 문제 등으로 말썽을 일으켰다. 강등이 결정된 에이바르는 지푸라기 잡는 심정으로 엘체를 LFP에 제소했고, 의견이 받아들여져 겨우 살아남았다. 지난 시즌 최종 성적은 리그 14위. 운 좋게 잔류를 했지만 실력으로 재잔류를 결정지었다. 에이바르는 전반기 19라운드까지 8승 6무 5패의 비교적 준수한 성적으로 리그 중상위권에 머물렀다. 그러나 하반기 19경기에서 3승 4무 12패의 참담한 성적을 냈다. 전반기에 벌어놓은 승점으로 강등권을 벗어날 수 있었다.

SUMMER TRANSFER

2014-15 시즌 창단 후 첫 승격을 이뤘을 때도 재정 문제 때문에 취소될 뻔했다. 그래서 이 팀이 거액의 이적료를 주고 선수를 영입하기란 불가능에 가깝다. 그래도 새 감독 입맛에 맞는 선수 보강이 이뤄졌다. 지난 시즌보다 선수층이 어느 정도 향상됐다. 수비를 탄탄히 해줄 아나이츠 아르비야, 중앙 MF 프란 리코, 수비와 중원을 넘나드는 멀티맨 알레한드로 갈베스, 센터백 플로리앙 르죈 등이 눈에 띈다. 여름 이적 시장 방출 인원 18명, 영입 인원은 21명이었다. 에이바르 구단은 케코를 이적시키며 말라가 구단으로부터 500만 유로를 받았다.

2016-17 SEASON OUTLOOK

여전히 강등 후보로 꼽힌다. 이번 시즌에는 승격 클럽들의 전력도 만만치 않은 까닭에서다. 하지만 수비 능력이 좋은 선수들이 대거 합류했기에 쉽게 무너지지 않는, 적어도 홈에서는 상대를 괴롭히는 복병이 될 수는 있다. 따라서 바스크 지방의 산골 마을에 있는 홈구장 이푸루아에서 성적을 높이는 전략이 중요하다. 그래야 원정에서 성적이 낮아도 잔류 안정권에 자리 잡을 수 있다. 멘딜리바르 감독 특성상 엇비슷한 팀을 상대로는 화끈한 난타전, 강팀과는 선수비 후 역습 전략을 사용하리라 예상한다.

감독 호세 멘딜리바르(Jose MENDILIBAR)

하위권 클럽들에는 '마성의 남자'다. 바스크 지방 출신으로 감독 경력을 살펴봤을 때 고향 클럽들과의 궁합이 좋았다. 그래서 2014-15 시즌 레반테에서의 대실패와는 별개로 에이바르 부임이 기대되는 이유다. 미드필더 출신으로 주로 하부 리그에서 선수 경력을 쌓았다. 이후 AT 빌바오 유스 지도자를 거쳐 바스코니아, 빌바오 AT 아틀레틱 등 단계를 높여갔다. 그가 지도자로 중요한 업적을 쌓기 시작한 것은 란사로테를 이끌면서부터다. 란사로테의 성공을 발판으로 빌바오 1군 감독 자리까지 올랐지만 성적 부진으로 금방 경질됐다. 국내 팬에게 본격적으로 알려진 것은 바야돌리드와 오사수나 지휘봉을 잡았을 때다. 당시 인상적인 공격 축구와 더불어 '잔류의 귀재'라는 별명을 얻었다.

PROFILE
- 출 생 : 1961.5.14
- 국 적 : 페인
- 계 약 : 2017.6.30

STADIUM

Ipurua Municipal Stadium

- 구장 오픈 : 1947년
- 구장 증축 : -
- 구장 소유 : 에이바르 시
- 수용 인원 : 6,267명
- 피치 규모 : 103m × 65m
- 잔디 종류 : 천연 잔디

SQUAD LIST

위치	번호	이름	국적	신장	체중	생년월일
GK	1	Yoel	ESP	185	78	28-08-88
	13	Asier Riesgo	ESP	185	70	06-10-83
	30	Markel Areitio	ESP	180	68	07-09-96
DF	3	Alejandro Gálvez	ESP	190	84	06-06-89
	4	Iván Ramis	ESP	188	82	25-10-84
	7	Ander Capa	ESP	173	70	14-05-92
	15	Mauro Dos Santos	ARG	180	76	07-07-89
	18	Anaitz Arbilla	ESP	177	75	15-05-87
	19	Antonio Luna	ESP	177	68	17-03-91
	20	Florian Lejeune	FRA	188	81	20-05-91
	23	David Juncà	ESP	175	67	16-11-93
MF	5	Gonzalo Escalante	ARG	182	76	27-03-93
	6	Cristian Rivera	ESP	190	80	09-07-97
	8	Takashi Inui	JPN	169	59	02-06-88
	10	Jota	ESP	180	67	16-06-91
	11	Rubén Peña	ESP	170	65	18-07-91
	14	Dani García	ESP	180	75	24-05-90
	16	Fran Rico	ESP	178	71	03-08-87
	21	Pedro León	ESP	182	70	24-11-86
	24	Adrián González	ESP	183	76	25-05-88
FW	9	Sergi Enrich	ESP	181	77	26-02-90
	17	Kike	ESP	186	79	25-11-89
	22	Nano	ESP	178	79	05-02-95
	25	Bebé	POR	190	75	12-07-90

2016-17 SEASON SCHEDULE

날짜	장소	상대팀	날짜	장소	상대팀
19/AUG	A	Deportivo La Coruna	28/JAN	H	Deportivo La Coruna
27/AUG	H	Valencia CF	04/FEB	A	Valencia CF
11/SEP	A	Granada CF	11/FEB	H	Granada CF
17/SEP	H	Sevilla FC	18/FEB	A	Sevilla FC
20/SEP	A	Malaga CF	25/FEB	H	Malaga CF
24/SEP	H	Real Sociedad	28/FEB	A	Real Sociedad
02/OCT	A	Real Madrid	04/MAR	H	Real Madrid
17/OCT	H	CA Osasuna	11/MAR	A	CA Osasuna
22/OCT	A	Espanyol Barcelona	18/MAR	H	Espanyol Barcelona
29/OCT	H	Villarreal CF	01/APR	A	Villarreal CF
05/NOV	A	UD Las Palmas	04/APR	H	UD Las Palmas
19/NOV	H	Celta Vigo	08/APR	A	Celta Vigo
26/NOV	H	Real Betis	15/APR	A	Real Betis
03/DEC	A	Athletic Bilbao	22/APR	H	Athletic Bilbao
10/DEC	H	CD Alaves	25/APR	A	CD Alaves
17/DEC	A	CD Leganes	29/APR	H	CD Leganes
07/JAN	H	Atletico Madrid	06/MAY	A	Atletico Madrid
14/JAN	A	Sporting Gijon	13/MAY	H	Sporting Gijon
21/JAN	H	FC Barcelona	20/MAY	A	FC Barcelona

RANK OF LAST 5 YEARS

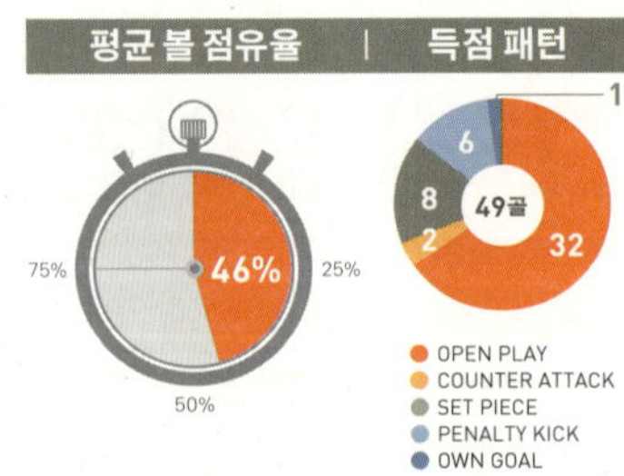

STRENGTHS & WEAKNESSES

OFFENSE		DEFENSE	
직접 프리킥	B	세트피스 수비	E
문전 처리	C	상대 볼 뺏기	A
측면 돌파	C	공중전 능력	C
스루볼 침투	C	역습 방어	C
개인기 침투	B	지공 방어	C
카운터 어택	C	스루패스 방어	D
기회 만들기	B	리드 지키기	D
세트피스	B	실수 조심	C
OS 피하기	C	측면 방어력	C
중거리 슈팅	B	파울 주의	E
볼 점유율	D	중거리슛 수비	C

매우 강함 A 강한 편 B 보통 수준 C 약한 편 D 매우 약함 E

시간대별 득점	시간대별 실점	득점 분포	공격 방향	볼 점유 위치	포지션별 득점	상대포지션별 실점

*상대 자책골 1골   *자책골 실점 1골

FORMATION

TOTO GUIDE 지난 시즌 상대팀별 전적

상대팀	홈	원정
FC Barcelona	0-4	1-3
Real Madrid	0-2	0-4
Atletico Madrid	0-2	1-3
Villarreal	1-2	1-1
Athletic Bilbao	2-0	2-5
Celta Vigo	1-1	2-3
FC Sevilla	1-1	0-1
Malaga	1-2	0-0
Real Sociedad	2-1	1-2
Real Betis	1-1	4-0
Las Palmas	0-1	2-0
Valencia	1-1	0-4
Espanyol	2-1	2-4
Deportivo	1-1	0-2
Granada	5-1	3-1
Sporting Gijon	2-0	0-2
Rayo Vallecano	1-0	1-1
Getafe	3-1	1-1
Levante	2-0	2-2

 GK Yoel Rodríguez

라요 바예카노에서 후안 카를로스, 토뇨에 이은 '넘버 3' 골키퍼였다. 올 시즌 에이바르에서는 리에스고의 백업으로 대기한다. 요엘은 순발력을 이용한 슛-스토핑에 강점이 있다. 특히 골대 좌우 코너로 날아가는 볼에 대한 반응이 우수하다. 점프력이 좋아 공중볼도 잘 처리하는 편이다. 전체적인 골키퍼 볼 핸들링은 보통 수준. 패스 성공률은 57%에 불과하다. 빌드-업 과정이 매끄럽지 못한 게 아쉬운 부분.

요엘 로드리게스

국적 : 스페인

스페인 비고 출생. 셀타 비고 유스 아카데미에서 축구를 배웠고, 2006년 셀타 2군에서 데뷔했다. 이어 셀타 1군, 루고(임대), 발렌시아(임대 후 완전 이적), 라요 바예카노(임대)를 거쳐 2016년 여름 에이바르로 임대됐다.

슈팅 위치별 선방

	1	
	20	
	7	

🔲	⏱	⚽	A	🟨
10	811	0	0	1

🟥	P	%	S	★
1	281	57%	28	0

 GK Asier Riesgo

안정감 있다. 지난 시즌 에이바르 골문을 든든히 지키며 1부 리그 잔류의 주인공 중 1명이 됐다. 올 시즌 요엘 로드리게스의 도전을 받겠지만 리에스고의 위치는 흔들림이 없을 것이다. 슛-스토핑 때 볼을 제대로 클리어링 해낸다. 특히 페널티 박스 안에서 슈팅하는 볼에 대한 반응이 우수하다(이 부문 지난 시즌 51세이브). 기본적인 볼 핸들링도 OK. 후방 빌드-업 때 롱패스가 동료들에게 정확히 연결된다.

아시에르 리에스고

국적 : 스페인

레알 소시에다드 유스 출신. 2001년 이 팀 2군에서 데뷔했고, 이듬해 1군으로 올라서 8년 간 활약했다. 그 도중 에이바르, 레크레아티보로 임대됐다. 2010년 오사수나로 이적했고, 2015년 여름 에이바르 유니폼을 입었다.

슈팅 위치별 선방

	5	
	51	
	25	

🔲	⏱	⚽	A	🟨
34	3060	0	0	1

🟥	P	%	S	★
0	947	41%	81	1

 DF Alejandro Alex Gálvez

지난 시즌 베르더 브레멘 소속으로 분데스리가 21경기에 출전했다. 중앙 수비수로서 베스터고르, 질로보지와 포지션 경쟁을 벌였다. 올 시즌 에이바르에서는 선발 센터백으로 출전할 가능성이 높다. 갈베스는 축구 IQ가 우수하고 위치를 잘 잡기에 상대의 패스를 앞 선에서 잘 자른다. 상대의 볼만 정확히 걷어내는 태클 기술도 좋은 편. 롱패스를 이용한 빌드-업도 OK. 예전에 비해 파울, 경고 횟수가 많이 줄었다.

알레한드로 알렉스 갈베스

국적 : 스페인

스페인 그라나다 출생. 비야레알 유스 아카데미 출신으로 2008년 이 팀 1군에서 데뷔했다. 온다, 비야노벤세, 스포르팅 히혼, 라요 바예카노, 베르더 브레멘을 거쳐 2016년 여름 에이바르 유니폼을 입었다. 계약 기간은 3년.

위치별 슈팅-득점

	0 - 0	
	1 - 1	
	4 - 0	

🔲	⏱	⚽	A	🟨
15(6)	1275	1	0	3

🟥	P	%	T	★
0	508	74%	30	0

 DF Iván Ramis

이반
라미스

라리가 팬이라면 마요르카 수비수였던 그를 기억할 것이다. 188cm, 82kg에서 나오는 파워 넘치는 수비는 상대 공격수를 힘으로 잡아 삼켰다. 라미스는 후방에서 거칠게 수비력을 뽐냈지만 의외로 경고 숫자는 아주 적은 깔끔한 수비수였다. 어린 시절부터 꾸준한 경험을 획득하면서 차근하게 성장한 터라 경기 운영 능력도 군더더기 없이 훌륭하다. 높은 타점에서 터지는 머리를 활용한 공격도 좋은 무기다.

국적 : 스페인

마요르카 유스 출신으로 2001년 마요르카 B팀에서 데뷔, 바야돌리드 임대 생활을 제외하고 2012년까지 한 팀에서만 뛰었다. 이후 잉글랜드 위건, 레반테 등을 거쳐 에이바르와 계약을 맺었다. 스페인 U-19, U-21, U-23 대표를 지냈다.

위치별 슈팅-득점

1 - 0
5 - 0
2 - 0

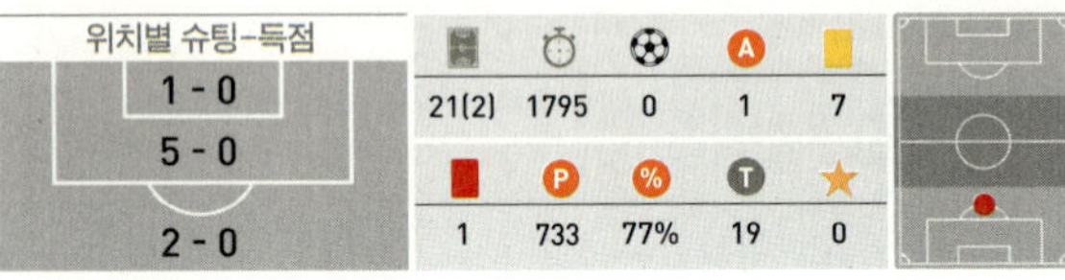

경기수	출전시간	득점	도움	경고
21(2)	1795	0	1	7

퇴장	패스시도	패스성공률	태클성공	MOM
1	733	77%	19	0

 DF Ander Capa

안데르
카파

오른쪽 측면의 스페셜리스트. 주 위치는 라이트백이지만 라이트 미드필더까지 과감하게 올라가는 공격적인 선수다. 지난 시즌 프리메라리가 36경기에 출전해 2골-5도움의 알토란 같은 활약을 펼쳤다. 올 시즌에도 부동의 라이트백으로 선발 출전한다. 카파는 태클, 인터셉트, 클리어링 등 수비 기본의 임무에 충실하면서도 기회가 생기면 적극적으로 공격에 가담한다. 롱볼과 크로스, 중거리 슈팅이 위력적이다.

국적 : 스페인

스페인 포르투갈레테 출생. 빌바오와 에이바르 유스 출신이다. 2011년 에이바르 2군에서 데뷔했고, 2012년 에이바르 1군으로 승격한 뒤 현재까지 활약 중이다. 스페인 국가대표로 뽑힌 적은 없으나 바스크 지역 대표로 출전한 적이 있다.

위치별 슈팅-득점

0 - 0
6 - 2
10 - 0

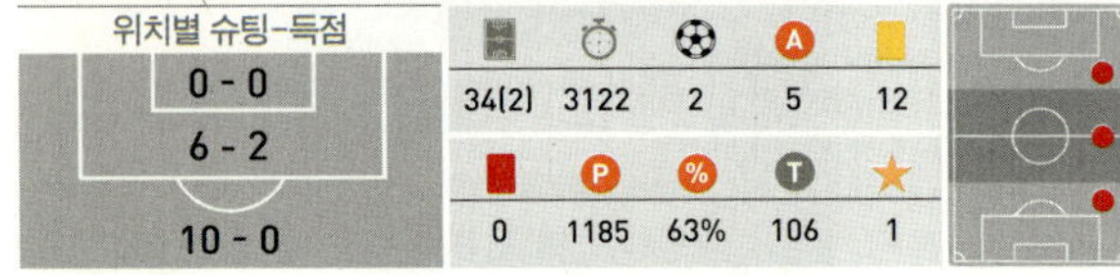

경기수	출전시간	득점	도움	경고
34(2)	3122	2	5	12

퇴장	패스시도	패스성공률	태클성공	MOM
0	1185	63%	106	1

 DF Mauro Dos Santos

마우로 도스
산토스

지난 시즌 에이바르 수비의 중심이었다. 프리메라리가가 31경기에 출전해 경기 평균 태클 1.6회, 인터셉트 2.9회, 클리어링 4.7회를 기록했다. 도스 산토스는 수비진 지휘 능력보다는 강력한 대인방어가 주 무기다. 아르헨티나 반필드 시절과는 달리 스페인으로 건너오면서 세트플레이 공격력도 향상됐다. 강력한 태클을 선보이지만 카드도 많이 받는다. 최근 2년 간 무려 5차례나 출전정지 처분을 받았다.

국적 : 아르헨티나

도스 산토스는 유스의 산실이라 불리는 벤필드 유스 클럽에서 축구 선수로 성장했다. 그의 첫 프로 데뷔전은 2008년 명문 리버 플레이트와의 홈경기였다. 2012년 레알 무르시아로 이적하면서 꿈에 그리던 유럽 무대 등장을 알렸다.

위치별 슈팅-득점

0 - 0
11 - 0
1 - 0

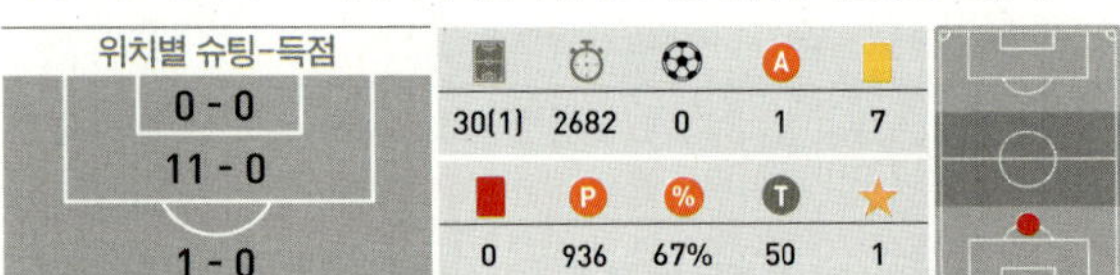

경기수	출전시간	득점	도움	경고
30(1)	2682	0	1	7

퇴장	패스시도	패스성공률	태클성공	MOM
0	936	67%	50	1

 DF Antonio Luna

안토니오
루나

루나는 세비야 기대주였다. 보통 기대주가 아니라 2010년 19세에 1군 데뷔전을 치르고 같은 해 국왕컵 결승전 풀타임 출전까지 했던 특별한 유망주. 어려서부터 왼쪽 측면에서 공수를 모두 해내는 범상치 않은 능력을 보였다. 체구는 작지만 발이 빠르고 공간감이 좋은 전형적인 스페인 풀백의 교과서를 보는 것 같았다. 경기 출전 시간, 경고 카드에 비해 퇴장이 잦은 편. 감정을 컨트롤하는 요령이 필요하다.

국적 : 스페인

세비야에서 1군 정착에 실패하면서부터 경력이 꼬여갔다. 2011-12시즌 출전 기회를 얻었을 때 기량을 보이지 못한 것도 화근이다. 2013년부터 마요르카, 애스턴 빌라, 베로나, 스페지아 등 거의 반 시즌 꼴로 팀을 옮겨왔다.

위치별 슈팅-득점

0 - 0
2 - 0
0 - 0

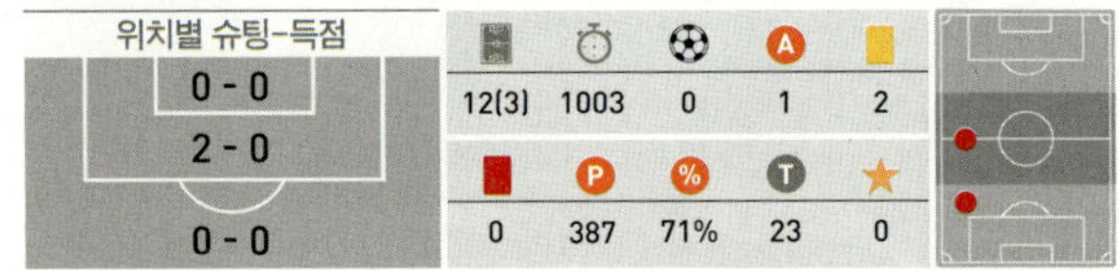

경기수	출전시간	득점	도움	경고
12(3)	1003	0	1	2

퇴장	패스시도	패스성공률	태클성공	MOM
0	387	71%	23	0

 DF David Juncà

다비드
훈카

레프트백. 프리메라리가가 26경기에 출전해 4도움. 뇌진탕으로 2015년 12월부터 한 달 간 결장한 것을 제외하고 대부분 주전으로 뛰었다. 올 시즌엔 같은 포지션 안토니오 루나와의 경쟁이 더욱 치열해질 것이다. 훈카는 볼을 잘 다루고 공격 성향이 매우 강한 수비수다. 동료에게 세밀하게 연결되는 침투패스, 활처럼 휘어져 나가는 크로스, 반대편으로 오픈 시키는 롱볼 등은 강력한 무기다. 강력한 태클을 구사한다.

국적 : 스페인

피게레스, 바르셀로나, 마요르카, 히로나 등 유스 아카데미 4곳을 다녔다. 2011년 리우데요츠에서 데뷔했고, 히로나, 히로나 2군을 거쳐 2015년 여름 에이바르로 이적했다. 그해 8월 24일 그라나다전에서 프리메라리가 데뷔전을 치렀다.

위치별 슈팅-득점

0 - 0
3 - 0
6 - 0

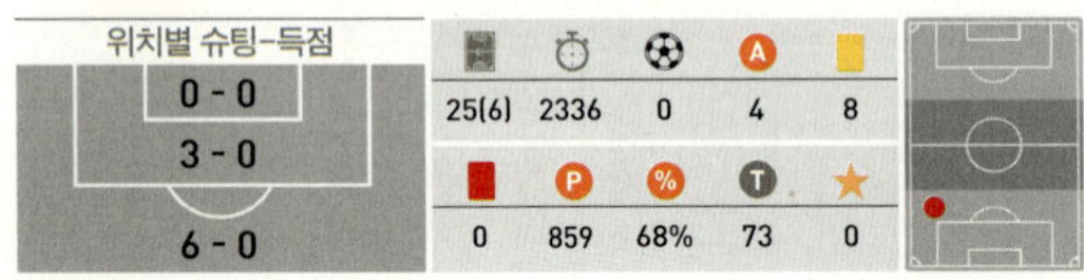

경기수	출전시간	득점	도움	경고
25(6)	2336	0	4	8

퇴장	패스시도	패스성공률	태클성공	MOM
0	859	68%	73	0

 MF Gonzalo Escalante

곤살로
에스칼란테

필드 중앙의 야전사령관. '태클의 달인'이자 '박스-투-박스' 미드필더. 1차 수비 상황에서 영리하게 반칙으로 끊는 경기 운영도 할 줄 안다. 태클 횟수 및 성공률 모두 리그 정상급. 축구 IQ가 우수해 앞 선에서 상대의 패스를 날렵하게 자른 뒤 바로 역습에 가담한다. 결정적인 순간의 블로킹도 압권. 지난 시즌 프리메라리가가 34경기에 출전해 3골-1도움-1220회의 패스와 73%의 패스 성공률을 보였다.

국적 : 아르헨티나

아르헨티나 명문 보카 주니어스 유스 출신. 프로 선수 데뷔전도 보카 1군에서 치렀다. 안타깝게 데뷔 시즌인 2012-13시즌은 보카 유니폼을 입고 단 1승도 기록하지 못했다. 2015년 에이바르로 임대됐고 올 시즌 계약이 연장됐다.

위치별 슈팅-득점

2 - 1
13 - 2
9 - 0

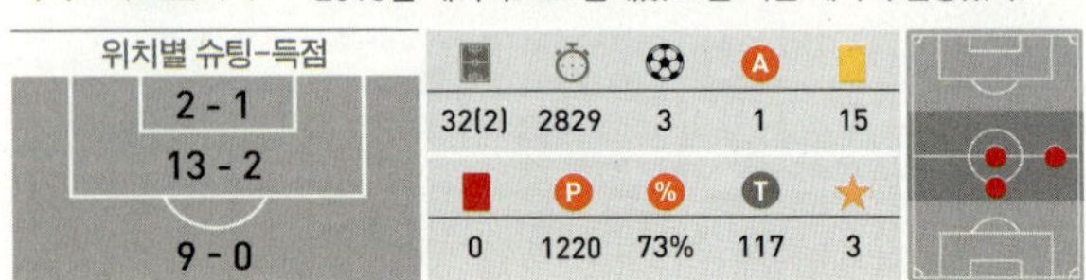

경기수	출전시간	득점	도움	경고
32(2)	2829	3	1	15

퇴장	패스시도	패스성공률	태클성공	MOM
0	1220	73%	117	3

MF Ander Capa

#7

안데르
카파

스페인에서 보기 드문 EPL 유형의 윙어. 플레이가 시원시원하다. 선호하는 포지션은 오른쪽 MF지만 팀 사정에 따라 오른쪽 수비수, 중앙 MF로 출전한 경기도 있었다. 카파는 본인이 직접 득점을 해내기보다는 동료 선수들에 기회를 만드는 선수다. 날카로운 크로스로 박스 안에 공을 계속 전달한다. 90분을 꾸준하게 뛰기보다는 체력을 짧은 시간에 폭발적으로 소진하면서 뛴다. 그래서 교체되는 경기가 많은 편.

국적 : 스페인

카파는 스페인 바스크 지방의 작은 도시 포르투갈레테에서 태어났다. 어슬레틱 빌바오 유스 클럽에도 잠시 몸담았지만 2005년부터 에이바르에 합류했고 이후 프로 데뷔전도 치렀다. 하부 시절보다 팀이 승격하면서 오히려 기회가 늘었다.

위치별 슈팅-득점

| | | | 
|---|---|---|
| 0 - 0 | | |
| 6 - 2 | | |
| 10 - 0 | | |

			A	
34(2)	3122	2	5	12

	P	%	T	★
0	1185	63%	106	1

MF Inui Takashi

#8

이누이
다카시

2015년 8월 26일 프랑크푸르트에서 에이바르로 이적했다. 그리고 그 결정은 대박이었다. 에이바르 소속으로 프리메라리가 28경기에 출전해 3골-3도움을 올렸다. 이누이는 LW, CAM, RW 등 전형적인 '2선 공격수'다. 올 시즌 베베와 치열한 포지션 경쟁을 벌일 것이다. 이누이의 최대 장점은 화려한 드리블. 볼을 잘 다루고, 낮게 깔아주는 스루패스는 치명적인 무기. 순간적인 폭발력과 지구력도 우수한 편이다.

국적 : 일본

일본 시가현 출생. 야스 고교에서 기본기를 익혔고, 2007년 요코하마 마리노스에서 데뷔했고, 세레조 오사카, VfL 보훔, 아인트라흐트 프랑크푸르트를 거쳐 2015년 여름 에이바르로 이적했다. 일본 U-21 대표 출신이고, 현재 A대표다.

위치별 슈팅-득점

| | | | 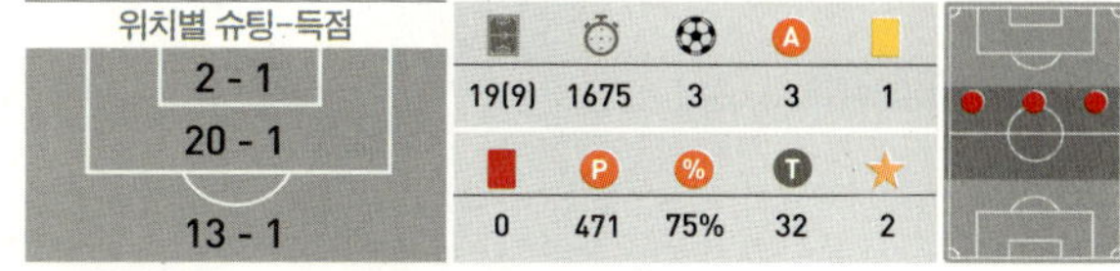
|---|---|---|
| 2 - 1 | | |
| 20 - 1 | | |
| 13 - 1 | | |

			A	
19(9)	1675	3	3	1

	P	%	T	★
0	471	75%	32	2

MF Dani García

#14

다니
가르시아

에이바르가 미드필더를 구성할 때 빼놓지 않고 포함시키는 선수. 굳이 유형으로 분류하자면 경기장을 폭넓게 뛰어다니는 '박스-투-박스' 형태가 가장 적합하다. 가르시아는 뛰어난 득점력을 지녔거나 후방에서 날카로운 패스를 선보이는 선수는 아니다. 상황에 따라서 공격 지원을 나가며 1차 임무는 포백 보호. 위험 상황에 상대 공격을 적극적으로 차단한다. 하지만 거친 수비를 펼치다 파울, 경고가 많은 편이다.

국적 : 스페인

바스크 지방 작은 마을 수마라가 출신이다. 레알 소시에다드 유스 클럽을 거쳐 발렌시아 지방의 알리칸테, 마드리드 인근 헤타페 유니폼을 입었던 적도 있었으나 고향으로 금방 돌아왔다. 2012-13시즌부터 에이바르에서 계속 활약 중이다.

위치별 슈팅-득점

0 - 0		
2 - 0		
18 - 0		

			A	
35	3057	0	0	15

	P	%	T	★
0	1719	76%	101	1

MF Pedro León

#21

페드로
레온

'2선 공격수.' 헤타페 소속이던 지난 시즌 주로 라이트윙으로 많이 출전했지만 레프트윙, 섀도 스트라이커로 뛴 적도 있다. 올 시즌에도 공격 2선의 여러 위치를 넘나들 것으로 보인다. 레온은 볼을 참 잘 다룬다. 드리블을 하면서 시서스 페이크, 마르세유턴, 컷 비하인드&턴 기술을 자유자재로 구사한다. 장거리 패스도 정확하고 얼리 크로스는 날카로우며 중거리 슈팅은 강력하다. 프리킥 전문 키커 중 1명.

국적 : 스페인

스페인 물라 출생. 2004년 무르시아에서 데뷔했고, 레반테, 바야돌리드, 헤타페, 레알 마드리드, 헤타페 복귀를 거쳐 2016년 에이바르로 이적했다. 그의 형 루이스는 로드 바이크 선수, 동생 안토니오는 인도어풋볼 선수로 활약 중이다.

위치별 슈팅-득점

| 0 - 0 | | | 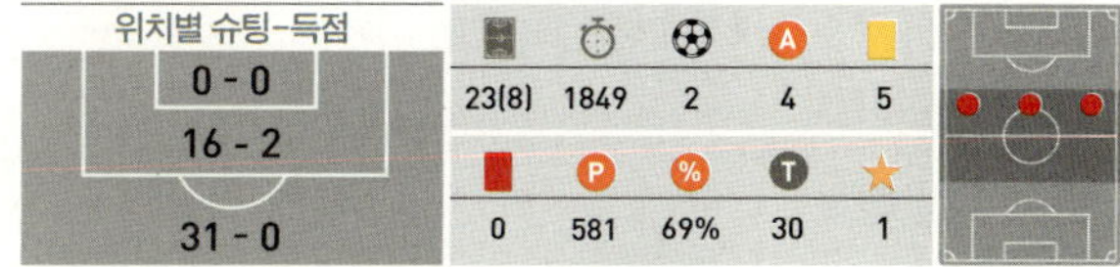
|---|---|---|
| 16 - 2 | | |
| 31 - 0 | | |

			A	
23(8)	1849	2	4	5

	P	%	T	★
0	581	69%	30	1

FW Kike García

#17

키케
가르시아

지난 시즌 ELC(잉글랜드 2부) 소속 미들즈브러에서 활약했다. 당시 데이빗 뉴전트, 조던 로즈의 백업 공격수로 교체 투입됐다. 기록은 4골-1도움. 그러나 올 시즌 에이바르에서는 선발 CF로 출전할 가능성이 높다. 키케는 '박스 안의 여우(Fox in the Box)'로 유명하다. 영리하고 골 냄새를 잘 맡으며 민첩하게 움직여 기회를 잡는다. 한 템포 빠른 강력한 슈팅도 특징. 공중전을 통해 포스트-피딩도 잘 해준다.

국적 : 스페인

스페인 모티야 델 팔란카르 출생. 무르시아 유스 아카데미 출신. 2008년 무르시아 2군에서 데뷔했고, 이듬해 무르시아 1군으로 승격했다. 2014년 미들즈브러로 옮겼고, 2016년 여름 에이바르로 이적했다. 스페인 U-20 대표 출신.

위치별 슈팅-득점

| 2 - 2 | | | 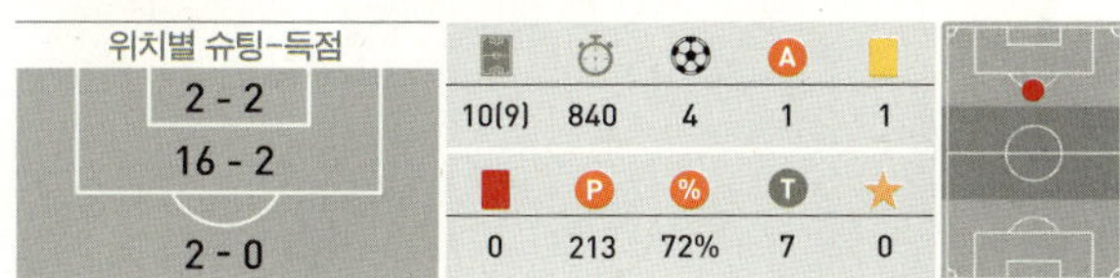
|---|---|---|
| 16 - 2 | | |
| 2 - 0 | | |

			A	
10(9)	840	4	1	1

	P	%	T	★
0	213	72%	7	0

FW Bebé

#25

베베

포르투갈은 전통적으로 훌륭한 윙어를 많이 배출해 왔다. 베베는 그 전통을 이어갈 선수다. 라요 바예카노 소속이던 지난 시즌 프리메라리가에서 레프트윙으로 25회, 라이트윙으로 2회 선발 출전했다. 베베는 190cm의 장신이지만 화려한 개인기와 폭발적인 스피드를 자랑한다. 현란한 드리블로 상대 수비를 제치고, 정확한 크로스와 세밀한 패스를 구사한다. 박스 안쪽으로 컷-인해 찬스를 잡는 능력도 발군이다.

국적 : 포르투갈

포르투갈 아구아발라-카셈 출생. 2009년 에스트렐라에서 데뷔했고, 비토리아 기마랑스, 맨체스터 유나이티드, 베시크타슈, 리우 아베, 파소스 데 페레이라, 벤피카, 코르도바, 라요 바예카노를 거쳐 2016년 여름 에이바르로 이적했다.

위치별 슈팅-득점

0 - 0		
26 - 2		
54 - 1		

			A	
27(7)	2246	3	6	3

	P	%	T	★
0	605	73%	39	1

DEPORTIVO LA CORUÑA

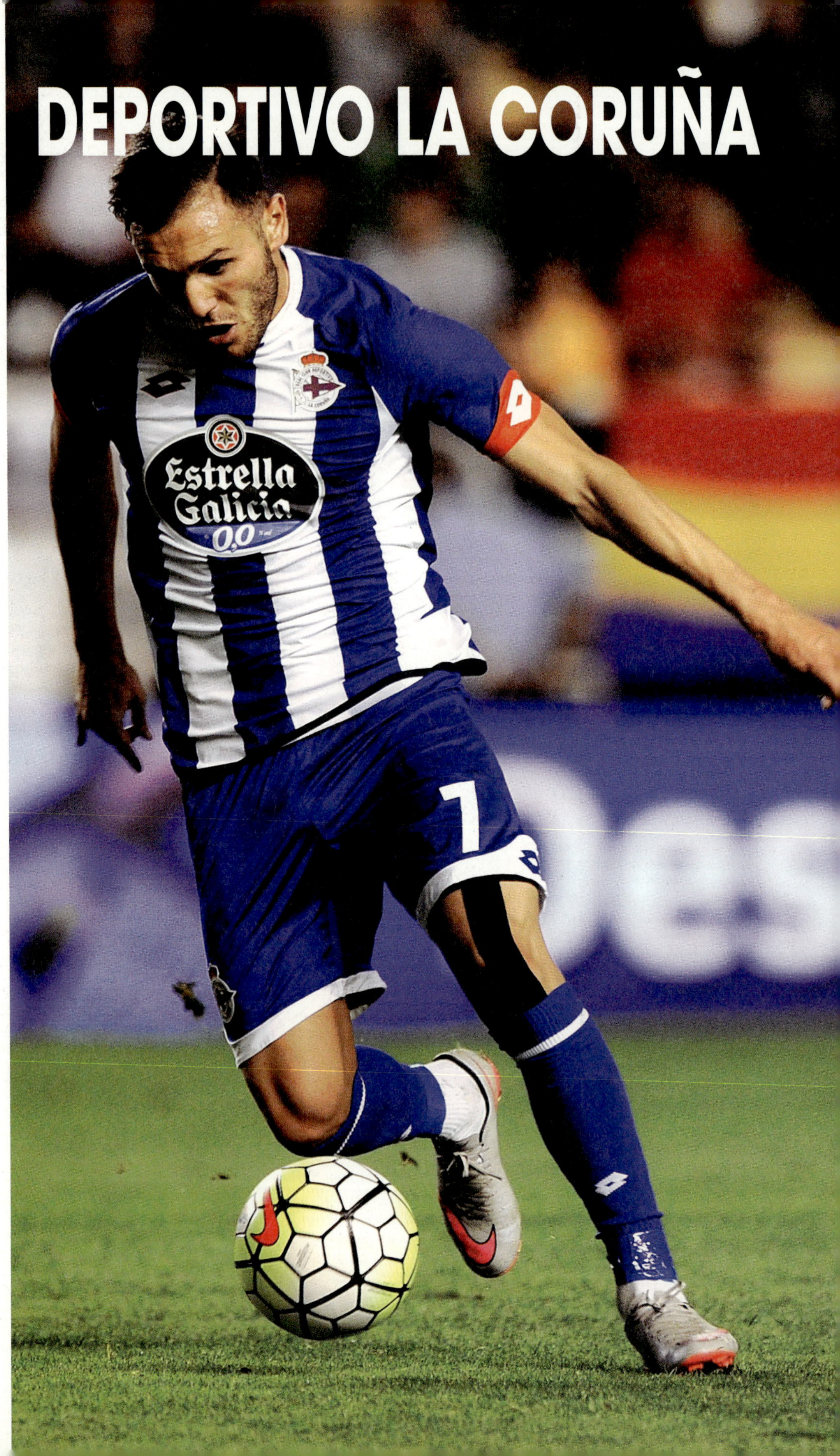

구단 창립 : 1906년
홈구장 : 리아소르
감독 : 가이스카 가리타노
2015-16시즌 : 15위(승점 42점)
8승 18무 12패 45득점 61실점
닉네임 : Brancoazuis

주요대회 우승횟수

SPANISH PRIMERA LIGA	1	SPANISH COPA DEL REY	2
UEFA CHAMPIONS LEAGUE	0	UEFA EUROPA LEAGUE	0
FIFA CLUB WORLD CUP	0	UEFA-CONMEBOL INTERCONTINENTAL	0

UNIFORM

Home

Away

초보 감독 딱지 떼가는 산체스 감독
전력 업그레이드로 중위권 판도 변화 기대

2015-16 SEASON REVIEW

25R부터 심각한 부진을 겪었다. 그 전 라운드까지는 무승부가 비록 많았지만 나름 중위권을 유지했다. 그러나 25R 이후 14경기 동안 2승 4무 8패. 상황이 심각했다. 그러나 선수들은 빅토르 산체스 감독의 지도 아래 똘똘 뭉쳤고, 결국 강등 위기를 넘기고 겨우 잔류를 결정지었다. 데포르티보의 잔류에는 다른 하위권 팀들의 동반 부진도 영향을 줬다. 어부지리를 얻은 셈이었다. 개인적으로 보면 17골-8도움을 올린 루카스 페레스, 중앙 수비수로 안정감을 보인 시드네이, 재능이 풍부한 공격형 미드필더 루이스 알베르토 등이 돋보였다.

SUMMER TRANSFER

여름 이적 시장 때 선수들을 방출하면서 2000만 유로를 받았고, 선수들을 영입하면서 지불한 이적료는 400만 유로(플로린 안도네)뿐이다. 1600만 유로의 흑자를 기록한 셈. 보강 선수들을 보면 포지션별로 필요한 선수들이 알차게 영입됐다는 평이다. 수비 안정을 위해 라울 알벤토사, 프제미스와프 티톤이 새롭게 합류했다. 여기에 팀에 창조성을 불러넣을 미드필더 엠레 촐락, 전방에서 골을 터뜨릴 스트라이커 플로린 안도네, 측면에서 윙 플레이를 전개할 라이언 바벌 등 저렴한 가격에 효율성 높은 선수들을 불러들였다.

2016-17 SEASON OUTLOOK

2011-12 시즌 승격 이후 시즌마다 강등과 승격을 반복했는데, 그 흐름이 깨졌다. 그래서 네 시즌 연속 잔류로 과거 라 코루냐 영광의 시대를 조금씩 되찾는 것이 목표다. 보강에 따른 전력을 평가해보면 이번 시즌 만만치 않은 복병 후보로 거론된다. 특히 원정팀들의 무덤이었던 홈구장 리아소르의 위용을 다시 보여줄 것으로 기대한다. 올 시즌 갑자기 감독으로 선임된 가이스카 가리타노도 프리 시즌부터 입맛에 맞게 팀을 지휘한다. 루카스, 브루누 가마, 호셀루 등 공격진들의 득점력 향상이 관건이다. 데포르티보는 지난 시즌 45득점에 그쳤다.

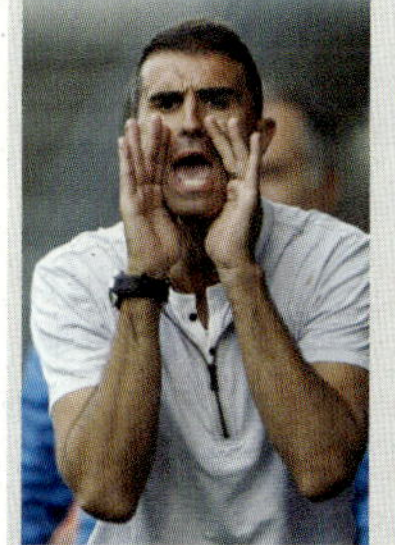

감독 가이스카 가리타노(Gaizka Garitano)

스페인 빌바오 출생. 어린 시절 아슬레틱 빌바오 아카데미에서 축구 기본기를 다졌다. 1993년 아슬레틱 빌바오 2군에서 데뷔했고, 2년 간 경험을 쌓기 위해 예이다, 에이바르로 각각 임대됐다. 1999년 우렌세로 이적했고, 에이바르, 레알 소시에다드를 거쳐 2009년 알라베스에서 은퇴했다. 그는 유니폼을 벗자마자 바로 지도자 수업을 받았다. 그리고 2009-10 시즌 에이바르 어시스턴트로 일을 시작해 에이바르 2군 감독을 거쳐 2012년 에이바르 1군 감독으로 승격했다. 2015년 바야돌리드에서 지휘봉을 잡았고, 2016년 6월 전임자 빅토르 산체스에 이어 데포르티보 사령탑에 올랐다. 위기관리 능력이 우수하고, 선수들과 형님 동생 관계로 끈끈히 뭉쳐 파이팅을 하는 것으로 유명하다.

PROFILE
- 출 생 : 1975.7.9
- 국 적 : 스페인
- 계 약 : 2017.6.30

STADIUM

Riazor

- 구장 오픈 : 1944년
- 구장 증축 : 1982, 1998년
- 구장 소유 : 콘셀로 아 코루냐
- 수용 인원 : 3만 4,600명
- 피치 규모 : 105m × 68m
- 잔디 종류 : 천연 잔디

SQUAD LIST

위치	번호	이름	국적	신장	체중	생년월일
GK	1	Germán Lux	ARG	186	77	06-07-82
	13	Przemysław Tyto	POL	195	80	04-01-87
	25	Rubén Martínez	ESP	187	82	22-06-84
DF	3	Fernando Navarro	ESP	178	70	25-06-82
	6	Raúl Albentosa	ESP	193	89	07-09-88
	12	Sidnei	BRA	185	80	23-08-89
	14	Alejandro Arribas	ESP	182	75	01-05-89
	15	Laure	ESP	166	68	22-03-85
	16	Luisinho	POR	172	61	05-05-85
MF	2	Juanfran Moreno	ESP	179	71	11-09-88
	4	Alex Bergantiños	ESP	177	71	07-06-85
	5	Pedro Mosquera	ESP	183	77	21-04-88
	8	Emre Çolak	TUR	168	63	20-05-91
	17	Borja Valle	ESP	177	72	09-07-92
	19	Fayçal Fajr	MAR	178	72	01-08-88
	20	Guilherme	BRA	178	78	05-04-91
	21	Bruno Gama	POR	177	71	15-11-87
	22	Celso Borges	CRC	186	81	27-05-88
	33	Angel	ESP	173	66	30-03-96
FW	7	Joselu	ESP	191	79	27-03-90
	9	Marlos Moreno	COL	173	67	20-09-96
	10	Florin Andone	ROU	183	73	11-04-93
	11	Carles Gil	ESP	170	69	22-11-92
	21	Bruno Gama	POR	177	71	15-11-87
	23	Ryan Babel	NED	185	78	19-12-86

2016-17 SEASON SCHEDULE

날짜	장소	상대팀	날짜	장소	상대팀
19/AUG	H	SD Eibar	28/JAN	A	SD Eibar
26/AUG	A	Real Betis	04/FEB	H	Real Betis
11/SEP	H	Athletic Bilbao	11/FEB	A	Athletic Bilbao
19/SEP	A	CD Alaves	18/FEB	H	CD Alaves
22/SEP	H	CD Leganes	25/FEB	A	CD Leganes
25/SEP	A	Atletico Madrid	28/FEB	H	Atletico Madrid
01/OCT	H	Sporting Gijon	04/MAR	A	Sporting Gijon
15/OCT	A	FC Barcelona	11/MAR	H	FC Barcelona
23/OCT	A	Celta Vigo	18/MAR	H	Celta Vigo
29/OCT	H	Valencia CF	01/APR	A	Valencia CF
05/NOV	A	Granada CF	04/APR	H	Granada CF
19/NOV	H	Sevilla FC	08/APR	A	Sevilla FC
26/NOV	A	Malaga CF	15/APR	H	Malaga CF
03/DEC	H	Real Sociedad	22/APR	A	Real Sociedad
10/DEC	A	Real Madrid	25/APR	H	Real Madrid
17/DEC	H	CA Osasuna	29/APR	A	CA Osasuna
07/JAN	A	Espanyol Barcelona	06/MAY	H	Espanyol Barcelona
14/JAN	H	Villarreal CF	13/MAY	A	Villarreal CF
21/JAN	A	UD Las Palmas	20/MAY	H	UD Las Palmas

RANK OF LAST 5 YEARS

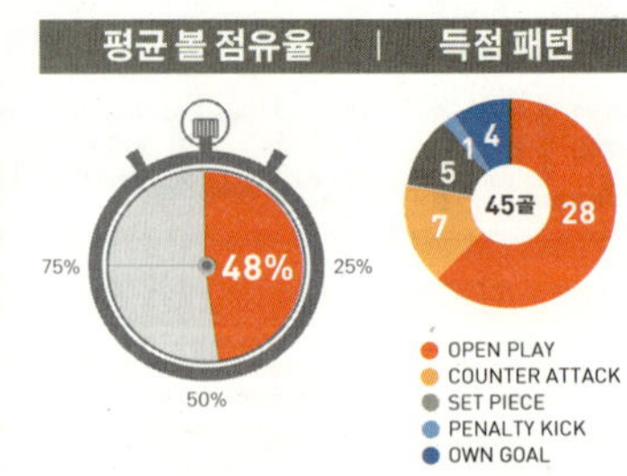

STRENGTHS & WEAKNESSES

OFFENSE		DEFENSE	
직접 프리킥	C	세트피스 수비	B
문전 처리	E	상대 볼 뺏기	C
측면 돌파	C	공중전 능력	D
스루볼 침투	C	역습 방어	C
개인기 침투	C	지공 방어	C
카운터 어택	C	스루패스 방어	C
기회 만들기	C	리드 지키기	C
세트피스	B	실수 조심	C
OS 피하기	C	측면 방어력	C
중거리 슈팅	C	파울 주의	C
볼 점유율	B	중거리슛 수비	C

매우 강함 A 강한 편 B 보통 수준 C 약한 편 D 매우 약함 E

시간대별 득점 | 시간대별 실점 | 득점 분포 | 공격 방향 | 볼 점유 위치 | 포지션별 득점 | 상대 포지션별 실점

FORMATION

TOTO GUIDE 지난 시즌 상대팀별 전적

상대팀	홈	원정
FC Barcelona	0-8	2-2
Real Madrid	0-2	0-5
Atletico Madrid	1-1	0-3
Villarreal	1-2	2-0
Athletic Bilbao	2-2	1-4
Celta Vigo	2-0	1-1
FC Sevilla	1-1	1-1
Malaga	3-3	0-2
Real Sociedad	0-0	1-1
Real Betis	2-2	2-1
Las Palmas	1-3	2-0
Valencia	1-1	1-1
Espanyol	3-0	0-1
Eibar	2-0	1-1
Granada	0-1	1-1
Sporting Gijon	2-3	1-1
Rayo Vallecano	2-2	3-1
Getafe	0-2	0-0
Levante	2-1	1-1

GK Germán Lux

헤르만 룩스

프리메라리가 29경기에 선발 출전했다. 그가 1부리그에서 주전으로 풀타임 활약한 건 리버 플레이트 시절 2005-06 시즌 이후 무려 10년 만(!!!). 앞으로 2~3년 더 좋은 퍼포먼스를 선보여야 한다. 정상 컨디션의 룩스는 순발력을 이용한 슛-스토핑, 높은 점프를 이용한 공중볼 캐치, 롱스로인, 롱킥에 의한 빌드-업 등에 강점을 보인다. 그러나 가끔 클리어링 미스와 치명적인 실수를 범하기도 한다.

국적 : 아르헨티나

리버 플레이트 유스 출신. 2007년 스페인 마요르카 유니폼을 입으면서 유럽으로 건너갔다. 룩스의 형 하비에르도 축구 선수다. 그는 미드필더로 아르헨티나 몇 클럽에서 활약한 바 있다. 2005년 FIFA 컨페더레이션스컵 주전 골키퍼였다.

슈팅 위치별 선방

2 / 38 / 33

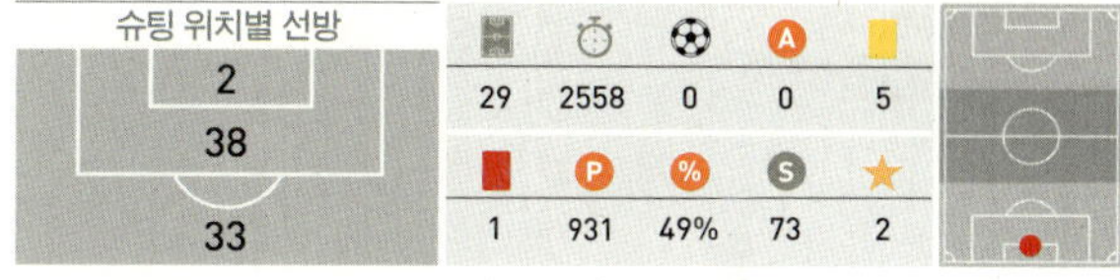

	⏱	⚽	A	🟨
29	2558	0	0	5

🟥	P	%	S	★
1	931	49%	73	2

GK Przemysław Tytoń

프제미스와프 티톤

분데스리가 슈투트가르트 소속으로 30경기에 출전해 122회 선방을 기록. 시즌 종료 후 데포르티보에 합류했다. 올 시즌은 일단 헤르만 룩스와 경쟁을 벌여야 한다. 티톤은 전체적으로 안정감 있는 골키퍼. 캐칭, 펀칭, 스로잉 등 기본적인 골키퍼 볼 핸들링이 안정돼 있다. 특히 동료에게 길게 연결되는 롱스로인은 매우 정확하다. 성격이 침착하고 잔 실수가 적은 것도 장점. 반사신경 및 슛-스토핑은 보통 수준.

국적 : 폴란드

폴란드 자모시치 출생. 헤르만 자모시치 유스 출신. 2005년 고르닉 웽츠나에서 데뷔했고, 로다 JC, PSV 에인트호번, 엘체, 슈투트가르트를 거쳐 2016년 여름 데포르티보로 이적했다. 2010년부터 폴란드 국가대표로 활약해 왔다.

슈팅 위치별 선방

7 / 75 / 40

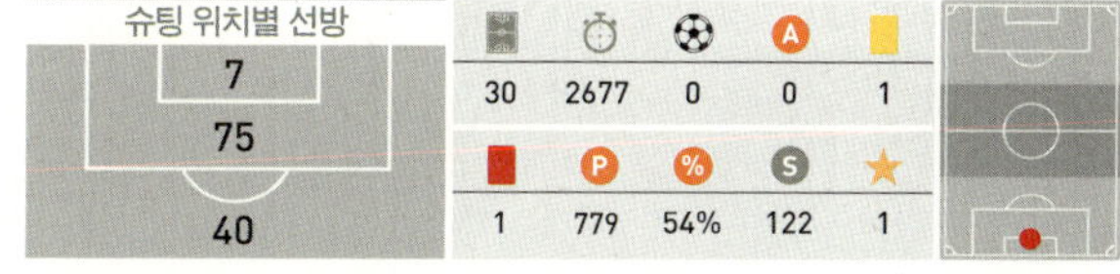

	⏱	⚽	A	🟨
30	2677	0	0	1

🟥	P	%	S	★
1	779	54%	122	1

DF Juanfran

후안프란

후안프란은 유니폼 이름이다. AT.마드리드의 후안프란과 동일한 이름. 둘은 비슷한 부분이 많은데, 오른쪽 미드필더에서 오른쪽 풀백으로 포지션을 바꿨다는 점과 레알 마드리드 카스티야 출신이라는 것이 같다. 측면 미드필더에서 평범한 활약을 하던 것과는 달리 수비 적응이 빠르다. 수비진의 라인을 맞추는 데 서툴지 않다. 물론 이번 시즌에도 상황에 따라서는 측면 미드필더로 전진 배치될 것이다.

국적 : 스페인

헤타페 유스 클럽을 거쳐 프로 선수로 데뷔했다. 2009년 레알 마드리드 카스티야로 이적하며 1군 데뷔전까지 치렀지만 베티스로 떠나야 했다. 2014년부터 왓포드 소속으로 데포르티보에 장기 임대 중이다. 이적료로 150만 유로가 책정.

위치별 슈팅-득점

0 - 0 / 3 - 1 / 16 - 0

	⏱	⚽	A	🟨
30(5)	2683	1	2	4

🟥	P	%	T	★
0	1072	74%	59	2

DF Fernando Navarro

페르난도
나바로

국적 : 스페인

중앙 수비와 왼쪽 수비를 겸하는 유틸리티 플레이어. 바르셀로나 유스 출신답게 기술적으로 안정된 플레이가 돋보인다. 과거 전성기 시절에는 왼쪽 풀백으로 경기에 자주 나섰다. 크게 돋보이지 않아도 착실하게 맡은 바 임무를 다한다. 측면에서 상대 윙어를 틀어막는 수비는 나바로의 전매특허. 세비야 시절에는 한 시즌 평균 옐로카드 10장 정도를 받았으나 데포르티보로 이적한 후에는 경고 횟수가 줄어들었다.

바르셀로나 C, B를 거쳐 1군에서도 21경기를 뛰었다. 2002년 12월 심각한 무릎 부상으로 뜻을 이루지 못했다. 마요르카를 거쳐 세비야에서 가장 좋은 시기를 보냈다. 2015년 데포르티보 합류. 유로 2008 우승 멤버 가운데 1명.

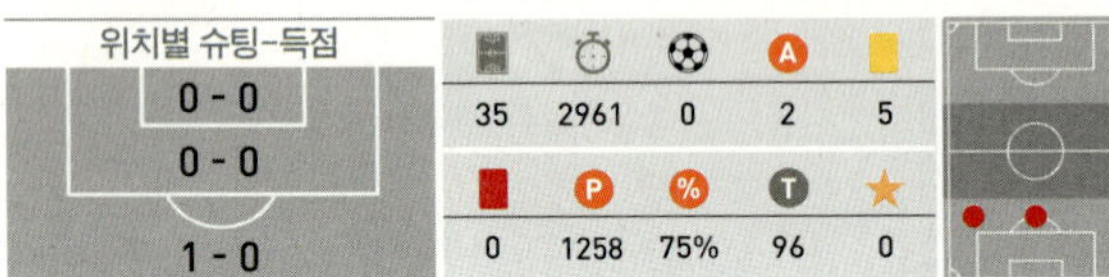

위치별 슈팅-득점							
0 - 0			⏱	⚽	A	🟨	
0 - 0	35	2961	0	2	5		
1 - 0	🟥	P	%	T	⭐		
	0	1258	75%	96	0		

DF Raúl Albentosa

라울
알벤토사

국적 : 스페인

중앙 수비수. 지난 시즌 말라가 소속으로 프리메라리가 29경기에 출전해 수비진을 리드했다. 알벤토사는 볼에 대한 수비를 잘 한다. 넓은 시야와 빠른 판단을 이용해 상대의 패스를 날카롭게 자른다. 큰 키를 이용한 공중전, 후방에서 길게 넘기는 빌드-업 롱패스는 알벤토사의 강력한 무기다. 그러나 태클 성공률이 높지 않고, 파울을 많이 범한다. 지난 시즌 3차례나 출전 정지를 당하며 한 달 간 결장해야 했다.

스페인 알시라 출생. 엘체 유스 아카데미 출신. 2007년 엘체 2군에서 데뷔했고, 엘체 1군, 카라바카(임대), 무르시아 2군, 산로케, 카디스, 에이바르, 더비 카운티, 말라가(임대)를 거쳐 2016년 데포르티보 라 코루냐로 이적했다.

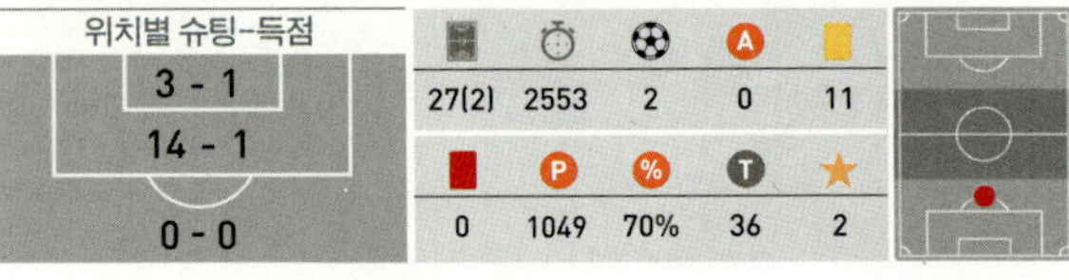

위치별 슈팅-득점							
3 - 1			⏱	⚽	A	🟨	
14 - 1	27(2)	2553	2	0	11		
0 - 0	🟥	P	%	T	⭐		
	0	1049	70%	36	2		

DF Sidnei

시드네이

국적 : 브라질

라리가 33경기에 출전하며 2년 연속 확고한 주전으로 뛰었다. 시드네이는 체격이 크고 힘이 넘치며 강한 지구력, 빠른 순간 스피드를 겸비했다. 일반적인 브라질 선수처럼 공을 기술적으로 다루지는 못해도 저돌적으로 드리블을 한다. 미드필더에게 패스를 정확히 연결한다. 집중력이 좋아 앞 선에서 상대의 패스를 잘 자른다. 옐로카드가 대폭 줄어든 것도 긍정적. 2014-15시즌 10장에서 지난 시즌엔 2장뿐이었다.

2008년 브라질 인테르나시오날에서 포르투갈 벤피카로 건너갈 때까지는 탄탄대로였다. 하지만 2009-10시즌에 백업으로 밀리면서 상황이 꼬여갔다. 2011년부터 임대의 연속이다. 베식타스, 에스파뇰 임대를 거쳤고 데포르티보 정착을 노린다.

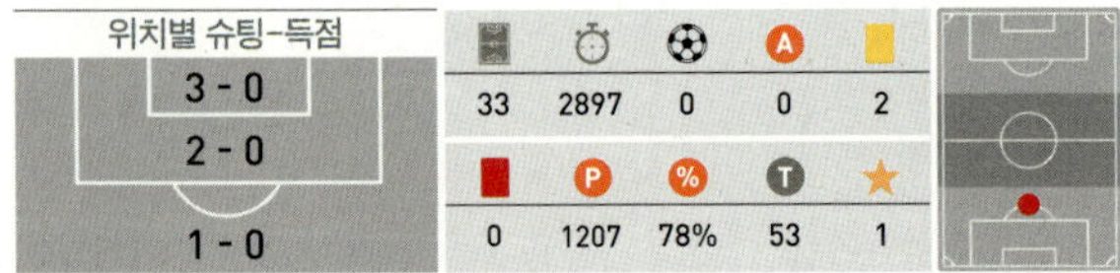

위치별 슈팅-득점							
3 - 0			⏱	⚽	A	🟨	
2 - 0	33	2897	0	0	2		
1 - 0	🟥	P	%	T	⭐		
	0	1207	78%	53	1		

DF Laure

라우레

국적 : 스페인

지난 시즌 라우레의 출전은 두 가지 경우 중 하나였다. 주전 라이트백 후안프란의 컨디션이 좋지 않거나, 그가 오른쪽 미드필더로 올라갔을 때. 어쨌든 팀의 유틸리티 플레이어로서 나름 제 몫을 해냈다. 올 시즌도 라우레의 역할은 마찬가지다. 라우레는 스피드가 빠르고 저돌적이며 집중력이 좋은 선수다. 과감하게 전진해 상대의 패스를 중도에 자른 후 역습에 가담한다. 크로스가 날카롭고, 강력한 태클을 구사한다.

본명은 라우레아노 사나브리아 루이스. 스페인 마드리드 출생. 레알 마드리드 아카데미를 거쳤고, 2005년 레알 마드리드 3군에서 데뷔했다. 2006년 레가네로 이적했고, 2007년 데포르티보 2군을 거쳐 2007년부터 1군에서 활약해 왔다.

위치별 슈팅-득점							
0 - 0			⏱	⚽	A	🟨	
1 - 0	16(7)	1548	0	6			
0 - 0	🟥	P	%	T	⭐		
	0	563	74%	40	0		

MF Pedro Mosquera

페드로
모스케라

국적 : 스페인

팀 합류 첫 해인 지난 시즌 라리가 37경기에 선발로 출전하며 자리를 잡았다. 전형적인 중앙 미드필더. 공격과 수비의 밸런스를 유지시킨다. 터치가 간결하고 인사이드 패스가 정확한 편이다. 예전보다 후방에서 한 번에 날리는 롱볼의 성공률이 높아졌다. PA 외곽에서 날리는 왼발 중거리 슈팅은 매우 강렬하다. 포백을 보호하며 강력한 태클로 공격을 차단한다. 수비 집중력이 우수해 상대의 패스를 잘 자른다.

롤러 하키를 하다 축구로 종목을 바꿨다. 레알 마드리드 유스 출신으로 C, B 팀을 차례로 거쳤다. 2010년 3월 1군 입성까지 성공했으나 잔류에 실패, 헤타페 이적을 택했다. 성장이 다소 지체된 편으로 성인 무대에 계속 적응 중이다.

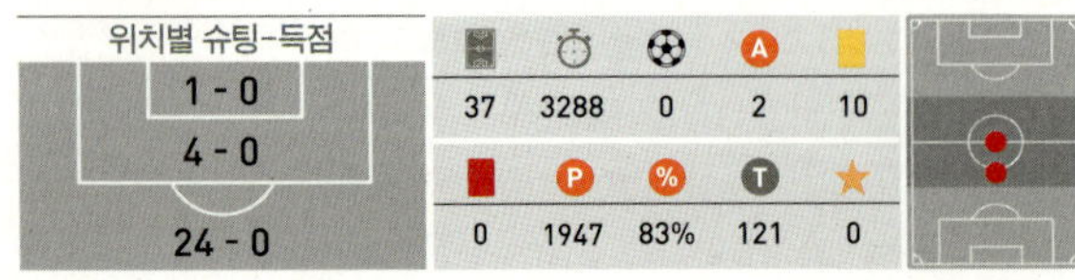

위치별 슈팅-득점							
1 - 0			⏱	⚽	A	🟨	
4 - 0	37	3288	0	2	10		
24 - 0	🟥	P	%	T	⭐		
	0	1947	83%	121	0		

MF Emre Çolak

엠레
촐락

국적 : 터키

터키 명문 갈라타사라이 소속이었다. 올 시즌 데포르티보에서는 라이트윙을 놓고 카를레스 힐과 치열히 경쟁할 것이다. 촐락은 바쁘게 움직여 상대 수비를 따돌린 뒤 노마크 상태에서 패스를 받는다. 그 다음은 현란한 드리블 돌파와 세밀한 스루패스가 이어진다. 볼을 잘 다루고 키핑력이 좋기에 상대 수비로부터 파울을 자주 얻어낸다. 외곽에서 강렬한 중거리 슈팅을 날리고, 컷-인 플레이에 이은 득점을 노린다.

터키 이스탄불 출생. 갈라타사라이 유스 아카데미 출신으로 2010년 이 팀 1군에서 데뷔했다. 갈라타사라이에서 터키 슈퍼리그 및 터키컵에서 각각 3회씩 우승했다. 그리고 2016년 여름 데포르티보 라코루냐로 이적했다. 계약 기간은 3년.

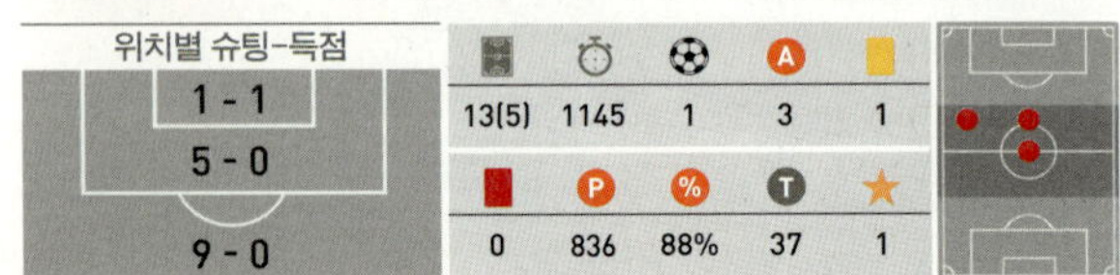

위치별 슈팅-득점							
1 - 1			⏱	⚽	A	🟨	
5 - 0	13(5)	1145	1	3	1		
9 - 0	🟥	P	%	T	⭐		
	0	836	88%	37	1		

MF Luisinho

루이지뉴

2013-14시즌 이후 2년 간 좋은 활약을 보였다. 그러나 지난 시즌엔 발목, 햄스트링 부상에 3차례의 출전 정지가 겹치며 프리메라리가 20경기에 출전하는 데 그쳤다. 올 시즌 나바로의 백업 레프트백, 브루누 가마의 백업 레프트윙으로 출전할 가능성이 높다. 루이지뉴는 발이 빠르고 터치라인을 따라 늘 전진한다. 날카로운 크로스를 박스 안으로 끊임없이 날린다. 너무 적극적이라 카드를 많이 수집하는 게 문제.

국적 : 포르투갈

포르투갈 리그에서 여러 클럽을 거치며 실력을 쌓았다. 2011-12시즌 파초스 페레이라의 활약을 토대로 벤피카 유니폼을 입기도 했다. 데포르티보 입단 후 2014년 4월 팀 동료였던 후안 카를로스와 훈련 도중 난투극을 펼쳤다.

위치별 슈팅-득점

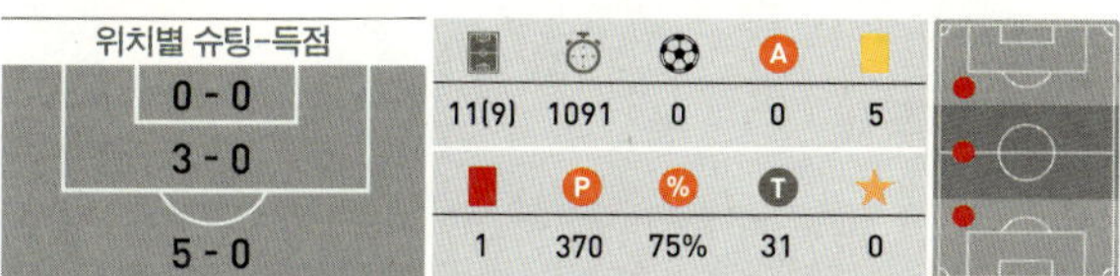

| 0 - 0 |
| 3 - 0 |
| 5 - 0 |

경기수	출전시간	득점	도움	경고
11(9)	1091	0	0	5

퇴장	패스시도	패스성공률	태클성공	MOM
1	370	75%	31	0

MF Fayçal Fajr

파이샬 파지르

공격형 미드필더. 득점과 도움을 동시에 해낼 수 있다. 기술이 갖춰진 상태로 스페인 무대에 적응하는 데 큰 어려움이 없었다. 지난 시즌 데포르티보에서 38경기에 출전해 5골-3도움을 기록했다. 파지르는 볼을 잘 다룬다. 드리블 기술이 좋고, 볼을 잘 지켜낸다. 가끔 선보이는 마르세유턴은 압권. PA 외곽에서 터뜨리는 중거리 슈팅은 강력한 무기. 낮게 깔아주는 패스, 세밀한 패스 콤비네이션은 트레이드마크다.

국적 : 모로코

모로코계 프랑스인으로 알려졌다. 르 하브르 유스 클럽을 거쳐 오이셀, 프레쥐스 등에서 본격적인 프로 선수 길을 걸었다. 캉은 파이르가 선수로서 전환점을 맞이한 곳이었다. 2부 리그에서 활약한 덕택에 스페인 무대까지 진출할 수 있었다.

위치별 슈팅-득점

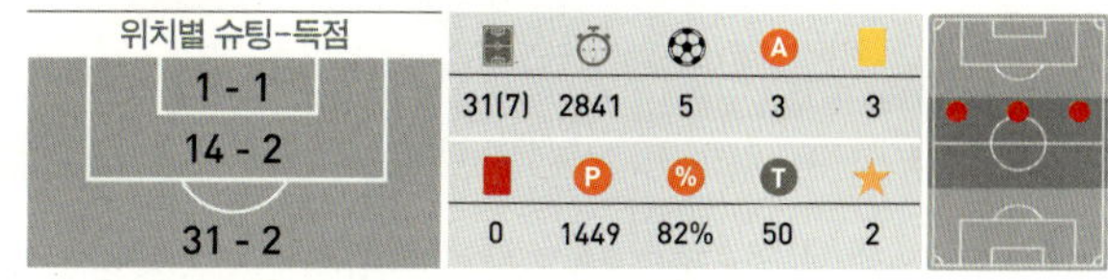

| 1 - 1 |
| 14 - 2 |
| 31 - 2 |

경기수	출전시간	득점	도움	경고
31(7)	2841	5	3	3

퇴장	패스시도	패스성공률	태클성공	MOM
0	1449	82%	50	2

MF Guilherme

기예르메

2015년 8월 16일 경기 도중 사타구니를 크게 다쳐 4개월 간 결장해야 했다. 결국 세리에A 5경기 출전에 그쳤다. 올 시즌 데포르티보에서는 정상 컨디션으로 출격한다. 기예르메는 수비형 MF. 투쟁심이 강하고, 동료와 호흡을 잘 맞추며 헌신적이다. 인터셉트, 블로킹, 클리어링 등 기본적인 수비를 잘 해낸다. 집중력을 이용한 가로채기는 압권. 체격은 평범하지만 위치 선정과 점프력이 좋아 공중전에도 능하다.

국적 : 브라질

2009년 포르투게자에서 데뷔했고 코린치안스를 거쳐 우디네세 유니폼을 입었다. 우디네세에서의 첫 시즌은 주전으로 뛰었으나 지난 시즌 브라질 출신 에데니우손이 합류한 이후 벤치로 밀렸다. 결국 2016년 여름 데포르티보로 임대됐다.

위치별 슈팅-득점

| 0 - 0 |
| 0 - 0 |
| 6 - 0 |

경기수	출전시간	득점	도움	경고
4(1)	339	0	0	1

퇴장	패스시도	패스성공률	태클성공	MOM
0	215	80%	6	0

MF Bruno Gama

브루누 가마

지난 시즌 우크라이나 프리미어리그 드니프로 소속이었다. 리그 23경기에 출전해 1골을 넣었다. 올 시즌 데포르티보에서는 주전으로 뛸 가능성이 높다. 브루누 가마는 윙 전문 플레이어. 레프트윙과 라이트윙 어디서든 뛸 수 있다. 화려한 테크닉이 동반된 드리블로 상대 수비 1~2명을 쉽게 제치거나 파울을 얻어낸다. 짧게 주고받는 패스 콤비네이션은 강력한 무기. 공격에 비해 수비 가담이 적은 편이다.

국적 : 포르투갈

포르투갈 빌라 베르데 출생. 브라가 유스 출신으로 2004년 이 팀 1군에서 데뷔. 이어 포르투 FC, 브라가, 비토리아, 리오 아베, 드니프로를 거쳐 2016년 데포르티보로 복귀했다. 포르투갈 U-16부터 U-23까지 연령별 대표를 모두 지냈다.

위치별 슈팅-득점

NO DATA

경기수	출전시간	득점	경고	퇴장
13(10)	1328	1	2	0

지난 시즌
우크라이나리그 성적

FW Joselu

호셀루

스토크 시티에서 선발 10회, 교체 투입 12회 출전했다. 올 시즌 데포르티보에서도 플로린 안도네의 백업으로 대기할 것이다. 호셀루는 장신 센터포워드. 개인기가 화려한 선수는 아니지만 본인의 신체 특성을 공격할 때 최대한 이용한다. 공중전 능력은 팀 내 최고 수준. 머리로 슈팅, 패스, 클리어링을 다 해낸다. PA 외곽에서 강렬한 중거리 슈팅을 날린다. 포스트 피딩, 좌우로 열어주는 롱패스도 강력한 무기.

국적 : 스페인

스페인계 독일 이민 2세. 2008년 셀타 비고 2군에서 데뷔했고, 이후 셀타 1군, 레알 마드리드, 호펜하임, 프랑크푸르트, 하노버 96, 스토크 시티를 거쳐 2016년 데포르티보에 임대됐다. 스페인 U-19, U-20, U-21 대표를 모두 지냈다.

위치별 슈팅-득점

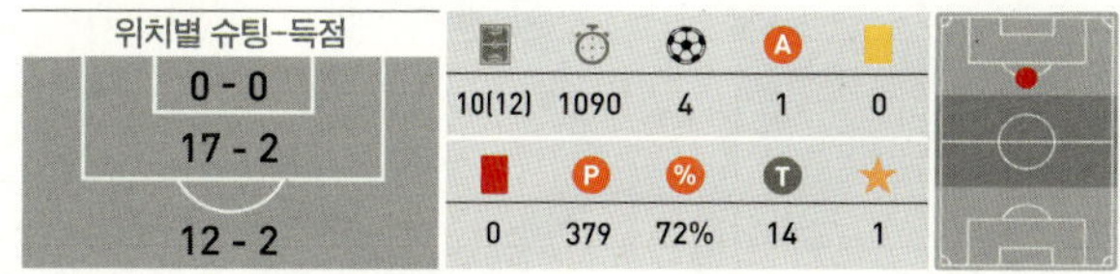

| 0 - 0 |
| 17 - 2 |
| 12 - 2 |

경기수	출전시간	득점	도움	경고
10(12)	1090	4	1	0

퇴장	패스시도	패스성공률	태클성공	MOM
0	379	72%	14	1

FW Florin Andone

플로린 안도네

36경기-21골. 안도네가 스페인 2부리그 코르도바에서 지난 시즌 올린 기록이다. 그야말로 2부리그를 '씹어먹은' 셈이다. 올 시즌 데포르티보 부동의 공격수로 선발 출전한다. 안도네는 전형적인 센터포워드다. 박스 안에서 민첩하게 움직이고 골냄새를 잘 맡으며 기회가 오면 거침 없이 마무리한다. 파워 실린 오른발 슈팅은 강력한 무기. 동료 미드필더와 짧게 주고받는 패스 게임, 포스트에서 피딩도 주목할 부분.

국적 : 루마니아

루마니아 보토샤니 출생. 2011년 카스테욘에서 데뷔했고, 비야레알 2군, 아틀레티코 발레아레스, 코르도바 2군, 코르도바 1군을 거쳐 2016년 여름 데포르티보로 이적했다. 루마니아 U-19 대표 출신이고 2015년 이후 A대표로 활약 중.

위치별 슈팅-득점

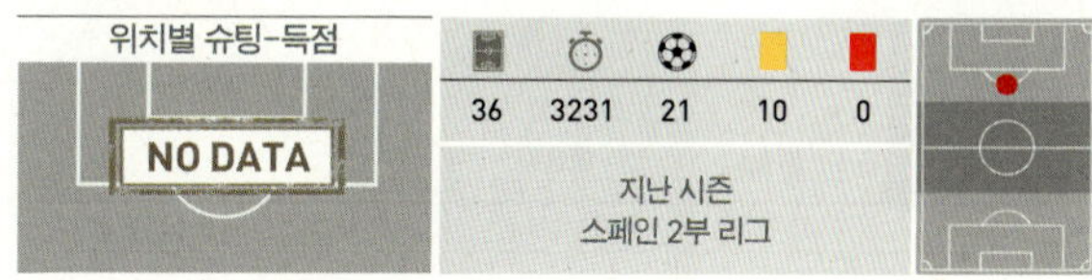

NO DATA

경기수	출전시간	득점	경고	퇴장
36	3231	21	10	0

지난 시즌
스페인 2부 리그

GRANADA CF

Home

Away

'이적 & 영입' 주전 선수 대거 변화 예상
성적보다 잔류로 클럽 지속성 유지 목적

2015-16 SEASON REVIEW

리그 마지막까지 위태로운 행보를 보였다. 쉽게 평가하면 시즌 내내 부진하다가 마지막 5경기에서 승점 9점을 획득하고 겨우 잔류에 성공한 것. 38경기에서 46골을 넣는 동안 69골이나 내줬다. 10승을 거둬 강등당한 3팀(레반테, 헤타페, 라요 바예카노)을 제외하곤 데포르티보(8승)에 이어 끝에서 두 번째다. 게다가 무려 19차례나 패했다. 리그 25R부터 강등권으로 내려 앉은 순위는 쉽게 변하지 않았다. 16골을 터뜨린 엘-아라비를 정점으로 도움 10개를 기록한 공격형 MF 석세스, 2선에서 활발히 움직인 로치나 등이 잔류의 주인공들이었다.

SUMMER TRANSFER

선수단 변동이 심했다. 방출 23명으로 3250만 유로를 벌었고, 영입 39명(물론 이건 2군 멤버와 유스 팀을 다 합친 숫자이다)으로 500만 유로를 지출했다. 대차대조표는 흑자 2750만 유로. 그런데 문제는 팀의 주축들이 다 빠져나갔다는 점. 루벤 로치나, 헤수르 페르난데스, 미겔 로페스, 히카르두 코스타, 루벤 페레스, 피티, 아이작 석세스, 장-실뱅 바뱅, 압둘라예 두쿠레, 안드레스 페르난데스, 프란 리코 등 팀의 각 포지션별 핵심들이 모두 빠져나갔다. 영입 멤버 중 주목할 선수는 호세 앙굴로, 가스톤 실바, 오메르 아칠리, 아르텐 크라베츠 정도다.

2016-17 SEASON OUTLOOK

2011-12시즌 승격 이후 잔류 경쟁에서 단 한 번도 안심한 적이 없었다. 17위-15위-15위-17위-16위가 지난 다섯 시즌 성적이었다. 이번 시즌도 이들의 전력과 운영 방침을 봤을 때는 비슷한 행보가 유력하다. 물론 라리가에서 이들처럼 선수가 자주 바뀌는 팀도 있지만 그들과의 결정적인 차이는 연속성이다. 2012년부터 감독이 8차례나 바뀌면서(임시 감독 포함) 잦은 변화에 정신을 차리지 못했다. 선수들 집중력이 떨어지는 것도 문제가 크다. 잔류하는 법을 아는 이들은 시즌 막판에만 집중력을 발휘하며 승점을 챙긴다.

감독 파코 헤메스(Paco JEMEZ)

선수 시절에는 중앙 수비수였다. 라요 바예카노와 데포르티보, 사라고사 등에서 활약하며 유로 2000까지 나갈 정도로 실력이 뛰어났다. 선수 은퇴 후 하부리그 알칼라에서 재빨리 감독으로 데뷔했다. 그 뒤 세군다리가 코르도바로 자리를 옮겼지만 11경기 만에 성적 부진으로 경질당하고 말았다. 이후 카르타헤나, 라스 팔마스, 다시 코르도바로 이어지는 이적은 성공하는 지도자와는 거리가 먼 행보였다. 그러다 2012-13 시즌 라몬 산도발 후임으로 라요에 부임하면서 재평가받기 시작했다. 약팀을 이끌고 강팀 상대로 물러서지 않는 과감성, MF부터 만들어 가는 전술 등 다방면에 좋은 평가를 받고 있다. 2016년 5월 26일 라요가 2부 리그로 추락하자 새 팀을 찾았다.

PROFILE
- 출 생 : 1970.4.18
- 국 적 : 스페인
- 계 약 : 2019.6.30

STADIUM

Los Carmenes

- 구장 오픈 : 1995년
- 구장 개축 : 2011년
- 구장 소유 : 아우다 데 그라나다
- 수용 인원 : 2만 3,156명
- 피치 규모 : 105m × 68m
- 잔디 종류 : 천연 잔디

SQUAD LIST

위치	번호	이름	국적	신장	체중	생년월일
GK	1	Oier Olazábal	ESP	189	82	14-09-89
	13	Guillermo Ochoa	MEX	183	73	13-07-85
	25	Ivan Kelava	CRO	195	94	20-02-88
DF	2	Tito	ESP	174	62	11-07-85
	3	Gastón Silva	URU	183	74	05-03-94
	6	David Lombán	ESP	185	74	05-06-87
	12	Gabriel Silva	BRA	179	74	13-05-91
	17	Rúben Vezo	POR	184	76	25-04-94
	20	Matthieu Saunier	FRA	181	75	07-02-90
	22	Dimitri Foulquier	FRA	183	77	23-03-93
MF	4	Sergi Samper	ESP	181	73	20-01-95
	5	Uche Agbo	NGA	186	73	04-12-95
	8	Javi Márquez	ESP	174	71	11-05-86
	10	Jeremie Boga	FRA	172	68	03-01-97
	11	Jon Toral	ESP	184	80	05-02-95
	14	Franck Tabanou	FRA	178	70	30-01-89
	16	Mehdi Carcela-Gonzalez	MAR	176	67	01-07-89
	18	Andreas Pereira	BEL	177	66	01-01-96
	19	Isaac Cuenca	ESP	181	74	27-04-91
	21	Rene Krhin	SVN	189	78	21-05-90
	26	Victorien Angban	CIV	180	70	29-09-96
FW	7	David Barral	ESP	183	78	10-05-83
	9	Ezequiel Ponce	ARG	176	72	29-03-97
	15	Omer Atzili	ISR	174	67	27-07-93
	23	Alberto Bueno	ESP	178	65	20-03-88
	24	Artem Kravets	UKR	185	73	03-06-89

2016-17 SEASON SCHEDULE

날짜	장소	상대팀	날짜	장소	상대팀
19/AUG	H	SD Eibar	28/JAN	A	SD Eibar
26/AUG	A	Real Betis	04/FEB	H	Real Betis
11/SEP	H	Athletic Bilbao	11/FEB	A	Athletic Bilbao
19/SEP	A	CD Alaves	18/FEB	H	CD Alaves
22/SEP	H	CD Leganes	25/FEB	A	CD Leganes
25/SEP	A	Atletico Madrid	28/FEB	H	Atletico Madrid
01/OCT	H	Sporting Gijon	04/MAR	A	Sporting Gijon
15/OCT	A	FC Barcelona	11/MAR	H	FC Barcelona
23/OCT	A	Celta Vigo	18/MAR	H	Celta Vigo
29/OCT	H	Valencia CF	01/APR	A	Valencia CF
05/NOV	A	Granada CF	04/APR	H	Granada CF
19/NOV	H	Sevilla FC	08/APR	A	Sevilla FC
26/NOV	A	Malaga CF	15/APR	H	Malaga CF
03/DEC	H	Real Sociedad	22/APR	A	Real Sociedad
10/DEC	A	Real Madrid	25/APR	H	Real Madrid
17/DEC	H	CA Osasuna	29/APR	A	CA Osasuna
07/JAN	A	Espanyol Barcelona	06/MAY	H	Espanyol Barcelona
14/JAN	H	Villarreal CF	13/MAY	A	Villarreal CF
21/JAN	A	UD Las Palmas	20/MAY	H	UD Las Palmas

RANK OF LAST 5 YEARS

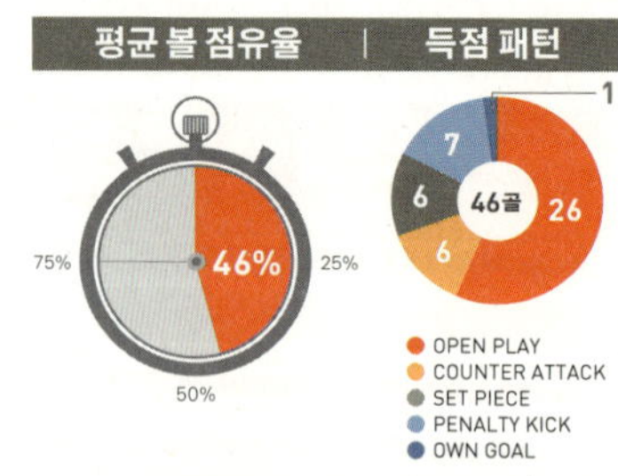

STRENGTHS & WEAKNESSES

OFFENSE		DEFENSE	
직접 프리킥	C	세트피스 수비	D
문전 처리	D	상대 볼 뺏기	C
측면 돌파	C	공중전 능력	D
스루볼 침투	C	역습 방어	D
개인기 침투	B	지공 방어	E
카운터 어택	C	스루패스 방어	C
기회 만들기	C	리드 지키기	C
세트피스	B	실수 조심	E
OS 피하기	C	측면 방어력	C
중거리 슈팅	C	파울 주의	D
볼 점유율	B	중거리슛 수비	C

매우 강함 A　강한 편 B　보통 수준 C　약한 편 D　매우 약함 E

시간대별 득점	시간대별 실점	득점 분포	공격 방향	볼 점유 위치	포지션별 득점	상대포지션별 실점

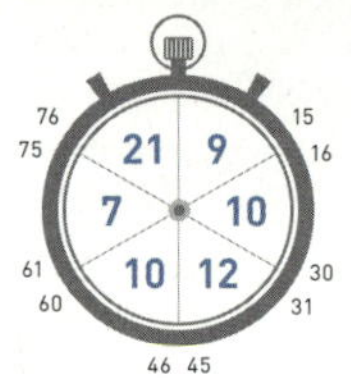

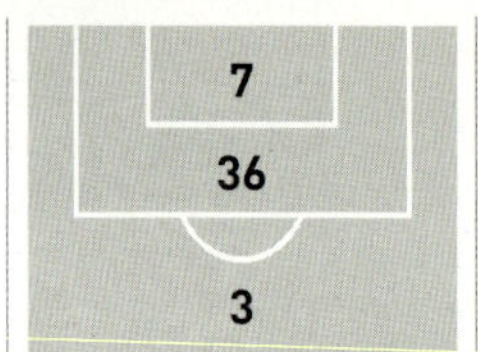

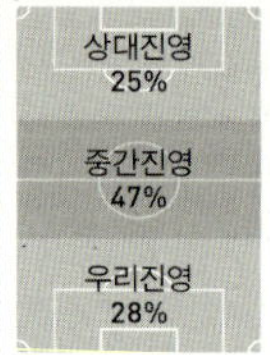

FORMATION

TOTO GUIDE 지난 시즌 상대팀별 전적

상대팀	홈	원정
FC Barcelona	0-3	0-4
Real Madrid	1-2	0-1
Atletico Madrid	0-2	0-3
Villarreal	1-3	0-1
Athletic Bilbao	2-0	1-1
Celta Vigo	0-2	1-2
FC Sevilla	2-1	4-1
Malaga	0-0	2-2
Real Sociedad	0-3	0-3
Real Betis	1-1	0-2
Las Palmas	3-2	1-4
Valencia	1-2	0-1
Espanyol	1-1	1-1
Eibar	1-3	1-5
Deportivo	1-1	1-0
Sporting Gijon	2-0	3-3
Rayo Vallecano	2-2	1-2
Getafe	3-2	2-1
Levante	5-1	2-1

GK Oier Olazábal

오이에르
올라사발

지난 시즌 레알 소시에다드에서 포지션 경쟁에 밀린 데다 부상, 출전 정지 등이 겹치며 리그 3경기에 출전하는 데 그쳤다. 올 시즌에도 멕시코 국가대표 출신 기예르모 오초아가 합류하면서 벤치를 지킬 가능성이 높다. 올라사발은 건장한 체구를 자랑한다. 골문에 섰을 때 상대 공격수에게 위압감을 줄 수 있다. 바르셀로나 출신답게 빌드-업 때의 패스 플레이에 강점이 있다. 순발력이 조금 부족한 게 약점이다.

국적 : 스페인

유소년 시절 레알 우니온에서 성장했다. 이후 2007년 바르셀로나 B팀 유니폼을 입으면서 2013년까지 B팀과 A팀 3rd 역할에 충실했다. 2008년 스페인 U-19 팀에 선발되어 1경기를 뛰었다. 2014년 7월 그라나다와 4년 계약 맺었다.

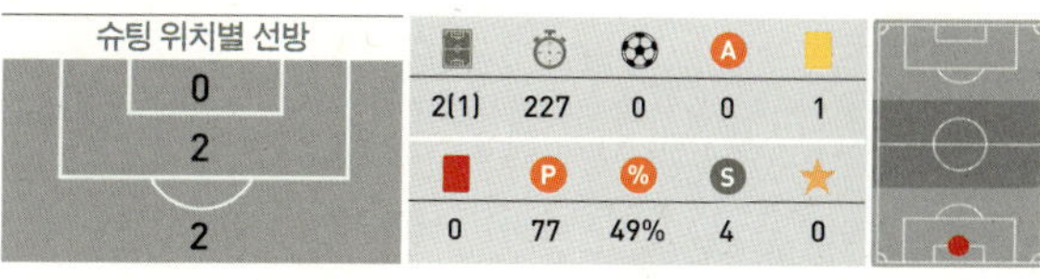

슈팅 위치별 선방

		0		
		2		
		2		

	⏱	⚽	A	🟨
2(1)	227	0	0	1

🟥	P	%	S	★
0	77	49%	4	0

GK Guillermo Ochoa

기예르모
오초아

2011-12 시즌부터 3년 간 프랑스 아작시오, 그리고 2014 브라질 월드컵 등에서 슈퍼세이브를 연발하며 크게 주목받았다. 그러나 말라가에서의 지난 두 시즌은 벤치를 달궈야 했다. 결국 트레이드를 원했고, 그라나다로 옮기면서 주전 자리를 꿰찼다. 동물적인 순발력은 리그 최상급. 상대가 가까운 거리에서 날린 슈팅을 민첩하게 막아낸다. 페널티킥 방어 능력도 수준급. 예전에 비해 빌드-업 능력도 좋아졌다.

국적 : 멕시코

멕시코 과달라하라 출생. 2004년 자국 클럽 아메리카에서 프로 선수로 데뷔했고, 프랑스 아작시오를 거쳐 2014년 여름 스페인 말라가로 이적했다. 말라가에서 2년 간 활약한 뒤 2016년 여름 그라나다로 임대 됐다. 현재 멕시코 A대표.

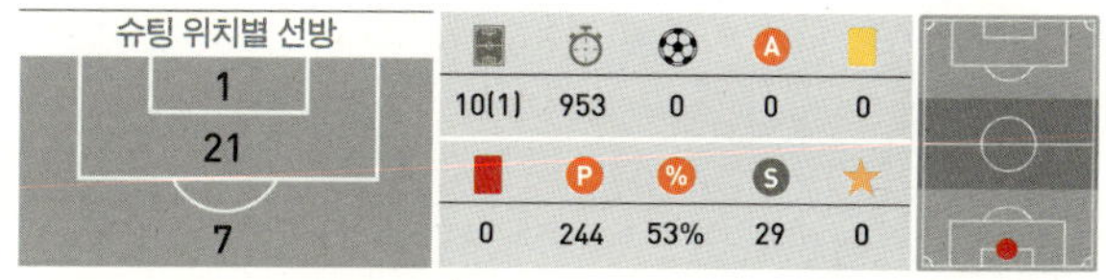

슈팅 위치별 선방

		1		
		21		
		7		

	⏱	⚽	A	🟨
10(1)	953	0	0	0

🟥	P	%	S	★
0	244	53%	29	0

DF Tito

티토

라이트백이지만 레프트백도 겸한다. 지난 시즌 라요 바예카노 소속으로 리그 29경기에 출전해 나름대로 좋은 퍼포먼스를 선보였다. 올 시즌도 RB 풀키에르, LB 가브리엘 실바와 측면 수비수 경쟁을 벌일 것이다. 티토의 강점은 강력한 스태미나. 90분 간 줄기차게 왕복운동을 전개한다. 볼을 잘 다루고, 낮게 깔아주는 패스가 정확하다. 위치 선정과 판단력이 좋아 결정적인 순간에 상대의 슈팅, 패스를 블록한다.

국적 : 스페인

본명은 로베르토 로만 트리게로. '티토'는 애칭이다. 스페인 마드리드 출생. 알칼라 아카데미 출신으로 2003년 이 팀 1군에서 데뷔했다. 이어 마요르카 2군, 알코르콘, 라요 바예카노를 거쳐 2016년 여름 그라나다로 이적했다.

위치별 슈팅-득점

		0 - 0		
		6 - 1		
		6 - 0		

	⏱	⚽	A	🟨
29	2488	1	3	4

🟥	P	%	T	★
2	934	78%	45	0

DF David Lombán

6

다비드 롬반

지난 세 시즌 간 엘체와 그라나다를 거치며 주전으로 활약했다. 지난 시즌 장-실뱅 바뱅, 히카르두 코스타와 번갈아 짝을 이루며 중앙 수비를 지켰다. 2014-15 시즌에는 34경기에 나서 5골을 기록할 정도로 세트플레이 상황에서 마무리 능력이 뛰어나다. 상대 공격수를 향한 도전적인 수비와 공중전(클리어링, 슈팅), 태클 등 매력이 넘친다. 큰 체격에 파워와 지구력까지 겸했다. PK도 잘 찬다.

국적 : 스페인

스페인 아빌레스 출생. 발렌시아 유스 아카데미 출신으로 2006년 이 팀에서 데뷔했다. 이어 살라만카(임대), 세레스, 바르셀로나 2군을 거쳐 2015년 여름 그라나다 유니폼을 입었다. 스페인 U-17과 U-20 청소년대표를 지냈다.

위치별 슈팅-득점

		0 - 0	
		10 - 0	
		3 - 0	

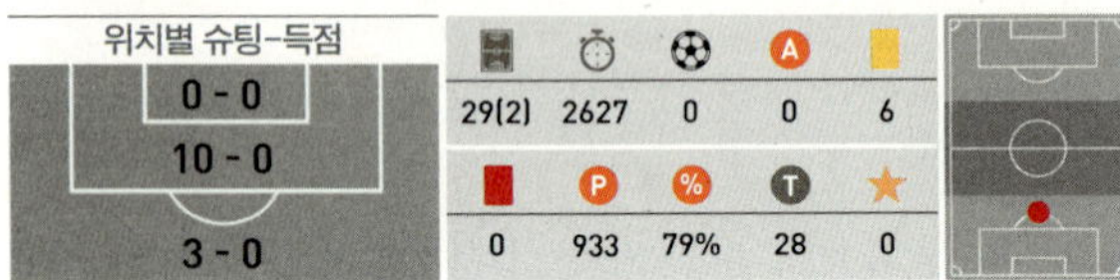

경기수	출전시간	득점	A	경고
29(2)	2627	0	0	6
퇴장	P	%	T	★
0	933	79%	28	0

DF Gabriel Silva

12

가브리엘 실바

왼쪽 터치라인의 전문가. 레프트백과 왼쪽 미드필더를 수시로 넘나든다. 지난 시즌 이탈리아 카프리에서는 디가우디오, 레티치아와 경쟁했고, 제노아에서는 라살트와 경합을 벌였다. 올 시즌 초반 그라나다에서는 티토, 토랄과 라이벌 관계다. 가브리엘 실바는 판단력이 빠르고 몸동작이 민첩해 상대의 패스를 매우 잘 자른 뒤 역습을 전개한다. 짧은 패스 콤비네이션과 크로스가 정확하다. 매우 적극적인 선수.

국적 : 브라질

브라질 피라시카바 출생. 파우메이라스 유스 출신으로 2009년 이 팀 1군에서 데뷔했고 2012년 우디네세로 이적했다. 우디네세에 적을 둔 채 노바라, 그라나다, 카프리, 제노아, 그라나다로 계속 임대됐다. 브라질 U-20 대표 출신.

위치별 슈팅-득점

		1 - 0	
		6 - 0	
		6 - 0	

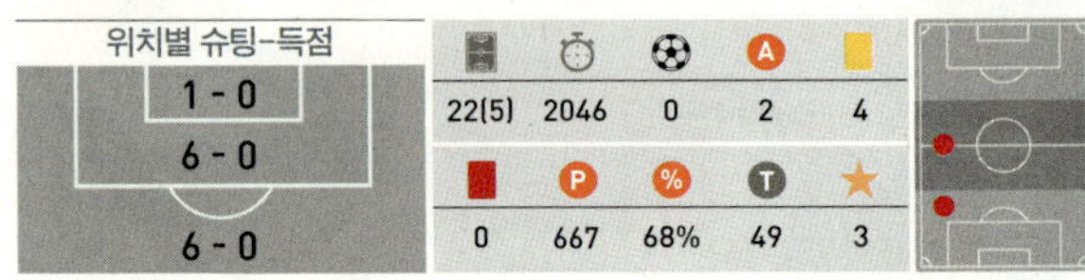

경기수	출전시간	득점	A	경고
22(5)	2046	0	2	4
퇴장	P	%	T	★
0	667	68%	49	3

DF Dimitri Foulquier

22

드미트리 풀퀴에

착실히 성장하는 측면 수비수. 좌우 측면 배치가 모두 가능한 까닭에 활용도가 높다. 2015-16 시즌에도 좌우 풀백 그리고 오른쪽 미드필더 등을 소화하면서 리그 21경기에 나섰다. 체력이 좋고, 빠른 스피드로 터치라인을 꾸준히 왕복한다. 드리블을 잘 하고, 날카로운 크로스 등 공격력도 괜찮은 편이다. 롱스로는 강력한 무기 중 하나. 수비 때 상대 공격수를 최대한 방해하며 결정적인 순간 블로킹을 해낸다.

국적 : 프랑스

2013년 8월 프랑스 명문 스타드 렌에서 이적했다. 처음에는 임대로 합류했다가 이적료 200만 유로에 5년 계약을 맺었다. 프랑스 청소년 팀을 거치면서 2013 FIFA U-20 월드컵에서 주전으로 활약했다. 프랑스 U-21 대표 출신.

위치별 슈팅-득점

		0 - 0	
		4 - 1	
		2 - 0	

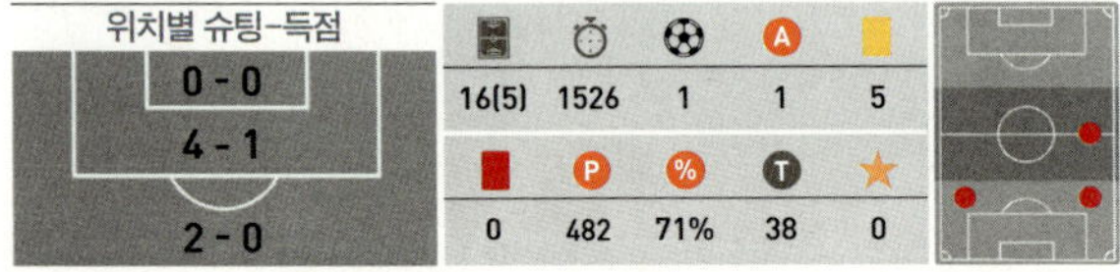

경기수	출전시간	득점	A	경고
16(5)	1526	1	1	5
퇴장	P	%	T	★
0	482	71%	38	0

MF Sergi Samper

4

세르지 삼페르

FC 바르셀로나가 키우고 있는 21세의 야심작. 경험을 쌓게 하기 위해 그라나다로 임대 보냈다. 삼페르는 '박스-투-박스' 미드필더. FC 바르셀로나에서는 수비적인 플레이를 펼쳤지만 그라나다 임대 후에는 좀 더 활동 범위를 넓혔다. 삼페르는 '라 마시아' 출신답게 플레이 한다. 볼을 잘 컨트롤 하고, '핀-포인트 패스'를 구사한다. 특히 낮게 깔아주는 스루 패스는 '명품'이다. 역습 상황에서의 롱볼도 위력적이다.

국적 : 스페인

바르셀로나 아카데미 출신. 2013년 바르셀로나 2군에서 데뷔했고, 2014년 1군으로 승격했고, 2016년 여름 그라나다로 임대됐다. 스페인 U-16, U-17, U-18, U-19, U-21 대표를 차례로 지냈다. 비공식적이지만 카탈루냐 대표다.

위치별 슈팅-득점

		0 - 0	
		0 - 0	
		0 - 0	

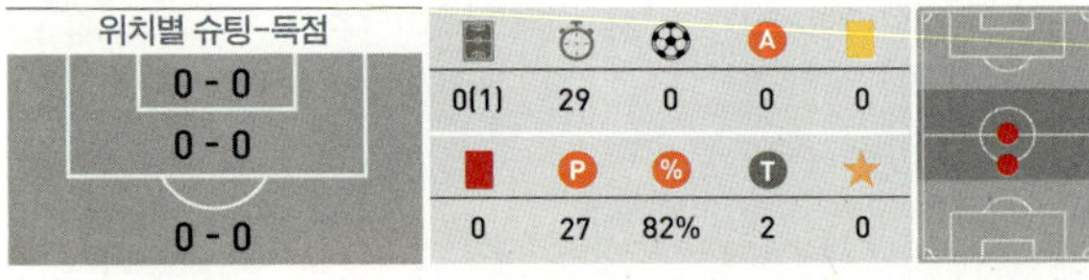

경기수	출전시간	득점	A	경고
0(1)	29	0	0	0
퇴장	P	%	T	★
0	27	82%	2	0

MF Uche Agbo

5

우체 아르보

수비형 미드필더 겸 중앙 수비수. 지난 시즌 주전 경쟁에서 밀리며 리그 6경기에 출전하는 데 그쳤다. 그러나 올 시즌 초반엔 주전 센터백으로 나서며 경쟁력을 입증하고 있다. 우체의 최대 장점은 정확한 패스. 지난 시즌 짧은 출전 시간 속에서도 113회의 패스를 시도해 85%의 성공률을 보였다. 운동능력과 투쟁심이 좋아 상대 공격수와의 몸싸움에 자신감을 보인다. 지구력도 비교적 강한 편이다.

국적 : 나이지리아

바이 보이스 유스 출신. 2010년 타라바에서 데뷔. 주트, 에님바를 거쳐 2013년 우디네세로 이적했다. 이후 3년 간 그라나다 1군과 2군을 넘나들었고, 2016년 왓포드로 옮긴 직후 그라나다로 재임대됐다. 나이지리아 U-20 대표 출신.

위치별 슈팅-득점

		0 - 0	
		0 - 0	
		0 - 0	

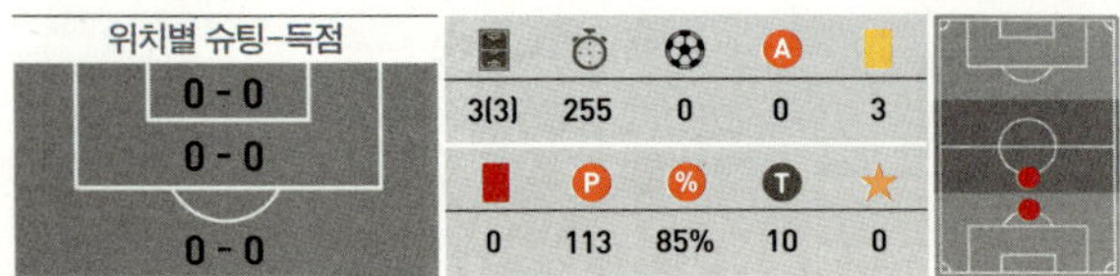

경기수	출전시간	득점	A	경고
3(3)	255	0	0	3
퇴장	P	%	T	★
0	113	85%	10	0

MF Javi Márquez

8

하비 마르케스

부상에 울었다. 종아리 부상으로 20여 일, 그리고 대퇴부 부상으로 또 20여 일. 결국 가장 중요한 순간 결장하면서 주전 경쟁에서 밀려야 했다. 올 시즌 중앙 미드필더 주전 자리를 놓고 레네 크르힌, 세르지 삼페르와 치열하게 다툴 것이다. 하비 마르케스는 수비에 중점을 둔다. 포백을 보호하고 동료의 빈자리를 민첩하게 커버링한다. 역습 상황에서의 롱패스, PA 외곽 중거리 슈팅이 매우 위력적이다.

국적 : 스페인

스페인 바르셀로나 출생. 에스파뇰 유스 아카데미 출신으로 2005년 이 팀 2군에서 데뷔했다. 에스파뇰 1군, 마요르카, 엘체를 거쳐 2014년 그라나다로 이적했다. 비공식적이지만 카탈루냐 지역 대표로 A매치에 2차례 출전한 적이 있다.

위치별 슈팅-득점

		0 - 0	
		5 - 0	
		16 - 0	

경기수	출전시간	득점	A	경고
16(3)	1314	0	1	6
퇴장	P	%	T	★
0	599	72%	32	0

MF Jeremie Boga

제레미
보가

프랑스 스타드 렌에서는 로테이션 멤버로 출전했다. 그러나 올 시즌 그라나다에서는 주전으로 뛸 가능성이 높다. 보가는 섀도 스트라이커와 센터포워드를 넘나든다. 에세키엘 폰세의 뒤를 받치거나 상황에 맞춰 투-스트라이커로 출전한다. 퍼스트 터치가 좋고, 짧은 패스 콤비네이션이 정교하며 민첩한 드리블로 상대 수비 1명 정도는 거뜬히 제치고 들어간다. 중거리 슈팅과 직접 프리킥도 강력한 무기.

국적 : 프랑스

프랑스 마르세유 출생. 첼시에 어린 시절 픽업 돼 그곳 아카데미에서 6년 간 기본기를 배웠다. 2015년 첼시에서 데뷔했고, 지난 시즌 스타드 렌, 올 시즌 그라나다로 연속 임대돼 경험을 쌓고 있다. 프랑스 U-16, U-19 대표를 지냈다.

위치별 슈팅-득점

1 - 0	6(21)	967	2	1	0
10 - 1					
11 - 1	0	314	84%	10	1

MF Jon Toral

존
토랄

잉글리시 리그 챔피언십 버밍엄에서 주전으로 뛰었다. 리그 36경기에 출전해 8골-3도움. 나름 훌륭한 성적이었다. 이제 큰 무대에서 본인의 능력을 검증받아야 한다. 토랄은 전형적인 2선 공격수다. CF 뒤의 공격형 미드필더는 물론이고 레프트윙과 라이트윙을 겸한다. 킬러 스루패스는 최강의 무기다. 동료와 짧은 패스 주고받기, 날카로운 킥-인 플레이, 왼발 중거리 슈팅은 단연 압권. 골 결정력도 좋은 편이다.

국적 : 스페인

스페인 레우스 출생. 바르셀로나 유스와 아스널 유스를 거쳤다. 2014년 아스널에서 데뷔했고, 브렌트포드, 버밍엄 시티 등 잉글랜드 2부 리그 팀에 계속 임대돼 경험을 쌓았다. 그리고 2016년 여름 스페인 그라나다로 다시 임대됐다.

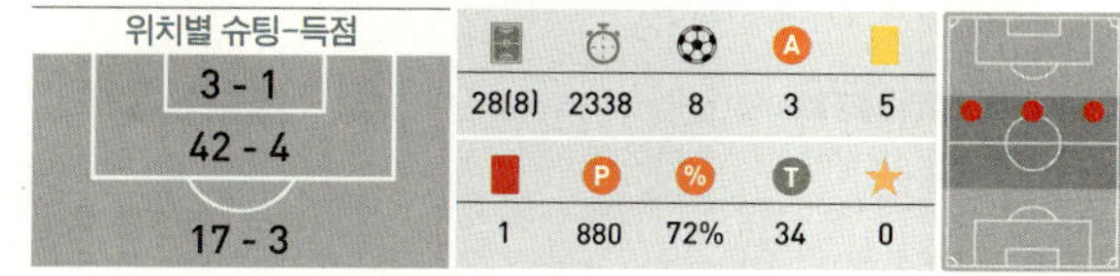

위치별 슈팅-득점

3 - 1	28(8)	2338	8	3	5
42 - 4					
17 - 3	1	880	72%	34	0

MF Isaac Cuenca

이삭
쿠엔카

전반기에는 터키 부르사스포르에서, 후반기에는 그라나다에서 각각 뛰었다. 올 시즌 그라나다에서는 주전으로 활약할 가능성이 높다. 쿠엔카는 동료 존 토랄과 마찬가지로 전형적인 '2선 공격수'다. 주 위치는 RW이지만 LW, CAM으로 출전해도 제 몫을 해낼 수 있다. 양발잡이로 볼을 잘 다룬다. 볼 키핑력이 좋고, 폭발적인 드리블로 상대 수비진을 순식간에 돌파하며 동료와 세밀한 패스 콤비네이션을 전개한다.

국적 : 스페인

스페인 레우스 출생. 7세 때부터 10년 간 7개 유스 클럽에서 기본기를 탄탄히 다졌다. 2007년 고향 클럽 레우스에서 데뷔했고, 바르셀로나, 사바델, 아약스, 데포르티보, 부르사스포르를 거쳐 2016년 여름 그라나다로 이적했다.

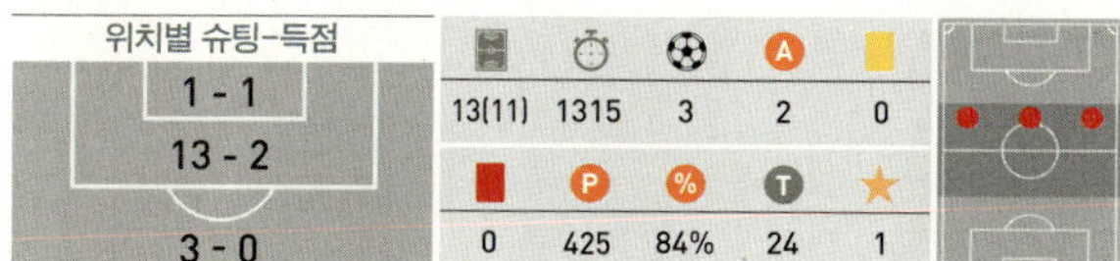

위치별 슈팅-득점

1 - 1	13(11)	1315	3	2	0
13 - 2					
3 - 0	0	425	84%	24	1

MF Rene Krhin

레네
크르힌

인테르 밀란 시절 '제2의 비에이라'로 불리며 기대를 받았다. 하지만 공식 경기에 자주 나서지 못하며 20대 초반을 아쉽게 보내고 말았다. 크르힌은 신체조건이 아주 우수한 미드필더다. 두뇌 회전이 빠르고 상대의 압박 상황에서도 공간을 잘 찾아 패스를 찔러준다. 전체적으로 공격과 수비의 밸런스를 잘 잡아준다. 수비 집중력이 좋아 상대의 패스를 잘 자르고, 동료와 세밀한 패스 플레이를 전개한다.

국적 : 슬로베니아

2009년 인테르 밀란에서 데뷔했고, 볼로냐, 인테르 복귀, 코르도바 임대를 거쳐 2015년 그라나다 유니폼을 입었다. 슬로베니아 U-17, U-18, U-19, U-21 대표를 지냈고, 2009년 9월 5일 잉글랜드 평가전 때 A대표로 데뷔했다.

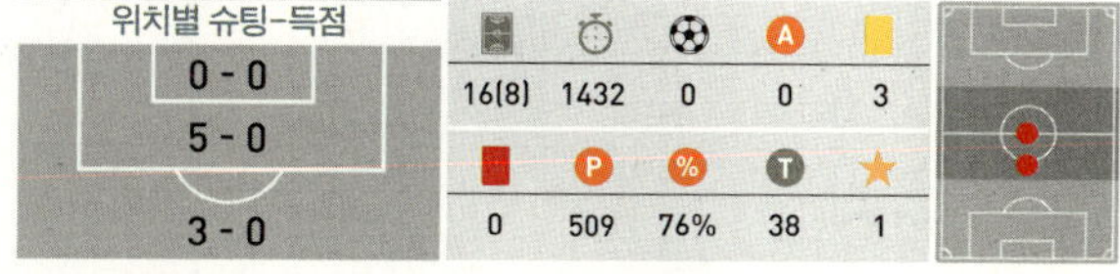

위치별 슈팅-득점

0 - 0	16(8)	1432	0	0	3
5 - 0					
3 - 0	0	509	76%	38	0

FW Ezequiel Ponce

에세키엘
폰세

2015년 8월 아르헨티나 뉴웰스 올드 보이스에서 이탈리아 AS로마로 이적했다. 처음 3개월 동안 AS 로마 유스 팀에서만 뛰며 10경기에 9골을 터뜨렸다. 그러나 11월 말 무릎 십자 인대가 파열돼 6개월간 치료에 전념했다. 올 시즌 그라나다로 임대돼 팀의 주전 CF 자리를 꿰찼다. 폰세는 '골 사냥꾼(Goal Hunter)'으로 불린다. 체격은 평범하지만 박스 안에서 민첩하고 골 냄새를 잘 맡으며 마무리를 참 잘한다.

국적 : 아르헨티나

아르헨티나 로사리오 출생. 고향 팀 뉴웰스 올드 보이스 아카데미에서 축구를 배웠고, 2013년 그 팀 1군에서 데뷔했다. 2015년 8월 420만 유로에 이탈리아 AS 로마로 이적했고, 2016년 8월 스페인 리그 그라나다로 임대됐다.

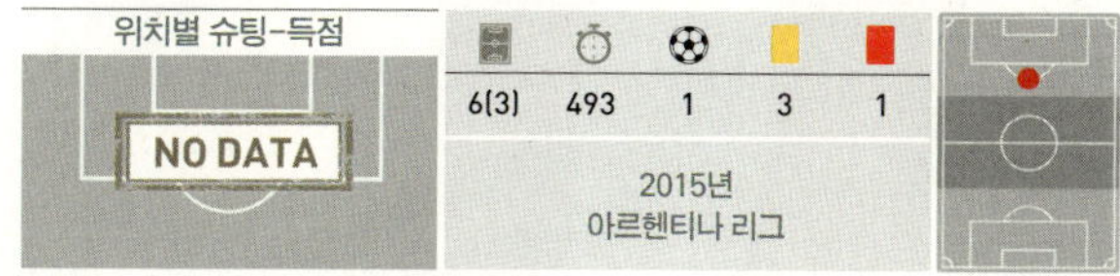

위치별 슈팅-득점

NO DATA	6(3)	493		3	1

2015년
아르헨티나 리그

FW Artem Kravets

아르템
크라베츠

슈투트가르트의 로테이션 멤버로 활약했다. 분데스리가 15경기에 출전해 1골-2도움. 공격수로서 아쉬운 성적을 냈다. 올 시즌 그라나다에서도 일단 에세키엘 폰세의 백업으로 대기한다. 크라베츠는 체격이 큰 공격수임에도 불구하고 플레이는 세밀한 편이다. 정확한 키 패스와 칼날 스루패스 등 포스트 피딩이 좋은 선수다. 짧은 패스 콤비네이션, 공중전, 중거리 슈팅에 강점이 있다. 골 결정력을 더 키워야 한다.

국적 : 우크라이나

우크라이나 카미안스케 출생. 15세 때 디나모 키에프에 입단해 유스 팀, 3군, 2군을 차례로 거쳐 1군까지 올라갔다. 아스널 키에프, 슈투트가르트, 그라나다로 차례로 임대됐다. 우크라이나 연령별 대표를 거쳤고, 현재 A대표로 활약 중.

위치별 슈팅-득점

1 - 0	5(10)	589	1	2	1
10 - 1					
6 - 0	0	1.1	71%	2.1	0

SPORTING GIJON

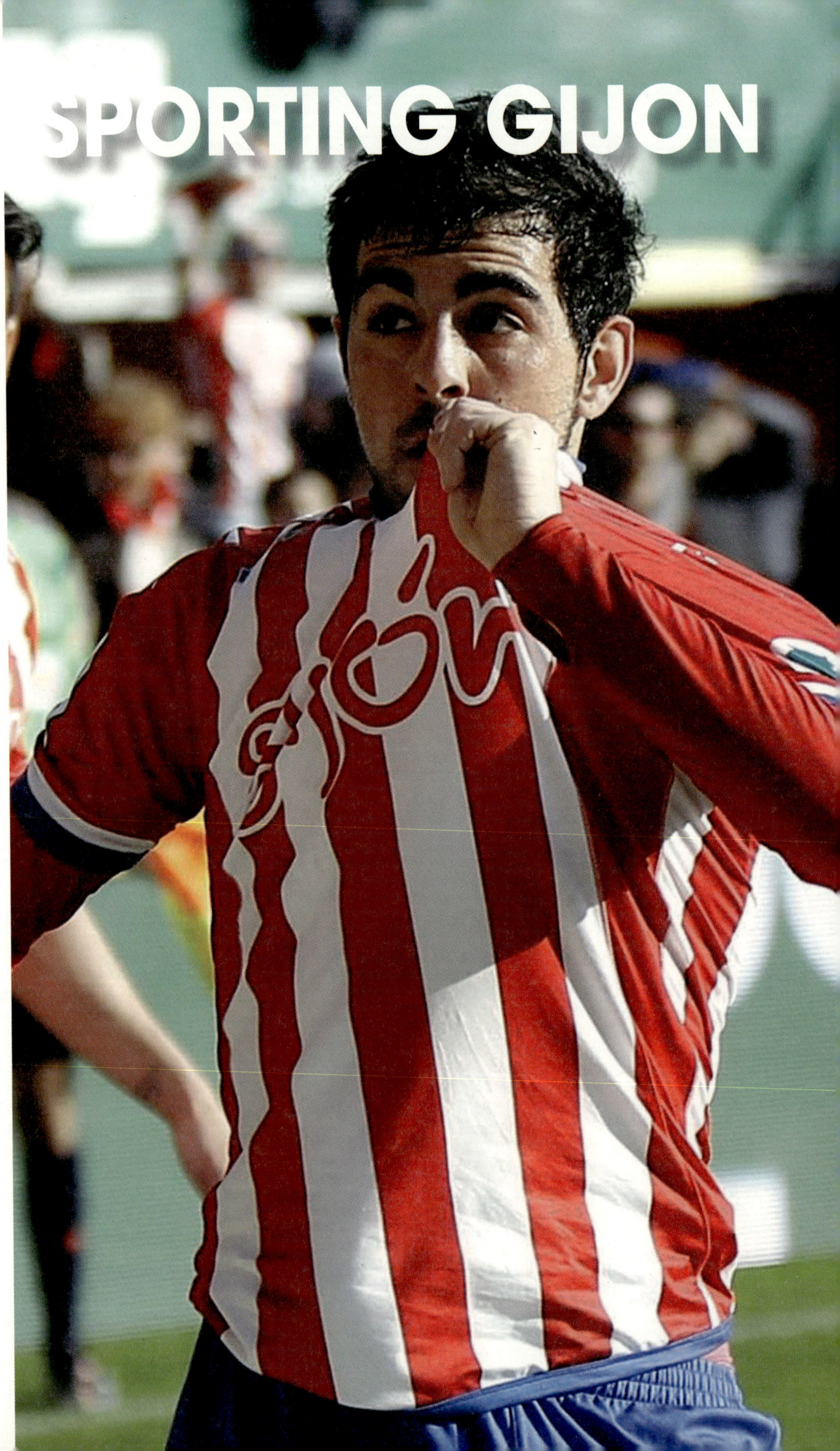

Home

Away

쉽게 물러서지 않는 '아벨라르도 질식 축구' 활동량, 기동력, 강력한 압박으로 승부수

2015-16 SEASON REVIEW

아벨라르도 감독이 그리는 축구가 어떤 모습인지 대략적인 바탕이 완성된 시즌이었다. 프리메라리가 38경기를 치르며 9번이나 비겼을 정도로 끈끈하게 플레이를 했다. 비록 69골을 내줘 수비에서 문제를 일으켰지만 끝까지 포기하지 않는 정신력으로 상대 팀들을 끈질기게 물고 늘어졌다. 29R까지는 최하위권을 맴돌아 강등이 유력해 보였다. 그러나 30R 이후 9경기 동안 선수들이 집념을 발휘하며 4승 3무 2패를 기록, 힘들게 강등권에서 탈출했다. 전반기 19경기 동안 4승 3무 12패라는 최악의 상황을 넘기고 잔류했기에 더욱 극적이었다.

SUMMER TRANSFER

라리가 20개 클럽 가운데 변화 폭이 가장 작다. 심지어 승격 클럽 특유의 베테랑 영입 움직임도 없다. 그냥 지금 전력을 유지하면서 젊은 선수들을 임대로 데려오는 수준에 그쳤다. 이쯤 되면 이들의 경쟁력에 의문이 생긴다. 매년 똑같은 패턴이다. 그럼에도 불구하고 이들은 꾸역꾸역 잔류에 성공한다. 올 여름에는 레알 베티스에서 뛰던 미드필더 사비 토레스가 경쟁력 강화를 위해 이적했다. 바르셀로나 소속이던 더글라스 페레이라, 칼리아리 출신 공격수 두에 촙, 레알 마드리드 소속 스트라이커 부르기는 경험을 쌓기 위해 임대로 합류했다.

2016-17 SEASON OUTLOOK

'만만치 않은 시즌이 될 것이다.' 이는 스포르팅 히혼과 히혼을 상대하는 팀 모두에게 공통으로 적용된다. 전방부터 선수들이 많이 뛰고 악착같은 모습을 보인다는 점에서 높은 점수를 줄 수 있다. 철저한 압박으로 공격 공간을 주지 않고 역습 상황에서도 빠른 움직임으로 득점을 노린다. 임대로 합류한 어린 공격 재능만 조금 도와준다면 잔류에 큰 어려움은 겪지 않을 것이다. 최근 세군다리가에서 좋은 수비력을 뽐냈던 클럽들은 라리가에서도 수비로 버틸 수 있었다. 다만 노장 선수가 적은 것이 위기를 맞았을 때 약점이 될지도 모른다.

감독 아벨라르도 페르난데스(ABELARDO Fernandez)

스페인 '골 넣는' 수비수 출신으로 1992년 바르셀로나 올림픽 금메달을 시작으로 1994 미국 월드컵, 1998 프랑스 월드컵, 유로 1996, 유로 2000 등에 참가했다. 스포르팅 히혼 유스에서 성장, 바르셀로나 유니폼을 입었을 정도로 실력이 뛰어났다. 바르셀로나 시절 리그 2회, UEFA 컵 위너스 컵, UEFA 슈퍼 컵, 국왕컵 2회, 수페르 코파 2회 등 트로피도 많이 챙겼다. 2008년 고향 팀 스포르팅 히혼 B팀을 맡으면서 지도력을 선보이기 시작했다. 2012년 마누엘 프레시아도 어시스턴트로 히혼 복귀를 결정했고 이듬해 B팀으로 자리를 옮겼다. 2014년 5월부터 현재까지 스포르팅 히혼 A팀 감독을 맡고 있다.

PROFILE
- 출 생 : 1970.3.19
- 국 적 : 스페인
- 계 약 : 2020.6.30

STADIUM

El Molinon

- 구장 오픈 : 1908년
- 구장 개축 : 1998년
- 구장 증축 : 1981, 2010년
- 구장 소유 : 아윤타미엔토 히혼
- 수용 인원 : 3만 명
- 피치 규모 : 105m × 68m
- 잔디 종류 : 천연 잔디

SQUAD LIST

위치	번호	이름	국적	신장	체중	생년월일
GK	1	Iván Cuéllar	ESP	185	75	25-05-84
	13	Diego Mariño	ESP	185	75	09-05-90
	30	Óscar Whalley	ESP	186	79	29-03-94
DF	2	Douglas	BRA	172	63	06-08-90
	3	Jean-Sylvain Babin	FRA	185	80	14-10-86
	4	Jorge Meré	ESP	182	77	17-04-97
	5	Fernando Amorebieta	VEN	192	85	21-03-85
	11	Alberto Lora	ESP	168	67	25-03-87
	15	Roberto Canella	ESP	180	68	07-02-88
	16	Lillo	ESP	176	76	27-03-89
	29	Juan Rodríguez	ESP	177	73	08-05-95
MF	6	Sergio Álvarez	ESP	180	65	23-01-92
	8	Rachid Ait-Atmane	ALG	190	76	04-02-93
	10	Nacho Cases	ESP	174	64	22-12-87
	18	Ismael López	ESP	180	76	29-01-90
	20	Dani Ndi	CMR	178	76	18-08-95
	21	Xavi Torres	ESP	182	76	21-11-86
	23	Moi Gómez	ESP	174	65	23-06-94
	27	Pedro Díaz	ESP	180	71	05-06-98
	28	Jaime Santos	ESP	178	64	27-04-95
FW	7	Víctor Rodríguez	ESP	170	70	23-07-89
	9	Carlos Castro	ESP	177	68	01-06-95
	14	Burgui	ESP	184	71	29-10-93
	17	Akram Afif	QTR	177	67	18-11-96
	19	Carlos Carmona	ESP	177	71	05-07-87
	24	Duje Čop	CRO	182	71	01-02-90
	25	Borja Viguera	ESP	184	80	26-03-87
	26	Pablo Fernandez	ESP	191	83	17-09-96

2016-17 SEASON SCHEDULE

날짜	장소	상대팀	날짜	장소	상대팀
21/AUG	H	Athletic Bilbao	28/JAN	A	Athletic Bilbao
28/AUG	A	CD Alaves	04/FEB	H	CD Alaves
11/SEP	H	CD Leganes	11/FEB	A	CD Leganes
17/SEP	A	Atletico Madrid	18/FEB	H	Atletico Madrid
21/SEP	A	Celta Vigo	25/FEB	H	Celta Vigo
24/SEP	H	FC Barcelona	28/FEB	A	FC Barcelona
01/OCT	A	Deportivo La Coruna	04/MAR	H	Deportivo La Coruna
16/OCT	H	Valencia CF	11/MAR	A	Valencia CF
22/OCT	A	Granada CF	18/MAR	H	Granada CF
29/OCT	H	Sevilla FC	01/APR	A	Sevilla FC
05/NOV	A	Malaga CF	04/APR	H	Malaga CF
19/NOV	H	Real Sociedad	08/APR	A	Real Sociedad
26/NOV	A	Real Madrid	15/APR	H	Real Madrid
03/DEC	H	CA Osasuna	22/APR	A	CA Osasuna
10/DEC	A	Espanyol Barcelona	25/APR	H	Espanyol Barcelona
17/DEC	H	Villarreal CF	29/APR	A	Villarreal CF
07/JAN	A	UD Las Palmas	06/MAY	H	UD Las Palmas
14/JAN	H	SD Eibar	13/MAY	A	SD Eibar
21/JAN	A	Real Betis	20/MAY	H	Real Betis

RANK OF LAST 5 YEARS

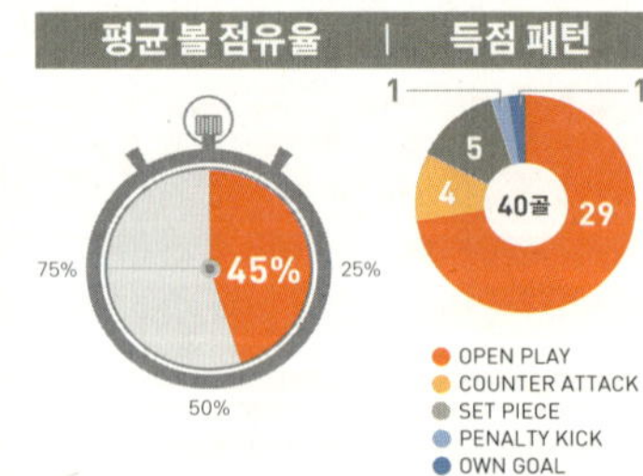

평균 볼 점유율 | 득점 패턴

45%

40골 — OPEN PLAY 29, COUNTER ATTACK 4, SET PIECE 5, PENALTY KICK 1, OWN GOAL 1

- ● OPEN PLAY
- ● COUNTER ATTACK
- ● SET PIECE
- ● PENALTY KICK
- ● OWN GOAL

STRENGTHS & WEAKNESSES

OFFENSE		DEFENSE	
직접 프리킥	C	세트피스 수비	B
문전 처리	C	상대 볼 뺏기	C
측면 돌파	C	공중전 능력	D
스루볼 침투	C	역습 방어	C
개인기 침투	C	지공 방어	D
카운터 어택	C	스루패스 방어	C
기회 만들기	C	리드 지키기	C
세트피스	C	실수 조심	D
OS 피하기	C	측면 방어력	C
중거리 슈팅	C	파울 주의	D
볼 점유율	D	중거리슛 수비	C

매우 강함 A 강한 편 B 보통 수준 C 약한 편 D 매우 약함 E

시간대별 득점 | 시간대별 실점 | 득점 분포 | 공격 방향 | 볼 점유 위치 | 포지션별 득점 | 상대포지션별 실점

시간대별 득점: 11, 8, 4, 7, 5, 5

시간대별 실점: 10, 7, 13, 12, 9, 11

득점 분포: 13 / 23 / 4

공격 방향: 37% 24% 39%

볼 점유 위치: 상대진영 25% / 중간진영 47% / 우리진영 28%

포지션별 득점: FW진 22골 / MF진 14골 / DF진 3골
*상대 자책골 1골

상대포지션별 실점: DF진 5골 / MF진 10골 / FW진 46골
*자책골 실점 1골

FORMATION

4-2-3-1

TOTO GUIDE 지난 시즌 상대팀별 전적

상대팀	홈	원정
FC Barcelona	1-3	0-6
Real Madrid	0-0	1-5
Atletico Madrid	2-1	0-1
Villarreal	2-0	0-2
Athletic Bilbao	0-2	0-3
Celta Vigo	0-1	1-2
FC Sevilla	2-1	0-2
Malaga	1-0	0-1
Real Sociedad	5-1	0-0
Real Betis	1-2	1-1
Las Palmas	3-1	1-1
Valencia	0-1	1-0
Espanyol	2-4	2-1
Eibar	2-0	0-2
Deportivo	1-1	3-2
Granada	3-3	0-2
Rayo Vallecano	2-2	1-2
Getafe	1-2	1-1
Levante	0-3	0-0

 Iván Cuéllar

1

이반
쿠에야르

골키퍼의 산실 AT. 마드리드 유스 아카데미 출신. 지난 시즌 안정감을 보였고, 올 시즌도 주전이다. 쿠에야르의 가장 큰 장점은 안정감이다. 성격이 침착하고 집중력이 좋아 잔 실수를 잘 범하지 않는다. 순발력도 평균 이상이고 슛-스토핑도 우수한 편이다. 특히 중거리 슈팅이나 프리킥을 막아내는 능력은 발군이다. 펀칭 빈도가 많고 비거리도 긴 편이다. 그러나 패스 성공률이 낮아 빌드-업 때 아쉬움이 크다.

국적 : 스페인

쿠에야르의 별명은 '피추.' 과거 스포르팅 히혼에서 레전드 출신을 빌렸다. 2008년 합류하면서 벌써 8시즌 째를 준비 중이다. 팀이 승격했던 2011-12 시즌에는 잠시 후보로 밀렸다가 강등 이후 다시 주전으로 복귀했다.

슈팅 위치별 선방			경기수	출전시간	득점	도움	경고
2			32	2880	0	2	4
59			퇴장	패스시도	패스성공률	GK선방	MOM
54			0	865	34%	115	3

 Diego Mariño

13

디에고
마리뇨

레반테 소속으로 23경기에 출전해 78회 선방을 했다. 팀이 2부 리그로 강등된 뒤 스포르팅 히혼으로 이적했다. 마리뇨는 팀의 백업 골키퍼다. GK 치고 체격은 평범한 편. 그럼에도 불구하고 기본적인 골키퍼 스킬을 잘 갖춘 편이다. 캐칭, 펀칭 등 볼 핸들링이 안정돼 있고, 반사신경에 이은 슛-스토핑, 넓은 활동 범위도 인상적이다. 전체적으로 무난한 선수지만 결정적인 순간 위기를 넘기지 못하는 면도 있다.

국적 : 스페인

스페인 비고 출생. 비야레알 유스 출신으로 2008년 이 팀 3군에서 데뷔했고, 2군을 거쳐 1군으로 승격했다. 이어 바야돌리드, 레반테(임대), 레반테(이적)를 거쳐 2016년 여름 히혼으로 이적했다. 스페인 연령별 대표를 다 거쳤다.

슈팅 위치별 선방			경기수	출전시간	득점	도움	경고
9			23	2070	0	0	1
51			퇴장	패스시도	패스성공률	GK선방	MOM
18			0	688	63%	78	0

 Jorge Meré

4

호르헤
메레

지난 시즌 루이스 에르난데스(레스터로 이적)와 센터백 콤비를 이뤄 팀의 1부 리그 잔류를 이끌었다. 메레는 중앙 수비수 치고 체격은 평범하다. 그러나 시야가 넓고 축구 IQ가 우수한 데다 투쟁심이 강하다. 태클 성공률이 높고, 커버 플레이도 평균 이상이다. 상대의 볼을 가로챈 다음 날렵한 드리블로 빌드-업을 한다. 동료와 짧게 주고받는 패스 게임도 OK. 그러나 롱 패스 정확도가 떨어져 아쉽다.

국적 : 스페인

스페인 오비에도 출생. 오비에도 유스 아카데미와 스포르팅 유스 아카데미에서 축구를 배웠다. 2013년 스포르팅 히혼 2군에서 데뷔했고, 이듬해 1군으로 승격해 현재까지 활약 중이다. 스페인 U-17, U-18, U-19, U-21 대표 출신.

위치별 슈팅-득점			경기수	출전시간	득점	도움	경고
0 - 0			24(1)	2174	0	0	6
2 - 0			퇴장	패스시도	패스성공률	태클성공	MOM
6 - 0			0	781	77%	50	0

DF Alberto Lora

작은 신장이지만 단단한 몸매가 눈에 들어온다. 로라는 스포르팅 히혼이 자랑하는 오른쪽 풀백이다. 지치지 않는 체력으로 경기장을 누비고 다닌다. 지나치게 적극적인 플레이로 부상이 잦은 것은 흠. 하지만 몸을 사리지 않고 과감한 플레이로 팬을 매료시킨다. 체력이 뛰어나 오른쪽 곳곳에서 로라를 만날 수 있다. 가끔 선보이는 강한 오른발은 상대 수비가 조심해야 할 무기다. 결정적인 키 패스도 주목해야 한다.

스포르팅 히혼 B팀을 거쳐 프로 데뷔까지 치렀다. 하지만 로라는 레알 마드리드 유스 출신으로 1999년부터 2006년까지 마드리드에 있었다. 2007년 팀을 옮기고 곧 프로 데뷔전을 치렀고 2009-10 시즌부터 본격적인 주전 생활을 시작했다.

국적 : 스페인

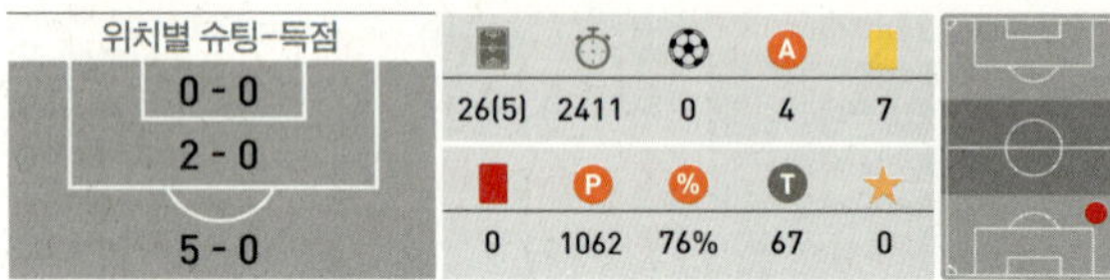

위치별 슈팅-득점

0 - 0		
2 - 0		
5 - 0		

경기수	출전시간	득점	도움	경고
26[5]	2411	0	4	7

퇴장	P	%	T	★
0	1062	76%	67	0

DF Fernando Amorebieta

지난 시즌 잉글리시 리그 챔피언십(2부 리그) 미들즈브러와 풀럼 2팀을 거쳤다. 두 구단에서 모두 중앙 수비수로서 나름 경쟁력을 보인 게 사실. 올 시즌 스포르팅 히혼에서는 호르헤 메레의 파트너로 나선다. 아모레비에타는 거대한 체격을 이용해 공중전에서 무적의 위용을 자랑한다. 집중력이 좋아 상대의 패스를 앞선에서 잘 자르고, 기습적인 롱패스를 날린다. 반면 잔 부상이 많고, 카드를 많이 수집하는 게 문제.

베네수엘라 칸타우라 출생. 아슬레틱 빌바오 유스 출신. 2003년 바스코니아에서 데뷔했고, 아슬레틱 빌바오, 풀럼, 미들즈브러(임대)를 거쳐 2016년 여름 스포르팅에 입단. 스페인 U-19 대표였지만 베네수엘라 A대표를 선택했다.

국적 : 베네수엘라

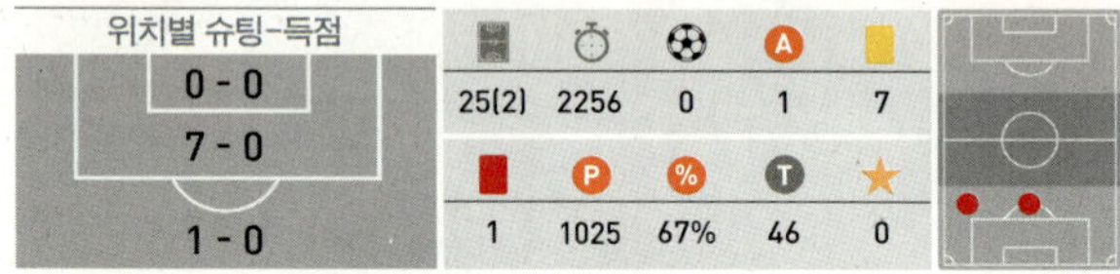

위치별 슈팅-득점

0 - 0		
7 - 0		
1 - 0		

경기수	출전시간	득점	도움	경고
25[2]	2256	0	1	7

퇴장	P	%	T	★
1	1025	67%	46	0

DF Lillo

주 위치는 라이트백이지만 센터백과 레프트백도 겸한다. 지난 시즌 무릎 부상으로 50일, 대퇴부 부상으로 20일씩 결장해 경쟁에서 밀렸다. 올 시즌은 정상 컨디션으로 출전했고, 라이트백 선발 자리를 꿰찼다. 무릎 부상이 재발하지 않는 게 무엇보다 중요하다. 리요는 지구력이 강하고, 스피드가 빠르다. 롱패스가 정확하고 항상 자신감 넘치는 플레이를 펼친다. 수비수 치고 태클이 부족한 게 아쉬운 점.

스페인 아스페 출생. 발렌시아 유스에서 축구를 배웠고, 2007년 이 팀에서 데뷔. 무르시아, 발렌시아(복귀), 알메리아, 알코야노, 에이바르를 거쳐 2016년 여름 스포르팅 히혼으로 이적했다. 스페인 U-17, U-19, U-20 대표를 지냈다.

국적 : 스페인

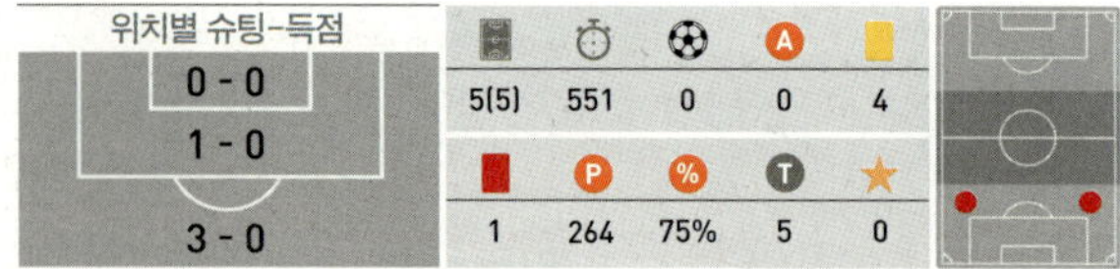

위치별 슈팅-득점

0 - 0		
1 - 0		
3 - 0		

경기수	출전시간	득점	도움	경고
5[5]	551	0	0	4

퇴장	P	%	T	★
1	264	75%	5	0

MF Sergio Álvarez

공격과 수비를 오가는 '박스-투-박스' 형태의 미드필더. 폭넓은 활동량이 장점으로 적절한 공격 가담과 적극적인 수비를 자랑한다. 1군에 올라와 주전으로 활약하면서부터는 공격적인 능력이 향상되고 있다. 포백 앞에서 1차 저지선 역할을 제대로 해낸다. 키에 비해 몸무게가 적게 나가지만 몸싸움에서 전혀 밀리지 않는다. 문제는 카드 수집. 지난 시즌 옐로카드 7장에 레드카드 1장을 받았다.

스포르팅 히혼 유스 출신으로 2004년부터 2009년까지 성장했다. 같은 해 B팀으로 승격하면서 정식 프로 선수가 됐고 1군 데뷔전까지 치렀다. 2013-14 시즌부터는 완전히 1군으로 승격, 꾸준하게 활약 중이다.

국적 : 스페인

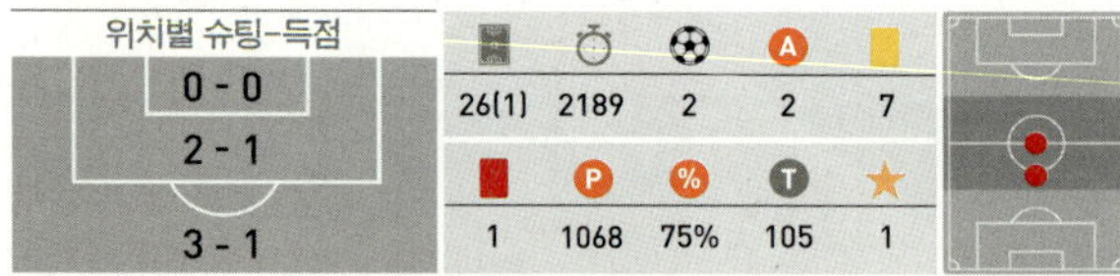

위치별 슈팅-득점

0 - 0		
2 - 1		
3 - 1		

경기수	출전시간	득점	도움	경고
26[1]	2189	2	2	7

퇴장	P	%	T	★
1	1068	75%	105	1

MF Nacho Cases

'박스-투-박스' 미드필더. 주 위치는 중앙 MF지만 상황에 따라 수비형 MF나 공격형 MF를 맡을 수도 있다. 팀에서 가장 재능이 풍부한 선수 중 1명. 나초 카세스는 볼을 잘 다루고, 화려한 드리블로 수비 1명 정도는 쉽게 제치며 동료들과 짧은 패스를 정확히 주고받는다. 패스 성공률 85%로 수준급. 그런데 문제는 카드 수집이다. 지난 시즌 10장의 옐로카드와 2장의 레드카드, 4차례의 출전 정지 처분을 받았다.

스페인 히혼 출생. 스포르팅 히혼, 레비야히헤도 아카데미 출신. 2005년부터 2011년 전반기까지 스포르팅 히혼 2군에서 뛰었고, 2011년 후반기부터 이 팀 1군으로 승격해 현재까지 활약 중이다.

국적 : 스페인

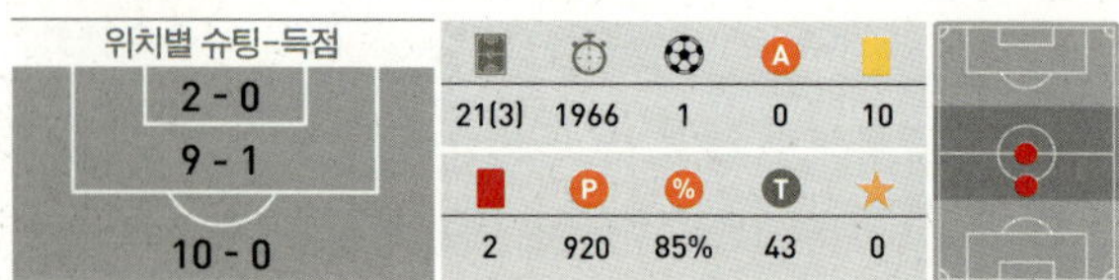

위치별 슈팅-득점

2 - 0		
9 - 1		
10 - 0		

경기수	출전시간	득점	도움	경고
21[3]	1966	1	0	10

퇴장	P	%	T	★
2	920	85%	43	0

MF Isma López

레프트백 겸 왼쪽 미드필더. 지난 시즌 라리가 31경기에 출전했다. 올 시즌도 부동의 왼쪽 수비수 주전으로 활약할 것이다. 로페스는 매우 공격적인 풀백이다. 가끔 레프트윙처럼 높이 올라가 폭발적인 공격을 선보인다. 드리블 스피드와 드리블 기술이 모두 우수한 데다 저돌적이다. 볼을 잘 다루고, 짧게 주고받는 패스 게임을 잘 한다. 반면 크로스와 롱패스 정확도는 약간 떨어지는 편이고 카드를 많이 수집한다.

아슬레틱 빌바오 유스 출신으로 1군 승격에 실패, 사라고사 B팀으로 자리를 옮겼다. 하지만 거기에서도 1군에 승격하지 못하고 하부 리그를 떠돌다 2013년 히혼 유니폼을 입은 뒤 만개했다. 한국에서 열린 2007 U-17 월드컵에 출전했다.

국적 : 스페인

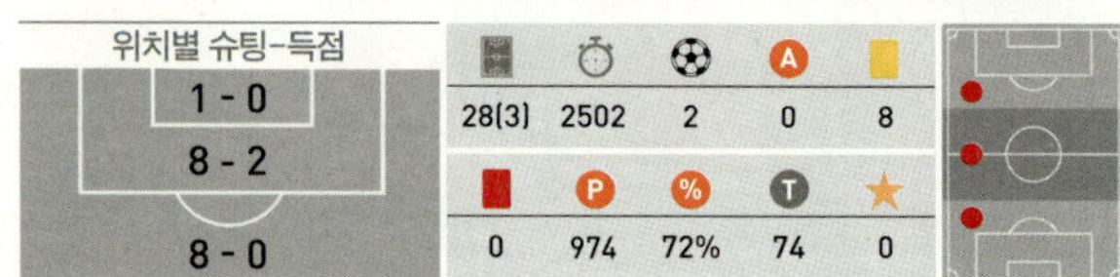

위치별 슈팅-득점

1 - 0		
8 - 2		
8 - 0		

경기수	출전시간	득점	도움	경고
28[3]	2502	2	0	8

퇴장	P	%	T	★
0	974	72%	74	0

MF Burgui

14 부르기
국적 : 스페인

전형적인 2선 공격수. 주 위치는 레프트윙이지만 상황에 따라 중앙 공격형 미드필더로 출전할 수도 있다. 지난 시즌 에스파뇰 소속으로 프리메라리가에서 선발 출전 8회, 교체 출전 18회를 기록한 것처럼 로테이션 멤버 성격이 강했다. 그러나 올 시즌 스포르팅 히혼에서는 왼쪽 날개 주전으로 출전할 가능성이 높다. 드리블을 즐기고, 날카롭게 컷-인하며 정확한 키패스를 연결한다. 전문 프리키커 중 1명이다.

스페인 부르기요스 델 세로 출생. 디오세사노 유스 출신. 2012년 레알 마드리드 C팀에서 데뷔했고, 이듬해 B팀, 그리고 2015년 A팀으로 각각 승격했다. 레알에 적을 둔 상태에서 지난 시즌 에스파뇰, 올 시즌 스포르팅으로 임대 됐다.

위치별 슈팅-득점

위치별 슈팅-득점			A		
0 - 0					
23 - 1	8(18)	976	1	3	0
7 - 0					

	P	%	T	★
0	350	77%	22	0

MF Carlos Carmona

19 카를로스 카르모나
국적 : 스페인

측면과 중앙을 넘나드는 미드필더. 지난 시즌 로테이션 멤버로 뛰었고, 올 시즌도 마찬가지. 카르모나는 공격적인 움직임이 장기다. 바르셀로나 2군에서 갈고 닦은 실력이 보통이 아니다. 볼을 잘 다루고 패스가 비교적 정확하다. 특히 짧은 패스 콤비네이션이 강점이다. 상대 수비의 틈을 노려 칼날처럼 찌르는 스루패스는 압권. 수비 집중력도 좋은 편이다. 반면 측면 미드필더로 크로스 성공률이 높지 않다.

스페인 팔마 출생. 마요르카 유스 아카데미 출신으로 B팀에서 기회를 많이 얻지 못했다. 이후 카르타헤나, 레크레아티보, 바르셀로나 B로 이적하면서 공격 능력을 자랑했다. 히혼과는 2012년부터 연을 맺고 있다.

위치별 슈팅-득점

위치별 슈팅-득점			A		
1 - 1					
11 - 1	16(4)	1224	2	3	4
2 - 0					

	P	%	T	★
0	539	74%	52	0

MF Moi Gómez

23 모이 고메스
국적 : 스페인

지난 시즌 헤타페에서 로테이션 멤버로 활약했다. 선발 출전 기준 레프트윙 4회, 공격형 미드필더 3회, 라이트 윙 2회였다. 모이 고메스는 전형적인 '2선 공격수'다. 전체적으로 볼을 잘 다루는 편이다. 스피드와 테크닉이 가미된 드리블로 측면을 따라 순식간에 돌파한다. 정확한 장-단 패스는 종합 성공률 86%로 높은 편이다. PA 외곽 중거리 슈팅과 프리킥은 강력한 무기. 감아 찰 때 스핀의 각이 좋다.

스페인 로살레스 출생. 알리칸테와 비야레알 유스 출신. 2011년 비야레알 3군에서 데뷔했고, 2군을 거쳐 1군으로 승격했다. 지난 시즌엔 헤타페로 임대 됐고, 2016년 여름 스포르팅 히혼으로 이적했다. 스페인 연령별 대표를 다 거쳤다.

위치별 슈팅-득점

위치별 슈팅-득점			A		
1 - 1					
7 - 0	9(13)	915	2	3	3
7 - 0					

	P	%	T	★
0	400	86%	14	0

FW Víctor Rodríguez

7 빅토르 로드리게스
국적 : 스페인

헤타페 소속으로 프리메라리가 33경기(선발 26회+교체 7회)에 출전했다. 선발 기준으로 보면 공격형 미드필더(섀도 스트라이커) 17회, 레프트윙 9회였다. 올 시즌도 CF 두에 톱의 뒤를 받치거나 상황에 따라 투스트라이커로 기용될 수도 있다. 로드리게스는 '드리블 마스터'다. 빠른 스피드로 볼을 몰고 가면서 다양한 기술을 선보인다. 매우 적극적으로 플레이를 하고, 전문 프리키커 중 1명이다.

바르셀로나 유스와 바달로나 유스 2곳에서 기초를 닦았다. 2008년 빌라후이가에서 데뷔했고, 바달로나, 사라고사, 엘체, 헤타페(임대)를 거쳐 2016년 여름 스포르팅 히혼으로 이적했다. 비공식적이지만 카탈루냐 대표로 출전한 바 있다.

위치별 슈팅-득점

위치별 슈팅-득점			A		
3 - 1					
25 - 1	26(7)	2309	2	2	1
17 - 0					

	P	%	T	★
0	998	86%	40	0

FW Carlos Castro

9 카를로스 카스트로
국적 : 스페인

센터포워드, 공격형 MF 등 전방 위치는 모두 소화할 수 있다. 1995년생으로 스포르팅 히혼이 당장 전력보다는 미래를 위한 관리 중이라고 볼 수 있다. 2014년 스페인 U-21에 소집되면서 스페인 내에서도 카스트로의 성장을 지켜보고 있다. 체구는 작지만 중앙으로 파고드는 움직임이 날카롭고 빠른 타이밍에서 시도되는 왼발 슈팅이 정확하다. 2015-16 시즌 로테이션 멤버로 출전하며 7골을 넣었다.

스페인 북부 아스투리아스 지방 출신이다. 자연스럽게 연고 클럽인 오비에도, 히혼 유스 클럽을 거쳐 스포르팅 히혼에 자리 잡았다. 2011년 16세에 B팀에서 데뷔전을 치렀고 2014년에는 1군으로 완전히 승격했다.

위치별 슈팅-득점

위치별 슈팅-득점			A		
4 - 2					
18 - 5	7(18)	1013	7	0	1
3 - 0					

	P	%	T	★
0	191	81%	7	0

FW Duje Čop

24 두예 촙
국적 : 크로아티아

말라가 소속으로 7골-3도움을 기록하며 공격을 주도했다. 올 시즌 스포르팅 히혼에서도 선발 센터포워드로 출전할 가능성이 높다. 촙은 균형 잡힌 체격에 몸동작이 민첩하다. 특히 박스 안에서 위치를 잘 잡고 골 냄새를 잘 맡는다. 기회를 잡으면 정확하게 마무리를 한다. 슈팅이 강력하고 비교적 정확한 편이다. 팀 내에서 아모레비에타, 바뱅 등과 함께 공중전에 가장 강한 선수 중 1명이다.

크로아티아 빈코브치 출생. 하이두크 스플리트 유스 아카데미 출신으로 2007년 이곳 1군에서 데뷔. 이어 나시오날, 하이두크 스플리트(복귀), RNK, 디나모 자그레브, 칼리아리, 말라가(임대)를 거쳐 2016년 여름 스포르팅으로 임대됐다.

위치별 슈팅-득점

위치별 슈팅-득점			A		
4 - 2					
38 - 5	25(6)	2064	3	3	3
7 - 0					

	P	%	T	★
0	642	68%	27	1

ALAVES

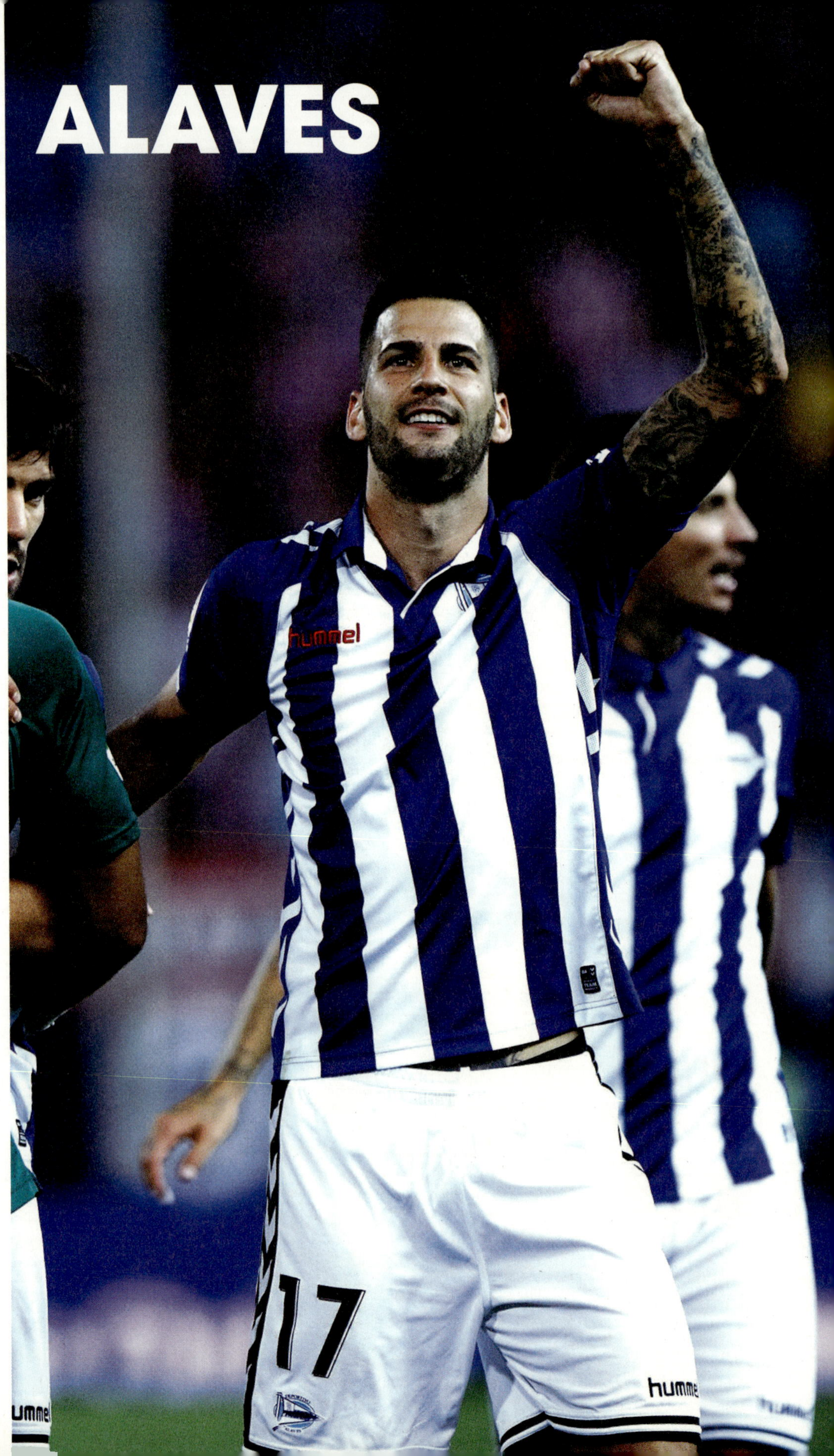

구단 소개

구단 창립 : 1921년
홈구장 : 멘디소로사
감독 : 마우리시오 페예그리노
2015-16시즌 : 2부 1위(승점 75점)
21승 12무 9패 49득점 35실점
닉네임 : Babazorros

주요대회 우승횟수

0	SPANISH PRIMERA LIGA	0	SPANISH COPA DEL REY
0	UEFA CHAMPIONS LEAGUE	0	UEFA EUROPA LEAGUE
0	FIFA CLUB WORLD CUP	0	UEFA-CONMEBOL INTERCONTINENTAL

UNIFORM

Home

Away

세군다리가에서 압도적인 모습으로 우승
여름 이적 시장서 알토란 같은 선수들 영입

2015-16 SEASON REVIEW

지난 시즌 세군다리가에서 꾸준한 성적을 거두며 21승 12무 9패 49득점 35실점으로 1위를 차지하고 승격했다. 홈구장에서 11승 8무 2패, 원정 경기에서 10승 4무 7패로 비교적 균형을 잡은 것으로 나타났다. 하위권 7팀에게는 12전 8승 3무 1패로 확실히 승점을 챙겼고, 상위권 5개 팀에게도 승점 2~6점까지 따내며 일방적으로 밀리는 경기는 하지 않았다. 시즌 초반에는 2부 리그 4~7위권을 맴돌았으나 13R부터 14경기 동안 9승 4무 1패를 거두며 치고 나갔다. 그리고 시즌 막판 37부터 42R까지 6기 연속 무패(5승 1무)를 올리며 1위를 굳혔다.

SUMMER TRANSFER

승격 팀으로 적극적으로 선수들을 영입했다. 콜롬비아 메데인 미드필더 다니 토레스를 320만 유로에, 세르비아 레드 스타 공격수 알렉산다르 카타이를 200만 유로에 각각 사들였다. 사용 금액은 밝혀진 것만 600만 유로. 재정이 넉넉지 못한 알라베스로서 꽤 큰 돈을 쓴 셈. 또한 임대로 합류한 데이베르손, 네나드 크르스티치 등도 눈여겨볼 선수들. 이들은 모두 올 시즌 초반부터 알라베스의 주축 멤버로 좋은 활약을 보이고 있다. 반면 방출 선수 중 눈에 띄는 선수는 별로 없다. 올 시즌 알라베스의 성적에 기대를 걸어볼 만한 이유다.

2016-17 SEASON OUTLOOK

올 시즌 목표는 잔류다. 지난 시즌 2부 리그에서 좋은 모습을 보였지만 1부 리그는 차원이 다른 무대다. 그래서 목표를 달성하는 게 쉽지 않을 수도 있다. 시즌 초반 10R까지 어떤 성적을 낼 수 있느냐가 매우 중요하다. 다행히 아틀레티코 마드리드와의 개막전 무승부(1-1), 그리고 바르셀로나 원정 경기 승리(2-1)은 알라베스 선수들에게 정말 큰 자신감을 불러일으켰다. 이 자신감을 바탕으로 강등권 경쟁 팀들에게 승리하고, 중위권 팀들과 대등하게 경기하며 상위권 팀들에게 승패를 떠나 끈질긴 승부를 펼친다면 목표를 달성할 수 있을 것이다.

감독 마우리시오 페예그리노(Mauricio Pellegrino)

벨레스 아카데미 출신. 1990년 이 팀 1군에서 데뷔해 8년간 뛰었고, 1998-99 시즌 FC 바르셀로나로 임대됐다. 1999년 여름 발렌시아로 이적해 6년간 뛰었고, 2004-05 시즌 리버풀, 2005-06 시즌 알라베스에서 각각 1년씩 플레이한 뒤 은퇴했다. 그는 발렌시아 유스 팀 코치로 지도자 생활을 시작했다. 라파엘 베니테스의 어시스턴트로 2008년 리버풀, 2010년 인테르 밀란에서 지도자 경험을 쌓았다. 2012년 5월 우나이 에메리의 뒤를 이어 발렌시아 감독에 올랐으나 12경기 만에 성적 부진으로 물러났다. 이어 아르헨티나 명문 클럽 에스투디안테스, 인데펜디엔테에서 지휘봉을 잡고 2016년 6월 호세 보르달라스의 뒤를 이어 알라베스 감독이 됐다.

PROFILE
- 출 생 : 1971.10.5
- 국 적 : 아르헨티나
- 계 약 : 2017.6.30

STADIUM

Mendizorrotza Stadium

- 구장 오픈 : 1924년
- 구장 소유 : 비토리아 가스테이스
- 수용 인원 : 1만 9840명
- 피치 규모 : 105m X 67m
- 잔디 종류 : 천연 잔디

SQUAD LIST

위치	번호	이름	국적	신장	체중	생년월일
GK	1	Fernando Pacheco	ESP	187	81	18-05-92
	13	Adrián Ortolá	ESP	182	70	20-08-93
DF	2	Aleksandar Pantić	SRB	184	77	11-04-92
	3	Raúl García	ESP	175	72	30-11-89
	4	Alexis Ruano	ESP	183	75	04-08-85
	5	Víctor Laguardia	ESP	185	75	05-11-89
	15	Theo Hernández	FRA	185	78	06-10-97
	22	Carlos Vigaray	ESP	182	70	07-09-94
	24	Zouhair Feddal	MAR	191	78	01-01-89
	27	Einar Galilea	ESP	182	73	22-05-95
MF	6	Marcos Llorente	ESP	182	65	30-01-95
	8	Víctor Camarasa	ESP	183	76	28-05-94
	12	Sergio Llamas	ESP	178	65	06-03-93
	16	Daniel Torres	COL	183	80	15-11-89
	17	Edgar	ESP	185	80	30-04-90
	19	Manu García	ESP	170	65	02-01-98
	21	Kiko Femenía	ESP	174	61	02-02-91
	23	Nenad Krstičić	SRB	182	75	03-07-90
FW	7	Rubén Sobrino	ESP	185	73	01-06-92
	9	Christian Santos	VEN	184	70	24-03-88
	10	Manu Barreiro	ESP	192	81	08-07-86
	11	Ibai Gómez	ESP	179	73	11-11-89
	14	Cristian Espinoza	ARG	172	70	03-04-95
	18	Gaizka Toquero	ESP	182	72	09-08-84
	20	Deyverson	BRA	189	82	08-05-91
	25	Aleksandar Katai	SRB	177	70	06-02-91
	28	Dani Iglesias	ESP	178	70	18-08-95

2016-17 SEASON SCHEDULE

날짜	장소	상대팀	날짜	장소	상대팀
21/AUG	A	Atletico Madrid	28/NOV	H	Atletico Madrid
28/AUG	H	Sporting Gijon	04/FEB	A	Sporting Gijon
10/SEP	A	FC Barcelona	11/FEB	H	FC Barcelona
19/SEP	H	Deportivo La Coruna	18/FEB	A	Deportivo La Coruna
22/SEP	A	Valencia CF	25/FEB	H	Valencia CF
26/SEP	H	Granada CF	28/FEB	A	Granada CF
01/OCT	A	Sevilla FC	04/MAR	H	Sevilla FC
16/OCT	H	Malaga CF	11/MAR	A	Malaga CF
22/OCT	A	Real Sociedad	18/MAR	H	Real Sociedad
29/OCT	H	Real Madrid	01/APR	A	Real Madrid
05/NOV	A	CA Osasuna	04/APR	H	CA Osasuna
19/NOV	H	Espanyol Barcelona	08/APR	A	Espanyol Barcelona
26/NOV	A	Villarreal CF	15/APR	H	Villarreal CF
03/DEC	H	UD Las Palmas	22/APR	A	UD Las Palmas
10/DEC	A	SD Eibar	25/APR	H	SD Eibar
17/DEC	H	Real Betis	29/APR	A	Real Betis
07/JAN	A	Athletic Bilbao	06/MAY	H	Athletic Bilbao
14/JAN	A	Celta Vigo	13/MAY	H	Celta Vigo
21/JAN	H	CD Leganes	20/MAY	A	CD Leganes

RANK OF LAST 5 YEARS

6	1	16	13	1
59점	82점	51점	53점	75점
2011-12	2012-13	2013-14	2014-15	2015-16

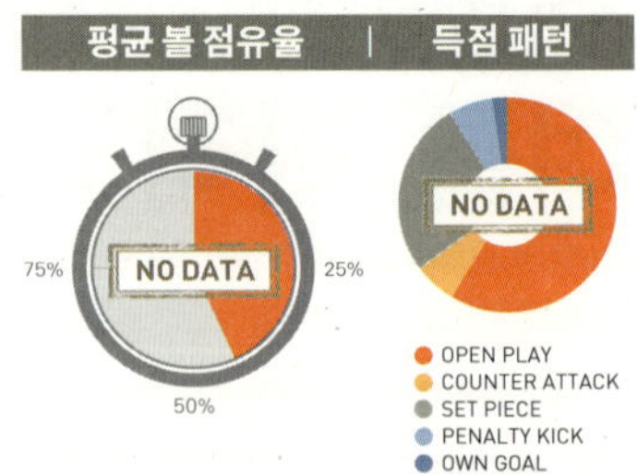

STRENGTHS & WEAKNESSES

OFFENSE		DEFENSE	
직접 프리킥	C	세트피스 수비	D
문전 처리	C	상대 볼 뺏기	B
측면 돌파	C	공중전 능력	C
스루볼 침투	C	역습 방어	C
개인기 침투	C	지공 방어	C
카운터 어택	C	스루패스 방어	C
기회 만들기	C	리드 지키기	B
세트피스	C	실수 조심	C
OS 피하기	C	측면 방어력	C
중거리 슈팅	C	파울 주의	D
볼 점유율	D	중거리슛 수비	C

매우 강함 A 강한 편 B 보통 수준 C 약한 편 D 매우 약함 E

FORMATION

TOTO GUIDE 지난 시즌 상대팀별 전적

상대팀	홈	원정
FC Barcelona	–	–
Real Madrid	–	–
Atletico Madrid	–	–
Villarreal	–	–
Athletic Bilbao	–	–
Celta Vigo	–	–
FC Sevilla	–	–
Malaga	–	–
Real Sociedad	–	–
Real Betis	–	–
Las Palmas	–	–
Valencia	–	–
Espanyol	–	–
Eibar	–	–
Deportivo	–	–
Granada	–	–
Rayo Vallecano	–	–
Getafe	–	–
Levante	–	–

NO DATA

GK Fernando Pacheco

페르난도 파체코

알라베스 주전 골키퍼로 세군다리가 40경기에 출전해 선방을 거듭했다. 팀이 승격하는 데 큰 공을 세운 것. 올 시즌도 부동의 선발 수문장으로 뛸 것이다. 파체코의 최대 장점은 뛰어난 순발력에서 나오는 슛-스토핑. 다이빙 선방 뒤 상대가 재차 슈팅을 하면 바로 그 자리에서 또 세이브를 한다. 연속적인 방어동작은 놀라울 정도. 중거리 슈팅, 직접 프리킥 방어력도 OK. 정확한 롱패스로 빌드-업을 돕는다.

국적 : 스페인

스페인 바다요스 출생. 레알 마드리드 아카데미 출신으로 2011년 레알 마드리드 C팀에서 데뷔했다. 2012년 B팀으로 승격했고, 2014년 A팀으로 승격했다. 리그 출전 기록은 없고 2014 FIFA 클럽 월드컵 때 '넘버 3' 골키퍼로 참가했다.

슈팅 위치별 선방

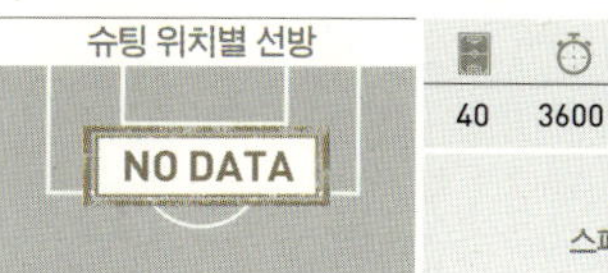

NO DATA

경기수	출전시간	득점	경고	퇴장
40	3600	0	4	0

지난 시즌
스페인 2부 리그

GK Adrian Ortolá

아드리안 오르톨라

비야레알과 FC 바르셀로나 리저브 팀에서 오랜 경험을 지닌 골키퍼다. 지난 시즌 세군다리가에서 뛰다 잠시 1군에 '콜-업'된 적도 있었다. 하지만 프리메라리가 출전 경험은 없다. 오르톨라는 골키퍼 치고 체격은 크지 않은 편이다. 그러나 반응속도가 빠르고 순간대처를 잘 한다. 좌우 코너로 날아가는 볼에 대한 방어는 수준급. 수비범위는 넓지 않지만 나름 안정감 있는 방어를 펼친다. 롱킥 빌드-업도 OK.

국적 : 스페인

비야레알 유스 아카데미 출신으로 2011년 이 팀 C팀에서 데뷔했다. 2122년 B팀으로 승격했고, 2013년 바르셀로나 B팀으로 이적했다. 현재는 알라베스에 임대된 상태. 스페인 U-17, U-18, U-19, U-20 대표를 차례로 지냈다.

슈팅 위치별 선방

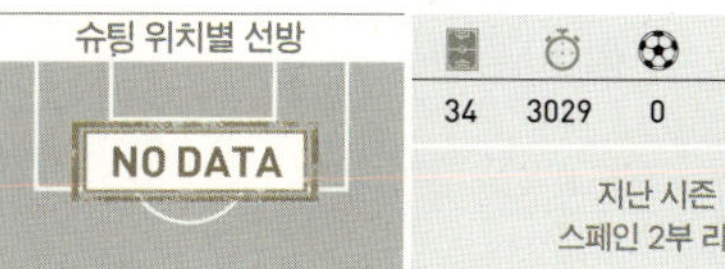

NO DATA

경기수	출전시간	득점	경고	퇴장
34	3029	0	4	0

지난 시즌
스페인 2부 리그

DF Raúl Carnero

라울 카르네로

지난 시즌 세군다리가 39경기에 출전해 탄탄한 수비와 과감한 공격 참가를 선보였다. 주 포지션은 레프트백. 강력한 태클을 구사하고, 민첩한 움직임으로 상대의 패스를 잘 자르고 역습을 전개한다. 지난 시즌 그가 공격 참가 후 터뜨린 골은 5골. 본인의 프로 데뷔 후 한 시즌 최다 득점이었다. 상황에 따라 센터백으로 출전할 수도 있다. 평범한 체격이지만 승부근성이 투철한 데다 몸싸움에 능하고 점프력도 좋다.

국적 : 스페인

데포르티보 라코루냐 아카데미 출신으로 2008년 이곳 B팀에서 데뷔. 2010년 데포르티보 A팀으로 이적했고, 곧바로 메이야에 임대를 떠났다. 2012년 알메리아로 옮겼고, 알라베스 임대를 거쳐 2014년 7월 알라베스로 완전히 이적했다.

위치별 슈팅-득점

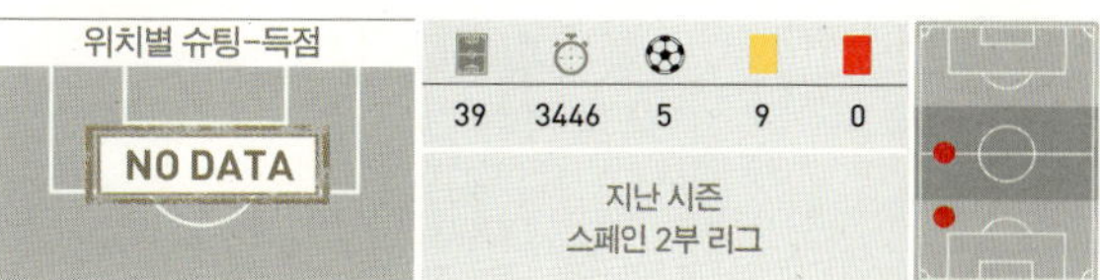

NO DATA

경기수	출전시간	득점	경고	퇴장
39	3446	5	9	0

지난 시즌
스페인 2부 리그

DF Alexis Ruano

4

알렉시스
루아노

전반기는 스페인 헤타페, 후반기는 터키 베시크타슈에서 각각 뛰었다. 알렉시스는 센터백과 라이트백을 겸한다. 상황에 따라 유연하게 위치를 바꿀 수 있다. 그만큼 적응력이 좋다는 얘기지만 반대로 한 위치의 스페셜리스트가 되기 어렵다는 단점도 있다. 위치를 잘 잡기에 인터셉트, 클리어링에 강점이 있다. 그러나 도전적인 수비를 피하는 경향이 있다. 수비수 치고 패스에 의한 빌드-업은 좋은 편.

국적 : 스페인

말라가 유스 아카데미 출신. 2002년 이곳 B팀에서 데뷔했다. 2004년 말라가 A팀으로 승격했고, 이후 발렌시아, 세비야, 헤타페(임대), 헤타페(이적), 베시크타슈를 거쳐 2016년 7월 알라베스로 이적했다. 스페인 연령별 대표를 다 지냈다.

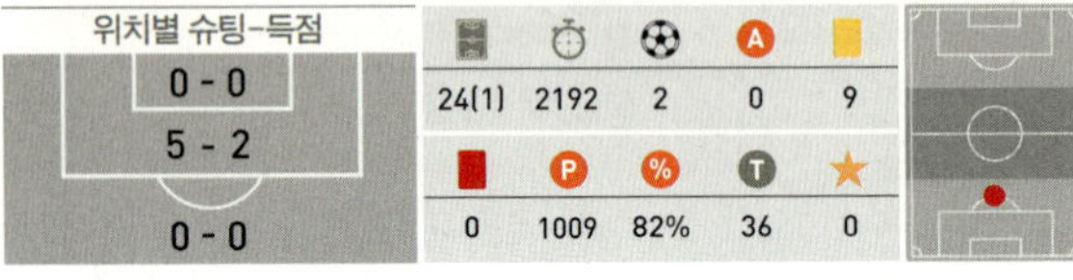

위치별 슈팅-득점

0 - 0					
5 - 2	24(1)	2192	2	0	9
0 - 0	0	1009	82%	36	0

DF Victor Laguardia

5

빅토르
라과르디아

중앙 수비수로 출발했으나 팀에 사정이 생길 경우 측면으로 이동할 수도 있다. 라과르디아는 축구 IQ가 좋고 시야가 넓어 지역을 커버하는 수비를 잘 해낸다. 결정적인 순간 클리어링을 잘 해내고, 상대의 패스를 앞 선에서 잘 자른다. 큰 키와 높은 점프를 이용한 공중전은 강력한 무기. 세트피스 때 타점 높은 헤딩포를 날린다. 긴 패스에 이은 빌드-업도 OK. 그러나 태클 시도 횟수가 적고 성공률도 높지 않다.

국적 : 스페인

스페인 사라고사 출생. 사라고사 유스 아카데미에서 축구를 배웠고, 2008년 이 곳 B팀에서 데뷔했다. 2009년 사라고사 A팀으로 승격했고, 경험을 쌓기 위해 라스 팔마스와 알코르콘으로 임대됐다. 그리고 2014년 여름 알라베스로 이적.

위치별 슈팅-득점

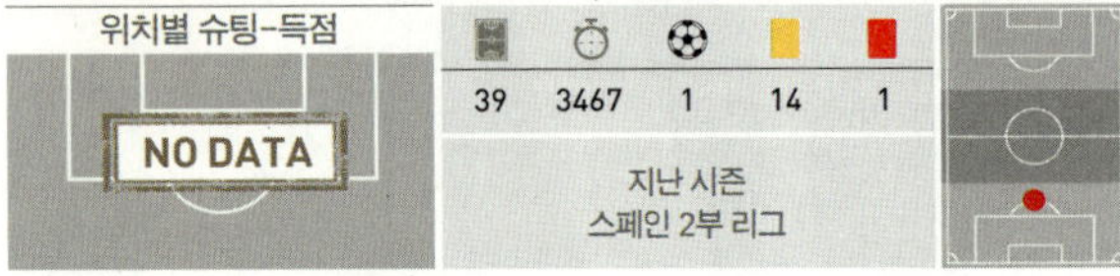

39	3467	1	14	1

NO DATA

지난 시즌
스페인 2부 리그

DF Theo Hernández

15

테오
에르난데

올해 만 18세인 유망주. 지난 시즌 아틀레티코 리저브 팀 경기에 출전하며 눈길을 끌었고, 올 시즌 알라베스로 임대됐다. 에르난데는 알라베스 레프트백 주전 자리를 굳혔다. 그 때문에 라울 카르네로가 센터백으로 위치를 변경해야 했다. 스피드가 실린 화려한 드리블 돌파는 최강의 무기. 짧은 패스 콤비네이션과 스루패스도 일품. 수비력을 좀더 보완한다면 2~3년 후면 꽤 좋은 재목으로 성장해 있을 것이다.

국적 : 프랑스

'에르난데家'는 '축구 패밀리'다. 테오의 아버지 장-프랑수아는 예전 아틀레티코 센터백으로 활약했다. 또한 형 루카스 역시 현재 아틀레티코 중앙 수비수로 뛰고 있다. 테오는 프랑스 U-18, U-19, U-20 등 연령별 대표를 다 지냈다.

위치별 슈팅-득점

NO DATA

0	0	0	0	0
0	0	0	0	0

MF Marcos Llorente

6

마르코스
요렌테

레알 마드리드가 미래의 주역으로 키우고 있는 중앙 미드필더. 지난 시즌 레알 리저브 경기에 주로 출전했다. 알라베스에서는 중원 사령관을 맡을 것이다. 요렌테는 '박스-투-박스' 미드필더다. 일단 수비에 중점을 두지만 상황에 맞춰 과감하게 전진한다. 경기당 5회를 넘나드는 태클 횟수는 리그 최고 수준. 전방으로 '핀-포인트' 장-단 패스를 부챗살처럼 뿜어낸다. 카리스마도 강해 리더의 자질을 갖췄다.

국적 : 스페인

현재 알라베스에는 임대로 가 있다. '요렌테家'는 스페인에서 '축구 패밀리'로 유명하다. 마르코스의 아버지 파코와 큰 아버지는 윙어 출신이고, 할아버지 라몬 그로소는 센터포워드였다. 중요한 건 3대가 모두 레알 마드리드 소속이었다는 점.

위치별 슈팅-득점

NO DATA

37(2)	3276	3	9	0

스페인 1부+2부
기록 합산

MF Daniel Torres

16

다니엘
토레스

콜롬비아 리그에서 뛰어난 활약을 보인 뒤 알라베스로 이적했다. DM, CM, AM. 여러 위치를 소화하기에 팀 전술 운영에서 매우 중요한 몫을 담당한다. 일단 포백을 보호하면서 수비에 중점을 둔다. 축구 IQ가 우수하고 시야가 넓어 앞 선에서 상대의 패스를 매우 잘 자른다. 또한 판단력이 좋아 결정적인 위기 상황에서 자주 블로킹을 해준다. 짧은 패스 콤비네이션으로 공격을 정밀하게 빌드-업 할 수 있다.

국적 : 콜롬비아

콜롬비아 인데펜디엔테 산타페 유스 출신. 2008년 이 팀 1군에서 데뷔해 8년간 활약했다. 그 기간 동안 아틀레티코 나시오날에 1년간 임대된 적도 있다. 2015년 인데펜디엔테 메데인으로 이적했고, 2016년 여름 알라베스로 옮겼다.

위치별 슈팅-득점

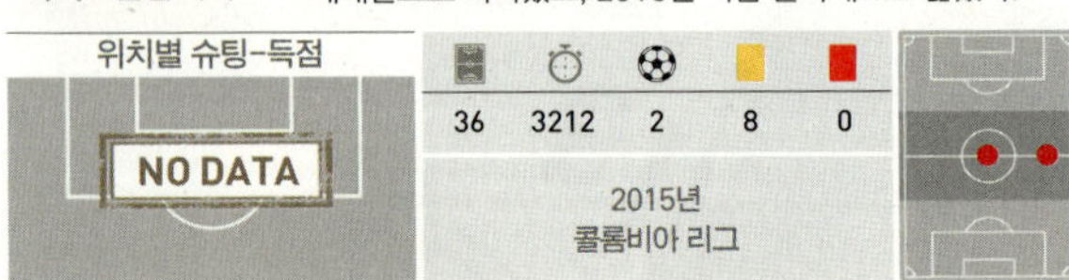

NO DATA

36	3212	2	8	0

2015년
콜롬비아 리그

MF Edgar Méndez

17

에드가르
멘데스

2015년 10월 발목 염좌로 보름, 2016년 1월 대퇴부 부상으로 20일간 결장했다. 그런 가운데 주전 경쟁에서도 밀렸다. 하지만 올 시즌 알라베스에서는 라인업 한자리를 확실히 차지할 것이다. 멘데스는 전형적인 '2선 공격수'다. 주 위치는 라이트윙이지만 레프트윙, 공격형 미드필더도 가능하다. 폭발적인 드리블, 강렬한 중거리 슈팅, 정확한 크로스, 터프한 태클 등 공격과 수비에서 제 몫을 해낸다.

국적 : 스페인

레알 마드리드 유스 출신으로 2008년 이 곳 C팀에서 데뷔했다. 이어 아틀레티코 시우다드, 레알 베티스 B팀, 메리야, 알메리아 B팀, 알메리아 A팀, 하엔(임대), 테네리페(임대), 그라나다를 거쳐 2016년 7월 알라베스로 이적했다.

위치별 슈팅-득점

| 2 - 1 |
| 4 - 0 |
| 5 - 0 |

		A	
7(8)	743	1	0	4

	P	%	T	★
0	170	69%	23	0

MF Manu Garcia

19

마누
가르시아

중앙 미드필더. 스페인은 물론이고 전 유럽을 통틀어 가장 터프한 선수 중 1명이다. 필드 중앙에서 공격과 수비의 밸런스를 맞춰주고, 빠른 판단을 바탕으로 앞 선에서 상대의 패스를 날렵하게 자른다. 간결한 드리블로 빌드-업을 하고, 동료와의 짧은 패스 콤비네이션으로 기회를 만들어낸다. PA 외곽 왼발 중거리 슈팅은 '대포알'이다. 그러나 너무 과격하다. 지난 시즌 무려 4차례나 출전정지 처분을 받았다.

국적 : 스페인

스페인 비토리아-가스테이즈 출생. 레알 소시에다드 유스 아카데미 출신으로 2005년 이곳 B팀에서 데뷔했다. 에이바르, 레알 우니온(임대), 로그로녜스를 거쳐 2012년 7월 알라베스로 이적했다. 2003년 스페인 U-17 대표를 지냈다.

위치별 슈팅-득점

37	3176	5	17	2

NO DATA

지난 시즌
스페인 2부 리그

FW Christian Santos

9

크리스티안
산토스

2014-15시즌 23골, 지난 시즌 16골을 터뜨렸다. 2년 간 NEC 브레다 소속으로 네덜란드 에레디비지를 평정한 뒤 스페인 무대로 진출했다. 올 시즌 알라베스에서는 데이베르손과 치열한 경쟁을 벌일 것이다. 산토스는 왼발잡이로 결정력이 매우 좋다. 박스 안에서 민첩하게 움직이고 기회를 잘 포착하며 매우 침착하게 마무리한다. 큰 키를 이용한 공중전도 강점. 수비 가담도 많이 하기에 효용 가치가 높다.

국적 : 베네수엘라

아르미니아 빌레펠트 아카데미 출신으로 2008년 이 팀 1군에서 데뷔했다. 이어 에우펜, 바슬란드-베베렌- NEC를 거쳐 2016년 7월 알라베스와 3년 간 계약했다. 2015년 3월 27일 자메이카 평가전 때 베네수엘라 국가대표로 데뷔했다.

위치별 슈팅-득점

| 12 - 3 |
| 66 - 13 |
| 18 - 0 |

			A	
29(1)	2649	16	1	8

	P	%	T	★
0	940	60%	33	6

FW Ibai Gómez

11

이바이
고메스

아슬레틱 빌바오에서 기대를 걸었던 공격수. 그러나 2015년 11월 무릎을 크게 다쳐 시즌 아웃됐다. 다행히 올 시즌은 정상 컨디션으로 개막을 맞이해 주목된다. 이바이는 LW, RW, CF, CAM 등 공격 라인 전 포지션을 소화할 수 있다. 드리블 돌파 후 올리는 '칼 크로스'와 오른발로 터뜨리는 직접 프리킥은 '치명적인 무기.' 세밀한 패스 콤비네이션, 수비진을 무너뜨리는 킬러 스루패스, 날카로운 컷-인이 장점.

국적 : 스페인

산투수 유스 아카데미에서 축구를 배웠고, 2008년 이 팀 1군에서 데뷔했다. 2009년 세스타오, 2010년 아슬레틱 빌바오 2군, 2012년 아슬레틱 빌바오 1군으로 각각 옮겼다. 그리고 2016년 7월 알라베스와 3년 계약을 맺었다.

위치별 슈팅-득점

| 0 - 0 |
| 1 - 0 |
| 1 - 0 |

			A	
1(4)	116	0	0	3

	P	%	T	★
0	39	74%	4	0

FW Cristian Espinoza

14

크리스티안
에스피노사

아르헨티나 우라칸에서 좋은 퍼포먼스를 펼쳤다. 올 시즌 알라베스에서는 로테이션 멤버로 출전할 가능성이 높다. 에스피노사는 윙 전문 플레이어다. '드리블 명가' 아르헨티나 출신답게 화려하고 빠른 드리블로 상대 수비를 쉽게 돌파한다. 돌파 후 올리는 크로스가 정확하고, 결정적인 패스로 득점 기회를 만든다. 특히 동료와 주고받는 짧은 패스 콤비네이션이 강점. 박스 외곽에서 안으로 컷-인해 찬스를 포착한다.

국적 : 아르헨티나

우라칸 아카데미 출신으로 2013년 이 팀 1군에서 데뷔했다. 우라칸에서 3년 간 좋은 퍼포먼스를 보인 뒤 2016년 8월 비야레알과 5년간 계약했다. 그리고 올 시즌 경험을 쌓기 위해 알라베스로 임대됐다. 아르헨티나 U-20 대표 출신.

위치별 슈팅-득점

17	1530	2	3	0

NO DATA

2015년
아르헨티나 리그

FW Deyverson

20

데이베르손

지난 시즌 레반테 소속으로 리그 33경기에 출전해 9골을 넣었다. 올 시즌 알라베스에서도 선발 CF로 출전할 것이다. 데이베르손은 당당한 체격에 몸동작이 유연하다. 박스 안에서 효율적으로 움직이고, 강력한 몸싸움을 견뎌낸 뒤 폭발적인 왼발 슈팅을 날린다. 언제나 자신만하고 결정력이 좋다. 큰 키를 이용한 타점 높은 헤딩도 위력적. 포스트 피딩도 잘 하는 편. 수비에도 적극 가담하기에 감독이 좋아하는 유형.

국적 : 브라질

브라질 리우 데 자네이루 출생. 2011년 망가라티벤세에서 데뷔했고, 벤피카, 벨레넨제스, FC 쾰른(임대)을 거쳐 2015년 7월 레반테로 이적했다. 지난 시즌 직후 레반테가 2부 리그로 강등되자 2016년 7월 알라베스로 임대됐다.

위치별 슈팅-득점

| 6 - 1 |
| 51 - 8 |
| 12 - 0 |

			A	
24(9)	2166	9	1	10

	P	%	T	★
2	640	55%	30	1

CD LEGANES

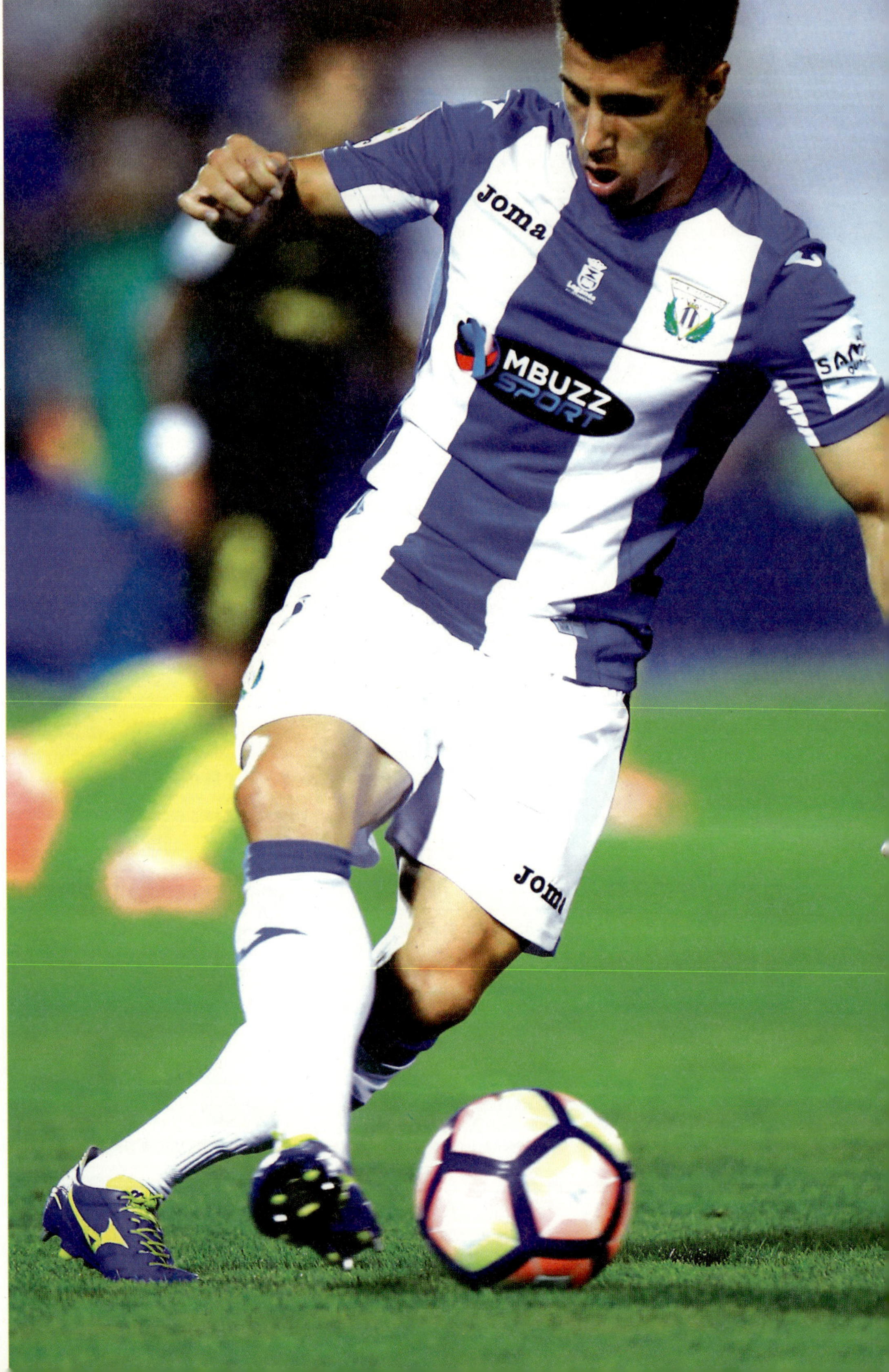

구단 소개

구단 창립 : 1928년
홈구장 : 에스타디오 무니시팔 데
부타르케
감독 : 아시에르 가리타노
2015-16시즌 : 2부 2위(승점 74점)
20승 14무 8패 59득점 34실점
닉네임 : Pepineros

주요대회 우승횟수

0	SPANISH PRIMERA LIGA	0	SPANISH COPA DEL REY
0	UEFA CHAMPIONS LEAGUE	0	UEFA EUROPA LEAGUE
0	FIFA CLUB WORLD CUP	0	UEFA-CONMEBOL INTERCONTINENTAL

UNIFORM

Home

Away

지난 시즌 알라베스와 끝까지 승점 경쟁
先수비 後역습, 중거리 슈팅, 공중전 승부

2015-16 SEASON REVIEW

지난 시즌 세군다리가에서 우승팀 알라베스와 끝까지 승점 경쟁을 벌였다. 결국 1점 차로 준우승. 홈구장에서는 12승 7무 2패로 압도적이었지만 원정 경기에서 8승 7무 6패로 승률 5할대 언저리에 머물렀고, 그 때문에 알라베스에 밀리고 말았다. 레가네스는 시즌 레이스에서 결정적인 위기를 맞은 적은 없다. 1라운드부터 13라운드까지 3승 8무 2패로 무승부가 많았다. 그러나 15라운드부터 14경기 동안 11승 2무 1패를 기록하며 완전히 치고 나갔다. 이후 레이스를 안정적으로 관리하면서 무난히 승격에 필요한 승점을 얻어냈다.

SUMMER TRANSFER

여름 이적 시장 때 16명을 내보내고, 15명을 영입했다. 숫자는 비슷했고, 전체적으로 지난 시즌의 전력을 유지하는 선에서 몇몇 포지션을 보강한 게 눈에 띈다. 영입한 선수들 중 가장 돋보이는 선수는 유벤투스에 100만 유로를 주고 데려온 왼발잡이 미드필더 가브리엘, 사라고사에 역시 100만 유로를 지불하고 불러들인 수비수 디에고 리코 등. 이들은 올 시즌 팀의 핵심 멤버로 기대되는 선수들. 또한 미드필더 우나이 로페스, 스트라이커 게레로, 루시아누 네베스 등도 주전 혹은 로테이션 멤버로서 나름대로 제 몫을 해 줄 것으로 기대된다.

2016-17 SEASON OUTLOOK

승격 팀이 잔류에 성공하기는 쉽지 않다. 무대 레벨이 다른 데다 상위권 팀들일수록 확실한 승점을 쌓기 위해 승격 팀들을 '희생양'으로 삼기 때문이다. 그런 면에서 볼 때 레가네스는 전략을 잘 짜야 한다. 시즌 초반 아틀레티코 마드리드와 0-0 무승부, 데포르티보에 2-1로 승리한 건 매우 중요한 포인트였다. 향후 레이스를 펼칠 때 이길 경기와 버릴 경기를 잘 판단해야 한다. 전술적인 측면에서는 '先수비 後역습'을 시행해야 한다. 강한 상대와 점유율 경쟁을 벌이는 건 자살 행위다. 중거리 슈팅, 세트 피스에서의 헤딩슛을 잘 활용해야 한다.

감독 아시에르 가리타노(Asier GARITANO)

스페인 베르가라 출생. 아슬레틱 빌바오 유스 아카데미 출신. 1989년 아슬레틱 빌바오 2군에서 프로 선수로 데뷔했다. 에이바르 임대를 비롯해 카르타헤나, 카디스, 에이바르(이적), 가바, 라싱 페롤, 부르고스, 안리칸테 등에서 공격수로 활약했다. 국내 리그 통산 352경기에 출전해 85골을 넣었다. 스페인 U-18, U-20 대표를 지냈지만 국가대표로 선발된 적은 없다. 2003년부터 2010년까지는 알리칸테, CD 카스테욘의 어시스턴트 코치로 일했다. 그러다 2010년 4월 CD 카스테욘 감독을 맡아 처음 지휘봉을 휘둘렀다. 이어 오리우엘라, 알코야노 등 스페인 하부 리그 팀들을 집중 지도했다. 그러다 2013년 6월 레가네스 감독으로 임명돼 현재까지 팀을 이끌고 있다.

PROFILE
- 출 생 : 1969.12.6
- 국 적 : 스페인
- 계 약 : 2018.6.30

STADIUM

Estadio Municipal de Butarque

구장 오픈 : 1998년
구장 소유 : 레가네스 시
수용 인원 : 1만 954명
피치 규모 : 105m X 70m
잔디 종류 : 천연 잔디

SQUAD LIST

위치	번호	이름	국적	신장	체중	생년월일
GK	1	Alberto Brignoli	ITA	187	74	19-08-91
	13	Jon Ander Serantes	ESP	183	76	04-01-89
DF	3	Unai Bustinza	ESP	192	84	02-02-92
	4	Adrián Marín	ESP	177	70	09-01-97
	5	Martín Mantovani	ARG	185	80	07-07-84
	12	Carl Medjani	ALG	184	84	15-05-85
	15	Diego Rico	ESP	181	75	23-02-93
	17	Víctor Díaz	ESP	183	69	12-06-88
	18	Pablo Insua	ESP	186	75	09-09-93
MF	6	Alberto	ESP	181	70	31-03-89
	8	Gabriel Appelt Pires	BRA	186	80	18-09-93
	10	Toni	ESP	176	74	04-04-90
	11	Alexander Szymanowski	ARG	173	70	13-10-88
	16	Robert Ibañez	ESP	175	65	22-03-93
	19	Unai López	ESP	169	64	30-10-95
	21	Rubén Pérez	ESP	178	72	26-04-89
	22	Lluis Sastre	ESP	175	71	26-03-86
	23	Julián Omar	ESP	175	65	26-01-88
	24	David Timor	ESP	185	77	17-10-89
FW	7	Darwin Machís	VEN	170	60	07-02-93
	9	Miguel Ángel Guerrero	ESP	181	76	12-07-90
	14	Mamadou Koné	CIV	177	73	25-12-91
	20	Luciano	BRA	178	69	18-05-93

2016-17 SEASON SCHEDULE

날짜	장소	상대팀	날짜	장소	상대팀
22/AUG	A	Celta Vigo	28/JAN	H	Celta Vigo
27/AUG	H	Atletico Madrid	04/FEB	A	Atletico Madrid
11/SEP	A	Sporting Gijon	11/FEB	H	Sporting Gijon
17/SEP	H	FC Barcelona	18/FEB	A	FC Barcelona
22/SEP	A	Deportivo La Coruna	25/FEB	H	Deportivo La Coruna
25/SEP	H	Valencia CF	28/FEB	A	Valencia CF
01/OCT	A	Granada CF	04/MAR	H	Granada CF
15/OCT	H	Sevilla FC	11/MAR	A	Sevilla FC
23/OCT	A	Malaga CF	18/MAR	H	Malaga CF
29/OCT	H	Real Sociedad	01/APR	A	Real Sociedad
05/NOV	A	Real Madrid	04/APR	H	Real Madrid
19/NOV	H	CA Osasuna	08/APR	A	CA Osasuna
26/NOV	A	Espanyol Barcelona	15/APR	H	Espanyol Barcelona
03/DEC	H	Villarreal CF	22/APR	A	Villarreal CF
10/DEC	A	UD Las Palmas	25/APR	H	UD Las Palmas
17/DEC	H	SD Eibar	29/APR	A	SD Eibar
07/JAN	A	Real Betis	06/MAY	H	Real Betis
14/JAN	H	Athletic Bilbao	13/MAY	A	Athletic Bilbao
21/JAN	A	CD Alaves	20/MAY	H	CD Alaves

RANK OF LAST 5 YEARS

	2011-12	2012-13	2013-14	2014-15	2015-16
순위	12	2	2	10	2
승점	45점	70점	70점	56점	75점

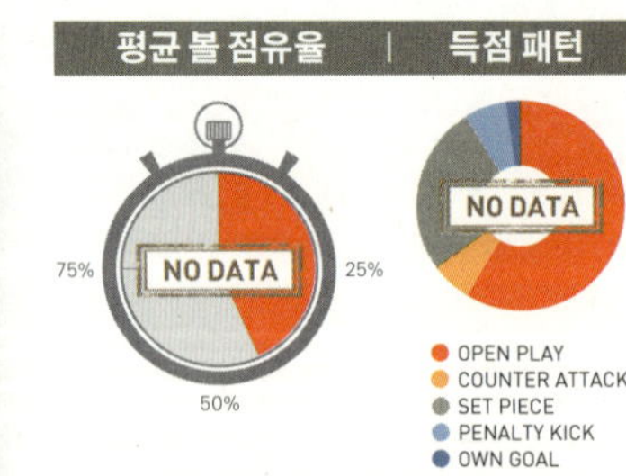

STRENGTHS & WEAKNESSES

OFFENSE		DEFENSE	
직접 프리킥	B	세트피스 수비	B
문전 처리	C	상대 볼 뺏기	C
측면 돌파	C	공중전 능력	A
스루볼 침투	C	역습 방어	C
개인기 침투	C	지공 방어	C
카운터 어택	C	스루패스 방어	C
기회 만들기	C	리드 지키기	B
세트피스	C	실수 조심	C
OS 피하기	C	측면 방어력	C
중거리 슈팅	C	파울 주의	C
볼 점유율	E	중거리슛 수비	C

매우 강함 A 강한 편 B 보통 수준 C 약한 편 D 매우 약함 E

FORMATION

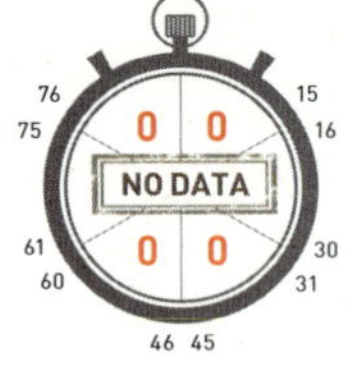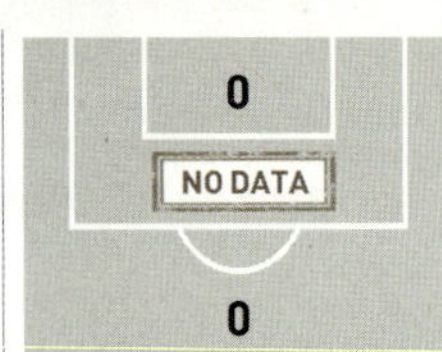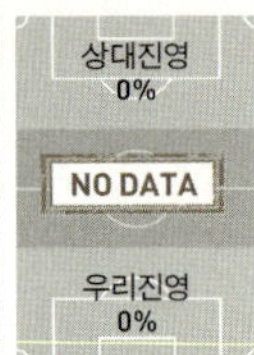

TOTO GUIDE 지난 시즌 상대팀별 전적

상대팀	홈	원정
FC Barcelona	–	–
Real Madrid	–	–
Atletico Madrid	–	–
Villarreal	–	–
Athletic Bilbao	–	–
Celta Vigo	–	–
FC Sevilla	–	–
Malaga	–	–
Real Sociedad	–	–
Real Betis	–	–
Las Palmas	–	–
Valencia	–	–
Espanyol	–	–
Eibar	–	–
Deportivo	–	–
Granada	–	–
Rayo Vallecano	–	–
Getafe	–	–
Levante	–	–

NO DATA

GK Alberto Brignoli

2011-12 시즌부터 4년간 세리에B에서 나름 탄탄한 입지를 구축했다. 그러나 지난 시즌엔 세리에A 삼프도리아에 입단해 고전을 면치 못했다. 주전 골키퍼 에밀리아노 비비아노에 밀려 달랑 1경기에 출전하고 시즌을 마감했다. 올 시즌 레가네스에서도 주전 안데르 세란테스의 백업으로 벤치에 대기한다. 캐칭, 클리어링, 스로잉 등 골키퍼의 기본적인 핸들링은 좋다. 일단 코파델레이에 중점적으로 출전할 것이다.

알베르토 브리놀리

국적 : 이탈리아

이탈리아 트레스코레 출생. 몬티키아리 유스 출신으로 2009년 이 팀 1군에서 데뷔했다. 루메차네, 테마나를 거쳐 2015년 여름 유벤투스로 이적했다. 좀 더 경험을 쌓기 위해 지난 시즌 삼프도리아, 올 시즌 레가네스로 연속 임대됐다.

슈팅 위치별 선방

0
3
4

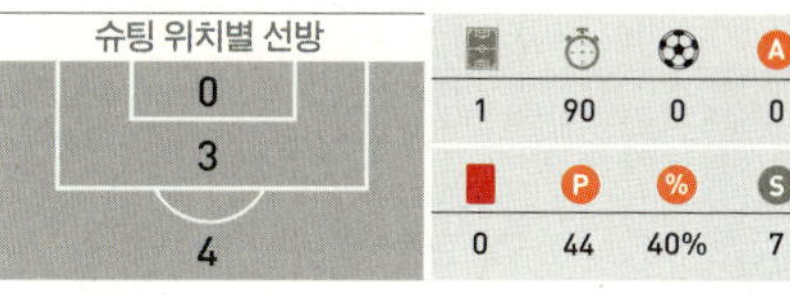

	경기수	출전시간	득점	도움	경고
	1	90	0	0	0
	퇴장	패스시도	패스성공률	GK선방	태클성공
	0	44	40%	7	0

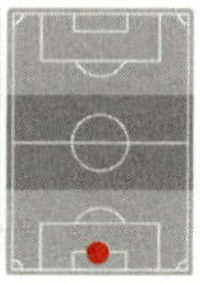

GK Ander Serantes

레가네스 승격의 주인공. 지난 시즌 세군다 디비전 42경기에 출전해 고비마다 놀라운 선방쇼를 펼쳤다. 올 시즌 삼프도리아에서 이적해온 알베르토 브리놀리의 도전을 받겠지만 세란테스의 위상은 탄탄해 보인다. 세란테스는 골키퍼 치고 체격은 크지 않다. 그러나 반사신경이 좋고 가까운 거리에서의 슈팅을 잘 막아낸다. 펀칭 빈도가 높고, 볼을 멀리 던질 수 있다. 반면 중거리 슈팅이나 프리킥에 종종 실점을 한다.

안데르 세란테스

국적 : 스페인

바칼도 아카데미 출신으로 2008년 이 팀 1군에서 데뷔했다. 이어 데우스토(임대), 아슬레틱 빌바오, 루고, 레가네스(임대)를 거쳐 2015년 7월 레가네스로 완전히 이적했다. 레가네스 승격의 주인공으로 사모라상 투표에서 2위에 올랐다.

슈팅 위치별 선방

NO DATA

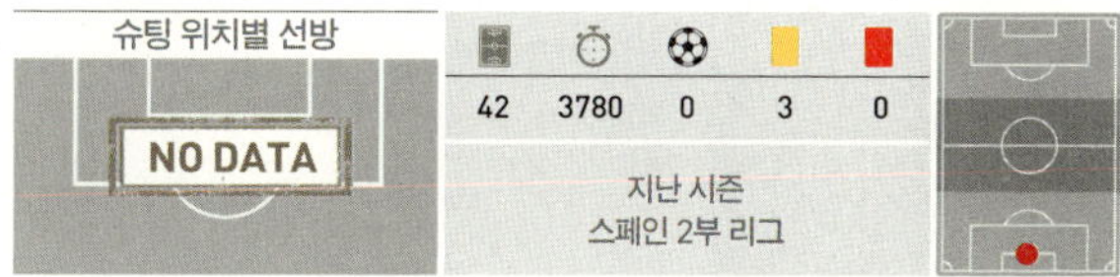

	경기수	출전시간	득점	경고	퇴장
	42	3780	0	3	0

지난 시즌
스페인 2부 리그

DF Unai Bustinza

수비 라인의 멀티포지션 플레이어. 부스틴사는 '레가네스의 칸나바로'로 불린다. 키는 작지만 매우 터프하면서도 영리한 수비수다. 지난 시즌 2부 리그에서 보여준 태클 성공률은 최고 수준이었다. 특히 상대 드리블러를 체크하는 능력은 발군. 또한 축구 IQ와 집중력이 좋기에 앞선에서 상대의 패스를 잘 자른다. 다소 아쉽다면 롱패스 정확도가 떨어진다는 점. 속공 상황에서 패스 빌드-업이 쉽지 않다는 얘기다.

우나이 부스틴사

국적 : 스페인

스페인 빌바오 출생. 아슬레틱 빌바오 유스 출신이지만 프로 데뷔전은 바스코니아 소속으로 치렀다. 이어 아슬레틱 빌바오 2군, 아슬레틱 빌바오 1군, 레가네스(임대)를 거쳐 2016년 여름 레가네스로 완전히 이적했다.

위치별 슈팅-득점

NO DATA

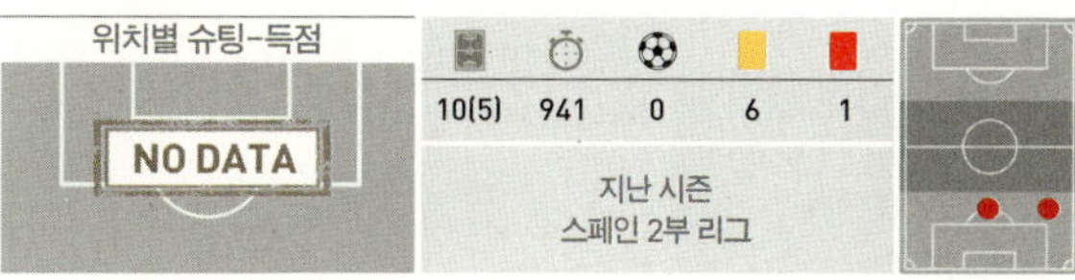

	경기수	출전시간	득점	경고	퇴장
	10(5)	941	0	6	1

지난 시즌
스페인 2부 리그

DF Martín Mantovani

5

마르틴
만토바니

중앙 수비수. 지난 시즌 세군다 디비전 38경기에 출전해 안정된 수비를 펼쳐 레가네스의 프리메라 디비전 승격에 큰 보탬이 됐다. 올 시즌도 우나이 부스틴사, 파블로 인수아와 함께 가운데를 든든히 지킬 것이다. 만토바니는 상대의 패스 루트를 잘 끊고 나간다. 결정적인 순간 클리어링도 OK. 자신 있는 롱패스로 빌드-업을 지원한다. 문제는 카드. 지난 시즌 무려 5차례나 출전 정지를 당했다. 자제해야 한다.

국적 : 아르헨티나

아르헨티나 산미겔 출생. 카데테스 산마르틴 유스 출신. 2006년 아틀레티코 마드리드 C팀에서 데뷔했고, B팀까지 승격했다. 그러나 더 이상 올라가지 못했고, 아틀레티코 발레아레스, 오비에도를 거쳐 2016년 여름 레가네스로 이적.

위치별 슈팅-득점

NO DATA

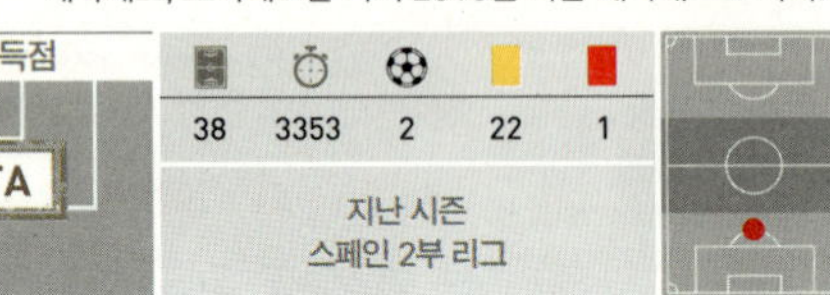

경기수	출전시간	득점	경고	퇴장
38	3353	2	22	1

지난 시즌
스페인 2부 리그

DF Diego Rico

15

디에고
리코

레프트백 겸 센터백. 탄탄하고 유연한 체격에 지구력이 매우 강해 90분간 줄기차게 그라운드를 누빌 수 있다. 또한 강한 투쟁심을 발휘해 항상 도전적으로 플레이한다. 리코는 드리블 기술 자체가 우수한 건 아니다. 그러나 전술적 움직임에 맞춰 간결하게 치고 나간다. 측면 돌파 후 한 템포 빨리 올리는 얼리 크로스가 강점. 저돌적인 태클을 구사하지만 카드도 많이 수집한다. 지난 시즌 3차례 출전 정지를 당했다.

국적 : 스페인

본명은 디에고 리코 살게로. 스페인 부르고스 출생. 사라고사 아카데미 출신으로 2012년 이 팀 2군에서 데뷔했다. 2013년 사라고사 1군으로 승격해 3년간 활약했고, 2016년 8월 레가네스와 4년 계약을 맺었다.

위치별 슈팅-득점

NO DATA

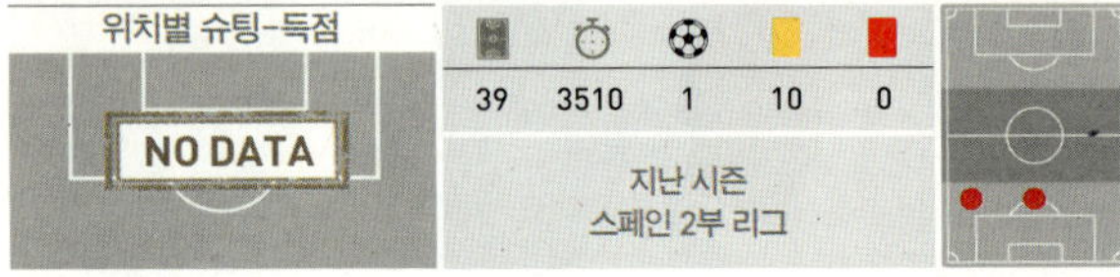

경기수	출전시간	득점	경고	퇴장
39	3510	1	10	0

지난 시즌
스페인 2부 리그

DF Víctor Díaz

17

빅토르
디아스

RB 겸 LB. 일단 올 시즌 레가네스에선 선발 라이트백으로 출발했다. 지난 시즌 특별한 부상이나 슬럼프 없이 꾸준히 활약을 했다. 몸동작이 민첩하고 상황판단이 빨라 상대의 패스를 앞 선에서 날렵하게 자르고 역습을 전개한다. 경기 평균 4~5회의 태클을 성공시켜 팀 내 최고다. 강력한 스태미나, 평균 이상의 스피드로 부지런히 그라운드를 누빈다. 자유롭게 플레이하다보니 볼 키핑력이 다소 불안하다.

국적 : 스페인

스페인 세비야에서 태어났고, 이곳 유스 아카데미에서 축구 기본기를 다졌다. 2006년 세비야 FC 2군에서 데뷔했고, 오비에도, 셀타 비고 2군, 루고, 레크레아티보를 거쳐 2015년 8월 레가네스로 이적했다. 2007년 스페인 U-19 대표 출신.

위치별 슈팅-득점

NO DATA

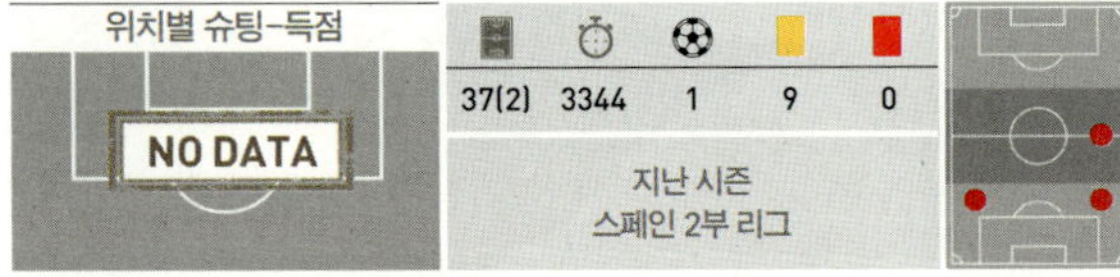

경기수	출전시간	득점	경고	퇴장
37(2)	3344	1	9	0

지난 시즌
스페인 2부 리그

DF Pablo Insúa

18

파블로
인수아

강력한 센터백. 지난 시즌 세군다 디비전 35경기에 출전하며 수비진을 이끌었다. 올 시즌도 우나이 부스틴사, 마르틴 만토바니와 함께 중앙 수비를 구축한다. 인수아는 태클의 달인이다. 파울을 범하지 않으면서 상대의 볼만 걷어내는 기술이 뛰어나다. 태클을 할 때 먼저 도전하기보다는 적절한 타이밍에 맞춰서 들어간다. 짧은 패스 콤비네이션으로 공격을 빌드-업한다. 지난 시즌 5차례나 출전정지 처분을 받았다.

국적 : 스페인

스페인 아수라 출생. 데포르티보 아카데미 출신으로 2010년 이 팀 2군에서 프로 선수로 데뷔했다. 2년 뒤 데포르티보 1군으로 승격했고, 2015-16 시즌부터 레가네스에 임대돼 경험을 쌓고 있다. 스페인 U-19, U-20 대표 출신이다.

위치별 슈팅-득점

NO DATA

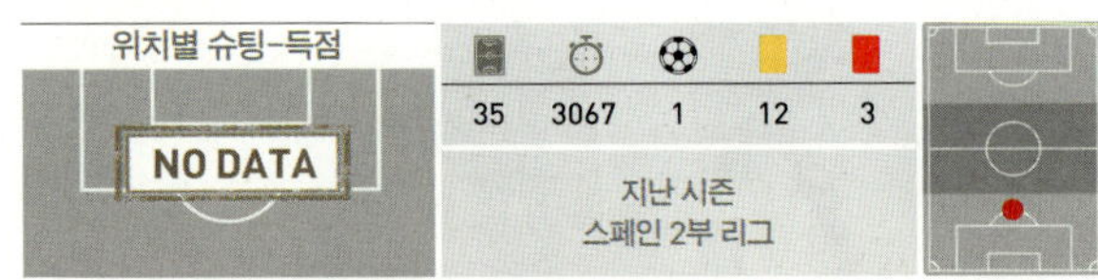

경기수	출전시간	득점	경고	퇴장
35	3067	1	12	3

지난 시즌
스페인 2부 리그

MF Adrián Marín

4

아드리안
마린

지난 시즌 비야레알 1군과 2군을 넘나들었다. 비야레알 1군에서는 로테이션 멤버로 리그 11경기에 출전했다. 올 시즌 레가네스에서도 상황은 비슷할 것이다. 마린은 수비에 최적화된 레프트백이다. 저돌적이면서도 상대의 볼만 정확히 걷어내는 태클능력은 수준급으로 평가받는다. 또한 몸동작이 빠르고 판단력이 좋아 상대의 패스를 앞 선에서 미리 잘 자르고 나간다. 블로킹 타이밍도 아주 잘 잡는 편이다.

국적 : 스페인

스페인 토레 파체코 출생. 비야레알 유스에서 축구를 시작했다. 2013년 비야레알 C팀을 시작으로 B팀, A팀으로 차례로 승격했다. 2016년 현재 비야레알 소속으로 돼 있지만 레가네스에 임대 신분으로 합류했다. 스페인 청소년 대표 출신.

위치별 슈팅-득점

NO DATA

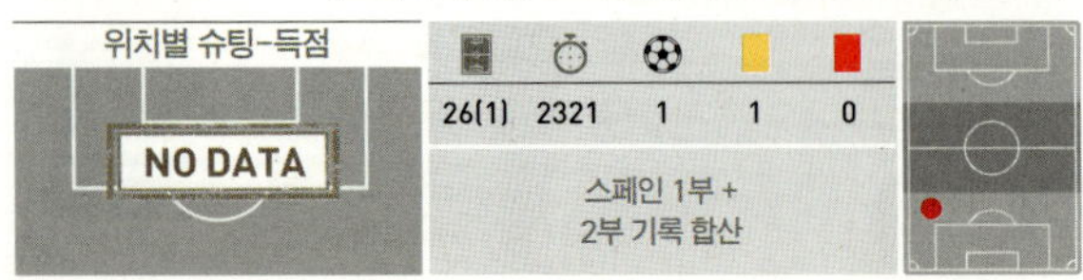

경기수	출전시간	득점	경고	퇴장
26(1)	2321	1	1	0

스페인 1부 +
2부 기록 합산

MF Alberto

6

알베르토

레가네스의 중원 사령관. 듬직한 플레이로 코칭 스태프와 동료들의 신망을 얻었다. 알베르토는 수비형 미드필더이면서 '박스-투-박스' 미드필더다. 일단 포백을 보호하며 수비에 중점을 두면서도 활동 범위를 넓게 가져가 다양하게 커버를 한다. 강력하고 정확한 태클, 타이밍에 맞춰 시도하는 블로킹은 일품. 또한 정밀한 짧은 패스 콤비네이션으로 빌드-업을 돕는다. 반면 롱패스 정확도는 살짝 떨어지는 편.

국적 : 스페인

풀네임은 알베르토 마르틴 로모 가르시아 아다메스. 알베르토는 애칭이다. 스페인 돈베니토 출생. 돈 베니토 유스 출신으로 2008년 이 팀 1군에서 데뷔했다. 알메리아 B팀, 알메리아 A팀을 거쳐 2013년 7월 레가네스로 이적했다.

위치별 슈팅-득점

NO DATA

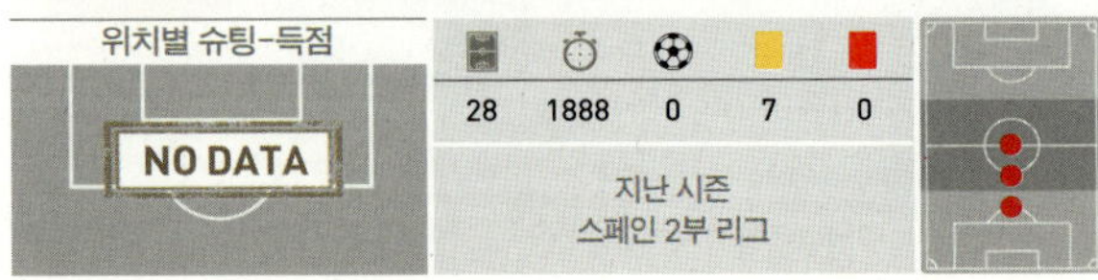

경기수	출전시간	득점	경고	퇴장
28	1888	0	7	0

지난 시즌
스페인 2부 리그

MF Gabriel

8

가브리엘

레가녜스에서 가장 개인기가 좋은 선수 중 1명. 브라질 출신답게 볼을 잘 다루고 플레이가 매우 유연하다. 지난 시즌 세군다리가 37경기에 출전해 7골을 넣었다. 또한 중요한 순간마다 동료들에게 결정적인 키패스를 넣어줌으로써 득점을 도왔다. 가브리엘의 최대 장점은 정확한 패스와 플레이메이킹. 간결하게 치고 나가는 전술적 드리블, PA 외곽에서 터뜨리는 왼발 중거리 슈팅과 직접 프리킥도 강력한 무기다.

국적 : 브라질

브라질 헤센지 출생. 주벤투스 유스 아카데미 출신이다. 2011년 헤센지에서 데뷔했고, 이듬해 주벤투스로 옮겼다. 적을 둔 채로 프로베르첼리, 페르카라, 리보르노, 레가녜스로 계속 임대됐고, 2016년 여름 레가녜스로 완전히 이적했다.

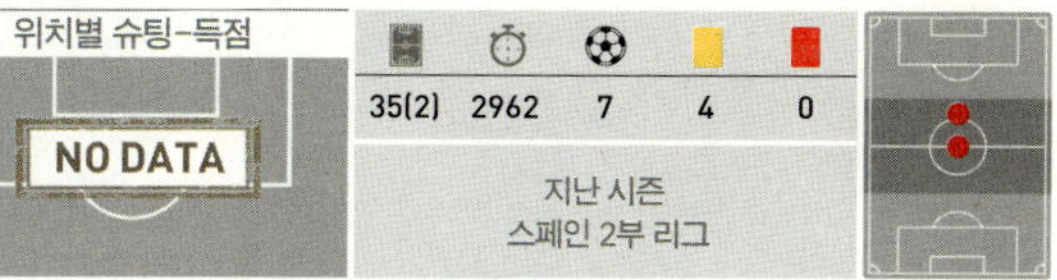

위치별 슈팅-득점						
NO DATA	35(2)	2962	7	4	0	

지난 시즌
스페인 2부 리그

MF Unai López

19

우나이
로페스

빌바오 2군 소속으로 세군다에서 뛰었다. 리그 40경기에 출전해 9골을 넣으며 공격을 주도했다. 득점, 도움, 패스 등 공격 쪽에 특화된 선수로 주목을 받았다. 올 시즌 레가녜스에서는 라이트윙, 공격형 미드필더, 중앙 미드필더 등 다양한 포지션을 넘나들 것이다. 우나이는 볼을 참 잘 다룬다. 빠르게 드리블을 하면서 다양한 테크닉을 발휘한다. 로빙패스, 깔아주는 패스에 모두 능하고 정확하게 마무리 한다.

국적 : 스페인

스페인 에렌테리아 출생. 아슬레틱 빌바오 유스 출신. 2012년 바스코니아에서 데뷔했고, 2013년 아슬레틱 빌바오로 이적했다. 이 팀에 적을 둔 채 2016년 7월 레가녜스에 임대됐다. 스페인 U-16, U-18, U-19, U-21 대표를 거쳤다.

위치별 슈팅-득점						
NO DATA	39(1)	3414	2	9	0	

지난 시즌
스페인 2부 리그

MF Rubén Pérez

21

루벤
페레스

그라나다의 수비형 미드필더로 팀이 잔류하는 데 큰 역할을 해냈다. 그리고 올 시즌 개막 직후 레가녜스로 이적했다. 레가녜스에서는 알베르토, 티모르, 가브리엘 등 중앙 미드필더들이 많다. 페레스는 이들과 경쟁을 벌여야 한다. 수비적인 측면에서 역할이 크다. 특히 커버 플레이, 인터셉트, 태클 등을 잘 해낸다. 후방에서 전방으로 한 번에 넘기는 롱패스가 날카롭고, 박스 외곽에서 강렬한 중거리 슈팅을 날린다.

국적 : 스페인

아틀레티코 유스 출신으로 2008년 이 팀 2군에서 데뷔했다. 2010년 1군으로 승격했고, 적을 둔 상태에서 데포르티보, 헤타페, 베티스, 엘체, 토리노로 임대됐다. 2015년 그라나다로 이적했고, 2016년 레가녜스에 다시 임대로 합류했다.

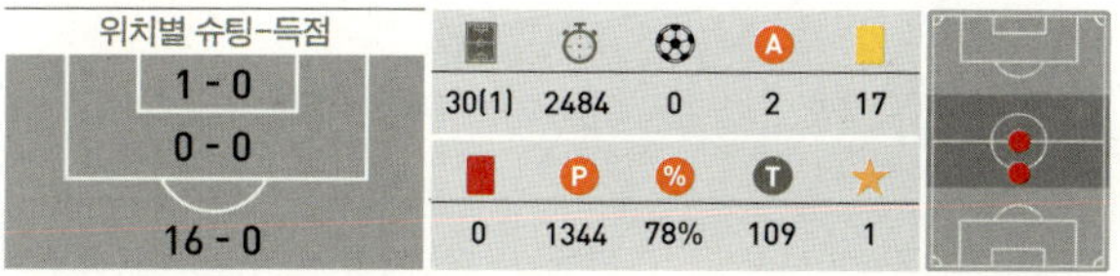

위치별 슈팅-득점						
1 - 0	30(1)	2484	0	2	17	
0 - 0						
16 - 0	0	1344	78%	109	1	

FW Darwin Machís

7

다르윈
마치스

LW, CF, RW을 겸하는 최전방의 다기능 공격수. 지난 시즌 세군다리가 우에스카 소속으로 리그 38경기에 출전해 9골을 터뜨렸다. 올 시즌 레가녜스에서는 게레로, 가브리엘 등과 치열한 경쟁을 벌여야 한다. 마치스는 폭발적인 스피드와 화려한 볼 컨트롤을 자랑한다. 전형적인 남미 스타일의 스트라이커다. 간결하고 날카롭게 치고 나가는 드리블과 순간적인 페이크 동작에 상대 수비는 돌파당하거나 파울을 범한다.

국적 : 베네수엘라

베네수엘라 투쿠피타 출생. 2011년 미네로스 데 과이아나에서 데뷔했고, 2012년 그라나다로 이적했다. 적을 둔 채 빅토리아 기마랑스, 에르쿨레스, 우에스카, 레가녜스로 계속 임대 됐다. 베네수엘라 U-20 대표를 거쳐 현재 국가대표다.

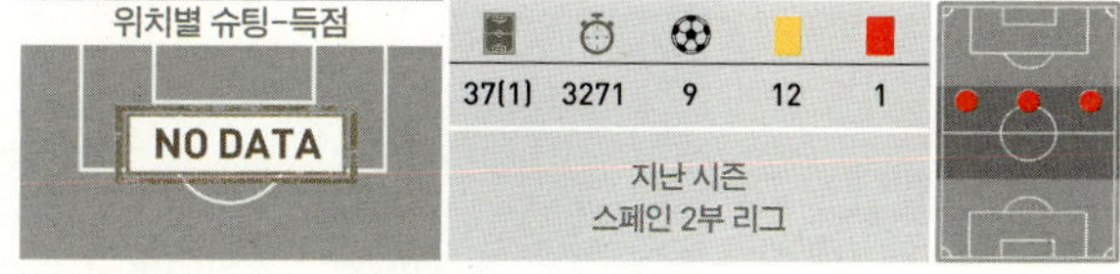

위치별 슈팅-득점						
NO DATA	37(1)	3271	9	12	1	

지난 시즌
스페인 2부 리그

FW Miguel Ángel Guerrero

9

미겔 앙헬
게레로

스포르팅 히혼의 로테이션 멤버였다. 프리메라리가 23경기에 출전해 2골을 넣었다. 그러나 올 시즌 레가녜스에서는 부동의 센터포워드로 출전할 것이다. 그는 박스 안에서 민첩하게 움직인다. 정확한 타이밍에 좋은 위치를 잡고 슈팅을 날린다. 오른발 킥이 꽤 강력한 데다 다양한 자세로 슈팅을 할 수 있다. 높은 점프를 활용한 타점 높은 헤딩도 주무기. 공격수치고 태클, 인터셉트 등 열심히 수비를 하는 편이다.

국적 : 스페인

스페인 톨레도 출생. 헤타페, 톨레도, 라요 바예카노 유스 아카데미 출신. 2009년 알바세테 2군에서 데뷔했고, 이듬해 1군으로 승격했다. 스포르팅 히혼 2군, 1군을 차례로 거쳐 2016년 7월 레가녜스 유니폼을 입었다.

위치별 슈팅-득점						
3 - 0	13(10)	1091	2	1	2	
13 - 2						
6 - 0	0	270	71%	23	0	

FW Mamadou Koné

14

마마두
코네

세군다리가 레알 오비에도 소속으로 리그 34경기에 출전해 5골을 넣었다. 주 위치는 센터포워드지만 약간 뒤로 물러나 섀도 스트라이커를 맡을 수도 있다. 레가녜스 CF 게레로와는 스타일이 다른 공격수인 만큼 두 선수가 호흡을 맞출 경우 시너지 효과가 잘 나올 수 있을 것이다. 코네는 탄탄한 신체와 뛰어난 운동능력을 앞세워 플레이하는 공격수다. 날카롭게 컷-인하고 다양한 형태로 득점을 올릴 수 있다.

국적 : 코트디부아르

코트디부아르 벵제빌 출생. 벵제빌 유스에서 기본기를 배웠다. 2010년 라싱 산탄데르 2군에서 프로 데뷔했고, 이듬해 그 팀 1군으로 승격해 현재까지 소속돼 있다. 2015년 오비에도로 임대를 갔고, 2016년 여름 레가녜스로 이적했다.

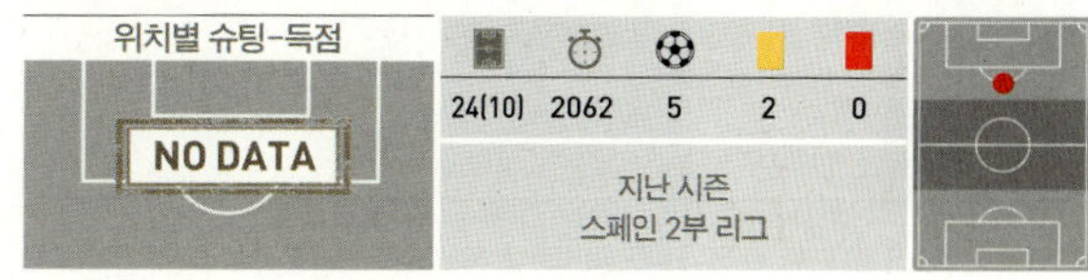

위치별 슈팅-득점						
NO DATA	24(10)	2062	5	2	0	

지난 시즌
스페인 2부 리그

OSASUNA

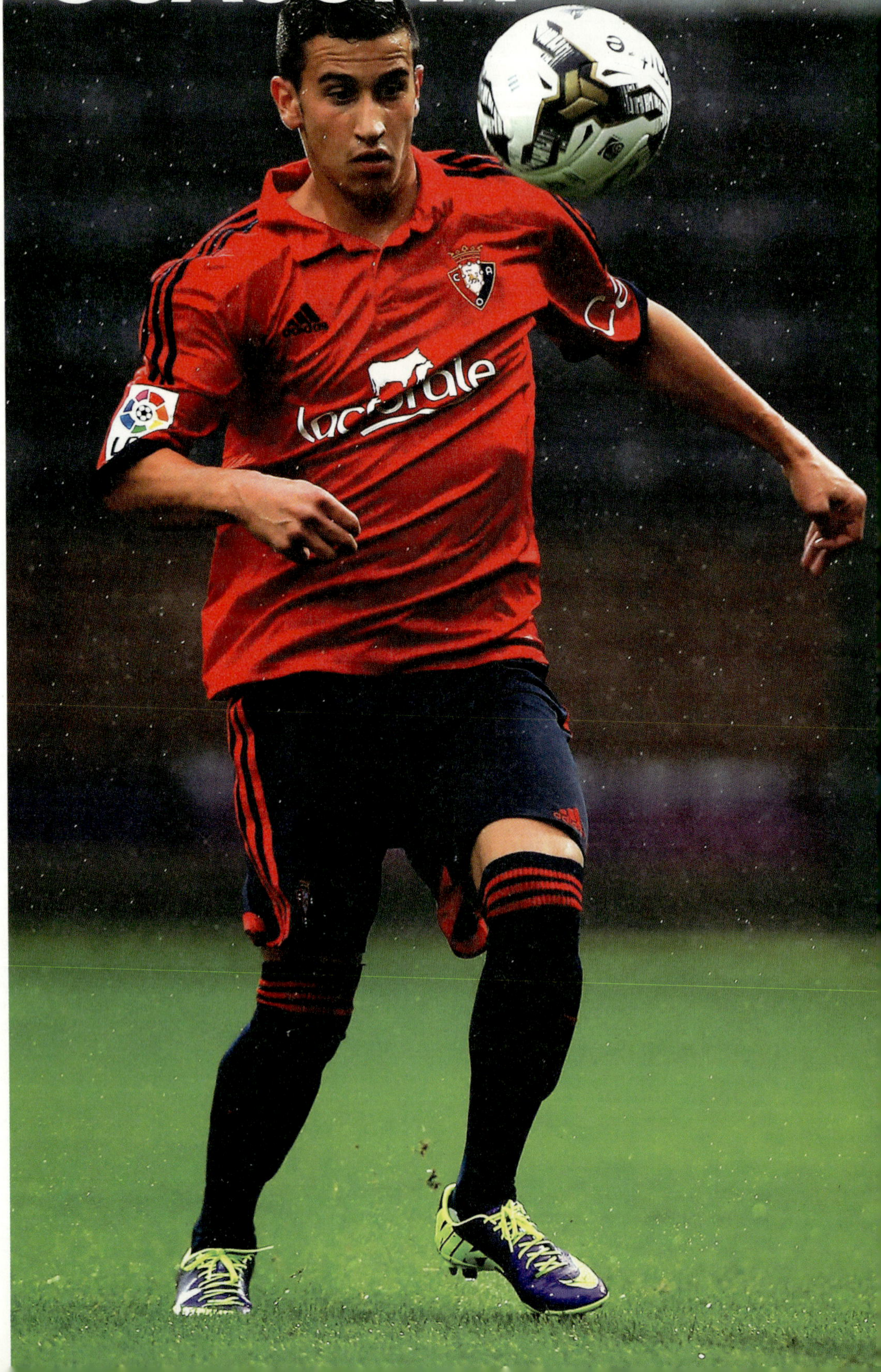

구단 창립 : 1920년
홈구장 : 엘 사다르
감독 : 엔리케 마르틴
2015-16시즌 : 2부 6위(승점 64점)
17승 13무 12패 47득점 40실점
닉네임 : Los Rojillos

주요대회 우승횟수

0	SPANISH PRIMERA LIGA	0	SPANISH COPA DEL REY
0	UEFA CHAMPIONS LEAGUE	0	UEFA EUROPA LEAGUE
0	FIFA CLUB WORLD CUP	0	UEFA-CONMEBOL INTERCONTINENTAL

UNIFORM

Home

Away

6위의 반란, 승강 PO서 상위팀 격침
전력상 최약체, 수비 위주 전술 구사

2015-16 SEASON REVIEW

오사수나는 세군다리가에서 승점 64점으로 6위였다. 당시 알코르콘, 레알 사라고사도 승점 64점으로 동률이었으나 오사수나가 골득실차 +7로 겨우 앞섰을 뿐이었다. 결국 오사수나는 승격 PO에 출전했다. 3위 힘나스틱, 4위 히로나, 5위 코르도바 모두 오사수나보다 강한 팀이었다. 하지만 공은 둥글었다. 오사수나는 힘타스틱을 상대로 홈에서 3-1, 원정에서 3-2로 승리했다. 그리고 결정전에서 히로나에 홈 2-1, 원정 1-0으로 승리했다. PO 4경기 4전 전승의 신화를 쓴 것. PO 통산 3골을 터뜨린 케난 코르도는 오사수나 팬들의 영웅이 됐다.

SUMMER TRANSFER

여름 이적 시장 때 12명을 방출하며 380만 유로를 벌었고, 17명을 영입하며 220만 유로를 지출했다. 대차대조표는 160만 유로 흑자였다. 승격 팀의 열악한 재정상 많은 돈을 들일 수는 없지만 나름 쏠쏠하게 선수를 영입했다는 평이다. 엘체에 170만 유로를 지불하고 데려온 공격수 세르히오 레온, 우에스카에 50만 유로를 주고 영입한 미드필더 프란 메리다 등은 현 오사수나의 즉시 전력감이다. 또한 임대 선수들도 눈여겨볼 만하다. 에스파뇰 소속 수비수 카를로스 클레르크, 스페치아 소속 미드필더 데라스 쿠에바스 등은 꽤 쓸 만한 선수들이다.

2016-17 SEASON OUTLOOK

스페인 축구 전문가, 유럽 베팅회사들은 일제히 강등 '0순위 후보'로 오사수나를 꼽는다. 객관적인 전력 상 당연하다. 개막 후 7경기 연속 무승. 어려운 상황이다. 그러나 실망할 필요는 없다. 일단 주어진 여건 하에서 최선을 다해야 한다. 강한 상대와 점유율로 맞대결을 할 수 없으니 뒤쪽으로 물러나 최대한 잠그고 적은 기회에서 빠르게 카운터 펀치를 날려야 한다. 측면 돌파를 자주 시도하고, 상대의 볼을 뺏은 뒤 최단 시간에 승부를 봐야 한다. 1골을 넣으면 잠글 필요도 있다. 아름다운 축구가 중요한 게 아니라 무조건 살아남아야 하기 때문이다.

감독 엔리케 마르틴(Enrique MARTIN)

오사수나 아카데미에서 축구를 배웠다. 1975년 오사수나 2군에서 데뷔했고, 1977년 1군으로 승격한 뒤 10년 간 이 팀에서 뛰었다. 그 기간 투델라노, 예이다로 잠시 임대간 적도 있다. 프로 통산 리그 291경기 출전-62골. 1982년 스페인 U-23 대표와 국가대표로 2경기씩 출전한 기록이 있다. 1990년부터 4년 간 오사수나 유스 팀을, 그리고 1994년부터 1997년까지는 오사수나 2군을 지휘했다. 그러다 1997년 처음으로 오사수나 1군 감독이 돼 2년간 이끌었다. 이후 레가네스, 부르고스, 테라사, 세레스, 누만시아 등을 거쳐 2006년에 오사수나로 복귀했다. 복귀 후 8년 간 오사수나 2군 감독으로 재직했고, 2015년 5월 1군 감독으로 승격했다.

PROFILE
- 출 생 : 1956.3.9
- 국 적 : 스페인
- 계 약 : 2017.6.30

STADIUM

El Sadar Stadium

구장 오픈 : 1967년
구장 재건축 : 1989. 2003년
구장 소유 : 나바라 주
수용 인원 : 1만 8761명
피치 규모 : 104m X 66m
잔디 종류 : 천연 잔디

SQUAD LIST

위치	번호	이름	국적	신장	체중	생년월일
GK	1	Mario Fernández	ESP	184	74	30-04-88
	13	Nauzet Pérez	ESP	190	90	01-03-85
	26	Juan Pérez	ESP	192	78	15-07-96
DF	2	Javier Flaño	ESP	177	68	19-08-84
	3	Tano Bonnín	DOM	184	74	30-06-90
	4	Miguel Flaño	ESP	177	72	19-08-84
	5	David García	ESP	185	72	14-02-94
	15	Unai García	ESP	176	72	03-09-92
	16	Juan Rafael Fuentes	ESP	177	72	05-01-90
	21	Carlos Clerc	ESP	180	72	21-02-92
	34	Aitor Buñuel	ESP	180	74	10-02-98
MF	6	Oier Sanjurjo	ESP	178	66	25-05-86
	8	Goran auši	SRB	180	74	05-05-92
	10	Roberto Torres	ESP	176	69	07-03-89
	11	Alex Berenguer	ESP	175	70	04-07-95
	14	Fausto Tienza	ESP	183	75	08-01-90
	17	Jaime	ESP	176	74	31-07-90
	18	Fran Mérida	ESP	175	70	04-03-90
	20	Miguel de las Cuevas	ESP	175	70	19-06-86
	23	Didier Digard	FRA	183	76	12-07-86
	24	Javi Álamo	ESP	190	81	18-08-88
	35	Miguel Olavide	ESP	179	70	05-03-96
	36	Antonio Otegui	ESP	175	70	07-03-98
FW	7	Sergio León	ESP	178	73	06-01-89
	9	Oriol Riera	ESP	184	78	03-07-86
	12	Emmanuel Riviere	FRA	182	76	03-03-90
	19	Kenan Kodro	ESP	190	77	19-08-93
	30	Enrique Barja	ESP	178	69	01-04-97

2016-17 SEASON SCHEDULE

날짜	장소	상대팀	날짜	장소	상대팀
19/AUG	A	Malaga CF	28/JAN	H	Malaga CF
27/AUG	H	Real Sociedad	04/FEB	A	Real Sociedad
10/SEP	A	Real Madrid	11/FEB	H	Real Madrid
18/SEP	H	Celta Vigo	18/FEB	A	Celta Vigo
22/SEP	H	Espanyol Barcelona	25/FEB	A	Espanyol Barcelona
25/SEP	A	Villarreal CF	28/FEB	H	Villarreal CF
01/OCT	H	UD Las Palmas	04/MAR	A	UD Las Palmas
17/OCT	A	SD Eibar	11/MAR	H	SD Eibar
21/OCT	H	Real Betis	18/MAR	A	Real Betis
29/OCT	A	Athletic Bilbao	01/APR	H	Athletic Bilbao
05/NOV	H	CD Alaves	04/APR	A	CD Alaves
19/NOV	A	CD Leganes	08/APR	H	CD Leganes
26/NOV	H	Atletico Madrid	15/APR	A	Atletico Madrid
03/DEC	A	Sporting Gijon	22/APR	H	Sporting Gijon
10/DEC	H	FC Barcelona	25/APR	A	FC Barcelona
17/DEC	A	Deportivo La Coruna	29/APR	H	Deportivo La Coruna
07/JAN	H	Valencia CF	06/MAY	A	Valencia CF
14/JAN	A	Granada CF	13/MAY	H	Granada CF
21/JAN	H	Sevilla FC	20/MAY	A	Sevilla FC

RANK OF LAST 5 YEARS

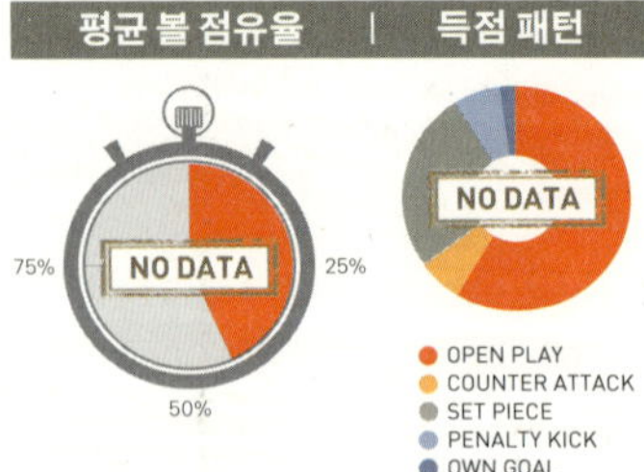

STRENGTHS & WEAKNESSES

OFFENSE		DEFENSE	
직접 프리킥	C	세트피스 수비	C
문전 처리	D	상대 볼 뺏기	B
측면 돌파	B	공중전 능력	C
스루볼 침투	C	역습 방어	D
개인기 침투	C	지공 방어	C
카운터 어택	C	스루패스 방어	C
기회 만들기	C	리드 지키기	B
세트피스	C	실수 조심	E
OS 피하기	C	측면 방어력	C
중거리 슈팅	C	파울 주의	D
볼 점유율	D	중거리슛 수비	E

매우 강함 **A** | 강한 편 **B** | 보통 수준 **C** | 약한 편 **D** | 매우 약함 **E**

시간대별 득점	시간대별 실점	득점 분포	공격 방향	볼 점유 위치	포지션별 득점	상대포지션별 실점

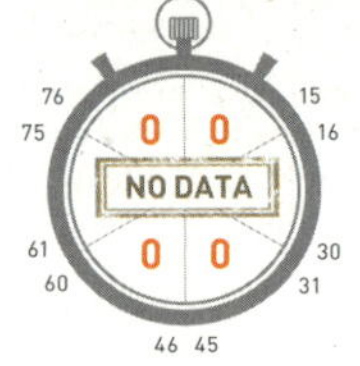
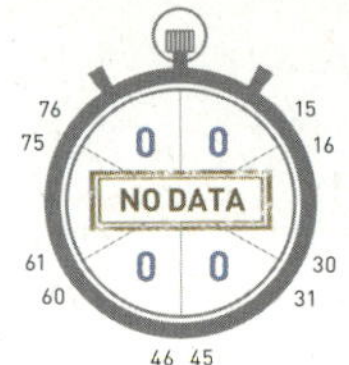
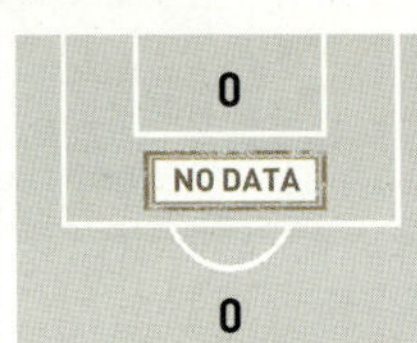

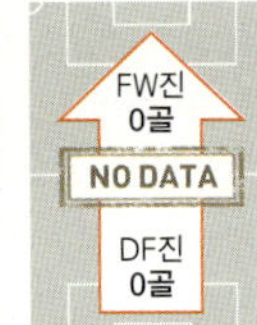
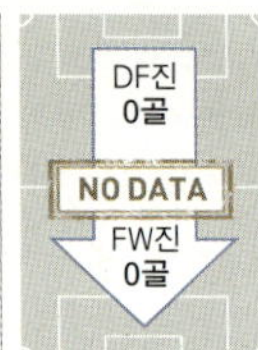

FORMATION

TOTO GUIDE 지난 시즌 상대팀별 전적

상대팀	홈	원정
FC Barcelona	–	–
Real Madrid	–	–
Atletico Madrid	–	–
Villarreal	–	–
Athletic Bilbao	–	–
Celta Vigo	–	–
FC Sevilla	–	–
Malaga	–	–
Real Sociedad	NO DATA	
Real Betis	–	–
Las Palmas	–	–
Valencia	–	–
Espanyol	–	–
Eibar	–	–
Deportivo	–	–
Granada	–	–
Rayo Vallecano	–	–
Getafe	–	–
Levante	–	–

GK Mario Fernández

1

마리오
페르난데스

원래 주전이 아니었다. 그러나 나우셋 페레스가 레알 마드리드에 5골을 내주고 어깨 부상으로 이탈한 지금 주전으로 발돋움했다. 페르난데스는 골키퍼 치고 큰 체격은 아니다. 그러나 놀라운 반사신경과 점프력을 이용해 선방쇼를 펼친다. 캐칭, 클리엉, 스로잉 등 골키퍼 기본 볼 핸들링이 잘 갖춰져 있다. 세트피스 대처, 직접 프리킥 방어도 OK. 그러나 50%를 밑도는 패스가 문제. 빌드-업에 지장을 준다.

국적 : 스페인

스페인 산탄데르 출생. 라싱 산탄데르 유스 아카데미에서 축구 기본기를 다졌다. 2006년 이 곳 B팀에서 데뷔했고, 2010년 A팀으로 승격했다. 그리고 2015년 8월 당시 세군다리가 소속이던 CA 오사수나와 2년 계약을 맺었다.

슈팅 위치별 선방

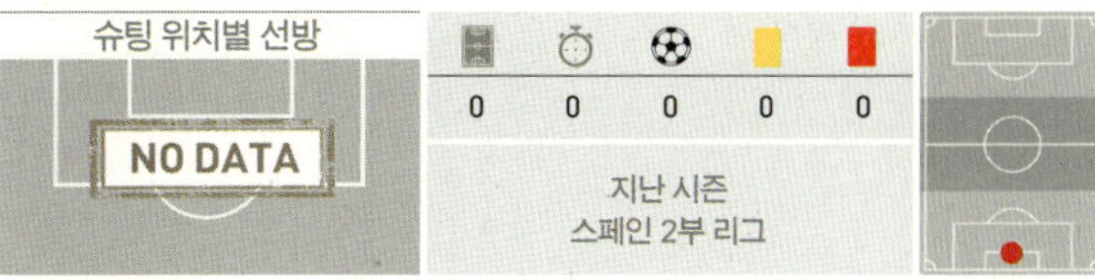

NO DATA

0	0	0	0	0

지난 시즌
스페인 2부 리그

GK Nauzet Pérez

13

나우셋
페레스

시즌 개막과 함께 주전 골키퍼로 낙점받았다. 그런데 레알 마드리드 원정 경기에서 5골을 내주며 벤치로 물러났다. 설상가상 9월 24일 훈련 도중 어깨를 다쳐 언제 복귀할지 미지수다. 나우셋은 정상 컨디션일 경우 가까운 거리에서의 숏-스토핑이 매우 우수하다. 그러나 가끔 집중력 부족으로 상대의 중거리 슈팅에 당하는 경우가 있다. 롱패스 성공률이 떨어져 역습 찬스 시 빌드-업을 할 때 약간 문제가 있다.

국적 : 스페인

라스 팔마스 유스 출신. 2002년 이곳 A팀에서 데뷔했다. 이어 말라가 B팀, 오리엔타시온, 하엔, 푸에르테벤투라, 마요르카 B팀, 세우타, 함스타드, 미란데스, 사바델을 거쳐 2015년 8월 오사수나로 이적했다. 스페인 U-17 대표 출신.

슈팅 위치별 선방

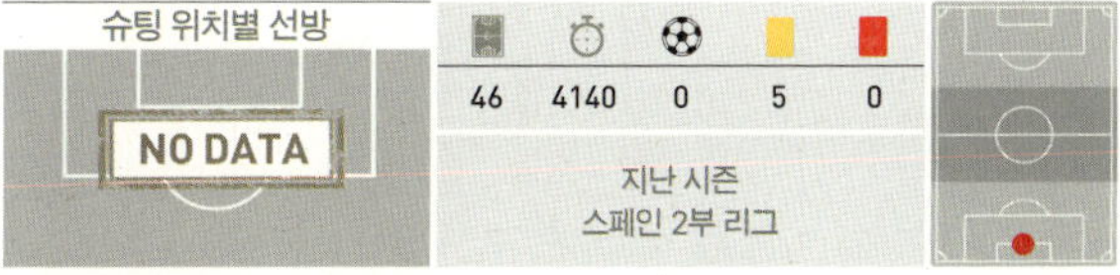

NO DATA

46	4140	0	5	0

지난 시즌
스페인 2부 리그

DF Javier Flaño

2

하비에르
플라뇨

2016년 8월 28일 레알 소시에다드전에서 무릎 십자인대를 크게 다쳤다. 복귀 예상 시점은 2017년 3월 초. 물론 상황에 따라 앞당겨질 수도 있다. 하지만 최소 전반기에는 전혀 볼 수가 없다. 정상 컨디션일 경우 플라뇨는 라이트백, 센터백, 레프트백을 두루 넘나든다. 타이트한 수비와 과감한 공격 참가로 팀에 활기를 불어넣는다. 쾌속 드리블을 구사하고, 로빙 패스와 낮게 깔아주는 패스가 정확한 편이다.

국적 : 스페인

오사수나 아카데미 출신. 2001년 이곳 B팀에서 데뷔했고, 2005년 A팀으로 승격했다. 이어 누만시아, 엘체, 미란데스를 거쳐 2014년 7월 오사수나로 이적했다. 스페인 연령별 대표를 지냈다. 팀 동료 미겔 플라뇨와는 쌍둥이 형제다.

위치별 슈팅-득점

NO DATA

41(1)	3560	1	10	1

지난 시즌
스페인 2부 리그

DF Miguel Flaño

4

미겔
플라뇨

국적 : 스페인

중앙 수비수. 스페인 2부 리그 38경기에 출전해 안정감 넘치는 수비를 선보였다. 올 시즌 부동의 센터백으로 다비드 가르시아, 우나이 가르시아와 호흡을 맞춘다. 플라뇨는 운동능력이 뛰어난 수비수다. 몸싸움에 능하고, 자리를 잘 잡으며 점프를 높이 뛰기에 공중전에 매우 강하다. 축구 IQ가 좋고 시야가 넓어 상대의 패스를 앞 선에서 잘 자른다. 결정적인 순간의 클리어링도 OK. 강력한 중거리 슈팅이 주무기.

하비에르 플라뇨의 쌍둥이 형제. 오사수나 유스 아카데미 출신. 2001년 이곳 B팀에서 데뷔했고, 2004년부터 A팀으로 승격해 현재까지 활약 중이다. 스페인 U-16, U-17, U-19, U-23 등 각 연령별 대표를 모두 지냈다.

위치별 슈팅-득점: NO DATA

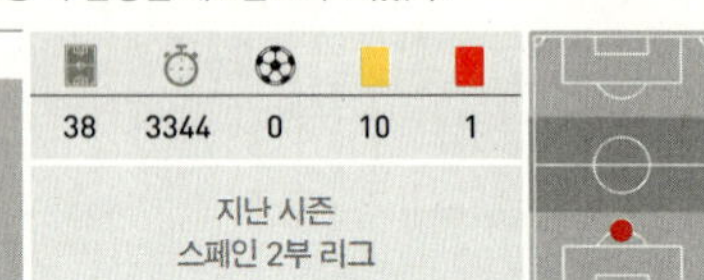

경기수	출전시간	득점	경고	퇴장
38	3344	0	10	1

지난 시즌
스페인 2부 리그

DF David García

5

다비드
가르시아

국적 : 스페인

지난 시즌에 이어 올 시즌에도 오사수나 수비의 핵이다. 중앙 수비수로서 강력한 카리스마와 뛰어난 투쟁심의 소유자다. 가르시아는 센터백 치고 큰 체격은 아니다. 그러나 뛰어난 축구 IQ와 정확한 위치선정, 한 수 앞을 내다보는 판단력을 바탕으로 매우 효율적인 수비를 펼친다. 커버 플레이, 오프사이드 트랩 운용, 패스 커팅, 클리어링 등 수비의 종합적인 면에서 단연 돋보인다. 가끔 골도 터뜨린다.

스페인 팜플로나 출생. 오사수나 유스 아카데미 출신, 어린 시절부터 두각을 나타냈다. 2011년 이곳 B팀에서 데뷔했고, 2015년 1월 오사수나 A팀과 연장 계약을 맺었다. 승격한 뒤 현재까지 이 팀에서만 활약 중이다.

위치별 슈팅-득점

경기수	출전시간	득점	경고	퇴장
39(1)	3556	2	12	1

지난 시즌
스페인 2부 리그

DF Juan Rafael Fuentes

16

후안 라파엘
푸엔테스

국적 : 스페인

에스파뇰 소속이던 지난 시즌, 루벤 두아르테, 빅토르 알바레스와의 포지션 경쟁에서 밀려났다. 올 시즌 오사수나에서는 주전 레프트백이다. 푸엔테스는 운동능력이 뛰어나고, 과감한 공격 참가로 팀에 활력을 불어넣는다. 짧은 패스 콤비네이션으로 기회를 만들고, 정확한 크로스를 올린다. 문제는 카드. 지난 시즌 두 차례나 출전정지 처분을 받았다.

본명은 후안 라파엘 푸엔테스 에르난데스. 스페인 코르도바 출생. 이곳 유스 아카데미에서 축구를 배웠다. 2008년 코르도바 B팀, 2009년 코르도바 A팀, 2013년 에스파뇰, 2016년 오사수나로 각각 이적했다.

위치별 슈팅-득점
0 - 0
0 - 0
1 - 0

경기수	출전시간	득점	도움	경고
9(1)	760	0	0	2

퇴장	패스시도	패스성공률	태클성공	MOM
0	246	78%	15	0

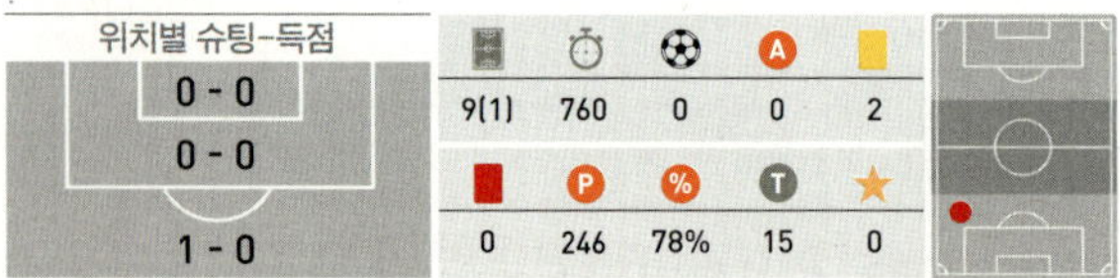

DF Aitor Buñuel

34

아이토르
부뉴엘

국적 : 스페인

라이트백. 지난 시즌엔 경쟁에서 밀리며 세군다리가 11경기에 출전하는 데 그쳤다. 올 시즌에는 좀 사정이 나아지겠으나 역시 로테이션 멤버로 뛸 가능성이 높아 보인다. 어느 위치에서든 본인의 임무를 다하는 게 중요하다. 부뉴엘은 운동능력이 뛰어난 선수다. 빠른 스피드와 강력한 스태미나를 자랑한다. 간결하고 빠른 드리블, 낮게 깔아주는 패스, 강렬한 오른발 중거리 슈팅으로 경쟁을 벌일 준비를 끝냈다.

스페인 타파야 출생. 오사수나 유스 아카데미 출신. 2015년 이곳 B팀에서 데뷔했고, 이듬해 A팀으로 승격한 뒤 현재까지 활약 중이다. 스페인 U-18, U-19, U-20 등 연령별 대표를 차례로 거쳤다.

위치별 슈팅-득점: NO DATA

경기수	출전시간	득점	경고	퇴장
7(4)	592	1	2	0

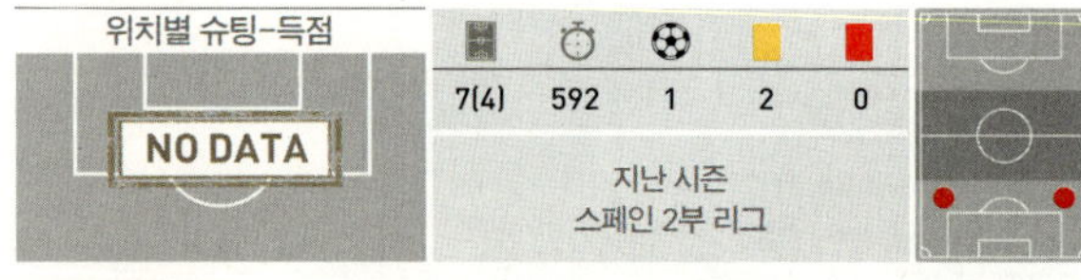

지난 시즌
스페인 2부 리그

MF Oier Sanjurjo

6

오이에르
산후르호

국적 : 스페인

진정한 멀티플레이어. 주 위치는 중앙 미드필더지만 라이트윙, 센터백 등 기능이 다른 위치에서도 충분히 제 몫을 해낸다. 오이에르는 오사수나 선수들 중 운동능력이 가장 뛰어난 선수로 평가받는다. 파워, 스피드, 지구력 등에서 단연 압도적이다. 필드 중앙에서 공격과 수비의 밸런스를 유지시키며 강력한 태클로 상대의 공격을 차단한다.

스페인 에스테야 출생. 오사수나 유스 아카데미 출신. 2005년 오사수나 B팀에서 프로 선수로 데뷔했고, 2008년 이 팀 1군으로 승격한 뒤 현재까지 뛰고 있다. 오사수나에 적을 둔 채 2011-12 시즌 셀타에서 임대 선수로 뛴 적이 있다.

위치별 슈팅-득점: NO DATA

경기수	출전시간	득점	경고	퇴장
42	3716	3	15	0

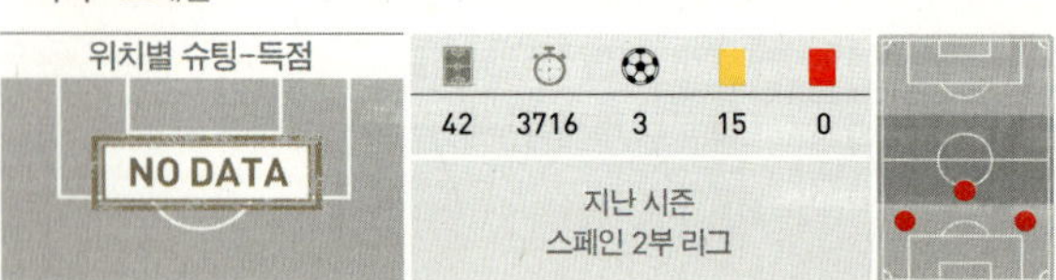

지난 시즌
스페인 2부 리그

MF Fausto Tienza

14

파우스토
티엔사

국적 : 스페인

팀 내에서 가장 전투적인 선수다. 그라운드 한가운데에서 강력한 카리스마를 이용해 동료들을 지휘한다. '박스-투-박스 미드필더'이고 포백을 보호하는 수비형 미드필더이며 공격과 수비를 조율하는 플레이메이커이기도 하다. 페널티 박스 외곽에서 터뜨리는 오른발 중거리 슈팅은 가히 폭발적이다. 문제는 카드. 워낙 전투적으로 플레이를 하다보니 파울, 경고가 많다. 지난 시즌 3차례 출전정지를 당했다.

스페인 탈라베라 출생. 발렌시아 아카데미 출신. 2007년 발렌시아 B팀에서 데뷔했고, 라누시아, 카라바카, 라무엘라에 연속 임대됐다. 이어 멜리야, 레알 베티스 B팀, 레알 베티스 A팀, 알코르콘을 거쳐 2016년 오사수나와 계약했다.

위치별 슈팅-득점: NO DATA

경기수	출전시간	득점	경고	퇴장
17(6)	1457	1	13	0

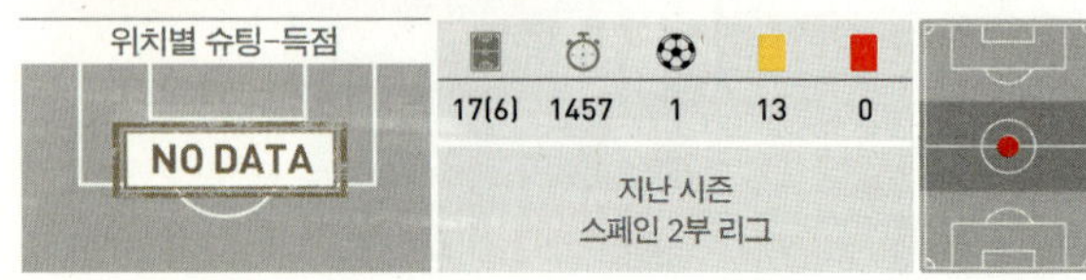

지난 시즌
스페인 2부 리그

MF Unai García

15

우나이
가르시아

수비형 미드필더와 센터백을 겸한다. 지난 시즌 세군다리가 29경기에 출전해 2골을 넣었다. 올 시즌은 일단 센터백으로 출발했지만 언제든 중원으로 나갈 수 있다. 가르시아는 시야가 넓고 집중력이 좋아 커버 플레이, 인터셉트 등 지역을 막는 수비를 잘 해낸다. 체격이 좋고 파워가 우수해 상대 공격수와의 몸싸움에서 전혀 밀릴 일이 없다. 볼을 잘 다루고 키핑력이 좋다. 화려하지는 않아도 묵묵히 역할을 한다.

국적 : 스페인

스페인 에스카로스 출생. 오사수나 유스 아카데미 출신. 2011년 오사수나 B팀에서 데뷔했고, 2013년 오사수나 A팀으로 승격했다. 2015년 투델라노에 임대됐고, 1년 만에 복귀했다. 그의 동생 이마놀 가르시아도 축구 선수다.

위치별 슈팅-득점

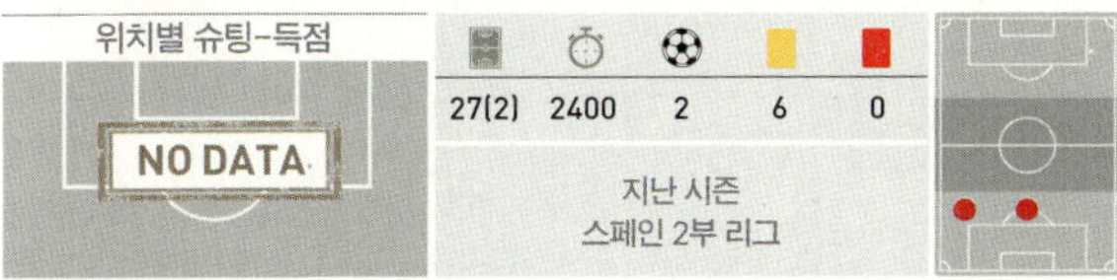

NO DATA

경기수	출전시간	득점	경고	퇴장
27(2)	2400	2	6	0

지난 시즌
스페인 2부 리그

MF Fran Mérida

18

프란
메리다

'2선 공격수.' 주 위치는 공격형 미드필더지만 상황에 따라 레프트윙, 라이트윙으로 뛸 수도 있다. 팀에서 가장 창조적인 플레이를 펼친다. 지난 시즌 세군다리가 37경기에 출전해 7골을 터뜨리며 공격을 이끌었다. 올 시즌에도 '공격 2선'에서 화려한 개인기와 플레이메이킹을 선보일 것이다. 메리다는 쾌속 드리블과 정교한 칼날패스, 위력적인 프리킥을 구사한다. 짧은 패스 콤비네이션과 세밀한 문전 처리도 강점.

국적 : 스페인

FC 바르셀로나와 아스널 아카데미를 거쳤다. 2007년 아스널에서 데뷔했고, 레알 소시에다드(임대), 아틀레티코 마드리드, 브라가(임대), 에르쿨레스, 아틀레티코 파라나엔세, 우에스카를 거쳐 2016년 7월 오사수나로 이적했다.

위치별 슈팅-득점

NO DATA

경기수	출전시간	득점	경고	퇴장
34(3)	2940	7	16	1

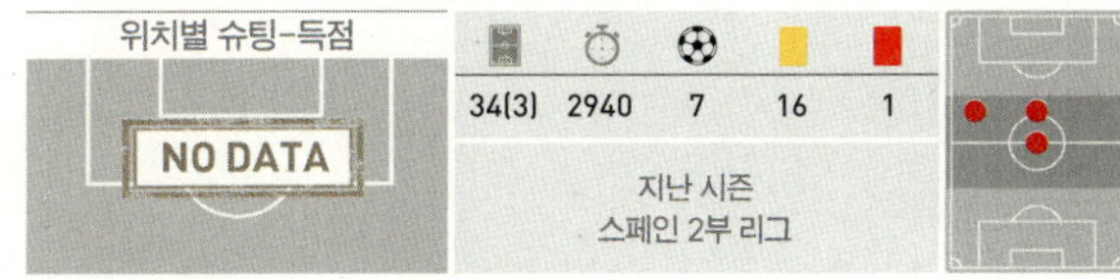

지난 시즌
스페인 2부 리그

MF Miguel de las Cuevas

20

미겔 델라스
쿠에바스

지난 시즌 이탈리아 스페지아, 스페인 오사수나에서 반반씩 뛰었다(아래 기록은 두 개를 합친 것). 올 시즌에는 좀 더 출전 기회가 늘어날 것이다. 전형적인 '2선 공격수'다. CF 뒤를 받치는 공격형 MF가 주 포지션이지만 올 시즌 초반엔 라이트윙으로 출전해 좋은 결과를 냈다. 또, 상황이 되면 레프트윙도 볼 수 있다. 테크닉과 스피드를 겸비한 드리블, 정확한 크로스, 강렬한 중거리 슈팅이 주무기.

국적 : 스페인

발렌시아, 에르쿨레스 유스 출신. 2003년 에르쿨레스 B팀에서 데뷔했고, 에르쿨레스 A팀, 아틀레티코 마드리드, 스포르팅 히혼, 오사수나(임대), 오사수나(이적), 스페지아를 거쳐 2016년 1월 오사수나로 복귀. 스페인 U-19 대표 출신.

위치별 슈팅-득점

NO DATA

경기수	출전시간	득점	경고	퇴장
12(8)	1156	2	2	0

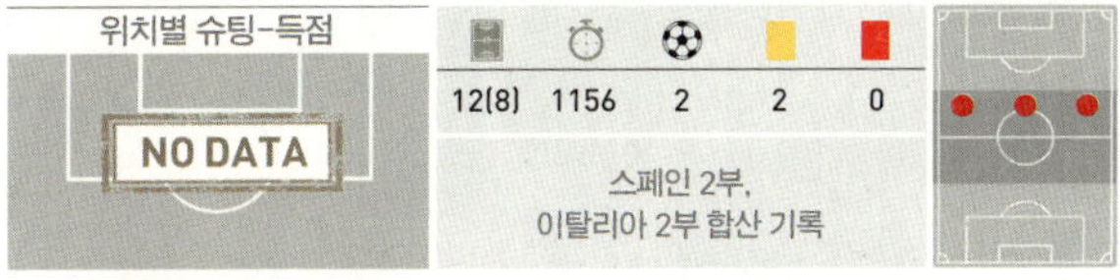

스페인 2부,
이탈리아 2부 합산 기록

FW Sergio León

00

세르히오
레온

지난 시즌 세군다리가 41경기에 출전해 무려 22골을 폭발시켰다. 프리메라리가와의 수준 차이를 감안한다면 수치 자체가 중요치 않을 수도 있다. 그럼에도 불구하고 그의 득점력만큼은 인정을 해줘야 한다. 레온은 박스 안에서 여우처럼 영리하고, 치타처럼 날렵하게 움직인다. 기회를 잡으면 정말 침착하게 마무리를 한다. 주 위치는 센터포워드지만 라이트윙이나 레프트윙으로 뛸 수도 있다. 만능 스트라이커다.

국적 : 스페인

레알 베티스 아카데미 출신. 2008년 레알 베티스 C팀에서 데뷔했고, 마이레나(임대), 레알 베티스 B팀, 레알 베티스 A팀, 레우스, 엘체 B팀, 무르시아(임대), 야고스테라(임대), 엘체를 거쳐 2016년 8월 오사수나와 4년 계약을 맺었다.

위치별 슈팅-득점

NO DATA

경기수	출전시간	득점	경고	퇴장
41	3500	22	6	0

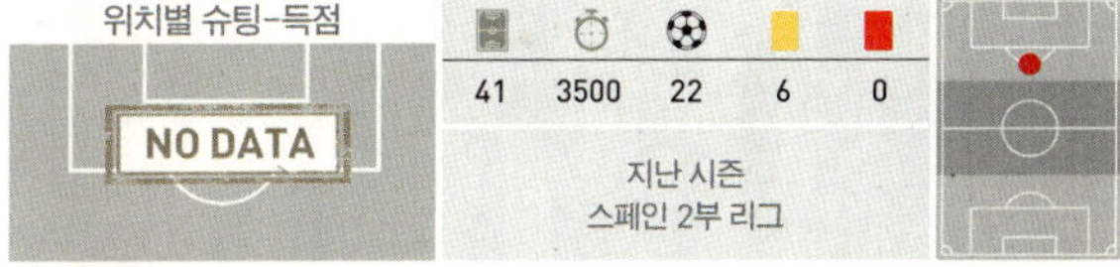

지난 시즌
스페인 2부 리그

FW Oriol Riera

9

오리올
리에라

지난 시즌 부상으로 고생했다. 2015년 8월 27일부터 9월 19일까지, 그리고 12월 6일부터 12월 27일까지 두 차례 대퇴부 부상 때문에 결장했다. 이 여파로 데포르티보 라코루냐에서 주로 교체 멤버로 투입됐다. 하지만 리에라는 전형적인 '9번'이다. 올 시즌 오사수나의 주전 CF로 출전한다. 그는 큰 키를 이용한 공중전이 특기. 헤딩 슈팅뿐 아니라 헤딩 패스, 헤딩 클리어링 모두 잘 해낸다. 슈팅 파워도 좋다.

국적 : 스페인

바르셀로나 유스 출신. 2004년 바르셀로나 C팀에서 데뷔했고, 바르셀로나 B팀, 쿨투랄 레오네사, 셀타 B팀, 셀타 A팀, 코르도바, 알코르콘, 오사수나, 위건 애슬레틱, 데포르티보(임대), 데포르티보(이적)을 거쳐 현재 오사수나 임대 중이다.

위치별 슈팅-득점

2 - 1
18 - 1
4 - 0

경기수	출전시간	득점	도움	경고
7(15)	788	2	0	3

🟥	P	%	T	★
0	251	66%	3	0

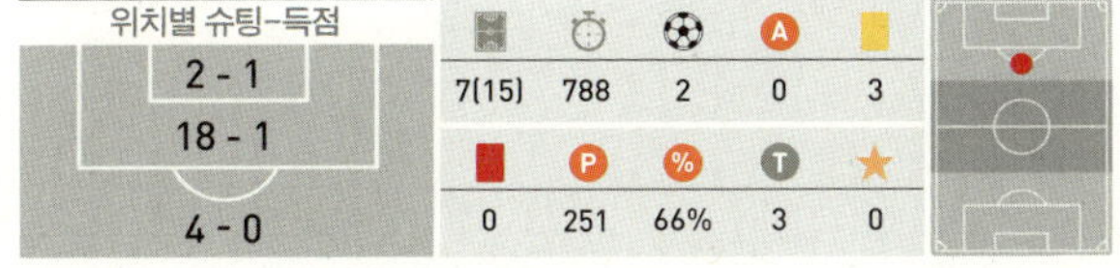

FW Kenan Kodro

19

케난
코드로

팀의 승격 여부가 걸린 플레이오프. 코르도는 PO 4경기에서 무려 3골을 폭발시켰다. 그의 이런 활약은 올 시즌 프리메라리가에서도 재현될 가능성이 높다. 코드로는 CF, LW, RW을 겸한다. 박스 내외곽을 자유롭게 넘나들며 골을 터뜨리고 동료에게 도움을 준다. 빠른 순간 스피드로 수비를 따돌린 뒤 여유 있게 슈팅을 날린다. 오리올 리에라, 이비에르, 세르히오 레온 등과 치열하게 경쟁할 것이다.

국적 : 스페인

스페인 산세바스티안 출생. 레알 소시에다드 유스 아카데미 출신. 2011년 레알 소시에다드 B팀에서 데뷔했고 라군 오나크(임대), 오사수나 B팀을 거쳐 2014년 오사수나 A팀으로 승격했다. 그의 아버지 메호 코드로도 축구 선수 출신이다.

위치별 슈팅-득점

NO DATA

경기수	출전시간	득점	경고	퇴장
11(13)	934	6	6	0

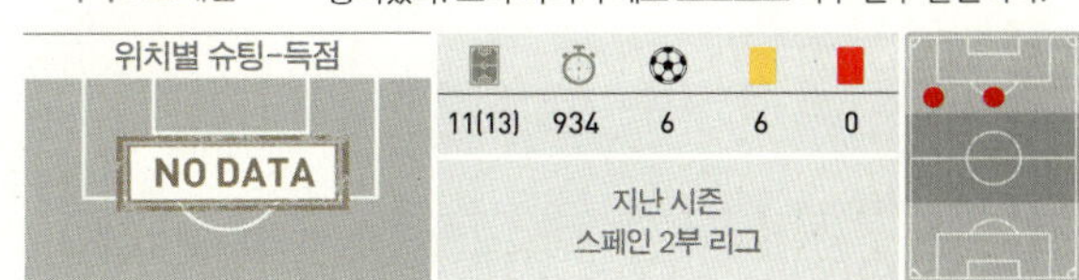

지난 시즌
스페인 2부 리그

PREMIER
LEAGUE

V22
EXIT
Premier League
WEST BROMWICH ALBION
EA SPORTS
EA SPORTS
EA SPORTS
EA SPORTS
Everton

LEICESTER CITY FC

구단 소개

구단 창립 : 1884년
홈구장 : 킹 파워 스타디움
감독 : 클라우디오 라니에리
2015-16시즌 : 1위(승점 81점)
23승 12무 3패 68득점 36실점
닉네임 : The Foxes

주요대회 우승횟수

ENGLISH PREMIER LEAGUE	1	ENGLISH FA CUP	0
UEFA CHAMPIONS LEAGUE	0	UEFA EUROPA LEAGUE	0
FIFA CLUB WORLD CUP	0	UEFA-CONMEBOL INTERCONTINENTAL	0

UNIFORM

Home

Away

EPL 역사를 새로 쓴 레스터 시티 새로운 동화를 위해 나서다

2015-16 SEASON REVIEW

아름다운 동화였다. 전 시즌만 하더라도 하위권에 머물던 팀이 기적의 우승을 차지했고, 이는 EPL에 엄청난 충격을 가져왔다. 강력한 우승 후보로 꼽힌 팀들이 레스터 시티에게 차례로 무릎을 꿇었고 2월 이후 선두 독주 체제까지 구축해냈다. 2014-15시즌에 강등을 걱정하던 팀이라는 것이 믿기지 않았다. 패배를 잊은 팀이라고 해도 과언이 아니었다. 레스터는 23승 12무 3패 승점 81점을 기록했고, 2위 아스널과 승점차는 무려 10점이었다. 특히 레스터는 안방에서 단 1패만을 허용하며 극강의 모습을 보였고, 동화를 완성했다.

SUMMER TRANSFER

공중분해에 대한 우려가 나왔다. 실제로 빅 클럽들은 레스터 우승의 주역들을 노렸지만 레스터는 지키는 데 초점을 뒀고, 결국 핵심 멤버 마레즈와 바디, 드링크워터를 지켜냈다. 물론 출혈도 있었다. 지난 시즌 중원의 핵심적인 역할을 담당했던 캉테를 첼시에 내줬다. 이에 레스터는 대체자로 멘디를 영입했고, 이어 무사와 슬라미니를 데려오며 확실한 보강을 마쳤다. 이를 통해 레스터는 바디에게 집중된 공격을 다양화할 수 있게 됐으며 챔피언스리그 등 많아진 경기에 부담감을 덜 수 있을 것으로 기대하고 있다.

2016-17 SEASON OUTLOOK

지난 시즌 기적의 우승을 차지한 레스터지만 올 시즌은 힘들 것으로 예상된다. 레스터는 이제 모든 팀들의 철저한 분석 대상이 됐으며 견제를 받는 팀이 됐기 때문. 여기에 캉테의 공백을 메워줄 멘디의 활약 여부는 미지수다. 또한, 챔피언스리그에 진출해 빡빡한 일정을 소화해야 하고, 이동 거리가 급격히 늘어났다는 점은 레스터의 우승이 힘들어 보이는 이유다. 일단 목표는 챔피언스리그 진출권이 걸린 리그 4위. 라니에리 감독 역시 우승보다는 상위권을 목표로 하고 있다고 공개적으로 밝혔다. 과연 레스터는 새로운 동화를 완성할까?

감독 클라우디오 라니에리(Claudio RANIERI)

이탈리아 출신의 베테랑 지도자다. 1991년 이탈리아의 나폴리를 이끌면서는 마라도나 대신 졸라를 전력 중심으로 세웠을 만큼 경험과 지략이 풍부한 감독이다. 현역 감독 중 선수 마라도나와 감독으로 인연을 맺은 지도자는 그리 많지 않을 것이다. 2000~2004년 첼시를 이끈 라니에리 감독은 발렌시아, 파르마, 유벤투스, 로마, 인터밀란, 모나코, 그리스 대표팀을 거쳐 지난해 여름 레스터의 지휘봉을 잡으며 11년 만에 잉글랜드 무대로 돌아왔다. 부임 첫 해 레스터를 우승으로 이끈 라니에리 감독은 지난 시즌 잉글랜드 내에서 최고의 감독에게 수여하는 모든 상을 휩쓸었으며 모국 이탈리아에서 역시 올해의 감독상을 수상하는 등 최고의 한 해를 보냈다.

PROFILE
- 출 생 : 1951.10.20
- 국 적 : 이탈리아
- 계 약 : 2020.6.30

STADIUM

King Power Stadium

- 구장 오픈 : 2002년
- 구장 증축 : -
- 구장 소유 : K-파워 홀딩스
- 수용 인원 : 3만 2,252명
- 피치 규모 : 102m × 67m
- 잔디 종류 : 천연 잔디

SQUAD LIST

위치	번호	이름	국적	신장	체중	생년월일
GK	1	Kasper Schmeichel	DEN	181	78	05-11-86
	12	Ben Hamer	ENG	180	78	20-11-87
	21	Ron-Robert Zieler	GER	185	73	12-02-89
DF	2	Luis Hernandez	ESP	182	74	14-04-89
	3	Ben Chilwell	ENG	178	76	21-12-96
	5	Wes Morgan	JAM	185	94	21-01-84
	6	Robert Huth	GER	191	88	18-08-84
	17	Danny Simpson	ENG	173	74	04-01-87
	27	Marcin Wasilewski	POL	186	88	09-06-80
	28	Christian Fuchs	AUT	186	80	07-04-86
MF	4	Daniel Drinkwater	ENG	178	70	05-03-90
	8	Matthew James	ENG	178	74	22-07-91
	10	Andy King	WAL	183	74	29-10-88
	11	Marc Albrighton	ENG	175	67	18-11-89
	13	Daniel Amartey	GHA	182	76	01-12-94
	14	Bartosz Kapustka	POL	179	60	23-12-96
	22	Demarai Gray	ENG	179	66	28-06-96
	24	Nampalys Mendy	FRA	168	68	23-06-92
	26	Riyad Mahrez	ALG	178	62	21-02-91
FW	7	Ahmed Musa	NGA	170	62	14-10-92
	9	Jamie Vardy	ENG	178	76	11-01-87
	15	Jeffrey Schlupp	GHA	178	72	23-12-92
	19	Islam Slimani	ALG	186	75	18-06-88
	20	Shinji Okazaki	JPN	173	70	16-04-86
	23	Leonardo Ulloa	ARG	185	75	26-07-86

2016-17 SEASON SCHEDULE

날짜	장소	상대팀	날짜	장소	상대팀
13/AUG	A	Hull City	01/JAN	A	Middlesbrough FC
20/AUG	H	Arsenal FC	13/JAN	H	Chelsea FC
27/AUG	H	Swansea City	20/JAN	A	Southampton FC
10/SEP	A	Liverpool FC	30/JAN	A	Burnley FC
17/SEP	H	Burnley FC	03/FEB	H	Manchester United
24/SEP	A	Manchester United	10/FEB	A	Swansea City
02/OCT	H	Southampton FC	24/FEB	H	Liverpool FC
16/OCT	A	Chelsea FC	03/MAR	H	Hull City
22/OCT	H	Crystal Palace	10/MAR	A	Arsenal FC
29/OCT	A	Tottenham Hotspur	17/MAR	A	West Ham United
06/NOV	H	West Bromwich Albion	31/MAR	H	Stoke City
19/NOV	H	Watford FC	03/MAR	H	Sunderland AFC
26/NOV	H	Middlesbrough FC	07/APR	A	Everton FC
02/DEC	A	Sunderland AFC	14/APR	A	Crystal Palace
09/DEC	H	Manchester City	21/APR	H	Tottenham Hotspur
12/DEC	A	AFC Bournemouth	28/APR	A	West Bromwich Albion
16/DEC	A	Stoke City	05/MAY	H	Watford FC
25/DEC	H	Everton FC	12/MAY	A	Manchester City
30/DEC	H	West Ham United	20/MAY	H	AFC Bournemouth

RANK OF LAST 5 YEARS

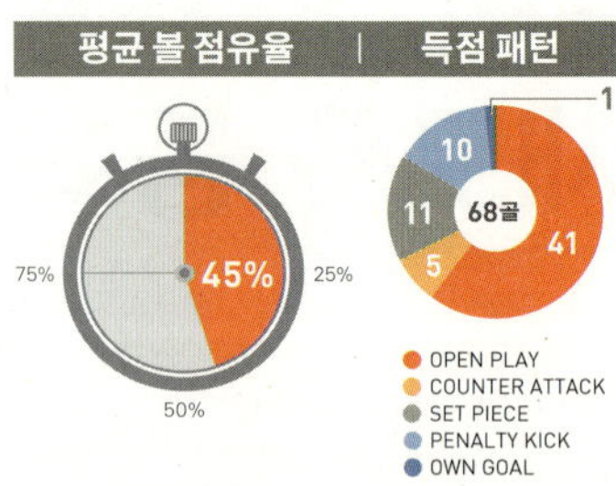

STRENGTHS & WEAKNESSES

OFFENSE		DEFENSE	
직접 프리킥	C	세트피스 수비	B
문전 처리	C	상대 볼 뺏기	C
측면 돌파	C	공중전 능력	C
스루볼 침투	B	역습 방어	C
개인기 침투	B	지공 방어	C
카운터 어택	C	스루패스 방어	C
기회 만들기	B	리드 지키기	B
세트피스	B	실수 조심	D
OS 피하기	C	측면 방어력	D
중거리 슈팅	C	파울 주의	C
볼 점유율	D	중거리슛 수비	C

매우 강함 A　강한 편 B　보통 수준 C　약한 편 D　매우 약함 E

시간대별 득점 | 시간대별 실점 | 득점 분포 | 공격 방향 | 볼 점유 위치 | 포지션별 득점 | 상대포지션별 실점

득점 분포
10
55
3

*상대자책골 1골

FORMATION

4-4-2

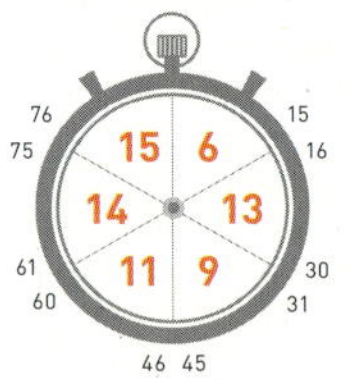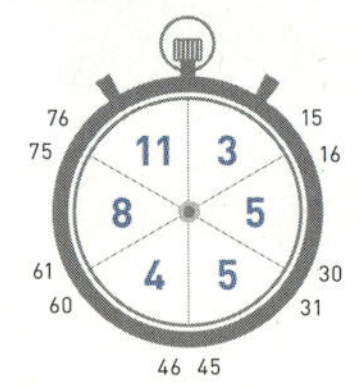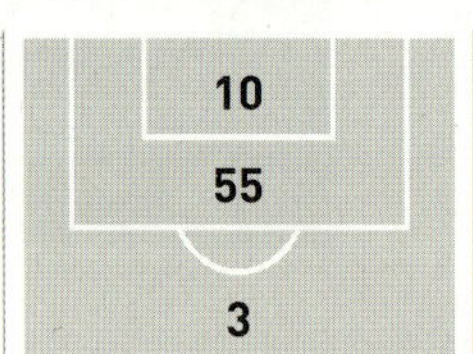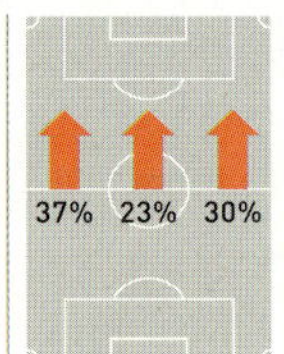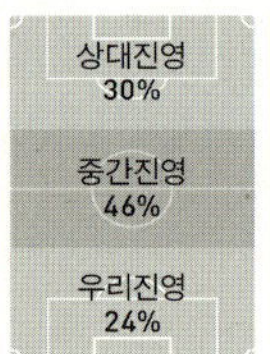

TOTO GUIDE 지난 시즌 상대팀별 전적

상대팀	홈	원정
Arsenal	2-5	1-2
Tottenham	1-1	1-0
Manchester City	0-0	3-1
Manchester Utd	1-1	1-1
Southampton	1-0	2-2
West Ham Utd	2-2	2-1
Liverpool	2-0	0-1
Stoke City	3-0	2-2
Chelsea	2-1	1-1
Everton	3-1	3-2
Swansea City	4-0	3-0
Watford	2-1	1-0
West Bromwich	2-2	3-2
Crystal Palace	1-0	1-0
Bournemouth	0-0	1-1
Sunderland	4-2	2-0
Newcastle Utd	1-0	3-0
Norwich City	1-0	2-1
Aston Villa	3-2	1-1

GK Kasper Schmeichel

1

카스페르
슈마이켈

레스터 시티의 동화를 완성한 주전 수문장. 탄탄한 신체조건(189cm, 84kg)과 동물적인 반사신경에서 나오는 숏-스토핑이 일품이다. 상대 공격수와 1대1 상황에서 각도를 좁히고 나가는 판단력도 좋다. 안정감이 부족하다는 평가를 받았지만 지난 시즌 확실하게 성장했고, 리그 전 경기에 출전했을 정도로 인정받았다. 골킥의 정확도만 개선하면 톱클래스로 올라갈 수 있고, 이번 시즌에는 칠러와 주전 경쟁한다.

국적 : 덴마크

'맨유 전설' 페테어 슈마이켈의 아들. 2004년 맨체스터 시티에서 데뷔했으나 커리어 대부분 마이너 클럽들을 전전하다가 2011년 6월 레스터에 입단하면서 꽃을 피우기 시작했다. 현재 덴마크 국가대표 최근 레스터와 재계약했다.

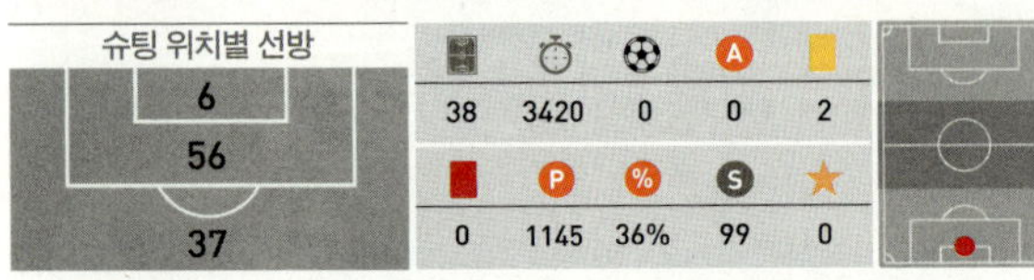

슈팅 위치별 선방		경기수	출전시간	득점	A	경고
6		38	3420	0	0	2
56		퇴장	P	%	S	★
37		0	1145	36%	99	1

GK Ron-Robert Zieler

21

론-로베르트
칠러

독일 대표팀의 골키퍼. 챔피언스리그 무대에 나서는 레스터가 슈마이켈의 단점을 보완하기 위해 영입했다. 슈마이켈이 선방형이라면 칠러는 안정형에 속하고 실수가 거의 없다. 정확한 킥력을 자랑하며 순발력도 탁월하다. 크로스 방어 능력이 상당히 뛰어나고, 커버 범위도 넓은 편이어서 수비진과의 호흡이 돋보인다. 다만 큰 경기에 다소 약한 면모가 있고, 이번 시즌 슈마이켈과의 경쟁을 이겨내야 한다.

국적 : 독일

퀼른 유스 팀에서 성장해 2005년에 맨유에 입단했으나 높은 기대와 달리 실패를 맛봤다. 이후 2010년 하노버로 이적해 주전으로 성장했고, 지난 시즌까지 하노버의 수호신으로 군림했다. 그러나 하노버가 강등되자 잉글랜드로 복귀했다.

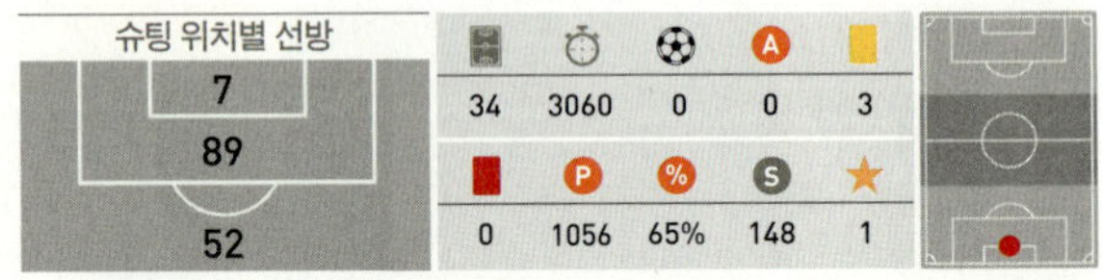

슈팅 위치별 선방		경기수	출전시간	득점	A	경고
7		34	3060	0	0	3
89		퇴장	P	%	S	★
52		0	1056	65%	148	1

DF Luis Hernandez

2

루이스
에르난데스

지난 시즌 스포르팅 히혼 부동의 수비수였다. 리그 36경기에 출전했을 정도로 확고한 주전이었고, 중앙 수비와 오른쪽 측면 수비를 모두 볼 수 있다. 빠른 발과 상황 판단력이 뛰어난 수비수고, 제공권과 가로채기 능력도 우수하다. 정확한 태클 능력을 가지고 있고, 부상도 잘 당하지 않아 활용도가 뛰어나다. 여기에 롱 스로인이라는 강력한 무기도 있다. 다만 몸싸움이 거친 EPL에 적응할 수 있을지는 미지수다.

국적 : 스페인

레알 마드리드 유스 출신이지만 1군 무대에서는 활약하지 못했다. 이후 2011-12시즌 스포르팅 히혼 B팀으로 이적해 곧바로 인정받았고, 2012-13시즌 1군 팀으로 승격해 주전까지 고속 승진했다. 자유계약으로 레스터에 입단했다.

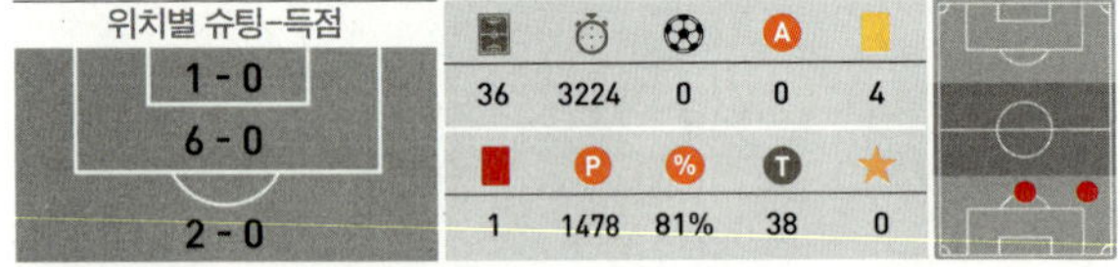

위치별 슈팅-득점		경기수	출전시간	득점	A	경고
1 - 0		36	3224	0	0	4
6 - 0		퇴장	P	%	T	★
2 - 0		1	1478	81%	38	0

DF Ben Chilwell

3

벤
칠웰

레스터가 기대하는 유망주. 주 포지션은 왼쪽 측면 수비수로 폭발적인 오버래핑과 드리블 돌파가 장점이다. 빠른 발을 바탕으로 터치라인을 넘나들며 짧은 패스를 주고받아 찬스를 만드는 것이 장점이다. 공중볼과 크로스에는 약점을 보이지만 상대 볼을 가로채는 능력과 대인방어는 강점이다. 공수 밸런스가 잘 잡혀 있는 수비수라는 것과 왼발을 쓰는 전형적인 왼쪽 풀백이라는 점에서 빅 클럽들의 주목을 받고 있다.

국적 : 잉글랜드

레스터 유스 출신으로 2014-15 레스터 아카데미 올해의 상을 받았다. 2015년 1군으로 승격했고, 지난 시즌 1군 데뷔전을 치렀다. 잉글랜드 연령별 대표를 모두 거쳤고, 최근 리버풀의 관심을 받았지만 재계약에 성공했다.

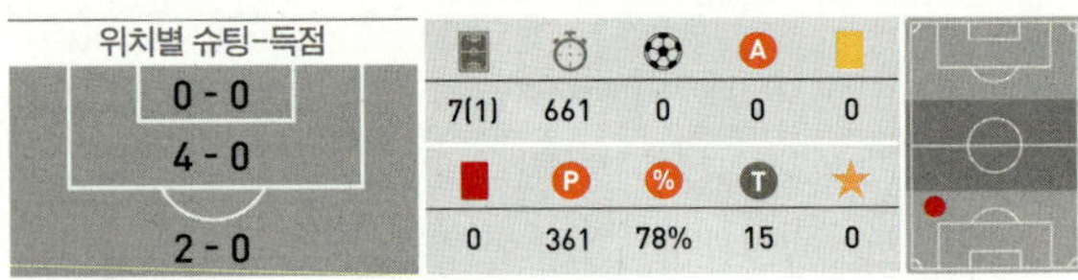

위치별 슈팅-득점		경기수	출전시간	득점	A	경고
0 - 0		7(1)	661	0	0	0
4 - 0		퇴장	P	%	T	★
2 - 0		0	361	78%	15	0

DF Wes Morgan

5

웨스
모건

레스터의 캡틴. 강력한 하드웨어(185cm, 93kg)와 뛰어난 소프트웨어(판단력)를 겸비한 중앙 수비수. 지난 시즌 리그 38경기에 출전하며 레스터의 우승을 이끌었고, 전성기에 비해 민첩성과 스피드는 떨어졌지만 여전한 운동 능력을 자랑한다. 또한 세트피스 찬스에서 적극적인 공격 가담으로 지난 시즌 2골을 기록하며 중요한 순간 팀을 위기에서 구해냈다. 최근 소속팀과 2019년까지 재계약을 맺었다.

국적 : 자메이카

자메이카계 이민 2세로 잉글랜드 노팅엄에서 태어났다. 2002년 노팅엄 포리스트에서 데뷔했고, 키더민스터 해리어스(임대)를 거쳐 2012년 1월 레스터 시티로 이적했다. 2013년 9월 파나마전을 통해 자메이카 국가대표로 데뷔했다.

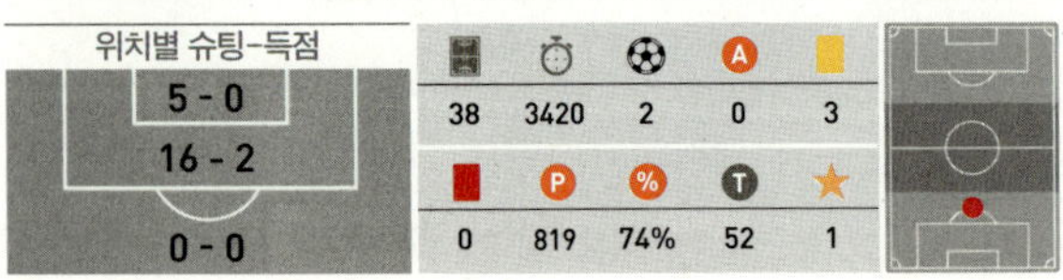

위치별 슈팅-득점		경기수	출전시간	득점	A	경고
5 - 0		38	3420	2	0	3
16 - 2		퇴장	P	%	T	★
0 - 0		0	819	74%	52	1

DF Robert Huth

6

로베르트
후트

지난 시즌 리그 35경기에 출전해 레스터의 우승을 이끈 센터백. 압도적인 신체조건을 바탕으로 세트피스에서 위력을 발휘하며 지난 시즌 수비수임에도 3골을 터트렸고, 평균 7.4개의 클리어링을 기록하며 육탄방어의 진수를 보여줬다. 빌드업과 스피드에는 약점을 보이지만 끈질긴 대인방어와 영리한 수비 위치 그리고 강력한 압박을 통해 상대 공격수들을 제압한다. 올 시즌에는 '신입생' 에르난데스와 경쟁한다.

국적 : 독일

첼시 유스 출신. 2002년 첼시 1군에서 데뷔했고, 이후 미들즈브러, 스토크 시티, 레스터 시티 임대를 거쳐 2015년 6월 300만 파운드에 완전히 이적했다. 독일 U-20, U-21 대표 출신으로 2004년부터 5년간 A대표로 활약했다.

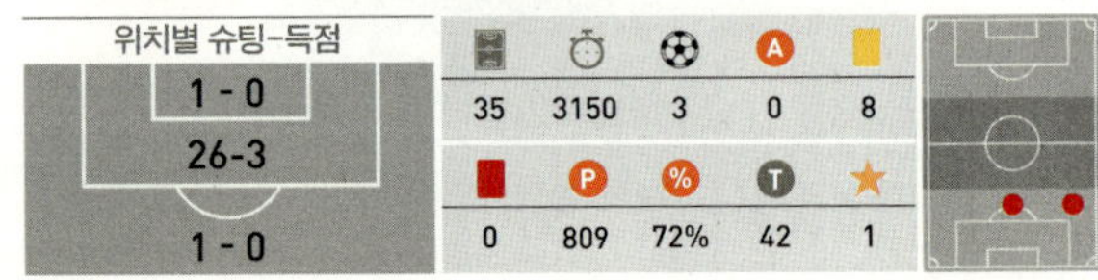

위치별 슈팅-득점		경기수	출전시간	득점	A	경고
1 - 0		35	3150	3	0	8
26 - 3		퇴장	P	%	T	★
1 - 0		0	809	72%	42	1

DF Danny Simpson

17

대니 심슨

특별한 약점이 없는 오른쪽 풀백. 수비 집중력이 좋아 잔 실수가 없고, 왕성한 활동량과 대인방어 능력을 통해 안정적인 수비력을 자랑한다. 공격력이 아주 좋은 풀백은 아니지만 공격력이 뛰어난 마레즈와 인상적인 콤비 플레이를 펼쳤다. 지난 시즌 리그 30경기에 출전해 태클(1.7개), 가로채기(3.1개), 클리어링(4.2개) 부문에서 좋은 기록을 남겼지만 드리블(0.3개), 크로스(0.2개)에서는 아쉬움을 남겼다.

국적 : 잉글랜드

맨유 유스 출신으로 2005년까지 1군 데뷔했지만 주전 경쟁을 이겨내지 못했고, 이후 선덜랜드, 뉴캐슬 유나이티드, QPR을 거쳐 2014년 레스터에 입단했다. 과속 운전, 여자 친구 폭행 등 성실한 플레이와 달리 잦은 구설수에 시달렸다.

위치별 슈팅-득점

1 - 0
2 - 0
4 - 0

경기수	출전시간	득점	도움	경고
30	2613	0	0	3

퇴장	패스시도	패스성공률	태클성공	MOM
1	868	72%	52	1

DF Marcin Wasilewski

27

마르친 바실레프스키

산전수전 다 겪은 베테랑 중앙 수비수. 절묘한 위치 선정과 몸을 날리는 수비로 슛-블록에 강점을 보이고, 공중볼과 크로스 대처 능력이 뛰어나다. 그러나 전성기에 비해 스피드가 현저히 느려졌고, 민첩성과 상황 판단 능력도 떨어져 지난 시즌 리그 4경기, FA컵 3경기에만 출전했을 정도로 주전 경쟁에서 밀렸다. 이번 시즌을 앞두고 1년 재계약을 체결했지만 주로 교체 멤버 또는 컵대회에 출전할 것으로 보인다.

국적 : 폴란드

1999년 후트닉 크라코프에서 데뷔했고, 슬롱스크 바르샤바, 비수아 프워, 아미카 브론키, 레흐 포즈난, 안더레흐트를 거쳐 2013년 9월 레스터 시티로 이적했다. 안더레흐트 시절 벨기에 리그에서 3차례 우승했다. 폴란드 국가대표다.

위치별 슈팅-득점

0 - 0
1 - 0
0 - 0

경기수	출전시간	득점	도움	경고
3(1)	302	0	0	2

퇴장	패스시도	패스성공률	태클성공	MOM
0	0.3	77%	2	0

DF Christian Fuchs

28

크리스티안 푹스

지난 시즌 레스터의 왼쪽 측면을 책임진 공격적인 풀백. 왼쪽 윙어로도 활약할 수 있을 정도로 왼발 킥력이 좋아 지난 시즌 리그 32경기에 출전해 4도움을 올렸다. 공격의 활로를 개척하는 키패스와 역습 전개 시 공간을 읽고 파고드는 움직임도 뛰어나다. 다만 2013-14시즌 무릎 수술 이후 스피드가 저하되면서 맨마킹 능력이 저하됐지만 파이팅 넘치는 수비로 상대 공격을 차단한다. 공중전과 패싱력도 뛰어나다.

 국적 : 오스트리아

비네르 노이슈타트 아카데미 출신으로 2002년 이 팀 1군에서 데뷔했다. SV 마터스부르크, VfL 보훔, 마인츠 05(임대), 샬케 04를 거쳐 2015년 6월 레스터 시티에 입단했다. 오스트리아 U-17, U-19, U-20대표를 거쳐 현재 국가대표다.

위치별 슈팅-득점

0 - 0
4 - 0
15 - 0

경기수	출전시간	득점	도움	경고
30(2)	2710	0	4	4

퇴장	패스시도	패스성공률	태클성공	MOM
0	1179	72%	100	4

MF Daniel Drinkwater

4

다니엘 드링크워터

레스터 중원의 핵심. 지난 시즌 우승의 주역 은골로 캉테가 떠나면서 드링크워터의 임무가 더 막중해졌다. 애초에는 수비적 성향이 강한 미드필더였지만 지난 시즌 리그 35경기에 출전해 2골 7도움, 1.3개의 키패스, 3.9개의 롱패스 등을 기록했을 정도로 만능 미드필더로 거듭났다. 뛰어난 경기 집중력과 왕성한 활동량을 바탕으로 포백라인을 보호하고, 정교한 패싱력으로 공격의 시발점 역할을 한다.

 국적 : 잉글랜드

맨유 아카데미 출신이지만 기회를 잡지 못했고, 허더스필드 타운, 카디프 시티, 왓포드, 반슬리 등로 임대를 다니다가 2012년 레스터의 유니폼을 입으며 성장세를 보였다. 지난 시즌 활약을 바탕으로 잉글랜드 A대표로 발탁됐다.

위치별 슈팅-득점

1 - 0
9 - 0
31 - 2

경기수	출전시간	득점	도움	경고
35	3039	2	7	3

퇴장	패스시도	패스성공률	태클성공	MOM
1	1985	78%	105	1

MF Matthew James

8

매슈 제임스

맨체스터 유나이티드가 주목했던 재능. 중앙 미드필더와 수비형 미드필더가 주 포지션이고, 정교한 오른발 패스로 빌드업 과정에서 주도적인 역할을 해낸다. 강력한 슈팅력도 갖추고 있어 공간이 열리면 종종 중거리 슈팅으로 득점을 만들기도 하고, 세트피스에서도 정교한 킥력을 자랑한다. 문제는 부상. 지난해 5월 전방십자인대 부상을 당한 이후 지난 시즌에는 한 경기도 출전하지 못한 채 재활에 매달렸다.

 국적 : 잉글랜드

맨유 아카데미 출신. 2009년 맨유와 정식 프로 계약을 맺었지만 출전 기회가 없어 임대 생활을 하다 2012년 레스터의 유니폼을 입었다. 잉글랜드 연령별 대표를 거쳤을 정도로 재능을 인정받았지만 이번 시즌도 부상이 문제다.

위치별 슈팅-득점

지난 시즌 부상
출전 기록 없음

MF Andy King

10

앤디 킹

레스터에서만 활약한 원클럽맨. 공수 밸런스가 뛰어나고, 활동량이 장점인 중앙 미드필더로 짜릿한 궤적을 그리는 중장거리 슈팅은 킹의 전매특허다. 그러나 지난 시즌 햄스트링 등 크고 작은 부상에 시달린 데다가 드링크워터, 캉테와의 주전 경쟁에서 밀리며 리그 9경기에만 선발 출전했다. 이번 시즌은 다르다. 캉테가 없는 상황에서 단점인 수비력과 기복만 보완한다면 드링크워터의 파트너가 될 가능성이 있다.

 국적 : 웨일스

레스터 유스 출신. 킹은 2007년 프로 무대에 데뷔한 이후 현재까지 334경기 출전해 59골을 기록했는데 이는 레스터 미드필더 역사상 최다 득점 기록이다. 웨일스 U-19, U-21 대표를 거쳐 현재는 국가대표로 활약하고 있다.

위치별 슈팅-득점

3 - 0
13 - 2
3 - 0

경기수	출전시간	득점	도움	경고
9(16)	1050	2	1	2

퇴장	패스시도	패스성공률	태클성공	MOM
0	477	78%	27	0

MF Marc Albrighton

11

마크
알브라이턴

레스터의 왼쪽 측면을 책임지는 미드필더. 174cm의 작은 키지만 순발력과 드리블 돌파 능력이 좋아 상대 측면 수비수를 쉽게 제치고, 폭발적인 스피드를 활용해 수비 뒤 공간을 노린다. 측면에서 날카로운 크로스 능력과 슈팅력도 겸비했다. 몸싸움에 약점을 보이지만 투쟁심과 활동량이 좋은 편이에서 단점을 커버한다. 지난 시즌 38경기에 출전해 2골 6도움을 기록하며 레스터의 우승을 이끌었다.

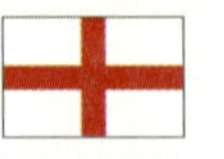

국적 : 잉글랜드

애스턴 빌라가 낳은 최고의 유망주라는 평가를 받았다. 2009년 프로 데뷔해 2014년까지 애스턴 빌라에서 활약했지만 새로운 도전을 위해 2014년 7월 레스터의 유니폼을 입었고, 한 단계 성장했다. 잉글랜드 U-21 대표 출신이다.

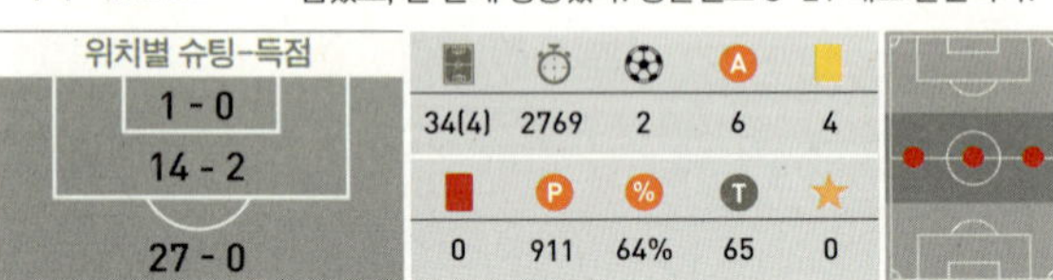

위치별 슈팅-득점

	1 - 0
	14 - 2
	27 - 0

경기수	🕑	⚽	A	🟨
34(4)	2769	2	6	4
🟥	P	%	T	★
0	911	64%	65	0

MF Daniel Amartey

13

다니엘
아마티

지난겨울 이적 시장을 통해 레스터에 합류한 중앙 미드필더. 수비형 미드필더가 주 포지션이지만 중앙 수비수와 오른쪽 측면 수비도 소화할 수 있는 멀티 자원이다. 지난 시즌 캉테에 밀려 리그 5경기 출전에 그쳤지만 중원 장악력, 활동량, 수비력, 태클, 몸싸움 등 다양한 장점을 가지고 있다. 코펜하겐에서 뛰었을 당시에는 득점력도 갖췄다는 평가를 받았고, 공수 밸런스가 상당히 뛰어난 미드필더다.

국적 : 가나

가나 국가대표 미드필더. 지난 2013년 스웨덴 유르고르덴에서 프로 데뷔해 코펜하겐을 거쳐 2016년 1월 600만 파운드의 이적료로 레스터의 유니폼을 입었다. 이는 코펜하겐 역사상 가장 큰 이적료이고, 가나 대표로 6경기에 출전했다.

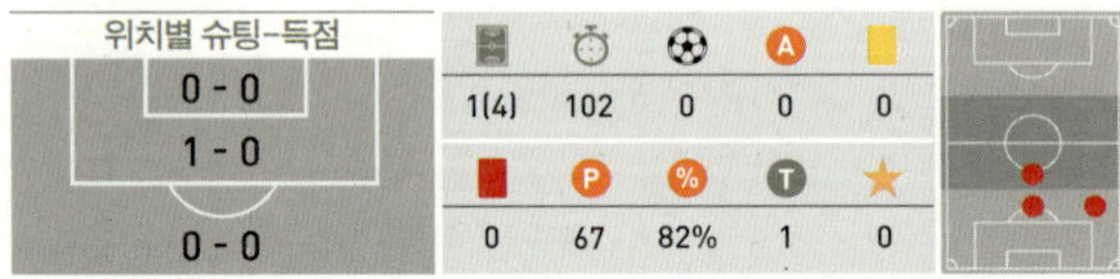

위치별 슈팅-득점

	0 - 0
	1 - 0
	0 - 0

경기수	🕑	⚽	A	🟨
1(4)	102	0	0	0
🟥	P	%	T	★
0	67	82%	1	0

MF Bartosz Kapustka

14

바르토슈
카푸츠카

폴란드 국가대표 윙어. 양발을 다 잘 사용해 좌우 측면 모두에서 활약이 가능하고, 공격형 미드필더 자리도 소화한다. 발이 빠르고 드리블 돌파가 좋아 수비 뒤 공간 침투에 능하고, 측면에서 올리는 크로스도 예리하다. 다만 수비 가담과 득점력이 떨어진다는 평가가 있지만 아직 젊은 선수여서 발전 가능성은 무궁무진하다. 마레즈가 잔류한 상황에서 알브라이턴과 주전 경쟁을 펼칠 것으로 보인다.

국적 : 폴란드

레스터의 기대주. 폴란드 크라코비아 유스 출신으로 2014년 1군 데뷔 후 인상적인 활약을 펼치며 2015년 폴란드 대표팀에 깜짝 발탁됐다. 특히 유로 2016에서 주전급으로 활약하며 기대를 모으고 있고, 폴란드 각급 대표팀을 모두 거쳤다.

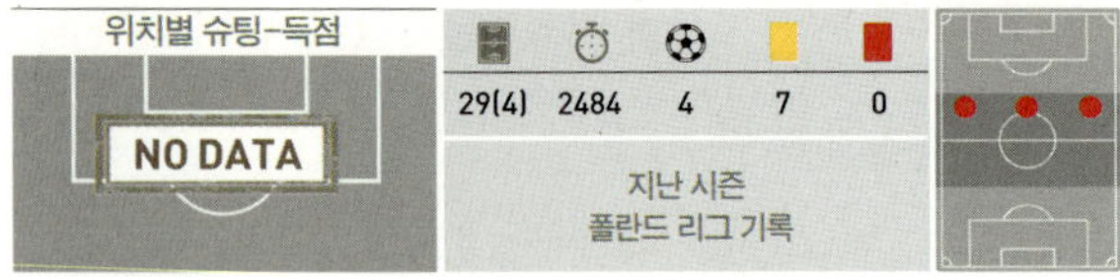

위치별 슈팅-득점

NO DATA

경기수	🕑	⚽	🟨	🟥
29(4)	2484	4	7	0

지난 시즌
폴란드 리그 기록

MF Demarai Gray

22

데마라이
그레이

레스터 역습의 핵심이 될 미드필더. 폭발적인 주력과 개인 기술이 장점이다. 아직 경험이 부족해 템포 조절과 경기를 읽는 시야가 아쉽지만 플리 플랩 등 다양한 드리블 기술을 갖추고 있어 발전 가능성이 높은 선수다. 오른발 킥력이 좋은 편이고, 좌우 측면에서 모두 활약할 수 있는 장점이 있다. 지난 시즌에는 주로 교체(11경기)로 활약했지만 올 시즌에는 더 많은 기회를 얻을 것으로 보인다.

국적 : 잉글랜드

버밍엄 유스 출신. 17세의 나이로 1군 무대에 데뷔해 폭발적인 성장세를 보였고, 지난 2016년 1월 레스터의 유니폼을 입었다. 잉글랜드 연령별 대표를 모두 거쳤을 정도로 재능을 인정받았고, 2015 버밍엄 올해의 영 플레이어로 선정됐다.

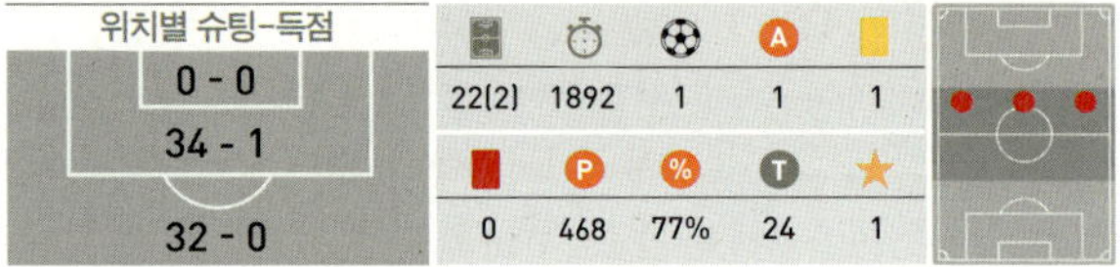

위치별 슈팅-득점

	0 - 0
	34 - 1
	32 - 0

경기수	🕑	⚽	A	🟨
22(2)	1892	1	1	1
🟥	P	%	T	★
0	468	77%	24	1

MF Nampalys Mendy

24

남팔리스
멘디

제2의 캉테로 불리며 많은 기대를 받고 있는 미드필더. 이번 여름 이적 시장을 통해 레스터의 유니폼을 입은 멘디는 신체 조건은 물론 국적과 외모 그리고 플레이 스타일까지 캉테와 비슷하다. 활동량, 대인방어 등 다양한 장점을 가지고 있고, 패싱력과 공격력까지 갖춘 미드필더. 원터치패스에 상당한 강점을 가지고 있어 간결한 패스플레이를 선호하지만 태클과 몸싸움에서는 약점을 보이고, 슈팅력도 조금은 아쉽다.

국적 : 프랑스

AS 모나코 유스 출신인 멘디는 2010년 1군 데뷔 후 3시즌 동안 활약하다가 2013년 니스의 유니폼을 입었다. 이후 폭발적인 성장세를 보이며 세 시즌 동안 110경기 이상 출전했고, 프랑스 U-18, U-19, U-21 대표를 모두 지냈다.

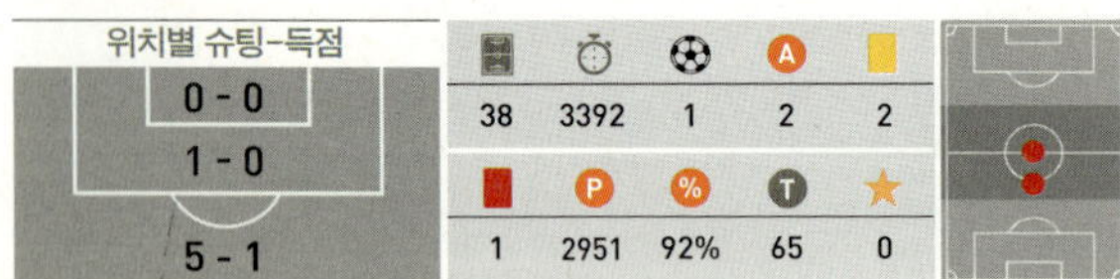

위치별 슈팅-득점

	0 - 0
	1 - 0
	5 - 1

경기수	🕑	⚽	A	🟨
38	3392	1	2	2
🟥	P	%	T	★
1	2951	92%	65	0

MF Jeffrey Schlupp

15

제프리
슐룹

다양한 포지션(LB, LM)을 소화할 수 있는 멀티 플레이어. 폭발적인 스피드를 바탕으로 오버래핑에 능하고, 날카로운 침투 능력을 갖추고 있다. 그러나 지난 2015년 12월부터 2016년 2월까지 햄스트링 부상을 당해 출전 기회를 잡지 못했고, 폭스와의 주전 경쟁에서 밀렸다. 안정감이 조금 부족하다는 평가를 받고 있고, 매 시즌 크고 작은 부상에 시달리며 크로스의 정교함도 조금은 떨어져 아쉬움을 남긴다.

국적 : 가나

가나계 이민 2세로 독일 함부르크에서 태어났고, 그의 가족은 제프리가 초등학생 때 다시 잉글랜드로 이주했다. 슐룹은 레스터 유스 출신이고, 2010년 1군에 등록돼 브렌포드 임대시절을 빼고 계속 이 팀에서 뛰었다. 현재 가나 국가대표.

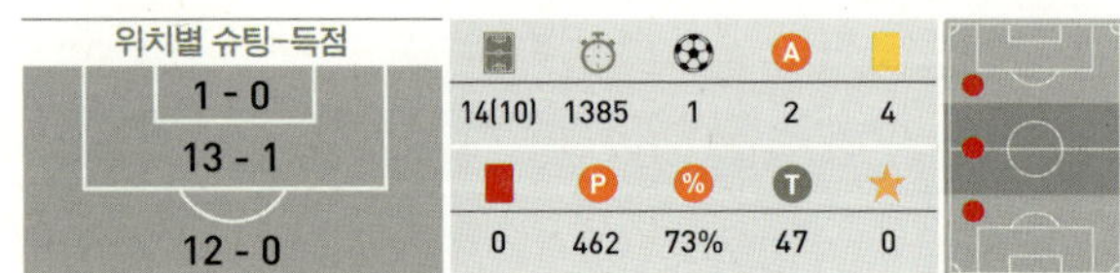

위치별 슈팅-득점

	1 - 0
	13 - 1
	12 - 0

경기수	🕑	⚽	A	🟨
14(10)	1385	1	2	4
🟥	P	%	T	★
0	462	73%	47	0

MF Riyad Mahrez

26

리야드
마레즈

레스터의 동화를 완성한 알제리의 마법사. 지난 시즌 리그 37경기에 출전해 17골 11도움을 기록하며 EPL 올해의 선수상을 받았다. 상당히 유연한 볼터치와 화려한 개인기술을 갖추고 있고, 허를 찌르는 타이밍에 슈팅을 시도해 골을 만든다. 위험지역(PA 근접 외곽)에서 파울을 잘 유도해 프리킥을 얻어내는 지능적인 플레이를 잘 하고, 측면에서 중앙으로 이동해 포인트를 만드는 데 능하다. 다만 몸싸움이 약하다.

국적 : 알제리

알제리계 이민 2세로 프랑스 빈민가인 사르셀에서 태어나 킹페, 르 아브르를 거쳐 2014년 1월 레스터에 입단했고, 이후 EPL 최고의 선수가 됐다. 아스널 등 빅 클럽들의 관심을 받았지만 재계약을 체결했다. 현재 알제리 국가대표다.

위치별 슈팅-득점

	4-2
	44-15
	38-0

			A	
36(1)	3058	17	11	1

	P	%	T	★
0	1033	74%	54	10

FW Jamie Vardy

9

제이미
바디

폭발적인 스피드를 자랑하는 레스터의 에이스. 큰 키는 아니지만 절묘한 위치선정과 날카로운 슈팅 능력을 갖추고 있어 지난 시즌 리그 36경기에 출전해 24골 6도움을 기록하며 EPL 사무국이 선정한 최우수 선수가 됐다. 최전방 공격수이지만 전방압박이 좋아 상대가 역습할 때 효율적인 수비가담을 펼치고, 측면과 중앙을 넘나들며 수비진을 뒤흔든다. 패싱력과 연계플레이도 좋고, EPL 최고의 라인브레이커다.

국적 : 잉글랜드

8부 리그 공장노동자에서 EPL 연속골 신기록을 세운 인생역전 스토리의 주인공. 2007년 스톡브리지에서 데뷔. 할리팍스, 프리우드를 거쳐 2012년 5월 170만 파운드에 레스터 유니폼을 입었고, 현재는 잉글랜드 국가대표로 활약하고 있다.

위치별 슈팅-득점

	4 - 1
	90 - 22
	21 - 1

			A	
36	3140	24	6	5

	P	%	T	★
1	626	66%	35	3

FW Leonardo Ulloa

23

레오나르도
우요아

아르헨티나산 최전방 스트라이커. 지난 시즌 바디, 오카자키와 주전 경쟁에서 밀렸지만 리그 29경기(교체 22)에 나서 6골 2도움을 기록하는 준수한 활약을 펼쳤다. 골 결정력이 탁월하고, 몸싸움과 위치선정이 좋아 공중볼에서 위력적이다. 또한 수비가담이 좋아 상대 역습을 효과적으로 저지하는 동시에 역습에 적극 가담해 득점을 만든다. 페널티킥 성공률이 상당히 높은 공격수고, 경험이 풍부한 편이다.

국적 : 아르헨티나

아르헨티나 리오네그로의 헤네랄 로카 출생. CAI 유스 출신으로 2002년 이 팀 1군에서 데뷔했다. 산로렌소, 아르세날 사란디, 올림포, 카스테온, 알메리아, 브라이튼&HA를 거쳐 2014년 7월 800만 파운드에 레스터 시티에 입단했다.

위치별 슈팅-득점

	7 - 3
	23 - 3
	4 - 0

			A	
7(22)	970	6	2	0

	P	%	T	★
0	399	70%	27	0

FW Okazaki Shinji

20

오카자키
신지

레스터의 역습을 주도하는 공격 첨병. 지난 시즌 리그 36경기에 출전해 5골을 터트리며 인상적인 데뷔시즌을 치렀고, 왕성한 활동량을 바탕으로 전방에서부터 강력한 압박을 펼친다. 화려하지는 않지만 몸싸움을 마다하지 않고, 강한 투쟁심을 가지고 있어 상대 수비수와 경합에서 밀리지 않는다. 빠른 발, 슈팅력, 집중력, 드리블, 지구력 등 다양한 장점을 가지고 있고, 전술 이해도가 상당히 높은 공격수다.

국적 : 일본

다키가와 고등학교에서 축구를 배웠다. 2005년 시미즈 S-펄스에서 데뷔했고, 이후 슈투트가르트, 마인츠를 거쳐 2015년 6월 700만 파운드에 레스터의 유니폼을 입었다. 일본 올림픽 대표를 거쳐 현재는 A대표팀의 간판 공격수로 활약 중.

위치별 슈팅-득점

	16 - 3
	24 - 2
	6 - 0

			A	
28(8)	2074	5	0	1

	P	%	T	★
0	543	75%	37	1

FW Ahmed Musa

7

아메드
무사

폭발적인 스피드를 자랑하는 레스터의 새로운 공격수. 좌우측면과 중앙 모두에서 활약할 수 있는 공격수로 빠른 발을 이용한 드리블 돌파가 장점이다. 상당히 민첩한 움직임을 보여주고 역습 상황에서 수비 뒤 공간을 파고드는 침투가 인상적이다. 여기에 볼을 간수하는 능력과 짧은 패스를 주고받으며 콤비네이션 플레이를 펼치는 것도 좋다. 다만 드리블을 너무 선호한다는 점과 수비 가담은 약점으로 꼽힌다.

국적 : 나이지리아

2012년부터 CSKA 모스크바에서 주전으로 활약하다가 2016년 7월 구단 역대 최고 이적료인 1700만 파운드로 레스터의 유니폼을 입었다. 2010년부터 나이지리아 A대표팀에서 활약하며 58경기에 출전해 11골을 기록했다.

위치별 슈팅-득점

	8 - 3
	38 - 9
	31 - 1

			A	
30	2689	13	5	2

	P	%	T	★
0	768	74%	27	4

ARSENAL FC

구단 소개

구단 창립 : 1886년
홈구장 : 에미리츠 스타디움
감독 : 아르센 벵거
2015-16시즌 : 2위(승점 71점)
20승 11무 7패 65득점 36실점
닉네임 : The Gunners

주요대회 우승횟수

13		12	
ENGLISH PREMIER LEAGUE		ENGLISH FA CUP	
0		0	
UEFA CHAMPIONS LEAGUE		UEFA EUROPA LEAGUE	
0		0	
FIFA CLUB WORLD CUP		UEFA-CONMEBOL INTERCONTINENTAL	

UNIFORM

Home

Away

흔들리고 있는 벵거의 아스널
이번 시즌 우승의 한을 풀 수 있을까?

2015-16 SEASON REVIEW

지난 시즌 또 다시 우승 트로피를 들어 올리지 못한 아스널이다. 벌써 12년째 리그 우승을 거두지 못하고 있다. 사실 지난 시즌은 우승을 위해 최적의 조건이었다. 우승 후보였던 첼시, 맨시티, 맨유 등이 부진을 거듭하며 자멸했고, 아스널의 우승을 부추기는 듯했다. 그러나 아스널은 지루 등 공격진들의 부진과 언제나 그랬듯 부상 악령에 시달리며 추진력을 얻지 못했다. 막판 순위 상승을 해내며 2위로 마무리하며 라이벌 토트넘보다 높은 순위로 마친 것은 다행이지만 전체적으로 진한 아쉬움이 남는 시즌이었다.

SUMMER TRANSFER

가장 시급한 것은 공격수 보강. 그러나 결과는 만족스럽지 않았다. 일본의 아사노를 영입했지만 워크 퍼밋으로 인해 곧장 임대를 보내야 했으며 이적 시장 막판 페레스를 영입했지만 그가 잉글랜드 무대에 곧바로 적응해 활약할지는 미지수다. 공격진을 제외한 나머지 포지션 영입은 무난했다. 중원에 분데스리가서 능력을 인정받은 샤카를 영입해 안정감을 더했다. 프리시즌 기간 동안 부상으로 인해 공백이 생긴 수비라인에는 홀딩과 무스타피를 영입해 위기 타개를 노리고 있다.

2016-17 SEASON OUTLOOK

우승 후보들이 전력 보강을 위해 열을 올렸지만 아스널은 이들에 비해 어딘가 부족해 보인다. '에이스' 산체스와 외질이 여전히 건재하지만 지루가 버티고 있는 최전방이 여전히 약점이고, 페레스가 영입됐지만 아직 검증되지 않은 자원이다. 다행히 중원에서 새로 영입된 샤카가 초반부터 인상적인 경기력을 보여주고 있지만 이번 시즌도 부상이 큰 변수. 시즌이 시작되기도 전에 메르테사커와 가브리엘 등이 부상으로 팀을 이탈한 아스널은 올 시즌 역시 부상이라는 큰 늪을 조심해야 한다.

감독 아르센 벵거(Arsene WENGER)

EPL 현역 감독 중 가장 오랫동안 한 팀을 지도하고 있다. 벵거 감독은 1996년 일본 나고야에서 지도자 생활을 마치고 아스널 지휘봉을 잡는다. 이후 20년째 아스널을 이끌면서 리그 우승 3회, FA컵 정상 6회 등의 성취를 거뒀다. 가장 눈부신 순간은 2003-04 시즌 무패 리그 우승 때이다. 벵거 감독의 가치는 우승 횟수라는 구체적 수치 말고도 부임 전 지루한 수비 축구를 하던 아스널을 리그 전체에서 손꼽힐 정도로 속도감 넘치는 패싱과 화끈한 공격 축구의 상징으로 만든 데 있다. 지난 시즌 실망스러운 결과로 사퇴 압박을 받은 그지만 구단에서는 여전한 지지를 보내고 있다. 올 시즌을 끝으로 계약이 끝나는 벵거 감독은 계속해서 아스널에 남게 될 지 관심사이다.

PROFILE
- 출 생 : 1949.10.22
- 국 적 : 프랑스
- 계 약 : 2017.6.30

STADIUM

Emirates Stadium

- 구장 오픈 : 2006년
- 구장 증축 : -
- 구장 소유 : 아스널 홀딩스
- 수용 인원 : 6만 432명
- 피치 규모 : 105m × 68m
- 잔디 종류 : 천연 잔디

SQUAD LIST

위치	번호	이름	국적	신장	체중	생년월일
GK	13	David Ospina	COL	181	76	31-08-88
	26	Emiliano Martinez	ARG	193	85	02-09-92
	33	Petr Čech	CZE	196	90	20-05-82
DF	2	Mathieu Debuchy	FRA	177	74	28-07-85
	3	Kieran Gibbs	ENG	180	70	26-09-89
	4	Per Mertesacker	GER	198	90	29-09-84
	5	Gabriel Paulista	BRA	185	72	26-11-90
	6	Laurent Koscielny	FRA	186	75	10-09-85
	16	Rob Holding	ENG	182	75	09-11-94
	18	Nacho Monreal	ESP	178	72	26-02-86
	20	Shkodran Mustafi	GER	184	82	17-04-92
	24	Hector Bellerin	ESP	177	74	19-03-95
	25	Carl Jenkinson	ENG	185	77	08-02-92
MF	8	Aaron Ramsey	WAL	178	76	26-12-90
	11	Mesut Ozil	GER	182	73	15-10-88
	15	Alex Oxlade-Chamberlain	ENG	180	70	15-08-93
	19	Santi Cazorla	ESP	168	66	13-12-84
	29	Granit Xhaka	SUI	183	70	27-09-92
	31	Jeff Reine-Adelaide	FRA	184	75	17-01-98
	34	Francis Coquelin	FRA	178	73	13-05-91
	35	Mohamed Elneny	EGY	180	70	11-07-92
FW	7	Alexis Sanchez	CHI	168	62	19-12-88
	9	Lucas	ESP	180	78	10-09-88
	12	Olivier Giroud	FRA	192	88	30-09-86
	14	Theo Walcott	ENG	175	68	16-03-89
	17	Alex Iwobi	ENG	175	72	03-05-96
	22	Yaya Sanogo	FRA	191	74	27-01-93
	23	Danny Welbeck	ENG	185	73	26-11-90
	32	Chuba Akpom	ENG	183	77	09-10-95

2016-17 SEASON SCHEDULE

날짜	장소	상대팀	날짜	장소	상대팀
14/AUG	H	Liverpool FC	01/JAN	A	AFC Bournemouth
20/AUG	A	Leicester City	13/JAN	A	Swansea City
27/AUG	A	Watford FC	20/JAN	H	Burnley FC
10/SEP	H	Southampton FC	30/JAN	H	Watford FC
17/SEP	A	Hull City	03/FEB	A	Chelsea FC
24/SEP	H	Chelsea FC	10/FEB	H	Hull City
02/OCT	A	Burnley FC	24/FEB	A	Southampton FC
15/OCT	H	Swansea City	03/MAR	A	Liverpool FC
22/OCT	H	Middlesbrough FC	10/MAR	H	Leicester City
29/OCT	A	Sunderland AFC	17/MAR	A	West Bromwich Albion
06/NOV	H	Tottenham Hotspur	31/MAR	H	Manchester City
19/NOV	A	Manchester United	03/APR	H	West Ham United
27/NOV	H	AFC Bournemouth	07/APR	A	Crystal Palace
02/DEC	A	West Ham United	14/APR	A	Middlesbrough FC
09/DEC	H	Stoke City	21/APR	H	Sunderland AFC
13/DEC	A	Everton FC	28/APR	A	Tottenham Hotspur
16/DEC	A	Manchester City	05/MAY	H	Manchester United
25/DEC	H	West Bromwich Albion	12/MAY	H	Stoke City
30/DEC	H	Crystal Palace	20/MAY	H	Everton FC

RANK OF LAST 5 YEARS

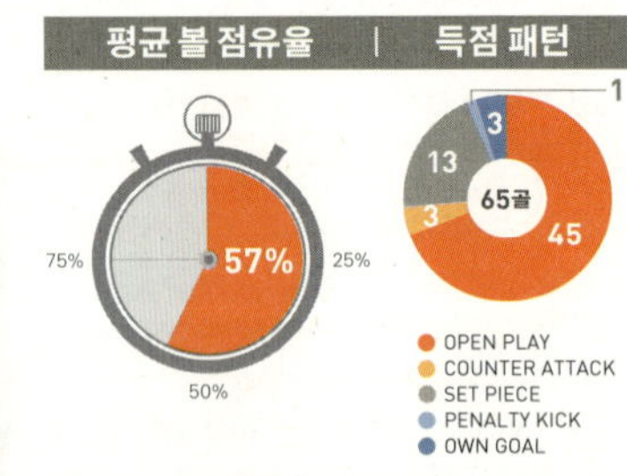

STRENGTHS & WEAKNESSES

OFFENSE		DEFENSE	
직접 프리킥	C	세트피스 수비	B
문전 처리	A	상대 볼 뺏기	B
측면 돌파	A	공중전 능력	C
스루볼 침투	A	역습 방어	C
개인기 침투	B	지공 방어	C
카운터 어택	C	스루패스 방어	C
기회 만들기	B	리드 지키기	D
세트피스	C	실수 조심	C
OS 피하기	C	측면 방어력	C
중거리 슈팅	B	파울 주의	C
볼 점유율	A	중거리슛 수비	C

매우 강함 A 강한 편 B 보통 수준 C 약한 편 D 매우 약함 E

시간대별 득점	시간대별 실점	득점 분포	공격 방향	볼 점유 위치	포지션별 득점	상대포지션별 실점

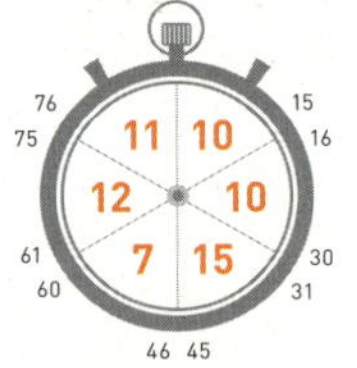

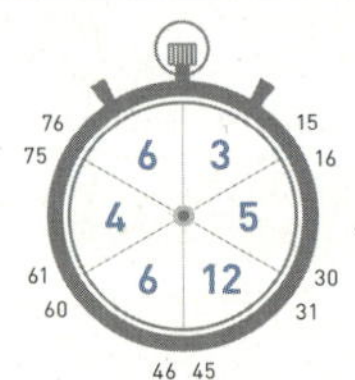

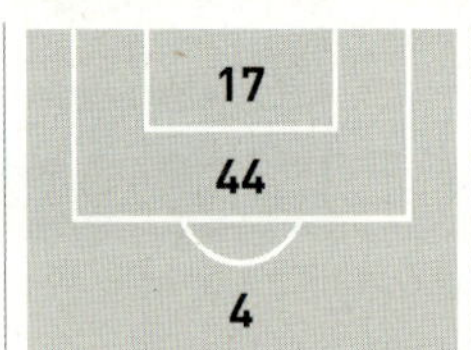

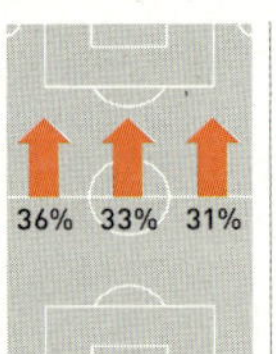

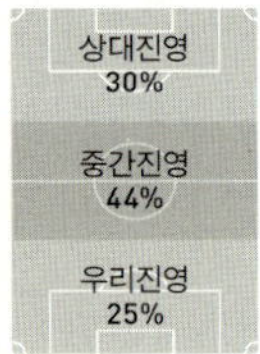

*상대자책골 3골

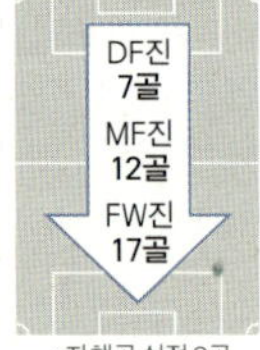

*자책골 실점 3골

FORMATION

TOTO GUIDE 지난 시즌 상대팀별 전적

상대팀	홈	원정
Leicester City	2-1	5-2
Tottenham	1-1	2-2
Manchester City	2-1	2-2
Manchester Utd	3-0	2-3
Southampton	0-0	0-4
West Ham Utd	0-2	3-3
Liverpool	0-0	3-3
Stoke City	2-0	0-0
Chelsea	0-1	0-2
Everton	2-1	2-0
Swansea City	1-2	3-0
Watford	4-0	3-0
West Bromwich	2-0	1-2
Crystal Palace	1-1	2-1
Bournemouth	2-0	2-0
Sunderland	3-1	0-0
Newcastle Utd	1-0	1-0
Norwich City	1-0	1-1
Aston Villa	4-0	2-0

GK David Ospina

아스널의 No.2 수문장. 오스피나는 골키퍼로서 작은 체격을 지녔지만 뛰어난 반사신경과 경이적인 슛-스토핑을 선보인다. 특히 문전 노마크 위기에서 상대가 때린 슈팅을 감각적으로 막아내는 장면은 단연 압권이다. 그러나 지난 시즌 체흐가 합류하면서 백업 골키퍼로 밀렸고, 리그에서는 4경기에만 출전했다. 순발력과 집중력이 좋아 페널티킥 방어 능력도 뛰어나지만 안정감에서 체흐에 밀린다.

2005년 나시오날에서 데뷔했고, 2008년 프랑스 니스로 이적해 성장했다. 콜롬비아 연령별 대표를 모두 거쳤고, 2007년 A대표로 데뷔해 현재까지 70경기 이상을 소화했다. 특히 2014 브라질 월드컵에서 맹활약하며 아스널로 이적했다.

국적 : 콜롬비아

슈팅 위치별 선방

경기수	출전시간	득점	A	경고
4	360	0	0	0
퇴장	P	%	S	★
0	109	56%	17	0

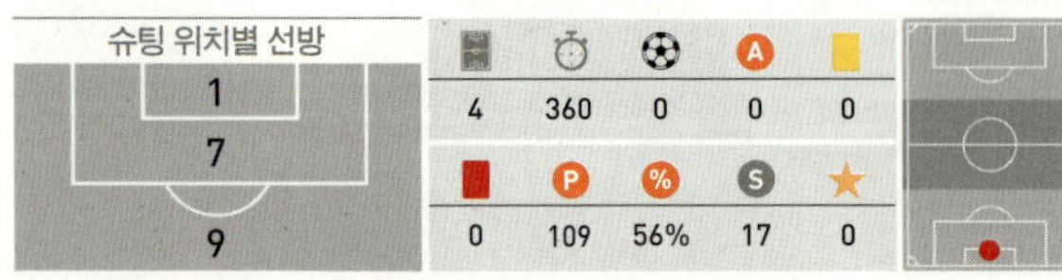

GK Petr Čech

아스널의 주전 수문장. 순발력, 일대일 방어, 공중볼 처리, 볼 스토핑, 안정감 등 골키퍼에 필요한 모든 것을 갖췄다는 평가를 받는다. 지난 시즌을 앞두고 첼시를 떠나 아스널로 이적해 곧바로 주전 자리를 꿰찼고, 리그 34경기에 출전해 안정감 있는 모습을 보였다. 집중력이 강해 잔 실수가 적고, 중거리 슈팅이나 세트피스 대처 능력은 단연 최고다. 전성기에 비해 민첩성이 떨어졌지만 여전히 최고의 골키퍼다.

2004년부터 11년 간 첼시에서 활약했고, 지난여름 아스널로 이적했다. 그는 음악에도 관심이 있어 드럼을 수준급으로 연주한다고 한다. 2002년 A대표로 데뷔해 124경기를 소화했고, 유로 2016을 끝으로 국가대표 은퇴를 선언했다.

국적 : 체코

슈팅 위치별 선방

경기수	출전시간	득점	A	경고
34	3060	0	0	0
퇴장	P	%	S	★
0	854	59%	98	2

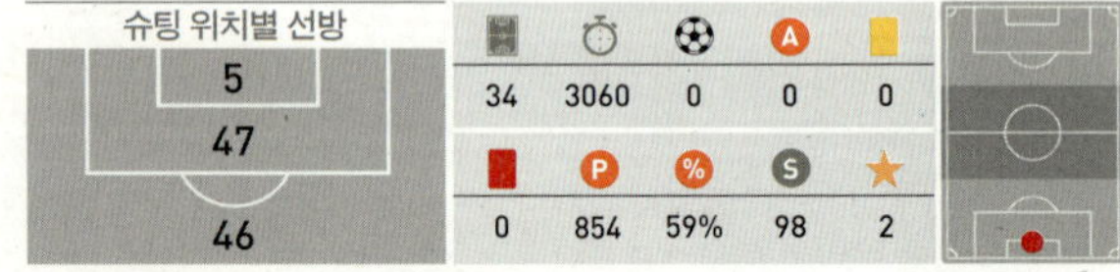

DF Kieran Gibbs

나초 몬레알과 치열한 주전 경쟁을 펼치고 있는 레프트백. 폭발적인 스피드와 드리블 능력을 갖추고 있어 종종 왼쪽 윙어로도 활약하는 공격적인 풀백이다. 오버래핑과 공격침투가 뛰어나지만 크로스가 살짝 부정확한 편이고, 기복 있는 플레이를 펼친다. 저돌적인 태클 능력을 가지고 있지만 수비력과 안정감에 있어서 아쉬운 편이라 지난 시즌 경쟁에서 밀렸고, 리그에서 15경기(선발 3경기)에만 출전했다.

아스널 유스 출신. 2007년 이 팀 1군에서 데뷔해 잠시 노리치 시티로 임대된 것을 제외하고 줄곧 아스널에서 활약해왔다. 아스널 유니폼을 입고 FA컵 2회, 커뮤니티 실드 1회씩 우승했다. 2010년 이후 잉글랜드 A대표로 활약 중이다.

국적 : 잉글랜드

위치별 슈팅-득점

경기수	출전시간	득점	A	경고
3(12)	381	1	0	0
퇴장	P	%	T	★
0	199	74%	12	0

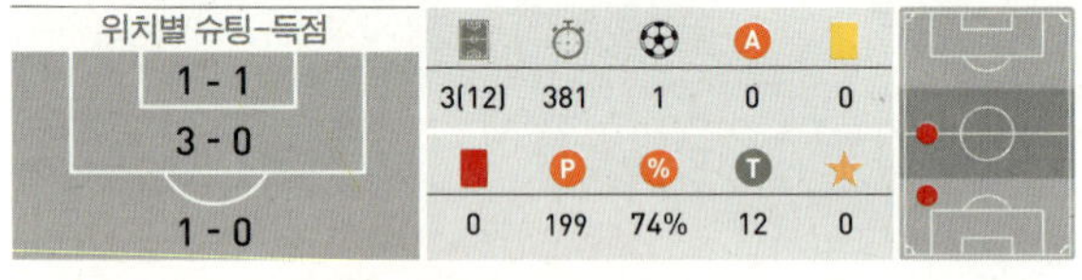

DF Per Mertesacker

수비의 핵심이자, 아스널의 캡틴. 메르테사커는 2m에 가까운 키를 자랑하는 '초대형 센터백'이고, 큰 키를 이용한 공중전은 난공불락이다. 발이 느려 스피드가 좋은 공격수에 약점을 보이지만 '축구 IQ'와 노련함을 바탕으로 수비진을 리드하고 상대의 패스를 자른다. 집중력 또한 최고. 정확한 짧은 패스로 공격을 빌드-업한다. 이번 시즌에는 초반부터 무릎과 햄스트링 부상을 당해 아쉬움을 남기고 있다.

2003년 하노버에서 데뷔해 베르더 브레멘을 거쳐 2011년 여름 아스널로 이적해 수비의 핵심으로 활약했다. 2004년부터 독일 국가대표로 활약해 104경기에 출전했고, 월드컵 3회(2006, 2010, 2014년), 유로 2회(2008, 2012년)에 출전.

국적 : 독일

위치별 슈팅-득점

경기수	출전시간	득점	A	경고
24	2049	0	0	1
퇴장	P	%	T	★
1	1246	89%	27	0

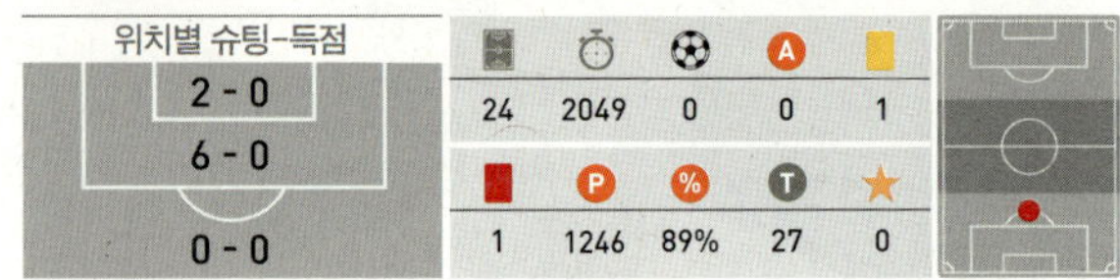

DF Gabriel Paulista

투쟁심이 넘치는 파이터형의 중앙 수비수. 지난 시즌 코시엘니, 메르테사커와 함께 아스널의 수비진을 책임졌고, 리그 21경기에 출전해 1골을 기록했다. 엄청나게 큰 키는 아니지만 점프력과 민첩성을 갖춰 제공권에 강한 모습이고, 스피드도 있어 넓은 수비 범위를 자랑한다. 여기에 블로킹과 가로채기에 강점을 보이고, 몸을 사리지 않는 플레이를 펼친다. 다만 잦은 부상과 경고를 자주 받는 것은 아쉽다.

브라질 상파울루에서 태어나 2010년 비토리아에서 프로 데뷔했고, 2013년 비야레알로 이적해 정상급 수비수로 성장했다. 2015년 1월 수비 강화가 절실했던 벵거 감독의 부름을 받아 아스널로 이적했다. 아직까지 국가대표 경력은 없다.

국적 : 브라질

위치별 슈팅-득점

경기수	출전시간	득점	A	경고
18(3)	1762	1	0	4
퇴장	P	%	T	★
1	1112	90%	41	0

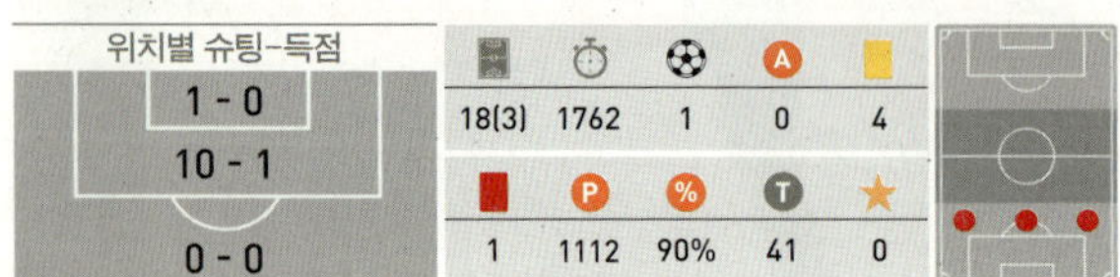

DF Laurent Koscielny

아스널 수비의 핵심. 지난 시즌 종아리와 엉덩이 부상이 있어 고생했지만 리그 33경기에 출전해 4골을 터트리며 공수 모두에서 기여했다. 좋은 체격에 점프력과 스피드를 갖췄다. 마킹, 인터셉트, 공중전 등 수비의 기본 요소를 잘 갖춘 선수다. 공격 전환 때도 낮게 깔리는 짧은 패스로 빌드-업을 돕는다. 상당히 영리한 수비를 자랑하고 공만 걷어내는 깔끔한 태클이 일품이다. 세트피스에서 득점력도 갖췄다.

8세 때 축구를 시작해 2004년 깅강에서 프로선수로 데뷔했다. 이후 투르, 로리앙을 거쳐 2010년 여름 아스널로 이적했고, 2011년부터 프랑스 A대표로 활약하고 있다. 특히 지난 유로 2016에서 전 경기에 출전해 준우승을 이끌었다.

국적 : 프랑스

위치별 슈팅-득점

경기수	출전시간	득점	A	경고
33	2847	4	0	3
퇴장	P	%	T	★
0	1691	87%	48	3

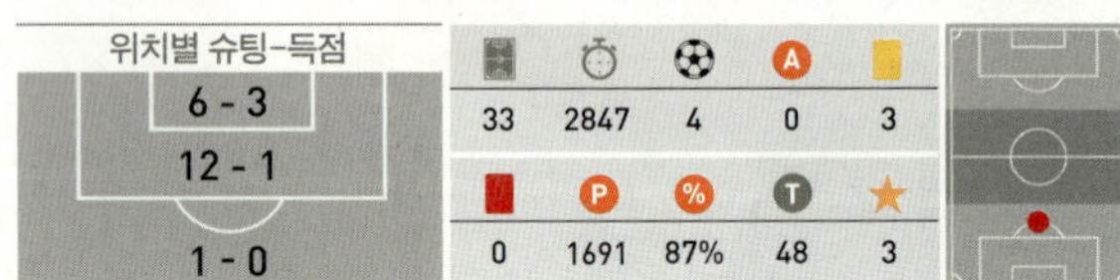

DF **Rob Holding**

벵거 감독이 기대하는 수비 기대주. 오른쪽 풀백과 중앙 수비 모두 볼 수 있는 멀티 자원이고, 체격 조건이 그리 좋지는 않지만 영리한 수비를 펼친다. 키가 작아 공중볼에 약하고, 패싱력이 단점이라는 평가가 있지만 드리블과 가로채기 능력은 매우 뛰어나다. 위치 선정과 볼에 대한 집중력이 좋아 숏-블록과 클리어링에 대한 장점을 보이고, 발이 빨라 수비 뒤 공간을 허용하지 않는 장점이 있다.

롭
홀딩

볼턴 유스 출신으로 2013년 프로 데뷔했다. 이후 빠르게 성장하면서 볼턴 수비의 핵심으로 활약했고, 2015-16시즌 볼턴 올해의 선수로 선정됐다. 2016년 잉글랜드 U-21 대표로 발탁됐고, 이번 여름 이적 시장을 통해 아스널로 이적했다.

국적 : 잉글랜드

위치별 슈팅-득점(잉글랜드 2부)

			경기수	출전시간	득점	A	경고
	2 - 1		26	2238	1	0	1
	11 - 0						
	3 - 0						

퇴장	P	%	T	★
1	901	67%	30	1

DF **Nacho Monreal**

깁스를 밀어낸 아스널의 주전 왼쪽 풀백. 큰 키는 아니지만 공중볼에 강점을 보여 센터백으로도 활약할 수 있고, 지난 시즌 리그 37경기에 출전해 3도움을 올렸다. 폭발적인 스피드는 아니지만 지구력이 좋고, 왕성한 활동량으로 공수를 넘나든다. 이런 장점을 십분 활용해 인터셉트, 공수 밸런스 유지, 드리블 돌파를 시도한다. 볼을 잘 지켜내고, 짧은 패스 콤비네이션으로 상대를 쉽게 무너트린다.

나초
몬레알

스페인 팜플로나 출신: 오사수나 유스 출신으로 2005년 이 팀 2군에서 프로선수로 데뷔했고, 이후 오사수나 1군, 말라가를 거쳐 2013년 1월 아스널 유니폼을 입었다. 스페인 U-19, U-21 대표를 거쳐 2009년부터 A대표로 활약 중.

국적 : 스페인

위치별 슈팅-득점

			경기수	출전시간	득점	A	경고
	0 - 0		36(1)	3248	0	3	1
	9 - 0						
	3 - 0						

퇴장	P	%	T	★
0	1843	86%	80	1

DF **Calum Chambers**

라이트백과 센터백을 겸하는 젊은 수비수. 입단 첫 해 인상적인 활약을 펼친 것과 달리 지난 시즌에는 리그 12경기(교체 10)에만 출전했고, 기복 있는 플레이로 아쉬움을 남겼다. 그러나 아직 21밖에 되지 않아 발전 가능성은 충분하다. 체임버스는 탄탄한 체격에 지구력과 스피드가 좋고, 전체적으로 수비 기본기가 좋다. 또한, 공중전에 능하고, 과감하게 드리블을 하며 짧은 패스와 크로스가 정확한 편이다.

칼럼
체임버스

사우샘프턴 유스 출신. 2012년 1군에서 데뷔했고, 2014년 여름 1600만 파운드에 아스널 유니폼을 입었다. 잉글랜드 U-17, U-19, U-21 대표를 지냈고, 2014년 9월 3일 웸블리에서 열린 노르웨이전 때 A대표 데뷔전을 치렀다.

국적 : 잉글랜드

위치별 슈팅-득점

			경기수	출전시간	득점	A	경고
	0 - 0		2(10)	315	0	0	2
	1 - 0						
	0 - 0						

퇴장	P	%	T	★
0	196	84%	9	

DF **Héctor Bellerín**

아스널 부동의 RB. 지난 시즌 리그 36경기에 출전해 1골 5도움을 기록했고, 엄청난 활약을 펼치며 벵거 감독의 마음을 사로잡았다. 베예린의 최대 강점은 스피드. 40m 달리기 속도에서 월콧을 제쳐 팀 내 최고의 스프린터로 꼽힌다. 이런 스피드와 스페인 출신다운 현란한 개인기를 바탕으로 폭발적인 드리블을 선보이고, 짧게 주고받는 패스 콤비네이션, 태클 및 인터셉트 등 종합적인 수비력도 준수하다.

엑토르
베예린

바르셀로나 유스 출신으로 2011년 아스널 유스로 이적 후 성장했고, 2013년 1군 데뷔했다. 스페인 연령별 대표를 모두 거쳤고, 2016년 A대표까지 발탁됐다. 바르셀로나 등 빅클럽들의 관심을 한 몸에 받고 있는 뜨거운 남자다.

국적 : 스페인

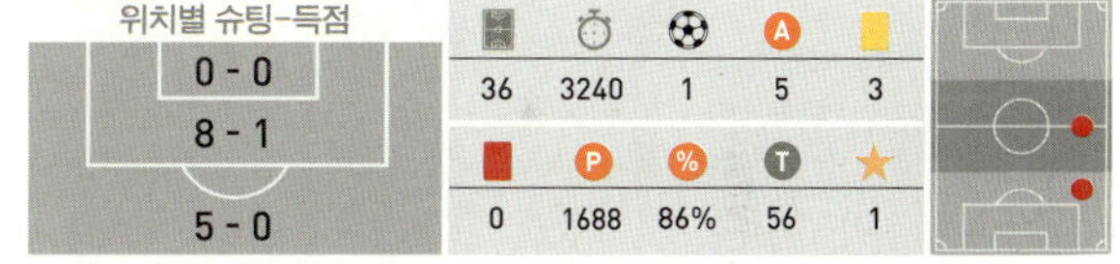

위치별 슈팅-득점

			경기수	출전시간	득점	A	경고
	0 - 0		36	3240	1	5	3
	8 - 1						
	5 - 0						

퇴장	P	%	T	★
0	1688	86%	56	

MF **Aaron Ramsey**

아스널 중원의 핵심이자, 만능키. 중앙과 측면에서 모두 활약할 수 있고, 지난 시즌 햄스트링과 허벅지 부상이 있었지만 리그 31경기서 5골 4도움을 기록하며 좋은 활약을 펼쳤다. 공격과 수비 모두 압도적이다. 깔끔한 드리블, 정확한 장-단 패스, 날카로운 컷-인, 위력적인 역습 전개, 태클과 인터셉트 등 공수 모두에서 인상적이다. 특히 무빙 상태에서 상대 수비진 사이로 스루패스를 찔러주는 능력이 좋다.

애런
램지

2006년 카디프 시티에서 데뷔해 2008년 아스널로 옮긴 후 임대로 경험을 쌓다가 2012년부터 아스널에 정착했다. 웨일스 U-17, U-21 대표 출신이고 2012년 A대표로 데뷔. 유로 2016에서 맹활약을 펼치며 웨일스의 돌풍을 이끌었다.

국적 : 웨일스

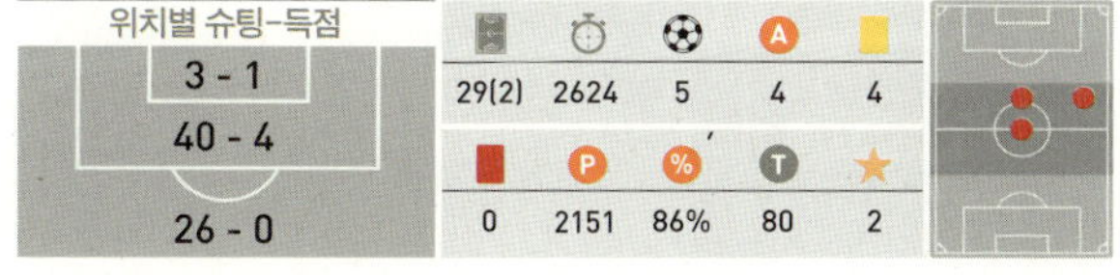

위치별 슈팅-득점

			출전시간	득점	A	경고
	3 - 1		29(2)	2624	5	4	4
	40 - 4						
	26 - 0						

퇴장	P	%	T	★
0	2151	86%	80	2

DF Mesut Özil

11

메수트
외질

아스널의 마법사이자, 그라운드의 지휘자. 천재적인 패싱 능력을 갖춰 패스마스터라 불린다. 짧은 패스 콤비네이션과 상대 수비를 꿰뚫는 스루패스는 리그 최고 수준이다. 여기에 볼 키핑, 유연한 볼터치, 넓은 시야, 득점력 등 공격형 미드필더에 필요한 모든 것을 갖췄다. 지난 시즌 리그 35경기에 출전해 6골 19도움을 올리며 EPL 도움왕에 등극했다. 몸싸움에 약하다는 평가가 있었지만 이제는 이마저도 보완했다.

터키계 이민 3세로 경기 전엔 코란을 읽지만 라마단 금식은 하지 않는다. 샬케 유스에서 성장해 브레멘과 레알 마드리드를 거쳐 2013년 아스널로 이적했다. 월드컵 2회, 유로에 2회 출전해 2014년 월드컵에서 우승을 경험했다.

국적 : 독일

위치별 슈팅-득점

7 - 1	
25 - 5	
16 - 0	

경기수	출전시간	득점	A 도움	경고
35	3049	6	19	4

퇴장	P 패스시도	%	T	★
0	2278	86%	36	6

MF Alex Oxlade-Chamberlain

15

알렉스
옥슬레이드-
체임벌린

2선 공격의 전 위치(RW, AM, LW)에서 활약할 수 있는 미드필더. 지난 시즌 리그 22경기서 1골을 기록했는데 확고한 주전은 아니고, 세오 월콧, 애런 램지 등과 오른쪽 측면 자리를 놓고 경쟁한다. 최고의 무기는 드리블. 지난 시즌 경기당 3.6회를 성공시켜 팀 내 최다였다. 드리블 스피드와 테크닉 모두 최상급이다. 볼을 잘 지키고, 날카롭게 컷-인하며 중거리 슈팅과 무빙 스루패스는 단연 압권이다.

2010년 사우샘프턴에서 데뷔했고, 이듬해 아스널로 이적. 부친 마크, 삼촌 네빌도 축구 선수를 했던 '풋볼 패밀리'다. 알렉스는 학창 시절 럭비와 크리켓 선수였으나 졸업 후 축구를 선택했다. 2012년부터 잉글랜드 국가대표로 활약하고 있다.

국적 : 잉글랜드

위치별 슈팅-득점

0 - 0	
13 - 1	
10 - 0	

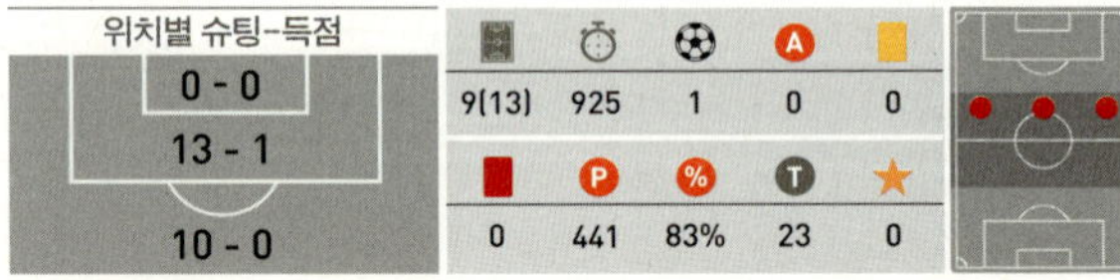

경기수	출전시간	득점	A 도움	경고
9(13)	925	1	0	0

퇴장	P	%	T	★
0	441	83%	23	0

MF Santi Cazorla

19

산티
카솔라

주 포지션은 공격형 미드필더지만 좌우 측면은 물론 수비형 미드필더로도 활약할 수 있는 멀티 플레이어. 감각적인 원터치 패스를 통해 플레이 메이킹을 담당하고 때로는 드리블로 전진해 빌드업하는데 강한 압박도 문제가 없다. 탈압박, 스루패스, 키패스, 볼키핑, 컷-인 플레이, 직접 프리킥, 중거리 슈팅 등은 강력한 무기다. 지난 시즌 무릎 부상으로 5개월간 결장했다. 부상 없이 시즌을 치르는 게 중요하다.

2003년 비야레알에서 프로 데뷔했고, 이후 레크레아티보, 말라가를 거쳐 2012년 여름 아스널로 이적했다. 스페인 U-21 대표 출신이고, 2008년부터 A대표로 활약해 77경기 이상을 소화했다. 유로 2008과 2012 우승 멤버다.

국적 : 스페인

위치별 슈팅-득점

0 - 0	
12 - 0	
12 - 0	

경기수	출전시간	득점	A 도움	경고
15	1293	0	3	2

퇴장	P	%	T	★
1	1228	90%	29	1

MF Granit Xhaka

29

그라니트
자카

아스널의 NEW 중원 사령관. 지난 시즌 분데스리가 28경기에 출전해 3골 1도움을 기록했고, 85.1%의 패스 성공률을 기록하며 리그 최고의 미드필더로 손꼽혔다. 정교한 킥을 바탕으로 패스 플레이를 펼치고 정확한 롱패스로 역습의 시발점 역할을 한다. 왕성한 활동량, 중거리 슈팅, 공중 장악력, 지구력 등 미드필드에 필요한 것을 골고루 갖췄다. 투박한 태클 능력은 아쉽고, 지난 시즌 무려 3번의 퇴장을 당했다.

알바니아계 이민자 2세로 스위스 바젤에서 태어나 바젤 유스를 거쳐 프로 데뷔했다. 2012년 묀헨글라드바흐로 이적해 중원의 핵심 역할을 했고, 2011년부터 스위스 대표로 활약하고 있다. 형 타울란트 자카는 알바니아 대표팀을 선택.

국적 : 스위스

위치별 슈팅-득점

1 - 0	
9 - 3	
23 - 0	

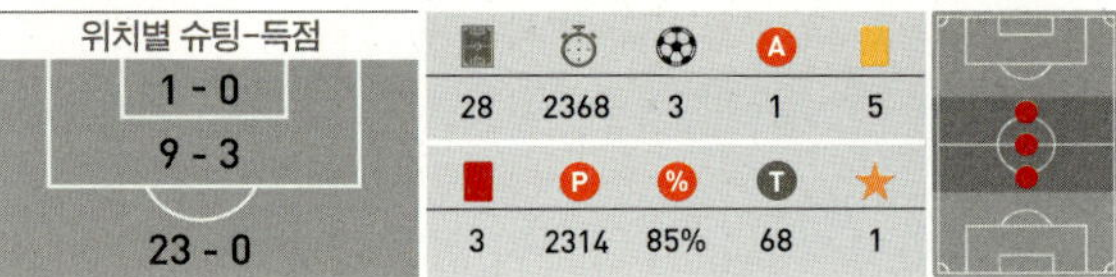

경기수	출전시간	득점	A 도움	경고
28	2368	3	1	5

퇴장	P	%	T	★
3	2314	85%	68	1

MF Francis Coquelin

34

프란시스
코클랭

포백의 수호자. 강한 투쟁심과 왕성한 활동량을 바탕으로 중원을 장악하는 유형의 미드필더. 수비형 MF로 체격은 평범하지만 운동 능력이 뛰어나다. '축구 IQ'가 우수하고 판단력이 빨라 상대의 패스를 매우 잘 자른다. 또한, 지난 시즌 평균 2.8개의 태클과 3개의 가로채기를 성공시키며 인상적인 활약을 펼쳤지만 무릎 부상으로 약 3개월간 경기에 나서지 못했다. 짧은 패스 콤비네이션과 중거리 슈팅도 좋은 편.

아스널 유스 출신. 로리앙, 프라이부르크, 찰턴 임대를 거쳐 2014년 1월 아스널로 복귀했다. 프랑스 U-17부터 U-21까지 연령별 대표를 모두 거쳤다. 아직 A대표 경험은 없지만 충분히 승선할 가능성이 높고, 아스널의 미래다.

국적 : 프랑스

위치별 슈팅-득점

0 - 0	
0 - 0	
8 - 0	

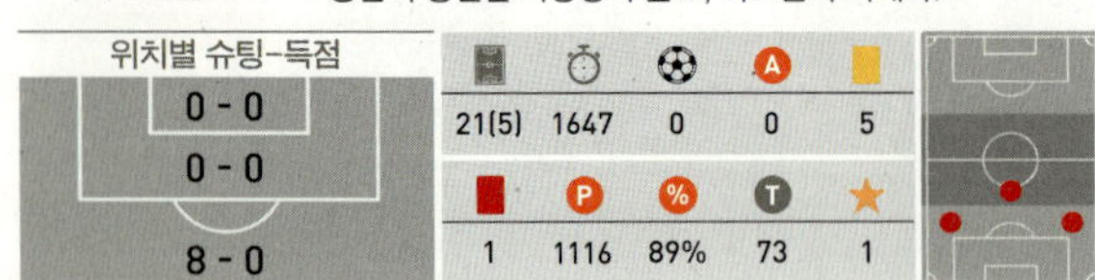

경기수	출전시간	득점	A 도움	경고
21(5)	1647	0	0	5

퇴장	P	%	T	★
1	1116	89%	73	1

MF Mohamed Elneny

35

모하메드
엘네니

전형적인 박스-투-박스형 미드필더. 포백을 보호하는 동시에 공격적인 재능까지 가지고 있다. 왕성한 활동량과 투쟁심을 갖추고 있어 중원 싸움에서 밀리지 않고, 정확한 패싱력과 공격 침투 능력까지 있다. 지난 시즌 겨울 이적 시장을 통해 아스널의 유니폼을 입고 리그 11경기에 출전해 1도움을 기록했고, 92.8%의 높은 패스성공률을 자랑했다. 수비력만 보완한다면 이번 시즌도 중용될 가능성이 높다.

알 아흘리 유스 출신으로 프로 데뷔는 2010년 엘 모카울룬에서 했다. 이후 2013년 스위스 명문 바젤에 입단해 꽃을 피웠고, 2016년 1월 아스널의 유니폼을 입었다. 이집트 올림픽 대표 출신으로 2011년부터 A대표로 활약 중이다.

국적 : 이집트

위치별 슈팅-득점

NO DATA

경기수	출전시간	득점	경고	퇴장
20(7)	1819	2	7	0

지난 시즌 FC바젤과 아스널
기록 합산

FW Alexis Sánchez

7

알렉시스
산체스

'아스널의 왕'이라 불린다. LW, AM, RW, CF 등 공격 전 포지션에서 최고의 활약을 펼친다. 지난 시즌 햄스트링 부상으로 리그 30경기에만 출전했지만 13골 4도움을 올리며 여전한 기량을 보여줬다. 리그 최고 수준의 드리블, 자로 잰 듯 정확한 장·단 패스, 승부를 결정짓는 키패스, 폭발적인 중장거리 슈팅과 프리킥, 날카로운 컷-인, 일발필살의 골 결정력, 최고의 역습 능력 등 모든 것을 갖췄다.

국적 : 칠레

2005년 코브렐로아에서 데뷔. 우디네세, 콜로콜로, 리버 플레이트, 바르셀로나를 거쳐 2014년 여름 아스널에 입단했고, 2014-15시즌 올해의 선수상을 받았다. 벌써 칠레 대표로 A매치 101경기를 소화했고, 2016 코파 아메리카의 MVP다.

위치별 슈팅-득점

위치별 슈팅-득점		경기수	출전시간	득점	A	경고
11 - 4		28(2)	2446	13	4	1
58 - 6		퇴장	P	%	T	★
38 - 3		0	1437	80%	46	6

FW Olivier Giroud

12

올리비에
지루

전형적인 No.9 유형의 공격수. 매 시즌 비난을 받지만 꾸준하게 득점포를 가동하는 192cm의 장신 공격수다. 지난 시즌 리그 38경기에 출전해 16골 2도움을 올렸다. 대포알 같은 슈팅, 정확한 문전 처리, 위력적인 헤딩 슈팅 및 패스, 재치 있는 포스트 피딩 등 192cm 타깃맨의 표본을 보여준다. 상대가 세트피스 공격을 할 때는 열심히 수비에 가담하고 적극적으로 태클도 시도한다. 연계왕이라는 별명이 있다.

국적 : 프랑스

2005년 그르노블에서 데뷔한 후 투르, 몽펠리에를 거쳐 2012년 아스널에 입단했다. 2014년 모델 셀리아와 바람을 폈다가 아내 제니퍼에게 들통 난 바 있다. 2011년부터 프랑스 대표로 활약 중이고, 유로 2016서 브론즈 부트를 받았다.

위치별 슈팅-득점

위치별 슈팅-득점		경기수	출전시간	득점	A	경고
12 - 3		26[12]	2431	16	6	2
83 - 13		퇴장	P	%	T	★
6 - 0		0	838	68%	34	1

FW Theo Walcott

14

세오
월콧

제2의 앙리로 주목받았지만 부상이 발목을 잡은 공격수. 최전방은 물론 좌우 측면에서 활약할 수 있는 멀티 자원이다. 지난 시즌 역시 종아리 부상으로 두 달간 결장했고, 리그 28경기서 5골 2도움을 기록했다. 월콧은 베예린과 함께 팀에서 가장 빠른 스피드를 자랑하는 스프린터. 리그 최고 수준의 드리블을 구사하고, 짧은 패스 콤비네이션과 스루패스가 위력적이며 날카롭게 컷-인한다. 드리블러이자, 피니셔다.

국적 : 잉글랜드

사우샘프턴 유스 출신으로 2005년 1군으로 데뷔, 2006년 여름 아스널로 이적했다. 잉글랜드 연령별 대표를 모두 거쳤고, 2006년부터 A대표로 뛰며 40경기 이상 출전했다. 각종 최연소 기록을 가지고 있지만 기대만큼 성장하지 못했다.

위치별 슈팅-득점

위치별 슈팅-득점		경기수	출전시간	득점	A	경고
5 - 2		15(13)	1375	5	2	0
32 - 2		퇴장	P	%	T	★
8 - 1		0	311	80%	11	1

FW Alex Iwobi

17

알렉스
이워비

아스널이 기대하는 슈퍼 루키. 좌우 측면과 중앙 모두에서 활약할 수 있고, 발재간이 좋은 공격수다. 지난 시즌 후반기부터 벵거 감독의 신임을 받아 출전 기회를 잡았고, 리그 13경기에 출전해 2골 2도움을 기록했다. 이워비는 빠른 스피드를 활용한 드리블이 장점이고, 양발을 다 사용해 타이밍을 뺏는 슈팅을 시도한다. 여기에 스텝오버, 발바닥 드리블 등의 기술을 이용해 상대 수비를 제치고, 역습을 주도한다.

국적 : 잉글랜드

아스널 유스 출신으로 2013년 1군 데뷔. 지난 시즌 폭발적인 성장세를 보이며 아스널의 미래로 불리고 있다. 잉글랜드 U-16, U-17, U-18 대표팀을 모두 거쳤지만 2015년 나이지리아 대표팀을 선택했다.

위치별 슈팅-득점		경기수	출전시간	득점	A	경고
1 - 0		8(5)	632	2	2	0
12 - 2		퇴장	P	%	T	★
2 - 0		0	370	86%	8	0

FW Danny Welbeck

23

대니
웰벡

유연한 움직임과 날카로운 침투 능력을 가지고 있는 공격수. 좌우 측면은 물론 최전방에서도 활약할 수 있지만 지난 시즌에는 무릎 부상으로 리그 11경기 출전에 그쳤다. 이번 시즌을 앞두고도 무릎을 다쳐 약 8개월간 경기에 나설 수 없다. 정상 컨디션일 경우 웰벡은 폭발적인 러닝, 유연한 동작, 뛰어난 테크닉을 지녀 잉글랜드에서는 보기 드문 스트라이커라는 평가를 받지만 기대만큼 성장하지 못했다.

국적 : 잉글랜드

가나계 이민 2세. 맨유 유스를 거쳐 2008년 이 팀 1군에서 데뷔했다. 그러나 맨유에서 자리를 제대로 잡지 못했고, 2014년 9월 아스널로 옮겼다. 잉글랜드 연령별 대표를 모두 지냈고, 2011년부터 국가대표로 활약하고 있다.

위치별 슈팅-득점

위치별 슈팅-득점		경기수	출전시간	득점	A	경고
3 - 1		7(4)	578	4	2	1
15 - 3		퇴장	P	%	T	★
2 - 0		0	150	77%	11	1

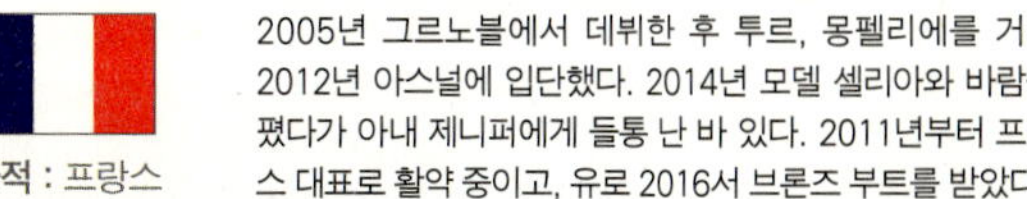

TOTTENHAM HOTSPUR FC

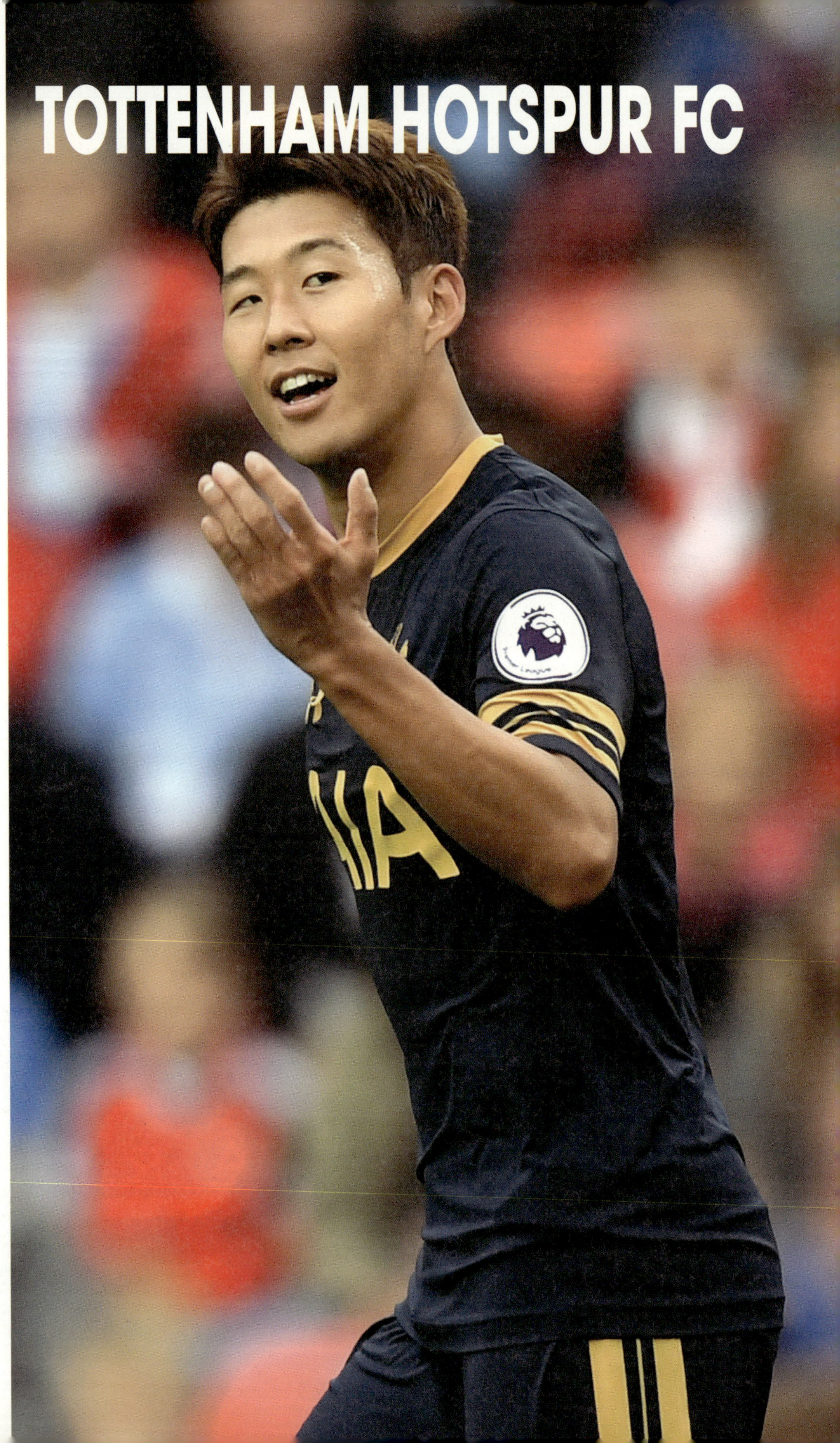

구단 소개

구단 창립 : 1882년
홈구장 : 와이트 하트 레인
감독 : 마우리시오 포체티노
2015-16시즌 : 3위(승점 70점)
19승 13무 6패 69득점 35실점
닉네임 : Spurs

주요대회 우승횟수

2		8	
ENGLISH PREMIER LEAGUE		ENGLISH FA CUP	
0		2	
UEFA CHAMPIONS LEAGUE		UEFA EUROPA LEAGUE	
0		0	
FIFA CLUB WORLD CUP		UEFA-CONMEBOL INTERCONTINENTAL	

UNIFORM

Home

Away

더 높은 곳을 향하는 젊은 토트넘
손흥민의 비상(飛上)도 기대

2015-16 SEASON REVIEW

막판 집중력이 아쉬움으로 남는 시즌이었다. 시즌 막판까지 레스터와 우승 경쟁을 펼치던 토트넘은 35라운드부터 마지막 38라운드까지의 4경기에서 승리를 거두는 데 실패하는 등 흐트러진 집중력을 보여줬고 결국 라이벌 아스널에 밀리며 3위로 시즌을 마감하게 됐다. 그래도 모처럼 챔피언스리그 진출권을 따냈다는 점과 젊은 선수들이 무한한 가능성을 보였다는 것은 긍정적으로 평가할 수 있다. 여기에 케인이라는 잉글랜드 출신의 득점왕을 배출했다는 것도 고무적이고, 포체티노 감독의 지도력도 좋은 평가를 받았다.

SUMMER TRANSFER

지난 시즌 손흥민처럼 막대한 자금을 사용한 영입은 없었다. 일단 지난 시즌 리그 최소 실점을 기록한 수비라인은 그대로 유지했고, 전체적으로 공수 밸런스를 맞추는 데 집중을 했다. 특히 토트넘은 챔피언스리그를 소화해야 했기에 스쿼드의 두께를 늘리는 데 집중했고, 중원에는 잉글랜드 무대에서 검증을 마친 완야마, 시소코 등을 영입했다. 공격진에서는 네덜란드 에레디비지 득점왕 얀센을 영입했다. 이적 시장 막판 손흥민의 분데스리가 복귀설이 나오기도 했지만 토트넘은 그를 지키기로 결심했다.

2016-17 SEASON OUTLOOK

선수단 구성이 젊다는 것은 큰 무기가 될 수 있지만 감독과 선수단의 경험이 부족하다는 것은 위험요소다. 특히 지난 시즌 막판 경험 부족을 드러냈던 것을 교훈으로 삼아야 하고, 포체티노 감독도 한 단계 더 성장해야 명장의 반열에 오를 수 있다. 여기에 지난 시즌 보여준 케인의 슬로우 스타터 기질에 과연 어떤 선수가 이를 메워줄 수 있을지 역시 관건이다. 손흥민의 활약도 중요하다. 무난한 EPL 데뷔시즌을 보낸 손흥민이 자신의 몸값에 걸맞는 활약을 펼쳐줘야 토트넘의 공격도 더 강해질 수 있다.

감독 마우리시오 포체티노(Mauricio POCHETTINO)

아르헨티나 대표팀 중앙 수비수 출신이다. 뉴웰스 올드 보이스를 거쳐 스페인의 에스파뇰에서 전성기를 보낸 뒤 파리와 보르도 등에서 활약한 다음 에스파뇰로 돌아와 현역 생활을 마무리했다. 에스파뇰에서 지도자 생활을 시작한 포체티노 감독은 2013년 사우샘프턴 감독으로 부임해 전방에서부터 상대를 강하게 몰아붙이는 공격적인 전술로 돌풍과 함께 찬사를 받았다. 존재감을 확실하게 알린 포체티노 감독은 2014년 토트넘의 지휘봉을 잡았고, 이후 인상적인 지도력을 보이며 토트넘을 성공적으로 이끌고 있다. 국내 팬들에게는 애증의 대상. 사우샘프턴 감독 시절부터 손흥민에 관심을 보였던 포체티노 감독이었지만 지난 시즌 많은 출전 시간을 부여하지 않았다.

PROFILE
- 출 생 : 1972.2.3
- 국 적 : 아르헨티나
- 계 약 : 2021.6.30

STADIUM

White Hart Lane

구장 오픈 : 1899년
구장 증축 : –
구장 소유 : 토트넘 핫스퍼 FC
수용 인원 : 3만 6,284명
피치 규모 : 100m × 67m
잔디 종류 : 천연 잔디

SQUAD LIST

위치	번호	이름	국적	신장	체중	생년월일
GK	1	Hugo Lloris	FRA	188	78	26-12-86
	13	Michel Vorm	NED	183	84	20-10-83
	30	Pau Lopez	ESP	189	77	13-12-94
DF	2	Kyle Walker	ENG	178	73	28-05-90
	3	Danny Rose	ENG	173	75	02-07-90
	4	Toby Alderweireld	BEL	185	75	02-03-89
	5	Jan Vertonghen	BEL	189	79	24-04-87
	15	Eric Dier	ENG	188	63	15-01-94
	16	Kieran Trippier	ENG	178	71	19-09-90
	27	Kevin Wimmer	AUT	187	85	15-11-92
	33	Ben Davies	WAL	170	76	24-04-93
MF	11	Erik Lamela	ARG	183	73	25-03-92
	12	Victor Wanyama	KEN	188	76	25-06-91
	14	Georges-Kevin Nkoudou	FRA	173	68	13-02-95
	17	Moussa Sissoko	FRA	187	83	16-08-89
	19	Mousa Dembele	BEL	177	70	17-07-87
	20	Dele Alli	ENG	185	76	11-04-96
	23	Christian Eriksen	DEN	175	65	14-02-92
	25	Joshua Onomah	ENG	180	64	27-04-97
	28	Tom Carroll	ENG	177	71	28-05-92
	29	Harry Winks	ENG	178	65	02-02-96
FW	7	Son Heung-Min	KOR	183	76	08-07-92
	9	Vincent Janssen	NED	180	67	15-06-94
	10	Harry Kane	ENG	183	65	28-07-93

2016-17 SEASON SCHEDULE

날짜	장소	상대팀	날짜	장소	상대팀
13/AUG	A	Everton FC	01/JAN	H	Chelsea FC
20/AUG	H	Crystal Palace	13/JAN	H	West Bromwich Albion
27/AUG	H	Liverpool FC	20/JAN	A	Manchester City
10/SEP	A	Stoke City	30/JAN	A	Sunderland AFC
18/SEP	H	Sunderland AFC	03/FEB	H	Middlesbrough FC
24/SEP	A	Middlesbrough FC	10/FEB	A	Liverpool FC
02/OCT	H	Manchester City	24/FEB	H	Stoke City
15/OCT	A	West Bromwich Albion	03/MAR	H	Everton FC
22/OCT	H	AFC Bournemouth	10/MAR	A	Crystal Palace
29/OCT	H	Leicester City	17/MAR	A	Southampton FC
06/NOV	A	Arsenal FC	31/MAR	A	Burnley FC
19/NOV	H	West Ham United	03/APR	A	Swansea City
26/NOV	A	Chelsea FC	07/APR	H	Watford FC
02/DEC	H	Swansea City	14/APR	H	AFC Bournemouth
09/DEC	A	Manchester United	21/APR	A	Leicester City
13/DEC	H	Hull City	28/APR	A	Arsenal FC
16/DEC	H	Burnley FC	05/MAY	H	West Ham United
25/DEC	A	Southampton FC	12/MAY	H	Manchester United
30/DEC	A	Watford FC	20/MAY	A	Hull City

RANK OF LAST 5 YEARS

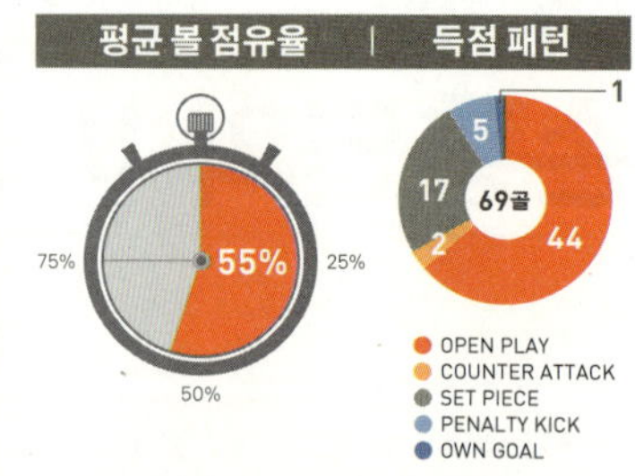

STRENGTHS & WEAKNESSES

OFFENSE		DEFENSE	
직접 프리킥	C	세트피스 수비	B
문전 처리	C	상대 볼 뺏기	C
측면 돌파	B	공중전 능력	B
스루볼 침투	C	역습 방어	C
개인기 침투	C	지공 방어	D
카운터 어택	B	스루패스 방어	C
기회 만들기	B	리드 지키기	B
세트피스	B	실수 조심	C
OS 피하기	C	측면 방어력	C
중거리 슈팅	B	파울 주의	C
볼 점유율	B	중거리슛 수비	C

매우 강함 A   강한 편 B   보통 수준 C   약한 편 D   매우 약함 E

시간대별 득점	시간대별 실점	득점 분포	공격 방향	볼 점유 위치	포지션별 득점	상대포지션별 실점

*자책골 실점 3골

FORMATION

TOTO GUIDE 지난 시즌 상대팀별 전적

상대팀	홈	원정
Leicester City	0-1	1-1
Arsenal	2-2	1-1
Manchester City	4-1	2-1
Manchester Utd	3-0	0-1
Southampton	1-2	2-0
West Ham Utd	4-1	0-1
Liverpool	0-0	1-1
Stoke City	2-2	4-0
Chelsea	0-0	2-2
Everton	0-0	1-1
Swansea City	2-1	2-2
Watford	1-0	2-1
West Bromwich	1-1	1-1
Crystal Palace	1-0	3-1
Bournemouth	3-0	5-1
Sunderland	4-1	1-0
Newcastle Utd	1-2	1-5
Norwich City	3-0	3-0
Aston Villa	3-1	2-0

GK **Hugo Lloris**

1

위고
로리스

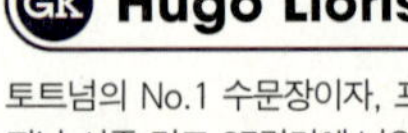

국적 : 프랑스

토트넘의 No.1 수문장이자, 프랑스 국가대표 주전 골키퍼. 지난 시즌 리그 37경기에 나왔고, 안정감 있는 선방을 펼치며 토트넘의 상승세를 이끌었다. 로리스의 최대 강점은 1대 1 상황에서의 슛-스토핑. 순발력이 뛰어나 상대가 노마크 상태에서 날린 슈팅을 반사적으로 처낸다. 또한 집중력이 좋아 잔 실수를 적게 범한다. 볼 핸들링도 수준급. 패스 성공률이 떨어지는 것이 아쉽지만 세계적인 골키퍼인 것은 분명.

2005년 니스에서 데뷔했고, 리옹을 거쳐 2012년 토트넘으로 이적. 2008년부터 프랑스 국가대표로 활약하며 80경기 이상 출전했고, 최근 유로 2016에도 출전해 준우승을 이끌었다. 프랑스 리그앙 올해의 골키퍼상을 3번이나 받았다.

슈팅 위치별 선방		
3		
45		
39		

경기수	출전시간	득점	A	경고
37	3330	0	0	0
퇴장	P	%	S	★
0	1048	64%	87	0

GK **Michel Vorm**

13

미셸
포름

국적 : 네덜란드

토트넘의 백업 골키퍼. 로리스가 워낙 좋은 활약을 펼쳐 지난 시즌 리그 1경기에만 출전했지만 충분한 능력을 가지고 있는 골키퍼다. 포름은 골키퍼로서는 크지 않은 체격이다. 그러나 높은 점프력과 뛰어난 반사신경으로 신체적인 불리함을 극복한다. 공중 볼을 잘 처리하고, 나가는 타이밍을 잘 잡는다. 또한 PK 방어력도 꽤 우수한 편이다. 백업 요원으로 딱 좋은 스펙이고, 페널티킥을 막는 데 탁월한 능력이 있다.

2005년 위트레흐트에서 데뷔했다. 덴 보시(임대), 스완지 시티를 거쳐 2014년 7월 350만 파운드에 토트넘으로 이적했다. 네덜란드 청소년 대표 출전 경력은 없지만 2008년 A 대표로 깜짝 발탁됐고, A매치 15경기를 소화했다.

슈팅 위치별 선방		
0		
1		
0		

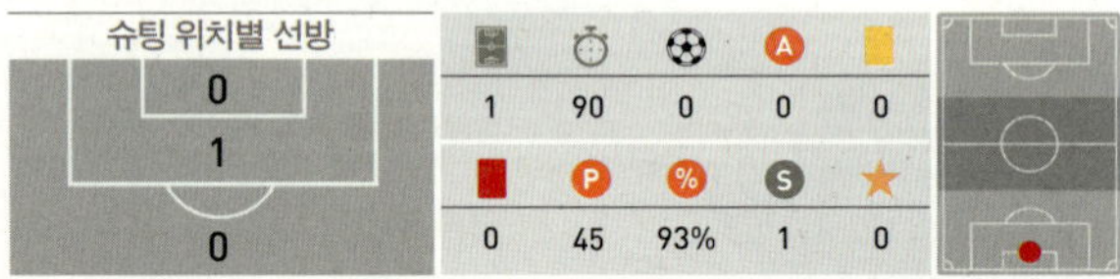

경기수	출전시간	득점	A	경고
1	90	0	0	0
퇴장	P	%	S	★
0	45	93%	1	0

DF **Kyle Walker**

2

카일
워커

국적 : 잉글랜드

토트넘과 잉글랜드의 주전 RB. 상당히 공격적인 풀백이면서도 안정감 있는 수비를 자랑한다. 폭발적인 스피드를 이용한 드리블은 강력한 무기. 집중력이 좋아 상대의 패스를 잘 자르며 바로 공격으로 전환해 동료에게 찬스를 제공한다. 지난 시즌 리그 33경기에 출전해 1골 3도움을 기록했을 정도로 공격적인 침투가 좋은 풀백이고, 경기당 평균 태클 2.6회, 인터셉트 2.8회로 각각 팀 내 상위권에 올랐다.

셰필드 Utd. 유스 출신으로 2008년 1군에 데뷔했다가 2009년 토트넘으로 이적했다. 이후 임대 경험을 통해 성장해 현재까지 토트넘의 주전 RB로 활약하고 있고, 2011년부터 잉글랜드 대표로 활약하며 20경기에 출전했다.

위치별 슈팅-득점		
0 - 0		
10 - 1		
11 - 0		

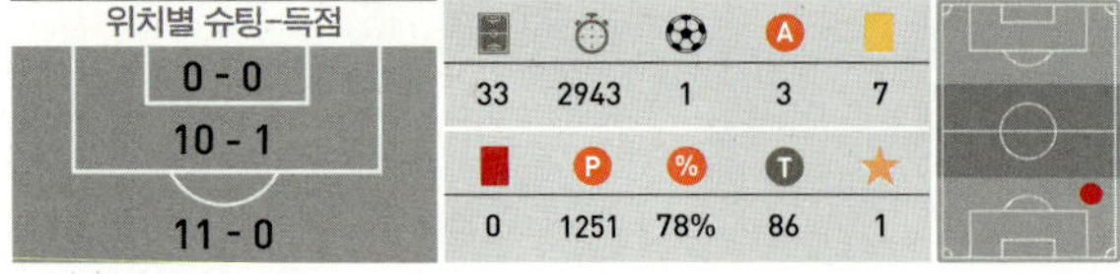

경기수	출전시간	득점	A	경고
33	2943	1	3	7
퇴장	P	%	T	★
0	1251	78%	86	1

DF **Danny Rose**

3

대니
로즈

국적 : 잉글랜드

폭발적인 오버래핑이 장점인 레프트백. 지난 시즌 종아리와 머리 부상으로 리그 24경 출전에 그쳤지만 나올 때마다 제 몫을 해줬다. 로즈는 드리블 마스터다. 폭발적인 스피드와 현란한 개인기를 이용해 단숨에 치고 올라간다. 볼을 몰고 가며 페이크로 상대 수비를 회전 제치는 모습은 압권. 지난 시즌 경기당 2.8회의 태클과 1.6회의 인터셉트를 기록하며 측면을 잘 지켜냈고, 수비력도 점점 보완하고 있다.

리즈 아카데미 출신. 2006년 이 팀 1군에서 데뷔했고 이듬해 토트넘으로 이적했다. 경험을 쌓기 위해 왓포드, 피터보로, 브리스톨 시티, 선덜랜드 등에 임대됐다가 2014년 복귀했다. 동생 미첼, 사촌 동생 마이클 랜카인도 축구 선수다.

위치별 슈팅-득점		
0 - 0		
7 - 1		
19 - 0		

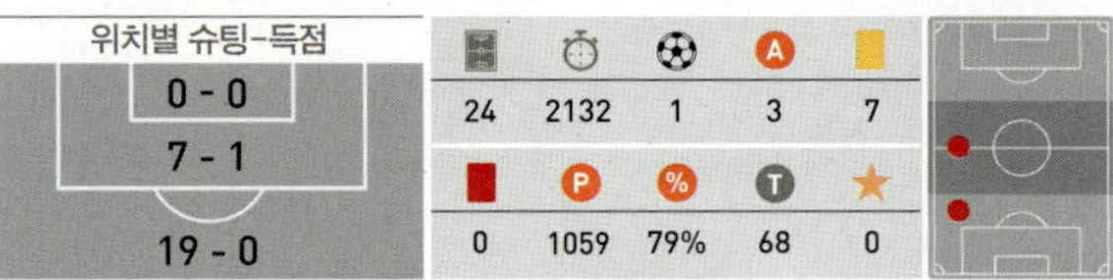

경기수	출전시간	득점	A	경고
24	2132	1	3	7
퇴장	P	%	T	★
0	1059	79%	68	0

DF **Toby Alderweireld**

4

토비
알더웨럴트

국적 : 벨기에

토트넘과 벨기에의 후방을 책임지는 수비수. 오른쪽 측면과 중앙 수비에서 모두 활약할 수 있지만 지난 시즌에는 중앙 수비수로 고정 활약하며 리그 전 경기에 출전해 4골 2도움을 기록했다. 당당한 체격을 바탕으로 몸싸움에 강하고 터프한 맨마킹이 장점이다. 여기에 공격 가담 능력이 좋아 세트피스에서 위력적이다. 정교한 태클과 패싱력까지 갖추고 있어 후방 빌드업이 좋고, 넓은 시야를 자랑한다.

그의 성(姓)은 알더웨럴트['ɑldər‚wɛːrəlt]. 아약스 아카데미 출신으로 2008년 이 팀 1군에서 데뷔했고, 아틀레티코 마드리드, 사우샘프턴을 거쳐 2015년 여름 1150만 파운드에 토트넘으로 이적했다. 현재 벨기에 국가대표로 활약 중이다.

위치별 슈팅-득점		
5 - 2		
24 - 2		
11 - 0		

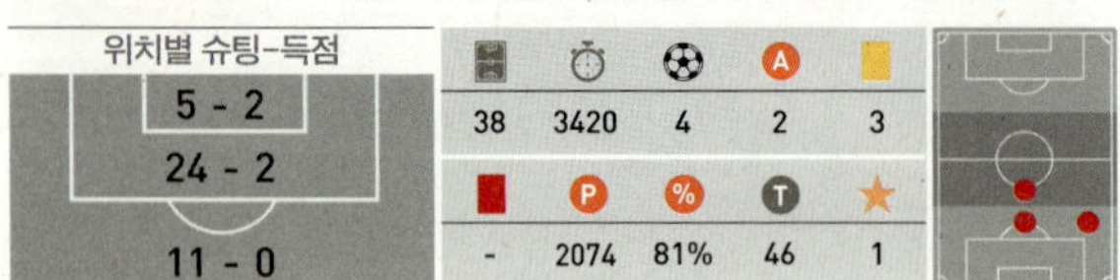

경기수	출전시간	득점	A	경고
38	3420	4	2	3
퇴장	P	%	T	★
-	2074	81%	46	1

DF **Jan Vertonghen**

5

얀
페르통언

국적 : 벨기에

알더웨럴트와 함께 토트넘과 벨기에 대표팀의 중앙을 책임지는 핵심 수비수. 왼쪽 측면과 중앙에서 활약할 수 있지만 최근 들어 중앙 수비수로 고정. 페르통언은 강력한 스태미나를 바탕으로 폭넓게 움직인다. 기본적으로 공간을 커버하고, 지능적인 수비를 펼친다. 평균 6.0회의 클리어링으로 위기의 순간마다 팀을 구해냈고, 날카로운 패스와 드리블 능력까지 갖췄다. 지난 시즌 무릎 부상으로 2개월 결장했다.

아약스 아카데미 출신. 2006년 이 팀 1군에서 데뷔해 성장했고, 2012년 여름 토트넘 유니폼을 입었다. 벨기에 U-16, U-21 대표 출신이고, 2007년부터 A대표로 활약 중이다. 네덜란드 리그 시절 올해의 선수상(2012년)을 받았다.

위치별 슈팅-득점		
1 - 0		
7 - 0		
3 - 0		

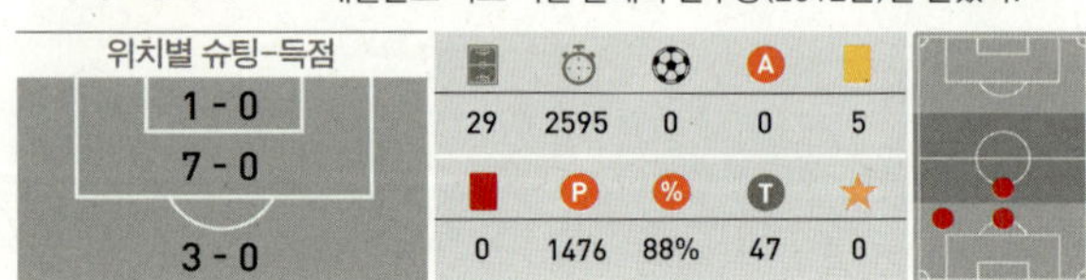

경기수	출전시간	득점	A	경고
29	2595	0	0	5
퇴장	P	%	T	★
0	1476	88%	47	0

DF Ben Davies

33
벤
데이비스

수비 안정감이 돋보이는 왼쪽 수비수. 지난 시즌 로즈와 경쟁에서 밀리며 리그 17경기 출전에 그쳤다. 그러나 나올 때마다 안정감 있는 플레이를 보여줬다. 데이비스는 볼을 잘 지켜내고 짧은 패스 콤비네이션과 크로스가 정확하다. 집중력이 좋아 상대의 패스를 잘 자르며 저돌적으로 태클한다. 순간 폭발력이 뛰어나고 기습적으로 컷-인 플레이를 펼친다. 지구력도 좋다. 다만 스피드가 좋은 윙어에 약점을 보인다.

국적 : 웨일스

스완지 시티 유스 출신. 2012-13시즌부터 2년 간 스완지 시티 1군에서 활약했고 2014년 7월 토트넘으로 이적했다. 웨일스 U-19 대표 출신으로 2012년부터 A대표로 활약하고 있다. 이번 유로 2016 대회에서도 맹활약했다.

위치별 슈팅-득점

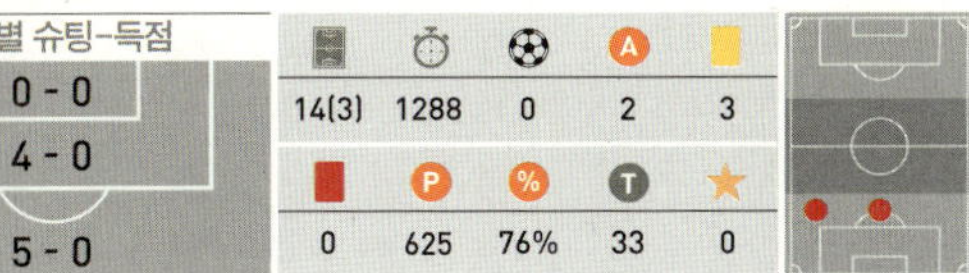

0 - 0					
4 - 0					
5 - 0					

경기수	시간	득점	A	경고
14(3)	1288	0	2	3

퇴장	P	%	T	★
0	625	76%	33	0

DF Kieran Trippier

16
키에런
트리피어

백업 오른쪽 수비수. 지난 시즌 워커와 경쟁에서 밀리며 리그 6경기 출전에 그쳤지만 1골 1도움을 올리는 나름 열심히 뛰었다. 트리피어는 발이 아주 빠른 편은 아니지만 드리블 돌파 능력이 좋고, 먼 거리에서 올리는 크로스가 비교적 정확하다. 후방에서 한 번에 롱패스로 공격의 활로를 찾는 것도 장점이고, 롱스로인 능력도 갖췄다. 다만 잦은 파울을 범하는 것과 대인방어 능력이 떨어지는 것이 아쉽다.

국적 : 잉글랜드

맨시티 유스 출신이지만 기회를 잡지 못해 반슬리, 번리 등으로 임대를 떠났고, 2012년 번리로 완전 이적해 주목받기 시작했다. 이후 2015년 토트넘의 유니폼을 입었다. 잉글랜드 연령별 대표를 모두 거쳤지만 아직까지 A대표 경험은 없다.

위치별 슈팅-득점

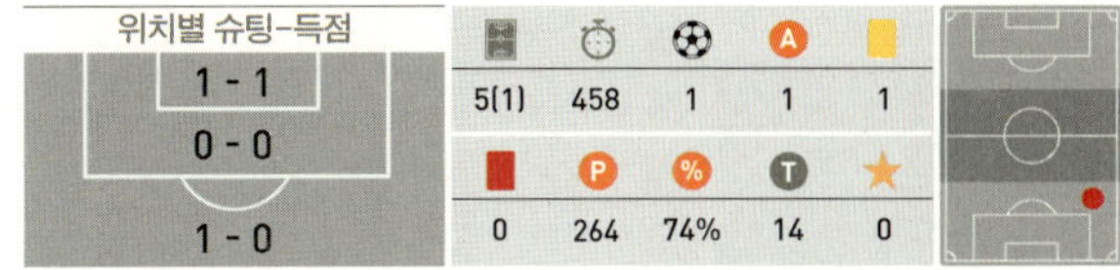

1 - 1					
0 - 0					
1 - 0					

경기수	시간	득점	A	경고
5(1)	458	1	1	1

퇴장	P	%	T	★
0	264	74%	14	0

DF Kevin Wimmer

27
케빈
빔머

꾸준하게 성장하고 있는 토트넘 중앙 수비의 세 번째 옵션. 왼쪽 풀백과 중앙 수비 모두 활약할 수 있고, 당당한 체격 조건을 바탕으로 상대 공격수를 제압하는 유형이다. 지난 시즌 페르통언이 부상을 당하자 선발로 올라섰고, 리그 10경기에 출전해 평균 4.9회 클리어링, 2회 가로채기 등을 기록하며 준수한 모습을 보였다. 아주 빠른 발은 아니지만 수비 집중력이 좋고, 롱패스도 정교한 편이다.

국적 : 오스트리아

LASK 린츠 유스 출신. 2012년 독일 쾰른에 입단해 주전급으로 활약했고, 2015년 토트넘의 유니폼을 입었다. 오스트리아 U-18, U-21 대표를 거쳐 2013년부터 A대표로 활약하고 있고, 손흥민 스스로 가장 친한 친구로 빔머를 꼽았다.

위치별 슈팅-득점

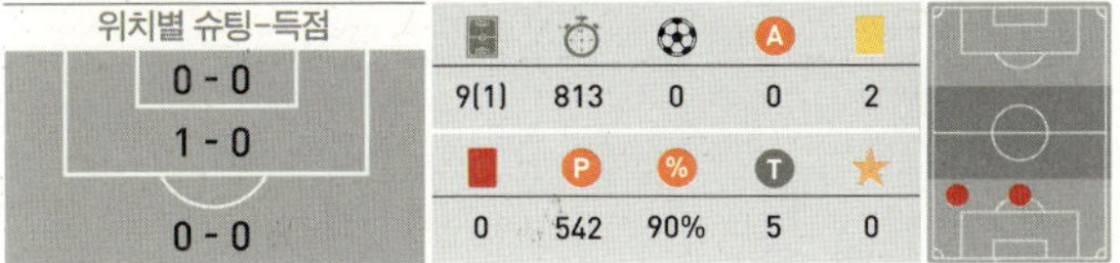

0 - 0					
1 - 0					
0 - 0					

경기수	시간	득점	A	경고
9(1)	813	0	0	2

퇴장	P	%	T	★
0	542	90%	5	0

MF Eric Dier

15
에릭
다이어

토트넘의 만능키. 원래 포지션은 중앙 수비수였지만 지난 시즌 중앙 미드필더로 완벽하게 변신했고, 리그 37경기에 출전해 3골 2도움을 올렸다. 다이어는 강력한 파워를 이용해 맨마킹을 펼친다. 거대한 체격, 높은 점프, 전투적인 승부근성을 이용한 공중전은 '치명적인 무기'다. 또한 결정적인 위기 상황에서의 슈팅 블록과 클리어링도 돋보인다. 볼을 잘 지켜내고, 정교한 장-단 패스와 슈팅력도 강점이다.

국적 : 잉글랜드

스포르팅 리스본 유스 출신으로 1군에서 활약하다가 2014년 8월 400만 파운드에 토트넘 유니폼을 입었다. 잉글랜드 U-18, U-19, U-20, U-21 등 연령별 대표를 모두 거쳤고, 미드필더로 변신해 맹활약하며 A대표로도 발탁됐다.

위치별 슈팅-득점

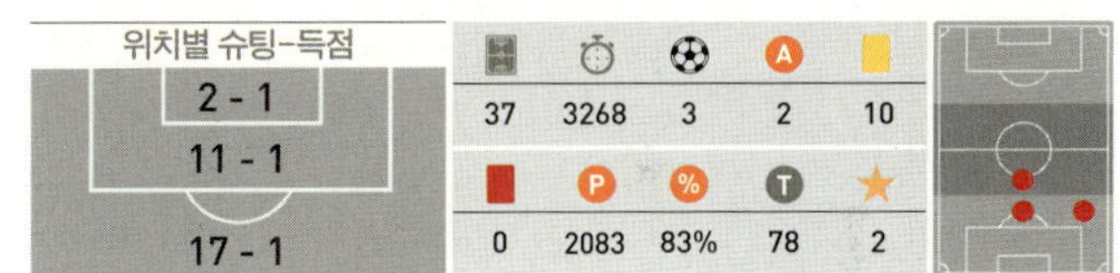

2 - 1					
11 - 1					
17 - 1					

경기수	시간	득점	A	경고
37	3268	3	2	10

퇴장	P	%	T	★
0	2083	83%	78	2

MF Érik Lamela

11
에릭
라멜라

토트넘의 2선을 책임지는 에이스. 토트넘 입단 후 두 시즌은 기대에 못 미쳤지만 지난 시즌에는 리그 34경기에 출전해 5골 9도움을 올리며 최고의 활약을 펼쳤다. 라멜라는 리그 최고 수준의 드리블을 구사한다. 볼을 몰고 가면서 숄더 페이크, 갑작스러운 방향 전환으로 상대 수비를 제압한다. 외곽에서 중앙으로 날카롭게 컷-인하고, 결정적인 스루패스, 정확한 크로스를 구사한다. 슈팅력도 좋은 편이다.

국적 : 아르헨티나

리버 플레이트 유스 출신. 2009년 이 팀 1군에서 데뷔했고, AS 로마를 거쳐 2013년 8월 토트넘 역사상 최고 이적료인 2600만 파운드에 토트넘으로 이적했다. 아르헨티나 U-20 대표 출신이고 2011년부터 A대표로 활약 중이다.

위치별 슈팅-득점

1 - 1					
46 - 3					
11 - 1					

경기수	시간	득점	A	경고
28(6)	2385	5	9	9

퇴장	P	%	T	★
0	987	79%	80	2

MF Victor Wanyama

12

빅터
완야마

전형적인 수비형 미드필더. 16세 때 케냐 국가대표로 뽑혔던 축구 신동. 지난 시즌 사우샘프턴 소속으로 리그 30경기에 출전해 안정적인 수비력을 보여주며 토트넘으로 이적했다. 우수한 신체조건과 강력한 운동능력을 플레이할 때 최대한 활용한다. 슈팅이 매우 강력하고, 압박을 당할 때 이를 잘 벗겨내고, 저돌적인 태클과 민첩한 인터셉트를 구사한다. 그러나 잦은 파울과 경고를 많이 받는 것은 아쉽다.

국적 : 케냐

케냐의 나이로비 출신. 2008년 베어쇼트에서 프로선수로 데뷔했고, 셀틱과 사우샘프턴을 거쳐 2016년 토트넘으로 이적했다. 2007년부터 케냐 국가대표로 활약 중이다.

위치별 슈팅-득점

| 2 - 0 |
| 14 - 1 |
| 15 - 0 |

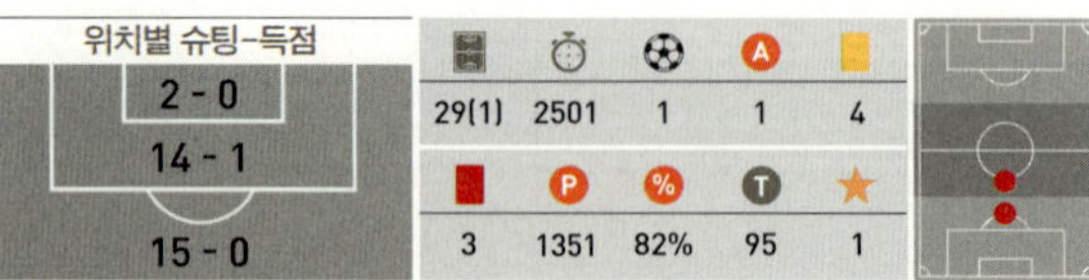

경기	시간	득점	도움	경고
29(1)	2501	1	1	4

퇴장	P	%	T	★
3	1351	82%	95	1

MF Moussa Dembélé

19

무사
뎀벨레

토트넘의 만능 미드필더. 주 포지션은 중앙 미드필더지만 2선에서 공격형 미드필더와 좌우 측면에서도 활약할 수 있다. 신체조건이 뛰어나 몸싸움에서 밀리지 않고, 볼 간수 능력과 패스력을 갖췄다. 유연한 드리블과 넓은 시야를 통해 압박에서 잘 벗어나고, 정교한 롱패스로 공격의 시발점 역할을 한다. 포백을 보호하는 동시에 공격전개 능력도 갖췄다. 지난 시즌 리그 29경기에 출전해 3골 1도움을 기록했다.

국적 : 벨기에

벨기에 헤르미날 베이르스호트 유스 출신. 이후 빌럼 II, AZ알크마르, 풀럼을 거쳐 2012년 토트넘으로 이적했다. 말리인 아버지와 벨기에인 어머니 사이에서 태어났다. 벨기에 연령별 대표를 모두 거쳤고, 2006년부터 A대표로 활약 중이다.

위치별 슈팅-득점

| 0 - 0 |
| 6 - 3 |
| 16 - 0 |

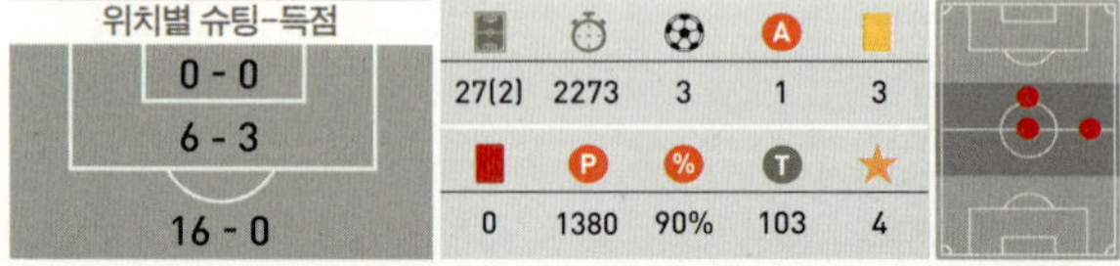

경기	시간	득점	도움	경고
27(2)	2273	3	1	3

퇴장	P	%	T	★
0	1380	90%	103	4

MF Dele Alli

20

델레
알리

토트넘의 신성. 지난 시즌 공격형 미드필더로 활약했다. 리그 33경기에서 10골 9도움을 기록하며 센세이셔널 데뷔전을 치렀다. 중앙과 측면을 가리지 않고 다양한 포지션을 소화할 수 있고, 드리블, 개인기술, 볼키핑, 패싱력, 득점력 등 다양한 장점을 가지고 있다. 특히 퍼스트 터치 후 감각적인 발리 슈팅으로 골망을 흔드는 것은 전매특허. 감정 조절을 못하고 기복이 심한 게 단점이지만 재능만큼은 최고다.

국적 : 잉글랜드

고향 팀인 MK돈스 유스 출신. 2012-13시즌 1군으로 데뷔한 이후 17세의 나이로 주전 자리를 꿰찼다. 엄청난 성장세를 보이며 2015년 토트넘으로 이적했고, 잉글랜드 연령별 대표를 모두 거쳤다. 현대 잉글랜드 국가대표다.

위치별 슈팅-득점

| 5 - 3 |
| 34 - 6 |
| 35 - 1 |

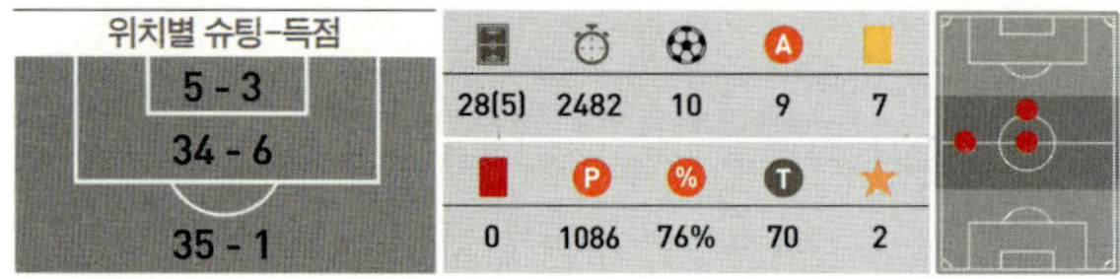

경기	시간	득점	도움	경고
28(5)	2482	10	9	7

퇴장	P	%	T	★
0	1086	76%	70	2

MF Christian Eriksen

23

크리스티안
에릭센

토트넘의 실질적인 에이스. 정교한 킥력을 바탕으로 플레이 메이킹을 담당하고, 좌우 측면과 공격형 미드필더로 활약한다. 지난 시즌 리그 35경기에 출전해 6골 13도움을 올리는 꾸준한 활약을 펼쳤다. 에릭센은 팀 내 최고의 테크니션이다. 볼을 몰고 가며 숄더 페이크 등 모든 기술을 다 발휘하고, 볼 간수 능력과 결정적인 스루패스를 찌른다. 강력한 슈팅력과 정확한 프리킥은 최강의 무기다.

국적 : 덴마크

아약스 유스 출신으로 2010년 1군 데뷔. 전 유럽이 기대하는 유망주였고, 2013년 엄청난 기대를 받고 토트넘으로 이적했다. 덴마크 연령별 대표를 모두 거쳤고, 2010년부터 A대표로 활약 중. 2013-14시즌 토트넘 올해의 선수다.

위치별 슈팅-득점

| 0 - 0 |
| 30 - 3 |
| 70 - 3 |

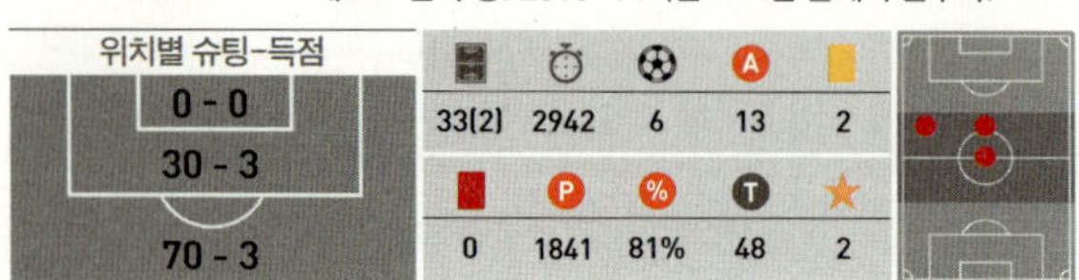

경기	시간	득점	도움	경고
33(2)	2942	6	13	2

퇴장	P	%	T	★
0	1841	81%	48	2

MF Joshua Onomah

25

조슈아
오노마

토트넘의 유망주. 19세로 어리지만 꾸준하게 1군 무대를 밟고 있는 기대주다. 주로 오른쪽 측면에서 활약하고 폭발적인 스피드와 개인 기술이 좋고, 발재간과 공격 침투 능력을 갖췄다. 지난 시즌 교체로 8번 출전했는데 과감한 돌파로 가능성을 보여줬고, 날카로운 슈팅과 크로스 능력도 인상적이다. 그러나 이기적인 플레이를 펼치는 동시에 볼을 자주 뺏긴다. 아직은 경험이 부족한 편. 기복을 줄여야 한다.

국적 : 잉글랜드

잉글랜드 런던 북부지역의 엔필드 출신. 토트넘 유스 출신으로 지난 시즌 1군 데뷔전을 치렀다. 잉글랜드 U-16, U-17, U-18, U-19 대표팀의 에이스고, 재능을 인정받았다. 최근 토트넘과 2020년까지 재계약을 맺으며 미래를 약속받았다.

위치별 슈팅-득점

| 0 - 0 |
| 2 - 0 |
| 2 - 0 |

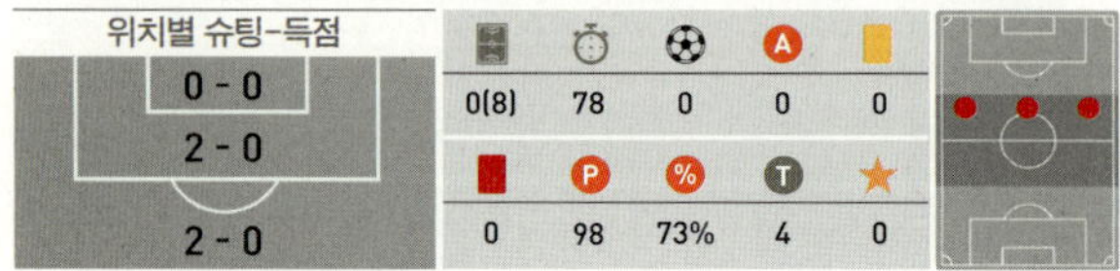

경기	시간	득점	도움	경고
0(8)	78	0	0	0

퇴장	P	%	T	★
0	98	73%	4	0

MF Tom Carroll

28

톰
캐롤

국적 : 잉글랜드

공수 밸런스가 좋은 중앙 미드필더. 공격형과 수비형을 모두 소화할 수 있고, 안정감 넘치는 플레이와 정교한 패싱력이 장점이다. 때로는 창의적인 패스로 공격의 활로를 찾기도 하고, 슈팅력까지 갖췄다. 지난 시즌 리그 4경기 선발, 15경기 교체로 나서 1골을 기록했지만 기대만큼 성장하지는 못했다. 무난한 미드필더지만 특별한 장점이 없다는 것이 아쉽고 투쟁심도 조금은 부족하고, 수비력을 보완해야 한다.

토트넘 유스 출신. 경험을 쌓기 위해 레이톤, 더비 카운티, QPR, 스완지 시티 임대를 다녔고, 지난 시즌 복귀했다. 잉글랜드 U-19, U-21 대표 출신으로 U-21 대표에서는 주장으로 활약했지만 아직까지 A대표 경험은 없다.

위치별 슈팅-득점
0 - 0
1 - 0
4 - 1

경기수	출전시간	득점	도움	경고
4(15)	506	1		3

퇴장	패스시도	패스성공률	태클성공	MOM
0	339	84%	15	0

FW Son Heung Min

7

손흥민

국적 : 대한민국

폭발적인 스피드와 강력한 슈팅력을 자랑하는 측면 공격수. 지난 시즌 리그 28경기에 출전해 4골 1도움을 기록하며 무난한 EPL 데뷔전을 치렀다. 다만 시즌 초반의 상승세가 발 부상으로 꺾인 것이 아쉽다. 손흥민의 가장 큰 장점은 폭발적인 드리블에 이은 다이렉트 슈팅이고 역습 상황에서 엄청난 위력을 발휘한다. 측면에서 중앙으로 컷-인해 슈팅을 만들고, 날카로운 문전 침투로 동료들에게 찬스를 만들어준다.

함부르크 유스 출신으로 2010년 1군으로 데뷔해 엄청난 성장세를 보였다. 이후 레버쿠젠에서 활약하며 분데스리가 라이징 스타로 명성을 높였고, 2015년 3000만 유로로 토트넘으로 이적했다. 2010년부터 한국 국가대표로 활약 중이다.

위치별 슈팅-득점
4 - 2
17 - 2
17 - 0

경기수	출전시간	득점	도움	경고
13(15)	1107	4	1	0

퇴장	패스시도	패스성공률	태클성공	MOM
0	448	80%	27	0

FW Vincent Janssen

9

빈센트
얀센

국적 : 네덜란드

네덜란드 득점왕 출신의 최전방 공격수. 지난 시즌 네덜란드 리그 34경기에 출전해 27골 4도움을 올리며 최고의 활약을 펼쳤다. 문전에서 골 결정력이 뛰어나고, 볼을 간수하는 동시에 연계 플레이로 동료들에게 찬스를 제공한다. 이번 시즌 해리 케인과 함께 토트넘의 최전방을 책임질 것으로 보이고, 드리블과 몸싸움 능력이 좋다. 상대 수비수들의 파울을 자주 이끌어내는 것도 장점이지만 EPL 적응의 문제가 남았다.

네덜란드 페예노르트 유스 출신. 이후 알메르 시티, AZ알크마르를 거쳐 2016년 토트넘의 유니폼을 입었다. 네덜란드 연령별 대표를 모두 거치며 주목받았고, 현재는 A대표로 활약하고 있고 2016년에만 5경기서 3골을 터트렸다.

위치별 슈팅-득점
22 - 10
94 - 17
36 - 0

경기수	출전시간	득점	도움	경고
32(2)	2751	27	4	3

퇴장	패스시도	패스성공률	태클성공	MOM
0	840	74%	28	7

FW Harry Kane

10

해리
케인

국적 : 잉글랜드

토트넘의 해결사. 지난 시즌 리그 38경기에 선발 출전해 25골 1도움을 올리며 EPL 득점왕을 차지했다. 케인의 장점은 문전에서의 골 결정력과 타점 높은 헤딩 슈팅. 그러나 그를 단순히 포스트 플레이어로만 평가해선 안 된다. PA 외곽에서 강력한 중거리 슈팅을 날린다. 또한 유스 시절 홀딩 MF와 공격 MF를 봤을 정도로 볼을 잘 다룬다. 패스가 정확하고 포스트 피딩도 수준급이다. 여기에 발밑 기술까지 좋다.

토트넘 유스 출신으로 2009년 1군으로 승격했다. 이후 레이턴, 밀월, 노리치 시티, 레스터 시티 등으로 임대돼 경험을 쌓았고, 지난 시즌 처음 풀타임 1군으로 활약했다. 잉글랜드 연령별 대표를 거쳐 2015년부터 A대표로 뛰고 있다.

위치별 슈팅-득점
14 - 2
91 - 21
54 - 2

경기수	출전시간	득점	도움	경고
38	3370	25	1	5

퇴장	패스시도	패스성공률	태클성공	MOM
0	961	73%	29	8

MANCHESTER CITY FC

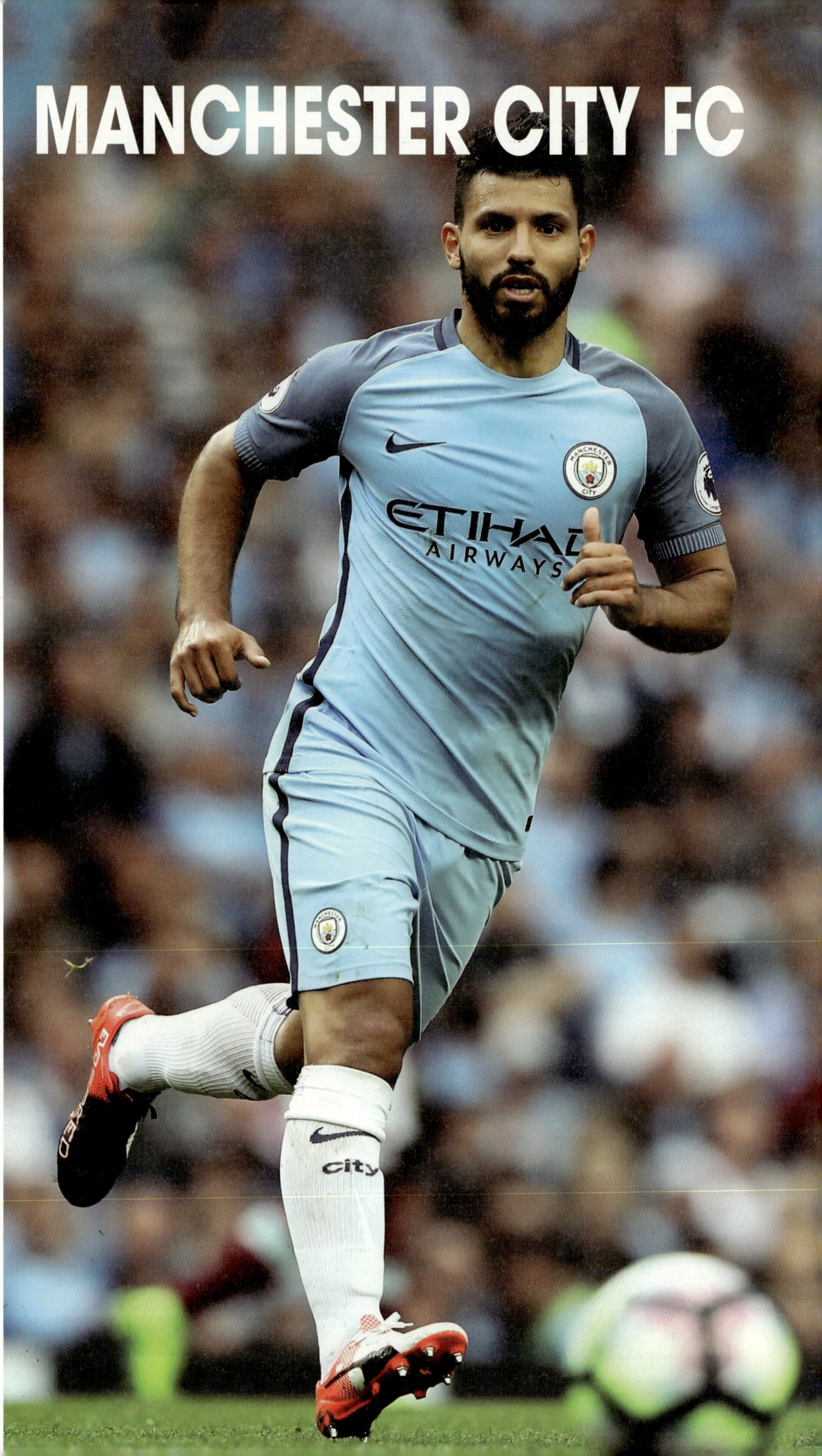

구단 창립 : 1880년
홈구장 : 이티하드 스타디움
감독 : 펩 과르디올라
2015-16시즌 : 4위(승점 66점)
19승 9무 10패 71득점 41실점
닉네임 : The Citizens

4	ENGLISH PREMIER LEAGUE	5	ENGLISH FA CUP
0	UEFA CHAMPIONS LEAGUE	0	UEFA EUROPA LEAGUE
0	FIFA CLUB WORLD CUP	0	UEFA-CONMEBOL INTERCONTINENTAL

Home

Away

막강한 화력을 자랑하는 펩의 맨시티 우승 타이틀 탈환에 도전하다

2015-16 SEASON REVIEW

공격력은 리그 최강이었다. 총 71골을 기록하며 2시즌 연속 최다 득점 팀에 올랐다. 기존의 핵심 멤버인 아구에로와 실바가 여전히 맹위를 떨쳤고, 지난 시즌 영입한 데 브라이너 역시 막강한 화력에 지원 사격을 해주며 맨시티 공격을 더욱 날카롭게 했다. 결정적 문제는 수비력이었다. 수비의 핵 콩파니가 잦은 부상으로 경기에 나설 수 없었고, 수비진은 사정없이 흔들렸다. 기대를 모으며 영입한 망갈라도 여전히 불안함을 노출하며 맨시티의 뒷문을 잠그지 못했다. 득점은 전체 1위였지만 41실점을 허용하며 불안했고, 결국 우승과 멀어졌다.

SUMMER TRANSFER

내칠 선수는 내쳤고 필요한 선수는 영입에 성공했다. 한마디로 효과적인 이적 시장이었다. 과르디올라 감독이 지휘봉을 잡게 되자 맨시티는 팀 재편에 들어갔다. 먼저 선수단 정리에 들어갔다. 과르디올라 감독 체제에서 인정받지 못한 보니와 나스리, 망갈라, 하트 등이 팀을 떠나게 됐다. 대신 브라보, 스톤스, 귄도간, 놀리토 등이 맨시티의 유니폼을 입게 됐다. 또한, 미래를 내다보는 영입까지 있었다. 사네와 헤수스, 진첸코가 그 주인공이다. 이들을 영입한 맨시티는 선수층이 두꺼워 졌으며 장기적인 성장 가능성까지 열어두게 됐다.

2016-17 SEASON OUTLOOK

스페인과 독일을 평정한 과르디올라 감독의 진격이 시작됐다. 점유율과 패스 축구를 중요시하는 과르디올라 감독의 색을 맨시티에 이식할 수 있을지가 초미의 관심사다. 먼저 기존의 아구에로, 실바, 데 브라이너 등 핵심 멤버는 그대로 기회를 얻을 것으로 보인다. 특히, 스피드와 득점력, 침투 능력까지 겸비한 데 브라이너는 과르디올라 감독의 키 플레이어가 될 가능성이 높다. 문제는 수비다. 스톤스를 영입했다지만 지난 시즌 문제였던 수비를 보강하지 않는다면 우승에 멀어질 수도 있다. 그러나 우승 후보 1순위인 것은 부정할 수 없다.

감독 펩 과르디올라(Pep Guardiola)

감독 데뷔 8년차에 불과한 젊은 감독이지만 벌써 챔피언스 리그 우승 2회를 비롯해 프리메라리가 우승 3회, 분데스리가 우승 3회, 코파 델 레이 우승 2회, 수페르코파 우승 3회, UEFA 슈퍼 컵 우승 3회, FIFA 클럽 월드컵 우승 3회, 그리고 DFB 포칼 우승 2회 등 총 21개의 우승 트로피를 수집하며 화려한 경력을 자랑하고 있다. 특히 2009년엔 전무후무한 6관왕 위업을 달성했다. 감독 경력을 통틀어 단 한 번도 무관에 그친 적이 없다. 축구 철학이 확고한 것이 가장 큰 특징이며 자기주장이 강한 스타플레이어들과 마찰을 빚는 경우도 있다. 하지만 바이에른 뮌헨에서 한 시즌에만 무려 13가지의 포메이션을 구사했을 정도로 뛰어난 전술가임에는 틀림없다.

PROFILE
- 출 생 : 1971.1.18
- 국 적 : 스페인
- 계 약 : 2019.6.30

STADIUM

Etihad Stadium

- 구장 오픈 : 2002년
- 구장 개축 : 2003년
- 구장 증축 : 2015년
- 구장 소유 : 맨체스터 시
- 수용 인원 : 4만 5,365명
- 피치 규모 : 105m × 68m
- 잔디 종류 : 천연 잔디

SQUAD LIST

위치	번호	이름	국적	신장	체중	생년월일
GK	1	Claudio Bravo	CHI	184	84	13-04-83
	13	Wilfredo Caballero	ARG	185	83	28-09-81
DF	3	Bacary Sagna	FRA	176	72	14-02-83
	4	Vincent Kompany	BEL	191	91	10-04-86
	5	Pablo Zabaleta	ARG	174	74	16-01-85
	11	Aleksandar Kolarov	SRB	187	83	10-11-85
	22	Gael Clichy	FRA	181	72	26-07-85
	24	John Stones	ENG	188	70	28-05-94
	30	Nicolqs Otamendi	ARG	178	75	12-02-88
MF	6	Fernando	BRA	183	74	25-07-87
	7	Raheem Sterling	ENG	170	69	08-12-94
	8	İlkay Gundogan	GER	180	70	24-10-90
	15	Jesus Navas	ESP	170	60	21-11-85
	17	Kevin De Bruyne	BEL	180	68	28-06-91
	18	Fabian Delph	ENG	174	60	21-11-89
	19	Leroy Sane	GER	172	66	11-01-96
	21	David Silva	ESP	170	67	08-01-86
	25	Fernandinho	BRA	176	67	04-05-85
	42	Yaya Toure	CIV	191	90	13-05-83
FW	9	Nolito	ESP	172	65	15-10-86
	10	Sergio Aguero	ARG	172	74	02-06-88
	72	Kelechi Iheanacho	NGA	187	77	03-10-96

2016-17 SEASON SCHEDULE

날짜	장소	상대팀	날짜	장소	상대팀
13/AUG	H	Sunderland AFC	01/JAN	H	Burnley FC
20/AUG	A	Stoke City	13/JAN	A	Everton FC
28/AUG	H	West Ham United	20/JAN	H	Tottenham Hotspur
10/SEP	A	Manchester United	30/JAN	A	West Ham United
17/SEP	H	AFC Bournemouth	03/FEB	H	Swansea City
24/SEP	A	Swansea City	10/FEB	A	AFC Bournemouth
02/OCT	A	Tottenham Hotspur	24/FEB	H	Manchester United
15/OCT	H	Everton FC	03/MAR	A	Sunderland AFC
23/OCT	H	Southampton FC	10/MAR	H	Stoke City
29/OCT	A	West Bromwich Albion	17/MAR	H	Liverpool FC
05/NOV	H	Middlesbrough FC	31/MAR	A	Arsenal FC
19/NOV	A	Crystal Palace	04/APR	A	Chelsea FC
26/NOV	A	Burnley FC	07/APR	H	Hull City
02/DEC	H	Chelsea FC	14/APR	A	Southampton FC
09/DEC	A	Leicester City	21/APR	H	West Bromwich Albion
13/DEC	H	Watford FC	28/APR	A	Middlesbrough FC
16/DEC	H	Arsenal FC	05/MAY	H	Crystal Palace
25/DEC	A	Hull City	12/MAY	H	Leicester City
30/DEC	A	Liverpool FC	20/MAY	A	Watford FC

RANK OF LAST 5 YEARS

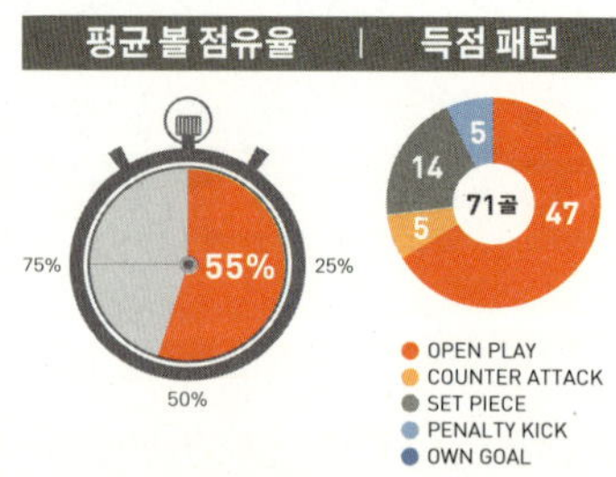

STRENGTHS & WEAKNESSES

OFFENSE		DEFENSE	
직접 프리킥	A	세트피스 수비	B
문전 처리	A	상대 볼 뺏기	C
측면 돌파	B	공중전 능력	D
스루볼 침투	A	역습 방어	C
개인기 침투	B	지공 방어	D
카운터 어택	A	스루패스 방어	D
기회 만들기	B	리드 지키기	C
세트피스	B	실수 조심	D
OS 피하기	C	측면 방어력	C
중거리 슈팅	C	파울 주의	C
볼 점유율	A	중거리슛 수비	C

매우 강함 A　강한 편 B　보통 수준 C　약한 편 D　매우 약함 E

시간대별 득점	시간대별 실점	득점 분포	공격 방향	볼 점유 위치	포지션별 득점	상대 포지션별 실점

시간대별 득점
76 75 — 15 16
16 11
9 11
14 10
61 60 — 30 31
46 45

시간대별 실점
76 75 — 15 16
5 8
3 6
10 9
61 60 — 30 31
46 45

득점 분포
13
44
14

공격 방향
35%　27%　38%

볼 점유 위치
상대진영 31%
중간진영 46%
우리진영 23%

포지션별 득점
FW진 42골
MF진 23골
DF진 6골

상대 포지션별 실점
DF진 4골
MF진 13골
FW진 22골

*자책골 실점 2골

FORMATION

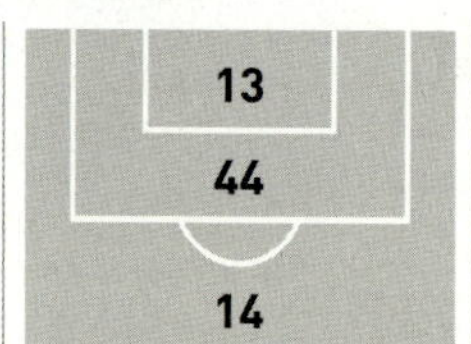
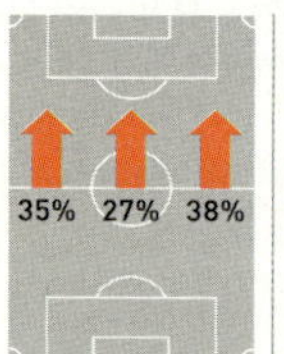
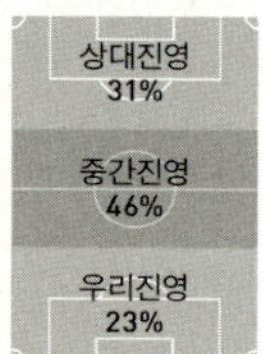

TOTO GUIDE 지난 시즌 상대팀별 전적

상대팀	홈	원정
Leicester City	1-3	0-0
Arsenal	2-2	1-2
Tottenham	1-2	1-4
Manchester Utd	0-1	0-0
Southampton	3-1	2-4
West Ham Utd	1-2	2-2
Liverpool	1-4	0-3
Stoke City	4-0	0-2
Chelsea	3-0	3-0
Everton	0-0	2-0
Swansea City	2-1	1-1
Watford	2-0	2-1
West Bromwich	2-1	3-0
Crystal Palace	4-0	1-0
Bournemouth	5-1	4-0
Sunderland	4-1	1-0
Newcastle Utd	6-1	1-1
Norwich City	2-1	0-0
Aston Villa	4-0	0-0

GK Claudio Bravo

클라우디오
브라보

맨시티의 레전드 조 하트를 밀어내고 주전 자리를 차지한 수문장. 골키퍼지만 발밑 기술과 패싱력이 좋아 맨시티의 지휘봉을 잡은 펩 과르디올라 감독에 딱 맞는 골키퍼라는 평가다. 특히 일대일 상황에서 빠른 판단과 함께 과감하게 몸을 날려 선방을 펼치고, 역동작에 걸려도 중심을 옮기는 능력이 뛰어나다. 공중전, 볼 핸들링, 크로스 방어, 슛-스토핑 등 골키퍼에 필요한 모든 것을 골고루 갖췄다.

국적 : 칠레

칠레 명문 콜로콜로에서 프로 데뷔. 이후 레알 소시에다드, 바르셀로나를 거쳐 이번 시즌 과르디올라 감독의 부름을 받고 맨시티에 입성했다. 특이하게도 프로 통산 2골을 기록하고 있는데 2010년 2월 프리킥 골을 터트리기도 했다.

슈팅 위치별 선방		
8		
41		
37		

32	2878	0	0	0
0	2879	84%	86	0

GK Willy Caballero

윌리
카바예로

장거리 패스가 정확한 맨시티의 백업 골키퍼. 이번 시즌을 앞두고 과르디올라 감독이 부임하면서 신임을 얻고 있지만 브라보 골키퍼가 영입되면서 다시 후보로 밀릴 것으로 보인다. 그의 최고 강점은 가까운 거리에서의 슛-스토핑. 노마크 상태에서 상대가 날린 슈팅을 거의 반사적으로 쳐낸다. 빌드-업 상황에서 정확히 패스를 날린다. 특히 역습 때의 장거리 패스는 EPL 골키퍼들 중 가장 정확한 편에 속한다.

국적 : 아르헨티나

아르헨티나 산타 엘리나 출신. 2001년 FIFA U-20 월드컵 주전이었고, 2004 아테네 올림픽 금메달 멤버이기도 하다. 보카 주니어스에서 프로 데뷔했고, 이후 엘체, 말라가를 거쳐 2014년 맨시티로 이적했다.

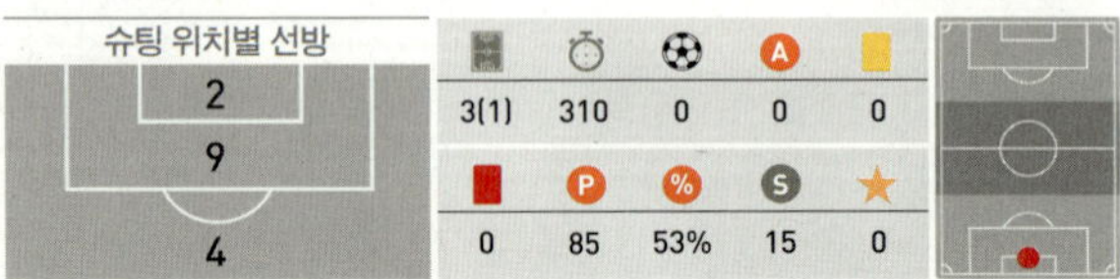

슈팅 위치별 선방		
2		
9		
4		

3(1)	310	0	0	0
0	85	53%	15	0

DF Bacary Sagna

바카리
사냐

맨시티의 오른쪽 측면 수비수. 주 위치는 라이트백이지만 센터백으로 나설 때도 있다. 지난 시즌 사발레타와 주전 경쟁을 펼치면서 리그 28경기에 출전해 꾸준한 모습을 보여줬다. 사냐는 '인간 기관차'라는 별명처럼 엄청난 지구력을 바탕으로 그라운드를 누빈다. 빠른 드리블 돌파, 정확하게 이어지는 짧은 패스 콤비네이션, 안정된 볼 키핑 등이 장점이다. 다만 전성기에 비해 수비력이 떨어졌다.

국적 : 프랑스

2001년 오세르 2군에서 데뷔했고, 오세르 1군, 아스널을 거쳐 2014년 여름 맨시티로 이적했다. 프랑스 U-21 대표를 지냈고, 2007년부터 A대표로 활약하고 있다. 지난 유로 2016에서도 주전으로 활약하며 준우승을 이끌었다.

위치별 슈팅-득점		
1 - 0		
3 - 0		
1 - 0		

27(1)	2448	0	3	4
0	1586	83%	50	★

DF Vincent Kompany

뱅상
콤파니

맨시티 수비의 리더. 그러나 잦은 부상이 문제다. 지난 시즌 콤파니는 종아리 부상 4회, 허벅지 부상 1회를 당하면서 리그 14경기 출전에 그쳤다. 몸 상태가 좋을 때의 콤파니는 리그 최고의 수비수 중 1명이다. 체격 조건과 운동 능력이 뛰어난 데다 강력한 태클과 지능적인 플레이로 수비진을 이끈다. 드리블, 패스 등 빌드-업도 수준급이고, 스피드도 갖추고 있어 수비 뒤 공간을 내주지 않는다.

국적 : 벨기에

2005년 안더레흐트에서 데뷔. 함부르크를 거쳐 2008년부터 맨시티에서 활약 중이다. 2011-12시즌 EPL 올해의 선수상을 차지했고, 2010-11시즌에는 맨시티 올해의 선수에 뽑혔다. 2004년부터 벨기에 국가대표로 활약하고 있다.

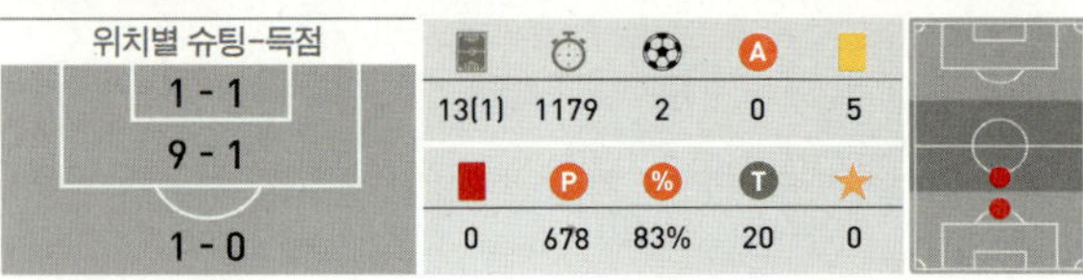

위치별 슈팅-득점		
1 - 1		
9 - 1		
1 - 0		

13(1)	1179	2	0	5
0	678	83%	20	★

DF Pablo Zabaleta

파블로
사발레타

무릎 부상으로 3개월, 대퇴부 부상으로 한 달. 지난 시즌 사발레타의 결장 기간이다. 결국 사냐에게 주전 자리를 내주고 '안식년'을 보낸 셈이다. 정상 컨디션의 사발레타는 장점이 매우 많은 수비수다. 경기 평균 태클 3.3회, 인터셉트 1.9회, 클리어링 2.7회 등을 기록하며 안정적인 수비력을 보여준다. 여기에 정교한 킥과 패싱력을 갖추고 있어 공격에서도 제몫을 다해준다. 부상만 없다면 여전히 정상급이다.

국적 : 아르헨티나

2002년 산로렌소에서 프로선수로 데뷔했고, 에스파뇰을 거쳐 2008년부터 맨시티에서 활약 중이다. 아르헨티나 연령별 대표를 모두 지냈고, 2005년 U-20 월드컵 우승 및 2008년 베이징올림픽 금메달을 딸 때 중요한 몫을 해냈다.

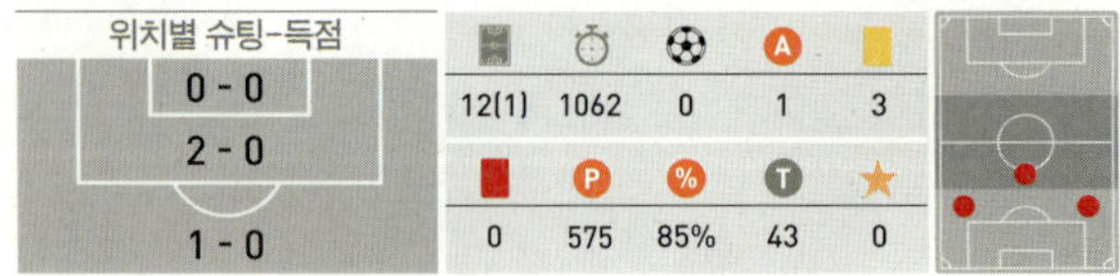

위치별 슈팅-득점		
0 - 0		
2 - 0		
1 - 0		

12(1)	1062	0	1	3
0	575	85%	43	0

DF Aleksandar Kolarov

알렉산다르
콜라로프

EPL 정상급의 왼발 킥력을 보유하고 있는 LB. 날카로운 왼발 킥력을 가지고 있어 왼쪽 측면 미드필더로도 활약할 수 있다. 역시 문제는 부상. 지난 시즌 허벅지, 엉덩이, 근육 부상이 찾아왔지만 리그 29경기서 3골-3도움을 기록했다. 기본적으로 패싱력을 갖췄고, 볼을 잘 지키며 측면에서 정확히 크로스를 올린다. PA 외곽에서 터뜨리는 왼발 중-장거리 슈팅 및 직접 프리킥은 '치명적인 무기'다.

국적 : 세르비아

2004년 추카레츠키에서 데뷔. OFK 베오그라드, 라치오를 거쳐 2010년 여름 맨시티로 이적했다. 세르비아 U-21 대표를 지냈고, 2008년부터 A대표로 뛰고 있다. 2011년 세르비아 올해의 선수상을 수상했다.

위치별 슈팅-득점		
0 - 0		
14 - 3		
25 - 0		

25(4)	2282	3	3	3
0	1360	79%	34	1

DF Gaël Clichy

22 / 가엘 클리시

프랑스 국가대표 LB. 경기 내내 부지런한 움직임으로 공수를 넘나들며 공수 모두에 기여한다. 공격적이면서도 상당히 안정적인 수비력을 자랑한다. 태클, 집중력, 패스 커팅, 볼 키핑, 드리블, 패스 등 공격과 수비에서 매우 특화된 선수다. 왼발잡이로 알려져 있으나 실은 오른발 정확도도 높은 편이다. 그는 공격 성향이 매우 강한 수비수다. 여기에 날카로운 침투로 오른쪽 측면을 허문다.

국적 : 프랑스

2002년 칸에서 프로로 데뷔했고, 아스널을 거쳐 2011년 여름 맨시티로 이적했다. 프랑스 연령별 대표를 모두 지냈다. 2008년부터 프랑스 국가대표로 활약했으나 2013년 은퇴를 선언했다.

위치별 슈팅-득점		경기수	출전시간	득점	A	경고
0 - 0		12(2)	1088	0	1	0
0 - 0						
2 - 0		퇴장	P	%	T	★
		0	694	81%	28	0

DF John Stones

24 / 존 스톤스

4750만 파운드라는 엄청난 이적료로 맨시티에 입성한 중앙 수비수. 아직 22세의 어린 수비수지만 잉글랜드 대표팀의 핵심 수비수로 활약하고 있다. 가장 큰 장점은 발 밑 기술. 수비수지만 패싱력과 드리블 돌파가 좋아 후방에서 빌드-업을 담당하고, 탈 압박에 능하다. 여기에 빠른 발과 태클 능력까지 갖추고 있어 과르디올라 감독에게 최적화된 수비수다. 공중전도 강하고, 홈-그로운 제도에 충족하는 대형 DF.

반슬리 아카데미 출신. 2011년 이 팀 1군에서 데뷔했고, 2013년 에버턴으로 이적해 빠르게 성장했다. 결국 이번 시즌을 앞두고 맨시티의 유니폼을 입었다. 잉글랜드 연령별 대표를 모두 거친 대형 수비 유망주다.

국적 : 잉글랜드

위치별 슈팅-득점		경기수	출전시간	득점	A	경고
0 - 0		31(2)	2780	0		3
7 - 0						
1 - 0		퇴장	P	%	T	★
		0	1566	89%	47	0

DF Nicolas Otamendi

30 / 니콜라스 오타멘디

지난 시즌을 앞두고 맨시티가 야심차게 영입한 중앙 수비수. 상당히 터프한 수비를 자랑하고, 맨마킹에 강점을 보인다. 지난 시즌 콩파니가 부상으로 자주 결장하는 상황에서 맨시티의 후방을 든든하게 지켰다. 큰 키는 아니지만 위치선정과 몸싸움이 좋아 공중전에 강하고, 강력한 태클로 상대를 저지한다. 다만 거친 파울로 경고를 자주 받는 것은 단점이고, 아직까지는 EPL에 완벽하게 적응한 모습은 아니다.

아르헨티나 벨레스 사스필드 유스 출신. 2010년 포르투로 이적하며 유럽 무대에 입성했고, 이후 발렌시아를 거쳐 2015년 맨시티로 이적했다. 2009년부터 아르헨티나 국가대표로 활약하고 있다.

국적 : 아르헨티나

위치별 슈팅-득점		경기수	출전시간	득점	A	경고
1 - 0		30	2672	1	0	9
20 - 1						
6 - 0		퇴장	P	%	T	★
		0	1569	84%	90	4

MF Fernando

6 / 페르난두

전형적인 수비형 MF. 지난 시즌 리그 24경기에 출전해 포백을 안정적으로 보호했다. 이번 시즌에는 브라질 동료 페르난지뉴를 비롯해 권도간, 투레, 델프와 주전 경쟁을 펼친다. 페르난두는 중원에서 상당히 안정적으로 패스를 공급하고, 왕성한 활동량을 바탕으로 수비를 보호한다. 물론 창의적인 면에서 조금 아쉬움이 있지만 짧은 패스에 의한 빌드-업도 강점이고, 기본적인 수비 기술이 좋다.

브라질 알투 파라이수 출생. 2005년 빌라 노바에서 프로로 데뷔했고, 포르투 FC를 거쳐 2014년 여름 맨체스터 시티로 이적했다. 당시 이적료는 1200만 파운드로 비교적 저렴했다. 브라질 U-20 대표 출신이지만 아직 A매치 경험은 없다.

국적 : 브라질

위치별 슈팅-득점		경기수	출전시간	득점	A	경고
6 - 1		17(7)	1713	2	0	4
7 - 1						
2 - 0		퇴장	P	%	T	★
		0	915	89%	60	0

MF Raheem Sterling

7 / 라힘 스털링

지난 시즌을 앞두고 4900만 파운드의 엄청난 이적료로 맨시티의 유니폼을 입은 2선 공격수. 좌우 측면은 물론 최전방에서도 활약할 수 있지만 지난 시즌에는 조금 부진했다. 그러나 이번 시즌 초반부터 완벽한 컨디션을 자랑하며 부활을 노리고 있다. 스털링은 폭발적인 스피드, 최고의 드리블, 정확한 패스, 강력한 슈팅을 자랑하고, 문전에서 유연한 볼터치를 선보인다. 단점은 기복과 수비 가담이다.

자메이카 킹스턴 출생. QPR 유스 출신이지만 2012년 리버풀로 이적해 프로 데뷔했고, 빠르게 성장했다. 이후 2015년 맨시티로 이적하며 많은 주목을 받았다. 잉글랜드 U-16부터 U-21까지 연령별 대표를 다 거쳤고, 현재 A대표다.

국적 : 잉글랜드

위치별 슈팅-득점		경기수	출전시간	득점	A	경고
3 - 2		23(8)	1928	6	2	1
35 - 4						
14 - 0		퇴장	P	%	T	★
		0	847	85%	34	0

MF İlkay Gündoğan

8 / 일카이 귄두언

과르디올라 감독이 맨시티의 중원을 강화하기 위해 데려온 미드필더. 후방 플레이메이커 역할을 수행하는 선수로 공격과 수비 모두에서 기여할 수 있다. 뛰어난 드리블 능력을 바탕으로 탈압박에 강점을 보이고 있고, 세계 정상급의 패싱력을 가지고 있다. 태클 능력이 다소 떨어지지만 폭넓은 활동 범위와 영리한 움직임으로 수비에서도 좋은 모습을 보여준다. 문제는 부상. 잦은 부상이 그의 발목을 잡고 있다.

터키 이민 2세. 보훔 유스 출신으로 뉘른베르크를 거쳐 도르트문트에 입단했고, 이번 시즌을 앞두고 맨시티의 유니폼을 입었다. 부상만 없다면 독일 국가대표 발탁 1순위다. 그의 사촌은 터키 여자 대표팀 배구 선수 나즈 아이데미르이다.

국적 : 독일

위치별 슈팅-득점		경기수	출전시간	득점	A	경고
1 - 0		22(3)	1994	1	3	1
11 - 1						
38 - 0		퇴장	P	%	T	★
		0	2022	88%	37	1

MF Jesús Navas

15

헤수스
나바스

전형적인 윙어. 폭발적인 드리블 돌파를 자랑하고, 주로 오른쪽날개로 나선다. 확고한 주전은 아니지만 로테이션 멤버로 쏠쏠한 활약을 펼치고, 측면이 약한 팀을 상대로 강점을 보인다. 나바스는 매우 적극적인 윙어다. 볼을 잡으면 일단 저돌적인 드리블로 무섭게 파고든다. 볼을 잘 지켜내고, 정확한 크로스와 날카로운 스루패스를 찔러준다. 다만 너무 단순한 플레이를 펼쳐 상대에게 막히는 경우가 있다.

국적 : 스페인

세비야 유스 출신. 2003년 이 팀 2군에서 데뷔했고, 곧바로 1군으로 승격해 10년 간 주축 선수로 활약했다. 2013년 여름 1500만 파운드에 맨시티 유니폼을 입었다. 스페인 U-21 대표 출신이고, 2009년부터 A대표로 활약하고 있다.

위치별 슈팅-득점

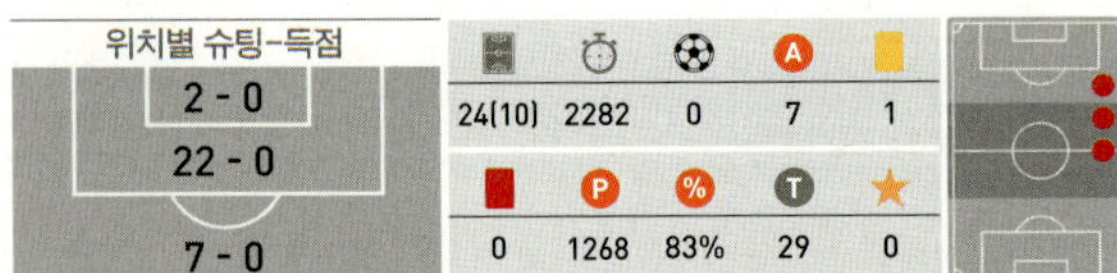

	위치별 슈팅-득점			⏱	⚽	A	🟨
	2 - 0		24(10)	2282	0	7	1
	22 - 0		🟥	P	%	T	★
	7 - 0		0	1268	83%	29	0

MF Kevin De Bruyne

17

케빈
더브라위너

맨시티의 실질적인 에이스. 지난 시즌 무릎 부상으로 2개월 간 결장했지만 리그 25경기서 7골-9도움을 올리며 맹활약을 펼쳤다. 상당히 창의적인 미드필더고, 드리블 돌파와 탈압박에 능하다. 좌우 측면은 물론 중앙에서도 활약하고, 정교한 스루패스로 공격의 활로를 찾는다. 여기에 날카로운 슈팅 능력과 공격 침투 능력까지 갖춰 실바와 함께 환상적인 호흡을 자랑한다. 다만 수비력과 몸싸움은 단점이다.

국적 : 벨기에

겡크 유스 출신으로 2012년 첼시로 이적하면서 많은 주목을 받았다. 그러나 기회를 잡지 못해 브레멘 임대를 거쳐 볼프스부르크로 이적했고, 엄청난 활약으로 다시 EPL로 복귀했다. 2010년부터 벨기에 국가대표로 활약하고 있다.

위치별 슈팅-득점

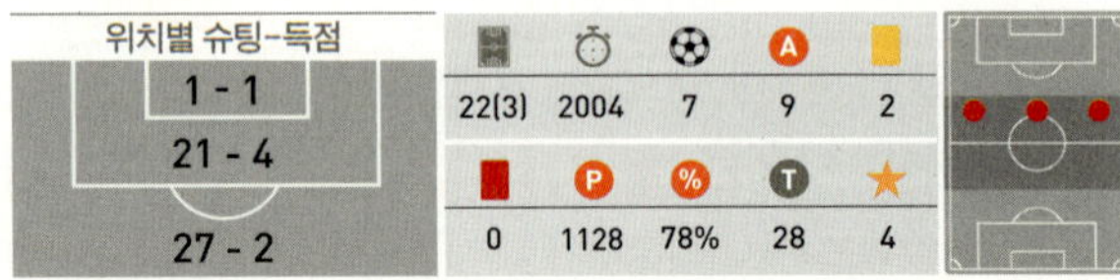

	위치별 슈팅-득점			⏱	⚽	A	🟨
	1 - 1		22(3)	2004	7	9	2
	21 - 4		🟥	P	%	T	★
	27 - 2		0	1128	78%	28	4

MF Fabian Delph

18

파비안
델프

맨시티 중원의 엔진이자 사령관. 델프는 엄청난 스태미나를 이용해 '박스-투-박스'로 움직인다. 포백의 수호자로서 태클, 대인방어, 위치선정, 가로채기 등 다양한 강점을 가지고 있다. 수비만 잘하는 미드필더가 아니다. 델프는 날렵한 드리블과 정확한 패스, 강력한 중거리 슈팅을 자랑해 찬스 메이커 역할을 한다. 다만 지난 시즌 햄스트링, 종아리 부상을 자주 당해 실력을 보여줄 기회가 많지 않았다.

국적 : 잉글랜드

리즈 유스 아카데미 출신. 2006년 이 팀 1군에서 데뷔했고, 아스톤 빌라를 거쳐 2015년 7월 800만 파운드에 맨시티로 이적했다. 잉글랜드 U-19, U-21 대표 출신이고 2014년부터 삼사자 군단의 일원으로 활약하고 있다.

위치별 슈팅-득점

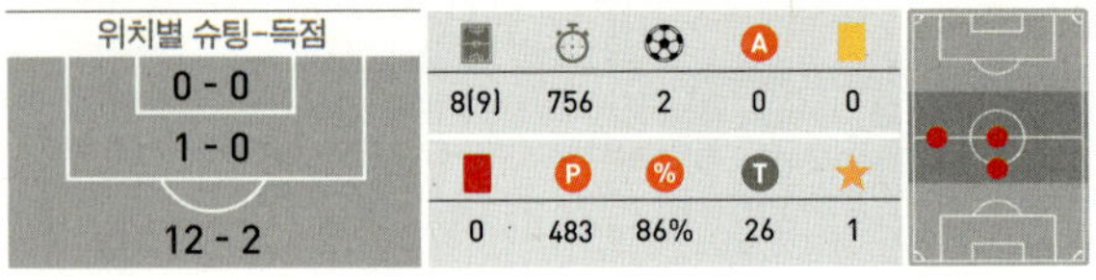

	위치별 슈팅-득점			⏱	⚽	A	🟨
	0 - 0		8(9)	756	2	0	0
	1 - 0		🟥	P	%	T	★
	12 - 2		0	483	86%	26	1

MF Leroy Sane

19

르로이
사네

샬케가 배출한 최고의 재능으로 측면의 스페셜리스트다. 지난 시즌 리그 33경기서 8골-6도움을 기록하며 최고의 활약을 펼쳤다. 사네는 드리블 기술이 뛰어나고, 강한 킥을 바탕으로 빼어난 득점력을 자랑하고 있다. 여기에 측면 플레이가 뛰어나 찬스를 자주 만들고, 예측하지 못하는 스루패스를 시도한다. 아직 20세에 불과해 경험이 더 쌓인다면 월드클래스가 될 수 있고, 수비 가담도 개선해야 한다.

국적 : 독일

샬케 유스 출신으로 2014년 1군으로 데뷔했다. 이후 폭발적인 성장세를 보이며 이번 시즌을 앞두고 과르디올라 감독의 부름을 받고 맨시티로 입성했다. 독일 U-19, U-21 대표 출신이고 2015년부터 A대표로 활약하고 있다.

위치별 슈팅-득점

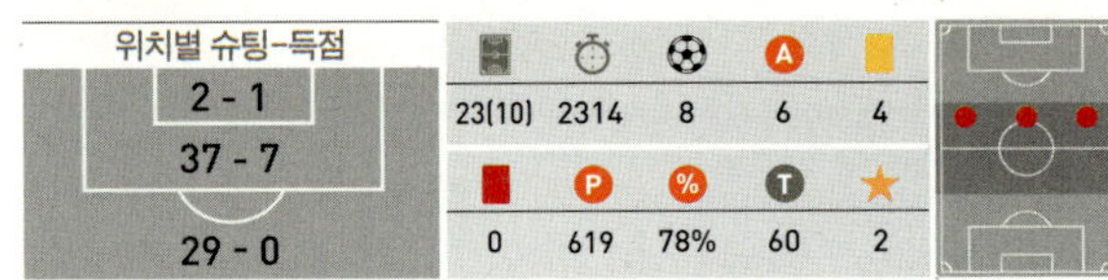

	위치별 슈팅-득점			⏱	⚽	A	🟨
	2 - 1		23(10)	2314	8	6	4
	37 - 7		🟥	P	%	T	★
	29 - 0		0	619	78%	60	2

MF David Silva

21

다비드
실바

맨시티의 테크니션. 테크닉에 관한 한 맨시티는 물론이고 EPL 전체를 망라해 단연 최고 수준이다. 2선 전 지역에서 활약할 수 있고, 정교한 스루패스를 찔러주며 찬스를 만든다. 상당히 창의적인 미드필더고, 무에서 유를 창조할 수 있는 천재다. 역습을 주도하는 중원의 리더이고, 현란한 드리블, 안정된 볼 키핑, 날카로운 컷-인, 정확한 패스 콤비네이션, 승부를 결정짓는 킬 패스 등을 성공시킨다.

국적 : 스페인

발렌시아 유스 출신으로 2군을 거쳐 1군 부동의 에이스로 활약했다. 그리고 2010년 여름 2900만 유로에 맨체스터 시티 유니폼을 입었다. 스페인 국가대표로 2010 월드컵, 유로 2008 및 2012 우승의 주역이었다.

위치별 슈팅-득점

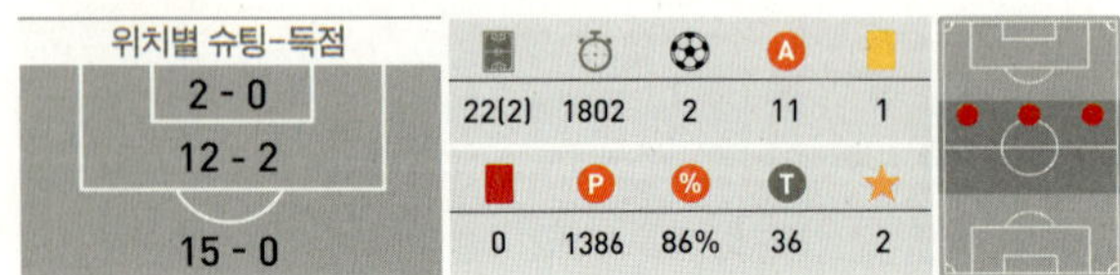

	위치별 슈팅-득점			⏱	⚽	A	🟨
	2 - 0		22(2)	1802	2	11	1
	12 - 2		🟥	P	%	T	★
	15 - 0		0	1386	86%	36	2

MF Fernandinho

25

페르난지뉴

야야 투레의 노쇠화로 중원의 핵심으로 자리 잡은 중앙 미드필더다. 지난 시즌 33경기서 2골 2도움을 기록하며 확고한 주전 자리를 꿰찼다. 엄청난 스태미나를 바탕으로 포백을 수호하고, 공수 밸런스를 조율하며 강력한 태클을 구사한다. '축구 IQ'가 높고, 드리블 돌파 능력을 갖추고 있어 지난 시즌 종종 측면 미드필더로 활약했다. 볼을 잘 다루고, 핀-포인트 장-단 패스를 전방으로 부챗살처럼 내뿜는다.

국적 : 브라질

2002년 아틀레치쿠 파라나엔제에서 데뷔했고, 샤흐타르를 거쳐 2013년 여름 맨시티에 입성했다. 포르투갈어, 러시아어, 이탈리아어, 스페인어, 영어 등 5개 국어를 구사. 2011년부터 브라질 국가대표로 활약하고 있다.

위치별 슈팅-득점

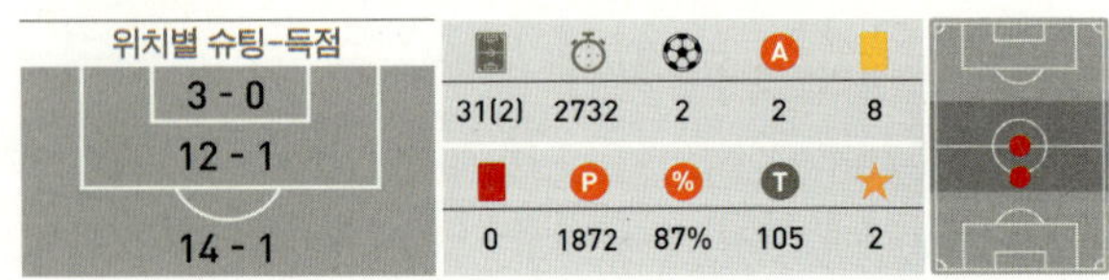

	위치별 슈팅-득점			⏱	⚽	A	🟨
	3 - 0		31(2)	2732	2	2	8
	12 - 1		🟥	P	%	T	★
	14 - 1		0	1872	87%	105	2

(MF) Yaya Touré

야야
투레

EPL 최고의 중앙 미드필더로 평가받았지만 이제는 조금 기량이 하락한 모습이다. 투레는 엄청난 스태미나를 바탕으로 '박스-투-박스'로 움직인다. 투쟁심이 강하고, 맨마킹과 태클에 모두 능하며 볼을 뺏은 뒤 번개처럼 역습을 전개하는 능력을 갖추고 있어 미드필더의 교과서로 불렸다. 그러나 전성기에 비해 발이 느려졌고, 신체 능력도 조금씩 떨어지는 모습이다. 과르디올라 감독 체제에서 살아남는 것이 중요하다.

국적 : 코트디부아르

코트디부아르 부아케 출신. 2001년 벨기에 베버른에서 프로 선수로 데뷔했고, 메탈루르, 올림피아코스, AS 모나코, 바르셀로나를 거쳐 2010년 여름 2400만 파운드에 맨시티로 이적했다. 2004년부터 코트디부아르 국가대표로 활약 중이다.

위치별 슈팅-득점							
1 - 0	28(4)	2335	6	5		3	
28 - 3							
48 - 3	0	1836	87%	43		2	

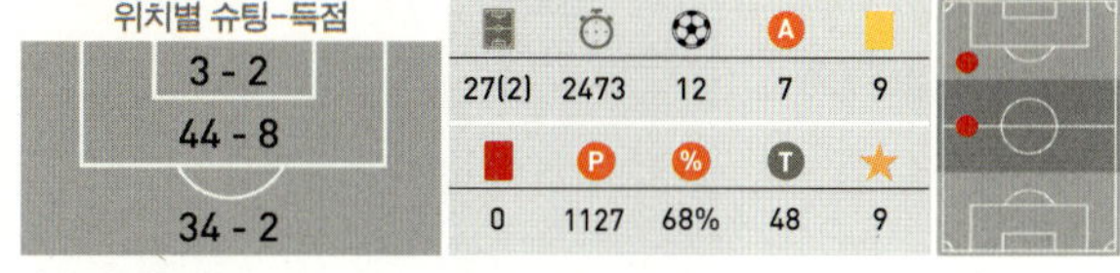

(FW) Nolito

놀리토

공격 강화를 위해 맨시티가 데려온 공격수. 좌우 측면은 물론 최전방에서도 활약할 수 있다. 문전에서의 침착성과 골 결정력 그리고 수비 라인을 깨는 움직임이 강점이다. 측면에서는 드리블 돌파를 통해 문전으로 침투해 마무리한다. 여기에 찬스를 만드는 스루패스로 공격의 활로를 찾는다. 지난 시즌 리그 29경기서 12골-7도움을 기록하며 공격 포인트 제조기로 불렸다.

국적 : 스페인

발렌시아 유스 출신이지만 기회를 잡지 못했고, 이후 아틀레티코 산루퀘뇨, 바르셀로나, 벤피카, 셀타 비고 등을 거쳐 2016 맨시티로 이적했다. 2014년부터 스페인 국가대표로 활약하고 있고, 유로 2016에서 스페인의 주포로 활약했다.

위치별 슈팅-득점						
3 - 2	27(2)	2473	12	7	9	
44 - 8						
34 - 2	0	1127	68%	48	9	

(FW) Sergio Agüero

세르히오
아구에로

맨시티의 해결사이자, EPL 최고 골잡이. 지난 시즌 햄스트링과 발부상이 있었음에도 리그 30경기서 24골을 터트리며 맨시티의 최전방을 책임졌다. 올 시즌도 득점왕 후보 '0순위'로 꼽힌다. 아구에로는 '박스 안의 지배자'다. 움직임이 민첩해 상대 수비를 쉽게 제압하며 골 냄새를 기가 막히게 잘 맡는다. 좀처럼 기회를 놓치는 법이 없고, 드리블과 패스가 매우 정확해 역습 상황에서도 위력을 발휘한다.

국적 : 아르헨티나

인데펜디엔테 유스 출신. 2003년 이 팀 1군에서 데뷔했고, AT마드리드를 거쳐 2011년 여름 맨시티로 옮겼다. 이적료는 3500만 파운드. 마라도나의 사위였으나 아내와 이혼한 뒤 원수처럼 지낸다. 현재 아르헨티나 간판 공격수다.

위치별 슈팅-득점						
11 - 4	29(1)	2375	24	2	1	
84 - 15						
24 - 5	0	727	85%	15	5	

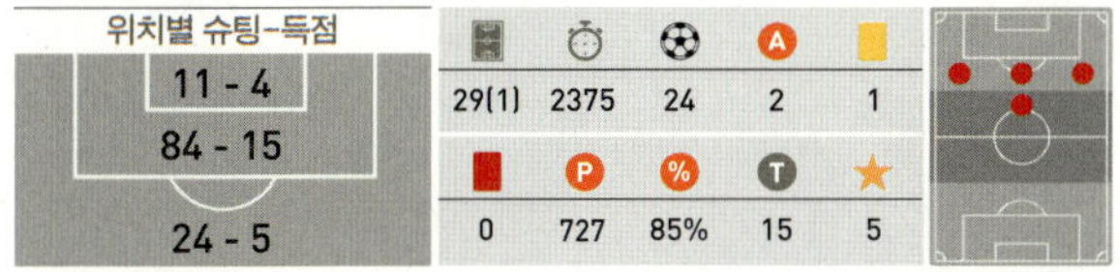

(FW) Kelechi Iheanacho

켈레치
이헤아나초

맨시티의 신성. 시즌을 치를수록 발전하고 있어, 엄청난 기대를 받고 있다. 아구에로라는 최고의 공격수가 버티고 있어 지난 시즌 리그 7경기 선발 출전에 그쳤지만 8골을 뽑아내며 득점력을 증명했다. 187cm의 당당한 체격을 갖추고 있지만 스피드와 발 기술이 훌륭하고, 역습 상황에서 위력을 보인다. 이제 20세가 됐기 때문에 경험만 쌓이면 무서운 공격수가 될 재능이 있다.

국적 : 나이지리아

나이지리아 이모 주 출생. 2013년 FIFA U-17 월드컵 때 두각을 나타냈고, 곧바로 맨시티 유스 아카데미에 스카우트됐다. 지난 시즌 엄청난 활약상을 펼치며 기대를 모으고 있다. 2015년부터 나이지리아 국가대표로 활약하고 있다.

위치별 슈팅-득점					
3 - 2	7(19)	753	8	1	1
12 - 5					
13 - 1	0	346	77%	14	1

MANCHESTER UNITED FC

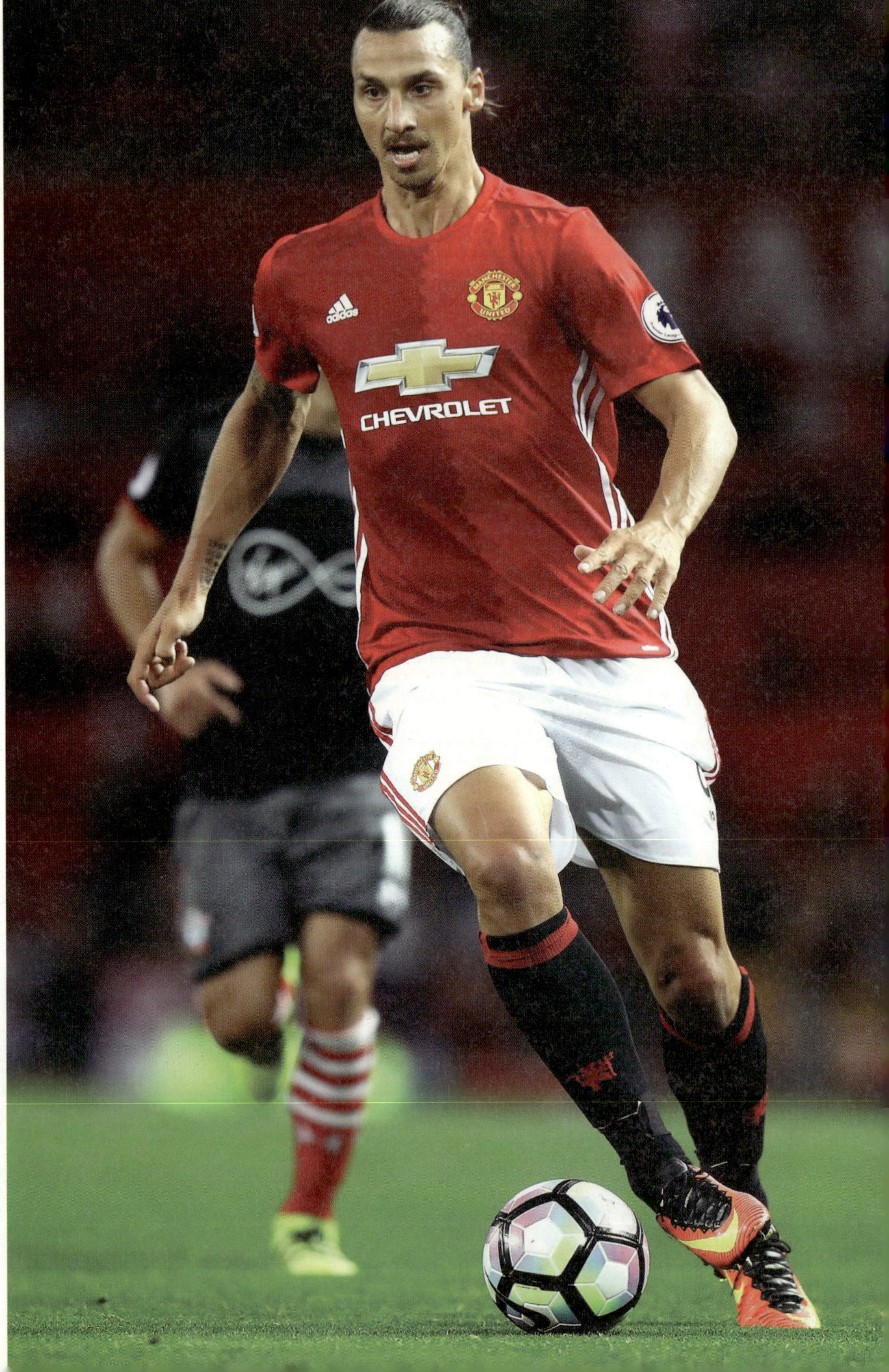

구단 소개

구단 창립 : 1878년
홈구장 : 올드 트래포드
감독 : 조세 무리뉴
2015-16시즌 : 5위(승점 66점)
19승 9무 10패 49득점 35실점
닉네임 : The Red Devils

주요대회 우승횟수

20	ENGLISH PREMIER LEAGUE	12	ENGLISH FA CUP
3	UEFA CHAMPIONS LEAGUE	0	UEFA EUROPA LEAGUE
1	FIFA CLUB WORLD CUP	1	UEFA-CONMEBOL INTERCONTINENTAL

UNIFORM

Home

Away

'스페셜 원' 무리뉴 품은 맨유
명가의 부활을 선언하다

2015-16 SEASON REVIEW

무너진 자존심을 되찾기가 결코 쉽지 않았다. 맨유는 개막 2경기에서 승리를 챙기지 못하며 불안한 출발을 보였고 쉽사리 상승세를 타지 못했다. 연승을 이어가지 못했고, 14라운드부터 19라운드까지 6경기에서 승리를 챙기지 못한 것이 치명타가 됐다. 뒷심을 발휘했지만 챔피언스리그 티켓까지는 힘들었고 결국 19승 9무 10패 승점 66점에 머무르며 5위로 시즌을 마감했다. 챔피언스리그 진출이 좌절되자 판 할 감독이 결국 지휘봉을 내려놨고 맨유는 '스페셜 원' 무리뉴 감독을 데려오면서 명가 재건을 꿈꾸고 있다.

SUMMER TRANSFER

무리뉴 감독이 지휘봉을 잡게 되자 맨유의 폭풍 영입이 시작됐다. 맨유 수뇌부들 역시 무리뉴 감독이 원하는 선수들을 영입하기 위해 아낌없는 투자를 약속했다. 일단 공격 보강이 시급했다. 이에 무리뉴 감독은 인터 밀란 시절부터 좋은 관계를 유지하고 있던 세계 최고의 공격수 이브라히모비치를 영입했다. 여기에 바일리, 미키타리안을 영입하며 측면과 수비를 강화했고, 화룡점정은 역시 포그바였다. 중원 강화를 위해 포그바 영입을 요청했고 맨유는 이를 위해 유벤투스에 1억 500만 유로를 지불했다. 이는 세계 최고의 이적료로 기록됐다.

2016-17 SEASON OUTLOOK

막강한 스쿼드를 갖췄다. 무리뉴 감독은 맨유에 꼭 필요한 선수들만 영입하며 확실하게 보강했다. 특히 이브라히모비치의 영입은 맨유 공격진에 파괴력과 함께 큰 경험을 가져다주고 있고 포그바는 중원에서, 바일리는 수비에서 엄청난 무게감을 보이고 있다. 문제는 중원과 공격을 연결하는 2선. 공격수에서 공격형 미드필더로 보직을 변경한 루니가 새로운 도전을 하고 있지만 모든 면에서 예전 같지 않다는 평가를 받고 있기 때문이다. 맨유에서 상징적인 선수지만 이대로라면 무리뉴 감독의 고민이 될 것으로 보인다.

감독 주제 무리뉴(Jose MOURINHO)

선수로서의 이력은 특별하지 않지만 감독으로선 최고의 커리어를 쌓아가고 있다. 학교 체육 교사로 시작해 프로팀의 통역, 스카우트, 코치를 거쳐 내로라하는 세계 최고의 클럽을 두루 이끈 세계 최고의 감독 중 하나다. 포르투, 첼시, 인터밀란, 레알 마드리드 등 그가 거친 모든 클럽이 우승을 차지해 '우승 청부사'로 불린다. 맡는 클럽마다 최소 2년 내에 우승으로 이끌었고 포르투와 인터밀란에서 유럽 챔피언스리그를 제패했으며, 인터밀란에서는 이탈리아 세리에A 클럽 최초로 트레블을 달성했다. 지난 2013년 첼시로 돌아와 건재함을 과시했지만 성적 부진으로 지난 시즌 도중 감독직에서 물러났다. 돌아온 '스페셜 원' 무리뉴의 첫 번째 목표는 맨유의 명가 재건이다.

PROFILE
- 출 생 : 1963.6.26
- 국 적 : 포르투갈
- 계 약 : 2019.6.30

STADIUM

Old Trafford

- 구장 오픈 : 1910년
- 구장 증축 : –
- 구장 소유 : 맨체스터 유나이티드
- 수용 인원 : 7만 5,635명
- 피치 규모 : 105m × 68m
- 잔디 종류 : 천연 잔디

SQUAD LIST

위치	번호	이름	국적	신장	체중	생년월일
GK	1	David De Gea	ESP	192	82	07-11-90
GK	20	Sergio Romero	ARG	192	87	22-02-87
GK	32	Sam Johnstone	ENG	193	85	25-03-93
DF	3	Eric Bailly	CIV	188	77	12-04-94
DF	4	Phil Jones	ENG	180	71	21-02-92
DF	5	Marcos Rojo	ARG	187	82	20-03-90
DF	12	Chris Smalling	ENG	193	90	22-11-89
DF	23	Luke Shaw	ENG	183	75	12-07-95
DF	36	Matteo Darmian	ITA	182	70	02-12-89
MF	6	Paul Pogba	FRA	191	84	15-03-93
MF	7	Memphis Depay	NED	170	65	13-02-94
MF	8	Juan Mata	ESP	170	63	28-04-88
MF	14	Jesse Lingard	ENG	168	58	15-12-92
MF	16	Michael Carrick	ENG	186	74	28-07-81
MF	17	Daley Blind	NED	182	68	09-03-90
MF	18	Ashley Young	ENG	175	65	09-07-85
MF	21	Ander Herrera	ESP	181	68	14-08-89
MF	22	Henrikh Mkhitaryan	ARM	174	74	21-01-89
MF	24	Timothy Fosu-Mensah	NED	178	68	20-01-98
MF	25	Luis Antonio Valencia	ECU	181	78	04-08-85
MF	27	Marouane Fellaini	BEL	194	85	22-11-87
MF	28	Morgan Schneiderlin	FRA	181	75	08-11-89
MF	31	Bastian Schweinsteiger	GER	183	79	01-08-84
FW	9	Zlatan Ibrahimovi	SWE	192	84	03-10-81
FW	10	Wayne Rooney	ENG	178	78	24-10-85
FW	11	Anthony Martial	FRA	181	76	05-12-95
FW	19	Marcus Rashford	ENG	180	70	31-10-97

2016-17 SEASON SCHEDULE

날짜	장소	상대팀	날짜	장소	상대팀
14/AUG	A	AFC Bournemouth	01/JAN	A	West Ham United
19/AUG	H	Southampton FC	13/JAN	H	Liverpool FC
27/AUG	A	Hull City	20/JAN	A	Stoke City
10/SEP	H	Manchester City	30/JAN	H	Hull City
18/SEP	A	Watford FC	03/FEB	A	Leicester City
24/SEP	H	Leicester City	10/FEB	H	Watford FC
02/OCT	H	Stoke City	24/FEB	A	Manchester City
17/OCT	A	Liverpool FC	03/MAR	A	AFC Bournemouth
23/OCT	A	Chelsea FC	10/MAR	A	Southampton FC
29/OCT	H	Burnley FC	17/MAR	A	Middlesbrough FC
06/NOV	A	Swansea City	31/MAR	H	West Bromwich Albion
19/NOV	H	Arsenal FC	03/APR	H	Everton FC
27/NOV	H	West Ham United	07/APR	A	Sunderland AFC
02/DEC	A	Everton FC	14/APR	H	Chelsea FC
09/DEC	H	Tottenham Hotspur	21/APR	A	Burnley FC
12/DEC	H	Crystal Palace	28/APR	H	Swansea City
16/DEC	H	West Bromwich Albion	05/MAY	A	Arsenal FC
25/DEC	H	Sunderland AFC	12/MAY	A	Tottenham Hotspur
30/DEC	H	Middlesbrough FC	20/MAY	H	Crystal Palace

RANK OF LAST 5 YEARS

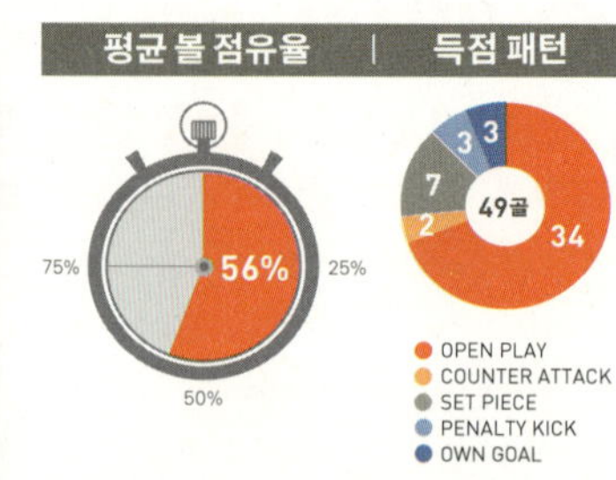

STRENGTHS & WEAKNESSES

OFFENSE		DEFENSE	
직접 프리킥	C	세트피스 수비	C
문전 처리	C	상대 볼 뺏기	B
측면 돌파	B	공중전 능력	B
스루볼 침투	C	역습 방어	C
개인기 침투	B	지공 방어	D
카운터 어택	C	스루패스 방어	C
기회 만들기	B	리드 지키기	B
세트피스	C	실수 조심	C
OS 피하기	D	측면 방어력	C
중거리 슈팅	C	파울 주의	E
볼 점유율	C	중거리슛 수비	C

매우 강함 **A**　강한 편 **B**　보통 수준 **C**　약한 편 **D**　매우 약함 **E**

시간대별 득점	시간대별 실점	득점 분포	공격 방향	볼 점유 위치	포지션별 득점	상대 포지션별 실점

시간대별 득점: 76/75 → 9, 15/16, 9, 8, 10, 8, 61/60, 46/45, 30/31

시간대별 실점: 76/75 → 11, 15/16, 8, 5, 2, 3, 61/60, 46/45, 30/31

득점 분포: 9 / 32 / 5

공격 방향: 40% 25% 35%

볼 점유 위치: 상대진영 32% / 중간진영 43% / 우리진영 25%

포지션별 득점: FW진 26골 / MF진 18골 / DF진 2골
*상대자책골 3골

상대 포지션별 실점: DF진 4골 / MF진 12골 / FW진 17골
*자책골 실점 2골

FORMATION

4-2-3-1

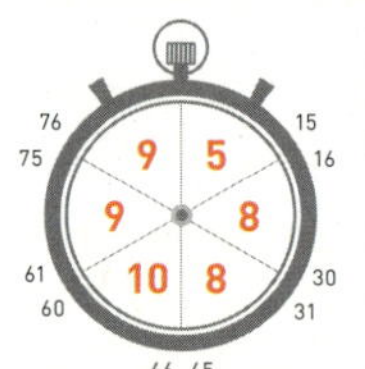
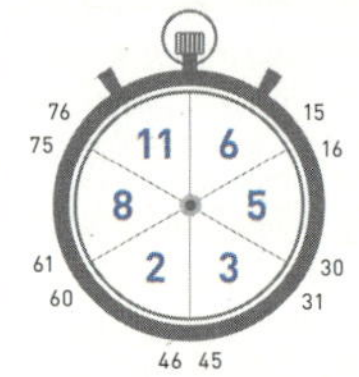
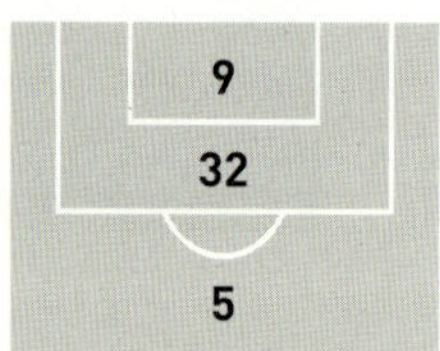
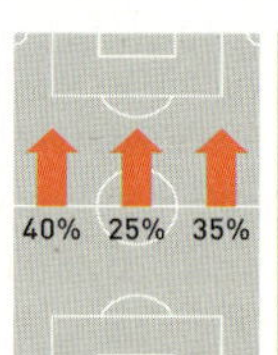

TOTO GUIDE 지난 시즌 상대팀별 전적

상대팀	홈	원정
Leicester City	1-1	1-1
Arsenal	3-2	0-3
Tottenham	1-0	0-3
Manchester City	0-0	1-0
Southampton	0-1	3-2
West Ham Utd	0-0	2-3
Liverpool	3-1	1-0
Stoke City	3-0	0-2
Chelsea	0-0	1-1
Everton	1-0	3-0
Swansea City	2-1	1-2
Watford	1-0	2-1
West Bromwich	2-0	0-1
Crystal Palace	2-0	0-0
Bournemouth	3-1	1-2
Sunderland	3-0	1-2
Newcastle Utd	0-0	3-3
Norwich City	1-2	1-0
Aston Villa	1-0	1-0

GK David de Gea

다비드
데헤아

맨유의 NO.1 수문장이자, 세계 최고의 골키퍼 중 한 명. 데 헤아는 순발력을 이용한 숏-스토핑이 강점이다. 지난 시즌 무릎 부상으로 잠시 골문을 비운 것을 제외하고 34경기에 출전해 엄청난 선방쇼를 펼쳤다. 특히 판 할 감독 체제에서 안정감 있는 수비력을 보여줬던 것도 데 헤아의 공이 컸다. 순간 판단력, 공중볼, 크로스 방어, 볼 핸들링 등 GK 기술이 좋고, 일대일 상황에서 긴 팔을 이용해 선방해낸다.

국적 : 스페인

아틀레티코 유스 출신으로 2008년 1군에 데뷔해 2011년 골키퍼 이적 사상 최고액인 1800만 파운드에 맨유로 이적 했다. 지난 시즌을 앞두고 레알 마드리드 이적이 유력했지만 잔류했고, 맨유와 재계약을 체결했다.

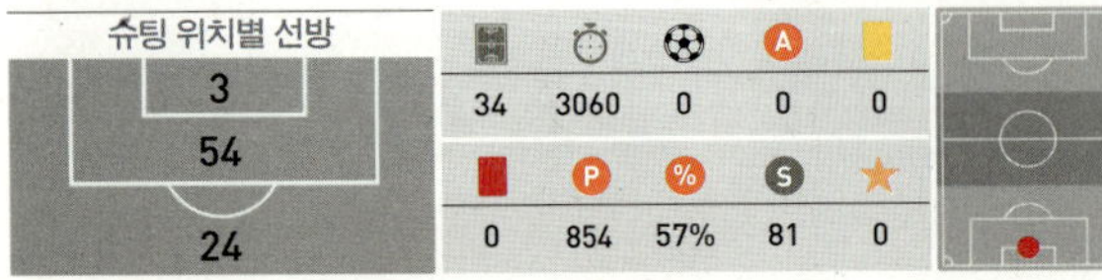

슈팅 위치별 선방							
3		34	3060	0	0	0	
54							
24		0	854	57%	81	0	

GK Sergio Romero

세르히오
로메로

아르헨티나 국가대표 주전 골키퍼. 그러나 맨유에서는 데 헤 아에 밀려 백업 골키퍼로 활약한다. 지난 시즌 리그 4경기에 출전해 안정감 있는 선방 능력을 보여줬고, 수비 집중력이 좋아 잔 실수가 없는 편이다. 사실 백업 골키퍼에 머물기에 는 아까운 실력을 가지고 있다. 큰 키를 이용한 공중볼 처리 와 일대일 상황에서 몸을 날려 막아내는 것이 장점이고, PK 방어 능력도 뛰어나다. 다만 경기 감각이 문제다.

국적 : 아르헨티나

라싱 클럽 유스 출신. 이후 AZ알크마르, 삼프도리아를 거쳐 2015년 맨유로 이적했다. 아르헨티나 국가대표로 80경기 이상 출전했다. 별명은 치키토(스페인어로 꼬맹이). 191cm 지만 농구선수인 형 디에고에 비해 상대적으로 작다는 의미.

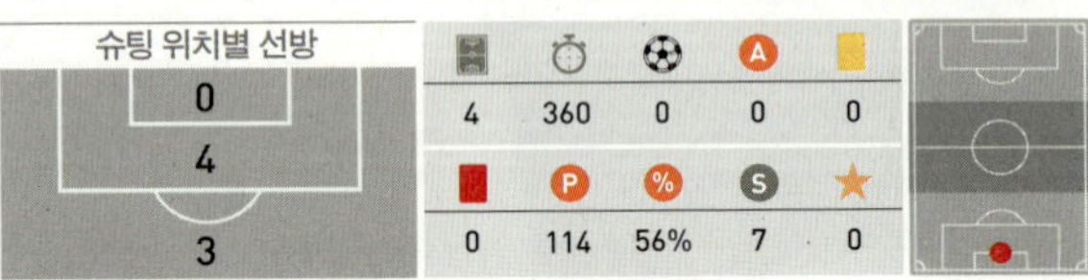

슈팅 위치별 선방							
0		4	360	0	0	0	
4							
3		0	114	56%	7	0	

DF Eric Bailly

에릭
바일리

무리뉴 감독이 야심차게 영입한 새로운 센터백. 시즌 초반부 터 인상적인 수비력을 보이며 새로운 통곡의 벽이 될 가능성 이 높다. 지난 시즌 어깨와 허벅지 부상으로 리그 25경기 출 전에 그쳤지만 라리가 최고의 수비수로 평가받았다. 수비수 지만 엄청난 스피드를 가지고 있어 상대 공격수와 속도 경쟁 에서 밀리지 않고, 넓은 커버 범위를 자랑한다. 태클, 가로채 기, 클리어링, 공중볼, 대인방어 등 다양한 장점이 있다.

국적 : 코트디부아르

에스파뇰 유스 출신으로 B팀을 거쳐 2014년 1군 데뷔. 이후 비야레알에서 맹활약하며 무리뉴 감독의 눈길을 사로잡았 고, 이번 시즌을 앞두고 맨유로 이적했다. 2015년 코트디부 아르 대표로 데뷔, 2015 아프리카 네이션스컵 우승 멤버다.

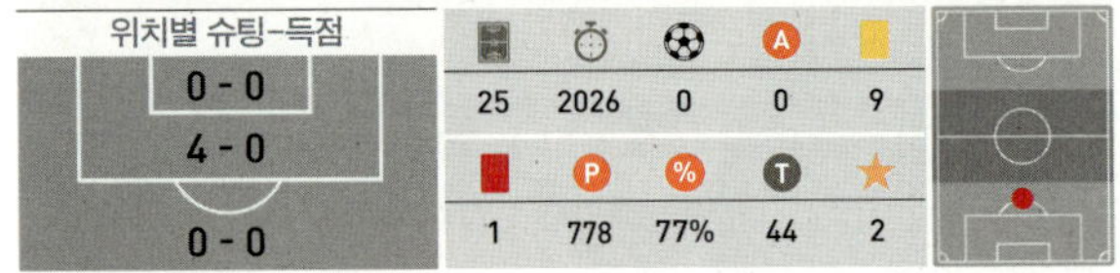

위치별 슈팅-득점							
0 - 0		25	2026	0	0	9	
4 - 0							
0 - 0		1	778	77%	44	2	

DF Phil Jones

필
존스

중앙 수비와 오른쪽 풀백을 모두 볼 수 있다. 맨유의 주전 수 비수가 될 기량을 가지고 있지만 잦은 부상이 문제다. 지난 시즌 역시 혈병, 발, 발목 부상 등으로 리그 6경기 선발 출전 에 그쳤다. 부상만 없다면 맨유 수비진의 중심이 될 수 있다. 존스는 빠른 발과 강력한 태클 능력을 가지고 있고, 큰 키는 아니지만 위치 선정과 몸싸움이 좋아 제공권도 강점이다. 집 중력도 좋은 편이다.

국적 : 잉글랜드

블랙번 로버스 유스 출신으로 2009년 1군으로 데뷔했고, 2011년 여름 맨유로 이적했다. 잉글랜드 U-19, U-21 대 표 출신. 2011년 10월 7일 몬테네그로전에서 잉글랜드 A 대표로 데뷔했고, A매치 20경기를 소화했다.

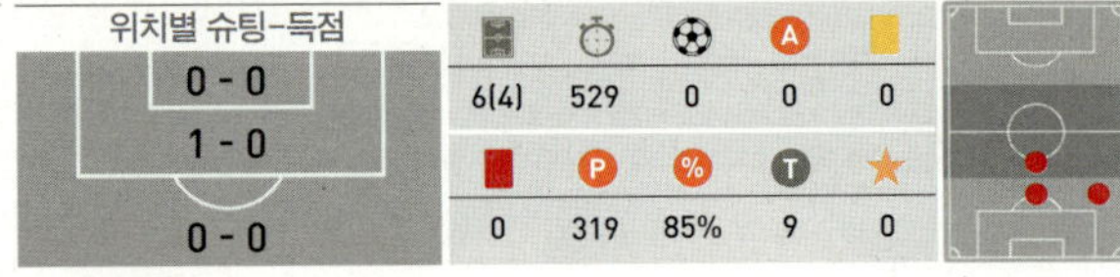

위치별 슈팅-득점							
0 - 0		6(4)	529	0	0		
1 - 0							
0 - 0		0	319	85%	9	0	

DF Marcos Rojo

마르코스
로호

아르헨티나 국가대표 수비수로 센터백과 레프트백을 겸한 다. 엄청난 기대와 달리 맨유에서 확고한 주전 자리를 꿰차 지 못했다. 지난 시즌도 햄스트링, 어깨, 발목 부상으로 리그 16경기 출전에 그쳤다. 올 시즌 역시 루크 쇼, 달레이 블린 트의 백업으로 출전할 가능성이 높다. 로호는 하드웨어(운 동능력, 신체조건)가 우수한 수비수다. 여기에 강력한 태클, 볼 키핑, 문전 침투 등 다양한 장점을 가지고 있다.

국적 : 아르헨티나

에스투디안테스 유스 출신. 2008년 이 팀 1군에서 데뷔했 다. 스파르타크 모스크바, 스포르팅 리스본을 거쳐 2014년 여름 2000만 유로에 맨유로 이적했다. 2011년부터 아르헨 티나 국가대표로 활약하고 있고, 브라질 월드컵에 출전했다.

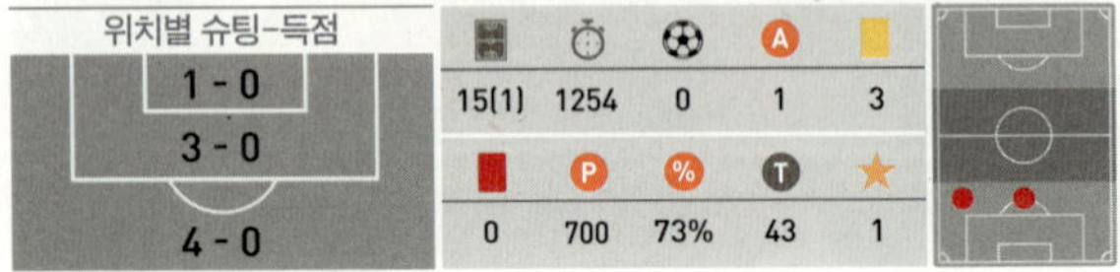

위치별 슈팅-득점							
1 - 0		15(1)	1254	0	1	3	
3 - 0							
4 - 0		0	700	73%	43	1	

DF Chris Smalling

크리스
스몰링

맨유 수비의 중심. 지난 시즌 EPL 최고의 수비수 중 한 명으 로 리그 35경기에 출전하며 맨유에서 가장 인상적인 활약을 펼쳤다. 스몰링은 우수한 IQ와 좋은 위치 선정으로 수비하는 선수다. 큰 키를 활용한 제공권 장악력은 최고 수준. 빌드- 업 때 정확한 장-단 패스를 구사한다. 여기에 공중볼(3.5 회), 가로채기(2.8회), 클리어링(5.1회)을 기록하며 안정감 있는 수비력을 보여준다.

국적 : 잉글랜드

메이드스톤 유스 출신. 풀럼을 거쳐 2010년 800만 유로에 맨유 유니폼을 입었다. 잉글랜드 U-20, U-21 대표 출신이 고 2011년부터 국가대표로 활약하고 있고, 유로 2016에서 도 전 경기에 출전했다. 퍼거슨이 남긴 유산이다.

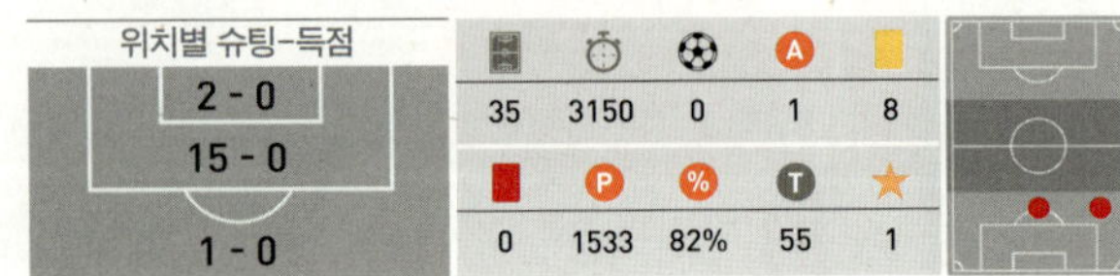

위치별 슈팅-득점							
2 - 0		35	3150	0	1	8	
15 - 0							
1 - 0		0	1533	82%	55	1	

DF Luke Shaw

루크
쇼

폭발적인 스피드를 자랑하는 맨유의 LB. 지난 시즌 PSV와 챔피언스리그 조별리그 1차전에서 다리 이중 골절 부상을 당해 시즌 아웃을 당했고, 재활에 전념했다. 다행히 좋은 몸 상태로 이번 시즌 복귀했다. 정상 컨디션일 경우 쇼는 잉글랜드 최고의 레프트백으로 꼽힌다. 폭발적인 스피드, 에너자이저 같은 스태미나로 줄기차게 터치라인을 따라 왕복하고, 드리블, 패스, 크로스 등 다양한 장점을 가지고 있다.

국적 : 잉글랜드

사우샘프턴 유스 출신. 2012-13시즌 이 팀 1군에서 데뷔했고, 2014년 여름 3000만 파운드에 맨유 유니폼을 입었다. 잉글랜드 U-16, U-17, U-21 대표를 지냈고, 2014년부터 잉글랜드 국가대표로 활약하고 있다.

위치별 슈팅-득점

	경기수	출전시간(분)	득점	A 도움	경고
0 - 0	5	450	0	1	1
0 - 0					
1 - 0	0	271	86%	9	0

DF Antonio Valencia

안토니오
발렌시아

맨유 오른쪽 측면의 주인공. 원래 포지션은 오른쪽 윙어였지만 최근 몇 시즌은 윙백 또는 풀백으로 활약하고 있다. 그러나 지난 시즌에는 다리 부상으로 약 5개월간 출전하지 못했고, 리그 8경기 선발 출전에 그쳤다. 역시 이번 시즌도 부상 관리가 중요하다. 발렌시아는 윙 출신답게 매우 공격적인 수비수다. 정확한 볼 키핑, 화려한 드리블, 세밀하게 이어지는 패스 콤비네이션이 강점. 또한 강력한 태클을 구사한다.

국적 : 에콰도르

2003년 엘나시오날에서 데뷔했다. 2009년 6월 1600만 파운드에 맨유 유니폼을 입은 후 리그와 컵대회 포함 4차례 우승을 차지했고, 2011-12시즌 맨유 올해의 선수로 선정되기도 했다. 에콰도르 대표로 2006, 2014 월드컵에 출전했다.

위치별 슈팅-득점

	경기수	출전시간(분)	득점	A 도움	경고
0 - 0	8(6)	855	0	3	1
3 - 0					
3 - 0	0	584	88%	27	0

DF Matteo Darmian

마테오
다르미안

수비에 안정감을 가져다줄 수 있는 이탈리아 국가대표 RB. 상황에 따라서는 LB와 CB로 활약할 수도 있다. 지난 시즌 리그 28경기에 출전해 무난한 EPL 데뷔 시즌을 소화했다. 다르미안은 일대일 대인방어 능력이 뛰어나고, 준수한 스피드와 태클력을 보유하고 있다. 크로스도 비교적 정확하고, 전체적으로 부족함이 없는 수비수다. 그러나 공격 가담이 적고, 전체적인 공격력이 부족하다.

국적 : 이탈리아

AC밀란 유스 출신으로 2006년 1군으로 데뷔했지만 기회를 잡지 못했고, 이후 파도바(임대), 팔레르모, 토리노를 거쳐 2015년 맨유로 이적했다. 이탈리아 연령별 대표를 모두 거친 엘리트이고, 2014년부터 국가대표로 활약 중이다.

위치별 슈팅-득점

	경기수	출전시간(분)	득점	A 도움	경고
0 - 0	24(4)	1932	1	0	8
0 - 0					
6 - 1	0	934	79%	84	2

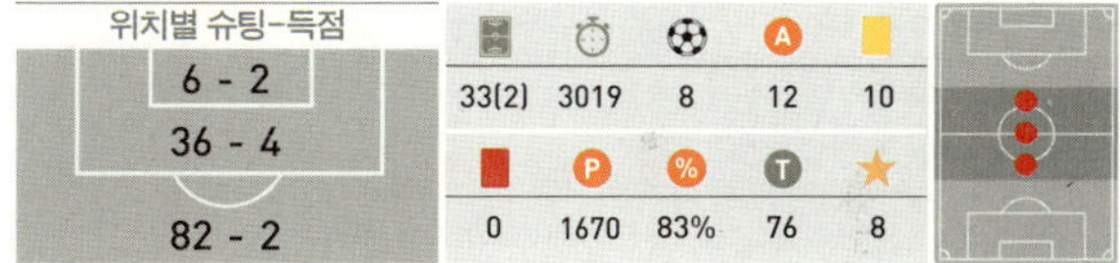

MF Paul Pogba

폴
포그바

금의환향. 맨유를 떠났다가 월드클래스로 성장해 맨유로 복귀한 중앙 미드필더. 지난 시즌 유벤투스 소속으로 리그 35경기서 8골-12도움을 올리며 최고의 활약을 펼쳤고, 무려 8번의 경기 MOM으로 선정됐다. 포그바는 패싱력, 슈팅력, 활동량, 수비력, 탈 압박, 드리블 돌파 등 미드필더에 필요한 모든 것을 갖췄다는 평가를 받고 있다. 수비력도 갖췄지만 상당히 창의적인 선수로 중원 전 지역에서 활약할 수 있다.

국적 : 프랑스

맨유 유스 출신으로 엄청난 기대를 받았지만 출전 기회를 위해 2012년 유벤투스로 떠났다가 이번 시즌 세계 최고 이적료인 1억 500만 유로를 받고 맨유로 복귀했다. 2014 월드컵 베스트 영플레이어상을 받았고, 프랑스 A대표로 활약 중.

위치별 슈팅-득점

	경기수	출전시간(분)	득점	A 도움	경고
6 - 2	33(2)	3019	8	12	10
36 - 4					
82 - 2	0	1670	83%	76	8

MF Juan Mata

후안
마타

창의적인 플레이를 펼치는 공격형 미드필더. 좌우 측면 미드필더로 활약할 수 있고, 예리한 크로스와 킥력을 자랑한다. 지난 시즌 리그 전 경기에 출전했을 정도로 꾸준한 경기력을 유지한다. 스페인 출신답게 드리블 기술이 좋아 볼을 몰고 가며 숄더 페이크, 순간적인 턴이 가능하다. 볼을 잘 지켜내고, 스루패스, 롱볼 모두 정확하다. 직접 프리킥을 주도하고, 박스 안에서 결정력도 좋다.

국적 : 스페인

레알 마드리드 유스 출신. 2006년 이 팀 2군에서 데뷔했고, 발렌시아, 첼시를 거쳐 2014년 겨울 이적 시장 때 3700만 파운드에 맨유 유니폼을 입었다. 스페인 U-16부터 U-23까지 연령별 대표를 지냈고, 2009년부터 A대표로 활약 중.

위치별 슈팅-득점

	경기수	출전시간(분)	득점	A 도움	경고
1 - 1	34(4)	2902	6	5	4
34 - 4					
22 - 1	1	1802	89%	31	2

MF Jesse Lingard

제시
린가드

맨유가 기대하는 잉글랜드 출신의 윙어. 지난 시즌 리그 15경기에 출전해 4골-1도움을 기록하며 가능성을 인정받았고, 이번 시즌 역시 로테이션 멤버로 활약할 것이다. 폭발적인 스피드와 유연한 볼 터치가 강점이고, 드리블 기술도 좋은 편이다. 여기에 문전에서의 침착성과 결정력까지 갖췄고, 정교한 패스력도 강점이다. 다만 몸싸움에 약하고 수비 가담이 적은 것이 단점이지만 빠르게 성장하고 있다.

국적 : 잉글랜드

맨유 유스 출신. 레스터 시티, 버밍엄, 더비 카운티 등에서 임대로 활약하며 경험을 쌓았고, 지난 시즌을 앞두고 맨유로 돌아와 인상적인 활약상을 펼치고 있다. 잉글랜드 U-17, U-21 대표 출신으로 많은 기대를 받고 있다.

위치별 슈팅-득점

	경기수	출전시간(분)	득점	A 도움	경고
1 - 1	19(6)	1635	4	1	4
15 - 2					
15 - 1	0	711	85%	38	1

MF Michael Carrick

16

마이클
캐릭

맨유의 베테랑 미드필더. 그러나 최근 들어 부상을 자주 당하는 것이 아쉽다. 지난 시즌 역시 종아리, 사타구니, 발목 등 다양한 부위에서 부상을 당하며 아쉬움을 남겼다. 그러나 정상 컨디션의 캐릭은 그야말로 '패스 마스터'라고 할 수 있다. 특히 미드필드 후방에서 전방으로 날리는 긴 패스는 정말 예술이다. 또한 PA 외곽에서의 중장거리 슈팅, 짧은 패스 콤비네이션, 스루패스도 강점. 패스 커팅도 OK.

국적 : 잉글랜드

웨스트햄 유스 출신으로 1999년 이 팀 1군에서 데뷔했다. 이후 스윈던 타운, 버밍엄 시티, 토트넘을 거쳐 2006년 여름 1800만 파운드에 맨유 유니폼을 입었다. 잉글랜드 U-18, U-21 대표를 지냈고, 2001년부터 A대표로 활약 중이다.

위치별 슈팅-득점

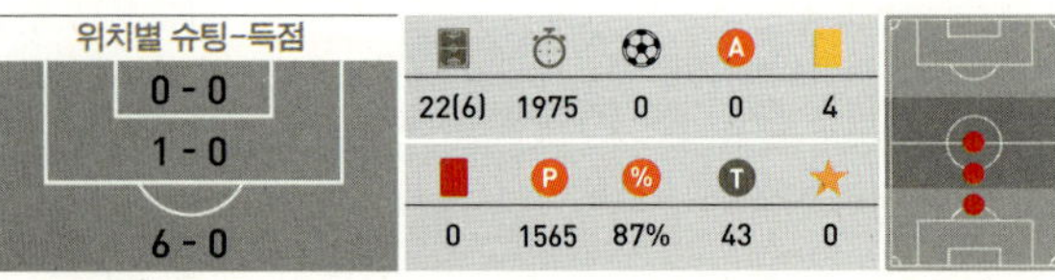

| 0 - 0 |
| 1 - 0 |
| 6 - 0 |

			A	
22(6)	1975	0	0	4
	P	%	T	★
0	1565	87%	43	0

MF Daley Blind

17

달레이
블린트

CB, LB, DM, CM, LM 등 여러 위치에서 제 몫을 해내는 멀티 플레이어. 맨유로 이적했을 당시에는 중앙 미드필더로 활약했지만 최근에는 중앙 수비수로 뛴다. 특히 지난 시즌 판 할 감독 체제에서 중앙 수비수로 리그 35경기에 나서 인상적인 수비력을 자랑하며 맨유를 최소 실점 팀으로 이끌었다. 상당히 영리한 수비를 자랑하고, 가로채기, 롱패스, 볼 키핑, 슈팅력 등 다양한 장점을 가지고 있다.

국적 : 네덜란드

아약스 아카데미 출신. 2008년 이 팀 1군에서 데뷔했고, FC 흐로닝언을 거쳐 2014년 여름 1400만 파운드에 맨체스터 유나이티드로 이적했다. 네덜란드 U-15부터 U-21까지 모든 연령별 대표를 다 거쳤고, 2013년부터 A대표로 활약 중.

위치별 슈팅-득점

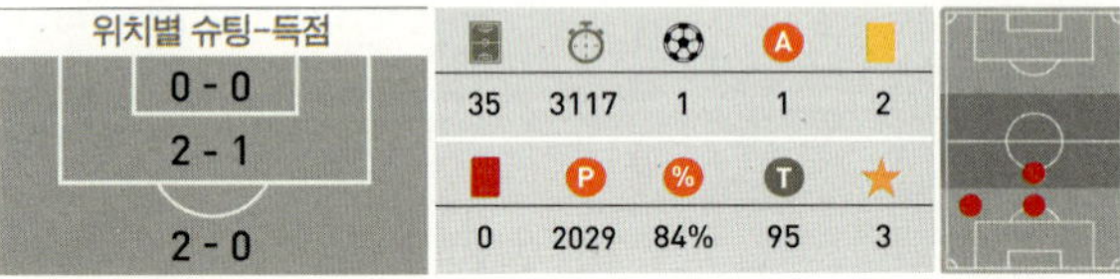

| 0 - 0 |
| 2 - 1 |
| 2 - 0 |

			A	
35	3117	1	1	2
	P	%	T	★
0	2029	84%	95	3

MF Ashley Young

18

애슐리
영

한마디로 종합병원. 지난 시즌 종아리, 타박상, 무릎, 사타구니 등 다양한 부위에서 부상이 찾아오며 리그 11경기 선발 출전에 그쳤다. 판 할 체제에서 좋은 모습을 보였던 선수였기에 조금은 아쉬운 부상 소식이었다. 영은 전형적인 2선 공격수다. LW, AM, RW 등 어느 위치에서든 제 몫을 하고, 윙백으로도 활약할 수 있다. 개인기술과 드리블 돌파가 좋고, 크로스와 스루패스가 정확하다.

국적 : 잉글랜드

2006년 왓포드에서 데뷔했고, 애스턴 빌라를 거쳐 2011년 여름 2000만 파운드에 맨유로 이적했다. 잉글랜드 U-21 대표 출신으로 2007년부터 2013년까지 A대표로 활약했다. 그의 동생 루이스와 카일도 현재 축구선수로 뛰고 있다.

위치별 슈팅-득점

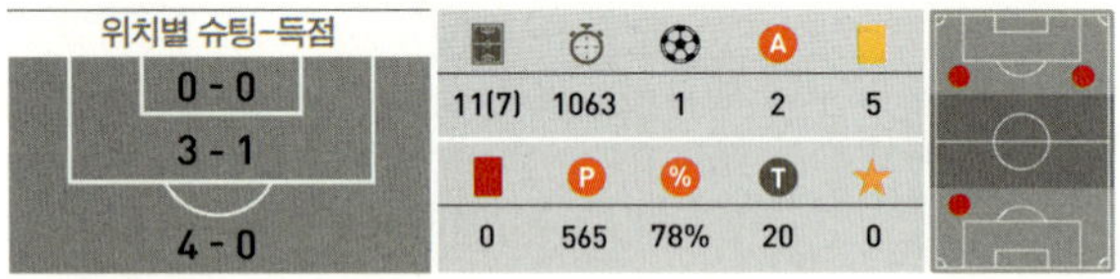

| 0 - 0 |
| 3 - 1 |
| 4 - 0 |

			A	
11(7)	1063	1	2	5
	P	%	T	★
0	565	78%	20	0

MF Ander Herrera

21

안데르
에레라

스페인산 플레이메이커. 중원에서 창의적인 패스로 공격의 활로를 찾는다. 그러나 지난 시즌에는 햄스트링, 사타구니, 다리 부상으로 리그 17경기에만 선발로 나섰다. 에레라의 무기는 전방으로 부챗살처럼 퍼지는 장-단 패스고, PA 외곽에서의 중장거리 슈팅과 프리킥도 위력적이다. 그는 또한 박스-투-박스 움직이며 맨유의 공수 밸런스를 잘 유지시킨다. 태클, 커팅, 클리어링 등 종합적인 수비력도 OK.

국적 : 스페인

2008년 사라고사 2군에서 데뷔했고, 사라고사 1군, 애슬레틱 빌바오를 거쳐 2014년 여름 2400만 파운드에 맨유 유니폼을 입었다. 스페인 U-20, U-23 대표 출신. 그의 아버지 페드로 마리아도 사라고사에서 MF로 뛴 축구 선수였다.

위치별 슈팅-득점

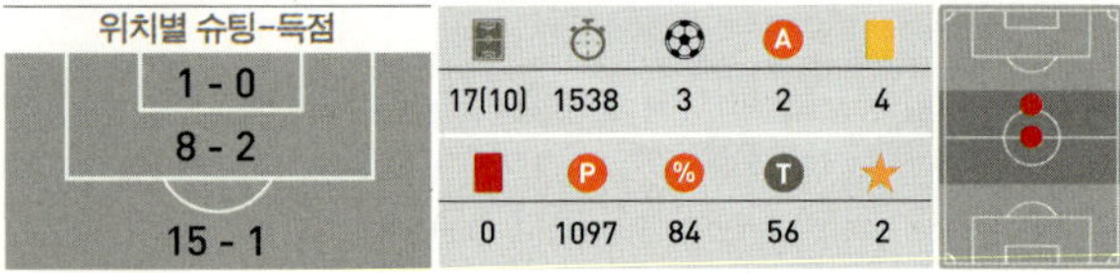

| 1 - 0 |
| 8 - 2 |
| 15 - 1 |

			A	
17(10)	1538	3	2	4
	P	%	T	★
0	1097	84	56	2

MF Henrikh Mkhitaryan

22

헨리크
미키타리안

지난 시즌 독일 분데스리가 도움왕 출신. 이번 시즌 맨유가 2선에서 창의성을 불어넣기 위해 영입한 초특급 미드필더다. 지난 시즌 도르트문트 소속으로 리그 31경기서 11골-15도움을 기록했다. 미키타리안은 2선 전 지역에서 활약할 수 있고, 창의적인 스루패스와 날카로운 슈팅이 강점이다. 여기에 속도감 있는 드리블 돌파와 감각적인 터치로 역습의 첨병 역할을 한다. 무엇보다 슈팅을 이끌어내는 능력이 최고다.

국적 : 아르메니아

자국리그 퓨닉에서 프로 데뷔했고, 이후 샤흐타르 도네츠크, 도르트문트 등을 거쳐 이번 시즌을 앞두고 맨유의 유니폼을 입었다. 아르메니아 연령별 대표를 모두 거치며 천재라는 말을 들었고, 올해의 선수상을 무려 5번이나 받았다.

위치별 슈팅-득점

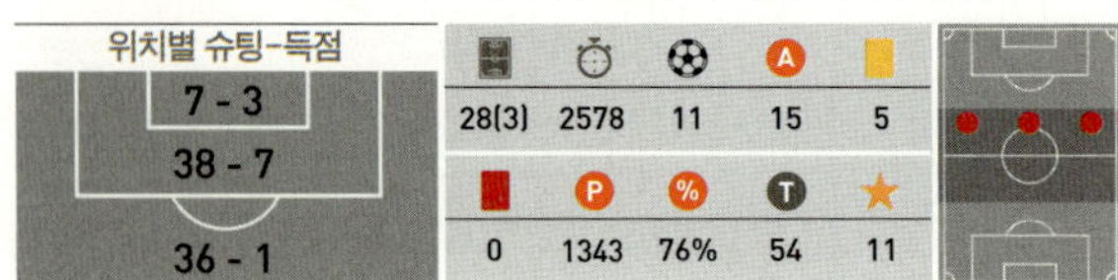

| 7 - 3 |
| 38 - 7 |
| 36 - 1 |

			A	
28(3)	2578	11	15	5
	P	%	T	★
0	1343	76%	54	11

MF Marouane Fellaini

27

마루안
펠라이니

상당히 전투적인 중앙 미드필더. 지난 시즌 종아리와 근육 부상으로 리그 18경기 출전에 그쳤다. 올 시즌 역시 치열한 주전 경쟁이 기다리고 있다. 펠라이니는 압도적인 신체조건(194cm, 85kg)을 가지고 있어 공중전과 몸싸움에 능하고, 태클, 블로킹, 클리어링 등 종합적인 수비력이 우수하다. 짧은 패스 콤비네이션, 문전에서의 결정력 등은 장점으로 꼽힌다. 박스-투-박스 미드필더로 밸런스를 유지시킨다.

국적 : 벨기에

모로코계 이민 2세로 브뤼셀에서 태어났다. 2006년 스탕다르 리에주에서 데뷔했고, 에버턴을 거쳐 2013년 여름 2750만 파운드에 맨유의 유니폼을 입었다. 벨기에 연령별 대표를 모두 지냈고, 2007년부터 국가대표로 활약하고 있다.

위치별 슈팅-득점

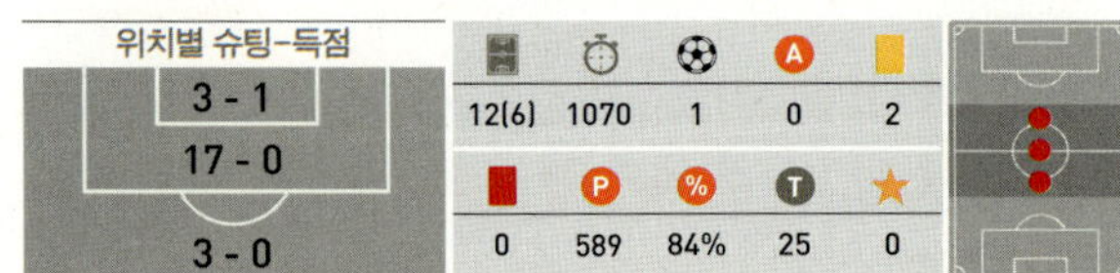

| 3 - 1 |
| 17 - 0 |
| 3 - 0 |

			A	
12(6)	1070	1	0	2
	P	%	T	★
0	589	84%	25	0

MF Morgan Schneiderlin

28 / 모르강 슈네델랑

중원에서 궂은일을 도맡아하는 중앙 미드필더. 지난 시즌에는 엉덩이 부상과 컨디션 난조가 겹쳤지만 리그 29경기에 출전해 안정감 있는 경기력을 보여줬다. 한마디로 기복이 없는 선수다. 그는 강력한 체력을 바탕으로 박스-투-박스로 움직이며 공격과 수비의 밸런스를 유지시킨다. 태클, 마킹, 패스 커팅 등 종합적인 수비력도 수준급이다. 집중력이 좋아 잔 실수가 적고, 높은 점프를 바탕으로 공중전에도 능하다.

국적 : 프랑스

스트라스부르 유스 출신. 2005년 이 팀 2군에서 데뷔했고, 1군, 사우샘프턴을 거쳐 2015년 여름 2700만 파운드에 맨유로 이적. 프랑스 U-16부터 U-21까지 연령별 대표를 다 지냈고, 2014년부터 A대표로 활약하고 있다.

위치별 슈팅-득점

| 1 - 0 |
| 6 - 1 |
| 4 - 0 |

			A	
25(4)	2205	1	0	3
	P	%	T	★
0	1457	90%	71	0

MF Bastian Schweinsteiger

31 / 바스티안 슈바인슈타이거

엄청난 기대를 받고 맨유에 입성한 월드클래스 미드필더. 그러나 지난 시즌 사타구니와 무릎에 부상이 발생하면서 리그 18경기 출전에 그쳤다. 이번 시즌도 가시밭길이다. 무리뉴 감독이 지휘봉을 잡으면서 활동량이 떨어진 슈바인슈타이거를 배제하는 모습이다. 그러나 언제든지 중원의 핵심으로 떠오를 수 있는 기량을 가지고 있다. '축구 IQ'가 매우 뛰어나고, 최고 수준의 패싱력을 보유하고 있다.

국적 : 독일

바이에른 뮌헨에서 13년간 뛰었고, 2015년 여름 맨유로 이적했다. 2004년부터 독일 국가대표로 활약했고, 유로 2016을 끝으로 은퇴를 선언했다. 그가 그동안 수집한 우승 트로피는 무려 24개로 독일 축구의 살아있는 레전드다.

위치별 슈팅-득점

| 2 - 1 |
| 5 - 0 |
| 5 - 0 |

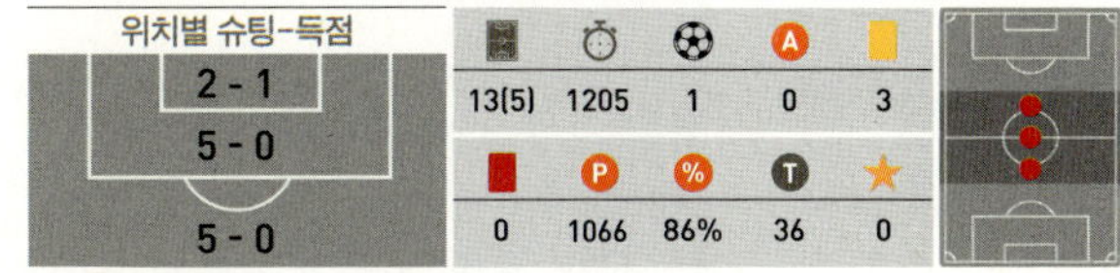

			A	
13(5)	1205	1	0	3
	P	%	T	★
0	1066	86%	36	0

FW Memphis Depay

7 / 멤피스 데파이

맨유의 새로운 NO.7으로 엄청난 기대를 받았지만 지난 시즌 리그 29경기서 단 2골에 그쳤다. 그러나 재능은 분명 가지고 있는 공격수다. 네덜란드 리그 최고 수준을 자랑하는 현란한 드리블, 날카로운 컷-인 플레이, 자로 잰 것처럼 정확한 장-단 패스, 결정적인 스루패스, 강력한 직접 프리킥 등 다양한 장점을 가지고 있어 EPL에 적응한다면 언제든지 성장할 가능성이 높다. 다만 기복을 줄여야 한다.

국적 : 네덜란드

아버지는 가나, 어머니는 네덜란드 사람이다. 2011년 PSV에서 데뷔했고, 2015년 여름 맨유로 이적. 네덜란드 U-15부터 U-21까지 연령별 대표를 지냈고, 2013년부터 A대표로 활약하고 있다. 몸에 할아버지를 추모하는 문신이 있다.

위치별 슈팅-득점

| 1 - 1 |
| 20 - 1 |
| 36 - 0 |

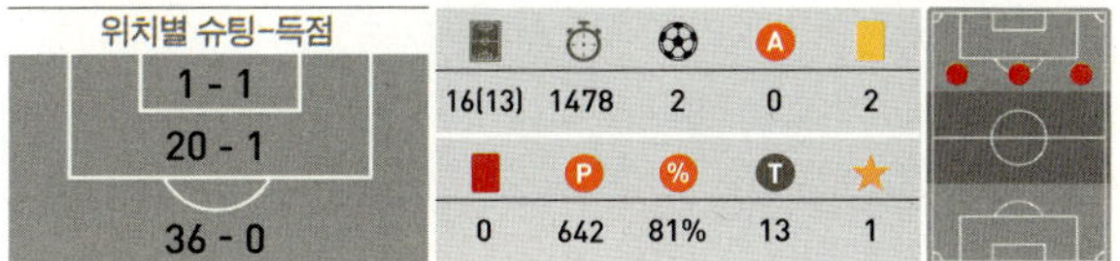

			A	
16(13)	1478	2	0	2
	P	%	T	★
0	642	81%	13	1

FW Zlatan Ibrahimović

9 / 즐라탄 이브라히모비치

더 이상 설명이 필요 없는 세계 최고의 공격수. 지난 시즌 프랑스 무대를 평정하며 리그 31경기서 38골-13도움이라는 엄청난 기록을 남겼다. 즐라탄은 당당한 신체조건에서 나오는 파워풀한 움직임이 강점이고, 부드러운 볼 터치와 세계 최고 수준의 골 결정력을 가지고 있다. 공중전, 몸싸움에도 탁월한 능력을 발휘하고, 드리블과 패싱력도 갖췄다. 한마디로 완벽한 공격수고, 압도적인 카리스마가 있다.

국적 : 스웨덴

스웨덴 말뫼에서 데뷔했고, 이후 아약스, 유벤투스, 인터 밀란, 바르셀로나, AC밀란, PSG를 거쳐 맨유로 입성했다. 가는 곳마다 우승을 이끌어 우승청부사라 불린다. 2001년부터 스웨덴 국가대표로 활약했고, 최근 은퇴를 선언했다.

위치별 슈팅-득점

| 16 - 8 |
| 88 - 24 |
| 51 - 6 |

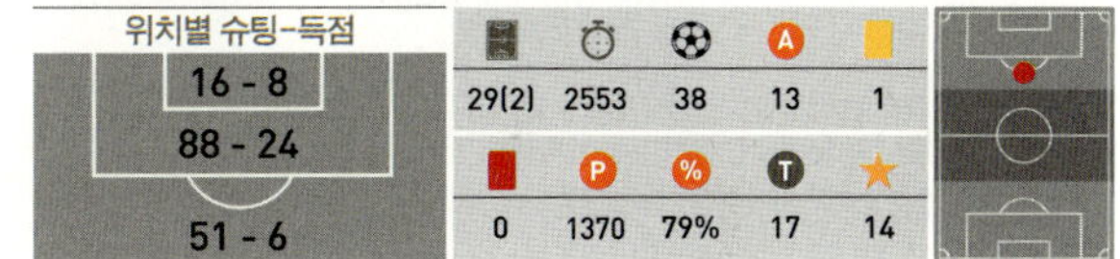

			A	
29(2)	2553	38	13	1
	P	%	T	★
0	1370	79%	17	14

FW Wayne Rooney

10 / 웨인 루니

맨유의 상징이자 살아있는 전설. 지난 시즌 공격과 2선 그리고 중원까지 넘나들며 여전한 경기력을 보여줬다. 파괴력이 전성기에 비해 떨어졌다는 평가가 있지만 루니는 여전히 많은 장점을 가지고 있다. 그는 결정력이 우수하고, 역습에 능하며 킥(중거리 슈팅+프리킥)이 강력하다. 볼을 가지고 있지 않을 때 효율적으로 움직인다. 스루패스와 장거리 패스, 포스트 피딩도 좋다. 활동량과 드리블 능력도 여전하다.

국적 : 잉글랜드

맨유에서 리그와 컵대회 포함 총 14차례 우승컵을 들어 올린 살아있는 레전드. 2003년부터 잉글랜드 국가대표로 활약하며 116경기서 53골(2016년 8월 27일 기준)을 기록하며 잉글랜드 축구의 전설로 거듭나고 있다.

위치별 슈팅-득점

| 4 - 3 |
| 24 - 4 |
| 44 - 1 |

			A	
27(1)	2410	8	6	4
	P	%	T	★
0	1144	83%	30	4

FW Anthony Martial

11 / 앙토니 마르시알

맨유의 떠오르는 신성. 지난 시즌 10대 최고 이적료를 받고 맨유에 입성했고, 리그 31경기서 11골-4도움을 올리며 희망으로 떠올랐다. 최전방과 측면 모두 가능하지만 맨유에서는 왼쪽 측면 공격수로 출전한다. 폭발적인 스피드와 드리블 돌파가 강점이고, 문전에서 상당히 침착해 높은 골 결정력을 보유하고 있다. 상대의 타이밍을 뺏는 볼 터치와 화려한 개인기술을 가지고 있다. 세계 최고는 시간문제다.

국적 : 프랑스

리옹 유스 출신으로 2012년 1군으로 데뷔했고, 이후 AS모나코를 거쳐 맨유로 이적했다. 프랑스 연령별 대표를 모두 거친 특급 유망주고, 2015년부터 A대표로 활약하며 유로 2016에도 출전했다.

위치별 슈팅-득점

| 4 - 1 |
| 42 - 10 |
| 12 - 0 |

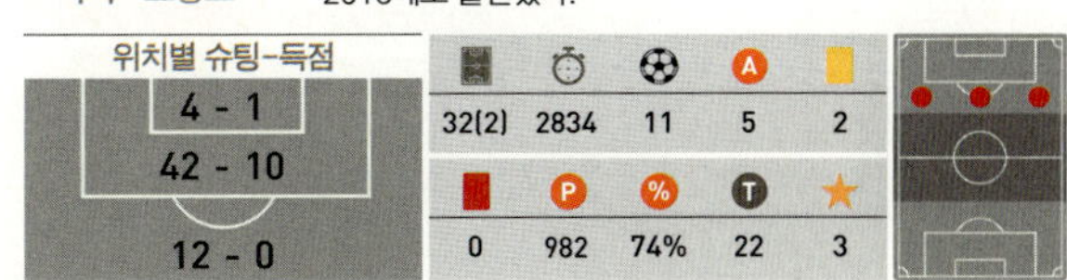

			A	
32(2)	2834	11	5	2
	P	%	T	★
0	982	74%	22	3

SOUTHAMPTON FC

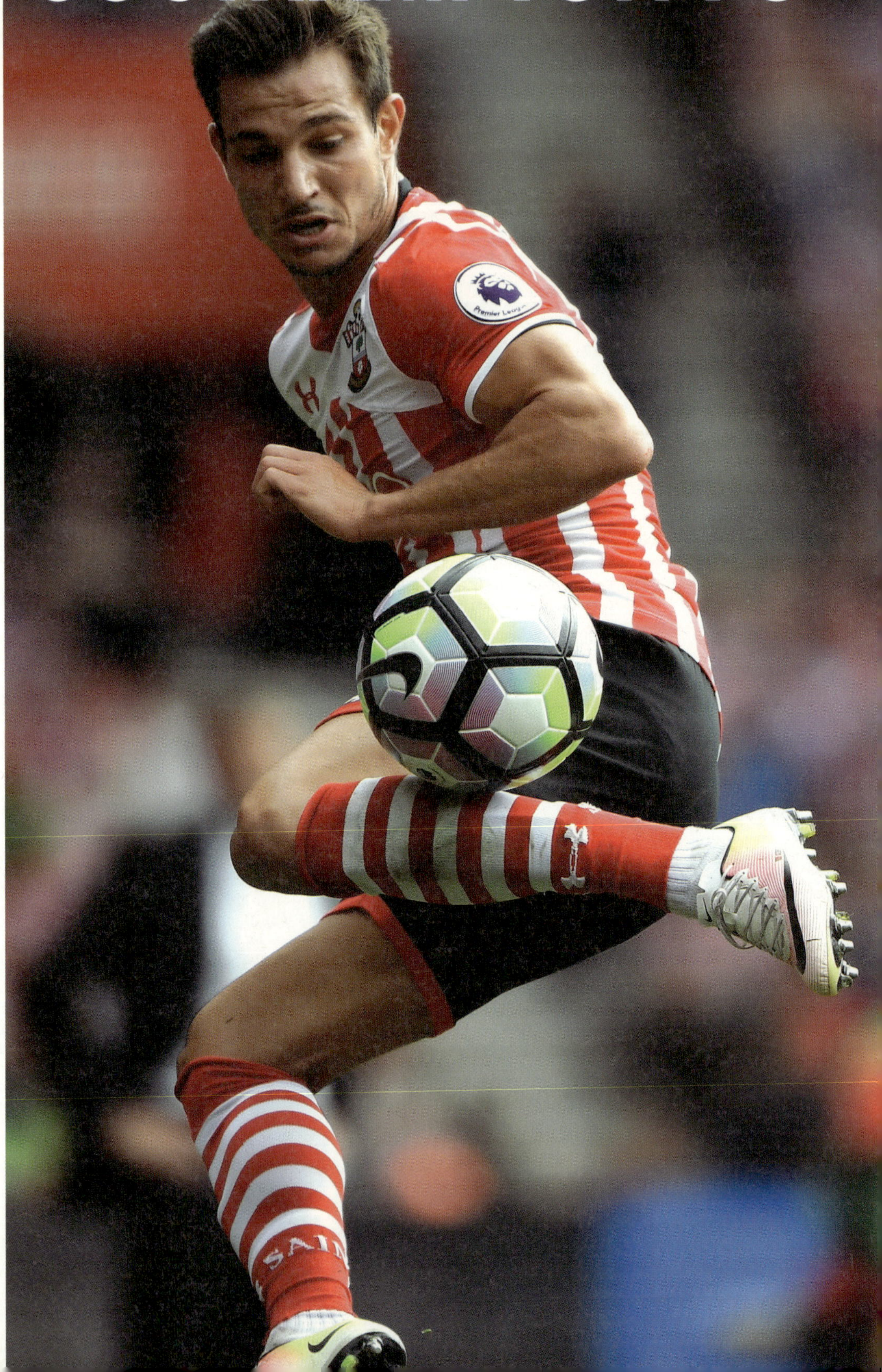

구단 창립 : 1885년
홈구장 : 세인트 매리 스타디움
감독 : 클로드 퓨엘
2015-16시즌 : 6위(승점 63점)
18승 9무 11패 59득점 41실점
닉네임 : The Saints

2	**8**
ENGLISH PREMIER LEAGUE	ENGLISH FA CUP
0	**2**
UEFA CHAMPIONS LEAGUE	UEFA EUROPA LEAGUE
0	**0**
FIFA CLUB WORLD CUP	UEFA-CONMEBOL INTERCONTINENTAL

Home

Away

주축 잃고도 굳건한 사우샘프턴 이제 제법 강팀의 향기가 난다

2015-16 SEASON REVIEW

이제 아무도 사우샘프턴과의 대결에서 여유라는 단어를 꺼낼 수 없게 됐다. 사우샘프턴은 지난 2014-15 시즌 예상을 깨고 센세이션을 일으키며 주목받았고, 지난 시즌 인상적인 경기력으로 우연이 아님을 증명했다. 시즌 시작 전만 해도 사우샘프턴의 몰락을 점치는 의견이 적지 않았다. 램버트, 랄라나, 로브렌, 루크 쇼, 체임버스 등 팀 주축 절반 가까이 잃었고 지난 시즌에는 슈네이덜린 등의 또 다른 주축 자원을 잃은 사우샘프턴이었다. 그러나 쿠만 감독 체제는 굳건했고 이들의 강풍이 일시적이 아니었음을 6위라는 성적으로 증명했다.

SUMMER TRANSFER

매년 주축 선수들의 이탈로 고생을 하고 있는 사우샘프턴이다. 이번 여름에도 사네와 완야마의 이적을 막지 못했다. 이런 가운데 호이베르그, 부팔, 레드몬드를 영입하며 현 상황 유지에 대한 의지를 보이기는 했다. 그러나 결정적으로 쿠만 감독을 지키지 못했다. 그 동안 위기 속에서 자신만의 색으로 사우샘프턴을 지휘해 온 쿠만 감독마저 타 팀에 빼앗긴 것이다. 쿠만 감독은 사우샘프턴을 뒤로 하고 에버턴을 선택한 가운데 사우샘프턴은 또 다시 도전에 직면했다.

2016-17 SEASON OUTLOOK

최근 누구도 예상할 수 없었던 결과를 내왔지만 올 시즌이 진정한 시험무대. 어려웠지만 내색하지 않고 팀을 이끌었던 쿠만 감독이 떠난 것이 큰 요소다. 그러나 진정한 위기는 최후의 살림꾼 역할을 해오던 완야마와 에이스 마네의 이탈이다. 마네와 완야마는 지난 시즌 쓰러질 뻔 한 사우샘프턴의 자존심을 세워준 자원이기 때문. 물론 알짜배기들을 데려왔다는 평가를 받고 있지만 이들이 선택한 호이베르그, 부팔, 레드몬드 등이 긍정적인 효과를 발휘할 수 있을지는 미지수다. 결국 퓌엘 감독의 지도력이 중요하다.

감독 클로드 퓌엘(Claude Puel)

프랑스 태생의 퓌엘 감독은 1999년도에 AS모나코 지휘봉을 잡으며 감독 생활을 시작했다. 재능은 충분했다. 지휘봉을 잡은 바로 다음 해 모나코를 리그 우승으로 이끌었고 신선한 충격의 주인공이 됐다. 여기서 끝이 아니었다. 2010년에는 올림피크 리옹을 이끌고 챔피언스리그 4강에까지 올려놓으며 명장 반열의 문을 노크했다. 이후 지난 4년 동안 OGC니스의 감독직을 수행했다. 니스라는 소규모 팀을 맡게 됐지만 계속된 성장을 이끌었으며 지난 시즌 니스를 리그 앙 4위에 올려놓으며 또 다시 지도력을 인정받았다. 이런 가운데 사우샘프턴의 구애를 받게 된 퓌엘 감독이다. 퓌엘 감독은 감독 경력 내내 리그앙에서만 머물렀지만 이를 접고 잉글랜드 무대에 도전장을 내밀었다.

PROFILE
- 출 생 : 1961.9.2
- 국 적 : 프랑스
- 계 약 : 2019.6.30

STADIUM

St Mary's Stadium

- 구장 오픈 : 2001년
- 구장 증축 : –
- 구장 소유 : 사우샘프턴 FC
- 수용 인원 : 3만 2505명
- 피치 규모 : 102m × 68m
- 잔디 종류 : 천연 잔디

SQUAD LIST

위치	번호	이름	국적	신장	체중	생년월일
GK	1	Fraser Forster	ENG	201	93	17-03-88
	13	Alex McCarthy	ENG	193	79	03-12-89
	28	Stuart Taylor	ENG	196	86	28-11-80
DF	2	Cedric Soares	POR	172	67	31-08-91
	3	Maya Yoshida	JPN	186	78	24-08-88
	5	Florin Gardos	ROU	193	81	29-10-88
	6	Jose Fonte	POR	187	81	22-12-83
	15	Cuco Martina	CUW	185	70	25-09-89
	17	Virgil van Dijk	NED	193	92	08-07-91
	21	Ryan Bertrand	ENG	179	85	05-08-89
	24	Jack Stephens	ENG	185	84	27-01-94
	30	Will Wood	ENG	174	67	29-11-96
	33	Matt Targett	ENG	183	70	18-09-95
MF	4	Jordy Clasie	NED	169	68	27-06-91
	8	Steven Davis	NIR	179	72	01-01-85
	11	Du n Tadi	SRB	181	76	20-11-88
	14	Oriol Romeu	ESP	182	79	24-09-91
	16	James Ward-Prowse	ENG	173	66	01-11-94
	18	Harrison Reed	ENG	176	74	27-01-95
	19	Sofiane Boufal	FRA	170	60	17-09-93
	22	Nathan Redmond	ENG	173	75	06-03-94
	23	Pierre-Emile Hojbjerg	DEN	187	81	05-08-95
	26	Jeremy Pied	FRA	173	69	23-02-89
	27	Lloyd Isgrove	WAL	178	72	12-01-93
	34	Jake Flannigan	ENG	180	71	02-02-96
FW	7	Shane Long	IRL	178	71	22-01-87
	9	Jay Rodriguez	ENG	185	70	29-07-89
	10	Charlie Austin	ENG	188	84	05-07-89
	32	Olufela Olomola	ENG	170	65	05-09-97

2016-17 SEASON SCHEDULE

날짜	장소	상대팀	날짜	장소	상대팀
13/AUG	H	Watford FC	01/JAN	A	Everton FC
19/AUG	A	Manchester United	13/JAN	A	Burnley FC
27/AUG	H	Sunderland AFC	20/JAN	H	Leicester City
10/SEP	A	Arsenal FC	30/JAN	A	Swansea City
18/SEP	H	Swansea City	03/FEB	H	West Ham United
25/SEP	A	West Ham United	10/FEB	A	Sunderland AFC
02/OCT	A	Leicester City	24/FEB	H	Arsenal FC
16/OCT	H	Burnley FC	03/MAR	A	Watford FC
23/OCT	A	Manchester City	10/MAR	H	Manchester United
30/OCT	H	Chelsea FC	17/MAR	A	Tottenham Hotspur
06/NOV	A	Hull City	31/MAR	H	AFC Bournemouth
19/NOV	H	Liverpool FC	04/APR	H	Crystal Palace
27/NOV	H	Everton FC	07/APR	A	West Bromwich Albion
02/DEC	A	Crystal Palace	14/APR	H	Manchester City
09/DEC	H	Middlesbrough FC	21/APR	A	Chelsea FC
13/DEC	A	Stoke City	28/APR	H	Hull City
16/DEC	A	AFC Bournemouth	05/MAY	A	Liverpool FC
25/DEC	H	Tottenham Hotspur	12/MAY	A	Middlesbrough FC
30/DEC	H	West Bromwich Albion	20/MAY	H	Stoke City

RANK OF LAST 5 YEARS

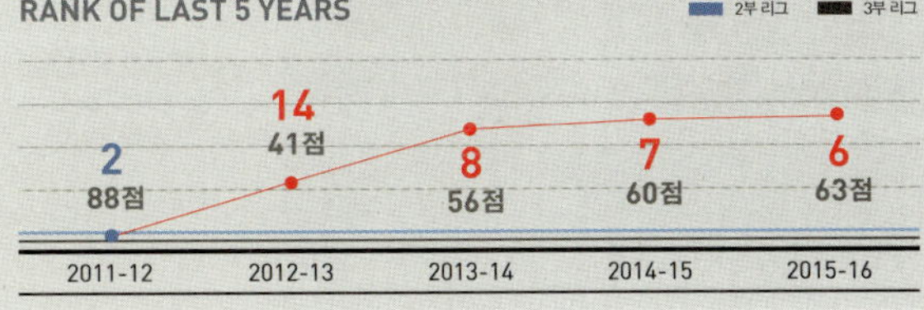

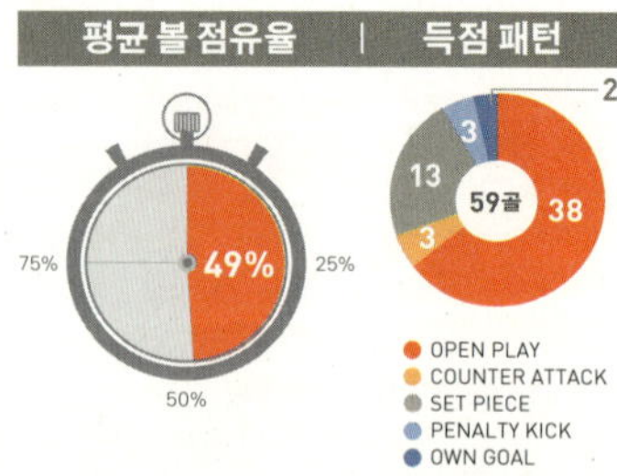

STRENGTHS & WEAKNESSES

OFFENSE		DEFENSE	
직접 프리킥	B	세트피스 수비	B
문전 처리	E	상대 볼 뺏기	C
측면 돌파	C	공중전 능력	D
스루볼 침투	C	역습 방어	C
개인기 침투	C	지공 방어	C
카운터 어택	C	스루패스 방어	C
기회 만들기	B	리드 지키기	C
세트피스	C	실수 조심	C
OS 피하기	D	측면 방어력	D
중거리 슈팅	A	파울 주의	C
볼 점유율	B	중거리슛 수비	C

매우 강함 A　　강한 편 B　　보통 수준 C　　약한 편 D　　매우 약함 E

시간대별 득점	시간대별 실점	득점 분포	공격 방향	볼 점유 위치	포지션별 득점	상대포지션별 실점

시간대별 득점: 76/75 · 11 8 · 15/16 · 16 7 · 61/60 · 6 11 · 30/31 · 46 45

시간대별 실점: 76/75 · 11 3 · 15/16 · 8 5 · 61/60 · 3 11 · 30/31 · 46 45

득점 분포: 16 / 37 / 6

공격 방향: 36% 30% 34%

볼 점유 위치: 상대진영 30% / 중간진영 44% / 우리진영 26%

포지션별 득점: FW진 33골 / MF진 16골 / DF진 8골

상대포지션별 실점: DF진 6골 / MF진 19골 / FW진 16골

*상대자책골 2골

FORMATION

4-3-1-2

TOTO GUIDE 지난 시즌 상대팀별 전적

상대팀	홈	원정
Leicester City	2-2	0-1
Arsenal	4-0	0-0
Tottenham	0-2	2-1
Manchester City	4-2	1-3
Manchester Utd	2-3	1-0
West Ham Utd	1-0	1-2
Liverpool	3-2	1-1
Stoke City	0-1	2-1
Chelsea	1-2	3-1
Everton	0-3	1-1
Swansea City	3-1	1-0
Watford	2-0	0-0
West Bromwich	3-0	0-0
Crystal Palace	4-1	0-1
Bournemouth	2-0	0-2
Sunderland	1-1	1-0
Newcastle Utd	3-1	2-2
Norwich City .	3-0	0-1
Aston Villa	1-1	4-2

GK Fraser Forster

프레이저
포스터

팀의 주전 수문장. 2015년 3월 번리전에서 상대 선수와 충돌해 무릎을 크게 다쳤고, 10개월 후인 2016년 1월에야 복귀했다. 이 때문에 지난 시즌 리그 18경기 출전에 그쳤다. 그러나 복귀 직후 선방쇼를 펼치며 차기 잉글랜드 대표팀 주전감이라는 것을 증명했다. 키가 크지만 반사신경이 뛰어나고, 공중 볼을 잘 처리한다. EPL 정상급 슛-스토핑, 수비 리딩, 안정감도 OK. 빌드-업 패스가 다소 부정확하다.

국적 : 잉글랜드

뉴캐슬 유스 출신이지만 자리를 잡지 못했고, 2010년 셀틱에 입단해 맹활약을 펼쳤다. 셀틱 시절 바르셀로나와의 경기에서 엄청난 선방쇼를 펼치며 차비와 메시의 극찬을 받았다. 2015년 사우샘프턴에 입단했고, 현재 잉글랜드 A대표다.

슈팅 위치별 선방		
4		
31		
15		

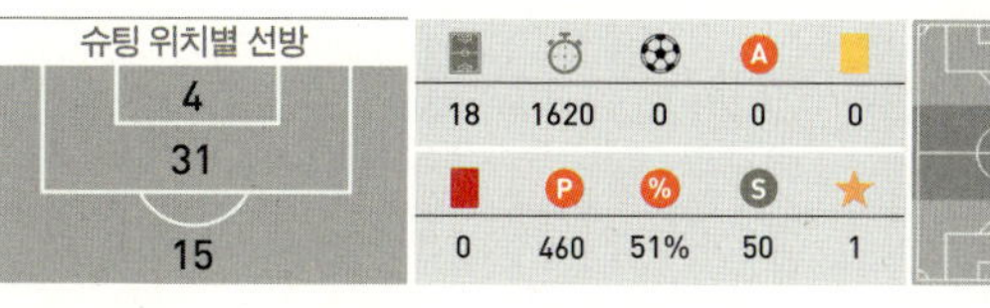

	⏱	⚽	A	🟨
18	1620	0	0	0
🟥	P	%	S	⭐
0	460	51%	50	1

GK Alex McCarthy

알렉스
맥카시

사우샘프턴의 No.2 수문장. 지난 시즌 크리스탈 팰리스에서 활약하며 리그 7경기에 출전해 나름대로 준수한 방어 능력을 보여줬다. 체격이 좋은 데다 투쟁심이 강해 상대 공격수와의 경합에서 밀리지 않는다. 공중 볼을 잘 처리하는 것도 장점. 반사신경은 평범하지만 일대일 상황에서 판단을 빨리 하기에 선방을 펼칠 수 있다. 아직까지 경험이 부족하고 잔실수가 조금 있는 편이다. 빌드-업 능력을 키워야 한다.

국적 : 잉글랜드

레딩 유스 출신이지만 자리를 잡지 못해 주로 하부리그에서 임대를 다니며 경험을 쌓았고, 이후 QPR과 크리스탈 팰리스에서 활약하다가 2016년 사우샘프턴의 유니폼을 입었다. 잉글랜드 U-21 대표 출신이지만 큰 주목은 받지 못했다.

슈팅 위치별 선방		
1		
18		
13		

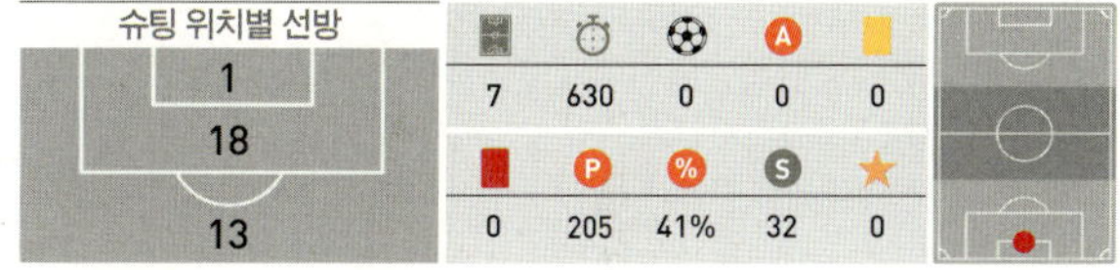

	⏱	⚽	A	🟨
7	630	0	0	0
🟥	P	%	S	⭐
0	205	41%	32	0

DF Cédric Soares

세드릭
소아레스

사우샘프턴의 부동의 RB. 지난 시즌 리버풀로 떠난 클라인의 대체자로 맹활약하며 리그 24경기에 출전해 2도움을 기록했다. 순간 속도가 빠르고 민첩성이 뛰어나며 슈팅이 강력하고 정교한 크로스 능력을 갖추고 있다. 드리블 돌파와 공격 침투가 좋아 오른쪽 윙어로도 활약할 수 있을 정도다. 특히 날렵한 드리블로 측면을 파고든 뒤 올려주는 얼리-크로스는 매우 정확한 편이고, 안정감도 좋아지고 있다.

국적 : 포르투갈

스포르팅 CP 아카데미 출신. 2010년 이 팀 1군에서 데뷔했고, 아카데미카(임대), 스포르팅 리스본 2군을 거쳐 2015년 6월 650만 유로에 사우샘프턴에 입성. 포르투갈 연령별 대표를 지냈고, 포르투갈 국가대표로 유로 2016도 참가했다.

위치별 슈팅-득점		
0 - 0		
4 - 0		
6 - 0		

	⏱	⚽	A	🟨
23(1)	1971	0	2	3
🟥	P	%	T	⭐
0	784	69%	70	1

DF José Fonte

조세
폰테

사우샘프턴의 캡틴이자, 수비의 핵심. 지난 시즌 37경기에 출전해 후방을 든든히 지켜냈다. 풍부한 경험을 바탕으로 수비 라인 조율이 뛰어난 수비수고, 성실하면서도 안정감 있는 플레이가 장점이다. 때로는 거친 몸싸움으로 상대를 제압하고, 패스 정확도와 대인방어도 강점이다. 수비수 치고는 발도 빠른 편이고, 위력적인 제공권을 가지고 있어 지난 시즌에도 2골을 기록했을 정도로 공격 가담 능력도 뛰어나다.

국적 : 포르투갈

포르투갈 페나피엘 출신. 2002년 스포르팅 리스본 2군에서 데뷔했고, 비토리아 세투발, 벤피카 등을 거쳐 2010년 사우샘프턴에 입단했다. 폰테는 형제가 있는데 이름은 후리 폰테로 과거 크리스탈 팰리스에서 형제 선수로 활약했다.

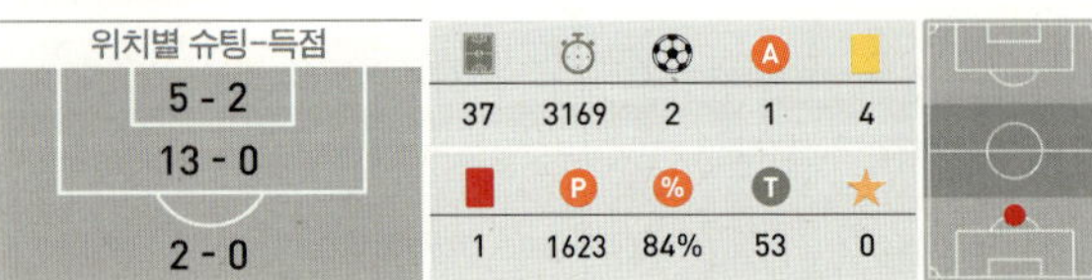

위치별 슈팅-득점					A	
5 - 2		37	3169	2	1	4
13 - 0						
2 - 0		1	1623	84%	53	0

DF Virgil van Dijk

피르힐
판 데이크

압도적인 신체 조건을 지닌 중앙 수비수. 지난 시즌 사우샘프턴으로 이적해 리그 34경기 출전해 폰테와 함께 후방을 책임졌다. 공중전에 강하고, 수비 집중력이 뛰어나 맨 마킹에 강점을 보인다. 폰테가 전체적으로 수비를 조율한다면 판 데이크는 상대 공격수들을 쉴 새 없이 괴롭힌다. 여기에 상당히 영리한 수비를 펼치며 지난 시즌 경기당 7.6회 클리어링, 2.8회 가로채기를 기록했다. 롱패스도 비교적 정확한 편.

국적 : 네덜란드

네덜란드 그로닝언 유스 출신으로 2011년 1군으로 데뷔했다. 이후 2013년 셀틱으로 이적해 주전 수비수로 활약했고, 2015년 사우샘프턴의 유니폼을 입었다. 네덜란드 U-19, U-21 대표 출신이고, 2015년부터 A대표로 활약 중이다.

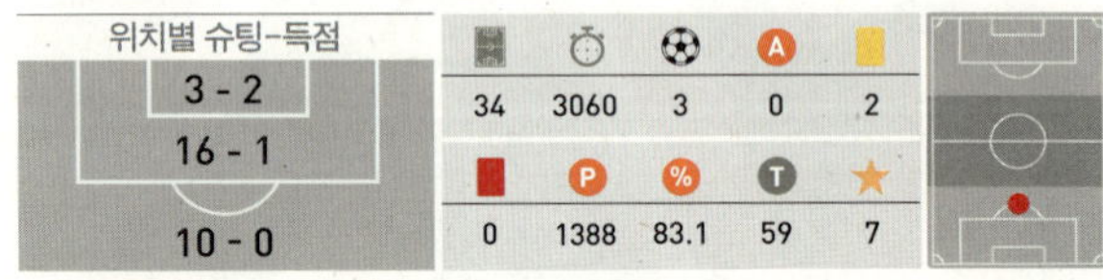

위치별 슈팅-득점					A	
3 - 2		34	3060	3	0	2
16 - 1						
10 - 0		0	1388	83.1	59	7

DF Ryan Bertrand

라이언
버트랜드

사우샘프턴 왼쪽 측면의 주인. 지난 시즌 리그 32경기에 출전해 1골 3도움을 기록하며 맹활약을 펼쳤고, EPL 정상급 왼쪽 풀백으로 평가받는다. 첼시 시절에는 안정감이 부족하다는 평가를 받았지만 최근에는 수비력도 좋아졌고, 워낙 공격적인 재능이 풍부해 오버래핑도 위협적이다. 강한 지구력을 바탕으로 많이 움직이며 위력적인 롱 스로인이 장점이다. 스피드, 슈팅력, 크로스, 드리블 등에서 강점을 가지고 있다.

국적 : 잉글랜드

2006년 첼시에서 데뷔한 뒤 본머스, 올드햄, 노리치, 레딩, 노팅엄, 애스턴 빌라, 사우샘프턴 등 7팀에 임대됐다가 2015년 사우샘프턴으로 완전 이적했다. 잉글랜드 연령별 대표를 모두 거쳤고, 최근 유로 2016에 참가했다.

위치별 슈팅-득점					A	
0 - 0		32	2880	1	3	6
5 - 1						
7 - 0		0	1121	80%	42	0

DF Matt Targett

맷
타게트

사우샘프턴의 신성. 왼쪽 측면에서 수비와 공격을 모두 담당할 수 있을 정도로 다양한 장점을 가지고 있다. 지난 시즌 공격과 수비를 오가면서 리그 14경기에 출전했다. 상당히 영리한 수비를 펼치고, 볼을 지키는 동시에 패스로 공격을 전개한다. 측면에서 정확한 롱패스를 시도하고, 크로스 능력도 좋은 편이다. 드리블 돌파를 통해 측면을 쉴 새 없이 오간다. 다만 아직은 경험이 부족하고, 수비력도 개선해야 한다.

국적 : 잉글랜드

사우샘프턴 유스 출신으로 2014년 1군에 데뷔했다. 이후 빠르게 성장하며 자리를 잡고 있고, 스코틀랜드 U-19 대표 출신이지만 이후에는 잉글랜드 U-20, U-21 대표를 선택했다. 지난 2016년 1월 사우샘프턴 이달의 선수로 선정됐다.

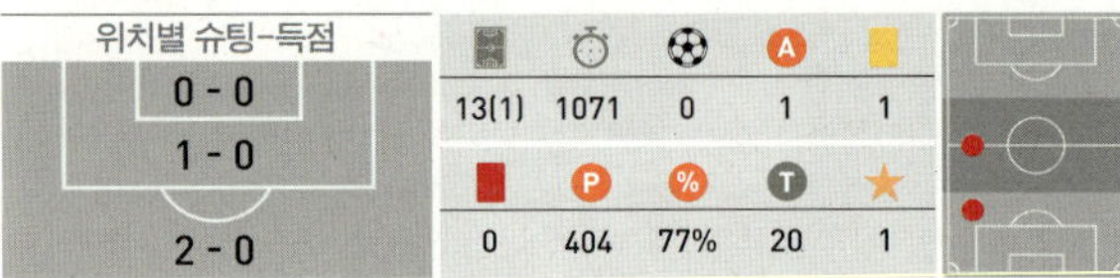

위치별 슈팅-득점					A	
0 - 0		13(1)	1071	0	1	1
1 - 0						
2 - 0		0	404	77%	20	1

MF Steven Davis

스티븐
데이비스

사우샘프턴 중원의 핵심. '북아일랜드의 램파드'로 불릴 정도로 다양한 장점을 가지고 있다. 지난 시즌 리그 34경기에 출전해 5골 3도움을 올리며 사우샘프턴의 중원을 책임졌다. 크로스와 패스가 정확한 데다 빠른 판단력과 기술로 하이라이트 장면을 자주 만들어낸다. 정교한 킥력을 바탕으로 세트피스에서 위력을 발휘하고, 왕성한 활동량, 집중력, 롱패스, 슈팅력 등 미드필더에 필요한 모든 것을 갖췄다.

국적 : 북아일랜드

애스턴 빌라 유스 출신. 2004년 이 팀 1군에서 데뷔했고, 풀럼, 레인저스를 거쳐 2012년 여름 사우샘프턴으로 이적했다. 북아일랜드 U-15부터 U-23까지 모든 연령별 대표를 거친 '엘리트.' 2005년부터 국가대표로 활약하고 있다.

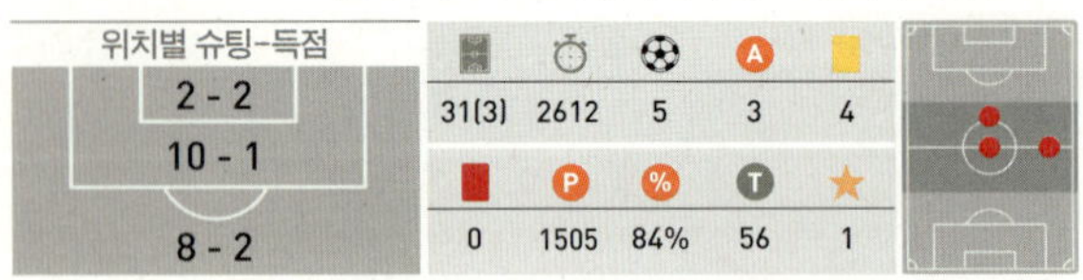

위치별 슈팅-득점					A	
2 - 2		31(3)	2612	5	3	4
10 - 1						
8 - 2		0	1505	84%	56	1

MF Dušan Tadić

두샨
타디치

사우샘프턴의 창조자. 상당히 창의적인 플레이를 펼치는 미드필더고 2선 전 지역에서 활약한다. 지난 시즌 리그 34경기에 출전해 7골 12도움을 올리며 공격 포인트 제조기 역할을 충실히 해냈다. 여기에 크로스, 스루패스, 장거리 패스도 매우 위력적이다. 볼을 잘 지켜내고, 세트피스 전문 키커이며 날카로운 컷-인으로 결정적인 기회를 만들어 낸다. 다만 수비력이 부족하다는 평가가 있고, 기복도 줄여야 한다.

국적 : 세르비아

세르비아 바츠카 토플라 출신. 보이보디나 유스 출신이고 2006년 이 팀 1군에서 데뷔했다. 이어 흐로닝언, FC 트벤테를 거쳐 2014년 8월 1100만 파운드에 사우샘프턴에 입성했다. 2008년부터 세르비아 국가대표로 활약하고 있다.

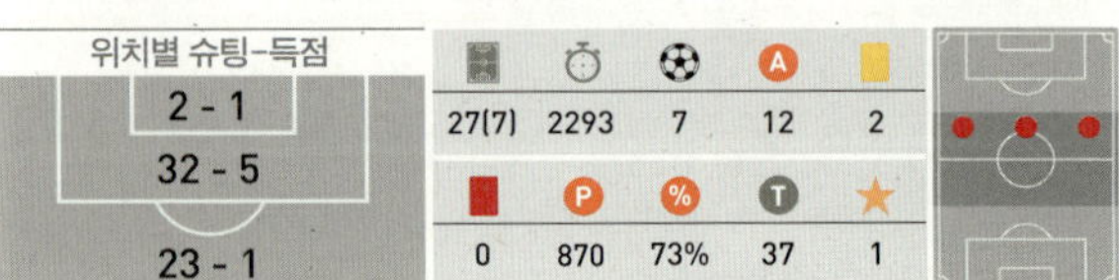

위치별 슈팅-득점					A	
2 - 1		27(7)	2293	7	12	2
32 - 5						
23 - 1		0	870	73%	37	1

 MF Oriol Romeu

스페인산 포백의 보호자. 스페인 미드필더답게 중원에서 정교한 패스를 통해 경기를 풀어가고, 왕성한 활동량과 수비력으로 포백을 보호한다. 중원에서 볼을 간수하는 능력이 뛰어나고 힘이 좋아 몸싸움에서도 밀리지 않는다. 또한, 저돌적인 태클과 민첩한 인터셉트를 구사하고, 슈팅력도 나쁘지 않다. 지난 시즌 리그 29경기에 출전하며 주전으로 도약했고, 이번 시즌 더 중용받을 것으로 예상된다.

오리올 로메우

국적 : 스페인

바르셀로나 유스 출신으로 엄청난 기대를 받았지만 꾸준한 출전을 위해 첼시, 발렌시아, 슈투트가르트를 거쳐 2015년 사우샘프턴에 입단했다. 스페인 연령별 대표를 모두 거치며 기대를 받았고, 2012 런던 올림픽에 출전하기도 했다.

위치별 슈팅-득점

| 2 - 1 |
| 8 - 0 |
| 18 - 0 |

경기수	출전시간	득점	도움	경고
17(12)	1609	1	0	7

퇴장	패스시도	성공률	태클	MOM
0	831	85%	77	0

 MF James Ward-Prowse

측면과 중앙을 넘나드는 멀티 자원. 홈 그로운 정책에 부합되는 유망주로 이적 시장에서 인기가 높다. 지난 시즌 선발과 교체를 오가며 리그 33경기에 출전해 2골 4도움을 기록했다. 미드필드 후방에서 볼을 잘 컨트롤해 빌드-업을 돕고, 크로스와 장거리 패스가 정확하다. 또한 강력한 킥을 바탕으로 세트피스 전담 키커로 나선다. 그러나 태클 성공률이 높지 않고, 문전에서 종종 결정력 미스를 보일 때가 있다.

제임스 워드-프라우즈

국적 : 잉글랜드

사우샘프턴 유스 출신으로 2011년 1군 데뷔 이후 꾸준하게 성장하고 있다. 잉글랜드 U-17을 시작으로 U-21 대표까지 발탁되며 많은 기대를 받고 있다. 최근 사우샘프턴과 2022년까지 재계약하며 원 클럽맨이 되겠다고 다짐했다.

위치별 슈팅-득점

| 0 - 0 |
| 5 - 1 |
| 23 - 1 |

경기수	출전시간	득점	도움	경고
14(19)	1534	2	4	5

퇴장	패스시도	성공률	태클	MOM
0	698	84%	14	0

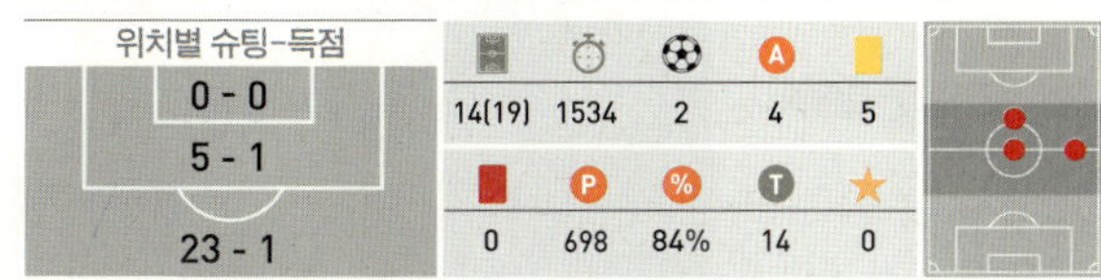

 MF Nathan Redmond

사우샘프턴이 기대하는 2선 공격수. 좌우 측면은 물론 최전방에서도 활약할 수 있고, 폭발적인 스피드와 날카로운 역습이 장점이다. 드리블 돌파에 이은 결정적인 침투패스로 기회를 창출하고, 자신감 넘치는 플레이로 상대 수비를 위협한다. 지난 시즌 리그 35경기에 출전해 6골 3도움을 기록했다. 이번 시즌 더욱 중용받을 것이고, 최근에는 약점이었던 골 결정력도 많이 좋아졌지만 수비력은 여전히 아쉽다.

네이션 레드몬드

국적 : 잉글랜드

버밍엄 시티 유스 출신으로 2010년 1군으로 데뷔해 성장했고, 2013년 노리치 시티로 이적해 활약하다가 이번 시즌 사우샘프턴의 유니폼을 입었다. 잉글랜드 각급 대표를 지내면서 에이스로 평가받았고, 많은 골을 넣어 기대를 받고 있다.

위치별 슈팅-득점

| 0 - 0 |
| 28 - 5 |
| 26 - 1 |

경기수	출전시간	득점	도움	경고
24(11)	2339	6	3	0

퇴장	패스시도	성공률	태클	MOM
0	973	78%	31	3

 FW Shane Long

사우샘프턴의 간판 공격수. 중앙과 좌우 측면을 두루 해낼 수 있는 멀티-포지션 스트라이커. 민첩한 움직임으로 포백 라인을 파괴하는 능력을 가지고 있고, 스피드를 이용한 드리블이 강점이다. 볼을 몰고 가는 상황에서 상대 수비로부터 파울을 많이 얻어내고, 골 결정력도 준수한 편이다. 또한, 동료 미드필더, 공격수들과 패스 콤비네이션을 잘 만들어낸다. 또한 앞 선에서 열심히 수비에 가담한다. 수

셰인 롱

국적 : 아일랜드

코크 시티 유스 출신으로 2005년 이 팀 1군에서 데뷔했다. 이어 레딩, 웨스트 브로미치, 헐 시티를 거쳐 2014년 8월 1200만 파운드에 사우샘프턴 유니폼을 입었다. 아일랜드 U-21 대표를 거쳐 현재 아일랜드 국가대표로 활약 중이다.

위치별 슈팅-득점

| 9 - 2 |
| 43 - 8 |
| 12 - 0 |

경기수	출전시간	득점	도움	경고
23(5)	2111	10	4	2

퇴장	패스시도	성공률	태클	MOM
0	597	66%	15	1

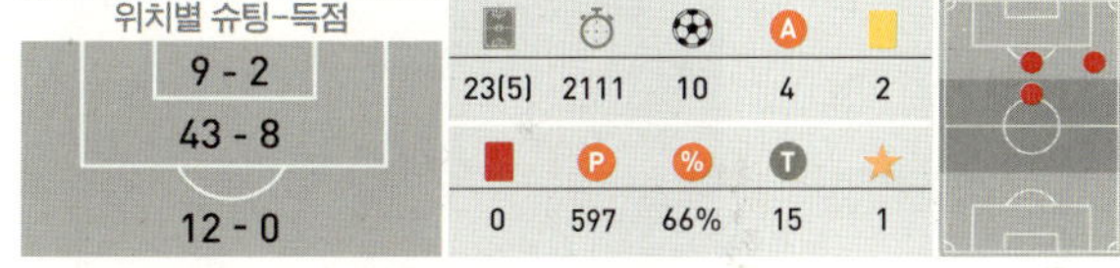

 FW Jay Rodriguez

사우샘프턴의 원조 에이스로 빅 클럽들의 관심을 한 몸에 받았지만 부상이 발목을 잡았다. 무릎 부상으로 2014-15 시즌을 통째로 날렸던 로드리게스는 지난 시즌 기대를 받고 복귀했지만 이번에는 발 부상으로 약 4개월간 결장했다. 그러나 부상만 없다면 상당히 위협적인 공격수다. 볼 터치가 유연하고 드리블 돌파와 슈팅력이 좋아 득점포를 만들어낸다. 창의적인 패스력과 활동량도 좋지만 역시 부상 회복이 관건.

제이 로드리게스

국적 : 잉글랜드

번리 유스 출신으로 2007년 1군에 데뷔해 폭발적인 성장세를 보이며 2012년 사우샘프턴으로 이적했다. 번리 시절 올해의 선수상을 받았을 정도로 재능을 인정받았다. 잉글랜드 국가대표로도 발탁됐지만 부상으로 단 1경기에만 출전했다.

위치별 슈팅-득점

| 1 - 0 |
| 10 - 0 |
| 6 - 0 |

경기수	출전시간	득점	도움	경고
3(9)	347	0	0	1

퇴장	패스시도	성공률	태클	MOM
0	95	78%	5	0

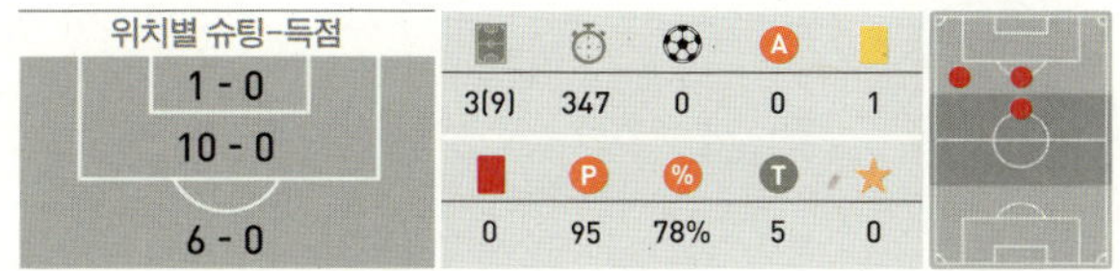

 FW Charlie Austin

인생역전의 아이콘. 벽돌공으로 일하면서 축구 선수의 꿈을 키웠고, 13부 리그 소속에서 프리미어 리그까지 입성한 최전방 공격수다. 지난 시즌 도중 사우샘프턴의 유니폼을 입었고, 맨유전에서 극적인 데뷔골을 터트리며 기대를 모았다. 그러나 부상이 발목을 잡았고, 리그 7경기 출전에 그쳤다. 문전에서의 위치 선정이 좋고, 골 결정력과 몸싸움 능력을 갖췄다. 제공권과 발기술도 좋지만 패싱력이 아쉽다.

찰리 오스틴

국적 : 잉글랜드

레딩 유스 출신이지만 기회를 받지 못해 하부 리그를 전전했고, 한때는 13부 리그 소속이었다. 그러나 지난 2013년 QPR로 이적하면서 꽃을 피우기 시작했고, 엄청난 득점포를 가동하며 2016년 1월 사우샘프턴으로 이적했다.

위치별 슈팅-득점

| 4 - 3 |
| 27 - 6 |
| 26 - 2 |

경기수	출전시간	득점	도움	경고
14(9)	1348	11	1	4

퇴장	패스시도	성공률	태클	MOM
0	396	63%	19	0

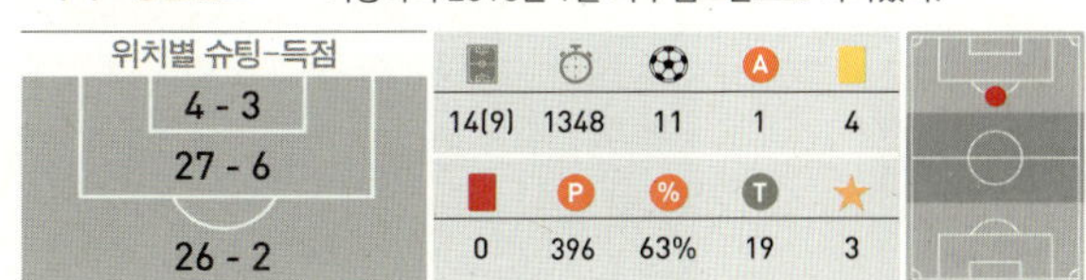

WEST HAM UNITED FC

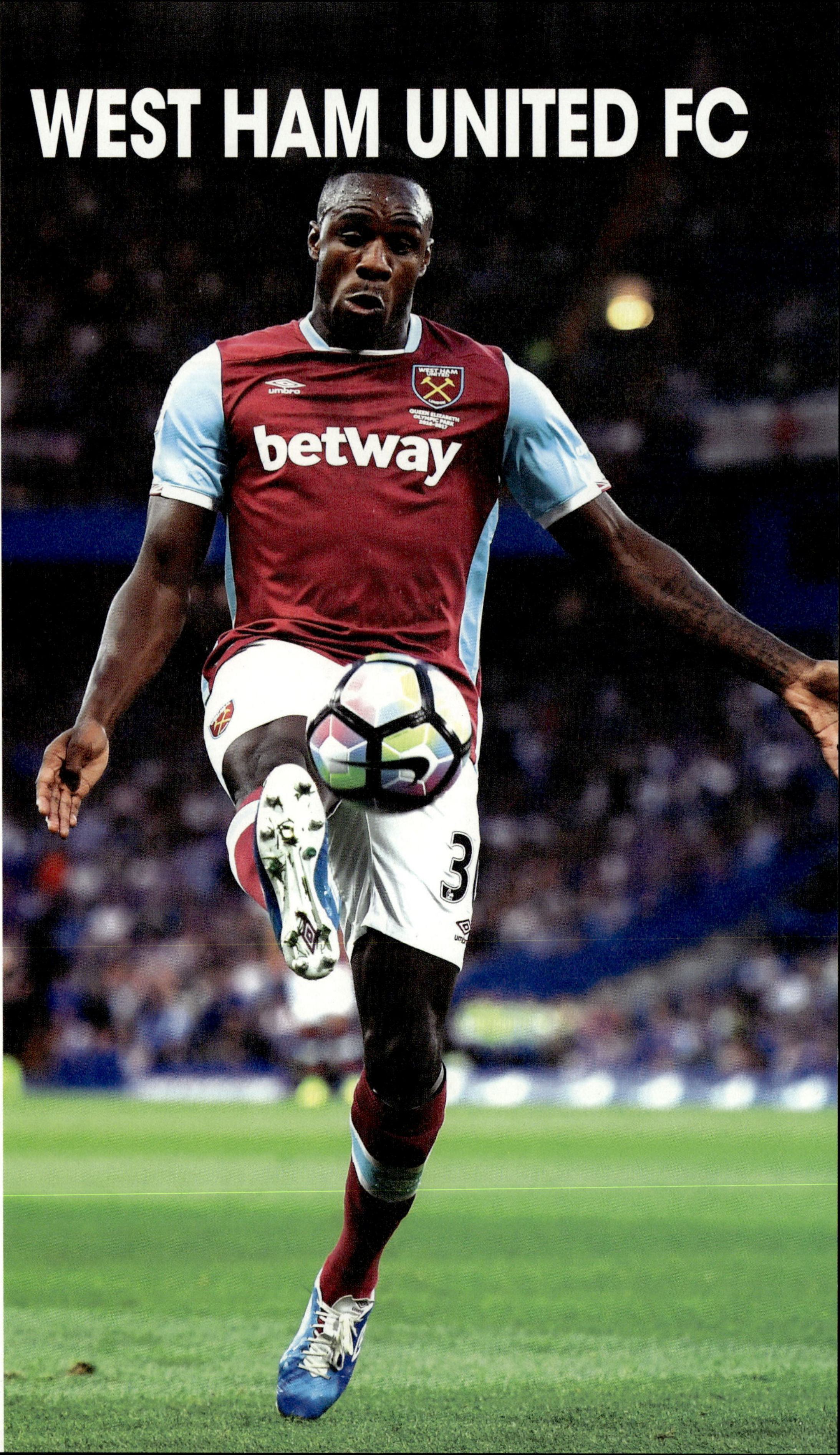

Home

Away

광폭 행보를 보인 웨스트햄
런던에 또 하나의 강팀이 탄생하다

2015-16 SEASON REVIEW

지난 시즌 초반은 웨스트햄의 독무대였다. 시즌 초반부터 인상적인 경기력을 보이며 런던에 또 하나의 강팀이 탄생했음을 알렸다. 웨스트햄은 지난 시즌 개막전에서 아스널 원정에서 0-2로 꺾는 파란을 일으켰다. 특히 16세의 리스 옥스포드를 선발 투입하는 등의 파격으로 잉글랜드 무대의 판을 흔들었다. 여기에 리버풀과 첼시를 꺾는 등의 행보로 관심을 집중시켰다. 물론, 결정적인 순간 계속해서 무승부를 거두며 아쉬움 속에 7위로 마무리했다. 그러나 이들이 보여준 강팀 킬러의 면모는 지난 시즌 강한 인상을 남겼다.

SUMMER TRANSFER

올 여름 이적 시장에서 웨스트햄이 보인 키워드는 '노력'이었다. 물론 톱클래스 선수들은 아니었지만 이에 준하는 선수들이 모두 웨스트햄과 이적설이 터질 정도로 바쁘게 움직였다. 웨스트햄은 자자, 아예우, 페굴리, 아르벨로아 등을 영입하며 시선을 사로잡을 만한 영입 실적을 냈다. 그러나 이들의 행보는 양날의 검으로 다가올 수 있다. 아예우를 제외하면 잉글랜드 무대에서 검증 받은 자원이 없다는 것이다. 이에 불안감을 떠안고 한 시즌을 보낼 것으로 보인다. 물론, 파예 등 핵심 선수들을 지켜낸 점은 긍정적이다.

2016-17 SEASON OUTLOOK

올 시즌 관건은 조직력이다. 많은 선수들이 영입된 만큼 기존 선수들과의 융합이 최우선 과제고 빌리치 감독의 지도력이 중요해졌다. 다행히 빌리치 감독이 부임과 동시에 보여준 선수단 장악력과 예측할 수 없는 전술 구사는 이런 걱정을 덜어준다. 비록 이번에 영입한 아예우가 이미 부상을 당한 것은 아쉽지만 파예 등이 버티고 있는 공격진은 여전히 막강하다. 만약 웨스트햄이 부상자 없이 이번 시즌을 치를 수 있다면 지난 시즌과 마찬가지로 강력한 다크호스로 떠오를 수 있다. 웨스트햄은 쉽게 지지 않는다.

감독 슬라벤 빌리치(Slaven BILIC)

올 시즌 역시 빌리치 감독이 중요하다. 새로 영입한 어떤 선수의 활약보다도, 웨스트햄에 있어 올 시즌 역시 관건은 빌리치 감독이 어떤 전술에 그 선수를 활용하느냐다. 빌리치 감독은 구 유고슬라비아 태생이다. 크로아티아 대표 수비수로 활약하며 유로1996과 1998년 프랑스 월드컵에서 뛰었다. 현역 생활은 하이두크 스플리트와 칼 스루헤를 거쳐 말미에 웨스트햄과 에버턴 등지에서 보냈는데 이때의 인연으로 지난해 여름 웨스트햄과 연결됐다. 지도자로서는 기술적인 선수들을 선호하는 동시에 팀의 조직력을 헤칠 경우 과감히 내치는 것으로 유명하다. 변칙적인 선수 기용이 가장 큰 무기이며 이는 크로아티아 대표팀을 이끌면서 이미 인정받았다.

PROFILE
- 출 생 : 1968.9.11
- 국 적 : 크로아티아
- 계 약 : 2018.6.30

STADIUM

Boleyn Ground

- 구장 오픈 : 1904년
- 구장 증축 : -
- 구장 소유 : 웨스트햄 Utd.FC
- 수용 인원 : 3만 5,016명
- 피치 규모 : 101m × 64m
- 잔디 종류 : 천연 잔디

SQUAD LIST

위치	번호	이름	국적	신장	체중	생년월일
GK	1	Darren Randolph	IRL	185	78	12-05-87
	13	Adrian	ESP	188	77	03-01-87
DF	2	Winston Reid	NZL	190	87	03-07-88
	3	Aaron Cresswell	ENG	170	66	15-12-89
	5	Alvaro Arbeloa	ESP	183	76	17-01-83
	19	James Collins	WAL	188	90	23-08-83
	21	Angelo Ogbonna Obinze	ITA	189	86	23-05-88
	22	Sam Byram	ENG	183	72	16-09-93
	25	Doneil Henry	CAN	188	82	20-04-93
	26	Arthur Masuaku	FRA	179	70	07-11-93
MF	4	Håvard Nordtveit	NOR	186	72	21-06-90
	7	Sofiane Feghouli	ALG	178	71	26-12-89
	8	Cheikhou Kouyate	SEN	189	75	21-12-89
	10	Manuel Lanzini	ARG	169	64	15-02-93
	14	Pedro Mba Obiang	ESP	185	75	27-03-92
	16	Mark Noble	ENG	180	76	08-05-87
	17	Gokhan Tore	TUR	176	74	20-01-92
	23	Diego Poyet	ENG	183	74	08-05-95
	27	Dimitri Payet	FRA	174	70	29-03-87
	30	Michail Antonio	ENG	180	82	28-03-90
	31	Edimilson Fernandes	SUI	190	70	15-04-96
FW	9	Andy Carroll	ENG	191	65	06-01-89
	11	Simone Zaza	ITA	186	83	25-06-91
	15	Diafra Sakho	SEN	184	79	24-12-89
	20	Andre Ayew	GHA	176	72	17-12-89

2016-17 SEASON SCHEDULE

날짜	장소	상대팀	날짜	장소	상대팀
15/AUG	A	Chelsea FC	01/JAN	H	Manchester United
21/AUG	H	AFC Bournemouth	13/JAN	H	Crystal Palace
28/AUG	A	Manchester City	20/JAN	A	Middlesbrough FC
10/SEP	H	Watford FC	30/JAN	H	Manchester City
17/SEP	A	West Bromwich Albion	03/FEB	A	Southampton FC
25/SEP	H	Southampton FC	10/FEB	H	West Bromwich Albion
01/OCT	H	Middlesbrough FC	24/FEB	A	Watford FC
15/OCT	A	Crystal Palace	03/MAR	A	Chelsea FC
22/OCT	H	Sunderland AFC	10/MAR	A	AFC Bournemouth
30/OCT	A	Everton FC	17/MAR	H	Leicester City
05/NOV	H	Stoke City	31/MAR	A	Hull City
19/NOV	A	Tottenham Hotspur	03/APR	A	Arsenal FC
27/NOV	A	Manchester United	07/APR	H	Swansea City
02/DEC	H	Arsenal FC	14/APR	A	Sunderland AFC
09/DEC	A	Liverpool FC	21/APR	H	Everton FC
12/DEC	H	Burnley FC	28/APR	A	Stoke City
16/DEC	H	Hull City	05/MAY	H	Tottenham Hotspur
25/DEC	A	Swansea City	12/MAY	H	Liverpool FC
30/DEC	A	Leicester City	20/MAY	A	Burnley FC

RANK OF LAST 5 YEARS

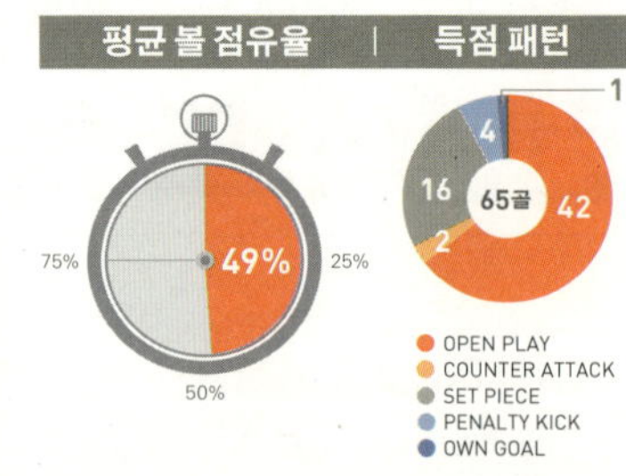

STRENGTHS & WEAKNESSES

OFFENSE		DEFENSE	
직접 프리킥	C	세트피스 수비	C
문전 처리	C	상대 볼 뺏기	B
측면 돌파	C	공중전 능력	B
스루볼 침투	C	역습 방어	C
개인기 침투	C	지공 방어	C
카운터 어택	C	스루패스 방어	D
기회 만들기	C	리드 지키기	E
세트피스	B	실수 조심	D
OS 피하기	C	측면 방어력	D
중거리 슈팅	C	파울 주의	D
볼 점유율	C	중거리슛 수비	E

매우 강함 A   강한 편 B   보통 수준 C   약한 편 D   매우 약함 E

시간대별 득점 | 시간대별 실점 | 득점 분포 | 공격 방향 | 볼 점유 위치 | 포지션별 득점 | 상대포지션별 실점

*상대자책골 1골

FORMATION

TOTO GUIDE 지난 시즌 상대팀별 전적

상대팀	홈	원정
Leicester City	1-2	2-2
Arsenal	3-3	2-0
Tottenham	1-0	1-4
Manchester City	2-2	2-1
Manchester Utd	3-2	0-0
Southampton	2-1	0-1
Liverpool	2-0	3-0
Stoke City	0-0	1-2
Chelsea	2-1	2-2
Everton	1-1	3-2
Swansea City	1-4	0-0
Watford	3-1	0-2
West Bromwich	1-1	3-0
Crystal Palace	2-2	3-1
Bournemouth	3-4	3-1
Sunderland	1-0	2-2
Newcastle Utd	2-0	1-2
Norwich City	2-2	2-2
Aston Villa	2-0	1-1

GK Darren Randolph

1

대런
랜돌프

웨스트햄의 백업 골키퍼. 지난 시즌을 압두고 영입된 골키퍼로 리그 6경기에 나와 나름 안정적인 선방 능력을 보여줬다. 안정감이 좋은 골키퍼로 볼에 대한 집착이 강하고 잔 실수가 적은 데다 기복도 없다. 키가 아주 큰 편이 아니지만 운동 능력이 좋아 공중볼을 잘 처리하고, 수비 조율도 나쁘지 않다. 그러나 골킥의 정교함에 있어서는 아쉽고, 일대일 상황에서 슈퍼세이브가 자주 나오지 않는 것은 약점이다.

국적 : 아일랜드

2004년 찰턴 애슬레틱에서 데뷔했고, 이후 2014년까지 7번이나 팀이 바뀌었다. 2015년 5월 웨스트햄으로 이적. 걸그룹 세터데이 출신 가수 로셀 와이즈먼과 오랫동안 연인 관계였다. 아버지 에드 랜돌프는 아일랜드 농구 선수 출신.

슈팅 위치별 선방

위치	선방
상단	0
중단	7
하단	5

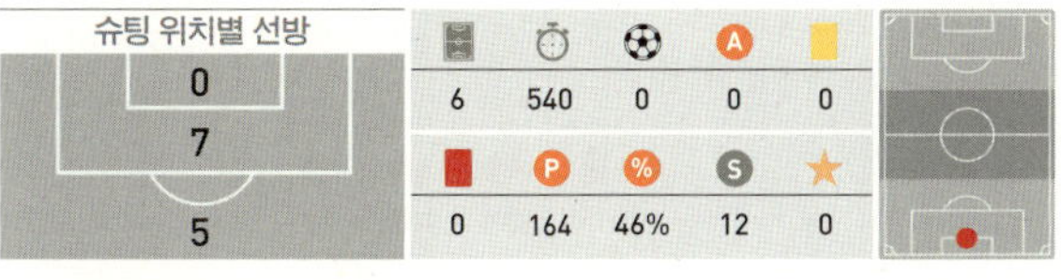

	경기수	출전시간	득점	A	
	6	540	0	0	0
퇴장	P	%	S	★	
	0	164	46%	12	0

GK Adrián

13

아드리안

웨스트햄 부동의 수문장. 동물적 감각을 이용한 숏-스토핑, 중거리 슈팅 방어 능력은 리그에서도 수준급으로 꼽힌다. 지난 시즌 리그 32경기에 출전해 좋은 활약을 펼쳤다. 큰 키를 이용한 공중볼 처리, 기본적인 GK 핸들링 능력도 OK. 다만 집중력이 부족해 불필요한 파울이 많다는 게 약점이고 지난 시즌에도 거친 파울로 퇴장을 당해 3경기 출전 징계를 받았다. 그럼에도 종종 나오는 슈퍼세이브는 매력적이다.

국적 : 스페인

레알 베티스 유스 출신. 경험을 위해 임대를 다녔고, 2012 레알 베티스 1군에서 활약하다가 2013년 웨스트햄으로 이적했다. 이후 빠르게 성장하며 주전으로 자리 잡았고, 2013년 안달루시아 대표로 친선경기에 출전한 경력이 있다.

슈팅 위치별 선방

위치	선방
상단	7
중단	56
하단	35

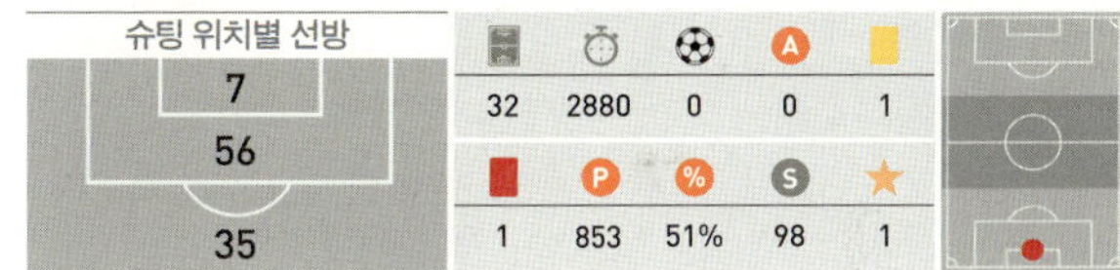

	경기수	출전시간	득점	A	
	32	2880	0	0	1
퇴장	P	%	S	★	
	1	853	51%	98	1

DF Winston Reid

2

윈스턴
리드

웨스트햄 수비의 핵심. 그러나 지난 시즌은 햄스트링, 엉덩이 부상으로 리그 24경기에만 출전했다. 경기당 평균 6.5회의 클리어링과 3.2회의 가로채기를 성공했을 정도로 상대의 크로스와 스루패스에 대한 방어 능력이 출중하다. 경기 내내 높은 집중력을 유지하기에 잔 실수도 적은 편이고 공중전에도 강하다. 패스 성공률 80.1%로 나쁘지 않지만 빌드-업과 무관한 횡 패스가 많은 것과 거친 파울도 아쉽다.

국적 : 뉴질랜드

뉴질랜드 원주민 마오리족. 리드는 10세 때 부모를 따라 덴마크로 이주했다. 2005년 덴마크 클럽인 미틸란드에서 데뷔했고, 2010년 8월 웨스트햄 유니폼을 입었다. 덴마크 청소년 대표 출신이지만 국가대표는 뉴질랜드를 선택했다.

위치별 슈팅-득점

위치	슈팅-득점
상단	2 - 0
중단	13 - 1
하단	2 - 0

	경기수	출전시간	득점	A	
	24	2136	1	1	5
퇴장	P	%	T	★	
	0	832	83	45	2

DF Aaron Cresswell

애런 크레스웰

부상만 없다면 웨스트햄의 주전 LB. 지난 시즌 리그 37경기에 출전해 2골 4도움을 기록하며 맹활약을 펼쳤다. 그러나 이번 시즌 초반 무릎 부상을 당해 장기간 결장한다. 상당히 공격적인 풀백이다. 기회를 만드는 결정적인 패스를 쉽게 찔러주고, 측면에서 문전으로 향하는 크로스도 꽤 날카롭다. 지난 시즌 기록한 2골-4도움은 그의 공격 본능을 증명하는 증거. 하지만 본업인 수비는 조금 아쉬움으로 남는다.

국적 : 잉글랜드

트랜메어 로버스 유스 출신으로 2008년 1군 데뷔했고, 이후 입스위치 타운을 거쳐 2014년 7월 375만 파운드에 웨스트햄 유나이티드 유니폼을 입었다. 최근 웨스트햄과 2021년까지 계약을 연장했다. 아직까지 국가대표 경험은 없다.

위치별 슈팅-득점							
0 - 0		37	3315	2	4	1	
12 - 1							
16 - 1		0	1375	78%	39	0	

DF James Collins

제임스 콜린스

웨스트햄의 베테랑 수비수. 당당한 체격을 갖추고 있어 공중전에 강하고, 점프력도 좋다. 이런 장점을 십분 활용한다. 그러나 지난 시즌에는 주전 경쟁에서 조금 밀린 모습이고, 리그 16경기에만 선발 출전했다. 전성기에 비해 민첩성과 스피드가 떨어졌고, 잦은 부상도 문제다. 물론 여전히 좋은 클리어링 능력과 몸싸움에 강점이 있지만 점차 백업 수비수로 자리 잡는 모습이다. 여전히 세트피스에서는 위협적이다.

국적 : 웨일스

카디프 시티 유스 출신으로 2000년 1군으로 데뷔했고, 이후 웨스트햄, 애스턴 빌라에서 활약하다가 2012년 웨스트햄으로 복귀했다. 현재 웨일스 국가대표로 활약 중이다. 머리털이 붉은색이라 별명은 '진저 펠레(Ginger Pelé)'다.

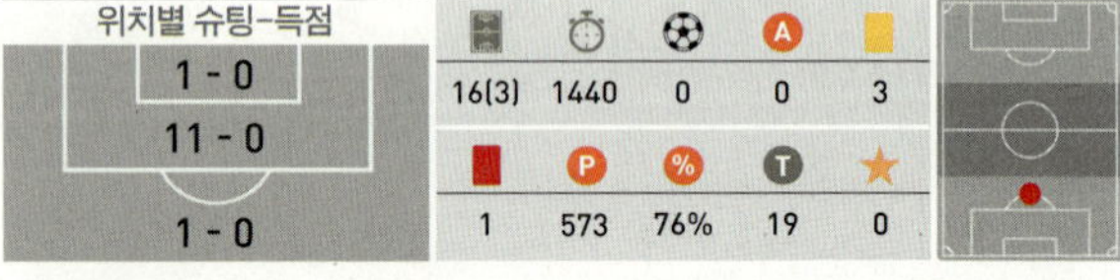

위치별 슈팅-득점							
1 - 0		16(3)	1440	0	0	3	
11 - 0							
1 - 0		1	573	76%	19	0	

DF Angelo Ogbonna

안젤로 오그본나

압도적인 신체조건과 강한 운동능력을 자랑하는 센터백. 상당히 정확한 패싱력을 보유하고 있고, 유연한 드리블을 바탕으로 빌드-업 상황에서 주도적인 역할을 도맡는다. 이탈리아 대표 팀에서도 짧은 패스가 꽤 정확한 걸로 유명하다. 터프한 몸싸움을 즐기며 공중전에서 쉽게 밀리지 않고, 강력한 태클 능력까지 갖췄다. 경기당 6회 가까운 클리어링은 단연 압도적. 지난 시즌 햄스트링 부상으로 리그 28경기에 출전.

국적 : 이탈리아

나이지리아계 이민 2세로 이탈리아 카시노에서 태어났고, 토리노에서 데뷔했다. 이후 크로토네, 유벤투스를 2015년 8월 1100만 유로에 웨스트햄으로 이적했다. 20세 때 자동차 운전을 하다 급류에 휘말렸으나 극적으로 살아났다.

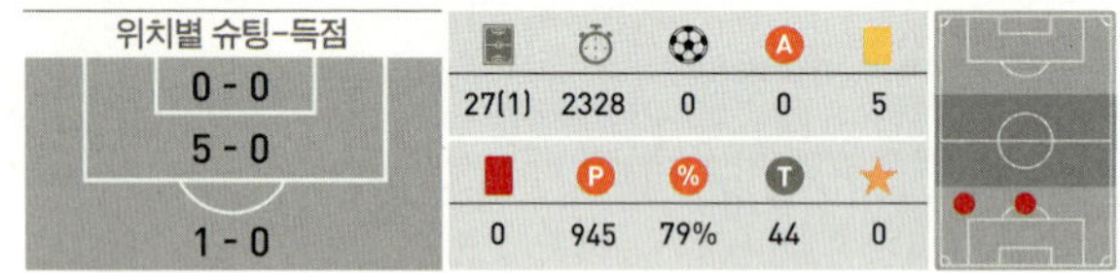

위치별 슈팅-득점							
0 - 0		27(1)	2328	0	0	5	
5 - 0							
1 - 0		0	945	79%	44	0	

MF Sofiane Feghouli

소피앙 페굴리

알제리의 지단이라 불리는 창조적인 미드필더. 중앙과 오른쪽 측면에서 모두 활약할 수 있고, 무에서 유를 창조하는 전진 드리블 능력을 바탕으로 측면에서 과감하고 날카로운 공격을 추구한다. 발기술이 좋고, 폭발적인 스피드와 정교한 스루패스가 인상적이다. 거리를 가리지 않는 묵직한 슈팅으로 포문을 열고, 낮고 빠른 크로스로 수비를 흔든다. 측면에서 중앙으로 연결하는 아웃사이드킥은 전매특허다.

국적 : 알제리

프랑스 북부 출신으로 파리에서 성장. 2007년 그레노블에서 프로 데뷔해 빠르게 성장했고, 2010년 발렌시아로 이적했다. 재능을 꽃 피우면서 프랑스 U-18, U-21 대표로 발탁됐지만 2012년 알제리 국가대표를 선택해 지금까지 활약 중이다.

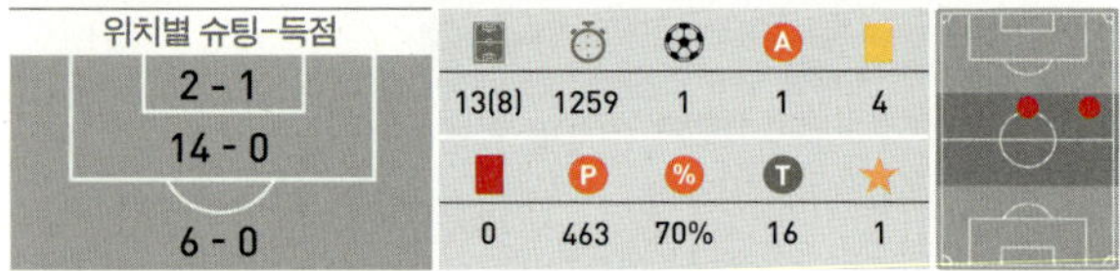

위치별 슈팅-득점							
2 - 1		13(8)	1259	1	4		
14 - 0							
6 - 0		0	463	70%	16	1	

MF Cheikhou Kouyaté

셰이쿠 쿠야테

웨스트햄의 장벽과 같은 존재. 타고난 신체조건(189cm, 83kg)을 앞세워 중원을 지배하고, 공중전에서 밀리는 법이 없다. 중앙 수비와 수비형 미드필더를 모두 소화할 수 있고, 지난 시즌 리그 34경기에 출전해 5골 2도움을 올리는 최고의 활약을 펼쳤다. 장·단 패스를 적절히 구사하고, 슬라이딩 태클과 가로채기로 포백을 보호한다. 강력한 슈팅력과 볼을 간수하는 능력도 뛰어나고, 파워 있는 드리블을 즐긴다.

국적 : 세네갈

세네갈 예고 다카르 아카데미에서 벨기에 FC 브뤼셀 아카데미로 스카웃돼 2007년 그곳 1군에서 데뷔했다. 안더레흐트, 코르트레이크를 거쳐 2014년 6월 웨스트햄으로 이적했다. 세네갈 U-20 대표, 올림픽팀을 거쳐 현재 국가대표.

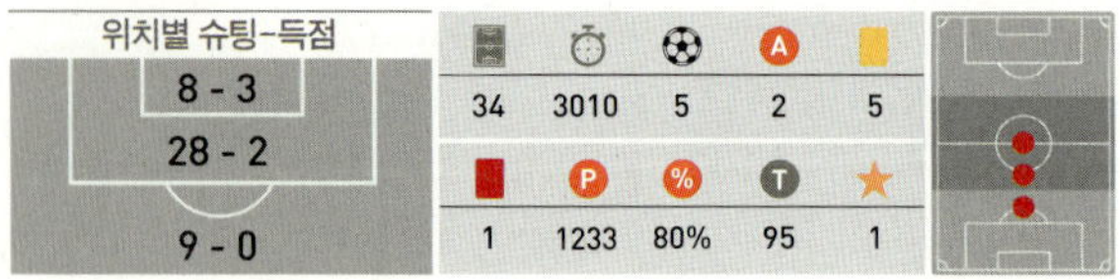

위치별 슈팅-득점							
8 - 3		34	3010	5	2	5	
28 - 2							
9 - 0		1	1233	80%	95	1	

MF Manuel Lanzini

마누엘 란치니

웨스트햄의 테크니션. 지난 시즌 임대 신분으로 웨스트햄에서 활약했고, 사타구니와 발목 부상이 있었음에도 리그 26경기에 출전해 6골 2도움을 기록했다. 오른발잡이 메시라 불리며 아르헨티나에서도 많은 기대를 받고 있고, 감각적인 드리블 돌파와 정교한 패싱력을 바탕으로 창조적인 플레이를 펼친다. 문전에서의 마무리 능력과 먼 거리에서 시도하는 슈팅도 날카롭다. 다만 잦은 부상과 기복, 수비력이 아쉽다.

국적 : 아르헨티나

리버 플라테 유스 출신으로 2010년 1군으로 데뷔했고, 2014년에는 UAE 알 자지라에서 뛴 특이한 이력이 있다. 2015-16시즌 웨스트햄에서 임대로 맹활약하며 2016년 완전 이적했다. 아르헨티나 U-20 대표로 활약했다.

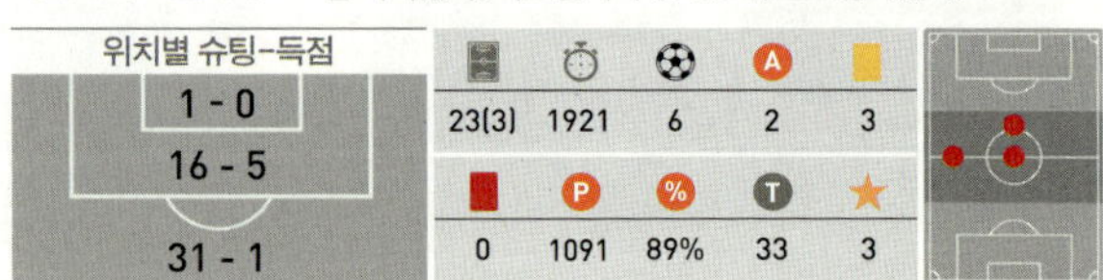

위치별 슈팅-득점							
1 - 0		23(3)	1921	6	2	3	
16 - 5							
31 - 1		0	1091	89%	33	3	

MF Mark Noble

16 / 마크 노블

웨스트햄 중원의 핵심이자, 정신적인 지주. 그라운드에서 폭넓게 움직이고, 순간 압박이 강력하다. 오른발 킥이 정교해 세트피스에서 활용도가 높고, 롱패스를 즐기면서도 패스 성공률이 우수한 편이다. 집중력이 좋아 인터셉트, 태클, 클리어링 등 전체적인 수비력도 평균 이상이다. 지난 시즌 리그 37경기에 출전해 7골 4도움을 올리며 웨스트햄의 돌풍을 이끌었고, EPL 최고의 미드필더 중 하나다.

국적 : 잉글랜드

웨스트햄 유스 출신으로 2004년 1군으로 데뷔했고, 힐시티(임대), 입스위치 타운(임대)을 거쳐 2006-07시즌부터 주전으로 도약했다. 웨스트햄의 살아있는 전설이다. 잉글랜드 연령별 대표를 모두 지냈지만 아직까지 A대표 경험은 없다.

위치별 슈팅-득점

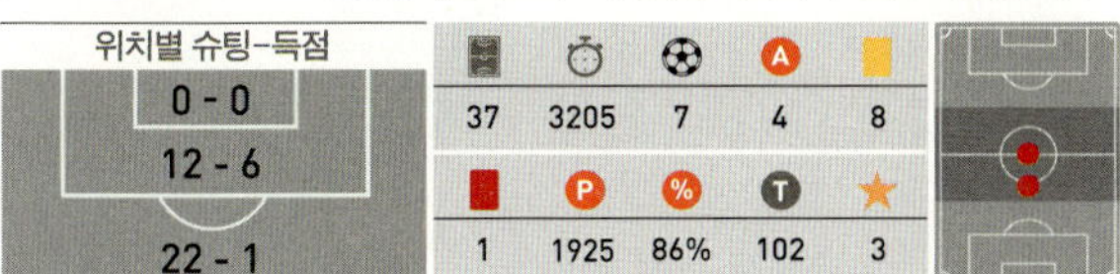

0 - 0	37	3205	7	4	8
12 - 6					
22 - 1	1	1925	86%	102	3

MF Dimitri Payet

27 / 디미트리 파예

웨스트햄의 에이스. 프랑스 리그 도움왕 출신으로 지난 시즌 웨스트햄의 유니폼을 입고 30경기에 출전해 9골 12도움을 기록했다. 2선 전 지역에서 활약할 수 있고, 날카로운 오른발 킥력을 가지고 있어 세트피스에서 엄청난 위력을 발휘한다. 유연한 볼 터치와 감각적인 드리블 돌파 능력을 가지고 있고, 가장 큰 장점 정교한 패싱력으로 지난 시즌 경기당 4개의 키패스를 기록했다. 강력한 슈팅력도 일품이다.

국적 : 프랑스

엑셀시오르 유스 출신. 2005년 낭시에서 데뷔했고, 셍티티앙, 릴, 마르세유를 거쳐 2015년 6월 웨스트햄으로 이적했다. 2010년부터 국가대표로 활약하고 있고, 유로 2016에서 프랑스를 준우승으로 이끌며 유럽이 주목하는 스타가 됐다.

위치별 슈팅-득점

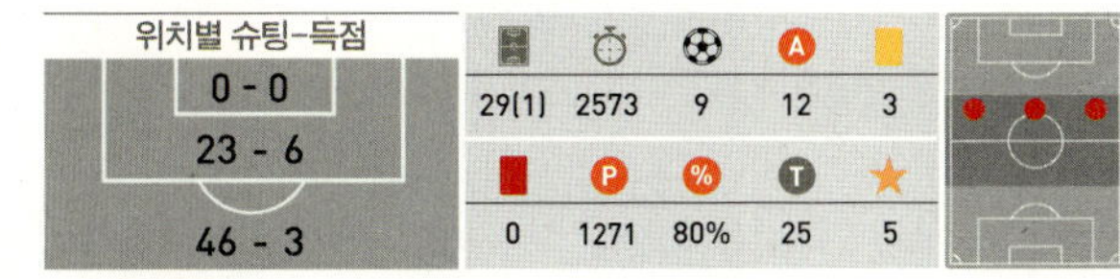

0 - 0	29(1)	2573	9	12	3
23 - 6					
46 - 3	0	1271	80%	25	5

MF Michail Antonio

30 / 미카일 안토니오

진정한 멀티 플레이어. 좌우 측면 미드필더는 물론 오른쪽 풀백으로도 활약할 수 있다. 지난 시즌에도 윙어와 풀백을 오가면서 리그 26경기에 출전해 8골 3도움을 올렸다. 적극적인 몸싸움을 통해 상대를 제압하고, 둔탁하지만 힘이 있는 드리블 돌파로 측면을 허문다. 패스 성공률(69.6%)이 아주 좋은 편이 아니지만 강력한 슈팅력으로 득점포를 자주 가동하고, 득점 찬스를 만드는 데 능하다.

국적 : 잉글랜드

잉글랜드 런던 출신으로 세미프로 무대에서 데뷔했고, 2008년 레딩으로 이적했다. 그러나 자리를 잡지 못해 사우샘프턴, 콜체스터, 셰필드 등으로 임대를 떠났고, 노팅엄 포레스트를 거쳐 2015년 웨스트햄 유니폼을 입었다.

위치별 슈팅-득점

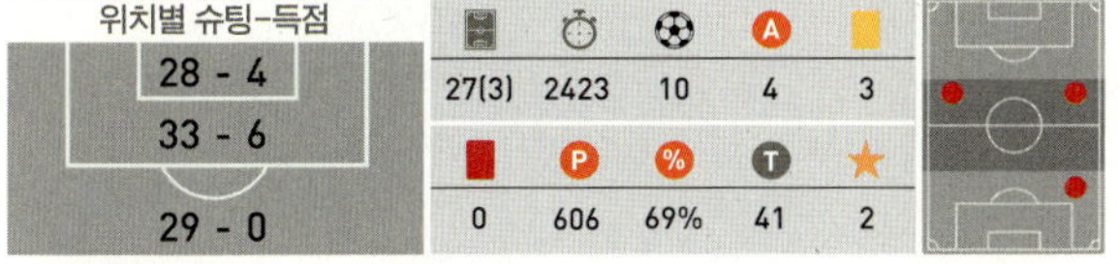

28 - 4	27(3)	2423	10	4	3
33 - 6					
29 - 0	0	606	69%	41	2

FW Andy Carroll

9 / 앤디 캐롤

잉글랜드를 대표하는 장신 공격수. 최전방에서 몸싸움을 즐기며 압도적인 제공권을 가지고 있지만 중요한 순간 부상이 발목을 잡는 유리몸이다. 2012년 웨스트햄 입단 이후 총 12번이나 다쳤고, 지난 시즌 역시 발목, 사타구니, 햄스트링 부상을 당해 13경기 선발 출전해 그쳤다. 그러나 출전했을 때는 상당히 위협적인 공격수다. 강력한 슈팅력, 볼 키핑, 연계 플레이, 포스트 플레이 등 다양한 장점을 가지고 있다.

국적 : 잉글랜드

뉴캐슬 유스 출신. 2006년 이 팀 1군에서 데뷔했고, 프레스턴 NE(임대), 리버풀, 웨스트햄(임대)을 거쳐 2013년 5월 웨스트햄으로 완전히 이적했다. U-19, U-21 잉글랜드 대표 출신이고 한때 국가대표로 뛴 적도 있다.

위치별 슈팅-득점

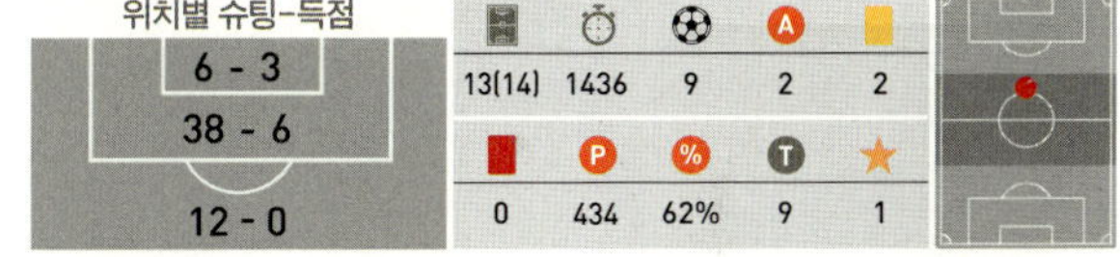

6 - 3	13(14)	1436	9	2	2
38 - 6					
12 - 0	0	434	62%	9	1

FW Enner Valencia

11 / 에네르 발렌시아

좌우 측면과 최전방 공격수를 소화하는 멀티 플레이어. 중거리 슈팅이 강력하고, 그리 크지 않은 키(174cm)에도 높은 점프력을 바탕으로 공중 볼 쟁탈전에서 우위를 점한다. 다만 골 결정력은 여전히 의심스럽다. 지난 시즌 경기당 1.8회 슈팅을 기록했지만 득점은 단 4골에 불과했다. 스피드와 공격적인 침투 능력이 우수하고, 수비 가담도 나쁘지 않다. 여기에 프리킥 상황에서 날카로운 슈팅을 날리기도 한다.

국적 : 에콰도르

20010년 에멜렉에서 데뷔했고, 파추카를 거쳐 2014년 7월 1200만 파운드에 웨스트햄과 계약했다. 어린 시절 너무 가난해 에멜렉 구단 임시 숙소에서 지냈고, 음식을 제대로 사먹을 수 없었다고 한다. 축구 선수로 제대로 성공한 셈.

위치별 슈팅-득점

3 - 0	10(9)	1010	4	2	1
18 - 3					
13 - 1	0	249	76%	20	0

FW Andre Ayew

20 / 안드레 아이유

가나산 특급 공격수. 지난 시즌 스완지 시티 소속으로 리그 34경기에 출전해 12골 2도움을 올리며 EPL 적응을 마쳤다. 좌우 측면은 물론 최전방에서도 활약할 수 있고, 스피드와 골 결정력을 갖추고 있다. 드리블 능력은 리그 최고 수준. 화려하게 볼을 몰고 가면서 상대 수비를 쉽게 제치거나 파울을 얻는다. 압박을 받는 상황에서도 볼을 잘 지켜내며 날카롭게 컷-인해 찬스를 잡는다. 패싱력과 볼 키핑도 준수.

국적 : 가나

가나계 이민 2세로 프랑스 세클린에서 태어났다. 마르세유, 로리앙, 알레-아비뇽, 스완지 시티를 거쳐 웨스트햄의 유니폼을 입었다. 가나 축구 역사상 최고스타였던 아베디 펠레의 아들이고, 가나 대표팀에서도 에이스 역할을 한다.

위치별 슈팅-득점

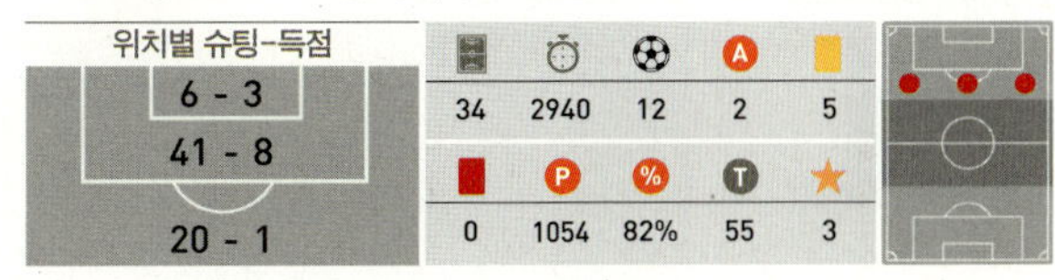

6 - 3	34	2940	12	2	5
41 - 8					
20 - 1	0	1054	82%	55	3

LIVERPOOL FC

구단 소개

구단 창립 : 1892년
홈구장 : 안필드
감독 : 위르겐 클롭
2015-16시즌 : 8위(승점 60점)
16승 12무 10패 63득점 50실점
닉네임 : The Reds

주요대회 우승횟수

🏆 18	ENGLISH PREMIER LEAGUE	🏆 7	ENGLISH FA CUP
🏆 5	UEFA CHAMPIONS LEAGUE	🏆 3	UEFA EUROPA LEAGUE
🏆 0	FIFA CLUB WORLD CUP	🏆 0	UEFA-CONMEBOL INTERCONTINENTAL

UNIFORM

Home

Away

강력한 팀으로 거듭난 클롭의 리버풀 명가의 부활이 시작된다

2015-16 SEASON REVIEW

우여곡절이 많은 시즌이었다. 리버풀은 개막 2연승을 기록하며 쾌조의 출발을 보이는 듯했지만 3라운드부터 6라운드까지 승리를 챙기지 못하며 흔들리는 모습을 보였다. 시즌 중반으로 넘어가는 순간에도 더딘 순위 상승에 힘겨워하던 리버풀이었고, 결국 특단의 조치를 취했다. 로저스 감독을 경질하고 클롭 감독을 선임한 것. 엄청난 기대를 받았고, 동시에 가능성을 남겼다. 비록 리그에서는 특별한 기록을 세우지 못했지만 유로파리그 준우승이라는 성과를 냈고 다음 시즌을 더욱 기대하게 만들었다.

SUMMER TRANSFER

클롭 감독의 특성이 그대로 보였다. 빅네임 대신 확실히 필요한 선수와 장기적으로 성장 가능성이 있는 선수들을 영입했다. 가장 큰 성과는 마네의 영입이다. 이미 잉글랜드 무대에서 검증을 마친 사네는 공격은 물론 중원에서 큰 효과를 발휘할 수 있을 것으로 판단된다. 또한, 골키퍼 카리우스의 영입이 눈에 띈다. 기복이 있는 미뇰렛과 경쟁을 기대할 수 있게 됐다. 이 밖에도 마티프의 영입을 통해 중앙 수비까지 강화하게 됐다. 그리고 잉여자원 정리도 있었다. 발로텔리, 벤테케, 앨런 등이 이에 해당돼 팀을 떠나게 됐다.

2016-17 SEASON OUTLOOK

눈여겨봐야 하는 시즌인 것은 확실하다. 클롭 감독의 색깔이 본격적으로 나오게 될 시즌이기 때문. 클롭 감독은 낯선 잉글랜드 무대에 적응을 마쳤으며 자신의 전술을 확실히 소화할 수 있는 선수들을 영입해 팀을 재편했다. 유럽 대항전에 출전하지 않게 된 것은 자존심이 상할 수 있지만, 반대로 온전히 리그에 집중할 수 있는 이점을 안고 시즌을 시작할 수 있게 됐다. 하지만 벤테케와 발로텔리가 팀을 떠나게 되면서 공격 선수층이 빈약해진 것은 걱정스러운 부분이다.

감독 위르겐 클롭 (Jürgen KLOPP)

2001년 선수 생활을 마감한 클롭은 곧바로 마인츠에서 감독으로서의 인생을 시작했다. 그는 마인츠를 처음으로 분데스리가에 진출시켰고 8년 동안 마인츠를 이끌었다. 이후 결정적인 선택을 하게 됐다. 2008년 도르트문트 감독 부임을 결정한 것이다. 도르트문트에서 보낸 8년 동안 분데스리가 우승 2회, DFB 포칼 1회, 슈퍼컵 1회, 챔피언스리그 준우승 1회 등 화려한 성적을 냈고 어느덧 명장의 반열에 올라섰다. 이런 가운데 2015년 도르트문트와 작별을 고하자 그의 다음 행선지가 초미의 관심사로 떠올랐고 많은 빅 클럽들이 그의 선임을 위해 뜨거운 구애를 보내기도 했다. 그의 선택은 리버풀이었다. 리버풀은 그에게 무한한 믿음을 보이며 장기 계약을 제시했다.

PROFILE
- 출 생 : 1967.7.16
- 국 적 : 독일
- 계 약 : 2022.6.30

STADIUM

Anfield

구장 오픈	1884년
구장 증축	–
구장 소유	리버풀 FC
수용 인원	4만 5,276명
피치 규모	101m × 68m
잔디 종류	천연 잔디

SQUAD LIST

위치	번호	이름	국적	신장	체중	생년월일
GK	1	Darren Randolph	IRL	185	78	12-05-87
	13	Adrian	ESP	188	77	03-01-87
DF	2	Winston Reid	NZL	190	87	03-07-88
	3	Aaron Cresswell	ENG	170	66	15-12-89
	5	Alvaro Arbeloa	ESP	183	76	17-01-83
	19	James Collins	WAL	188	90	23-08-83
	21	Angelo Ogbonna Obinze	ITA	189	86	23-05-88
	22	Sam Byram	ENG	183	72	16-09-93
	25	Doneil Henry	CAN	188	82	20-04-93
	26	Arthur Masuaku	FRA	179	70	07-11-93
MF	4	Håvard Nordtveit	NOR	186	72	21-06-90
	7	Sofiane Feghouli	ALG	178	71	26-12-89
	8	Cheikhou Kouyate	SEN	189	75	21-12-89
	10	Manuel Lanzini	ARG	169	64	15-02-93
	14	Pedro Mba Obiang	ESP	185	75	27-03-92
	16	Mark Noble	ENG	180	76	08-05-87
	17	Gokhan Tore	TUR	176	74	20-01-92
	23	Diego Poyet	ENG	183	74	08-05-95
	27	Dimitri Payet	FRA	174	70	29-03-87
	30	Michail Antonio	ENG	180	82	28-03-90
	31	Edimilson Fernandes	SUI	190	70	15-04-96
FW	9	Andy Carroll	ENG	191	65	06-01-89
	11	Simone Zaza	ITA	186	83	25-06-91
	15	Diafra Sakho	SEN	184	79	24-12-89
	20	Andre Ayew	GHA	176	72	17-12-89

2016-17 SEASON SCHEDULE

날짜	장소	상대팀	날짜	장소	상대팀
14/AUG	A	Arsenal FC	20/JAN	H	Swansea City
20/AUG	A	Burnley FC	31/JAN	H	Chelsea FC
27/AUG	A	Tottenham Hotspur	03/FEB	A	Hull City
10/SEP	H	Leicester City	10/FEB	H	Tottenham Hotspur
16/SEP	H	Chelsea FC	24/FEB	A	Leicester City
24/SEP	H	Hull City	03/MAR	H	Arsenal FC
01/OCT	A	Swansea City	10/MAR	H	Burnley FC
17/OCT	H	Manchester United	17/MAR	A	Manchester City
22/OCT	H	West Bromwich Albion	31/MAR	H	Everton FC
29/OCT	A	Crystal Palace	04/APR	H	AFC Bournemouth
06/NOV	H	Watford FC	07/APR	A	Stoke City
19/NOV	A	Southampton FC	14/APR	A	West Bromwich Albion
26/NOV	H	Sunderland AFC	21/APR	H	Crystal Palace
02/DEC	A	AFC Bournemouth	28/APR	A	Watford FC
09/DEC	H	West Ham United	05/MAY	H	Southampton FC
12/DEC	A	Middlesbrough FC	12/MAY	A	West Ham United
16/DEC	A	Everton FC	20/MAY	H	Middlesbrough FC
25/DEC	H	Stoke City			
30/DEC	H	Manchester City			

RANK OF LAST 5 YEARS

평균 볼 점유율 | 득점 패턴

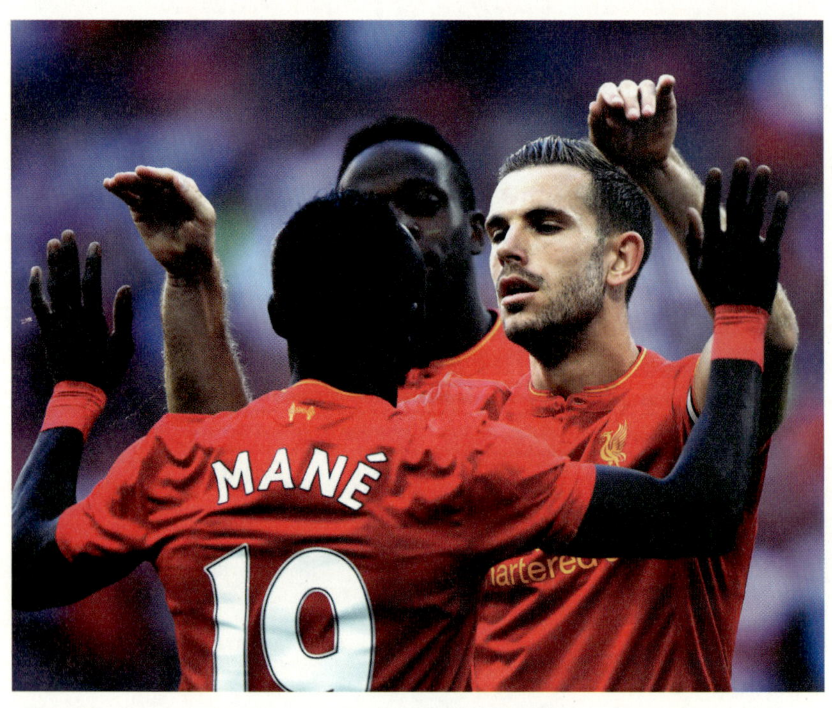

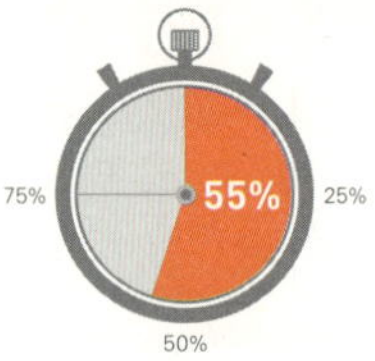

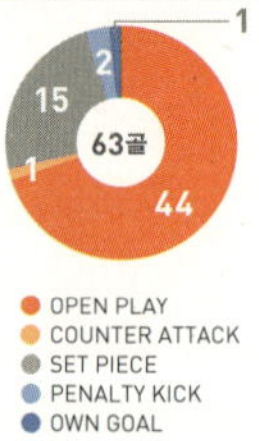

STRENGTHS & WEAKNESSES

OFFENSE		DEFENSE	
직접 프리킥	B	세트피스 수비	C
문전 처리	B	상대 볼 뺏기	C
측면 돌파	B	공중전 능력	E
스루볼 침투	C	역습 방어	C
개인기 침투	B	지공 방어	E
카운터 어택	C	스루패스 방어	C
기회 만들기	C	리드 지키기	D
세트피스	C	실수 조심	D
OS 피하기	D	측면 방어력	C
중거리 슈팅	C	파울 주의	C
볼 점유율	B	중거리슛 수비	C

매우 강함 A 강한 편 B 보통 수준 C 약한 편 D 매우 약함 E

시간대별 득점 | 시간대별 실점 | 득점 분포 | 공격 방향 | 볼 점유 위치 | 포지션별 득점 | 상대 포지션별 실점

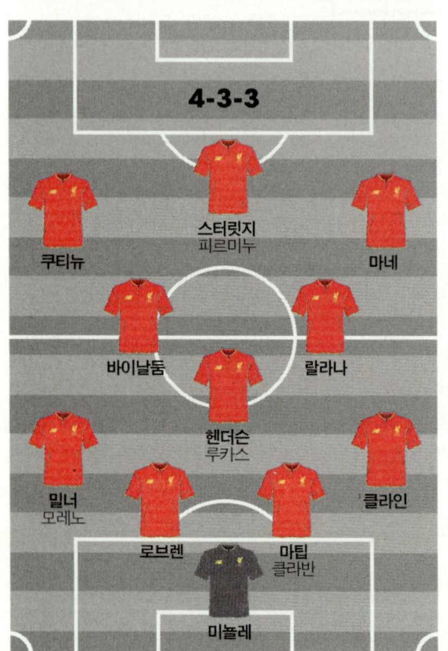

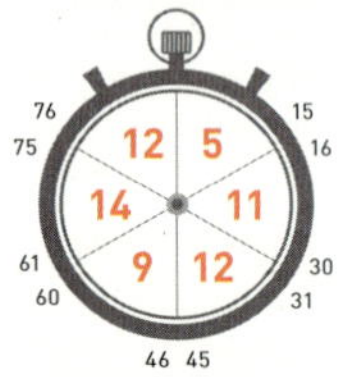

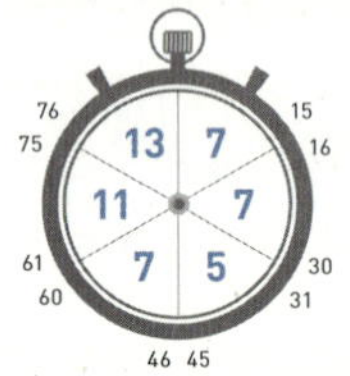

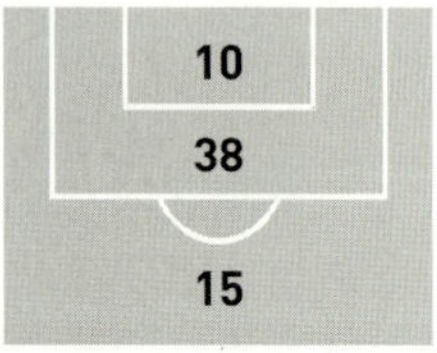

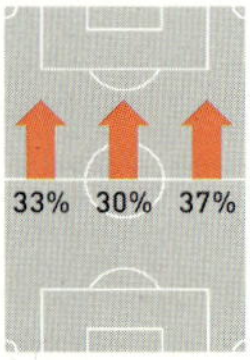

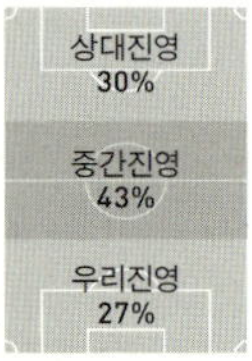

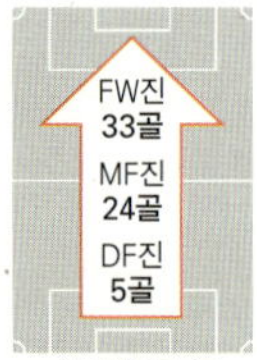

*상대 자책골 1골

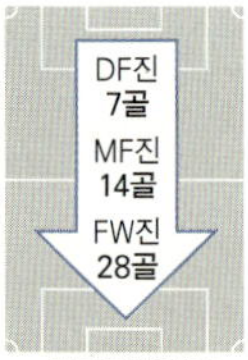

*자책골 실점 1골

FORMATION

TOTO GUIDE 지난 시즌 상대팀별 전적

상대팀	홈	원정
Leicester City	1-0	0-2
Arsenal	3-3	0-0
Tottenham	1-1	0-0
Manchester City	3-0	4-1
Manchester Utd	0-1	1-3
Southampton	1-1	2-3
West Ham Utd	0-3	0-2
Stoke City	4-1	1-0
Chelsea	1-1	3-1
Everton	4-0	1-1
Swansea City	1-0	1-3
Watford	2-0	0-3
West Bromwich	2-2	1-1
Crystal Palace	1-2	2-1
Bournemouth	1-0	2-1
Sunderland	2-2	1-0
Newcastle Utd	2-2	0-2
Norwich City	1-1	5-4
Aston Villa	3-2	6-0

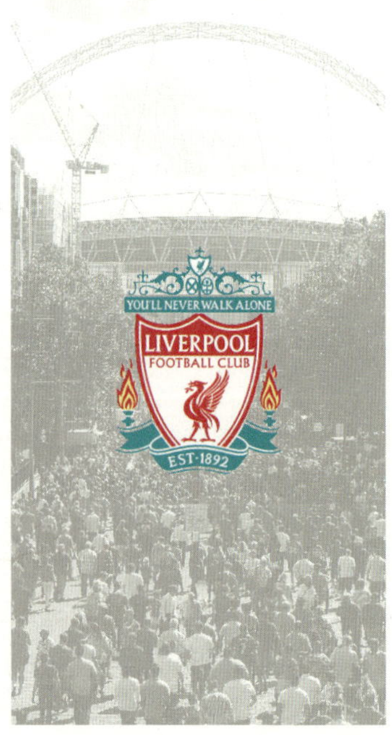

GK Loris Karius

리버풀의 고민을 덜어줄 골키퍼. 독일 출신으로 마누엘 노이어의 뒤를 이를 인재로 평가받고 있다. 활동반경이 넓으며, 동물적인 반사신경으로 선방쇼를 펼친다. 순간 집중력도 뛰어나다. 그러나 킥의 정확도는 보완이 필요한 부분이다. 시몽 미뇰렛을 긴장시키기에 충분하다는 평가가 주를 이룬다. 이번 시즌 리버풀의 골키퍼 판도 변화에 열쇠를 쥐고 있는 인물이라고 해도 무방하다.

로리스
카리우스

맨체스터 시티 유스 출신으로, 2012년 마인츠에 입단해 지난 시즌부터 주전으로 도약했다. 독일 U-21 대표팀에서 활약했고, 이에 리버풀은 이전부터 눈여겨온 카리우스를 영입해 등번호 1번을 부여했다.

국적 : 독일

1

슈팅 위치별 선방

4
63
53

	⏱	⚽	A	
34	3060	0	0	1

	P	%	S	★
0	1100	54%	120	1

GK Simon Mignolet

리버풀에서 부동의 주전으로 활약해온 골키퍼. 큰 키와 뛰어난 순발력으로 이따금 모두를 감탄하게 하는 선방을 펼친다. 그러나 잔 실수가 빈번하게 발생하면서 도마에 올랐고, 결국 리버풀은 여름 이적 시장을 통해 미뇰레와 경쟁할 골키퍼 카리우스를 영입했다. 크로스를 처리할 때 미스가 종종 나오고, 펀칭 빈도가 상대적으로 높은 편이다. 이번 시즌 주전 자리를 지키기가 쉽지 않을 것으로 보인다.

시몽
미뇰레

2012년 선덜랜드로 이적해 주전으로 활약했고, 2013년 리버풀로 둥지를 옮겼다. 벨기에 대표팀에서도 연령별 대표팀을 거치며 성장한 골키퍼로, 2011년 8월 슬로베니아전을 통해 벨기에 국가대표로 데뷔했다.

국적 : 벨기에

22

슈팅 위치별 선방

3
37
30

	⏱	⚽	A	
34	3060	0	0	2

	P	%	S	★
0	346	61%	70	0

DF Nathaniel Clyne

공격적인 성향이 강한 풀백 자원. 볼 컨트롤 능력이 뛰어나며, 빠른 발을 활용해 측면에서 과감한 오버래핑을 서슴지 않는다. 공수에 걸쳐 큰 힘이 되는 선수. EPL 경험도 풍부하다. 지난 시즌에는 리그 33경기에 출전해 부동의 오른쪽 풀백으로 활약했다. 잔 부상이 단점으로 지적됐었지만, 최근에는 내구성을 높여 부상을 최소화하고 있다. 잉글랜드 대표팀에서도 꾸준한 부름을 받고 있다.

나다니얼
클라인

크리스털 팰리스 유스 출신이다. 17세의 나이로 풀타임 활약하며 프로 데뷔전을 성공적으로 장식했고, 사우샘프턴을 거쳐 2015년 여름 리버풀에 입단했다. 잉글랜드의 연령별 대표팀을 거쳤고, 2014년 11월 A매치 데뷔전을 치렀다.

국적 : 잉글랜드

2

위치별 슈팅-득점

2 - 1
8 - 0
19 - 0

	⏱	⚽	A	
33	2970	1	0	6

	P	%	T	★
0	1510	79%	84	1

DF Mamadou Sakho

다부진 체격조건과 빠른 발을 겸비한 수비수. 왼발잡이이며, 풀백도 소화할 수 있는 다재다능한 선수. 날카로운 패스와 공중볼 장악 능력이 장점으로 꼽히지만, 잦은 부상이 단점이다. 지난 시즌에도 무릎과 아킬레스 등에 부상을 당해 장기간 전력에서 이탈했고, 금지 약물 복용 의혹을 받으며 일시적으로 출전금지를 당하기도 했다. 프리시즌에는 시간을 지키지 않아 클롭 감독의 눈 밖에 났다.

마마두
사코

파리 생제르망 유스 출신으로, 프랜차이즈 스타로 발돋움했지만 경쟁에서 밀리고 말았다. 결국 2013년 리버풀로의 이적을 선택했고, 꾸준히 출전기회를 부여받았다. 프랑스 연령별 대표팀을 거치며 엘리트 코스를 밟았다.

국적 : 프랑스

3

위치별 슈팅-득점

2 - 1
3 - 0
1 - 0

	⏱	⚽	A	
21(1)	1855	1	0	1

	P	%	T	★
0	1243	88%	30	0

DF Dejan Lovren

리버풀이 수비력 보강을 위해 2014년 사우샘프턴으로부터 데려온 수비 자원. 그러나 첫 시즌 기대 이하의 경기력을 보여줬다. 공중볼 장악력과 상대의 패스를 잘라내는 능력이 수준급이다. 공격적인 플레이에도 능해 빌드-업의 시발점 역할을 곧잘 해낸다. 그러나 순간적으로 집중력을 잃으면서 잔실수가 잦다. 올해 초에는 햄스트링 부상으로 두 차례나 20일 넘게 전력에서 이탈했다.

데얀
로브렌

디나모 자그레브 아카데미 출신으로 2006년 프로로 데뷔했다. 크로아티아 연령별 대표를 모두 지냈고, 2009년부터 A대표로 뛰고 있다. 가장 재미있게 본 영화로 '태극기 휘날리며'를 꼽아 국내 팬들에게 '대한 로브렌'이란 별명을 얻었다.

국적 : 크로아티아

6

위치별 슈팅-득점

2 - 0
15 - 0
5 - 0

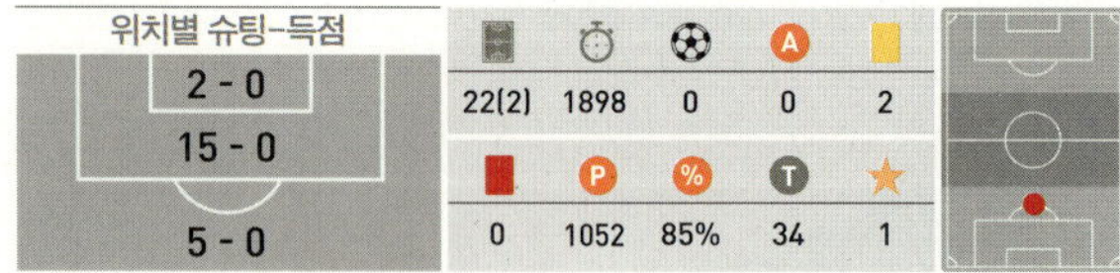

	⏱	⚽	A	
22(2)	1898	0	0	2

	P	%	T	★
0	1052	85%	34	1

DF Joseph Gomez

주 포지션은 센터백이지만, 리버풀에서 풀백으로 활약 중인 수비수. 19세의 어린 나이에도 불구하고 잠재력을 인정받아 2015년 6월 리버풀로 이적했다. 과감한 드리블 돌파를 바탕으로 한 오버래핑이 돋보인다. 볼을 잘 다루며, 날카로운 패스로 공격의 물꼬를 터주는 데에도 능하다. 그러나 최근 아킬레스 부상을 당하면서 리버풀의 수비진 운용에도 차질을 빚게 됐다.

조셉
고메스

찰턴 애슬레틱 유스 출신으로, 2014년 프로로 데뷔했다. 잉글랜드 연령별 대표팀에서도 활약하며 관심을 모았고, 결국 리버풀이 그의 영입에 나섰다. 리버풀의 미래를 짊어질 선수라고 해도 과언이 아니다.

국적 : 잉글랜드

12

위치별 슈팅-득점

0 - 0
0 - 0
1 - 0

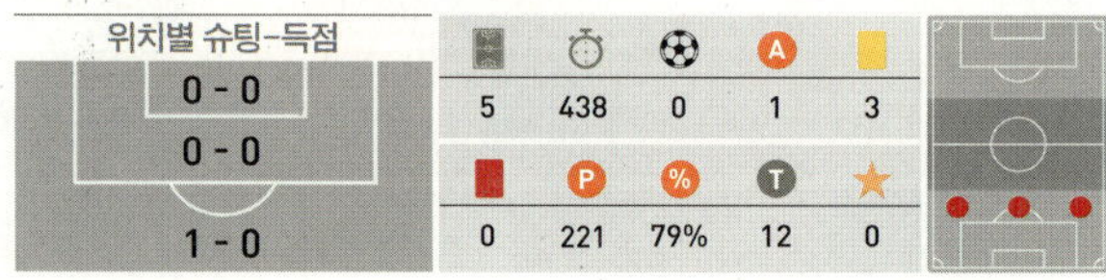

	⏱	⚽	A	
5	438	0	1	3

	P	%	T	★
0	221	79%	12	0

DF Ragnar Klavan

17

라그나르
클라반

아우크스부르크에서 부동의 센터백으로 활약한 수비 자원. 올 여름 리버풀이 수비력 보강을 위해 일찌감치 데려왔다. 에스토니아 출신 선수 중 최고 이적료를 기록하며 리버풀에 입성했다. 강력한 태클을 구사하며, 186cm의 키를 바탕으로 공중볼 장악에 뛰어나다. 왼쪽 풀백도 소화가 가능해 이번 시즌 수비진 운용에 고민을 떠안을 리버풀에서 약방의 감초 역할을 해낼 것으로 보인다.

국적 : 에스토니아

에스토니아 대표팀에서 미드필더로 활약한 아버지의 영향을 받아 축구를 시작했다. 지네딘 지단 같은 미드필더를 꿈꿨지만, 알크마르에서 중앙 수비수로 포지션을 전향했다. 에스토니아 국가대표로 112경기에 출전했다.

위치별 슈팅-득점

0 - 0		
9 - 0		
0 - 0		

경기수	출전시간	득점	도움	경고
31	2787	0	0	2

퇴장	패스시도	패스성공률	태클성공	MOM
0	1499	85%	40	1

DF Alberto Moreno

18

알베르토
모레노

공격적인 성향이 강한 왼쪽 수비수. 지난 시즌 리그 32경기에 출전하며 리버풀에서 부동의 풀백으로 활약했다. 크로스가 정교하고, 볼을 잘 지켜낸다. 목표를 향해 맹렬히 돌진하는 성향을 보이며, 드리블로 상대를 곧잘 따돌린다. 이따금 불안정한 수비를 펼쳐 비난을 받기도 했지만, 위르겐 클롭 감독은 모레노에게 굳은 믿음을 가지고 있다. 성실한 면을 가지고 있어 클롭 체제에서 주전으로 활약한다.

국적 : 스페인

세비야 유스 출신으로 2011년 이 팀에서 2군과 1군에 차례로 데뷔했다. 2014년 8월에는 1200만 파운드를 기록하며 리버풀 유니폼을 입었다. 스페인 U-21 대표 출신이며, 2013년 A대표로 데뷔했다.

위치별 슈팅-득점

0 - 1		
5 - 0		
13 - 0		

경기수	출전시간	득점	도움	경고
28(4)	2548	1	4	3

퇴장	패스시도	패스성공률	태클성공	MOM
0	1324	81%	92	3

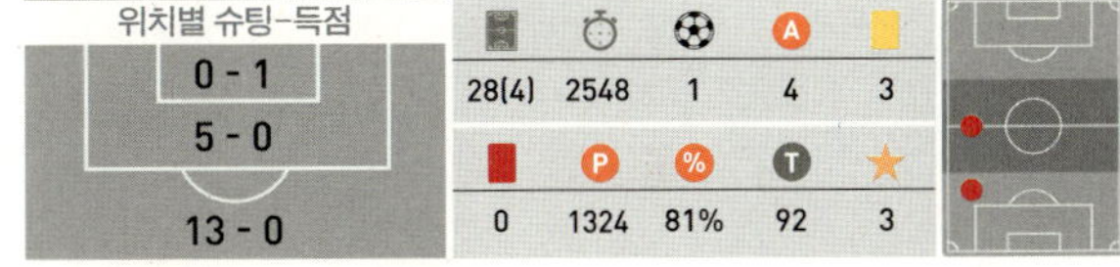

DF Joel Matip

32

조엘
마팁

지난 시즌 샬케에서 리그 34경기에 선발 출전하며 주전 센터백으로 활약했다. 이에 리버풀은 지난 2월 일찌감치 그의 영입을 이뤄냈고, 시즌을 마친 뒤 리버풀에 합류. 195cm에 90kg에 육박하는 건장한 체격을 바탕으로 한 제공권이 뛰어나다. 날카로운 패스도 일품이며, 독일 분데스리가에서 최고의 센터백으로 성장했다. 순간 집중력도 뛰어나 리버풀에 좋은 영입이 될 것이란 평가가 주를 이룬다.

국적 : 카메룬

독일 출신의 어머니와 카메룬 출신의 아버지 사이에 태어났다. 2009년 샬케에서 프로무대를 밟았고, 프로로 데뷔한 지 2년 만에 주전 자리를 꿰찼다. 현재 카메룬 국가대표로 활약하고 있다.

위치별 슈팅-득점

1 - 0		
30 - 3		
0 - 0		

경기수	출전시간	득점	도움	경고
34	3060	3	3	3

퇴장	패스시도	패스성공률	태클성공	MOM
0	1704	84%	55	2

MF Georginio Wijnaldum

5

조르지니오
바이날둠

2선에서 주로 활용되는 미드필더 자원. 중앙과 왼쪽 측면을 두루 소화할 수 있는 멀티플레이어다. 그러나 장단점이 뚜렷하다. 스피드를 활용한 드리블 돌파와 탈압박, 볼 배급 능력은 훌륭하지만, 공격에 비해 저조한 수비 가담은 단점으로 꼽힌다. 기복 있는 경기력도 불안요소다. 이번 시즌 리버풀에서는 3선에서 주로 활용될 것으로 보인다. 바이날둠이 앞으로 꾸준히 성장하기 위해선 수비력 보완이 절실하다.

국적 : 네덜란드

어렸을 때부터 축구선수를 꿈꾼 것은 아니다. 축구를 하는 것보다 TV로 시청하는 것에 관심이 많았고, 체조선수가 꿈이었다. 그러나 그의 조카가 스파르타 로테르담 아카데미에 초대한 것을 계기로 축구에 흥미를 보였다.

위치별 슈팅-득점

2 - 1		
40 - 9		
12 - 1		

경기수	출전시간	득점	도움	경고
36(2)	3169	11	5	1

퇴장	패스시도	패스성공률	태클성공	MOM
0	1250	85%	38	2

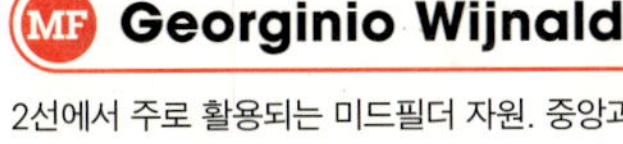

MF James Milner

7

제임스
밀너

리버풀에서 살림꾼 역할을 톡톡히 해내고 있는 미드필더로 풀백과 윙어까지 소화 가능하다. 지난 시즌에는 햄스트링, 종아리 부상 등으로 리그 28경기 출전에 그쳤다. 밀너는 리버풀에 없어선 안 될 존재다. 적재적소에 뿌려주는 패스가 일품이며, 볼을 잘 지켜내고 과감한 직선 돌파로 공격에 활력을 불어넣는다. 태클과 마킹 등 수비능력도 뛰어나고, 성실한 플레이가 장점이다. 올 시즌 부상 없이 치러야 한다.

국적 : 잉글랜드

리즈 아카데미 출신으로, 2002년 프로 무대에 데뷔했다. 이후 스윈던 타운, 뉴캐슬, 애스턴 빌라, 맨시티를 거쳐 리버풀로 이적했다. 잉글랜드 U-16부터 U-17 연령별 대표팀을 두루 거쳤고, 2009년부터 A대표팀에서 활약 중이다.

위치별 슈팅-득점

1 - 0		
18 - 3		
20 - 2		

경기수	출전시간	득점	도움	경고
28	2416	5	11	9

퇴장	패스시도	패스성공률	태클성공	MOM
1	1375	77%	70	4

MF Philippe Coutinho

10

필립
쿠티뉴

리버풀의 명실상부한 에이스. 루이스 수아레스, 스티븐 제라드, 라힘 스털링이 떠난 리버풀에 희망으로 떠올랐다. 화려한 드리블과 날카로운 패스, 강력한 슈팅 등 장점으로 꼽히는 부분이 무수히 많다. '마법사'란 별명이 괜히 생겨난 것이 아니다. 이번 시즌 초반에도 좋은 경기력으로 공격 포인트를 차곡차곡 쌓아가고 있다. 특히 페널티박스 좌측은 쿠티뉴의 주된 득점원으로, '쿠티뉴 존'이라 불린다.

국적 : 브라질

브라질 리우데자네이루 출신으로, 바스쿠 다 가마 유소년 팀에서 성장해 2008년 인테르에서 데뷔했다. 2013년 1월 리버풀에 입단해 단숨에 주전 자리를 꿰찼다. 브라질 대표팀에서도 꾸준히 부름받고 있다.

위치별 슈팅-득점

0 - 0		
42 - 4		
69 - 4		

경기수	출전시간	득점	도움	경고
28	2416	5	11	9

퇴장	패스시도	패스성공률	태클성공	MOM
1	1375	77%	70	4

MF Jordan Henderson

14

조던
헨더슨

'스티븐 제라드의 후계자'로 큰 기대를 모았지만, 부상과 부진이 겹치면서 아쉬움을 남겼다. 지난 시즌 개막 시점부터 발 부상을 당해 수개월 전력에서 이탈했고, 무릎과 발꿈치 등 잔 부상에 시달렸다. 지난 시즌을 자신의 선수생활을 통틀어 최악의 시기로 꼽았을 정도다. 그러나 정확한 패스와 수비 가담, 볼 소유 능력이 뛰어나기 때문에 리버풀 중원에 반드시 필요한 선수라고 할 수 있다.

국적 : 잉글랜드

선덜랜드 아카데미 출신으로, 2008년 프로에 데뷔했다. 이후 코벤트리 시티를 거쳐 2011년 6월 리버풀에 입단했다. 리버풀은 2020년까지 장기계약을 맺으면서 그를 리버풀의 미래로 여기고 있음을 증명해보였다.

위치별 슈팅-득점

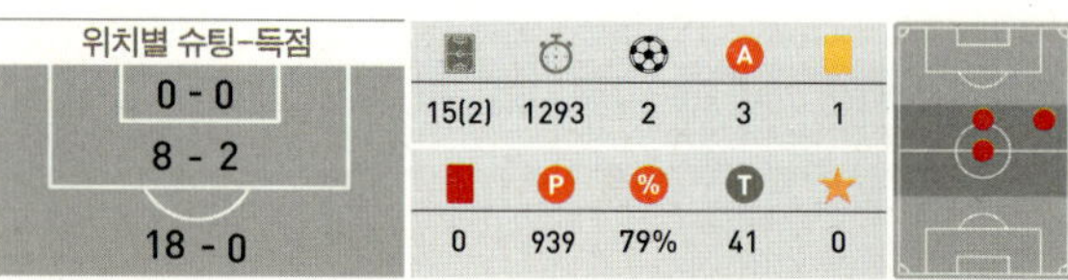

0 - 0			15(2)	1293	2	3	1
8 - 2							
18 - 0			0	939	79%	41	0

MF Marko Grujić

16

마르코
그루이치

네마냐 마티치의 뒤를 이을 미드필더 유망주. 마티치보다 공격력이 더 뛰어나단 평가가 주를 이룬다. 이젠 리버풀에서 포스트 제라드를 꿈꾸고 있다. 지난 1월 리버풀로 이적했지만, 원 소속팀 츠르베나 즈베즈다에서 임대생활을 보낸 후 이번 시즌 본격적으로 팀에 합류했다. 중원에서 적재적소에 패스를 찔러 넣어주며, 빌드-업은 물론이며 슈팅력까지 뛰어나다고 평가받는 인재다.

국적 : 세르비아

2014년 츠르베나 즈베즈다에서 프로로 데뷔했고, 높은 충성심을 보이며 잔류를 고집했다. 그러나 재정난에 처하면서 결국 리버풀 이적이 성사됐다. 2011년 세르비아 U-16 대표팀에 발탁됐고, 5년도 채 되지 않아 A대표팀에 합류했다.

위치별 슈팅-득점

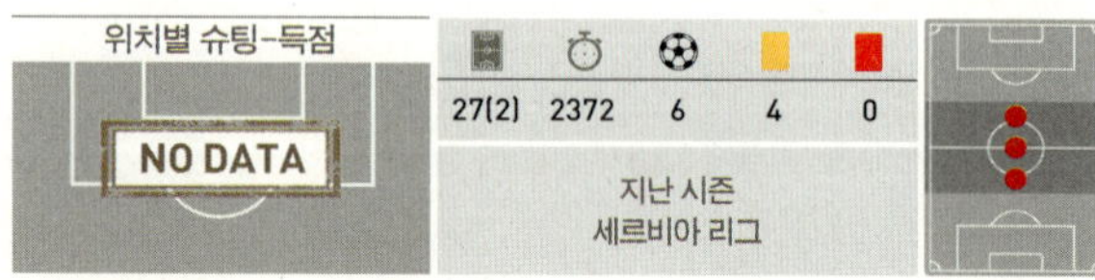

| | | | 27(2) | 2372 | 6 | 4 | 0 |

NO DATA

지난 시즌
세르비아 리그

MF Sadio Mane

19

사디오
마네

세네갈 출신의 윙어. 사우샘프턴에서 두 시즌 연속 두 자릿수 득점을 기록했고, 여름 이적 시장을 통해 리버풀에 입단했다. 빠른 발을 활용한 폭발적인 드리블과 우편에서 과감하게 날리는 슈팅이 위협적이다. 유연성을 갖추고 있으며, 보디밸런스가 좋아 순간적인 스피드를 발휘해도 밸런스가 쉽게 무너지지 않는다. 수비가담 능력이 부족하다는 지적을 받았지만, 클롭 감독의 지도 아래 탈바꿈하고 있다.

국적 : 세네갈

2012년 메츠에서 프로 데뷔했고, 2년 뒤 사우샘프턴에 입단해 약방의 감초 역할을 해냈다. 여름 이적 시장에서 맨유와 토트넘 등 다수의 팀들로부터 러브콜을 받았지만, 적극적으로 영입에 나선 리버풀의 손을 잡았다.

위치별 슈팅-득점

6 - 2			30(7)	2608	11	4	
60 - 9							
20 - 0			2	964	81%	54	4

MF Adam Lallana

20

아담
랄라나

공격형 미드필더와 윙어를 모두 소화할 수 있는 공격 자원. 과거 부상으로 전력에서 이탈한 적이 잦았지만, 리버풀에서 꾸준히 출전기회를 부여받고 있다. 축구 IQ가 뛰어나 볼을 몰고 가면서 다양한 페이크로 상대 수비를 속인다. 드리블 돌파가 가장 큰 장점으로 꼽히며, 짧은 패스와 수비 가담 능력도 훌륭하다. 득점력도 준수한 편에 속해 중요한 때에 해결사 역할을 해낸다.

국적 : 잉글랜드

사우샘프턴 유스 출신으로 2006년 프로무대에 데뷔했다. 본머스에서 임대생활을 한 뒤, 2014년 7월 2500만 파운드를 기록하며 리버풀 유니폼을 입었다. 잉글랜드 연령별 대표팀을 거쳤고, A대표팀에도 꾸준히 이름을 올리고 있다.

위치별 슈팅-득점

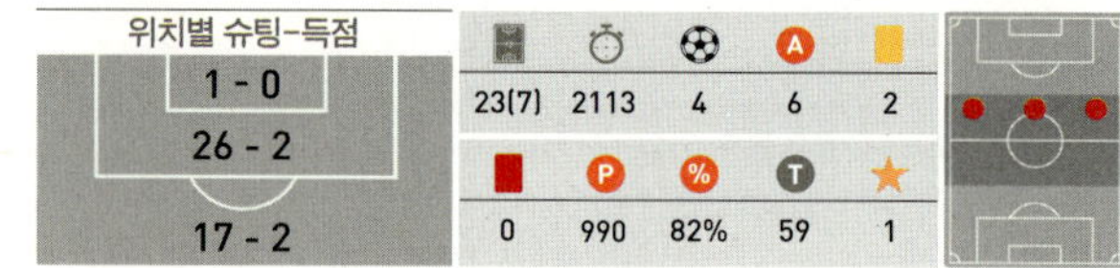

1 - 0			23(7)	2113	4	6	2
26 - 2							
17 - 2			0	990	82%	59	1

MF Lucas Leiva

21

루카스
레이바

리버풀에 없어선 안 되는 미드필더로 꼽혔지만, 최근 부상으로 입지가 위태로워졌다. 올해 초 허벅지 부상을 당한 데 이어 최근에는 햄스트링 부상으로 한 달간 전력에서 이탈했다. 날카로운 패스와 태클이 훌륭하며, 빠른 판단력으로 중원에서 상대의 패스줄기를 차단한다. 부상만 없다면 제몫을 충분히 해낼 수 있는 선수다. 정신력이 강해 웬만한 비난에도 쉽게 흔들리지 않는다.

국적 : 브라질

어려서부터 축구 신동으로 불렸다. 그레미우 아카데미 출신으로, 2005년 프로로 데뷔했다. 활약을 인정받은 그는 2007년 6월 리버풀 유니폼을 입는다. 브라질 U-20, U-23 대표를 거쳤고, 2007년부터 브라질 국가대표로 활약 중이다.

위치별 슈팅-득점

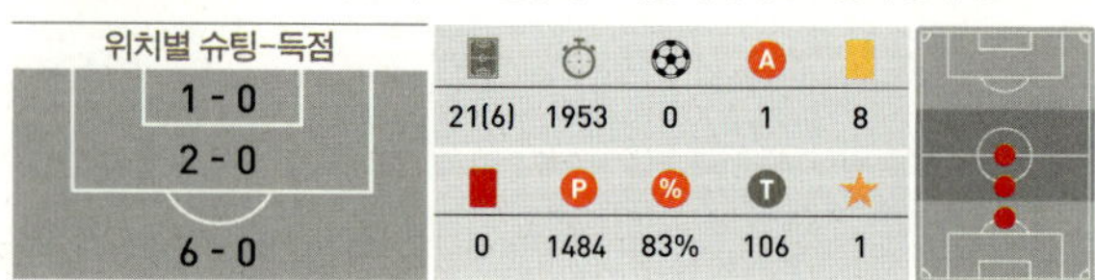

1 - 0			21(6)	1953	0	1	8
2 - 0							
6 - 0			0	1484	83%	106	1

MF Emre Can

23

엠레
찬

수비능력이 뛰어난 미드필더. 2014년 리버풀로 이적한 뒤 클롭 감독을 만나 더욱 성장하고 있다. 중원에서 폭넓은 활동량을 자랑하기 때문에 전방 압박 전술에 어울리는 미드필더란 호평을 받고 있다. 드리블을 활용한 돌파를 즐긴다. 정확도 낮은 패스가 단점으로 지적받아 왔지만, 최근 패스 정확도를 보완해가고 있는 모습. 풀백도 소화가 가능해 이번 시즌 다양한 위치에서 기용될 것으로 보인다.

국적 : 독일

터키계 독일인으로 독일 프랑크푸르트에서 태어났다. 6세의 나이에 축구를 시작해 일찌감치 두각을 나타냈다. 독일의 연령별 대표팀을 두루 거쳤고, 그 활약에 힘입어 바이에른 뮌헨에 입단해 2012년 프로무대에 데뷔했다.

위치별 슈팅-득점

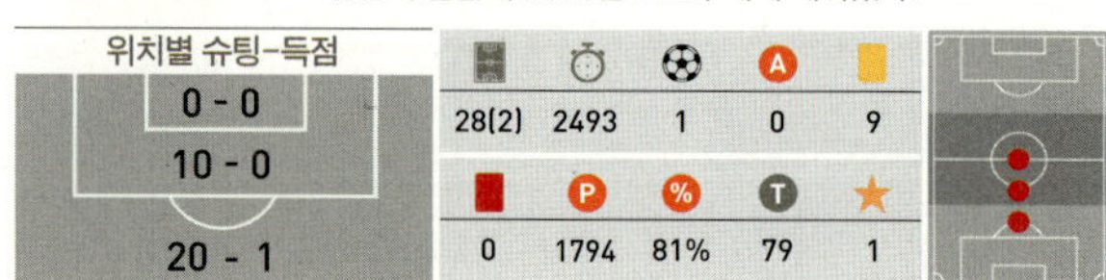

0 - 0			28(2)	2493	1	0	9
10 - 0							
20 - 1			0	1794	81%	79	1

FW **Roberto Firmino**

11

호베르투
피르미누

최전방과 2선을 모두 소화할 수 있는 공격수. 독일 분데스리가에서 검증을 마친 뒤 지난해 여름 리버풀로 이적했다. 드리블 능력은 리그 최고 수준으로 꼽힌다. 볼을 몰고 가면서 순간적인 방향 전환과 더블터치 등 고난도의 테크닉을 선보인다. 득점력도 준수해 최근 두 시즌 연속 두 자릿수 득점을 기록했다. 개인기가 특출하지만, 패싱력이 뛰어나 동료들을 활용한 연계 플레이에도 능하다.

국적 : 브라질

피게이렌제 아카데미 출신으로 2009년 프로로 데뷔했다. 이후 1899 호펜하임을 거쳐 2015년 6월 2900만 파운드의 이적료를 기록하며 리버풀로 이적했다. 2014년 브라질 대표팀에서 데뷔전을 치렀다.

위치별 슈팅-득점

4 - 3			
35 - 5			
24 - 2			

경기수	출전시간(분)	득점	도움	경고
24(7)	1982	10	7	1

퇴장	패스시도	패스성공률	태클성공	MOM
0	996	77%	67	5

FW **Daniel Sturridge**

15

다니엘
스터릿지

'유리몸'의 대명사. 개인 기량은 출중하지만, 부상으로 실력을 낭비하고 있다. 지난 시즌 개막과 동시에 엉덩이 부상으로 5개월가량 전력에서 이탈했고, 이후에도 무릎과 햄스트링, 근육 부상이 끊이지 않았다. 부상만 줄어든다면 훌륭한 공격수로 성장할 수 있는 인재다. 유연한 몸놀림을 바탕으로 어려운 각도에서도 곧잘 날카로운 슈팅을 때리며, 드리블 능력도 훌륭하다. 공격수로서 탁월한 골 결정력을 갖췄다.

국적 : 잉글랜드

맨시티 아카데미 출신이다. 2006년 프로무대에 데뷔했고, 첼시, 볼턴 원더러스(임대)를 거쳐 2013년 리버풀로 이적했다. 잉글랜드의 연령별 대표팀을 거치며 엘리트코스를 밟았고, 2011년부터는 A대표팀에서도 활약해왔다.

위치별 슈팅-득점

1 - 1			
28 - 7			
19 - 0			

경기수	출전시간(분)	득점	도움	경고
11(3)	980	8	1	0

퇴장	패스시도	패스성공률	태클성공	MOM
0	317	78%	3	1

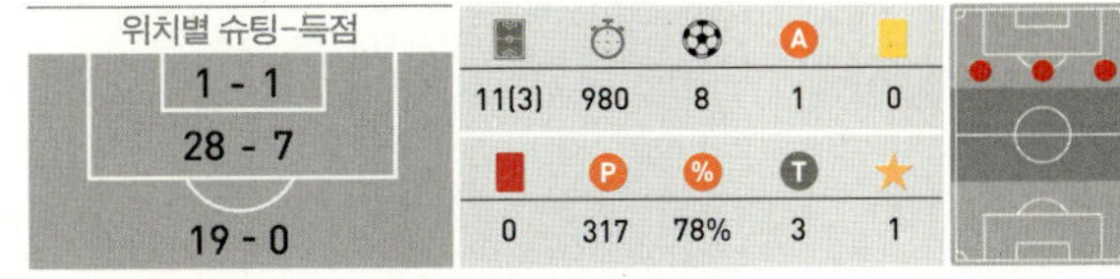

FW **Divock Origi**

27

디보크
오리기

벨기에 출신의 유망한 공격수. 2014년 리버풀로 이적했지만, 릴에서 임대 생활을 한 뒤 지난 시즌 본격적으로 리버풀에 합류했다. 드리블이 최대 강점으로 꼽히며, 헤딩 경합도 곧잘 해낸다. 지난 시즌 클롭 감독의 지도를 받으며 드리블 위주의 플레이에서 벗어나 연계 플레이가 살아나기 시작했다. 슈팅력과 볼 소유 능력, 문전에서의 침착함도 눈에 띄게 성장한 모습이다.

국적 : 벨기에

겡크 유스 출신. 그의 아버지 마이크도 과거 축구선수로 활약했다. 벨기에 연령별 대표팀을 거쳤고, 2014년 브라질 월드컵 알제리전에서 득점해 벨기에의 월드컵 역사상 최연소 득점자로 등극했다.

위치별 슈팅-득점

4 - 1			
12 - 1			
8 - 3			

경기수	출전시간(분)	득점	도움	경고
7(9)	669	5	1	0

퇴장	패스시도	패스성공률	태클성공	MOM
0	164	75%	5	0

FW **Danny Ings**

28

대니
잉스

번리에서의 활약을 발판삼아 지난해 여름 리버풀로 이적했다. 큰 기대를 모았지만, 클롭 감독의 부임 직후 십자인대 부상을 당하면서 시즌 아웃이 확정됐다. 페널티 박스 안에서 놀라울 정도의 결정력을 자랑한다. 볼을 다루는 능력이 좋아 드리블도 준수한 편이다. 공중볼 경합에선 다소 부족한 모습을 보이지만, 특유의 득점력으로 만회하고 있다. 부상만 없다면 리버풀이 유용하게 활용할 수 있는 공격 자원이다.

국적 : 잉글랜드

본머스 유스 출신으로, 2009년 이곳에서 프로로 데뷔했다. 그의 아버지 역시 과거 윙어와 풀백으로 활약한 축구선수다. 2011년 번리로 이적했으며, 예전부터 자선활동에 열심히인 것으로 유명했다.

위치별 슈팅-득점

2 - 1			
5 - 1			
3 - 0			

경기수	출전시간(분)	득점	도움	경고
3(3)	340	2	1	

퇴장	패스시도	패스성공률	태클성공	MOM
0	80	76%	1	0

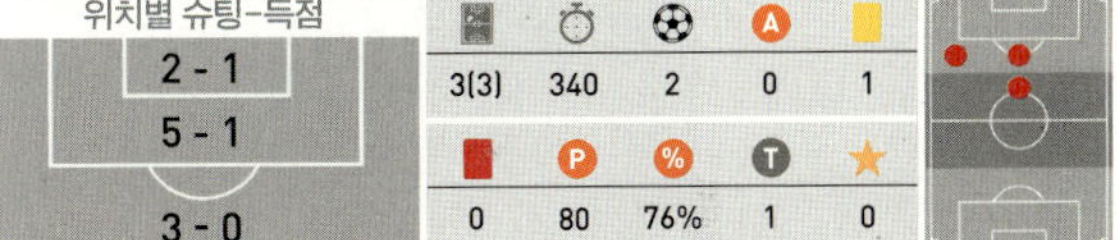

STOKE CITY FC

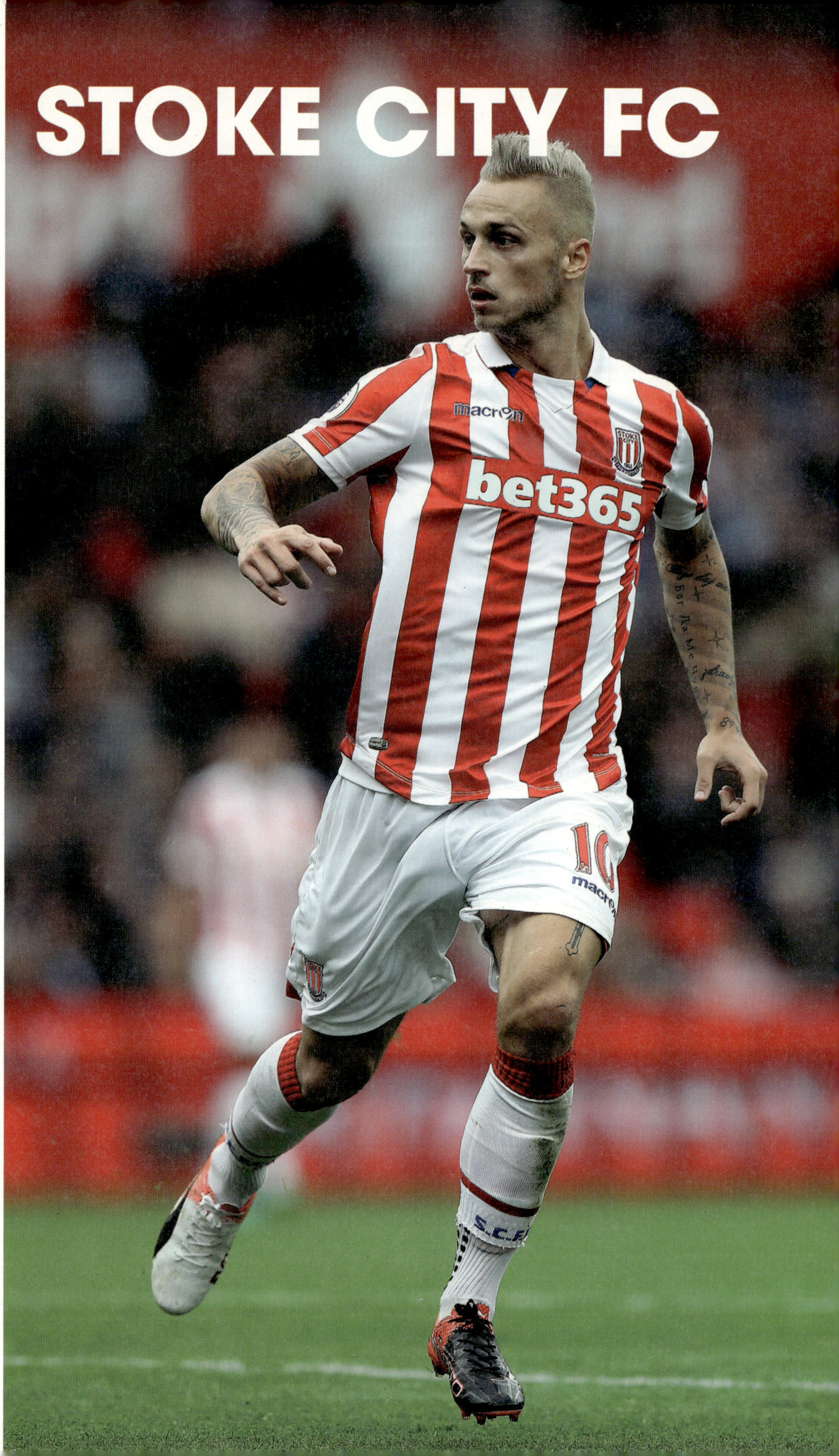

구단 소개

구단 창립 : 1863년
홈구장 : 브리타니아 스타디움
감독 : 마크 휴즈
2015-16시즌 : 9위(승점 51점)
14승 9무 15패 41득점 55실점
닉네임 : The Potters

주요대회 우승횟수

0		0
ENGLISH PREMIER LEAGUE		ENGLISH FA CUP
0		0
UEFA CHAMPIONS LEAGUE		UEFA EUROPA LEAGUE
0		0
FIFA CLUB WORLD CUP		UEFA-CONMEBOL INTERCONTINENTAL

UNIFORM

Home

Away

거친 상남자에서 세련된 도시 남자로
스토크 시티의 변신이 기대된다

2015-16 SEASON REVIEW

과거 선 굵은 남자의 팀에서 탈피해 마크 휴즈 감독의 다이내믹하고 섬세한 축구가 안정적으로 자리잡아간 시즌이었다. 이러한 흐름을 상징한 선수가 보얀과 최전방 공격수 디우프, 그리고 아르나우토비치였다. 비록 디우프가 2014-15 시즌보다는 부진한 모습을 보였지만 이를 만회케 해준 것이 아르나우토비치였다. 아르나우토비치는 측면 자원임에도 불구하고 11골을 기록하며 디우프의 득점 공백을 충분히 메워주었다. 여기에 골키퍼 기븐 역시 여전히 건재함을 뽐내며 스토크에 안정감을 가져다주었다.

SUMMER TRANSFER

눈에 띌 만한 영입은 없었다. 휴즈 감독이 요소요소 필요한 선수를 추가하는 것으로 이적 시장을 마감한 스토크다. 스토크는 확실한 스트라이커가 필요했고 이에 맨체스터 시티에서 자리를 잃은 보니를 임대해왔다. 또한, 아펠라이가 장기 부상으로 팀을 이탈하게 되자 이를 메워줄 대체자로 리버풀의 조 앨런을 영입했으며, 수비 강화를 위해 마르틴스 인디를 데리고 왔다. 꼭 필요한 선수들만 영입한 것으로 미뤄봤을 때 휴즈 감독은 기존의 선수들의 더 큰 활약을 기대하고 있는 것으로 보인다.

2016-17 SEASON OUTLOOK

특별한 변화는 없다. 다만 축구 스타일은 확실히 변했다. 과거 거친 몸싸움과 롱볼 축구를 펼쳤던 스토크가 지난 시즌부터 세밀한 패스플레이를 펼치고 있다. 이번 시즌에는 더욱 세련된 팀으로 돌아왔다. 아르나우토비치, 보얀, 샤키리 등 주축 선수들을 건재한 가운데 세밀한 패스플레이를 펼치는 미드필더 앨런이 영입돼 확실한 보강을 했다. 여기에 보니까지 영입하며 최전방도 강력해졌다. 충분히 다크호스가 될 만한 전력을 갖췄고, 많은 기대를 받고 있다. 그러나 몇몇 주축 선수들이 부상으로 빠져 있는 것은 변수로 작용할 것이다.

감독 마크 휴즈(Mark HUGHES)

스토크의 팀 컬러 전환 모색은 결코 감독과 무관할 수 없다. 토니 풀리스 감독 시절 스토크의 확실한 팀 컬러였던 파워 축구 스타일에서 역동적인 돌파와 패스를 시도하는 축구로의 변화를 만들어가고 있는 휴즈 감독이다. 휴즈 감독은 맨유의 레전드 출신이다. 호쾌한 슈팅이 일품이었던 스트라이커 휴즈는 맨유가 프리미어리그 1992-93 시즌에서 우승하는 데 주역이었다. 칸토나와의 콤비플레이는 당대 최강이었다. 휴즈는 맨유에서 나와 바르셀로나, 바이에른 뮌헨, 첼시 등에서 뛰며 기술 축구를 몸으로 경험하고 익혔는데 이러한 영향으로 스토크의 축구를 바꿔놓고 있는 것이다. 2013년 여름 스토크의 감독이 된 뒤 지난해 3월 4년 연장 계약을 맺었다.

PROFILE
- 출 생 : 1963.11.1
- 국 적 : 웨일스
- 계 약 : 2019.6.30

STADIUM

Britannia Stadium

- 구장 오픈 : 1997년
- 구장 증축 : -
- 구장 소유 : 스토크 시티
- 수용 인원 : 2만 7,743명
- 피치 규모 : 100m × 64m
- 잔디 종류 : 천연 잔디

SQUAD LIST

위치	번호	이름	국적	신장	체중	생년월일
GK	1	Jack Butland	ENG	192	95	10-03-93
	24	Shay Given	IRL	188	84	20-04-76
	29	Jakob Haugaard	DEN	197	87	01-05-92
DF	2	Phillip Bardsley	SCO	179	74	28-06-85
	3	Erik Pieters	NED	186	82	07-08-88
	5	Marc Muniesa	ESP	180	77	27-03-92
	8	Glen Johnson	ENG	182	70	23-08-84
	15	Bruno Martins Indi	NED	185	76	08-02-92
	17	Ryan Shawcross	ENG	183	76	04-10-87
	20	Geoff Cameron	USA	191	92	11-07-85
	23	Dionatan Teixeira	SVK	193	78	24-07-92
MF	4	Joe Allen	WAL	168	62	14-03-90
	6	Glenn Whelan	IRL	180	79	13-01-84
	7	Stephen Ireland	IRL	175	68	22-08-86
	14	Ibrahim Afellay	NED	181	68	02-04-86
	16	Charlie Adam	SCO	185	83	10-12-85
	21	Gianelli Imbula	CGO	183	77	12-09-92
	22	Xherdan Shaqiri	SUI	168	61	10-10-91
	32	Ramadan Sobhi	EGY	183	72	23-01-97
	34	Oliver Shenton	ENG	186	77	06-11-97
	38	Eddy Lecygne	FRA	181	67	06-08-96
	41	Mark Waddington	ENG	183	66	11-10-96
	55	Thibaud Verlinden	BEL	173	65	09-07-99
FW	10	Marko Arnautovi	AUT	192	83	19-04-89
	12	Wilfried Bony	CIV	182	80	10-12-88
	18	Mame Biram Diouf	SEN	185	76	16-12-87
	19	Jonathan Walters	IRL	183	79	20-09-83
	25	Peter Crouch	ENG	201	80	30-01-81
	27	Bojan Krki	ESP	170	65	28-08-90
	37	Dom Telford	ENG	175	72	05-12-96

2016-17 SEASON SCHEDULE

날짜	장소	상대팀	날짜	장소	상대팀
13/AUG	A	Middlesbrough FC	01/JAN	H	Watford FC
20/AUG	H	Manchester City	13/JAN	A	Sunderland AFC
27/AUG	A	Everton FC	20/JAN	H	Manchester United
10/SEP	H	Tottenham Hotspur	31/JAN	H	Everton FC
18/SEP	A	Crystal Palace	03/FEB	A	West Bromwich Albion
24/SEP	H	West Bromwich Albion	10/FEB	H	Crystal Palace
02/OCT	H	Manchester United	24/FEB	A	Tottenham Hotspur
15/OCT	H	Sunderland AFC	03/MAR	H	Middlesbrough FC
22/OCT	A	Hull City	10/MAR	A	Manchester City
31/OCT	H	Swansea City	17/MAR	H	Chelsea FC
05/NOV	A	West Ham United	31/MAR	A	Leicester City
19/NOV	H	AFC Bournemouth	03/APR	A	Burnley FC
27/NOV	A	Watford FC	07/APR	H	Liverpool FC
02/DEC	H	Burnley FC	14/APR	H	Hull City
09/DEC	A	Arsenal FC	21/APR	A	Swansea City
13/DEC	H	Southampton FC	28/APR	H	West Ham United
16/DEC	H	Leicester City	05/MAY	A	AFC Bournemouth
25/DEC	A	Liverpool FC	12/MAY	A	Arsenal FC
30/DEC	A	Chelsea FC	20/MAY	A	Southampton FC

RANK OF LAST 5 YEARS

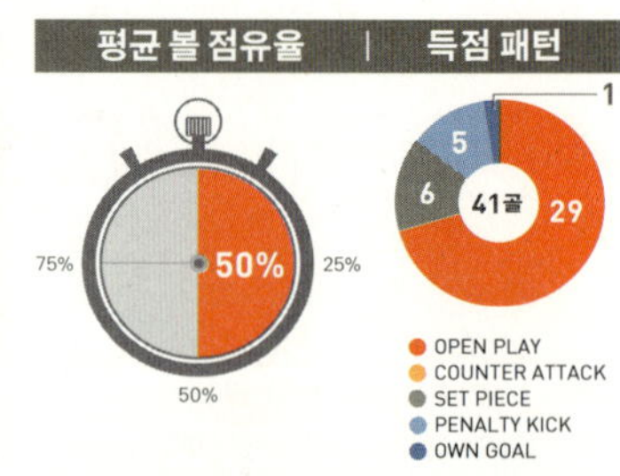

STRENGTHS & WEAKNESSES

OFFENSE		DEFENSE	
직접 프리킥	B	세트피스 수비	D
문전 처리	D	상대 볼 뺏기	C
측면 돌파	C	공중전 능력	B
스루볼 침투	C	역습 방어	C
개인기 침투	C	지공 방어	E
카운터 어택	C	스루패스 방어	C
기회 만들기	C	리드 지키기	B
세트피스	C	실수 조심	C
OS 피하기	D	측면 방어력	C
중거리 슈팅	C	파울 주의	D
볼 점유율	D	중거리슛 수비	D

매우 강함 A　　강한 편 B　　보통 수준 C　　약한 편 D　　매우 약함 E

시간대별 득점 | 시간대별 실점 | 득점 분포 | 공격 방향 | 볼 점유 위치 | 포지션별 득점 | 상대포지션별 실점

시간대별 득점: 76/75 — 11 8 — 15/16 / 1 — 7 / 61/60 — 12 2 — 30/31 / 46 45

시간대별 실점: 76/75 — 13 5 — 15/16 / 12 — 7 / 61/60 — 7 11 — 30/31 / 46 45

득점 분포: 10 / 22 / 8

공격 방향: 37% 28% 35%

볼 점유 위치: 상대진영 24% / 중간진영 45% / 우리진영 31%

포지션별 득점: FW진 14골 / MF진 26골 / DF진 0골

상대포지션별 실점: DF진 6골 / MF진 18골 / FW진 31골

*상대자책골 1골

FORMATION

TOTO GUIDE 지난 시즌 상대팀별 전적

상대팀	홈	원정
Leicester City	2-2	0-3
Arsenal	0-0	0-2
Tottenham	0-4	2-2
Manchester City	2-0	0-4
Manchester Utd	2-0	0-3
Southampton	1-2	1-0
West Ham Utd	2-1	0-0
Liverpool	0-1	1-4
Chelsea	1-0	1-1
Everton	0-3	4-3
Swansea City	2-2	1-0
Watford	0-2	2-1
West Bromwich	0-1	1-2
Crystal Palace	1-2	1-2
Bournemouth	2-1	3-1
Sunderland	1-1	0-2
Newcastle Utd	1-0	0-0
Norwich City	3-1	1-1
Aston Villa	2-1	1-0

GK Jack Butland

1
잭
버틀랜드

스토크 시티의 No.1 골키퍼. 지난 시즌 리그 31경기에 출전해 두 번의 MOM을 차지했을 정도로 인상적인 선방능력을 보여줬다. 페널티킥 선방능력이 뛰어나고, 일대일 상황에서 과감하게 나와 온몸으로 슈팅을 막는다. 집중력이 뛰어나 잔실수가 거의 없고, 안정감 있는 플레이를 펼친다. 당당한 체격 조건을 가지고 있어 공중볼 처리와 상대 공격수와 경합에서 쉽게 밀리지 않는다. 좌우 크로스 처리도 수준급.

국적 : 잉글랜드

버밍엄 시티 유스 출신으로 2013년 스토크 시티로 이적했고, 이후 경험을 쌓기 위해 반슬리, 리즈 유나이티드 등으로 임대됐다. 잉글랜드 U-21 대표를 거쳐 현재 잉글랜드 국가대표고, 조 하트의 후계자라는 평가를 받는다.

슈팅 위치별 선방

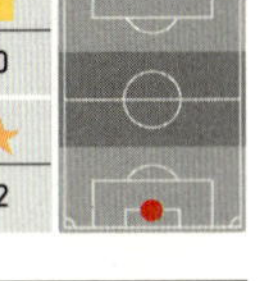

2				
66				
35				

경기수	출전시간	득점	A	경고
31	2790	0	0	0

퇴장	P	%	S	★
0	882	50%	103	2

GK Shay Given

24
셰이
기븐

아일랜드 축구의 전설. 40세의 나이지만 여전한 선방능력을 과시하는 베테랑 골키퍼. 지난 시즌 리그 3경기에 출전했다. 전성기에 비해 민첩성과 순발력이 떨어졌다는 평가가 있지만 결정적인 순간에 선방능력을 과시하는 것은 여전하다. 전성기 때 그는 노마크 상황에서도 놀라운 순발력으로 여러 차례 슈퍼세이브를 연출해냈다. 올 시즌 초반 버틀랜드의 부상으로 주전 기회를 잡았고, 여전한 안정감을 보이고 있다.

국적 : 아일랜드

1994년 블랙번에서 데뷔했고, 스윈던 타운(임대), 선덜랜드(임대), 뉴캐슬, 맨시티, 애스턴 빌라, 미들즈브러를 거쳐 2015년 스토크 시티로 이적했다. 1996년부터 아일랜드 국가대표로 활약해왔고, 130회 이상의 A매치에 출전했다.

슈팅 위치별 선방

2				
5				
0				

경기수	출전시간	득점	A	경고
3	226	0	0	1

퇴장	P	%	S	★
0	57	64%	7	0

DF Phil Bardsley

2
필
바즐리

투쟁심이 강하고 상당히 터프한 플레이를 즐기는 오른쪽 풀백. 지난 시즌에는 종아리, 사타구니, 등, 다리 등 잦은 부상에 시달리며 리그 11경기 출전에 그쳤다. 그러나 경기에 나오면 여전한 수비력을 보여줬고, 몸을 던지는 수비로 팀을 위기에서 구해냈다. 활동량이 많고, 전술적으로 활용도가 높은 편. 그러나 빌드-업 과정에 볼을 뺏기는 경우가 많고, 과격한 플레이를 펼치다 파울, 경고를 자주 받는다.

국적 : 스코틀랜드

맨유 유스 출신. 2003년부터 5년간 맨유 소속으로 경험을 쌓기 위해 안트웨르프, 번리, 레인저스, 애스턴 빌라, 셰필드로 임대됐다. 2008년부터 2014년까지 선덜랜드 소속으로 뛰었고, 2014년 5월 스토크 시티와 3년 계약을 맺었다.

위치별 슈팅-득점

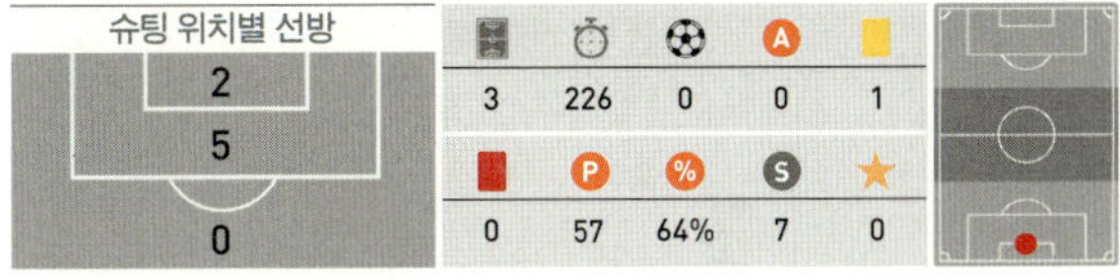

0 - 0				
0 - 0				
7 - 0				

경기수	출전시간	득점	A	경고
9(2)	817	0	1	1

퇴장	P	%	T	★
0	299	77%	30	0

| 경기수 | 출전시간(분) | 득점 | 도움 | 경고 | 퇴장 | 패스시도 | 패스성공률 | 태클성공 | MOM |

DF Erik Pieters

3

에릭
피터스

부상만 없다면 스토크 시티의 주전 LB다. 지난 시즌 잦은 부상으로 고생하면서도 리그 35경기에 출전해 꾸준한 활약상을 펼쳤다. 피터스는 183cm, 83kg의 단단한 체격을 지닌 레프트백. 강력한 태클, 저돌적인 마크, 재치 있는 인터셉트, 정확한 슈팅 블록 등 수비의 모든 요소를 제대로 갖췄다는 평이다. 수비력은 좋지만 공격 가담이 조금 약하다는 평가가 있고, 크로스 정확도가 그리 좋은 편은 아니다.

국적 : 네덜란드

위트레흐트 유스 출신으로 2006년 1군에 데뷔했고, PSV 에인트호번을 거쳐 2013년 6월 360만 유로에 스토크 시티로 이적했다. 네덜란드 U-17, U-19, U-21 대표를 모두 지냈고, 2010년부터 A대표로 활약하고 있다.

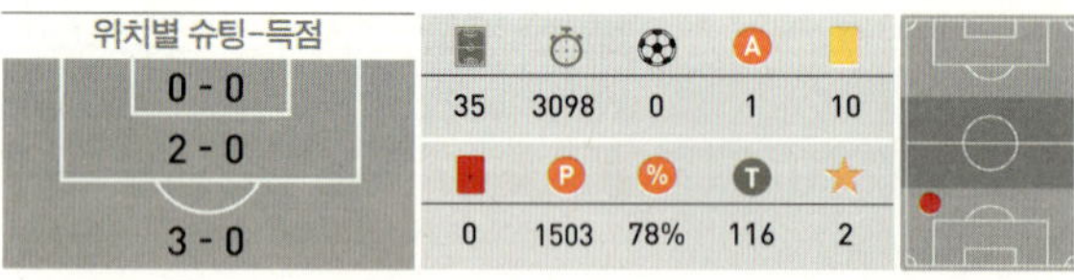

위치별 슈팅-득점				경기수	출전시간	득점	도움	경고
0 - 0				35	3098	0	1	10
2 - 0				퇴장	패스시도	패스성공률	태클성공	MOM
3 - 0				0	1503	78%	116	2

DF Glen Johnson

8

글렌
존슨

엄청난 기대를 받으며 스토크 시티에 입단한 RB. 입단 후 처음에는 기대에 부응하며 공격적인 풀백의 정석을 보여줬지만 부상이 발목을 잡았다. 지난 시즌 리그 25경기에 출전해 3도움을 기록했지만 시즌 후반부에는 거의 출전하지 못했다. 이번 시즌 역시 초반에는 허벅지 부상으로 결장한다. RB 존슨은 준수한 수비력과 날카로운 오버래핑이 돋보인다. 특히 번개처럼 치고 올라가는 드리블은 최강의 무기.

국적 : 잉글랜드

웨스트햄, 밀월, 첼시, 포츠머스, 리버풀 등 EPL 명문 팀들을 두루 거쳤고, 2015년 여름 스토크 시티 유니폼을 입었다. 현 잉글랜드 대표 선수. 지난 2007년 다포드시에 전 선수 출신 샘 테일러와 함께 '글렌 존슨 사커 스쿨'을 설립했다.

위치별 슈팅-득점				경기수	출전시간	득점	도움	경고
0 - 0				25	2186	0	3	1
5 - 0				퇴장	패스시도	패스성공률	태클성공	MOM
12 - 0				0	895	82%	41	0

DF Ryan Shawcross

17

라이언
쇼크로스

스토크 시티 수비의 핵심. 그러나 지난 시즌에는 등 부상으로 약 2개월간 결장했고, 리그 20경기에만 출전했다. 수비 집중력이 좋고, 강한 투쟁심을 바탕으로 상대 공격수를 제압한다. 최대 장점은 집중력과 축구 IQ를 이용해 시도하는 클리어링. 정확한 롱-패스로 빌드-업을 뒷받침하고, 공중전에서도 강점을 보인다. 또한 주장으로서 정신적 버팀목 역할도 해내고 있고, 정확한 태클 능력도 갖췄다.

국적 : 잉글랜드

맨유 유스 출신으로 2006년 1군으로 올랐지만 기회를 잡지 못했고, 안트웨르프, 스토크 시티 등 임대를 거쳐 2008년 스토크 시티로 완전 이적했다. 잉글랜드 U-21 대표를 거쳐 국가대표로도 발탁됐다. 자선사업을 활발히 하는 편이다.

위치별 슈팅-득점				경기수	출전시간	득점	도움	경고
1 - 0				20	1697	0	0	2
7 - 0				퇴장	패스시도	패스성공률	태클성공	MOM
0 - 0				1	591	73%	43	0

DF Geoff Cameron

20

제프
캐머론

CB, LB, RB, DM 등 수비 라인의 전 포지션을 해낼 수 있는 멀티플레이어. 190cm, 84kg의 탄탄한 체격을 지녀 몸싸움과 공중전에 능하다. 지난 시즌 다양한 포지션을 소화하며 리그 30경기에 출전했고, 어떤 위치에서도 준수한 수비력을 보여줬다. 큰 체격에도 불구하고 볼을 잘 다루며 상대 수비를 곧잘 드리블로 돌파하고, 발도 빠른 편이다. 패싱력도 어느 정도 갖췄지만 큰 특징이 없는 것은 아쉽다.

국적 : 미국

2005년 MLS의 로드 아일랜드에서 데뷔했고, 휴스턴 다이내모를 거쳐 2012년 7월 스토크 시티로 옮겼다. 휴스턴 시절 골을 넣을 때마다 돈을 적립해 2만 달러를 만든 다음 불우한 청소년들에게 장학금을 지급했다. 현재 미국 국가대표.

위치별 슈팅-득점				경기수	출전시간	득점	도움	경고
1 - 0				27(3)	2361	0	0	0
10 - 0				퇴장	패스시도	패스성공률	태클성공	MOM
4 - 0				1	1129	76%	60	0

MF Joe Allen

4

조
앨런

스토크 시티의 새로운 엔진. 정교한 패싱력과 왕성한 활동량을 갖춘 중앙 미드필더로, 스토크 시티에 창조성을 불어넣어줄 선수다. '웨일즈 사비'라는 애칭에 걸맞게 공수에 걸쳐 모두 기여할 수 있는 선수고, 안정적인 경기 조율, 정확하고 날카로운 장-단 패스, 헌신적인 수비 가담, 강력한 태클 등으로 팀에 공헌을 한다. 지난 시즌 잦은 부상과 컨디션 난조로 출전하지 못했지만 이번 유로2016에서는 맹활약했다.

국적 : 웨일스

스완지 유스 출신으로 2007년 1군 데뷔해 인상적인 활약을 펼치다가 2012년 리버풀로 이적했다. 그러나 확고한 주전은 아니었고, 이번 시즌을 앞두고 스토크 시티로 이적했다. 웨일즈 연령별 대표를 모두 거쳤고, 현재는 A대표로 활약 중.

위치별 슈팅-득점				경기수	출전시간	득점	도움	경고
0 - 0				8(11)	736	2	1	0
4 - 2				퇴장	패스시도	패스성공률	태클성공	MOM
3 - 0				0	409	84%	28	0

MF Glenn Whelan

6

글렌
웰란

전형적인 수비형 미드필더. 강한 투쟁심과 왕성한 활동량을 바탕으로 포백을 보호하는 역할을 하고, 때로는 거친 태클로 상대 공격을 차단한다. 집중력이 상당히 좋은 편이라 실수가 거의 없고, 몸을 날리는 플레이로 팀의 사기를 끌어올린다. 지난 시즌 리그 37경기에 출전해 1.9회 태클, 2.7회 클리어링, 87%의 패스 성공률 등을 기록하며 꾸준한 활약을 펼쳤다. 다만 거친 태클로 잦은 파울을 범하는 것은 아쉽다.

국적 : 아일랜드

맨체스터 시티에서 프로 생활을 시작했지만 자리를 잡지 못했고, 이후 버리, 셰필드 웬즈데이를 거쳐 2008년 스토크 시티에 입단했다. 현재 아일랜드 국가대표고, 지난 유로 2016에서 맹활약하며 가디언이 선정한 베스트11에 뽑혔다.

위치별 슈팅-득점				경기수	출전시간	득점	도움	경고
0 - 0				37	3174	0	1	6
0 - 0				퇴장	패스시도	패스성공률	태클성공	MOM
11 - 0				0	2070	87%	71	1

MF Jonathan Walters

2선 공격의 전 위치(RW, AM, LW)는 물론 최전방에서도 활약할 수 있는 멀티 자원. 지난 시즌 무릎, 엉덩이 부상에도 리그 27경기에 출전해 5골 3도움을 올렸다. 뛰어난 운동능력과 활동량을 바탕으로 문전 침투능력이 뛰어나고, 순간 스피드가 우수해 측면에서 안쪽으로 잘 파고든다. 짧은 패스 콤비네이션, 공중전 능력도 OK. 무엇보다 좌우 측면과 최전방을 수시로 넘나드는 플레이가 인상적이다.

조나산
월터스

국적 : 아일랜드

어린 시절 에버턴 팬이었으나 프로 데뷔는 블랙번에서 했다. 이후 볼턴, 힐 시티, 체스터 시티 등 다양한 팀을 거쳤고, 2010년 스토크 시티로 이적하면서 자리를 잡았다. 팬들의 사랑을 한 몸에 받는 선수고, 현재 아일랜드 국가대표다.

위치별 슈팅-득점							
8 - 4	18(9)	1725	5	3	1		
22 - 1							
2 - 0	0	491	66%	8	1		

MF Gianelli Imbula

전 유럽이 주목하는 중앙 미드필더. 공격과 수비에 도움을 줄 수 있는 미드필더로 야야 투레와 닮은 유형이다. 당당한 신체조건을 가졌음에도 유연한 볼 터치와 정교한 패싱력이 장점이고, 넓은 시야와 강력한 슈팅력도 갖췄다. 감각적인 드리블 돌파를 통해 탈 압박을 한 후 날카로운 스루패스로 공격의 활로점을 찾는다. 수비 집중력과 태클 능력도 좋아 포백을 잘 보호한다. 다만 거친 파울은 단점이다.

지아넬리
임불라

국적 : 벨기에

벨기에 출신이지만 청소년기는 프랑스에서 보냈고, 이런 이유로 프랑스 갱강에서 프로 데뷔했다. 이후 마르세유와 포르투를 거쳐 지난 2016년 2월 구단 역사상 최고 이적료로 스토크 시티로 이적했다. 국가대표는 벨기에를 선택했다.

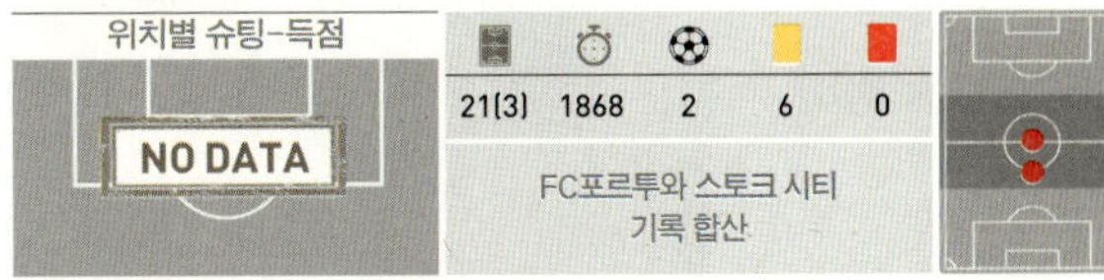

위치별 슈팅-득점				
NO DATA	21(3)	1868	2	6	0
	FC포르투와 스토크 시티 기록 합산			

FW Marko Arnautovic

파괴력이 넘치는 2선 공격수 겸 윙어. 지난 시즌 리그 34경기에 출전해 11골 6도움을 기록하며 스토크 시티의 에이스 역할을 톡톡히 해냈다. 볼을 잘 다루고, 슈팅이 강력하며 저돌적으로 플레이한다. 패스가 정확하고 날카롭다. 192cm의 장신이지만 롱볼 축구, 헤딩 득점 등 예전 스토크 축구와는 완전히 다른 유형의 선수다. PA 외곽의 중거리 슈팅, 날카로운 컷-인 플레이도 좋다. 하지만 체력과 수비력은 약점.

마르코
아르나우토비치

국적 : 오스트리아

2006년 FC 트벤테에서 데뷔했고, 인테르 밀란(임대), 베르더 브레멘을 거쳐 2013년 9월 스토크 시티로 이적했다. 오스트리아 U-18, U-19, U-21 대표를 지냈고, 2008년부터 A대표로 활약하고 있다. 벌써 A매치 50경기 이상을 소화.

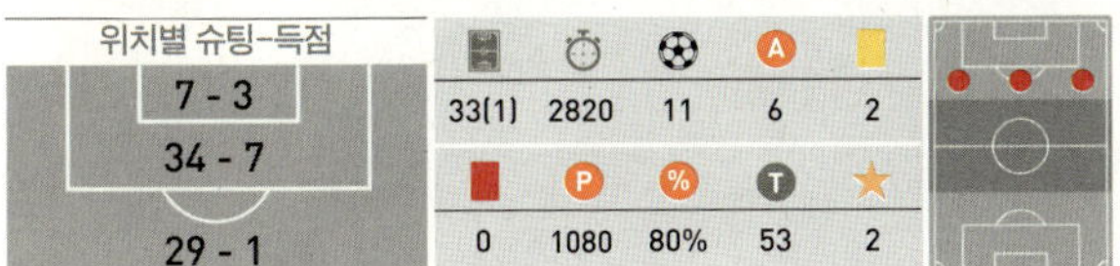

위치별 슈팅-득점							
7 - 3	33(1)	2820	11	6	2		
34 - 7							
29 - 1	0	1080	80%	53	2		

FW Mame Biram Diouf

맨유에서의 실패를 완벽하게 만회한 공격수. 그러나 지난 시즌에는 엉덩이 부상과 부진이 겹치면서 리그 12경기 선발 출전에 그쳤고, 5골만 기록했다. 박스 안에서 득점을 만드는 데 능한 공격수고, 기회를 잡으면 발리킥, 시서스킥, 힐킥 등 고난도 슈팅 기술을 다 발휘하며 골을 터뜨린다. 역습 기회 때 골을 향해 저돌적으로 돌진한다. 공중 볼을 헤딩으로 떨어트려 컷-인하는 동료에게 기회를 넘겨주기도 한다.

마므 비람
디우프

국적 : 세네갈

세네갈 다카르 출신. 2006년 디아라에서 데뷔했고, 몰데, 맨체스터 Utd, 블랙번 로버스, 하노버를 거쳐 2014년 6월 스토크 시티로 이적했다. 현재 세네갈 국가대표다. 2011년 7월, 4년 간 교제하던 모델 마리아 오르텐과 결혼했다.

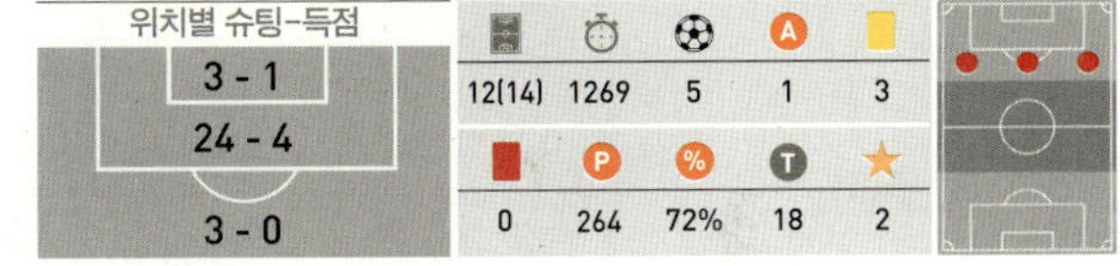

위치별 슈팅-득점							
3 - 1	12(14)	1269	5	1	3		
24 - 4							
3 - 0	0	264	72%	18	2		

FW Xherdan Shaqiri

알프스의 메시라 불리며 어린 시절부터 엄청난 기대를 받은 공격수. 169cm의 단신이지만 폭발적인 스피드와 예측 불허의 공격 전개력을 가지고 있고, 양발을 두루 사용해 드리블을 펼친다. 개인 기술과 슈팅력을 갖췄고, 넓은 시야를 바탕으로 패싱 플레이를 전개한다. 좌우 측면은 물론 공격형 미드필더로도 활약할 수 있지만 지난 시즌에는 햄스트링 부상으로 리그 27경기 출전에 그쳤다.

제르단
샤키리

국적 : 스위스

바젤 유스 출신으로 2009년 프로 데뷔했고, 바이에른 뮌헨과 인터 밀란을 거쳐 2015년 여름 스토크 시티의 유니폼을 입었다. 스위스와 알바니아 국적을 모두 보유했는데 2010년 스위스 국가대표를 선택해 에이스 역할을 하고 있다.

위치별 슈팅-득점							
0 - 0	27	2039	3	6	3		
17 - 2							
23 - 1	0	640	82%	19	2		

FW Bojan Krkic

바르셀로나 유스 시절 엄청난 활약을 보이며 '제2의 메시'로 불렸지만 기대만큼 성장하지 못했다. 그러나 스토크 시티로 오면서 부활의 조짐을 보이고 있고, 지난 시즌 리그 27경기에 출전해 7골 1도움을 기록했다. 리그 최고 수준의 드리블을 구사하며 역습의 출발점이다. 날카롭게 컷-인하고, 상대가 압박을 하는 가운데서도 여유 있게 스루패스를 찔러준다. 세트피스 전문 키커이고 강력한 중거리 슈팅을 날린다.

보얀
크르키치

국적 : 스페인

세르비아 아버지와 스페인 어머니 사이에 스페인 리뇰라에서 태어났다. 바르사 유스 출신이고 2007년부터 1군 소속이었으나 활약은 미미했다. 결국 AS 로마, AC 밀란, 아약스 등을 거쳐 스토크 시티로 옮겼다. 현재 카탈루냐 대표 선수다.

위치별 슈팅-득점							
2 - 1	22(5)	1712	7	1	2		
16 - 5							
18 - 1	0	729	84%	18	2		

CHELSEA FC

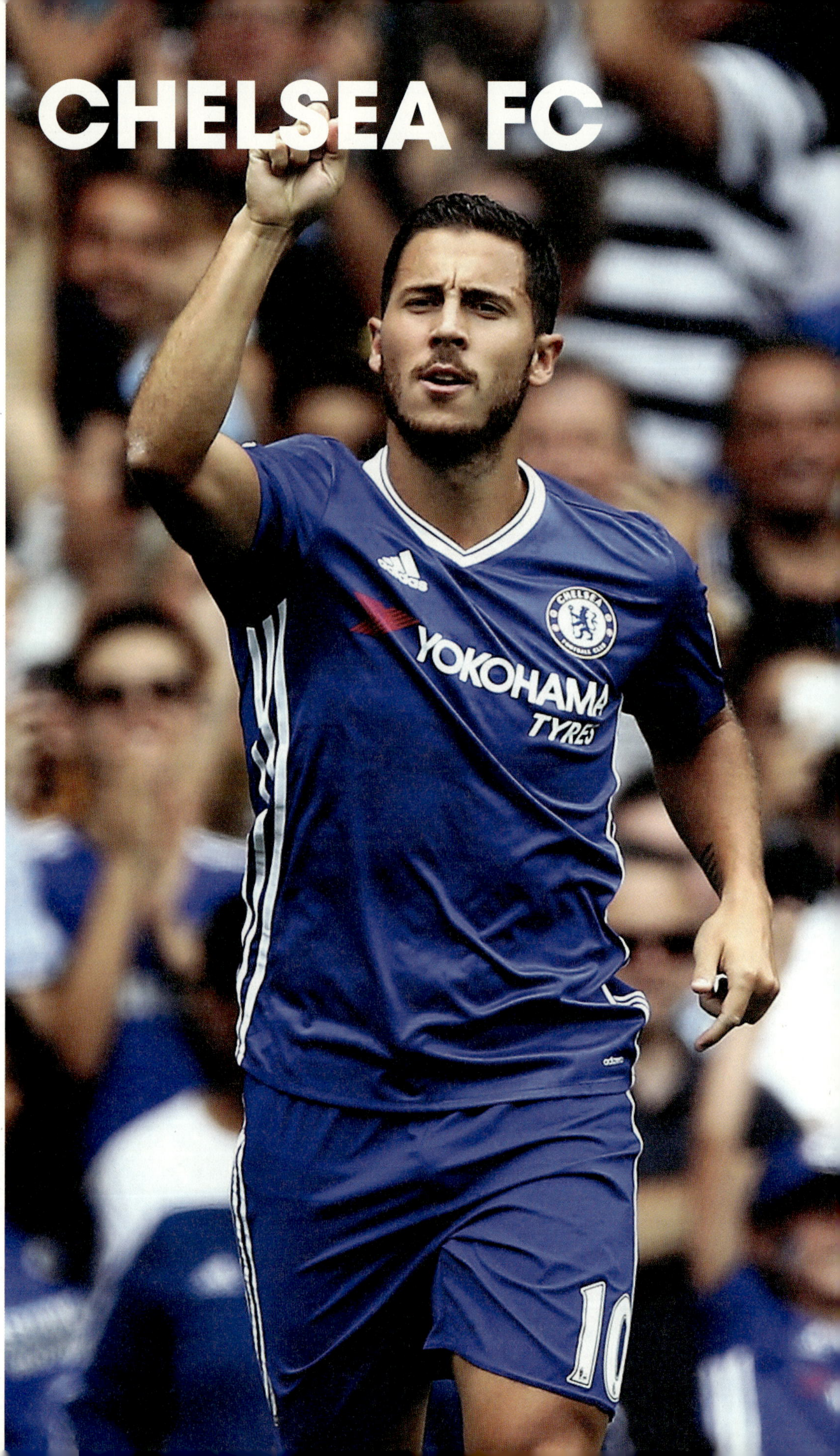

구단 소개

구단 창립 : 1905년
홈구장 : 스탬포드 브릿지
감독 : 안토니오 콘테
2015-16시즌 : 10위(승점 50점)
12승 14무 12패 59득점 53실점
닉네임 : The Blues

주요대회 우승횟수

5	7
ENGLISH PREMIER LEAGUE	ENGLISH FA CUP
1	1
UEFA CHAMPIONS LEAGUE	UEFA EUROPA LEAGUE
0	0
FIFA CLUB WORLD CUP	UEFA-CONMEBOL INTERCONTINENTAL

UNIFORM

Home

Away

구겨진 명가의 자존심, 첼시
콩테와 함께 재도약을 노린다

2015-16 SEASON REVIEW

안팎으로 말도 많고 탈도 많은 시즌이었다. 첼시는 시즌 초반 무리뉴 감독과 팀 닥터의 트러블이 있었으며 선수단의 분위기도 좋지 않았다. 사정없이 흔들렸다. 2014-15 시즌 챔피언의 자존심은 순위 하락과 함께 무너졌고 시즌 초중반에는 강등권까지 몰리기도 했다. 이에 첼시의 수뇌부는 무리뉴 감독을 경질했고 히딩크 감독을 소방수로 내세웠다. 히딩크 감독은 부임 후 14경기 무패행진을 달리며 급한 불을 끄는 데 성공했다. 그러나 이미 추락한 순위를 끌어올리기란 쉽지 않았고 첼시는 10위로 시즌을 마무리했다.

SUMMER TRANSFER

처참한 시즌을 보낸 첼시는 가장 급선무로 새 감독을 찾아나섰고 명장 콩테 감독이 이에 응답했다. 콩테 감독은 무너진 첼시를 일으켜 세우기 위해 모든 포지션에 보강을 시작했다. 공격 진영에는 바추아이와 솔란케가 영입돼 코스타의 부담을 덜게 했다. 수비 라인에는 마르코스 알론소를 영입했고 다비드 루이스의 복귀까지 성공시켰다. 중원에 가장 큰 영입이 있었다. 지난 시즌 레스터 시티의 우승 주역 캉테의 영입이었다. 캉테는 넓은 활동량을 바탕으로 공수 양면에서 경기를 지배했고 이런 그의 모습은 콩테 감독을 사로잡았다.

2016-17 SEASON OUTLOOK

콩테 감독의 색이 얼마나 잘 녹아드는지가 관건이다. 유벤투스와 이탈리아 대표팀을 지휘하면서 백3를 주로 사용했지만 첼시에서는 어떤 전술을 사용하게 될지 미지수이기 때문이다. 또한, 선수들의 분발이 필요하다. 지난 시즌 극도의 부진을 보인 아자르의 부활이 시급하며 코스타 역시 폭발적인 득점력을 되찾아야 할 것이다. 또한, 콩테 감독 전술의 기반이 되는 수비 역시 재정비가 필수다. 이 모든 작업이 순조롭게 이어진다면 첼시는 충분히 우승 가능한 팀으로 다시 돌아올 것이다.

감독 안토니오 콩테(Antonio CONTE)

1991년부터 2004년까지 유벤투스에서 419경기를 뛴 레전드다. 2004년 선수 생활을 마감한 콩테는 세리에B의 아레초서 감독 인생을 시작했다. 이후 바리, 아탈란타, 시에나를 거쳐 2011년 유벤투스의 지휘봉을 잡았다. 이곳에서 콩테는 명장으로 발돋움했다. 2012년 유벤투스의 무패우승을 일궈낸 것을 포함해 3시즌 연속 우승을 달성했다. 이후 이탈리아 대표팀을 지휘하게 됐고 유로2016에서 스페인을 완파하는 등 여전히 인상적인 행보를 이어갔다. 상대에 대한 철저한 분석이 그를 명장 반열에 올려놓았다. 경기장 안에서는 다혈질적이고 역동적인 모습으로 시선을 사로잡는 콩테지만 이전 철저하게 상대를 분석한다.

PROFILE
- 출 생 : 1969.7.31
- 국 적 : 이탈리아
- 계 약 : 2019.6.30

STADIUM

Stamford Bridge

구장 오픈 : 1877년
구장 개축 : 1905, 1990년
구장 소유 : 첼시 피치 오너
수용 인원 : 4만 1,837명
피치 규모 : 103m × 67m
잔디 종류 : 천연 잔디

SQUAD LIST

위치	번호	이름	국적	신장	체중	생년월일
GK	1	Asmir Begović	BIH	198	84	20-06-87
	13	Thibaut Courtois	BEL	199	88	11-05-92
	37	Eduardo	POR	187	84	19-09-82
	42	Bradley Collins	ENG	184	69	18-02-97
DF	2	Branislav Ivanović	SRB	188	86	22-02-84
	3	Marcos Alonso	ESP	188	81	28-12-90
	5	Kurt Zouma	FRA	187	85	27-10-94
	24	Gary Cahill	ENG	188	71	19-12-85
	26	John Terry	ENG	186	91	07-12-80
	28	Cesar Azpilicueta	ESP	178	70	28-08-89
	29	Nathaniel Chalobah	ENG	185	75	12-12-94
	30	David Luiz	BRA	189	84	22-04-87
	33	Fikayo Tomori	CAN	184	75	19-12-97
	34	Ola Aina	ENG	175	65	08-10-96
MF	4	Cesc Fabregas	ESP	177	69	04-05-87
	7	Ngolo Kante	FRA	170	70	29-03-91
	8	Oscar	BRA	179	66	09-09-91
	10	Eden Hazard	BEL	170	69	07-01-91
	12	Mikel John Obi	NGA	184	85	22-04-87
	14	Ruben Loftus-Cheek	ENG	193	71	23-01-96
	21	Nemanja Matić	SRB	194	82	01-08-88
	22	Willian	BRA	174	70	09-08-88
FW	11	Pedro	ESP	169	64	28-07-87
	15	Victor Moses	NGA	177	75	12-12-90
	19	Diego Costa	ESP	186	78	07-10-88
	23	Michy Batshuayi	BEL	180	78	02-10-93
	41	Dominic Solanke	ENG	185	75	14-09-97

2016-17 SEASON SCHEDULE

날짜	장소	상대팀	날짜	장소	상대팀
15/AUG	H	West Ham United	01/JAN	A	Tottenham Hotspur
20/AUG	A	Watford FC	13/JAN	A	Leicester City
27/AUG	H	Burnley FC	20/JAN	H	Hull City
11/SEP	A	Swansea City	31/JAN	A	Liverpool FC
16/SEP	H	Liverpool FC	03/FEB	H	Arsenal FC
24/SEP	A	Arsenal FC	10/FEB	A	Burnley FC
01/OCT	A	Hull City	24/FEB	H	Swansea City
16/OCT	H	Leicester City	03/MAR	A	West Ham United
23/OCT	H	Manchester United	10/MAR	H	Watford FC
30/OCT	A	Southampton FC	17/MAR	A	Stoke City
05/NOV	H	Everton FC	31/MAR	H	Crystal Palace
20/NOV	A	Middlesbrough FC	04/APR	H	Manchester City
26/NOV	H	Tottenham Hotspur	07/APR	A	AFC Bournemouth
02/DEC	A	Manchester City	14/APR	H	Manchester United
09/DEC	H	West Bromwich Albion	21/APR	H	Southampton FC
12/DEC	A	Sunderland AFC	28/APR	A	Everton FC
16/DEC	A	Crystal Palace	05/MAY	H	Middlesbrough FC
25/DEC	H	AFC Bournemouth	12/MAY	H	West Bromwich Albion
30/DEC	H	Stoke City	20/MAY	H	Sunderland AFC

RANK OF LAST 5 YEARS

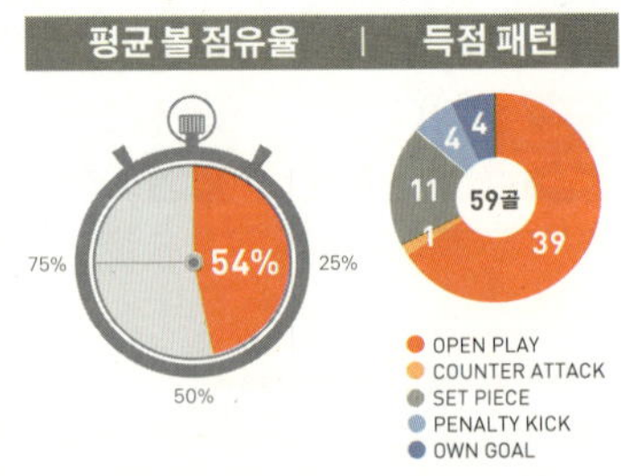

STRENGTHS & WEAKNESSES

OFFENSE		DEFENSE	
직접 프리킥	B	세트피스 수비	B
문전 처리	C	상대 볼 뺏기	C
측면 돌파	B	공중전 능력	C
스루볼 침투	C	역습 방어	C
개인기 침투	B	지공 방어	C
카운터 어택	B	스루패스 방어	C
기회 만들기	B	리드 지키기	C
세트피스	B	실수 조심	C
OS 피하기	D	측면 방어력	D
중거리 슈팅	A	파울 주의	C
볼 점유율	A	중거리슛 수비	C

매우 강함 A 강한 편 B 보통 수준 C 약한 편 D 매우 약함 E

시간대별 득점 | 시간대별 실점 | 득점 분포 | 공격 방향 | 볼 점유 위치 | 포지션별 득점 | 상대 포지션별 실점

FORMATION

TOTO GUIDE 지난 시즌 상대팀별 전적

상대팀	홈	원정
Leicester City	1-1	1-2
Arsenal	2-0	1-0
Tottenham	2-2	0-0
Manchester City	0-3	0-3
Manchester Utd	1-1	0-0
Southampton	1-3	2-1
West Ham Utd	2-2	1-2
Liverpool	1-3	1-1
Stoke City	1-1	0-1
Everton	3-3	1-3
Swansea City	2-2	0-1
Watford	2-2	0-0
West Bromwich	2-2	3-2
Crystal Palace	1-2	3-0
Bournemouth	0-1	4-1
Sunderland	3-1	2-3
Newcastle Utd	5-1	2-2
Norwich City	1-0	2-1
Aston Villa	2-0	4-0

GK Asmir Begović

아스미르
베고비치

보스니아-헤르체고비나 국가대표 출신으로 수준급 골키퍼다. 지난 시즌에 스토크 시티에서 첼시로 이적했다. 티보 쿠르투아와의 포지션 경쟁에서 밀린 페트르 체흐가 아스널로 이적한 후 그의 대타로 첼시 유니폼을 입었다. 2m 가까운 신장에 팔이 길어 공중 볼을 잘 캐치한다. 세트피스에 대한 대처능력도 좋고, 잔 실수가 적어 백업 골키퍼로는 딱 알맞은 선수고, 안정적인 방어능력을 보여준다.

국적 : 보스니아-헤르체고비나

2005년 포츠머스에서 프로 선수로 데뷔한 이래 11년째 잉글랜드 무대에서 뛰고 있다. 물론 그동안은 주로 마이너 클럽에서 활약했고, 빅클럽은 첼시가 처음이다. 2011년 6월 미국 국적의 니콜 하워드와 결혼해 딸 테일러를 두고 있다.

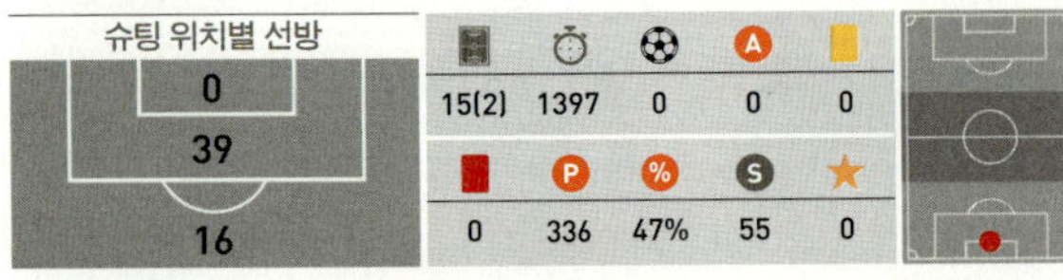

슈팅 위치별 선방

	0
	39
	16

경기수	출전시간	득점	A	경고
15(2)	1397	0	0	0

퇴장	P	%	S	★
0	336	47%	55	0

GK Thibaut Courtois

티보
쿠르투아

명실상부한 EPL 최고의 골키퍼. 또한 마누엘 노이어(바이에른 뮌헨)와 어깨를 겨루는 세계적인 수문장이다. 2m에 가까운 큰 키에 뛰어난 반사신경으로 슈퍼 세이브 행진을 펼친다. 특히 가까운 거리에서의 슛-스토핑은 단연 압권, 좌우로 다이빙할 때 크게 뛰기에 사각지대가 작다. 집중력이 좋아 잔 실수를 적게 범하는 편. 세트피스 때의 수비 리드, 펀칭과 캐칭 등 전체적인 볼 핸들링에서도 약점을 찾기 어렵다.

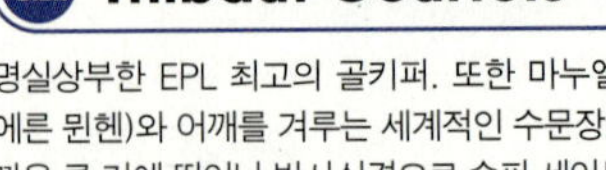

국적 : 벨기에

2009년 4월 헹크에서 프로로 데뷔. 2011년 여름 첼시로 이적했으나 바로 아틀레티코 마드리드에 임대돼 경험을 쌓은 후 2014년 여름 복귀했다. 아틀레티코 시절이던 2012-13 시즌, LFP 최고 골키퍼에게 주는 사모라상을 수상했다.

슈팅 위치별 선방

	5
	31
	29

경기수	출전시간	득점	A	경고
23	2020	0	0	1

퇴장	P	%	S	★
2	524	48%	65	0

DF Branislav Ivanović

브라니슬라프
이바노비치

안정적인 수비력을 자랑하는 라이트백. 당당한 신체조건을 가지고 있어 센터백도 가능하지만 지난 시즌에는 주로 라이트백으로 활약했다. 실력은 물론이고 인성, 건강 등 모든 면에서 완벽했기에 가능했다. 과감한 태클과 날카로운 드리블로 터치라인을 장악하고, 경기 평균 48회의 패스와 86%의 패스 성공률을 선보였다. 적절한 포지셔닝과 집중력으로 상대의 패스를 커트한 뒤 바로 역습에 가담했다.

국적 : 세르비아

세르비아 스렘스카 미트로비카 출신. 지난 2008년 여름 첼시에 입단한 이후 7년째 활약 중이다. 세르비아 U-21 대표 출신이고 2006년부터 국가대표로 활약 중이다. 남녀 테니스 스타 노박 조코비치, 안나 이바노비치와 절친한 사이다.

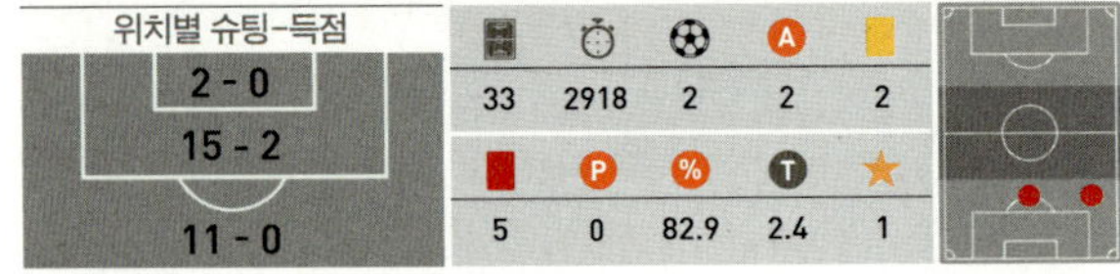

위치별 슈팅-득점

	2 - 0
	15 - 2
	11 - 0

경기수	출전시간	득점	A	경고
33	2918	2	2	2

퇴장	P	%	T	★
5	0	82.9	2.4	1

DF Marcos Alonso

마르코스
알론소

왼쪽 풀백과 미드필더를 모두 소화할 수 있는 다재다능한 선수. 지난 시즌 피오렌티나에서 31경기에 출전하며 3골 4도움을 기록했다. 그동안 첼시는 세자르 아스필리쿠에타와 경쟁할 풀백을 찾았다. 압둘 라흐만 바바가 기대에 미치지 못하는 상황에서 안토니오 콘테 감독은 알론소를 선택했다. 볼턴 원더러스와 선덜랜드에서 생활한 경험이 있어 잉글랜드 생활은 무난히 적응할 것으로 보인다.

국적 : 스페인

알론소는 축구인 가족에서 태어났다. 할아버지 마르코스 알론소 이마즈는 8년 동안 레알 마드리드 1군에서 활약한 선수였다. 아버지 알론소 페냐는 아틀레티코 마드리드와 바르셀로나에서 수 년 동안 뛸 만큼 능력이 뛰어났다.

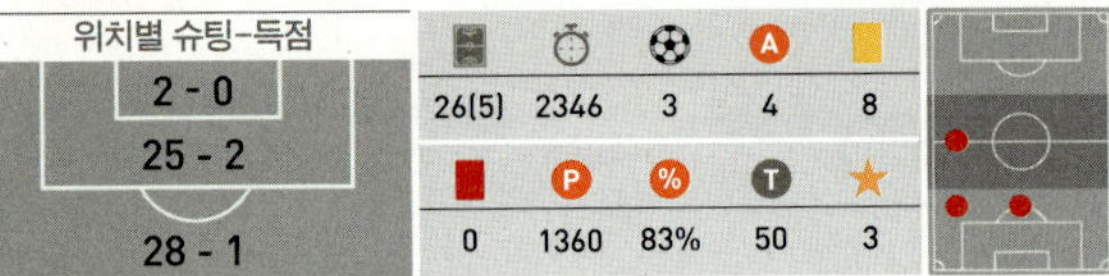

위치별 슈팅-득점

	2 - 0
	25 - 2
	28 - 1

경기수	출전시간	득점	A	경고
26(5)	2346	3	4	8

퇴장	P	%	T	★
0	1360	83%	50	3

DF Kurt Zouma

쿠르
주마

센터백 겸 라이트백. 엄청난 재능을 갖고 있다. 존 테리가 노쇠 현상을 보이기 시작할 올 시즌엔 출전 기회가 더 늘어날 전망이다. 주마는 190cm, 92kg의 큰 체격을 이용해 매우 거친 수비를 펼친다. 특히 강력한 마킹은 치명적인 무기다. 또한 큰 키를 활용해 공중전에서도 강점을 보인다. 반면 태클을 할 때 적극성이 부족하다는 평을 받기도 한다. 볼에 대한 수비를 강화할 필요가 있다.

국적 : 프랑스

프랑스 리옹 출신. 어린 시절부터 재능이 뛰어났다. 2011년 생테티앙에서 프로 선수로 데뷔했고, 2014년 여름 첼시로 이적했다. U-16 이후 프랑스 연령별 대표를 모두 거쳤고, 2015년 3월 29일 덴마크와의 평가전 때 A대표로 데뷔했다.

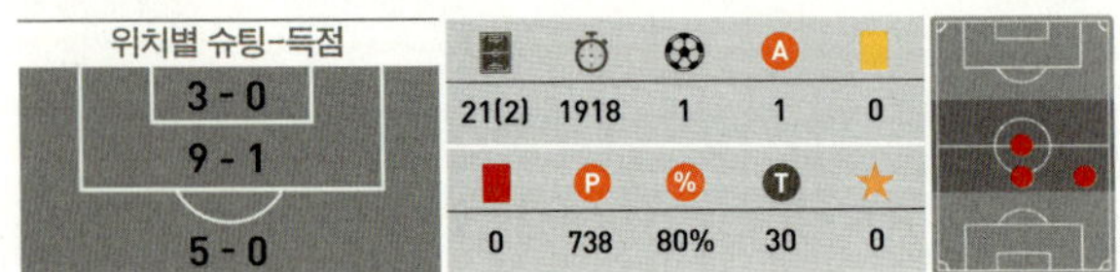

위치별 슈팅-득점

	3 - 0
	9 - 1
	5 - 0

경기수	출전시간	득점	A	경고
21(2)	1918	1	1	0

퇴장	P	%	T	★
0	738	80%	30	0

DF Gary Cahill

게리
케이힐

넓은 시야, 좋은 위치선정, 빠른 스피드를 이용해 앞 선에서 패스를 잘 자르고 평균 4.9개의 가로채기를 성공시켰다. 볼을 잘 다루고, 키핑력이 우수하며 전방으로 부챗살 패스를 날린다. 팀의 빌드-업에서 매우 중요한 역할을 하는 것. 패스 성공률이 83%로 공격의 시발점 역할을 한다. 공격 때도 타점 높은 헤딩과 발리킥으로 슈팅을 날린다. 그러나 지난 시즌 평균 태클 횟수는 0.9개로 부족한 편이었다.

국적 : 잉글랜드

아스톤 빌라 유스 출신. 2004년 이 팀 1군에서 프로 선수로 데뷔했다. 번리, 셰필드로 임대돼 경험을 쌓았고, 볼턴을 거쳐 2012년 여름 700만 파운드에 첼시로 이적했다. 잉글랜드 U-20 대표 출신이고 2012년부터 A대표로 활약해왔다.

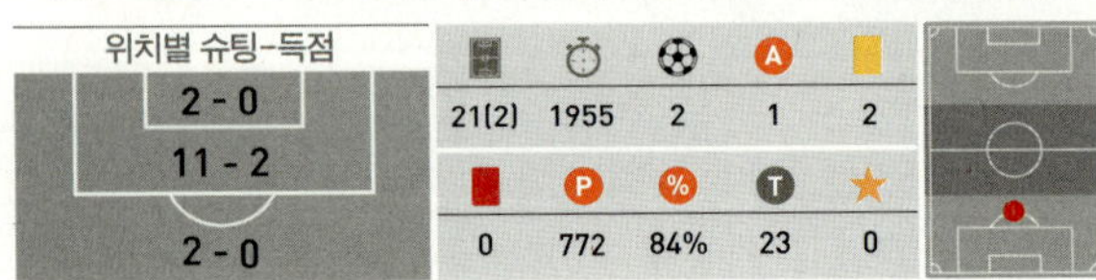

위치별 슈팅-득점

	2 - 0
	11 - 2
	2 - 0

경기수	출전시간	득점	A	경고
21(2)	1955	2	1	2

퇴장	P	%	T	★
0	772	84%	23	0

DF John Terry

26

존
테리

EPL 개막일 기준 만 35세. 그러나 노장은 죽지 않았다는 것을 보여줬고, 여전한 수비력을 자랑하고 있다. 지난 시즌에 이어 올 시즌에도 케이힐과 함께 수비진을 이끈다. 전성기에 비해 파워, 스피드가 둔화된 만큼 몸으로 직접 부딪히는 수비보다는 자리를 잡고, 조율하는 쪽에서 큰 역할을 할 것이다. 아직까지 잔 실수를 적게 범하고, 빌드-업 때 안정되게 패스를 날린다. 세트피스 시 위협적인 무기다.

국적 : 잉글랜드

잉글랜드 바킹 출신. 웨스트햄과 첼시 유스 아카데미에서 기본기를 배웠고, 1998년 이후 현재까지 줄곧 푸른 유니폼을 입고 있다(2000년 초 잠시 노팅엄에 임대된 것을 제외하곤). 잉글랜드 국가대표로 78회 출전한 뒤 지난해 은퇴했다.

위치별 슈팅-득점

1 - 0	24	1991	1	0	2
9 - 1				
0 - 0	2	923	90%	22	0

DF César Azpilicueta

28

세사르
아스필리쿠에타

레프트백으로 제 몫을 다했다. 항상 팀플레이를 먼저 생각하며 자신을 희생했다. 태클과 인터셉터 능력이 뛰어나다. 언제 어느 상황에서든 탄탄하게 방어벽을 친 셈이다. 볼을 잘 지켜내고, 과감한 드리블과 콤비네이션 플레이로 공격에 가담했다. 패스가 정확하고, 크로스도 날카롭다. 풀백으로서는 꽤 좋은 수준. 가끔씩 시도하는 롱스로인은 코너킥처럼 멀리 나간다. EPL 정상급 풀백이다.

국적 : 스페인

스페인 팜플로나 출신. 오사수나 유스 출신으로 이 팀 1군, 마르세유를 거쳐 2012년 여름 첼시로 이적했다. 스페인 연령별 대표를 모두 지냈고, 2013년부터 국가대표로 활약 중이다. 그동안 수집한 각종 트로피만도 무려 9개나 된다.

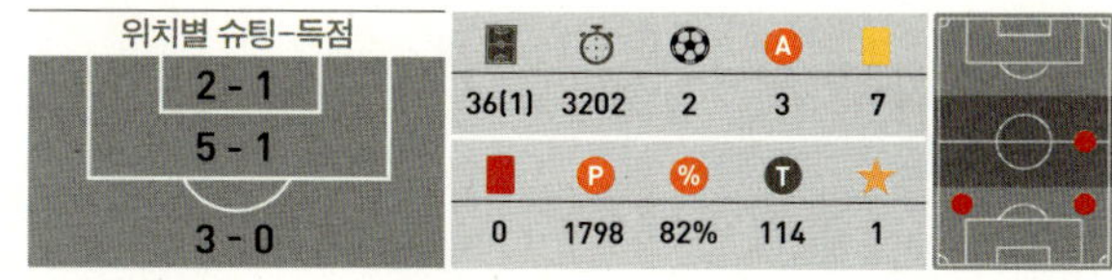

위치별 슈팅-득점

2 - 1	36(1)	3202	2	3	7
5 - 1				
3 - 0	0	1798	82%	114	1

DF David Luiz

30

다비드
루이스

2년 만에 첼시로 돌아온 센터백. 콩테 감독은 이적 시장 마감일 루이스를 선택했다. 경험이 풍부한 루이스는 센터백 뿐만 아니라 수비형 미드필더에서도 활약할 수 있는 선수다. 패스 정확도가 높고, 활발한 움직임이 장점이다. 번뜩이는 프리킥 능력도 보유했다. 때때로 위험한 실수를 하지만 여전히 정상급 수비수다. 노장 선수와 어린 선수 사이에서 중요한 역할을 할 것으로 기대된다.

국적 : 브라질

첼시의 역사를 함께한 선수다. 2011-12시즌 FA컵 우승과 함께 창단 최초로 챔피언스리그 우승을 함께했다. 다음 시즌에는 유로파리그에서도 우승을 기록하며 특별한 경험을 했다. PSG에서도 많은 우승컵을 차지했다.

위치별 슈팅-득점

4 - 1	23(2)	2088	1	2	4
7 - 0				
4 - 0	0	1873	92%	29	1

MF Cesc Fàbregas

4

세스크
파브레가스

아자르, 디에구 코스타와 함께 첼시 우승 주역 3총사 중 1명이다. 중원에서 그가 공수의 키 역할을 제대로 해냈기에 첼시의 전체적인 밸런스가 완벽히 맞아들어 가며 최고의 시너지 효과를 낼 수 있었다. 야전 사령관으로서 볼 소유 및 유지 능력은 단연 최강. '패스 마스터'로서 무서운 위력을 만천하에 떨쳤다. 콩테 감독 체제에서 입지가 흔들리고 있지만 워낙 도움 능력이 뛰어난 미드필더다.

국적 : 스페인

아스널 유스 출신으로 2003년 이 팀 1군에서 데뷔한 뒤 바르셀로나를 거쳐 첼시로 이적. 스페인 연령별 대표를 모두 지낸 엘리트. 여자 친구 다니엘라 세만과의 사이에 두 살짜리 딸 리아를 두고 있다. 브랜드 퓨마의 전속 모델이다.

위치별 슈팅-득점

0 - 0	33(4)	2899	5	5	5
22 - 4				
23 - 1	0	2829	84	103	2

MF Ngolo Kante

7

은골로
캉테

'제2의 마켈렐레'라는 말 한마디로 그를 설명할 수 있다. 지난 시즌 레스터 시티 우승의 주역이고, 엄청난 활동량으로 중원에서 상대의 공격을 끊어내는 수비형 미드필더다. 특히 가로채기 능력이 뛰어나고, 상대의 공을 끊은 뒤 바로 역습을 시도한다. 패싱력도 정확하고, 드리블 능력도 있다. 네마냐 마티치와 경쟁할 것으로 예상됐으나 콩테 감독은 둘을 함께 기용하며 조화로운 모습을 보여주고 있다.

국적 : 프랑스

볼로냐에서 프로로 데뷔한 캉테는 이후 시온을 거쳐 2015년 레스터에 합류했다. 이곳에서 자신의 능력을 제대로 증명했고 리그 우승을 이끌며 프랑스 대표팀에도 승선했다. 이후 뢰블뢰 일원으로 유로 2016 준우승을 차지했다.

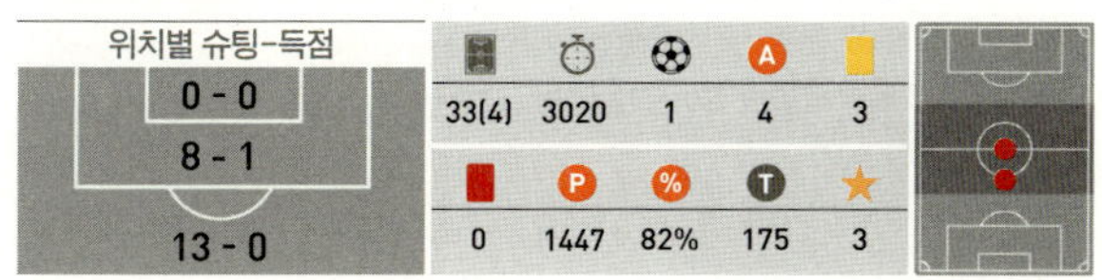

위치별 슈팅-득점

0 - 0	33(4)	3020	1	4	3
8 - 1				
13 - 0	0	1447	82%	175	3

MF Oscar

8

오스카르

CF 디에구 코스타의 뒤에서 다양한 움직임으로 기회를 만들었다. 다이내믹하게 움직이고, 폭발적인 드리블과 면도날 같은 패스를 구사하며 공격수들을 능가하는 골 결정력을 선보인다. 양발을 자유롭게 사용하고, 2선에서 날카롭게 자르고 들어가 패스를 받아 슈팅을 날린다. 직접 프리킥과 짧은 패스 콤비네이션에 의한 돌파가 특기. 생각보다 부상이 잦아 성장이 더디다. 현재는 정상 컨디션이다.

국적 : 브라질

브라질 아메리카나 출신. 상파울루 유스에서 축구를 시작했고, 상파울루 1군, 인테르를 거쳐 2012년 여름 첼시로 이적했다. 브라질 대표로 2012 올림픽과 2014 월드컵에 출전. 아내 루드밀라와의 사이에 2세 된 딸 줄리아를 두고 있다.

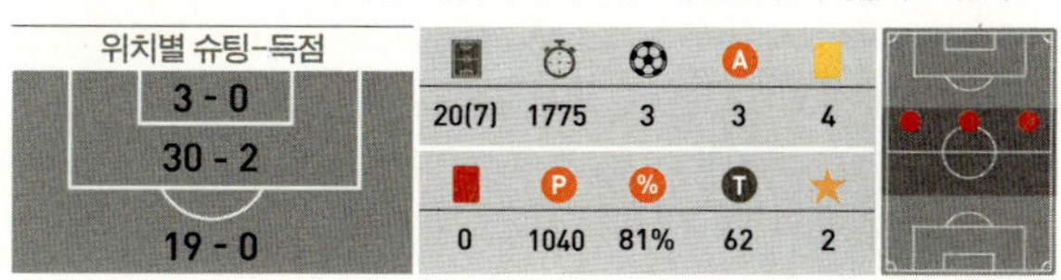

위치별 슈팅-득점

3 - 0	20(7)	1775	3	3	4
30 - 2				
19 - 0	0	1040	81%	62	2

MF Eden Hazard

에덴 아자르

월드클래스 미드필더. 2014-15 시즌 첼시 우승의 일등 공신이었다. 하지만 지난 시즌엔 엉덩이, 사타구니, 대퇴부 등을 돌아가며 다쳤고, 이 때문에 기복이 심했다. 최악의 시즌을 보낸 것. 정상 컨디션일 경우 그는 주 위치인 LW은 물론이고, 2선 공격 전 위치를 넘나들며 상대 수비를 철저히 깨트린다. 안정된 볼 키핑, 정확한 스루 패스, 위력적인 마무리 팀플레이의 핵을 이룬다.

국적 : 벨기에

모로코계 이민 2세. 프랑스 릴 유스 출신으로 2007년 이 팀 1군에서 프로 선수로 데뷔했다. 벨기에 연령별 대표를 모두 지냈고, 17세 때인 2008년, 룩셈부르크전에서 A대표 데뷔전을 치렀다. 현재 나이키, EA 스포츠 전속 모델로 활약 중.

위치별 슈팅-득점

1 - 1					
20 - 2	25(6)	2192	4	3	2
15 - 1	0	1417	86%	21	5

MF John Obi Mikel

존 오비 미켈

백업 수비형 미드필더. 운동 능력, 투쟁심, 테크닉을 두루 갖췄다. '첼시 공무원'이라고 불릴 만큼 첼시에서 오래 생활하고 있다. 이번 시즌에도 네마냐 마티치의 백업으로 대기할 것이다. 미켈은 필드 중앙 뒤쪽 깊은 곳에 포진해 공수 밸런스를 유지시킨다. 저돌적인 태클, 날렵한 패스 커팅으로 볼을 뺏은 뒤 번개처럼 역습을 전개한다. 첼시에서와는 달리 나이지리아 대표 팀에선 공격 쪽에서 활약한다.

국적 : 나이지리아

2005년 린 오슬로에서 프로 선수로 데뷔했고, 2006년 여름 첼시로 이적했다. 첼시 이적 후 현재까지 무려 9번이나 우승 트로피를 들어올렸다. 나이지리아 U-23 대표 출신이고 2005년 8월 17일 리비아전을 통해 A매치 데뷔전을 치렀다.

위치별 슈팅-득점

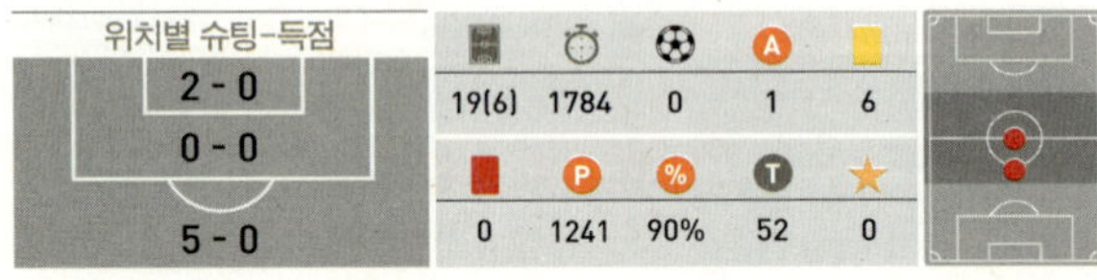

2 - 0					
0 - 0	19(6)	1784	0	1	6
5 - 0	0	1241	90%	52	0

MF Ruben Loftus-Cheek

루벤 로프터스-치크

첼시가 향후 첼시 중원 사령관 감으로 키우고 있는 특급 유망주. 왼발잡이 수비형 미드필더로 첼시 2014-15시즌 UEFA 유스 리그 우승의 주역. 항상 박스-투-박스로 움직이며 공수 밸런스를 잘 유지시킨다. 개인기가 좋아 볼을 잘 지켜내며 전방 90°로 장-단 패스를 스프레이처럼 내뿜는다. 시야가 넓고, 투쟁심이 강해 팀플레이를 제대로 뒷받침할 수 있다. 올 시즌은 그의 잠재력이 폭발할 시기다.

국적 : 잉글랜드

8세 때 첼시 아카데미에 입단해 성장했고, 첼시 U-15 팀 및 잉글랜드 U-16 팀에서 동료들을 잘 이끌어 주목을 받았다. 2014년 12월 맨체스터 시티전서 1군 데뷔전을 치렀고, 2014-15시즌 UEFA 유스 리그 우승의 주역으로 활약했다.

위치별 슈팅-득점

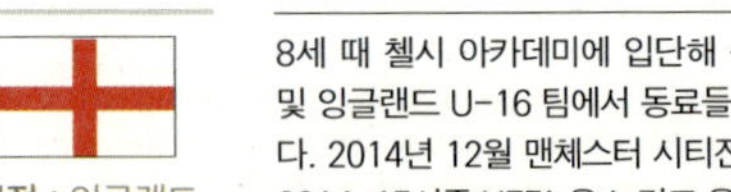

0 - 0					
8 - 1	4(9)	408			
4 - 0	0	242	88%	11	0

MF Nemanja Matic

네마냐 마티치

지난 시즌 첼시 중원 후방에서 파브레가스와 짝을 이뤄 환상적인 플레이를 펼쳤다. 우승 당시 무리뉴 감독은 "마티치가 없었다면 첼시의 우승도 어려웠을 것"이라고 극찬했을 정도다. 포백을 수호하는 수비형 미드필더로 경기당 4회의 태클을 성공시켰다. 특히 결정적인 순간에서의 태클이 많았다. 또한 수비에서 공격으로의 빌드-업 때 1차 관문 역할을 잘 해냈다. 첼시 슈퍼스타들이 빛난 건 마티치의 희생 덕분.

국적 : 세르비아

세르비아 샤바치 출신. 9세 때부터 유스 시스템에서 기본기를 탄탄히 다졌고, 17세 때인 2005년, 프로 1군 선수로 데뷔한 축구 천재다. 세르비아 U-21 대표 출신이고, 2008년부터 국가대표로 활약해왔다. 그의 동생 우로슈도 축구 선수.

위치별 슈팅-득점

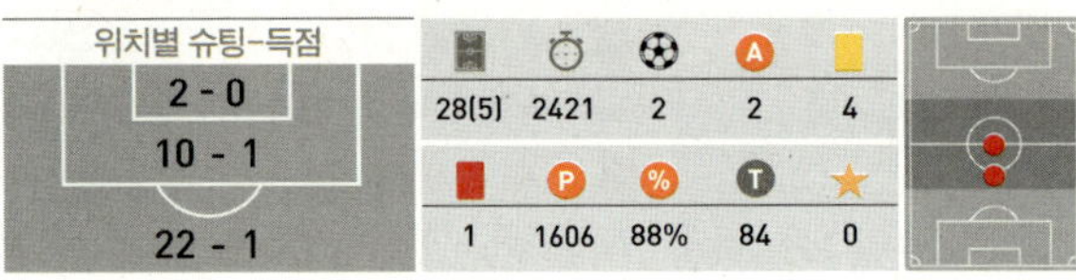

2 - 0					
10 - 1	28(5)	2421	2	2	4
22 - 1	1	1606	88%	84	0

MF Willian

윌리안

화려한 개인기를 자랑하는 브라질 국가대표 2선 공격수. 지난 시즌 주로 라이트윙으로 활약했고, 올 시즌에도 같은 위치에서 뛸 것이다. 왼쪽의 아자르와 환상의 콤비를 이룬다. 윌리안은 스피드와 개인기를 활용한 드리블, 볼 키핑, 정확한 패스와 크로스, 역습 전개 및 마무리, 중거리 슈팅, 날카로운 컷-인 플레이 등 다양한 능력을 경기장에서 발휘한다. 특히 프리킥이 날카롭고, 위협적이다.

국적 : 브라질

2006년 코린치안스에서 데뷔했고, 샤흐타르 도네츠크, 안지 마하차칼라를 거쳐 2013년 여름 첼시로 이적했다. 브라질 U-20 대표 출신이고, 2011년부터 A대표로 활약 중이다. 아내 바네사와의 사이에 발렌티나, 마누엘라 두 딸이 있다.

위치별 슈팅-득점

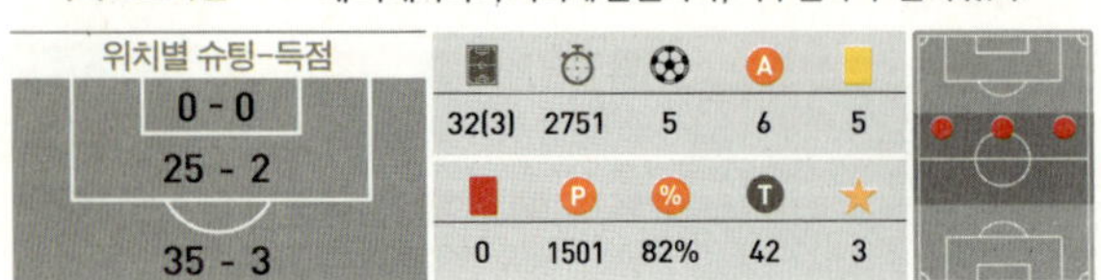

0 - 0					
25 - 2	32(3)	2751	5	6	5
35 - 3	0	1501	82%	42	3

FW Pedro

페드로

스페인 대표팀 특급 윙어. 좌우 측면 가리지 않고 빠른 돌파와 크로스로 팀의 공격을 돕는 크랙이다. 주로 왼발을 사용하지만 양발을 자유롭게 사용할 수 있다. 또 드리블 능력이 뛰어나 아자르, 윌리안과 함께 첼시의 주전급으로 활약할 선수다. 경기력에 기복이 있지만 안토니오 콘테 감독 체제에서 더욱 빛날 모습이 기대된다.

국적 : 스페인

바르셀로나에서 청소년 시절은 물론 프로로 데뷔한 원클럽맨이었다. 그러나 2015년 MSN 라인 백업을 청산하고 잉글랜드에 진출했다. 사실 맨유 이적을 앞두고 있었으나 빅토르 발데스의 충고로 결국 첼시 유니폼을 입었다.

위치별 슈팅-득점

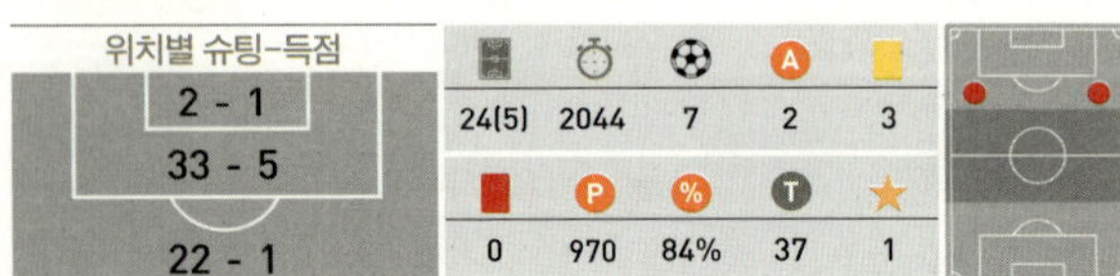

2 - 1					
33 - 5	24(5)	2044	7	2	3
22 - 1	0	970	84%	37	1

FW Victor Moses

15

빅토르
모지스

국적 : 나이지리아

측면에서 활약하는 미드필더. 강한 피지컬을 이용해 뚫고 앞으로 나아가는 드리블이 인상적인 선수다. 또 강력한 슈팅은 때때로 엄청난 골을 만들기도 한다. 하지만 볼 컨트롤이 다소 투박한 점이 큰 단점이다. 아자르, 윌리안, 페드로가 버티고 있는 측면 경쟁에서 주로 교체로 경기에 나설 것으로 예상된다. 안토니오 콘테 감독 체제에서 전력에 포함되며 새로운 반전을 준비하고 있다.

크리스탈 팰리스에서 데뷔한 모지스는 이후 위건에서 인상적인 활약으로 2012년 첼시에 합류했다. 그러나 리버풀, 스토크 시티, 웨스트햄 유나이티드로 임대를 다니며 주전경쟁에서 어려움을 겪었다.

위치별 슈팅-득점

0 - 0	
14 - 0	
8 - 1	

경기수	출전시간	득점	도움	경고
13(8)	982	1	2	0

퇴장	패스시도	패스성공률	태클성공	MOM
0	280	80%	13	0

FW Diego Costa

19

디에구
코스타

국적 : 스페인

지난 시즌 갈비뼈, 코뼈 골절로 40여 일 가까이 결장했다. 정상 컨디션일 경우 첼시 공격의 핵심이다. 이상적인 체격을 지닌 데다 폭발적인 슈팅, 뛰어난 문전 처리, 포스트에서의 피딩 등에서 압도적이다. 역습에 최적화된 공격수다. 첼시가 카운터 찬스를 잡으면 드리블, 패스, 마무리 등 모든 것을 해낸다. 큰 키에 비해 공중전 승률이 다소 낮고, 오프사이드에 자주 걸리는 게 '옥에 티'다. 거친 성격도 위험요소.

바르셀로나 아카데미 출신. 2006년 브라가에서 프로 선수로 데뷔한 뒤 7팀을 거치며 '저니맨'을 하다 2014년 여름 첼시에 입단했다. 브라질 출신이지만 2014 월드컵 직전 스페인으로 귀화했다. 2014-15시즌 EPL 베스트11에 선정.

위치별 슈팅-득점

12 - 5	
48 - 7	
8 - 0	

경기수	출전시간	득점	도움	경고
27(1)	2379	12	6	8

퇴장	패스시도	패스성공률	태클성공	MOM
0	824	78%	21	2

FW Michy Batshuayi

23

미키
바추아이

국적 : 벨기에

벨기에 미래로 평가받는 최전방 공격수다. 양발을 모두 자유롭게 쓸 수 있고 빠른 속도와 강력한 슈팅도 그의 무기다. 지난 시즌 17골 9도움을 기록할 만큼 공격적인 재능을 가지고 있다. 콘테 감독도 "바추아이는 첼시의 현재와 미래를 동시에 대비하는 영입"이라고 극찬했다. 제2의 드로그바를 꿈꾸고 있는데 결정력과 문전에서의 파괴력을 갖춰야 한다.

스탕다르 리에주에서 프로 생활을 시작한 바추아이는 잠재력을 인정받아 마르세유로 팀을 옮겼다. 이후 쿠프 데 프랑스 결승을 이끌며 능력을 뽐냈고, 첼시의 선택을 받아 잉글랜드로 진출했다.

위치별 슈팅-득점

7 - 3	
84 - 14	
31 - 0	

경기수	출전시간	득점	도움	경고
32(4)	2938	17	9	8

퇴장	패스시도	패스성공률	태클성공	MOM
0	674	75%	14	0

EVERTON FC

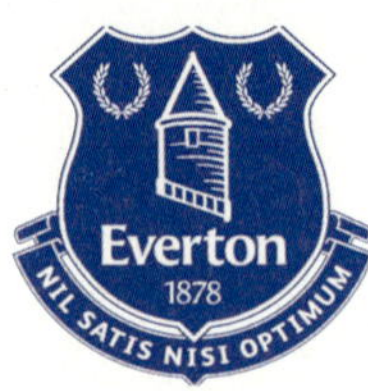

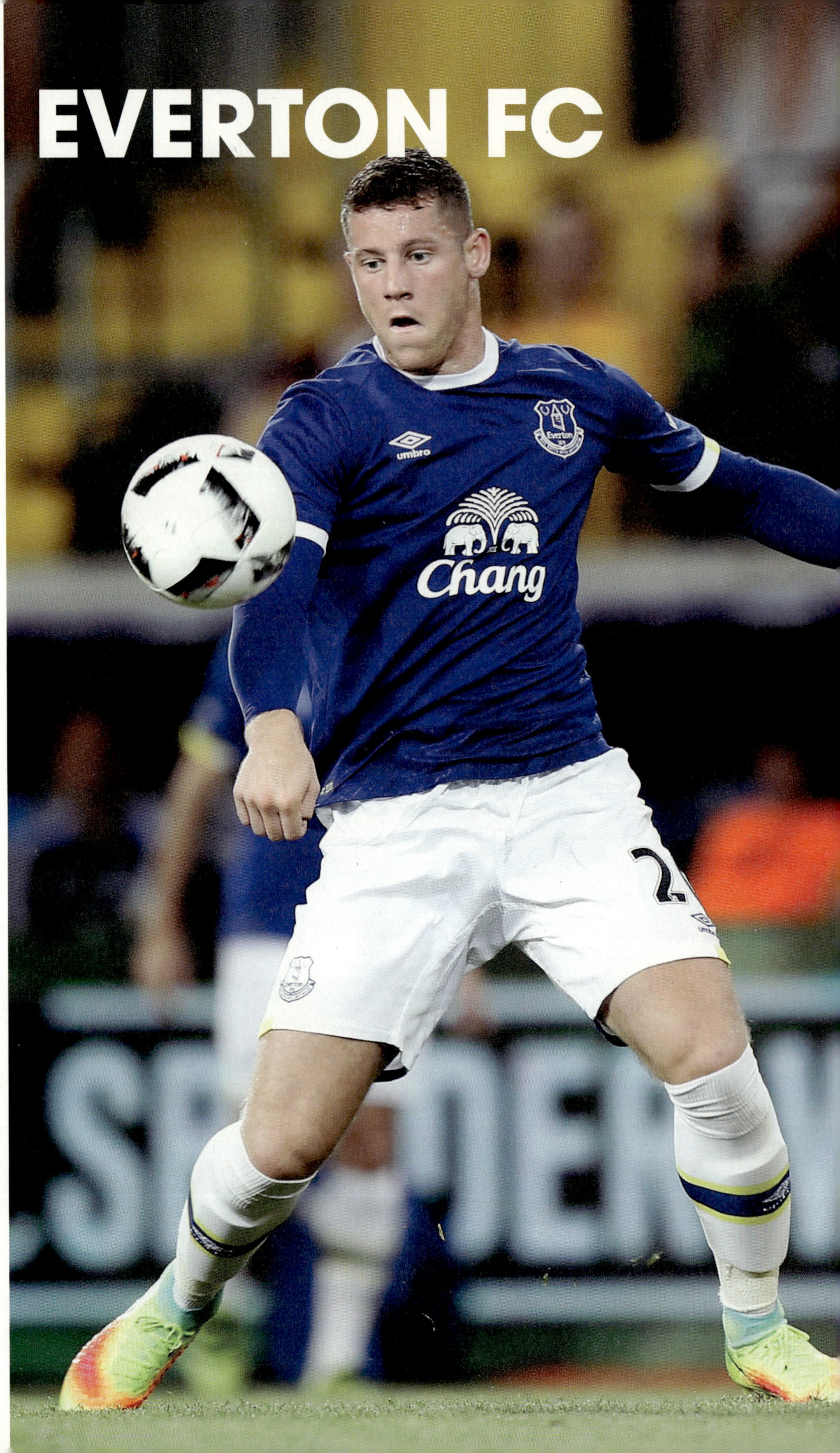

구단 소개

구단 창립 : 1878년
홈구장 : 구디슨 파크
감독 : 로날트 쿠만
2015-16시즌 : 11위(승점 47점)
11승 14무 13패 59득점 55실점
닉네임 : The Toffees

주요대회 우승횟수

대회	우승횟수
ENGLISH PREMIER LEAGUE	9
ENGLISH FA CUP	5
UEFA CHAMPIONS LEAGUE	0
UEFA EUROPA LEAGUE	0
FIFA CLUB WORLD CUP	0
UEFA-CONMEBOL INTERCONTINENTAL	0

UNIFORM

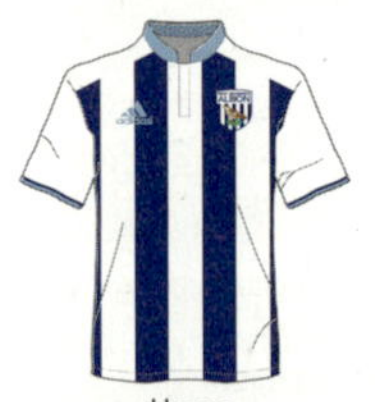

Home

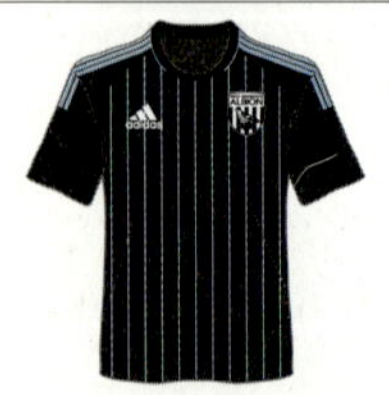

Away

더 강력해진 쿠만의 에버턴 돌풍을 넘어 태풍을 예고하다

2015-16 SEASON REVIEW

에버턴이 10위 밖으로 밀려날 것을 예상한 이는 드물었을 것이다. 에버턴은 시즌 초반부터 들쑥날쑥한 경기력으로 도무지 상승세를 타지 못했다. 수비는 흔들렸고 공격 역시 갈피를 잡지 못했다. 이런 좋지 못한 경기력은 결과에서도 나타났다. 지난 시즌 에버턴의 연승은 단 1차례에 불과했다. 24라운드와 25라운드 뉴캐슬과 스토크에게 연속으로 승리를 거둔 것이 전부였고, 연승이 없었다. 다행히 중요한 순간 거둔 승리 덕에 더 낮은 순위표는 받아들지 않았지만 전체적으로 아쉬움이 남는 시즌이었다.

SUMMER TRANSFER

지난 시즌 부진으로 마르티네스 감독이 결국 팀을 떠나게 됐다. 이에 사우샘프턴의 쿠만 감독이 새롭게 지휘봉을 잡았고 팀 보강에 착수했다. 좋은 이적 시장을 보냈다고 평가할 수 있다. 쿠만 감독이 지키고 싶어 했던 스톤스의 맨시티 이적을 막지는 못했지만 스완지에서 윌리엄스를 데려오며 공백을 메웠다. 화력도 보강했다. 에네르 발렌시아, 볼라시에, 게예 등 실속 있는 영입을 진행했다. 가장 큰 성과는 루카쿠를 붙들었다는 것. 루카쿠는 지난 시즌을 끝으로 팀을 떠날 것으로 보였지만 구단과 쿠만 감독의 노력으로 팀에 잔류하게 됐다.

2016-17 SEASON OUTLOOK

루카쿠의 잔류, 여기에 에네르 발렌시아, 볼라시에의 가세로 화끈한 공격력을 보여줄 것으로 예상된다. 특히 루카쿠에게 기대하는 바가 크다. 루카쿠는 지난 시즌 18골을 기록하며 혼자의 힘으로 에버턴의 공격을 책임졌다. 여기에 올 시즌 많은 조력자들을 얻게 돼 루카쿠의 화력이 더욱 더 불을 뿜을 것으로 예상된다. 공격뿐 아니라, 수비 역시 스톤스의 공백을 바로 메워 안정감까지 더했다. 여기에 쿠만 감독의 역동적인 전술과 지도력이 합쳐진다면 돌풍을 넘어 강력한 태풍이 될 수 있다.

감독 로날트 쿠만(Ronald KOEMAN)

네덜란드 출신으로 경험이 풍부한 감독이다. 다양한 전술을 구사하는 것으로 유명하다. 페예노르트 시절엔 3백도 곧잘 썼다. 2014년 사우샘프턴에 건너와서는 4-2-3-1 포메이션에 기초해 중원의 강한 압박과 공격 2선의 빠른 배후 침투를 즐겨 썼고 이를 에버턴에 이식할 것으로 예상된다. 비테세와 아약스, 벤피카, 에인트호번, 발렌시아, AZ알크마르, 페예노르트 등 감독직에 나선 지난 15년 동안 8팀을 오갔다. 선수와 감독으로 아약스와 에인트호번, 페예노르트 네덜란드 리그 라이벌 3인방을 모두 거친 특이한 이력의 주인공이기도 하다. 아약스 때처럼 성공한 시절도 있었지만 발렌시아 감독 때처럼 실패한 적도 있다.

PROFILE
- 출 생 : 1963.3.21
- 국 적 : 네덜란드
- 계 약 : 2019.6.30

STADIUM

Goodison Park

구장 오픈 : 1892년
구장 증축 : -
구장 소유 : 에버턴 FC
수용 인원 : 3만 9,752명
피치 규모 : 100m × 68m
잔디 종류 : 천연 잔디

SQUAD LIST

위치	번호	이름	국적	신장	체중	생년월일
GK	1	Joel Robles	ESP	195	85	17-06-90
	22	Maarten Stekelenburg	NED	197	92	22-09-82
DF	3	Leighton Baines	ENG	170	75	11-12-84
	5	Ashley Williams	WAL	183	75	23-08-84
	6	Phil Jagielka	ENG	183	83	17-08-82
	23	Seamus Coleman	IRL	193	67	11-10-88
	25	Ramiro Funes Mori	ARG	185	74	03-05-91
	27	Tyias Browning	ENG	181	76	27-05-94
	38	Matthew Pennington	ENG	185	77	06-10-94
MF	4	Darron Gibson	IRL	180	83	25-10-87
	8	Ross Barkley	ENG	189	76	05-12-93
	12	Aaron Lennon	ENG	165	63	16-04-87
	14	Yannick Bolasie	COD	188	84	24-05-89
	15	Tom Cleverley	ENG	175	67	12-08-89
	16	James McCarthy	IRL	180	72	12-11-90
	17	Idrissa Gueye	SEN	174	64	26-09-89
	18	Gareth Barry	ENG	183	79	23-02-81
	20	Bryan Oviedo	CRC	172	70	18-02-90
	21	Muhamed Besic	BIH	177	75	10-09-92
	26	Tom Davies	ENG	180	70	30-06-98
	28	Kieran Dowell	ENG	175	59	10-10-97
	30	Mason Holgate	ENG	181	63	22-10-96
FW	7	Gerard Deulofeu	ESP	179	60	13-03-94
	9	Arouna Kone	CIV	181	81	11-11-83
	10	Romelu Lukaku	BEL	190	94	13-05-93
	11	Kevin Mirallas	BEL	178	72	05-10-87
	19	Enner Valencia	ECU	174	72	04-11-89

2016-17 SEASON SCHEDULE

날짜	장소	상대팀	날짜	장소	상대팀
13/AUG	H	Tottenham Hotspur	01/JAN	H	Southampton FC
20/AUG	A	West Bromwich Albion	13/JAN	H	Manchester City
27/AUG	H	Stoke City	20/JAN	A	Crystal Palace
12/SEP	A	Sunderland AFC	31/JAN	A	Stoke City
17/SEP	H	Middlesbrough FC	03/FEB	H	AFC Bournemouth
24/SEP	A	AFC Bournemouth	10/FEB	A	Middlesbrough FC
30/SEP	H	Crystal Palace	24/FEB	H	Sunderland AFC
15/OCT	A	Manchester City	03/MAR	A	Tottenham Hotspur
22/OCT	A	Burnley FC	10/MAR	H	West Bromwich Albion
30/OCT	H	West Ham United	17/MAR	H	Hull City
05/NOV	A	Chelsea FC	31/MAR	H	Liverpool FC
19/NOV	H	Swansea City	03/APR	A	Manchester United
27/NOV	A	Southampton FC	07/APR	H	Leicester City
02/DEC	H	Manchester United	14/APR	H	Burnley FC
09/DEC	A	Watford FC	21/APR	A	West Ham United
13/DEC	H	Arsenal FC	28/APR	H	Chelsea FC
16/DEC	H	Liverpool FC	05/MAY	A	Swansea City
25/DEC	A	Leicester City	12/MAY	H	Watford FC
30/DEC	A	Hull City	20/MAY	A	Arsenal FC

RANK OF LAST 5 YEARS

2부 리그

2011-12	2012-13	2013-14	2014-15	2015-16
7	6	5	11	11
56점	63점	72점	47점	47점

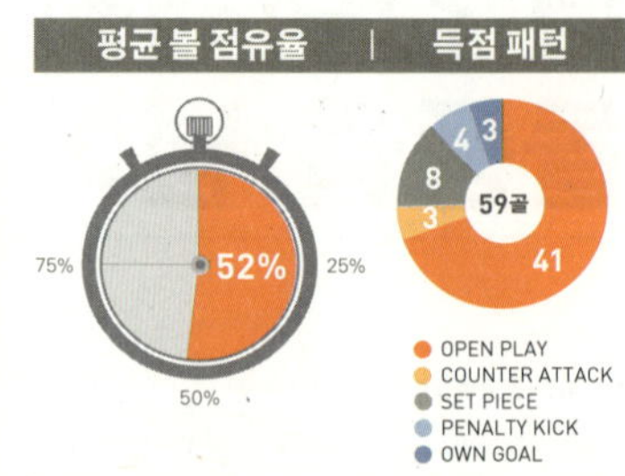

STRENGTHS & WEAKNESSES

OFFENSE		DEFENSE	
직접 프리킥	A	세트피스 수비	C
문전 처리	C	상대 볼 뺏기	C
측면 돌파	B	공중전 능력	D
스루볼 침투	B	역습 방어	C
개인기 침투	B	지공 방어	C
카운터 어택	C	스루패스 방어	C
기회 만들기	B	리드 지키기	B
세트피스	B	실수 조심	C
OS 피하기	D	측면 방어력	C
중거리 슈팅	C	파울 주의	C
볼 점유율	B	중거리슛 수비	C

매우 강함 A　　강한 편 B　　보통 수준 C　　약한 편 D　　매우 약함 E

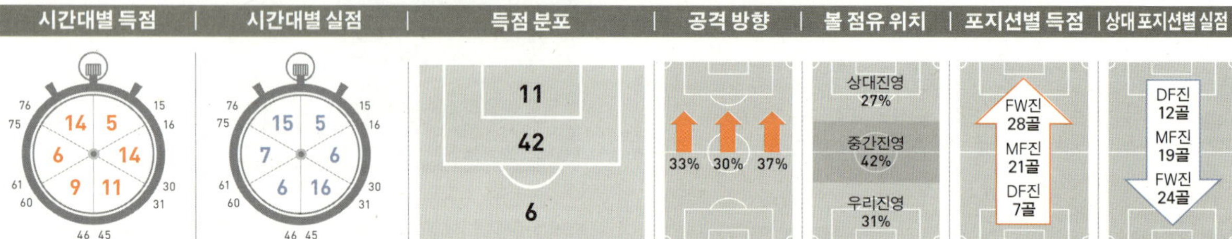

FORMATION

TOTO GUIDE 지난 시즌 상대팀별 전적

상대팀	홈	원정
Leicester City	2-3	1-3
Arsenal	0-2	1-2
Tottenham	1-1	0-0
Manchester City	0-2	0-0
Manchester Utd	0-3	0-1
Southampton	1-1	3-0
West Ham Utd	2-3	1-1
Liverpool	1-1	0-4
Stoke City	3-4	3-0
Chelsea	3-1	3-3
Swansea City	1-2	0-0
Watford	2-2	1-1
West Bromwich	0-1	3-2
Crystal Palace	1-1	0-0
Bournemouth	2-1	3-3
Sunderland	6-2	0-3
Newcastle Utd	3-0	1-0
Norwich City	3-0	1-1
Aston Villa	4-0	3-1

GK Joel Robles

지난 시즌 팀 하워드의 아성에 가려져 많은 경기에 출전하지 못했던 No.2 골키퍼. 이번 시즌에는 새로 영입된 슈테켈렌뷔르흐와 주전 경쟁을 펼친다. 신체조건(195cm, 90kg)은 완벽에 가깝지만 경험이 부족한 게 문제다. 공중볼 처리 능력과 볼 스토핑 능력은 뛰어나지만 민첩성이 조금 떨어진다. 로블레스는 몸의 무게중심이 상체로 쏠리기에 순간적인 슈팅을 막아내는 반응속도가 늦다. 골킥 성공률도 저조하다.

아틀레티코 마드리드 유스 출신으로 이 팀 3군, 2군, 1군으로 차례로 승격했다. 라요 바예카노, 위건 애슬레틱으로 각각 임대됐고, 2013년 7월 에버턴으로 이적했다. 스페인 U-16부터 U-23까지 연령별 대표를 차례로 지냈다.

조엘 로블레스

국적 : 스페인

슈팅 위치별 선방

3		
22		
21		

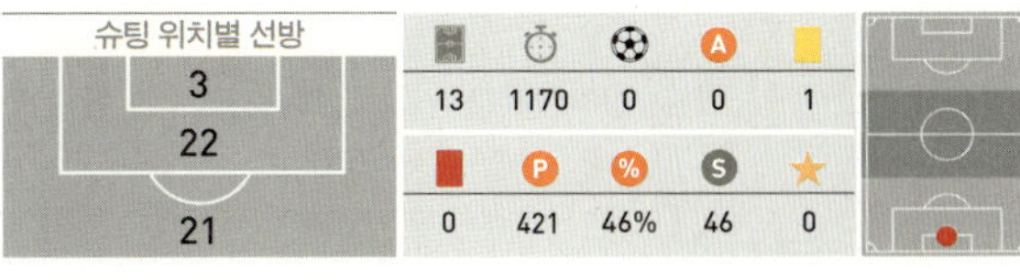

경기수	출전시간	득점	도움	경고
13	1170	0	0	1

퇴장	패스시도	패스성공률	GK선방	MOM
0	421	46%	46	0

GK Maarten Stekelenburg

팀 하워드의 대체자로 영입된 베테랑 골키퍼. 2002년부터 아약스에서 활동을 시작했는데 로날드 쿠만에 의해 프로 선수로 데뷔했고, 결국 그 인연으로 에버턴에 오게 됐다. 전성기에 비해 점프력과 반응 속도는 떨어진 게 사실이지만 큰 키와 리치 그리고 경험으로 만회한다. 상당히 안정감이 있는 골키퍼고 수비 조율 능력도 뛰어나다. 여기에 빌드-업 때 롱패스가 비교적 정확한 편이고 GK 기술이 장점이다.

아약스 유스 출신. 2002년 이 팀 1군에서 데뷔했고, AS 로마, 풀럼, 사우샘프턴을 거쳐 이번 시즌을 앞두고 에버턴의 유니폼을 입었다. 네덜란드 U-21 대표 출신이고, 2004년부터 8년 간 네덜란드 대표로 54회의 A매치에 출전했다.

마르턴 슈테켈렌뷔르흐

국적 : 네덜란드

슈팅 위치별 선방

1		
16		
13		

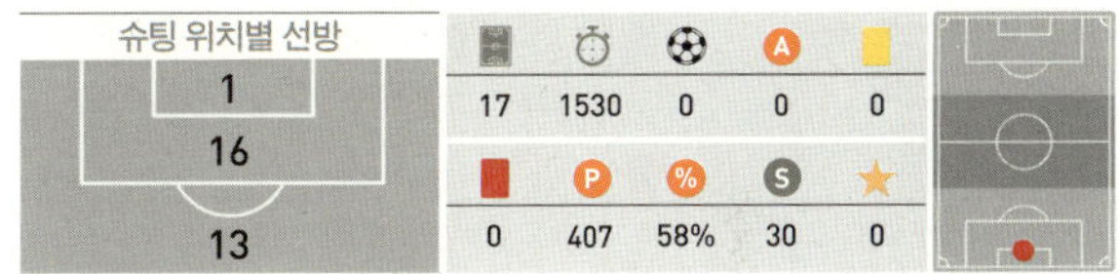

경기수	출전시간	득점	도움	경고
17	1530	0	0	0

퇴장	패스시도	패스성공률	GK선방	MOM
0	407	58%	30	0

DF Leighton Baines

정교한 왼발 킥이 주 무기인 레프트백. 주 포지션은 LB지만 볼 키핑과 드리블이 좋아 LW까지 소화한다. 특히 페널티박스와 먼 지역에서 올리는 얼리 크로스는 프리미어리그 정상급. 기회를 만들어내는 키 패스를 잘 하고, 수비력도 준수하다. 폭발적인 스피드는 아니지만 볼터치가 유연해 상대의 허를 찌르는 드리블을 시도한다. 지난 시즌 발목 부상으로 리그 18경기 출전에 그쳤지만 이번 시즌에는 확고한 주전이다.

2002년 위건에서 데뷔했고, 2007년 7월 600만 파운드에 에버턴으로 이적. 에버턴 올해의 선수상을 2번이나 받았고, 두 차례 EPL 시즌 베스트11에 뽑혔다. 잉글랜드 U-21 대표를 지냈고, 2010년부터 A대표로 활약하고 있다.

레이튼 베인스

국적 : 영국

위치별 슈팅-득점

0 - 0		
3 - 2		
6 - 0		

경기수	출전시간	득점	도움	경고
16(2)	1477	2	1	0

퇴장	패스시도	패스성공률	태클성공	MOM
0	756	82%	34	1

DF Ashley Williams

5

애슐리
윌리암스

맨체스터 시티로 이적한 존 스톤스의 대체자로 에버턴에 입성했다. 지난 시즌 스완지 소속으로 리그 36경기에 출전해 안정감 있는 수비력을 보여줬다. 경험이 풍부하고, 상대 공격수를 놓치는 법이 없다. 윌리엄스의 진짜 매력은 바로 패스 능력. 지난 시즌 85%의 패스 성공률을 자랑했고, 롱패스가 정교하다. 여기에 공중전과 몸싸움에 강하고 투지 넘치는 플레이로 상대 슈팅을 막아낸다. 태클 능력도 겸비했다.

국적 : 웨일스

WBA 유스를 거쳐 2001년 헤드네스포드 타운에서 프로 선수로 데뷔해 스톡포트 카운티와 스완지를 거쳐 이번 시즌 에버턴으로 이적했다. 2008년부터 웨일스 대표로 활약하며 65경기에 출전했고, 유로 2016에서도 맹활약했다.

위치별 슈팅-득점

| 2 - 1 |
| 11 - 1 |
| 3 - 0 |

🗓	⏱	⚽	A	🟨
36	3240	2	1	8

🟥	P	%	T	★
0	1883	85%	68	5

DF Phil Jagielka

6

필
자기엘카

에버턴을 상징하는 수비수. 커버링과 슬라이딩 태클이 뛰어난 중앙 수비수다. 그러나 지난 시즌에는 햄스트링, 무릎 부상으로 인해 리그 21경기 출전에 그쳤다. 상당히 영리한 수비를 자랑하고, 거친 몸싸움도 마다하지 않는다. 수비 리딩이 탁월하고, 태클 능력과 맨 마킹도 좋은 편이다. 다만 전성기에 비해 속도가 줄었고, 볼 간수 능력이 떨어져 상대의 포어체킹에 자주 고전한다. 롱패스 성공률은 좋은 편이다.

국적 : 잉글랜드

폴란드계 이민 2세. 2000년 셰필드 Utd에서 데뷔했고, 2007년 7월 400만 파운드에 에버턴으로 이적했다. 2008년부터 잉글랜드 국가대표로 활약 중이다. 형 스티븐 자기엘카도 슈르즈베리 타운에서 선수로 뛰고 있는 '풋볼 패밀리'다.

위치별 슈팅-득점

| 1 - 0 |
| 5 - 0 |
| 3 - 0 |

🗓	⏱	⚽	A	🟨
21	1852	0	0	0

🟥	P	%	T	★
0	1037	84%	40	

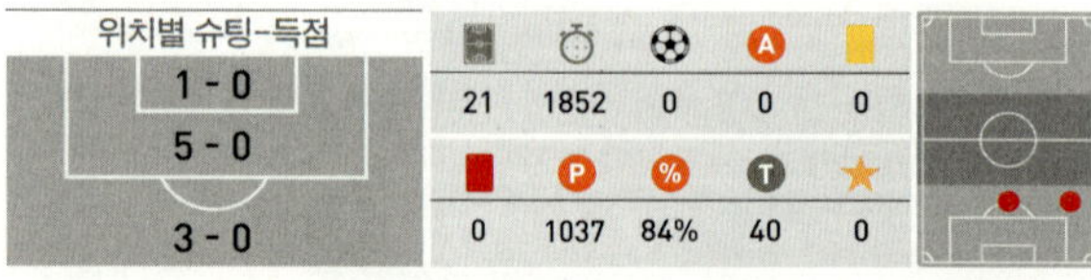

DF Séamus Coleman

23

시머스
콜먼

에버턴 부동의 라이트백. 위력적인 드리블, 일발필살의 키-패스, 날카로운 크로스를 자랑한다. 공격적인 성향이 워낙 강하기에 라이트윙으로 출전할 수도 있다. 그러나 지난 시즌에는 종아리와 햄스트링 부상으로 리그 28경기 출전에 그쳤다. 이번 시즌도 발목 부상으로 시즌 초반 출전할 수 없어 아쉽다. 부상만 없다면 분명 위력적인 풀백이고, 공격 포인트를 생산하는 능력도 뛰어나다. 역시 부상이 문제다.

국적 : 아일랜드

2006년 슬리고 로버스에서 데뷔했고, 2008년 에버턴으로 이적해 현재 200경기 출전을 바라보고 있다. 아일랜드 U-21 대표를 거쳐 2011년부터 A대표로 활약하고 있다. 2015년 6월 연인이었던 레이첼 커닝엄과 결혼식을 올렸다.

위치별 슈팅-득점

| 2 - 0 |
| 12 - 1 |
| 13 - 0 |

🗓	⏱	⚽	A	🟨
27(1)	2386	1	3	4

🟥	P	%	T	★
0	1044	84%	58	

MF Ross Barkley

8

로스
바클리

잉글랜드에서 가장 재능이 풍부한 공격형 MF. 어린 나이부터 감각적인 터치와 화려한 테크닉으로 주목받았고, 지난 시즌 리그 38경기에 출전해 8골 8도움을 올리며 한 단계 더 성장했다. 그의 가장 큰 무기는 리그 최고 수준의 드리블. 빠른 순간 스피드와 화려한 테크닉을 가미해 상대 수비진을 순식간에 제압한다. 볼 키핑력, 중거리 슈팅, 컷-인 플레이, 장-단 패스 등 모든 부분에서 돋보인다.

국적 : 잉글랜드

에버턴 유스 출신으로 2010년 1군 데뷔. 이후 셰필드, 리즈 유나이티드에서 임대로 활약했고, 2014년 복귀해 팀의 상징적인 선수로 성장하고 있다. 잉글랜드 U-16부터 U-21까지 연령별 대표를 다 지냈고, 현재 국가대표로 활약 중이다.

위치별 슈팅-득점

| 1 - 1 |
| 38 - 5 |
| 56 - 2 |

🗓	⏱	⚽	A	🟨
36(2)	3087	8	8	4

🟥	P	%	T	★
0	1802	86%	34	

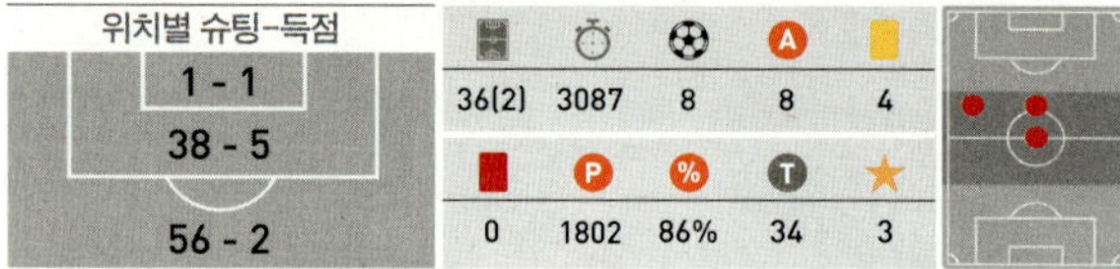

MF Kevin Mirallas

11

케빈
미랄라스

좌우 측면과 최전방을 모두 볼 수 있는 멀티 자원. 측면에서 중앙으로 침투해 직접 골까지 노리는 인사이드 커터로, 드리블뿐 아니라 중거리 슈팅, 직접 프리킥, 정확한 패스까지 갖추고 있어 공격 포인트를 잘 올린다. 그러나 지난 시즌에는 무릎 부상과 컨디션 난조를 겪으면서 리그 10경기 선발 출전에 그쳤다. 득점력이 뛰어나고, 창의적인 플레이를 펼치지만 수비 가담 능력이 부족해 주로 조커로 기용된다.

국적 : 벨기에

스페인계 이민 2세로 벨기에 리에주에서 태어났다. 2004년 릴에서 데뷔했고, 생테티앙, 올림피아코스를 거쳐 2012년 8월 에버턴으로 이적했다. 벨기에 U-16부터 U-21까지 연령별 대표를 다 지냈고, 2007년부터 국가대표로 활약 중.

위치별 슈팅-득점

| 1 - 0 |
| 21 - 4 |
| 19 - 0 |

🗓	⏱	⚽	A	🟨
10(13)	1005	4	2	0

🟥	P	%	T	★
2	327	83%	14	0

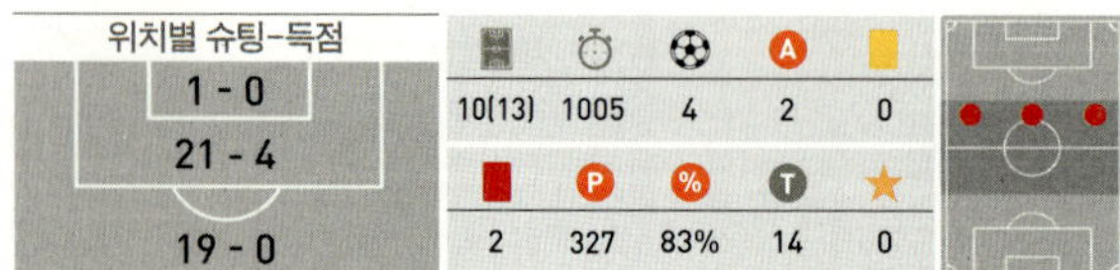

MF Yannick Bolasie

14

야닉
볼라시

에버턴의 새로운 에이스. 지난 시즌 크리스탈 팰리스에서 뛰며 리그 26경기에 출전해 5골 3도움을 기록했다. 경기의 흐름을 단번에 바꿀 수 있는 2선 자원이고 좌우 측면과 공격형 미드필더로 활약할 수 있다. 그의 가장 큰 장점은 드리블로 경기당 2.9개의 드리블을 성공시켰고, 좌우 터닝 동작이 좋아 페널티 에어리어 안쪽에서 미끼 역할도 잘 소화한다. 하지만 공격 성향이 너무 강한 것이 문제다.

국적 : 콩고

2006년 힐링던 보로에서 데뷔했고, 플로리아나, 플리머스 아가일, 러시든 다이아몬드(임대), 바넷(임대), 브리스톨 시티, 크리스탈 팰리스를 거쳐 2016년 여름 구단 역사상 최고 이적료인 3000만 파운드로 에버턴으로 이적했다.

위치별 슈팅-득점

| 3 - 2 |
| 24 - 2 |
| 30 - 1 |

🗓	⏱	⚽	A	🟨
23(3)	2077	5	3	2

🟥	P	%	T	★
0	505	73%	26	2

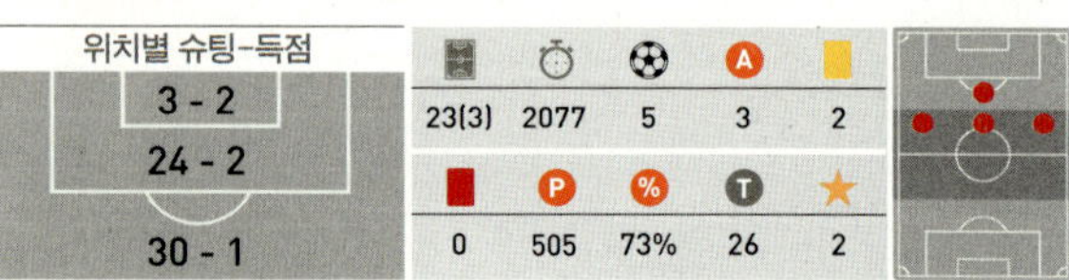

MF Tom Cleverley

15 톰 클레벌리

진정한 멀티 플레이어. 주 포지션은 중앙 미드필더지만 좌우 측면은 물론 공격형 미드필더까지 소화할 수 있다. 볼을 잘 다루며 볼 소유에 대한 욕심이 많고, 정교한 패싱력으로 찬스를 만든다. 그라운드를 박스-투-박스로 움직이며 집중력이 좋고, 상대의 빈 공간을 적절히 활용한다. 무빙 상태에서 상대 수비의 틈 사이로 절묘한 스루패스를 찔러 넣는다. 그러나 공중전과 수비력은 조금 부족하다.

맨유 유스 출신으로 2008년 1군 데뷔했지만 기회를 잡지 못했고, 이후 레스터, 왓포드, 위건, 애스턴 빌라 임대를 거쳐 2015년 에버턴으로 완전 이적했다. 잉글랜드 U-20, U-23 대표 출신으로 2012년부터 A대표로 활약 중이다.

국적 : 잉글랜드

위치별 슈팅-득점

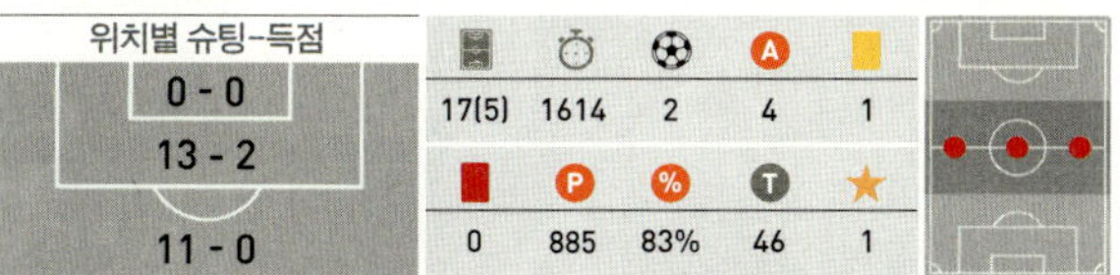

경기수	출전시간	득점	도움	경고
17(5)	1614	2	4	1

퇴장	패스시도	패스성공률	태클성공	MOM
0	885	83%	46	

| 0 - 0 |
| 13 - 2 |
| 11 - 0 |

MF James McCarthy

16 제임스 맥카시

에버턴의 핵심 미드필더. 지난 시즌 리그 29경기 2골 2도움으로 화려하지는 않지만 중원에서 묵묵히 제몫을 해줬다. 왕성한 활동량과 투쟁심을 바탕으로 중원을 지배하고, 축구 IQ가 좋아 상대의 패스를 잘 자른다. 또한 87%의 높은 패스 성공률로 역습의 출발점이 된다. 지난 시즌 사타구니 부상으로 고생했지만 정상 컨디션에서는 부동의 주전이었다. 미드필더에 필요한 모든 것을 골고루 갖췄고, 큰 약점이 없다.

2006년 해밀턴 아카데미칼에서 데뷔했고, 위건 애슬레틱을 거쳐 2013년 9월 1300만 파운드에 에버턴 유니폼을 입었다. 아일랜드 U-17, U-18, U-19, U-21 대표를 차례로 거친 '축구 엘리트.' 2010년부터 국가대표로 활약하고 있다.

국적 : 아일랜드

위치별 슈팅-득점

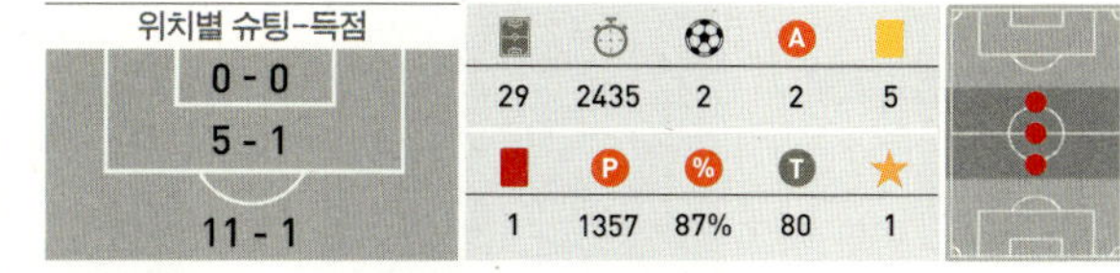

경기수	출전시간	득점	도움	경고
29	2435	2	2	5

퇴장	패스시도	패스성공률	태클성공	MOM
1	1357	87%	80	1

| 0 - 0 |
| 5 - 1 |
| 11 - 1 |

MF Idrissa Gueye

17 이드리사 게예

애스턴 빌라에서 이적한 수비형 미드필더. 왕성한 활동량과 정교한 태클 능력 그리고 정확한 패싱력을 갖춰 종종 은골로 캉테와 비교된다. 지난 시즌 리그 35경기에 출전해 경기당 4.1개의 태클을 성공시키며 빌라의 중원을 책임졌다. 볼을 간수하는 능력이 뛰어나고 간결한 드리블로 상대의 압박을 벗어나는 동시에 정교한 패스를 구사한다. 공에 대한 집중력과 포백을 보호하는 능력이 좋지만 잦은 파울은 아쉽다.

세네갈 다카르 출신으로 2007년 디암바스에서 프로 데뷔했고, 이후 2008년 릴 B팀으로 이적했다. 이후 릴, 애스턴 빌라를 거쳐 2016년 여름 에버턴으로 이적했다. 세네갈 올림픽 대표 출신으로 2011년부터 A대표로 활약하고 있다.

국적 : 세네갈

위치별 슈팅-득점

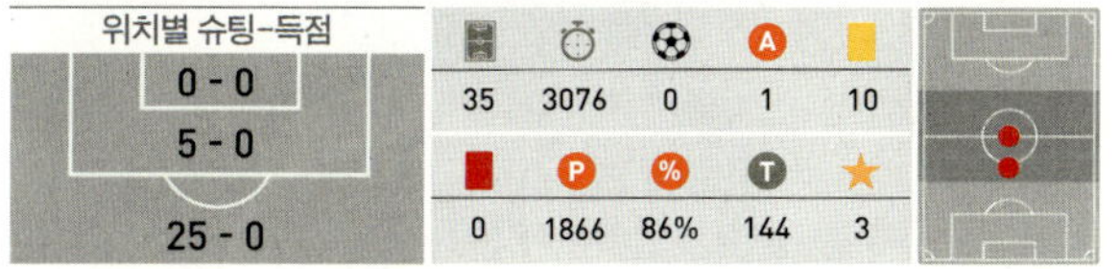

경기수	출전시간	득점	도움	경고
35	3076	0	1	10

퇴장	패스시도	패스성공률	태클성공	MOM
0	1866	86%	144	3

| 0 - 0 |
| 5 - 0 |
| 25 - 0 |

MF Gareth Barry

18 가레스 배리

에버턴의 베테랑 미드필더. 35세의 노장이지만 여전한 활동량과 꾸준한 경기력으로 많은 사랑을 받고 있다. 하프라인을 넘어 온 상대 공격수를 완벽히 커버해내며 포백 라인을 앞에서 보호한다. 지난 시즌 역시 리그 33경기에 출전해 81.9%의 패스 성공률과 경기당 2.9개의 태클을 기록했다. 정확한 장-단 패스로 공격의 시발점이 되고 강력한 중거리 슈팅 능력도 갖췄다. 다만 거친 파울로 카드를 받는 것은 문제.

1998년 애스턴 빌라에서 데뷔했고, 맨체스터 시티, 에버턴 임대를 거쳐 2014년 에버턴으로 완전 이적했다. 2000년부터 잉글랜드 국가대표로 활약하며 53회의 A매치에 출전. 아내 루이지와의 사이에 아들 오스카, 딸 프레이아를 두고 있다.

국적 : 잉글랜드

위치별 슈팅-득점

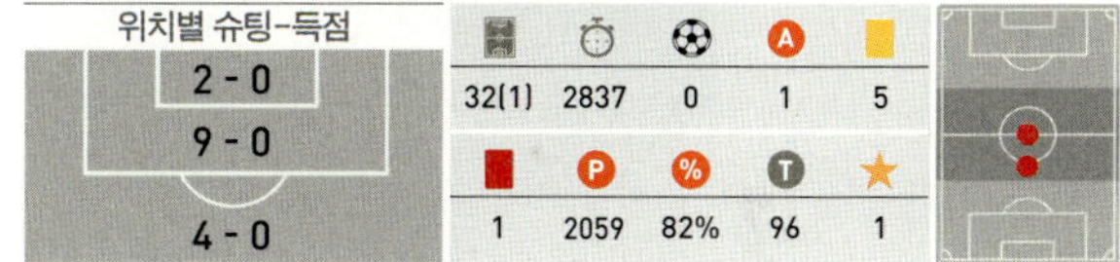

경기수	출전시간	득점	도움	경고
32(1)	2837	0	1	5

퇴장	패스시도	패스성공률	태클성공	MOM
1	2059	82%	96	1

| 2 - 0 |
| 9 - 0 |
| 4 - 0 |

FW Gerard Deulofeu

7 제라르 데울로페우

스페인산 크랙. 좌우 측면은 물론 최전방과 공격형 미드필더로도 활약할 수 있을 정도로 다재다능하다. 반응 속도가 좋고, 스페인 출신답게 볼을 아주 잘 다룬다. 드리블을 하며 순간적인 방향 전환, 숄더 페이크, 플립 플랩, 스텝온 등 화려한 기술을 선보인다. 빠른 발과 개인 기술로 문전으로 침투해 마무리하는 능력이 뛰어나다. 지나친 개인플레이와 수비 가담이 약하다는 평가가 있지만 공격력은 위력적이다.

바르셀로나 '라 마시아' 출신으로 엄청난 기대를 받았지만 1군에서 자리 잡지 못했고, 에버턴, 세비야 임대를 거쳐 2015년 7월 420만 파운드에 에버턴으로 완전히 이적했다. 스페인 연령별 대표를 모두 거친 '축구 엘리트'다.

국적 : 스페인

위치별 슈팅-득점

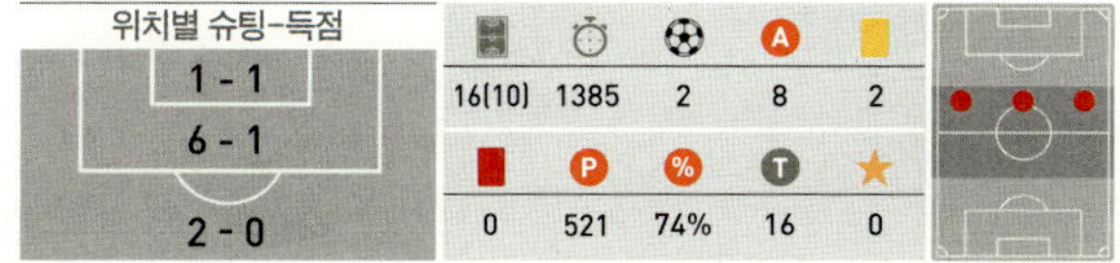

경기수	출전시간	득점	도움	경고
16(10)	1385	2	8	2

퇴장	패스시도	패스성공률	태클성공	MOM
0	521	74%	16	0

| 1 - 1 |
| 6 - 1 |
| 2 - 0 |

FW Romelu Lukaku

10 로멜루 루카쿠

에버턴의 괴물 공격수. 첼시 시절에는 제2의 드록바로 불렸을 정도로 엄청난 피지컬과 득점력을 자랑한다. 지난 시즌 리그 37경기서 18골 6도움을 올리며 팀 내 최다 공격 포인트를 기록했다. 꾸준하게 발전하고 있어 빅 클럽들의 뜨거운 관심을 받고 있지만 이번 시즌도 잔류를 선언했다. 제공권, 득점력, 드리블, 축구 지능, 패싱력, 속도, 침투 등 공격수에 필요한 모든 것을 갖췄다는 평가를 받는다.

자이르계 이민 2세. 그의 아버지 로저는 자이르 국가대표 출신이지만 루카쿠는 벨기에 대표팀을 선택했다. 2010년 17세의 나이로 벨기에 국가대표로 데뷔했고, 벌써 49경기에 출전해 14골을 기록했다. 어린 시절부터 드록바가 우상이었다.

국적 : 벨기에

위치별 슈팅-득점

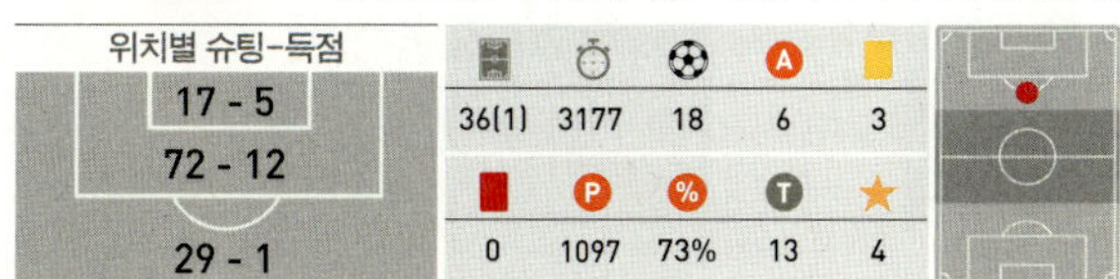

경기수	출전시간	득점	도움	경고
36(1)	3177	18	6	3

퇴장	패스시도	패스성공률	태클성공	MOM
0	1097	73%	13	4

| 17 - 5 |
| 72 - 12 |
| 29 - 1 |

SWANSEA CITY AFC

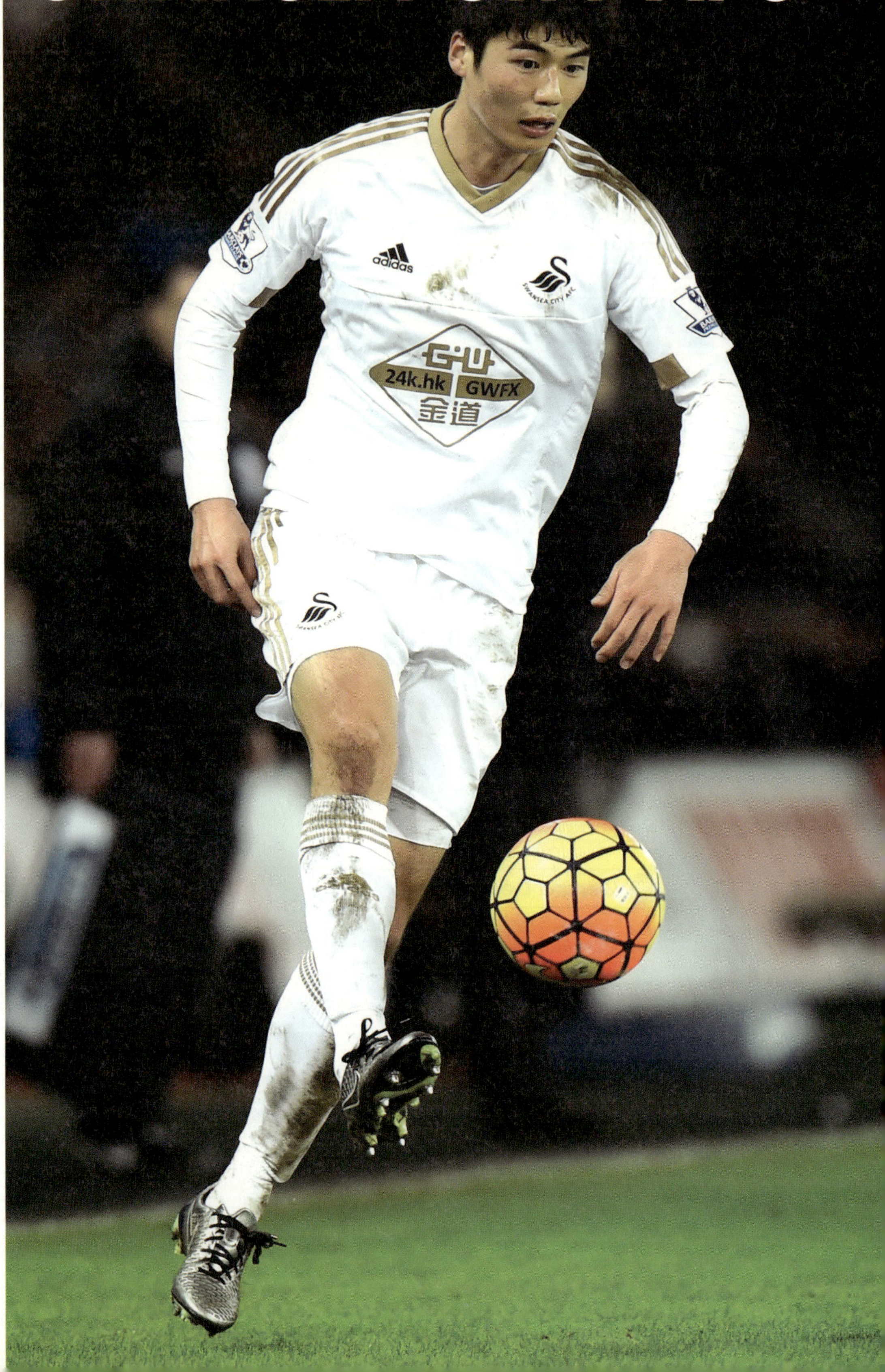

구단 창립 : 1912년
홈구장 : 리버티 스타디움
감독 : 프란체스코 귀돌린
2015-16시즌 : 12위(승점 47점)
12승 11무 15패 42득점 52실점
닉네임 : The Swans

0	ENGLISH PREMIER LEAGUE	0	ENGLISH FA CUP
0	UEFA CHAMPIONS LEAGUE	0	UEFA EUROPA LEAGUE
0	FIFA CLUB WORLD CUP	0	UEFA-CONMEBOL INTERCONTINENTAL

Home

Away

전력이 약해진 스완지 시티 귀돌린은 위기를 극복할 수 있을까?

2015-16 SEASON REVIEW

힘겨웠던 지난 시즌이었다. 시즌 초반은 무난했다. 4라운드서 맨유를 꺾으며 한껏 분위기를 끌어올렸고 긍정적인 분위기를 만들었다. 그러나 거기까지였다. 5라운드부터 17라운드까지 스완지는 1승 4무 8패를 기록하는 등 최악의 성적을 거뒀고 강등권까지 추락했다. 특히, 11라운드부터 17라운드까지의 연속 무승은 치명타가 됐다. 이에 스완지는 몽크 감독을 대신해 귀돌린 감독을 소방수로 내세웠다. 귀돌린 감독의 부임과 함께 스완지는 조금씩 살아나는 모습을 보였고 결국 강등권을 탈출하며 12위로 마무리할 수 있었다.

SUMMER TRANSFER

특별한 영입은 없었다. 그러나 큰 손실이 있었다. 아예우, 윌리엄스, 팔로스키, 에데르 등 주축 선수들이 팀을 떠난 것이다. 특히 지난 시즌 12골을 기록하며 스완지 공격을 이끈 아예우와 수비의 핵심 윌리엄스의 이탈은 뼈아프다. 이를 만회하기 위해 보르하, 요렌테와 판 데르 호른을 영입했지만 처음 잉글랜드 무대를 밟는 이들이 아예우와 윌리엄스만큼의 활약을 해줄 수 있을지는 물음표 상태. 지난 시즌 부진과 함께 선수들의 이탈까지 이어진 스완지의 선수단은 그 어느 때보다 초라하다.

2016-17 SEASON OUTLOOK

많은 선수들의 이탈과 지난 시즌 겪은 부진으로 높은 순위를 기대하기는 힘들다. 기성용, 코크, 페르가 버티는 중원은 강하지만 공격과 수비는 확실히 약해졌다. 최전방 보르하와 요렌테에게 기대를 걸어볼만 하지만 그들에게는 잉글랜드 무대 적응 기간이 필요할 것이다. 지난 시즌 귀돌린 체제에서 많은 기회를 받지 못했던 기성용의 부활도 관심사다. 기성용은 지난 시즌 부상과 함께 귀돌린 감독의 계획에서 멀어지는 모습을 보였고 몽크 감독 시절 때보다 출전기회가 적었다. 이런 이유로 기성용에게 이번 시즌은 매우 중요하다.

감독 프란체스코 귀돌린(Francesco Guidolin)

귀돌린은 선수 생활 대부분을 베로나에서 보냈고 1986년 은퇴 후 지도자 생활을 시작했다. 세리에 C2(4부 리그)의 조르지오네와 트레비소를 거쳐 세리에C1(3부 리그) 구단 파노와 엠폴리, 그리고 라벤나를 지휘했다. 이후 볼로냐, 팔레르모, AS모나코 등에서 감독 생활을 했으며 가장 최근에 우디네세에서 (2010-2014) 감독직을 수행했다. 특히, 우디네세 첫 시즌인 2010-11시즌에는 올해의 세리에A 감독상(판키나 도르)를 수상하는 등 명성을 알렸다. 그의 지도하에서 루카 토니, 아마우리, 알렉시스 산체스, 루이스 무리엘 등이 스타가 됐다. 귀돌린 감독은 상대팀에 따라 유연하면서도 다양한 포메이션을 구사하기에 이탈리아 내에선 전술가로 통용되고 있다.

PROFILE
- 출 생 : 1955.10.3
- 국 적 : 이탈리아
- 계 약 : 2018.6.30

STADIUM

Liberty Stadium

- 구장 오픈 : 2005년
- 구장 증축 : -
- 구장 소유 : 스완지 시
- 수용 인원 : 2만 827명
- 피치 규모 : 105m × 68m
- 잔디 종류 : 천연 잔디

SQUAD LIST

위치	번호	이름	국적	신장	체중	생년월일
GK	1	Łukasz Fabiański	POL	190	84	18-04-85
	13	Kristoffer Nordfeldt	SWE	190	85	23-06-89
	19	Mark Birighitti	AUS	187	84	17-04-91
	25	Gerhard Tremmel	GER	190	89	16-11-78
DF	2	Jordi Amat	ESP	184	80	21-03-92
	3	Neil Taylor	WAL	175	64	07-02-89
	5	Mike van der Hoorn	NED	190	81	15-10-92
	6	Alfie Mawson	ENG	188	81	19-01-94
	22	Angel Rangel	ESP	188	84	28-10-82
	26	Kyle Naughton	ENG	180	73	11-11-88
	33	Federico Fernandez	ARG	190	83	21-02-89
	35	Stephen Kingsley	SCO	178	68	23-07-94
MF	4	Ki Sung-Yueng	KOR	187	79	24-01-89
	7	Leon Britton	ENG	168	64	16-09-82
	8	Leroy Fer	NED	188	79	05-01-90
	12	Nathan Dyer	ENG	165	57	29-11-87
	15	Wayne Routledge	ENG	170	64	07-01-85
	20	Jefferson Montero	ECU	170	70	01-09-89
	23	Gylfi Sigurdsson	ISL	186	77	08-09-89
	24	Jack Cork	ENG	183	69	25-06-89
	56	Jay Fulton	SCO	178	68	04-04-94
FW	9	Fernando Llorente	ESP	195	90	26-02-85
	10	Borja Gonzalez	ESP	185	74	25-08-92
	17	Modou Barrow	GAM	176	63	13-10-92
	62	Oliver McBurnie	ENG	188	64	04-06-96

2016-17 SEASON SCHEDULE

날짜	장소	상대팀	날짜	장소	상대팀
13/AUG	A	Burnley FC	01/JAN	A	Crystal Palace
20/AUG	H	Hull City	13/JAN	H	Arsenal FC
27/AUG	A	Leicester City	20/JAN	A	Liverpool FC
11/SEP	H	Chelsea FC	30/JAN	H	Southampton FC
18/SEP	A	Southampton FC	03/FEB	A	Manchester City
24/SEP	H	Manchester City	10/FEB	H	Leicester City
01/OCT	H	Liverpool FC	24/FEB	A	Chelsea FC
15/OCT	A	Arsenal FC	03/MAR	H	Burnley FC
22/OCT	H	Watford FC	10/MAR	A	Hull City
31/OCT	A	Stoke City	17/MAR	A	AFC Bournemouth
06/NOV	H	Manchester United	31/MAR	H	Middlesbrough FC
19/NOV	A	Everton FC	03/APR	H	Tottenham Hotspur
26/NOV	H	Crystal Palace	07/APR	H	West Ham United
02/DEC	A	Tottenham Hotspur	14/APR	A	Watford FC
09/DEC	H	Sunderland AFC	21/APR	H	Stoke City
12/DEC	A	West Bromwich Albion	28/APR	A	Manchester United
16/DEC	A	Middlesbrough FC	05/MAY	H	Everton FC
25/DEC	H	West Ham United	12/MAY	A	Sunderland AFC
30/DEC	H	AFC Bournemout	20/MAY	H	West Bromwich Albion

RANK OF LAST 5 YEARS

■ 2부 리그

2011-12	2012-13	2013-14	2014-15	2015-16
11 (47점)	12 (42점)	9 (46점)	8 (56점)	12 (47점)

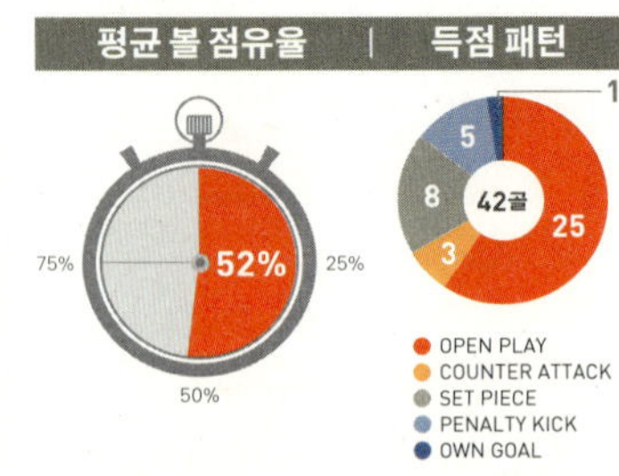

STRENGTHS & WEAKNESSES

OFFENSE		DEFENSE	
직접 프리킥	C	세트피스 수비	C
문전 처리	D	상대 볼 뺏기	C
측면 돌파	B	공중전 능력	B
스루볼 침투	C	역습 방어	C
개인기 침투	C	지공 방어	D
카운터 어택	C	스루패스 방어	E
기회 만들기	C	리드 지키기	B
세트피스	C	실수 조심	C
OS 피하기	C	측면 방어력	C
중거리 슈팅	C	파울 주의	D
볼 점유율	C	중거리슛 수비	C

매우 강함 A　강한 편 B　보통 수준 C　약한 편 D　매우 약함 E

시간대별 득점	시간대별 실점	득점 분포	공격 방향	볼 점유 위치	포지션별 득점	상대포지션별 실점

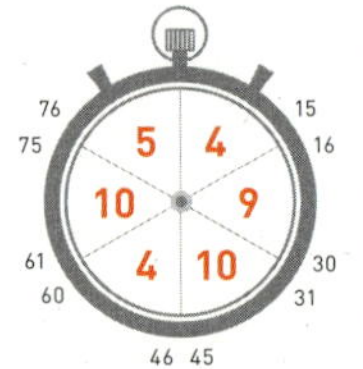
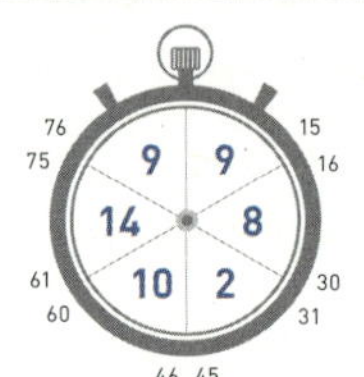

시간대별 득점: 76/75 - 5 | 15/16 - 4 | 10 | 9 | 61/60 - 4 | 30/31 - 10 | 46/45

시간대별 실점: 76/75 - 9 | 15/16 - 9 | 14 | 8 | 61/60 - 10 | 30/31 - 2 | 46/45

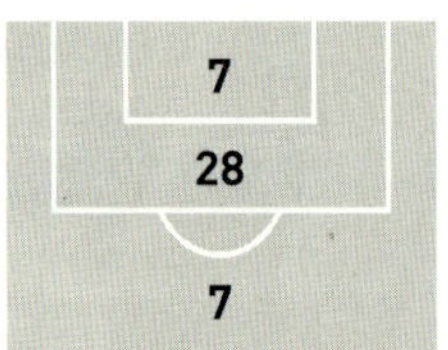

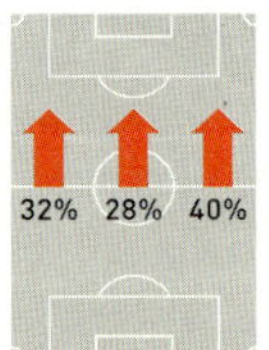

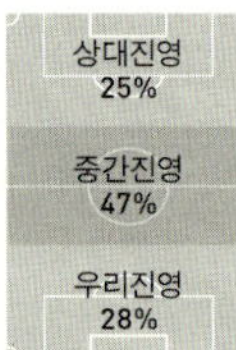

* 상대자책골 1골

* 자책골 실점 4골

FORMATION

TOTO GUIDE 지난 시즌 상대팀별 전적

상대팀	홈	원정
Leicester City	0-3	0-4
Arsenal	0-3	2-1
Tottenham	2-2	1-2
Manchester City	1-1	1-2
Manchester Utd	2-1	1-2
Southampton	0-1	1-3
West Ham Utd	0-0	4-1
Liverpool	3-1	0-1
Stoke City	0-1	2-2
Chelsea	1-0	2-2
Everton	0-0	2-1
Watford	1-0	0-1
West Bromwich	1-0	1-1
Crystal Palace	1-1	0-0
Bournemouth	2-2	2-3
Sunderland	2-4	1-1
Newcastle Utd	2-0	0-3
Norwich City	1-0	0-1
Aston Villa	1-0	2-1

GK Łukasz Fabianski

우카슈
파비안스키

스완지의 NO.1 수문장. 아스널 시절 판단 미스로 결정적인 실수를 범하곤 했지만 스완지에서 꾸준한 경험을 쌓으면서 업그레이드됐다. 지난 시즌 리그 37경기에 출전해 수차례 선방쇼를 펼쳤다. 민첩성과 빠른 판단력을 가지고 있고, 순 발력을 이용한 숏-스토핑은 여전히 독보적이다. 특히 중거리 슈팅 방어 능력과 페널티킥 선방 능력이 좋은 편이다. 다만 크로스 방어 능력과 롱킥의 정확도가 조금은 아쉽다.

국적 : 폴란드

레츠 포즈난 유스 출신. 2005년 레기아 바르샤바에서 프로 선수로 데뷔했고, 아스널에서 7년간 활약한 뒤 2014년 5월 FA 계약으로 스완지 유니폼을 입었다. 2006년부터 폴란드 A대표로 활약 중이고, 유로 2016에서도 맹활약했다.

슈팅 위치별 선방
| 5 |
| 56 |
| 54 |

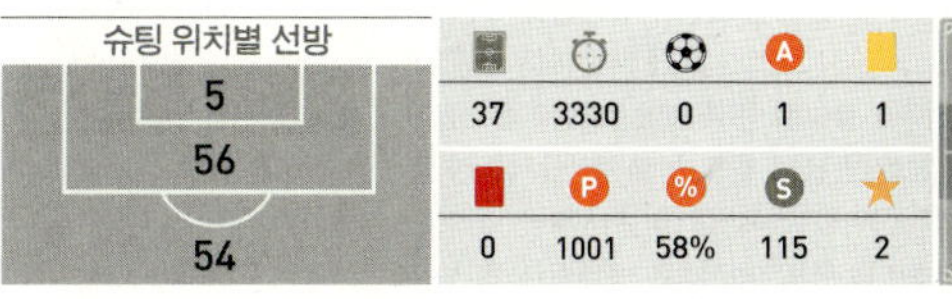

	⏱	⚽	A	
37	3330	0	1	1
	P	%	S	★
0	1001	58%	115	2

GK Kristoffer Nordfeldt

크리스토퍼
노르트펠트

스완지의 백업 골키퍼. 스웨덴 국가대표 골키퍼로 지난 시즌을 앞두고 영입됐지만 파비안스키의 아성을 넘지 못했고, 리그 1경기 출전에 그쳤다. 그러나 상당히 안정감이 돋보이는 골키퍼고, 수비 집중력이 뛰어나 잔 실수를 하지 않는다. 여기에 근접한 거리에서 날아오는 슈팅을 엄청난 반사신경으로 처낸다. 공중볼 처리 능력도 갖췄지만 좌우에서 날아오는 크로스 방어가 불안하고, 롱패스 정확도도 떨어진다.

국적 : 스웨덴

스웨덴 IF 브롬마포이카르나 유스 출신으로 2006년 1군에 데뷔했고, 이후 네덜란드 헤이렌베인을 거쳐 2015년 스완지에 입단했다. 스웨덴 U-19, U-21 대표 출신이고, 2011년 스웨덴 국가대표로 데뷔했지만 많은 기회를 얻지는 못했다.

슈팅 위치별 선방
| 1 |
| 3 |
| 0 |

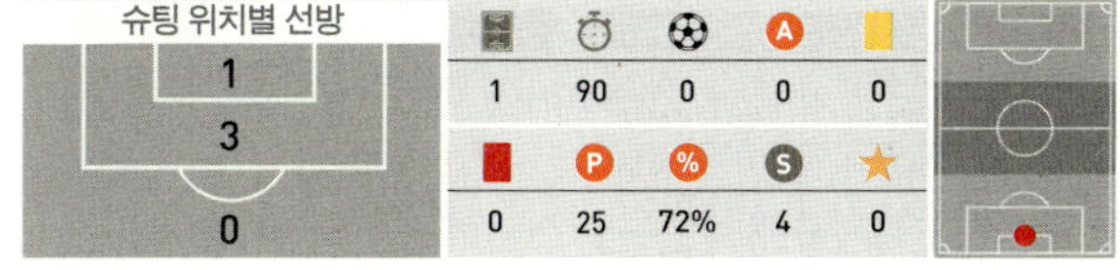

	⏱	⚽	A	
1	90	0	0	0
	P	%	S	★
0	25	72%	4	0

DF Neil Taylor

닐
테일러

스완지 부동의 왼쪽 풀백. 지난 시즌 리그 34경기에 출전해 안정적인 수비력을 보여줬고, 이번 시즌에는 유망주 킹슬리와 경쟁한다. 수비 라인 뒤 공간과 골키퍼 앞 공간으로 낮고 빠르게 들어가는 크로스가 특기. 또한 짧은 패스 콤비네이션과 볼 키핑도 좋은 편이다. 웨일스 대표팀에서는 왼쪽 미드필더로 활약할 정도로 공격력이 뛰어나지만 태클 능력이 떨어지고 역습 상황 대처 능력이 아쉽다.

국적 : 웨일스

렉스햄 유스 출신. 2007년 이 팀 1군에서 데뷔했고, 지난 2010년 6월 FA로 풀린 뒤 스완지와 계약. 웨일스 U-17부터 U-21까지 연령별 대표를 지냈고, 2010년부터 A대표로 뛰고 있다. 그의 어머니는 인도 콜카타 출신이다.

위치별 슈팅-득점
| 0 - 0 |
| 3 - 0 |
| 6 - 0 |

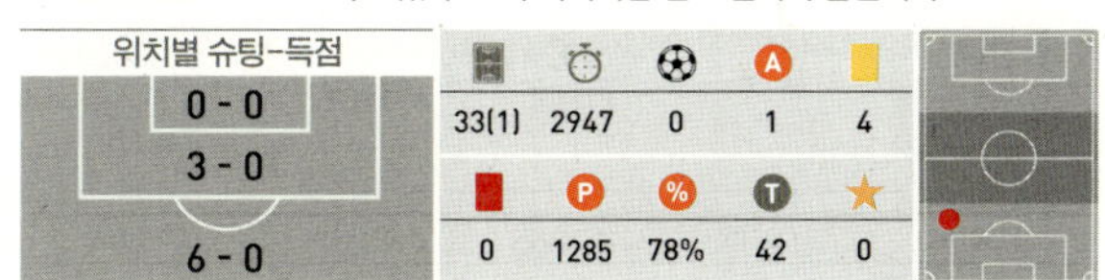

	⏱	⚽	A	
33(1)	2947	0	1	4
	P	%	T	★
0	1285	78%	42	0

DF Mike Van der Hoorn

5

마이크 판 데 호른

국적 : 네덜란드

스완지의 캡틴이었던 윌리엄스의 대체자. 네덜란드 청소년 대표 주장 출신으로 수비 리딩과 공중전이 강점이다. 지난 시즌에는 부상이 있어 네덜란드 리그 15경기 출전에 그쳤지만 1골 1도움을 올리며 여전한 공격 본능을 자랑했다. 수비 수지만 공격 가담 능력이 뛰어나 세트피스에서 위력을 발휘하고 패싱력도 갖췄다. 몸싸움에 강하고 맨마킹이 좋지만 수비 뒤 공간을 내주는 것은 아쉽다. EPL 적응이 관건.

네덜란드 알메레 출생. FC 옴니월드, FC 위트레흐트 유스 아카데미에서 축구를 배웠다. 2011년 FC 위트레흐트 1군에서 데뷔했고, 아약스 암스테르담, 아약스 2군을 거쳐 2016년 여름 스완지 시티로 이적했다. 네덜란드 U-21 대표.

위치별 슈팅-득점

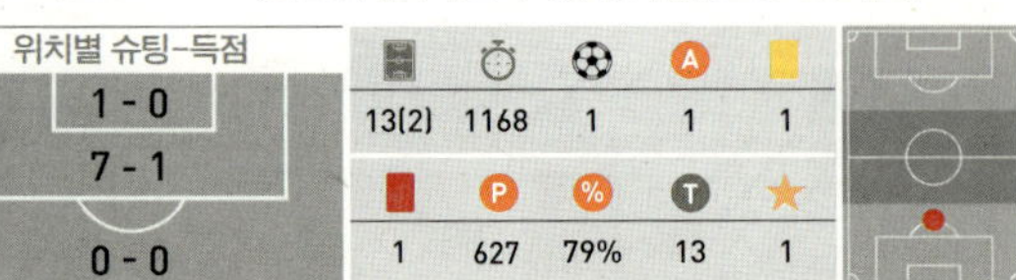

			A	
1 - 0	13(2)	1168	1	1
7 - 1		P	%	T	★
0 - 0	1	627	79%	13	1

DF Ángel Rangel

22

앙헬 랑헬

국적 : 스페인

2007년부터 스완지에서 활약하고 있는 라이트백. 스완지가 3부 리그에 있던 시절부터 활약했고, 300경기 이상 출전한 살아있는 전설이다. 지난 시즌 역시 카일 노턴과 주전 경쟁을 펼치며 리그 23경기에 출전했고, 평균 2.6개의 가로채기와 3.1개의 클리어링을 기록했다. 볼을 지켜내는 능력과 정확한 패스도 여전하고, 얼리 크로스도 비교적 정확하다. 그러나 전성기에 비해 스피드와 민첩성은 조금 떨어졌다.

2001년 토르토사에서 데뷔했고, 레우스, 히로나, 산트 안드레우, 테라사 등 스페인 리그의 마이너 클럽들만 옮겨 다녔다. 2007년 당시 잉글랜드 3부 리그에 있던 스완지로 이적했고, 구단과 함께 하며 1부 리그 승격을 이끌어냈다.

위치별 슈팅-득점

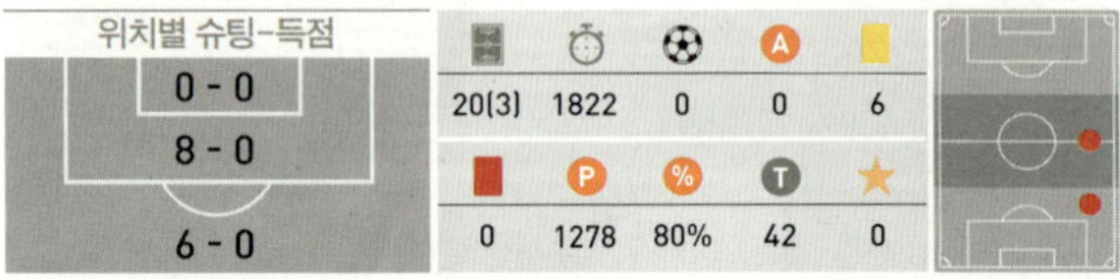

			A	
0 - 0	20(3)	1822	0	6
8 - 0		P	%	T	★
6 - 0	0	1278	80%	42	0

DF Kyle Naughton

26

카일 노턴

국적 : 잉글랜드

스완지의 주전 라이트백. 지난 시즌에는 컨디션 난조와 감독 교체 영향으로 19경기 선발 출전에 그쳤지만 이번 시즌에는 초반부터 확고한 주전이다. 발이 빠르고, 패싱력이 좋아 짧은 패스 콤비네이션으로 빌드-업을 주도한다. 태클, 가로채기, 클리어링, 대인방어 등 수비수에 필요한 조건을 골고루 갖췄고, 크로스와 슈팅력도 준수하다. 다만 수비 뒤 공간을 자주 내준다. 수비 집중력을 더 보완할 필요가 있다.

세필드 유나이티드 유스 출신. 2008년 이 팀 1군에서 데뷔했고 2009년 7월 토트넘으로 이적했다. 경험을 쌓기 위해 미들즈브러, 레스터 시티, 노리치 시티로 계속 임대됐고, 토트넘으로 복귀한 다음 2015년 1월 스완지로 옮겼다.

위치별 슈팅-득점

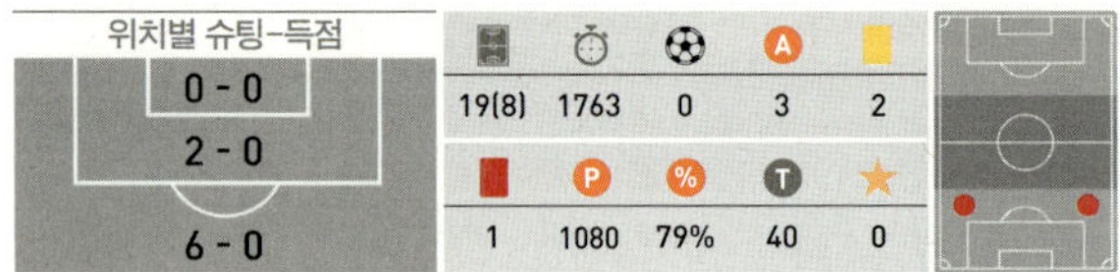

			A	
0 - 0	19(8)	1763	0	3	2
2 - 0		P	%	T	★
6 - 0	1	1080	79%	40	0

DF Federico Fernández

33

페데리코 페르난데스

국적 : 아르헨티나

스완지의 후방을 지키는 센터백. 지난 시즌 리그 32경기에 출전하며 확실한 주전 자리를 꿰찼다. 발이 느리다는 것이 단점이지만 상당히 영리한 센터백이고, 큰 키를 이용한 공중전, 세밀한 발재간에 의한 짧은 패스 콤비네이션도 주목할 점이다. 몸싸움에도 능한 모습을 보이고, 정확한 롱패스 능력도 갖췄다. 지난 시즌 경기당 태클(1.8회), 가로채기(2.5회), 클리어링(6.8회)을 성공시키며 최고의 활약을 펼쳤다.

아르헨티나 트레스 알가로보스 출신. 2008년 에스투디안테스에서 프로 선수로 데뷔했고, 나폴리, 헤타페(임대)를 거쳐 2014년 8월 스완지 시티로 이적했다. 아르헨티나 U-20 대표 출신이고 2011년부터 국가대표로 활약하고 있다.

위치별 슈팅-득점

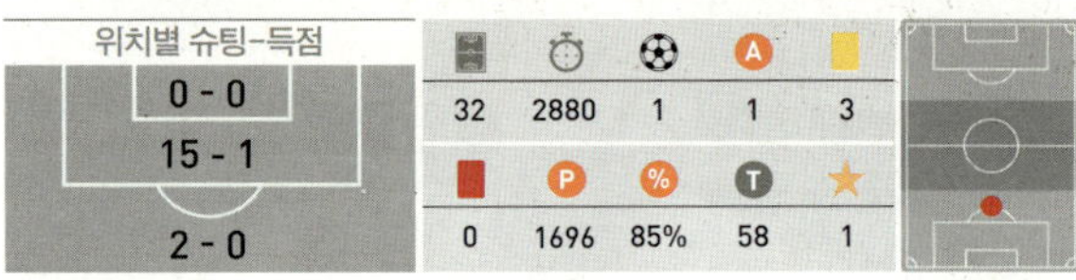

			A	
0 - 0	32	2880	1	1	3
15 - 1		P	%	T	★
2 - 0	0	1696	85%	58	1

MF Ki Sung Yueng

4

기성용

국적 : 대한민국

스완지 중원의 KEY. 당당한 체격을 바탕으로 중원을 지배하고 정교한 패싱력으로 공격의 시발점이 된다. 상대가 압박하는 상황에서도 볼을 여유 있게 지켜내고, 전방으로 부채살처럼 내뿜는 '핀-포인트 패스'가 위력적이다. 강력한 슈팅력도 강점이다. 드리블을 이용한 탈 압박에 능하고, 이제는 수비력도 갖췄다. 지난 시즌 리그 28경기 출전에 그쳤지만 90.9%의 패스 성공률과 3.5회의 롱패스를 성공시켰다.

2006년 FC 서울에서 데뷔했고, 셀틱을 거쳐 2012년 스완지로 이적했다. 이후 선덜랜드로 임대됐다가 2014년 복귀해 현재까지 활약하고 있다. 한국 연령별 대표를 모두 거쳤고, 2008년부터 A대표로 활약 중. 탤런트 한혜진과 결혼했다.

위치별 슈팅-득점

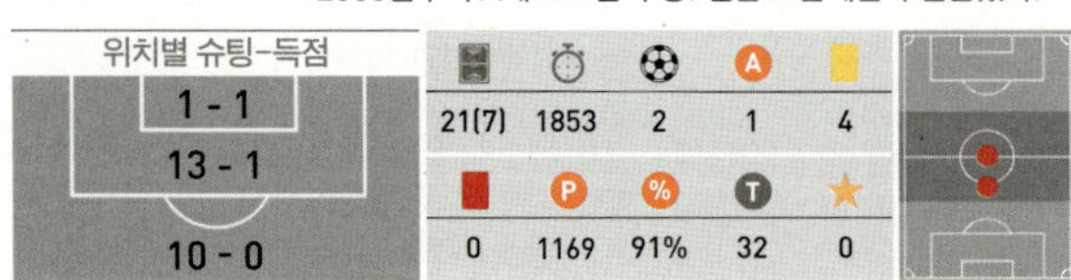

			A	
1 - 1	21(7)	1853	2	1	4
13 - 1		P	%	T	★
10 - 0	0	1169	91%	32	0

MF Leroy Fer

8

르로이 페르

국적 : 네덜란드

전형적인 '박스-투-박스' 미드필더. 왕성한 활동량으로 중원 전 지역을 부지런하게 움직이고, 창의적인 패스로 공격의 활로를 찾는다. 특히 순간적으로 왼 측면을 돌파해 문전으로 연결하는 크로스가 장점이다. 지난 시즌 도중 스완지로 임대 이적해 11경기에 출전해 2도움을 기록했고, 이번 시즌을 앞두고 완전 이적했다. 슈팅력과 드리블 능력도 갖추고 있지만 수비력은 조금 부족한 모습이고, 거친 파울도 문제다.

페예노르트 유스 출신으로 2007년 1군으로 데뷔해 많은 기대를 모았다. 이후 트벤테, 노리치, QPR을 거쳐 이번 시즌 스완지로 완전 이적했다. 네덜란드 연령별 대표를 모두 거쳤고, 2010년부터 A대표로 활약 하고 있다.

위치별 슈팅-득점

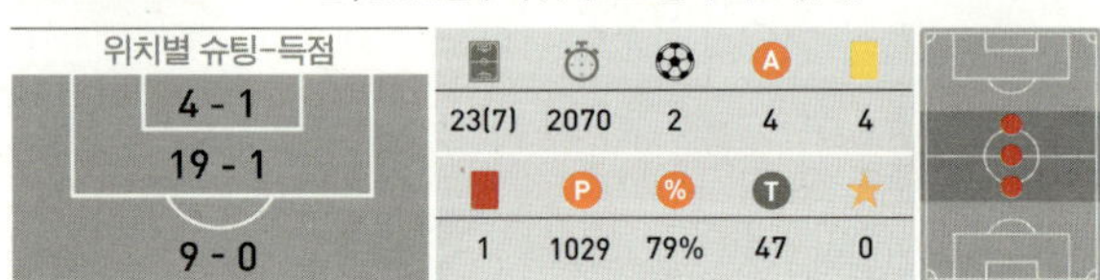

			A	
4 - 1	23(7)	2070	2	4	4
19 - 1		P	%	T	★
9 - 0	1	1029	79%	47	0

MF Wayne Routledge

15 / 웨인 라우틀리지

왼쪽 MF와 공격형 MF를 겸한다. 지난 시즌 28경기에 출전해 2골-1도움을 기록했다. 골 결정력이 좋은 편은 아니지만 스피드를 이용한 드리블 돌파와 개인 기술이 좋은 선수다. 170cm의 작은 키지만 무게 중심이 낮아 상대와 경합에서 밀리지 않고, 강력한 슈팅을 시도한다. 무빙 상태에서 상대 수비 틈 사이로 패스를 찔러주는 감각도 좋다. 그러나 역습 기회 때 오프사이드에 자주 걸리고, 수비력도 문제다.

국적 : 잉글랜드

크리스털 팰리스 유스 출신으로 2001년 이 팀 1군에서 데뷔했다. 토트넘, 포츠머스, 풀럼, 애스턴 빌라, 카디프, QPR, 뉴캐슬을 거쳐 2011년 8월 스완지 시티로 이적했다. 잉글랜드 U-21 대표 출신이나 A대표 경험은 없다.

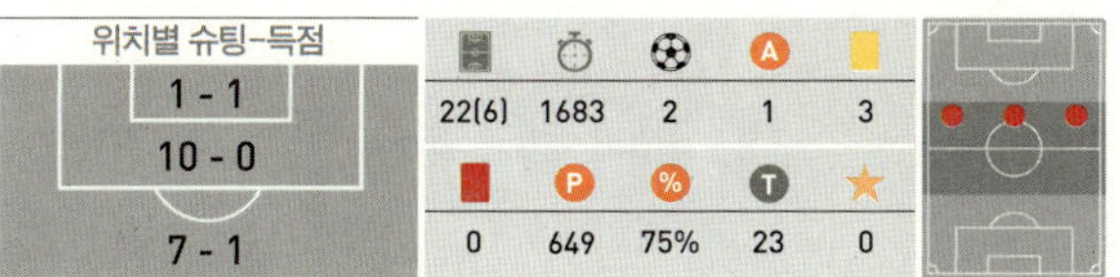

위치별 슈팅-득점
1 - 1
10 - 0
7 - 1

경기수	출전시간	득점	A	경고
22(6)	1683	2	1	3
퇴장	P	%	T	★
0	649	75%	23	0

MF Gylfi Sigurðsson

23 / 길피 시구르드손

스완지의 간판스타이자, 에이스. 공격형 미드필더 자리에 위치해 정교한 패싱력과 날카로운 슈팅력을 무기로 스완지의 공격을 책임진다. 지난 시즌 리그 36경기서 11골 3도움을 기록하며 팀 내 최다 공격 포인트를 생산했다. 상당히 창의적인 미드필더로 부드러운 볼 터치와 유연한 드리블로 상대의 압박을 벗어난다. 역습의 출발점이 되며 무빙 상태에서 상대 수비 틈 사이로 절묘한 스루패스를 찔러 넣는다.

국적 : 아이슬란드

레딩 유스 출신으로 2008년 이 팀 1군에서 데뷔했고 이후 슈르즈베리 타운(임대), 호펜하임, 스완지 시티(임대), 토트넘 핫스퍼를 거쳐 2014년 7월 스완지로 완전히 이적했다. 현재 아이슬란드 국가대표고, 유로 2016서 맹활약했다.

위치별 슈팅-득점
0 - 0
33 - 8
55 - 3

경기수	출전시간	득점	A	경고
32(4)	2917	11	3	6
퇴장	P	%	T	★
0	1192	79%	42	3

MF Jack Cork

24 / 잭 코크

왕성한 활동량이 장점인 수비형 미드필더. 부지런한 움직임으로 포백을 보호하고, 궂은일을 도맡아 하며 팀을 돕는다. 지난 시즌 리그 35경기에 출전해 1골-2도움, 태클(2.2회), 가로채기(2.4회)를 성공시켰고, 안정적인 플레이를 펼쳤다. 중원에서 몸싸움을 마다하지 않으며 패싱력과 슈팅력도 갖췄다. 다만 창의성이 부족하고, 상대의 압박에 고전하는 경우가 있다. 후방에서 빌드업 작업도 매끄럽지 못하다.

국적 : 잉글랜드

첼시 유스 출신으로 엄청난 기대를 받았지만 기회를 잡지 못했고, 본머스, 사우샘프턴, 왓포드, 번리 등에서 임대로 활약하다가 2011년 사우샘프턴으로 이적. 이후 2015년 스완지 유니폼을 입었다. 2012년 런던 올림픽 대표 출신이다.

위치별 슈팅-득점
1 - 0
4 - 0
14 - 1

경기수	출전시간	득점	A	경고
28(7)	2545	1	2	3
퇴장	P	%	T	★
0	1711	84%	77	1

FW Fernando Llorente

9 / 페르난도 요렌테

사자왕이라 불리는 스페인 국가대표 출신 공격수. 지난 시즌 스완지의 최전방을 책임지던 고미스와 아이유가 없는 상황에서 급하게 영입했다. 195cm의 장신 공격수로 공중전에 특화돼 있고, 장신임에도 화려한 발기술과 함께 정확한 슈팅이라는 무기를 가지고 있다. 전성기에 비해 골 결정력이 떨어졌다는 평가를 받고 있지만 여전히 박스 안에서 강력한 움직임을 보여주고 있고, 연계플레이도 좋은 편이다.

국적 : 스페인

아틀레틱 빌바오 유스 출신. 바스코니아, 빌바오, 유벤투스, 세비야를 거쳐 2016년 스완지의 유니폼을 입었다. 스페인 U-17 대표 시절 스페인의 미래라 불렸고, 2008년 20세 나이로 A대표 데뷔전을 치렀지만 기대만큼 성장하지는 못했다.

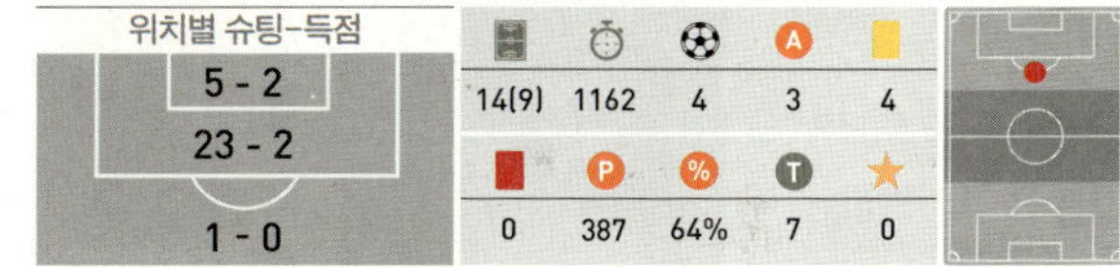

위치별 슈팅-득점
5 - 2
23 - 2
1 - 0

경기수	출전시간	득점	A	경고
14(9)	1162	4	3	4
퇴장	P	%	T	★
0	387	64%	6	0

FW Borja Baston

10 / 보르하 바스톤

스완지가 구단 역대 최고 이적료인 1550만 파운드로 영입한 공격수. 지난 시즌 에이바르로 임대돼 무려 18골 3도움을 기록하며 스페인 프리메라리가 최고의 공격수 중 하나로 평가받았다. 세밀한 패스 플레이로 문전으로 침투하는 능력과 수비 라인을 깨는 것에 능한 '라인 브레이커'다. 골 결정력도 준수하고, 제공권도 나쁘지 않은 토털 공격수. 오프사이드에 자주 걸린다는 단점과 볼 키핑이 조금은 아쉽다.

국적 : 스페인

아틀레티코 마드리드 유스 출신. 2010년 1군으로 승격했지만 기회를 잡지 못해 데포르티보, 사라고사, 에이바르 등으로 임대를 떠났고, 결국 2016년 스완지의 유니폼을 입었다. 스페인 U-16, U-17, U-19 대표를 차례로 지냈다.

위치별 슈팅-득점
13 - 6
62 - 10
18 - 2

경기수	출전시간	득점	A	경고
29(7)	2581	18	3	3
퇴장	P	%	T	★
-	599	69%	24	1

FW Modou Barrow

17 / 모두 바로우

폭발적인 스피드를 자랑하는 오른쪽 윙어. 지난 시즌에는 주로 교체로 활약했지만 가파른 성장세를 보여 이번 시즌에는 주전으로 자리 잡을 것으로 예상된다. 빠른 발을 이용한 드리블 돌파로 측면을 허무는 것이 장점이고, 중앙으로 침투해 과감한 슈팅을 시도한다. 크로스 정확도가 그리 높지 않지만 개선하고 있고, 수비수들의 파울을 자주 유도하는 것은 장점이다. 다만 무리한 드리블 돌파는 조금 아쉽다.

국적 : 감비아

감비아 반줄 출생..11세 때 어머니를 잃고 스웨덴으로 이주해 축구 선수로 성장해 2014년 스완지로 이적했다. 이후 노팅엄, 블랙번에서 임대로 성장했고, 2015년 복귀했다. 2015년부터 감비아 국가대표로 활약하며 많은 기대를 받고 있다.

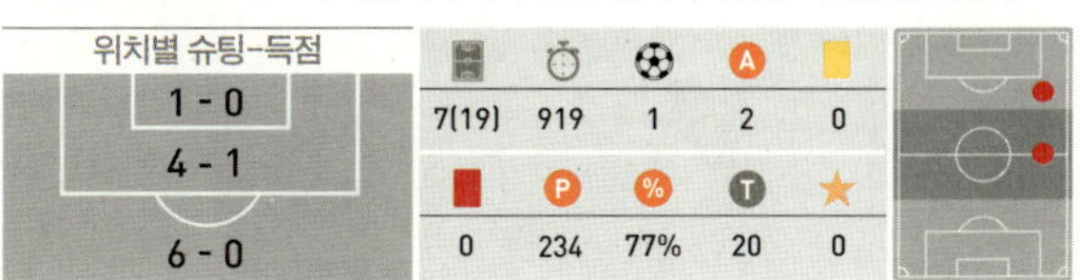

위치별 슈팅-득점
1 - 0
4 - 1
6 - 0

경기수	출전시간	득점	A	경고
7(19)	919	1	2	0
퇴장	P	%	T	★
0	234	77%	20	0

WATFORD FC

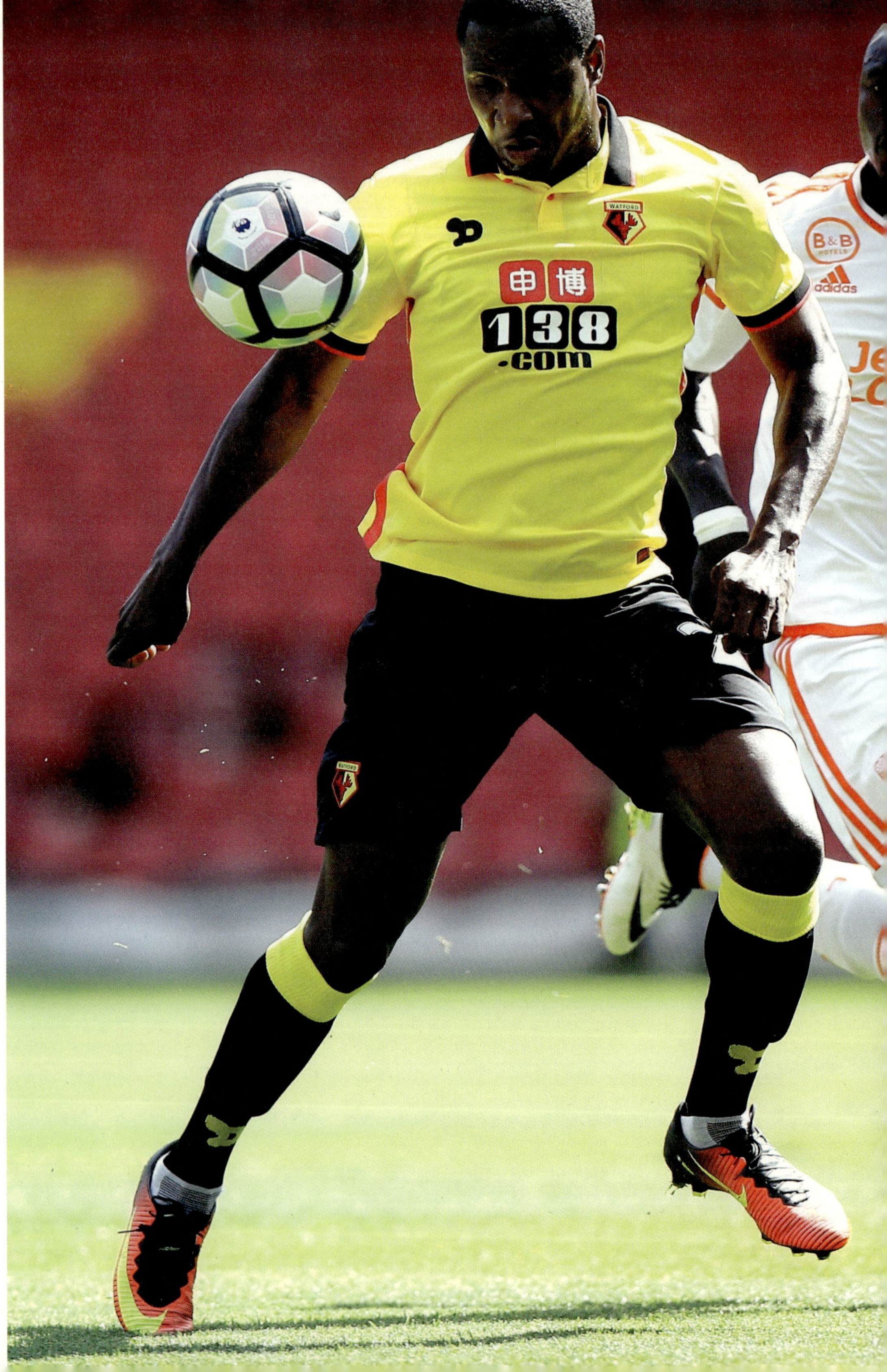

구단 창립 : 1881년
홈구장 : 비카리지 로드
감독 : 월터 마자리
2015-16시즌 : 13위(승점 45점)
12승 9무 17패 40득점 50실점
닉네임 : The Hornets

0	ENGLISH PREMIER LEAGUE	0	ENGLISH FA CUP
0	UEFA CHAMPIONS LEAGUE	0	UEFA EUROPA LEAGUE
0	FIFA CLUB WORLD CUP	0	UEFA-CONMEBOL INTERCONTINENTAL

Home

Away

지난 시즌 목표 달성한 왓포드
이제 더 높은 순위를 원한다

2015-16 SEASON REVIEW

일단 목표는 달성한 시즌이었다. 왓포드는 지난 시즌 챔피언십 준우승을 차지하면서 프리미어리그 직행 티켓을 차지했다. 2007년 여름 2부로 강등되고 8년 만의 승격이었다. 이들은 승격 첫 해 목표를 프리미어리그 잔류로 잡았고 이에 성공했다. 물론 위기도 있었다. 28라운드부터 마지막 라운드까지 2승 2무 7패를 기록하며 강등에 대한 위기도 직면했다. 그러나 이전 벌어둔 승점으로 강등은 피할 수 있었다. 14라운드부터 거둔 4연승이 이들의 잔류에 결정적인 도움을 줬고, 충분히 인상적인 시즌을 보냈다.

SUMMER TRANSFER

1차 목표에는 성공했지만 지난 시즌이 끝난 뒤 위기가 찾아왔다. 플로레스 감독이 사임을 한 것. 이에 마자리 감독을 선임했고 그를 중심으로 팀 재편에 들어갔다. 이번 이적 시장에서 가장 큰 수확은 '주포' 디니를 붙잡았다는 것이다. 디니는 왓포드의 승격 그리고 프리미어리그 잔류에 결정적인 활약을 펼쳤다. 이런 그는 프리미어리그 내 구단들의 관심을 받았지만 왓포드가 이를 뿌리치고 그를 잔류시킨 것이다. 한편, 공격에는 싱클레어, 오카카를, 중원에는 수니가 페레이라를 영입했다. 수비는 얀마트와 케네디, 카불로 보강했다.

2016-17 SEASON OUTLOOK

기대와 우려가 공존하는 시즌이다. 마자리 감독이 지휘봉을 잡으면서 3-4-3 포메이션을 사용할 것으로 예상되고 안정적인 수비를 바탕으로 날카로운 역습을 시도할 것이다. 감독이 바뀌었지만 디니와 이갈로가 건재한 것은 큰 힘으로 작용할 것이다. 다만 디니와 이갈로에 집중되는 공격은 문제가 될 수도 있고, 마자리 감독의 새로운 전술을 선수들이 얼마나 이해하고 뒤따라 줄지 역시 관건이라 할 수 있다. 또한 새로 영입한 페레이라가 기존의 선수들과 좋은 호흡 여부에 따라 왓포드의 올 시즌 성적이 좌우될 것으로 예상된다.

감독 왈테르 마자리(Walter Mazzarri)

리카타 모데나 등 주로 세리에 B에서 선수 생활을 보냈으며 2001년 아치레알레에서 감독에 입문했다. 이후 능력을 발휘한 마차리 감독은 2007-08 시즌 삼프도리아를 세리에A 6위로 올려놓았고 다음 시즌에는 코파 이탈리아 준우승까지 차지했다. 나폴리로 둥지를 옮긴 마차리 감독은 2010-11 시즌 3위를 기록하는 기염을 토했고 2012-13 시즌에는 리그 2위까지 올려놓았다. 이후 인터밀란의 구애를 받아 2013년 감독에 취임했다. 그러나 팀은 계속해서 부진을 면치 못했고 이듬해 감독직에서 물러났다. 이후 왓포드의 부름을 받아 현재의 자리에 있다. 마차리 감독은 백3 전술에 능하며 단단한 수비를 기반으로 팀을 지휘하는 것이 특징이다.

PROFILE
- 출 생 : 1961.10.1
- 국 적 : 이탈리아
- 계 약 : 2019.6.30

STADIUM

Vicarage Road

- 구장 오픈 : 1922년
- 구장 개축 : 2015년
- 구장 소유 : 왓포드 FC
- 수용 인원 : 2만 1,577명
- 피치 규모 : 105m × 68m
- 잔디 종류 : 천연 잔디

SQUAD LIST

위치	번호	이름	국적	신장	체중	생년월일
GK	1	Heurelho Gomes	BRA	191	82	15-02-81
	13	Rene Gilmartin	IRL	196	85	31-05-87
	30	Costel Pantilimon	ROU	197	96	01-02-87
	34	Giedrius Arlauskis	LTU	183	80	01-12-87
DF	3	Miguel Angel Britos	URU	188	82	17-07-85
	4	Younes Kaboul	FRA	190	87	04-01-86
	5	Sebastian Prodl	AUT	194	85	21-06-87
	6	Adrian Mariappa	JAM	180	70	03-10-86
	14	Juan Carlos Paredes	ECU	174	71	08-07-87
	15	Craig Cathcart	NIR	188	72	06-02-89
	22	Daryl Janmaat	NED	176	65	22-07-89
	25	Jose Holebas	GRE	184	79	27-06-84
	26	Brice Dja Djedje	CIV	176	70	23-12-90
	27	Christian Kabasele	BEL	186	84	24-02-91
MF	7	Nordin Amrabat	MAR	179	79	31-03-87
	11	Valon Behrami	SUI	185	78	19-04-85
	16	Abdoulaye Doucoure	FRA	182	69	01-01-93
	17	Adlene Guedioura	ALG	185	80	12-11-85
	18	Camilo Zuniga	COL	172	72	14-12-85
	23	Ben Watson	ENG	178	69	09-07-85
	29	Etienne Capoue	FRA	189	80	11-07-88
	37	Roberto Pereyra	ARG	182	77	07-01-91
FW	9	Troy Deeney	ENG	180	76	29-06-88
	10	Isaac Success	NGA	182	84	07-01-96
	12	Kenedy	BRA	181	77	08-02-96
	19	Jerome Sinclair	ENG	173	79	20-09-96
	24	Odion Ighalo	NGA	188	70	16-06-89
	33	Stefano Okaka Chuka	ITA	186	83	09-08-89

2016-17 SEASON SCHEDULE

날짜	장소	상대팀	날짜	장소	상대팀
13/AUG	A	Southampton FC	01/JAN	A	Stoke City
20/AUG	H	Chelsea FC	13/JAN	H	Middlesbrough FC
27/AUG	H	Arsenal FC	20/JAN	A	AFC Bournemouth
10/SEP	A	West Ham United	30/JAN	A	Arsenal FC
18/SEP	H	Manchester United	03/FEB	H	Burnley FC
26/SEP	A	Burnley FC	10/FEB	A	Manchester United
01/OCT	H	AFC Bournemouth	24/FEB	H	West Ham United
15/OCT	A	Middlesbrough FC	03/MAR	A	Southampton FC
22/OCT	A	Swansea City	10/MAR	H	Chelsea FC
29/OCT	H	Hull City	17/MAR	A	Crystal Palace
06/NOV	A	Liverpool FC	31/MAR	H	Sunderland AFC
19/NOV	H	Leicester City	03/APR	A	West Bromwich Albion
27/NOV	H	Stoke City	07/APR	A	Tottenham Hotspur
02/DEC	A	West Bromwich Albion	14/APR	H	Swansea City
09/DEC	H	Everton FC	21/APR	A	Hull City
13/DEC	A	Manchester City	28/APR	H	Liverpool FC
16/DEC	A	Sunderland AFC	05/MAY	H	Leicester City
25/DEC	H	Crystal Palace	12/MAY	A	Everton FC
30/DEC	H	Tottenham Hotspur	20/MAY	H	Manchester City

RANK OF LAST 5 YEARS

■ 2부 리그

2011-12	2012-13	2013-14	2014-15	2015-16
11	3	13	2	13
64점	77점	60점	89점	45점

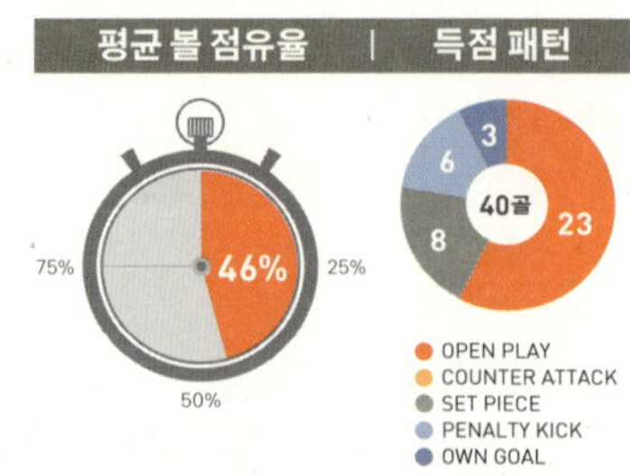

STRENGTHS & WEAKNESSES

OFFENSE		DEFENSE	
직접 프리킥	C	세트피스 수비	D
문전 처리	B	상대 볼 뺏기	C
측면 돌파	A	공중전 능력	C
스루볼 침투	C	역습 방어	D
개인기 침투	C	지공 방어	C
카운터 어택	C	스루패스 방어	C
기회 만들기	C	리드 지키기	D
세트피스	C	실수 조심	C
OS 피하기	C	측면 방어력	D
중거리 슈팅	C	파울 주의	E
볼 점유율	E	중거리슛 수비	C

매우 강함 A 강한 편 B 보통 수준 C 약한 편 D 매우 약함 E

시간대별 득점	시간대별 실점	득점 분포	공격 방향	볼 점유 위치	포지션별 득점	상대포지션별 실점

시간대별 득점: 76 75 | 15 16 | 9 6 | 5 5 | 8 7 | 61 60 | 30 31 | 46 45

시간대별 실점: 76 75 | 15 16 | 10 4 | 10 7 | 10 9 | 61 60 | 30 31 | 46 45

득점 분포: 7 / 30 / 3

공격 방향: 38% 30% 32%

볼 점유 위치: 상대진영 27% / 중간진영 43% / 우리진영 29%

포지션별 득점: FW진 29골 / MF진 3골 / DF진 6골

상대포지션별 실점: DF진 7골 / MF진 16골 / FW진 25골

*자책골 실점 2골

FORMATION

3-5-2

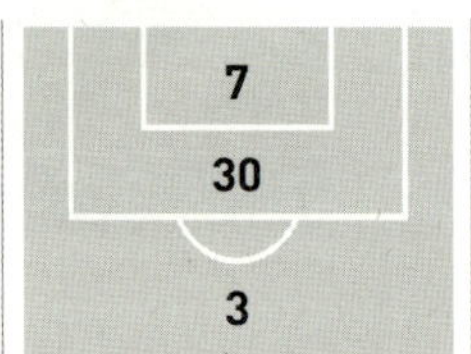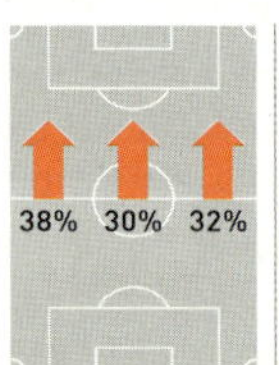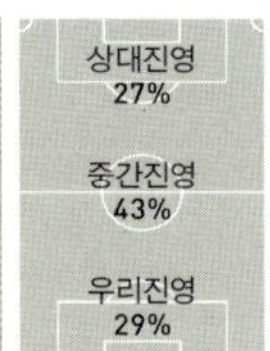

디니   이갈로

홀레바스   카푸에 수니가   페레이라 게디우라   얀마트

베흐라미

브리토스   프뢰들   캐스카트 카불

고메스

TOTO GUIDE 지난 시즌 상대팀별 전적

상대팀	홈	원정
Leicester City	0-1	1-2
Arsenal	0-3	0-4
Tottenham	1-2	0-1
Manchester City	1-2	0-2
Manchester Utd	1-2	0-1
Southampton	0-0	0-2
West Ham Utd	2-0	1-3
Liverpool	3-0	0-2
Stoke City	1-2	2-0
Chelsea	0-0	2-2
Everton	1-1	2-2
Swansea City	1-0	0-1
West Bromwich	0-0	1-0
Crystal Palace	0-1	2-1
Bournemouth	0-0	1-1
Sunderland	2-2	1-0
Newcastle Utd	2-1	2-1
Norwich City	2-0	2-4
Aston Villa	3-2	3-2

GK Heurelho Gomes

1

에우렐류
고메스

왓포드의 주전 골키퍼. 브라질 출신답게 민첩한 움직임으로 결정적 순간마다 선방을 거듭한다. 지난 시즌 리그 전 경기에 출전해 안정감 있는 선방 능력을 보여줬고, 최후방을 든든하게 지켰다. 고메스는 올해 35세의 노장 골키퍼지만 순발력을 이용한 숏-스토핑은 여전히 우수하고, 파이팅 넘치는 모습으로 수비 라인을 진두지휘한다. 전성기에 비해 순간 판단력이 조금은 떨어졌지만 PK 방어는 여전히 정상급이다.

국적 : 브라질

크루제이루 아카데미 출신으로 2002년 이 팀 1군에서 데뷔했다. PSV 에인트호번, 토트넘 핫스퍼, 호펜하임(임대)을 거쳐 2014년 5월 왓포드로 이적해 팀의 EPL 승격을 이끌었다. 브라질 국가대표로 11경기에 출전했다.

슈팅 위치별 선방						
4	38	3397	0	0	4	
64						
52	0	958	46%	120	5	

GK Costel Pantilimon

30

코스텔
판틸리몬

왓포드의 No.2 골키퍼. 고메스와 주전 경쟁에서 밀린 모습이지만 잠재적으로는 No.1이 될 수 있는 능력을 가지고 있다. 203cm의 장신 골키퍼로서 공중볼 처리에 능하고, 페널티킥 방어에 강점을 가지고 있다. 민첩성이 조금 떨어져 가까운 거리에서 쏘는 슈팅에 취약하지만 캐칭, 펀칭, 스로잉 등 기본적인 볼 핸들링이 안정돼 있다. 어떤 상황에서도 자신 있게 볼을 처리하고, 집중력 있는 모습을 보인다.

국적 : 루마니아

루마니아 바커우 출신. 자국 리그에서 활약하다가 맨시티의 눈에 들어 2011-12 시즌 임대로 활약했고, 2012년 완전 이적했다. 그러나 기회를 잡지 못했고, 선덜랜드를 거쳐 2016년 1월 왓포드로 이적했다. 현재 루마니아 국가대표다.

슈팅 위치별 선방						
3	17	1530	0	0	3	
29						
39	0	498	45%	71	1	

DF Miguel Britos

3

미겔
브리토스

우루과이 출신의 베테랑 수비수. 주 위치는 CB지만 상황에 따라 풀백으로도 활약할 수 있다. 전술 이해도가 높고, 영리한 수비를 펼친다. 몸싸움도 능해 좋은 체격과 우수한 운동 능력을 수비할 때 적극 활용한다. 한 발 앞선 수비로 상대의 패스를 도중에 자른 뒤 드리블 또는 장거리 패스로 바로 역습을 전개한다. 공중전 승률도 높은 편. 그러나 너무 과한 투쟁심으로 인해 경고를 자주 받는 것은 문제다.

국적 : 우루과이

우루과이 말도나도 출신. 2005년 페닉스에서 데뷔했고 주벤투드, 몬테비데오 완더러스, 볼로냐, 나폴리에서 활약했다. 이탈리아 무대에서 정상급 수비수로 성장했고, 2015년 왓포드로 이적했다. 아직까지 우루과이 국가대표 경력은 없다.

위치별 슈팅-득점						
0 - 0	24	2076	0	0	7	
6 - 0						
0 - 0	0	787	66%	24	0	

DF Sebastian Prödl

5

세바스티안
프뢰들

왓포드 스리백의 중심. 194cm의 장신이지만 발밑 기술이 좋고 패스도 비교적 정확하다. 지난 시즌 리그 21경기에 출전해 2골을 기록하며 세트피스에서 위력적인 모습을 보였다. 공중전에 능하고, 결정적인 순간에 클리어링과 슈팅 블록을 한다. 집중력이 강해 잔 실수를 적게 범하는 것도 강점. 한 발 앞선 수비로 상대의 패스를 자른다. 조금은 거친 면도 있지만 몸싸움에 강해 상대 공격수와 경합에서 밀리지 않는다.

국적 : 오스트리아

슈투름 그라츠 아카데미 출신으로 2006년 이 팀 1군에서 데뷔했다. 베르더 브레멘을 거쳐 2015년 6월 FA로 풀린 뒤 왓포드와 5년 계약을 맺었다. 사촌 여동생인 빅토리아 슈나데르벡도 바이에른 뮌헨 여자 팀에서 선수로 뛰고 있다.

위치별 슈팅-득점

| 3 - 0 |
| 9 - 2 |
| 1 - 0 |

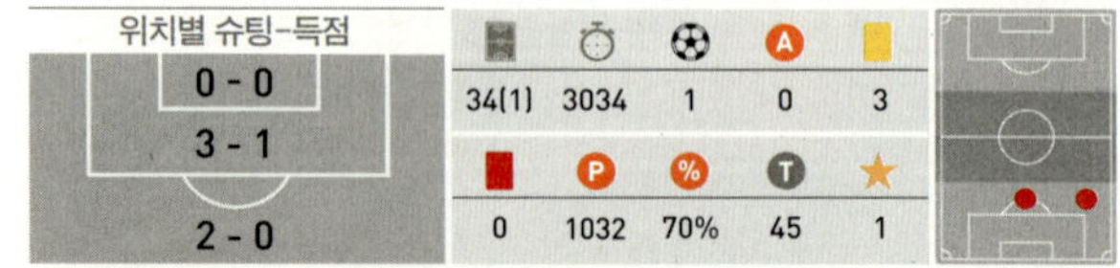

경기수	출전시간	득점	도움	경고
19(2)	1777	2	0	5
퇴장	P	%	T	★
0	509	74%	23	0

DF Craig Cathcart

15

크레익
캐스카트

왓포드 수비의 리더이자, 감독으로부터 두터운 신뢰를 얻고 있는 센터백. 지난 시즌 리그 35경기에 출전해 안정감 있는 수비력을 보여줬다. 캐스카트는 리더형 수비수다. 축구 IQ와 한 발 앞선 플레이를 이용해 인터셉트, 클리어링, 블록 슈팅 등에 강점을 보인다. 여기에 발이 빨라 수비 뒤 공간을 커버하고, 측면 플레이도 능하다. 그러나 큰 키에 비해 공중전 승률이 높지 않아 아쉽고, 거친 몸싸움에 약점을 보인다.

국적 : 북아일랜드

맨유 유스 출신으로 2007년 1군으로 승격했지만 3년 간 안트베르프, 플리머스 아가일, 왓포드로 계속 임대됐다. 이후 블랙풀로 옮겼다가 2015년 왓포드로 완전 이적했다. 북아일랜드 연령별 대표를 모두 거쳤고, 현재 A대표로 활약 중.

위치별 슈팅-득점

| 0 - 0 |
| 3 - 1 |
| 2 - 0 |

경기수	출전시간	득점	도움	경고
34(1)	3034	1	0	3
퇴장	P	%	T	★
0	1032	70%	45	1

DF Daryl Janmaat

22

대릴
얀마트

오른쪽 측면에서 수비-공격 모두 가능. 강력한 태클은 물론 역습으로 전환할 때 전방으로 찔러주는 키 패스가 일품이다. 지난 시즌 뉴캐슬 소속으로 리그 32경기서 2골 4도움을 기록하며 맹활약했다. 오른발 킥이 정교해 곧잘 도움을 기록하고, 정확한 크로스가 장점이다. 스피드가 아주 빠르지는 않지만 위치 선정이 좋고, 안정감 있는 수비를 펼친다. 불필요한 파울이 많은 편. 지난 시즌 1번의 퇴장이 있었다.

국적 : 네덜란드

페예노르트 유스 출신. 2007년 ADO 덴하흐에서 데뷔했고, 헤렌펜, 페예노르트를 거쳐 2014년 뉴캐슬에 입단. 그러나 올 시즌을 앞두고 팀이 강등되자 왓포드로 이적했다. 네덜란드 U-20 대표 출신이고, 현재 A대표로 활약 중이다.

위치별 슈팅-득점

| 0 - 0 |
| 7 - 2 |
| 12 - 0 |

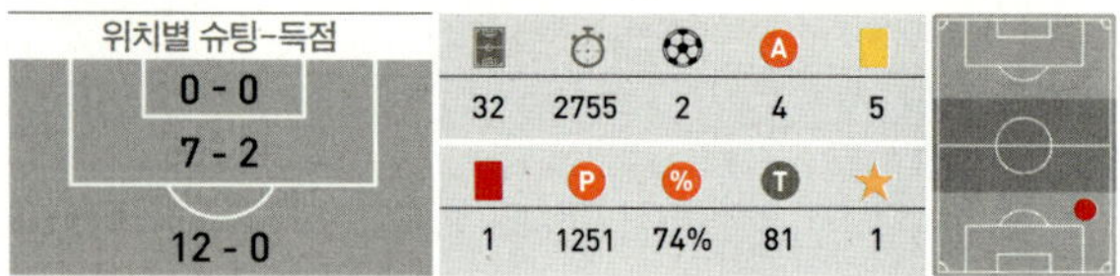

경기수	출전시간	득점	도움	경고
32	2755	2	4	5
퇴장	P	%	T	★
1	1251	74%	81	1

DF José Holebas

25

호세
홀레바스

왓포드 부동의 레프트백. 경험이 풍부하다. 지난 시즌에는 무릎 부상과 새로운 리그 적응에 어려움을 겪으며 리그 11경기 선발 출전에 그쳤지만 올 시즌에는 확고한 주전이다. 홀레바스는 공격 성향이 매우 강한 레프트백 겸 왼쪽 미드필더다. 상대가 압박을 하는 가운데에도 볼을 잘 지켜내고, 윙-포워드를 방불케 하는 드리블, 정확한 패스로 공격을 지원한다. 태클과 인터셉트 등 기본적인 수비력이 좋다.

국적 : 그리스

그리스 아버지와 우루과이 어머니 사이에 독일에서 태어났고, 뮌헨 1860, 올림피아코스, AS 로마를 거쳐 2015년 7월 왓포드로 이적했다. 그리스어보다 독일어와 영어를 더 잘 한다. 현재 그리스 국가대표로 활약하고 있다.

위치별 슈팅-득점

| 1 - 0 |
| 4 - 0 |
| 8 - 0 |

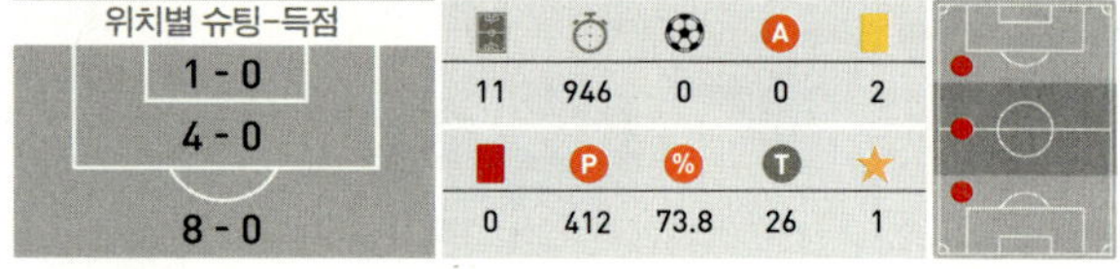

경기수	출전시간	득점	도움	경고
11	946	0	0	2
퇴장	P	%	T	★
0	412	73.8	26	1

MF Nordin Amrabat

7

노르딘
암라바트

좌우 측면과 최전방 공격수까지 활약할 수 있는 모로코 특급. 지난 시즌 말라가에서 활약하다가 겨울 이적 시장을 통해 왓포드의 유니폼을 입었고, 곧바로 적응하며 12경기에 출전했다. 측면에서 시도하는 드리블이 날카롭고, 중앙으로 이동해 슈팅을 시도한다. 민첩한 움직임과 유연한 볼터치로 상대를 속이는 플레이에 능하고, 아웃사이드킥이 날카롭다. 다만 조금은 투박하고, 거친 플레이가 많다는 것은 단점.

국적 : 모로코

네덜란드 VVV-벤로에서 활약하며 주목받았고, 2008년 PSV로 이적했다. 이후 갈라타사라이와 말라가를 거쳐 2016년 1월 왓포드로 이적했다. 2011년부터 모로코 국가대표로 활약하고 있고, 동생 소피안도 프로 축구 선수다.

위치별 슈팅-득점

| 2 - 0 |
| 16 - 0 |
| 15 - 0 |

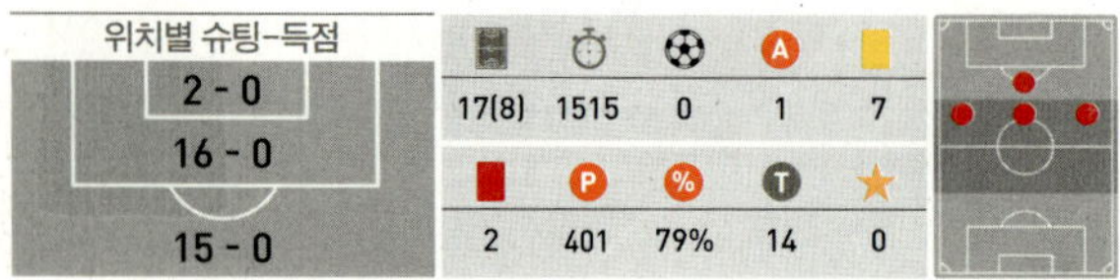

경기수	출전시간	득점	도움	경고
17(8)	1515	0	1	7
퇴장	P	%	T	★
2	401	79%	14	0

MF Valon Behrami

11

팔론
베흐라미

전술적으로 상당히 유용한 미드필더. 중앙 미드필더는 물론 측면도 소화할 수 있지만 보통 중앙에 포진해 팀의 공수 밸런스를 조절해준다. 지난 시즌에는 무릎과 종아리 부상으로 리그 21경기에 출전했다. 베흐라미는 놀라운 스태미나와 뛰어난 스피드를 이용해 드리블을 하거나 공간으로 침투한다. 저돌적인 태클, 패스 커팅, 블로킹 등 다방면에서 팀에 공헌한다. 투쟁심 넘치는 플레를 펼치지만 파울이 많은 편.

국적 : 스위스

코소보 출신으로 어린 시절 스위스로 이주했고, 오른팔에 가족들 이름 이니셜 'RVHV'를 문신으로 새겼다. 2002년 루가노에서 데뷔했고, 이탈리아와 독일에서 12년 간 뛰었다. 2015년 여름 왓포드로 이적. 현재 스위스 국가대표다.

위치별 슈팅-득점

| 0 - 0 |
| 0 - 0 |
| 1 - 0 |

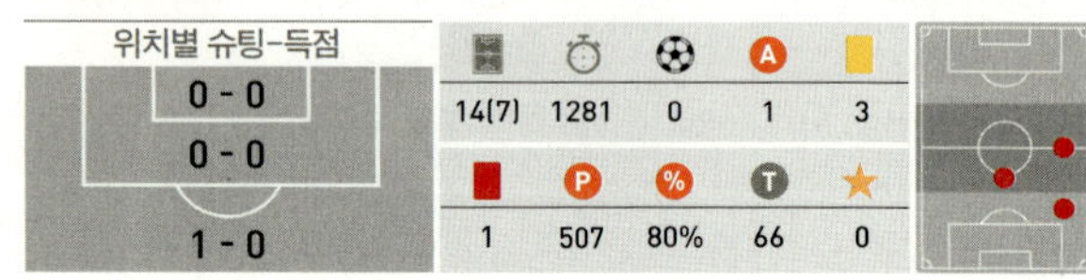

경기수	출전시간	득점	도움	경고
14(7)	1281	1	1	3
퇴장	P	%	T	★
1	507	80%	66	0

MF Adlène Guédioura

17 아들렌 게디우라

파이팅이 넘치는 베테랑 미드필더. 전형적인 박스 투 박스형 미드필더로 왕성한 활동량과 투지 넘치는 플레이로 중원을 장악한다. 지난 시즌에는 주로 교체로 활약했지만 이번 시즌에는 초반부터 주전으로 나서고 있다. 파이터형 미드필더지만 패싱력과 드리블이 좋고, 가끔씩 창의적인 스루패스를 연결한다. 기본적인 슈팅력과 크로스 능력도 있다. 다만 기복이 조금 심하고, 종종 실수를 범한다.

국적 : 알제리

알제리 국가대표지만 프랑스에서 태어나, 프랑스에서 축구를 했다. 스당 아르덴, 누아용, 샤를루아, 울버햄프턴, 노팅엄, 크리스탈 팰리스, 왓포드(임대) 등을 거쳐 2015년 왓포드로 완전 이적했다. 2010년부터 알제리 국가대표로 활약 중이다.

위치별 슈팅-득점

| 0 - 0 |
| 3 - 0 |
| 10 - 0 |

경기수	출전시간	득점	A	경고
3(15)	421	0	2	2
퇴장	P	%	T	★
0	250	70%	13	0

MF Etienne Capoue

29 에티앙 카푸에

왓포드 중원의 핵심. 중앙 미드필더와 중앙 수비수를 겸할 수 있지만 왓포드 중원에 없어서는 안 될 자원이다. 카푸에는 '에너자이저'로 불릴 정도로 지구력이 좋다. 전후반 90분 내내 부지런히 움직이며 공격과 수비의 밸런스를 유지시키고, 때로는 날카로운 슈팅으로 골문을 노린다. 지난 시즌 리그 33경기서 1도움을 기록했는데 이번 시즌에는 3경기 만에 2골을 터트렸다. 수비력과 태클 능력도 갖췄다.

국적 : 프랑스

프랑스 니오르 출신. 2007년 툴루즈에서 데뷔했고, 토트넘을 거쳐 2015년 7월 630만 파운드에 왓포드로 이적했다. 프랑스 U-18, U-19, U-21 대표 출신이고 2012 A매치 데뷔전을 치렀고, 7경기를 소화해 1골을 기록 중이다.

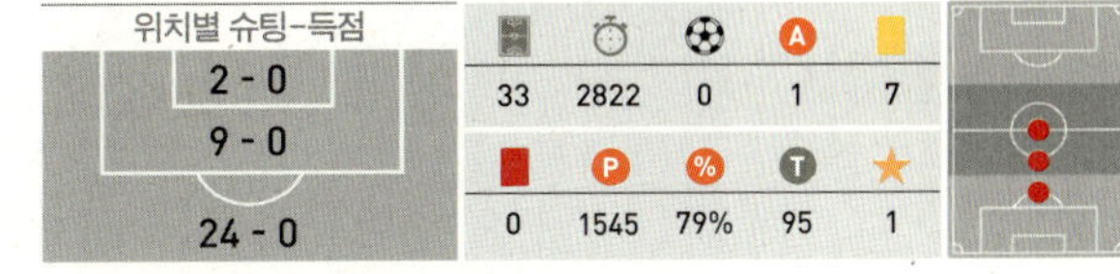

위치별 슈팅-득점

| 2 - 0 |
| 9 - 0 |
| 24 - 0 |

경기수	출전시간	득점	A	경고
33	2822	0	1	7
퇴장	P	%	T	★
0	1545	79%	95	1

MF Roberto Pereyra

37 로베르토 페레이라

유벤투스에서 활약하다가 이번 시즌 왓포드의 유니폼을 입은 공격형 미드필더. 측면과 중앙 그리고 최전방에서도 활약이 가능하다. 상당히 공격적인 미드필더고 폭발적인 주력을 바탕으로 한 드리블 돌파가 장기다. 볼을 잘 지키는 동시에 정확한 패스로 공격의 활로를 찾는다. 물론 공격적 재능에 비해 태클과 수비 집중력이 떨어지는 것이 문제지만 아스널과의 왓포드 데뷔전에서 데뷔골을 터트리며 주목받고 있다.

국적 : 아르헨티나

아르헨티나 명문 리버 플레이트 유스 출신으로 2008년 1군에 데뷔해 주목받았다. 이후 우디네세, 유벤투스를 거쳐 2016년 왓포드로 이적했다. 아르헨티나 U-20 대표 출신으로 2014년부터 국가대표로 활약하고 있다.

위치별 슈팅-득점

| 0 - 0 |
| 8 - 0 |
| 2 - 0 |

경기수	출전시간	득점	A	경고
9(4)	798	0	1	0
퇴장	P	%	T	★
0	418	91%	11	1

FW Troy Deeney

9 트로이 디니

왓포드의 돌풍을 이끌었던 최전방 공격수. 지난 시즌 리그 38경기서 13골 7도움을 올리며 빅 클럽들의 관심을 한 몸에 받았다. 디니는 페널티 박스 안에서 '표범처럼 날렵하고, 사냥꾼처럼 집요하게' 골을 노린다. 골 냄새를 맡는 천부적인 후각을 지녔고, 기회를 잡으면 모든 수단을 동원해 일단 넣고 본다. 발이 빨라 왓포드의 역습을 이끌고, 연계도 좋다.

국적 : 잉글랜드

잉글랜드 버밍엄 출신. 애스턴 빌라 아카데미에서 축구를 배웠다. 2006-07시즌부터 4년 간 월샐에서 활약하다가 2010년 왓포드로 이적했다. 지난 시즌 맹활약으로 레스터 등의 관심을 받았지만 최근 재계약을 맺어 5년 연장했다.

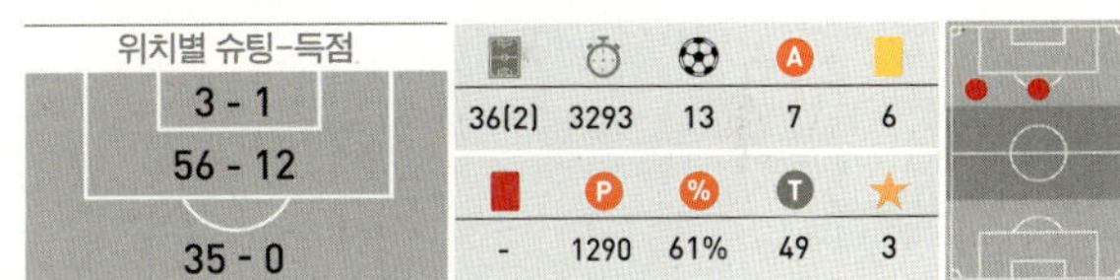

위치별 슈팅-득점

| 3 - 1 |
| 56 - 12 |
| 35 - 0 |

경기수	출전시간	득점	A	경고
36(2)	3293	13	7	6
퇴장	P	%	T	★
-	1290	61%	49	3

FW Isaac Success

10 아이작 석세스

폭발적인 스피드와 민첩한 드리블이 주 무기인 나이지리아산 공격수. 빠른 역습을 추구하는 왓포드에 딱 맞는 자원이고, 좌우 측면에서도 활약할 수 있어 활용도가 높다. 정지 동작 이후 순간적으로 속력을 붙이는 데 능하고, 왕성한 활동량과 날카로운 슈팅력을 자랑한다. 터치가 약간 투박한 편이고, 종종 공을 끌다가 뺏기는 것은 아쉽다. 지난 시즌 그라나다에서 28경기 6골-2도움을 기록, 폭발적인 성장세를 보였다.

국적 : 나이지리아

나이지리아 BJ 파운데이션에서 축구를 배웠고, 그라나다B와 그라나다 1군을 거쳐 2016년 왓포드로 이적했다. 2013년 우디네세행이 결정됐지만 서류 문제로 그라나다를 선택했다. 나이지리아 U-17, U-20 대표 출신이고, 떠오르는 신성이다.

위치별 슈팅-득점

| 2 - 1 |
| 32 - 5 |
| 22 - 0 |

경기수	출전시간	득점	A	경고
28(2)	2434	6	2	10
퇴장	P	%	T	★
0	604	65%	30	1

FW Odion Ighalo

24 오디온 이갈로

디니와 함께 왓포드의 최전방을 책임지는 공격수. CF, AM, RW을 겸하는 멀티플레이어지만 왓포드에서는 스트라이커로 기용, 지난 시즌 리그에서만 15골을 터트리며 전체 득점 7위를 기록했다. 아프리카 특유의 탄력과 개인기술이 좋은 공격수고 폭발적인 스피드로 역습을 이끈다. 문전에서의 결정력도 뛰어나고 강력한 슈팅력도 장점이다. 지난 시즌 맹활약으로 맨유 등의 관심을 받았지만 재계약에 성공했다.

국적 : 나이지리아

나이지리아 라고스 출신. 2005년 프라임에서 데뷔했고, 줄리어스 버거, 리옹, 우디네세, 그라나다, 체세나를 거쳤다. 2014년 7월 왓포드로 임대 됐고, 10월 완전히 이적했다. 나이지리아 U-20 대표 출신이고 현재 국가대표로 뛰고 있다.

위치별 슈팅-득점

| 7 - 4 |
| 87 - 11 |
| 15 - 0 |

경기수	출전시간	득점	A	경고
36(1)	3153	15	3	4
퇴장	P	%	T	★
0	722	76%	27	6

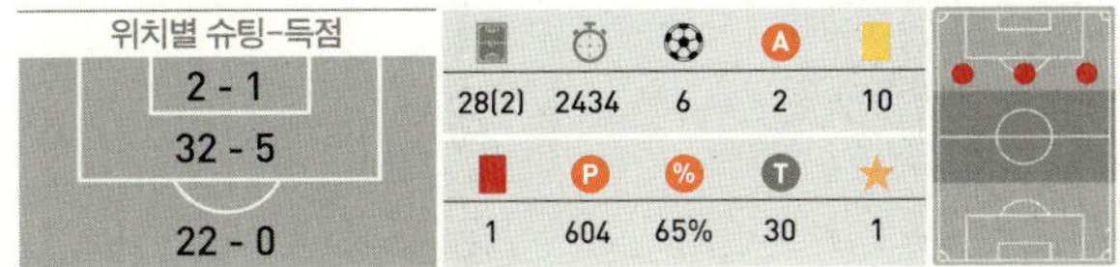
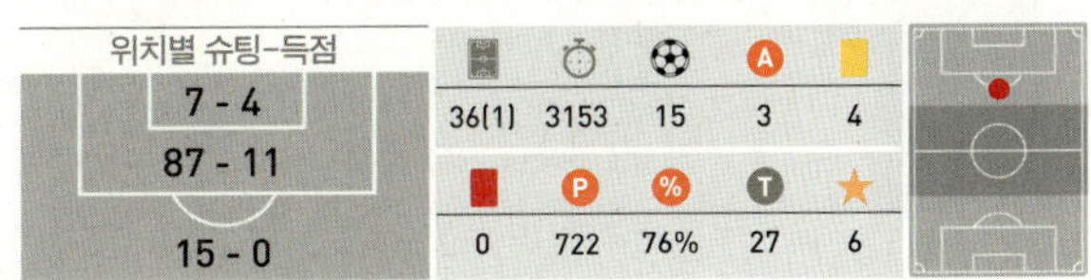

WEST BROMWICH ALBION FC

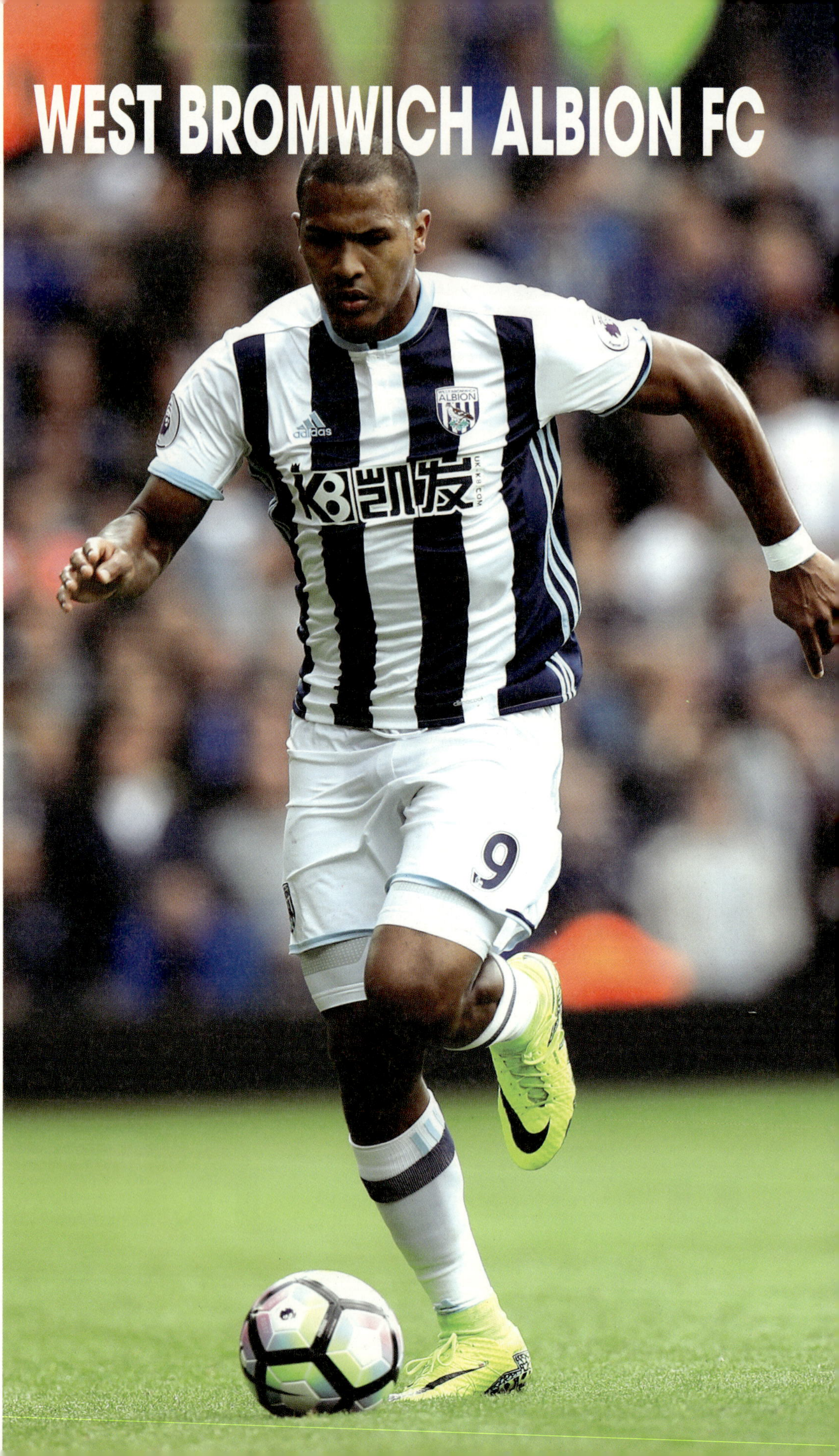

구단 창립 : 1878년
홈구장 : 더 호손스
감독 : 토니 풀리스
2015-16시즌 : 14위(승점 43점)
10승 13무 15패 34득점 48실점
닉네임 : The Baggies

1		5	
ENGLISH PREMIER LEAGUE		ENGLISH FA CUP	
0		0	
UEFA CHAMPIONS LEAGUE		UEFA EUROPA LEAGUE	
0		0	
FIFA CLUB WORLD CUP		UEFA-CONMEBOL INTERCONTINENTAL	

Home

Away

부진 거듭한 웨스트브로미치
풀리스 감독은 성공할 수 있을까?

2015-16 SEASON REVIEW

최근 4년 동안 7명의 감독이 오갔을 정도로 혼란을 거듭했다. 로이 호지슨, 스티브 클락, 케이스 다우닝, 페페 멜, 앨런 어빈, 롭 켈리 그리고 현재는 토니 풀리스 감독이 지휘봉을 잡고 있다. 이런 잦은 변화가 문제를 야기했다. 수비와 롱볼 축구 위주의 경기는 이미 상대의 집중 공략을 받을 정도로 간파당했다. 비록 간간이 거둔 승리로 강등의 위기는 피했지만 시즌 막판 4월과 5월에 단 1승도 거두지 못할 정도로 부진한 모습으로 팬들에게 큰 불안감을 안겼고, 좋지 못한 시즌을 보냈다.

SUMMER TRANSFER

토트넘에서 활약한 샤들리, 그리고 유로2016에서 인상적인 모습을 보인 롭슨 카누의 영입이 가장 눈에 띈다. 샤들리와 롭슨 카누의 영입으로 지난 시즌 가장 문제를 보인 공격과 중원에 힘을 보탤 수 있게 됐다. 또한, 이적 시장마다 '뜨거운 감자'가 되는 베라히뇨 역시 잔류시켰다. 베라히뇨는 지난 시즌 부상과 태업에 가까운 태도로 많은 실망감을 안겼다. 그러나 여전히 매력적인 공격자원인 것이 사실. 베라히뇨는 이번 이적 시장에서도 스토크 등에서 관심을 받았고 본인 역시 이적을 희망했지만 WBA는 그를 잔류시키는 데 성공했다.

2016-17 SEASON OUTLOOK

지난 시즌 가장 답답한 것은 공격이었다. 그러나 올 시즌에는 지난 시즌 9골을 터뜨리며 활약한 론돈에게 기대를 걸 만하다. 잉글랜드 무대를 처음 밟은 론돈은 지난 시즌 34경기에나 선발 출전했고 적응을 마쳤다. 여기에 샤들리의 합류가 큰 보탬이 된다. 샤들리가 합류함에 따라 공격진에게 연결되는 기회가 많아질 것으로 보인다. 여기에 득점력까지 함께 갖춰 답답함을 풀어줄 감초 같은 역할을 할 것으로 기대된다. 그러나 중요 자원을 대체할 선수들의 부족은 불안한 요소로 떠오른다.

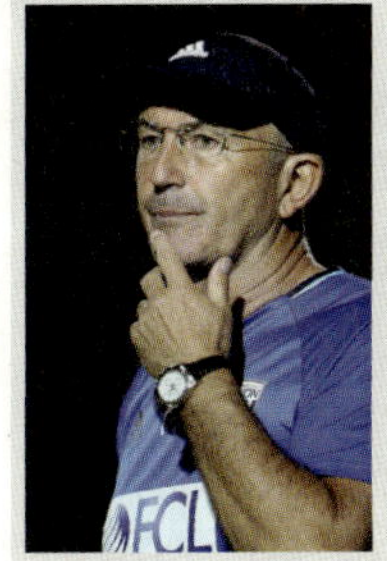

감독 토니 풀리스(Tony PULIS)

웨일스 출신으로 선수 시절엔 그다지 유명하지 않은 수비수였다. 하지만 감독이 되고 나서는 확실한 자기 색깔을 냈다. 풀리스 감독이 화제가 된 건 19세 때 코칭 자격증, 21세 때 UEFA A급 코칭 라이선스를 취득했기 때문이다. 일찌감치 지도자 생활에 관심을 보였던 풀리스 감독은 1990년대 초 레드냅 감독 아래서 본머스를 이끌며 본격적인 지도자 수업을 받았다. 풀리스 감독이 지도자로서 떠오른 시기는 스토크를 지휘하던 때다. 구단주와의 갈등으로 잠시 플리머스를 지도한 시기를 빼면 풀리스 감독은 2002년부터 2013년까지 스토크를 지휘했다. 이곳에서 풀리스는 강력한 수비 구축, 롱볼에 의한 역습, 힘과 높이로 이어지는 파워축구로 남자의 팀이란 수식어를 얻었다.

PROFILE
- 출 생 : 1958.6.16
- 국 적 : 웨일스
- 계 약 : 2017.6.30

STADIUM

The Hawthorns

- 구장 오픈 : 1900년
- 구장 개축 : 2008년
- 구장 소유 : 웨스트 브로미치 FC
- 수용 인원 : 2만 6,850명
- 피치 규모 : 105m × 68m
- 잔디 종류 : 천연 잔디

SQUAD LIST

위치	번호	이름	국적	신장	체중	생년월일
GK	1	Ben Foster	ENG	188	80	03-04-83
	13	Boaz Myhill	WAL	191	92	09-11-82
	31	Alex Palmer	ENG	183	72	10-08-96
	38	Jack Rose	ENG	183	75	31-01-95
DF	2	Allan Nyom	CMR	188	80	10-05-88
	3	Jonas Olsson	SWE	195	85	10-03-83
	6	Jonny Evans	NIR	188	77	02-01-88
	20	Brendan Galloway	ZIM	188	87	17-03-96
	23	Gareth McAuley	NIR	191	70	05-12-79
	25	Craig Dawson	ENG	183	78	06-05-90
MF	5	Claudio Yacob	ARG	181	73	18-07-87
	7	James Morrison	SCO	178	64	25-05-86
	8	Craig Gardner	ENG	178	71	25-11-86
	10	Matt Phillips	SCO	183	75	13-03-91
	11	Chris Brunt	NIR	185	84	14-12-84
	14	James McClean	IRL	180	70	22-04-89
	22	Nacer Chadli	BEL	187	80	02-08-89
	24	Darren Fletcher	SCO	183	83	01-02-84
	42	Kyle Edwards	ENG	172	64	17-02-98
FW	9	Jose Rondon	VEN	190	86	16-09-89
	18	Saido Berahino	ENG	180	82	04-08-93
	19	Callum McManaman	ENG	175	71	25-04-91
	45	Jonathan Leko	ENG	182	75	24-04-99

2016-17 SEASON SCHEDULE

날짜	장소	상대팀	날짜	장소	상대팀
13/AUG	A	Crystal Palace	01/JAN	H	Hull City
20/AUG	H	Everton FC	13/JAN	A	Tottenham Hotspur
28/AUG	H	Middlesbrough FC	20/JAN	H	Sunderland AFC
10/SEP	A	AFC Bournemouth	30/JAN	A	Middlesbrough FC
17/SEP	H	West Ham United	03/FEB	H	Stoke City
24/SEP	A	Stoke City	10/FEB	A	West Ham United
01/OCT	A	Sunderland AFC	24/FEB	A	AFC Bournemouth
15/OCT	H	Tottenham Hotspur	03/MAR	H	Crystal Palace
22/OCT	A	Liverpool FC	10/MAR	A	Everton FC
29/OCT	H	Manchester City	17/MAR	H	Arsenal FC
06/NOV	A	Leicester City	31/MAR	A	Manchester United
21/NOV	H	Burnley FC	03/APR	H	Watford FC
26/NOV	A	Hull City	07/APR	A	Southampton FC
02/DEC	H	Watford FC	14/APR	H	Liverpool FC
09/DEC	A	Chelsea FC	21/APR	A	Manchester City
12/DEC	H	Swansea City	28/APR	H	Leicester City
16/DEC	H	Manchester United	05/MAY	A	Burnley FC
25/DEC	A	Arsenal FC	12/MAY	H	Chelsea FC
30/DEC	A	Southampton FC	20/MAY	H	Swansea City

RANK OF LAST 5 YEARS

■ 2부 리그

2011-12	2012-13	2013-14	2014-15	2015-16
10 47점	8 49점	17 36점	13 44점	14 43점

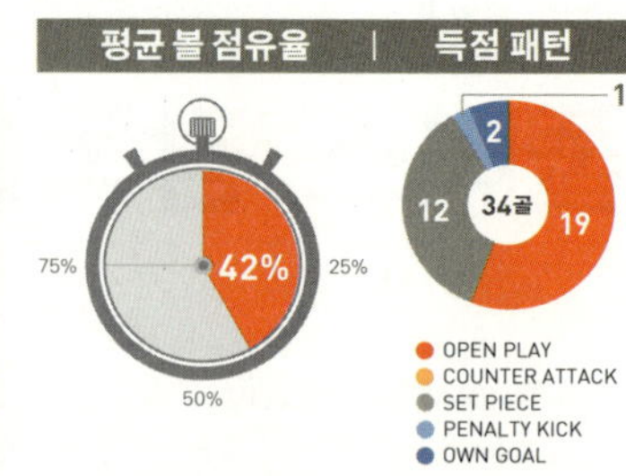

STRENGTHS & WEAKNESSES

OFFENSE		DEFENSE	
직접 프리킥	C	세트피스 수비	C
문전 처리	C	상대 볼 뺏기	C
측면 돌파	C	공중전 능력	D
스루볼 침투	C	역습 방어	C
개인기 침투	C	지공 방어	C
카운터 어택	B	스루패스 방어	C
기회 만들기	B	리드 지키기	D
세트피스	B	실수 조심	C
OS 피하기	C	측면 방어력	C
중거리 슈팅	C	파울 주의	E
볼 점유율	E	중거리슛 수비	C

매우 강함 A 강한 편 B 보통 수준 C 약한 편 D 매우 약함 E

FORMATION

TOTO GUIDE 지난 시즌 상대팀별 전적

상대팀	홈	원정
Leicester City	2-3	2-2
Arsenal	2-1	0-2
Tottenham	1-1	1-1
Manchester City	0-3	1-2
Manchester Utd	1-0	0-2
Southampton	0-0	0-3
West Ham Utd	0-3	1-1
Liverpool	1-1	2-2
Stoke City	2-1	1-0
Chelsea	2-3	2-2
Everton	2-3	1-0
Swansea City	1-1	0-1
Watford	0-1	0-0
Crystal Palace	3-2	0-2
Bournemouth	1-2	1-1
Sunderland	1-0	0-0
Newcastle Utd	1-0	0-1
Norwich City	0-1	1-0
Aston Villa	0-0	1-0

(GK) Ben Foster

1
벤
포스터

2015년 3월 무릎 십자인대가 파열돼 수술을 받고 10개월 간 결장했다. 시즌 막판 그라운드에 복귀했으나 마지막 순간 다시 발목을 다쳤다. 올 시즌에는 일단 정상 컨디션으로 출전하기에 기대가 크다. 포스터는 반사신경이 뛰어나고, 좌우 코너로 낮게 깔리는 볼을 아주 잘 막아낸다. 가까운 거리에서의 숏-스토핑은 리그 정상급. 또한 마누엘 노이어처럼 넓은 활동 반경을 바탕으로 빌드-업에 적극 참여한다.

국적 : 잉글랜드

2001년 스토크에서 데뷔한 이래 10년 간 8번이나 팀이 바뀐 '저니맨'이었다. 그러다 2011년 7월 웨스트 브로미치 임대 후 완전 이적했다. 포스터는 본인의 집을 직접 디자인할 정도로 뛰어난 건축사다. 잉글랜드 A대표 경험도 있다.

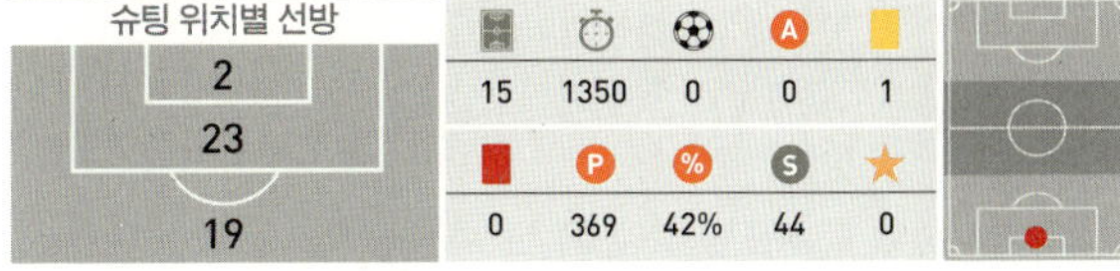

슈팅 위치별 선방

2			15	1350	0	0	1		
23									
19			0	369	42%	44	0		

(GK) Boaz Myhill

13
보아즈
마이힐

웨스트 브로미치의 백업 골키퍼. 지난 시즌 포스터가 부상을 당해 리그 23경기에 출전해 인상적인 활약을 펼쳤다. 실전 감각은 적지만 집중력이 좋아 잔 실수가 없다. 또한 전방을 향해 길게 내주는 패스 성공률도 포스터보다 우위를 점하고 있다. 여기에 페널티킥 선방 능력, 볼 스토핑, 크로스 방어 등 골키퍼에 필요한 것을 대부분 갖췄다. 다만 위기 상황에서 대처 능력이 떨어지고, 순발력이 전성기 같지는 않다.

국적 : 웨일스

2000년 애스턴 빌라에서 데뷔. 이후 경험을 쌓기 위해 임대를 다니다가 2003년부터 2010년까지 헐 시티에 정착해 좋은 활약을 펼쳤다. 그리고 2010년 7월 150만 파운드에 웨스트 브로미치에 입단했다. 아일랜드 국가대표 출신이다.

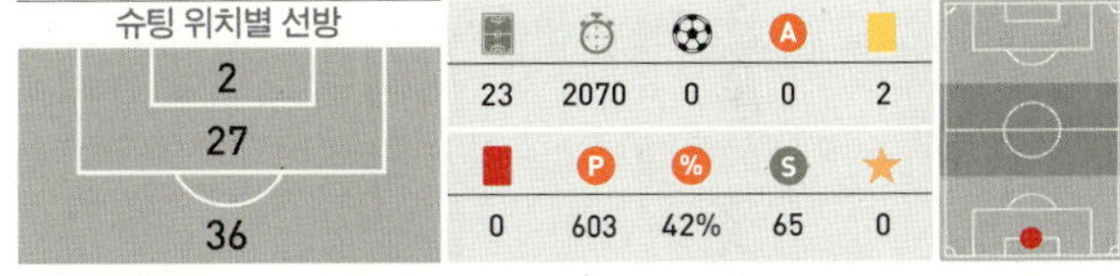

슈팅 위치별 선방

2			23	2070	0	0	2		
27									
36			0	603	42%	65	0		

(DF) Jonas Olsson

3
요나스
올손

195cm의 장신 센터백. 투지가 넘치는 수비수고, 상대 공격수와 경합 과정에서 밀리는 법이 없다. 공중전에도 강하고, 개인 방어에 강점을 보인다. 또한, 상대의 패스를 잘 자르고, 결정적인 순간 클리어링을 해내며 롱패스에 의한 빌드-업도 나쁘지 않다. 하지만 부상이 문제다. 지난 시즌 역시 햄스트링과 발목 부상에 시달렸고, 2014-15 시즌에는 리그 13경기에만 출전했을 정도로 종합 병원이었다.

국적 : 스웨덴

스웨덴 란드스크로나 출생. 2003년 고향 팀인 란드스크로나 BolS에서 데뷔했고, NEC 브레다를 거쳐 2008년 8월 116만 파운드에 웨스트 브로미치에 입단했다. 스웨덴 U-21 대표 출신이고, 2010년부터 스웨덴 국가대표로 활약하고 있다.

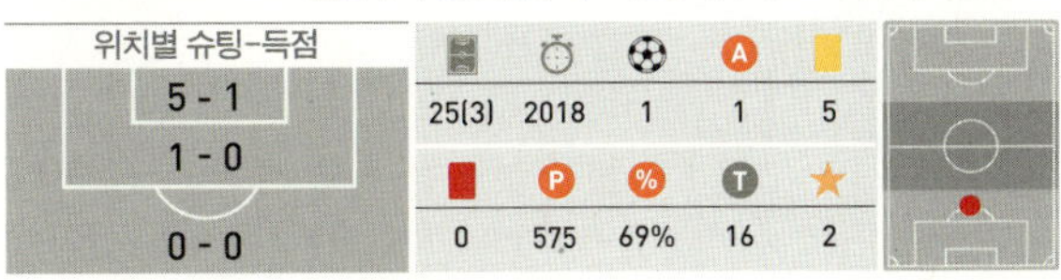

위치별 슈팅-득점

5 - 1			25(3)	2018	1	1	5		
1 - 0									
0 - 0			0	575	69%	16	2		

DF Jonny Evans

6

조니
에반스

지능적인 수비수 돋보이는 수비수다. 주 포지션은 센터백이지만 측면 수비도 가능할 정도로 민첩성과 스피드를 가지고 있다. 축구 IQ가 높아 상대의 공을 사전에 차단하고, 볼을 간수하는 능력과 패싱력도 갖췄다. 공격에 가담했을 때 날카로운 크로스와 스루 패스를 연결하고, 본인이 중거리 슈팅으로 해결하기도 한다. 몸싸움에 약점을 보이지만 대인방어와 수비 기술은 훌륭하다. 지역 커버도 좋은 편이다.

국적 : 북아일랜드

맨유 유스 출신으로 2006년 1군에 데뷔해 꾸준한 기회를 받았지만 기대만큼 성장하지 못했다. 이후 선덜랜드 임대를 거쳐 2015년 웨스트 브로미치로 이적했다. 북아일랜드 연령별 대표를 모두 거쳤고, 유로 2016에서 맹활약을 펼쳤다.

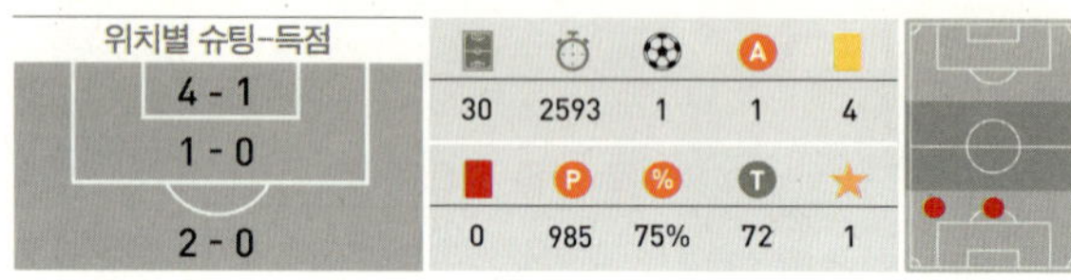

위치별 슈팅-득점					
4 - 1	30	2593	1	1	4
1 - 0					
2 - 0	0	985	75%	72	1

DF Brendan Galloway

20

브렌단
갤러웨이

에버턴이 기대하는 수비 유망주. 이번 시즌에는 웨스트 브로미치에서 한 시즌 임대로 경험을 쌓는다. 지난 시즌 베인스의 부상으로 기회를 잡으며 리그 15경기에 출전해 인상적인 경기력을 보여줬다. 스피드, 민첩성, 태클, 수비력 등 측면 수비수에 필요한 것을 모두 갖췄다는 평가지만 아직은 경험이 부족하고, 기복이 심하다. 상당히 공격적인 라이트백이어서 종종 역습에 뚫리는 경향을 보인다.

국적 : 짐바브웨,
잉글랜드

짐바브웨 출신이지만 6세 때 잉글랜드로 이주해 축구를 배웠다. MK돈스 유스 출신이고, 2014년 잠재력을 인정받으며 에버턴의 유니폼을 입었다. 잉글랜드 U-17, U-18, U-19 대표팀에 발탁됐고, 아직 국가대표 경험은 없다.

위치별 슈팅-득점					
1 - 0	14(1)	1225	0	1	2
5 - 0					
2 - 0	0	396	81%	50	0

DF Gareth McAuley

23

가레스
맥컬리

웨스트 브로미치의 베테랑 수비수. 센터백과 풀백을 모두 볼 수 있고, 파이팅과 투쟁심이 넘친다. 37세의 노장이지만 지난 시즌 리그 34경기에 선발 출전했을 정도로 여전한 체력을 과시하고 있다. 공중전과 몸싸움에 능하고, 강력한 슬라이딩 태클로 상대를 저지한다. 전성기에 비해 스피드와 민첩성을 떨어졌지만 적절한 위치 선정으로 커버한다. 이번 시즌 초반 벌써 헤딩으로 2골을 터트렸을 정도로 공격적이다.

국적 : 북아일랜드

북아일랜드 린필드에서 프로 생활을 시작했고, 콜레인, 링컨 시티, 레스터, 입스위치 타운을 거쳐 2011년 WBA로 이적했다. 2005년부터 북아일랜드 국가대표로 활약하고 있고, 유로 2016에서 투혼을 발휘했다. 2012-13 WBA 올해의 선수다.

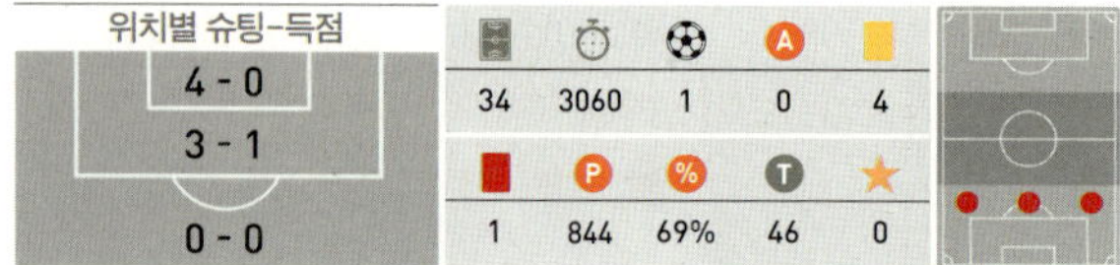

위치별 슈팅-득점					
4 - 0	34	3060	1	0	4
3 - 1					
0 - 0	1	844	69%	46	0

DF Craig Dawson

25

크레익
도슨

중앙(CB)과 오른쪽(RB)을 오가는 멀티 수비수. 2010년 웨스트 브로미치 입단 후 꾸준하게 성장하며 어느덧 주축 수비수로 자리매김했다. 공중 볼을 잘 따내고, 1대1 대인방어에도 일가견이 있다. 지난 시즌 리그 38경기에 선발 출전해 4골을 기록했을 정도로 공격 본능이 있고, 경기당 클리어링 4.3회, 인터셉트 2.8회를 기록하며 자신의 존재감을 과시했다. 하지만 패싱력이 그리 좋지는 않아 개선해야 한다.

국적 : 잉글랜드

2007년 라드클리프에서 데뷔했고, 록데일을 거쳐 2010년 8월 WBA에 입단했다. WBA에 적을 둔채 록데일, 볼턴 완더러스에 임대 됐고, 2013년 7월 복귀해 현재까지 뛰고 있다. 잉글랜드 U-21 대표 출신이고 2012 런던 올림픽에 출전.

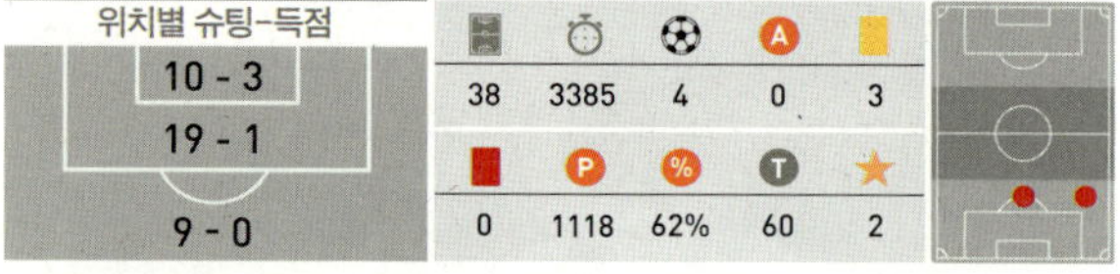

위치별 슈팅-득점					
10 - 3	38	3385	4	0	3
19 - 1					
9 - 0	0	1118	62%	60	2

MF Claudio Yacob

5

클라우디오
야콥

아르헨티나산 수비형 미드필더. 상당히 터프하고 거친 몸싸움과 파울로 상대의 기를 죽인다. 하프라인을 기점으로 상대를 제압하는 태클, 블로킹, 대인방어능력이 뛰어나다. 공격수가 슈팅을 하는 순간 몸을 날려 막아내고, 볼에 대한 집중력이 아주 좋다. 문제는 잦은 파울. 지난 시즌 리그 34경기에 출전해 8번의 경고 카드를 받았다. 전체적으로 수비력은 뛰어나지만 창의성이 부족하고, 슈팅력도 필요하다.

국적 : 아르헨티나

아르헨티나 카르카라냐 출생. 라싱 유스 출신으로 2006년 이 팀 1군에서 데뷔했고, 2012년 7월 WBA에 입단. 여가 시간에 기타를 치거나 그림을 그리는 로맨티스트. 비틀스와 어델의 광팬. 2011년부터 아르헨티나 A대표로 활약 중이다.

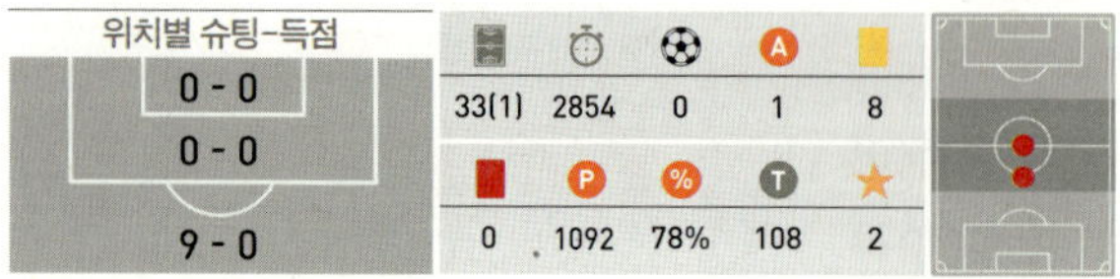

위치별 슈팅-득점					
0 - 0	33(1)	2854	0	1	8
0 - 0					
9 - 0	0	1092	78%	108	2

MF Craig Gardner

8

크레익
가드너

전술적으로 활용도가 높은 미드필더. 좌우 측면은 물론 중앙까지 활약할 수 있고, 전술 이해도가 상당히 높다. 공수 밸런스가 좋은 편이고, 수비 가담과 커버링이 나쁘지 않다. 태클 사정거리도 길어 전술 변화에 따라 오른쪽 풀백도 소화한다. 그러나 중앙 미드필더로서 필요한 패싱력이 부족하고, 경기 중에 집중력 부족으로 마크맨을 놓치는 모습을 자주 보이고 있다. 공격력만 강화한다면 정상급 미드필더.

국적 : 잉글랜드

2005년 애스턴 빌라에서 데뷔했지만 많은 기회는 잡지 못했다. 이후 버밍엄 시티, 선덜랜드를 거쳐 2014년 5월 웨스트 브로미치와 계약했다. 잉글랜드 U-21 대표 출신이다. 어렸을 때부터 버밍엄 시티의 열혈 팬이었다.

위치별 슈팅-득점					
1 - 1	20(14)	2037	3	3	5
15 - 0					
30 - 2	0	616	64%	50	1

MF Matt Phillips

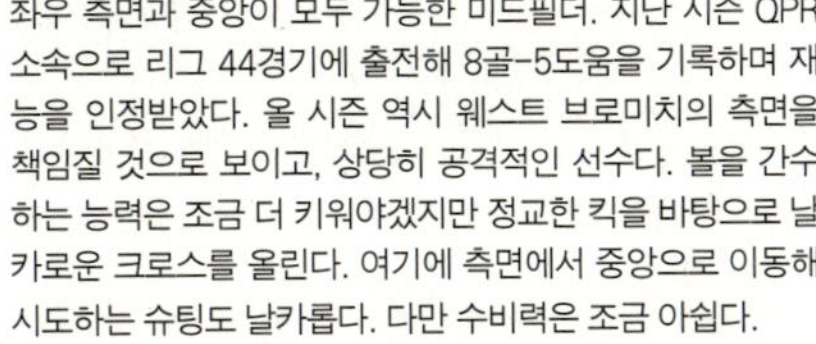

10

맷
필립스

좌우 측면과 중앙이 모두 가능한 미드필더. 지난 시즌 QPR 소속으로 리그 44경기에 출전해 8골-5도움을 기록하며 재능을 인정받았다. 올 시즌 역시 웨스트 브로미치의 측면을 책임질 것으로 보이고, 상당히 공격적인 선수다. 볼을 간수하는 능력은 조금 더 키워야겠지만 정교한 킥을 바탕으로 날카로운 크로스를 올린다. 여기에 측면에서 중앙으로 이동해 시도하는 슈팅도 날카롭다. 다만 수비력은 조금 아쉽다.

국적 : 스코틀랜드

위컴비 완더러스 유스 출신으로 2008년 1군 데뷔했고, 이후 블랙풀, 셰필드 유나이티드, QPR을 거쳐 이번 시즌을 앞두고 웨스트 브로미치로 이적했다. 잉글랜드 U-19 대표 출신이지만 국가대표팀은 스코틀랜드를 선택했다.

위치별 슈팅-득점

2-1
31-3
60-4

경기수	출전시간	득점	A	경고
43(1)	3789	8	5	5

퇴장	P	%	T	★
0	977	67%	41	2

MF Nacer Chadli

22

나세르
샤들리

웨스트 브로미치의 새로운 스타. 구단 최고 이적료인 1,300만 파운드로 토트넘에서 유니폼을 갈아입었다. 샤들리는 파워 넘치는 드리블과 정확한 패스를 구사하고 팀이 필요로 할 때 강력한 한 방을 터트린다. 스타플레이어의 기질이 있고, 좌우 측면은 물론 처진 스트라이커로도 활약할 수 있다. PA 외곽에서 터뜨리는 중거리 슈팅과 직접 프리킥은 강력한 무기. 그러나 수비 가담과 태클 능력은 아쉽다.

국적 : 벨기에

스탕다르 리에주, MVV 유스 출신. 2007년 AGOVV에서 프로로 데뷔했고, FC 트벤테, 토트넘을 거쳐 2016년 WBA로 이적했다. 모로코 대표로 1차례 경기를 치렀지만 2011년 벨기에로 국적을 바꿨고 현대 벨기에 국가대표다.

위치별 슈팅-득점

1-0
16-2
8-1

경기수	출전시간	득점	A	경고
10(19)	938	3	2	1

퇴장	P	%	T	★
0	377	83%	11	0

MF Darren Fletcher

24

대런
플레처

웨스트 브로미치의 중원 사령관. 맨유에서도 엄청난 기대를 받았던 선수로 클래스는 여전하다는 것을 증명하고 있다. 지난 시즌 리그 전 경기에 출전해 1골 3도움을 기록했고, 꾸준한 활약을 펼쳤다. 장점이 없다는 평가도 있지만 미드필더에 필요한 패스력, 슈팅력, 경기 조율, 활동량, 수비력 등을 갖춘 선수로 꾸준함이 무기다. 입단과 동시에 주장 완장을 차며 약체였던 WBA에 승리 DNA를 심어주고 있다.

국적 : 스코틀랜드

2003년부터 12년 간 퍼거슨 감독 밑에서 맨유의 명 MF로 활약했다. 그리고 2015년 2월 WBA로 이적했다. 오프시즌 때마다 청각장애 어린이 돕기에 적극 참여하고 있다. 아내 헤일리와의 사이에 쌍둥이 아들 잭, 테일러를 두고 있다.

위치별 슈팅-득점

2-0
13-1
7-0

경기수	출전시간	득점	A	경고
38	3376	1	3	3

퇴장	P	%	T	★
0	1480	78%	53	0

FW Salomon Rondon

9

살로몬
론돈

전형적인 No.9 공격수. 아주 큰 키는 아니지만 탄력이 좋아 제공권에 강점을 보이고, 포스트 플레이를 통해 동료들에게 찬스를 만들어준다. 지난 시즌 EPL 34경기에서 9골-2도움을 기록하며 충분히 제몫을 해줬다. 역습 상황에서 드리블 돌파로 찬스를 만들고, 측면에서 중앙으로 이동하며 강력한 슈팅을 시도한다. 연계 플레이에 강점을 보이지만 골 결정력과 문전에서의 침착성은 좀 더 보완을 해야 한다.

국적 : 베네수엘라

베네수엘라 아라구아 유스 출신. 이후 라스 팔마스, 말라가, 루빈 카잔, 제니트 등에서 활약했고, 2015년 여름 웨스트 브로미치로 이적했다. 베네수엘라 U-20 대표 출신이고 2008년부터 국가대표로 활약해왔다.

위치별 슈팅-득점

13-5
40-4
18-0

경기수	출전시간	득점	A	경고
31(4)	2576	9	2	1

퇴장	P	%	T	★
1	629	66%	9	0

FW Saido Berahino

18

사이도
베라히노

좌우 측면과 최전방을 소화할 수 있는 공격수. 지난 2014-15시즌 팀 내 최다 골(14골)을 터트리며 맨유, 첼시, 토트넘 등 빅 클럽들의 관심을 한 몸에 받았지만 지난 시즌에는 리그 4골에 그쳤다. 베라히노는 슈팅 템포가 빠르고, 자신감 있게 마무리를 한다. 가끔 기습적인 중거리포도 터트리고, 폭발적인 스피드를 이용한 뒤 공간 침투와 드리블 능력도 좋은 편이다. 연계 플레이는 조금 부족하다.

국적 : 잉글랜드

2010년 WBA에서 데뷔했고, 노스앰턴, 브렌트포드, 피터보로에 연속 임대됐다가 2012년 7월 복귀했다. 잉글랜드 U-16부터 U-21까지 연령별 대표를 다 지냈다. 독실한 크리스천으로 어머니와 함께 늘 성경 공부를 열심히 한다.

위치별 슈팅-득점

5-1
25-3
5-0

경기수	출전시간	득점	A	경고
17(14)	1746	4	0	

퇴장	P	%	T	★
0	457	78%	18	0

CRYSTAL PALACE FC

구단 소개

구단 창립 : 1905년
홈구장 : 셀허스트 파크
감독 : 앨런 파듀
2015-16시즌 : 15위(승점 42점)
11승 9무 18패 39득점 51실점
닉네임 : Eagles

주요대회 우승횟수

0	ENGLISH PREMIER LEAGUE	0	ENGLISH FA CUP
0	UEFA CHAMPIONS LEAGUE	0	UEFA EUROPA LEAGUE
0	FIFA CLUB WORLD CUP	0	UEFA-CONMEBOL INTERCONTINENTAL

UNIFORM

Home

Away

기대와 우려가 공존하는 파듀의 팰리스 이청용의 활약이 절실하다

2015-16 SEASON REVIEW

파듀 감독에게 많은 기대가 간 것은 사실이었다. 2014-15 시즌 강등을 걱정하던 팰리스를 도맡아 만족할 만한 성적까지 이끌었기 때문이다. 시즌 초반은 인상적이었다. 8라운드까지 6승 2패를 기록하며 순조롭게 시즌을 시작하며 기대감을 끌어올렸다. 그러나 시즌 중반 기대는 실망으로 바뀌었다. 18라운드부터 32라운드까지 5무 9패라는 처참한 결과를 냈고 어느 덧 강등 위기까지 걱정해야 하는 처지에 놓였다. 시즌 초반 벌어놓은 승점으로 강등은 피할 수 있었지만, 실망을 안긴 시즌인 것은 분명하다.

SUMMER TRANSFER

최악의 부진을 거듭한 시즌 중반 14경기에서 팰리스가 올린 득점은 고작 11골. 그만큼 답답함은 계속됐다. 이에 팰리스는 공격 보강에 가장 많은 신경을 썼고, 결국 벤테케를 선택했다. 벤테케는 기대를 한 몸에 받으며 리버풀로 이적했지만 실망스러운 모습으로 많은 출전 기회를 잡지 못했다. 이에 새로운 도전을 위해 팰리스로 이적했고 부활을 노리고 있다. 벤테케를 영입한 것은 좋은 선택이었다. 그러나 볼라시에가 빠진 2선 공격수 보강이 없는 것은 아쉽고, 지난 시즌 후보였던 이청용의 활약상이 중요해졌다.

2016-17 SEASON OUTLOOK

파듀 감독의 공격 자원 활용이 포인트가 될 것이다. 지난 시즌 파듀 감독은 베스트11을 거의 바꾸지 않으며 단조로운 공격력을 보였고 여기에 팀 부진까지 겹쳐 많은 질타를 받았다. 이번 시즌에는 달라져야 한다. 일단 벤테케를 영입하며 공격력은 보강했지만 '에이스' 볼라시에가 빠져 2선의 무게감이 약해졌다. 이런 이유로 이번 시즌 초반 이청용이 기회를 잡고 있고, 좋은 경기력을 보여주고 있다. 다만 고집스럽기로 소문난 파듀 감독이 자신의 선수 기용 정책을 바꿔 새로운 스타일로 변모하게 될지는 미지수이다.

감독 앨런 파듀(Alan PARDEW)

뉴캐슬 감독 시절엔 인기가 없었다. 2부에서 승격한 뉴캐슬을 한때 유로파리그까지 이끌었지만 순위 변동폭이 심했고 결정적으로 뉴캐슬이 아닌 런던 태생이었기 때문이었다. 그러다 2014년 터진 뉴캐슬과 헐시티 전에서 파듀 감독이 상대 선수 메일러를 박치기로 들이박은 사건으로 서포터와 관계에 돌아올 수 없는 강을 건너고 말았다. 하지만 전술 연구와 학습에 관해서 그 노력과 능력을 인정받았기 때문에 그를 향한 영입 공세는 이어졌고 2015년 초 강등 위기에 빠진 팰리스가 내민 손을 파듀 감독이 붙잡았다. 파듀 감독은 팰리스 선수 출신이기도 하다. 팰리스의 지휘봉을 잡은 파듀는 팰리스에 안성맞춤 전술로 팀을 위기에서 구해냈다.

PROFILE
- 출 생 : 1961.7.18
- 국 적 : 잉글랜드
- 계 약 : 2018.6.30

STADIUM

Selhurst Park

- 구장 오픈 : 1924년
- 구장 개축 : 1983, 1995, 2013, 2014년
- 구장 증축 : 1969, 1994년
- 구장 소유 : CPFC 2010
- 수용 인원 : 2만 6,255명
- 피치 규모 : 101m × 68m
- 잔디 종류 : 천연 잔디

SQUAD LIST

위치	번호	이름	국적	신장	체중	생년월일
GK	1	Julian Speroni	ARG	186	87	18-05-79
	13	Wayne Hennessey	WAL	197	89	24-01-87
	30	Steve Mandanda	FRA	185	82	28-03-85
	40	Kleton Perntreou	GRE	188	74	08-01-95
DF	2	Joel Ward	ENG	188	76	29-10-89
	5	James Tomkins	ENG	190	74	29-03-89
	6	Scott Dann	ENG	188	76	14-02-87
	19	Ezekiel Fryers	ENG	183	75	09-09-92
	23	Pape N'Diaye Souare	SEN	178	68	06-06-90
	27	Damien Delaney	IRL	191	89	29-07-81
	34	Martin Kelly	ENG	191	77	27-04-90
MF	4	Mathieu Flamini	FRA	178	67	07-03-84
	7	Yohan Cabaye	FRA	175	72	14-01-86
	10	Andros Townsend	ENG	183	76	16-07-91
	14	Lee Chung-Yong	KOR	180	69	02-07-88
	16	Joe Ledley	WAL	183	73	23-01-87
	18	James McArthur	SCO	168	63	07-10-87
	22	Jordon Mutch	ENG	175	65	02-12-91
	26	Bakary Sako	MLI	180	76	24-04-88
	42	Jason Puncheon	ENG	173	71	26-06-86
FW	8	Loic Remy	FRA	184	76	02-01-87
	9	Fraizer Campbell	ENG	180	78	13-09-87
	11	Wilfried Zaha	ENG	180	66	10-11-92
	15	Jonathan Benteke	BEL	186	77	28-04-95
	17	Christian Benteke	BEL	190	83	03-12-90
	21	Connor Wickham	ENG	191	73	31-03-93

2016-17 SEASON SCHEDULE

날짜	장소	상대팀	날짜	장소	상대팀
13/AUG	H	West Bromwich Albion	01/JAN	H	Swansea City
20/AUG	A	Tottenham Hotspur	13/JAN	A	West Ham United
27/AUG	H	AFC Bournemouth	20/JAN	H	Everton FC
10/SEP	A	Middlesbrough FC	30/JAN	A	AFC Bournemouth
18/SEP	H	Stoke City	03/FEB	H	Sunderland AFC
24/SEP	A	Sunderland AFC	10/FEB	A	Stoke City
30/SEP	A	Everton FC	24/FEB	H	Middlesbrough FC
15/OCT	H	West Ham United	03/MAR	A	West Bromwich Albion
22/OCT	A	Leicester City	10/MAR	H	Tottenham Hotspur
29/OCT	H	Liverpool FC	17/MAR	H	Watford FC
05/NOV	A	Burnley FC	31/MAR	A	Chelsea FC
19/NOV	H	Manchester City	04/APR	A	Southampton FC
26/NOV	A	Swansea City	07/APR	H	Arsenal FC
02/DEC	H	Southampton FC	14/APR	H	Leicester City
09/DEC	A	Hull City	21/APR	A	Liverpool FC
12/DEC	H	Manchester United	28/APR	H	Burnley FC
16/DEC	H	Chelsea FC	05/MAY	A	Manchester City
25/DEC	A	Watford FC	12/MAY	H	Hull City
30/DEC	A	Arsenal FC	20/MAY	A	Manchester United

RANK OF LAST 5 YEARS

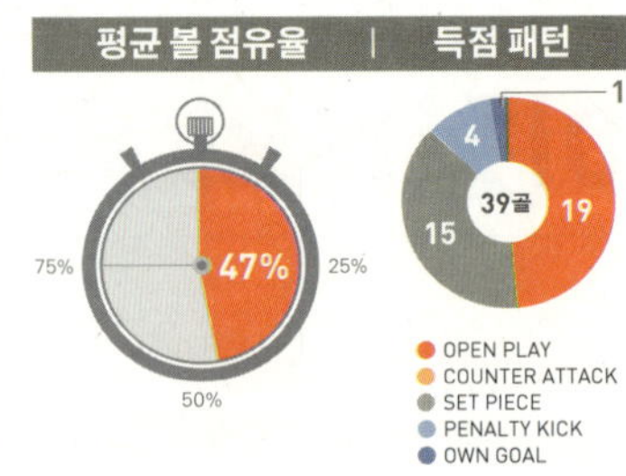

STRENGTHS & WEAKNESSES

OFFENSE		DEFENSE	
직접 프리킥	C	세트피스 수비	E
문전 처리	C	상대 볼 뺏기	A
측면 돌파	C	공중전 능력	A
스루볼 침투	C	역습 방어	C
개인기 침투	B	지공 방어	C
카운터 어택	C	스루패스 방어	C
기회 만들기	C	리드 지키기	C
세트피스	A	실수 조심	C
OS 피하기	C	측면 방어력	C
중거리 슈팅	B	파울 주의	C
볼 점유율	C	중거리슛 수비	C

매우 강함 A   강한 편 B   보통 수준 C   약한 편 D   매우 약함 E

시간대별 특점 | 시간대별 실점 | 득점 분포 | 공격 방향 | 볼 점유 위치 | 포지션별 득점 | 상대포지션별 실점

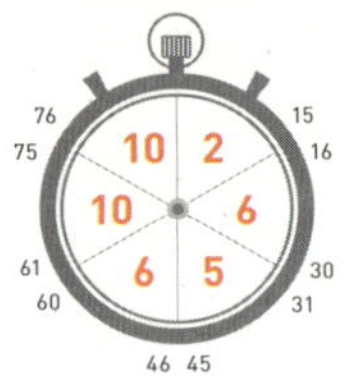

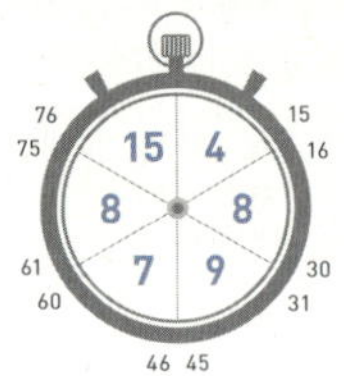

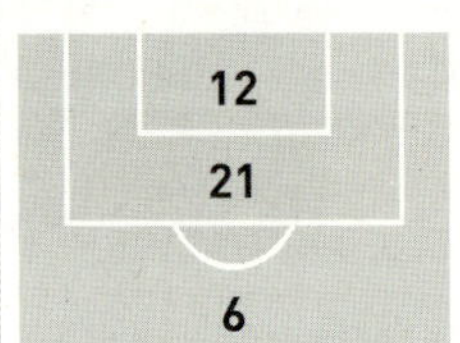

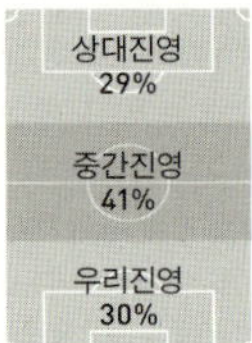

*상대자책골 1골

*자책골 실점 3골

FORMATION

TOTO GUIDE 지난 시즌 상대팀별 전적

상대팀	홈	원정
Leicester City	0-1	0-1
Arsenal	1-2	1-1
Tottenham	1-3	0-1
Manchester City	0-1	0-4
Manchester Utd	0-0	0-2
Southampton	1-0	1-4
West Ham Utd	1-3	2-2
Liverpool	1-2	2-1
Stoke City	2-1	2-1
Chelsea	0-3	2-1
Everton	0-0	1-1
Swansea City	0-0	1-1
Watford	1-2	1-0
West Bromwich	2-0	2-3
Bournemouth	1-2	0-0
Sunderland	0-1	2-2
Newcastle Utd	5-1	0-1
Norwich City	1-0	3-1
Aston Villa	2-1	0-1

GK Wayne Hennessey

13

웨인
헤네시

크리스탈 팰리스의 NO.1 골키퍼. 당당한 체격을 바탕으로 상대 공격수와 경합 과정에서 지는 경우가 없고, 압도적인 공중볼 처리 능력을 가지고 있다. 여기에 수준급의 볼 스토핑 능력과 과감한 다이빙으로 상대의 공격을 차단한다. 지난 시즌 알렉스 맥카시와 경쟁하며 리그 29경기에 출전해 주전 자리를 확보했지만 이번 시즌에는 강력한 경쟁자 만단다가 등장했다. 위치 선정이 조금 아쉬운데 이것을 고쳐야 한다.

국적 : 웨일스

맨시티와 울버햄턴에서 유스 생활을 했고, 2006년부터 2014년까지 울버햄턴에서 활약했다. 이후 2014 C.팰리스로 이적해 주전 자리를 꿰찼고, 2007년 웨일스 국가대표로 선발됐다. 지난 유로 2016에서 웨일스의 골문을 든든하게 지켰다.

슈팅 위치별 선방

		🕐	⚽	A	🟨
2	29	2610	0	0	1
40		P	%	S	★
38	0	757	44%	80	0

GK Steve Mandanda

30

스티브
만당다

이번 시즌을 앞두고 영입한 프랑스 국가대표 골키퍼. 그동안 주전 수문장으로 활약했던 헤네시와 치열한 주전 경쟁을 예고하고 있다. 번개 같은 순발력과 파워풀한 플레이로 골문을 사수한다. 신체조건이 아주 좋은 편은 아니지만 유연성과 민첩성에서 높은 점수를 받는다. 종종 판단 미스로 실수를 범하지만 이제는 베테랑 골키퍼가 됐다. 비교적 정확한 골킥을 자랑하고, 강력한 카리스마로 수비 라인을 조율한다.

국적 : 프랑스

콩고 태생이지만 프랑스 르아브르 아카데미에서 성장했고, 2008년 마르세유로 이적해 전성기를 구가했다. 마르세유에서만 300경기 이상 출전했고, 프랑스 국가대표로도 활약하고 있다. 3명의 동생 모두 골키퍼로 활약 중이다.

슈팅 위치별 선방

		🕐	⚽	A	🟨
1	36	3240	0	0	5
9		P	%	S	★
6	0	1212	64%	16	3

DF Joel Ward

2

조엘
워드

LB, RB, CB, DM을 모두 해내는 멀티플레이어. 주 포지션은 오른쪽 풀백으로 왕성한 활동량과 지구력을 갖춘 수비수다. 지난 시즌 리그 30경기에 출전해 2골-1도움을 올리며 공격적인 재능도 보여줬다. 빠른 발을 활용한 측면 돌파와 정교한 크로스가 장점이고, 짧은 패스 플레이도 나쁘지 않다. 다만 볼을 지켜내는 능력이 조금 아쉽고, 몸싸움도 그리 강하지는 않다.

국적 : 잉글랜드

2008년 포츠머스에서 데뷔했고, 본머스 임대를 거쳐 2012년부터 크리스탈 팰리스에서 뛰고 있다. 현재 축구를 통해 지역 사회에 봉사하고, 불우한 청소년들을 돕는다. 독실한 신자로 축구 선수로서 신께 감사드리는 삶에 대해 전파한다.

위치별 슈팅-득점

		🕐	⚽	A	🟨
1 - 1	30	2692	2	1	4
7 - 0		P	%	T	★
9 - 1	0	1001	71%	62	0

DF Scott Dann

6

스콧
댄

크리스탈 팰리스 수비의 리더. 큰 키를 이용한 공중전에 강하고, 강력한 몸싸움과 태클 능력을 갖췄다. 또한, 위치를 잘 잡기에 상대의 패스 줄기를 잘 차단하고 지난 시즌 리그 35경기에 출전해 5골이나 터트렸는데 진정한 '수트라이커(스트라이커+수비수)'임을 증명했다. 한 발 앞선 수비로 상대의 슈팅을 잘 블록하고, 후방에서 날리는 롱패스로 역습 빌드-업을 돕는다. 수비 리딩도 훌륭하다.

국적 : 잉글랜드

어린 시절 리버풀의 광팬. 월샐 유스 출신으로 2004년 이 팀 1군에서 데뷔했다. 레디치 Utd(임대), 코벤트리 시티, 버밍엄 시티, 블랙번 로버스를 거쳐 2014년 1월 크리스탈 팰리스로 이적했다. 잉글랜드 U-21 대표 출신이다.

위치별 슈팅-득점

| 3 - 3 |
| 24 - 2 |
| 2 - 0 |

경기수	출전시간	득점	A	경고
35	3150	5	1	7

퇴장	P	%	T	★
0	0.8	75.3	3.3	1

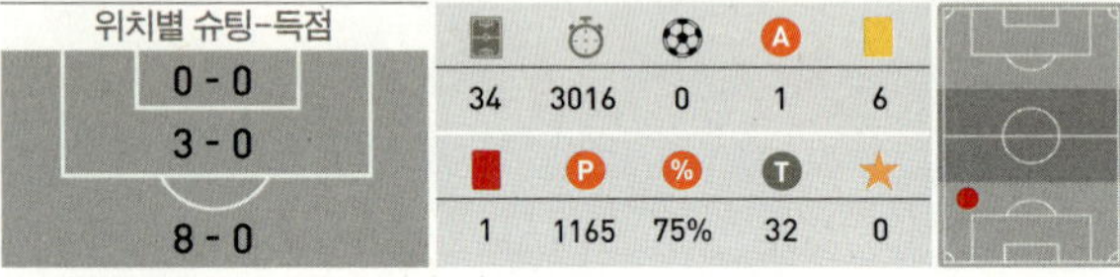

DF Pape Souaré

23

파프
수아레

왼쪽 풀백이 약점이었던 크리스탈 팰리스의 구세주. 부동의 LB이자, EPL에서도 손꼽히는 풀백 자원이다. 지난 시즌 리그 34경기에 출전하며 확고한 주전 자리를 차지했다. 스피드를 이용한 드리블 돌파가 좋고, 상대 공격수와 속도전에서 밀리지 않는다. 크로스 적중률이 높아 왼쪽 미드필더까지 소화할 수 있다. 롱-스로인이라는 무서운 무기도 갖고 있다. 측면 수비수의 자질 중 하나인 태클 능력은 아쉽다.

국적 : 세네갈

세네갈 음바오 출생. 2007년 디암브라스에서 데뷔했고, 릴 2군, 릴 1군, 스타드 렝스를 거쳐 2015년 1월, 겨울 이적 시장 때 크리스탈 팰리스 유니폼을 입었다. 세네갈 올림픽 대표 출신이고, 2012년부터 국가대표로 활약해 왔다.

위치별 슈팅-득점

| 0 - 0 |
| 3 - 0 |
| 8 - 0 |

경기수	출전시간	득점	A	경고
34	3016	0	1	6

퇴장	P	%	T	★
1	1165	75%	32	0

DF Damien Delaney

27

대미언
델라니

스콧 댄과 C.팰리스의 중앙 수비 라인을 구축한다. 지난 시즌 리그 32경기에 출전해 2골-3도움을 기록하며 수비의 핵심 역할을 했다. 델라니는 집중력이 좋아 결정적인 위기 때 패스나 슈팅을 자주 클리어링한다. 수비라인 조율(D-Line Control)은 여전히 정상급이고, 몸을 사리지 않는 플레이와 강력한 몸싸움으로 팬들의 사랑을 받는다. 다만 패싱력이 그리 좋지 않아, 빌드-업 과정에서 아쉬움을 남긴다.

국적 : 아일랜드

어본데일 유나이티드 유스 출신. 1998년 코크 시티에서 데뷔했고, 레스터 시티, 스톡포트 시티, 허더스필드 타운, 맨스필드 타운, 힐 시티, QPR, 입스위치 타운을 거쳐 2012년 8월 크리스탈 팰리스로 이적했다. 현재 아일랜드 국가대표.

위치별 슈팅-득점

| 3 - 2 |
| 15 - 0 |
| 3 - 0 |

경기수	출전시간	득점	A	경고
32	2880	2	3	2

퇴장	P	%	T	★
0	1054	73%	31	1

MF Yohan Cabaye

7

요앙
카바예

공격과 수비 모두에 능한 중앙 미드필더. 포백을 보호하는 동시에 상대 진영 깊숙이 들어가 강력한 오른발 슈팅으로 마무리하는 능력을 갖췄다. 원터치 패스와 플레이메이킹도 강점이고, 중거리 슈팅과 직접 프리킥에서 나오는 그의 클러치 능력은 가히 천부적. 날렵하게 상대의 볼을 가로챈 뒤 바로 역습에 가담한다. 전방으로 부챗살처럼 퍼지는 장-단 패스도 장점이지만 전성기에 비해 활동량이 줄었다는 평가다.

국적 : 프랑스

릴 아카데미 출신으로 2004년 1군으로 데뷔했고, 뉴캐슬 유나이티드, PSG를 거쳐 2015년 7월 크리스탈 팰리스로 이적했다. 프랑스 U-16, U-18, U-19, U-20, U-21 대표를 모두 지냈고, 2010년부터 프랑스 국가대표로 활약 중이다.

위치별 슈팅-득점

| 1 - 1 |
| 18 - 4 |
| 48 - 0 |

경기수	출전시간	득점	A	경고
32(1)	2704	5	1	7

퇴장	P	%	T	★
0	1270	83%	107	3

MF Andros Townsend

10

안드로스
타운젠트

엄청난 기대를 받으며 C.팰리스로 입성한 측면 미드필더. 한때 잉글랜드의 미래라고 불렸을 정도로 재능을 인정받았다. 주로 오른쪽 측면에서 활약하고, 폭발적인 스피드와 직선적인 드리블로 상대의 측면을 허무는 데 능하고, 날카로운 크로스로 공격 포인트를 만든다. 개인 기술이 좋고, 중거리 슈팅 능력도 갖췄다. 그러나 최근 너무 단조로운 공격 패턴을 보이고 있고, 측면만 고집해 볼을 뺏기는 경우가 많다.

국적 : 잉글랜드

토트넘 유스 출신으로 엄청난 기대를 받았지만 2009년부터 2016년까지 무려 9개 팀에서 임대로 활약했다. 2016년 뉴캐슬의 유니폼을 입었지만 팀이 강등당하자 C.팰리스로 이적했다. 잉글랜드 연령별 대표와 국가대표를 거쳤다.

위치별 슈팅-득점

| 0 - 0 |
| 8 - 1 |
| 17 - 3 |

경기수	출전시간	득점	A	경고
13(4)	1153	4	2	0

퇴장	P	%	T	★
0	392	81%	29	1

MF Lee Chung Yong

14

이청용

좌우 측면과 중앙 모두에서 활약할 수 있는 공격형 미드필더. 유연한 볼 터치와 감각적인 드리블 돌파가 장점이고, 볼을 잘 다룬다. 특히 스피드와 개인기를 바탕으로 펼치는 드리블은 수준급. 짧은 패스에 이은 페너트레이션, 결정적인 스루패스, 강력한 태클과 재치 있는 가로채기 등 다양한 장점을 가지고 있다. 슈팅력과 몸싸움에 약하다는 단점이 있지만 특유의 성실함으로 커버한다. 충분한 경쟁력이 있다.

국적 : 대한민국

FC서울 유스 출신으로 2004년 1군으로 데뷔했다. 이후 폭발적인 성장세를 보이며 2009년 볼턴의 유니폼을 입었고, 2015년까지 활약했다. 한국 연령별 대표를 모두 거쳤고, 2008년부터 A대표로 활약 중. 두 번의 월드컵을 경험했다.

위치별 슈팅-득점

| 0 - 0 |
| 2 - 0 |
| 3 - 1 |

경기수	출전시간	득점	A
4(9)	387	1	0	0

퇴장	P	%	T	★
0	177	86%	15	0

DF Joe Ledley

16 · 조 레들리

왕성한 체력과 투쟁심 넘치는 플레이가 장점인 미드필더. 리그에서 가장 체력이 좋은 선수 중 1명이고, 스피드는 평범하지만 지구력이 엄청나 90분 간 박스-투-박스로 움직인다. 지난 시즌에는 햄스트링 부상과 타박상으로 리그 11경기 선발 출전에 그쳤지만 평균 태클(1.7개), 클리어(1.4개)를 기록하며 꾸준함을 보여줬다. 절묘한 위치선정과 커버링으로 포백라인을 보호하고, 패스 성공률도 높은 편이다.

국적 : 웨일스

카디프 시티 유스 출신. 2004년 이 팀 1군에서 데뷔했고, 셀틱을 거쳐 2014년 1월 크리스탈 팰리스와 계약했다. 롤 모델은 웨일스의 영웅 라이언 긱스. 레들리는 웨일스 U-17, U-21 대표를 지냈고, 2005년부터 A대표로 활약 중이다.

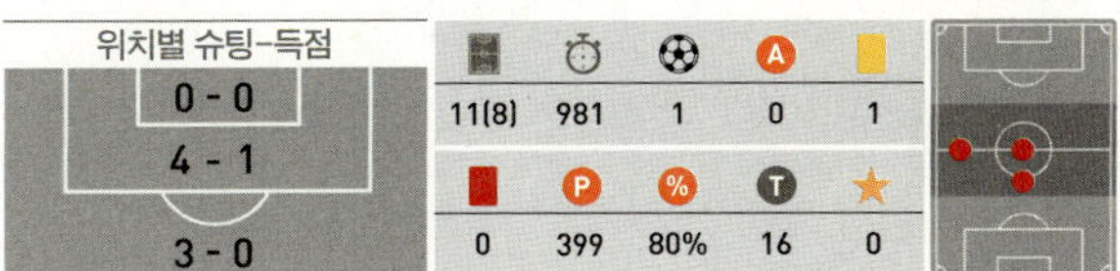

위치별 슈팅-득점

					A	
0 - 0		11(8)	981	1	0	1
4 - 1						
3 - 0		0	399	80%	16	0

MF James McArthur

18 · 제임스 맥아더

중원에서 터프한 몸싸움을 즐기는 상남자. 체격은 평범하지만 강한 투쟁심을 바탕으로 터프한 수비를 펼친다. 포백을 보호하는 것에 강점을 보이고, 결정적인 순간 몸을 날려 상대의 슈팅을 막는다. 왕성한 활동량과 슈팅력도 갖췄지만 최근 들어 잦은 부상에 시달린다. 지난 시즌 역시 발목과 무릎 부상으로 고생했고, 주전 경쟁에서 조금은 밀린 모습이었다. 투박한 플레이와 거친 파울도 개선해야 한다.

국적 : 스코틀랜드

스코틀랜드 글래스고 출생. 해밀턴 유스 출신으로 2005년 이 팀 1군에서 데뷔했고, 위건 애슬레틱을 거쳐 2014년 9월 크리스탈 팰리스와 3년 계약했다. 스코틀랜드 U-21 대표 출신이고, 2010년부터 A대표로 활약 중이다.

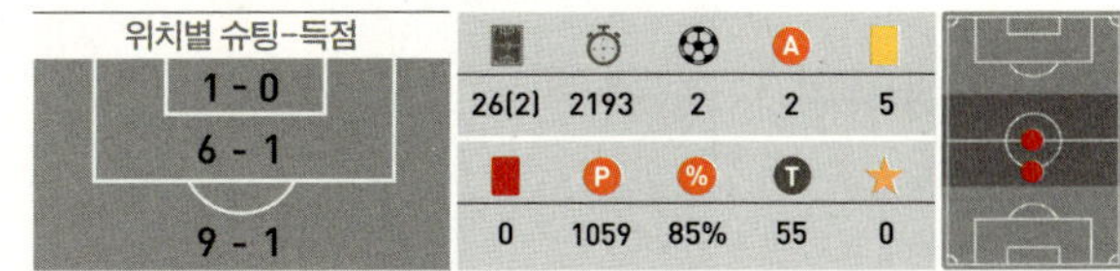

위치별 슈팅-득점

					A	
1 - 0		26(2)	2193	2	2	5
6 - 1						
9 - 1		0	1059	85%	55	0

MF Jason Puncheon

42 · 제이슨 펀천

C.팰리스의 멀티 플레이어. 좌우 측면은 물론 최전방과 중앙 미드필더로 활약할 수 있다. 주로 측면에 자리하지만 중앙으로 파고드는 움직임을 즐기는 인사이드커터. 빠른 발과 왕성한 활동량을 바탕으로 경기장 곳곳을 누비고, 창의적인 플레이로 공격을 이끈다. 강력한 왼발 중거리 슈팅과 프리킥은 하이라이트 제조기. 하지만 가끔 집중력 부족으로 잔 실수를 범하고, 수비 가담도 부족하다.

국적 : 잉글랜드

EPL의 대표적인 '저니맨' 중 1명. 2003년 윔블던에서 데뷔했고, 밀턴 키 돈스, 피셔 애슬레틱, 루이스, 바넷, 블리머스 아가일, 밀톤 키 돈스(임대), 사우샘프턴, 밀월, 블랙풀, QPR을 거쳐 2014년 8월 크리스탈 팰리스로 이적했다.

위치별 슈팅-득점

					A	
0 - 0		31	2625	2	3	3
24 - 1						
30 - 1		0	1240	80%	54	1

FW Wilfried Zaha

11 · 윌프레드 자하

C.팰리스 유스 출신으로 엄청난 기대를 받고 있는 측면 공격수. 폭발적인 스피드와 화려한 개인기술을 가지고 있어 상대 수비수를 쉽게 제친다. 드리블을 시도할 때는 플리 플랩, 마르세유턴, 크로스오버 등 다양한 기술을 동원하고, 강력한 슈팅력도 갖췄다. 그러나 수비 가담이 떨어지고 지나치게 볼을 끌어 역습 타이밍을 놓치는 것은 단점이다. 그럼에도 중요한 순간 무언가를 기대하게 만드는 스타다.

국적 : 잉글랜드

C.팰리스 유스 출신으로 2010년 1군으로 데뷔해 폭발적인 성장세를 보이며 2013년 맨유로 이적했다. 그러나 자리를 잡지 못했고, 카디프 시티 등 임대를 거쳐 2015년 다시 C.팰리스로 복귀했다. 잉글랜드 U-19 대표와 A대표를 지냈다.

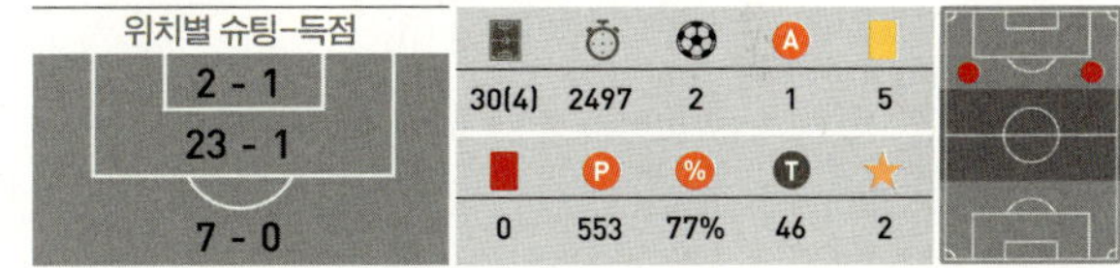

위치별 슈팅-득점

					A	
2 - 1		30(4)	2497	2	1	5
23 - 1						
7 - 0		0	553	77%	46	0

FW Christian Benteke

17 · 크리스티안 벤테케

벨기에의 괴물 공격수. 벤테케는 '박스 안의 지배자'다. 필살의 결정력, 타점 높은 헤딩, 강력한 중거리 슈팅 등 최전방 공격수에게 필요한 모든 것을 갖췄다. 그러나 지난 시즌에는 리버풀의 유니폼을 입고 기대만큼 활약을 펼치지 못했고, 특히 장점이었던 골 결정력이 아쉬웠다. 이번 시즌 C.팰리스의 유니폼을 입고 부활을 선언했고, 여전히 문전에서의 파괴력이 있다. 신체조건을 이용한 몸싸움도 압도적이다.

국적 : 벨기에

헹크 유스 출신. 2007년 이 팀 1군에서 데뷔했고, 스탕다르 리에쥐, 코르트레이크, 메헬렌, 애스턴 빌라, 리버풀을 거쳐 이번 시즌 C.팰리스의 유니폼을 입었다. 벨기에 연령별 대표를 모두 거쳤고, 2010년부터 A대표로 활약해 왔다.

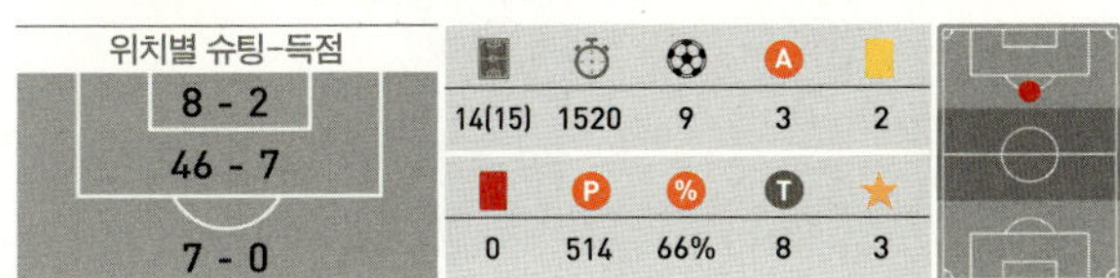

위치별 슈팅-득점

					A	
8 - 2		14(15)	1520	9	3	2
46 - 7						
7 - 0		0	514	66%	8	3

FW Loic Remy

00 · 로익 레미

최전방 공격수 부족에 시달리던 C.팰리스가 야심차게 데려왔다. 레미는 CF, AM, RW, LW 등 공격 라인의 전 포지션을 소화할 수 있는 유틸리티 스트라이커로 이번 시즌 벤테케와 함께 최전방에서 호흡을 맞출 것으로 보인다. 레미는 빠른 드리블, 간결한 패스, 정확한 마무리 능력을 가지고 있고, 역습을 주도하는 스타일이다. 날카로운 컷-인 플레이와 페널티 외곽에서 기습적으로 내뿜는 중거리 슈팅이 무기다.

국적 : 프랑스

리옹 유스 출신. 2006년 리옹 1군에서 프로 선수로 데뷔했다. 이후 랑스, 니스, 마르세유, 퀸스파크레인저스, 뉴캐슬 유나이티드, 첼시를 거쳐 이번 시즌을 앞두고 C.팰리스로 임대 이적했다. 프랑스 국가대표로 2009년부터 활약하고 있다.

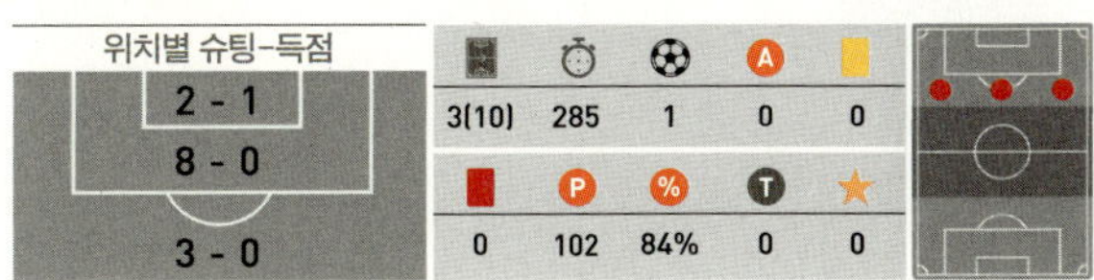

위치별 슈팅-득점

					A	
2 - 1		3(10)	285	1	0	0
8 - 0						
3 - 0		0	102	84%	0	0

BOURNEMOUTH AFC

구단 소개

구단 창립 : 1890년
홈구장 : 딘 코트
감독 : 에디 하우
2015-16시즌 : 16위(승점 42점)
11승 9무 18패 45득점 67실점
닉네임 : The Cherries

주요대회 우승횟수

0		0
ENGLISH PREMIER LEAGUE		ENGLISH FA CUP
0		0
UEFA CHAMPIONS LEAGUE		UEFA EUROPA LEAGUE
0		0
FIFA CLUB WORLD CUP		UEFA-CONMEBOL INTERCONTINENTAL

UNIFORM

Home

Away

EPL 잔류 성공한 본머스
적응기 마친 그들의 새로운 도전

2015-16 SEASON REVIEW

드라마와 같은 승격이 있어 기대감이 컸다. 본머스는 2009-10 시즌까지만 해도 4부 클럽이었다. 재정 파산 사태와 함께 떨어진 그들의 운명이었다. 하지만 모두를 놀라게 하며 1890년 창단 이래 역사상 최초의 프리미어리그 승격을 이뤄냈다. 그러나 승격 팀들의 옅은 선수층 문제가 어김없이 본머스를 찾아들었고 결국 16위로 시즌을 마무리했다. 하지만 지난 시즌 15라운드, 16라운드에서 첼시와 맨체스터 유나이티드를 차례로 격파한 본머스는 강한 인상만큼은 확실히 남겼다.

SUMMER TRANSFER

큼직한 영입은 단 하나였다. 가장 많은 이적료를 쏟아 부은 선수는 1530만 파운드를 지불하며 영입한 아이브였다. 아직 20세에 불과하지만 리버풀에서 활약한 아이브의 미래를 보고 내린 투자였다. 임대를 통한 빅 네임 영입도 있었다. 바로 잭 윌셔. 이적 시장 마감을 얼마 남기지 않은 상황에서 아스널이 그동안 출전기회가 부족했던 윌셔 임대를 허가한 것이다. 수많은 팀들이 그의 임대 영입에 관심을 보였고 아스널이 그의 임대 행선지로 본머스를 선택해 본머스는 그를 품을 수 있었다.

2016-17 SEASON OUTLOOK

30대 에디 하우 감독 아래서 승격의 꿈을 일궈낸 주축 선수들이 여전히 팀을 지키고 있으며 전력 요소요소에 필요 자원들이 보충돼 자신감을 주고 있는 것이 사실이다. 여기에 강등을 피하며 프리미어리그 잔류를 이뤄낸 저력과 이를 통해 얻게 된 사기 역시 무시할 수 없다. 그러나 문제는 지난 시즌과 마찬가지로 얇은 선수층. 몇몇 선수들을 영입했다지만 여전히 선수층이 얇은 것이 사실이고, 시즌 막판 체력 저하 그리고 선수들의 부상에 대해 쉽게 대처할 수 없을 것으로 예상된다.

감독 에디 하우(Eddie HOWE)

1977년생으로 만 38세의 젊은 감독인 하우는 현역 시절 대부분을 본머스에서 보냈다. 13세 때 본머스와 인연을 맺은 하우는 1994년부터 2002년까지 본머스 A팀의 주력 수비수로 뛰며 존재감을 마음껏 발휘했다. 이러한 활약이 눈에 띄어 2002년 레드냅 감독이 이끌던 포츠머스로 이적했다. 하지만 하우는 이적 직후 경기에서 무릎을 크게 다쳐 장기간 그라운드를 떠나야만 했다. 본머스 팬들은 자체적으로 하우 복귀를 위한 이적료 모으기 운동을 벌여 2004년 그를 팀에 복귀시켰다. 하우 감독은 지도자로도 본머스의 레전드다. 중간에 잠시 번리에서 활동하긴 했지만 2008년부터 현재까지 본머스를 이끌며 3부에서 2부, 그리고 2부에서 1부로 승격하는 드라마를 썼다.

PROFILE
- 출 생 : 1977.11.29
- 국 적 : 잉글랜드
- 계 약 : 2020.6.30

STADIUM

Dean Court

- 구장 오픈 : 1910년
- 구장 개축 : 2001년
- 구장 소유 : 스트럭터덴
- 수용 인원 : 1만 1,700명
- 피치 규모 : 105m × 78m
- 잔디 종류 : 천연 잔디

SQUAD LIST

위치	번호	이름	국적	신장	체중	생년월일
GK	1	Artur Boruc	POL	193	88	20-02-80
	21	Ryan Allsop	ENG	188	80	17-06-92
	23	Adam Federici	AUS	188	90	31-01-85
DF	2	Simon Francis	ENG	183	79	16-02-85
	3	Steve Cook	ENG	185	82	19-04-91
	5	Nathan Ake	NED	180	71	18-02-95
	14	Brad Smith	AUS	178	70	09-04-94
	15	Adam Smith	ENG	173	67	29-04-91
	20	Marc Wilson	IRL	188	80	17-08-87
	26	Tyrone Mings	ENG	191	80	13-03-93
MF	4	Dan Gosling	ENG	178	71	02-02-90
	6	Andrew Surman	ENG	178	72	20-08-86
	7	Marc Pugh	ENG	180	72	02-04-87
	8	Harry Arter	IRL	175	73	28-12-89
	11	Charlie Daniels	ENG	178	75	07-09-86
	18	Lewis Cook	ENG	175	66	03-02-97
	19	Junior Stanislas	ENG	183	76	26-11-89
	22	Emerson Hyndman	USA	170	61	09-04-96
	24	Ryan Fraser	SCO	163	60	24-02-94
	32	Jack Wilshere	ENG	170	65	01-01-92
	33	Jordon Ibe	ENG	175	70	08-12-95
FW	9	Benik Afobe	ENG	179	70	12-02-93
	10	Max Gradel	CIV	180	70	30-11-87
	13	Callum Wilson	ENG	180	66	27-02-92
	17	Joshua King	NOR	180	74	15-01-92
	28	Lewis Grabban	ENG	183	71	12-01-88
	31	Lys Mousset	FRA	184	82	08-02-96

2016-17 SEASON SCHEDULE

날짜	장소	상대팀	날짜	장소	상대팀
14/AUG	H	Manchester United	01/JAN	H	Arsenal FC
21/AUG	A	West Ham United	13/JAN	A	Hull City
27/AUG	A	Crystal Palace	20/JAN	H	Watford FC
10/SEP	H	West Bromwich Albion	30/JAN	H	Crystal Palace
17/SEP	A	Manchester City	03/FEB	A	Everton FC
24/SEP	H	Everton FC	10/FEB	H	Manchester City
01/OCT	A	Watford FC	24/FEB	A	West Bromwich Albion
15/OCT	H	Hull City	03/MAR	A	Manchester United
22/OCT	H	Tottenham Hotspur	10/MAR	H	West Ham United
29/OCT	A	Middlesbrough FC	17/MAR	H	Swansea City
05/NOV	H	Sunderland AFC	31/MAR	A	Southampton FC
19/NOV	A	Stoke City	04/APR	A	Liverpool FC
27/NOV	A	Arsenal FC	07/APR	H	Chelsea FC
02/DEC	H	Liverpool FC	14/APR	A	Tottenham Hotspur
09/DEC	A	Burnley FC	21/APR	H	Middlesbrough FC
12/DEC	H	Leicester City	28/APR	A	Sunderland AFC
16/DEC	H	Southampton FC	05/MAY	H	Stoke City
25/DEC	A	Chelsea FC	12/MAY	H	Burnley FC
30/DEC	A	Swansea City	20/MAY	A	Leicester City

RANK OF LAST 5 YEARS

■ 2부 리그　■ 3부 리그

2011-12	2012-13	2013-14	2014-15	2015-16
11	2	10	1	16
83점	83점	66점	90점	42점

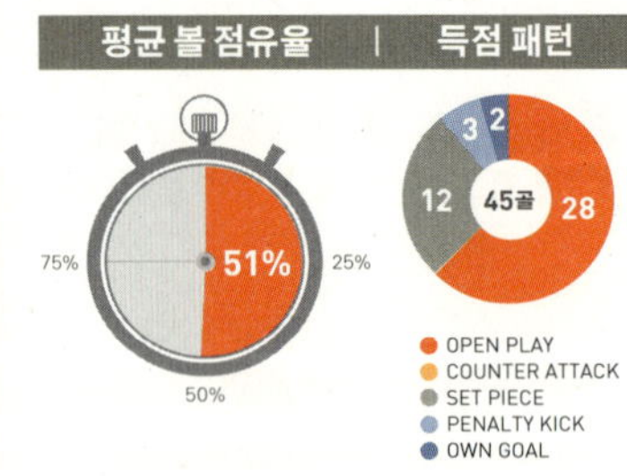

STRENGTHS & WEAKNESSES

OFFENSE		DEFENSE	
직접 프리킥	C	세트피스 수비	C
문전 처리	D	상대 볼 뺏기	C
측면 돌파	C	공중전 능력	D
스루볼 침투	C	역습 방어	E
개인기 침투	C	지공 방어	D
카운터 어택	C	스루패스 방어	D
기회 만들기	C	리드 지키기	B
세트피스	C	실수 조심	D
OS 피하기	C	측면 방어력	C
중거리 슈팅	C	파울 주의	C
볼 점유율	D	중거리슛 수비	D

매우 강함 **A**　강한 편 **B**　보통 수준 **C**　약한 편 **D**　매우 약함 **E**

시간대별 득점	시간대별 실점	득점 분포	공격 방향	볼 점유 위치	포지션별 득점	상대포지션별 실점

시간대별 득점: 76·75 / 15·16 / 14 9 / 4 7 / 6 5 / 61·60 / 30·31 / 46 45

시간대별 실점: 76·75 / 15·16 / 12 9 / 10 15 / 7 14 / 61·60 / 30·31 / 46 45

득점 분포: 8 / 31 / 6

공격 방향: 37% 24% 39%

볼 점유 위치:
상대진영 28%
중간진영 45%
우리진영 27%

포지션별 득점:
FW진 19골
MF진 14골
DF진 10골

상대포지션별 실점:
DF진 7골
MF진 25골
FW진 35골

* 상대자책골 2골

FORMATION

TOTO GUIDE 지난 시즌 상대팀별 전적

상대팀	홈	원정
Leicester City	1-1	0-0
Arsenal	0-2	0-2
Tottenham	1-5	0-3
Manchester City	0-4	1-5
Manchester Utd	2-1	1-3
Southampton	2-0	0-2
West Ham Utd	1-3	4-3
Liverpool	1-2	0-1
Stoke City	1-3	1-2
Chelsea	1-4	1-0
Everton	3-3	1-2
Swansea City	3-2	2-2
Watford	1-1	0-0
West Bromwich	1-1	2-1
Crystal Palace	0-0	2-1
Sunderland	2-0	1-1
Newcastle Utd	0-1	3-1
Norwich City	3-0	1-3
Aston Villa	0-1	2-1

GK Artur Boruc

아르투르 보루츠

폴란드 국가대표 출신 골키퍼로 본머스의 부동의 수호신이다. 보루츠는 기본기가 탄탄한 골키퍼로 캐칭, 펀칭, 스로잉 등 볼 핸들링이 안정돼 있다. 일대일 상황에서의 전진과 순간 판단력 그리고 순발력을 이용한 숏-스토핑도 우수하다. 집중력이 좋기에 잔 실수가 적은 것도 장점이고, 공중전도 나쁘지 않다. 36세의 노장이지만 여전한 안정감을 보이고 있어 이번 시즌도 주전으로 활약할 것이다.

국적 : 폴란드

1998년 포곤에서 프로 선수로 데뷔. 레기아 바르샤바, 돌칸 자브키, 셀틱, 피오렌티나, 사우샘프턴을 거쳐 2014년 8월 본머스로 임대됐다가 2015년 5월 완전 이적했다. 2004년부터 폴란드 국가대표로 활약하며 63경기에 출전했다.

슈팅 위치별 선방

2	
52	
20	

경기수	출전시간(분)	득점	도움	경고
32	2880	0	0	2

퇴장	패스시도	패스성공률	GK선방	MOM
0	742	54%	74	2

GK Adam Federici

아담 페데리치

호주 국가대표 골키퍼. 본머스에서는 백업 골키퍼로 활약한다. 압도적인 체격을 바탕으로 상대 공격수와 경쟁에서 밀리지 않고, 강력한 슈팅을 온몸으로 막아내는 담력을 가지고 있다. 민첩성이 조금 떨어진다는 평가가 있지만 볼 핸들링이 우수해 공중전과 크로스 방어 능력이 좋다. 지난 시즌 리그 6경기에 출전해 안정감을 보여줬다. 이번 시즌에는 보루치와 함께 치열한 주전 경쟁을 펼칠 것으로 예상된다.

국적 : 호주

2003년 울버햄튼에서 프로 데뷔했지만 기회를 잡지 못했고, 이후 토레스, 레딩, 브리스톨 시티 등을 거쳐 2015년 본머스로 이적했다. 호주 U-20 대표 시절에는 호주 영 플레이어상을 받았고, 레딩 시절에도 올해의 선수를 수상했다.

슈팅 위치별 선방

1	
8	
4	

경기수	출전시간(분)	득점	도움	경고
6	496	0	0	0

퇴장	패스시도	패스성공률	GK선방	MOM
0	109	71%	13	0

DF Simon Francis

사이먼 프랜시스

중앙과 측면이 모두 가능한 수비수. 지난 시즌 리그 전 경기에 출전해 4도움을 기록하며 최고의 활약을 펼쳤고, 시즌 평점 7.16을 기록했다. 탄탄한 수비와 날카로운 공격 참가로 터치라인을 장악해 본머스의 잔류를 이끌었다. 프랜시스는 강력한 태클, 절묘한 타이밍에 나오는 슈팅 블록, 우수한 공중전 능력 등 수비의 기본이 돼 있는 선수다. 그러면서 패싱력도 좋아 공격 쪽에도 재능을 선보인다.

국적 : 잉글랜드

노츠 카운티 유스 출신. 2002년 브래드포드 시티에서 데뷔했고, 셰필드 유나이티드, 그림스비 타운, 트랜메어 로버스, 사우스엔드 유나이티드, 찰턴 애슬레틱을 거쳐 2011년 11월 본머스에 임대. 그리고 두 달 뒤 본머스로 완전히 이적했다.

위치별 슈팅-득점

0 - 0	
2 - 0	
5 - 0	

경기수	출전시간(분)	득점	도움	경고
38	3387	0	4	5

퇴장	패스시도	패스성공률	태클성공	MOM
1	2106	79%	105	1

DF Steve Cook

3

스티브
쿡

영리한 수비가 돋보이는 본머스 수비진의 리더. 주 위치는 센터백이지만 라이트백으로 출전할 때도 가끔 있다. 지난 시즌 리그 36경기에 출전해 4골을 기록했을 정도로 공격력도 강하다. 아주 큰 키는 아니지만 공중전에 강하고, '축구 IQ'와 위치 선정, 리더십으로 수비한다. 지난 시즌 평균 인터셉트(2.3회), 클리어링(8.3회)을 기록하며 수비진을 진두지휘했다. 패스에 의한 빌드-업도 좋은 편이다.

국적 : 잉글랜드

브라이튼 호브 알비온 유스 출신으로 2008년 1군으로 데뷔했고, 이후 하반트, 이스트레이, 이스트본 보로, 맨스필드 타운, 본머스(임대)를 거쳐 2012년 1월 본머스로 완전 이적했다. 아직까지 국가대표 경험은 없다.

위치별 슈팅-득점

				A	
3 - 2	36	3196	4	0	5
18 - 2		P	%	T	★
4 - 0	0	1577	81%	33	4

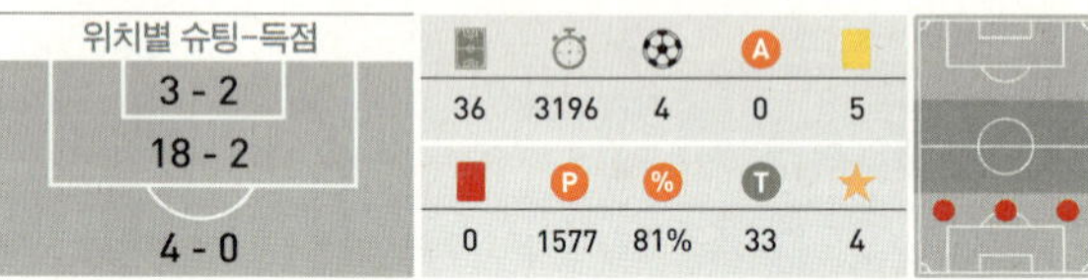

DF Nathan Aké

5

나단
아케

첼시가 기대하는 수비 유망주. LB, CB, DM 등 다양한 포지션을 소화할 수 있는 멀티플레이어. 지난 시즌 왓포드로 임대돼 안정적인 수비력을 보여줬고, 이번 시즌에는 본머스로 임대됐다. 네덜란드에서 엄청난 기대를 받고 있는 폭발적인 스피드와 정교한 태클 능력을 가지고 있다. 발이 빨라 속도전에 강하고, 공간을 내주는 법이 없다. 여기에 패싱력과 드리블 능력도 갖춰 중앙 미드필더로도 활약한다.

국적 : 네덜란드

페예노르트 유스 출신. 2011년 첼시 유스로 이적. 2012년 첼시서 1군으로 데뷔했고, 레딩, 왓포드 임대를 거쳐 이번 시즌 본머스로 임대 이적했다. 네덜란드 연령별 대표를 모두 거친 데다 외모도 너무 비슷해 '굴리트의 재림'이라 불린다.

위치별 슈팅-득점

				A	
2 - 1	20(4)	1875	1	0	4
5 - 0		P	%	T	★
9 - 0	1	608	73%	79	1

DF Charlie Daniels

11

찰리
대니얼스

본머스의 주전 레프트백. 지난 시즌 리그 37경기서 3골-5도움을 기록했을 정도로 공격력이 좋은 풀백이다. 대니얼스는 태클, 인터셉트, 클리어링 등 수비 기본기가 탄탄하다. 여기에 더해 공격력까지 갖췄다. 집중력이 좋아 볼을 잘 지켜내며 측면에서 올리는 크로스, 빠르게 연결되는 장-단 패스가 특기다. 세트피스 때는 전문 키커 중 1명으로 나선다. 상당히 공수 밸런스가 좋고, 롱 스로인 능력도 갖췄다.

국적 : 잉글랜드

토트넘 유스 출신. 2006년 이 팀 1군으로 승격했지만 기회를 잡지 못했고, 체스터필드, 레이턴 오리엔트, 길링엄 등으로 임대돼 경험을 쌓았다. 2009년 레이턴 오리엔트로 이적했고, 2012년 본머스 유니폼을 입고 활약 중이다.

위치별 슈팅-득점

				A	
1 - 0	37	3286	3	5	2
11 - 3		P	%	T	★
8 - 0	0	1694	80%	75	1

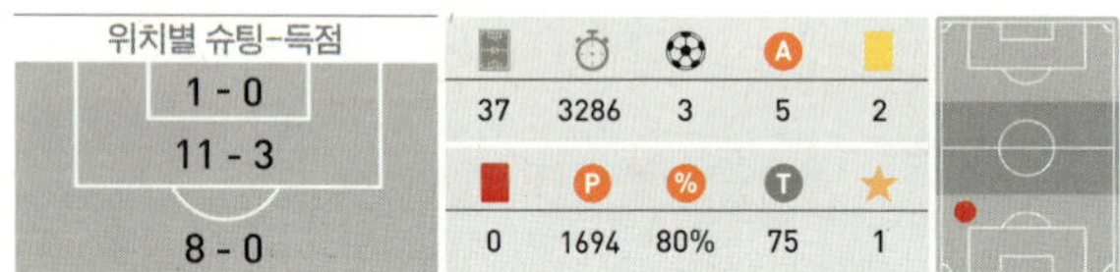

DF Adam Smith

15

아담
스미스

본머스의 오른쪽 수비수. 3백과 4백을 혼용하는 본머스에 있어서 오른쪽 측면을 든든하게 지키고, 윙백과 풀백의 역할을 모두 소화한다. 상당히 공격적인 수비수고, 폭발적인 오버래핑에 이어 강력한 슈팅으로 마무리한다. 크로스 능력도 좋은 편이고, 드리블과 패싱력을 겸비했다. 종종 스피드가 좋은 공격수에게 고전하는 모습을 보이지만 최근에는 수비력이 향상됐고, 활동량과 투지 넘치는 플레이가 인상적이다.

국적 : 잉글랜드

토트넘 유스 출신이지만 1군 무대에서 단 1경기 출전에 그쳤다. 위컴비, 본머스, MK돈스, 리즈 유나이티드, 밀월, 더비 카운티 임대를 거쳐 2014년 본머스로 완전 이적했다. 잉글랜드 연령별 대표를 모두 지냈지만 A대표 경험은 없다.

위치별 슈팅-득점

				A	
0 - 0	22(9)	2097	2	0	5
3 - 0		P	%	T	★
12 - 2	0	911	84%	71	1

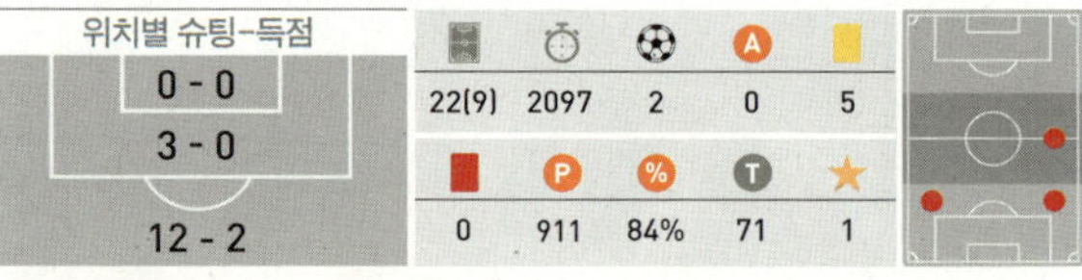

MF Andrew Surman

6

앤드류
서먼

지난 시즌 리그 전 경기에 출전한 중앙 미드필더. 그라운드 한가운데 포진해 전체 공격과 수비의 밸런스를 조절하고 야전 사령관으로 제 몫을 한다. 서먼은 박수-투-박스로 움직이고, 집중력이 좋아 상대의 패스를 매우 잘 자른다. 또한 공격 빌드-업 과정에서 1차로 볼을 배급한다. 전방으로 나가는 '핀-포인트 패스'가 위력적이고 한 번의 스루패스로 승부를 결정짓는다. 다만 슈팅 능력이 아쉽다.

국적 : 잉글랜드

사우샘프턴 유스 출신으로 2004년 이 팀 1군으로 승격한 직후 월샐, 본머스로 임대돼 경험을 쌓았다. 2009년 여름 울버햄턴으로, 2010년 여름 노리치 시티로 옮겼다. 2013년 7월 본머스에 임대됐다가 두 달 후 완전 이적했다.

위치별 슈팅-득점

				A	
0 - 0	38	3420	0	3	4
4 - 0		P	%	T	★
12 - 0	0	2288	85%	51	1

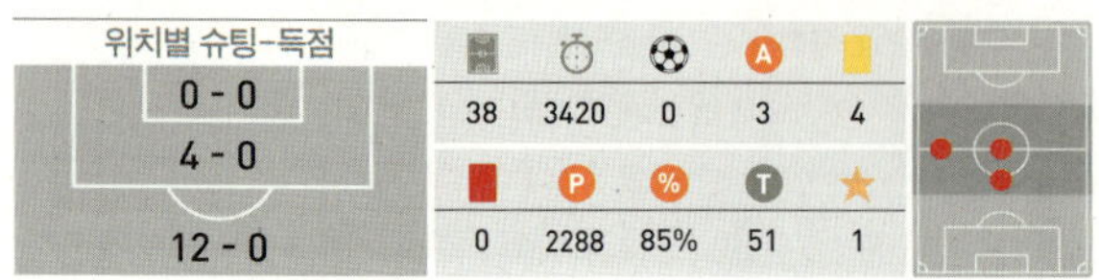

MF Harry Arter

8

해리
아터

아일랜드 국가대표 미드필더. 다양한 장점을 가지고 있는 아터는 박스-투-박스로 움직이고, 포백 앞에서 수비를 리드하는 능력은 단연 최고다. '핀-포인트 장-단 패스'를 전방 90도 각도로 내뿜는 실력 역시 발군이고, 패스가 여의치 않으면 직접 볼을 몰고 빌드-업을 이끈다. 태클 능력과 활동량도 뛰어나다. 드리블 능력까지 갖추고 있어 측면 플레이도 능하지만 창의성은 조금 부족하다.

국적 : 아일랜드

찰튼 아카데미 출신. 2007년 이 팀 1군에서 데뷔했고, 2009년 워킹, 2010년 본머스로 이적. 이 기간 스테인스 타운, 웰링 Utd., 칼라일 Utd.로 각각 임대됐다. 아일랜드 U-17, U-19 대표를 거쳐 현재 아일랜드 국가대표로 활약 중이다.

위치별 슈팅-득점

				A	
0 - 0	21	1674	1	0	7
3 - 0		P	%	T	★
33 - 1	0	1033	86%	57	0

 MF Max Gradel

좌우 측면에서 활약하는 윙어. 지난 시즌 리그 14경기서 1골 2도움을 기록하며 EPL에 적응했다. 그라델은 '드리블 마스터'다. 최대 스피드로 볼을 몰면서 다양한 기술을 가미한다. 워낙 기술이 좋아 상대 수비는 휙휙 나가떨어지거나 파울을 범한다. 날카롭게 컷-인하고, 짧은 패스 콤비네이션으로 박스 안에 침투하며 정확한 키 패스를 넣어준다. 수비 가담이 떨어진다는 약점과 기복을 줄여야 한다.

막스
그라델

국적 : 코트디부아르

코트디부아르 아비잔 출신. 어린 시절 부모를 따라 잉글랜드로 이주했고, 레스터 유스에서 축구를 배웠다. 2006년 이 팀 1군에서 데뷔한 후 본머스(임대), 리즈, 셍티티앙을 거쳐 2015년 8월 700만 파운드에 본머스로 이적했다.

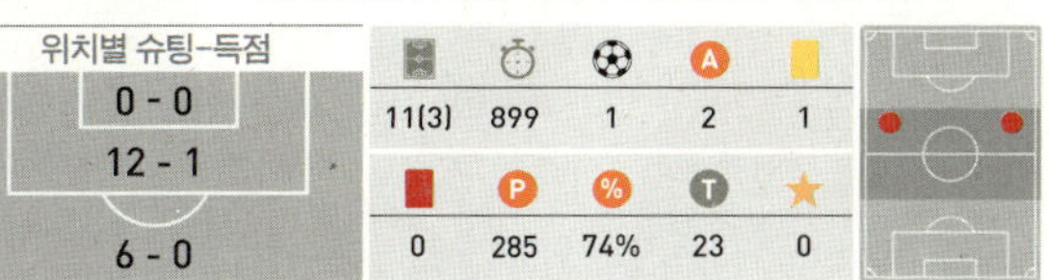

위치별 슈팅-득점		경기	시간	득점	A	경고
0 - 0		11(3)	899	1	2	1
12 - 1		퇴장	P	%	T	★
6 - 0		0	285	74%	23	0

 MF Jack Wilshere

유리몸의 대명사. 부상만 없다면 어디서든 중원의 리더가 될 수 있는 재능과 실력을 가지고 있지만 지난 시즌 역시 발목 부상으로 장기간 결장했고, 리그 3경기 출전에 그쳤다. 그러나 정상 컨디션일 경우 매우 위력적인 미드필더다. 정교한 패싱력, 감각적인 터치, 날카로운 스루패스, 왕성한 활동량, 수비력 등 모든 것을 갖춘 선수고, 위력적인 킥까지 장착하고 있다. 득점력도 강점이지만 유일한 흠은 부상이다.

잭
윌셔

국적 : 잉글랜드

아스널 유스 출신. 2010년 볼턴 임대를 마치고 복귀한 뒤 아스널의 핵심 선수로 떠올랐다. 헝가리전서 A대표 데뷔 당시 그의 나이 겨우 18세 222일. 이번 시즌을 앞두고 본머스로 임대 이적해 부활을 노리고 있다.

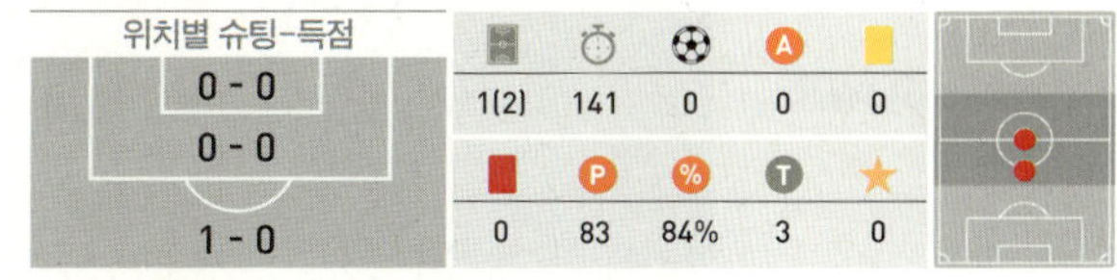

위치별 슈팅-득점		경기	시간	득점	A	경고
0 - 0		1(2)	141	0	0	0
0 - 0		퇴장	P	%	T	★
1 - 0		0	83	84%	3	0

 MF Jordon Ibe

리버풀을 떠나 본머스로 이적한 발전 가능성이 높은 윙어. 좌우 측면에서 모두 활약할 수 있고, 폭발적인 스피드와 저돌적인 드리블 돌파가 강점이다. 짧은 패스를 주고받으며 문전으로 침투해 슈팅을 만들어내고, 도움을 제공한다. 전체적으로 기술이 좋은 미드필더지만 솔로 플레이를 즐기는 것이 문제고, 수비 집중력과 크로스 능력은 조금 아쉽다. 그러나 엄청난 재능을 가지고 있어 성장 가능성은 무궁무진.

조던
아이브

국적 : 잉글랜드

리버풀 유스 출신으로 2012년 1군으로 데뷔해 로저스 감독 시절 중용받았지만 클롭 감독 체제에서는 기회를 잡지 못했고, 2016년 여름 1500만 파운드의 이적료로 본머스의 유니폼을 입었다. 잉글랜드 연령별 대표를 모두 거쳤다.

위치별 슈팅-득점		경기	시간	득점	A	경고
1 - 0		12(15)	1172	1	2	0
12 - 0		퇴장	P	%	T	★
16 - 1		0	479	85%	10	1

 FW Benik Afobe

지난 시즌 도중 엄청난 기대를 받고 본머스로 이적했지만 햄스트링 부상으로 리그 15경기 출전에 그쳤다. 그러나 제한된 기회에도 4골을 성공시키며 득점력이 있다는 것을 증명했다. 처진 스트라이커와 최전방 모두 소화 가능하고, 아주 큰 키는 아니지만 공중전에 강하다. 여기에 볼 키핑, 드리블, 마무리, 패싱력 등 다양한 강점이 있다. 그러나 수비적으로 기여가 적고, 크로스 정확도가 떨어진다는 단점이 있다.

베닉
아포베

국적 : 잉글랜드

아스널 유스 출신으로 엄청난 기대를 받았지만 1군에서 자리를 잡지 못했고, 레딩, 볼턴, 밀월, MK돈스 등으로 임대를 다녔다. 이후 울버햄턴을 거쳐 2016년 1월 본머스로 이적했다. 잉글랜드 U-16, U-17, U-19 대표팀의 공격수였다.

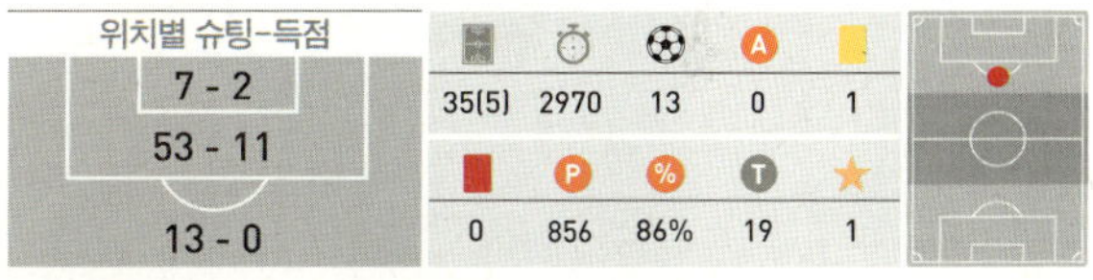

위치별 슈팅-득점		경기	시간	득점	A	경고
7 - 2		35(5)	2970	13	0	1
53 - 11		퇴장	P	%	T	★
13 - 0		0	856	86%	19	1

 FW Callum Wilson

본머스의 간판 골잡이다. 그러나 지난 시즌에는 무릎 부상으로 약 6개월간 결장하며 아쉬움을 남겼다. 공격수로서는 평범한 체격이다. 그러나 박스 안에서 민첩하게 움직이고, 골 냄새를 잘 맡으며 결정력이 높다. 적극적인 성격이라 상대와 거친 몸싸움을 즐긴다. 드리블 능력이 뛰어나 2선으로 내려가 볼을 받은 뒤 직접 돌파를 할 때도 많다. 동료들과 짧은 패스 콤비네이션을 잘 만들어낸다.

칼럼
윌슨

국적 : 잉글랜드

코벤트리 시티 유스 출신으로 2009년 이 팀 1군에서 데뷔했고, 케터링 타운, 탬워스를 거쳐 2014년 7월 300만 파운드에 본머스 유니폼을 입었다. 지난 시즌 초반 엄청난 득점포를 가동하며 빅 클럽들의 관심을 한 몸에 받았다.

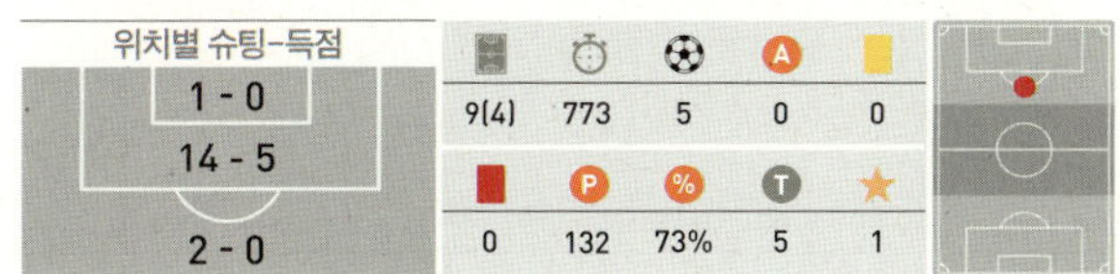

위치별 슈팅-득점		경기	시간	득점	A	경고
1 - 0		9(4)	773	5	0	0
14 - 5		퇴장	P	%	T	★
2 - 0		0	132	73%	5	1

 FW Joshua King

지난 시즌 윌슨의 부상으로 본머스의 최전방을 홀로 책임진 공격수. 투톱으로 섰을 때 상당한 파괴력을 자랑하고 속도 넘치는 드리블과 위력적인 공간 침투 능력을 가지고 있다. 스피드와 테크닉을 활용한 드리블로 상대 수비를 제치는 데 능하고 파울도 잘 얻어낸다. 여기에 좌우 측면 윙어에서 질 높은 패스를 만들기도 한다. 그러나 너무 개인플레이를 하다 볼을 빼앗기며 흐름을 끊을 때가 있다.

조슈아
킹

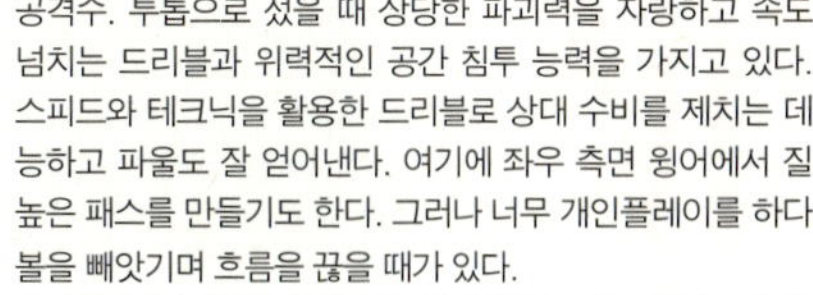
국적 : 노르웨이

아버지는 감비아, 어머니는 노르웨이 사람. 2009년 맨체스터 Utd.에 입단한 후 프레스톤, 묀헨글라드바흐, 헐 시티, 블랙번 등에 임대됐고, 2013년 블랙번으로 이적했다. 2015년 본머스 유니폼을 입었다. 현재 노르웨이 국가대표 주전이다.

위치별 슈팅-득점		경기	시간	득점	A	경고
2 - 0		24(7)	1927	6	2	1
39 - 6		퇴장	P	%	T	★
14 - 0		0	446	77%	30	1

SUNDERLAND AFC

구단 창립 : 1879년
홈구장 : 스타디움 오브 라이트
감독 : 데이비드 모예스
2015-16시즌 : 17위(승점 39점)
9승 12무 17패 48득점 62실점
닉네임 : The Black Cats

주요대회 우승횟수

 6    2

ENGLISH PREMIER LEAGUE   ENGLISH FA CUP

0   0

UEFA CHAMPIONS LEAGUE   UEFA EUROPA LEAGUE

0   0

FIFA CLUB WORLD CUP   UEFA-CONMEBOL INTERCONTINENTAL

UNIFORM

Home

Away

새로운 생존왕 선덜랜드 모예스는 EPL서 자존심을 회복할까?

2015-16 SEASON REVIEW

벌써 네 번째 위기가 거듭되고 있다. 선덜랜드는 2012-13 시즌 승점 3점차로 강등 탈출의 마지노선이라 할 수 있는 17위로 마쳤고, 이후 두 시즌도 간신히 강등을 면했다. 세 시즌째 거듭되는 위기가 지난 시즌도 반복됐다. 초반 9경기서 무승(3무 6패)을 기록했고, 순위가 최하위로 내려앉기도 했다. 만약 선덜랜드보다 더 최악이었던 애스턴 빌라가 없었다면, 강등을 피하지 못했을 것이다. 어찌됐던 네 번째 위기를 극복한 선덜랜드를 새로운 잔류왕으로 부를 수도 있지만 팬들에게는 달갑지 않은 별명이다.

SUMMER TRANSFER

모예스 감독을 선임하며 지긋지긋한 부진을 털어내기 위해 바삐 움직인 선덜랜드다. 선덜랜드는 피에나르, 맥네어, 질로보지, 만퀴요 등을 영입하며 선수층을 두껍게 하는 데 온 힘을 다하는 모습이었다. 또한, 모예스 감독의 옛 제자 야누자이 영입은 가장 큰 화제를 불러일으켰다. 판 할 감독과 무리뉴 감독에게 중용받지 못한 야누자이에게 모예스 감독이 손을 내민 것이다. 하지만 시즌 중반까지 돌아올 수 없는 보리니의 대체자를 구하지 못했다는 것은 아쉬움으로 남는다.

2016-17 SEASON OUTLOOK

적재적소의 빈 공간에 선수들을 추가한 선덜랜드다. 여기에 하위권과 중위권 팀에 최적화된 모예스 감독의 지휘 스타일은 선덜랜드의 기나긴 부진 탈출에 큰 도움이 될 전망이다. 그러나 문제는 여러 선수가 영입됐다지만 이들을 지원해 줄 만한 확실한 백업 자원이 부족하다는 것. 이에 어린 선수들의 성장에 기대를 걸어야 한다. 또 하나의 문제는 부상. 보리니, 라르손, 마노네가 장기 부상을 당해 시즌 중반까지도 복귀를 알 수 없는 상황은 선덜랜드를 복잡하게 만들고 있다.

감독 데이비드 모예스(David MOYES)

1998년에 프레스턴 노스엔드에서 감독 생활을 시작한 모예스는 강등 위기에 있던 팀을 구해내는 등 감독직에 재능을 보이기 시작했다. 2002년 에버턴에 부임한 모예스 감독은 2004-05 시즌 에버턴을 프리미어리그 4위에 올려놓으며 팀에 챔피언스리그 출전권을 안기는 등 맹위를 떨치게 됐다. 이런 모예스와 에버턴의 관계는 2013년까지 이어졌고, 2013년에 맨체스터 유나이티드의 지휘봉을 잡으면서 새로운 도전을 시작했다. 그러나 맨유는 리그 7위까지 추락했고 이에 따라 모예스 감독은 9개월 만에 경질되는 굴욕을 맛봤다. 자존심을 구긴 그는 레알 소시에다드에서 와신상담했고 올 시즌 선덜랜드를 통해 잉글랜드 무대에 재도전하게 됐다.

PROFILE
- 출 생 : 1963.4.25
- 국 적 : 스코틀랜드
- 계 약 : 2020.6.30

STADIUM

Stadium of Light

- 구장 오픈 : 1997년
- 구장 증축 : -
- 구장 소유 : 선덜랜드 AFC
- 수용 인원 : 4만 9,000명
- 피치 규모 : 105m × 68m
- 잔디 종류 : 천연 잔디

SQUAD LIST

위치	번호	이름	국적	신장	체중	생년월일
GK	1	Vito Mannone	ITA	194	73	02-03-88
	12	Mika	POR	195	90	08-03-91
	13	Jordan Pickford	ENG	185	77	07-03-94
DF	2	Billy Jones	ENG	181	77	24-03-87
	3	Patrick van Aanholt	NED	175	67	29-08-90
	4	Jason Denayer	BEL	184	70	28-06-95
	5	Papy Djilobodji	SEN	193	82	01-12-88
	16	John O'Shea	IRL	190	75	30-04-81
	21	Javi Manquillo	ESP	172	62	05-05-94
	22	Donald Love	SCO	178	72	02-12-94
	23	Lamine Kone	CIV	186	83	01-02-89
	27	Jan Kirchhoff	GER	193	78	01-10-90
	31	Tom Beadling	AUS	185	80	16-01-96
	34	Tom Robson	ENG	178	75	11-09-95
MF	6	Lee Cattermole	ENG	178	76	21-03-88
	7	Sebastian Larsson	SWE	178	70	06-06-85
	8	Jack Rodwell	ENG	188	70	11-03-91
	10	Wahbi Khazri	TUN	182	78	08-02-91
	17	Didier Ndong	GAB	170	67	17-06-94
	19	Paddy McNair	NIR	183	71	27-04-95
	20	Steven Pienaar	RSA	170	66	17-03-82
	39	George Honeyman	ENG	173	72	08-09-94
	44	Adnan Januzaj	BEL	180	75	05-02-95
	46	Lynden Gooch	USA	173	69	24-12-95
FW	9	Fabio Borini	ITA	180	74	29-03-91
	14	Duncan Watmore	ENG	175	72	08-03-94
	18	Jermain Defoe	ENG	169	65	07-10-82
	28	Victor Anichebe	NGA	185	80	23-04-88
	37	Rees Greenwood	ENG	173	68	02-01-96

2016-17 SEASON SCHEDULE

날짜	장소	상대팀	날짜	장소	상대팀
13/AUG	A	Manchester City	01/JAN	H	Liverpool FC
21/AUG	H	Middlesbrough FC	13/JAN	H	Stoke City
27/AUG	A	Southampton FC	20/JAN	A	West Bromwich Albion
12/SEP	H	Everton FC	30/JAN	H	Tottenham Hotspur
18/SEP	A	Tottenham Hotspur	03/FEB	A	Crystal Palace
24/SEP	H	Crystal Palace	10/FEB	H	Southampton FC
01/OCT	H	West Bromwich Albion	24/FEB	A	Everton FC
15/OCT	A	Stoke City	03/MAR	H	Manchester City
22/OCT	A	West Ham United	10/MAR	A	Middlesbrough FC
29/OCT	H	Arsenal FC	17/MAR	H	Burnley FC
05/NOV	A	AFC Bournemouth	31/MAR	A	Watford FC
19/NOV	H	Hull City	03/APR	A	Leicester City
26/NOV	A	Liverpool FC	07/APR	H	Manchester United
02/DEC	H	Leicester City	14/APR	H	West Ham United
09/DEC	A	Swansea City	21/APR	A	Arsenal FC
12/DEC	H	Chelsea FC	28/APR	H	AFC Bournemouth
16/DEC	H	Watford FC	05/MAY	A	Hull City
25/DEC	A	Manchester United	12/MAY	H	Swansea City
30/DEC	A	Burnley FC	20/MAY	A	Chelsea FC

RANK OF LAST 5 YEARS

평균 볼 점유율 | 득점 패턴

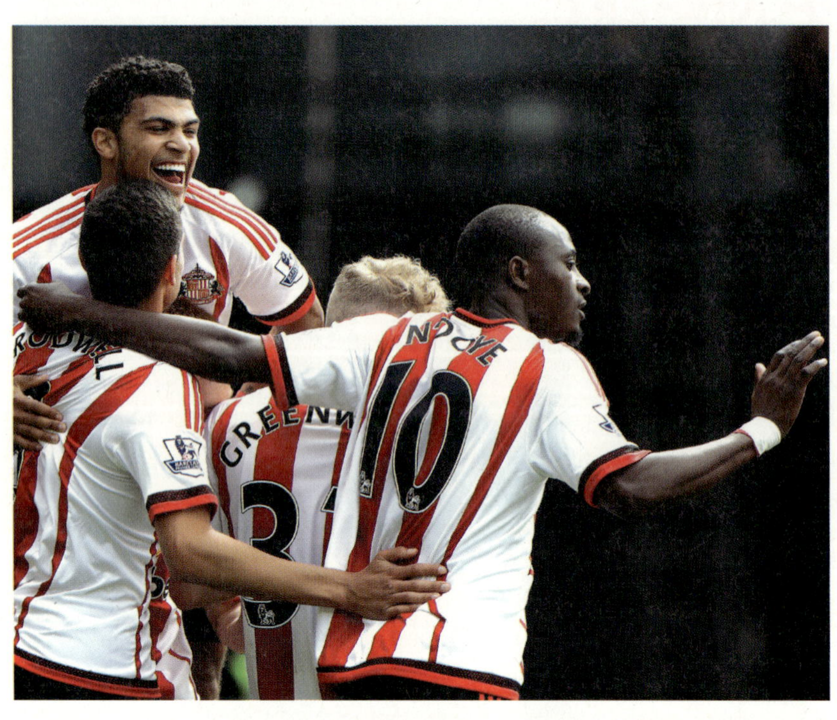

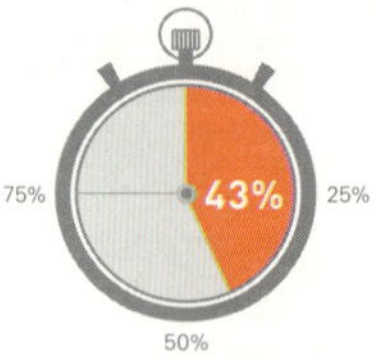

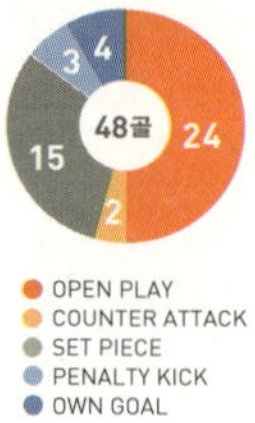

STRENGTHS & WEAKNESSES

OFFENSE		DEFENSE	
직접 프리킥	C	세트피스 수비	B
문전 처리	D	상대 볼 뺏기	C
측면 돌파	C	공중전 능력	C
스루볼 침투	C	역습 방어	C
개인기 침투	C	지공 방어	C
카운터 어택	C	스루패스 방어	D
기회 만들기	B	리드 지키기	B
세트피스	C	실수 조심	E
OS 피하기	C	측면 방어력	D
중거리 슈팅	C	파울 주의	C
볼 점유율	E	중거리슛 수비	E

매우 강함 A 강한 편 B 보통 수준 C 약한 편 D 매우 약함 E

시간대별 득점 | 시간대별 실점 | 득점 분포 | 공격 방향 | 볼 점유 위치 | 포지션별 득점 | 상대포지션별 실점

*상대 자책골 2골

*자책골 실점 1골

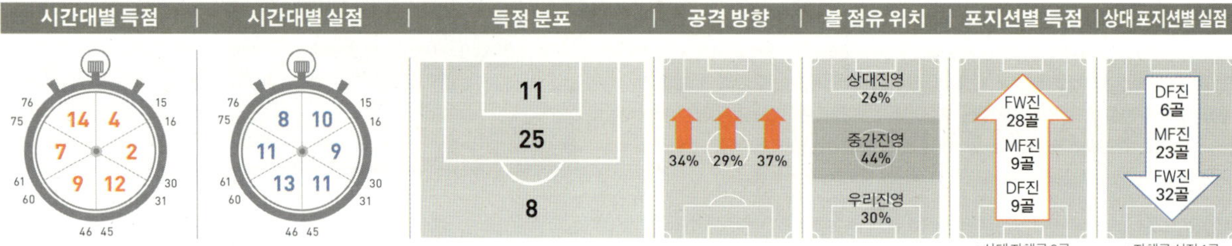

FORMATION

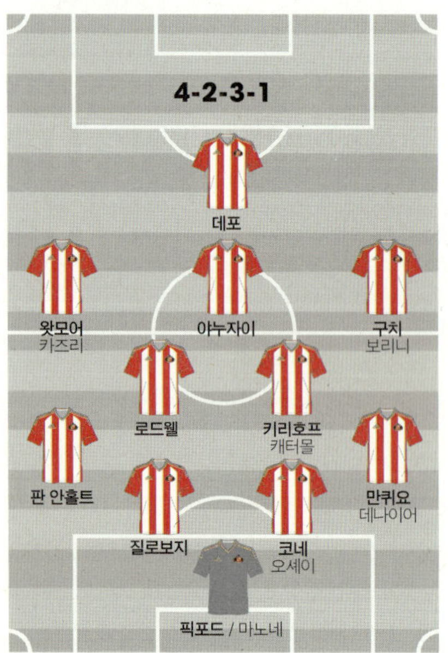

TOTO GUIDE 지난 시즌 상대팀별 전적

상대팀	홈	원정
Leicester City	0-2	2-4
Arsenal	0-0	1-3
Tottenham	0-1	1-4
Manchester City	0-1	1-4
Manchester Utd	2-1	0-3
Southampton	0-1	1-1
West Ham Utd	2-2	0-1
Liverpool	0-1	2-2
Stoke City	2-0	1-1
Chelsea	3-2	1-3
Everton	3-0	2-6
Swansea City	1-1	4-2
Watford	0-1	2-2
West Bromwich	0-0	0-1
Crystal Palace	2-2	1-0
Bournemouth	1-1	0-2
Newcastle Utd	3-0	1-1
Norwich City	1-3	3-0
Aston Villa	3-1	2-2

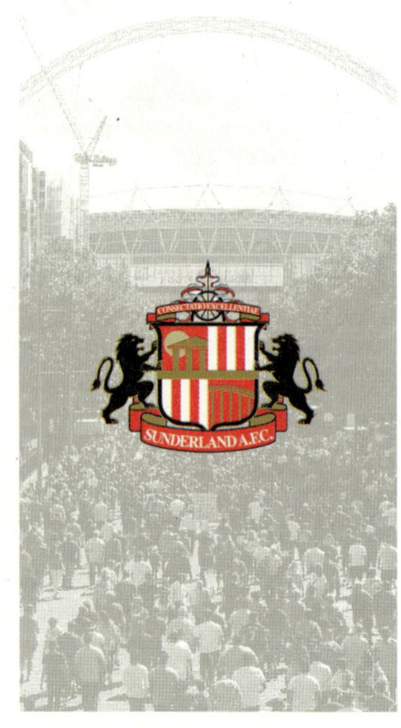

GK Vito Mannone

판틸리몬이 떠나고 NO.1 수문장이 됐다. 지난 시즌 판틸리몬과 경쟁하면서 리그 19경기에 출전해 안정적인 선방 능력을 보여줬다. 동물적인 반사신경에서 나오는 슛-스토핑은 여전히 우수하다. 단숨에 하프라인을 넘기는 롱킥도 날카롭다. 하지만 집중력 부족으로 어이없는 실점을 허용하는 경우가 늘었다. 등번호 1번을 받았기에 기존 '예능감'을 줄이고 안정감을 더해야 하며 패스 성공률도 높여야 한다.

비토 마노네

이탈리아 데시오 출생. 아스널 유스 출신이지만 1군에서 활약하는 일이 별로 없었다. 이에 반슬리, 헐 시티에서 임대로 활약하다가 2013년 선덜랜드로 이적했다. 이탈리아 U-21 대표 출신으로 기대를 받았지만 A대표로 성장하지는 못했다.

국적 : 이탈리아

슈팅 위치별 선방

4			
38	19	1710	0	0	2
31	0	559	40%	73	0

GK Jordan Pickford

선덜랜드의 젊은 골키퍼. 잉글랜드 U-21 대표팀의 주전 골키퍼로 많은 기대를 받고 있다. 이번 시즌에는 마노네의 백업으로 대기하지만 언제든지 출전 기회를 노릴 수 있다. 볼에 대한 집중력이 뛰어나 크게 실수를 하지 않고, 가까운 거리에서 날아오는 슈팅에 대한 방어능력이 뛰어나다. 슛-스토핑도 우수하고, 빠른 상황 판단으로 공을 펀칭한다. 그러나 아직까지는 경험이 부족하고, 수비 조율도 아쉽다.

조던 픽포드

선덜랜드 유스 출신으로 2011년 1군으로 데뷔했지만 곧바로 달링턴, 부턴 알비온, 브래드포드 시티 등으로 임대를 떠나 경험을 쌓고 복귀했다. 잉글랜드 연령별 대표를 모두 지냈을 만큼 어린 시절부터 주목받았다.

국적 : 잉글랜드

슈팅 위치별 선방

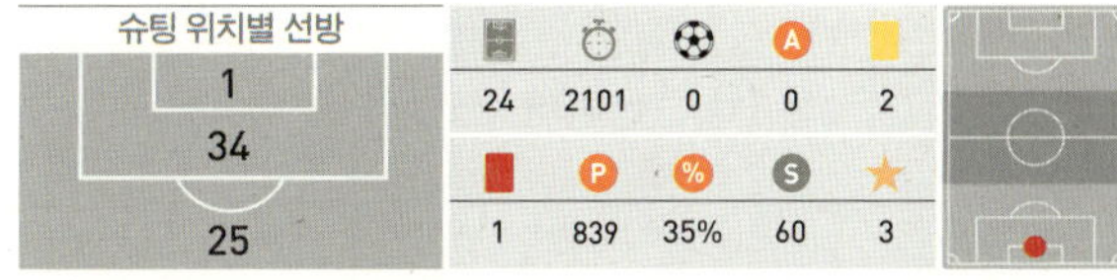

1			
34	24	2101	0	0	2
25	1	839	35%	60	3

DF Billy Jones

선덜랜드의 주전 라이트백이지만 지난 시즌에는 부상으로 고생했다. 지난 시즌 엉덩이 부상으로 약 3개월간 나서지 못했고, 리그 24경기에 출전했다. 상대의 패스를 잘 자르고, 볼을 가진 상대와의 1대1에 강하다. 수비력은 좋은 편이지만 공격력은 여전히 물음표. 오버래핑은 날카롭지만 '수취인 불명'의 크로스는 팬들의 탄식을 자아냈다. 여기에 부상 이후 드리블 돌파나 측면 침투도 약해졌다.

빌리 존스

2003년 크루 알렉산드라에서 데뷔했다. 이어 프레스턴 노스 엔드, 웨스트 브로미치를 거쳐 2014년 5월 FA로 선덜랜드에 입단했다. 존스는 잉글랜드 U-16, U-17, U-19, U-20 대표를 모두 지냈다. 그러나 국가대표 경험은 없다.

국적 : 잉글랜드

위치별 슈팅-득점

5 - 1			
4 - 0	23(1)	2033	1	1	8
5 - 0	0	568	72%	77	0

DF Patrick Van Aanholt

3

파트릭
판안홀트

상당히 공격적인 왼쪽 풀백. 지난 시즌 리그 33경기서 4골-3도움을 기록했을 정도로 공격적인 능력이 뛰어나다. 특히 강력한 슈팅력은 EPL 내에서도 수준급. 저돌적인 드리블, 정교하게 이어지는 패스 콤비네이션으로 측면을 돌파한 뒤 정확한 크로스와 날카로운 키 패스를 이어준다. 강력한 태클을 구사하며 민첩한 움직임으로 상대의 패스를 잘 자른다. 수비수치고 공중전 때 몸을 사리는 편이라 아쉽다.

PSV와 첼시 유스 출신. 2009년 첼시 1군으로 데뷔했지만 출전은 달랑 2경기였고, 코벤트리, 뉴캐슬, 레스터 시티, 위건, 비티세에 임대됐다. 2014년 7월 200만 파운드에 선덜랜드로 이적. 네덜란드 모든 연령별 대표를 다 거쳤다.

국적 : 네덜란드

위치별 슈팅-득점

1 - 1			
13 - 1			
32 - 2			

🔲 33	⏱ 2970	⚽ 4	Ⓐ 3	🟨 2
🟥 0	P 1069	% 77%	T 86	⭐ 1

DF Papy Djilobodji

5

파피
질로보지

첼시를 떠나 선덜랜드로 이적한 수비수. 지난 시즌 첼시로 이적하면서 많은 기대를 받았지만 적응에 실패해 중도에 베르더 브레멘으로 임대 이적해 경험을 쌓았다. 193cm의 장신 수비수로 제공권이 좋고, 상대와 몸싸움에서 패배하는 법이 없다. 여기에 민첩성과 탄력이 좋아 상대의 패스를 잘 자르고, 발이 빠른 편이어서 측면 수비까지 나설 수 있다. 종종 실수를 범하는 것이 아쉽지만 맨 마킹에는 강하다.

세네갈 ASC사로움 유스 출신. 이후 2010년 프랑스 낭트로 건너가 인상적인 활약을 펼치며 2015년 첼시로 이적했다. 그러나 기회를 잡지 못해 브레멘으로 임대를 갔다가 이번 시즌을 앞두고 선덜랜드로 이적. 현재 세네갈 국가대표다.

국적 : 세네갈

위치별 슈팅-득점

2 - 1			
13 - 1			
7 - 0			

🔲 14	⏱ 1260	⚽ 2	Ⓐ 1	🟨 6
🟥 0	P 663	% 68%	T 15	⭐ 1

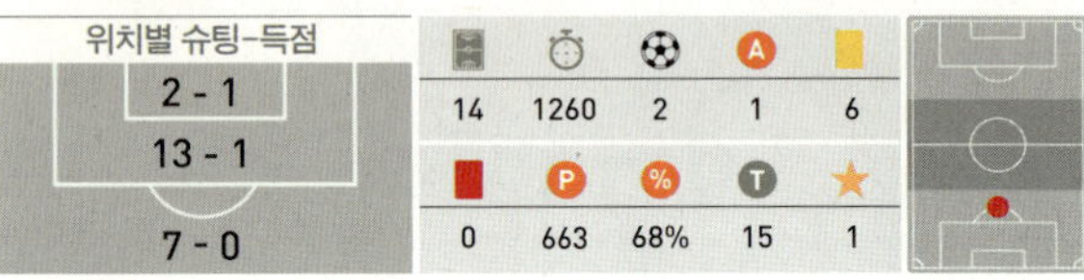

DF John O'Shea

16

존
오셰이

선덜랜드 수비의 핵심. 오셰이는 멀티 플레이어의 대명사로 불린다. CB가 주 포지션이지만 RB와 CM으로 활약할 수 있고, 심지어 맨유 시절에는 임시 골키퍼까지 그라운드 11개 포지션을 두루 섭렵해봤다. 상당히 영리한 수비수고, 정교한 패싱력도 장점이다. 공중전, 가로채기, 클리어링, 태클 등 수비수에 필요한 것을 골고루 갖추고 있다. 그러나 전성기가 지나면서 다양한 부위에 부상이 찾아오고 있다.

1999년 맨유에서 데뷔. 이듬해 본머스, 안트워프에 잠시 임대된 것을 제외하고 계속 맨유에서 뛰었다. 그리고 2011년 7월 선덜랜드로 이적했다. 2001년부터 아일랜드 국가대표로 활약하며 114경기에 출전했다.

국적 : 아일랜드

위치별 슈팅-득점

2 - 0			
5 - 0			
0 - 0			

🔲 23(5)	⏱ 2008	⚽ 0	Ⓐ 0	🟨 2
🟥 0	P 590	% 74%	T 32	⭐

DF Paddy McNair

19

패디
맥네어

맨유에서 기회를 잡지 못해 선덜랜드로 이적한 멀티 자원. 중앙 수비수, 중앙 미드필더, 측면 미드필더로 활약할 수 있고, 상당히 안정감이 돋보이는 선수다. 문전에서 상당히 침착해 실수가 적고, 패싱력도 갖추고 있어 후방에서 빌드-업을 한다. 수비 집중력이 좋고, 태클 능력까지 갖췄지만 종종 수비 뒤 공간을 내주는 것이 단점이다. 여기에 공중전에도 약한 모습을 보이는 것이 흠이다.

맨유 유스 출신. 2014년 1군 데뷔해 기대를 모았고, 지난 시즌 루이스 판 할 감독 체제에서 종종 기회를 잡았다. 그러나 결국에는 이번 시즌을 앞두고 선덜랜드로 이적했다. 북아일랜드 연령별 대표를 모두 거쳤고, 현재 A대표로 활약중.

국적 : 북아일랜드

위치별 슈팅-득점

0 - 0			
2 - 0			
1 - 0			

🔲 3(5)	⏱ 312	⚽ 0	Ⓐ 0	🟨
🟥 0	P 194	% 79%	T 9	⭐ 0

MF Lee Cattermole

6

리
캐터몰

투쟁심이 강한 미드필더. 자기 진영과 상대 진영의 페널티박스를 수시로 오가는 박스-투-박스 미드필더. 매우 강력한 전진 압박과 날카로운 스탠딩 태클로 중원을 장악한다. 하지만 파이팅이 넘치는 경기 스타일은 부메랑처럼 되돌아올 때가 많다. 지난 시즌 옐로카드 8장을 받았다. 여기에 패싱력과 슈팅력이 부족하고, 경기 조율 능력도 떨어진다.

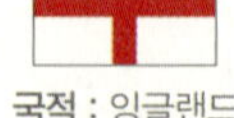

미들즈브러 유스 출신. 2005년 이 팀 1군에서 데뷔했고, 위건을 거쳐 2009년 8월 선덜랜드로 이적했다. 경기장 밖에서는 말썽꾼이다. 잉글랜드 연령별 대표를 다 거쳤다. 길거리 난동, 차량 파손 혐의로 경찰에 체포된 적이 있다.

국적 : 잉글랜드

위치별 슈팅-득점

0 - 0			
2 - 0			
9 - 0			

🔲 27(4)	⏱ 2217	⚽ 0	Ⓐ 0	🟨 8
🟥 0	P 928	% 76%	T 57	⭐

MF Sebastian Larsson

7

세바스티안
라르손

오른쪽 측면과 중앙에서 활약하는 선덜랜드의 엔진. 정확한 프리킥 능력을 가지고 있어 코너킥과 프리킥을 전담한다. 볼 키핑, 중거리 슈팅, 크로스, 가로채기, 집중력 등 다양한 강점을 가지고 있지만 정교한 킥력에 비해 '오프-더-볼 움직임'이 부족하다. 공간을 찾아들어가는 움직임 자체가 많지 않다. 명성이 자자한 킥 실력에 비해 최근 주전 경쟁에서 밀린 이유가 바로 여기에 있다.

아스널 유스 출신. 2004년 이 팀 1군에 등록됐으나 출전 기회는 거의 없었다. 결국 버밍엄 임대를 통해 경험을 쌓았고, 2007년 1월 이적했다. 그리고 2011년 6월 선덜랜드와 FA로 계약했다. 2008년부터 스웨덴 국가대표로 활약 중이다.

국적 : 스웨덴

위치별 슈팅-득점

0 - 0			
2 - 0			
5 - 0			

🔲 6(12)	⏱ 548	⚽ 0	Ⓐ 1	🟨 2
🟥 0	P 237	% 75%	T 12	⭐ 0

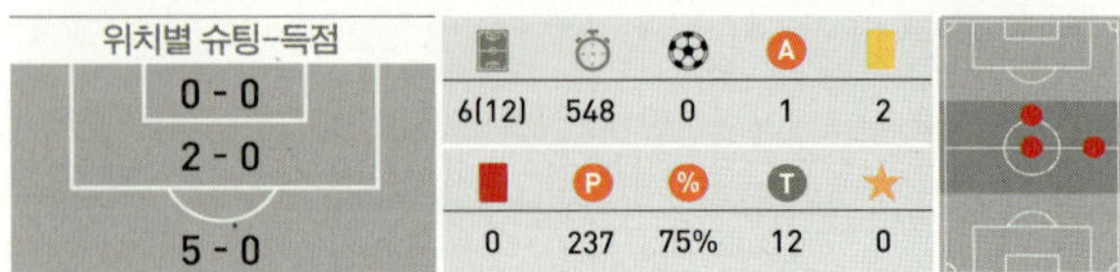

 (MF) Jack Rodwell

8

잭
로드웰

선덜랜드 중원의 핵심. 한때 잉글랜드 중원의 미래로 불리며 맨시티에 입성했지만 실패했다. 지난 시즌에는 햄스트링과 발목 부상으로 많은 경기에 출전하지 못했지만 올해는 확고한 주전이다. 로드웰은 다양한 포지션 소화 능력(CM, DM, RM, CB)과 함께 정교한 패싱력과 드리블 능력까지 있어 공격적으로도 인상적인 모습을 보인다. 다만 기복이 심하다는 것과 수비력을 조금 더 키워야 한다.

국적 : 잉글랜드

전 블랙풀 축구 선수였던 토니 로드웰의 조카. 에버턴 유스 출신으로 2007년 1군으로 데뷔했고, 맨체스터 시티를 거쳐 2014년 8월 1000만 파운드에 선덜랜드로 이적했다. 잉글랜드 U-16부터 U-21까지 연령별 대표를 다 지냈다.

위치별 슈팅-득점

| 1 - 1 |
| 11 - 0 |
| 13 - 0 |

경기수	출전시간(분)	득점	도움	경고
9(13)	1159	1	0	5

퇴장	패스시도	패스성공률	태클성공	MOM
0	445	76%	25	0

 (MF) Wahbi Khazri

10

와비
카즈리

지난겨울 이적 시장에서 영입된 이후 선덜랜드의 에이스로 급부상했고, 리그 14경기서 2골 1도움을 기록했다. 2선 전지역(LW, CAM, RW)에서 활약할 수 있고, 스피드와 날카로운 킥력이 장점이다. 특히 드리블 돌파를 시도할 때 크로스오버 등 다양한 기술을 구사하고, 측면에서 상대를 가볍게 제친다. 여기에 측면에서 중앙으로 이동해 시도하는 슈팅이 위력적이고, 크로스도 좋다. 다만 개인플레이는 아쉽다.

국적 : 튀니지

아작시오와 바스티아 유스 출신. 2009년 바스티아 1군으로 데뷔해 2014년까지 맹활약했고, 이후에는 보로도를 거쳐 지난 2016년 1월 선덜랜드로 이적했다. 튀니지와 프랑스 청소년 대표를 거쳤지만 국가대표는 튀니지를 선택했다.

위치별 슈팅-득점 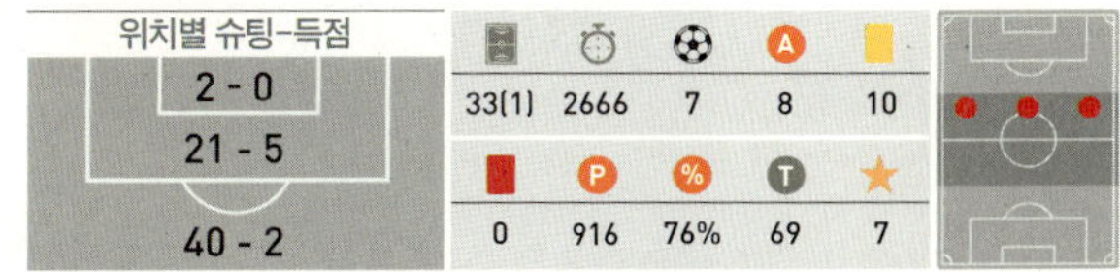

| 2 - 0 |
| 21 - 5 |
| 40 - 2 |

경기수	출전시간(분)	득점	도움	경고
33(1)	2666	7	8	10

퇴장	패스시도	패스성공률	태클성공	MOM
0	916	76%	69	7

 (MF) Adnan Januzaj

44

아드낭
야누자이

맨유가 기대하는 신성. 이번 시즌 경험을 더 쌓기 위해 선덜랜드로 임대 이적했다. 야누자이는 왼발잡이 테크니션이다. 속도를 이용한 드리블 돌파가 강점이고, 유연한 볼 터치와 날카로운 슈팅이 주 무기다. 다만 수비 가담에 소극적이고, 몸싸움에 약한 것은 아쉽다. 그러나 재능만큼은 확실한 선수여서 경험을 쌓는다면 세계적인 선수가 될 수 있고, 이번 시즌 선덜랜드 임대를 통해 부활을 다짐하고 있다.

국적 : 벨기에

맨유 유스 출신으로 2013년 1군 데뷔했다. 혈연, 지연, 정치, 직장 등을 감안할 때 벨기에, 잉글랜드, 코소보, 터키, 알바니아, 크로아티아, 세르비아 등 7개 국가가 그의 연고(緣故)를 주장할 수 있었지만 최종적으로 벨기에를 선택했다.

위치별 슈팅-득점 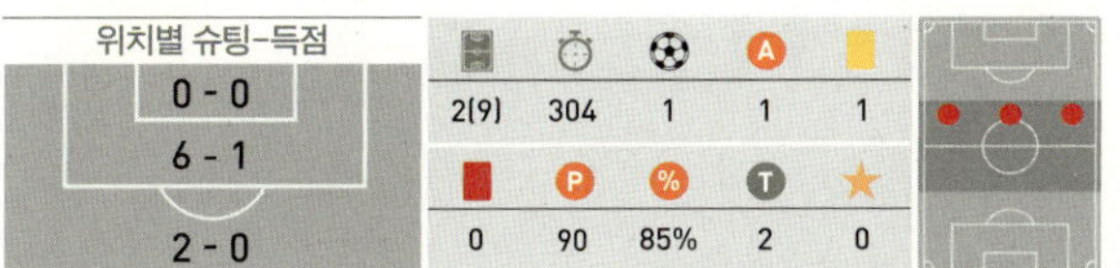

| 0 - 0 |
| 6 - 1 |
| 2 - 0 |

경기수	출전시간(분)	득점	도움	경고
2(9)	304	1	1	1

퇴장	패스시도	패스성공률	태클성공	MOM
0	90	85%	2	0

 (FW) Fabio Borini

9

파비오
보리니

이탈리아 출신 공격수. 지난 시즌 리그 26경기서 5골 2도움을 기록하며 선덜랜드의 잔류에 공헌했다. 주로 최전방에서 활약하지만 스피드와 드리블 돌파가 좋아, 측면에서도 활약할 수 있다. 상대의 허를 찌르는 타이밍에 돌파를 시도해 파울을 자주 얻어내고, 역습 상황에서 공격 침투로 찬스를 만들어낸다. 그러나 볼을 간수하는 능력이 떨어지고, 패싱력과 크로스도 그리 좋은 편은 아니다.

국적 : 이탈리아

볼로냐와 첼시 유스 출신. 2009년 1군에 데뷔했지만 기회를 잡지 못해 스완지로 임대를 떠났다가 2011년 AS로마로 이적했다. 이후 리버풀을 거쳐 2015년 선덜랜드로 이적했다. 이탈리아 U-17, U-19, U-21, A대표를 지냈다.

위치별 슈팅-득점 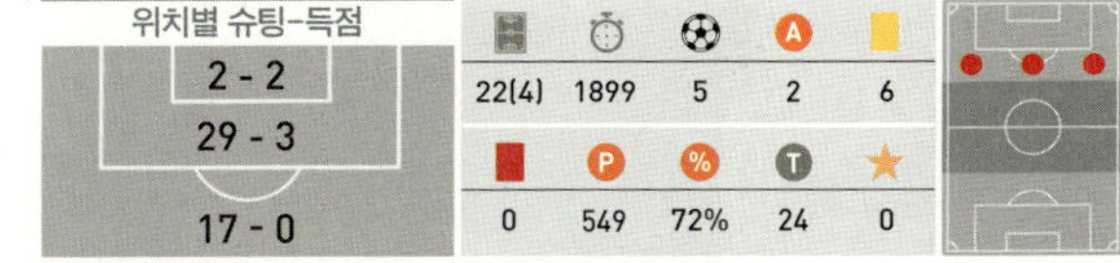

| 2 - 2 |
| 29 - 3 |
| 17 - 0 |

경기수	출전시간(분)	득점	도움	경고
22(4)	1899	5	2	6

퇴장	패스시도	패스성공률	태클성공	MOM
0	549	72%	24	0

 (FW) Jermain Defoe

18

저메인
데포

잉글랜드 출신 경험이 풍부한 최전방 공격수. 전성기에 비해 스피드와 민첩성 그리고 결정력이 떨어졌다는 평가를 받고 있지만 지난 시즌 리그 33경기서 15골-1도움을 기록하며 제2의 전성기를 맞이했다. 데포는 투 스트라이커일 때 더욱 돋보이는 공격수고, 공격적인 침투와 강력한 한 방을 갖추고 있다. 키는 크지 않지만 몸싸움이 강하고, 위치 선정이 좋은 편이라 문전에서 찬스를 잘 잡는다.

국적 : 잉글랜드

1999년 웨스트햄에서 데뷔했고, 선수 생활의 거의 대부분을 잉글랜드에서 활약했다. 독실한 크리스천이다. 아티스트였던 이복동생 제이드는 2009년 4월 머리에 총을 맞고 사망했고, 아버지 지미는 2012년 6월 후두암으로 세상을 떠났다.

위치별 슈팅-득점 

| 4 - 2 |
| 57 - 13 |
| 24 - 0 |

경기수	출전시간(분)	득점	도움	경고
28(5)	2550	15	1	3

퇴장	패스시도	패스성공률	태클성공	MOM
0	424	76%	16	2

 (FW) Duncan Watmore

14

던컨
왓모어

지난 시즌 주로 조커로 활약했지만 이번 시즌에는 좀 더 중용받을 가능성이 높은 공격수다. 최전방은 물론 좌우 측면에서도 활약할 수 있고, 전술적인 이해도와 움직임이 뛰어나다. 지난 시즌 발목 부상으로 두 달 정도 출전하지 못했지만 특유의 성실함을 바탕으로 꾸준하게 활약했다. 폭발적인 스피드와 드리블 돌파로 상대 수비수들을 괴롭히고, 가끔씩 정교한 스루패스를 연결한다. 골 결정력은 좀 더 높여야 한다.

국적 : 잉글랜드

맨유 유스 출신이지만 1군 데뷔에는 실패했다. 2013년 선덜랜드로 이적해 엄청난 주목을 받았고, 시즌을 치를수록 계속 발전하고 있다. 잉글랜드 U-20, U-21 대표를 지냈다. 지난 시즌 선덜랜드 올해의 영 플레이어상을 수상했다.

위치별 슈팅-득점 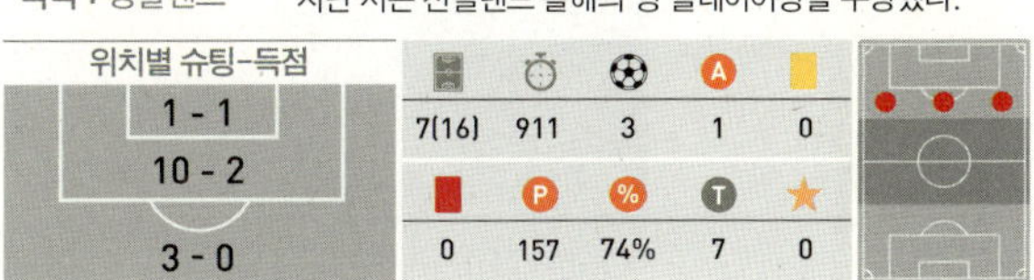

| 1 - 1 |
| 10 - 2 |
| 3 - 0 |

경기수	출전시간(분)	득점	도움	경고
7(16)	911	3	1	0

퇴장	패스시도	패스성공률	태클성공	MOM
0	157	74%		

BURNLEY FC

구단 소개

구단 창립 : 1882년
홈구장 : 터프 무어
감독 : 션 디쉬
2015-16시즌 : 2부 1위(승점 93점)
26승 15무 5패 72득점 35실점
닉네임 : The Clarets

주요대회 우승횟수

0		0
ENGLISH PREMIER LEAGUE		**ENGLISH FA CUP**
0		0
UEFA CHAMPIONS LEAGUE		**UEFA EUROPA LEAGUE**
0		0
FIFA CLUB WORLD CUP		**UEFA-CONMEBOL INTERCONTINENTAL**

UNIFORM

Home

Away

세 번째 프리미어리그 승격, 번리 승격 팀의 유쾌한 반란을 꿈꾼다

2015-16 SEASON REVIEW

2015-16 시즌을 앞두고 번리는 또다시 주축 선수들을 내주고 말았다. 잉스, 트리피어, 샤켈이 팀을 떠난 상황에서 번리의 우승을 예측한 전문가들은 그리 많지 않았다. 그러나 번리는 어려운 상황에서 빛을 발휘했고, 특히 23골을 퍼부은 그레이를 앞세워 좋은 경기력을 보여줬다. 압도적이었다. 지난 시즌 번리는 26승 15무 5패의 성적으로 챔피언십 우승을 차지했고, 무려 72득점을 성공시키며 막강한 공격력을 자랑했다. 여기에 35실점만 내주며 공수 모두 완벽한 시즌을 보냈고, 결국 세 번째 프리미어리그 승격이라는 기쁨을 맛봤다.

SUMMER TRANSFER

지난 시즌 번리는 벤 미, 마이클 킨, 샘 보크스, 조이 바튼, 안드레 그레이, 마이클 더프 등의 맹활약 속에 승격할 수 있었다. 그러나 이 중 바튼과 더프가 팀을 떠났고, 다이어, 길크스, 테일러 등도 이적을 선택했다. 확실히 공백이 있는 상황. 이에 번리는 크리스 롱, 존 플라나간, 스티븐 데푸르, 요한 구드문드손, 닉 포베 등을 영입하며 확실한 보강을 진행했다. 또 다른 승격팀 미들즈브러와 비교했을 때 빅 네임은 없지만 알짜배기들을 잘 데려왔다는 평가가 지배적이고, 에이스 그레이를 지킨 것은 가장 큰 수확이다.

2016-17 SEASON OUTLOOK

EPL이라는 무대는 승격팀이 살아남기가 쉽지는 않은 리그다. 번리 역시 다르지 않다. 번리는 지난 시즌 챔피언십에서 최고의 활약을 펼쳤지만 대대적인 보강은 이뤄지지 않았고, 전력을 유지하는 데 집중했다. 어려운 시즌이 예상된다. 그럼에도 불구하고 번리를 반란 팀으로 지목한 이유는 팀을 이끄는 션 디쉬 감독 때문. 디쉬 감독은 4시즌 동안 번리를 맡으면서 다양한 전술과 상황에 맞는 전략으로 좋은 경기력을 보여줬고, 이번 시즌 역시 상대 맞춤 전력을 활용할 것으로 보여 기대감을 높이고 있다.

감독 션 디쉬 (Sean Dyche)

화려한 선수시절을 보낸 감독은 아니다. 디쉬 감독은 주로 하부 리그에서 선수 생활을 했고, 노팅엄 포레스트 유스 출신으로 이곳에서 프로 데뷔했다. 이후 체스터필드, 브리스톨 시티, 밀월, 왓포드 등에서 활약하다가 2007년 노샘프턴 타운에서 선수 생활을 마무리했다. 이후 2011년 왓포드의 지휘봉을 잡으며 지도력을 인정받기 시작했고, 2012년 번리의 사령탑에 오르면서 본격적으로 주목받는 감독이 됐다. 디쉬 감독은 번리를 맡으면서 이번 시즌까지 두 번의 EPL 승격을 이끌었고, 구단의 전폭적인 지지를 받고 있다. 특히 번리에 맞는 다양한 전술과 상대 맞춤 전략으로 성공적인 커리어를 이어가고 있고, 선수들과도 좋은 관계를 유지하며 덕장의 이미지를 가지고 있다.

PROFILE
- 출 생 : 1971.6.28
- 국 적 : 잉글랜드
- 계 약 : -

STADIUM

Turf Moor

구장 오픈 : 1833년
구장 소유 : 터프 무어 콤파니
수용 인원 : 2만 1400명
피치 규모 : 104m X 66m
잔디 종류 : 천연+인조 혼합

SQUAD LIST

위치	번호	이름	국적	신장	체중	생년월일
GK	1	Thomas Heaton	ENG	185	85	15-04-86
	17	Paul Robinson	ENG	193	90	15-10-79
	29	Nick Pope	ENG	191	76	19-04-92
	36	Conor Mitchell	NIR	183	74	09-05-96
DF	2	Matthew Lowton	ENG	180	78	09-06-89
	4	Jon Flanagan	ENG	181	79	21-01-93
	5	Michael Keane	ENG	172	68	11-01-93
	6	Ben Mee	ENG	180	74	23-09-89
	23	Stephen Ward	IRL	185	77	20-08-85
	26	James Tarkowski	ENG	185	81	19-11-92
	27	Tendayi Darikwa	ENG	188	77	13-12-91
	28	Kevin Long	IRL	188	83	18-08-90
MF	8	Dean Marney	ENG	183	72	31-01-84
	11	Michael Kightly	ENG	175	64	24-01-86
	13	Jeff Hendrick	IRL	185	79	31-01-92
	16	Steven Defour	BEL	173	64	15-04-88
	21	George Boyd	SCO	186	79	02-10-85
	25	Johann Guðmundsson	ISL	186	79	27-10-90
	37	Scott Arfield	CAN	178	64	01-11-88
FW	7	Andre Gray	ENG	178	79	26-06-91
	9	Sam Vokes	WAL	186	76	21-10-89
	10	Ashley Barnes	AUT	183	71	31-10-89
	15	Patrick Bamford	ENG	185	75	05-09-93

2016-17 SEASON SCHEDULE

날짜	장소	상대팀	날짜	장소	상대팀
13/AUG	H	Swansea City	01/JAN	A	Manchester City
20/AUG	H	Liverpool FC	13/JAN	H	Southampton FC
27/AUG	A	Chelsea FC	20/JAN	A	Arsenal FC
10/SEP	H	Hull City	30/JAN	H	Leicester City
17/SEP	A	Leicester City	03/FRB	A	Watford FC
26/SEP	H	Watford FC	10/FRB	H	Chelsea FC
02/OCT	H	Arsenal FC	24/FRB	A	Hull City
16/OCT	A	Southampton FC	03/MAR	A	Swansea City
22/OCT	H	Everton FC	10/MAR	A	Liverpool FC
29/OCT	A	Manchester United	17/MAR	A	Sunderland AFC
05/NOV	H	Crystal Palace	31/MAR	H	Tottenham Hotspur
21/NOV	A	West Bromwich Albion	03/APR	H	Stoke City
26/NOV	H	Manchester City	07/APR	A	Middlesbrough FC
02/DEC	A	Stoke City	14/APR	A	Everton FC
09/DEC	H	AFC Bournemouth	21/APR	H	Manchester United
12/DEC	H	West Ham United	28/APR	A	Crystal Palace
16/DEC	H	Tottenham Hotspur	05/MAY	H	West Bromwich Albion
25/DEC	H	Middlesbrough FC	12/MAY	H	AFC Bournemouth
30/DEC	H	Sunderland AFC	20/MAY	H	West Ham United

RANK OF LAST 5 YEARS

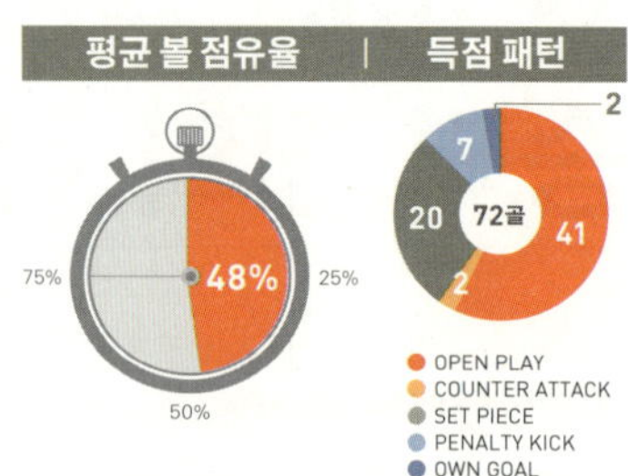

STRENGTHS & WEAKNESSES

OFFENSE		DEFENSE	
직접 프리킥	C	세트피스 수비	E
문전 처리	D	상대 볼 뺏기	C
측면 돌파	C	공중전 능력	B
스루볼 침투	C	역습 방어	C
개인기 침투	C	지공 방어	C
카운터 어택	C	스루패스 방어	C
기회 만들기	C	리드 지키기	B
세트피스	C	실수 조심	C
OS 피하기	D	측면 방어력	E
중거리 슈팅	C	파울 주의	C
볼 점유율	D	중거리슛 수비	C

매우 강함 A   강한 편 B   보통 수준 C   약한 편 D   매우 약함 E

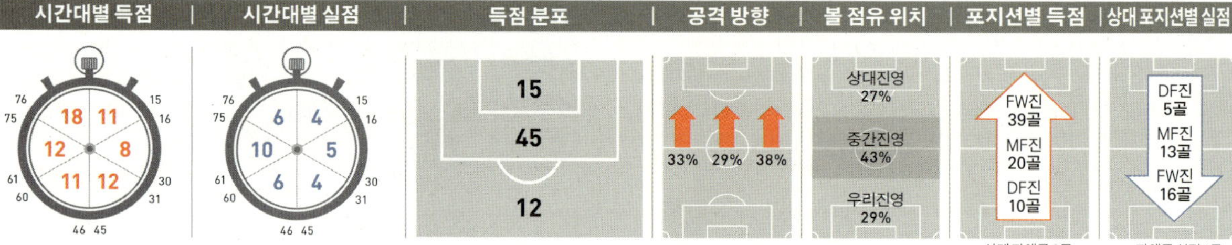

FORMATION

4-4-2

TOTO GUIDE 지난 시즌 상대팀별 전적

상대팀	홈	원정
Arsenal	—	—
Tottenham	—	—
Manchester City	—	—
Manchester Utd	—	—
Southampton	—	—
West Ham Utd	—	—
Liverpool	—	—
Stoke City	—	—
Chelsea	—	—
Everton	—	—
Swansea City	—	—
Watford	—	—
West Bromwich	—	—
Crystal Palace	—	—
Bournemouth	—	—
Sunderland	—	—
Newcastle Utd	—	—
Norwich City	—	—
Aston Villa	—	—

NO DATA

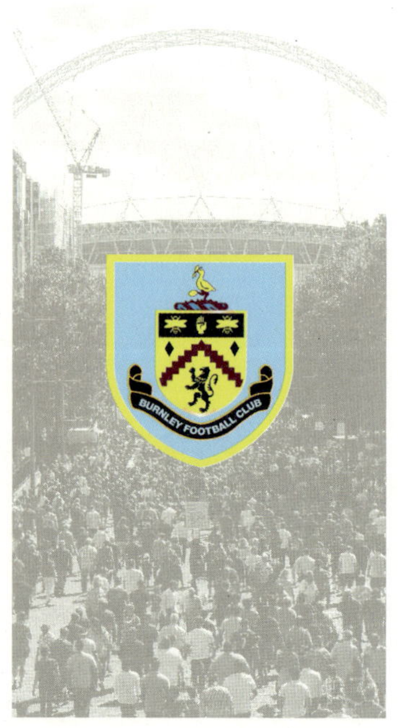

GK Thomas Heaton

1

토마스
히튼

번리의 주전 수문장. 종종 잉글랜드 대표팀에 승선할 정도로 능력을 인정받고 있는 골키퍼. 경기를 안정적으로 풀어가면서도 상황 판단이 빨라 슈퍼세이브를 자주 연출한다. 일대일 상황이나 가까운 거리에서 날아오는 슈팅을 반사적으로 쳐내고, 볼 스토핑, 크로스 방어, 볼 핸들링 등 기본적인 GK 기술이 뛰어나다. 수비 집중력이 좋아 잔 실수를 범하지 않는 편이고, 페널티킥 방어능력도 좋다.

국적 : 잉글랜드

맨유 유스 출신이지만 기회를 잡지 못해 스윈던 타운, 카디프 시티, QPR 등에서 임대로 경험을 쌓았고, 브리스톨 시티를 거쳐 2013년 번리로 이적했다. 잉글랜드 연령별 대표를 모두 거쳤고, 최근 조 하트를 대신해 A대표팀에 승선.

슈팅 위치별 선방

4	46	4140	0	0	0
70					
68	0	1353	45%	142	3

GK Paul Robinson

17

폴
로빈슨

37세의 베테랑 골키퍼. 과거 리즈 유나이티드와 토트넘 홋스퍼에서 활약하며 잉글랜드 대표팀의 주전 수문장으로 활약하기도 했다. 전성기는 분명 지났지만 백업 골키퍼로서 팀에 도움을 줄 수 있다. 물론 민첩성과 점프력이 떨어져 크로스 방어에 약점을 보이지만 풍부한 경험을 바탕으로 수비 라인을 진두지휘하며 종종 선방을 펼친다. 잔 실수가 조금 있지만 롱패스도 정확하고, 볼 스토핑도 인상적이다.

국적 : 잉글랜드

잉글랜드 베벌리 출생. 리즈 유나이티드 유스 출신으로 1998년 이 팀 1군에서 데뷔했다. 토트넘 핫스퍼, 블랙번 로버스를 거쳐 2016년 여름 번리로 이적했다. 잉글랜드 U-21 대표 출신이고 한때는 A대표팀 주전 골키퍼로 활약했다.

슈팅 위치별 선방

NO DATA	0	0	0	0	0
	0	0	0	0	0

DF Matthew Lowton

2

매슈
로튼

지난 시즌 후반기부터 엄청난 활약을 펼치며 번리의 오른쪽 측면 수비를 책임지고 있다. 과거에는 오른쪽 윙어를 봤을 정도로 공격력이 날카롭고, 정확한 크로스 능력을 가지고 있다. 상당히 영리한 수비를 펼치며 상대의 패스를 잘 차단하고, 정확한 태클로 상대의 역습을 끊어낸다. 후방에서 전방으로 롱패스를 자주 시도하는데 아주 정확한 편은 아니다. 공중볼 처리와 크로스 방어능력도 좋다.

국적 : 잉글랜드

리즈 유나이티드와 셰필드 유나이티드 유스 출신. 2007년 셰필드 1군으로 데뷔했고, 2012년에는 애스턴 빌라로 이적해 인상적인 모습을 보였다. 번리에서는 2015년부터 활약하고 있고, 꾸준한 출전 기회를 얻고 있다.

위치별 슈팅-득점

0 - 0	25(2)	2268	1	3	4
2 - 1					
3 - 0	1106	0.2	64%	57	3

DF Jon Flanagan

4

존
플래너건

리버풀이 기대하던 수비 유망주. 현재는 번리 소속. 주 포지션은 오른쪽 풀백이지만 다양한 포지션을 소화할 수 있다. 빠른 발과 민첩한 움직임으로 측면 돌파를 시도하고, 동시에 안정적인 수비를 펼친다. 대인방어, 가로채기, 태클 등 다양한 장점을 가지고 있으나 문제는 부상이다. 2013-14시즌 리버풀에서 리그 23경기를 소화하며 주목받았지만 지난 시즌에는 무릎 부상으로 약 5개월간 결장해 아쉬움을 남겼다.

국적 : 잉글랜드

리버풀 유스 출신으로 2010년 1군으로 데뷔해 많은 주목을 받았다. 그러나 무릎 부상이 발목을 잡았고, 결국 이번 시즌 번리로 임대 이적했다. 잉글랜드 U-19, U-21 대표 출신이고 2014년 A매치 데뷔전을 치르기도 했다.

위치별 슈팅-득점

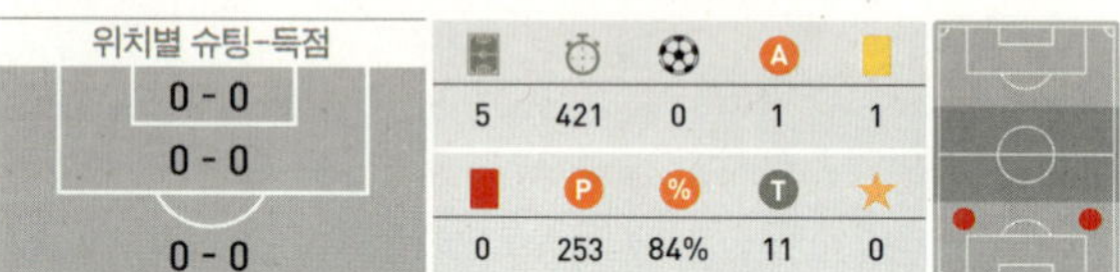

		0 - 0		
0 - 0				
		0 - 0		

경기수	출전시간	득점	A	경고
5	421	0	1	1
퇴장	P	%	T	★
0	253	84%	11	0

DF Michael Keane

5

마이클
킨

번리 수비의 핵심. 지난 시즌 챔피언십 44경기에 출전해 안정적인 수비능력을 과시하며 1부 리그 승격을 이끌었고, 5골 1도움을 기록했을 정도로 공격 가담도 인상적이었다. 어린 시절에는 키가 그리 크지 않아 측면 수비수로도 활약했지만 최근에는 중앙 수비로 완벽하게 자리 잡았다. 발이 빠른 편이고, 투쟁심이 강해 상대와 경합에서 밀리지 않는다. 수비 집중력도 좋지만 태클 능력은 아쉽다.

국적 : 잉글랜드

맨유 유스 출신이지만 1군에서는 단 1경기를 치렀고, 레스터 시티, 더비 카운티, 블랙번 등에서 임대로 활약했다. 2015년 번리로 완전 이적하면서 성장하고 있다. 아일랜드 U-17, U-19 대표 출신이지만 최근에는 잉글랜드 대표를 선택.

위치별 슈팅-득점

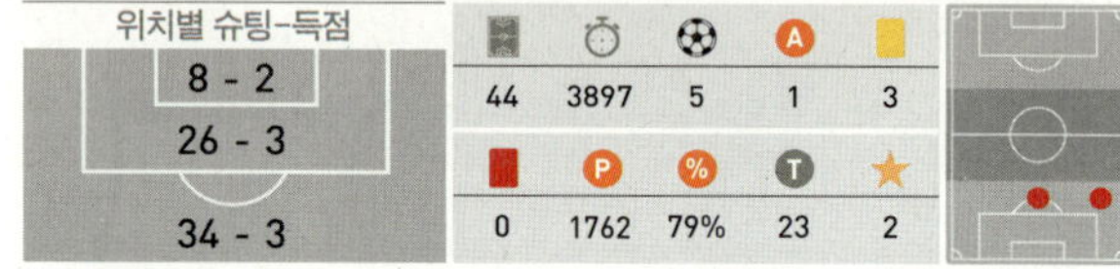

		8 - 2		
		26 - 3		
		34 - 3		

경기수	출전시간	득점	A	경고
44	3897	5	1	3
퇴장	P	%	T	★
0	1762	79%	23	2

DF Ben Mee

6

벤
미

중앙 수비와 왼쪽 측면 수비를 모두 볼 수 있다. 지난 시즌 리그 46경기에 출전하며 번리에서 가장 꾸준한 활약상을 보여줬고, 초반에는 레프트백으로, 중반 이후에는 센터백으로 나섰다. 아주 큰 키는 아니지만 공중볼에 강하고, 몸을 던져 슈팅을 막아낸다. 수비 집중력이 좋아 잔 실수가 없는 편이다. 그러나 크로스, 슈팅 능력은 조금 아쉽고, 드리블도 즐겨 하는 편은 아니다.

국적 : 잉글랜드

맨시티 유스 출신이지만 1군에서 자리가 없었고, 레스터 시티와 번리 임대를 통해 경험을 쌓았다. 결국 2012년 번리로 완전 이적해 주전으로 자리 잡았다. 잉글랜드 U-19, U-21 대표 출신이고, 번리에서 두 번의 EPL 승격을 이뤄냈다.

위치별 슈팅-득점

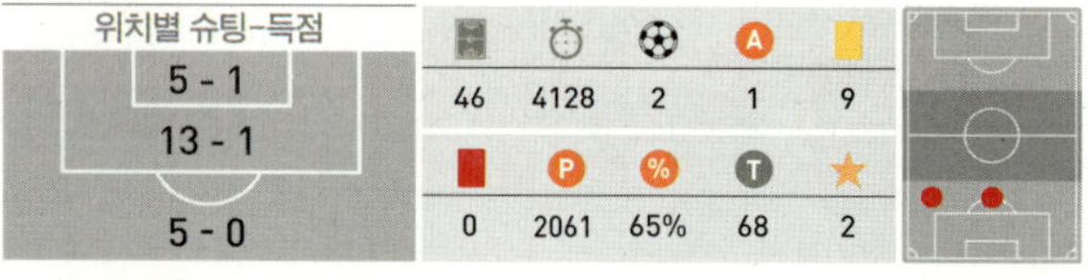

		5 - 1		
		13 - 1		
		5 - 0		

경기수	출전시간	득점	A	경고
46	4128	2	1	9
퇴장	P	%	T	★
0	2061	65%	68	2

DF Stephen Ward

23

스티븐
워드

번리의 주전 왼쪽 측면 수비수. 지난 시즌 약간의 부상이 있어 리그 24경기 출전에 그쳤지만 상당히 안정감 있는 수비력을 보여줬다. 왼발 킥이 정교하고, 패싱력도 인상적이다. 여기에 빠른 발을 이용한 드리블 돌파와 수비 집중력도 강점이다. 그러나 자주 공간을 내주는 경향이 있고, 맨마킹에 약점을 보인다. 다만 태클 능력과 롱스로인 능력은 팀 내에서 가장 좋은 편이다.

국적 : 아일랜드

아일랜드 국가대표 수비수, 보헤미안에서 프로 데뷔해 울버햄턴, 브라이턴&호브 알비언을 거쳐 2014년 번리로 이적했다. 아일랜드 연령별 대표 출신이고 2011년부터 국가대표로 활약하며 38경기서 3골을 기록했다.

위치별 슈팅-득점

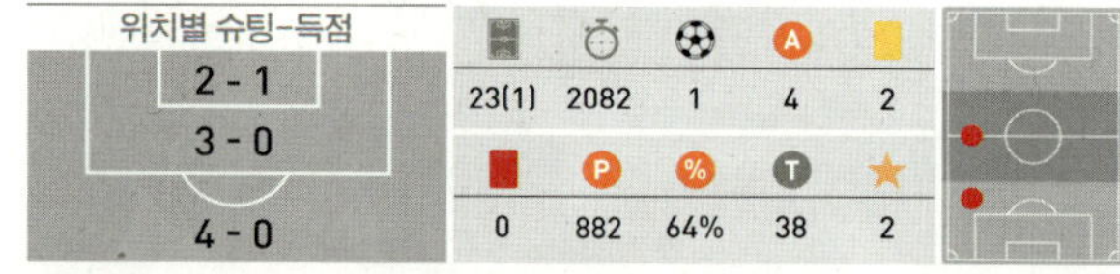

		2 - 1		
		3 - 0		
		4 - 0		

경기수	출전시간	득점	A	경고
23(1)	2082	1	4	2
퇴장	P	%	T	★
0	882	64%	38	2

MF Dean Marney

8

딘
마니

번리의 중원을 지키는 수호자. 32세의 노장 미드필더지만 여전한 활동량과 투쟁심을 바탕으로 중원을 지킨다. 등번호 8번에서도 알 수 있듯이 전형적인 중앙 미드필더고, 박스-투-박스로 움직이며 정교한 스루패스를 시도한다. 수비 집중력이 좋아 실수가 거의 없고, 상대의 패스를 잘 차단한다. 물론 전성기가 지나면서 지구력과 속도가 줄어들었고, 잦은 부상에 시달리는 것도 문제다.

국적 : 잉글랜드

토트넘 유스 출신으로 많은 기대를 받았지만 주전 확보에 실패했고, 스윈던 타운, QPR, 노리치 시티 임대를 거쳐 2006년 헐 시티에 입단했다. 다시 2010년 번리로 이적해 전성기를 맞이했다. 잉글랜드 U-21 대표 출신이다.

위치별 슈팅-득점

		0 - 0		
1 - 0				
		5 - 0		

경기수	출전시간	득점	A	경고
7(5)	717	0	2	3
퇴장	P	%	T	★
0	402	81%	18	0

MF Jeff Hendrick

13

제프·
헨드릭

유로 2016에서 아일랜드 국가대표로 맹활약하며 주목받았고, 이번 시즌을 앞두고 번리가 구단 역사상 최고 이적료인 1050만 파운드를 주고 영입했다. 헨드릭은 중앙 미드필더와 오른쪽 윙어를 모두 볼 수 있고, 상당히 정교한 패싱력을 자랑한다. 수비 가담과 태클 능력이 부족하지만 드리블 돌파가 좋아 탈 압박에 능하고, 창의적인 스루패스로 공격의 활로를 찾는다. 감각적인 아웃사이드킥의 치명적인 무기다.

국적 : 아일랜드

더비 카운티 유스 출신으로 2010년 1군으로 데뷔해 지난 시즌까지 활약하며 196경기서 22골을 기록했다. 아일랜드 U-15 대표를 시작으로 국가대표 코스를 밟은 엘리트였고, 어린 시절 초특급 유망주였다.

위치별 슈팅-득점

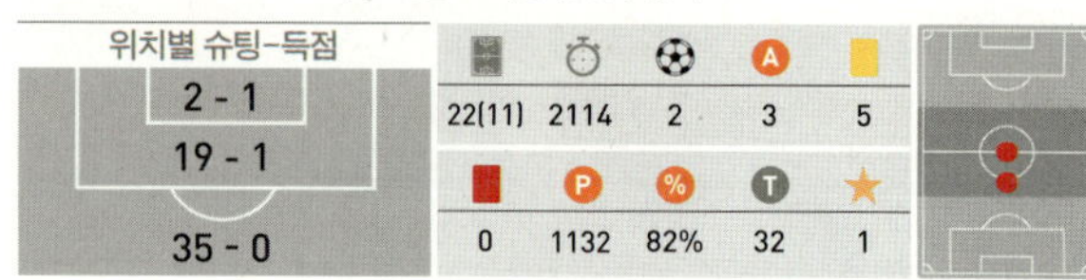

		2 - 1		
		19 - 1		
		35 - 0		

경기수	출전시간	득점	A	경고
22(11)	2114	2	3	5
퇴장	P	%	T	★
0	1132	82%	32	1

MF Steven Defour

스티븐 데푸르

투쟁심과 강력한 압박이 강점인 전형적인 수비형 미드필더. 지난 시즌 벨기에 명문 안더레흐트에서 맹활약하며 이번 시즌을 앞두고 번리의 부름을 받았다. 몸싸움을 피하지 않으며 왕성한 활동량을 바탕으로 중원을 지배하는 유형이다. 수비만 잘하는 것이 아니다. 물론 본연의 임무인 수비에 치중할 때는 강력한 태클을 시도하지만 공격을 시도할 때는 정확한 장-단 패스를 구사한다. 다만 거친 파울은 문제다.

국적 : 벨기에

겡크에서 프로 데뷔해 스탕다르 리에주, FC포르투, 안더레흐트를 거쳐 이번 시즌을 앞두고 번리로 이적했다. 안더레흐트 시절 홈팬들과 언쟁을 벌일 정도로 다혈질이지만 벨기에 연령별 대표를 모두 거친 엘리트고, 현 국가대표다.

위치별 슈팅-득점

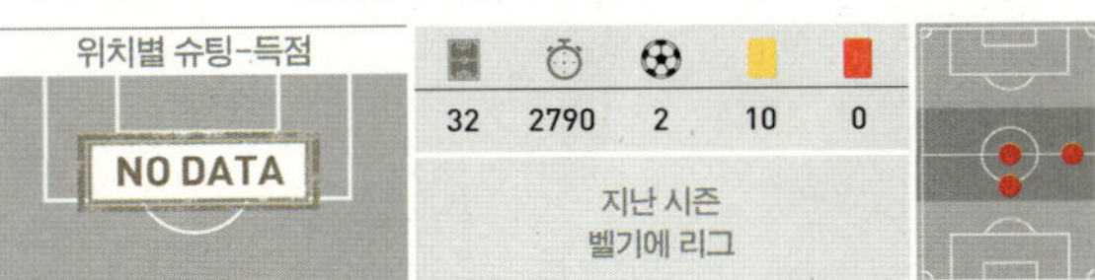

	⏱	⚽	🟨	🟥
32	2790	2	10	0

NO DATA

지난 시즌 벨기에 리그

MF George Boyd

조지 보이드

좌우 측면에서 활약할 수 있는 전형적인 윙어. 볼 컨트롤이 다소 투박하다는 단점이 있지만 왕성한 활동량을 바탕으로 터치라인을 왕복하고, 수비에도 적극 가담한다. 전성기 때는 정교한 킥력을 자랑했지만 최근에는 수비형 윙어로 변신. 강철 체력을 바탕으로 공수 모두에 기여하는 미드필더고, 윙어치고는 키가 큰 편이어서 공중전에도 능하다. 지난 시즌 리그 44경기서 5골-5도움을 기록했고, 승격의 주역이다.

국적 : 스코틀랜드

스티븐에이지 버러에서 프로로 데뷔했고, 피터보로 유나이티드, 노팅엄 포레스트, 헐시티를 거쳐 2014년 번리로 이적했다. 잉글랜드 청소년 대표 출신이지만 국가대표는 스코틀랜드를 선택했다.

위치별 슈팅-득점

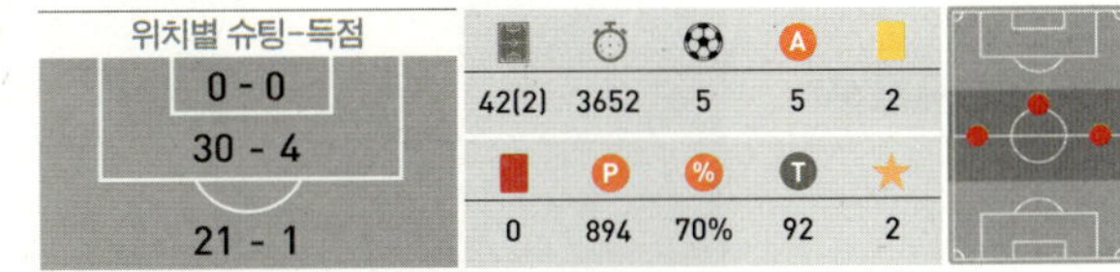

	⏱	⚽	A	🟨
0 - 0	42(2)	3652	5	5	2
30 - 4				
🟥	P	%	T	★
21 - 1	0	894	70%	92	2

MF Scott Arfield

스콧 아필드

역습에 특화돼 있는 2선 공격수. 2선 전 지역(LW, CAM, RW)에서 활약할 수 있고, 저돌적인 드리블 돌파와 날카로운 침투로 역습을 주도한다. 지난 시즌 리그 46경기서 8골-6도움을 기록하며 번리의 에이스로 거듭났고, 이번 시즌 역시 주축으로 활약할 전망이다. 패스와 크로스가 조금 부족하다는 평가가 있지만 거친 몸싸움도 마다하지 않는 투지는 인상적이다.

국적 : 캐나다

팔키르크에서 프로 데뷔해 허더스필드 타운을 거쳐 2013년 번리로 이적했다. 스코틀랜드에서 태어나 축구 선수로 성장했고, 스코틀랜드 U-19, U-21 대표를 지냈지만 국가대표는 2016년에 캐나다를 선택했다.

위치별 슈팅-득점

	⏱	⚽	A	🟨
0 - 0	46	3952	8	6	4
27 - 5				
🟥	P	%	T	★
32 - 3	0	1537	75%	70	2

FW Andre Gray

안드레 그레이

폭발적인 스피드를 자랑하는 번리의 에이스. 지난 시즌을 앞두고 번리로 이적한 그레이는 리그 41경기서 23골 8도움을 기록하며 팀 내 최다골을 기록했고, 번리의 챔피언십 우승을 이끌었다. 그레이는 빠른 역습에 강점을 보이는 공격수로, 역습 상황에서 빠르게 침투해 마무리하는 능력이 뛰어나고, 탁월한 결정력을 자랑한다. 이번 시즌 역시 번리의 간판 공격수로 활약할 것으로 예상된다.

국적 : 잉글랜드

어린 시절부터 크게 주목받지는 못했다. 주로 하부 리그를 전전하면서 경험을 쌓았고, 2012년 루턴 타운으로 이적해 두 시즌 동안 47골을 넣으며 주목받았다. 이후 2015년 번리로 이적해 폭발적인 성장세를 보였다.

위치별 슈팅-득점

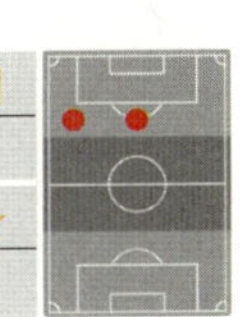

	⏱	⚽	A	🟨
9 - 5	41	3410	23	8	2
75 - 16				
🟥	P	%	T	★
25 - 2	0	564	68%	12	5

FW Sam Vokes

샘 보크스

그레이와 함께 번리의 공격을 책임지는 공격수. 그레이가 빠른 역습을 주도한다면 보크스는 공중전과 포스트 플레이를 책임지고, 역습에도 적극 가담한다. 지난 유로 2016에서 웨일스 대표로 좋은 활약을 펼치며 EPL 중상위권 팀들의 관심을 받았지만 번리에 남았다. 패싱력에는 조금 약점을 가지고 있지만 문전에서 버텨주고 마무리하는 능력과 타점 높은 헤딩 슈팅은 강점이다.

국적 : 웨일스

본머스 유스 출신으로 2006년 1군으로 데뷔했다. 이후 많은 기대를 받으며 울버햄턴으로 이적했지만 기회를 잡지 못해 임대를 다니다가 2012년 번리의 유니폼을 입었다. 웨일스 U-21 대표 출신이고, 2008년부터 국가대표로 활약 중.

위치별 슈팅-득점

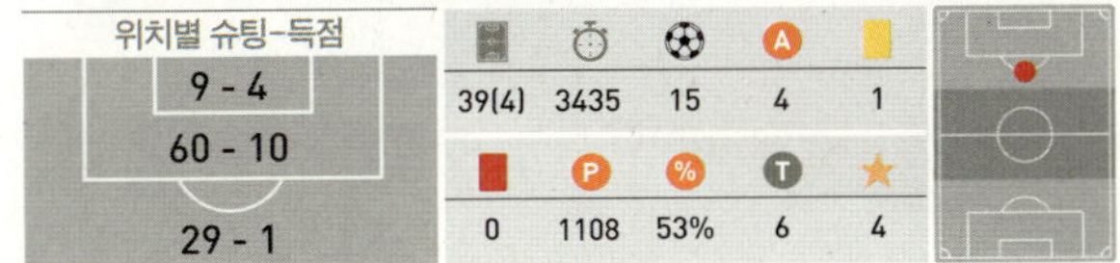

	⏱	⚽	A	🟨
9 - 4	39(4)	3435	15	4	1
60 - 10				
🟥	P	%	T	★
29 - 1	0	1108	53%	6	4

FW Patrick Bamford

패트릭 뱀포드

첼시에서 엄청난 기대를 모았던 최전방 공격수. 그러나 기대만큼 성장하지 못했고, 포텐을 터트리지 못한 채 임대를 다녔다. 최전방은 물론 좌우 측면에서도 뛸 수 있고, 큰 키에 비해 발도 빠르다. 드리블을 시도할 때 다양한 기술을 구사하지만 효율성이 떨어지고 공을 자주 뺏기는 것이 단점이다. 그러나 경험을 쌓고 조금 더 성장한다면 좋은 공격수가 될 재능은 가지고 있다.

국적 : 잉글랜드

노팅엄 포레스트 유스 출신으로 2012년 첼시로 이적하며 많은 기대를 받았지만 이번 시즌도 임대생 신분이다. 벌써 6번째 임대를 떠났고, 성장이 멈춘 모습이다. 아일랜드 U-18 대표팀에서 활약했지만 최근에는 잉글랜드 대표를 선택했다.

위치별 슈팅-득점

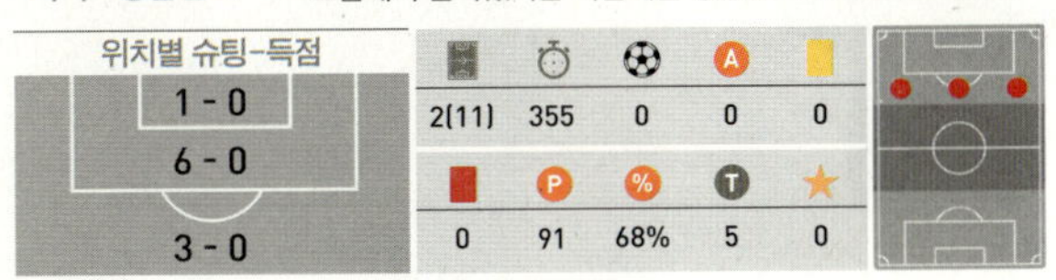

	⏱	⚽	A	🟨
1 - 0	2(11)	355	0	0	0
6 - 0				
🟥	P	%	T	★
3 - 0	0	91	68%	5	0

MIDDLESBROUGH FC

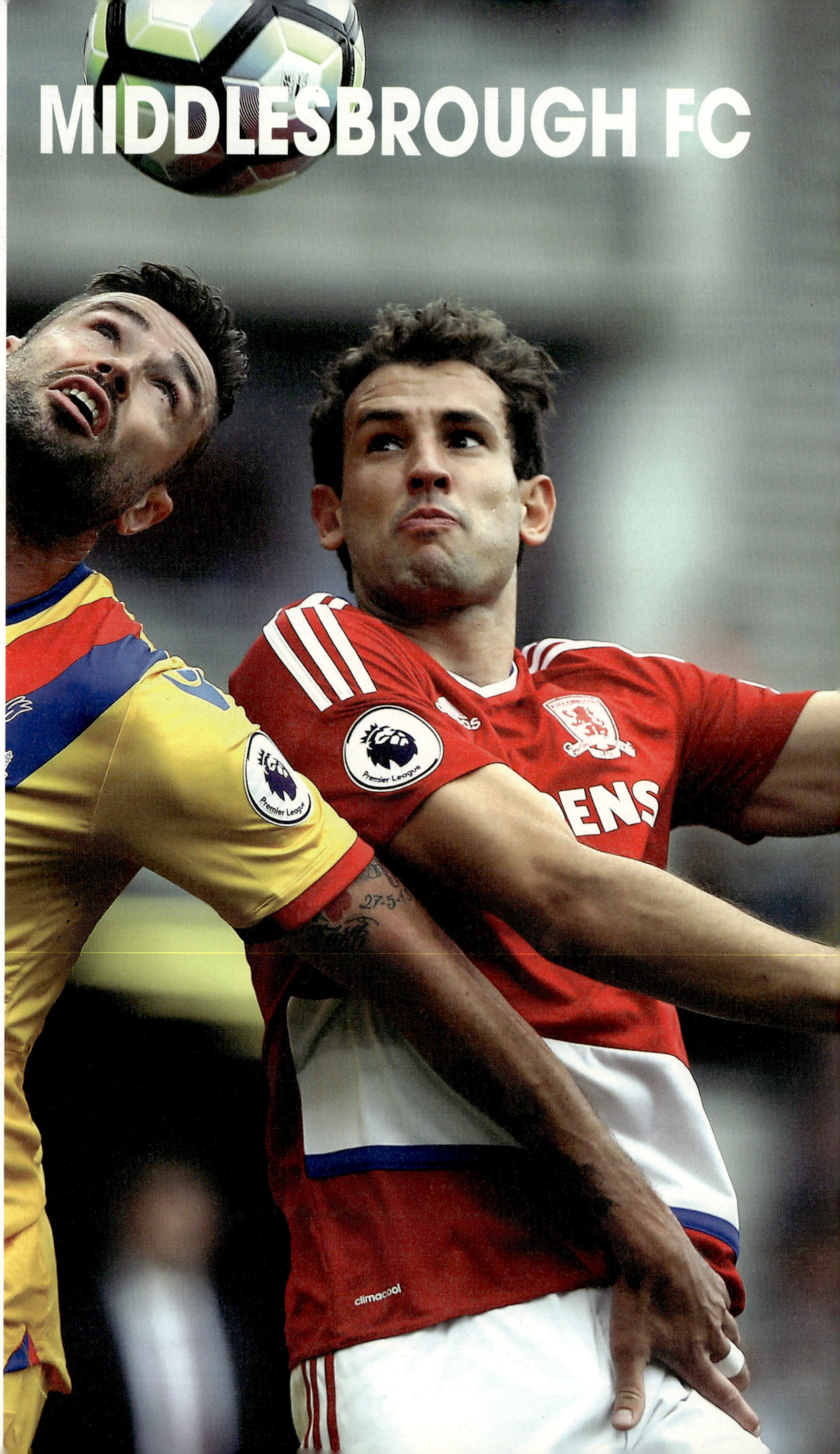

구단 소개

구단 창립 : 1876년
홈구장 : 리버사이드 스타디움
감독 : 아이토르 카란카
2015-16시즌 : 2부 2위(승점 89점)
26승 11무 9패 63득점 31실점
닉네임 : -

주요대회 우승횟수

ENGLISH PREMIER LEAGUE	0	ENGLISH FA CUP	0
UEFA CHAMPIONS LEAGUE	0	UEFA EUROPA LEAGUE	0
FIFA CLUB WORLD CUP	0	UEFA-CONMEBOL INTERCONTINENTAL	0

UNIFORM

Home

Away

EPL로 돌아온 도깨비팀 미들즈브러
폭풍영입으로 돌풍을 준비하다

2015-16 SEASON REVIEW

도깨비팀 미들즈브러가 2008-09 시즌 이후 8시즌 만에 EPL로 복귀했다. 과거 EPL에서 꾸준히 중위권 이상의 성적을 냈던 미들즈브러는 지난 시즌 아이토르 카랑카 감독의 지도 아래 좋은 경기력을 보여줬고, 26승 11무 9패 승점 89의 성적으로 챔피언십 2위를 차지해 승격의 꿈을 이뤘다. 수비력이 인상적이었다. 지난 시즌 미들즈브러는 리그에서 단 31실점만 내주며 최소 실점팀에 등극했는데 이는 카랑카 감독의 역할이 매우 컸다. 그는 스페인 출신답게 짧은 패스와 점유율을 중시하는 축구를 선보이며 팀의 체질을 개선했다.

SUMMER TRANSFER

지난 시즌 미들즈브러의 가장 큰 문제는 공격력이었다. 수비력과 안정적인 점유율은 인상적이었지만 마무리해줄 해결사가 부족했고, 이에 미들즈브러는 이런 약점을 보완하기 위해 발렌시아의 공격수 네그레도와 1년 임대 계약을 맺었다. 한마디로 폭풍영입이다. 지난 시즌 임대로 좋은 활약을 펼친 라미레스를 완전 영입한 것을 시작으로 피셔, 발데스, 구잔, 에스피노자, 파비우, 체임버스, 바라간, 데 룬, 트라오레 등을 영입하며 확실한 보강을 진행했다. 특히 빅 클럽에서 뛰던 선수들을 대거 데려와 돌풍을 일으킬 준비를 마쳤다.

2016-17 SEASON OUTLOOK

EPL에서 통할 만한 스쿼드를 갖췄다는 평가다. 과거 맨시티에서 활약했던 네그레도가 최전방에 버티고 있고, 지난 시즌 좋은 모습을 보였던 다우닝도 건재하다. 여기에 발데스와 구잔을 영입하며 골키퍼 포지션을 강화했고, 파비우, 체임버스 등 빅 클럽에서 뛰었던 수비수들을 데려와 전 포지션에서 확실한 보강을 했다. 조직력도 문제가 없다. 무리뉴 감독 밑에서 지도자로 성장한 카랑카 감독이 자신의 능력을 입증해나가며 좋은 모습을 보여주고 있고, 선수단을 확실하게 장악하며 조직력을 다지고 있다.

감독 아이토르 카랑카 (Aitor Karanka)

카랑카 감독은 레알 마드리드 팬들에게 매우 익숙한 인물이다. 주제 무리뉴 감독 아래에서 코치로 활동했던 카랑카는 무리뉴 감독의 첼시 수석코치 제안을 뒤로하고, 2013년 미들즈브러 감독직을 맡으며 새로운 도전을 시작했다. 그리고 3시즌 만에 팀을 프리미어 리그로 올려놓으며 지도력을 인정받았다. 무리뉴 감독의 영향을 많이 받은 카랑카 감독은 주로 4-2-3-1 포메이션을 사용하며 조직력과 수비력을 중요시한다. 여기에 스페인 출신답게 짧은 패스와 높은 점유율을 바탕으로 공수 밸런스를 깨트리지 않는다. 지난 시즌 미들즈브러는 리그 46경기서 22번의 클린시트를 기록했는데 이는 카랑카 감독이 얼마나 수비에 공을 들이는지 알 수 있다.

PROFILE
- 출 생 : 1973.9.18
- 국 적 : 스페인
- 계 약 : 2019.6.30

STADIUM

Riverside Stadium

구장 오픈 : 1995년
구장 소유 : 미들즈브러 FC
수용 인원 : 3만 3746명
피치 규모 : 105m X 69m
잔디 종류 : 천연잔디

SQUAD LIST

위치	번호	이름	국적	신장	체중	생년월일
GK	1	Dimitrios Konstantopoulos	GRE	193	90	29-11-78
	12	Brad Guzan	USA	193	94	09-09-84
	13	Tomas Mejías	ESP	194	81	30-01-89
	26	Victor Valdes	ESP	183	78	14-01-82
DF	2	Fabio	BRA	172	65	09-07-90
	3	George Friend	ENG	188	83	19-10-87
	4	Daniel Ayala	ESP	191	84	07-11-90
	5	Bernardo Espinosa	COL	192	86	11-07-89
	6	Ben Gibson	ENG	185	78	15-01-93
	17	Antonio Barragan	ESP	182	76	12-06-87
	25	Calum Chambers	ENG	182	66	20-01-95
	40	James Husband	ENG	180	65	03-01-94
MF	7	Grant Leadbitter	ENG	175	65	07-06-86
	8	Adam Clayton	ENG	175	75	14-01-89
	14	Marten de Roon	NED	185	76	29-03-91
	16	Carlos de Pena	URU	177	74	11-03-92
	19	Stewart Downing	ENG	180	64	22-07-84
	21	Gaston Ramirez	URU	183	77	02-12-90
	23	Julien de Sart	BEL	186	69	23-12-94
	24	Emilio Nsue	EQG	178	75	30-09-89
	34	Adam Forshaw	ENG	185	71	08-10-91
FW	9	Jordan Rhodes	SCO	185	71	05-02-90
	10	Alvaro Negredo	ESP	186	85	20-08-85
	11	Viktor Fischer	DEN	179	71	09-06-94
	18	Christian Stuani	URU	185	74	12-10-86
	35	David Nugent	ENG	180	76	02-05-85
	37	Adama Traore	ESP	178	75	25-01-96

2016-17 SEASON SCHEDULE

날짜	장소	상대팀	날짜	장소	상대팀
13/AUG	H	Stoke City	01/JAN	H	Leicester City
21/AUG	A	Sunderland AFC	13/JAN	A	Watford FC
28/AUG	A	West Bromwich Albion	20/JAN	H	West Ham United
10/SEP	H	Crystal Palace	30/JAN	H	West Bromwich Albion
17/SEP	A	Everton FC	03/FEB	A	Tottenham Hotspur
24/SEP	H	Tottenham Hotspur	10/FEB	H	Everton FC
01/OCT	A	West Ham United	24/FEB	A	Crystal Palace
15/OCT	H	Watford FC	03/MAR	A	Stoke City
22/OCT	A	Arsenal FC	10/MAR	H	Sunderland AFC
29/OCT	H	AFC Bournemouth	17/MAR	H	Manchester United
05/NOV	A	Manchester City	31/MAR	A	Swansea City
20/NOV	H	Chelsea FC	03/APR	A	Hull City
26/NOV	A	Leicester City	07/APR	H	Burnley FC
02/DEC	H	Hull City	14/APR	H	Arsenal FC
09/DEC	A	Southampton FC	21/APR	A	AFC Bournemouth
12/DEC	H	Liverpool FC	28/APR	H	Manchester City
16/DEC	H	Swansea City	05/MAY	A	Chelsea FC
25/DEC	A	Burnley FC	12/MAY	H	Southampton FC
30/DEC	A	Manchester United	20/MAY	A	Liverpool FC

RANK OF LAST 5 YEARS

■ 2부 리그

7	16	12	4	2
70점	59점	64점	85점	89점
2011-12	2012-13	2013-14	2014-15	2015-16

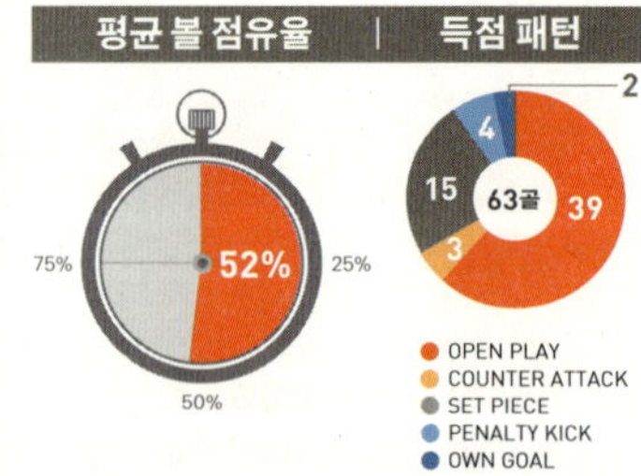

STRENGTHS & WEAKNESSES

OFFENSE		DEFENSE	
직접 프리킥	C	세트피스 수비	D
문전 처리	C	상대 볼 뺏기	C
측면 돌파	C	공중전 능력	B
스루볼 침투	C	역습 방어	C
개인기 침투	B	지공 방어	C
카운터 어택	C	스루패스 방어	D
기회 만들기	C	리드 지키기	D
세트피스	C	실수 조심	C
OS 피하기	C	측면 방어력	C
중거리 슈팅	C	파울 주의	C
볼 점유율	C	중거리슛 수비	C

매우 강함 **A**　강한 편 **B**　보통 수준 **C**　약한 편 **D**　매우 약함 **E**

시간대별 득점	시간대별 실점	득점 분포	공격 방향	볼 점유 위치	포지션별 득점	상대포지션별 실점

시간대별 득점:
76 75 — 19 10 — 15 16
61 60 — 13 / 8 9 — 9 / 30 31
46 45

시간대별 실점:
76 75 — 8 5 — 15 16
61 60 — 6 / 5 4 — 9 / 30 31
46 45

득점 분포:
22
35
6

공격 방향: 35% 23% 42%

볼 점유 위치:
상대진영 29%
중간진영 45%
우리진영 26%

포지션별 득점:
FW진 25골
MF진 27골
DF진 8골
*상대 자책골 3골

상대포지션별 실점:
DF진 4골
MF진 14골
FW진 11골
*자책골 실점 2골

FORMATION

TOTO GUIDE 지난 시즌 상대팀별 전적

상대팀	홈	원정
Arsenal	—	—
Tottenham	—	—
Manchester City	—	—
Manchester Utd	—	—
Southampton	—	—
West Ham Utd	—	—
Liverpool	—	—
Stoke City	—	—
Chelsea	—	—
Everton	—	—
Swansea City	—	—
Watford	—	—
West Bromwich	—	—
Crystal Palace	—	—
Bournemouth	—	—
Sunderland	—	—
Newcastle Utd	—	—
Norwich City	—	—
Aston Villa	—	—

NO DATA

GK Brad Guzan

12

브래드
구잔

지난 시즌 애스턴 빌라 소속으로 리그 28경기에 출전하며 주전으로 활약했다. 이번 시즌에는 바르셀로나 출신의 베테랑 골키퍼 발데스와 주전 경쟁을 펼친다. 기본적인 GK 기술인 볼 핸들링, 일대일 방어력이 좋은 편이고, PK 방어력은 리그 정상급이다. 실제로 1경기에서 4번의 PK를 막아낸 경험도 있다. 정확한 롱킥으로 빌드-업을 돕고, 세트 피스 때의 집중력도 나쁘지 않은 편이다.

국적 : 미국

시카고 파이어에서 프로 데뷔했고, 2008년 애스턴 빌라에 입단하면서 EPL에 입성했다. 이후 8년간 활약하다가 이번 시즌을 앞두고 미들즈브러의 유니폼을 입었다. 미국 U-23 대표 출신으로 2006년부터 국가대표로 활약 중이다.

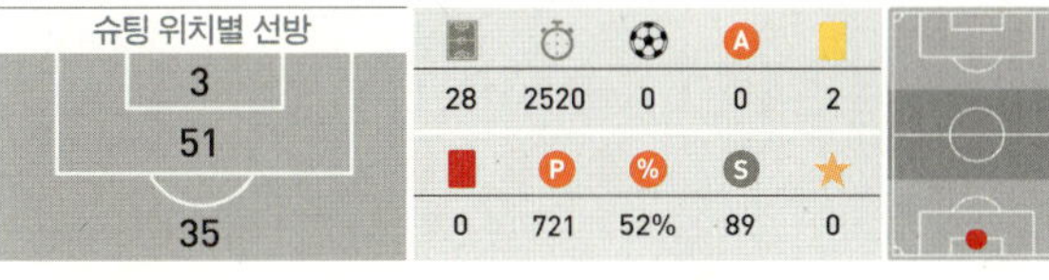

슈팅 위치별 선방

| 3 |
| 51 |
| 35 |

	🕑	⚽	A	🟨
28	2520	0	0	2

	P	%	S	★
0	721	52%	89	0

GK Víctor Valdés

26

빅토르
발데스

바르셀로나의 골문을 지키며 한때 세계 정상급 골키퍼라는 이야기를 들었지만 전성기는 지났다. 그럼에도 여전히 매력적인 골키퍼다. 큰 무대에서 경험이 풍부한 골키퍼고, 바르셀로나 출신답게 빌드-업에 강점을 보인다. 여기에 순발력이 좋아 일대일 찬스에서 빠른 판단력으로 막아내고, 중거리 슈팅 방어능력도 좋다. 그러나 집중력이 좋지 않아 종종 실수를 범하고, 크로스 방어능력도 좋지 않다.

국적 : 스페인

바르셀로나 유스 출신으로 2002년 1군으로 데뷔해 2014년까지 주전 골키퍼로 활약했다. 이후 판 할 감독의 부름을 받고 맨유로 이적했지만 불화 끝에 기회를 받지 못했다. 스페인 연령별 대표를 모두 거쳤고, A매치 20경기를 소화했다.

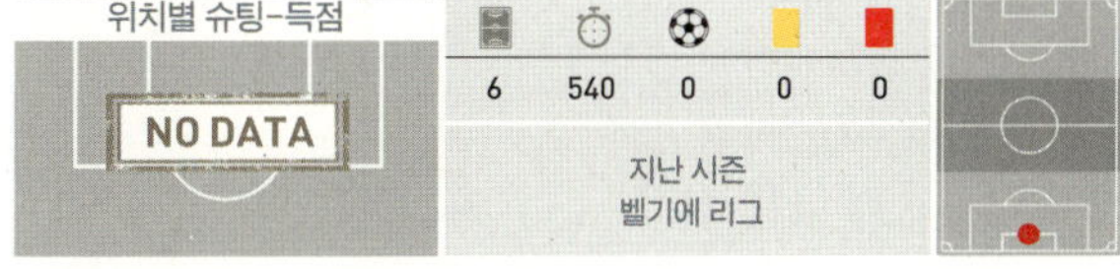

위치별 슈팅-득점

NO DATA

	🕑	⚽	🟨	🟥
6	540	0	0	0

지난 시즌
벨기에 리그

DF Fabio

2

파비우

맨유에서 엄청난 기대를 받았지만 기대만큼 성장하지 못한 풀백. 상당히 공격적인 성향을 가지고 있고, 좌우 측면 모두를 소화할 수 있다. 스피드를 활용한 드리블 돌파와 공격 침투가 장점이지만 수비력이 약하고, 종종 공간을 내주는 단점이 있다. 그럼에도 아직은 성장 가능성이 남아 있고, 개인 기술과 기본기는 탄탄하다. 문제는 부상과 기복이다. 맨유 시절에도 잦은 부상에 시달리며 기복 있는 플레이를 했다.

국적 : 브라질

자국 리그 플루미넨세 유스 출신. 일찍부터 브라질을 책임질 윙백으로 불리며 맨유에 입성했지만 기대만큼 성장하지 못해 QPR(임대), 카디프 시티를 거쳐 이번 시즌 미들즈브러로 이적했다. 브라질 국가대표로 2경기 출전 기록이 있다.

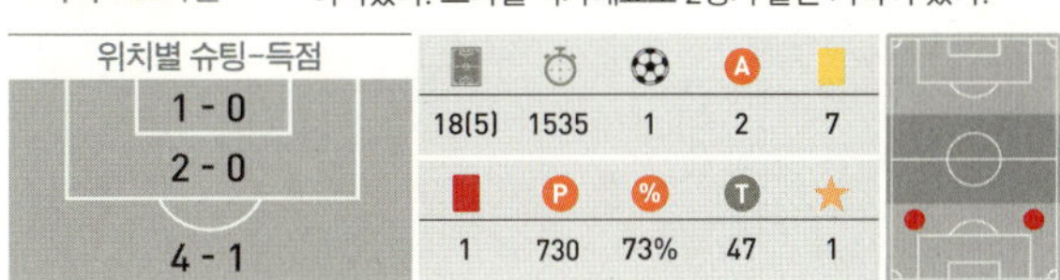

위치별 슈팅-득점

| 1 - 0 |
| 2 - 0 |
| 4 - 1 |

	🕑	⚽	A	🟨
18(5)	1535	1	2	7

	P	%	T	★
1	730	73%	47	1

DF George Friend

3

조지
프렌드

188cm의 장신 레프트백. 지난 시즌 리그 40경기에 출전해 안정감 있는 수비력을 보여주며 미들즈브러의 승격을 이끌었다. 당당한 신체조건을 바탕으로 공중전과 몸싸움에 강하고, 측면 크로스를 잘 방어한다. 장신 풀백이어서 종종 스리백에서 중앙으로 이동해 센터백 역할을 한다. 민첩한 드리블도 강점이지만 패스 정확도와 크로스 능력은 조금 아쉽다. 속도도 아주 빠른 편은 아니라서 공간을 내준다.

국적 : 잉글랜드

어린 시절부터 주목받은 선수는 아니었다. 엑스터 시티에서 프로 데뷔해 주로 하부 리그에서 활약했고, 2008년 울버햄턴으로 이적했지만 기회를 잡지 못해 밀월 등으로 임대를 다니다가 2012년 미들즈브러의 유니폼을 입었다.

위치별 슈팅-득점					
1 - 1	39(1)	3427	1	2	2
15 - 0					
8 - 0	0	1700	76%	90	3

DF Daniel Ayala

4

다니엘
아얄라

미들즈브러의 주전 센터백. 지난 시즌 발목 부상으로 한 달간 결장한 것을 제외하고 주전으로 활약하며 리그 35경기에 출전했다. 아얄라는 스페인 출신답게 상당히 영리한 수비를 펼치고, 가로채기(3.5회), 태클(1.9회), 클리어링(6.3회) 등 수비능력이 좋다. 또한, 수비 집중력이 좋아 잔 실수가 거의 없는 편이고, 공중전에도 강한 모습을 보인다. 그러나 발이 느려 공간을 자주 내주는 단점이 있다.

국적 : 스페인

리버풀 유스 출신으로 많은 기대를 모았지만 출전 기회를 잡지 못했고, 헐 시티(임대), 더비 카운티(임대), 노리치 시티 등을 거쳐 2014년 미들즈브러에 입단했다. 2011년에는 스페인 U-21 대표로 발탁되기도 했다.

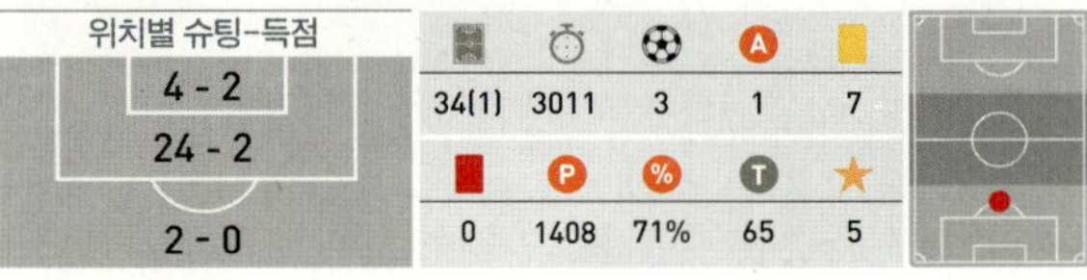

위치별 슈팅-득점					
4 - 2	34(1)	3011	3	1	7
24 - 2					
2 - 0	0	1408	71%	65	5

DF Ben Gibson

6

벤
깁슨

잉글랜드 청소년 대표 출신의 수비수. 지난 시즌 아얄라와 함께 미들즈브러의 중앙 수비를 든든하게 지켰다. 주 포지션은 센터백이지만 레프트백에서도 활약이 가능하다. 센터백 치고 큰 키는 아니어서 공중전에 약한 모습을 보이지만 태클, 볼 키핑, 몸싸움 등에서는 강점을 보인다. 투지 넘치는 플레이로 상대 공격수와 경쟁하고, 대인방어도 장점이다. 다만 거친 플레이는 조금 아쉽다.

국적 : 잉글랜드

미들즈브러 유스 출신으로 어린 시절부터 많은 기대를 받았다. 2010년 1군으로 승격해 가능성을 보였고, 플리머스, 요크 시티 등에서 임대로 경험을 쌓았다. 잉글랜드 연령별 대표를 모두 거친 기대주다.

위치별 슈팅-득점					
1 - 0	32(1)	2840	1	0	4
5 - 1					
6 - 0	1	1362	77%	38	0

DF Antonio Barragán

17

안토니오
바라간

지난 시즌까지 발렌시아에서 주전으로 활약했고, 이번 시즌을 앞두고 미들즈브러로 이적한 수비수. 중앙 수비와 오른쪽 수비를 겸한다. 바라간은 상당히 지능적인 수비를 펼치고, 안정감 있는 플레이가 장점이다. 오른쪽에 배치되면 공격수와 연계플레이를 펼치며 문전까지 침투해 정교한 패스를 연결하고, 후방 빌드-업도 강점이다. 스페인 출신답게 볼을 간수하는 능력이 좋고, 기술도 갖췄다.

국적 : 스페인

세비야 유스 출신으로 어린 시절부터 재능을 인정받아 리버풀로 이적했지만 기회를 잡지 못했고, 다시 스페인 무대로 돌아와 데포르티보, 바야돌리드, 발렌시아에서 활약했다. 스페인 연령별 대표를 모두 거쳤다.

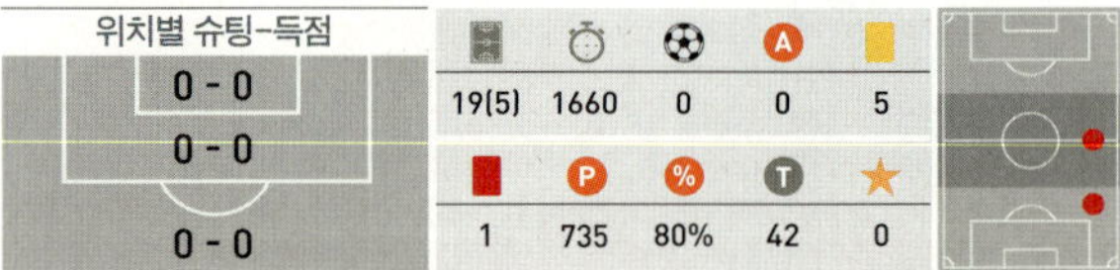

위치별 슈팅-득점					
0 - 0	19(5)	1660	0	0	5
0 - 0					
0 - 0	1	735	80%	42	0

DF Calum Chambers

25

칼럼
체임버스

라이트백과 센터백을 겸하는 수비수. 입단 첫해 인상적인 활약을 펼친 것과 달리 지난 시즌에는 리그 12경기(교체 10)에만 출전했고, 기복 있는 플레이로 아쉬움을 남겼다. 그러나 아직 21세 밖에 되지 않아 발전 가능성은 충분하다. 체임버스는 탄탄한 체격에 지구력과 스피드가 좋고, 전체적으로 수비 기본기가 좋다. 또한, 공중전에 능하고, 과감하게 드리블을 하며 짧은 패스와 크로스가 정확한 편이다.

국적 : 잉글랜드

사우샘프턴 유스 출신. 2012년 1군에서 데뷔했고, 2014년 여름 1600만 파운드에 아스널 유니폼을 입었다. 잉글랜드 U-17, U-19, U-21 대표를 지냈고, 2014년 9월 3일 웸블리에서 열린 노르웨이전 때 A대표 데뷔전을 치렀다.

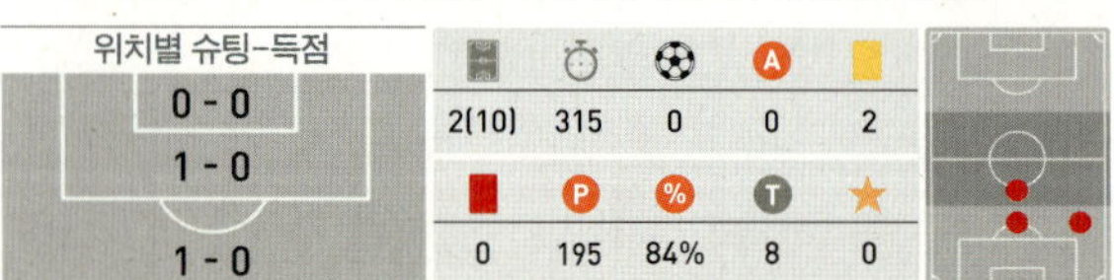

위치별 슈팅-득점					
0 - 0	2(10)	315	0	0	2
1 - 0					
1 - 0	0	195	84%	8	0

MF Adam Clayton

8

아담
클레이턴

미들즈브러 중원의 핵심. 지난 시즌 리그 43경기에 출전해 중원을 든든하게 지키며 승격을 이끌었다. 클레이턴은 공수 모두 능한 미드필더다. 패싱력이 좋아 중원에서 플레이 메이킹을 담당하고, 정교한 패스로 공격을 지원한다. 여기에 드리블 능력을 갖춰 탈 압박에 능하고, 집중력 있는 수비로 포백을 보호한다. 좀처럼 실수가 없는 미드필더지만 슈팅력에은 조금 약한 편이다.

국적 : 잉글랜드

맨시티 유스 출신이지만 1군 무대에서는 단 1경기도 출전하지 못했고, 2010년 리즈 유나이티드로 이적했다. 이후 MK 돈스(임대), 허더스필드 타운 등을 거쳐 2014년 미들즈브러에 입단했다. 잉글랜드 U-20 대표 출신이다.

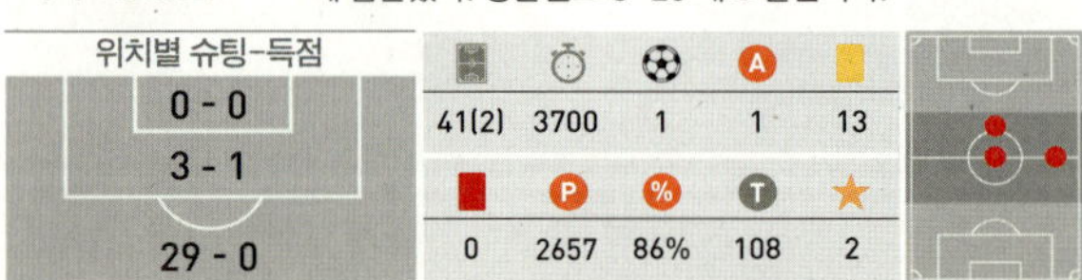

위치별 슈팅-득점					
0 - 0	41(2)	3700	1	1	13
3 - 1					
29 - 0	0	2657	86%	108	2

MF Marten de Roon

14 · 마르텐 데 룬

네덜란드산 지우개. 상당히 터프하면서도 왕성한 활동량을 갖춘 중앙 미드필더다. 지난 시즌 이탈리아 무대에서 활약하며 리그 36경기에 출전해 인상적인 경기력을 보여줬다. 데 룬은 태클, 인터셉트, 수비력, 경기 조율 등 수비형 미드필더가 지녀야 할 필수 자질을 대부분 가지고 있다. 거친 플레이로 옐로카드를 자주 받는 편이지만 몸싸움에 능해 거친 EPL에 잘 적응할 것으로 기대받고 있다.

국적 : 네덜란드

스파르타 로테르담에서 프로 데뷔했고, 헤레벤과 아탈란타를 거쳐 2016년 1275만 파운드의 이적료로 미들즈브러의 유니폼을 입었다. 네덜란드 U-19 대표 출신으로 기대를 받고 있고, 아직 국가대표 경험은 없다.

위치별 슈팅-득점

위치	슈팅-득점
	0 - 0
	3 - 0
	17 - 1

경기수	출전시간	득점	A	경고	퇴장	P	%	T	★
35(1)	3095	1	2	9	1	1648	77%	121	2

MF Stewart Downing

19 · 스튜어트 다우닝

정교한 왼발 킥력을 자랑하는 미드필더. 좌우 측면은 물론 공격형 미드필더와 중앙 미드필더로 활약한다. 다우닝의 가장 큰 무기는 활처럼 휘어지는 크로스로 거리와 상관없이 위력을 발휘한다. 전성기에 비해 활동량과 민첩성이 줄어들었지만 여전히 위력적인 드리블 돌파 능력을 가지고 있다. 여기에 상대의 허를 찌르는 타이밍이 슈팅을 시도하고, 볼을 간수하는 능력도 여전하다.

국적 : 잉글랜드

미들즈브러 유스 출신으로 2001년부터 2009년까지 1군에서 좋은 활약을 펼쳤다. 이후 애스턴 빌라, 리버풀, 웨스트햄에서 꾸준한 모습을 보였고, 지난 2015년 미들즈브러로 복귀했다. 잉글랜드 국가대표로 활약하기도 했다.

위치별 슈팅-득점

위치	슈팅-득점
	0 - 0
	24 - 2
	50 - 1

경기수	출전시간	득점	A	경고	퇴장	P	%	T	★
40(5)	3570	3	5	1	0	1941	85%	29	3

MF Gastón Ramírez

21 · 가스톤 라미레스

우루과이 국가대표 출신의 공격형 미드필더. 지난 시즌 사우샘프턴에서 미들즈브러로 임대돼 7골 1도움을 기록하며 좋은 모습을 보였고, 결국 이번 시즌 완전 이적했다. 2선 전 지역에서 활약할 수 있는 미드필더로 개인 기술과 날카로운 킥력을 갖추고 있고, 드리블 돌파도 뛰어나다. 최근에는 수비력까지 좋아졌다. 2선에서 정확한 침투패스를 시도해 찬스를 만들지만 공을 자주 뺏기는 것은 단점이다.

국적 : 우루과이

페냐롤 유스 출신으로 2008년 이 팀 1군에서 데뷔. 이어 볼로냐, 사우샘프턴, 헐 시티(임대), 미들즈브러(임대)를 거쳐 2016년 여름 미들즈브러로 완전 이적했다. 우루과이 U-20, 올림픽 대표를 거쳐 2010년부터 A 대표로 활약 중이다.

위치별 슈팅-득점

위치	슈팅-득점
	6 - 3
	14 - 3
	20 - 1

경기수	출전시간	득점	A	경고	퇴장	P	%	T	★
15(3)	1295	7	1	1	0	558	74%	27	3

MF Emilio Nsue

24 · 에밀리오 은수에

다양한 포지션을 소화하는 멀티플레이어. 좌우 측면 미드필더는 물론이고, 풀백까지 소화한다. 심지어는 중앙 미드필더까지 가능하다. 지난 시즌 역시 RB과 RM을 오가며 리그 40경기에 출전해 3골 2도움을 기록했다. 풀백으로 나설 때는 상당히 공격적인 플레이를 펼치고, 빠른 발을 이용한 공격 침투가 인상적이다. 드리블 돌파와 개인 기술도 가지고 있지만 크로스 능력은 조금 아쉽다.

국적 : 적도 기니

스페인 마요르카 출신으로 엄청난 기대를 받았다. 2008년 1군으로 데뷔해 인상적인 활약을 펼쳤고, 2014년 미들즈브러로 이적했다. 스페인 U-16 대표를 시작으로 U-21 대표까지 활약했지만 국가대표는 2013년에 적도 기니를 선택했다.

위치별 슈팅-득점

위치	슈팅-득점
	3 - 1
	12 - 2
	10 - 0

경기수	출전시간	득점	A	경고	퇴장	P	%	T	★
37(3)	3282	3	2	2	0	1581	78%	59	1

FW Álvaro Negredo

10 · 알바로 네그레도

세비야 시절에는 엄청난 득점포를 가동하며 득점 기계로 불렸지만 EPL 무대에서 실패를 맛봤고, 다시 미들즈브러로 돌아와 부활을 노린다. 네그레도는 스페인 국가대표 출신으로 박스에서 창의적인 플레이를 펼친다. 좋은 체격 조건, 포스트 플레이, 발 기술, 패스 능력 등 공격수에 필요한 모든 것을 갖췄다. 골 결정력이 조금 아쉽지만 파워가 넘치는 슈팅과 난도가 높은 슈팅을 자유자재로 해낸다.

국적 : 스페인

레알 바예카노에서 프로 데뷔했고, 이후 레알 마드리드 B팀, 알메리아, 세비야, 맨체스터 시티, 발렌시아 등에서 활약했다. 이번 시즌을 앞두고 발렌시아에서 한 시즌 임대됐다. 2009년부터 스페인 국가대표로 활약하고 있다.

위치별 슈팅-득점

위치	슈팅-득점
	3 - 1
	27 - 3
	9 - 1

경기수	출전시간	득점	A	경고	퇴장	P	%	T	★
12(13)	1148	5	2	0	0	351	63%	6	0

FW Christian Stuani

18 · 크리스티안 스튜아니

우루과이의 특급 날개. 주 포지션은 오른쪽 윙어지만 최전방과 중앙에서도 활약할 수 있다. 폭발적인 스피드를 이용한 드리블이 강점이고, 날카로운 킥력을 가지고 있다. 지난 시즌 햄스트링 부상으로 초반 결장했지만 리그 36경기서 7골 1도움을 올리며 제몫을 해줬다. 득점력이 좋은 윙어로 측면에서 중앙으로 이동해 과감한 슈팅을 시도한다. 다만 수비 가담은 좋지 않다.

국적 : 우루과이

자국 리그 다누비오에서 프로 생활을 시작했고, 이후 레지나(이탈리아), 레반테(스페인), 에스파뇰(스페인) 등 다양한 무대에서 활약하다가 2015년 미들즈브러에 입단했다. 2012년부터 우루과이 국가대표로 활약하고 있다.

위치별 슈팅-득점

위치	슈팅-득점
	10 - 5
	33 - 2
	8 - 0

경기수	출전시간	득점	A	경고	퇴장	P	%	T	★
20(16)	1869	7	1	4	0	553	75%	45	2

HULL CITY AFC

구단 소개

구단 창립 : 1904년
홈구장 : KCOM 스타디움
감독 : 마이크 펠런
2015-16시즌 : 2부 4위(승점 83점)
24승 11무 11패 69득점 35실점
닉네임 : The Tigers

주요대회 우승횟수

ENGLISH PREMIER LEAGUE	0	ENGLISH FA CUP	0
UEFA CHAMPIONS LEAGUE	0	UEFA EUROPA LEAGUE	0
FIFA CLUB WORLD CUP	0	UEFA-CONMEBOL INTERCONTINENTAL	0

UNIFORM

Home

Away

강등 1년 만에 EPL로 승격한 헐 시티 펠란 체제에서 반전을 노린다!

2015-16 SEASON REVIEW

'승격 전도사' 브루스 감독이 또 한 번의 감격적인 승격을 이뤄냈다. 지난 시즌 챔피언십 4위를 차지하며 승격 플레이오프에 진출한 헐 시티는 지난 5월 28일 웸블리 스타디움에서 열렸던 플레이오프 결승전에서 EPL행 막차 티켓을 거머쥐었다. 헐 시티는 2부 리그 강등으로 옐라비치, 체스터, 브래디 같은 주축 선수들을 잃었지만 브루스 감독은 기존의 전력들을 잘 활용하며 1년 만에 프리미어리그 무대로 복귀했다. 그러나 브루스 감독은 헐 시티를 승격시키자마자 지휘봉을 놓아 아쉬움을 남겼다.

SUMMER TRANSFER

감격적인 승격을 이뤄냈지만 험난한 시즌이 예상된다. 물론 대다수의 주축 선수들을 지키는 데는 성공했지만 이렇다 할 특별한 보강이 없는 것은 아쉽다. 이적시장 막판 토트넘의 미드필더 메이슨과 맨유의 공격수 킨을 임대로 데려오는 데 성공했지만 전체적인 스쿼드가 그리 강해 보이지 않는다. 그나마 다행인 것은 헐 시티의 에이스이자 스코틀랜드 최고의 재능 스노드그래스가 부상에서 복귀해 좋은 컨디션을 유지하고 있다는 점이고, 간판 공격수 에르난데스도 EPL 무대에서 자신을 검증해볼 기회를 얻었다.

2016-17 SEASON OUTLOOK

기대보다는 우려가 많은 시즌이었다. 그러나 시즌 초반에는 돌풍을 일으키고 있다. 개막전에서 디펜딩 챔피언 레스터 시티를 제압하며 인상적인 경기력을 보여줬고, 이후에도 안정적인 수비력과 날카로운 역습을 바탕으로 헐 시티의 저력을 증명하고 있다. 물론 아직은 시즌 초반. 그러나 8월의 감독상을 받은 마이크 펠란 감독의 지도력이 시즌 초반부터 인상적인 것은 부인할 수 없고, EPL 무대에서 잔뼈가 굵은 데이비스, 도슨, 허들스톤, 리버모어 등의 주축 선수들이 여전히 건재함을 과시하고 있어 기대를 모으고 있다.

감독 마이크 펠란(Mike Phelan)

펠란 감독은 번리, 노리치 시티, 맨유 등에서 선수 생활을 했고, 잉글랜드 국가대표로도 1경기 출전 기록을 가지고 있다. 이후 노리치 시티, 블랙풀 등에서 코치 생활을 하다가 1999년에 맨유로 이직하여 그곳에서 줄곧 알렉스 퍼거슨 감독을 보좌하는 역할을 해왔다. 퍼거슨 감독의 조력자로 유명세를 떨친 펠란은 2013년 퍼거슨 감독이 은퇴할 때까지 14년 동안 맨유 코치진의 핵심으로 일했고, 퍼거슨 감독의 엄청난 신임을 받았다. 그러나 모예스 감독이 오면서 맨유를 떠났고, 이후 노리치를 거쳐 헐 시티 감독인 브루스의 요청으로 코치진에 합류했다. 그러나 브루스 감독이 구단 수뇌부와 갈등으로 떠나자 감독 대행으로 현재 헐 시티를 이끌고 있다.

PROFILE
- 출 생 : 1962.9.24
- 국 적 : 잉글랜드
- 계 약 : -

STADIUM

KCOM Stadium

구장 오픈 : 2002년
구장 소유 : 헐 시티, KCOM
수용 인원 : 2만 5400명
피치 규모 : 105m X 69m
잔디 종류 : 천연+인조 혼합

SQUAD LIST

위치	번호	이름	국적	신장	체중	생년월일
GK	1	Allan McGregor	SCO	183	74	31-01-82
	12	Dusan Kuciak	SVK	194	87	21-05-85
	16	Eldin Jakupović	SUI	192	87	02-10-84
	23	David Marshall	SCO	191	83	05-03-85
DF	2	Moses Odubajo	ENG	177	72	28-07-93
	3	Andrew Robertson	SCO	178	63	11-03-94
	4	Alex Bruce	NIR	180	73	28-09-84
	5	Harry Maguire	ENG	188	79	05-03-93
	6	Curtis Davies	ENG	188	76	15-03-85
	21	Michael Dawson	ENG	188	76	18-11-83
	31	Brian Lenihan	IRL	178	76	08-06-94
MF	7	David Meyler	IRL	190	74	29-05-89
	8	Tom Huddlestone	ENG	188	80	28-12-86
	10	Robert Snodgrass	SCO	182	77	07-09-87
	11	Sam Clucas	ENG	178	74	20-08-90
	14	Jake Livermore	ENG	180	76	14-11-89
	15	Shaun Maloney	SCO	170	70	24-01-83
	17	James Weir	ENG	177	71	04-08-95
	22	Markus Henriksen	NOR	187	85	25-07-92
	25	Ryan Mason	ENG	175	71	13-06-91
	27	Ahmed Elmohamady	EGY	180	81	09-09-87
FW	9	Abel Hernandez	URU	185	73	08-08-90
	18	Dieumerci Mbokani	COD	185	75	22-11-85
	19	Will Keane	ENG	178	78	11-01-93
	20	Adama Diomande	NOR	180	75	14-02-90
	32	Greg Luer	ENG	180	73	06-12-94

2016-17 SEASON SCHEDULE

날짜	장소	상대팀	날짜	장소	상대팀
13/AUG	H	Leicester City	01/JAN	A	West Bromwich Albion
20/AUG	A	Swansea City	13/JAN	H	AFC Bournemouth
27/AUG	H	Manchester United	20/JAN	A	Chelsea FC
10/SEP	A	Burnley FC	30/JAN	A	Manchester United
17/SEP	H	Arsenal FC	03/FEB	H	Liverpool FC
24/SEP	A	Liverpool FC	10/FEB	A	Arsenal FC
01/OCT	H	Chelsea FC	24/FEB	H	Burnley FC
15/OCT	A	AFC Bournemouth	03/MAR	H	Leicester City
22/OCT	H	Stoke City	10/MAR	A	Swansea City
29/OCT	A	Watford FC	17/MAR	A	Everton FC
06/NOV	H	Southampton FC	31/MAR	H	West Ham United
19/NOV	A	Sunderland AFC	03/APR	A	Middlesbrough FC
26/NOV	H	West Bromwich Albion	07/APR	A	Manchester City
02/DEC	A	Middlesbrough FC	14/APR	A	Stoke City
09/DEC	H	Crystal Palace	21/APR	H	Watford FC
13/DEC	A	Tottenham Hotspur	28/APR	A	Southampton FC
16/DEC	A	West Ham United	05/MAY	H	Sunderland AFC
25/DEC	H	Manchester City	12/MAY	A	Crystal Palace
30/DEC	H	Everton FC	20/MAY	H	Tottenham Hotspur

RANK OF LAST 5 YEARS

2부 리그

2011-12	2012-13	2013-14	2014-15	2015-16
8 / 68점	2 / 79점	16 / 37점	18 / 35점	4 / 83점

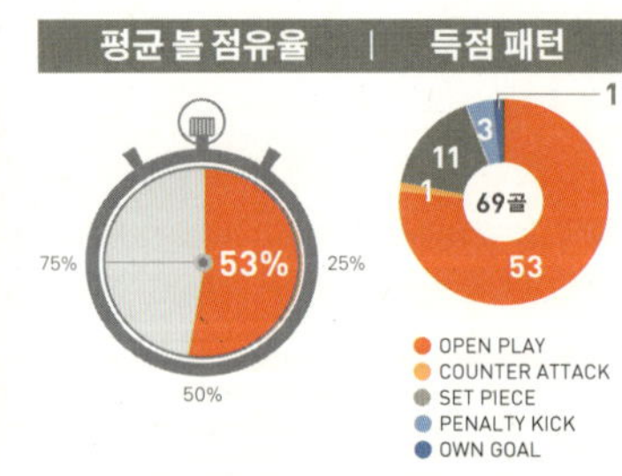

STRENGTHS & WEAKNESSES

OFFENSE		DEFENSE	
직접 프리킥	B	세트피스 수비	C
문전 처리	C	상대 볼 뺏기	B
측면 돌파	C	공중전 능력	E
스루볼 침투	B	역습 방어	C
개인기 침투	C	지공 방어	D
카운터 어택	C	스루패스 방어	E
기회 만들기	C	리드 지키기	B
세트피스	B	실수 조심	C
OS 피하기	D	측면 방어력	C
중거리 슈팅	C	파울 주의	D
볼 점유율	D	중거리슛 수비	D

매우 강함 A 강한 편 B 보통 수준 C 약한 편 D 매우 약함 E

FORMATION

TOTO GUIDE 지난 시즌 상대팀별 전적

상대팀	홈	원정
Arsenal	—	—
Tottenham	—	—
Manchester City	—	—
Manchester Utd	—	—
Southampton	—	—
West Ham Utd	—	—
Liverpool	—	—
Stoke City	—	—
Chelsea	—	—
Everton	—	—
Swansea City	—	—
Watford	—	—
West Bromwich	—	—
Crystal Palace	—	—
Bournemouth	—	—
Sunderland	—	—
Newcastle Utd	—	—
Norwich City	—	—
Aston Villa	—	—

NO DATA

GK Eldin Jakupović

엘딘 야쿠포비치

주전 골키퍼 앨런 맥그레거가 부상으로 장기 결장함에 따라 이번 시즌 개막과 함께 임시 선발 골키퍼로 출전하고 있다. 지난 시즌에는 맥그레거에 밀려 리그 5경기 출전에 그쳤고, 잦은 실수를 범하며 아쉬움을 남겼다. 그러나 최근 출전 기회를 얻으면서 경기 감각을 회복했고, 자신의 장점인 순발력을 이용해 선방을 펼치고 있다. 여기에 볼 스토핑, 크로스 방어, 다이빙 등 다양한 장점을 가지고 있다.

국적 : 스위스

스위스 그라스호퍼에서 프로 데뷔했고, 이후 툰, 로코모티브 모스크바, 올림피아코스 등을 거쳐 2012년 헐 시티에 입단했다. 보스니아-헤르체코비나 U-21 대표였지만 2006년 스위스 대표를 선택했다.

슈팅 위치별 선방

1	
4	
5	

경기수	출전시간	특점	A	경고
5	450	0	0	0

퇴장	P	%	S	★
0	130	33%	10	0

GK David Marshall

데이비드 마샬

주전 골키퍼인 앨런 맥그레거가 장기 부상을 당하자 급하게 영입된 스코틀랜드 국가대표 골키퍼. 지난 시즌 카디프 시티 소속으로 리그 40경기에 출전하며 절대 수문장으로 활약했다. 당당한 신체조건(191cm, 85kg)으로 상대 공격수와 경합 과정에서 밀리지 않으며 빠른 판단력으로 일대일 상황에서 선방을 해낸다. 지난 시즌 MOM만 3차례 받았을 정도로 슈퍼세이브를 잘 해내고, 안정적인 수비력을 보인다.

국적 : 스코틀랜드

셀틱 유스 출신으로 2002년 1군으로 데뷔했지만 많은 기회를 얻지 못했고, 노리치 시티, 카디프 시티를 거쳐 이번 시즌 헐 시티의 유니폼을 입었다. 스코틀랜드 U-21 대표 출신으로 2004년부터 국가대표로 활약하고 있다.

슈팅 위치별 선방

10	
52	
48	

경기수	출전시간	특점	A	경고
40	3551	0	0	0

퇴장	P	%	S	★
1	1188	47%	110	3

DF Andrew Robertson

앤드류 로버트슨

헐 시티 부동의 레프트백. 공격적인 재능이 뛰어나 왼쪽 윙어로도 활약할 수 있다. 지난 시즌 잉글리시 리그 챔피언십 45경기에 출전해 3골-4도움을 기록하며 공격 본능을 과시했다. 스피드를 이용한 드리블과 날카로운 왼발 킥이 주 무기다. 여기에 왕성한 활동량과 지구력으로 터치라인을 수시로 넘나들며 찬스를 만들고, 기본적인 수비력도 좋은 편이다. 그러나 공중전에 약하고, 종종 위험한 태클을 시도한다.

국적 : 스코틀랜드

셀틱 유스 출신으로 2014년부터 헐 시티에서 주전 레프트백으로 활약하고 있다. 스코틀랜드 U-21 대표 출신으로 2014년부터 국가대표로 활약 중이다. 2013-14 스코틀랜드 올해의 선수상을 받았다.

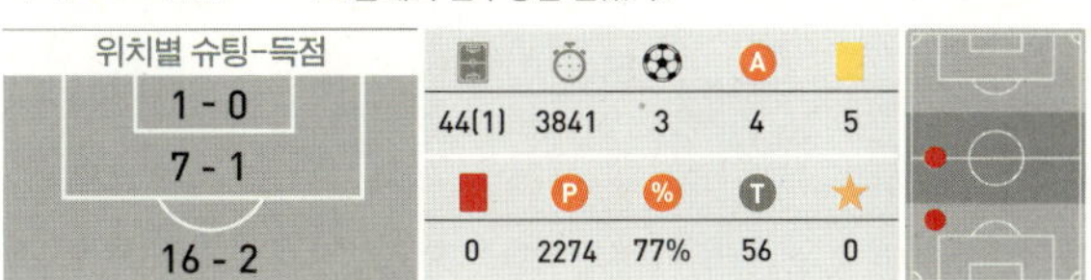

위치별 슈팅-득점

1 - 0	
7 - 1	
16 - 2	

경기수	출전시간	특점	A	경고
44(1)	3841	3	4	5

퇴장	P	%	T	★
0	2274	77%	56	0

DF Curtis Davies

커티스
데이비스

헐 시티 수비의 중심. 지난 시즌 리그 42경기에 출전해 안정적인 방어능력을 보여주며 헐 시티의 승격을 이끌었고, 많은 EPL 클럽들이 주시했지만 잔류를 선택했다. 경기당 5.5회의 공중볼을 따냈을 정도로 제공권에 강점을 보이고, 스피드를 갖추고 있어 공격수와 속도 경쟁에서 밀리지 않는다. 여기에 가로채기, 슛-블록, 수비 집중력 등 다양한 장점을 보유하고 있고, 특히 몸을 날리는 수비가 일품이다.

국적 : 잉글랜드

루턴 타운 유스 출신으로 2003년 1군으로 데뷔해 인상적인 활약을 펼쳤고, 이후 WBA, 애스턴 빌라, 레스터 시티, 버밍엄 시티 등에서 활약하다가 2013년 헐 시티의 유니폼을 입었다. 잉글랜드 U-21 대표 출신이다.

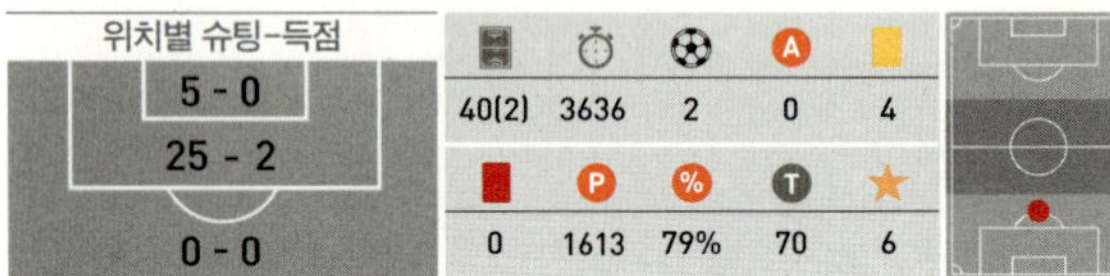

위치별 슈팅-득점		
5 - 0		
25 - 2		
0 - 0		

경기수	출전시간	득점	도움	경고
40(2)	3636	2	0	4
퇴장	패스시도	패스성공률	태클성공	MOM
0	1613	79%	70	6

DF Michael Dawson

마이클
도슨

베테랑 센터백. 과거 토트넘에서 활약하며 잉글랜드 국가대표로 발탁됐을 정도로 인정받았고, 지난 시즌 역시 리그 35경기에 출전해 안정적인 수비력을 과시했다. 그러나 이번 시즌에는 무릎 부상으로 11월초까지 출전이 어렵다. 정상 컨디션이라면 공중전에 상당히 강한 수비수고, 태클, 숏-블록, 몸싸움, 대인방어 등 다양한 장점을 보인다. 다만 전성기를 지나면서 속도와 민첩성이 떨어졌다.

국적 : 잉글랜드

노팅엄 포레스트 유스 출신으로 2005년 토트넘으로 이적해 8년간 활약했다. 이후 2014년 헐 시티로 이적해 주전 수비자리를 꿰찼다. 잉글랜드 U-21 대표 출신으로 잉글랜드 국가대표로 4경기에 출전했다.

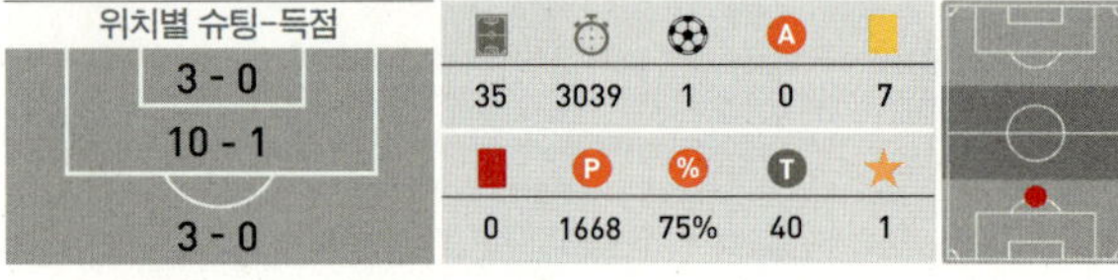

위치별 슈팅-득점		
3 - 0		
10 - 1		
3 - 0		

경기수	출전시간	득점	도움	경고
35	3039	1	0	7
퇴장	패스시도	패스성공률	태클성공	MOM
0	1668	75%	40	1

MF David Meyler

데이비드
메일러

헐 시티 중원의 리더. 주 포지션은 중앙 미드필더지만 공격력을 갖추고 있어 좌우 측면 미드필더로도 활약할 수 있다. 지난 시즌 무릎 부상으로 2개월간 결장해 리그 20경기 선발 출전에 그쳤지만 이번 시즌에는 초반부터 좋은 컨디션을 유지하고 있다. 수비 집중력이 뛰어나 포백을 보호하는 역할을 잘 해내고, 왕성한 활동량으로 공수 모두에 기여한다. 짧은 패스를 주고받으며 세밀한 패스플레이를 펼친다.

국적 : 아일랜드

코크 시티에서 프로 데뷔했고, 이후 선덜랜드, 헐 시티(임대)를 거쳐 2013년 헐 시티로 완전 이적했다. 아일랜드 U-19, U-21 대표를 지냈고, 2012년부터 국가대표로 활약하고 있다. 그러나 유로 2016에는 참가하지 못했다.

위치별 슈팅-득점		
1 - 0		
7 - 1		
21 - 1		

경기수	출전시간	득점	도움	경고
20(8)	1719	2	1	3
퇴장	패스시도	패스성공률	태클성공	MOM
0	1105	83%	1719	2

MF Tom Huddlestone

톰
허들스톤

강력한 중거리 슈팅이 강점인 중앙 미드필더. 왕성한 활동량을 바탕으로 박스-투-박스로 움직이고 공수 모두에 관여하며 찬스를 만든다. 여기에 강력한 몸싸움과 정확한 롱패스를 자랑하고, 거친 태클도 마다하지 않는다. 그러나 볼 터치가 투박하고, 세밀한 패스플레이에는 조금 약한 모습을 보여 토트넘에서는 성공하지 못했다. 기복도 조금 있는 편이라 꾸준한 경기력을 보이는 것이 중요하다.

국적 : 잉글랜드

더비 카운티 아카데미 출신. 2002년 이 팀 1군에서 데뷔했고, 토트넘 핫스퍼, 울버햄턴 원더러스(임대)를 거쳐 2013년 헐 시티로 이적했다. 잉글랜드 U-16, U-17, U-19, U-20, U-21 등 연령별 대표를 지냈고, A대표로 4경기에 출전.

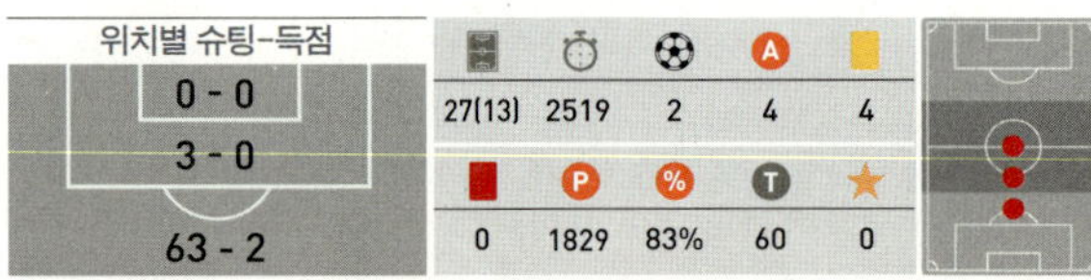

위치별 슈팅-득점		
0 - 0		
3 - 0		
63 - 2		

경기수	출전시간	득점	도움	경고
27(13)	2519	2	4	4
퇴장	패스시도	패스성공률	태클성공	MOM
0	1829	83%	60	2

MF Robert Snodgrass

로버트
스노드그래스

명실상부 헐 시티의 에이스. 등번호 10번에서도 알 수 있듯이 헐 시티의 공격을 이끌고, 플레이 메이킹을 담당한다. 2선 전 지역(LW, CAM, RW)에서 활약할 수 있고, 정교한 킥력을 바탕으로 공격 포인트를 제조한다. 전술적으로 상당히 유용한 선수로 활발한 움직임은 물론 드리블 돌파에도 능하다. 지난 시즌 무릎 부상으로 초반 18경기에 나서지 못했음에도 4골 7도움을 기록하며 헐 시티의 승격을 이끌었다.

리빙스턴에서 프로 데뷔했고, 2008년 리즈 유나이티드로 이적하면서 전성기를 맞이했다. 이후 노리치 시티를 거쳐 2014년에 헐 시티로 입단해 꾸준한 활약을 펼쳤다. 스코틀랜드 U-20 대표 출신으로 2011년 A매치 데뷔전을 치렀다.

국적 : 스코틀랜드

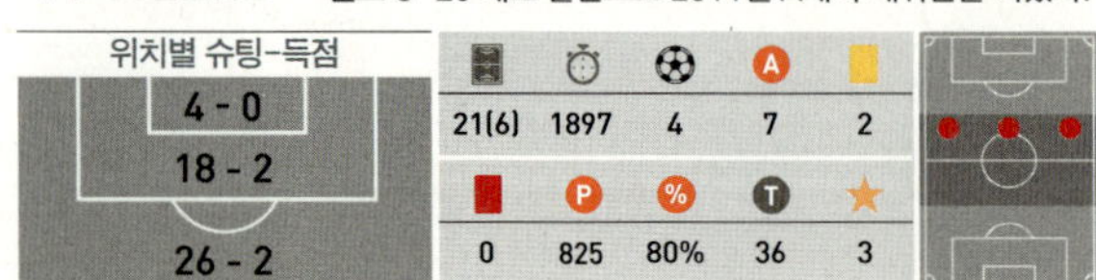

위치별 슈팅-득점		
4 - 0		
18 - 2		
26 - 2		

경기수	출전시간	득점	도움	경고
21(6)	1897	4	7	2
퇴장	패스시도	패스성공률	태클성공	MOM
0	825	80%	36	3

MF Jake Livermore

제이크
리버모어

전형적인 수비형 미드필더. 그러나 이번 시즌 초반에는 마이클 도슨이 부상으로 빠져 중앙 수비수로 나서고 있고, 안정감 있는 수비력을 보여주고 있다. 리버모어는 수비 집중력이 좋아 잔 실수가 없는 편이고, 문전에서 상대 공격수를 끈질기게 물고 늘어진다. 여기에 정확한 킥력을 보유하고 있어 빌드-업에 능하고, 롱패스 정확도도 높다. 지난 시즌 리그 37경기서 4골-3도움을 기록했을 정도로 공격력도 있는 편.

국적 : 잉글랜드

2008년 토트넘 1군에 데뷔해 36경기를 소화했다. 그러나 완벽한 주전은 아니었고, MK돈스, 더비 카운티, 입스위치 타운, 리즈 유나이티드 등을 임대로 다니다가 2014년 헐 시티로 완전 이적했다. 잉글랜드 A매치 1경기를 소화했다.

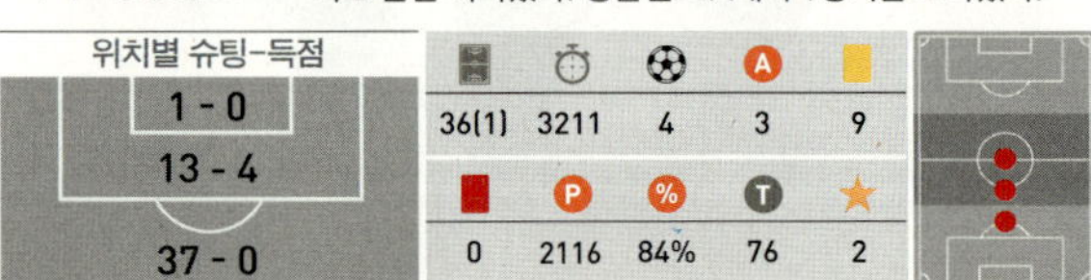

위치별 슈팅-득점		
1 - 0		
13 - 4		
37 - 0		

경기수	출전시간	득점	도움	경고
36(1)	3211	4	3	9
퇴장	패스시도	패스성공률	태클성공	MOM
0	2116	84%	76	2

MF Markus Henriksen

22

마르쿠스
헨릭센

노르웨이의 황태자로 불리는 신성. 큰 키를 바탕으로 중원을 장악하는 유형의 미드필더고, 공수 모두 능하다. 지난 시즌 알크마르 소속으로 리그 28경기서 12골 6도움을 올리며 공격적인 재능을 뽐냈다. 결국 중원 강화가 절실했던 헐 시티가 이적 시장 막판 데려왔다. 탈 압박과 수비력에 조금 약점을 보이지만 과감에게 올라가 마무리하는 능력이 뛰어나고, 골 결정력도 준수하다. 정교한 침투패스도 좋다.

국적 : 노르웨이

로젠보리 유스 출신으로 2009년 1군으로 데뷔해 엄청난 기대를 받았고, 2010년 알크마르로 이적했다. 알크마르에서 맹활약하며 이번 시즌 헐 시티의 유니폼을 입었다. 노르웨이 연령별 대표를 모두 거친 엘리트로 2010년 A매치에 데뷔.

위치별 슈팅-득점

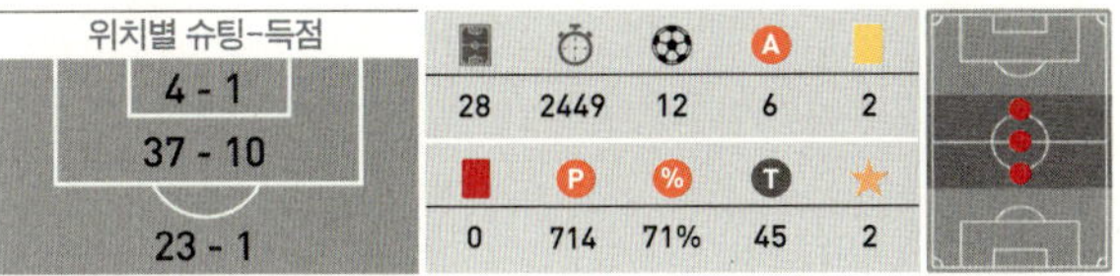

| 4 - 1 |
| 37 - 10 |
| 23 - 1 |

경기수	출전시간	득점	도움	경고
28	2449	12	6	2

퇴장	패스시도	패스성공률	태클성공	MOM
0	714	71%	45	2

MF Ryan Mason

25

라이언
메이슨

수비형과 공격형이 모두 가능한 미드필더. 지난 시즌 발목과 무릎을 다치며 주전 경쟁에서 완벽하게 밀렸고, 이번 시즌 헐 시티로 임대 이적했다. 공수 밸런스가 좋은 미드필더고 상황에 따라 전진이 가능하다. 패스의 정확도가 높은 편이고, 특히 후방에서 전방으로 시원하게 내주는 롱볼은 매우 정확한 편. PA 외곽에서 폭발적인 중거리 슈팅을 날린다. 수비에서도 강력한 태클을 구사한다.

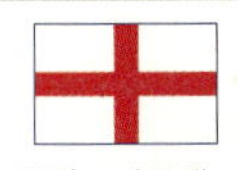

국적 : 잉글랜드

토트넘 유스 출신. 2008년 1군으로 승격한 뒤 예오빌, 돈캐스터, 밀월, 로리앙, 스윈던 타운 등으로 계속 임대돼 경험을 쌓았고, 2014년 복귀해 좋은 활약을 펼치고 있다. 중학교 때 허들 선수로 지역대회에서 우승한 바 있다.

위치별 슈팅-득점

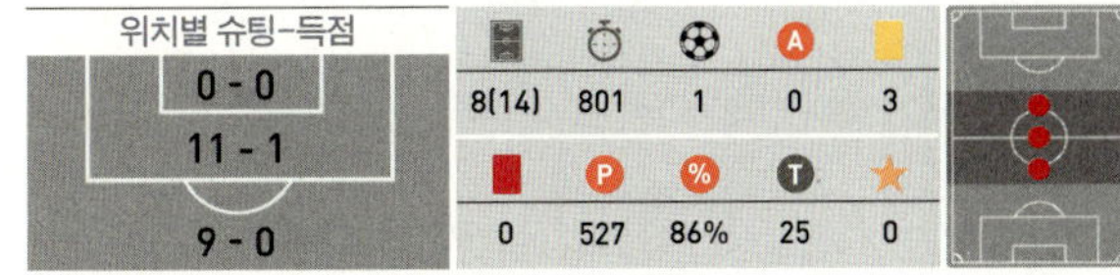

| 0 - 0 |
| 11 - 1 |
| 9 - 0 |

경기수	출전시간	득점	도움	경고
8(14)	801	1	0	3

퇴장	패스시도	패스성공률	태클성공	MOM
0	527	86%	25	0

MF Ahmed Elmohamady

27

아흐메드
엘모하메디

헐 시티의 살림꾼. 지난 시즌 오른쪽 미드필더와 풀백을 오가며 리그 44경기에 출전해 3골-6도움을 올리며 공수 모두에 기여했다. 지난 시즌에는 주로 오른쪽 윙어로 출전했으나 올 시즌 초반에는 수비수들 줄 부상으로 풀백으로 뛰고 있다. 공격수 출신이지만 수비 가담이 좋고, 빠른 발을 가지고 있어 공간을 잘 내주지 않는다. 여기에 공중전, 크로스, 패스, 수비 집중력 등 다양한 장점을 가지고 있다.

국적 : 이집트

2011년 선덜랜드의 유니폼을 입으면서 EPL에 입성했지만 기대만큼 활약을 펼치지 못했고, 헐 시티에서 임대 생활을 하다가 2013년 완전 이적했다. 2012-13시즌 헐 시티 올해의 선수상을 받았을 정도로 팀과 궁합이 잘 맞는다.

위치별 슈팅-득점

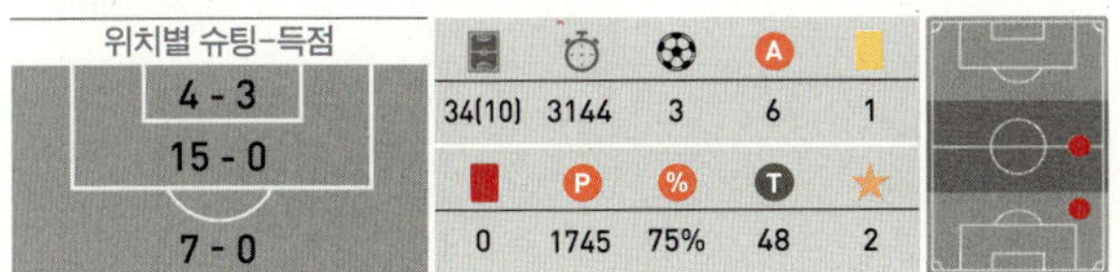

| 4 - 3 |
| 15 - 0 |
| 7 - 0 |

경기수	출전시간	득점	도움	경고
34(10)	3144	3	6	1

퇴장	패스시도	패스성공률	태클성공	MOM
0	1745	75%	48	2

FW Abel Hernández

9

아벨
에르난데스

헐 시티의 간판 공격수. 폭발적인 스피드와 날카로운 슈팅력 그리고 준수한 골 결정력을 가지고 있어 지난 시즌 리그 42경기서 무려 21골을 기록했다. 공중전, 몸싸움, 볼키핑이 단점이라 지공 상황일 때 위력을 발휘하지 못하지만 역습 상황에서는 엄청난 존재감을 발휘하고, 헐 시티에 최적화된 공격수다. 처음에는 거친 잉글랜드 무대에 적응하지 못했지만 점차 적응하면서 무서운 공격수가 되고 있다.

국적 : 우루과이

2009년 팔레르모로 이적하며 유럽 무대에 입성했고, 우루과이 U-20 대표팀에서 엄청난 결정력을 자랑하며 특급 유망주로 떠올랐다. 2010년부터 A대표팀에서 활약 중이고, 2011 코파 아메리카의 우승 멤버다.

위치별 슈팅-득점

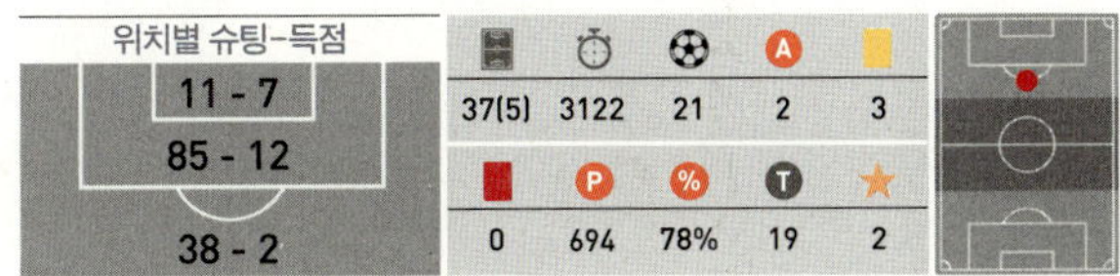

| 11 - 7 |
| 85 - 12 |
| 38 - 2 |

경기수	출전시간	득점	도움	경고
37(5)	3122	21	2	3

퇴장	패스시도	패스성공률	태클성공	MOM
0	694	78%	19	2

FW Will Keane

19

윌
킨

맨유가 야심차게 키웠던 공격수. 어린 시절부터 엄청난 재능을 보이며 맨유를 이끌어갈 공격수라는 찬사를 받았지만 기대만큼 성장하지 못했고, 이번 시즌을 앞두고 헐 시티로 완전 이적했다. 맨유에서는 자리가 없었지만 조금 더 경험을 쌓는다면 위협적인 공격수가 될 자질을 갖췄다. 순간적인 스피드를 이용한 드리블 돌파가 장점이고, 문전에서 상당히 침착하다. 공중전에 약하지만 세밀한 패스플레이도 가능하다.

국적 : 잉글랜드

맨유 유스 출신으로 2011년 1군에 데뷔했지만 기회를 잡지 못해 위건, QPR, 셰필드 웬즈데이 등으로 임대를 다니면서 경험을 쌓았다. 잉글랜드 U-16 대표를 시작으로 연령별 대표를 모두 거쳤지만 A대표 경험은 아직 없다.

위치별 슈팅-득점

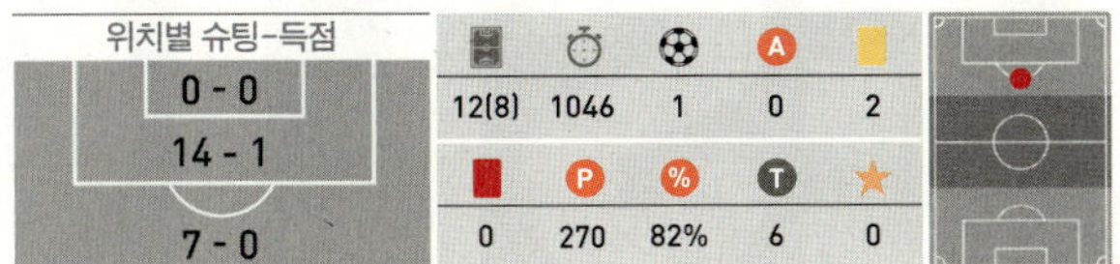

| 0 - 0 |
| 14 - 1 |
| 7 - 0 |

경기수	출전시간	득점	도움	경고
12(8)	1046	1	0	2

퇴장	패스시도	패스성공률	태클성공	MOM
0	270	82%		

FW Adama Diomande

20

아다마
디오만데

에르난데스와 함께 헐 시티의 공격을 책임지는 해결사. 주 포지션은 최전방 공격수지만 상황에 따라 좌우 측면으로 이동해 윙어 역할도 한다. 빠른 발을 바탕으로 한 드리블 돌파가 강점이고, 날카로운 슈팅력과 공중전에도 강한 모습이다. 다만 패싱력과 크로스가 좋지 않아 측면 플레이에서는 어려움을 겪는다. 지난 시즌에는 사타구니 부상으로 전반기를 통째로 날려 아쉬움을 남겼고, 리그 11경기 출전에 그쳤다.

국적 : 노르웨이

아버지와 어머니 모두 코트디부아르 사람이지만 디오만데는 노르웨이 오슬로에서 태어나 그곳에서 축구 선수로 성장했다. 일찌감치 주목받으며 린에서 프로 데뷔했고, 2015년 헐 시티로 이적했다. 현 노르웨이 국가대표다.

위치별 슈팅-득점

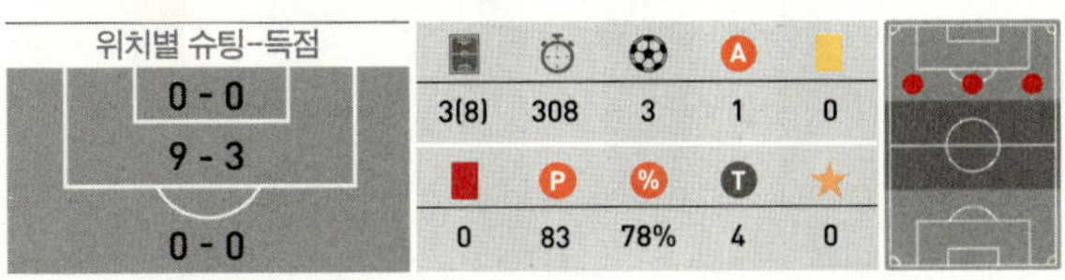

| 0 - 0 |
| 9 - 3 |
| 0 - 0 |

경기수	출전시간	득점	도움	경고
3(8)	308	3	1	0

퇴장	패스시도	패스성공률	태클성공	MOM
0	83	78%	4	0

BUNDESLIG

A

BAYERN MÜNCHEN

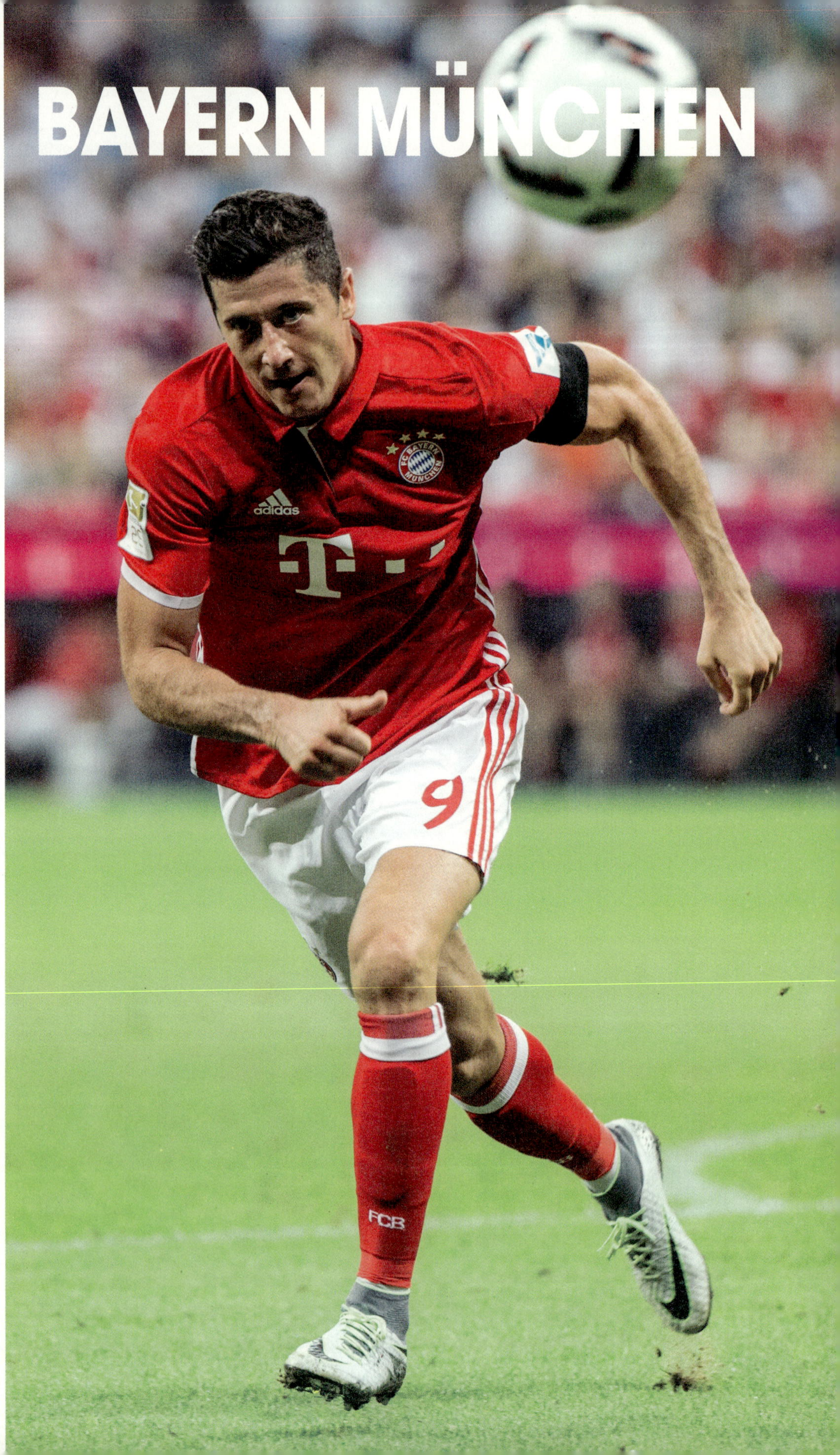

구단 소개

구단 창립 : 1900년
홈구장 : 알리안츠 아레나
감독 : 카를로 안첼로티
2015-16시즌 : 1위(승점 88점)
28승 4무 2패 80득점 17실점
닉네임 : Der FCB, Die Bayern

주요대회 우승횟수

26		**18**	
GERMAN BUNDESLIGA		GERMAN DFB POKAL	
5		**1**	
UEFA CHAMPIONS LEAGUE		UEFA EUROPA LEAGUE	
1		**2**	
FIFA CLUB WORLD CUP		UEFA-CONMEBOL INTERCONTINENTAL	

UNIFORM

Home

Away

더 강력해진 안첼로티의 바이에른 뮌헨
전무후무한 분데스리가 5연패 도전

2015-16 SEASON REVIEW

지난 시즌 역시 바이에른 뮌헨의 독주였다. 그야말로 압도적이었다. 개막전에서 함부르크를 5-0으로 제압한 뮌헨의 상대는 없었다. 리그 7라운드 도르트문트와의 경기가 고비가 될 것으로 예상됐지만 5-1로 대파하며 개막 후 10연승을 달렸다. 모든 면에서 완벽했다. 뮌헨은 28승 4무 2패 80득점 17실점이라는 압도적인 성적으로 우승을 확정했다. 이는 뮌헨의 분데스리가 통산 25회 우승인 동시에 분데스리가 53년 역사상 첫 4연패를 달성한 팀이 됐다. 특히 뮌헨은 시즌을 치르면서 단 17실점만 내주며 완벽한 수비력을 과시했다.

SUMMER TRANSFER

지난 시즌 코스타와 코망을 영입해 리베리와 로벤의 잦은 부상에 대비했던 뮌헨이 이번 시즌 더 강해졌다. 전력에 큰 변화는 없는 가운데 통 크게 두 번의 지갑을 열며 확실한 보강을 마쳤다. 일단 공격이 아닌 중원과 후방 강화에 중점을 뒀다. 일단 유로 2016에서 맹활약하며 포르투갈의 우승을 이끈 산체스를 데려와 중원을 강화했고, 독일 국가대표 수비수 훔멜스를 영입해 보아텡과 함께 철의 수비진을 구축했다. 특히 훔멜스가 뮌헨 유스 출신으로 8년 만에 고향팀으로 돌아왔다는 점에서 엄청난 기대를 받고 있고, 도르트문트와의 경기가 기다려진다.

2016-17 SEASON OUTLOOK

이번 시즌 바이에른의 목표는 전무후무한 분데스리가 5연패다. 가능성은 충분하다. 객관적인 전력에서 경쟁 팀들을 압도하고 있고, '우승 청부사' 안첼로티 감독을 데려왔기에 기대감도 높다. 여기에 레반도프스키, 노이어, 코스타, 비달 등 주축 선수들이 여전히 건재함을 과시하고 있고, 리베리와 로벤도 부상에서 회복만 한다면 더 강해진 뮌헨을 볼 수 있을 전망이다. 여기에 훔멜스가 가세한 수비진은 한마디로 철의 포백이고, 세계 최고의 수문장 노이어까지 버티고 있어 난공불락이다. 사실상 뮌헨의 목표는 트레블이다.

감독 카를로 안첼로티(Carlo Ancelotti)

화려한 우승 경력을 자랑하는 이탈리아의 명장. 선수 시절 파르마, AS로마, AC밀란에서 활약하며 이탈리아 세리에A 우승 3회 등 수많은 우승컵을 차지한 스타플레이어 출신 감독이다. 1995년 레지나 감독을 시작으로 파르마, 유벤투스, AC밀란, 첼시, 파리 생제르맹, 레알 마드리드의 지휘봉을 잡고 UEFA 챔피언스리그 우승 3회, 이탈리아 세리에A 우승 1회, 잉글랜드 프리미어리그 우승 1회, 프랑스 리그앙 우승 1회, 잉글랜드 FA컵 우승 1회 등 총 17개의 우승 트로피를 수집하며 세계 최고의 감독 중 한 명으로 손꼽히고 있다. 여기에 2001년과 2004년 이탈리아 세리에A 올해의 감독상을 받는 등 지도력을 인정받았다. 스타플레이어들의 개성을 살리는 전술로 좋은 평가를 받고 있다.

PROFILE
- 출 생 : 1959.6.10
- 국 적 : 이탈리아
- 계 약 : 2019.6.30

STADIUM

Allianz Arena

- 구장 오픈 : 2005년
- 구장 개축 : -
- 구장 소유 : 뮌헨 슈타디온 GmbH
- 수용 인원 : 7만 5,000명
- 피치 규모 : 105m × 68m
- 잔디 종류 : 천연 잔디

SQUAD LIST

위치	번호	이름	국적	신장	체중	생년월일
GK	1	Manuel Neuer	GER	192	90	27-03-86
	22	Tom Starke	GER	194	91	18-03-81
	26	Sven Ulreich	GER	192	84	03-08-88
DF	5	Mats Hummels	GER	192	90	16-12-88
	13	Rafinha	BRA	172	68	07-09-85
	17	Jérôme Boateng	GER	192	90	03-09-88
	18	Juan Bernat	ESP	172	67	01-03-93
	21	Philipp Lahm	GER	170	62	11-11-83
	27	David Alaba	AUT	175	70	24-06-92
	28	Holger Badstuber	GER	189	78	13-03-89
	39	Nicolas Feldhahn	GER	189	88	14-08-86
MF	6	Thiago Alcântara	ESP	165	60	11-04-91
	7	Franck Ribéry	FRA	170	73	01-04-83
	8	Javier Martínez	ESP	190	81	02-09-88
	11	Douglas Costa	BRA	170	63	14-09-90
	14	Xabi Alonso	ESP	183	75	25-11-81
	23	Arturo Vidal	CHI	181	74	22-05-87
	29	Kingsley Coman	FRA	178	71	13-06-96
	30	Niklas Dorsch	GER	175	72	15-01-98
	32	Joshua Kimmich	GER	176	68	08-02-95
	35	Renato Sanches	POR	176	75	18-08-97
	37	Julian Green	USA	172	60	06-06-95
	38	Erdal Öztürk	GER	172	62	07-02-96
	40	Fabian Benko	GER	180	80	05-06-98
FW	9	Robert Lewandowski	POL	181	79	21-08-88
	10	Arjen Robben	NED	181	75	23-01-84
	25	Thomas Müller	GER	186	74	13-09-89

2016-17 SEASON SCHEDULE

날짜	장소	상대팀	날짜	장소	상대팀
26/AUG	H	Werder Bremen	27/JAN	A	Werder Bremen
09/SEP	A	FC Schalke 04	03/FEB	H	FC Schalke 04
17/SEP	H	FC Ingolstadt 04	10/FEB	A	FC Ingolstadt 04
21/SEP	H	Hertha BSC	17/FEB	A	Hertha BSC
24/SEP	A	Hamburger SV	24/FEB	H	Hamburger SV
01/OCT	H	1. FC Koln	03/MAR	A	1. FC Koln
15/OCT	A	Eintracht Frankfurt	10/MAR	H	Eintracht Frankfurt
22/OCT	H	Bor. Monchengladbach	17/MAR	A	Bor. Monchengladbach
29/OCT	A	FC Augsburg	31/MAR	H	FC Augsburg
05/NOV	H	1899 Hoffenheim	03/APR	A	1899 Hoffenheim
19/NOV	A	Borussia Dortmund	07/APR	H	Borussia Dortmund
26/NOV	H	Bayer Leverkusen	14/APR	A	Bayer Leverkusen
02/DEC	A	1. FSV Mainz 05	21/APR	H	1. FSV Mainz 05
09/DEC	H	VfL Wolfsburg	28/APR	A	VfL Wolfsburg
16/DEC	A	SV Darmstadt 98	05/MAY	H	SV Darmstadt 98
19/DEC	H	RB Leipzig	13/MAY	A	RB Leipzig
20/JAN	A	SC Freiburg	20/MAY	H	SC Freiburg

RANK OF LAST 5 YEARS

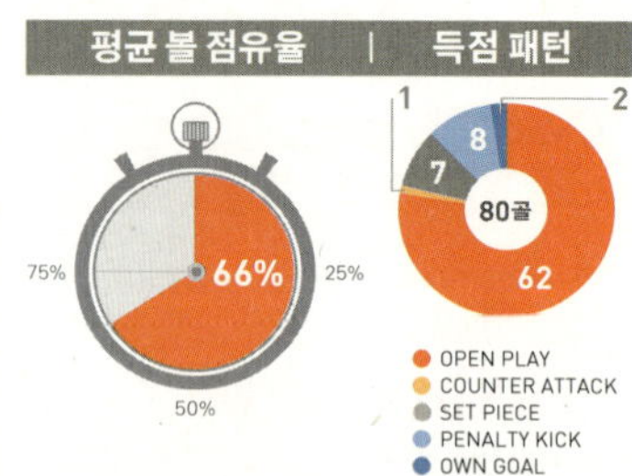

STRENGTHS & WEAKNESSES

OFFENSE		DEFENSE	
직접 프리킥	C	세트피스 수비	B
문전 처리	B	상대 볼 뺏기	C
측면 돌파	B	공중전 능력	B
스루볼 침투	A	역습 방어	C
개인기 침투	A	지공 방어	D
카운터 어택	A	스루패스 방어	C
기회 만들기	C	리드 지키기	B
세트피스	C	실수 조심	C
OS 피하기	C	측면 방어력	C
중거리 슈팅	B	파울 주의	C
볼 점유율	A	중거리슛 수비	C

매우 강함 A 강한 편 B 보통 수준 C 약한 편 D 매우 약함 E

시간대별 득점	시간대별 실점	득점 분포	공격 방향	볼 점유 위치	포지션별 득점	상대포지션별 실점

시간대별 득점: 76-15 / 75-16 / 13 8 / 22 8 / 15 14 / 61-30 / 60-31 / 46 45

시간대별 실점: 76-15 / 75-16 / 2 1 / 5 4 / 2 3 / 61-30 / 60-31 / 46 45

득점 분포: 19 / 53 / 8

공격 방향: 35% 31% 34%

볼 점유 위치: 상대진영 33% / 중간진영 46% / 우리진영 21%

포지션별 득점: FW진 38골 / MF진 37골 / DF진 4골 *상대자책골 1골

상대포지션별 실점: DF진 2골 / MF진 5골 / FW진 9골 *자책골실점 1골

FORMATION

4-3-3

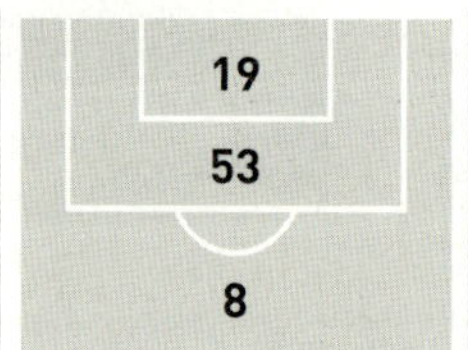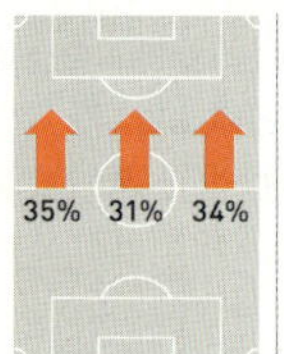

TOTO GUIDE 지난 시즌 상대팀별 전적

상대팀	홈	원정
Dortmund	5-1	0-0
Leverkusen	3-0	0-0
Monchengladb.	1-1	1-3
Schalke 04	3-0	3-1
FSV Mainz 05	1-2	3-0
Hertha Berlin	2-0	2-0
Wolfsburg	5-1	2-0
FC Koln	4-0	1-0
Hamburger SV	5-0	2-1
Ingolstadt	2-0	2-1
FC Augsburg	2-1	3-1
Werder Bremen	5-0	1-0
Darmstadt	3-1	3-0
Hoffenheim	2-0	2-1
Frankfurt	1-0	0-0
Stuttgart	4-0	3-1
Hannover 96	3-1	1-0

GK Manuel Neuer

마누엘
노이어

국적 : 독일

설명이 필요 없는 현 세계 최고의 골키퍼. 골키퍼에게 기본적으로 요구하는 선방 능력에 더해 제공권 및 박스 장악력도 뛰어나다. 또 패스 성공률이 80.8%에 육박하는 등 전문 미드필더 뺨치는 정확한 킥력을 자랑한다. 하프 라인을 넘기는 정확한 롱드로잉 능력도 보유하고 있다. 심지어 현란한 발기술까지 갖춰 빌드-업에도 구심적 역할을 하며 골키퍼 포지션에 혁명을 가져온 '스위퍼 키퍼'로 평가받고 있다.

만 5세의 어린 나이로 샬케 유소년팀에 입단한 그는 어려서부터 골키퍼 재능을 키웠다. 2011년 여름, 2200만 유로의 이적료와 함께 바이에른 뮌헨으로 이적했고 이는 잔루이지 부폰에 이어 골키퍼로는 역대 2위에 해당하는 금액이다.

슈팅 위치별 선방

3					
38	34	3021	0	0	0
22					

0	1111	81%	63	1	

GK Sven Ulreich

스벤
울라이히

국적 : 독일

슈투트가르트 붙박이 주전 자리를 포기하고 새로운 도전을 위해 바이에른으로 이적했다. 선방능력만큼은 분데스리가에서도 정상급에 해당하며 1군 경험도 풍부하다. 다만 안정감이 다소 떨어지는 편에 속하고, 패스 플레이 등 발밑 기술이 노이어에 비해 부족한 모습이다. 따라서 노이어가 버티고 있는 바이에른의 주전은 힘든 상황이며 지난 시즌 분데스리가에서 1경기 39분 교체출전하는 데 그쳤다.

슈투트가르트 유스 출신으로 2008년 1월, 성인팀에 합류했다. 이후 분데스리가에서만 무려 176경기에 출전하며 경험을 쌓았다. 16세 이하와 19세 이하, 그리고 21세 이하 독일 대표팀에서 뛸 정도로 어린 시절부터 재능을 인정받았다.

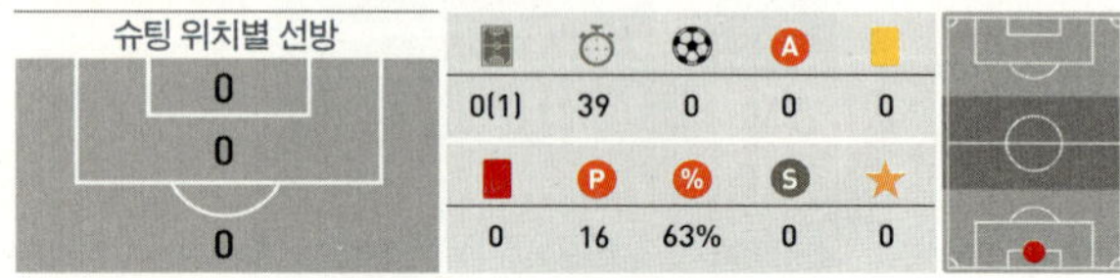

슈팅 위치별 선방

0					
0	0(1)	39	0	0	0
0					

0	16	63%	0	0	

DF Mats Hummels

마츠
훔멜스

국적 : 독일

엄청난 폭풍을 불러일으키며 도르트문트를 떠나 '라이벌' 바이에른의 유니폼을 입었다. 자신이 축구를 시작한 곳, 그리고 가족들이 있는 바이에른으로의 이적이었지만 도르트문트 팬들에게는 상처만을 남겼다. 세계 최고 수준의 태클 능력, 위치 선정, 대인방어, 패싱력, 공중볼까지 다양한 능력을 가지고 있다. 이런 그의 능력이 바이에른을 사로잡았고 제롬 보아텡과 함께 최고의 센터백 듀오를 완성했다.

바이에른 유소년 팀 출신으로 2006년 성인 팀 계약을 했다. 2008년 도르트문트에 임대된 후 2009년 완전 이적하게 됐다. 이후 2010-11시즌 도르트문트의 우승을 도왔으며 리그 최소 실점(22)에 주축이 되며 실력을 꽃 피웠다.

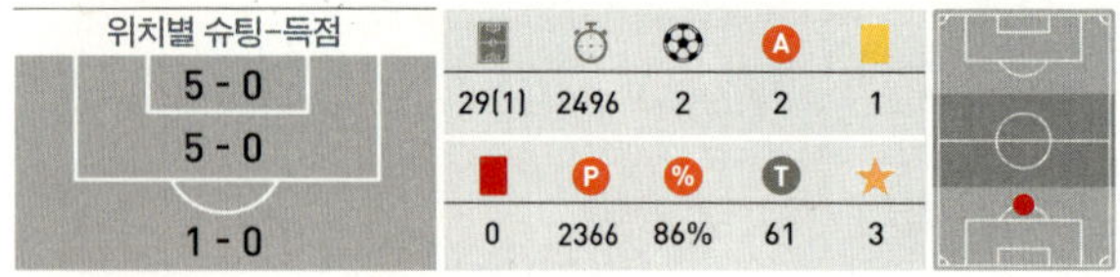

위치별 슈팅-득점

5 - 0					
5 - 0	29(1)	2496	2	2	1
1 - 0					

0	2366	86%	61	3	

DF Rafinha

하피냐

국적 : 브라질

오버래핑과 크로스, 그리고 패스와 볼 키핑에 능한 다재다능한 풀백. 바이에른 입단 후 첫 2시즌 동안 필립 람의 백업 역할을 맡았으나 펩 과르디올라 감독 체제에서 람이 포지션을 변경함에 따라 주전 오른쪽 풀백으로 활약하기 시작했다. 바이에른의 공격 다양성을 가져다줄 자원으로 중용되고 있다. 다만 태클을 비롯해 기본적인 수비력은 바이에른 수비 자원들 중에 다소 떨어진다는 평가를 받고 있다.

코리치바 유스 출신으로 2005년 샬케에 입단하며 분데스리가 정상급 오른쪽 풀백으로 떠올랐다. 독일 축구협회가 람의 후계자로 하피냐 귀화를 고려했지만 브라질 소속으로 FIFA 주관 대회를 출전한 경력이 있어 힘들게 됐다.

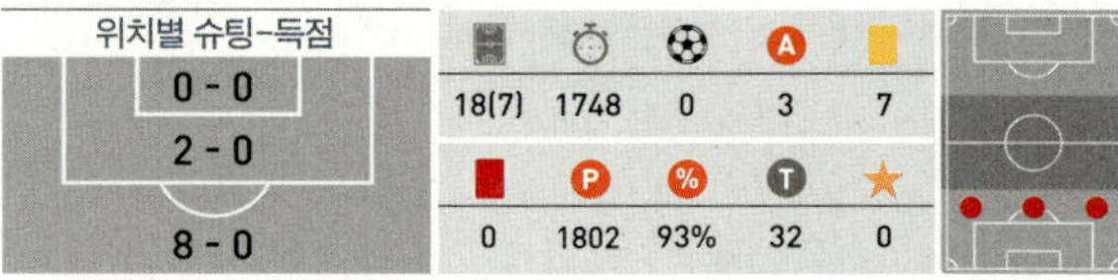

위치별 슈팅-득점

0 - 0					
2 - 0	18(7)	1748	0	3	7
8 - 0					

0	1802	93%	32	0	

DF Jerome Boateng

제롬
보아텡

국적 : 독일

월드클래스 CB. 다재다능한 수비수로 월등한 운동능력과 함께 축구 IQ를 갖춰 탁월한 수비 위치선정을 보여준다. 여기에 정확한 킥도 겸비하고 있다. 노이어와 보아텡이 넓은 수비 범위를 커버해줌에 따라 바이에른의 전술적 다양성을 가져다준다. 강력한 슈팅력과 공격 가담은 보너스다. 그러나 지난 시즌 중반 사타구니 부상으로 약 3개월간 출전하지 못했고, 최근 들어 잦은 부상에 시달리고 있다.

테니스 보루시아 베를린에서 축구를 시작했으며 헤르타 베를린을 통해 프로무대에 데뷔했다. 이후 함부르크, 맨체스터 시티를 거쳐 2011년 바이에른에 입단했다. 2009년에는 독일 대표팀에 승선해 65경기를 소화했다.

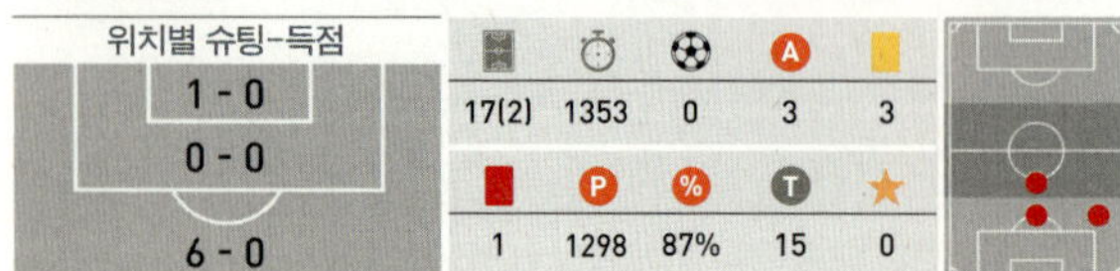

위치별 슈팅-득점

1 - 0					
0 - 0	17(2)	1353	0	3	3
6 - 0					

1	1298	87%	15	0	

DF Juan Bernat

후안
베르낫

국적 : 스페인

훌륭한 드리블 능력과 크로스를 바탕으로 바이에른의 측면을 담당하는 공격형 왼쪽 풀백. 상황에 따라 측면 공격수로도 활용할 정도로 다재다능한 능력을 갖췄다. 기본적으로 수비력도 준수한 편에 속한다. 다만 공격적인 스타일로 인해 수비시 큰 공간을 내주는 경우가 있고 키가 작아 공중전에 약하다. 지난 시즌 사타구니 부상으로 약 2개월간 전력에서 이탈했다.

발렌시아 유스 출신으로 2011년 8월, 프로 무대에 데뷔했다. 데뷔 당시만 하더라도 왼쪽 측면 미드필더로 뛰었으나 2013-14 시즌 풀백으로 보직을 변경하면서 명성을 얻었다. 이후 실력을 인정받아 2014년 바이에른에 입성했다.

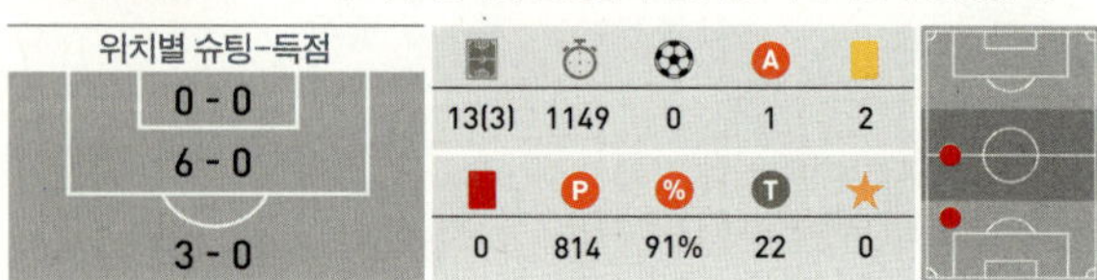

위치별 슈팅-득점

0 - 0					
6 - 0	13(3)	1149	0	1	2
3 - 0					

0	814	91%	22	0	

DF Philipp Lahm

필립
람

엄청난 축구 IQ로 신체적 한계를 극복한 선수. 포지션 이해도가 탁월해 어떤 포지션을 소화하더라도 세계 최고 수준의 활약을 펼친다. 과르디올라 감독은 그에 대해 "내가 지도해 본 선수들 중 가장 똑똑하다. 공격수를 뛰어도 정상급 활약을 펼쳤을 것이다"라고 극찬한 바 있다. 오른쪽 측면 수비수가 주 포지션이지만 상황에 따라 수비형 미드필더로 변신해 팀 전체를 진두지휘하는 모습을 보여준다.

국적 : 독일

어려서부터 뛰어난 실력을 갖췄음에도 미래가 불투명한 선수로 평가받았다. 익명의 감독이 돈 아깝다며 기름 값을 물어달라고 요청한 적이 있을 정도였지만 그는 세계 최고의 선수로 성장했다. 브라질 월드컵 우승 직후 대표 팀에서 은퇴했다.

위치별 슈팅-득점

0 - 0
8 - 1
2 - 0

		득점	A	경고
25(1)	2200	1	1	3
퇴장	P	%	T	★
0	1988	91%	23	1

DF David Alaba

다비드
알라바

뛰어난 신체조건에 탁월한 운동능력을 보유하고 있다. 기술적으로도 높은 완성도를 자랑하고 있으며, 강력한 왼발 킥을 보유한 멀티플레이어. 측면 수비수와 중앙 수비수, 측면 미드필더, 그리고 중앙 미드필더에 이르기까지 거의 모든 포지션을 완벽에 가깝게 소화할 수 있다. 약점을 찾아볼 수 없는 선수. 또한, 오스트리아 대표팀 소속으로 2014 월드컵 예선에서 팀 내 최다골(6골)을 기록하는 등 득점력도 갖췄다.

국적 : 오스트리아

나이지리아(부친)-필리핀(모친) 혼혈로 오스트리아 수도 비엔나에서 태어났다. 아직 만 23세이지만 2011년부터 2015년까지 5회 연속 오스트리아 올해의 선수상에 오르며 쟁쟁한 선배들을 제치고 최다 수상의 영예를 안았다.

위치별 슈팅-득점

0 - 0
7 - 1
21 - 0

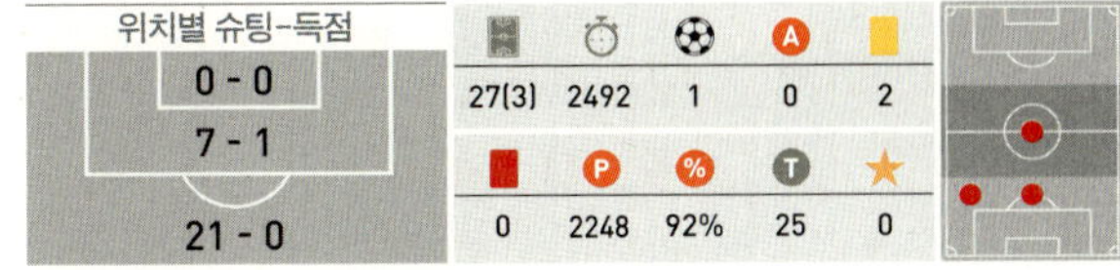

		득점	A	경고
27(3)	2492	1	0	2
퇴장	P	%	T	★
0	2248	92%	25	0

DF Holger Badstuber

홀거
바드슈투버

유소년 시절 포지션이 미드필더였을 정도로 정확한 왼발 킥과 안정적인 볼 키핑을 구사한다. 패싱 능력에서는 바이에른 중앙 수비수들 중 가장 뛰어나다고 할 수 있다. 게다가 실수도 적어 안정감을 준다. 다만 스피드가 빠른 공격수에게 열세를 보이며, 무엇보다도 두 차례나 십자인대 파열 부상을 당한 이후 잦은 부상에 시달리고 있다. 지난 시즌 역시 대퇴근 부상 등으로 고작 7차례밖에 경기에 나서지 못했다.

국적 : 독일

바이에른의 유소년 팀을 거쳐 프로무대에 데뷔했다. 2009년에 프로무대에 데뷔했고 독일의 각급 대표 팀을 거치며 능력을 인정받았다. 그러나 2012년 십자인대 파열 이후 자신이 가진 재능을 마음껏 보여주지 못하고 있다.

위치별 슈팅-득점

0 - 0
3 - 0
0 - 0

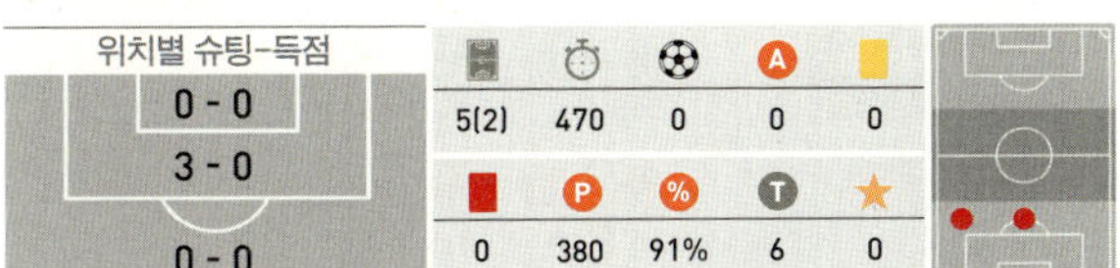

		득점	A	경고
5(2)	470	0	0	0
퇴장	P	%	T	★
0	380	91%	6	0

MF Thiago Alcántara

티아구
알칸타라

정확하면서도 위협적인 패스가 가장 큰 무기다. 패스 플레이에 능한 바이에른 선수들 중에서도 단연 최정상급 패스 실력을 보여준다. 게다가 다양하면서도 화려한 드리블 능력도 보유하고 있다. 탁월한 집중력 또한 갖춰 실수가 적다. 그러나 선수 경력 내내 부상이 따라다니고 있다. 2014년 당한 십자인대 파열로 인해 1년 동안 그라운드를 떠난 이후 굵직한 부상에 힘겨워 하고 있다. 지난 시즌도 마찬가지.

국적 : 스페인

바르셀로나 유스 출신으로 스승 과르디올라 감독과 함께 2013년 바이에른에 입단했다. 그의 부친은 1994년 미국 월드컵 당시 브라질 우승 주역이었던 마지뉴이고, 그의 동생은 바르셀로나 공격형 미드필더 하피냐다.

위치별 슈팅-득점

1 - 1
11 - 1
18 - 0

		득점	A	경고
16(11)	1637	2	3	2
퇴장	P	%	T	★
0	1578	88%	69	3

MF Franck Ribéry

프랑크
리베리

2015년 3월 13일 발목이 부러져 265일 간 결장하는 바람에 지난 시즌 농사를 망쳤다. 2013-14 시즌을 기점으로 잦은 부상이 문제였다. 올 시즌은 일단 정상 컨디션으로 출발했다. 다치지 말고 시즌을 끝까지 유지해야 한다. '몸 상태가 정상일 경우' 그는 월드스타의 능력을 선보인다. 폭발적인 스피드, 환상적인 드리블, 정확한 중거리 슈팅, '핀-포인트 패스', 경기 조율, 다양한 득점 루트, 저돌적인 플레이 등 완벽하다.

국적 : 프랑스

빈민촌 출신으로 어린 시절 하부 리그를 전전했으나 2004년 여름 FC 메스 입단을 기점으로 축구에 눈을 뜨기 시작했다. 이후 갈라타사라이와 마르세유를 거쳐 바이에른에 입단하며 월드스타로 떠올랐다. 최근에는 부상으로 주춤했다.

위치별 슈팅-득점

0 - 0
9 - 2
4 - 0

		득점	A	경고
6(7)	683	2	3	1
퇴장	P	%	T	★
0	514	81%	1	1

MF Javi Martinez

하비
마르티네스

뛰어난 헤딩과 가로채기 능력을 보여주는 수비수. 정확한 태클과 몸싸움을 마다하지 않는 적극적인 플레이가 그를 빛나게 한다. 센터백이 주 포지션이지만 수비형 미드필더까지 소화할 수 있다. 그러나 지난 2014년 당한 십자인대 파열로 장기 결장하면서 지난 시즌에는 많은 경기를 소화하지 못했다. 하지만 올 시즌 완벽히 컨디션을 끌어올리며 주전 경쟁에 불을 지필 것으로 보인다.

국적 : 스페인

오사수나 B팀을 통해 프로 무대에 데뷔했고 아틀레틱 빌바오에서 꽃을 피웠다. 이 사이 스페인 대표팀에도 발탁됐으며 지난 2012년 4000만 유로라는 거액의 이적료를 통해 바이에른 유니폼을 입었다.

위치별 슈팅-득점

0 - 0
1 - 1
12 - 0

		득점	A	경고
11(5)	1104	1	1	2
퇴장	P	%	T	★
0	908	90%	24	1

MF Xabi Alonso

사비 알론소

월드클래스 미드필더이자, 패스 마스터. 부지런한 움직임과 안정적인 볼 키핑, 그리고 정확한 패스를 선보인다. 지난 시즌 91%의 패스 정확도를 보여주며 여전한 패싱력을 과시했고, 대지를 가르는 후방 패스도 여전하다. 또한, 카리스마 넘치는 플레이와 기습적인 중거리 슈팅도 위협적. 다만 스피드가 떨어지고 탈압박 능력이 약한 편이기에 상대팀의 집중 공략을 당할 경우 팀 전체의 경기를 망치는 경향이 있다.

국적 : 스페인

레알 소시에다드 유소년 팀을 거쳐 프로에 데뷔. 2004년 리버풀로 이적했고 첫 시즌 UCL 트로피를 들어 올린다. 2009년 레알 마드리드를 거쳐 2014년 바이에른 유니폼을 입었다. 스페인 국가대표로 114경기에 출전한 레전드다.

위치별 슈팅-득점

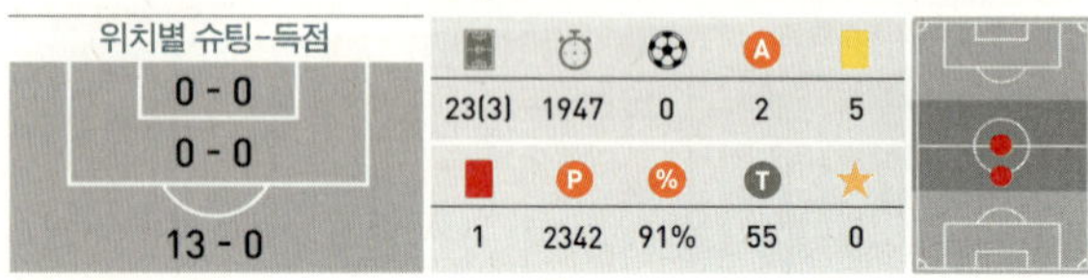

위치			경기수	출전시간	득점	A	경고
0 - 0			23(3)	1947	0	2	5
0 - 0			퇴장	P	%	T	★
13 - 0			1	2342	91%	55	0

MF Arturo Vidal

아르투로 비달

엄청난 활동량을 바탕으로 그라운드 구석구석을 누비는 만능형 미드필더. 정확한 패싱 능력까지 장착했으며, 결정적인 순간에 자신이 직접 득점하는 모습까지 갖췄다. 또한, 투지 넘치는 태클을 자랑한다. 다소 투박한 플레이 스타일을 제외하고는 약점을 찾기 어려운 선수. 이런 그의 플레이가 바이에른을 사로잡았다. 단지 투지가 지나쳐 거친 파울을 범해 팀에 악영향을 주는 경우가 종종 벌어진다.

국적 : 칠레

칠레 명문 콜로-콜로에서 프로에 데뷔했고 2007년 레버쿠젠에 입단하면서 유럽무대에 진출했다. 이후 유벤투스를 거쳐 2015년 바이에른 입단으로 분데스리가로 복귀하게 됐다. 칠레 국가대표로 활약하며 최근 코파 2연패를 달성했다.

위치별 슈팅-득점

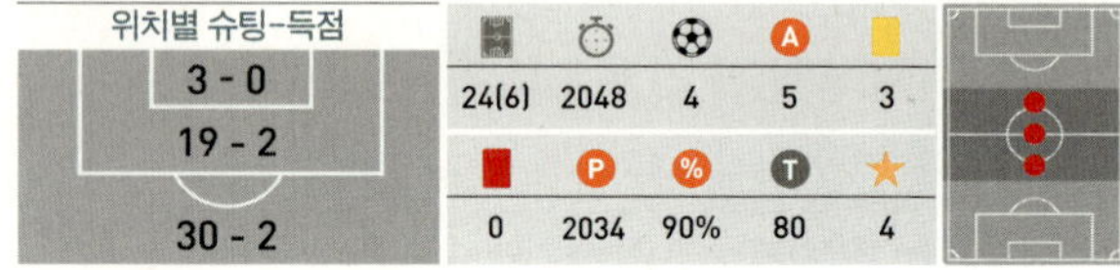

위치			경기수	출전시간	득점	A	경고
3 - 0			24(6)	2048	4	5	3
19 - 2			퇴장	P	%	T	★
30 - 2			0	2034	90%	80	4

MF Kingsley Coman

킹슬리 코망

유벤투스에서 바이에른으로 임대 이적해 맹활약하고 있는 측면 미드필더. 상대 측면을 무너뜨리는 화려한 드리블 능력이 최대 무기다. 지난 시즌 4골 6도움을 기록하며 바이에른 측면에 신선한 충격을 주었다. 아직 만 20세인 그는 여전히 더 큰 능력을 발휘할 수 있을 것으로 기대받고 있다. 다만, 어린 나이 때문인지 기복이 있으며 거친 플레이에 대응하지 못하는 모습을 보이곤 한다.

국적 : 프랑스

16세 8개월에 PSG에서 프로 데뷔했으며 이는 PSG 역사상 최연소 출전이었다. 지난 2014년 유벤투스로 이적했고 이듬해 바이에른으로 임대를 떠났다. 지난 유로 2016에서 프랑스 대표팀에 발탁돼 6경기를 소화했다.

위치별 슈팅-득점

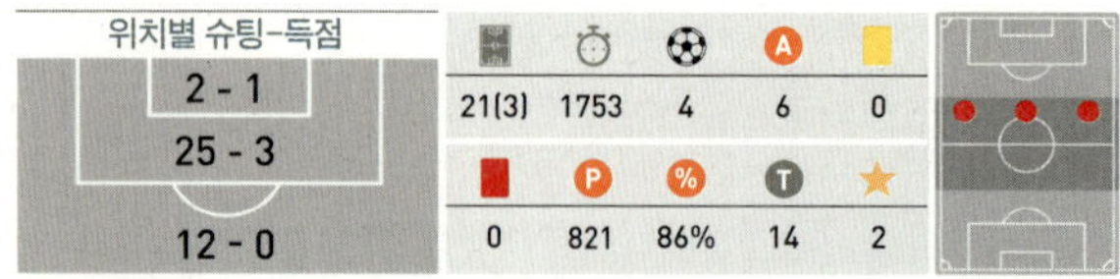

위치			경기수	출전시간	득점	A	경고
2 - 1			21(3)	1753	4	6	0
25 - 3			퇴장	P	%	T	★
12 - 0			0	821	86%	14	2

MF Joshua Kimmich

조슈아 킴미히

중앙 미드필더, 측면 미드필더, 중앙 수비수, 측면 수비수까지 소화할 수 있는 팔방미인. 지난 시즌 중앙 수비수 자원들의 줄부상으로 인해 1번 대체자로 경기에 나섰을 만큼 그의 다재다능한 능력은 큰 인정을 받고 있다. 안정감을 주는 차분한 플레이가 그의 최고 장점이며 정확도 높은 날카로운 패스가 상대를 위협한다. 단지 아직까지는 대인방어 능력에서 아쉬움을 남긴다.

국적 : 독일

슈투트가르트에서 프로 데뷔했고 라이프치히 임대 생활 중 잠재된 능력을 꺼내 보였다. 2015년 큰 기대와 함께 바이에른으로 이적했다. 독일 각급 대표팀을 모두 거쳤고 유로 2016, 2018 월드컵 예선을 통해 성인 무대서도 활약 중.

위치별 슈팅-득점

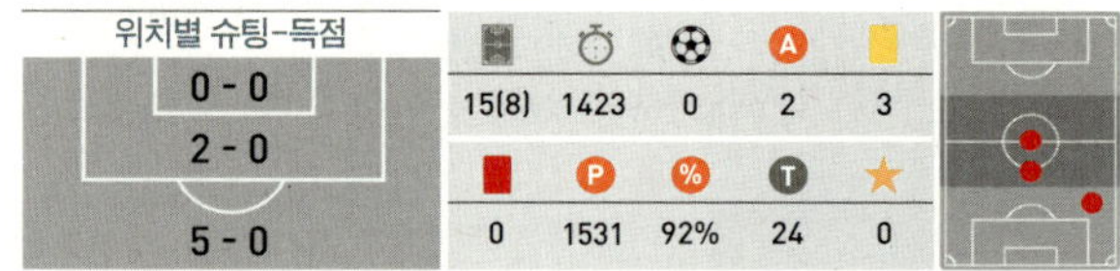

위치			경기수	출전시간	득점	A	경고
0 - 0			15(8)	1423	0	2	3
2 - 0			퇴장	P	%	T	★
5 - 0			0	1531	92%	24	0

MF Renato Sanches

헤나투 산체스

유로 2016이 낳은 최고의 신성. 올 시즌 가장 큰 관심을 받고 있는 바이에른의 신입생으로 폭넓은 활동량, 월등한 신체 조건을 바탕으로 화려한 드리블과 준수한 태클 능력을 갖춰 공수 모두 기여할 수 있는 미드필더다. 특히, 날카로운 패스와 빠른 발을 이용한 침투가 큰 무기다. 이제 만 19세에 불과하지만 바이에른의 마음을 사로잡기 충분했고 3500만 유로라는 거금을 지출한 끝에 영입했다.

국적 : 포르투갈

벤피카에서 프로에 데뷔했고, 올 시즌을 앞두고 바이에른에 입단했다. 유로2016서 대회 역대 최연소 토너먼트 골(만 18세 10개월 12일)과 최연소 결승 선발 출전(만 18세 10개월 22일)을 기록, 포르투갈에 메이저 대회 첫 우승을 선사했다.

위치별 슈팅-득점

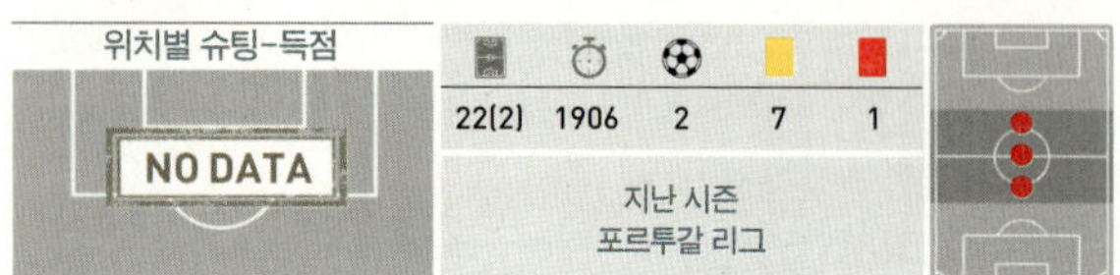

NO DATA

위치		경기수	출전시간	득점	경고	퇴장
		22(2)	1906	2	7	1

지난 시즌
포르투갈 리그

FW Robert Lewandowski

로베르트 레반도프스키

'인간계 최강'의 공격수. 크리스티아누 호날두(레알 마드리드)와 함께 완벽한 스트라이커로 불린다. 레반도프스키는 박스 안에서 정말 효율적으로 움직인다. 골 냄새를 기가 막히게 맡고 기회 때 정말 무섭도록 침착하게 마무리 짓는다. 폭발적인 슈팅, 세밀한 터치, 타점 높은 헤딩 등 다양한 루트로 골을 터뜨린다. 역습의 출발점과 종착점 역할을 다 해낼 수 있다. 지난 시즌 피에르 오바메양을 따돌리고 득점왕에 올랐다.

국적 : 폴란드

2009-10 시즌 레흐 포즈난에서 폴란드 리그 득점왕을 차지한 후 도르트문트로 이적했고, 2013-14 시즌 분데스리가 득점왕을 차지한 후 함께 바이에른에 입단했다. 폴란드 국가대표의 간판 공격수고, 유로 2016에도 출전했다.

위치별 슈팅-득점

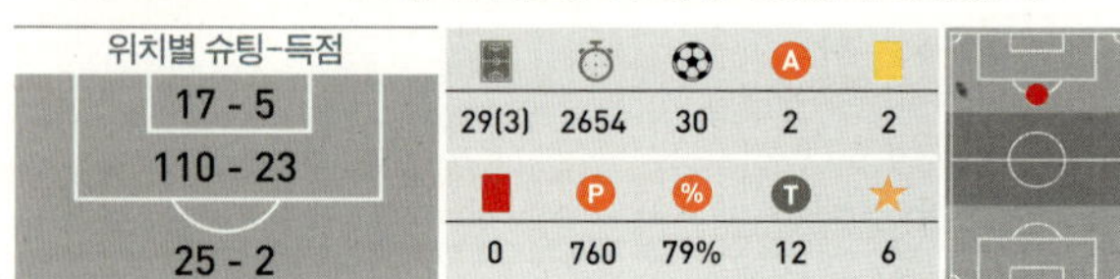

위치			경기수	출전시간	득점	A	경고
17 - 5			29(3)	2654	30	2	2
110 - 23			퇴장	P	%	T	★
25 - 2			0	760	79%	12	6

FW Arjen Robben

세계 최고의 윙어. 왼발 스페셜리스트로 뛰어난 드리블과 강력한 킥을 바탕으로 상대 측면 수비수를 공포에 떨게 한다. 오른쪽에서 중앙을 향한 빠른 돌파 후 이어지는 왼발 슈팅이 전매특허다. 드리블 타이밍이 독특해 상대 선수들이 그의 침투 패턴을 알면서도 막지 못하는 모습을 연출한다. 날카로운 컷-인 플레이도 강점. 문제는 부상. 지난 시즌 역시 종아리, 사타구니에 부상이 발생하며 출전 횟수가 많지 않았다.

아르연
로번

흐로닝언 유스 출신으로 PSV 아인트호벤과 첼시, 그리고 레알 마드리드를 거쳐 2009년 바이에른에 입단했다. 그는 어린 시절부터 재능을 뽐냈고 만 19세의 나이에 네덜란드 성인 대표팀에 발탁돼 A매치 88경기 30골을 기록 중이다.

국적 : 네덜란드

위치별 슈팅-득점		
2 - 2		
33 - 1		
17 - 1		

경기수	출전시간	득점	A	경고
14(1)	1101	4	1	1
퇴장	P	%	T	★
0	572	80%	4	1

FW Douglas Costa

두 에이스 로벤과 리베리가 잦은 부상에 시달리자 이들의 대체 자원으로 샤흐타르에서 3000만 유로의 거액을 들여 영입한 측면 공격수. 빠른 스피드와 뛰어난 드리블 능력을 동시에 보유하고 있고, 강력하면서도 정확한 왼발을 자랑한다. 이런 능력은 바이에른에서까지 이어졌고 로벤과 리베리의 주전 자리를 위협하는 공격 자원으로 자리 잡았다. 지난 시즌에는 9도움을 기록하며 팀 내 최다 도움을 기록했다.

더글라스
코스타

그레미우에서 프로에 데뷔했고 샤흐타르를 통해 유럽 무대에 등장했다. UCL을 통해 강렬한 인상을 남겼고 2014년 브라질 성인 대표팀에 입성했다. 이를 눈여겨본 바이에른은 2015년 그를 거액에 영입했다.

국적 : 브라질

위치별 슈팅-득점		
2 - 1		
23 - 3		
39 - 0		

경기수	출전시간	득점	A	경고
23(4)	1973	4	9	1
퇴장	P	%	T	★
0	939	80%	19	3

FW Thomas Müller

이만큼 꾸준히 실력을 발휘하는 공격수가 있을까? 화려한 기술을 보유하고 있진 않지만 뛰어난 축구 IQ와 타의 추종을 불허하는 뛰어난 위치선정 능력을 바탕으로 매 시즌 두 자릿수의 골과 도움을 동시에 기록하고 있다. 눈에 잘 띄지 않는 편에 속하지만 부지런한 움직임으로 매 시즌 120%의 역할을 해내는 선수. 측면, 중앙을 가리지 않는 공격능력이 있고 중앙 미드필더까지 소화할 수 있다.

토마스
뮐러

바이에른 유스 출신으로 어려서부터 뛰어난 득점력으로 주목을 받았다. 첫 월드컵 무대였던 2010 남아공 월드컵에서 5골 3도움을 기록하며 득점왕과 신인왕을 동시에 차지했다. 만 26세에 불과하지만 벌써 월드컵 10골을 기록 중에 있다.

국적 : 독일

위치별 슈팅-득점		
10 - 7		
63 - 13		
21 - 0		

경기수	출전시간	득점	A	경고
26(5)	2345	20	5	4
퇴장	P	%	T	★
0	1056	77%	25	3

BORUSSIA DORTMUND

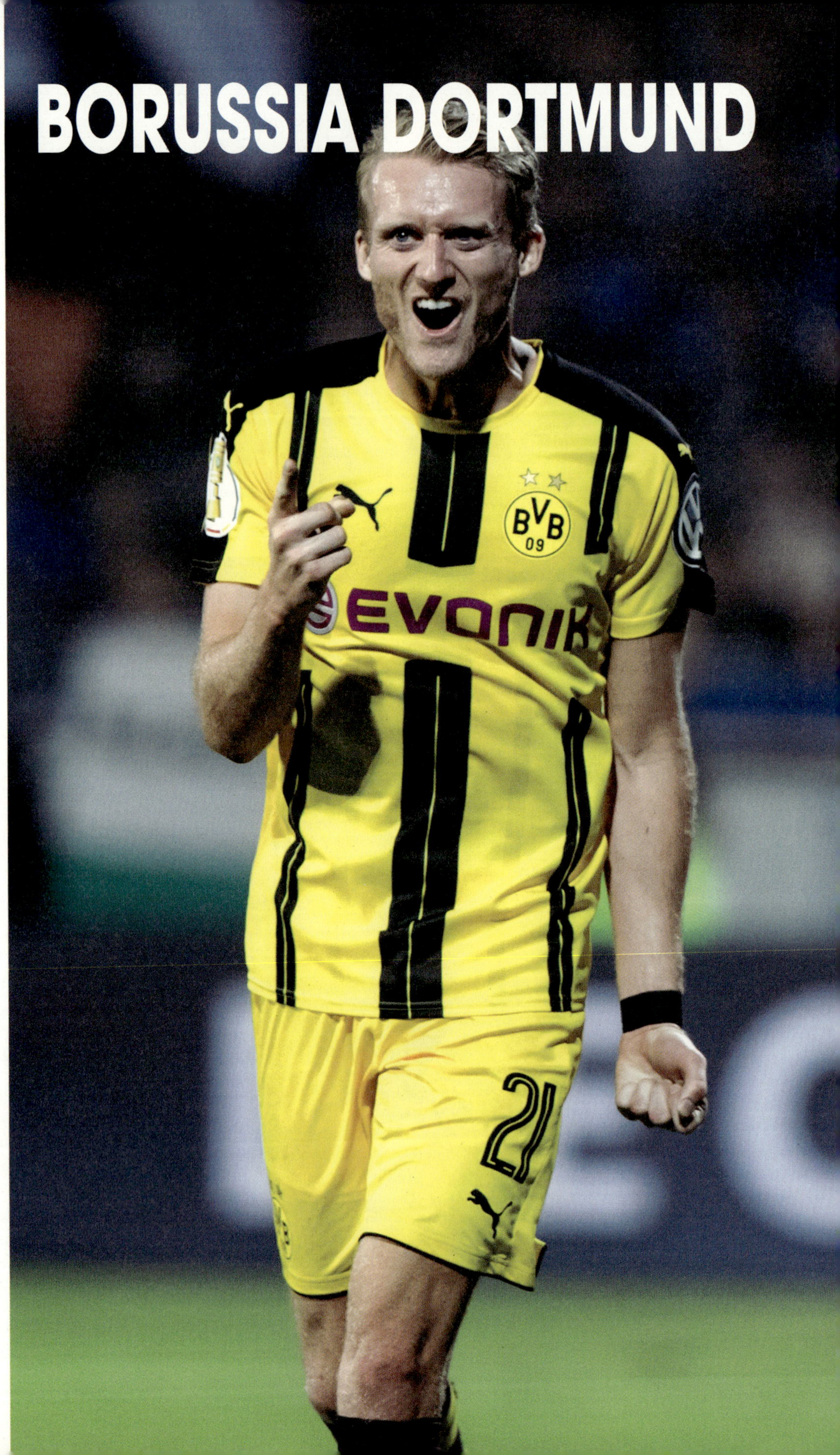

구단 소개

구단 창립 : 1909년
홈구장 : 시그날 이두나 파크
감독 : 토마스 투헬
2015-16시즌 : 2위(승점 78점)
24승 6무 4패 82득점 34실점
닉네임 : Die Borussen

주요대회 우승횟수

8	GERMAN BUNDESLIGA	3	GERMAN DFB POKAL
1	UEFA CHAMPIONS LEAGUE	0	UEFA EUROPA LEAGUE
0	FIFA CLUB WORLD CUP	1	UEFA-CONMEBOL INTERCONTINENTAL

UNIFORM

Home

Away

2년차 맞은 투헬 체제의 도르트문트
바이에른 뮌헨의 5연패 우리가 막는다!

2015-16 SEASON REVIEW

바이에른 뮌헨의 독주를 막지는 못했지만 충분히 인상적이었던 시즌이었다. 오랜 시간 도르트문트의 영광을 함께했던 클롭 감독이 떠났지만 투헬 감독 체제가 생각보다 빠르게 자리를 잡으면서 인상적인 경기력을 보여줬다. 특히 오바메양 (25골-5도움), 로이스(12골-3도움), 미키타리안(11골-15도움) 등이 공격진에서 맹활약했고, 뮌헨을 제치고 시즌 최다 득점 팀으로 등극했다. 결국 도르트문트는 24승 6무 4패 82골 34실점 승점 78점으로 뮌헨과 2강 체제를 구축하며 준우승을 차지했다. 3위 레버쿠젠과는 무려 승점 18점차였다.

SUMMER TRANSFER

그야말로 폭풍영입이었다. 주축 선수인 훔멜스, 미키타리안, 귄도간이 떠나면서 새로운 대체자가 절실했고, 무려 9명의 선수들을 영입하며 새로운 스쿼드를 만들었다. 투헬 감독은 작정한 듯 이적 시장 초반부터 영입을 성공시켰고, 괴체, 바르트라, 게레이로, 로데, 메리노, 부루니치, 쉬얼레, 뎀벨레, 모르를 영입하며 전체적인 스쿼드를 강화했다. 특히 뮌헨에서 활약하다가 돌아온 괴체에 많은 기대를 걸고 있고, 이와 함께 독일 국가대표 공격수 쉬얼레가 미키타리안의 공백을 메워줘야 한다. 훔멜스의 공백은 바르트라가 메운다.

2016-17 SEASON OUTLOOK

여전히 뮌헨은 강하다. 그러나 도르트문트도 만만치 않다. '캡틴'이었던 훔멜스의 공백이 크게 느껴지지만 바르셀로나 출신의 수비수 바르트라가 잠재력을 폭발시킨다면 가능성은 충분하다. 여기에 괴체, 쉬얼레가 공격진에서 얼마만큼 역할을 해주는지가 중요하고, 기존 에이스인 오바메양과 로이스의 활약도 매우 중요하다. 일단 전체적인 스쿼드의 두께는 확실히 늘어났다. 챔피언스리그와 리그를 병행하는 도르트문트에게는 상당히 중요한 일이고, 새로 영입된 선수들과 기존 선수들의 호흡만 잘 맞는다면 뮌헨의 최대 대항마는 도르트문트가 될 것이다.

감독 토마스 투헬(Thomas Tuchel)

바인치얼과 함께 독일의 미래를 책임질 만 43세의 젊은 감독. 아우크스부르크 2군팀 감독을 시작으로 2009년 클롭과 안데르센에 이어 마인츠 지휘봉을 잡았다. 마인츠는 그가 부임했던 5시즌 동안 65승 44무 61패 승점 239점을 올리며 바이에른(389점)과 도르트문트(350점), 레버쿠젠(307점), 샬케(288점)에 이어 5번째로 많은 승점을 기록했다. 지난 시즌을 앞두고 7년간 도르트문트의 황금기를 이끈 클롭의 뒤를 이어 도르트문트 감독직에 부임했고, 첫 시즌부터 인상적인 지도력을 펼치며 클롭의 축구를 계승, 발전시킬 적임자라는 평가를 받았다. 그는 기상천외한 트레이닝 방식을 통해 선수들을 육성해낼 뿐 아니라 다양한 전술을 적재적소에 활용한다.

PROFILE
- 출 생 : 1973.8.29
- 국 적 : 독일
- 계 약 : 2018.6.30

STADIUM

Signal Iduna Park

구장 오픈 : 1974년
구장 개축 : 1992, 1999, 2003, 2006년
구장 소유 : 보루시아 도르트문트 GmbH
수용 인원 : 8만 1,359명
피치 규모 : 105m × 68m
잔디 종류 : 천연 잔디

SQUAD LIST

위치	번호	이름	국적	신장	체중	생년월일
GK	1	Roman Weidenfeller	GER	188	85	06-08-80
	38	Roman Bürki	SUI	185	83	14-11-90
	39	Hendrik Bonmann	GER	191	76	22-01-94
DF	3	Park Joo-Ho	KOR	176	71	16-01-87
	4	Neven Suboti	SRB	193	88	10-12-88
	5	Marc Bartra	ESP	184	75	15-01-91
	13	Raphaël Guerreiro	POR	170	67	22-12-93
	25	Sokratis Papastathopoulos	GRE	183	82	09-06-88
	26	Łukasz Piszczek	POL	184	73	03-06-85
	28	Matthias Ginter	GER	187	82	19-01-94
	29	Marcel Schmelzer	GER	181	74	22-01-88
	37	Eric Durm	GER	183	73	12-05-92
MF	6	Sven Bender	GER	185	72	27-04-89
	8	Nuri Şahin	TUR	180	73	05-09-88
	9	Emre Mor	TUR	168	60	24-07-97
	10	Mario Götze	GER	176	64	03-06-92
	11	Marco Reus	GER	180	75	31-05-89
	18	Sebastian Rode	GER	179	67	11-10-90
	21	André Schürrle	GER	175	63	06-11-90
	22	Christian Pulisic	USA	173	63	18-09-98
	23	Shinji Kagawa	JPN	172	63	17-03-89
	24	Mikel Merino	ESP	188	78	22-06-96
	27	Gonzalo Castro	GER	170	74	11-06-87
	30	Felix Passlack	GER	170	74	29-05-98
	32	Dzenis Burni	GER	185	70	22-05-98
	33	Julian Weigl	GER	186	70	08-09-95
FW	7	Ousmane Dembélé	FRA	177	61	15-05-97
	17	Pierre-Emerick Aubameyang	GAB	185	74	18-06-89
	20	Adrián Ramos	COL	185	72	22-01-86

2016-17 SEASON SCHEDULE

날짜	장소	상대팀	날짜	장소	상대팀
27/AUG	H	1. FSV Mainz 05	27/JAN	A	1. FSV Mainz 05
10/SEP	A	RB Leipzig	03/FEB	H	RB Leipzig
17/SEP	H	SV Darmstadt 98	10/FEB	A	SV Darmstadt 98
20/SEP	A	VfL Wolfsburg	17/FEB	H	VfL Wolfsburg
23/SEP	H	SC Freiburg	24/FEB	A	SC Freiburg
01/OCT	A	Bayer Leverkusen	03/MAR	H	Bayer Leverkusen
14/OCT	H	Hertha BSC	10/MAR	A	Hertha BSC
22/OCT	A	FC Ingolstadt 04	17/MAR	H	FC Ingolstadt 04
29/OCT	H	FC Schalke 04	31/MAR	A	FC Schalke 04
05/NOV	A	Hamburger SV	03/APR	H	Hamburger SV
19/NOV	H	Bayern Munchen	07/APR	A	Bayern Munchen
26/NOV	A	Eintracht Frankfurt	14/APR	H	Eintracht Frankfurt
02/DEC	H	Bor. Monchengladbach	21/APR	A	Bor. Monchengladbach
09/DEC	A	1. FC Koln	28/APR	H	1. FC Koln
16/DEC	A	1899 Hoffenheim	05/MAY	H	1899 Hoffenheim
19/DEC	H	FC Augsburg	13/MAY	A	FC Augsburg
20/JAN	A	Werder Bremen	20/MAY	H	Werder Bremen

RANK OF LAST 5 YEARS

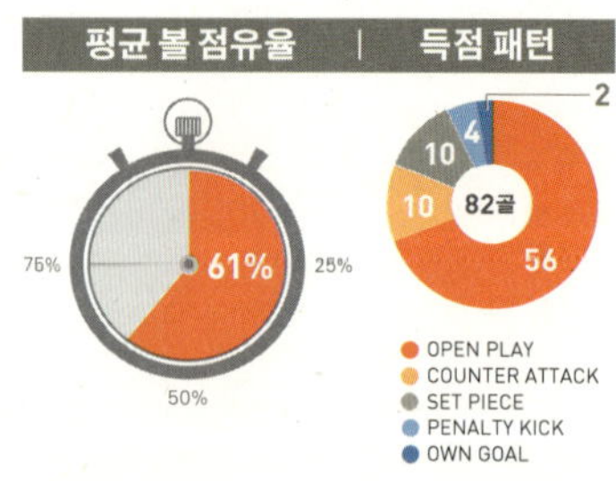

STRENGTHS & WEAKNESSES

OFFENSE		DEFENSE	
직접 프리킥	C	세트피스 수비	B
문전 처리	A	상대 볼 뺏기	C
측면 돌파	A	공중전 능력	D
스루볼 침투	B	역습 방어	C
개인기 침투	B	지공 방어	E
카운터 어택	C	스루패스 방어	D
기회 만들기	C	리드 지키기	C
세트피스	B	실수 조심	C
OS 피하기	C	측면 방어력	C
중거리 슈팅	C	파울 주의	C
볼 점유율	A	중거리슛 수비	C

매우 강함 **A**　강한 편 **B**　보통 수준 **C**　약한 편 **D**　매우 약함 **E**

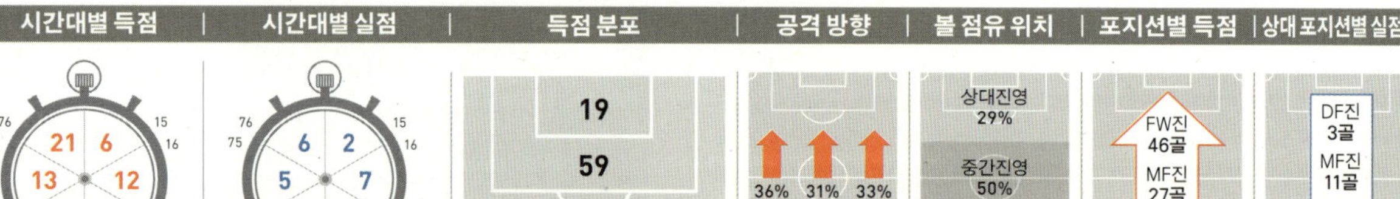

FORMATION

TOTO GUIDE 지난 시즌 상대팀별 전적

상대팀	홈	원정
Bayern Munich	0-0	1-5
Leverkusen	3-0	1-0
Monchengladb.	4-0	3-1
Schalke 04	3-2	2-2
FSV Mainz 05	2-0	2-0
Hertha Berlin	3-1	0-0
Wolfsburg	5-1	2-1
FC Koln	2-2	1-2
Hamburger SV	3-0	1-3
Ingolstadt	2-0	4-0
FC Augsburg	5-1	3-1
Werder Bremen	3-2	3-1
Darmstadt	2-2	2-0
Hoffenheim	3-1	1-1
Frankfurt	4-1	0-1
Stuttgart	4-1	3-0
Hannover 96	1-0	4-2

GK Roman Weidenfeller

1

로만
바이덴펠러

36세의 베테랑 골키퍼로 오랜 기간 분데스리가 정상급 골키퍼 자리를 굳건히 지키고 있었지만 지난 시즌 뷔어키에게 주전 수문장 자리를 내줬다. 그러나 백업 골키퍼로서 바이덴펠러는 여전히 유용하다. 풍부한 경험을 바탕으로 안정적인 선방 능력을 보이는 것은 물론 반사신경, 집중력도 여전히 좋다. 물론 전성기에 비해 민첩성이 떨어지면서 흔한 중거리 슈팅을 막지 못하는 모습을 보였다.

국적 : 독일

명골키퍼를 숱하게 배출한 카이저슬라우턴 유스 출신으로 2002년 도르트문트로 이적해 주전 자리를 꿰찼다. 독일 U-21 대표 출신이고, 2013년 11월 잉글랜드와의 평가전에서 독일 역대 최고령의 나이로 국가대표팀 데뷔전을 치렀다.

슈팅 위치별 선방

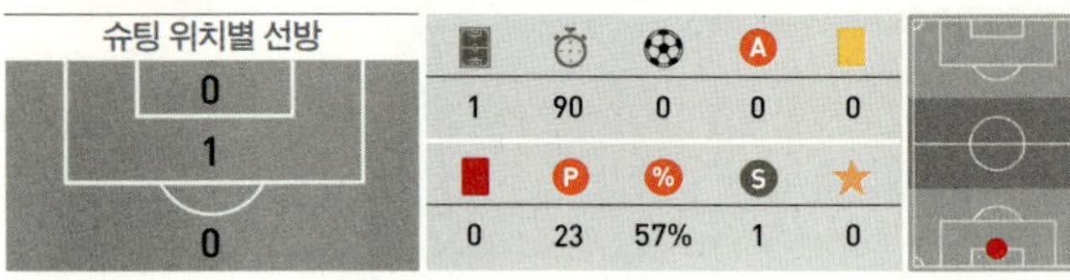

| 0 | 1 | 0 |

경기수	출전시간	득점	도움	경고
1	90	0	0	0

퇴장	패스시도	패스성공률	GK선방	MOM
0	23	57%	1	0

GK Roman Bürki

38

로만
뷔어키

도르트문트의 새로운 주전 수문장. 지난 시즌 리그 33경기에 출전해 연일 선방쇼를 펼치며 도르트문트의 최후방을 든든하게 지켰다. 뷔어키는 반사신경만큼은 타의 추종을 불허하는 골키퍼고, 슈퍼세이브를 자주 연출한다. 점프력도 좋아 제공권도 준수한 편에 속한다. 다만 프라이부르크와는 달리 도르트문트는 슈팅 허용 횟수가 많지 않기에 끝까지 집중력을 유지할 필요가 있다.

국적 : 스위스

영 보이스 유스 출신으로 FC 툰, 샤프하우젠, 그라스호퍼, 프라이부르크를 거쳐 2015년 여름 도르트문트로 입성했다. 스위스 U-21 대표 출신으로 현재는 국가대표다. 그의 동생 마르코 뷔어키는 수비수로 현재 FC 툰에서 뛰고 있다.

슈팅 위치별 선방

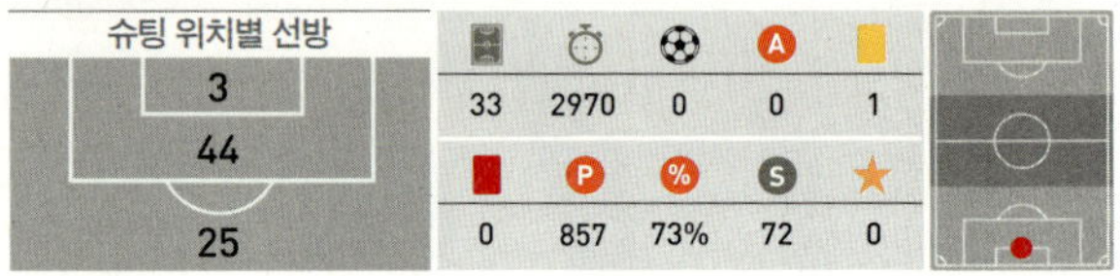

| 3 | 44 | 25 |

경기수	출전시간	득점	도움	경고
33	2970	0	0	1

퇴장	패스시도	패스성공률	GK선방	MOM
0	857	73%	72	0

DF Park Joo-Ho

3

박주호

한국 국가대표 측면 수비수. 측면 수비수는 물론 측면 미드필더, 중앙 미드필더로도 활약할 수 있는 멀티플레이어다. 지난 시즌을 앞두고 스승 투헬 감독을 따라 마인츠에서 도르트문트로 이적했지만 기회를 잡지 못했다. 박주호는 높은 축구 IQ를 바탕으로 상당히 공을 영리하게 찬다. 발이 아주 빠르지는 않지만 부지런한 움직임과 영리한 수비로 팀에 기여하고, 정교한 패싱력을 갖추고 있다. 슈팅도 좋은 편이다.

국적 : 대한민국

일본 J리그 미토 홀리호크에서 프로 데뷔. 이후 가시마 앤틀러스, 주빌로 이와타를 거쳐 2011년 스위스 명문 바젤로 이적하며 유럽 무대 입성. 이후 마인츠와 도르트문트에서 활약했다. 2010년부터 한국 국가대표로 활약하고 있다.

위치별 슈팅-득점

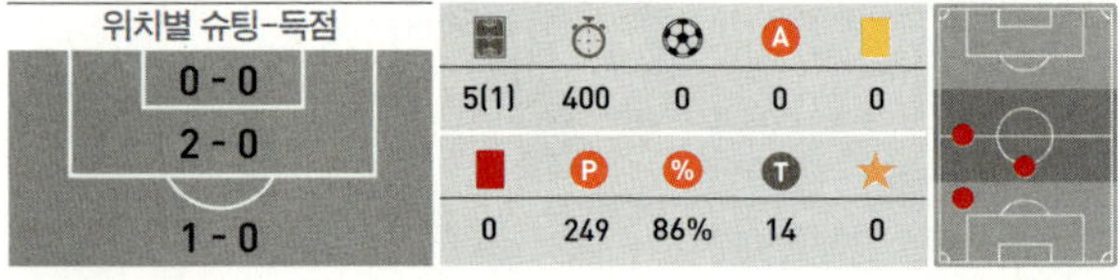

| 0 - 0 | 2 - 0 | 1 - 0 |

경기수	출전시간	득점	도움	경고
5(1)	400	0	0	0

퇴장	패스시도	패스성공률	태클성공	MOM
0	249	86%	14	0

DF Marc Bartra

5

마르크
바르트라

바이에른으로 떠난 훔멜스의 대체자로 영입된 스페인 출신의 센터백. 바르셀로나 유스 출신답게 후방 빌드-업이 좋은 수비수고, 패싱력과 영리한 수비를 자랑한다. 종종 어이없는 실수를 범해 바르셀로나에서는 살아남지 못했지만 꾸준한 기회만 잡는다면 정상급 센터백으로 자리 잡을 수 있다. 발이 빨라 넓은 커버 범위를 자랑하고, 태클 능력도 좋은 편이다. 다만 몸싸움에 강한 편은 아니고, 경기력에 기복이 있다.

국적 : 스페인

바르셀로나 유스 출신으로 B팀을 거쳐 2010년 1군으로 데뷔했다. 엄청난 기대를 받았지만 성장 속도가 느렸고, 결국 2016년 여름 도르트문트로 이적했다. 스페인 연령별 대표를 모두 거쳤고, 2013년부터 국가대표로 활약하고 있다.

위치별 슈팅-득점

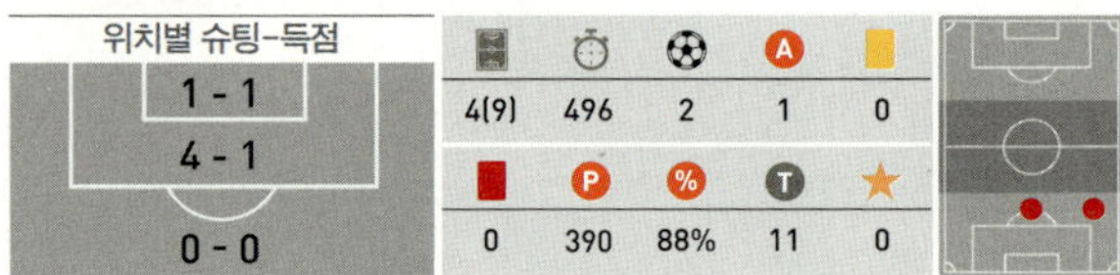

| 1 - 1 | 4 - 1 | 0 - 0 |

경기수	출전시간	득점	도움	경고
4(9)	496	2	1	0

퇴장	패스시도	패스성공률	태클성공	MOM
0	390	88%	11	0

DF Raphael Guerreiro

13

라파엘
게레이로

포르투갈 국가대표 측면 수비수. 주로 왼쪽에서 활약하는 풀백으로 정교한 킥력을 자랑한다. 빠른 발과 민첩한 드리블을 이용해 활발하게 오버래핑을 시도하고, 측면에서 정교한 크로스로 도움을 기록한다. 공중전과 태클 능력이 부족하지만 영리한 수비로 상대의 패스를 잘 차단하는 장점이 있고, 패싱력도 좋은 편이다. 측면에서 중앙으로 이동해 종종 강력한 슈팅을 시도하기도 한다.

국적 : 포르투갈

포르투갈인 아버지와 프랑스인 어머니 사이에서 태어나 어린 시절부터 프랑스 무대에서 활약했다. 카엔 유스 출신으로 카엔 1군, 로리앙을 거쳐 2016년 여름 도르트문트에 입성했다. 포르투갈 U-21 대표 출신이고, 현 국가대표다.

위치별 슈팅-득점

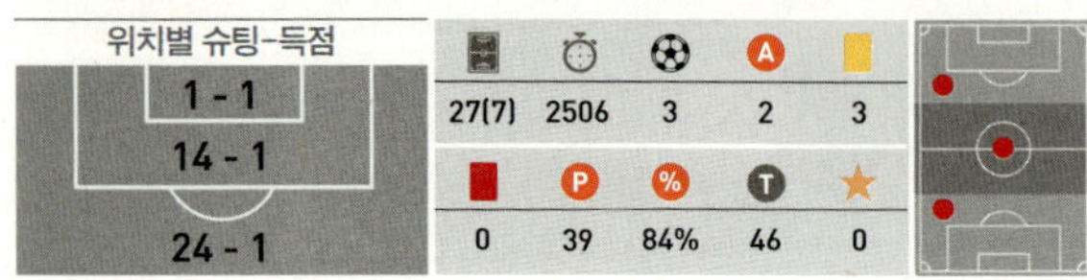

| 1 - 1 | 14 - 1 | 24 - 1 |

경기수	출전시간	득점	도움	경고
27(7)	2506	3	2	3

퇴장	패스시도	패스성공률	태클성공	MOM
0	39	84%	46	0

DF Sokratis Papastathopoulos

25

소크라티스
파파스타토
풀로스

훔멜스가 떠난 상황에서 도르트문트의 중앙 수비를 책임질 리더. 오른쪽 측면을 소화할 수 있을 정도로 드리블 기술과 스피드도 갖췄다. 공중볼에 강하고, 정확하면서도 터프한 태클을 보유하고 있다. 볼 다루는 기술도 좋고, 패스 성공률도 상당히 높은 편에 해당한다. 베르더 브레멘에서 뛰던 당시만 하더라도 지나치게 거칠어 카드를 많이 수집한다는 지적이 있었으나 날이 갈수록 파울 횟수도 줄어들고 있다.

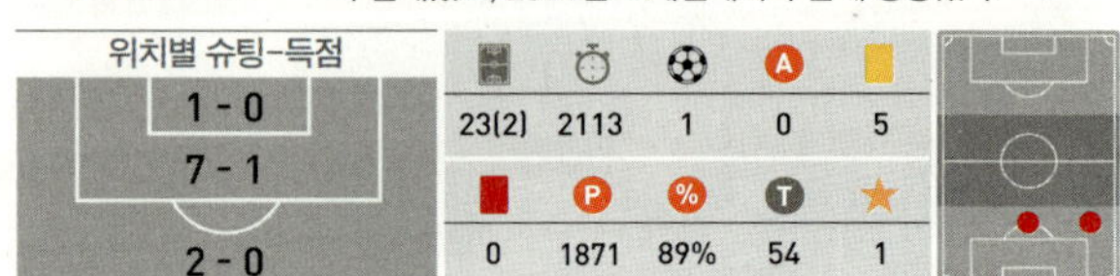

국적 : 그리스

AEK 아테네 유스 출신으로 만 19세에 구단 역사상 최연소 주장직에 오를 정도로 어린 시절부터 잠재력을 인정받았다. 제노아를 거쳐 2010년 이탈리아 명문 AC 밀란에 입단했으나 실패했고, 2011년 브레멘에서 부활에 성공했다.

위치별 슈팅-득점

| 1 - 0 | 7 - 1 | 2 - 0 |

경기수	출전시간	득점	도움	경고
23(2)	2113	1	0	5

퇴장	패스시도	패스성공률	태클성공	MOM
0	1871	89%	54	1

DF Łukasz Piszczek

26

우카시
피슈첵

국적 : 폴란드

폴란드 국가대표 수비수. 원래 공격수 출신답게 측면 공격에 강점을 가진 풀백이다. 정교한 오른발 킥을 바탕으로 높은 패스 성공률과 날카로운 크로스를 전방에 제공한다. 제공권도 측면 수비수라는 점을 감안하면 준수한 편에 속한다. 다만 문제는 부상이다. 2012-13 시즌 고질적인 엉덩이 부상으로 고생했고, 최근 2시즌 동안 허벅지, 종아리 부상으로 어려움을 겪었다. 이로 인해 공격성이 예전에 비해 다소 둔화됐다.

2003년 19세 이하 유럽 선수권에서 4골을 넣으며 득점왕에 올랐을 정도로 공격적인 재능을 인정받았다. 2007년 헤르타 베를린에 입단, 2009-10 시즌 풀백으로 변신했고, 2007년부터 폴란드 국가대표로 뛰며 유로 2016에서도 맹활약했다.

위치별 슈팅-득점

0 - 0	
7 - 0	
6 - 0	

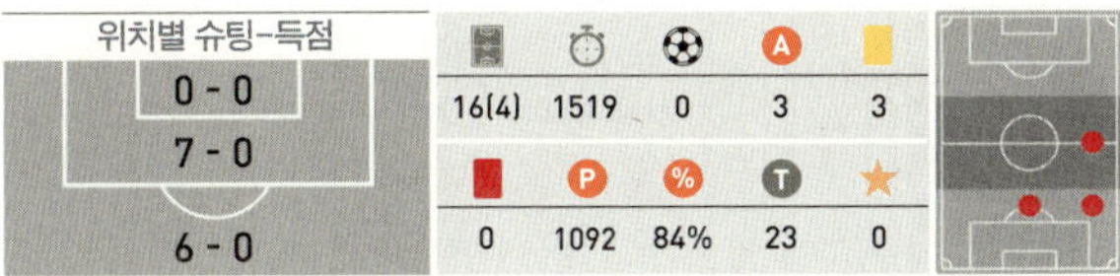

경기수	출전시간	득점	도움	경고
16(4)	1519	0	3	3

퇴장	패스시도	패스성공률	태클성공	MOM
0	1092	84%	23	0

DF Matthias Ginter

28

마티아스
긴터

국적 : 독일

독일과 도르트문트가 기대하는 수비수. CB, RB, DM 등 다양한 포지션에서 활약이 가능한 멀티맨이다. 190cm, 88kg의 당당한 체격을 바탕으로 공중전에 강하고, 세트피스에서 위력을 발휘한다. 발이 아주 빠르지는 않지만 측면 수비수를 볼 정도로 패싱력과 크로스 능력이 좋다. 여기에 수비 집중력과 판단력이 좋은 편이어서 실수를 범하지 않는다. 지난 시즌 리그 24경기서 3골 4도움을 기록했다.

프라이부르크 유스 출신으로 2014년 도르트문트로 이적해 꾸준한 활약을 펼치고 있다. 독일 U-18, U-19, U-21 대표 출신이고, 2016 리우 올림픽 준우승 멤버다. 2014년 독일 국가대표로 발탁되며 엄청난 기대를 받고 있다.

위치별 슈팅-득점

1 - 1	
14 - 2	
2 - 0	

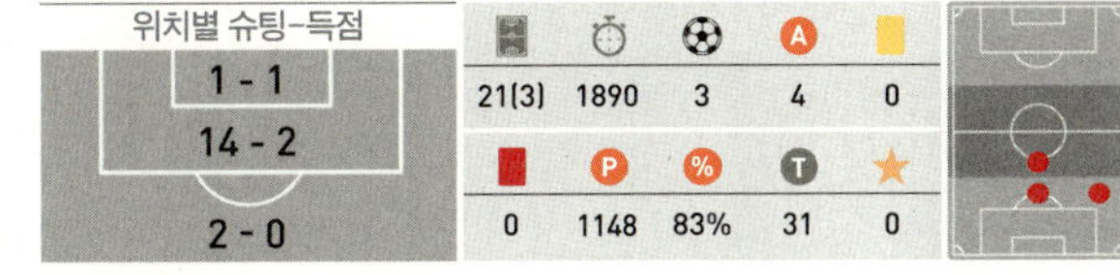

경기수	출전시간	득점	도움	경고
21(3)	1890	3	4	0

퇴장	패스시도	패스성공률	태클성공	MOM
0	1148	83%	31	0

DF Marcel Schmelzer

29

마르첼
슈멜처

국적 : 독일

왕성한 활동량과 날카로운 왼발 크로스가 장점인 LB. 다소 투박하지만 지속적인 오버래핑을 통해 상대를 괴롭히고, 터치라인을 수시로 움직인다. 측면 수비수로는 큰 키로 제공권에도 강점을 보이고, 파울을 불사하는 거친 태클로 상대의 측면 공격을 저지하는 역할도 충실히 수행한다. 상당히 투쟁심이 강한 선수고, 몸싸움에도 강해 종종 센터백으로도 출전한다. 롱스로인도 강점이다.

도르트문트 유스 출신으로 이영표가 뛰던 2008-09 시즌 당시 유스팀에서 갓 1군에 올라와서 경쟁하던 선수가 바로 슈멜처다. 이후 빠르게 성장해 도르트문트의 주전이 됐다. 독일 U-21 대표 출신으로 2010년 A대표로 데뷔했다.

위치별 슈팅-득점

0 - 0	
11 - 0	
11 - 0	

경기수	출전시간	득점	도움	경고
22(4)	2059	0	4	2

퇴장	패스시도	패스성공률	태클성공	MOM
0	1320	84%	41	1

DF Erik Durm

37

에릭
두엄

국적 : 독일

원래 측면 미드필더 출신으로 2013-14 시즌 슈멜처가 장기 부상으로 전력에서 이탈하자 측면 수비수로 보직을 변경해 기대 이상의 활약을 펼쳤다. 측면 미드필더 출신답게 세련된 기술을 자랑하고, 날카로운 킥력을 가지고 있다. 그러나 지난 시즌에는 무릎 부상으로 고생했고, 리그 10경기 선발 출전에 그쳤다. 이번 시즌 초반 역시 무릎 수술로 경기에 출전할 수 없을 것으로 보인다.

마인츠 유스 출신으로 2012년 도르트문트로 이적했고, 2013년부터 1군으로 활약하고 있다. 독일 연령별 대표를 거쳤고, 2014 브라질 월드컵에 참가해 단 한 경기도 출전하지 않았음에도 우승 트로피를 들어 올리는 행운을 맛봤다.

위치별 슈팅-득점

0 - 0	
6 - 1	
7 - 0	

경기수	출전시간	득점	도움	경고
10(4)	865	1	1	2

퇴장	패스시도	패스성공률	태클성공	MOM
0	429	76%	19	1

MF Sven Bender

6

스벤
벤더

국적 : 독일

왕성한 활동량을 자랑하는 중앙 미드필더. 경기당 평균 13km 내외의 이동거리를 기록할 정도로 부지런한 움직임으로 중원을 장악한다. 다소 투박한 볼터치가 단점이지만 전문 수비형 미드필더로 모든 능력이 수비에 특화되어 있다. 공중볼에도 강하고, 정확한 태클을 바탕으로 많은 가로채기를 양산해낸다. 다만 도르트문트 커리어 통산 득점이 단 4골에 그칠 정도로 공격적인 부분은 기대하기 어렵다.

1860뮌헨의 유스 출신으로 2006년 1군으로 데뷔했고, 2009년 도르트문트로 이적했다. 쌍둥이 형제 라스 벤더는 현재 레버쿠젠에서 주장직을 수행하고 있다. 독일 국가대표로 활약하고 있고, 2016 리우 올림픽에도 출전해 준우승을 이끌었다.

위치별 슈팅-득점

1 - 0	
1 - 0	
1 - 0	

경기수	출전시간	득점	도움	경고
14(5)	1245	0		1

퇴장	패스시도	패스성공률	태클성공	MOM
0	1152	91%	35	

MF Nuri Şahin

8

누리
사힌

국적 : 터키

기대만큼 성장하지 못한 미드필더. 전형적인 박스-투-박스형 미드필더로 터키의 미래로 불렸지만 잦은 부상이 발목을 잡았다. 지난 시즌 역시 무릎 부상으로 장기간 결장했고, 리그 9경기 출전에 그쳤다. 만약 부상만 없다면 상당히 유용한 자원이다. 패싱력이 좋고, 중원에서 왕성한 움직임으로 찬스를 만든다. 여기에 수비 집중력, 태클, 가로채기 등 수비에서도 능력을 발휘한다.

도르트문트 유스 출신으로 2005년 1군으로 데뷔했고, 엄청난 기대를 받으며 2011년 레알 마드리드로 이적했다. 그러나 기회를 잡지 못했고, 리버풀 임대를 거쳐 2014년 도르트문트로 복귀했다. 2005년부터 터키 국가대표로 활약하고 있다.

위치별 슈팅-득점

0 - 0	
1 - 0	
3 - 0	

경기수	출전시간	득점	도움	경고
6(3)	506	0	2	1

퇴장	패스시도	패스성공률	태클성공	MOM
0	529	89%	11	0

MF Emre Mor

엠레
모르

이번 시즌을 앞두고 영입한 터키의 초특급 신성. 투르크 메시라 불리며 엄청난 기대를 받고 있고, 벌써부터 국가 대표팀에서 활약하고 있다. 모르는 2선 전 지역(LW, CAM, RW)에서 활약할 수 있고, 최전방 공격수로도 종종 배치된다. 상당히 창조적인 2선 자원이고, 정교한 패싱력을 갖췄다. 여기에 빠른 발을 이용한 드리블 돌파가 강점이고, 세밀한 볼 터치도 인상적이다. 다만 볼을 끄는 경향이 있고, 경험도 부족하다.

국적 : 터키

터키인 아버지와 마케도니아인 어머니 사이에서 태어났고, 덴마크에서 어린 시절을 보냈다. 이에 덴마크 U-17, U-18, U-19 대표를 지냈지만 결국에는 터키 국가대표팀을 선택했다. 덴마크 명문 노르셸란에서 프로 데뷔했다.

위치별 슈팅-득점

NO DATA

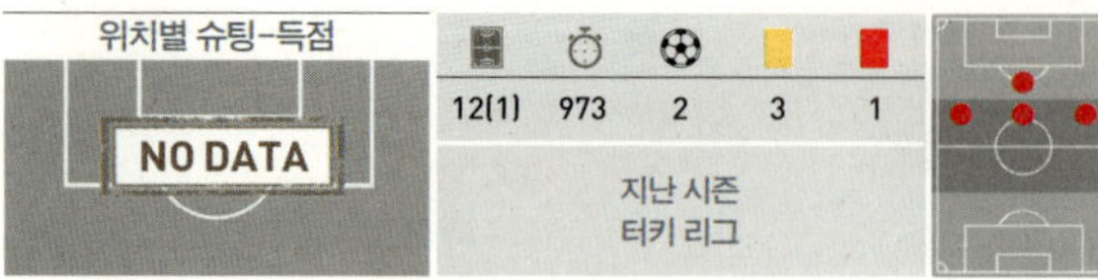

경기수	출전시간	득점	경고	퇴장
12(1)	973	2	3	1

지난 시즌
터키 리그

MF Mario Götze

마리오
괴체

독일이 자랑하는 천재 미드필더. 공격형 미드필더는 물론이고, 좌우 측면과 최전방 폴스 9(가짜 9번)까지 다양한 포지션을 소화할 수 있다. 괴체는 섬세한 볼 터치, 감각적인 드리블, 빠른 발, 센스 있는 패스, 날카로운 슈팅력 등 다양한 강점을 지녔다. 특히 짧은 패스 콤비네이션과 날렵한 컷-인 플레이가 돋보이고 역습에 최적화된 플레이어라는 평이다. 미드필더 치고 전방 압박 및 볼을 빼앗는 능력이 부족한 편이다.

국적 : 독일

도르트문트 팬들에게는 배신의 아이콘. 도르트문트 유스 출신임에도 2013년 여름, 라이벌 구단 바이에른 이적을 감행해 도르트문트 서포터들의 맹비난을 받았다. 그러나 올 여름 친정팀으로 복귀했다. 브라질 월드컵 결승전 결승골의 주역.

위치별 슈팅-득점

4 - 0
10 - 3
4 - 0

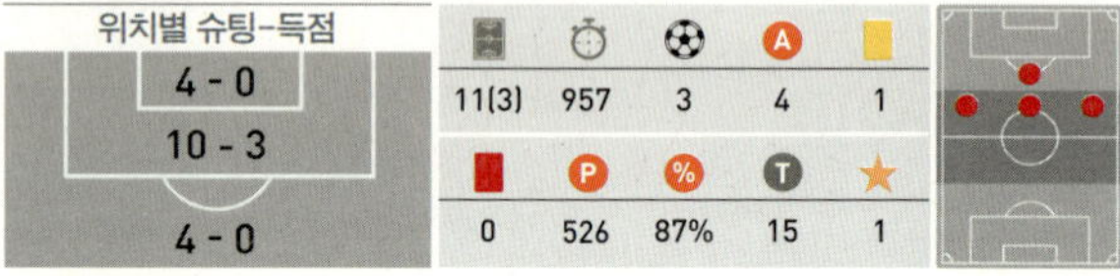

경기수	출전시간	득점	A	경고
11(3)	957	3	4	1

퇴장	P	%	T	★
0	526	87%	15	1

MF Marco Reus

마르코
로이스

닉네임 '롤스-로이스.' 빠른 스피드를 이용한 저돌적 드리블이 특기. 폭발적인 중장거리 슈팅, 프리킥으로 골을 터뜨리고 세밀한 패스 콤비네이션으로 기회를 만든다. 역습의 리더이고, 볼을 잘 다루기에 상대로부터 파울을 많이 얻어낸다. 문제는 부상. 왼쪽 발목 부상으로 2014 월드컵에 불참한 데 이어 지난 시즌에는 발등 골절(18일), 사타구니 부상(25일), 독감(7일), 내전근 부상(120일)으로 결장해 아쉬움을 남겼다.

국적 : 독일

어린 시절 도르트문트 유스 팀에 있었으나 당시에는 코치 스태프들의 눈에 띄지 못해 로트 바이스 알렌 유스 팀으로 이적해야 했다. 2009년 묀헨글라드바흐에 입단한 이후 스타덤에 올랐고, 2012년 친정팀 도르트문트로 금의환향했다.

위치별 슈팅-득점

5 - 2
41 - 9
17 - 1

경기수	출전시간	득점	A	경고
24(2)	1927	12	3	2

퇴장	P	%	T	★
0	778	82%	25	2

MF Sebastian Rode

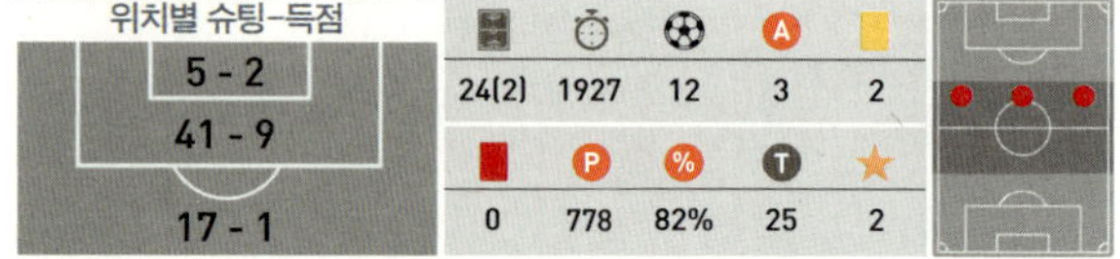

세바스티안
로데

전형적인 박스-투-박스로 움직이는 미드필더. 지난 시즌 바이에른 뮌헨 소속으로 리그 15경기에 출전했지만 선발 출전은 단 3번이었다. 물론 허벅지 부상도 있었지만 주전 경쟁에서 밀린 것이 더 큰 이유다. 장점은 패스다. 패싱력이 상당히 좋은 미드필더고, 과감하게 올라가 정교한 스루패스를 연결한다. 수비 집중력과 태클 능력도 갖추고 있지만 드리블에는 약점을 보인다.

국적 : 독일

키커스 오펜바흐 유스 출신으로 2008년 1군으로 데뷔했고, 이후 프랑크푸르트, 바이에른 뮌헨을 거쳐 2016년 여름 도르트문트의 유니폼을 입었다. 독일 U-18 대표팀을 시작으로 U-21 대표까지 모든 연령별 대표를 경험했다.

위치별 슈팅-득점

1 - 1
3 - 0
3 - 0

경기수	출전시간	득점	A	경고
3(12)	399	1	1	1

퇴장	P	%	T	★
0	313	87%	9	1

MF Christian Pulisic

크리스티안
풀리시치

미국의 특급 신성이자, 도르트문트가 기대하는 유망주. 아직 18세에 불과하지만 벌써부터 1군에서 기회를 받고 있고, 출전할 때마다 임팩트를 보여주는 미드필더다. 2선 전 지역에서 활약할 수 있고, 최전방에서도 좋은 모습을 보인다. 드리블 돌파는 물론 패싱력이 좋아, 공격 진영에서 창의적인 플레이를 펼친다. 경험이 쌓인다면 엄청난 선수가 될 가능성이 있다. 정교한 킥력을 가지고 있고, 공격 포인트를 제조한다.

국적 : 미국

한마디로 기록파괴자다. 도르트문트 소속으로 분데스리가 역대 외국인 선수 최연소 골을 기록했고, 미국 대표팀에서는 역대 월드컵 예선 최연소 출전과 A매치 최연소 골, 최연소 선발 출전 등 2016년 한 해에만 각종 기록 수립 중이다.

위치별 슈팅-득점

0 - 0
0 - 2
8 - 0

경기수	출전시간	득점	A	경고
4(5)	387	2	0	1

퇴장	P	%	T	★
0	172	78%	11	0

MF Kagawa Shinji

가가와
신지

일본이 자랑하는 공격형 미드필더. 볼 다루는 기술이 뛰어나고, 무엇보다도 감각적인 원터치 패스를 통해 찬스 메이킹에 능하다. 좌우 측면에서도 활약할 수 있고, 순간적인 침투로 득점을 만들기도 한다. 다만 맨유에서 실패를 맛본 후 과거와 같은 창의성이 사라졌다는 평가고, 자신감도 잃었다. 다행히 도르트문트로 돌아와 서서히 예전의 모습을 찾고 있다. 지난 시즌 리그 29경기서 9골-7도움을 기록했다.

국적 : 일본

2009년 세레소 오사카에서 27골을 넣으며 2부 리그 득점왕에 올랐다. 2010년 도르트문트 입단 당시 육성 보상금 명목으로 단돈 35만 유로에 이적했다. 2년 뒤 맨유로 떠날 때 이적료는 무려 2200만 유로였다. 현 일본 대표팀의 에이스.

위치별 슈팅-득점

1 - 1
22 - 7
8 - 1

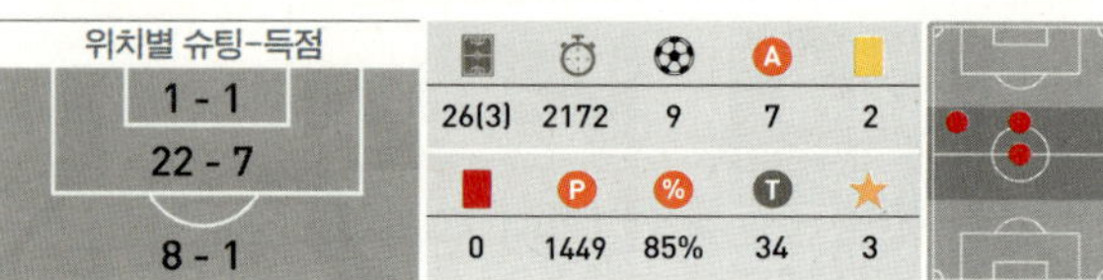

경기수	출전시간	득점	A	경고
26(3)	2172	9	7	2

퇴장	P	%	T	★
0	1449	85%	34	3

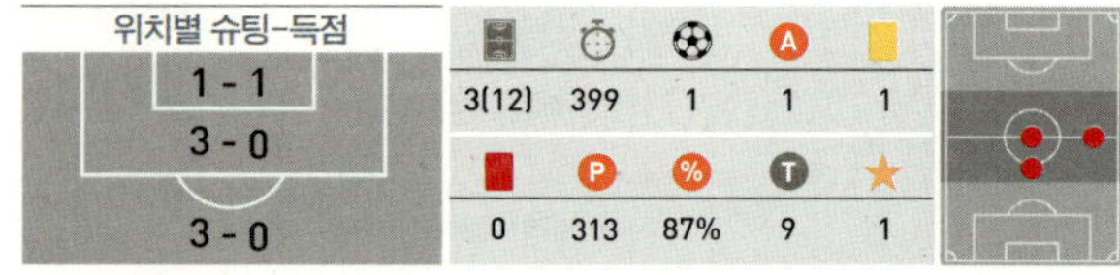

MF Gonzalo Castro

경험이 풍부한 미드필더. 기본적으로 중앙에서 활약하지만 좌우 측면과 중앙 공격형 미드필더는 물론 좌우 측면 수비수까지 소화할 정도로 다재다능하다. 세트피스 전담 키커로 자주 나설 정도로 정교한 킥을 바탕으로 패스 플레이에 강점을 가지고 있고, 기습적인 중거리 슈팅에도 능하다. 다만 전성기에 비해 민첩성과 체력이 떨어진 모습이다. 지난 시즌에는 리그 25경기서 3골-7도움을 기록하며 제몫을 해줬다.

국적 : 독일

스페인 부친과 독일 모친 사이에 독일 부퍼탈에서 출생했다. 1999년 레버쿠젠 유스 팀에 입단한 이래로 16년간 뛰다 지난 2015년 도르트문트로 이적했다. 2009년 21세 이하 유럽 선수권에서 독일 대표팀 소속으로 우승에 일조했다.

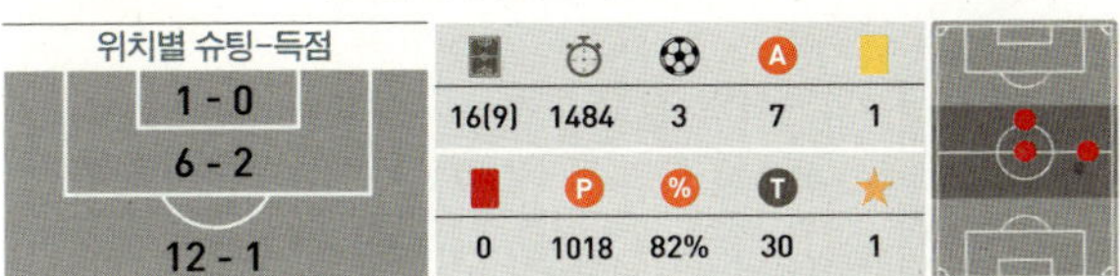

		⚽	A	
1 - 0	16(9)	1484	3	7	1
6 - 2					
	P	%	T	★
12 - 1	0	1018	82%	30	1

MF Julian Weigl

도르트문트가 기대하는 중원의 새로운 엔진. 지난 시즌 리그 30경기에 출전하며 투헬 감독의 확실한 신임을 받았다. 이제 21세에 불과하지만 베테랑처럼 플레이한다. 포백을 보호하는 동시에 안정감 있는 패스 플레이를 펼치고, 바르셀로나 홀딩 미드필더 세르히 부스케츠를 연상시킬 정도로 호리호리한 몸에 후방 플레이메이킹에 강점을 가지고 있다. 지난 시즌 91.9%의 패스 성공률을 자랑한다.

국적 : 독일

지난 시즌 벤더를 밀어내고 중원의 주인 자리를 차지했다. 1860뮌헨 유스 출신으로 구단 역사상 최연소 주장 기록을 가지고 있다. 지난 시즌을 앞두고 도르트문트의 유니폼을 입었고, 독일 연령별 대표를 거쳐 현재 국가대표다.

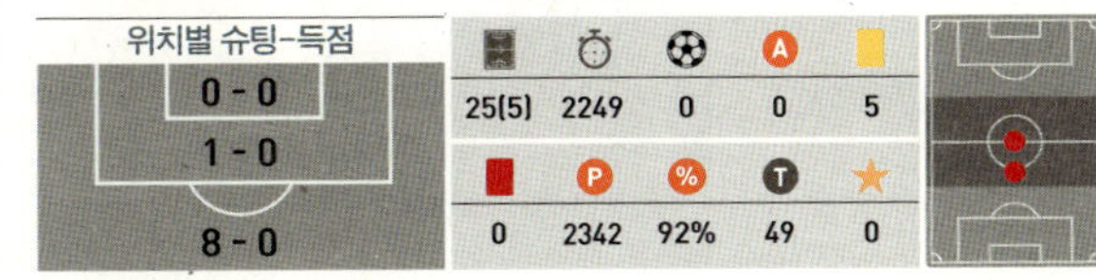

		⚽	A	
0 - 0	25(5)	2249	0	0	5
1 - 0					
	P	%	T	★
8 - 0	0	2342	92%	49	0

FW Ousmane Dembélé

이번 시즌을 앞두고 영입된 도르트문트의 특급 유망주. 프리시즌부터 맹활약을 펼치며 투헬 감독의 눈길을 사로잡았고, 이번 시즌 많은 기회를 받을 것으로 예상된다. 아직 19세에 불과하지만 폭발적인 스피드를 바탕으로 상대 수비수를 제압하고, 날카로운 슈팅력을 보유하고 있다. 드리블 돌파를 할 때 다양한 기술을 동원하고, 측면과 중앙을 오가며 공격 포인트를 제조한다.

국적 : 프랑스

스타드 렌 유스 출신으로 2군을 거쳐 2015-16 시즌 1군으로 맹활약했고, 이번 시즌을 앞두고 도르트문트로 이적했다. 프랑스 U-17 대표를 시작으로 U-21까지 연령별 대표로 맹활약했고, 최근 국가대표로 데뷔했다.

		⚽	A	
4 - 2	22(4)	1937	12	5	1
33 - 7					
	P	%	T	★
19 - 3	0	602	72%	20	7

FW Pierre-Emerick Aubameyang

월드클래스로 성장하고 있는 도르트문트의 간판 공격수. 지난 시즌 리그 31경기서 25골-5도움을 기록하며 맨유, 레알 마드리드 등 빅 클럽들의 타깃이 됐다. 그의 최대 강점은 바로 스피드에 있다. 30m 달리기 기록은 3.7초로 우사인 볼트보다 빠르다. 가속도가 붙은 그를 따라잡을 수 있는 수비수는 없다. 지난 시즌을 기점으로 킥 스킬이 발전하면서 득점력이 상승했고, 연계, 드리블, 볼키핑도 최고 수준이다.

국적 : 가봉

AC밀란 유스 출신이지만 기회를 잡지 못해 릴, 모나코 등으로 임대를 다녔고, 2013년 도르트문트로 이적해 폭발적인 성장세를 보였다. 프랑스 U-21 대표였지만 가봉 국가대표를 선택했다. 그의 부친은 가봉 레전드 피에르 오바메양이다.

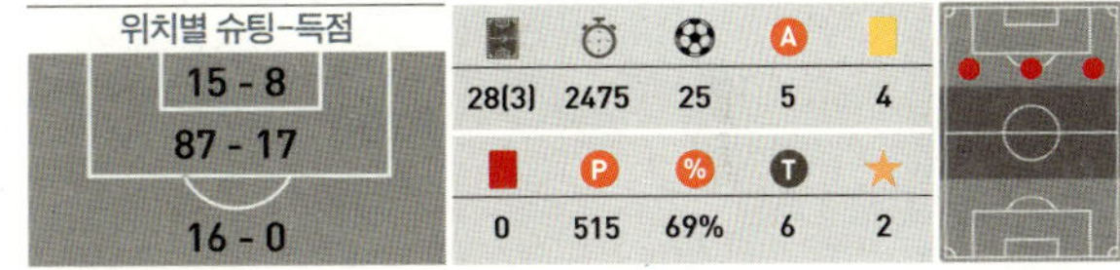

		⚽	A	
15 - 8	28(3)	2475	25	5	4
87 - 17					
	P	%	T	★
16 - 0	0	515	69%	6	2

FW Adrian Ramos

콜롬비아 국가대표 공격수로 오바메양의 백업이다. 그러나 선발이든, 교체든 언제나 제몫은 해주는 공격수다. 신체조건이 좋아 공중전에 강하고, 문전에서의 마무리 능력과 패싱력도 갖췄다. 전성기에 비해 민첩성과 속도가 떨어졌다는 평가가 있지만 드리블 기술은 여전히 좋은 편이다. 수비 가담도 열심히 하고, 포스트 플레이가 가능하다. 오바메양이 침투와 역습에 능하다면 아드리안은 지공도 가능하다.

국적 : 콜롬비아

아메리카 데 칼리에서 프로 데뷔. 2009년부터 2014년까지 헤르타 베를린의 간판 공격수로 활약하며 157경기서 58골을 기록했고, 2014년 도르트문트로 이적했다. 2008년부터 콜롬비아 국가대표로 활약하고 있다.

		⚽	A	
6 - 2	9(18)	931	9	4	0
27 - 7					
	P	%	T	★
4 - 0	0	263	67%	13	1

FW André Schürrle

이번 시즌을 앞두고 볼프스부르크에서 도르트문트로 이적한 독일 국가대표 공격수. 드리블과 강력한 오른발 킥을 보유한 공격수로 측면과 최전방 공격수를 동시에 소화할 수 있다. 왼쪽 측면에 배치됐을 경우엔 중앙으로 파고들어서 과감한 오른발 슈팅을 구사하고 오른쪽에 배치됐을 경우엔 측면을 돌파해 날카로운 크로스를 올린다. 투쟁심과 활동량이 좋은 편이지만 가장 큰 문제는 기복 있는 플레이다.

국적 : 독일

마인츠 유스 출신으로 레버쿠젠과 첼시를 거쳐 구단 역대 최고액 이적료(3200만 유로)로 볼프스부르크에 입단했고, 이번 시즌을 앞두고 도르트문트 유니폼을 입었다. 독일 연령별 대표를 거쳐 2010년부터 국가대표로 활약하고 있다.

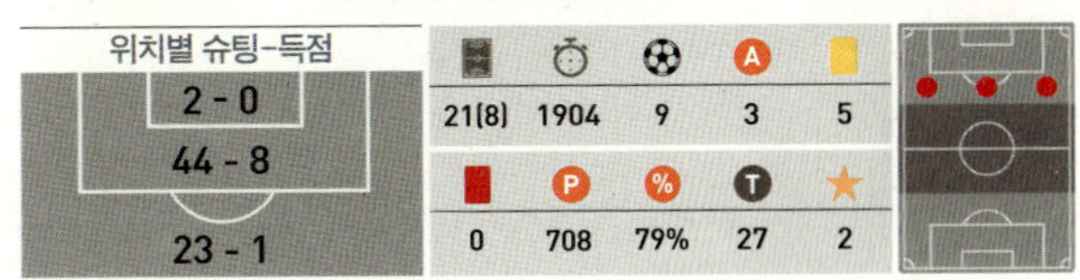

		⚽	A	
2 - 0	21(8)	1904	9	3	5
44 - 8					
	P	%	T	★
23 - 1	0	708	79%	27	2

BAYER 04 LEVERKUSEN

구단 소개

구단 창립 : 1904년
홈구장 : 바이아레나
감독 : 로저 슈미트
2015-16시즌 : 3위(승점 60점)
18승 6무 10패 56득점 40실점
닉네임 : Werkself

주요대회 우승횟수

0	1
GERMAN BUNDESLIGA	GERMAN DFB POKAL

0	1
UEFA CHAMPIONS LEAGUE	UEFA EUROPA LEAGUE

0	0
FIFA CLUB WORLD CUP	UEFA-CONMEBOL INTERCONTINENTAL

UNIFORM

Home

Away

화력 보강한 슈미트의 레버쿠젠 '2강' 뮌헨-도르트문트에 선전포고!

2015-16 SEASON REVIEW

확실히 슈미트 감독의 색깔이 나왔던 시즌이었다. 지난 시즌 레버쿠젠은 슈미트 감독이 추구하는 공격 축구를 통해 인상적인 경기력을 보여줬고, 시즌 초반부터 선두권을 유지했다. 특히 슈미트 감독은 수비 라인을 비약적으로 끌어올리면서 강도 높은 압박을 기반으로 속공 축구를 추구했고, 이로 인해 공수 밸런스가 좋은 팀으로 탈바꿈했다. 결과적으로 레버쿠젠은 18승 6무 10패 승점 60점으로 리그 3위 자리를 차지했다. 비록 '2강' 뮌헨과 도르트문트의 아성을 넘지는 못했지만 충분히 인상적이었고, 이제 3강 중 하나로 자리 잡았다.

SUMMER TRANSFER

더 강해졌다. 일단 주전 선수들이 잔류해 큰 전력 누수가 없는 것은 긍정적이다. 비록 기대를 모았던 크라머가 팀을 떠났지만 레버쿠젠은 오히려 더 알찬 보강을 진행했다. 일단 골잡이 볼란트가 유수 빅 클럽들의 러브콜을 마다하고 레버쿠젠에 입단해 공격력이 강화됐고, 마인츠 중원의 핵심 바움가르트링거가 레버쿠젠의 유니폼을 입으면서 중원이 확실히 강해졌다. 여기에 외즈찬, 드라고비치, 한나, 대니 다 코스타 등이 영입되면서 전체적인 스쿼드가 더 강해진 모습이고, 슈미트 감독 체제에서 조직력도 더 짜임새가 있어졌다는 평가다.

2016-17 SEASON OUTLOOK

2강 체제를 구축한 뮌헨과 도르트문트의 아성에 레버쿠젠이 도전한다. 전반적으로 선수 보강이 상당히 잘 이루어진 편에 속한다. 게다가 크라머를 제외하면 팀의 코어를 모두 지켜냈다. 즉 슈미트의 전술이 한층 더 팀에 녹아든다면 지난 시즌보다 더 세련된 모습을 보여줄 가능성이 높고, 뮌헨과 도르트문트의 도전할 유일한 세력이 될 수 있다. 물론 아직은 격차가 있지만 슈미트 감독 체제에서 계속 발전하고 있는 레버쿠젠이기에 가능성은 충분하다. 여기에 치차리토가 버티고 있는 공격진에 볼란트가 가세하면서 막강한 화력을 자랑한다.

감독 로저 슈미트(Roger Schmidt)

강력한 압박과 세련된 역습을 추구하는 감독으로 상당히 공격적인 전술을 사용한다. 5부 리가 델브뤼커와 4부 리가 프로이센 뮌스터를 거쳐 2011-12 시즌 파더보른 감독직에 오른 슈미트는 첫 해 팀을 분데스리가로 승격시키는 듯싶었으나 3위 포르투나 뒤셀도르프에 승점 1점 차로 밀려 아쉽게 5위를 차지했다. 2012-13 시즌 오스트리아 거부 구단 레드 불 잘츠부르크 감독직에 오른 그는 2013-14 시즌 팀을 오스트리아 분데스리가와 컵 2관왕을 견인해 지도력을 인정받았다. 특히 2014년 1월, 바이에른과의 평가전에서 3-0 대승을 거두었고, 당시 과르디올라 감독으로부터 "이렇게 조직적으로 강도 높은 압박을 구사하는 팀을 본 적이 없다"라는 극찬을 들었다.

PROFILE
- 출 생 : 1967.3.13
- 국 적 : 독일
- 계 약 : 2019.6.30

STADIUM

BayArena

- 구장 오픈 : 1958년
- 구장 개축 : 1997, 2009년
- 구장 소유 : 바이에르 레버쿠젠
- 수용 인원 : 3만 210명
- 피치 규모 : 105m × 68m
- 잔디 종류 : 천연 잔디

SQUAD LIST

위치	번호	이름	국적	신장	체중	생년월일
GK	1	Bernd Leno	GER	189	78	04-03-92
	28	Ramazan Özcan	AUT	186	84	28-06-84
	36	Niklas Lomb	GER	188	84	28-07-93
DF	3	Aleksandar Dragović	AUT	184	76	06-03-91
	4	Jonathan Tah	GER	192	90	11-02-96
	13	Roberto Hilbert	GER	182	80	16-10-84
	16	Tin Jedvaj	CRO	188	78	28-11-95
	18	Wendell	BRA	176	66	20-07-93
	21	Ömer Toprak	TUR	186	81	21-07-89
	22	Joel Abu Hanna	GER	185	74	22-01-98
	23	Danny da Costa	GER	175	70	13-07-93
	33	Lukas Boeder	GER	183	74	18-04-97
MF	8	Lars Bender	GER	184	77	27-04-89
	10	Hakan Çalhanoğlu	TUR	178	69	08-02-94
	15	Julian Baumgartlinger	AUT	181	80	02-01-88
	19	Julian Brandt	GER	183	80	02-05-96
	20	Charles Aránguiz	CHI	172	67	17-04-89
	30	Sam Schreckh	GER	180	67	29-01-99
	35	Vladlen Yurchenko	UKR	179	64	22-01-94
	38	Karim Bellarabi	GER	183	72	08-04-90
	39	Benjamin Henrichs	GER	181	74	23-02-97
	44	Kevin Kampl	SVN	180	63	09-10-90
FW	7	Javier Hernández	MEX	172	62	01-06-88
	11	Stefan Kießling	GER	190	80	25-01-84
	14	Admir Mehmedi	SUI	183	77	16-03-91
	17	Joel Pohjanpalo	FIN	184	75	13-09-94
	27	Robbie Kruse	AUS	179	72	05-10-88
	31	Kevin Volland	GER	179	75	30-07-92

2016-17 SEASON SCHEDULE

날짜	장소	상대팀	날짜	장소	상대팀
27/AUG	A	Bor. Monchengladbach	27/JAN	H	Bor. Monchengladbach
10/SEP	H	Hamburger SV	03/FEB	A	Hamburger SV
17/SEP	A	Eintracht Frankfurt	10/FEB	H	Eintracht Frankfurt
21/SEP	H	FC Augsburg	17/FEB	A	FC Augsburg
24/SEP	A	1. FSV Mainz 05	24/FEB	H	1. FSV Mainz 05
01/OCT	H	Borussia Dortmund	03/MAR	A	Borussia Dortmund
15/OCT	A	Werder Bremen	10/MAR	H	Werder Bremen
22/OCT	H	1899 Hoffenheim	17/MAR	A	1899 Hoffenheim
29/OCT	A	VfL Wolfsburg	31/MAR	H	VfL Wolfsburg
05/NOV	H	SV Darmstadt 98	03/APR	A	SV Darmstadt 98
18/NOV	A	RB Leipzig	07/APR	H	RB Leipzig
26/NOV	A	Bayern Munchen	14/APR	H	Bayern Munchen
02/DEC	H	SC Freiburg	21/APR	A	SC Freiburg
09/DEC	A	FC Schalke 04	28/APR	H	FC Schalke 04
16/DEC	H	FC Ingolstadt 04	05/MAY	A	FC Ingolstadt 04
19/DEC	A	1. FC Koln	13/MAY	H	1. FC Koln
20/JAN	H	Hertha BSC	20/MAY	A	Hertha BSC

RANK OF LAST 5 YEARS

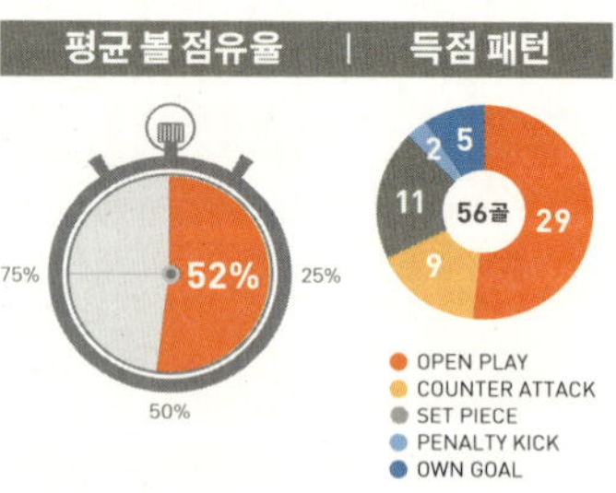

STRENGTHS & WEAKNESSES

OFFENSE		DEFENSE	
직접 프리킥	C	세트피스 수비	B
문전 처리	C	상대 볼 뺏기	C
측면 돌파	C	공중전 능력	D
스루볼 침투	A	역습 방어	D
개인기 침투	C	지공 방어	D
카운터 어택	C	스루패스 방어	D
기회 만들기	C	리드 지키기	B
세트피스	C	실수 조심	E
OS 피하기	E	측면 방어력	C
중거리 슈팅	B	파울 주의	C
볼 점유율	A	중거리슛 수비	C

매우 강함 A　강한 편 B　보통 수준 C　약한 편 D　매우 약함 E

시간대별 득점: 76·75·61·60 / 15·16·30·31 / 46·45 — 10 2 / 18 8 / 7 11

시간대별 실점: 76·75·61·60 / 15·16·30·31 / 46·45 — 3 8 / 6 7 / 10 6

득점 분포: 13 / 32 / 11

공격 방향: 36% 27% 37%

볼 점유 위치: 상대진영 30% / 중간진영 46% / 우리진영 24%

포지션별 득점: FW진 30골 / MF진 18골 / DF진 3골
*상대자책골 5골

상대포지션별 실점: DF진 19골 / MF진 16골 / FW진 4골
*자책골 실점 1골

FORMATION

4-2-3-1

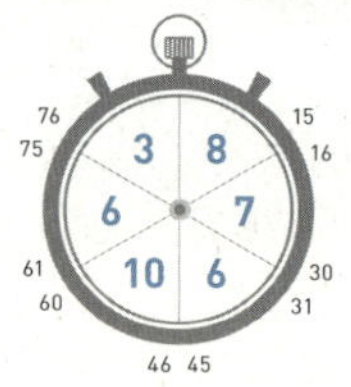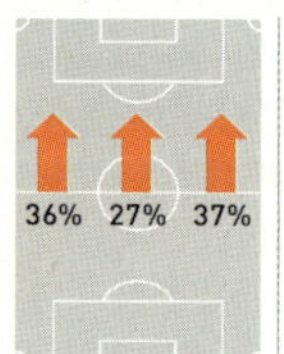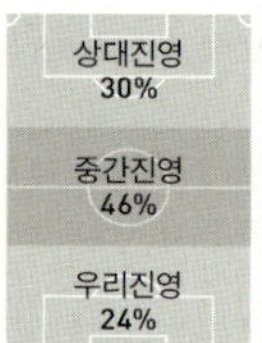

TOTO GUIDE 지난 시즌 상대팀별 전적

상대팀	홈	원정
Bayern Munich	0-0	0-3
Dortmund	0-1	0-3
Monchengladb.	5-0	1-2
Schalke 04	1-1	3-2
FSV Mainz 05	1-0	1-3
Hertha Berlin	2-1	1-2
Wolfsburg	3-0	1-2
FC Koln	1-2	2-0
Hamburger SV	1-0	0-0
Ingolstadt	3-2	1-0
FC Augsburg	1-1	3-3
Werder Bremen	1-4	3-0
Darmstadt	0-1	2-1
Hoffenheim	2-1	1-1
Frankfurt	3-0	3-1
Stuttgart	4-3	2-0
Hannover 96	3-0	1-0

GK Bernd Leno

레버쿠젠의 주전 수문장. 노이어와 함께 분데스리가가 넘버원 골키퍼 자리를 놓고 경쟁하는 선수로 뛰어난 선방 능력을 보유하고 있다. 특히 페널티 킥 선방에 있어선 타의 추종을 불허한다. 당당한 신체조건(190cm, 83kg)을 가지고 있어 공중볼 방어능력이 좋고, 큰 키에 민첩성까지 지녀 일대일 상황에서 슈퍼세이브를 자주 펼친다. 숏-스토핑, 볼 핸들링 등 기본적인 GK 기술이 훌륭하다. 결정적 단점이 없는 골키퍼.

지금도 최고의 골키퍼지만 미래가 더 기대된다. 슈투트가르트 유스 출신으로 2011-12 시즌 당시 레버쿠젠의 주전 골키퍼와 백업 골키퍼가 모두 부상을 당해 급하게 영입했다. 이것이 신의 한수였고, 지금까지 레버쿠젠의 골문을 지키고 있다.

국적 : 독일

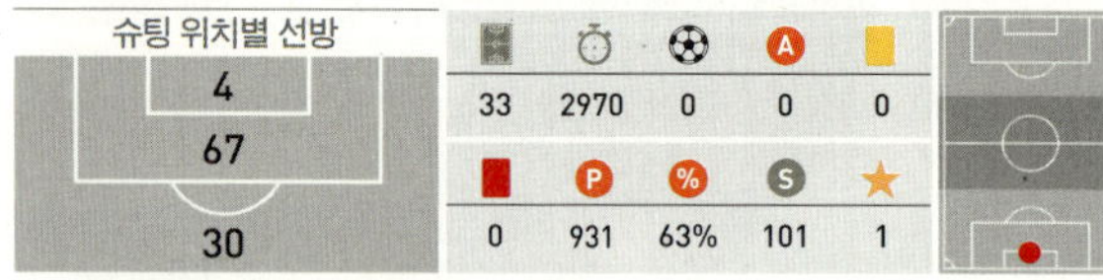

슈팅 위치별 선방

4	33	2970	0	0	
67					
30	0	931	63%	101	1

GK Ramazan Özcan

지난 시즌 잉골슈타트에서 28경기에 출전해 좋은 활약을 펼쳤고, 올 시즌 레버쿠젠으로 이적했다. 팀의 NO.2 골키퍼다. 외즈찬은 안정감을 자랑한다. 발이 빨라 곧잘 페널티 박스 바깥까지 나가 상대의 역습을 저지한다. 이에 더해 동물적인 반사신경을 바탕으로 선방을 자주 해낸다. 반면 롱패스가 부정확해 역습 빌드-업 상황에 기회를 놓치는 경우가 종종 있다. 크로스를 캐치하는 과정에 실수가 가끔 나온다.

터키 이민 2세로 오스트리아에서 출생. 잘츠부르크, 호펜하임, 잉골슈타트 등에서 뛰다가 이번 시즌 레버쿠젠으로 왔다. 오스트리아 U-21 대표 출신이고, 2008년 8월, 이탈리아와의 평가전에서 A매치 데뷔전을 치렀다.

국적 : 오스트리아

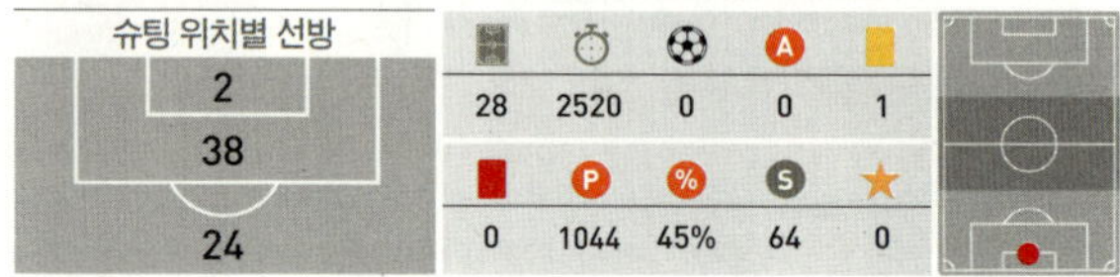

슈팅 위치별 선방

2	28	2520	0	0	1
38					
24	0	1044	45%	64	0

DF Jonathan Tah

레버쿠젠이 기대하는 장신 수비수. 이제 20세에 불과하지만 194cm의 큰 키에 95kg에 달하는 압도적인 신체조건을 가지고 있다. 한마디로 축복받은 신체조건. 파워가 넘치고 발도 센터백 치고 빠른 편에 속하며, 제공권에도 강점을 보인다. 게다가 발재간도 있고, 짧은 패스에 능하며, 클리어링에도 강점을 보인다. 다만 아직 경험이 부족하기에 이따금씩 대형 실수를 저지르는 경향이 있다.

코트디부아르계 이민자로 함부르크에서 태어났다. 만 17세 5개월 23일에 함부르크에서 데뷔전을 치러 구단 역대 최연소 출전 기록을 수립했다. U-19 독일 대표팀 주장이고, 2016년 독일 국가대표 데뷔전을 치렀다.

국적 : 독일

위치별 슈팅-득점

2 - 0	29	2566	0	0	2
13 - 0					
0 - 0	0	1221	79%	42	0

DF Aleksandar Dragović

오스트리아 대표팀 수비의 핵심. 이번 시즌을 앞두고 레버쿠젠의 유니폼을 입었고, 이번 시즌 주전 자리를 차지할 가능성이 높다. 아직 어리지만 큰 무대 경험이 풍부하고, 안정적인 수비력을 자랑하는 동시에 수비 라인 조율도 좋다. 위기의 순간 적절한 슬라이딩 태클로 공만 걷어내는 수비가 일품이고, 공중전, 태클, 몸싸움 등 다양한 장점을 가지고 있다. 맨유 등 빅 클럽의 타깃이 될 만큼 주목받는 센터백이다.

오스트리아 빈 유스 출신으로 1군을 거쳐 바젤, 디나모 키에프에서 활약했고, 이번 시즌을 앞두고 맨유 등 빅 클럽들의 관심을 뿌리치고 레버쿠젠으로 이적했다. 오스트리아 연령별 대표를 지냈고, 2009년부터 국가대표로 활약 중이다.

국적 : 오스트리아

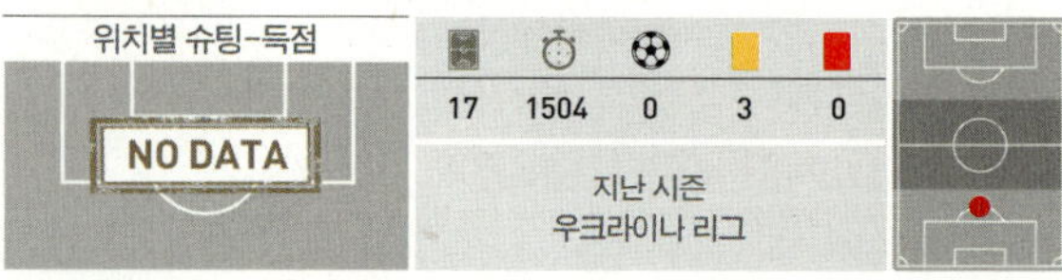

위치별 슈팅-득점

NO DATA	17	1504	0	3	0

지난 시즌
우크라이나 리그

DF Roberto Hilbert

베테랑 오른쪽 수비수. 원래 포지션은 오른쪽 측면 미드필더였지만 레버쿠젠의 유니폼을 입고, 라이트백으로 자리 잡았다. 측면 미드필더 출신답게 드리블과 센스 있는 패스를 보유하고 있지만, 수비 집중력이 떨어지는 편에 속한다. 측면 수비수 치고는 키가 큰 편이라 공중전에서 강점을 보이고, 수비력도 많이 좋아졌다. 그러나 지난 시즌 무릎 부상으로 약 3개월간 결정했고, 리그 9경기 선발 출전에 그쳤다.

그로이터 퓌르트 유스 출신으로 팀의 에이스 역할을 맡다 2006년 슈투트가르트로 이적하면서 처음으로 분데스리가 무대를 밟았다. 데뷔 시즌 예상을 깨고 분데스리가 우승을 차지했다. 2007년부터 2008년까지 독일 A대표로 활약했다.

국적 : 독일

위치별 슈팅-득점

0 - 0	9(3)	766	0	1	1
3 - 0					
1 - 0	0	357	64%	22	0

DF Tin Jedvaj

상당히 공격적인 수비수. 스피드가 빠르고 좋은 패싱력을 갖추고 있어 중앙 수비수와 오른쪽 측면 수비수, 그리고 수비형 미드필더까지 소화할 수 있다. 특히 가로채기에 능하고, 영리한 수비로 상대의 공격을 잘 차단한다. 큰 키에도 발재간이 있어 공격 침투에 능한 수비수다. 다만 아직 경험이 부족하고, 공격적인 성향으로 인해 안정감이 떨어지는 편이다. 지난 시즌 허벅지 부상으로 약 2개월간 결장했다.

디나모 자그레브 유스 출신. 이후 1군 팀과 로마를 거쳐 2014년 레버쿠젠으로 이적했다. 크로아티아 연령별 대표를 모두 거친 엘리트다. 그의 부친 즈덴코도 수비수 출신으로 크로아티아, 보스니아 무대에서 활약한 바 있다.

국적 : 크로아티아

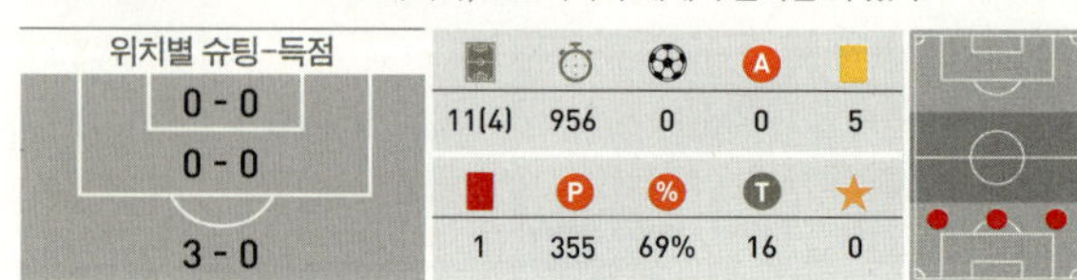

위치별 슈팅-득점

0 - 0	11(4)	956	0	0	5
0 - 0					
3 - 0	1	355	69%	16	0

DF **Wendell**

상당히 공격적인 LB. 오랜 기간 레버쿠젠의 약점으로 지적되어오던 왼쪽 측면 수비수 문제를 해결해준 복덩이다. 브라질 출신답게 개인 기술과 공격적인 오버래핑이 눈에 띈다. 빠른 스피드와 발재간을 바탕으로 터치라인을 오가고, 크로스 능력과 수비력도 점차 좋아지고 있다. 수비에서는 정확한 태클을 바탕으로 많은 가로채기를 양산해낸다. 공수 모두에 능해 점차 레버쿠젠 부동의 LB가 돼가고 있다.

국적 : 브라질

2013년 파라나엔시 리그 최우수 측면 수비수에 선정됐고, 어린 시절부터 브라질 리그에서 주목받았다. 이후 2014년 레버쿠젠에 입단. 레버쿠젠 데뷔골을 넣고 만 79세 킷 매니저 하랄트 보너와 골 세레모니를 해 감동을 선사했다.

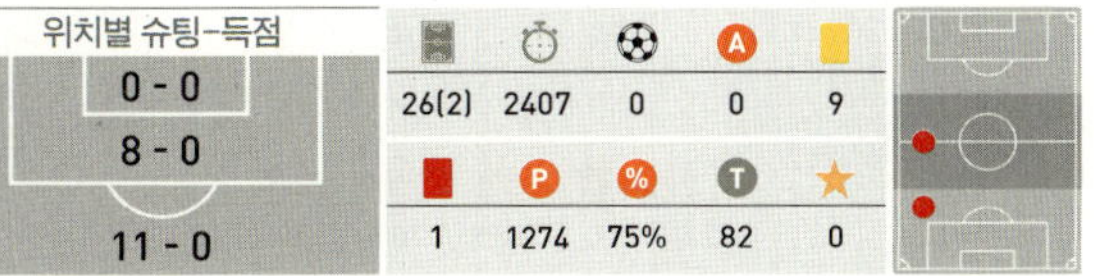

위치별 슈팅-득점

				A	
0 - 0	26(2)	2407	0	0	9
8 - 0					
11 - 0		P	%	T	★
	1	1274	75%	82	0

DF **Ömer Toprak**

레버쿠젠의 든든한 센터백. 그러나 지난 시즌에는 허벅지 부상으로 고생을 했고, 한 달간 결장하며 리그 19경기 출전에 그쳤다. 정상 컨디션의 토프락은 수비 라인 전체를 조율하는 영리한 수비수다. 몸싸움을 기피하는 경향이 있으나 뛰어난 위치 선정 능력을 바탕으로 동료 수비수의 빈 자리를 차분하게 커버하는 역할을 수행한다. 여기에 태클, 수비 집중력, 빌드-업 등 다양한 장점을 가지고 있다.

국적 : 터키

터키계 이민 2세. 프라이부르크 유스 출신으로 2008년 19세 이하 유럽 선수권에서 독일의 우승에 일조했지만 2011년 터키 국가대표팀을 선택했다. 2011년 레버쿠젠에 입단해 현재까지 수비의 핵심으로 활약하고 있다.

위치별 슈팅-득점

				A	
2 - 1	17(2)	1412	1	0	2
8 - 0					
1 - 0		P	%	T	★
	0	739	76%	37	2

MF **Lars Bender**

공수 모두 겸비한 만능형 미드필더. 왕성한 활동량을 바탕으로 박스-투-박스로 움직이며 공격적인 재능을 가지고 있어 측면 미드필더로 활약할 수 있다. 가로채기와 태클에도 능하며, 순간적인 침투로 골도 넣는다. 심지어 제공권에도 강하다. 리더십도 뛰어나 팀의 주장을 맡고 있지만 지난 시즌에는 발목 부상으로 시즌 절반을 날렸고, 리그 11경기 출전에 그쳤다. 세밀함이 떨어져 패스 성공률도 그리 좋지 않다.

국적 : 독일

1860뮌헨 유스 출신. 그의 쌍둥이 형제 스벤은 도르트문트에서 뛰고 있다. 2006년 17세 이하 프리츠 발터 금메달 수상. 2008년 19세 이하 유럽 선수권서 독일의 우승을 이끌었고, 2016 올림픽 준우승 멤버이자, 현 독일 국가대표.

위치별 슈팅-득점

				A	
1 - 1	11	887	1	1	3
5 - 0					
5 - 0		P	%	T	★
	0	531	79%	52	3

MF **Hakan Calhanoglu**

프리킥 스페셜리스트. 정교한 오른발 킥을 보유하고 있어 세트피스에서 위력적이고, 측면에서 날카로운 크로스로 도움을 기록한다. 좌우 측면과 공격형 미드필더로 활약할 수 있고, 지난 2014-15 시즌 프리킥으로만 6골을 기록했다. 무회전 프리킥을 비롯해 다양한 프리킥을 구사한다. 게다가 감각적인 전진 패스를 바탕으로 많은 득점 찬스들을 만들어준다. 크로스도 능숙한 편. 다만 공 소유욕이 강하고, 기복이 있다.

국적 : 터키

터키 이민자로 독일 만하임에서 출생했다. 카를스루에에서 프로 데뷔했고, 이후 함부르크를 거쳐 2014년 레버쿠젠에 입단했다. 터키 연령대별 대표팀을 모두 거쳤고, 2013년부터 국가대표로 활약하고 있다. 레버쿠젠 시절 손흥민의 절친이다.

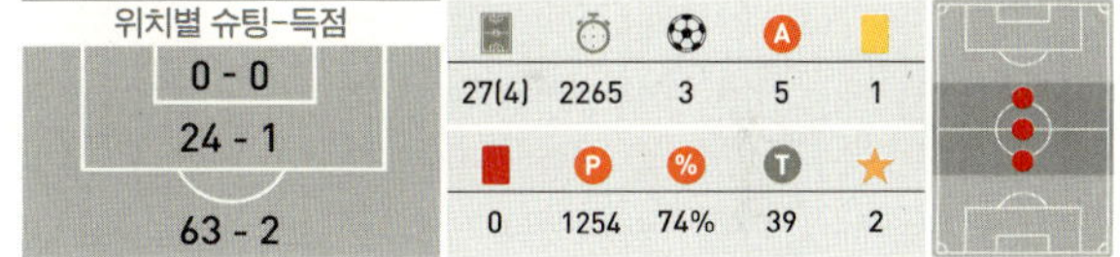

위치별 슈팅-득점

				A	
0 - 0	27(4)	2265	3	5	1
24 - 1					
63 - 2		P	%	T	★
	0	1254	74%	39	2

MF **Julian Baumgartlinger**

마인츠 중원의 핵심이었던 미드필더로 이번 시즌을 앞두고 레버쿠젠의 유니폼을 입었다. 지난 시즌 리그 31경기서 포백을 든든하게 보호하며 리그 정상급 수비형 MF로 이름을 날렸다. 왕성한 활동량을 바탕으로 공수 모두에 기여하고, 중원에서 볼을 키핑하는 능력이 탁월하다. 여기에 공중전, 태클, 수비 집중력 등 다양한 강점을 가지고 있어 언제든 제 몫을 다 해준다. 다만 크로스나 패싱력은 조금 부족하다.

국적 : 오스트리아

1860뮌헨 유스 출신으로 2007년 1군으로 데뷔했고, 오스트리아 빈, 마인츠를 거쳐 2016년 여름 레버쿠젠에 입단했다. 오스트리아 연령별 대표를 모두 거친 엘리트고, 2009년부터 국가대표로 활약하고 있다.

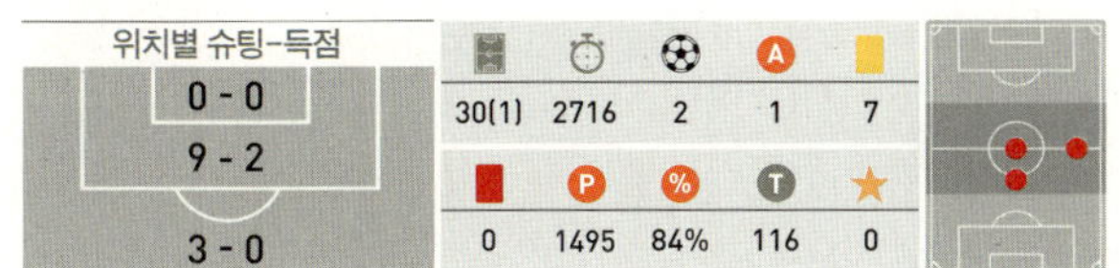

위치별 슈팅-득점

				A	
0 - 0	30(1)	2716	2	1	7
9 - 2					
3 - 0		P	%	T	★
	0	1495	84%	116	0

MF **Julian Brandt**

독일이 자랑하는 초특급 유망주로 좌우 측면과 중앙 공격형 미드필더를 모두 소화할 수 있다. 상당히 창의적인 플레이를 펼치는 선수고, 개인 기술이 뛰어나 드리블에 강점을 보인다. 패싱력도 좋다. 중앙과 측면을 움직이며 센스 있는 패스를 구사한다. 지난 시즌 리그 29경기서 9골 3도움을 기록했고, 경기당 1개 이상의 키패스를 만들었다. 경험 부족으로 기복이 있는 편이지만 발전 가능성은 무한하다.

국적 : 독일

레버쿠젠 유스 출신으로 2014년 18세 이하 프리츠 발터상 금메달 수상자다. 2014년 4월, 함부르크전에서 골을 넣으며 구단 역대 최연소 득점자(만 17세 11개월 2일)에 올랐고, 독일의 2014년 19세 이하 유럽 선수권 우승을 견인했다.

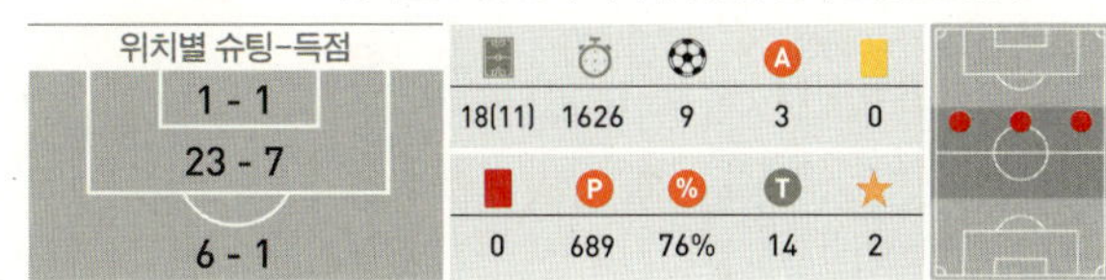

위치별 슈팅-득점

				A	
1 - 1	18(11)	1626	9	3	0
23 - 7					
6 - 1		P	%	T	★
	0	689	76%	14	2

MF Charles Aranguiz

20

샤를레스
아랑기스

왕성한 활동량을 바탕으로 공수 모두에 공헌하는 미드필더. 주로 중앙에서 활약하지만 상황에 따라 측면에서도 활약할 정도로 공격적인 재능이 있다. 정확하면서도 세밀한 패스 능력을 보유하고 있고, 찬스 메이킹에도 능하다. 기습적인 중거리 슈팅으로 종종 골을 넣는다. 그러나 지난 시즌에는 아킬레스건 파열로 수술을 받아 시즌을 거의 통째로 날렸고, 리그 7경기 출전에 그쳤다.

국적 : 칠레

애칭은 찰스 왕자(Principe Charles). 칠레 대표팀 동료로 과거 레버쿠젠에서 뛰었던 아르투로 비달의 조언에 따라 2015년 레버쿠젠으로 이적했다. 현 칠레 대표팀 중원의 핵심이고, 2015, 2016 코파 아메리카 2연패의 주역이다.

위치별 슈팅-득점								
2 - 1			5(2)	469	2	1	1	
2 - 1								
8 - 0			0	201	82%	6	0	

MF Karim Bellarabi

38

카림
벨라라비

화려한 개인 기술을 자랑하는 드리블 스페셜리스트. 단순하게 드리블 기술만 놓고 보면 분데스리가 최고다. 그러나 지나치게 볼을 끄는 경향이 있어 실속이 떨어진다는 지적이 있었으나 최근 들어 많이 개선됐고, 지난 시즌 리그 33경기서 11도움을 기록했다. 역습 상황에서 빠르게 침투해 마무리하는 능력이 뛰어나고, 레버쿠젠의 가장 위협적인 공격 무기. 그러나 오프사이드에 자주 걸리고, 수비 가담이 적은 것도 문제.

국적 : 독일

모로코-독일 혼혈로 베를린 출생. 2011년 브라운슈바이크를 떠나 레버쿠젠에 입단했고, 빠르게 성장해 이제는 확고한 주전이다. 독일 U-20, U-21 대표 출신으로 2014년부터 국가대표로 활약하고 있다.

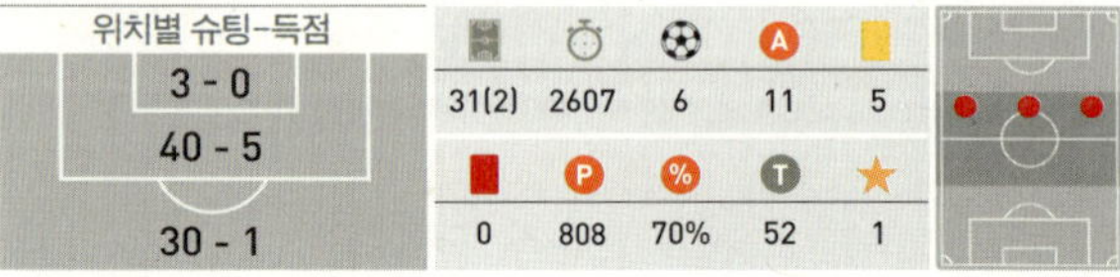

위치별 슈팅-득점								
3 - 0			31(2)	2607	6	11	5	
40 - 5								
30 - 1			0	808	70%	52	1	

MF Kevin Kampl

44

케빈
캄플

슬로베니아 국가대표 미드필더. 2선 전 지역(LW, CAM, RW)에서 활약할 수 있고, 공수 모두 기여한다. 상당히 창의적인 스루패스를 찔러주고, 감각적인 드리블 돌파로 문전으로 침투해 슈팅을 시도한다. 수비 기여도 상당하다. 강력한 압박을 통해 공을 끊어내고, 때로는 후방까지 내려와 숏-블록을 시도한다. 다만 측면에 배치됐을 때 크로스 능력이 조금 부족하고, 거친 파울도 문제다.

국적 : 슬로베니아

레버쿠젠 유스 출신이었지만 기회를 잡지 못해 임대를 떠났고, 이후 오스나브뤼크, 알렌, 잘츠부르크, 도르트문트에서 활약하다가 2015년 레버쿠젠으로 복귀했다. 슬로베니아 U-20 대표 출신으로 현재 국가대표다.

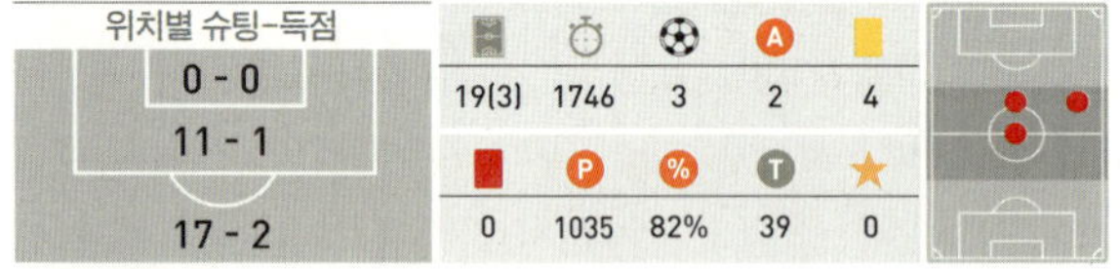

위치별 슈팅-득점								
0 - 0			19(3)	1746	3	2	4	
11 - 1								
17 - 2			0	1035	82%	39	0	

FW Javier Hernandez

7

하비에르
에르난데스

'박스 안의 지배자'라 불리는 최전방 공격수. 기회를 포착하면 어떤 상황에서든 일단 밀어 넣고 본다. 골 냄새를 맡는 천부적인 감각, 놀라운 순간 스피드와 민첩한 컷-인, 볼을 발로 정확히 임팩트시키는 능력은 단연 압권이다. 맨유에서 자리를 잡지 못해 고생하다가 레버쿠젠에서 제2의 전성기를 맞이하고 있고, 지난 시즌 리그 28경기서 17골 2도움을 올리며 맹활약했다. 이번 시즌도 주전 공격수다.

국적 : 멕시코

눈동자가 녹색이라 스페인어로 '작은 완두콩'이라는 뜻을 가진 치차리토로 불린다. 맨유, 레알 마드리드에서 활약하다가 지난 시즌 레버쿠젠에 입성했다. 2009년부터 멕시코 국가대표로 활약하고 있고, 2011년 북중미 골드컵 MVP 수상자다.

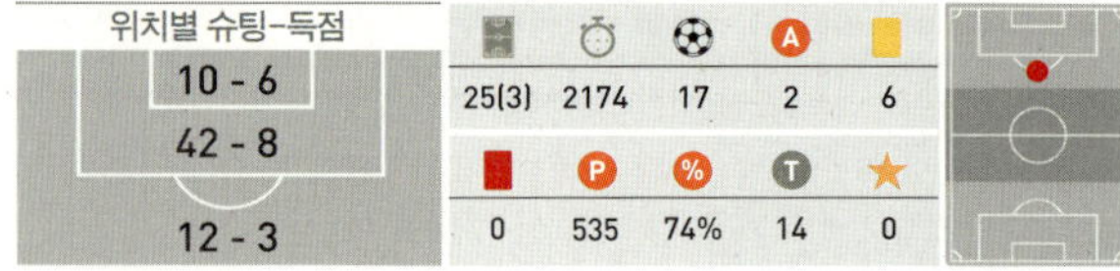

위치별 슈팅-득점								
10 - 6			25(3)	2174	17	2	6	
42 - 8								
12 - 3			0	535	74%	14	0	

FW Stefan Kießling

11

슈테판
키슬링

전형적인 타깃형 공격수. 레버쿠젠에서만 이번이 11번째 시즌이지만 최근에는 주전 경쟁에서 어려움을 겪고 있고, 지난 시즌 리그 19경기 선발 출전에 그쳤다. 그러나 여전히 위력적인 공격수다. 191cm의 장신을 살린 제공권에 강하고, 볼 키핑력도 뛰어나며, 연계 플레이에도 능숙하다. 수비 가담도 적극적으로 해주는 편에 속한다. 다만 발이 빠른 편은 아니기에 슈미트 감독의 빠른 축구에는 어울리지 않는다는 평가가 있다.

국적 : 독일

뉘른베르크 유스 출신으로 2006년 레버쿠젠으로 이적했다. 2012-13 시즌 25골을 넣으며 분데스리가 득점왕에 올랐고 기대를 모았지만 유독 독일 국가대표와는 인연이 없었다. 요리책을 냈을 정도로 뛰어난 요리 실력을 자랑한다.

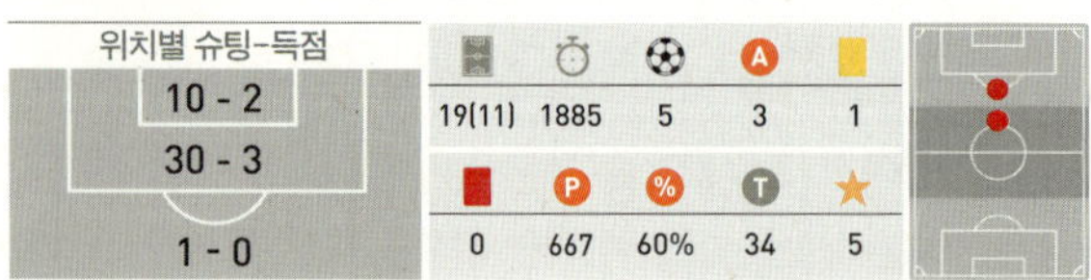

위치별 슈팅-득점								
10 - 2			19(11)	1885	5	3	1	
30 - 3								
1 - 0			0	667	60%	34	5	

FW Admir Mehmedi

14

아드미르
메흐메디

최전방 공격수와 좌우 측면 공격수, 그리고 공격형 미드필더까지 활약할 수 있는 멀티맨. 그러나 선발보다는 교체로 활약하는 경우가 더 많다. 빠른 스피드를 바탕으로 드리블 돌파에 능숙하고, 정확하면서도 감각적인 패스도 구사한다. 볼 키핑 능력도 준수한 편에 속한다. 중거리 슈팅 능력도 보유하고 있다. 여러모로 재주가 많은 공격수. 다만 골문 앞 침착성이 부족해 득점력이 떨어지는 것은 단점이다.

국적 : 스위스

알바니아계 이민 2세로 마케도니아에서 태어나 그의 나이 2세 때 스위스로 이주해왔다. FC 취리히에서 프로 데뷔해 디나모 키에프를 거쳐 2013년 프라이부르크에 입단하며 분데스리가와 첫 인연을 맺었고, 현 스위스 국가대표다.

위치별 슈팅-득점								
1 - 0			14(14)	1330	2	5	2	
18 - 2								
9 - 0			0	526	76%	20	1	

FW Joel Pohjanpalo

17

조엘
포안팔로

핀란드 국가대표 공격수. 지난 시즌 2부 리그 소속인 뒤셀도르프에서 활약하다가 이번 시즌을 앞두고 레버쿠젠으로 이적했다. 헬싱키에서 뛰던 시절 데뷔전에서 해트트릭을 기록하며 핀란드의 최고 기대주로 떠올랐다. 포안팔로는 공격수에 필요한 장점을 골고루 갖추고 있다는 평가를 받는다. 아주 큰 키는 아니지만 탄력이 좋아 공중전에 강하고, 빠른 주력을 바탕으로 라인을 깨는 유형의 공격수다.

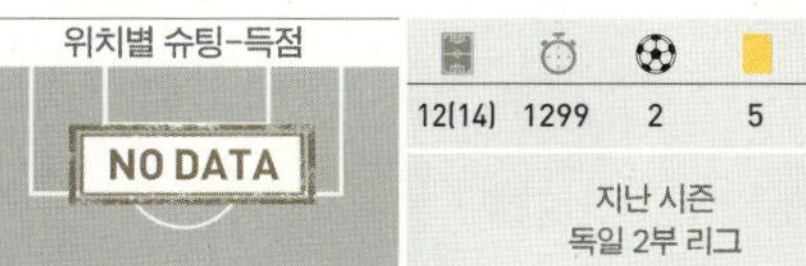

국적 : 핀란드

헬싱키 유스 출신으로 어린 시절부터 엄청난 주목을 받았고, 지난 시즌 2부 소속인 뒤셀도르프에서 인상적인 활약을 펼쳐 이번 시즌 레버쿠젠에 입성했다. 핀란드 연령별 대표를 모두 거쳤고, 2012년부터 국가대표로 활약하고 있다.

위치별 슈팅-득점

NO DATA

경기수	출전시간	득점	경고	퇴장
12(14)	1299	2	5	0

지난 시즌
독일 2부 리그

FW Robbie Kruse

27

로비
크루스

좌우 측면과 최전방에서 활약할 수 있는 호주 국가대표 공격수. 어린 시절 호주의 천재로 불리며 많은 주목을 받았고, 일찌감치 분데스리가로 진출했지만 기대만큼 성장하지는 못했다. 준수한 스피드와 유연한 볼 터치를 가지고 있고, 드리블 돌파와 공격 침투에 능하다. 전체적으로 패싱력도 준수한 편이고, 이따금씩 창의적인 플레이를 펼친다. 그러나 몸싸움에 약하고, 기복이 심한 것도 문제다.

국적 : 호주

브리즈번 로어에서 프로 데뷔했고, 이후 멜버른 빅토리, 뒤셀도르프를 거쳐 2013년 레버쿠젠에 입단했다. 호주 U-17, U-20 대표 출신이고, 2011년부터 국가대표로 활약 중이다. 2013 호주 올해의 선수상을 받았다.

위치별 슈팅-득점

0 - 0	
5 - 0	
2 - 0	

경기수	출전시간	득점	도움	경고
2(10)	444	0	0	2

퇴장	패스시도	패스성공율	태클성공	MOM
0	150	69%	4	0

FW Kevin Volland

31

케빈
폴란트

레버쿠젠이 공격력 강화를 위해 호펜하임에서 데려온 공격수. 지난 시즌 리그 33경기서 8골-7도움을 기록하며 호펜하임의 에이스라는 평가를 받았다. 빠른 스피드와 뛰어난 발재간을 바탕으로 많은 드리블 돌파를 성사시키고 역습을 주도한다. 센스 있는 스루패스를 통해 찬스 메이킹에도 강점을 가지고 있다. 하지만 볼 키핑에 약점이 있고, 모험적인 패스를 많이 시도하다보니 정확도가 떨어진다.

국적 : 독일

1860뮌헨 유스 출신으로 2012년 여름, 호펜하임에 입단했다. 올 여름 유럽 명문 구단들의 러브콜을 받았으나 레버쿠젠을 선택했다. 그의 부친은 독일 아이스하키 대표팀에서 활약한 안드레아스 폴란트이다.

위치별 슈팅-득점

3 - 1	
39 - 7	
22 - 0	

경기수	출전시간	득점	도움	경고
31(2)	2731	8	7	8

퇴장	패스시도	패스성공율	태클성공	MOM
0	832	59%	49	3

BORUSSIA MÖNCHENGLADBACH

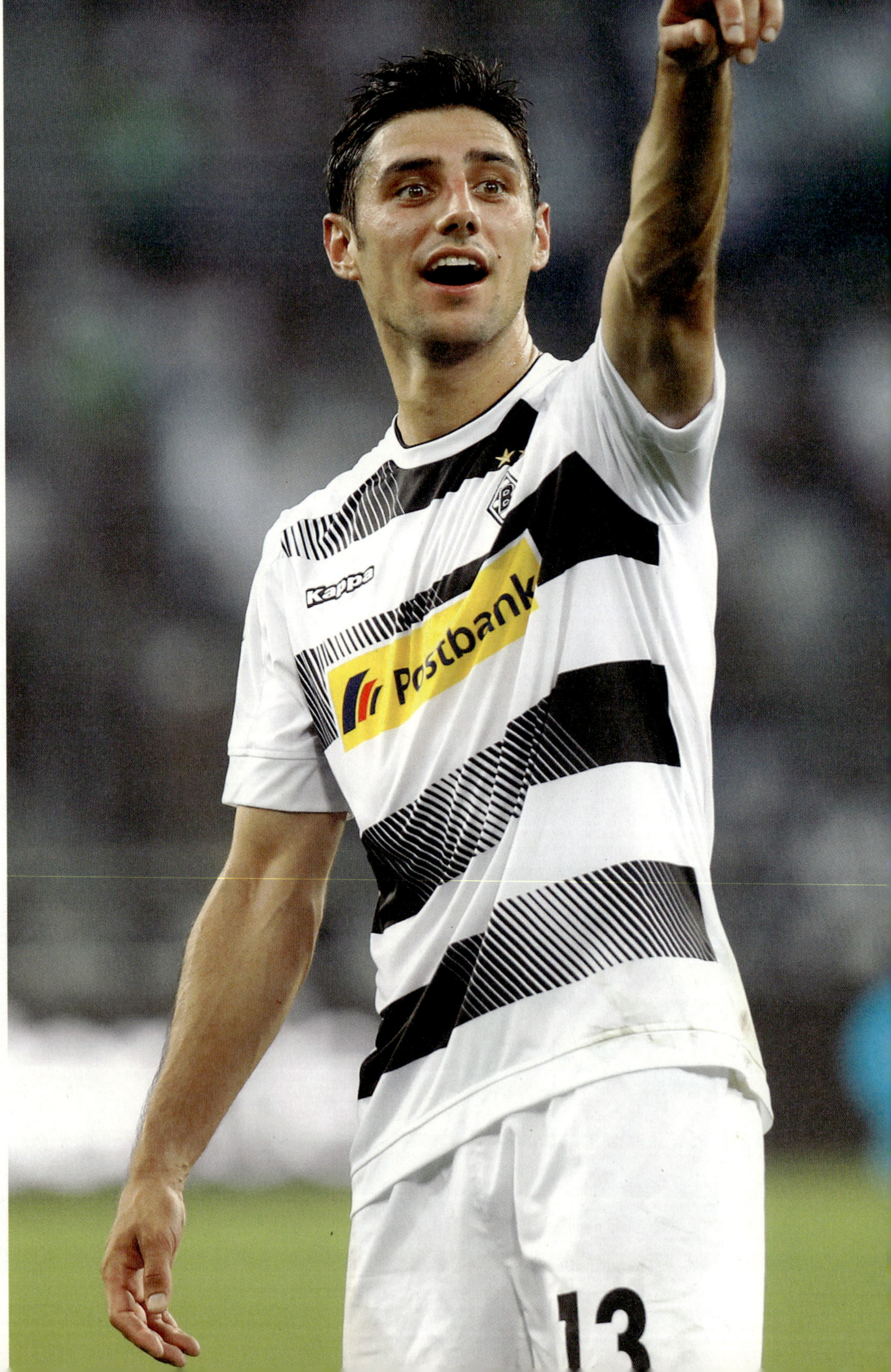

Home

Away

도약을 준비하고 있는 뮌헨글라드바흐 1970년대 영광 재현하며 강팀으로 거듭날까?

2015-16 SEASON REVIEW

뮌헨글라드바흐의 슈베르트 감독은 지난 시즌 분데스리가 최고의 소방수였다. 슈베르트 감독은 시즌 초반 리그 18위까지 추락한 뮌헨글라드바흐를 구하라는 특명을 받고 5라운드부터 지휘봉을 넘겨받았다. 기적 같은 일이 일어났다. 슈베르트 부임 후 뮌헨글라드바흐는 무려 10경기 연속 무패 행진을 달리며 단숨에 5위까지 올라섰다. 특히 이 기간 중 뮌헨글라드바흐는 절대강자 바이에른 뮌헨을 3-1로 제압하는 이변을 연출하기도 했다. 결국 뮌헨글라드바흐는 승점 55점으로 샬케(승점 52), 마인츠(승점 50) 등을 따돌리고 챔피언스리그 티켓을 따냈다.

SUMMER TRANSFER

뮌헨글라드바흐의 입장에선 중원의 핵심이었던 그라니트 샤카가 아스널로 이적한 것이 가장 뼈아프다. 사실상 샤카를 대체할 선수가 없는 것이 현실이다. 그러나 14-15시즌 임대로 맹활약했던 크라머가 뮌헨글라드바흐의 유니폼을 다시 입으며 확실한 보강을 했고, 수비 공백을 메우기 위해 브레멘의 바스터가드를 데려오기도 했다. 여기에 두쿠레, 스트로블 등도 영입했다. 물론 지난 시즌보다 팀 전력이 강화됐다고 평가하기는 어렵다. 하지만 지난 시즌 최고의 소방수 슈베르트 감독이 여전히 지휘봉을 잡고 있는 것은 든든하다.

2016-17 SEASON OUTLOOK

확실히 샤카의 공백은 커 보인다. 그러나 상대 팀에 따라 맞춤 전술을 구사하고, 조직력을 중요시하는 슈베르트 감독은 프리 시즌을 통해 팀의 조직력을 극대화시켰고, 한 명의 스타보다는 11명의 선수들이 유기적으로 움직이는 것을 주문하고 있다. 결과적으로 이번 시즌 뮌헨글라드바흐는 쉽게 지지 않는 끈끈한 팀이 될 것으로 예상된다. 여기에 다후드, 크리스텐센, 엘베디라는 전도유망한 선수들이 빠르게 성장하고 있어 고무적이고, 크라머의 귀환도 팀 전력에 보탬이 될 것으로 보인다.

감독 안드레 슈베르트 (Andre Schubert)

지난 시즌 분데스리가가 최고의 소방수로 명성을 높였다. 시즌 초반 강등권에 있던 뮌헨글라드바흐의 지휘봉을 잡아 인상적인 지도력을 발휘했고, 최종 성적 4위와 함께 챔피언스리그 티켓을 따냈다. 사실 지난 시즌 전까지만 하더라도 슈베르트 감독은 그리 주목받는 감독은 아니었다. 스타플레이어 출신도 아니었고, 지도자 생활도 파더보른, 장크트파울리 등을 거쳤다. 그러나 준비된 자에게 기회가 온다고 했다. 뮌헨글라드바흐 2군 팀을 맡으면서 지도력을 조금씩 인정받은 슈베르트 감독은 1군 팀의 지휘봉을 잡자마자 빠르게 팀을 재정비했고, 조직력을 완성시켰다. 이에 대해 슈베르트 감독은 "나는 도전을 두려워하지 않는다."며 자신의 축구 철학을 설명했다.

PROFILE
- 출 생 : 1971.7.24
- 국 적 : 독일
- 계 약 : 2017.6.30

STADIUM

Borussia-Park

구장 오픈 : 2004년
구장 개축 : -
구장 소유 : 보루시아 뮌헨글라드바흐
수용 인원 : 5만 4,057명
피치 규모 : 105m × 68m
잔디 종류 : 천연 잔디

SQUAD LIST

위치	번호	이름	국적	신장	체중	생년월일
GK	1	Yann Sommer	SUI	183	77	17-12-88
	21	Tobias Sippel	GER	180	79	22-03-88
	33	Christofer Heimeroth	GER	194	91	01-08-81
	35	Moritz Nicolas	GER	193	87	21-10-97
DF	3	Andreas Christensen	DEN	188	68	10-04-96
	4	Jannik Vestergaard	DEN	197	96	03-08-92
	14	Nico Schulz	GER	180	78	01-04-93
	17	Oscar Wendt	SWE	181	83	24-10-85
	18	Álvaro Domínguez	ESP	189	83	16-05-89
	19	Fabian Johnson	USA	183	70	11-12-87
	24	Tony Jantschke	GER	177	69	07-04-90
	27	Julian Korb	GER	177	68	21-03-92
	29	Mamadou Doucouré	FRA	182	75	21-05-98
	30	Nico Elvedi	SUI	188	74	30-09-96
MF	5	Tobias Strobl	GER	186	72	12-05-90
	6	Christoph Kramer	GER	190	73	19-02-91
	7	Patrick Herrmann	GER	179	69	12-02-91
	8	Mahmoud Dahoud	GER	176	76	01-01-96
	10	Thorgan Hazard	BEL	174	69	29-03-93
	15	Marvin Schulz	GER	186	79	15-01-95
	16	Ibrahima Traoré	GUI	172	62	21-04-88
	20	Djibril Sow	SUI	179	70	06-02-97
	23	Jonas Hofmann	GER	176	65	14-07-92
	26	Tsiy William Ndenge	GER	188	82	13-06-97
FW	9	Josip Drmi	SUI	182	70	08-08-92
	11	Raffael	BRA	174	69	28-03-85
	13	Lars Stindl	GER	180	73	26-08-88
	28	André Hahn	GER	185	75	13-08-90

2016-17 SEASON SCHEDULE

날짜	장소	상대팀	날짜	장소	상대팀
27/AUG	H	Bayer Leverkusen	27/JAN	A	Bayer Leverkusen
10/SEP	A	SC Freiburg	03/FEB	H	SC Freiburg
17/SEP	H	Werder Bremen	10/FEB	A	Werder Bremen
21/SEP	A	RB Leipzig	17/FEB	H	RB Leipzig
24/SEP	H	FC Ingolstadt 04	24/FEB	A	FC Ingolstadt 04
02/OCT	A	FC Schalke 04	03/MAR	H	FC Schalke 04
15/OCT	H	Hamburger SV	10/MAR	A	Hamburger SV
22/OCT	A	Bayern Munchen	17/MAR	H	Bayern Munchen
28/OCT	A	Eintracht Frankfurt	31/MAR	A	Eintracht Frankfurt
04/NOV	A	Hertha BSC	03/APR	H	Hertha BSC
19/NOV	H	1. FC Koln	07/APR	A	1. FC Koln
26/NOV	H	1899 Hoffenheim	14/APR	A	1899 Hoffenheim
02/DEC	A	Borussia Dortmund	21/APR	H	Borussia Dortmund
09/DEC	H	1. FSV Mainz 05	28/APR	A	1. FSV Mainz 05
16/DEC	A	FC Augsburg	05/MAY	H	FC Augsburg
19/DEC	H	VfL Wolfsburg	13/MAY	A	VfL Wolfsburg
20/JAN	A	SV Darmstadt 98	20/MAY	H	SV Darmstadt 98

RANK OF LAST 5 YEARS

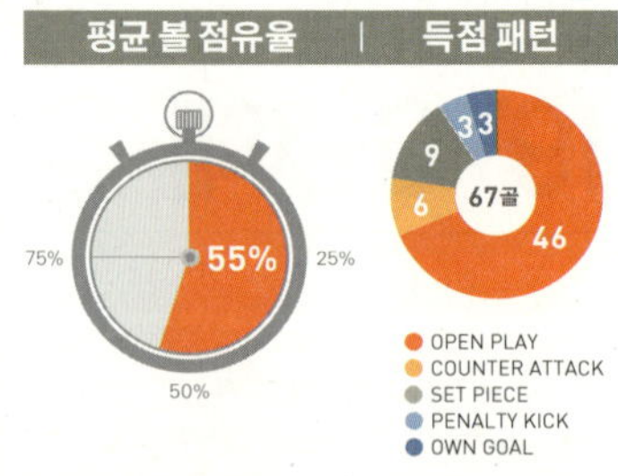

STRENGTHS & WEAKNESSES

OFFENSE		DEFENSE	
직접 프리킥	C	세트피스 수비	C
문전 처리	B	상대 볼 뺏기	B
측면 돌파	C	공중전 능력	C
스루볼 침투	A	역습 방어	C
개인기 침투	C	지공 방어	D
카운터 어택	C	스루패스 방어	D
기회 만들기	C	리드 지키기	C
세트피스	C	실수 조심	C
OS 피하기	D	측면 방어력	C
중거리 슈팅	B	파울 주의	C
볼 점유율	B	중거리슛 수비	D

매우 강함 A 강한 편 B 보통 수준 C 약한 편 D 매우 약함 E

시간대별 득점	시간대별 실점	득점 분포	공격 방향	볼 점유 위치	포지션별 득점	상대포지션별 실점

시간대별 득점: 76 15 / 18 7 / 75 16 / 9 10 / 13 10 / 61 30 / 60 31 / 46 45

시간대별 실점: 76 15 / 7 5 / 75 16 / 8 7 / 13 10 / 61 30 / 60 31 / 46 45

득점 분포: 6 / 51 / 10

공격 방향: 38% 25% 37%

볼 점유 위치: 상대진영 25% / 중간진영 49% / 우리진영 26%

포지션별 득점: FW진 22골 / MF진 29골 / DF진 13골 *상대자책골 3골

상대포지션별 실점: DF진 4골 / MF진 16골 / FW진 27골 *자책골 실점 3골

FORMATION

3-5-2

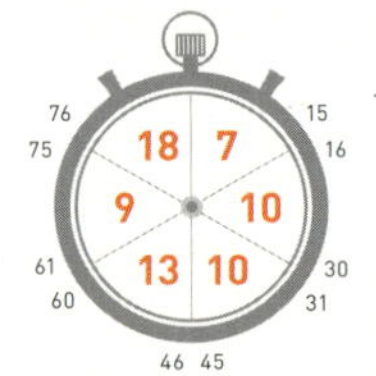

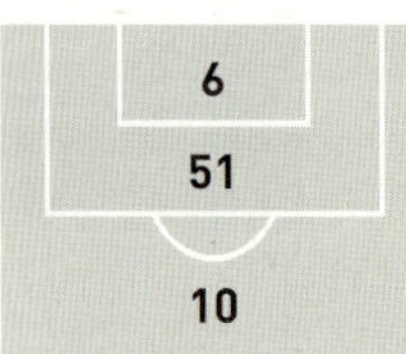
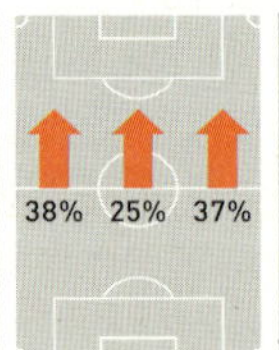

TOTO GUIDE 지난 시즌 상대팀별 전적

상대팀	홈	원정
Bayern Munich	3-1	1-1
Dortmund	1-3	0-4
Leverkusen	2-1	0-5
Schalke 04	3-1	1-2
FSV Mainz 05	1-2	0-1
Hertha Berlin	5-0	4-1
Wolfsburg	2-0	1-2
FC Koln	1-0	0-1
Hamburger SV	0-3	2-3
Ingolstadt	0-0	0-1
FC Augsburg	4-2	2-2
Werder Bremen	5-1	1-2
Darmstadt	3-2	2-0
Hoffenheim	3-1	3-3
Frankfurt	3-0	5-1
Stuttgart	4-0	3-1
Hannover 96	2-1	0-2

 GK Yann Sommer

분데스리가에서도 손에 꼽히는 선방능력을 자랑하는 골키퍼. 2014-15 시즌 83.1%의 선방률을 기록하며 이 부문 1위를 차지하기도 했다. 지난 시즌에도 중요한 순간마다 엄청난 선방능력을 보여주며 팀을 4위에 올려놓았다. 70%에 가까운 패스 성공률을 기록할 정도로 정확한 롱킥도 그의 또 하나의 무기. 다만 183cm의 작은 신장은 그의 몇 안 되는 단점으로 지적되며 공중 볼을 처리할 때 살짝 불안한 경향이 있다.

얀
좀머

국적 : 스위스

스위스 바젤에서 유스 시절을 보냈다. 바두스와 그라스호퍼 임대를 통해 경험을 쌓았고, 복귀 후 2010년부터 주전으로 활약하며 4번의 리그 우승을 경험. 스위스 연령별 대표팀을 모두 거쳤고, 유로 2016에서도 선방쇼를 보여줬다.

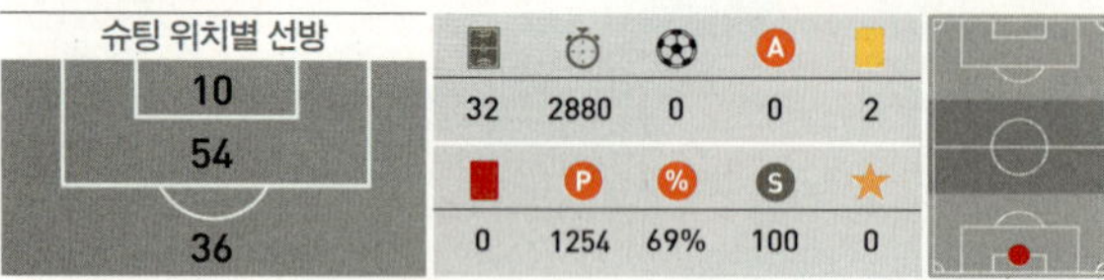

슈팅 위치별 선방		🏆	⏱	⚽	Ⓐ	🟨	
10		32	2880	0	0	2	
54		🟥	Ⓟ	%	Ⓢ	★	
36		0	1254	69%	100	0	

 GK Tobias Sippel

묀헨글라드바흐의 백업 골키퍼. 주전 골키퍼인 좀머와 비슷한 유형이다. 골키퍼 사관학교로 유명한 카이저슬라우턴 유스 출신답게 기본기가 탄탄하다. 빠른 판단력과 날렵한 움직임이 강점. 하지만 단신인 좀머보다 작은 180cm의 키로 인해, 공중볼 상황에서 다소 아쉬운 모습을 보인다. 잦은 부상 역시 그의 단점으로 손꼽힌다. 카이저슬라우턴 시절에도 중요한 순간마다 부상을 당했다.

토비아스
지펠

국적 : 독일

바트 두르크하임에서 축구를 시작한 그는 카이저슬라우턴 유스를 거쳐 주전으로 성장했다. 만 17세, 2005년까지만 해도 독일 골키퍼 최고 유망주로 이목을 끌었지만 2008년 손 골절상 이후 성장이 멈췄다.

슈팅 위치별 선방		🏆	⏱	⚽	Ⓐ	🟨	
0		2	180	0	0	0	
1		🟥	Ⓟ	%	Ⓢ	★	
2		0	68	72%	3	0	

 DF Andreas Christensen

장래가 촉망되는 중앙 수비. 수비수임에도 뛰어난 패스능력을 지녔다. 짧고 간결한 패스를 선호해 미드필더도 능숙하게 볼 수 있다. 빠른 주력으로 오른쪽 측면 수비수도 볼 수 있는 멀티플레이어. 뛰어난 위치선정과 커팅은 그의 장점으로 평가된다. 다만 몸싸움에 약하고, 중요한 순간에 과감한 태클을 시도하지 않는다. 지나치게 빌드-업을 고집하다 패스 미스도 종종 범해 위험 상황을 연출하기도 한다.

안드레아스
크리스텐센

국적 : 덴마크

덴마크 명문 브뢴비 유스를 거쳐 2012년엔 첼시 유스에 합류했다. 2013-14 시즌 첼시의 FA 유스 컵 우승 주역이고, 2014-15 시즌 UEFA 유스 리그 우승에도 기여. 덴마크 연령별 대표를 모두 거쳤고, 2015년에 A매치 데뷔전도 치렀다.

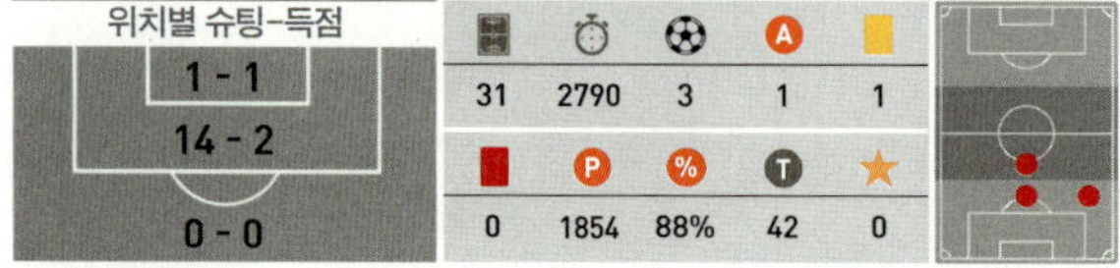

위치별 슈팅-득점		🏆	⏱	⚽	Ⓐ	🟨	
1 - 1		31	2790	3	1	1	
14 - 2		🟥	Ⓟ	%	Ⓣ	★	
0 - 0		0	1854	88%	42	0	

 DF Jannik Vestergaard

덴마크 출신의 중앙 수비수. 2m에 가까운 거대한 체격을 지녔다. 이 장점을 최대한 활용한 공중 볼 다툼은 그의 가장 큰 무기. 큰 체구와 어울리지 않게 드리블을 즐기고, 정확한 킥을 활용해 장거리 패스를 자주 시도한다. 거친 몸싸움과 태클도 주저하지 않는다. 베르더 브레멘에서 인상적인 활약을 펼친 그는, 이번 시즌을 앞두고 묀헨글라드바흐에 합류했다. 하루 빨리 팀에 녹아드는 게 관건이다.

야니크
베스테르고르

국적 : 덴마크

브뢴비 유스에서 활약하던 그는 2010년 호펜하임으로 이적해 분데스리가에 데뷔했다. 2015년 브레멘으로 이적해 팀의 핵심선수로 자리 잡았고, 1년 6개월 만에 묀헨글라드바흐로 팀을 옮겼다. 덴마크 연령별 대표를 거친 국가대표.

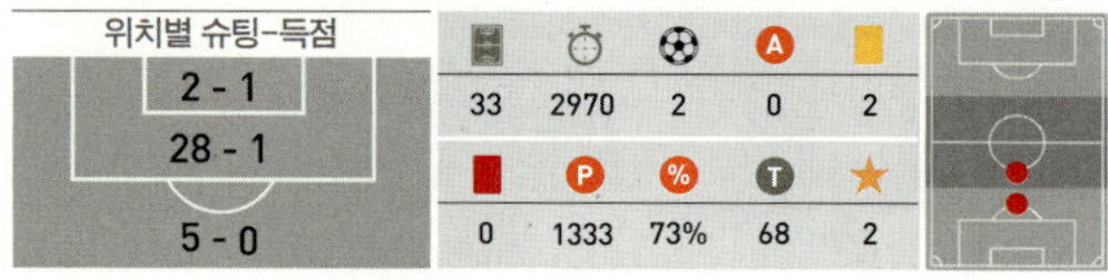

위치별 슈팅-득점		🏆	⏱	⚽	Ⓐ	🟨	
2 - 1		33	2970	2	0	2	
28 - 1		🟥	Ⓟ	%	Ⓣ	★	
5 - 0		0	1333	73%	68	2	

 DF Oscar Wendt

왼쪽 측면 수비수로 공수 밸런스가 잘 잡혀 있다. 안정감이 그의 가장 큰 무기고, 집중력이 좋아 실수하거나 공을 빼앗기는 일이 많지 않다. 측면에서 만들어가는 플레이를 선호한다. 정확한 패스를 바탕으로 동료들과 주고받으며 차근차근 오버래핑에 나선다. 다만 공중볼 싸움에 약하고, 위험한 태클의 시도를 주저한다. 이로 인해 카드를 받는 횟수는 적지만, 수비에 있어서 역동성이 떨어진다는 비판도 받는다.

오스카
벤트

국적 : 스웨덴

스웨덴 스쾨브데 유스 출신으로 2003년 괴테베리에서 프로 데뷔했다. 2006년 덴마크 코펜하겐에 입단해 5시즌 동안 팀의 주전 선수로 뛰며 4번의 덴마크 리그 우승을 차지했다. 2007년부터 스웨덴 국가대표로 활약했다.

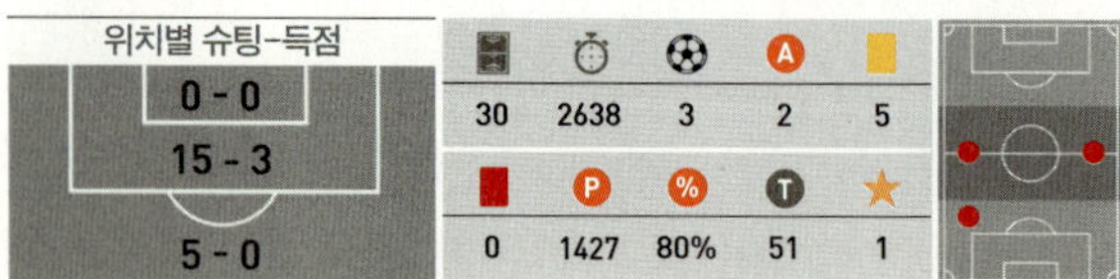

위치별 슈팅-득점		🏆	⏱	⚽	Ⓐ	🟨	
0 - 0		30	2638	3	2	5	
15 - 3		🟥	Ⓟ	%	Ⓣ	★	
5 - 0		0	1427	80%	51	1	

 DF Álvaro Domínguez

2015년 11월 16일 허리를 크게 다쳐 4개월 넘게 치료에 전념해야 했다. 결국 시즌 아웃. 올 시즌은 부상 없이 치러야 한다. 도밍게스는 정상 컨디션일 경우 중앙 수비와 왼쪽 수비를 겸할 수 있다. 패스능력은 일품. 후방에서 킬러패스로 찬스를 만들어낸다. 수비 시 상대보다 먼저 움직여 공을 끊어내는 능력은 높이 평가받는 부분이다. 하지만 태클을 많이 시도하지 않고, 위험 지역에서 지나치게 여유를 부리는 게 문제.

알바로
도밍게스

국적 : 스페인

레알 마드리드와 아틀레티코 마드리드 유스를 모두 지낸 특이한 이력을 지녔다. 2007년 아틀레티코에서 프로에 데뷔햇고, 2012년에 묀헨글라드바흐로 이적했다. 2012년엔 대표팀의 부름을 받고 A매치 데뷔전을 치렀지만, 중용되진 않았다.

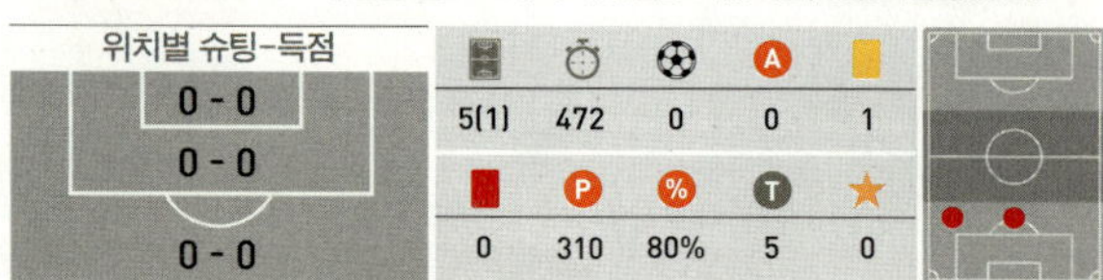

위치별 슈팅-득점		🏆	⏱	⚽	Ⓐ	🟨	
0 - 0		5(1)	472	0	0	1	
0 - 0		🟥	Ⓟ	%	Ⓣ	★	
0 - 0		0	310	80%	5	0	

DF Tony Jantschke

오른쪽 측면 수비수 출신이지만, 최근에는 중앙 수비수로 활약한다. 빠른 스피드를 갖추고 있어 커버 범위가 넓다. 기술이 뛰어나 공을 잘 소유하고 패스 역시 정확도가 높은 편이다. 몸싸움 능력도 뛰어나 상대 공격수보다 먼저 움직여 공을 차단한다. 그러나 크로스가 약하고, 177cm로 기본적인 제공권에 밀리는 경향이 있다. 다행히 낙하지점 포착능력이 뛰어나 단점을 커버한다.

토니
얀츄케

국적 : 독일

2006년 묀헨글라드바흐 유스팀에 입단한 후, 원 클럽맨으로 활약 중이다. 2008년 11월 28일, 코트부스전에서 데뷔전을 치렀고, 이어진 레버쿠젠전에서 골을 넣으며 구단 역사상 3번째로 어린 나이에 골을 넣었다(만 18세 234일).

위치별 슈팅-득점

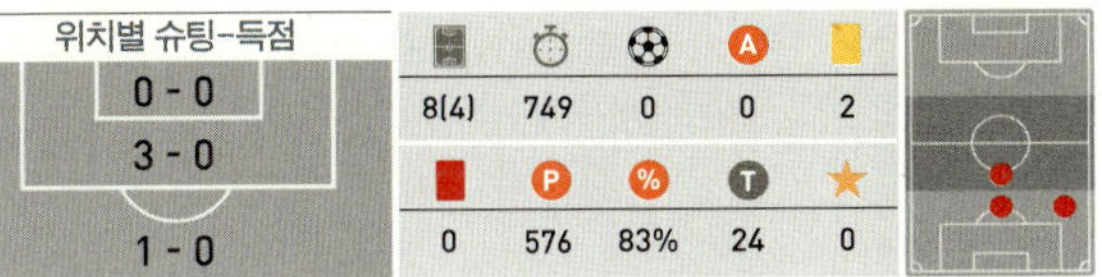

	0 - 0						
	3 - 0						
	1 - 0						

경기수	출전시간	득점	도움	경고
8(4)	749	0	0	2

퇴장	패스시도	패스성공률	태클성공	MOM
0	576	83%	24	0

DF Julian Korb

볼 키핑과 패스능력이 뛰어난 오른쪽 측면 수비수. 짧고 간결한 패스와 빠른 스피드를 통한 측면 플레이를 즐기고, 동료들과의 호흡으로 오버래핑을 시도한다. 태클과 가로채기 능력도 나쁘지 않은 편에 속한다. 다만 크로스가 다소 부정확하고, 공중볼에서도 약점을 보인다. 2013-14 시즌에 이어 2014-15 시즌까지 준수한 활약으로 대표팀 후보에도 이름이 올랐지만, 지난 시즌 슬럼프에 빠지며 흐름을 타지 못했다.

율리안
코어브

국적 : 독일

경쟁자라고 할 수 있는 얀츄케와 마찬가지로 2006년에 묀헨글라드바흐 유스팀에 입단했다. 유스팀 당시엔 얀츄케가 왼쪽 측면 수비수로 뛰어야 했을 정도로 코어브의 평가가 더 좋았다. 연령대별 독일 대표팀을 모두 거친 엘리트 풀백이다.

위치별 슈팅-득점

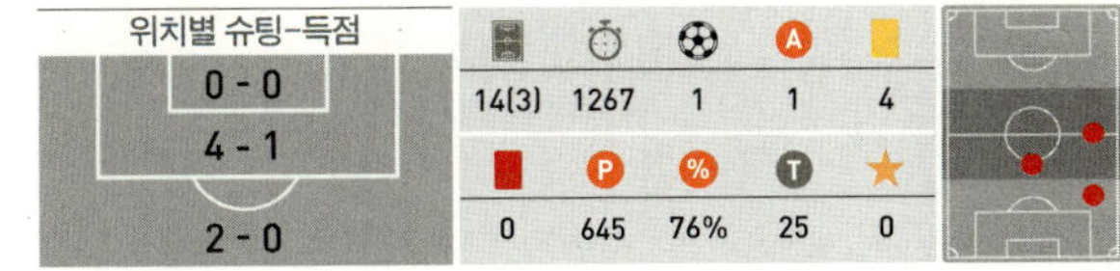

	0 - 0						
	4 - 1						
	2 - 0						

경기수	출전시간	득점	도움	경고
14(3)	1267	1	1	4

퇴장	패스시도	패스성공률	태클성공	MOM
0	645	76%	25	0

DF Nico Elvedi

스위스 출신의 센터백. 19세의 어린 나이지만 묀헨글라드바흐의 주전 수비수로 거듭나고 있다. 나이에 맞지 않게 침착하고 노련한 플레이가 인상적이다. 뛰어난 드리블능력을 갖췄고, 한 번에 찔러주는 키패스로 전방에 찬스를 만들어낸다. 골 키핑력과 태클 기술까지 뛰어나 수비수로서 갖춰야 할 조건은 모두 지녔다. 경험만 쌓인다면 분데스리가 최고의 수비수로 성장할 가능성이 충분하다.

니코
엘베디

국적 : 스위스

어린 나이에 취리히 유스에 입단해 오랜 기간 동안 내공을 쌓았다. 2014년 로잔과의 경기에서 프로에 데뷔한 그는, 짧은 기간에도 인상적인 모습을 보였고, 2015년 묀헨글라드바흐로 이적했다. 지난 2016년 5월엔 A매치 데뷔전도 치렀다.

위치별 슈팅-득점

	1 - 0						
	1 - 0						
	1 - 0						

경기수	출전시간	득점	도움	경고
17(4)	1548	0	2	2

퇴장	패스시도	패스성공률	태클성공	MOM
0	935	83.1	39	0

MF Tobias Strobl

주로 수비형 미드필더로 나서지만, 중앙 수비와 오른쪽 측면 수비도 소화가 가능하다. 188cm-77kg의 뛰어난 신체조건을 지녔으며 볼 키핑능력도 수준급이다. 무엇보다 태클을 자유자재로 구사하며, 상대의 공을 끊어내는 것도 탁월하다. 깊숙한 진영에서 길게 공을 올려주며 공격의 활로를 찾는 역할도 담당한다. 때때로 전방에서 강력한 중거리 슈팅을 선보이기도 한다. 큰 키에 비해 공중볼에는 약하다.

토비아스
스트로블

국적 : 독일

1860묀헨에서 유스 시절을 보냈고, 2008년 프로에 데뷔했다. 그러나 1군의 기회는 주어지지 않았고, 2011년 호펜하임으로 이적했다. 호펜하임에서 가파른 성장세를 보인 그는, 이번 시즌을 앞두고 묀헨글라드바드에 합류했다.

위치별 슈팅-득점

	1 - 0						
	4 - 0						
	6 - 0						

경기수	출전시간	득점	도움	경고
22(4)	2078	0	1	5

퇴장	패스시도	패스성공률	태클성공	MOM
0	1065	81%	74	1

MF Christoph Kramer

전형적인 수비형 미드필더. 지난 시즌까지 레버쿠젠 소속이었고, 지난 2013-14 시즌부터 두 시즌 동안 묀헨글라드바흐에서 임대 생활을 보냈다. 당시 좋은 기억으로 완전 이적에 성공했다. 중원에서 왕성한 활동량으로 종횡무진 누비며, 과감한 태클로 상대의 공격을 차단한다. 패싱능력도 뛰어나, 짧은 패스를 이어가는 공격 전개를 선호하는 편이다. 큰 키를 활용해 공중볼에서도 밀리지 않는다.

크리스토퍼
크라머

국적 : 독일

2014 브라질 월드컵 우승 멤버다. 결승전에도 선발 출전했지만 가라이에게 안면을 가격당하는 부상으로 쉬얼레와 교체됐다. 유스 시절부터 수많은 빅 클럽들이 군침을 흘릴 만큼 촉망받았고, 레버쿠젠이 어린 그를 낚아챘다.

위치별 슈팅-득점

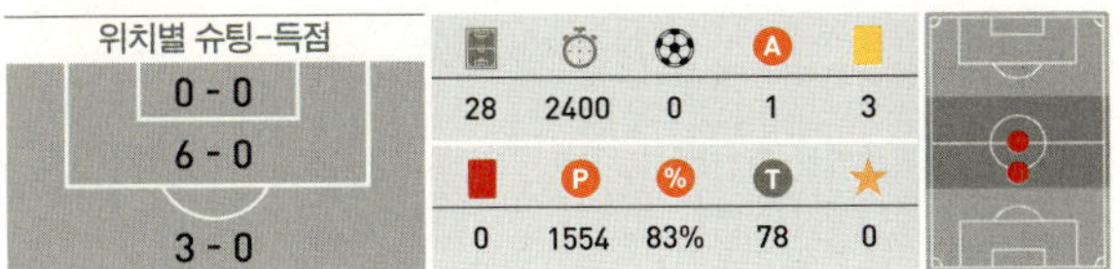

	0 - 0						
	6 - 0						
	3 - 0						

경기수	출전시간	득점	도움	경고
28	2400	0	1	3

퇴장	패스시도	패스성공률	태클성공	MOM
0	1554	83%	78	0

MF Patrick Herrmann

묀헨글라드바흐가 기른 최고의 스타. '제2의 로이스'라 불리며, 빠른 스피드와 강철 체력은 그의 가장 큰 무기다. 이를 활용한 카운터 어택은 강팀을 상대로 더욱 효과적이다. 정확한 킥력은 물론, 세트피스에서 헤딩능력이 뛰어나다. 한때 빅 클럽들의 1순위 영입 대상으로 떠올랐지만, 부진으로 잠시 날개가 꺾인 상황이다. 또한, 지난 시즌 무릎 부상으로 약 3개월간 결장했고, 리그 5경기 선발 출전에 그쳤다.

파트릭
헤어만

국적 : 독일

2008년 묀헨글라드바흐 유스팀에 입단한 그는, 팀의 특별 관리 속에 성장해 프로에 데뷔했다. 독일 연령대별 대표팀을 모두 거쳤고, 2015년 6월, 카자흐스탄과의 A매치 데뷔전에서 마리오 괴체의 골을 어시스트했다.

위치별 슈팅-득점

	1 - 1						
	10 - 2						
	2 - 0						

경기수	출전시간	득점	도움	경고
5(13)	629	3	3	1

퇴장	패스시도	패스성공률	태클성공	MOM
0	201	71%	12	1

MF Mahmoud Dahoud

EPL이 주목하고 있는 시리아 출신의 스타. 시리아 출신이지만 정작 독일 대표팀을 택했다. 20세의 나이가 무색할 정도로 엄청난 재능을 지녔다. 드리블, 패스, 슈팅 등 공격적 재능뿐 아니라 태클, 가로채기 등 미드필더가 갖춰야 할 모든 능력을 갖췄다. 공중볼에 약하다는 것을 빼고 흠잡을 데 없는 최고의 유망주다. 스타일이 일카이 귄도간과 비슷해 '리틀 귄도간'으로도 불린다. 지난 시즌에도 5골-8도움의 맹활약을 펼쳤다.

마흐무드 다후드

시리아 북부 아무다 쿠르디쉬 타운에서 태어난 다후드는 10개월 때 독일로 이주해, 독일에서 자랐다. 이중국적자이지만 시리아가 아닌 독일을 택했고, 독일 연령별 대표를 거치며 엘리트 코스를 밟고 있다.

국적 : 독일

위치별 슈팅-득점

2 - 1		
9 - 2		
28 - 2		

			A	
27(5)	2084	5	8	4

	P	%	T	★
0	1296	84%	71	2

MF Thorgan Hazard

중앙 공격형 미드필더가 최적의 포지션이지만, 좌우 측면과 2선 공격수까지 다양한 위치를 소화할 수 있는 멀티플레이어. 축구 센스가 남다르고, 날카롭고 예측 불가능한 패스로 찬스를 만들어낸다. 세트피스 시 정교한 킥은 그의 또 다른 장점. 빠른 스피드를 활용한 드리블 돌파, 이어지는 크로스도 일품이다. 수비 공헌도도 높은 편이지만, 공중 볼에 약하고 종종 쉽게 흥분하는 모습을 보인다.

토르강 아자르

첼시의 에이스 에당 아자르의 동생. 랑스 유스 출신으로 2011-12 시즌 프로에 데뷔했고, 2012년 여름 형을 따라 첼시에 입단했으나 임대를 전전해야 했다. 2013년 줄테 바레겜에서 벨기에 리그 올해의 선수에 뽑혔다.

국적 : 벨기에

위치별 슈팅-득점

5 - 1		
29 - 3		
11 - 0		

			A	
19(10)	1647	4	3	4

	P	%	T	★
0	774	75%	41	2

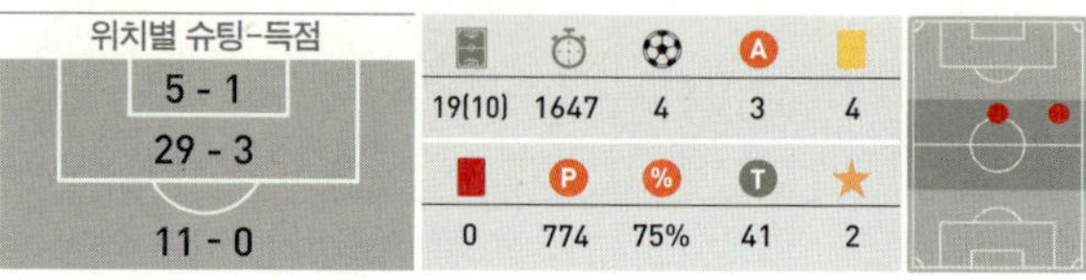

MF Lars Stindl

미드필드 전 지역을 소화할 수 있는 다재다능함을 가지고 있다. 주 포지션은 오른쪽 윙어로 직선 드리블이 날카롭고, 정교한 킥력을 가지고 있다. 지난 시즌 묀헨글라드바흐로 이적해 리그 30경기서 7골-8도움을 기록했을 정도로 공격 포인트 생산력이 뛰어나다. 기본적인 수비력과 수비 가담은 좋지만 전문적인 수비형 미드필더는 아니라 포백 보호에 종종 어려움을 겪는다.

라스 슈틴들

칼스루어 유스 출신으로 2008년 3월, 분데스리가 데뷔전을 치렀고, 2010년 여름 하노버에 입단했다. 이후 2015년 묀헨글라드바흐의 유니폼을 입었다. 평상시에 기부활동도 열심히 하는 등 모범적인 생활을 하기로 정평이 났다.

국적 : 독일

위치별 슈팅-득점

2 - 0		
44 - 5		
21 - 2		

			A	
29(1)	2597	7	8	5

	P	%	T	★
0	1420	80%	44	1

MF Ibrahima Traoré

경이적인 운동능력과 뛰어난 개인 기술을 갖춘 레프트 윙어. 드리블 돌파가 워낙 좋아 상대 수비 한두 명을 쉽게 제칠 수 있고, 개인플레이가 잘될 때는 매우 위협적이다. 적어도 드리블 스킬만큼은 팀 내 1위. 다만 지나치게 혼자 볼을 끄는 경향이 있고, 킥력이 부정확해 실속이 떨어지는 편에 속한다. 그래도 최근에는 팀플레이에 눈을 뜨기 시작했고, 패싱력도 계속해서 발전하고 있다.

이브라히마 트라오레

기니 이민자로 프랑스 빌팽트 태생이다. 프랑스 유스 시스템에서 성장했으나 2006년 헤르타 베를린 유스 팀에 입단했고, 아우크스부르크와 슈투트가르트를 거쳐 묀헨글라드바흐에 입단했다. 현 기니 국가대표.

국적 : 기니

위치별 슈팅-득점

1 - 0		
17 - 3		
23 - 0		

			A	
17(7)	1471	3	1	1

	P	%	T	★
0	675	78%	45	2

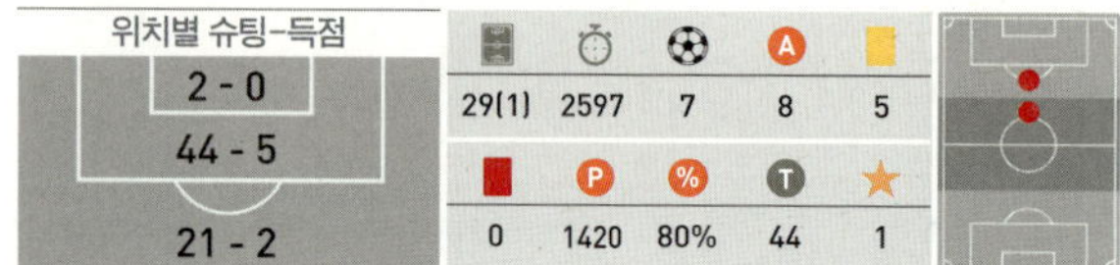

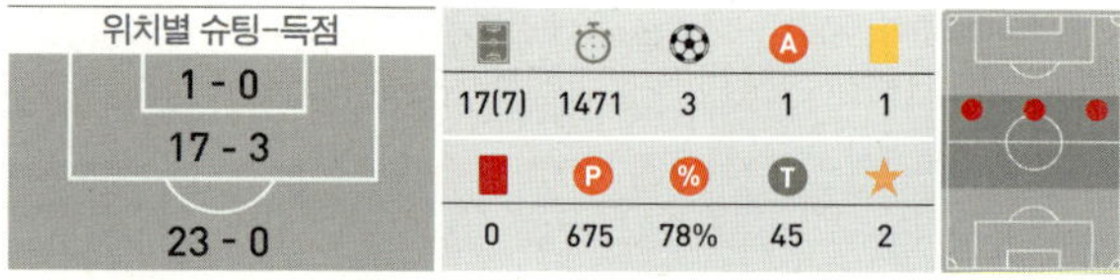

MF Fabian Johnson

측면의 지배자. 좌우 측면 미드필더는 물론 풀백 또는 윙백까지 소화할 수 있다. 주 포지션은 오른쪽 윙어였지만 분데스리가에 입성 후 다양한 포지션을 소화하고 있다. 지난 시즌 리그 26경기서 6골-4도움을 기록했는데 좌우 측면을 가리지 않고 활약했다. 기술이 다소 부족하다는 평가가 있지만 열심히 수비에 가담하며 궂은일을 도맡아 한다. 팀에 도움이 되는 선수고, 공수 밸런스가 좋다.

파비안 존슨

미군 출신 부친과 독일 모친 사이에 독일 뮌헨에서 출생했다. 독일 연령대별 대표팀을 거친 선수로 2009년 21세 이하 유럽 선수권 우승 멤버였으나 2011년 위르겐 클린스만 감독의 부름을 받고 미국 대표팀을 선택했다.

국적 : 미국

위치별 슈팅-득점

1 - 1		
19 - 5		
6 - 0		

			A	
25(1)	2161	6	4	2

	P	%	T	★
0	881	77%	26	

MF Jonas Hofmann

도르트문트에서 뛰던 시절 마리오 괴체의 대체자로 평가받을 정도로 어린 시절부터 잠재력을 인정받았다. 그러나 기대만큼 성장하지는 못했고, 지난겨울 이적 시장서 묀헨글라드바흐 유니폼을 입었지만 리그 8경기 출전에 그쳤다. 성장세가 멈췄지만 여전히 다양한 장점을 가지고 있다. 호프만의 가장 큰 강점은 패스와 드리블. 세밀한 패스와 함께 유연한 드리블로 문전으로 침투한다. 반응 속도도 좋은 편이다.

요나스 호프만

호펜하임 유스 출신이지만 기회를 잡지 못했고, 이후 도르트문트, 마인츠(임대)를 거쳐 2016년 1월 묀헨글라드바흐로 이적했다. 독일 U-18, U-21 대표 출신이고, 많은 기대를 받았지만 국가대표로 성장하지 못했다.

국적 : 독일

위치별 슈팅-득점

2 - 0		
8 - 1		
6 - 0		

			A	
6(9)	503	1	2	0

	P	%	T	★
0	223	79%	8	

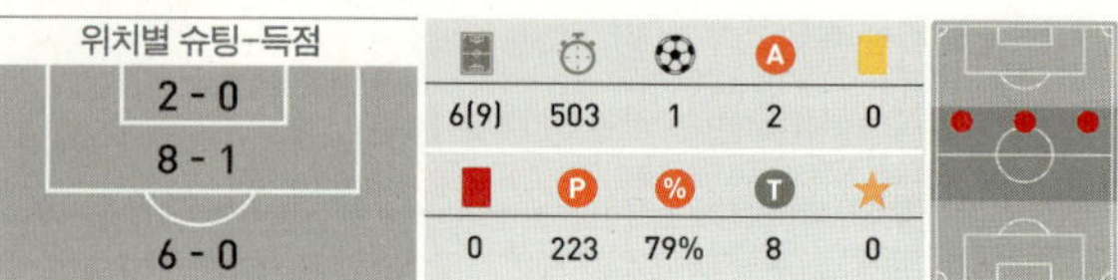

(FW) Josip Drmic

요십
드르미치

빠른 스피드와 뛰어난 결정력을 자랑하는 공격수. 양발 모두에 능하고 반 박자 빠른 슈팅으로 골을 성공시킨다. 분데스리가 데뷔 시즌인 2013-14 시즌 뉘른베르크에서 17골을 넣으며 득점 2위에 당당히 이름을 올렸다. 그러나 최근 두 시즌 동안 극심한 부진에 빠졌고, 지난 시즌 역시 리그 1골에 그쳤다. 결국 겨울 이적 시장서 함부르크로 임대를 떠났다. 부진에서 탈출하기 위해 볼 키핑과 축구 IQ를 갖춰야 한다.

국적 : 스위스

크로아티아계 이민자로 스위스 라헨에서 출생했다. FC 취리히 유스 출신으로 2010년 2월, 뉴샤텔과의 경기에서 프로 데뷔했다. 외모가 마녀를 닮아 뉘른베르크 팬들은 마녀 가면을 쓰고 그를 응원한다. 현 스위스 국가대표 공격수다.

위치별 슈팅-득점

위치					
2 - 1	9(10)	861	2	0	2
10 - 1					
2 - 0	0	271	67%	13	0

(FW) Raffael

하파엘

개인 기술이 좋은 브라질 출신의 공격수. 2013년 묀헨글라드바흐 입단 후 3시즌 연속 두 자릿수 골을 넣으며 팀 공격의 핵심 역할을 담당하고 있다. 기본적으로 투톱에 배치되어 있으나 실질적으로 중앙 공격형 미드필더 역할을 수행한다. 브라질리언답게 뛰어난 드리블 능력과 감각적인 스루패스를 바탕으로 찬스 메이커 역할도 수행하면서도 기회만 있으면 직접 골문으로 침투해 많은 골을 양산해낸다.

국적 : 브라질

브라질 태생이지만 만 10세에 스위스로 이주해왔다. 헤르타 베를린에서 오랜 기간 활약했고, 디나모 키에프와 샬케를 거쳐 묀헨글라드바흐에 입단했다. 그의 동생 호니와 함께 헤르타 베를린에서 활약한 바 있다.

위치별 슈팅-득점

위치					
1 - 0	30(1)	2690	13	10	2
40 - 10					
29 - 3	0	1178	82%	37	6

(FW) André Hahn

안드레
한

대기만성형 공격수. 한은 4부 리그 출신으로 개인 기술도 떨어지고, '투박한 선수였지만 누구보다 열심히 뛰며 그라운드를 누볐다. 지속적으로 문전으로 침투하고 수비 전환 시엔 곧바로 압박에 가세해 태클과 파울을 불사하며 궂은일을 도맡아 한다. 최근에는 골 결정력이 많이 좋아졌고, 지난 시즌에도 무릎연골 부상으로 리그 7경기 선발 출전에 그쳤지만 무려 8골-1도움을 기록했다.

국적 : 독일

하부 리그 출신으로 2013년 1월, 아우크스부르크 입단과 함께 분데스리가에 입성했다. 2013-14 시즌 12골을 넣으며 아우크스부르크의 에이스로 떠올랐고, 그 활약상을 인정받아 독일 대표팀에도 승선했다. 대기만성형의 표본.

위치별 슈팅-득점

위치					
1 - 0	7(8)	739	8	1	1
21 - 8					
4 - 0	0	249	61%	14	3

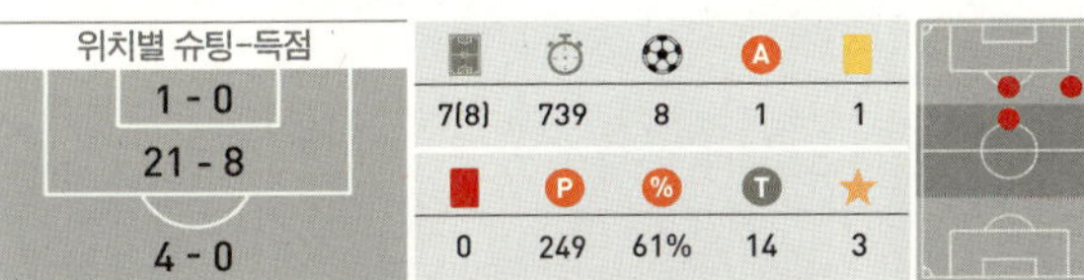

FC SCHALKE 04

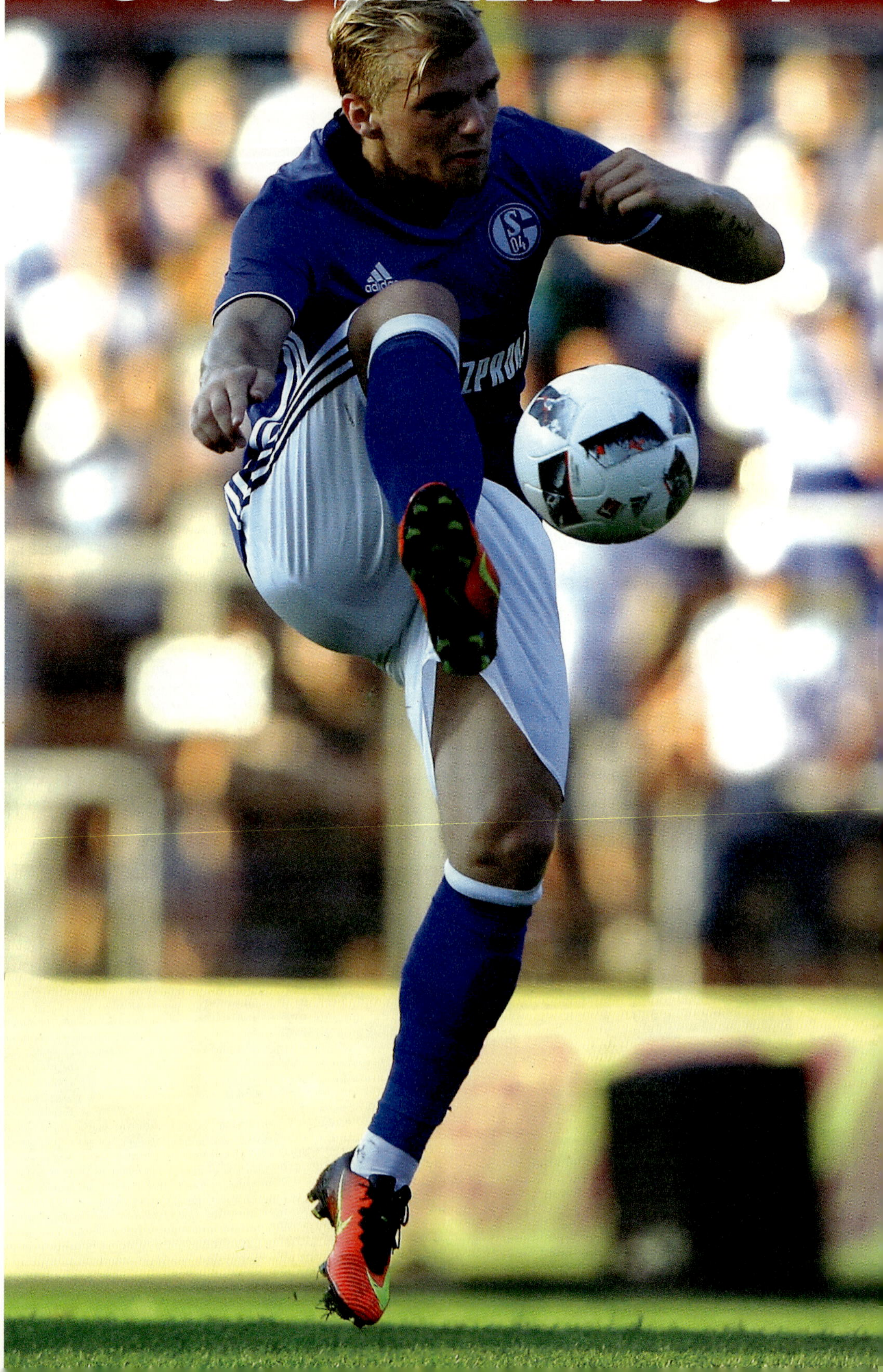

구단 창립 : 1904년
홈구장 : 펠틴스-아레나
감독 : 마르쿠스 바인치얼
2015-16시즌 : 5위(승점 52점)
15승 7무 12패 51득점 49실점
닉네임 : Die Konigsblauen

7	5	
GERMAN BUNDESLIGA	GERMAN DFB POKAL	
0	1	
UEFA CHAMPIONS LEAGUE	UEFA EUROPA LEAGUE	
0	0	
FIFA CLUB WORLD CUP	UEFA-CONMEBOL INTERCONTINENTAL	

UNIFORM

Home

Away

독일의 차세대 명장 바인치얼
명가 샬케의 부활을 이끌 수 있을까?

2015-16 SEASON REVIEW

2시즌 연속 챔피언스리그 진출 티켓을 따내지 못했다. 순위는 리그 4위 근처에 항상 있지만 마지막 뒷심이 부족했고, 결과적으로 아쉬움을 남겼다. 지난 시즌도 마찬가지. 샬케는 파더보른을 성공적으로 이끌었던 브라이텐라이터 감독에게 지휘봉을 맡기며 챔피언스리그 진출권을 노렸지만 결국에는 실패했다. 특히 '에이스' 드락슬러가 팀을 떠나면서 공격력이 많이 약해졌고, 결국 이것이 발목을 잡았다. 샬케는 지난 시즌 리그에서 총 51득점에 성공했는데 다른 상위권 팀과 비교했을 때 저조한 득점력이었고, 승점 52점으로 리그 5위에 머물렀다.

SUMMER TRANSFER

상위권 도약을 위한 확실한 보강이 이뤄졌다. 수비의 핵심인 마팁이 리버풀로 떠났지만 볼프스부르크에서 날도를, 세비야에서 코케를 데려오며 수비진을 보강했다. 여기에 바바, 벤탈렙, 스탐볼리, 코노플리안카, 엠볼로 등을 영입하면서 공격과 중원도 더 강해졌다는 평가를 받고 있다. 특히 구단 역대 최고 이적료로 데려온 에볼로가 간판 공격수 훈텔라르와 어떤 호흡을 보이는지가 중요하고, 측면의 스페셜리스트 코노플리안카의 활약상에도 많은 기대를 걸고 있다. 이제 남은 것은 바인치얼의 지도력이다.

2016-17 SEASON OUTLOOK

이제는 상위권으로 올라갈 차례다. 이에 샬케는 마인츠의 단장이었던 하이델을 새로운 단장으로 임명하며 새로운 샬케를 준비하고 있고, 아우크스부르크를 성공적으로 이끌며 차세대 독일의 명장으로 평가받는 바인치얼 감독에게 지휘봉을 맡겼다. 여기에 대대적인 보강을 진행하며 새 시즌에 대한 기대감을 높이고 있다. 가장 중요한 것은 역시 바인치얼 감독의 지도력. 전술적인 유연성과 라커룸에서 선수단을 장악하는 능력이 뛰어나다는 바인치얼 감독이 샬케라는 명문 클럽을 어떻게 지도할 것인지 관심이 집중된다.

감독 마르쿠스 바인치얼(Markus Weinzierl)

독일에서 최근 가장 많은 주목을 받고 있는 만 41세의 젊은 감독. 2005년, 3부 리가 구단 얀 레겐스부르크에서 은퇴한 그는 곧바로 수석 코치직을 수행했고, 2008년부터 지휘봉을 잡았다. 2011-12 시즌 팀을 2부 리가로 승격시키면서 지도력을 인정받았고, 이에 힘입어 2012년 여름, 아우크스부르크 사령탑에 올랐다. 이후 바인치얼은 강등권에 있던 아우크스부르크를 리그 중상위권으로 이끌었고, 지난 2014-15 시즌에는 리그 5위까지 순위를 끌어올리며 스타 감독 반열에 올라섰다. 또한, 2014년과 2015년 독일 올해의 감독 2위에 당당히 이름을 올리기도 했다. 이에 샬케는 바인치얼 감독의 능력을 높이 사 꾸준하게 영입을 추진했고, 결국 성공했다.

PROFILE
- **출 생** : 1974.12.28
- **국 적** : 독일
- **계 약** : 2019.6.30

STADIUM

Veltins-Arena

- **구장 오픈** : 2001년
- **구장 개축** : -
- **구장 소유** : 샬케 04
- **수용 인원** : 6만 2,271명
- **피치 규모** : 105m × 68m
- **잔디 종류** : 천연 잔디

SQUAD LIST

위치	번호	이름	국적	신장	체중	생년월일
GK	1	Ralf Fährmann	GER	194	89	27-09-88
	30	Timon Wellenreuther	GER	186	80	03-12-95
	34	Fabian Giefer	GER	196	86	17-05-90
	35	Alexander Nübel	GER	193	84	30-09-96
DF	3	Júnior Caiçara	BRA	172	65	27-04-89
	4	Benedikt Höwedes	GER	187	75	29-02-88
	6	Sead Kolašinac	BIH	183	82	20-06-93
	14	Baba Rahman	GHA	179	70	02-07-94
	15	Dennis Aogo	GER	183	85	14-01-87
	20	Thilo Kehrer	GER	184	70	21-09-96
	22	Atsuto Uchida	JPN	176	62	27-03-88
	23	Coke	ESP	182	78	26-04-87
	27	Sascha Riether	GER	174	70	23-03-83
	28	Joshua Bitter	GER	184	80	01-01-97
	29	Naldo	BRA	198	89	10-09-82
	31	Matija Nastasić	SRB	187	79	28-03-93
	40	Phil Neumann	GER	191	78	08-07-97
MF	5	Johannes Geis	GER	177	73	07-08-93
	7	Max Meyer	GER	169	65	18-09-95
	8	Leon Goretzka	GER	189	76	06-02-95
	10	Nabil Bentaleb	ALG	187	68	24-11-94
	11	Yevhen Konoplyanka	UKR	176	69	29-09-89
	17	Benjamin Stambouli	FRA	180	75	13-08-90
	18	Sidney Sam	GER	174	66	31-01-88
	21	Alessandro Schöpf	AUT	171	61	07-02-94
FW	9	Franco Di Santo	ARG	194	78	07-04-89
	13	Maxim Choupo-Moting	CMR	189	82	23-03-89
	16	Fabian Reese	GER	184	76	29-11-97
	25	Klaas Jan Huntelaar	NED	186	80	12-08-83
	32	Bernard Tekpetey	GHA	172	65	03-09-97
	33	Donis Avdijaj	GER	172	70	25-08-96
	36	Breel Embolo	SUI	184	71	14-02-97

2016-17 SEASON SCHEDULE

날짜	장소	상대팀	날짜	장소	상대팀
27/AUG	A	Eintracht Frankfurt	27/JAN	H	Eintracht Frankfurt
09/SEP	H	Bayern Munchen	03/FEB	A	Bayern Munchen
18/SEP	A	Hertha BSC	10/FEB	H	Hertha BSC
21/SEP	H	1. FC Koln	17/FEB	A	1. FC Koln
25/SEP	A	1899 Hoffenheim	24/FEB	H	1899 Hoffenheim
02/OCT	H	Bor. Monchengladbach	03/MAR	A	Bor. Monchengladbach
15/OCT	A	FC Augsburg	10/MAR	H	FC Augsburg
23/OCT	H	1. FSV Mainz 05	17/MAR	A	1. FSV Mainz 05
29/OCT	A	Borussia Dortmund	31/MAR	H	Borussia Dortmund
06/NOV	H	Werder Bremen	03/APR	A	Werder Bremen
19/NOV	A	VfL Wolfsburg	07/APR	H	VfL Wolfsburg
27/NOV	H	SV Darmstadt 98	14/APR	A	SV Darmstadt 98
02/DEC	A	RB Leipzig	21/APR	H	RB Leipzig
09/DEC	H	Bayer Leverkusen	28/APR	A	Bayer Leverkusen
16/DEC	H	SC Freiburg	05/MAY	A	SC Freiburg
19/DEC	A	Hamburger SV	13/MAY	H	Hamburger SV
20/JAN	H	FC Ingolstadt 04	20/MAY	A	FC Ingolstadt 04

RANK OF LAST 5 YEARS

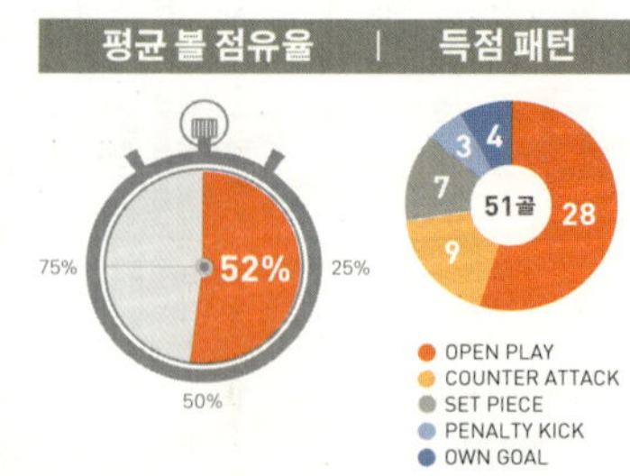

STRENGTHS & WEAKNESSES

OFFENSE		DEFENSE	
직접 프리킥	C	세트피스 수비	B
문전 처리	D	상대 볼 뺏기	C
측면 돌파	C	공중전 능력	D
스루볼 침투	B	역습 방어	C
개인기 침투	C	지공 방어	D
카운터 어택	C	스루패스 방어	D
기회 만들기	C	리드 지키기	C
세트피스	C	실수 조심	D
OS 피하기	D	측면 방어력	C
중거리 슈팅	C	파울 주의	C
볼 점유율	B	중거리슛 수비	C

매우 강함 A   강한 편 B   보통 수준 C   약한 편 D   매우 약함 E

| 시간대별 득점 | 시간대별 실점 | 득점 분포 | 공격 방향 | 볼 점유 위치 | 포지션별 득점 | 상대포지션별 실점 |

FORMATION

4-2-3-1

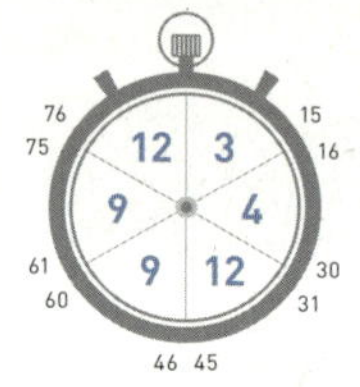
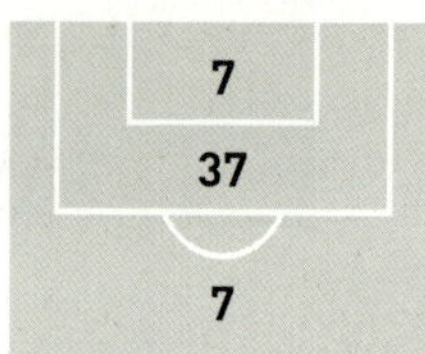
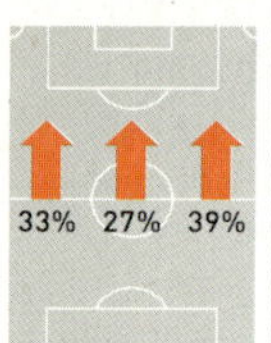

TOTO GUIDE 지난 시즌 상대팀별 전적

상대팀	홈	원정
Bayern Munich	1-3	0-3
Dortmund	2-2	2-3
Leverkusen	2-3	1-1
Monchengladb.	2-1	1-3
FSV Mainz 05	2-1	1-2
Hertha Berlin	2-1	0-2
Wolfsburg	3-0	0-3
FC Koln	0-3	3-1
Hamburger SV	3-2	1-0
Ingolstadt	1-1	0-3
FC Augsburg	1-1	1-2
Werder Bremen	1-3	3-0
Darmstadt	1-1	2-0
Hoffenheim	1-0	4-1
Frankfurt	2-0	0-0
Stuttgart	1-1	1-0
Hannover 96	3-1	3-1

GK **Ralf Fährmann**

랄프
페어만

샬케 부동의 수문장. 부상만 없다면 노이어와 분데스리가 넘버원 골키퍼 자리를 놓고 경쟁할 선수다. 지난 시즌에는 큰 부상 없이 리그 34경기에 출전해 안정적인 선방 능력을 보여줬다. 동물적인 반사신경을 바탕으로 선방에 강점을 가지고 있고, 집중력도 좋아 실수를 거의 저지르지 않는다. 선방 능력만 놓고 보면 분데스리가 톱클래스이고, 정교한 롱패스 능력까지 갖추고 있다.

국적 : 독일

샬케 유스 출신. 마누엘 노이어라는 벽에 막혀 2009년 프랑크푸르트 이적했다가 노이어가 2011년 바이에른으로 떠나자 곧바로 샬케에 복귀했을 정도로 충성심이 높다. 독일 연령별 대표를 모두 거쳤지만 정작 국가대표로 발탁되지는 못했다.

슈팅 위치별 선방

		🕐	⚽	A	🟨
2	34	3060	0	0	1
69					
44	🟥	P	%	S	★
	0	1154	64%	115	2

GK **Fabian Giefer**

파비안
기퍼

샬케의 백업 골키퍼. 페어만이 여전히 건재해 이번 시즌도 후보 골키퍼에 머물 것으로 보인다. 기퍼는 민첩성, 숏-스토핑, 크로스 방어, 볼 핸들링 등 기본적인 GK 기술이 좋은 선수지만 부상이 문제. 매 시즌 부상으로 고생하고 있고, 부상 부위도 햄스트링, 인대 파열 등 다양하다. 지난 시즌 역시 리그에서 출전 기회를 잡지 못했다. 부상만 없다면 훌륭한 백업 자원이지만 이번 시즌도 불투명하다.

국적 : 독일

레버쿠젠 유스 출신으로 많은 기대를 받았지만 성장세가 빠르지는 않았다. 2008년 레버쿠젠 2군으로 데뷔했고, 레버쿠젠 1군, 뒤셀도르프를 거쳐 2014년 샬케로 이적했다. 독일 U-16 대표를 시작으로 U-20 대표까지 발탁됐다.

슈팅 위치별 선방

		🕐	⚽	A	🟨
0	0	0	0	0	0
0					
0	🟥	P	%	S	★
	0	0	0	0	0

DF **Júnior Caiçara**

주니오르
카이사라

샬케의 오른쪽 측면 수비수로 상당히 공격적이다. 전형적인 브라질 스타일의 측면 수비수로 빠르고 기술적으로 뛰어나다. 세밀한 패스로 공격을 전개하고, 크로스, 짧은 패스 등 전체적인 패싱력이 준수하다. 다만 수비력과 맨 마킹에 있어서는 보완이 필요하고, 수비 뒤 공간을 내주는 것도 단점이다. 제공권에 약점이 있고, 태클 성공률도 상당히 저조한 편에 속한다. 즉 수비적인 부분에서 개선이 필요하다.

국적 : 브라질

코리치바 유스 출신. 2012년 루도고레츠에 입단한 그는 3시즌 동안 128경기에 출전해 24도움을 올리며 불가리아 리그 정상급 풀백으로 군림했고, 2015년 샬케로 이적했다. 불가리아 이중국적으로 불가리아 대표팀 승선 가능성이 있다.

위치별 슈팅-득점

		🕐	⚽	A	🟨
0 - 0	22(1)	1856	0	3	7
4 - 0	🟥	P	%	T	★
9 - 0	0	1007	74%	56	1

DF Benedikt Höwedes

4

베네딕트
회베데스

국적 : 독일

샬케의 주장이자, 수비의 핵심. 중앙 수비수는 물론 좌우 측면 수비수도 동시에 소화할 수 있다. 강력한 대인 수비능력을 자랑하고 있고, 정확한 태클에 기반을 둔 가로채기에 능하다. 그러나 지난 시즌에는 허벅지, 손가락 부상으로 리그 15경기 출전에 그쳤다. 발이 빠르고 위치 선정이 좋아 세트 피스에서 종종 골을 넣지만 가장 큰 문제는 부상을 당하지 않는 것이다. 기본적인 수비 기술은 좋은 편이다.

샬케 유스 출신으로 샬케에서만 활약하고 있는 원 클럽맨. 팬들의 절대적인 지지를 받고 있다. 2007년 프리츠 발터상(독일 유망주상)을 받을 정도로 대형 수비 유망주로 주목받았다. 독일 연령별 대표를 거쳐 현재는 국가대표로 활약 중.

위치별 슈팅-득점

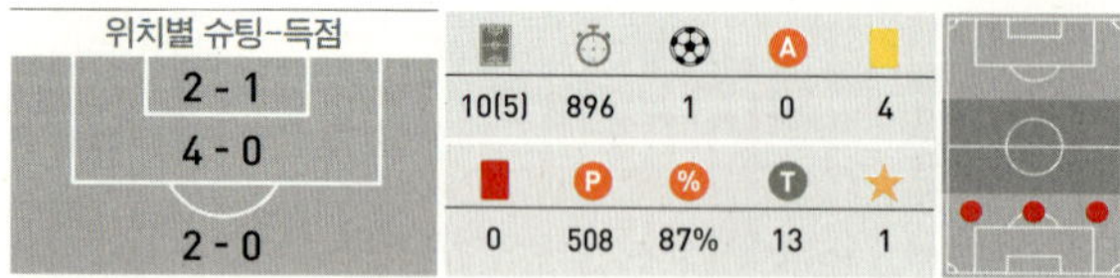

2 - 1	4 - 0	2 - 0

				A	
10(5)	896	1	0	4	
P	%	T	★		
0	508	87%	13	1	

DF Baba Rahman

14

바바
라만

국적 : 가나

첼시에서 임대 이적한 왼쪽 수비수. 빠른 발을 활용한 드리블 돌파가 장점이고, 적극적인 오버래핑으로 공격의 활로를 찾는다. 수비 집중력이 뛰어나 맨 마킹에 강점을 보이지만 종종 수비 라인 조절에 실패하는 경우가 있고, 볼을 자주 뺏기는 모습을 보인다. 가로채기, 태클 등 기본적인 수비능력이 좋고, 크로스 능력까지 갖췄지만 팀플레이에 좀 더 중점을 둬야 한다. 기복이 있는 것도 흠이다.

가나 드림스FC 유스 출신으로 아산테 코토코를 거쳐 2012년 그로이터 퓌르트로 이적해 독일 무대에 입성했다. 이후 아우크스부르크에서 인상적인 활약을 펼친 후 2015년 첼시로 이적했지만 기회를 잡지 못해 다시 독일 무대로 왔다.

위치별 슈팅-득점

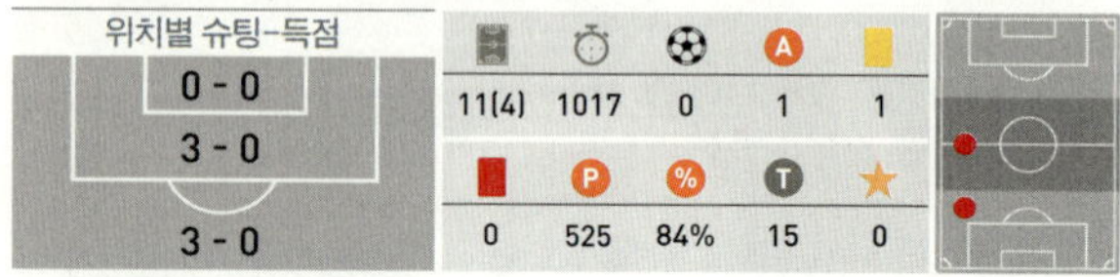

0 - 0	3 - 0	3 - 0

				A	
11(4)	1017	0	1	1	
P	%	T	★		
0	525	84%	15	0	

DF Dennis Aogo

15

데니스
아오고

국적 : 독일

다재다능한 멀티 플레이어. 왼쪽 측면 수비수와 측면 미드필더, 그리고 중앙 미드필더까지 소화할 수 있다. 볼을 키핑하는 능력이 뛰어나고, 정교한 왼발 킥을 바탕으로 뛰어난 패스와 크로스를 구사한다. 다만 수비적인 부분에선 태클 정확도도 떨어지고, 종종 집중력을 잃어버려 실수를 저지르는 등 아쉬운 부분이 있다. 그러나 공격력만큼은 최고이고, 슈팅력과 개인 기술도 갖췄다.

나이지리아 부친과 독일 모친 사이에 독일 칼스루에에서 출생했다. 프라이부르크 유스 출신으로 구단 역사상 최연소 출전 기록을 가지고 있다. 이후 함부르크를 거쳐 2014년 샬케로 이적했다. 현재 독일 국가대표다.

위치별 슈팅-득점

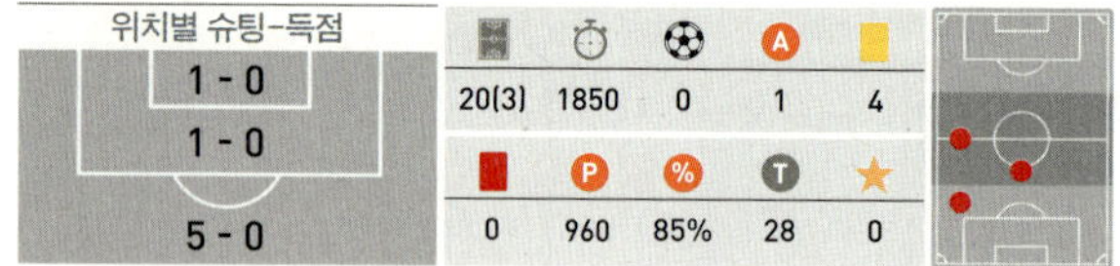

1 - 0	1 - 0	5 - 0

				A	
20(3)	1850	0	1	4	
P	%	T	★		
0	960	85%	28	0	

DF Naldo

29

나우두

국적 : 브라질

이번 시즌 볼프스부르크에서 이적한 중앙 수비수. 대인방어에 있어서 탁월한 능력을 가지고 있고, 장거리 프리킥 전담 키커로 나설 정도로 강한 킥을 보유하고 있다. 198cm의 당당한 체격으로 공중전에 아주 능하고, 세트피스에서 종종 득점포를 가동한다. 다만 집중력이 부족해 치명적인 실수를 자주 범했지만 최근에는 많이 개선된 모습이고, 정교한 태클로 상대 공격수를 차단한다.

2005년 클라우스 알로프스 단장의 눈에 들어 2005년 브레멘에 입단한 후 주축 수비수로 활약했다. 이후 2012년 알로프스 단장을 따라 볼프스부르크로 이적했고, 이번 시즌을 앞두고 샬케의 유니폼을 입었다. 브라질 국가대표 출신이다.

위치별 슈팅-득점

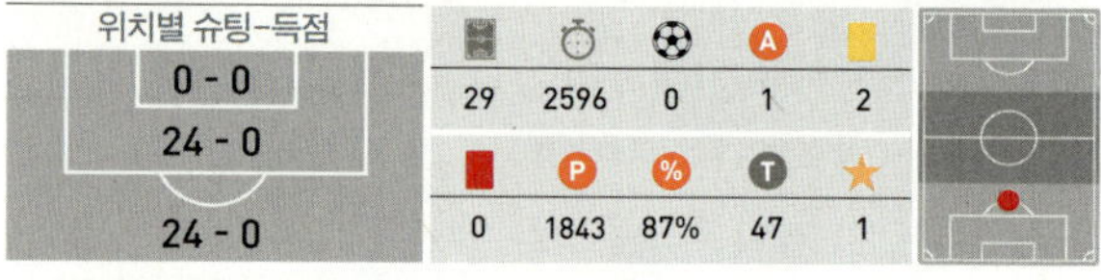

0 - 0	24 - 0	24 - 0

				A	
29	2596	0	1	2	
P	%	T	★		
0	1843	87%	47	1	

MF Johannes Geis

5

요하네스
가이스

국적 : 독일

투쟁심이 넘치는 수비형 미드필더. 정확하면서도 파워 넘치는 킥을 자랑하고, 이를 바탕으로 후방 플레이메이커 역할을 담당한다. 길게 뻗어나가는 정확한 롱패스가 장점이고, 지난 시즌 리그 28경기서 2골-5도움을 기록하며 중원의 핵심으로 활약했다. 스루 패스에도 능해 찬스 메이킹도 종종 해내지만 어린 시절에는 수비력이 부족하다는 평가가 있었지만 태클, 가로채기 등 기본적인 수비력이 좋아지고 있다.

그로이터 퓌르트 유스 출신으로 독일 연령별 대표팀을 모두 거친 엘리트. 2010년 11월, 파더보른과의 2부 리가 경기에서 만 17세 3개월 3일에 데뷔해 퓌르트 구단 역대 최연소 출전 기록을 세웠다. 아직 독일 국가대표 경험은 없다.

위치별 슈팅-득점

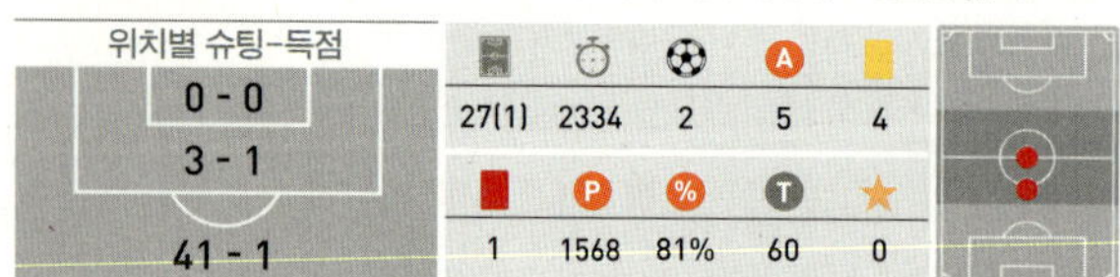

0 - 0	3 - 1	41 - 1

				A	
27(1)	2334	2	5	4	
P	%	T	★		
1	1568	81%	60	0	

MF Max Meyer

7

막스
마이어

국적 : 독일

샬케가 기대하는 천재 미드필더. 상당히 창의적이고, 공격형 미드필더 자리에서 날카로운 슈팅과 패스로 공격을 주도한다. 드리블에 능하고, 짧은 패스를 정확히 주고받으며, 센스 있는 전진 패스를 구사한다. 지난 시즌 32경기서 5골-6도움을 기록하며 공격력을 과시했다. 다만 수비력과 몸싸움이 약하고, 강한 압박에 고전한다. 이에 최근에는 측면에서 활약하는 경우도 있고, 꾸준하게 발전하고 있는 선수다.

샬케 유스팀 출신으로 독일 연령대별 대표팀을 모두 거친 엘리트다. 2012년 17세 이하 유럽 선수권에서 득점왕과 대회 MVP를 동시에 석권했다. 2014년부터 독일 국가대표로 활약 중이고, 2016 리우 올림픽 준우승 멤버다.

위치별 슈팅-득점

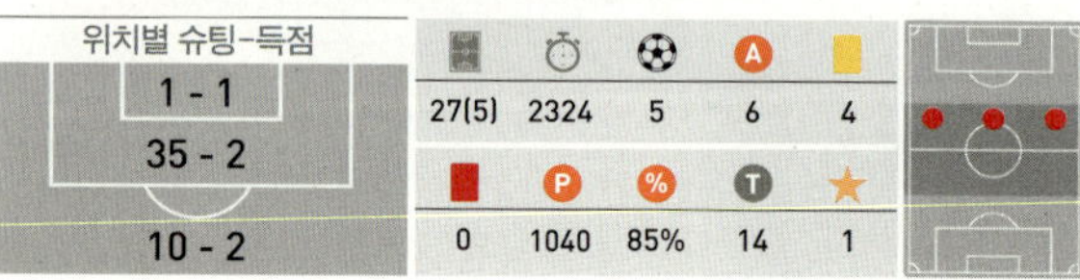

1 - 1	35 - 2	10 - 2

				A	
27(5)	2324	5	6	4	
P	%	T	★		
0	1040	85%	14	1	

MF Nabil Bentaleb

나빌
벤탈렙

중원을 강화하기 위해 토트넘에서 데려온 중앙 미드필더. 그러나 지난 시즌에는 무릎, 발, 발목 등 다양한 부위에서 부상이 찾아오며 리그 5경기 출전에 그쳤다. 정상 컨디션의 벤탈렙은 중앙 MF로 '박스-투-박스'로 움직이고, 힘차게 압박하며 저돌적으로 태클을 한다. 앞으로 전진해 과감히 패스를 자른 뒤 부챗살처럼 퍼지는 장-단 패스로 빌드-업을 돕는다. 다만 창의성이 조금은 부족하다는 평가를 받고 있다.

국적 : 알제리

알제리계 이민 2세로 프랑스 릴에서 태어났다. 토트넘 유스 출신으로 2014년 1월 4일 아스널과의 FA컵 3라운드 경기에서 프로 데뷔전을 치렀다. 프랑스 U-19 대표 출신이지만 알제리 A대표를 택했고, 2014 월드컵에 출전했다.

위치별 슈팅-득점

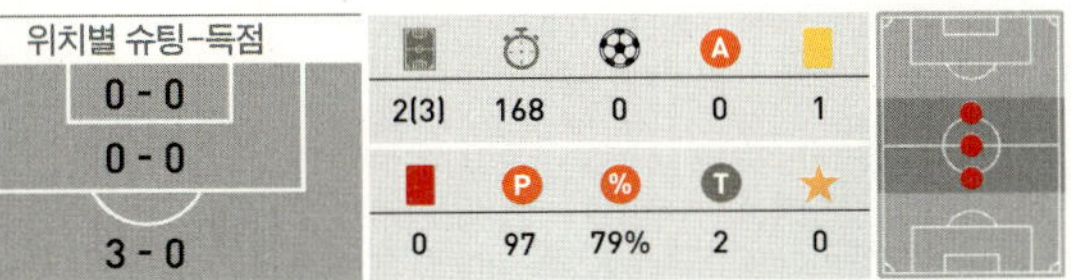

0 - 0					
0 - 0	2(3)	168	0	1	
3 - 0	0	97	79%	2	0

MF Yevhen Konoplyanka

예브헨
코노플리얀카

우크라이나의 메시로 불리는 테크니션. 주 포지션은 왼쪽 윙어이고, 빠른 스피드의 직선 돌파를 구사한다. 볼을 다루는 기술이 세밀하고, 크로스 패스와 마무리 슈팅 기술이 훌륭하다. 특히 왼쪽에서 단 한 번에 전방으로 연결하는 크로스는 흔히 말하는 '택배 크로스'다. 다만 90분간 경기력을 유지하는 데 체력적으로 어려움을 겪고, 수비 가담이 떨어지는 것도 단점이다.

국적 : 우크라이나

우크라이나 드니프로 유스 출신으로 2007년 1군 데뷔해 최고의 스타로 활약했고, 세비야를 거쳐 이번 시즌 샬케로 임대 이적했다. 2010년부터 우크라이나 국가대표로 활약하고 있고, 우크라이나 올해의 선수상을 3번이나 받았다.

위치별 슈팅-득점

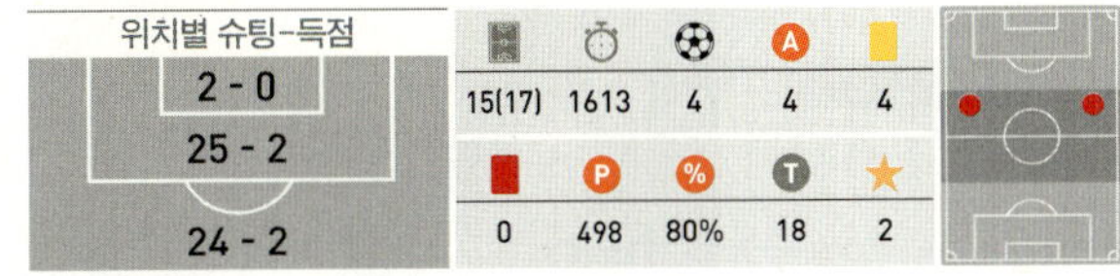

2 - 0					
25 - 2	15(17)	1613	4	4	4
24 - 2	0	498	80%	18	2

FW Franco Di Santo

프랑코 디
산토

포스트 플레이가 장점인 전형적인 NO.9 공격수. '작은 크레스포(Crespito)'라는 애칭으로 불릴 정도로 득점력을 타고났다. 로빙 슈팅을 비롯한 다양한 슈팅 스킬을 보유하고 있다. 볼 다루는 기술이 뛰어나고, 감각적인 패스도 구사하며, 몸싸움을 좋아하진 않지만 193cm의 장신을 바탕으로 공중볼도 자주 따내곤 한다. 다만 의외성이 짙은 플레이를 즐겨 하기에 기복이 있는 편이고, 잔부상을 자주 당한다.

국적 : 아르헨티나

아르헨티나 출생이지만 독특하게 칠레 구단 오닥스 이탈리아노에서 선수 생활을 시작했다. 2008년 첼시에 입단했으나 자리를 잡지 못해 블랙번으로 임대를 떠나야 했고, 위건과 브레멘을 거쳐 지난 시즌 샬케에 입단했다.

위치별 슈팅-득점

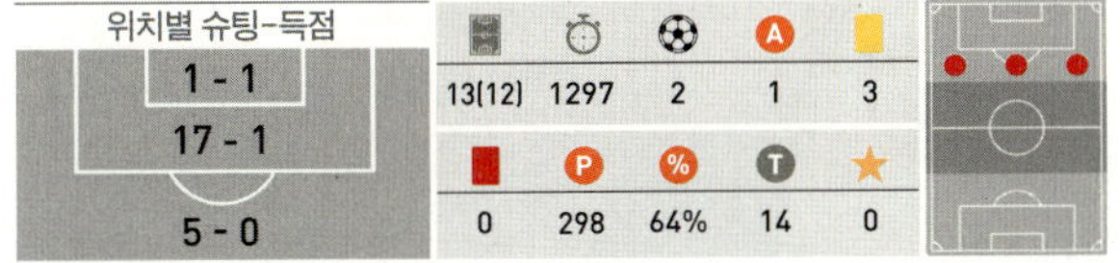

1 - 1					
17 - 1	13(12)	1297	2	1	3
5 - 0	0	298	64%	14	0

FW Eric Choupo-Moting

에릭
슈포-모탱

중앙과 측면을 모두 소화할 수 있는 공격수. 191cm의 장신으로 신체능력이 타고났고, 제공권에 강점을 보인다. 여기에 발밑 기술과 스피드도 갖추고 있어 드리블 돌파에 능하다. 그러나 세밀한 킥력이 아쉽고, 침착성이 부족해 기복이 심한 편이라 완벽한 주전은 아니다. 지난 시즌에는 리그 28경기서 6골 2도움을 기록했고, 최근에는 측면에서 활약하는 일이 많아졌다. 이번 시즌 엠볼로와 경쟁한다.

국적 : 카메룬

카메룬 부친과 독일 모친 사이에 독일 함부르크에서 출생했다. 함부르크 유스 출신으로 독일 연령대별 대표팀을 거쳤으나 2010년 5월, 카메룬 대표팀을 선택해 남아공 월드컵 본선에 참가했다. 2014년 샬케로 이적했다.

위치별 슈팅-득점

2 - 0					
31 - 5	21(7)	1865	6	2	1
17 - 1	0	695	73%	36	3

FW Klaas-Jan Huntelaar

클라스-얀
훈텔라르

경험이 풍부한 샬케의 간판 공격수. '사냥꾼(Hunter)'이라는 애칭이 걸맞을 정도로 득점력이 타고난 골잡이. 어느 각도에서도 골을 넣을 수 있을 정도로 슈팅 기술은 가지고 있다. 다만 욕심이 많다는 지적이 있었으나 최근에는 볼 키핑력과 연계 플레이도 발전했다. 다만 최근 잦은 부상에 시달리는데 지난 시즌에는 31경기서 12골-3도움을 올리며 제몫을 해줬다. 전성기에 비해 스피드와 민첩성은 떨어졌다.

국적 : 네덜란드

PSV 유스 출신이지만 라이벌 구단 아약스에서 2차례 득점왕을 차지하며 스타덤에 올랐다. 레알 마드리드, AC밀란을 거쳐 2010년 샬케로 이적했고, 부활에 성공했다. 2006년 네덜란드 국가대표로 데뷔했고, 76경기서 42골을 기록 중이다.

위치별 슈팅-득점

5 - 1					
59 - 10	29(2)	2483	12	3	2
8 - 1	0	523	73%	6	3

FW Breel Embolo

브렐
엠볼로

스위스 최고의 신성. 185cm의 키에 볼을 다루는 능력까지 출중한 전천후 공격수. 최전방은 물론 측면도 소화가 가능하고, 힘과 기술 그리고 결정력까지 갖췄다. 특히 폭발적인 스피드를 이용한 드리블 돌파가 강점이고, 역습 찬스에서 엄청난 위력을 발휘한다. 맨유 등 빅 클럽들의 관심을 한 몸에 받았지만 이번 시즌을 앞두고 샬케로 이적했고, 슈포-모탱과 주전 경쟁을 펼칠 것으로 보인다.

국적 : 스위스

카메룬 야운데 출신. 이후 모친이 스위스 바젤로 이주하면서 정착했고, 2014년 바젤 1군으로 데뷔하며 곧바로 주목받았다. 스위스 연령별 대표를 모두 거쳤고, 결국 2015년 스위스 국가대표를 선택했다.

위치별 슈팅-득점

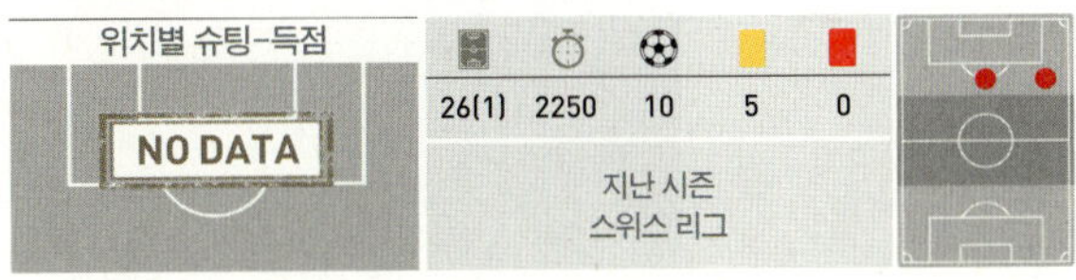

NO DATA

| | 26(1) | 2250 | 10 | 5 | 0 |

지난 시즌
스위스 리그

FSV MAINZ 05

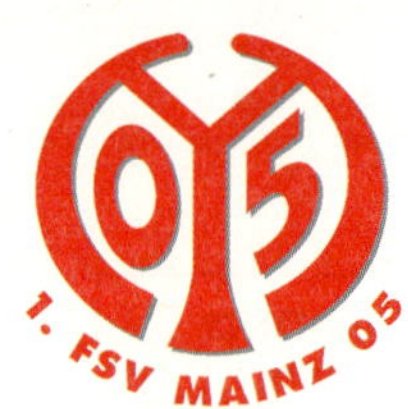

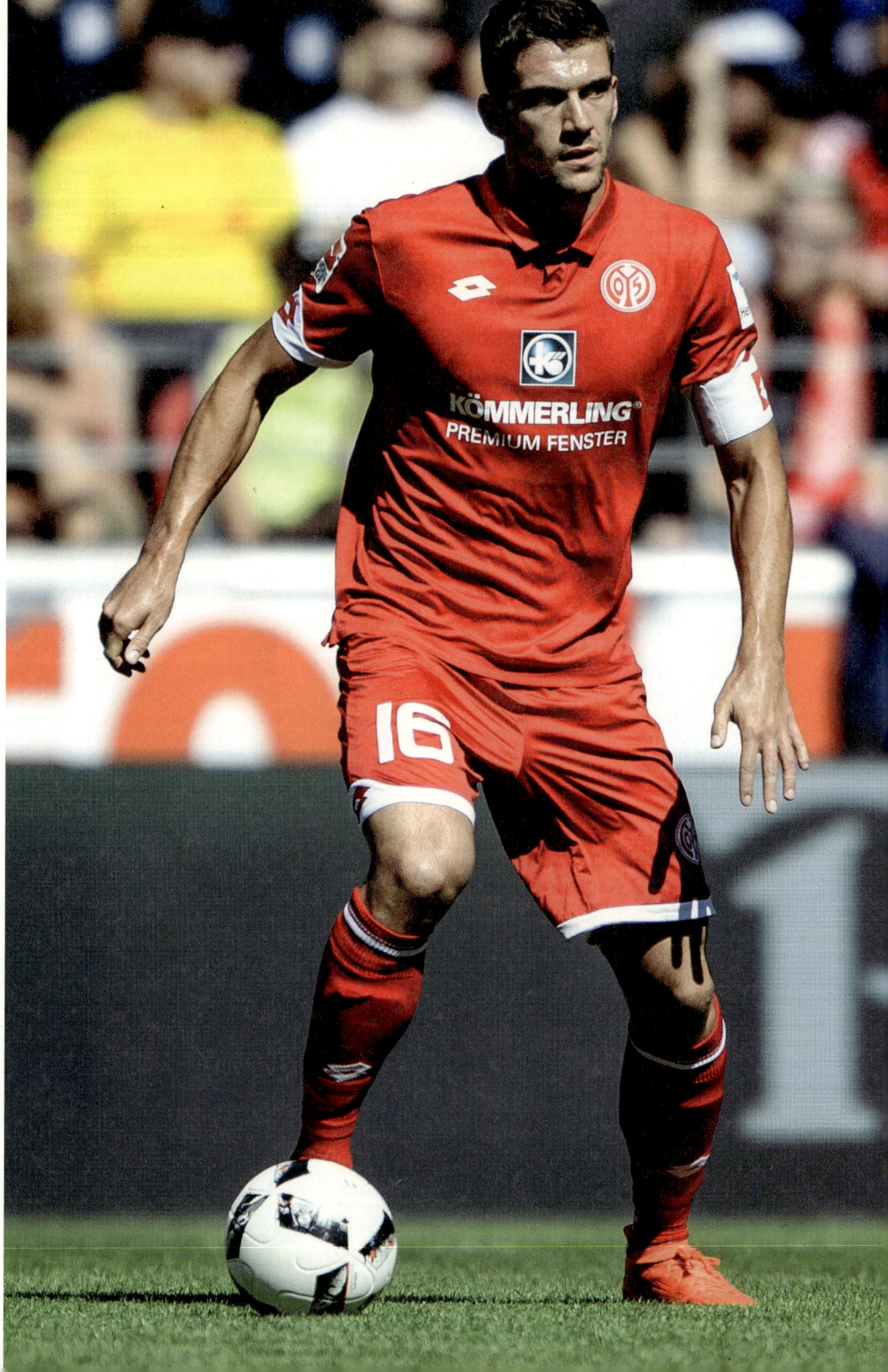

구단 소개

구단 창립 : 1905년
홈구장 : 코파스 아레나
감독 : 마르틴 슈미트
2015-16시즌 : 6위(승점 50점)
14승 8무 12패 46득점 42실점
닉네임 : Die Nullfunfer

주요대회 우승횟수

GERMAN BUNDESLIGA 0	GERMAN DFB POKAL 0
UEFA CHAMPIONS LEAGUE 0	UEFA EUROPA LEAGUE 0
FIFA CLUB WORLD CUP 0	UEFA-CONMEBOL INTERCONTINENTAL 0

UNIFORM

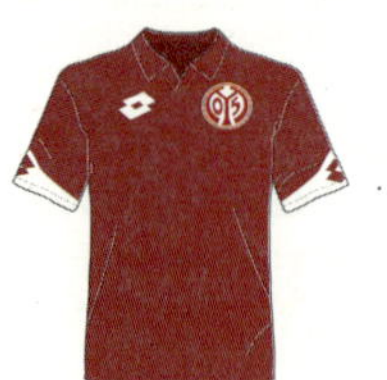

Home

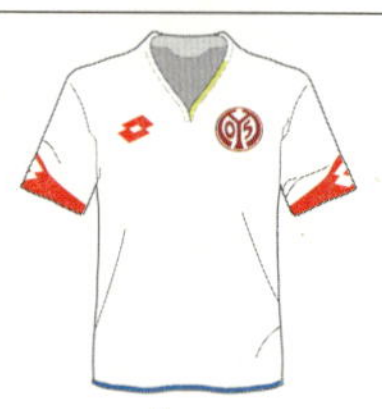

Away

6년 만에 유로파 리그 진출
마인츠의 진정한 도전은 이제부터!

2015-16 SEASON REVIEW

마인츠의 성공시대를 이끈 투헬 감독이 떠나면서 불안함이 감돌았다. 그러나 2014-15 시즌 2군 감독이었던 슈미트가 지휘봉을 잡으면서 다시 안정적인 경기력을 되찾았고, 지난 시즌도 좋은 흐름이 이어졌다. 특히 마인츠는 가이스, 오카자키, 박주호 같은 주축 선수들의 빈자리를 효율적으로 메웠고, 한 명의 스타 플레이어에 의존하지 않으며 짜임새 있는 조직력을 보여줬다. 결국 마인츠는 승점 50점으로 베를린, 볼프스부르크 등 강호들을 따돌리고 리그 6위와 함께 6년 만에 유로파 리그 진출권을 따냈다.

SUMMER TRANSFER

카리우스와 바움가르트링거의 이탈은 아쉽다. 그래도 일단 핵심 선수들 대부분은 지켜냈고, 알찬 보강도 이뤄졌다. 지난 시즌 인상적인 경기력을 보여줬던 마인츠는 이번 시즌을 앞두고 주축 선수들의 대거 이탈이 예상됐고 실제로 카리우스 등이 떠났다. 그러나 예상했던 것보다는 많은 선수들을 지켜냈고, 알찬 보강까지 진행했다. 마인츠는 그라나다에서 공격수 코르도바를 데려왔고, 바민, 로드리게스, 외즈투날리, 클레멘스 등을 데려오며 공수 모두 보강해 많은 기대를 받고 있다.

2016-17 SEASON OUTLOOK

6년 만에 유로파 리그에 진출했다. 그러나 기쁨은 잠시였고, 마인츠의 진정한 도전은 이제부터다. 슈미트 감독 역시 "이번 시즌이 진정한 도전이다. 올 시즌 목표는 딱 지난 시즌만큼 하는 것이다"며 이번 시즌 경쟁이 더욱 치열해질 것이라 예상했다. 슈미트 감독의 말대로 마인츠는 지난 시즌처럼만 해도 성공이다. 그러나 쉽지 않은 상황이다. 마인츠는 이번 시즌 분데스리가와 유로파리그를 병행하는 살인 일정을 소화해야 하는데 얇은 스쿼드로 얼마만큼 버틸 수 있는지가 중요하다. 결국 슈미트 감독의 역할이 더욱 중요해졌다.

감독 마르틴 슈미트(Martin Schmidt)

슈미트는 툰 2군 팀에서 처음 지도자 경력을 시작한 인물로 2010년, 투헬 전임 마인츠 감독 눈에 띄어 마인츠 2군 팀으로 옮겨왔다. 그의 부임 이후 마인츠 2군 팀은 빠른 속도로 발전했고, 팀을 3부 리그로 승격시켰다(분데스리가 2군 팀 중 3부 리그에 있는 팀은 도르트문트 2군과 슈투트가르트 2군, 마인츠 2군이 전부다). 지도력을 인정받은 슈미트 감독은 마인츠의 정식 감독으로 임명돼 지난 시즌 리그 6위를 차지하며 6년 만에 유로파 리그 진출을 이끌었다. 슈미트는 축구 선수 시절 십자인대가 무려 일곱 차례나 파열됐고, 익스트림 스키를 즐기다 척추뼈 2개가 골절되는 등 굴곡진 인생을 살았다. 본인 스스로 자극을 즐기는 성격이라고 밝혔다.

PROFILE
- 출 생 : 1967.4.12
- 국 적 : 스위스
- 계 약 : 2018.6.30

STADIUM

Coface Arena

- 구장 오픈 : 2011년
- 구장 개축 : -
- 구장 소유 : GVG
- 수용 인원 : 3만 4,034명
- 피치 규모 : 105m × 68m
- 잔디 종류 : 천연 잔디

SQUAD LIST

위치	번호	이름	국적	신장	체중	생년월일
GK	1	Jonas Lössl	DEN	195	89	01-02-89
GK	23	Gianluca Curci	ITA	191	90	12-07-85
GK	33	Jannik Huth	GER	185	80	15-04-94
GK	46	Florian Müller	GER	192	85	13-11-97
DF	2	Giulio Donati	ITA	175	70	05-02-90
DF	3	Leon Balogun	GER	190	81	28-06-88
DF	16	Stefan Bell	GER	192	86	24-08-91
DF	18	Daniel Brosinski	GER	178	65	17-07-88
DF	22	André Ramalho	BRA	182	75	16-02-92
DF	24	Gaëtan Bussmann	FRA	184	75	02-02-91
DF	25	Jean-Philippe Gbamin	FRA	186	83	25-05-95
DF	26	Niko Bungert	GER	188	68	24-10-86
DF	42	Alexander Hack	GER	193	82	08-09-93
MF	5	José Rodríguez	ESP	180	68	16-12-94
MF	6	Danny Latza	GER	179	75	07-12-89
MF	8	Levin Öztunali	GER	176	70	15-03-96
MF	10	Yunus Mallı	TUR	179	74	24-02-92
MF	17	Jairo	ESP	170	65	11-07-93
MF	20	Fabian Frei	SUI	181	75	08-01-89
MF	27	Christian Clemens	GER	180	70	04-08-91
MF	30	Besar Halimi	KVX	169	63	12-12-94
MF	38	Gerrit Holtmann	GER	183	73	25-03-95
MF	45	Suat Serdar	GER	183	71	11-04-97
MF	47	Philipp Klement	GER	174	69	09-09-92
FW	9	Yoshinori Muto	JPN	178	69	15-07-92
FW	11	Emil Berggreen	DEN	194	85	10-05-93
FW	15	Jhon Córdoba	COL	186	85	10-05-93
FW	21	Karim Onisiwo	AUT	188	76	17-03-92
FW	32	Pablo De Blasis	ARG	164	65	04-02-88

2016-17 SEASON SCHEDULE

날짜	장소	상대팀	날짜	장소	상대팀
27/AUG	A	Borussia Dortmund	27/JAN	H	Borussia Dortmund
11/SEP	H	1899 Hoffenheim	03/FEB	A	1899 Hoffenheim
18/SEP	A	FC Augsburg	10/FEB	H	FC Augsburg
21/SEP	A	Werder Bremen	17/FEB	H	Werder Bremen
24/SEP	H	Bayer Leverkusen	24/FEB	A	Bayer Leverkusen
02/OCT	A	VfL Wolfsburg	03/MAR	H	VfL Wolfsburg
16/OCT	H	SV Darmstadt 98	10/MAR	A	SV Darmstadt 98
23/OCT	A	FC Schalke 04	17/MAR	H	FC Schalke 04
29/OCT	H	FC Ingolstadt 04	31/MAR	A	FC Ingolstadt 04
06/NOV	A	RB Leipzig	03/APR	H	RB Leipzig
19/NOV	H	SC Freiburg	07/APR	A	SC Freiburg
27/NOV	A	Hertha BSC	14/APR	H	Hertha BSC
02/DEC	H	Bayern Munchen	21/APR	A	Bayern Munchen
09/DEC	A	Bor. Monchengladbach	28/APR	H	Bor. Monchengladbach
16/DEC	H	Hamburger SV	05/MAY	A	Hamburger SV
19/DEC	A	Eintracht Frankfurt	13/MAY	H	Eintracht Frankfurt
20/JAN	H	1. FC Koln	20/MAY	A	1. FC Koln

RANK OF LAST 5 YEARS

2011-12	2012-13	2013-14	2014-15	2015-16
13 / 39점	13 / 42점	7 / 53점	11 / 40점	6 / 50점

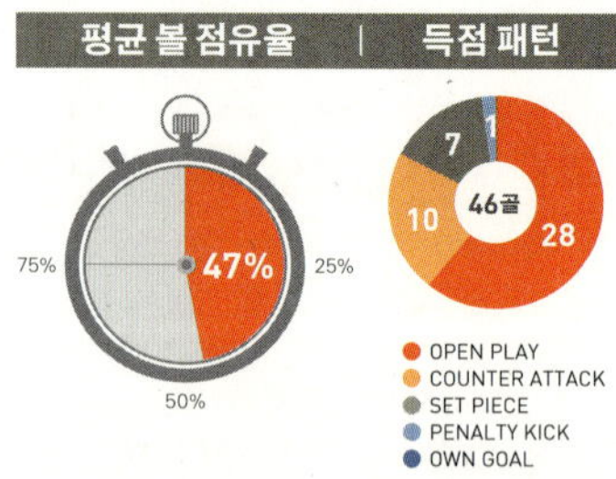

STRENGTHS & WEAKNESSES

OFFENSE		DEFENSE	
직접 프리킥	C	세트피스 수비	D
문전 처리	B	상대 볼 뺏기	C
측면 돌파	B	공중전 능력	C
스루볼 침투	C	역습 방어	C
개인기 침투	C	지공 방어	C
카운터 어택	B	스루패스 방어	C
기회 만들기	B	리드 지키기	E
세트피스	C	실수 조심	C
OS 피하기	D	측면 방어력	C
중거리 슈팅	C	파울 주의	E
볼 점유율	E	중거리슛 수비	E

매우 강함 A　강한 편 B　보통 수준 C　약한 편 D　매우 약함 E

시간대별 득점 | 시간대별 실점 | 득점 분포 | 공격 방향 | 볼 점유 위치 | 포지션별 득점 | 상대포지션별 실점

시간대별 득점: 76 / 75 / 9 / 7 / 5 / 11 / 6 / 8 / 61 / 60 / 46 45 / 15 / 16 / 30 / 31

시간대별 실점: 76 / 75 / 6 / 4 / 12 / 4 / 7 / 9 / 61 / 60 / 46 45 / 15 / 16 / 30 / 31

득점 분포: 8 / 32 / 6

공격 방향: 36% / 27% / 37%

볼 점유 위치: 상대진영 25% / 중간진영 46% / 우리진영 29%

포지션별 득점: FW진 13골 / MF진 30골 / DF진 3골

상대포지션별 실점: DF진 4골 / MF진 14골 / FW진 23골

*자책골 실점 1골

FORMATION

4-2-3-1

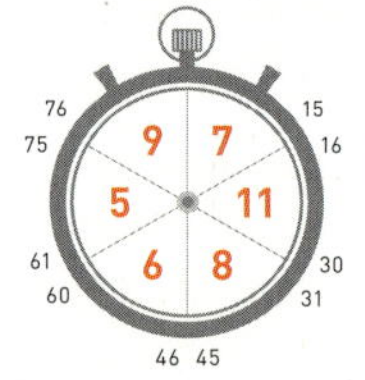
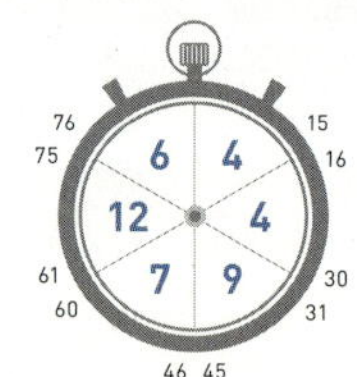
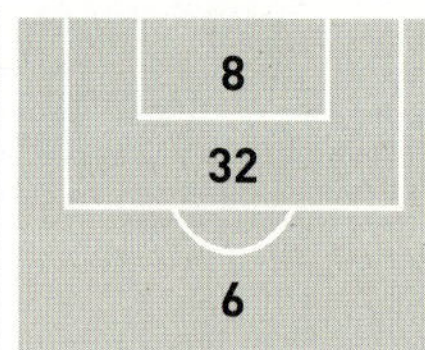
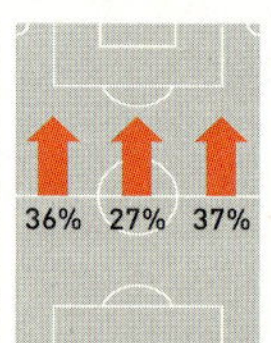

TOTO GUIDE 지난 시즌 상대팀별 전적

상대팀	홈	원정
Bayern Munich	0-3	2-1
Dortmund	0-2	0-2
Leverkusen	3-1	0-1
Monchengladb.	1-0	2-1
Schalke 04	2-1	1-2
Hertha Berlin	0-0	0-2
Wolfsburg	2-0	1-1
FC Koln	2-3	0-0
Hamburger SV	0-0	3-1
Ingolstadt	0-1	0-1
FC Augsburg	4-2	3-3
Werder Bremen	1-3	1-1
Darmstadt	0-0	3-2
Hoffenheim	3-1	2-3
Frankfurt	2-1	1-2
Stuttgart	0-0	3-1
Hannover 96	3-0	1-0

 (GK) Jonas Lössl

1

요나스
뢰슬

마인츠의 주전 수문장. 지난 시즌 마인츠의 골문을 든든하게 지키던 카리우스의 대체자로 마인츠에 입성했다. 덴마크 국가대표 골키퍼인 뢰슬은 당당한 신체조건(195cm, 89kg)을 바탕으로 안정적인 선방능력을 보인다. 공중전에 강하고, 수비 집중력이 좋아 좀처럼 실수를 하지 않는 골키퍼다. 엄청난 슈퍼세이브보다는 전체적으로 경기를 안정적으로 이끄는 것이 장점이고, 수비 조율능력과 크로스 방어능력이 좋다.

국적 : 덴마크

덴마크 미트윌란 유스 출신으로 2010년 1군 데뷔해 주전 수문장으로 활약하다가 2014년 프랑스 갱강으로 이적해 주목받았다. 이번 시즌을 앞두고 카리우스의 공백을 메우기 위해 마인츠에 입성. 덴마크 연령별 대표를 모두 거친 엘리트다.

슈팅 위치별 선방

		3
	55	
		52

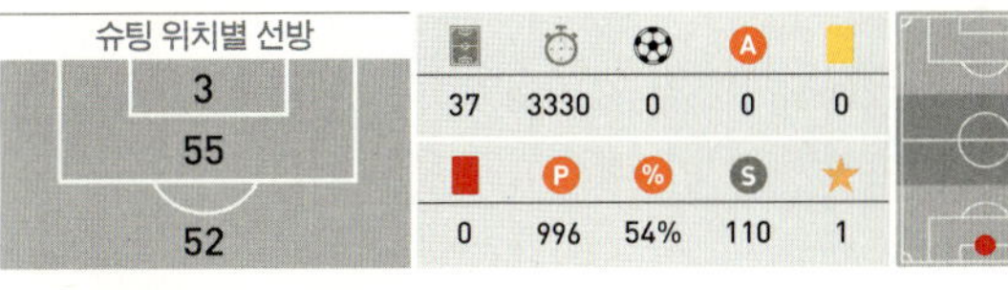

경기수	출전시간	득점	A	경고
37	3330	0	0	0

퇴장	P	%	S	★
0	996	54%	110	1

 (GK) Gianluca Curci

23

잔루카
쿠르치

베테랑 골키퍼. 지난 시즌 카피노가 떠난 백업 골키퍼 자리를 메우기 위해 영입됐다. 세리에A 출전 경험이 186경기에 달할 정도로 경험이 풍부하다. 집중력이 좋고, 커버 범위가 넓어 페널티 박스 바깥까지 자주 나와서 상대의 역습을 저지한다. 191cm의 장신 골키퍼로 공중전과 크로스 방어 능력이 뛰어나다. 그러나 최근 몇 시즌 경기를 뛰지 못해 실전 감각의 우려가 있다. 지난 시즌에는 23차례 벤치에만 앉아 있었다.

국적 : 이탈리아

로마가 야심차게 키운 골키퍼로 2004-05 시즌, 만 19세 어린 나이에 주전 골키퍼로 떠올랐으나 기대에는 못 미쳤다. 이후 시에나, 삼포도리아, 볼로냐를 거쳐 2015년 마인츠로 이적했다. 이탈리아 U-19, U-20, U-21 대표를 지냈다.

슈팅 위치별 선방

NO DATA

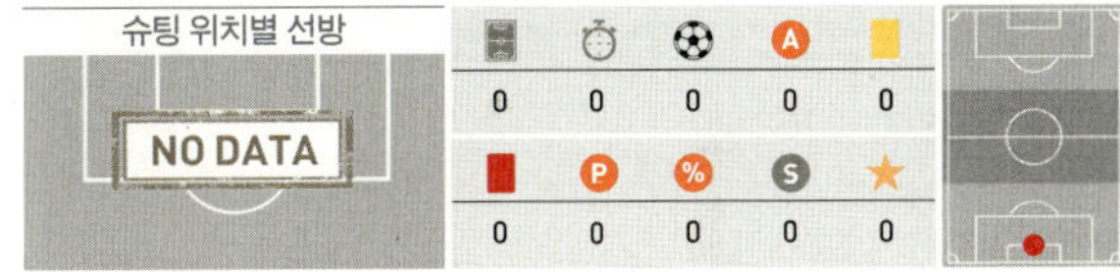

경기수	출전시간	득점	A	경고
0	0	0	0	0

퇴장	P	%	S	★
0	0	0	0	0

 (DF) Giulio Donati

2

줄리오
도나티

마인츠의 주전 RB. 지난 시즌 도중 마인츠로 이적해 리그 11경기서 1도움을 올리며 주전으로 자리 잡았다. 도나티는 왕성한 활동량을 바탕으로 공격과 수비를 수시로 넘나들며 투쟁심 넘치는 플레이를 펼친다. 여기에 강력한 태클과 거친 몸싸움으로 상대 공격수와 경합을 펼친다. 크로스나 패싱력이 조금 부족하다는 평가지만 공격 침투는 날카롭다. 다만 잦은 파울로 카드를 자주 수집하는 것은 문제다.

국적 : 이탈리아

인터 밀란 유스 출신이지만 1군에서 기회를 잡지 못해 레체, 파도바 등으로 임대를 다니다가 2013년 레버쿠젠으로 이적했다. 확고한 주전은 아니어서 2016년 1월 마인츠의 유니폼을 입었다. 이탈리아 U-20, U-21 대표 출신이다.

위치별 슈팅-득점

		0 - 0
	0 - 0	
		3 - 0

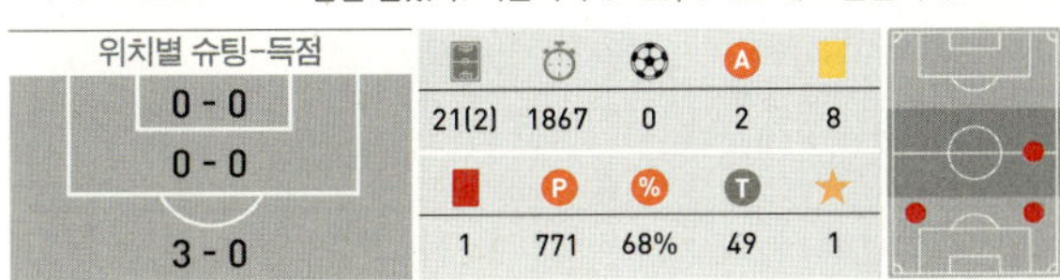

경기수	출전시간	득점	A	경고
21(2)	1867	0	2	8

퇴장	P	%	T	★
1	771	68%	49	1

DF Leon Balogun

레온
발로군

슈테판 벨과 이번 시즌 마인츠의 수비진을 책임질 중앙 수비수. 지난 시즌 리그 21경기에 출전하며 안정감 있는 수비력을 보여줬고, 이번 시즌에는 더 많은 기회를 얻을 것으로 보인다. 발로군은 190cm가 넘는 장신 수비수로 공중전에 강하고, 가로채기, 태클, 클리어링 등 기본적인 수비 기술이 좋다. 드리블과 속도도 갖추고 있어 종종 풀백으로 기용되기도 한다. 수비 집중력이 좋아 실수를 하지 않는 것도 강점.

국적 : 독일

독일 베를린 출생. 하노버, 브레멘, 뒤셀도르프, 다름슈타트 등 다양한 팀에서 활약하다가 2015년 마인츠로 이적했다. 나이지리아인 아버지와 독일인 어머니 사이에서 태어났고, 결국 2014년 나이지리아 국가대표를 선택했다.

위치별 슈팅-득점

0 - 0		
12 - 1		
0 - 0		

			A	
17(4)	1511	1	0	4
	P	%	T	★
0	654	76%	43	1

DF Stefan Bell

슈테판
벨

마인츠 수비의 핵심. 뛰어난 집중력을 바탕으로 안정적인 수비를 펼치고, 축구 IQ가 뛰어나 중앙 수비수와 오른쪽 측면 수비수를 모두 무리 없이 소화한다. 190cm가 넘는 장신 수비수로 공중볼에 유난히 강해 세트피스 공격 시 위협적인 옵션으로 자리 잡고 있다. 준수한 스피드를 바탕으로 앞 선에서 태클로 상대를 저지한다. 다만 볼 키핑력은 물론 패싱력도 다소 떨어지는 편이다.

국적 : 독일

마인츠가 야심차게 키운 대형 수비수. 2010-11 시즌 1860 뮌헨과 2011-12 시즌 프랑크푸르트 임대를 통해 경험을 쌓았고, 2012년 마인츠로 돌아와 핵심 수비수로 활약하고 있다. 독일 U-19, U-20, U-21 대표 출신이다.

위치별 슈팅-득점

2 - 0		
19 - 1		
2 - 0		

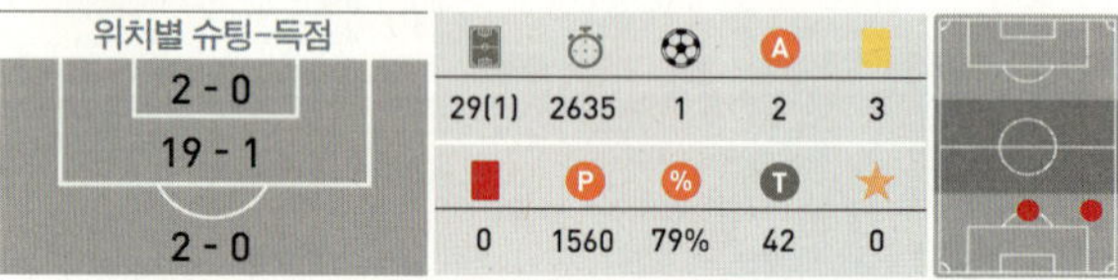

			A	
29(1)	2635	1	2	3
	P	%	T	★
0	1560	79%	42	1

DF Daniel Brosinski

다니엘
브로진스키

엄청난 활동량과 성실함을 자랑하는 측면 수비수. 왕성한 활동량을 바탕으로 부지런하게 오른쪽 측면을 오르내리면서 공수 모두에 걸쳐 높은 영향력을 행사한다. 중거리 슈팅도 과감하게 시도하고, 공중볼 싸움에도 적극적으로 가세하며, 궂은일도 도맡아 해주고 있다. 크로스 능력이 좋은 편이 아니었지만 최근에는 발전한 모습이다. 볼 키핑, 패싱력, 드리블 등 전체적으로 볼을 다루는 기술은 그리 뛰어나지 않다.

국적 : 독일

칼스루에 SC 유스 출신. 2008년 쾰른에 입단해 2009년 2월, 분데스리가 데뷔전이던 바이에른 원정 경기에서 결승골을 넣으며 2-1 승리를 견인했다. 이후 슬럼프에 빠져 하부리그를 전전했으나 2014년 마인츠 이적과 함께 재도약에 성공.

위치별 슈팅-득점

0 - 0		
3 - 0		
11 - 1		

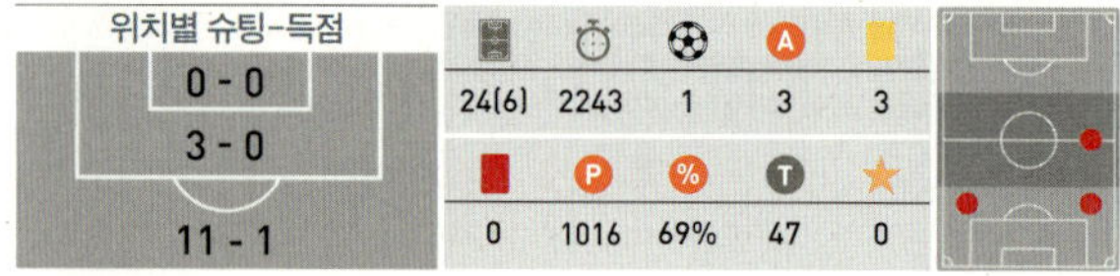

			A	
24(6)	2243	1	3	3
	P	%	T	★
0	1016	69%	47	0

MF José Rodríguez

호세
로드리게스

이번 시즌을 앞두고 중원 강화를 위해 갈라타사라이에서 영입한 중앙 미드필더. 후방에서 포백을 보호하며 플레이 메이킹을 담당한다. 전형적인 박스-투-박스 미드필더로 공수를 넘나들며 중원을 장악한다. 창의성은 조금 떨어지지만 패스가 정확하고, 태클이 강력하며, 수비할 때 집중력이 좋아 잔실수를 적게 범한다. 반면 크로스 정확도가 약간 떨어지고 공중전과 창의성도 살짝 부족한 편이다.

국적 : 스페인

레알 마드리드 유스 출신으로 2012년 1군 무대에 데뷔했지만 기회를 잡지는 못했다. 이후 데포르티보 라 코루냐 임대를 거쳐 2015년 갈라타사라이로 이적했고, 이번 시즌을 앞두고 마인츠에 입성했다. 스페인 연령별 대표를 모두 거친 기대주.

위치별 슈팅-득점

0 - 0		
0 - 0		
0 - 0		

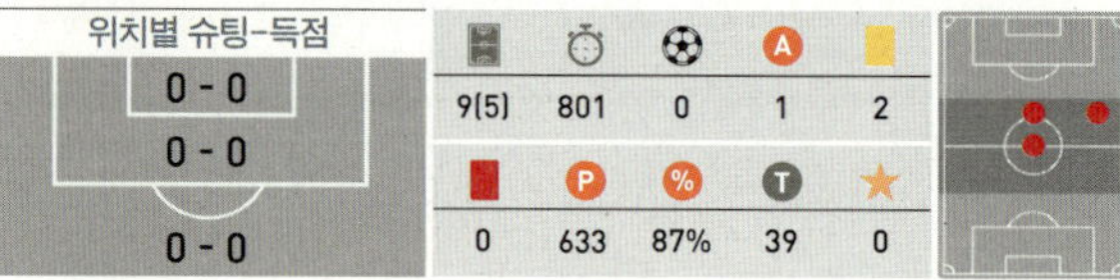

			A	
9(5)	801	0	1	2
	P	%	T	★
0	633	87%	39	0

MF Yunus Malli

유누스
말리

마인츠의 에이스. 전형적인 공격형 미드필더로 측면에도 설 수 있지만 중앙에 섰을 때 최고의 모습을 보여준다. 드리블이 뛰어나고, 감각적인 스루패스 능력을 갖추고 있다. 지난 시즌 리그 34경기서 11골-4도움을 기록하며 팀 내 최다 득점자에 이름을 올렸다. 상당히 창의적인 플레이를 펼치며 키패스를 통해 공격을 이끈다. 다만 지나치게 모험적인 패스를 시도하는 경향이 있고, 볼을 끄는 성향도 강하다.

국적 : 터키

터키계 독일인. 2007년 뮌헨글라드바흐 유스 팀에 입단했고, 2011년 마인츠로 이적해 프로 무대에 데뷔했다. 2009년, 17세 이하 유럽 선수권 우승 멤버로, 독일 연령대별 대표팀을 모두 거쳤지만 터키 국가대표를 선택했다.

위치별 슈팅-득점

3 - 2		
40 - 9		
21 - 0		

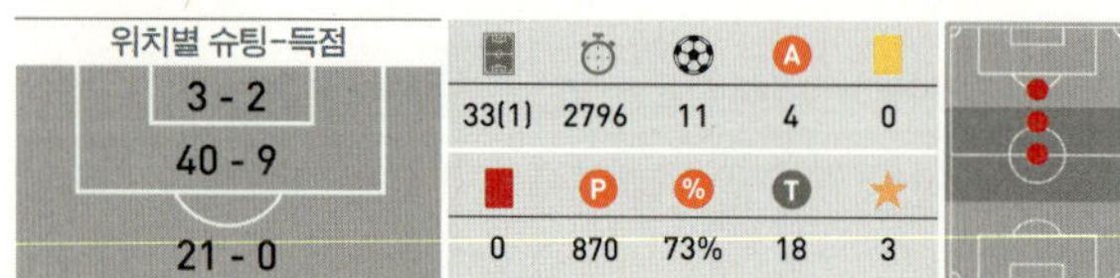

			A	
33(1)	2796	11	4	0
	P	%	T	★
0	870	73%	18	3

MF Fabian Frei

파비안
프라이

중앙 미드필더와 왼쪽 미드필더를 소화할 수 있는 선수. 지난 시즌 허벅지 부상으로 리그 18경기 출전에 그쳤지만 이번 시즌에는 좀 더 중용 될 것으로 예상된다. 정확한 오른발 킥을 바탕으로 안정적인 패스를 전방에 공급하고, 위협적인 중거리 슈팅으로 상대 골문을 위협한다. 위치선정이 좋아 가로채기에도 능숙한 모습을 보인다. 전술 이해도도 높다. 다만 기본적인 수비력은 다소 떨어지는 편이다.

국적 : 스위스

바젤 유스 출신으로 4번의 스위스 리그 우승과 2번의 스위스 컵 우승을 차지했고, 2015년 마인츠로 이적했다. 스위스 연령별 대표를 모두 거치며 인정받았고, 2011년부터 스위스 국가대표로 활약하고 있다.

위치별 슈팅-득점

0 - 0		
6 - 0		
5 - 0		

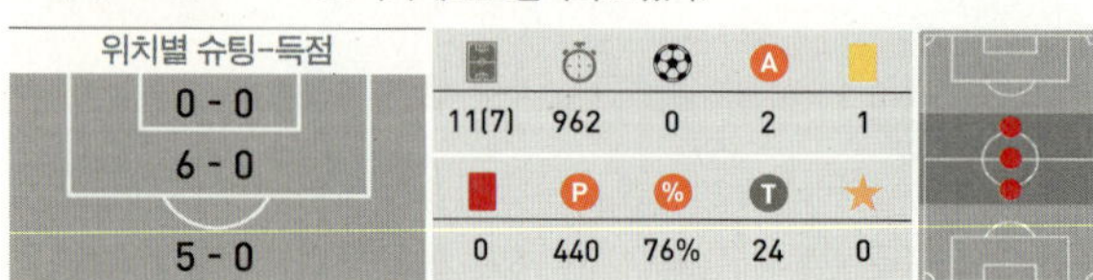

			A	
11(7)	962	0	2	1
	P	%	T	★
0	440	76%	24	0

(MF) Jean-Philippe Gbamin

장-필립
바민

이번 시즌을 앞두고 마인츠가 야심차게 영입한 선수. 주 포지션은 중앙 수비수지만 마인츠에서는 수비형 미드필더로 활약할 가능성이 높다. 아직 20세에 불과해 경험이 부족하지만 다양한 장점을 가지고 있다. 일단 드리블 능력과 수비 능력이 준수하고, 포백을 보호하는 데 탁월한 능력을 발휘한다. 다만 볼 키핑, 공중전, 패싱력이 아직은 부족하다는 평가지만 꾸준하게 발전하고 있다.

국적 : 프랑스

프랑스 랑스 유스 출신으로 B팀을 거쳐 2013년 1군으로 데뷔했다. 이후 주전으로 활약했고, 이번 시즌을 앞두고 마인츠의 유니폼을 입었다. 프랑스 U-18, U-19, U-21 대표를 모두 거쳤다.

위치별 슈팅-득점

NO DATA

경기수	출전시간(분)	득점	경고	퇴장
25(1)	2236	1	3	0

지난 시즌
프랑스 2부 리그

(MF) Christian Clemens

크리스티안
클레멘스

마인츠의 측면 스페셜리스트. 빠른 드리블로 측면을 침투해 크로스를 올리는 데 능하다. 스루패스 능력도 보유하고 있고, 볼 키핑력도 준수한 편에 속한다. 각도가 없는 곳에서도 과감하게 슈팅을 때리는 경향이 있다. 다만 플레이가 지나치게 단순하고, 직선적이라 막히면 한 없이 막힌다. 주변 동료를 살리는 플레이를 할 필요성이 있다. 게다가 잦은 부상으로 인해 기대만큼 성장하지 못하고 있다.

국적 : 독일

쾰른 유스 출신으로 쾰른 2군을 거쳐 2010년 1군으로 데뷔했다. 이후 2013년 여름, 파르판의 후계자로 샬케에 입단했으나 잦은 부상이 발목을 잡았고, 2015년 마인츠의 유니폼을 입었다. 독일 연령별 대표를 모두 거친 엘리트다.

위치별 슈팅-득점

0 - 0
20 - 4
24 - 1

경기수	출전시간(분)	득점	도움	경고
20(8)	1723	5	3	1

퇴장	패스시도	패스성공률	태클성공	MOM
0	447	67%	30	1

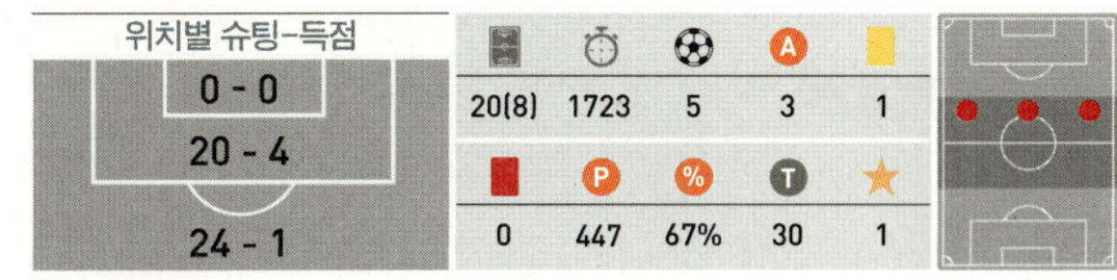

(MF) Pablo De Blasis

파블로 데
블라시스

드리블과 찬스 메이킹에 능한 공격형 미드필더. 최전방 공격은 물론 좌우 측면에서도 활약할 수 있는 만능 자원이다. 확고한 주전은 아니지만 다양한 포지션에서 알토란 같은 활약을 펼친다. 아르헨티나 출신 선수답게 기술적으로 세련된 맛이 있다. 다만 안정감이 떨어지고, 몸싸움에 약한 모습을 보인다. 볼 소유에 아쉬움을 보여 중앙에서 활약할 때 강한 압박에 고전하는 모습을 보이는 것은 아쉽다.

국적 : 아르헨티나

힘나시아 유스 출신으로 2012년 그리스 구단 아스테라스에 입단했다. 2014-15 시즌 유로파 리그 3차 예선 2차전에서 1골 1도움을 기록하며 마인츠를 조기 탈락시켰다. 당시의 활약에 힘입어 마인츠로 이적하기에 이르렀다.

위치별 슈팅-득점

1 - 0
23 - 4
8 - 0

경기수	출전시간(분)	득점	도움	경고
18(8)	1646	4	4	1

퇴장	패스시도	패스성공률	태클성공	MOM
0	580	67%	49	1

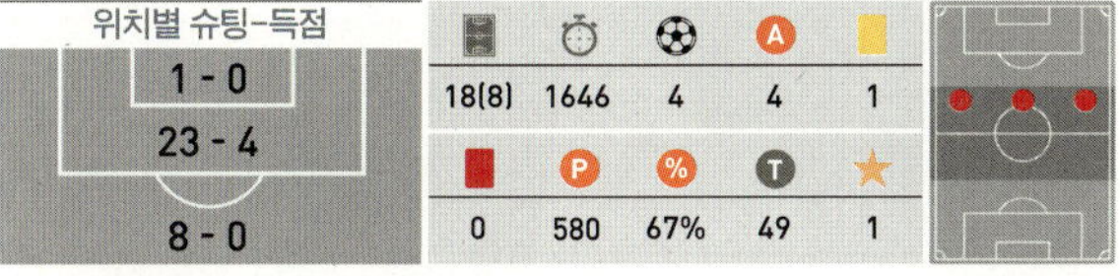

(FW) Muto Yoshinori

무토
요시노리

일본이 기대하는 공격수. 손흥민과 비교되며 어린 시절부터 주목받았고, 순간 스피드가 빠른 공격수다. 좌우 측면과 최전방 공격수를 모두 소화할 수 있고, 골 결정력이 좋은 편이다. 정교한 킥력도 갖추고 있지만 경험이 부족하고, 몸싸움에 약해 볼 키핑력이 떨어진다. 이런 이유로 마인츠에서는 최전방이 아닌 측면에서 활약하는 경우가 많다. 지난 시즌 리그 20경기서 7골 2도움을 올리며 가능성을 보였다.

국적 : 일본

FC 도쿄 유스 출신. 명문 게이오 대학 경제학부를 전공했고, 신입생 때 대학 올해의 신인상을 수상했다. 2014년 FC 도쿄에서 13골을 넣으며 J리그 역대 데뷔 시즌 최다 골 기록을 수립. 첼시의 러브콜을 받았으나 마인츠를 선택했다.

위치별 슈팅-득점

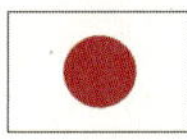

7 - 4
22 - 3
5 - 0

경기수	출전시간(분)	득점	도움	경고
18(2)	1497	7	2	2

퇴장	패스시도	패스성공률	태클성공	MOM
0	271	65%	23	1

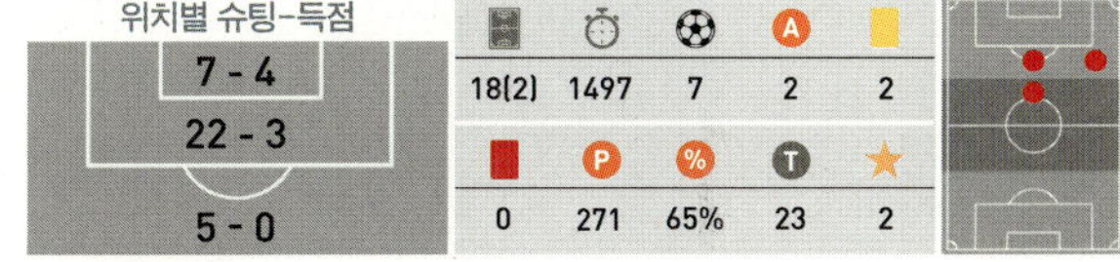

(FW) Jairo Samperio

하이로
삼페리오

빠른 스피드와 뛰어난 발재간을 바탕으로 드리블 돌파에 강한 공격수. 좌우 측면은 물론 최전방에서도 활약할 수 있고, 예측하기 힘든 움직임으로 상대 수비진을 괴롭힌다. 다만 기복이 있고, 패스 성공률도 60%대로 상당히 저조한 편에 속한다. 지난 시즌 리그 31경기서 7골-5도움을 올리며 발전 가능성을 보였고, 이번 시즌 역시 중요한 자원이다. 스페인 출신답게 기술이 상당히 좋다.

국적 : 스페인

라싱 산탄데르 유스 출신으로 2011년 8월, 발렌시아전에 데뷔전을 치렀다. 이후 세비야로 이적해 유로파 리그 우승에 기여했고, 2014년부터 마인츠에서 활약하고 있다. 스페인 U-20, U-21 대표를 지냈다.

위치별 슈팅-득점

0 - 0
25 - 6
14 - 1

경기수	출전시간(분)	득점	도움	경고
26(5)	2307	7	5	5

퇴장	패스시도	패스성공률	태클성공	MOM
0	620	65%	25	1

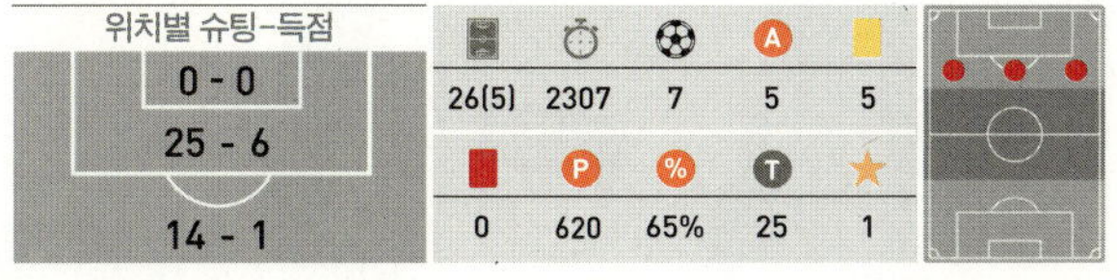

(FW) Jhon Cordoba

존
코르도바

지난 시즌 마인츠로 임대 이적해 가능성을 인정받은 공격수. 리그 12경기에 출전해 5골 2도움을 기록했다. 출전 시간 대비 상당히 높은 골 결정력과 공헌도를 보여줬다. 특히 후반에 투입돼 득점포를 가동하며 슈퍼서브 역할을 했다. 188cm의 장신 공격수지만 상당히 민첩하고, 문전에서 날카로운 움직임을 보여준다. 드리블 능력과 강력한 슈팅도 갖췄고, 역습 상황에서 위협적인 장면을 만든다.

국적 : 콜롬비아

2010년 콜롬비아 엔비가도에서 프로 데뷔했고, 이후 치아파스, 퀘라타로, 에스파뇰(임대) 등을 거쳐 2014년 그라나다로 이적해 주목받았다. 지난 시즌 마인츠로 임대 이적해 가능성을 인정받았고, 이번 시즌 완전 이적했다.

위치별 슈팅-득점

4 - 2
23 - 1
3 - 2

경기수	출전시간(분)	득점	도움	경고
4(8)	1389	5	2	2

퇴장	패스시도	패스성공률	태클성공	MOM
-	270	76%	10	1

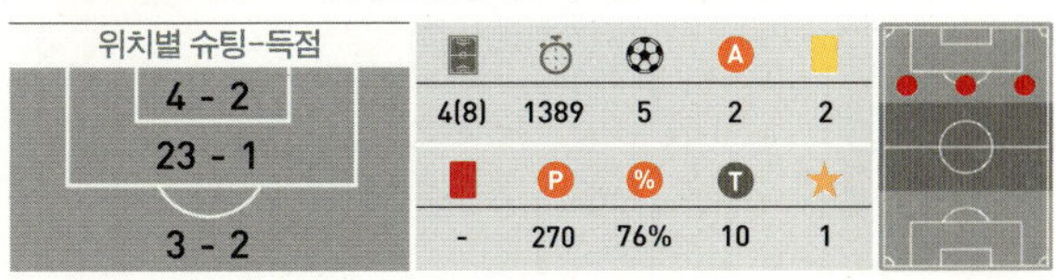

HERTHA BERLIN SC

구단 소개

구단 창립 : 1892년
홈구장 : 올림피아슈타디온
감독 : 팔 다르다이
2015-16시즌 : 7위(승점 50점)
14승 8무 12패 42득점 42실점
닉네임 : Die Alte Dame

주요대회 우승횟수

2		0
GERMAN BUNDESLIGA		GERMAN DFB POKAL
0		0
UEFA CHAMPIONS LEAGUE		UEFA EUROPA LEAGUE
0		0
FIFA CLUB WORLD CUP		UEFA-CONMEBOL INTERCONTINENTAL

UNIFORM

Home

Away

성공적으로 안착한 다르다이호 진정한 축구 수도를 꿈꾼다

2015-16 SEASON REVIEW

지난 2013-14 시즌 중반 강등권까지 추락했던 헤르타는 '레전드' 다르다이 감독이 지휘봉을 잡으면서 분위기가 확 바뀌었고, 지난 시즌까지 좋은 흐름을 이어갔다. 다르다이 감독은 젊은 선수들을 중심으로 4-2-3-1의 빠른 공격 축구로 팀을 재편했고, 강력한 압박과 날카로운 역습을 무기로 좋은 경기력을 보여줬다. 특히 짠물 수비가 인상적이었다. 지난 시즌 헤르타는 리그에서 단 42실점만 허용하며 안정적인 수비력을 자랑했고, 공격진에 조금 문제가 있었지만 결국 승점 50점으로 리그 7위를 기록했다.

SUMMER TRANSFER

전체적으로 큰 변화는 없다. 시게르시가 이적했지만 이비세비치, 다리다, 칼루, 랑캄프 등 주축 선수들을 모두 지키며 안정적인 전력을 구축했다. 꼭 필요한 영입만 진행했다. 헤르타는 새로운 등번호 10번의 주인공 두다를 영입하며 2선 공격을 강화했고, 아우크스부르크에서 에스바인까지 영입하며 확실한 보강을 진행했다. 이번 시즌 유로파 리그 플레이오프에서 탈락해 일정상 여유가 생긴 헤르타는 이 선수들을 가지고 조직력을 극대화시키고 있고, 중상위권을 목표로 시즌을 준비했다.

2016-17 SEASON OUTLOOK

성공적으로 중위권에 안착한 다르다이호다. 헤르타는 1990년대 후반과 2000년대 초반 안정적으로 중위권을 유지했지만 2010년 2부 리그로 강등된 이후 승격과 강등을 두 차례나 반복했다. 그러나 레전드인 다르다이 감독이 지휘봉을 잡고 나서 안정감을 찾고 있고, 이번 시즌도 기대를 받고 있다. 문제는 공격력. 지난 시즌 헤르타는 리그에서 총 42골을 성공시켰는데 이는 강등팀인 슈투트가르트(50골)보다 낮은 수치로 이번 시즌 역시 공격력을 강화하는 것이 과제다. 이런 이유로 두다와 에스바인을 데리고 왔지만 현재까지는 미지수다.

감독 팔 다르다이(Pal Dardai)

만 40세로 분데스리가에서 젊은 감독의 돌풍을 이끌고 있다. 헤르타와 헝가리가 자랑하는 스타플레이어로 1997년부터 2011년까지 헤르타에서 분데스리가 286경기에 출전해 17골 12도움을 기록했다. 은퇴 후 곧바로 헤르타 유스팀 감독직에 오른 그는 2014년 9월, 헝가리 대표팀 사령탑에 올랐다. 하지만 친정팀 헤르타가 강등권으로 추락하면서 그에게 도움을 요청하자 헝가리 대표팀을 맡고 있는 가운데서도 기꺼이 임시 감독직을 수락해 팀의 잔류를 이끌었고, 지난 시즌 정식 감독으로 부임해 좋은 성적을 거뒀다. 그는 헝가리 대표팀에선 4-4-2를, 헤르타에선 4-2-3-1과 4-1-4-1 등 다양한 포메이션을 활용하며 다양한 전술 소화 능력을 보여줬다.

PROFILE
- 출 생 : 1976.3.16
- 국 적 : 헝가리
- 계 약 : -

STADIUM

Olympiastadion

- 구장 오픈 : 1936년
- 구장 개축 : 1974, 2006년
- 구장 소유 : 베를린 GmbH
- 수용 인원 : 7만 4,475명
- 피치 규모 : 105m × 68m
- 잔디 종류 : 천연 잔디

SQUAD LIST

위치	번호	이름	국적	신장	체중	생년월일
GK	1	Thomas Kraft	GER	185	78	22-07-88
	22	Rune Almenning Jarstein	NOR	190	82	29-09-84
	29	Nils-Jonathan Körber	GER	186	84	13-11-96
DF	2	Peter Pekarik	SVK	176	69	30-10-86
	5	Niklas Stark	GER	188	80	14-04-95
	15	Sebastian Langkamp	GER	190	85	15-01-88
	21	Marvin Plattenhardt	GER	179	73	26-01-92
	23	Mitchell Weiser	GER	176	75	21-04-94
	25	John Brooks	USA	193	78	28-01-93
	28	Fabian Lustenberger	SUI	180	63	02-05-88
	34	Maximilian Mittelstädt	GER	178	65	18-03-97
MF	3	Per Ciljan Skjelbreid	NOR	175	62	16-06-87
	6	Vladimír Darida	CZE	170	60	08-08-90
	7	Alexander Esswein	GER	181	76	25-03-90
	9	Alexander Baumjohann	GER	178	73	23-01-87
	10	Ondrej Duda	SVK	183	64	15-12-94
	13	Jens Hegeler	GER	193	80	22-01-88
	14	Valentin Stocker	SUI	178	65	12-04-89
	18	Sinan Kurt	GER	173	73	23-07-96
	20	Allan	BRA	173	70	03-03-97
	24	Genki Haraguchi	JPN	177	63	09-05-91
	31	Florian Kohls	GER	173	69	03-04-95
FW	8	Salomon Kalou	CIV	184	77	05-08-85
	11	Sami Allagui	TUN	182	77	28-05-86
	16	Julian Schieber	GER	186	83	13-02-89
	19	Vedad Ibišević	BIH	188	80	06-08-84

2016-17 SEASON SCHEDULE

날짜	장소	상대팀	날짜	장소	상대팀
28/AUG	H	SC Freiburg	27/JAN	A	SC Freiburg
10/SEP	A	FC Ingolstadt 04	03/FEB	H	FC Ingolstadt 04
18/SEP	H	FC Schalke 04	10/FEB	A	FC Schalke 04
21/SEP	A	Bayern Munchen	17/FEB	H	Bayern Munchen
24/SEP	A	Eintracht Frankfurt	24/FEB	H	Eintracht Frankfurt
01/OCT	H	Hamburger SV	03/MAR	A	Hamburger SV
14/OCT	A	Borussia Dortmund	10/MAR	H	Borussia Dortmund
22/OCT	H	1. FC Koln	17/MAR	A	1. FC Koln
30/OCT	A	1899 Hoffenheim	31/MAR	H	1899 Hoffenheim
04/NOV	H	Bor. Monchengladbach	03/APR	A	Bor. Monchengladbach
19/NOV	A	FC Augsburg	07/APR	H	FC Augsburg
27/NOV	H	1. FSV Mainz 05	14/APR	A	1. FSV Mainz 05
02/DEC	A	VfL Wolfsburg	21/APR	H	VfL Wolfsburg
09/DEC	H	Werder Bremen	28/APR	A	Werder Bremen
16/DEC	A	RB Leipzig	05/MAY	H	RB Leipzig
19/DEC	H	SV Darmstadt 98	13/MAY	A	SV Darmstadt 98
20/JAN	A	Bayer Leverkusen	20/MAY	H	Bayer Leverkusen

RANK OF LAST 5 YEARS

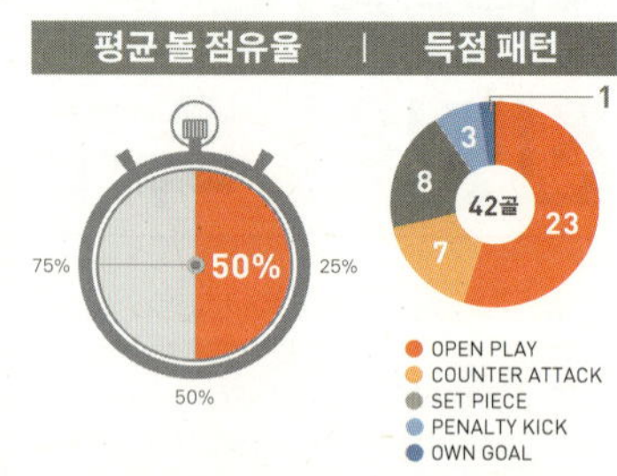

STRENGTHS & WEAKNESSES

OFFENSE		DEFENSE	
직접 프리킥	B	세트피스 수비	C
문전 처리	B	상대 볼 뺏기	A
측면 돌파	B	공중전 능력	D
스루볼 침투	B	역습 방어	C
개인기 침투	C	지공 방어	E
카운터 어택	C	스루패스 방어	C
기회 만들기	C	리드 지키기	C
세트피스	C	실수 조심	C
OS 피하기	C	측면 방어력	C
중거리 슈팅	C	파울 주의	C
볼 점유율	D	중거리슛 수비	C

매우 강함 **A**　강한 편 **B**　보통 수준 **C**　약한 편 **D**　매우 약함 **E**

FORMATION

TOTO GUIDE 지난 시즌 상대팀별 전적

상대팀	홈	원정
Bayern Munich	0-2	0-2
Dortmund	0-0	1-3
Leverkusen	2-1	1-2
Monchengladb.	1-4	0-5
Schalke 04	2-0	1-2
FSV Mainz 05	2-0	0-0
Wolfsburg	1-1	0-2
FC Koln	2-0	1-0
Hamburger SV	3-0	0-2
Ingolstadt	2-1	1-0
FC Augsburg	0-0	1-0
Werder Bremen	1-1	3-3
Darmstadt	1-2	4-0
Hoffenheim	1-0	1-2
Frankfurt	2-0	1-1
Stuttgart	2-1	0-2
Hannover 96	2-2	3-1

GK Thomas Kraft

1

토마스
크라프트

베를린의 NO.2 골키퍼. 지난 시즌 야르스테인과 주전 경쟁에서 밀렸고, 이번 시즌 역시 백업 골키퍼 역할을 맡을 것으로 보인다. 그러나 골키퍼로서 방어능력은 상당히 좋다. 일단 판단력이 좋아 위치선정과 각도를 좁히는 움직임에 능하고, 크로스도 잘 잡아내는 편에 속해 추가 슈팅 기회를 내주지 않는다. 다만 집중력이 떨어져 중거리 슈팅에 실점하는 경향이 있고, 큰 키가 아니어서 공중전에 약하다.

국적 : 독일

바이에른 유스 출신. 2010-11 시즌 후반기 주전으로 도약했으나 잦은 실수를 저질렀고, 판 할 감독이 경질되면서 자연스럽게 벤치로 밀려났다. 결국 2011년 노이어가 바이에른에 입단하면서 헤르타로 이적했다. 독일 U-17 대표 출신.

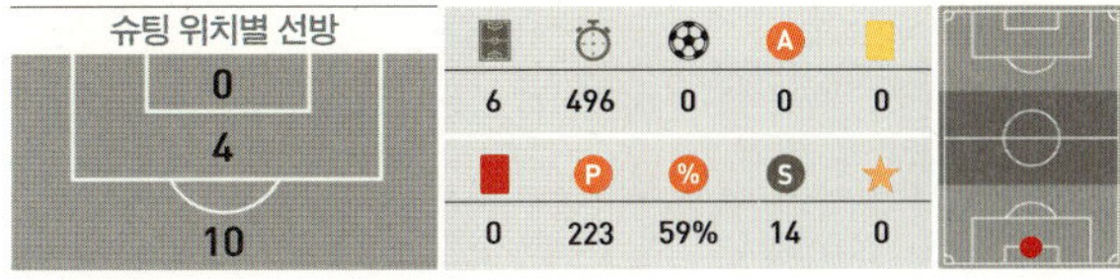

슈팅 위치별 선방

0		6	496	0	0	0
4						
10		0	223	59%	14	0

GK Rune Almenning Jarstein

22

루네 알멘닝
야르스테인

베를린의 주전 수문장. 지난 시즌 초반 손가락 골절 부상으로 출전하지 못했지만 복귀해 인상적인 선방능력을 보여줬다. 190cm의 장신 골키퍼로 경험이 풍부하고, 공중전에 능한 모습을 보여준다. 여기에 볼-스토핑, 크로스 처리, 볼 핸들링 등 기본적인 GK 기술이 좋은 선수고, 집중력이 훌륭해 중거리 슈팅 방어능력도 뛰어나다. 다만 전성기에 비해 민첩성이 조금 떨어졌다는 평가가 있다.

국적 : 노르웨이

노르웨이 헤르쿨레스 유스 출신. 이후 오드 BK, 로젠보리, 바이킹을 거쳐 2014년 헤르타에 입단했다. 로젠보리 시절 엄청난 선방쇼를 펼치며 우승을 이끌었다. 2014년부터 노르웨이 국가대표로 활약하고 있다.

슈팅 위치별 선방

4		28(1)	2565	0	2	
47						
36		0	1283	85%	87	0

DF Sebastian Langkamp

15

제바스티안
랑캄프

헤르타 베를린 수비의 중심. 지난 시즌 약간의 부상과 컨디션 난조가 있었지만 리그 22경기에 출전해 안정감 있는 수비력을 보여줬다. 뛰어난 위치선정을 통해 많은 클리어링과 슈팅 차단을 기록하고, 공중볼에도 매우 강하다. 패싱력이 아주 좋은 편은 아니지만 꾸준하게 발전하고 있고, 안정적인 플레이를 선호한다. 몸싸움에 강하고, 태클 능력도 상당히 좋다. 무엇보다 상당히 영리한 수비수다.

국적 : 독일

바이에른 유스 출신으로 함부르크 2군을 거쳐 칼스루어에서 2009년 프로 데뷔했다. 그의 형 마티아스도 수비수로 두 시즌 동안 랑캄프와 칼스루어에서 함께 발을 맞춘 후 2010-11 시즌을 끝으로 은퇴했다.

위치별 슈팅-득점

0 - 0		22	1880	0	1	8
2 - 0						
0 - 0		0	1230	85%	35	0

DF Marvin Plattenhardt

21 · 마빈 플라텐하르트

헤르타 베를린의 주전 LB. 왼쪽 측면 미드필더도 소화할 수 있을 정도로 공격력을 갖춘 풀백으로 정교한 왼발 킥을 바탕으로 양질의 크로스를 전방에 공급해준다. 발재간도 좋아 마크맨을 제칠 수 있는 드리블능력을 보유하고 있고, 폭발적인 중거리 슈팅도 날린다. 여기에 볼을 간수하는 능력과 함께 수비 집중력도 좋은 편이다. 다만 경험이 아직은 부족하고, 수비 뒤 공간을 자주 열어주는 것은 단점이다.

뉘른베르크 유스 출신으로 2010년 12월, 도르트문트전을 통해 분데스리가 데뷔전을 치렀다. 2009년, 괴체, 레노 등과 함께 17세 이하 유럽 선수권 우승을 견인했다. 독일 연령별 대표를 모두 거친 엘리트다.

국적 : 독일

위치별 슈팅-득점

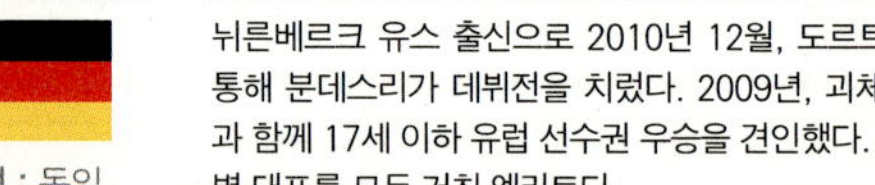

	0 - 0
	0 - 0
	13 - 2

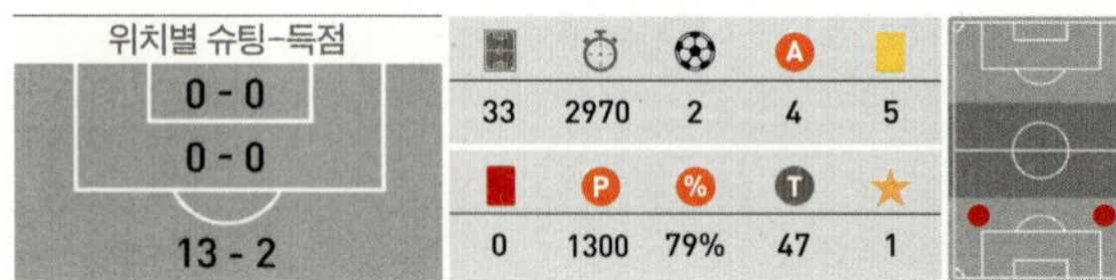

경기수	출전시간	득점	도움	경고
33	2970	2	4	5

퇴장	패스시도	패스성공률	태클성공	MOM
0	1300	79%	47	1

DF Mitchell Weiser

23 · 미첼 바이저

바이에른 시절 엄청난 기대를 받았던 오른쪽 측면의 스페셜리스트. 오른쪽 측면 수비수와 측면 미드필더, 측면 공격수까지 소화할 수 있는 멀티 자원. 그러나 헤르타 베를린에서는 주로 측면 수비수로 활약한다. 지난 시즌 리그 29경기서 2골-4도움을 기록하며 제몫을 해줬다. 드리블, 개인 기술, 스피드, 볼 키핑, 패싱력 등 다양한 장점을 가지고 있지만 수비력이 조금 아쉽다.

쾰른 유스 출신으로 제2의 포돌스키로 불리며 많은 기대를 받았다. 이후 바이에른 뮌헨을 거쳐 2015년 헤르타에 입단했다. 독일 연령별 대표를 모두 거쳤다. 그의 부친 역시 쾰른과 볼프스부르크에서 선수로 활약했다.

국적 : 독일

위치별 슈팅-득점

	0 - 0
	12 - 2
	3 - 0

경기수	출전시간	득점	도움	경고
27(2)	2431	2	4	7

퇴장	패스시도	패스성공률	태클성공	MOM
0	972	72%	65	1

DF John Anthony Brooks

25 · 존 앤소니 브룩스

랑캄프와 함께 베를린의 중앙을 지키는 수비수. 193cm의 장신을 활용해 제공권에 강점을 보이는 선수로 세트피스 공격시 위력을 발휘한다. 태클을 많이 시도하는 건 아니지만 상대 공격의 흐름을 읽는 능력이 좋아 많은 가로채기를 기록한다. 지난 시즌 리그 23경기서 평균 1.7개의 가로채기, 3.7개의 클리어링을 기록했다. 후방에서 비교적 정확한 롱패스를 연결하지만 아직 경험은 부족하다.

미군 부친과 독일 모친 사이에서 태어났고, 20세 이하 독일 대표팀에서 뛰었으나 클린스만 감독의 러브콜을 받고 미국 국적을 선택했다. 2013년부터 미국 국가대표로 활약하고 있고, 26경기서 3골을 터트렸다.

국적 : 미국

위치별 슈팅-득점

	0 - 0
	9 - 1
	0 - 0

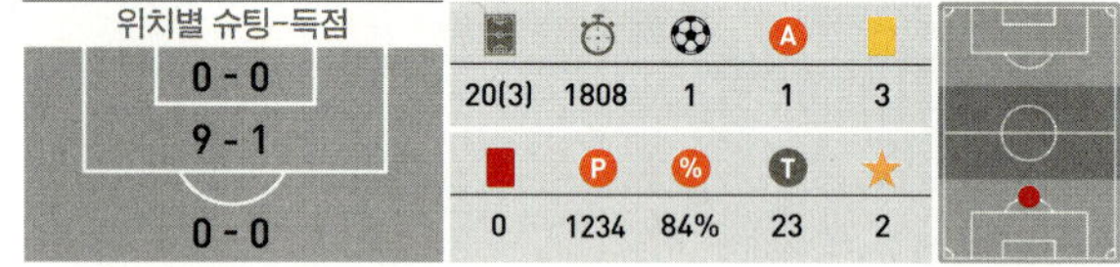

경기수	출전시간	득점	도움	경고
20(3)	1808	1	1	3

퇴장	패스시도	패스성공률	태클성공	MOM
0	1234	84%	23	2

MF Per Skjelbred

3 · 페어 스켈브레드

헤르타 베를린의 엔진. 안정적인 패스를 구사하고 볼 키핑력이 좋은 미드필더. 원래 공격형 미드필더 출신으로 공격 재능이 있었지만 분데스리가 입성 후 중앙과 측면에서 활약했고, 지난 시즌에는 수비형 미드필더로 활약했다. 오히려 수비형을 뛰면서 자신의 강점인 활동량, 수비력, 태클 등이 살아났고, 지난 시즌 리그 31경기에 출전하며 확고한 주전으로 올라섰다.

2004년 6월, 만 16세 358일의 나이에 노르웨이 리그 데뷔전을 치르며 로젠보리 구단 역대 최연소 출전 기록을 수립했다. 대표팀 은퇴를 선언한 한겔란데에 이어 2014년 9월 잉글랜드와의 평가전을 기점으로 노르웨이 주장에 선임됐다.

국적 : 노르웨이

위치별 슈팅-득점

	0 - 0
	2 - 0
	2 - 0

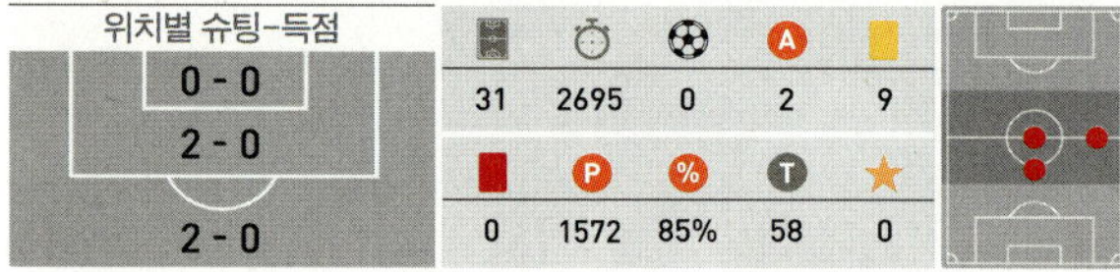

경기수	출전시간	득점	도움	경고
31	2695	0	2	9

퇴장	패스시도	패스성공률	태클성공	MOM
0	1572	85%	58	0

MF Vladimir Darida

6 · 블라디미르 다리다

공격형 미드필더와 중앙 미드필더를 동시에 소화하는 선수로 지난 시즌 리그 31경기서 5골 2도움을 기록하며 좋은 활약을 펼쳤다. 다리다는 경기당 13km 이상의 거리를 커버하며 왕성한 활동량으로 공수를 넘나든다. 수비 가담도 적극적으로 해주고, 유연한 볼 터치를 가지고 있어 키핑과 드리블에 능하다. 여기에 강력한 오른발 킥을 바탕으로 과감한 슈팅을 시도한다.

빅토리아 플젠 유스 출신으로 2010년 1군 데뷔. 이후 프라이부르크를 거쳐 2015년 헤르타로 이적했다. 2012년 5월, 이스라엘과의 평가전에서 라파타의 골을 어시스트하며 성공적인 체코 대표팀 데뷔전을 치렀다.

국적 : 체코

위치별 슈팅-득점

	1 - 1
	16 - 2
	24 - 2

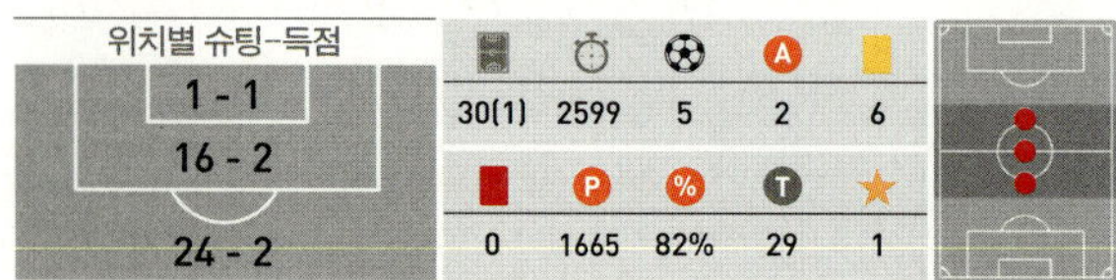

경기수	출전시간	득점	도움	경고
30(1)	2599	5	2	6

퇴장	패스시도	패스성공률	태클성공	MOM
0	1665	82%	29	1

MF Alexander Esswein

7 · 알렉산더 에스바인

이번 시즌을 앞두고 영입된 2선 자원. 기회만 생기면 적극적으로 공격에 가담해 중거리 슈팅을 시도하고, 페널티 박스 침투를 노린다. 드리블도 좋은 선수고, 역습 상황에서 빠른 발을 이용해 공격을 전개한다. 다만 패스와 크로스는 조금 부족한 선수고, 수비 가담도 적극적이지 않다. 그러나 컨디션이 좋은 날에는 최고의 활약을 펼치고, 측면에서 중앙으로 이동해 마무리하는 능력이 뛰어나다.

독일 연령대별 대표팀을 모두 거친 선수로 한국에서 열린 2007년 17세 이하 월드컵에 토니 크로스와 함께 참가했다. 카이저슬라우테른, 볼프스부르크, 디나모 드레스덴, 뉘른베르크, 아우크스부르크를 거쳐 헤르타에 입단했다.

국적 : 독일

위치별 슈팅-득점

	0 - 0
	21 - 1
	26 - 2

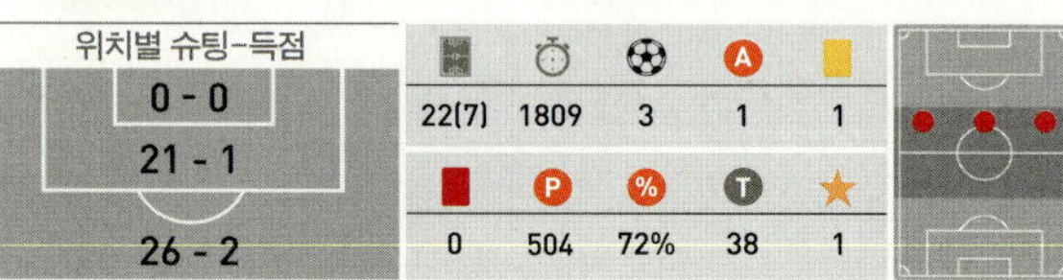

경기수	출전시간	득점	도움	경고
22(7)	1809	3	1	1

퇴장	패스시도	패스성공률	태클성공	MOM
0	504	72%	38	1

MF Ondrej Duda

10

온드레이
두다

헤르타 베를린의 새로운 10번이자, 새로운 스타가 될 가능성이 높은 미드필더. 주 포지션은 공격형 미드필더지만 처진 공격수로 활약할 수 있고, 유로 2016에서 맹활약하며 빅 클럽들의 관심을 한 몸에 받았다. 드리블, 패스, 침투, 슈팅, 조율 등 공격형 미드필더에 필요한 모든 것을 갖춘 선수지만 아직은 경험이 부족하고, 수비 가담도 더 적극적으로 해야 한다. 어쨌든 헤르타의 미래가 될 자질을 가졌다.

국적 : 슬로바키아

코시체 유스 출신으로 2012년 1군에 데뷔해 인상적인 활약을 펼쳤고, 2014년 폴란드 명문 레기아 바르샤바로 이적했다. 슬로바키아 청소년 대표 출신으로 유로 2016에서 맹활약하며 빅 클럽들의 타깃이 됐지만 헤르타를 선택했다.

위치별 슈팅-득점

NO DATA

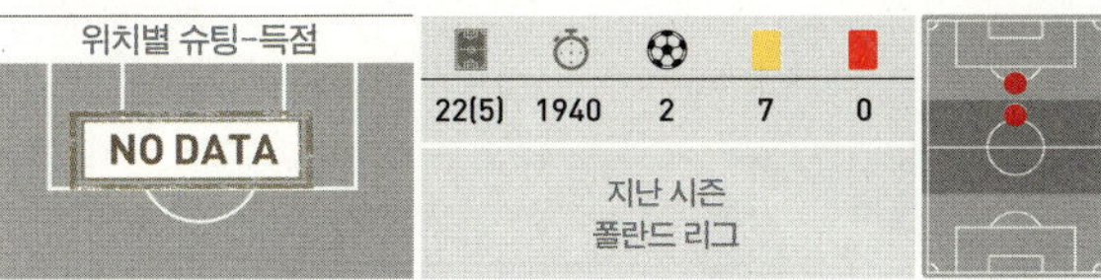

경기수	출전시간	득점	경고	퇴장
22(5)	1940	2	7	0

지난 시즌
폴란드 리그

MF Valentin Stocker

14

발렌틴
슈토커

전형적인 윙어. 강력한 왼발 킥을 자랑하는 측면 미드필더로 빠른 발과 드리블 돌파를 가지고 있다. 기술적인 부분에선 다소 투박한 느낌이 있지만, 짧은 패스를 주고받으면서 약점을 최소화하고, 빠른 스피드를 통한 돌파와 기습적인 왼발 슈팅에 능하다. 전방 압박도 적극적으로 나선다. 그러나 지난 시즌에는 잦은 부상과 기복 있는 플레이로 리그 10경기 선발 출전에 그쳤고, 득점도 1골에 불과하다.

국적 : 스위스

스위스 바젤 U-21 팀에서 프로 데뷔했고, 2008년 1군으로 올라서 엄청난 활약을 펼쳤다. 바젤에서만 162경기서 41골을 기록했고, 2014년 헤르타로 이적했다. 스위스 연령별 대표를 모두 거쳤고, 2008년부터 A대표로 활약 중이다.

위치별 슈팅-득점

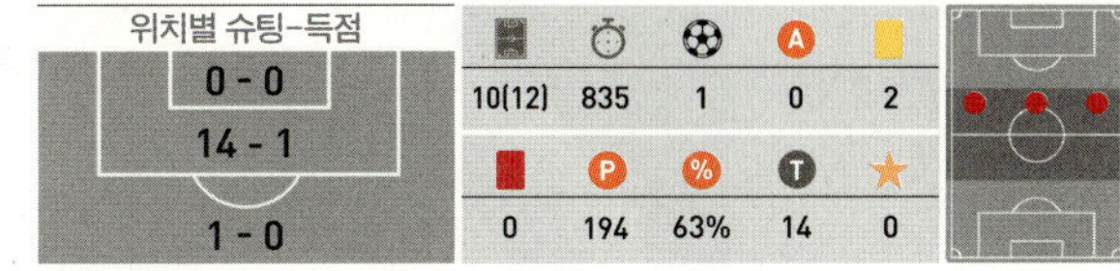

	경기수	출전시간	득점	도움	경고
0 - 0	10(12)	835	1	0	2
14 - 1					
	퇴장	P	%	T	★
1 - 0	0	194	63%	14	0

MF Fabian Lustenberger

28

파비안
루스텐베르거

중앙 수비와 수비형 미드필더를 모두 볼 수 있다. 지난 시즌도 센터백과 수비형 미드필더를 오가며 리그 30경기에 출전해 준수한 활약을 펼쳤다. 후방 빌드-업에 강점을 가지고 있고, 빠른 발과 정확한 태클을 바탕으로 많은 가로채기를 기록한다. 게다가 침착한 플레이를 통해 파울을 최소화한다. 또한 기회가 생기면 전진해 기습적인 중거리 슈팅도 구사한다. 다만 키가 큰 편이 아니라 공중볼에는 약하다.

국적 : 스위스

FC 루체른 유스 출신으로 2007년 헤르타에 입단했다. 그의 형 지몬도 루체른에서 같이 선수 생활을 했다. 루스텐베르거는 2013년 11월, 한국과의 평가전에서 스위스 대표팀 데뷔전을 치렀는데 이것이 유일한 A매치였다.

위치별 슈팅-득점

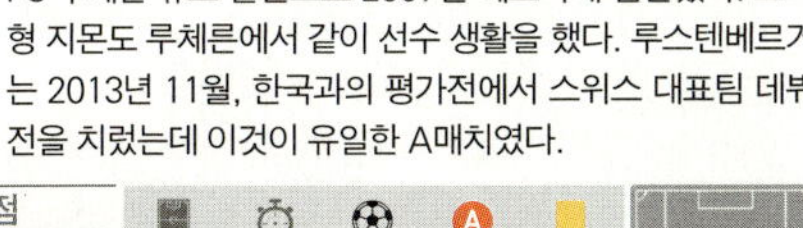
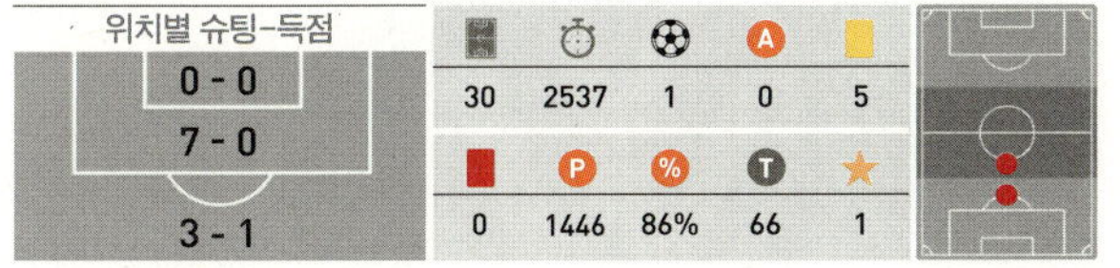

	경기수	출전시간	득점	도움	경고
0 - 0	30	2537	1	0	5
7 - 0					
	퇴장	P	%	T	★
3 - 1	0	1446	86%	66	1

FW Salomon Kalou

8

살로몬
칼루

지난 시즌 리그 32경기에 출전해 14골-2도움을 올린 베테랑 공격수. 좌우 측면은 물론 최전방에서도 활약할 수 있고, 빠른 스피드와 발재간을 바탕으로 드리블 돌파에 강점을 보이고 있다. 문전에서 결정력이 뛰어난 편이지만 기복이 조금 심한 것이 단점이고, 공을 자주 뺏기는 것도 문제다. 그러나 여전히 민첩성과 득점력을 갖추고 있고, 패싱력도 뛰어나 경기에 나서면 제몫을 해준다.

국적 : 코트디부아르

2003년 네덜란드 페예노르트에서 데뷔했고, 2005년 네덜란드 올해의 유망주상을 받았다. 2006년 첼시로 이적해 준수한 활약을 펼쳤고, 이후 릴을 거쳐 2014년 헤르타로 이적했다. 네덜란드 대표가 아닌 코트디부아르 대표를 선택.

위치별 슈팅-득점

	경기수	출전시간	득점	도움	경고
7 - 4	30(2)	2535	14	2	2
38 - 9					
	퇴장	P	%	T	★
10 - 1	0	675	77%	16	3

FW Julian Schieber

16

율리안
쉬버

최전방 공격수와 2선 공격수, 왼쪽 측면 공격수를 소화할 수 있는 멀티맨. 높은 제공권을 바탕으로 헤딩에 능숙한 모습을 보여주고 강력한 왼발 슈팅으로 뛰어난 득점력을 자랑하고 있다. 그러나 지난 시즌 무릎 부상으로 리그 6경기 교체 출전에 그쳤다. 이번 시즌에는 부활을 다짐하고 있지만 역시 문제는 부상이다. 여기에 전성기에 비해 민첩성과 패스 성공률도 떨어졌다.

국적 : 독일

슈투트가르트 유스 출신으로 2008년 12월, 에네르기 코트부스전에 프로 데뷔했다. 뉘른베르크 임대와 도르트문트를 거쳐 2014년 헤르타에 입단했다. 독일 U-21 대표 출신으로 기대를 모았지만 기대만큼 성장하지는 못했다.

위치별 슈팅-득점

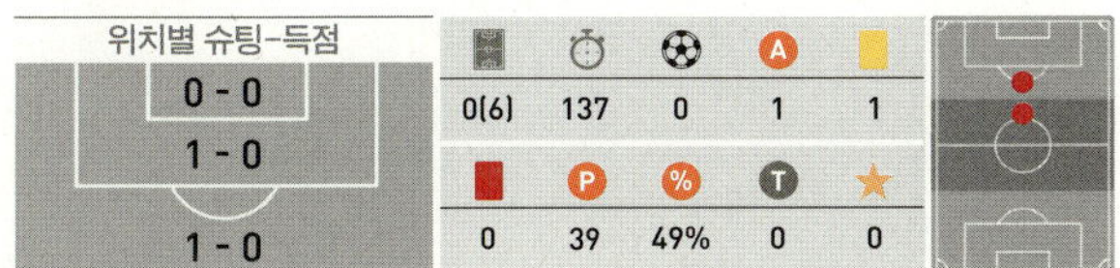

	경기수	출전시간	득점	도움	경고
0 - 0	0(6)	137	0	1	1
1 - 0					
	퇴장	P	%	T	★
1 - 0	0	39	49%	0	0

FW Vedad Ibisevic

19

베다드
이비세비치

경험이 풍부한 최전방 공격수. 당당한 체격(188cm, 82kg)을 바탕으로 수비수와 몸싸움에서 밀리지 않고, 제공권에서 유리한 고지를 점령한다. 문전에서의 파괴력과 골 결정력이 좋은 편이고, 포스트 플레이에 능하다. 전성기에 비해 스피드가 떨어졌지만 역습 상황에서도 적극 가담하며 기술도 갖춘 선수다. 다만 볼을 소유하고, 수비에 가담하는 능력은 떨어지고, 패싱력도 그리 좋지는 않다.

국적 : 보스니아 헤르체고비나

미국 세인트루이스 스트라이커에서 프로 선수로 데뷔했다. 이후 시카고 파이어, 파리 생제르맹, 디종, 아헨, 호펜하임, 슈투트가르트를 거쳐 헤르타 베를린에 입단했다. 현재 보스니아 헤르체고비나 국가대표로 활약하고 있다.

위치별 슈팅-득점

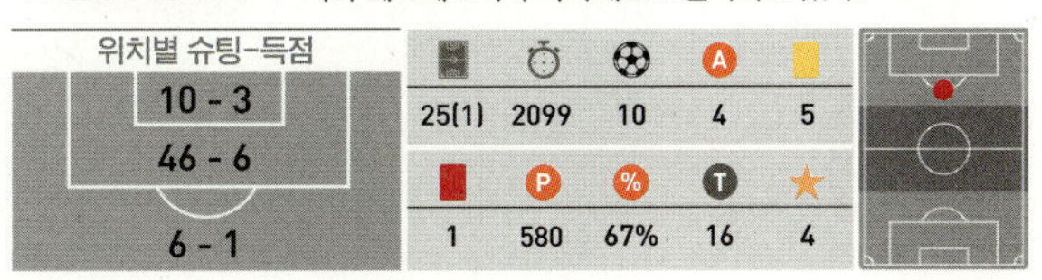

	경기수	출전시간	득점	도움	경고
10 - 3	25(1)	2099	10	4	5
46 - 6					
	퇴장	P	%	T	★
6 - 1	1	580	67%	16	4

VFL WOLFSBURG

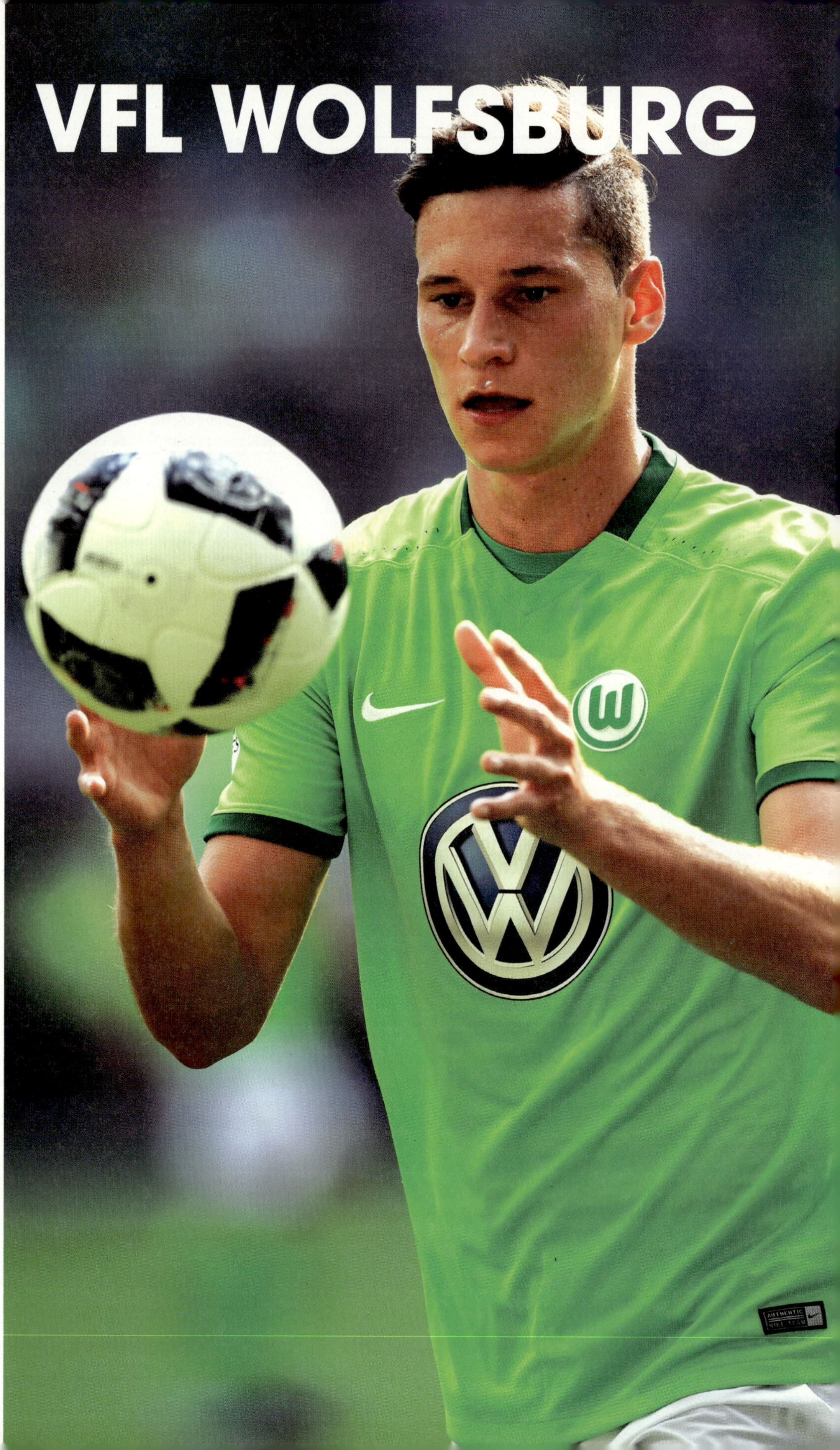

구단 창립 : 1945년
홈구장 : 폭스바겐 아레나
감독 : 디터 헤킹
2015-16시즌 : 8위(승점 45점)
12승 9무 13패 47득점 49실점
닉네임 : Die Wolfe

1		1
GERMAN BUNDESLIGA		GERMAN DFB POKAL
		0
UEFA CHAMPIONS LEAGUE		UEFA EUROPA LEAGUE
		0
FIFA CLUB WORLD CUP		UEFA-CONMEBOL INTERCONTINENTAL

Home

Away

뮌헨의 대항마에서 리그 8위의 굴욕
볼프스부르크의 부활이 시작된다!

2015-16 SEASON REVIEW

지난 시즌 볼프스부르크는 독일의 천재적인 미드필더 드락슬러를 영입하면서 단숨에 우승 후보로 떠올랐고, 바이에른 뮌헨의 강력한 대항마로 평가받았다. 여기에 크루제, 도스트, 쉬얼레 등 막강한 공격진을 갖추고 있어 엄청난 기대를 받았지만 막상 뚜껑을 열어보니 정반대였다. 시즌 초반부터 부상자가 발생하고 경기력은 기복이 심했다. 특히 공격진이 문제였다. 독일로 돌아온 쉬얼레는 기복이 심했고, 쿠르제는 기대 이하였다. 결국 볼프스부르크는 승점 45점으로 리그 8위에 머물렀고, 챔피언스리그 진출권을 따내지 못했다.

SUMMER TRANSFER

지난 시즌 리그 9위라는 굴욕을 맛본 볼프스부르크가 대대적인 보강을 진행했다. 일단 공격진의 변화가 컸다. 지난 시즌 좋지 않은 경기력을 보여줬던 크루제, 도스트, 쉬얼레가 모두 팀을 떠났고, 대신 독일 국가대표로 유로 2016에 참가했던 베테랑 공격수 고메스를 영입했다. 여기에 호날두의 추천으로 임대 이적을 선택한 레알 마드리드의 신성 마요랄까지 가세하며 새로운 전력을 구축했다. 무엇보다 중요했던 것은 드락슬러를 지키는 일이었다. 볼프스부르크는 빅 클럽들의 관심을 차단하고 결국 드락슬러를 지켜냈다. 천군만마를 얻었다.

2016-17 SEASON OUTLOOK

더 떨어질 곳이 없다. 아무리 못해도 지난 시즌보다는 좋은 성적을 거둘 것 같은 스쿼드다. 지난 시즌 약점으로 지적됐던 공격진에 고메스가 들어오면서 확실히 강해졌고, 이밖에도 브루마, 브와슈치코프스키, 디다비, 게르아르트, 브레칼로, 볼샤이트 등을 영입하면서 확실한 보강을 진행했다. 결과적으로 볼프스부르크는 이제 다시 상위권으로 올라갈 추진력을 얻었고, 개막전부터 아우크스부르크를 2-0으로 제압하며 좋은 출발을 보였다. 이제 남은 것은 꾸준하게 상위권을 유지하는 것이고, 주축 선수들이 부상을 당하지 않는 것이 중요하다.

감독 디터 헤킹(Dieter Hecking)

2000년 페를에서 처음 감독직에 오른 그는 3부 리그 구단 뤼벡을 2001-02 시즌 2부 리그로 승격시킨 데 이어 2005-06 시즌 2부 리그 알레마니아 아헨을 분데스리가로 승격시키며 능력을 인정받았다. 하노버와 뉘른베르크에서도 기대 이상의 성적을 올리며 성공가도를 이어간 그는 2012년 12월, 볼프스부르크 사령탑에 오른 후 매 시즌 팀 성적을 끌어올리며 분데스리가를 대표하는 명장으로 입지를 굳혀가고 있다. 비록 지난 시즌에는 아쉬운 모습을 보였지만 지난 2014-15 시즌에는 구단 역사상 첫 DFB 포칼 우승을 선사했다. 4-2-3-1 포메이션을 선호하는 감독으로 플랜 A를 통해 선수들의 조직력을 극대화하는 한편 유연한 전술로 임기응변에 매우 능하다.

PROFILE
- 출 생 : 1964.9.12
- 국 적 : 독일
- 계 약 : 2018.6.30

STADIUM

Volkswagen Arena

- 구장 오픈 : 2002년
- 구장 개축 : -
- 구장 소유 : 폭스바겐 AG
- 수용 인원 : 3만 명
- 피치 규모 : 105m × 68m
- 잔디 종류 : 천연 잔디

SQUAD LIST

위치	번호	이름	국적	신장	체중	생년월일
GK	1	Diego Benaglio	SUI	193	83	08-09-83
	20	Max Grün	GER	191	85	05-04-87
	28	Koen Casteels	BEL	196	83	25-06-92
DF	2	Philipp Wollscheid	GER	194	84	06-03-89
	4	Marcel Schäfer	GER	182	76	07-06-84
	5	Jeffrey Bruma	NED	186	83	13-11-91
	6	Carlos Ascues	PER	188	78	19-06-92
	15	Christian Träsch	GER	180	73	01-09-87
	21	Jannes Horn	GER	186	77	06-02-97
	24	Sebastian Jung	GER	179	68	22-06-90
	31	Robin Knoche	GER	172	67	22-05-92
	34	Ricardo Rodríguez	SUI	180	72	25-08-92
	40	Robin Ziegele	GER	186	80	13-03-97
MF	7	Daniel Caligiuri	GER	182	79	15-01-88
	8	Vierinha	POR	173	73	24-01-86
	10	Julian Draxler	GER	183	68	20-09-93
	11	Daniel Didavi	GER	179	77	21-02-90
	13	Yannick Gerhardt	GER	184	79	13-03-94
	14	Jakub Błaszczykowski	POL	176	77	14-12-85
	22	Luiz Gustavo	BRA	187	82	23-07-87
	23	Josuha Guilavogui	FRA	187	78	19-09-90
	27	Maximilian Arnold	GER	183	78	27-05-94
	29	Amara Conde	GER	173	67	06-01-97
	30	Paul Seguin	GER	186	79	29-03-95
	35	Anton Donkor	GER	183	81	11-11-97
	38	Ismail Azzaoui	BEL	177	65	06-01-98
FW	16	Bruno Henrique	BRA	184	71	30-12-90
	17	Borja Mayoral	ESP	181	68	05-04-97
	25	Josip Brekalo	CRO	180	72	23-06-98
	33	Mario Gómez	GER	189	88	10-07-85

2016-17 SEASON SCHEDULE

날짜	장소	상대팀	날짜	장소	상대팀
27/AUG	A	FC Augsburg	27/JAN	H	FC Augsburg
10/SEP	H	1. FC Koln	03/FEB	A	1. FC Koln
17/SEP	A	1899 Hoffenheim	10/FEB	H	1899 Hoffenheim
20/SEP	H	Borussia Dortmund	17/FEB	A	Borussia Dortmund
24/SEP	A	Werder Bremen	24/FEB	H	Werder Bremen
02/OCT	H	1. FSV Mainz 05	03/MAR	A	1. FSV Mainz 05
16/OCT	H	RB Leipzig	10/MAR	A	RB Leipzig
22/OCT	A	SV Darmstadt 98	17/MAR	H	SV Darmstadt 98
29/OCT	A	Bayer Leverkusen	31/MAR	A	Bayer Leverkusen
05/NOV	A	SC Freiburg	03/APR	A	SC Freiburg
19/NOV	H	FC Schalke 04	07/APR	H	FC Schalke 04
26/NOV	A	FC Ingolstadt 04	14/APR	H	FC Ingolstadt 04
02/DEC	H	Hertha BSC	21/APR	A	Hertha BSC
09/DEC	A	Bayern Munchen	28/APR	A	Bayern Munchen
16/DEC	H	Eintracht Frankfurt	05/MAY	A	Eintracht Frankfurt
19/DEC	A	Bor. Monchengladbach	13/MAY	H	Bor. Monchengladbach
20/JAN	H	Hamburger SV	20/MAY	H	Hamburger SV

RANK OF LAST 5 YEARS

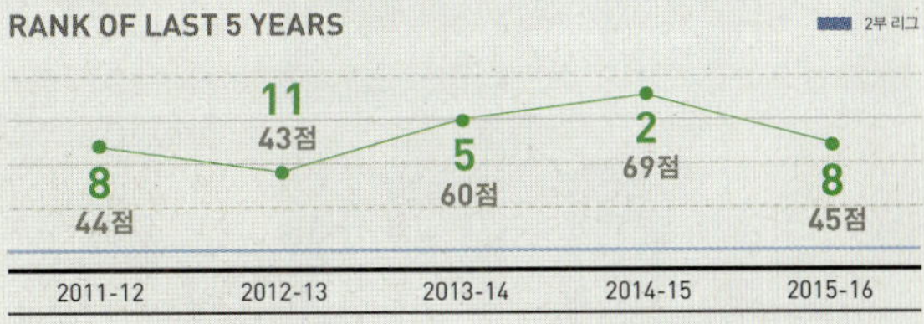

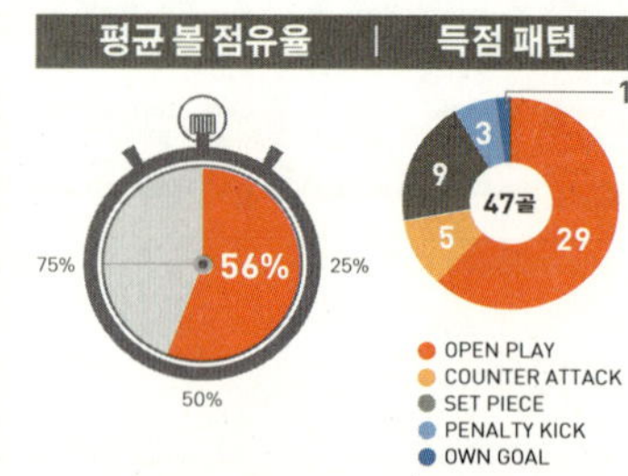

STRENGTHS & WEAKNESSES

OFFENSE		DEFENSE	
직접 프리킥	A	세트피스 수비	C
문전 처리	D	상대 볼 뺏기	C
측면 돌파	C	공중전 능력	B
스루볼 침투	C	역습 방어	D
개인기 침투	B	지공 방어	D
카운터 어택	C	스루패스 방어	D
기회 만들기	C	리드 지키기	C
세트피스	B	실수 조심	C
OS 피하기	C	측면 방어력	C
중거리 슈팅	C	파울 주의	D
볼 점유율	B	중거리슛 수비	C

매우 강함 A 강한 편 B 보통 수준 C 약한 편 D 매우 약함 E

| 시간대별 득점 | 시간대별 실점 | 득점 분포 | 공격 방향 | 볼 점유 위치 | 포지션별 득점 | 상대 포지션별 실점 |

시간대별 득점: 15 7 7 7 5 6

시간대별 실점: 10 4 10 8 10 7

득점 분포: 13 / 32 / 2

공격 방향: 32% 26% 42%

볼 점유 위치: 상대진영 26% / 중간진영 47% / 우리진영 27%

포지션별 득점: FW진 22골 / MF진 17골 / DF진 7골

상대 포지션별 실점: DF진 1골 / MF진 20골 / FW진 28골

*상대자책골 1골

FORMATION

4-2-3-1

TOTO GUIDE 지난 시즌 상대팀별 전적

상대팀	홈	원정
Bayern Munich	0-2	1-5
Dortmund	1-2	1-5
Leverkusen	2-1	0-3
Monchengladb.	2-1	0-2
Schalke 04	3-0	0-3
FSV Mainz 05	1-1	0-2
Hertha Berlin	2-0	1-1
FC Koln	1-1	1-1
Hamburger SV	1-1	1-0
Ingolstadt	2-0	0-0
FC Augsburg	0-2	0-0
Werder Bremen	6-0	2-3
Darmstadt	1-1	1-0
Hoffenheim	4-2	0-1
Frankfurt	2-1	2-3
Stuttgart	3-1	1-3
Hannover 96	1-1	4-0

GK Diego Benaglio

디에고
베날리오

볼프스부르크의 베테랑 골키퍼. 이따금 실수를 저지를 때가 있긴 하지만 기본적으로 안정적인 골키핑을 자랑하고 있다. 지난 시즌 리그 21경기에 출전해 안정적인 선방능력을 보여줬지만 이번 시즌에는 카스텔스와 주전 경쟁이 더욱 심화될 것으로 보인다. 평균 77.2%의 패스 성공률을 기록했을 정도로 정확한 킥력을 보여주고 있고, 당당한 체격(194cm, 89kg)을 바탕으로 크로스 방어와 공중전에 강하다.

국적 : 스위스

그라스호퍼와 슈투트가르트 2군에서 활약하다가 포르투갈 리그 나시오날을 거쳐 2008년 볼프스부르크로 이적했다. 2012년 주장으로 선임됐을 정도로 확고한 신임을 받고 있다. 스위스 국가대표였고, 2012년 은퇴를 선언했다.

슈팅 위치별 선방

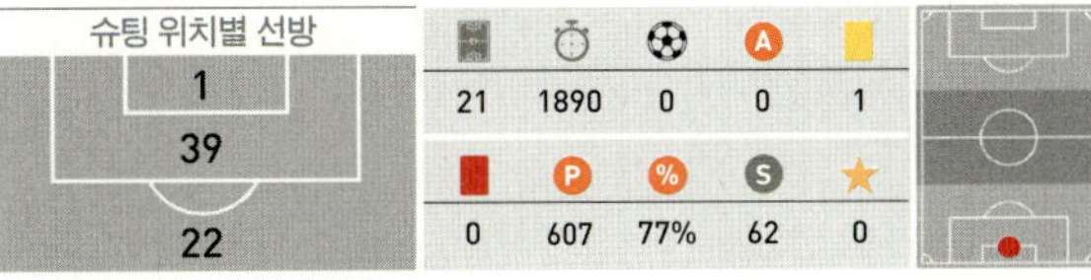

슈팅 위치별 선방					
1	21	1890	0	0	1
39					
22	0	607	77%	62	0

GK Koen Casteels

쿤
카스텔스

주전으로 성장하고 있는 24세의 젊은 골키퍼. 지난 시즌 베날리오의 아성에 밀려 리그 13경기 출전에 그쳤지만 후반기로 갈수록 기회를 잡았고, 이번 시즌 역시 초반부터 기회를 잡고 있다. 197cm의 장신 골키퍼로 정교한 킥을 자랑한다. 커버 범위도 상당히 넓은 편에 속한다. 자주 페널티 박스 밖으로 나와 상대의 공격을 차단해낸다. 반사신경이 느리고 경험이 부족하지만 페널티킥을 막는 데 탁월한 능력을 보인다.

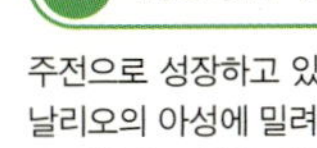

국적 : 벨기에

헹크 유스 출신으로 호펜하임, 베르더 브레멘(임대)을 거쳐 지난 시즌부터 볼프스부르크에서 활약. 벨기에 연령별 대표팀을 모두 거친 선수로 유스 시절만 하더라도 동갑내기 골키퍼 티보 쿠르투아(첼시)보다 더 높은 평가를 받았다.

슈팅 위치별 선방					
0	13	1170	0	0	1
22					
16	0	415	70%	38	0

DF Philipp Wollscheid

필립
볼샤이트

베테랑 수비수 나우도와 단테가 팀을 떠나자 급하게 영입된 독일 국가대표 출신 센터백. 지난 시즌 스토크 시티에서 활약하며 리그 31경기에 출전해 안정적인 수비력을 자랑했고, 경기당 2.3개의 공중볼 승리를 거두며 강한 모습을 보였다. 여기에 경기당 태클 2.4회, 가로채기 2.4회, 클리어링 5.3회 등을 기록하며 기본적인 수비 기술이 좋다는 것을 증명. 상황 판단력과 롱패스 성공률도 좋은 편이다.

국적 : 독일

2007년 RW 해즈보른에서 프로 데뷔해 자르브뤼켄, 뉘른베르크, 레버쿠젠, 스토크 시티 등을 거치면서 빠르게 성장했다. 독일 U-20 대표 출신이고, 2013년 레버쿠젠에서 활약했을 당시 국가대표로 발탁된 적이 있다.

위치별 슈팅-득점

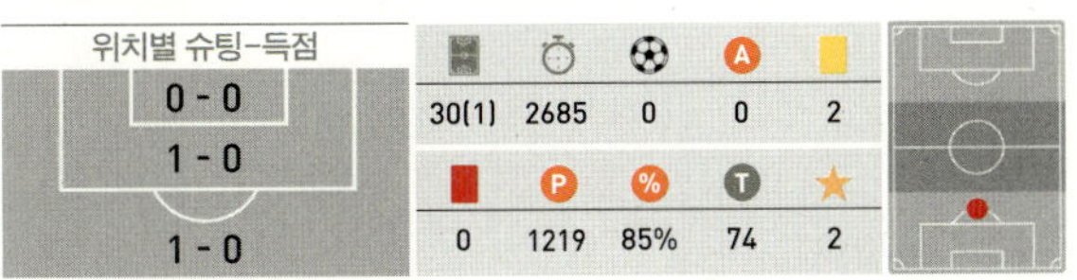

위치별 슈팅-득점					
0 - 0	30(1)	2685	0	0	2
1 - 0					
1 - 0	0	1219	85%	74	2

DF **Jeffrey Bruma**

5

제프리
브루마

나우도와 단테의 공백을 메우기 위해 영입된 네덜란드 국가대표 중앙 수비수. 브루마는 단단한 신체조건(189cm, 88kg)을 바탕으로 제공권, 숏-블록, 태클에 능한 중앙 수비수다. 한때 첼시에 몸담았을 정도로 잠재력을 인정받았으나 성장이 더뎠다. 특히 잔 실수가 많았고 발밑 기술이 미흡했다. 그러나 레스터 시티, 함부르크, PSV를 거치면서 단점을 개선했고, 드리블과 패싱력이 좋아졌다. 전체적으로 영리한 수비수다.

국적 : 네덜란드

페예노르트와 첼시 유스 출신. 2009년 첼시 1군으로 데뷔했지만 기회를 받지 못했고, 레스터 시티, 함부르크 임대를 떠났다. 2013 PSV로 이적하면서 전성기를 맞이했고, 이번 시즌을 앞두고 볼프스부르크로 입단했다.

위치별 슈팅-득점

	4 - 0	
20 - 0		
8 - 0		

경기수	출전시간	득점	도움	경고
30(2)	2663	0	1	6

퇴장	패스시도	패스성공률	태클성공	MOM
0	1546	89%	30	0

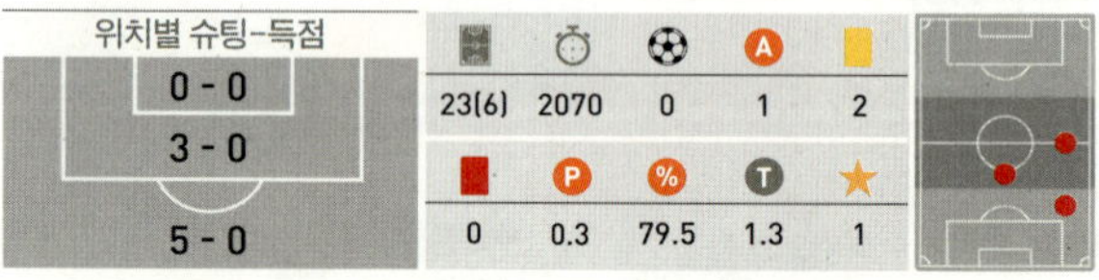

DF **Christian Träsch**

15

크리스티안
트래슈

수비형 미드필더 출신이지만 볼프스부르크에서는 측면 수비수 역할을 더 자주 수행한다. 좌우 측면을 가리지 않는 풀백이고, 엄청난 투쟁심을 바탕으로 상대 공격수를 제압한다. 패스 성공률이 다소 떨어지고, 투박한 편에 속하지만 거친 태클을 구사하고 가로채기에 능한 모습을 보여준다. 공격보다 수비 특화 선수라고 볼 수 있다. 다만 잦은 부상이 문제인데 지난 시즌에는 부상 없이 풀 시즌 소화했다.

국적 : 독일

1860뮌헨 유스를 거쳐 2008년 2월, 슈투트가르트에서 데뷔했다. 이후 빠른 속도로 프로 무대에 적응하면서 2009년 독일 대표팀에도 승선했으나 잦은 부상으로 인해 기대만큼 성장하지 못했다. 2011년부터 볼프스부르크에서 활약.

위치별 슈팅-득점

	0 - 0	
3 - 0		
5 - 0		

경기수	출전시간	득점	도움	경고
23(6)	2070	0	1	2

퇴장	패스시도	패스성공률	태클성공	MOM
0	0.3	79.5	1.3	1

DF **Ricardo Rodríguez**

34

리카르도
로드리게스

왼발의 스페셜리스트. 24세의 어린 나이에도 불구하고 이미 분데스리가를 넘어 유럽 전역에서도 최정상급에 해당하는 레프트백. 뛰어난 드리블을 기반으로 위협적인 오버래핑을 구사하고 정확하면서도 파워 넘치는 왼발 크로스로 많은 득점 포인트를 올린다. 팀 내 왼발 프리킥 전담 키커이며 엄청난 파괴력을 자랑한다. 공격만 잘하는 것이 아니다. 수비력도 준수하고, 공중볼과 태클 능력까지 갖췄다.

국적 : 스위스

스페인 부친과 칠레 모친 사이에서 태어났으나 자신의 출생지인 스위스 대표팀을 선택했다. 취리히 유스 출신으로 2012년 볼프스부르크에 입단했다. 이번 시즌을 앞두고 빅클럽들의 뜨거운 관심을 받았지만 잔류에 성공했다.

위치별 슈팅-득점

	0 - 0	
2 - 2		
24 - 0		

경기수	출전시간	득점	도움	경고
23(1)	2067	2	3	3

퇴장	패스시도	패스성공률	태클성공	MOM
0	1322	83%	37	1

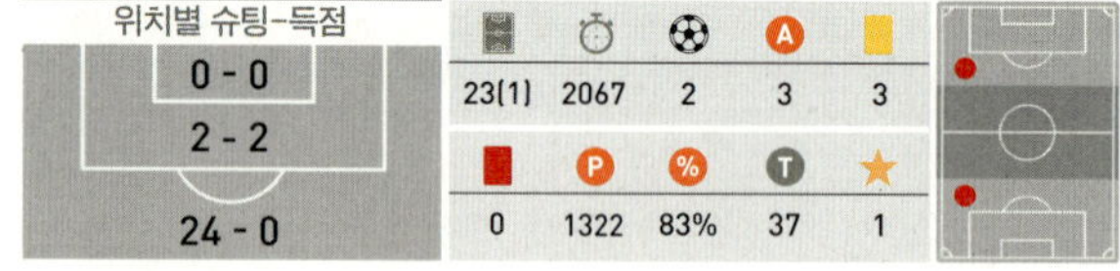

MF **Daniel Caligiuri**

7

다니엘
칼리주리

공수 밸런스가 좋은 윙어. 드리블, 중거리 슈팅, 원터치 패스 등 다양한 장점을 가지고 있고, 수비력도 강하다. 강도 높은 전방 압박과 몸을 사리지 않는 태클을 바탕으로 많은 파울을 양산해내며 팀에서 궂은일을 도맡아 하고 있다. 그가 있기에 볼프스부르크 측면 수비수들이 마음 놓고 공격에 나설 수 있는 것이다. 지난 시즌 리그 29경기서 2골 5도움을 올리며 공격적인 재능도 보여줬다.

국적 : 독일,
이탈리아

이탈리아 부친과 독일 모친 사이에서 독일에서 태어났으나 이탈리아 대표팀을 선택했다. 프라이부르크 유스 출신으로 2013년 볼프스부르크에 입단했다. 형 마르코도 축구 선수로 활약하고 있다.

위치별 슈팅-득점

	1 - 0	
26 - 1		
14 - 1		

경기수	출전시간	득점	도움	경고
20(9)	1825	2	4	4

퇴장	패스시도	패스성공률	태클성공	MOM
0	768	78%	52	2

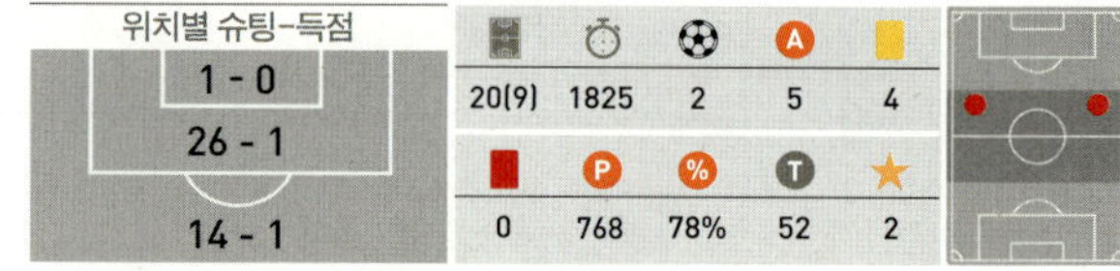

MF **Vieirinha**

8

비에이리냐

드리블과 오버래핑이 좋은 측면 수비수. 원래 측면 미드필더 출신으로 최근 측면 수비수로 보직을 변경해 공수에서 맹활약하고 있다. 지난 시즌 리그 26경기서 1골 5도움을 기록하며 여전한 공격력을 보여줬고, 2차례나 경기 MOM을 차지했다. 포르투갈산 측면 미드필더 출신답게 뛰어난 드리블 능력과 정확한 크로스를 자랑하고 있고, 집중력이 좋아 가로채기에도 능하고, 태클 빈도도 높다.

국적 : 포르투갈

포르투 유스 출신으로 임대를 경험을 쌓다가 그리스 PAOK을 거쳐 2012년 볼프스부르크 입단했다. 포르투갈 연령대별 대표팀을 모두 거친 엘리트로 2003년 17세 이하 유럽 선수권 우승 주역. 2011년 그리스 리그 최우수 외국인 선수에 선정.

위치별 슈팅-득점

	1 - 0	
6 - 1		
21 - 0		

경기수	출전시간	득점	도움	경고
22(4)	1904	1	5	3

퇴장	패스시도	패스성공률	태클성공	MOM
0	1132	78%	46	2

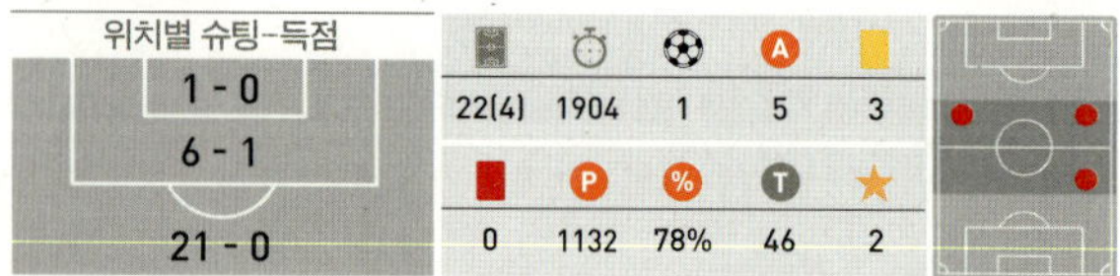

MF **Julian Draxler**

10

율리안
드락슬러

독일의 천재 미드필더. 선수 본인은 중앙 공격형 미드필더를 선호하지만 왼쪽 측면에서 더 위력을 발휘한다. 큰 키에 순간 스피드도 빠르고, 기술적으로도 뛰어나다. 강력하면서도 정확한 킥력을 보유하고 있어 공격 포인트를 제조한다. 그러나 최근 부상 빈도가 늘어나고 있고, 지난 시즌 역시 작은 부상에 시달리며 리그 21경기 출전에 그쳤다. 그러나 출전할 때마다 맹활약을 펼치며 5골-5도움을 기록했다. 큰 경기에 강하다.

국적 : 독일

샬케 구단 역대 최연소 출전 기록(만 17세 3개월 25일)과 최연소 득점 기록(만 17세 6개월 11일)을 동시에 가지고 있다. 2012년부터 독일 국가대표로 활약하고 있고, 유로 2016에서도 맹활약해 PSG의 엄청난 이적 제의를 받기도 했다.

위치별 슈팅-득점

	1 - 1	
22 - 4		
11 - 0		

경기수	출전시간	득점	도움	경고
19(2)	1522	5	5	4

퇴장	패스시도	패스성공률	태클성공	MOM
1	683	83%	16	

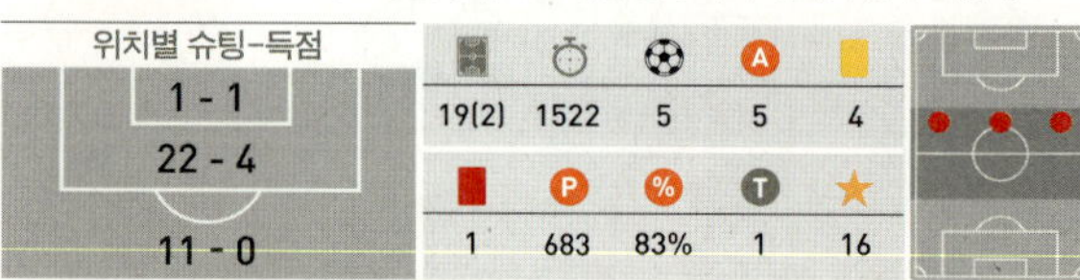

DF Daniel Didavi

11

다니엘
디다비

슈투트가르트의 에이스였다가 이번 시즌 볼프스부르크의 유니폼을 입었다. 강력한 왼발 중거리 슈팅이 일품인 선수로 세트피스도 전담하고, 득점력도 상당히 뛰어나다. 드리블 기술도 좋고, 수비 가담도 성실하게 해주는 선수. 지난 시즌 리그 31경기서 13골-3도움을 올리며 엄청난 파괴력을 보여줬다. 잦은 부상에 시달리지만 최근에는 회복했다. 원터치 패스에 능해 연계플레이도 좋은 편이다.

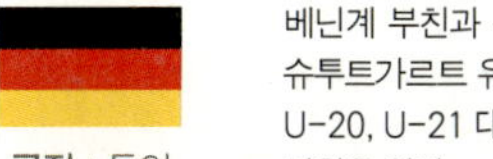

국적 : 독일

베닌계 부친과 독일 모친 사이에 독일 뉘르팅겐에서 출생. 슈투트가르트 유스 출신으로 특급 유망주였다. 독일 U-17, U-20, U-21 대표팀을 거친 엘리트지만 아직까지 국가대표 경험은 없다.

위치별 슈팅-득점

| 9 - 5 |
| 33 - 5 |
| 53 - 3 |

경기수	출전시간	득점	A	경고
30(1)	2432	13	3	8

퇴장	P	%	T	★
1	977	77%	47	2

MF Jakub Błaszczykowski

14

야쿱 브와쉬
치코프스키

도르트문트에서만 9년 동안 활약한 폴란드 국가대표 미드필더. 오른쪽 윙어는 물론 오른쪽 윙백으로도 활약할 수 있다. 공수 모두에 능하고, 강한 지구력을 바탕으로 쉴 새 없이 터치라인을 오가며 찬스를 만든다. 투쟁심 넘치는 플레이를 펼치고, 정교한 숏-패스 플레이로 문전으로 침투한다. 여기에 볼을 간수하는 능력이 뛰어나 역습을 내주지 않는 것도 장점. 기본적으로 수비력이 있어 팀에 도움이 되는 선수다.

국적 : 폴란드

폴란드 KS 쳉스토호바에서 프로 데뷔했고, 이후 위슬라 크라코프를 거쳐 2007년 도르트문트에 입단했다. 200경기 이상 출전하며 살아 있는 전설로 불렸지만 피오렌티나 임대를 거쳐 이번 시즌 볼프스부르크의 유니폼을 입었다.

위치별 슈팅-득점

| 1 - 1 |
| 1 - 1 |
| 4 - 0 |

경기수	출전시간	득점	A	경고
9(6)	761	2	1	1

퇴장	P	%	T	★
0	415	82%	17	0

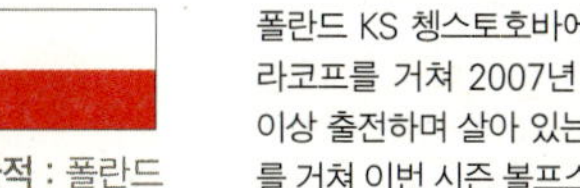

MF Luiz Gustavo

22

루이스
구스타부

중원에서 다양한 역할을 해줄 수 있는 미드필더. 볼프스부르크 중원에 있어서 핵심적인 역할을 수행한다. 기본적으로 그는 태클과 가로채기 같은 수비에 강점을 보이고 있지만 단순한 수비 특화 선수로 평가하는 건 오산이다. 80% 후반에서 90% 초반에 달하는 정확한 패스를 자랑하고 있고, 강력한 왼발 킥도 보유하고 있다. 브라질 출신답게 개인 기술도 갖추고 있고, 연계플레이도 좋다. 다만 거친 파울은 단점.

국적 : 브라질

대기만성형 선수로 어린 시절에는 크게 주목받지 못해 명문 구단 입단 테스트에서 탈락했다. 이후 절치부심하며 2007년 호펜하임에 입단해 승승장구했고, 바이에른 뮌헨을 거쳐 2013년 볼프스부르크로 이적. 현 브라질 국가대표다.

위치별 슈팅-득점

| 3 - 1 |
| 6 - 0 |
| 14 - 0 |

경기수	출전시간	득점	A	경고
22	1810	1	2	8

퇴장	P	%	T	★
0	1090	88%	46	1

MF Maximilian Arnold

27

막시밀리안
아놀트

볼프스부르크가 야심차게 키운 신형 엔진. 초특급 유망주라는 평가를 받고 있고, 강력하면서도 정확한 왼발 킥을 보유하고 있다. 원래 중앙 공격형 미드필더 출신으로 많은 골과 도움을 만들었으나 압박에 약해 중앙 미드필더로 보직을 변경했다. 수비력이 조금 약하다는 평가가 있지만 후방에서 정교한 패싱력을 바탕으로 조율하는 능력이 뛰어나고, 뛰어난 볼배급 능력을 선보이며 키 플레이어로 떠오르고 있다.

국적 : 독일

볼프스부르크 유스 출신으로 2011년 11월, 아우크스부르크에 교체 투입되어 구단 역대 최연소 출전 기록을 수립했고, 구단 역대 최연소 득점자 중 하나다. 독일 연령별 대표를 모두 거친 엘리트이고, 2014년 A매치 데뷔전을 치렀다.

위치별 슈팅-득점

| 2 - 1 |
| 12 - 2 |
| 15 - 0 |

경기수	출전시간	득점	A	경고
22(9)	2038	3	2	4

퇴장	P	%	T	★
0	1236	85%	40	1

FW Borja Mayoral

17

보르하
마요랄

레알 마드리드가 눈여겨보고 있는 차세대 공격수. 아직 19세에 불과하지만 상당한 득점력을 갖춘 선수고, 빠른 발을 바탕으로 적극적으로 침투한다. 순간적인 판단력과 민첩성으로 라인을 깨는 '라인브레이커'다. 공중전에 아주 강하지 않고, 몸싸움에 약하지만 득점력만큼은 확실하다. 아직 경험이 부족하지만 경험이 더해진다면 위력적인 공격수가 될 재능이 있다. 드리블 돌파는 강점이지만 패싱력은 개선해야 한다.

국적 : 스페인

레알 마드리드 유스 출신으로 B팀을 거쳐 2015년 1군에 데뷔했고, 이번 시즌 호날두의 추천으로 볼프스부르크로 임대 이적했다. 스페인 청소년대표 출신으로 2015년 19세 이하 유럽 선수권 득점왕과 함께 팀을 우승으로 이끌었다.

위치별 슈팅-득점

| 0 - 0 |
| 2 - 0 |
| 1 - 0 |

경기수	출전시간	득점	A	경고
3(3)	283	0	0	0

퇴장	P	%	T	★
0	90	79%	0	

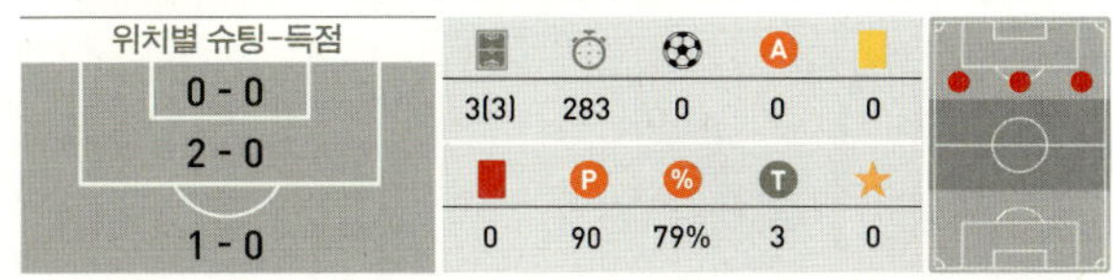

FW Mario Gomez

33

마리오
고메스

전형적인 타깃형 공격수. 지난 시즌 터키 무대에서 무려 26골을 터트리며 파괴력을 보였다. 고메스는 다양한 장점을 가지고 있다. 포스트 플레이에 능한 것은 물론 원터치 패스, 골 결정력, 볼 키핑, 민첩성, 위치 선정 등이 좋아 찬스 메이킹' 역할을 한다. 좋은 신체조건을 가지고 있어 당연히 제공권에도 강하다. 여기에 독일, 이탈리아, 터키 무대에서 활약하며 다양한 경험을 가지고 있다는 것도 강점이다.

국적 : 독일

슈투트가르트 유스 출신으로 2003년 1군에 데뷔했다. 어린 시절부터 대형 공격수로 주목받았고, 이후 바이에른, 피오렌티나, 베식타스에서 활약하다가 2016년 볼프스부르크로 이적했다. 독일 국가대표로 유로 2016에서도 활약했다.

위치별 슈팅-득점

| 11 - 5 |
| 78 - 16 |
| 21 - 5 |

경기수	출전시간	득점	A	경고
31(2)	2704	26	5	3

퇴장	P	%	T	★
0	659	70%	19	8

FC KÖLN

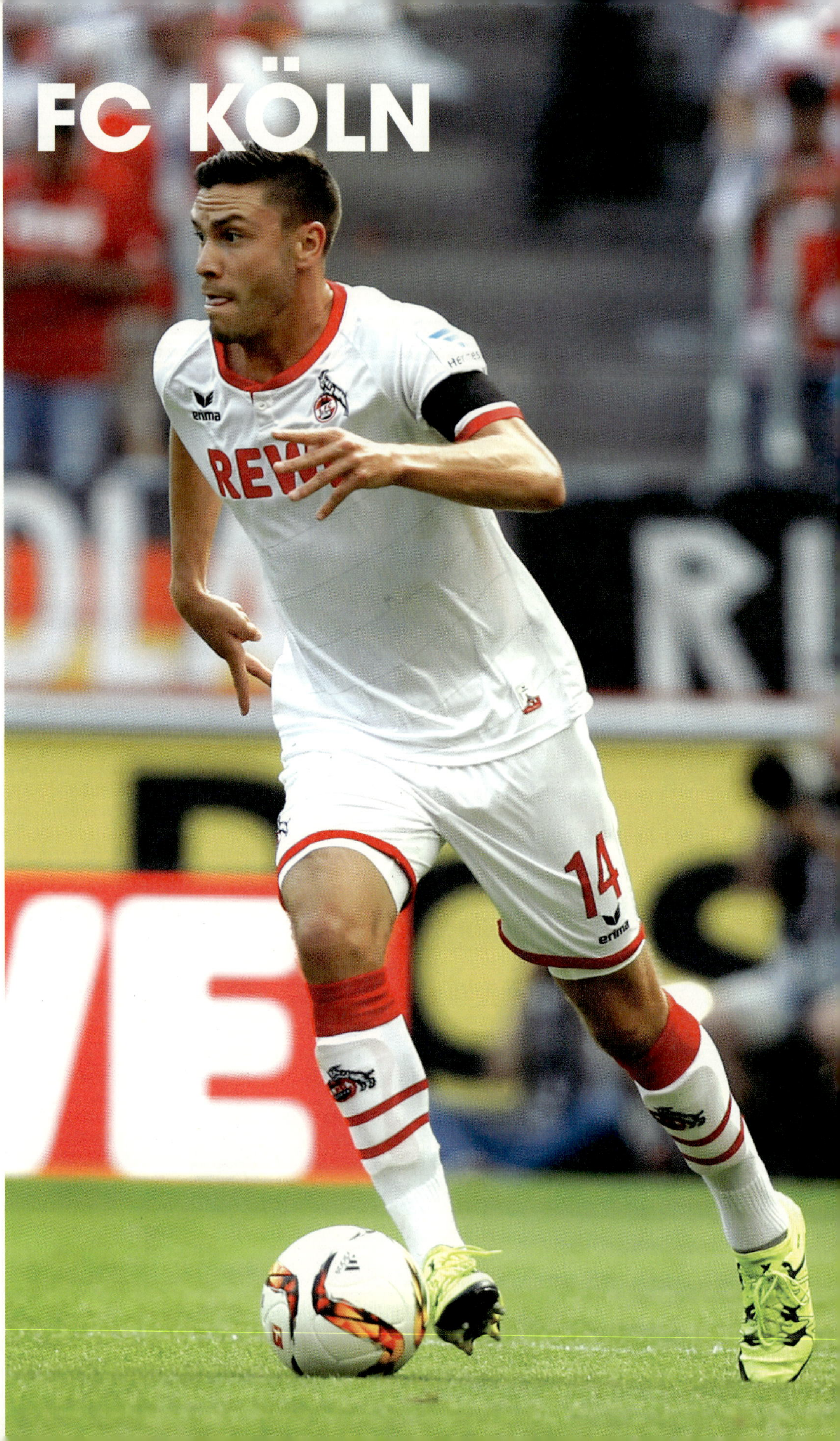

구단 소개

구단 창립 : 1948년
홈구장 : 라인에네르기슈타디온
감독 : 피터 스퇴거
2015-16시즌 : 9위(승점 43점)
10승 13무 11패 38득점 42실점
닉네임 : Die Geissbocke

주요대회 우승횟수

 **3**  **4**

GERMAN BUNDESLIGA / GERMAN DFB POKAL

 **0**   **0**

UEFA CHAMPIONS LEAGUE / UEFA EUROPA LEAGUE

 **0**  **0**

FIFA CLUB WORLD CUP / UEFA-CONMEBOL INTERCONTINENTAL

UNIFORM

Home

Away

분데스리가 다크호스로 떠오른 쾰른
짠물 수비를 바탕으로 상승세 이어간다!

2015-16 SEASON REVIEW

2014-15 시즌 분데스리가에 승격한 쾰른은 시즌 내내 기복 없이 중위권에 안착했고, 지난 시즌 역시 꾸준한 경기력을 보여주며 9위를 차지했다. 그 중심엔 바로 안정적인 수비력이 있었다. 지난 시즌 쾰른은 단 42실점만을 허용하며 최소 실점 공동 4위에 당당히 이름을 올리며 짠물 수비를 보여줬고, 쉽게 패배하는 경우가 없었다. 다만 문제는 공격력이었다. 지난 시즌 쾰른은 리그에서 38골만을 성공시켰는데 득점력만 놓고 보면 하위권에 머물러야 하는 팀이었다. 결국 이번 시즌 쾰른이 상승세를 이어가기 위해서는 공격력 보강이 필수다.

SUMMER TRANSFER

큰 변화는 없다. 지난 시즌 리그 9위라는 예상보다 좋은 성적을 거둔 쾰른은 스쿼드를 강화하는 것보다 지키는 데 중점을 뒀다. 게르하르트를 떠나보낸 쾰른은 함부르크의 공격수 루드네부스를 비롯해 귀라시, 회거, 라우쉬를 영입했지만 엄청난 보강은 이뤄지지 않은 셈이다. 그러나 지난 시즌 돌풍을 일으켰던 주축 선수들을 대부분 지켜낸 것은 고무적이고, 지난 시즌 부족했던 공격력을 강화하기 위해 루드네브스와 귀라시를 영입한 것은 주목할 만하다. 여기에 독일 국가대표 헥터를 지킨 것은 가장 큰 수확이다.

2016-17 SEASON OUTLOOK

이번 시즌도 쾰른의 강점은 안정적인 수비력이다. 특히 지난 시즌 엄청난 활약을 펼치며 독일 국가대표로 발탁돼 유로 2016에서 맹활약한 헥터가 건재한 것은 쾰른에 엄청난 힘이 될 것이다. 여기에 중앙 수비 라인의 조직력도 좋고, 전체적으로 스티거 감독의 축구가 쾰른가 접목돼 인상적인 경기력을 보여줄 것으로 예상된다. 실제로 쾰른은 이번 시즌 개막 후 2승 1무의 성적을 거두며 지난 시즌의 상승세를 이어가고 있고, 강력한 다크호스임을 증명하고 있다. 다만 시즌 중반 이후 체력적인 문제를 극복하는 것이 중요하다.

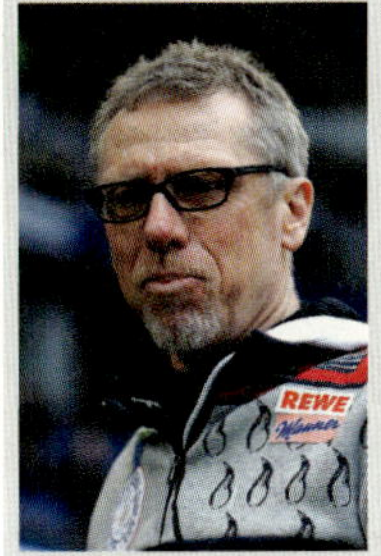

감독 페터 슈퇴거(Peter Stöger)

1980-90년대 오스트리아를 대표하던 스타 미드필더. 은퇴 후 2005년 오스트리아 빈 감독을 시작으로 퍼스트 비엔타, 그라처 AK, 비너 노이슈타트를 거쳐 2012년 여름, 오스트리아 빈에 돌아오자마자 갑부팀 레드불 잘츠부르크를 제치고 2012-13 시즌 오스트리아 리그 우승을 차지했다. 독일 분데스리가 구단들은 슈퇴거를 주목했고, 브레멘을 비롯해 많은 구단들이 그에게 러브콜을 보냈으나 그는 2부 리그로 강등된 전통의 명가 쾰른을 선택했다. 데뷔 시즌에 쾰른을 분데스리가로 승격시킨 그는 이후 쾰른을 중위권으로 올려놓으며 지도력을 인정받고 있다. 그는 스포츠 전문 방송 'SKY'를 비롯해 각종 스포츠 매체에 패널로 출연할 정도로 뛰어난 언변과 전술적 지식을 갖추고 있다.

PROFILE
- **출 생** : 1966.4.11
- **국 적** : 오스트리아
- **계 약** : 2017.6.30

STADIUM

Rhein Energie Stadion

- 구장 오픈 : 1923년
- 구장 개축 : 2004년
- 구장 소유 : FC 쾰른
- 수용 인원 : 5만 명
- 피치 규모 : 105m × 68m
- 잔디 종류 : 천연 잔디

SQUAD LIST

위치	번호	이름	국적	신장	체중	생년월일
GK	1	Timo Horn	GER	190	92	12-05-93
	18	Thomas Kessler	GER	197	92	20-01-86
	35	Sven Müller	GER	190	82	16-02-96
	36	Sven Bacher	GER	188	82	28-09-88
DF	3	Dominique Heintz	GER	190	85	15-08-93
	4	Frederik Sørensen	DEN	193	80	14-04-92
	5	Dominic Maroh	GER	186	83	04-03-87
	14	Jonas Hector	GER	185	73	27-05-90
	15	Mërgim Mavraj	ALB	189	81	09-06-86
	16	Paweł Olkowski	POL	184	75	13-02-90
	24	Lukas Klünter	GER	184	73	26-05-96
	25	Filip Mladenovi	SRB	180	72	15-08-91
MF	6	Marco Höger	GER	186	74	16-09-89
	7	Marcel Risse	GER	183	78	17-12-89
	8	Miloš Joji	SRB	177	73	19-03-92
	20	Salih Özcan	GER	180	74	11-01-98
	21	Leonardo Bittencourt	GER	171	60	19-12-93
	30	Marcel Hartel	GER	176	69	19-01-96
	33	Mathias Lehmann	GER	179	74	28-05-83
	34	Konstantin Rausch	GER	178	67	15-03-90
FW	9	Artjoms Rud evs	LVA	178	80	13-01-88
	11	Simon Zoller	GER	179	70	26-06-91
	13	Yuya Osako	JPN	182	70	18-05-90
	19	Sehrou Guirassy	FRA	187	82	12-03-96
	27	Anthony Modeste	FRA	186	73	14-04-88

2016-17 SEASON SCHEDULE

날짜	장소	상대팀	날짜	장소	상대팀
27/AUG	H	SV Darmstadt 98	27/JAN	A	SV Darmstadt 98
10/SEP	A	VfL Wolfsburg	03/FEB	H	VfL Wolfsburg
16/SEP	H	SC Freiburg	10/FEB	A	SC Freiburg
21/SEP	A	FC Schalke 04	17/FEB	H	FC Schalke 04
25/SEP	H	RB Leipzig	24/FEB	A	RB Leipzig
01/OCT	A	Bayern Munchen	03/MAR	H	Bayern Munchen
15/OCT	H	FC Ingolstadt 04	10/MAR	A	FC Ingolstadt 04
22/OCT	A	Hertha BSC	17/MAR	H	Hertha BSC
30/OCT	H	Hamburger SV	31/MAR	A	Hamburger SV
05/NOV	A	Eintracht Frankfurt	03/APR	H	Eintracht Frankfurt
19/NOV	A	Bor. Monchengladbach	07/APR	H	Bor. Monchengladbach
26/NOV	H	FC Augsburg	14/APR	A	FC Augsburg
02/DEC	A	1899 Hoffenheim	21/APR	H	1899 Hoffenheim
09/DEC	H	Borussia Dortmund	28/APR	A	Borussia Dortmund
16/DEC	A	Werder Bremen	05/MAY	H	Werder Bremen
19/DEC	H	Bayer Leverkusen	13/MAY	A	Bayer Leverkusen
20/JAN	A	1. FSV Mainz 05	20/MAY	H	1. FSV Mainz 05

RANK OF LAST 5 YEARS

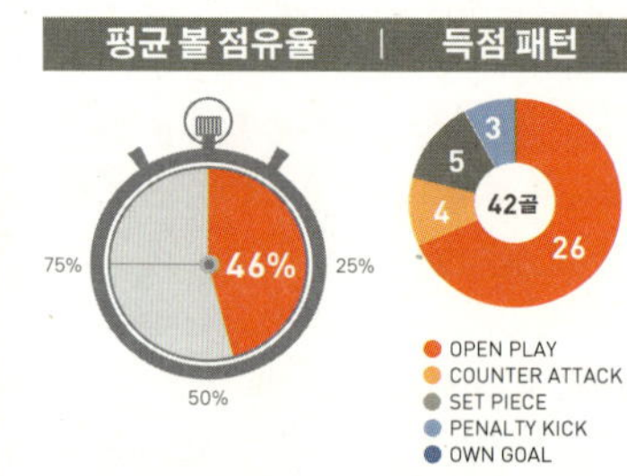

STRENGTHS & WEAKNESSES

OFFENSE		DEFENSE	
직접 프리킥	B	세트피스 수비	E
문전 처리	C	상대 볼 뺏기	C
측면 돌파	B	공중전 능력	D
스루볼 침투	C	역습 방어	C
개인기 침투	C	지공 방어	D
카운터 어택	C	스루패스 방어	D
기회 만들기	A	리드 지키기	B
세트피스	B	실수 조심	C
OS 피하기	D	측면 방어력	C
중거리 슈팅	C	파울 주의	C
볼 점유율	D	중거리슛 수비	D

매우 강함 **A** 강한 편 **B** 보통 수준 **C** 약한 편 **D** 매우 약함 **E**

시간대별 득점	시간대별 실점	득점 분포	공격 방향	볼 점유 위치	포지션별 득점	상대 포지션별 실점

시간대별 득점: 76/75 → 11 2 ← 15/16, 61/60 → 11 6 / 2 6 ← 30/31, 46 45

시간대별 실점: 76/75 → 8 9 ← 15/16, 61/60 → 5 6 / 4 10 ← 30/31, 46 45

득점 분포: 4 / 31 / 3

공격 방향: 36% 30% 34%

볼 점유 위치: 상대진영 23% / 중간진영 48% / 우리진영 29%

포지션별 득점: FW진 26골 / MF진 8골 / DF진 4골

상대포지션별 실점: DF진 4골 / MF진 12골 / FW진 26골

FORMATION

4-4-2

 비텐코트
 오사코 / 루드네브스
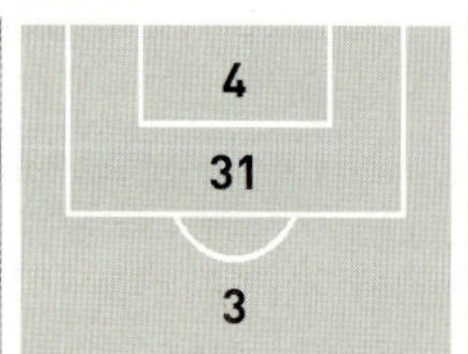 모데스트
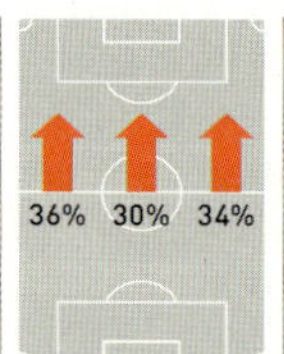 레만
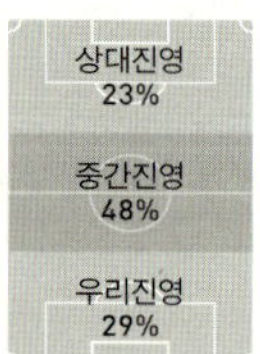 회거
 리세

헥토어 / 하인츠 / 마브라이 / 마로 / 쇠렌센

호른

TOTO GUIDE 지난 시즌 상대팀별 전적

상대팀	홈	원정
Bayern Munich	0-1	0-4
Dortmund	2-1	2-2
Leverkusen	0-2	2-1
Monchengladb.	1-0	0-1
Schalke 04	1-3	3-0
FSV Mainz 05	0-0	3-2
Hertha Berlin	0-1	0-2
Wolfsburg	1-1	1-1
Hamburger SV	2-1	1-1
Ingolstadt	1-1	1-1
FC Augsburg	0-1	0-0
Werder Bremen	0-0	1-1
Darmstadt	4-1	0-0
Hoffenheim	0-0	1-1
Frankfurt	3-1	2-6
Stuttgart	1-3	3-1
Hannover 96	0-1	2-0

 GK **Timo Horn**

퀼른의 주전 수문장. 93년생 젊은 나이에도 불구하고 이미 분데스리가에서 상위권에 해당하는 실력을 선보이고 있고, 퀼른이 자랑하는 초특급 골키퍼. 동물적인 반사신경을 바탕으로 환상적인 선방쇼를 펼쳐 보인다. 여기에 페널티킥 선방에도 일가견이 있고, 큰 키를 이용한 공중전과 일대일 방어능력이 뛰어나다. 골킥이 조금 불안하다는 평가가 있지만 조금씩 개선하고 있어 '제2의 노이어'로 충분하다.

티모 호른

국적 : 독일

퀼른 유스 출신. 독일 연령대별 대표팀을 모두 거친 엘리트로 레노와 테어 슈테겐 같은 1년 선배들 밑에서도 충분한 출전 시간을 부여받았다. 2010년 프리츠 발터상(유망주상) 17세 이하 부문 금메달 수상자다. 2016 올림픽 은메달의 주역.

슈팅 위치별 선방					
4	33	2970	0	0	0
74					
41	0	267	58%	119	1

 GK **Thomas Kessler**

퀼른의 백업 골키퍼. 197cm의 장신 골키퍼로 공중 볼 캐칭에 강점을 가지고 있고, 긴 팔과 다리를 활용해 동물적인 선방을 해낸다. 그러나 호른에 밀려 지난 시즌 리그 1경기 출전에 그쳤고, 최근 몇 시즌 동안 출전 기회를 거의 잡지 못했다. 여기에 최근 급격한 노쇠화가 진행되고 있고, 인대 부상 후 커버 범위가 현격히 줄어들었다. 무엇보다도 킥이 부정확해 최근에는 스벤 뮬러와 경쟁에서도 어려움이 있다.

토마스 케슬러

국적 : 독일

퀼른 유스 출신. 독일 U-16, U-17, U-18 대표로 활약했을 정도로 일찍부터 재능을 인정받았다. 그러나 성장세가 빠르지는 않았다. 태어날 때부터 퀼른 팬이어서 그가 처음 구매한 유니폼의 마킹은 퀼른 골키퍼 보도 일크너였다.

슈팅 위치별 선방					
1	1	90	0	0	0
0					
2	0	22	50%	3	0

 DF **Dominique Heintz**

퀼른이 기대하는 대형 수비수. 정확한 왼발 킥을 보유하고 있기에 왼쪽 측면 수비수 역할도 수행할 수 있다. 지난 시즌 리그 33경기에 출전해 경기당 태클 2회, 가로채기 2.4회, 클리어링 4.2회를 기록하며 인상적인 시즌을 보냈다. 나이에 어울리지 않을 정도로 베테랑을 연상케 하는 차분한 수비가 인상적이다. 다만 분데스리가 경험이 부족하고, 독일 연령대별 대표팀에서도 발 빠른 상대에게 고전하는 경향이 있었다.

도미니크 하인츠

국적 : 독일

카이저슬라우턴 유스 출신으로 2011-12 시즌 하노버와의 분데스리가 최종전에 프로 데뷔했다. 어려서부터 카이저슬라우턴 출신 독일 대표팀 공격수 클로제 팬이었다. 독일 연령별 대표를 모두 거친 엘리트 수비수다.

위치별 슈팅-득점					
0 - 0	32(1)	2874	2	0	3
11 - 2					
1 - 0	0	1444	82%	65	2

DF Frederik Sörensen

4

프레드릭
소렌센

194cm의 장신 수비수. 주 포지션은 중앙 수비수이지만 오른쪽 측면 수비수 역할도 자주 수행했을 정도로 준족이다. 대인 수비에 강점이 있는 선수로 많은 태클과 가로채기를 양산해내고 있다. 지난 시즌에는 측면과 중앙을 오가면서 리그 22경기에 출전했고, 빠른 성장세를 보이고 있다. 클리어링에도 일가견이 있는 선수지만 신장에 비해 공중볼에 그리 강하진 않은 편이고, 패스 성공률도 떨어진다.

국적 : 덴마크

링비 BK 유스 출신. 2010년 유벤투스 유스 팀에 입단해 예상보다 빠른 성장세를 보이며 2010년 11월, 체세나와의 경기에 프로 데뷔전을 치렀다. 하지만 이후 슬럼프에 빠졌고, 부상까지 겹치면서 유벤투스에서 방출 수순을 밟았다.

위치별 슈팅-득점

0 - 0		
6 - 0		
0 - 0		

경기수	출전시간	득점	도움	경고
19(3)	1676	0	2	5

퇴장	패스시도	패스성공률	태클성공	★
0	812	77%	44	1

DF Dominic Maroh

5

도미닉
마로

쾰른 수비의 핵심. 지난 3시즌 동안 꾸준한 출전 기회를 얻으며 쾰른의 후방을 지키고 있고, 경험이 풍부한 센터백이다. 뛰어난 위치 선정을 통해 후방을 단단히 지킨다. 클리어링과 슈팅 차단에 능하고, 오프사이드 트랩을 주도한다. 하인츠와 쇠렌센 모두 어린 수비들인 만큼 마로의 리드가 중요하다. 다만 큰 키가 아니어서 공중 볼에 약하고, 속도가 빠른 공격수들에게도 고전한다.

국적 : 독일,
슬로베니아

슬로베니아 부친과 독일 모친 사이에 독일에서 태어났다. 슬로베니아 축구협회로부터 3년간의 끈질긴 구애를 받은 끝에 2012년 슬로베니아 대표팀을 선택했다. SSV 로이틀링겐과 뉘른베르크를 거쳐 2012년 쾰른에 입단했다.

위치별 슈팅-득점

1 - 1		
18 - 1		
19 - 0		

경기수	출전시간	득점	도움	경고
23(2)	2122	2	1	7

퇴장	패스시도	패스성공률	태클성공	★
0	1179	87%	43	3

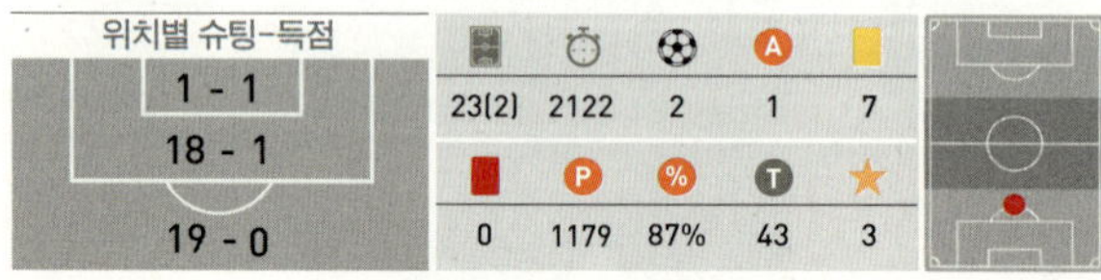

DF Jonas Hector

14

요나스
헥토어

유로 2016에서 맹활약한 독일 국가대표 왼쪽 수비수. 필립 람의 후계자로 평가받고 있으며 지난 시즌 리그 32경기에 출전해 4도움을 기록했을 정도로 공수 모두 기여한다. 드리블에 매우 능하고, 볼 키핑력도 뛰어나다. 집중력이 좋아 실수도 적은 편이고, 태클과 가로채기도 좋다. 여기에 185cm의 키를 살린 제공권도 강하다. 정확한 왼발 킥을 바탕으로 양질의 크로스와 패스를 전방에 공급한다.

국적 : 독일

20세까지 6부 리그 아우어스마허에서 취미삼아 축구를 즐기면서 경제학도를 꿈꿀 정도로 철저히 무명의 선수였다. 그러나 2013년 쾰른으로 이적하며 빠르게 성장했고, 독일 국가대표로 발탁됐다. 유로 2016에서도 맹활약했다.

위치별 슈팅-득점

0 - 0		
6 - 0		
4 - 0		

경기수	출전시간	득점	도움	경고
32	2859	0	4	3

퇴장	패스시도	패스성공률	태클성공	★
0	1566	82%	28	1

DF Paweł Olkowski

16

파베우
올코프스키

폭발적인 오버래핑을 자랑하는 RB. 오른쪽 측면 미드필더도 소화할 수 있을 정도로 공격에 강점을 가지고 있다. 강력한 중거리 슈팅과 날카로운 크로스가 장점이고, 빠른 스피드로 드리블 돌파를 감행한 후 측면에서 중앙으로 파고들며 과감한 슈팅을 시도한다. 다만 패스 성공률이 떨어지는 편이고, 수비력도 그리 좋지 못하다. 지난 시즌에는 허벅지 부상으로 고생했고, 리그 19경기 출전에 그쳤다.

국적 : 폴란드

그바렉 자브르제 유스 출신으로 2009년 1군으로 데뷔했고, 2014년 여름 쾰른에 입단했다. 폴란드 U-19, U-21 대표 출신으로 2013부터 A대표로 활약 중. 그의 롤모델은 바로 브라질의 전설 호베르투 카를로스이다.

위치별 슈팅-득점

0 - 0		
2 - 0		
5 - 0		

경기수	출전시간	득점	도움	경고
13(6)	1059	0	1	

퇴장	패스시도	패스성공률	태클성공	★
0	412	70%	22	0

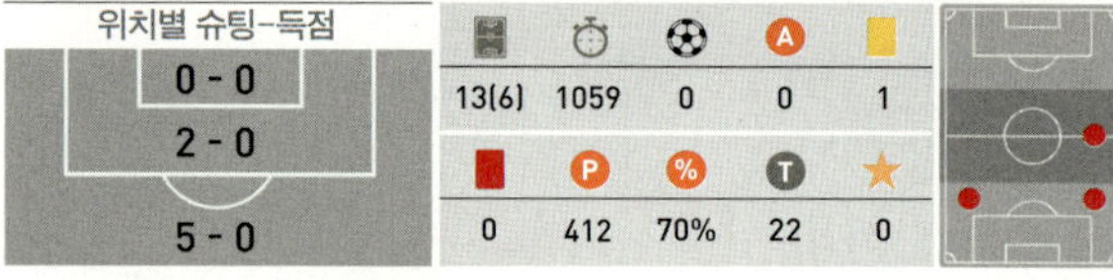

MF Marco Höger

6

마르코
회거

샬케에서만 5시즌 동안 활약한 미드필더. 이번 시즌을 앞두고 출전기회를 받기 위해 샬케에서 쾰른으로 이적했고, 지난 시즌에는 무릎 부상으로 약 6개월간 출전하지 못했다. 중앙 미드필더가 주 포지션이지만 측면 수비 또는 중앙 수비로 활약할 수 있다. 세밀한 패스플레이와 탈 압박이 장점이고, 드리블 돌파도 좋은 편이다. 다만 측면에서 크로스가 부정확하고, 창의적인 플레이를 하는 선수는 아니다.

국적 : 독일

알레마니아 아헨 유스 출신으로 2군을 거쳐 2009년 1군으로 데뷔했다. 2011년 샬케로 이적했지만 많은 기회를 받지는 못했고, 올 여름 쾰른으로 이적했다. 어린 시절부터 크게 주목받지는 못했지만 꾸준하게 발전하고 있다.

위치별 슈팅-득점

0 - 0		
1 - 0		
1 - 0		

경기수	출전시간	득점	도움	경고
3(2)	189	0	0	2

퇴장	패스시도	패스성공률	태클성공	★
0	118	74%	5	

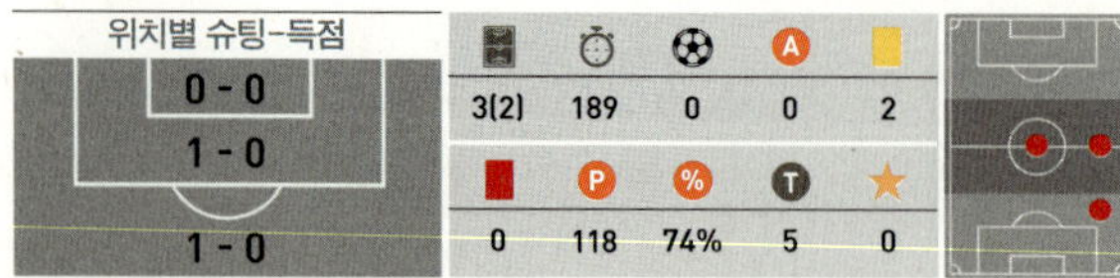

MF Marcel Risse

7

마르첼
리세

정교한 오른발 킥을 자랑하는 측면 미드필더. 이를 바탕으로 득점 생산력에서 좋은 모습을 보여주고, 양발에 모두 능해 측면을 파고든다 상황에 따라 슈팅과 크로스를 선택적으로 사용한다. 공이 없을 때의 움직임이 위협적이고, 왕성한 활동량으로 터치라인을 오간다. 다만 볼 터치가 투박하다는 평가가 있고, 패스 성공률 역시 60%대로 상당히 저조하다. 지난 시즌 리그 33경기서 3골-5도움을 기록했다.

국적 : 독일

어린 시절부터 쾰른의 팬이었지만 프로 데뷔는 '지역 라이벌' 레버쿠젠에서 했다. 이후 뉘른베르크(임대)와 마인츠를 거쳐 2013년 쾰른에 입단해 꿈을 이뤘다. 2008년 19세 이하 유럽 선수권 우승 당시 독일 대표팀의 일원이었다.

위치별 슈팅-득점

0 - 0		
12 - 1		
35 - 2		

경기수	출전시간	득점	도움	경고
33	2963	3	5	5

퇴장	패스시도	패스성공률	태클성공	★
0	1176	62%	94	5

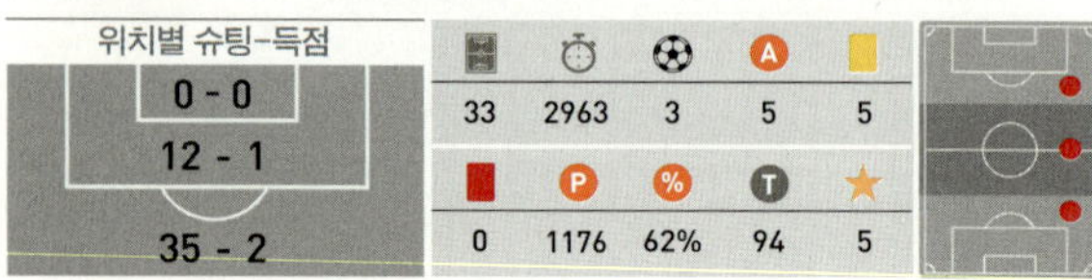

MF Leonardo Bittencourt

21

레오나르두
비텐코트

2선 전 지역(LW, CAM, RW)에서 활약할 수 있는 멀티 플레이어. 지난 시즌도 좌우 측면은 물론 최전방에서도 활약하며 리그 29경기서 3골-4도움을 기록했다. 브라질리언 혈통답게 드리블에 능하고, 감각적인 스루패스를 구사한다. 크로스도 상당히 정확한 편에 속한다. 게다가 자주 태클을 구사하면서 수비 가담도 적극적으로 해준다. 다만 아직 경험이 부족하기에 기복이 심한 편에 속한다.

국적 : 독일

브라질계 독일인으로 라이프치히에서 출생. 에네르기 코트부스 유스 출신으로 도르트문트와 하노버를 거쳐 2015년 여름 쾰른에 입단했다. 그의 부친은 프랑클린으로 VfB 라이프치히와 에네르기 코트부스에서 간판 공격수로 활약했다.

위치별 슈팅-득점

3 - 1	
19 - 2	
15 - 0	

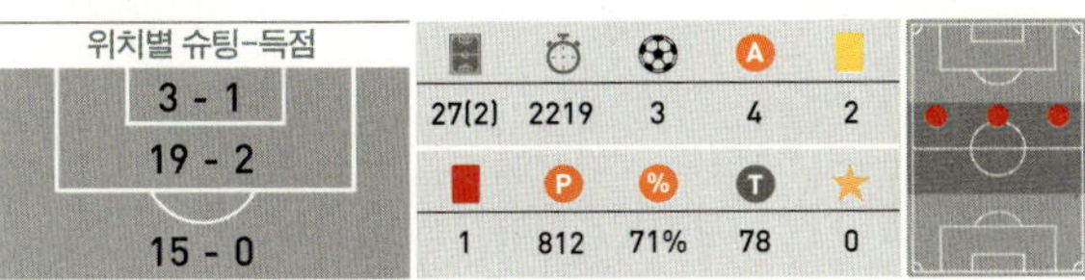

경기수	출전시간	득점	도움	경고
27(2)	2219	3	4	2

퇴장	패스시도	패스성공률	태클성공	MOM
1	812	71%	78	0

MF Matthias Lehmann

33

마티아스
레만

쾰른의 베테랑 미드필더. 레만은 한마디로 패스 마스터다. 쾰른의 후방 플레이메이커로 모든 패스는 그의 발을 통해 이루어진다. 2013-14 시즌에는 2부 리그 역대 한 경기 최다 패스 기록을 달성했을 정도도. 장-단거리 패스에 모두 능하고, 적재적소에 패스를 공급한다. 기습적인 중거리 슈팅능력도 보유하고 있지만 수비력과 민첩성이 전성기에 비해 떨어졌고, 발이 느린 것도 단점.

국적 : 독일

울름 유스 출신으로 슈투트가르트 2군과 1860 뮌헨, 알레마니아 아헨, 상 파울리, 프랑크푸르트를 거쳐 2012년 쾰른에 입단했다. 독일 U-21 대표 출신으로 기대를 모았지만 국가대표로 발탁되지는 못했다.

위치별 슈팅-득점

1 - 0	
0 - 0	
13 - 0	

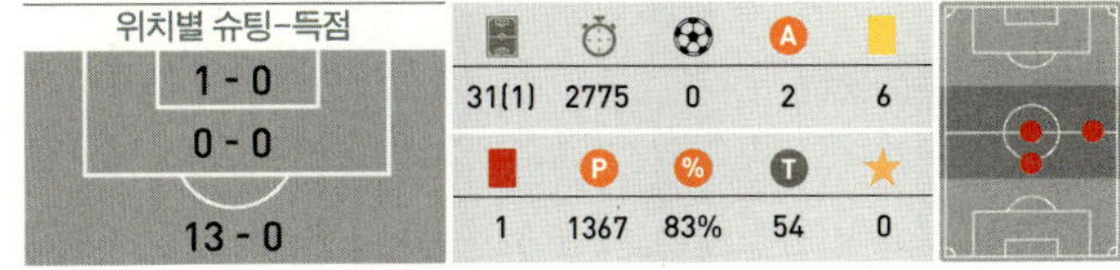

경기수	출전시간	득점	도움	경고
31(1)	2775	0	2	6

퇴장	패스시도	패스성공률	태클성공	MOM
1	1367	83%	54	0

FW Artjoms Rudņevs

9

아르티옴스
루드네브스

함부르크에서 뛰며 한때는 라트비아 특급 공격수로 평가받았다. 그러나 최근 몇 시즌 동안은 부상과 부진이 맞물리면서 좋지 못한 활약을 펼쳤고, 이번 시즌을 앞두고 쾰른으로 이적하며 새로운 도전을 선택했다. 역습에 특화된 공격수로 빠른 발과 준수한 결정력을 가지고 있다. 여기에 짧은 패스 콤비네이션으로 문전으로 침투해 적극적으로 슈팅을 시도한다. 다만 볼 키핑이 좋지 않고, 공중전에도 약하다.

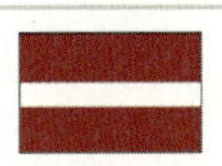

국적 : 라트비아

라트비아 리그 다우가바 다우가브필스 유스 출신. 이후 레흐 포즈난, 함부르크, 하노버(임대) 등을 거쳐 이번 시즌을 앞두고 쾰른의 유니폼을 입었다. 함부르크 시절 손흥민과 좋은 호흡을 보이기도 했다. 현 라트비아 국가대표 공격수다.

위치별 슈팅-득점

0 - 0	
15 - 0	
0 - 0	

경기수	출전시간	득점	도움	경고
6(5)	600	2	1	1

퇴장	패스시도	패스성공률	태클성공	MOM
0	158	60%	4	0

FW Simon Zoller

11

지몬
촐러

전방과 좌우 측면 공격수도 소화할 수 있는 다재다능한 공격수. 선발보다는 후반 조커로 나왔을 때 더 위력적이다. 스피드가 빠르고 수비 라인 배후로 침투하는 능력이 좋아 상대의 체력이 떨어진 후반에 들어가 마무리 짓는다. 센스 있는 패스를 구사하며, 수비가담도 적극적으로 해준다. 다만 공중볼에 약하고, 결정력도 다소 떨어지는 편에 속한다. 주전으로 도약하기 위해선 지공 상황에서도 플레이할 줄 알아야 한다.

국적 : 독일

어린 시절부터 주목받지는 못했다. 2008년 칼스루어 SC 2군 팀에 입단해 2010년 1군 데뷔전을 치렀다. 이후 오스나브뤽과 카이저슬라우턴을 거쳐 2014년 쾰른에 입단해 꾸준한 모습을 보이고 있다.

위치별 슈팅-득점

2 - 0	
22 - 6	
6 - 0	

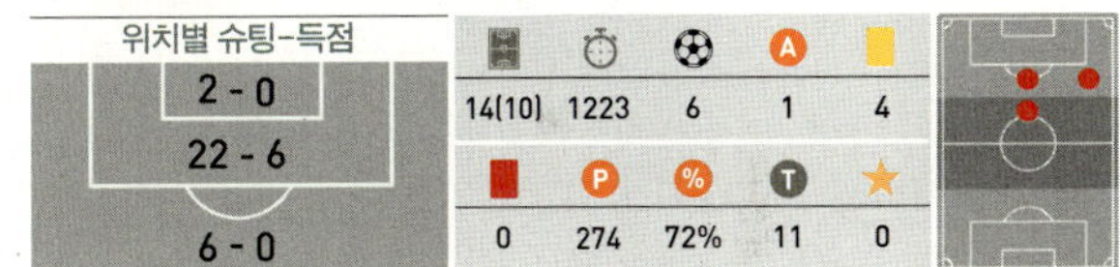

경기수	출전시간	득점	도움	경고
14(10)	1223	6	1	4

퇴장	패스시도	패스성공률	태클성공	MOM
0	274	72%	11	0

FW Osako Yuya

13

오사코
유야

공격형 미드필더와 최전방 공격수 그리고 측면 미드필더를 소화할 수 있다. 확고한 주전이라 말하기 어렵지만 지난 시즌 선발과 교체를 오가며 리그 25경기에 출전해 1골을 기록했다. 공을 다루는 기술이 좋고 스피드도 빠른 편에 속해 드리블 돌파를 즐겨 시도한다. 또한, 주변 동료들과 짧은 패스를 주고받는 데에 능하며, 지능적인 움직임을 보인다. 그러나 몸싸움에 약하고 골 결정력도 아주 좋은 편은 아니다.

국적 : 일본

2009년 가시마 앤틀러스에 입단해 2011년 리그 컵 MVP와 2012년 리그 컵 득점왕(7골), 2013년 J리그 19골을 넣으며 스타덤에 올랐다. 2014년 1월, 1860 뮌헨에 입단하자마자 15경기 6골을 넣었고, 입단 6개월 만에 쾰른으로 이적했다.

위치별 슈팅-득점

3 - 0	
20 - 1	
10 - 0	

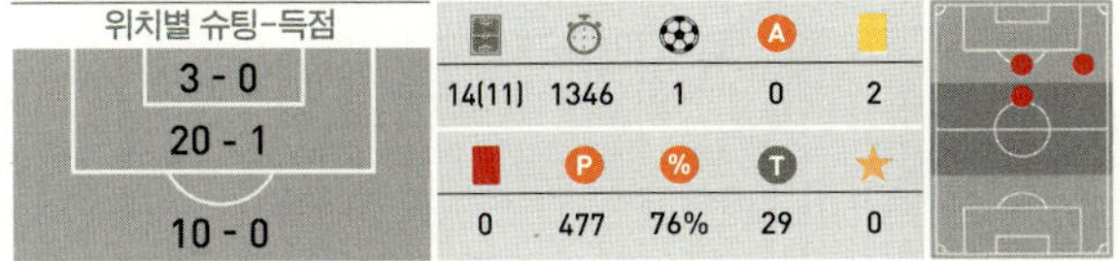

경기수	출전시간	득점	도움	경고
14(11)	1346	1	0	2

퇴장	패스시도	패스성공률	태클성공	MOM
0	477	76%	29	0

FW Anthony Modeste

27

안토니
모데스트

상당히 파워풀한 공격수로 동물적인 운동능력을 자랑한다. 스피드도 빠르고, 제공권에도 강하다. 심지어 몸싸움에도 능해 상대 수비수 입장에선 상당히 막기 어려운 선수다. 역습 상황에서 빠르게 침투해 마무리하는 능력이 뛰어나고, 포스트플레이도 강점이다. 다만 오프사이드 트랩에 자주 걸리고, 패스도 부정확한 편에 속해 연계플레이에 약점이 있다. 게다가 슈팅력이 부정확한 편이어서 득점 기복이 심하다.

국적 : 프랑스

마르티니크계 프랑스인으로 쾰른의 간판 공격수다. 니스 유스 출신으로 이후 보르도, 블랙번, 바스티아, 호펜하임 등을 거쳐 2015년 쾰른에 입단했다. 프랑스 U-21 대표로 활약할 때 엄청난 기대를 받았지만 A대표까지 성장하지는 못했다.

위치별 슈팅-득점

3 - 0	
95 - 15	
12 - 0	

경기수	출전시간	득점	도움	경고
33(1)	2875	15	3	4

퇴장	패스시도	패스성공률	태클성공	MOM
0	626	60%	6	5

HAMBURGER SV

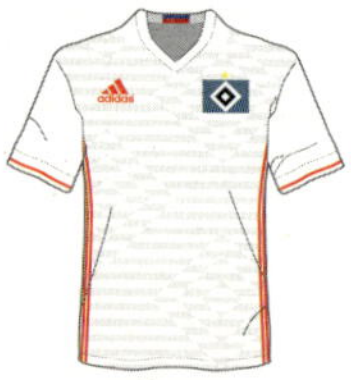

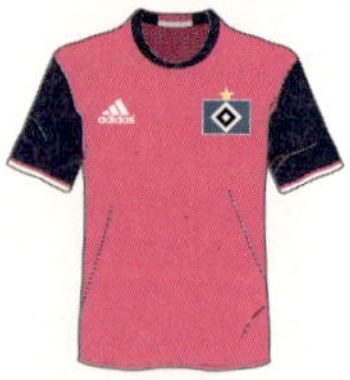

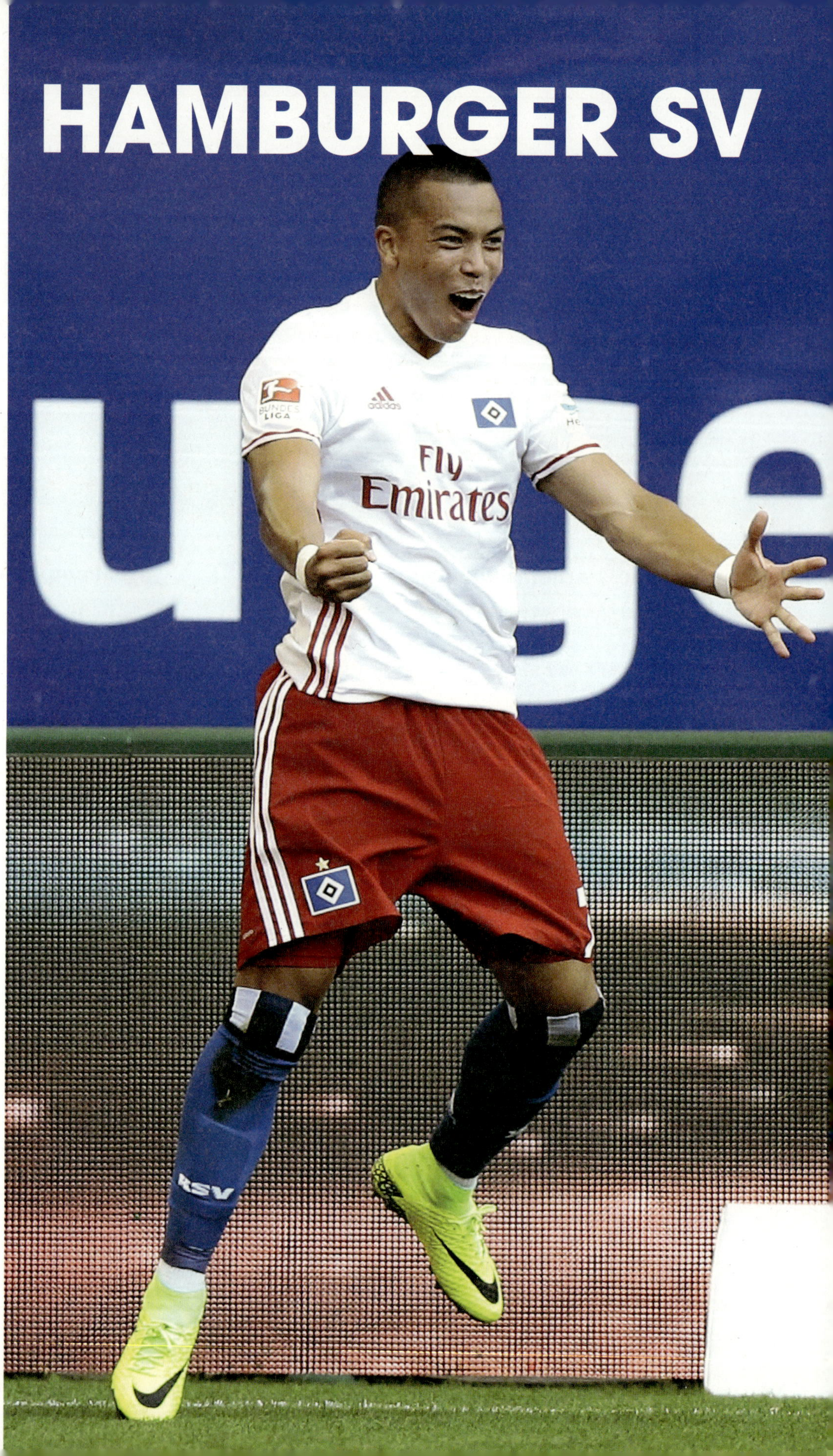

함부르크 감독 잔혹사를 끝낸 라바디아
위기의 '명가' 함부르크 되살릴까?

2015-16 SEASON REVIEW

2007년 2월부터 9년 6개월 동안 바뀐 감독의 수가 무려 15명이다. 이런 함부르크의 감독 잔혹사를 끝낸 감독이 2015년 4월 부임한 라바디아다. 라비디아 감독은 2014-15 시즌 함부르크를 극적으로 잔류를 이끈 데 이어 지난 시즌 리그 10위로 이끌며 2년 만에 강등권에서 팀을 탈출시켰다. 이에 함부르크는 라비디아 감독에 무한 신뢰를 보내고 있고, 모처럼 연임에 성공한 감독이 됐다. 또한, 함부르크가 승률 30% 이상을 기록한 감독을 가지게 된 것은 토어스텐 핑크(2011-13 시즌 지휘) 감독 이후 3년 만이다.

SUMMER TRANSFER

선수단의 변화가 큰 편이다. 함부르크는 올리치, 일리세비치, 카차르, 루드네브스, 드리미치, 슈티버 등 팀의 중심적인 역할을 했던 선수들을 대거 떠나보냈고, 새롭게 코스티치, 산토스, 하릴로비치, 우드 등을 영입했다. 특히 슈투트가르트 측면 미드필더 코스티치와 크로아티아의 메시로 불리는 바르셀로나 유망주 하릴로비치에 많은 기대를 걸고 있다. 여기에 미국 대표팀의 공격수 우드를 영입하면서 공격을 강화했다. 도르트문트의 긴터 영입에 실패한 것이 아쉽지만 전체적으로 성공적인 여름을 보냈다고 평가할 수 있다.

2016-17 SEASON OUTLOOK

일단 함부르크의 목표는 지난 시즌보다 더 좋은 성적을 거두는 것이다. 이에 함부르크는 라바디아 감독을 위해 모처럼 통 크게 지갑을 열었고, 좋은 선수들을 대거 영입하며 선수단을 강화했다. 비록 시즌 초반 3경기에서 1무 2패의 좋지 않은 성적을 거뒀지만 경기력이 점차 좋아지고 있어 이번 시즌 높은 기대감을 가지고 있다. 특히 지난 시즌 팀 내 최다 공격 포인트를 기록하고 있는 뮐러에 많은 기대를 걸고 있고, 하릴로비치 등 영입한 선수들이 어떤 활약을 펼치는지가 매우 중요해졌다.

감독 브루노 라바디아(Bruno Labbadia)

1980년대 중반부터 2000년대 초반까지 분데스리가 무대에서 능력을 인정받은 공격수로 통산 557경기에 출전해 204골을 기록했다. 2003년, 칼스루어에서 은퇴한 그는 곧바로 4부 리그 구단 다름슈타트를 맡아 3부 리그로 승격시켰고, 2007-08 시즌 그로이터 퓌르트에서도 준수한 성적을 올리며 지도자로도 성공가도를 달리는 듯싶었다. 하지만 레버쿠젠 감독직에 오른 2008-09 시즌, 그는 실패를 맛보며 한 시즌 만에 경질되는 아픔을 겪어야 했다. 이후 함부르크와 슈투트가르트에서도 뚜렷한 성과를 올리지 못했다. 2013년 8월, 슈투트가르트에서 조기 경질된 이후 그를 찾는 독일 구단은 없었다. 하지만 2015년 4월, 함부르크에 돌아온 그는 좋은 성적을 거뒀다.

PROFILE
- 출 생 : 1966.2.8
- 국 적 : 독일
- 계 약 : 2017.6.30

STADIUM

Volkspark-Stadion

- 구장 오픈 : 1953년
- 구장 개축 : 1998년
- 구장 소유 : 함부르크 SV
- 수용 인원 : 5만 7000명
- 피치 규모 : 105m × 68m
- 잔디 종류 : 천연 잔디

SQUAD LIST

위치	번호	이름	국적	신장	체중	생년월일
GK	1	René Adler	GER	190	85	15-01-85
	30	Andreas Hirzel	SUI	190	89	25-03-93
	31	Christian Mathenia	GER	189	75	31-03-92
	36	Tom Mickel	GER	186	78	19-04-89
DF	2	Dennis Diekmeier	GER	188	78	20-10-89
	3	Cléber Reis	BRA	183	87	12-05-90
	4	Emir Spahi	BIH	183	77	18-08-80
	5	Johan Djourou	SUI	191	83	18-01-87
	6	Douglas	BRA	175	69	22-03-94
	22	Matthias Ostrzolek	GER	178	71	05-06-90
	24	Gotoku Sakai	JPN	175	72	14-03-91
	28	Gideon Jung	GER	189	76	12-09-94
	37	Seo Young-Jae	KOR	182	75	23-05-95
	39	Ashton Götz	GER	177	74	16-07-93
MF	8	Lewis Holtby	GER	174	66	18-09-90
	11	Michael Gregoritsch	AUT	190	74	18-04-94
	14	Aaron Hunt	GER	183	73	04-09-86
	17	Filip Kosti	SRB	180	68	01-11-92
	19	Dren Feka	GER	182	71	09-06-97
	20	Albin Ekdal	SWE	186	82	28-07-89
	23	Alen Halilovi	CRO	163	55	18-06-96
	27	Nicolai Müller	GER	175	65	25-09-87
	32	Frank Ronstadt	GER	179	69	21-07-97
	34	Finn Porath	GER	181	75	23-02-97
FW	7	Bobby Wood	USA	180	76	15-11-92
	10	Pierre-Michel Lasogga	GER	189	88	15-12-91
	15	Luca Waldschmift	GER	177	70	19-05-96
	18	Bakery Jatta	GAM	184	79	06-06-98
	21	Nabil Bahoui	SWE	188	84	05-02-91
	25	Mats Köhlert	GER	164	61	02-05-98

2016-17 SEASON SCHEDULE

날짜	장소	상대팀	날짜	장소	상대팀
27/AUG	H	FC Ingolstadt 04	27/JAN	A	FC Ingolstadt 04
10/SEP	A	Bayer Leverkusen	03/FEB	H	Bayer Leverkusen
17/SEP	H	RB Leipzig	10/FEB	A	RB Leipzig
20/SEP	A	SC Freiburg	17/FEB	H	SC Freiburg
24/SEP	H	Bayern Munchen	24/FEB	A	Bayern Munchen
01/OCT	A	Hertha BSC	03/MAR	H	Hertha BSC
15/OCT	A	Bor. Monchengladbach	10/MAR	H	Bor. Monchengladbach
21/OCT	H	Eintracht Frankfurt	17/MAR	A	Eintracht Frankfurt
30/OCT	A	1. FC Koln	31/MAR	H	1. FC Koln
05/NOV	H	Borussia Dortmund	03/APR	A	Borussia Dortmund
20/NOV	A	1899 Hoffenheim	07/APR	H	1899 Hoffenheim
26/NOV	H	Werder Bremen	14/APR	A	Werder Bremen
02/DEC	A	SV Darmstadt 98	21/APR	H	SV Darmstadt 98
09/DEC	H	FC Augsburg	28/APR	A	FC Augsburg
16/DEC	A	1. FSV Mainz 05	05/MAY	H	1. FSV Mainz 05
19/DEC	H	FC Schalke 04	13/MAY	A	FC Schalke 04
20/JAN	A	VfL Wolfsburg	20/MAY	H	VfL Wolfsburg

RANK OF LAST 5 YEARS

■ 2부 리그

2011-12	2012-13	2013-14	2014-15	2015-16
15 / 36점	7 / 48점	15 / 27점	15 / 35점	10 / 41점

평균 볼 점유율 | 득점 패턴

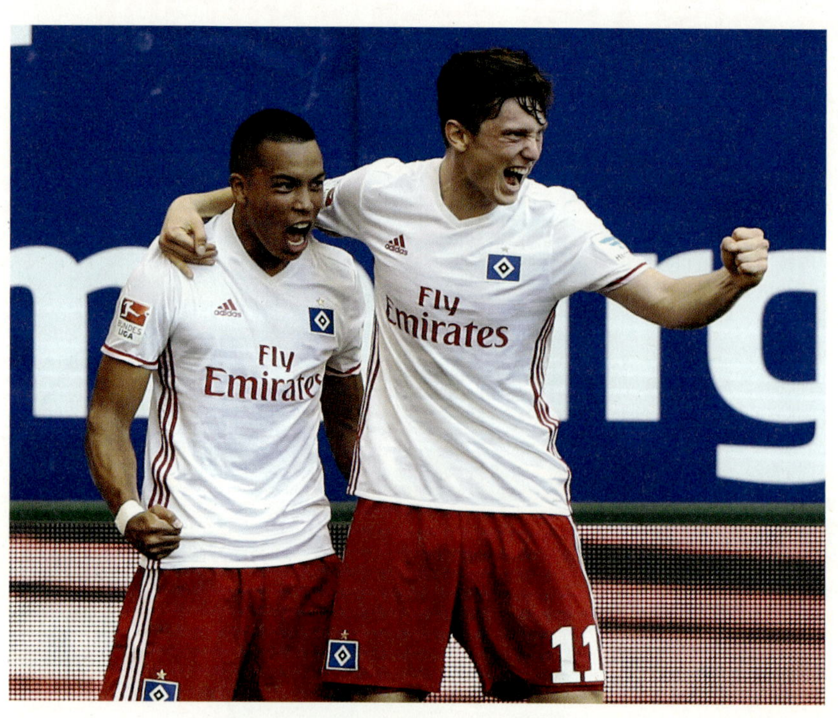

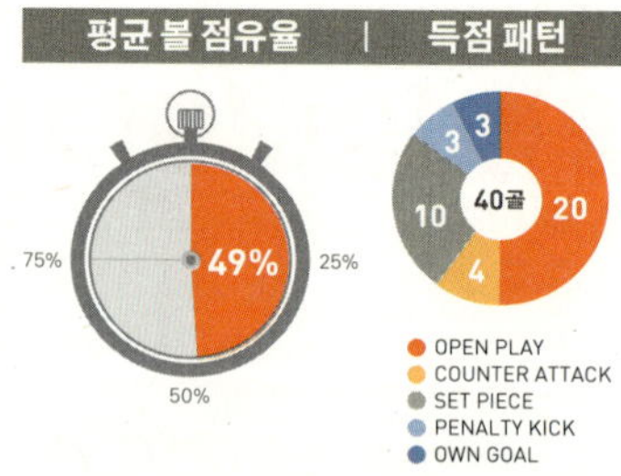

STRENGTHS & WEAKNESSES

OFFENSE		DEFENSE	
직접 프리킥	C	세트피스 수비	D
문전 처리	D	상대 볼 뺏기	B
측면 돌파	C	공중전 능력	B
스루볼 침투	C	역습 방어	D
개인기 침투	C	지공 방어	C
카운터 어택	C	스루패스 방어	D
기회 만들기	C	리드 지키기	C
세트피스	C	실수 조심	E
OS 피하기	C	측면 방어력	D
중거리 슈팅	B	파울 주의	E
볼 점유율	D	중거리슛 수비	D

매우 강함 A 강한 편 B 보통 수준 C 약한 편 D 매우 약함 E

시간대별 득점 | 시간대별 실점 | 득점 분포 | 공격 방향 | 볼 점유 위치 | 포지션별 득점 | 상대포지션별 실점

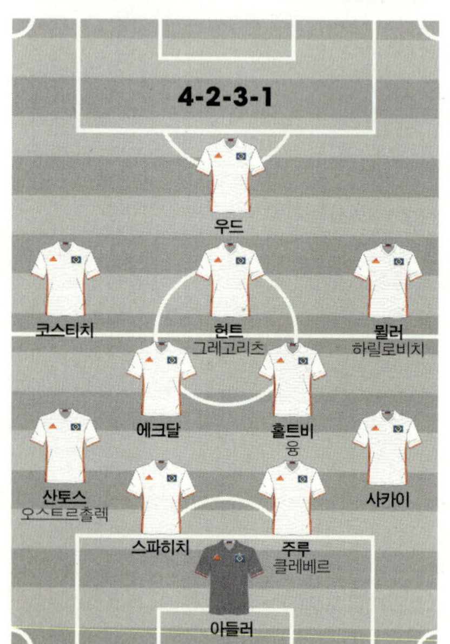

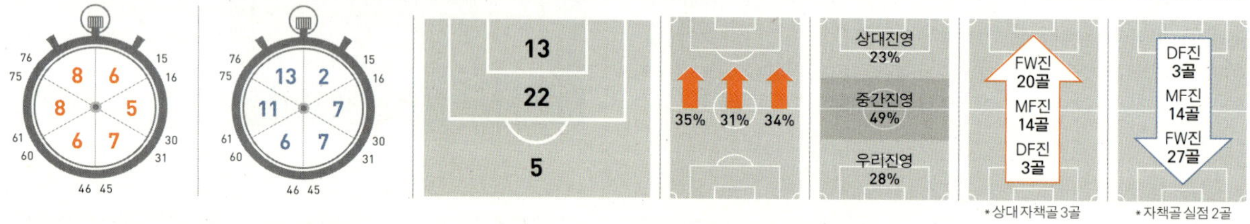

*상대자책골 3골

*자책골 실점 2골

FORMATION

TOTO GUIDE 지난 시즌 상대팀별 전적

상대팀	홈	원정
Bayern Munich	1-2	0-5
Dortmund	3-1	0-3
Leverkusen	0-0	0-1
Monchengladb.	3-2	3-0
Schalke 04	0-1	2-3
FSV Mainz 05	1-3	0-0
Hertha Berlin	2-0	0-3
Wolfsburg	0-1	1-2
FC Koln	1-1	1-3
Ingolstadt	1-1	1-0
FC Augsburg	0-1	3-1
Werder Bremen	2-1	3-1
Darmstadt	1-2	1-1
Hoffenheim	1-3	1-0
Frankfurt	0-0	0-0
Stuttgart	3-2	1-2
Hannover 96	1-2	3-0

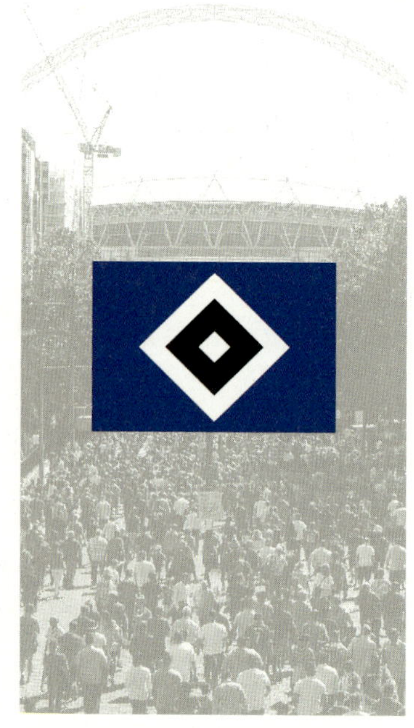

GK Rene Adler

1

레네
아들러

뛰어난 선방능력을 자랑하는 주전 수문장. 고질적인 부상으로 인해 위기에 빠지는 듯싶었지만, 당당히 재기에 성공했다. 드로브니의 부상이 맞물리면서 2014-15 시즌 후반기부터 주전 자리를 되찾았고, 지난 시즌에도 리그 24경기에 출전해 함부르크의 골문을 든든하게 지켰다. 그로 인해 독일 '키커'지가 선정한 2015-16 시즌 베스트11에 선정되기도 했다. 넓은 커버 범위 또한 아들러의 장점이다.

국적 : 독일

레버쿠젠의 유스 출신으로, 독일 대표 팀을 연령대별로 거치며 엘리트 코스를 밟았다. 독일의 위대한 골키퍼 계보를 이을 것으로 기대됐지만, 2010년 갈비뼈 골절 부상을 당한 뒤 대표팀에서 위기를 겪었고, 결국 탈락하고 말았다.

슈팅 위치별 선방

4
45
35

경기수	출전시간	득점	A	경고
24	2072	0	1	3

퇴장	P	%	S	★
1	742	49%	84	1

GK Christian Mathenia

31

크리스티안
마테니아

2014년 프로무대에 데뷔한 골키퍼로, 킥이 정확하다는 평가를 받고 있다. 189cm 90kg에 달할 정도로 건장한 신체조건을 갖췄지만, 반사신경이 뛰어나 골키퍼로서 좋은 평가를 받고 있다. 전방으로 한 번에 찔러주는 킥이 일품이다. 그러나 반대로 중거리 슈팅에 약한 모습을 보인다. 순간 집중력을 잃으면서 실점한 경험도 적잖다. 수비라인 조율능력도 부족하다는 지적이다.

국적 : 독일

지난 시즌 다름슈타트에서 33경기에 출전하며 주전 골키퍼로 활약했다. 이에 함부르크는 여름 이적 시장을 통해 마테니아를 데려왔다. 이번 시즌 아들러와 치열한 주전 경쟁을 펼칠 것으로 보인다.

슈팅 위치별 선방

9
55
42

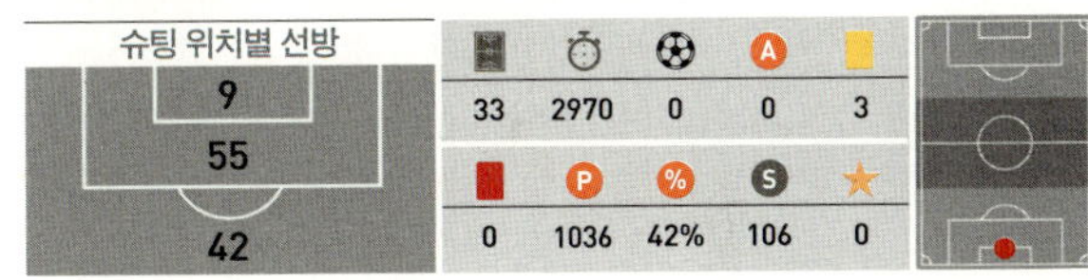

경기수	출전시간	득점	A	경고
33	2970	0	0	3

퇴장	P	%	S	★
0	1036	42%	106	0

DF Dennis Diekmeier

2

데니스
디크마이어

오른쪽 수비수. 188cm의 탄탄한 체격을 바탕으로 몸싸움에 강한 면모를 보인다. 디크마이어는 장단점이 뚜렷한 선수다. 순간 스피드가 뛰어난 폭발적인 오버래핑으로 측면 공격에 활력을 불어넣는다. 그러나 공격 가담에 비해 수비력은 부족하다는 평가가 지배적이다. 매 시즌 20경기 이상 꾸준히 출전하고 있지만, 완벽한 주전이라고 말하기는 어렵다. 지난 시즌에도 무릎 부상으로 22경기 출전에 그쳤다.

국적 : 독일

뉘른베르크를 거쳐 2010년 브레멘 더비 라이벌 함부르크에 입단했다. 2008년 독일 대표팀의 19세 이하 유럽 선수권 우승 주역으로 활약했고, 프리츠 발터상(독일 유망주상) 19세 이하 부문 금메달을 수상했다.

위치별 슈팅-득점

0 - 0
1 - 0
3 - 0

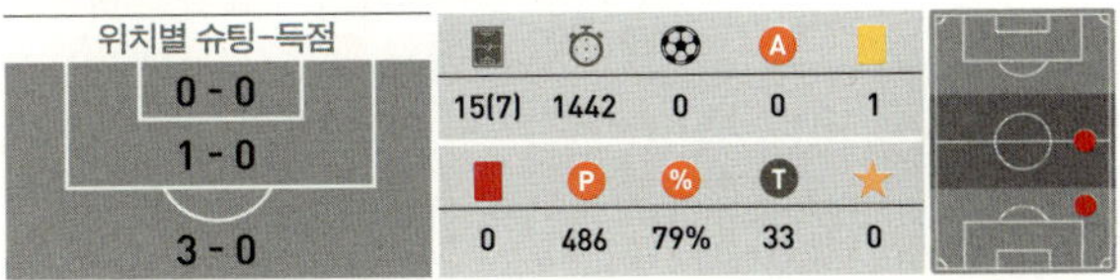

경기수	출전시간	득점	A	경고
15(7)	1442	0	0	1

퇴장	P	%	T	★
0	486	79%	33	0

DF Cléber

3
클레베르

브라질 출신의 중앙 수비수. 공수 밸런스가 잘 갖춰진 선수로 평가받고 있다. 깔끔한 태클과 가로채기 능력으로 믿음직한 수비를 펼친다. 공중볼 장악 능력도 뛰어나 세트피스 상황에서 위력을 발휘한다. 상대의 세트피스 방어는 물론이며, 세트피스 상황에서 공격에 보탬이 된다. 그러나 문전에서 드리블을 즐기는 부분은 수비수로서 개선해야 할 단점으로 꼽힌다. 종종 치명적인 실수도 나온다.

국적 : 브라질

지난 2014년 4년 계약을 맺으면서 브라질 무대를 떠나 함부르크로 이적했다. 주전 자리를 꿰차지는 못했지만, 출전 기회를 점차 늘려가고 있다. 지난 2014년에는 마인츠를 상대로 함부르크 데뷔골을 터뜨리며 팀 승리를 이끈 바 있다.

위치별 슈팅-득점

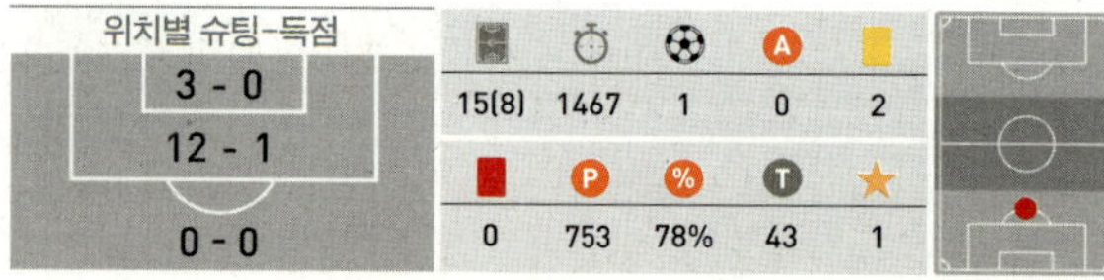

3 - 0		
12 - 1		
0 - 0		

경기수	출전시간	득점	도움	경고
15(8)	1467	1	0	2

퇴장	패스시도	패스성공률	태클성공	MOM
0	753	78%	43	1

DF Emir Spahić

4
에미르
스파히치

공격수들이 상대하기 까다로운 스타일의 센터백 자원. 강인한 태클과 높은 제공권, 뛰어난 대인 수비능력을 갖췄다. 수비 지능도 좋아 상대의 움직임을 미리 파악하고, 적재적소에 자리를 잡아 클리어링과 함께 상대의 오프사이드를 이끌어 낸다. 다혈질적인 성향이 강해 거친 플레이를 즐기며, 불필요하게 카드를 수집하는 경우도 잦다. 지난 5월에도 스페인과의 A매치에서 레드카드를 받아 퇴장당했다.

국적 : 보스니아 헤르체코비나

보스니아의 간판 공격수 제코와 사촌 사이다. 크로아티아, 러시아, 프랑스, 스페인, 독일 무대를 두루 거치면서 6개 국어에 능통하다. 2015년 4월 레버쿠젠에서 안전요원을 폭행한 사실이 발각돼 방출당한 전력이 있다.

위치별 슈팅-득점

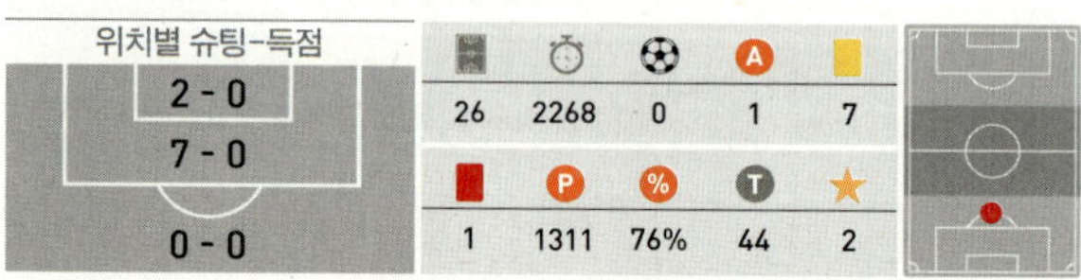

2 - 0		
7 - 0		
0 - 0		

경기수	출전시간	득점	도움	경고
26	2268	0	1	7

퇴장	패스시도	패스성공률	태클성공	MOM
1	1311	76%	44	2

DF Johan Djourou

5
요한
주루

수비형 미드필더 출신이지만, 아스널 시절 센터백으로 보직을 변경했다. 영리한 수비를 펼치는 중앙 수비수다. 풀백 자리에서 뛴 적도 있다. 볼 다루는 능력이 수준급이며, 위치 선정능력과 판단력이 뛰어나다. 함부르크에서 주장직을 맡으며 리더십을 발휘하기도 했다. 그러나 몸싸움에 약해 거친 플레이를 즐기는 공격수와의 경합 과정에서 불안한 모습을 노출할 때가 있다.

국적 : 스위스

코트디부아르 출신이지만, 생후 17개월 만에 부친의 첫 아내인 다니엘레에게 입양되어 스위스에서 자랐다. 2002년 15세의 나이로 에투알 카루주에 입단했다. 스위스 연령별 대표를 모두 거친 기대주로 2006년부터 A대표로 활약하고 있다.

위치별 슈팅-득점

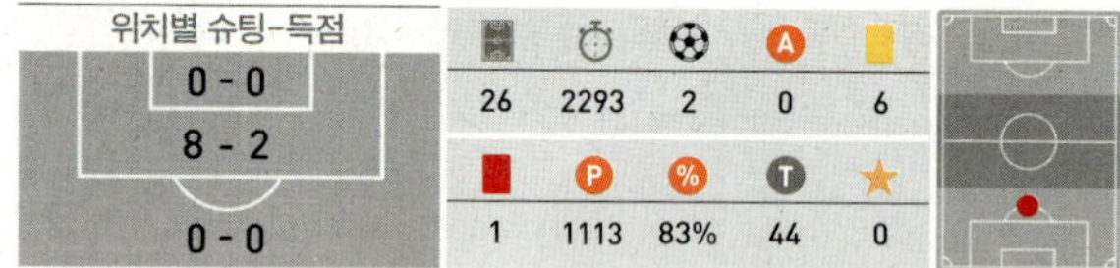

0 - 0		
8 - 2		
0 - 0		

경기수	출전시간	득점	도움	경고
26	2293	2	0	6

퇴장	패스시도	패스성공률	태클성공	MOM
1	1113	83%	44	0

DF Matthias Ostrzolek

22
마티아스
오스트르촐렉

함부르크에서 부동의 왼쪽 풀백으로 활약하고 있다. 공격보다는 수비적인 능력이 뛰어난 선수로, 깔끔한 태클이 일품이다. 지난 시즌에는 인터셉트 부문에서 괄목할 만한 성장세를 보이며 만족스러운 한 해를 보냈다. 오버래핑이 뛰어나지는 않지만, 정확한 왼발 크로스로 결정적인 순간 득점을 돕는다. 지동원의 독일 분데스리가 데뷔골도 오스트르촐렉의 날카로운 크로스가 있었기에 가능했다.

국적 : 독일

폴란드 이민 2세로 독일 보훔에서 태어났다. 6세부터 지역팀 WSV 보훔에 입단해 축구를 시작했고, 유소년 팀에서부터 차근차근 실력을 쌓아왔다. 17세 이하 폴란드 대표팀에서 뛰었지만, 21세 이하 독일 대표팀을 선택했다.

위치별 슈팅-득점

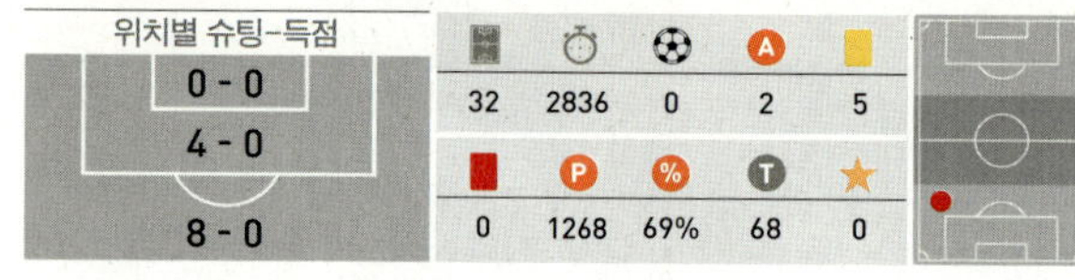

0 - 0		
4 - 0		
8 - 0		

경기수	출전시간	득점	도움	경고
32	2836	2	5	

퇴장	패스시도	패스성공률	태클성공	MOM
0	1268	69%	68	0

DF Sakai Gotoku

24
사카이
고토쿠

함부르크에서 백업 자원으로 활약하고 있는 풀백. 양발잡이로 좌우 측면을 모두 소화할 수 있지만, 주로 오른쪽 측면 수비수로 뛴다. 폭발적인 오버래핑과 날카로운 크로스가 인상적이며, 순간 스피드도 뛰어나다. 그러나 공격력에 비해 수비능력이 부족하다는 평가가 지배적이다. 대인마크에 유독 약한 모습을 보인다. 수비력 부족은 슈투트가르트에서 주전 경쟁에서 밀려 함부르크로 이적하게 된 주된 원인.

국적 : 일본

독일계 일본인으로, 미국에서 일본인 부친과 독일 모친 사이에 출생했다. 2013년 1월 슈투트가르트에 입단했고, 2015년 함부르크로 옮겼다. 일본 U-20, U-23 대표 출신으로 2012년부터 국가대표로 활약하고 있다.

위치별 슈팅-득점

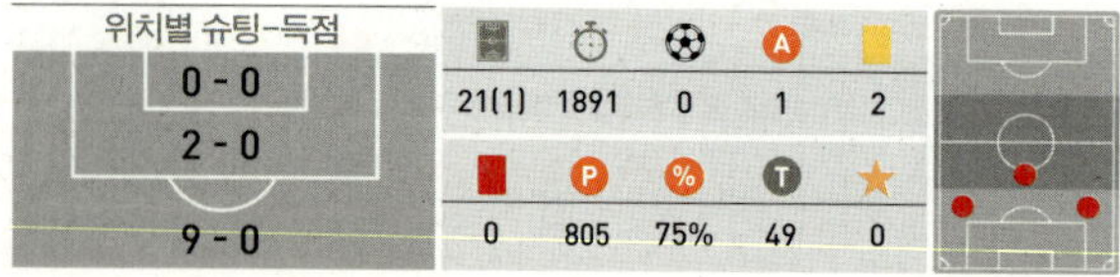

0 - 0		
2 - 0		
9 - 0		

경기수	출전시간	득점	도움	경고
21(1)	1891	0	1	2

퇴장	패스시도	패스성공률	태클성공	MOM
0	805	75%	49	

MF Lewis Holtby

8
루이스
홀트비

기술이 좋은 함부르크의 플레이메이커이자 에이스. 패싱력과 드리블 능력이 뛰어나며, 중앙에서 공수를 조율하는 데 능하다. 다양한 패스 스킬을 통해 적재적소에 패스를 찔러줘 동료들에게 찬스를 제공한다. 기습적인 중거리 슈팅도 일품이다. 그러나 스피드가 부족하며, 몸싸움에서 아쉬움을 남긴다. 뛰어난 재능을 갖추며 기대를 한 몸에 받았지만, 성장이 더뎌 '만년 유망주'라는 불명예스런 별명을 얻었다.

국적 : 독일

잉글랜드인 부친과 독일인 모친 사이에 독일에서 출생했다. 그의 부친은 에버턴 팬으로, 홀트비가 에버턴에서 뛰길 간절히 바랐던 것으로 알려졌다. 리버풀의 러브콜을 받기도 했지만, 결국 2012년 토트넘으로 이적했다가 실패를 맛봤다.

위치별 슈팅-득점

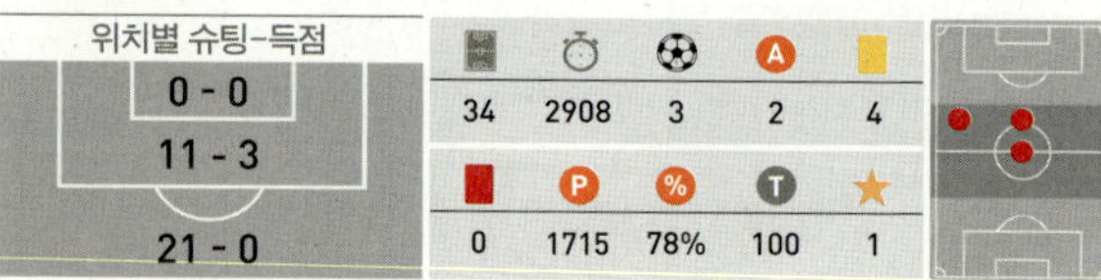

0 - 0		
11 - 3		
21 - 0		

경기수	출전시간	득점	도움	경고
34	2908	3	2	4

퇴장	패스시도	패스성공률	태클성공	MOM
0	1715	78%	100	1

MF Aaron Hunt

14 / 아론 헌트

공격형 미드필더는 물론이며 공격수까지 소화 가능한 다재다능한 선수. 폭넓은 활동량을 바탕으로 상대진영을 자유자재로 헤집고 다닌다. 볼 소유능력이 뛰어나며, 중원에서 날카로운 패스로 공격의 물꼬를 튼다. 이따금 나오는 중거리 슈팅도 상당히 위협적이다. 2015년 8월 볼프스크르크를 떠나 함부르크로 이적했지만, 두 달 만에 허벅지 부상으로 3주간 전력에서 이탈하며 아쉬움을 남긴 바 있다.

국적 : 독일

2004년 베르더 브레멘에서 프로무대에 데뷔했고, 팀 역사상 최연소 득점자에 등극했다. 그러나 2006년 무릎 부상으로 긴 공백기를 가졌다. 2014년 뉘른베르크전에서 페널티킥을 얻어냈지만, '혼자 넘어진 것'이라며 양심선언을 했다.

위치별 슈팅-득점: 0 - 0 / 15 - 1 / 9 - 0

경기수	출전시간	득점	도움	경고	퇴장	패스시도	패스성공률	태클성공	MOM
20(3)	1741	1	2	2	0	840	75%	26	1

MF Filip Kostić

17 / 필립 코스티치

찬스 메이킹에 능한 미드필더 자원. 정교한 크로스가 가장 큰 장점으로 꼽힌다. 지난 시즌 독일 분데스리가를 통틀어 크로스 부문 1위를 달성했다. 공중볼 경합 능력이 부족하지만, 드리블 능력과 날카로운 키패스로 동료들에게 좋은 찬스를 제공한다. 비록 지난 시즌 몸담고 있던 슈투트가르트는 2부 리그로 강등됐지만, 팀 내 에이스 역할을 톡톡히 해내며 주목받았다.

국적 : 세르비아

세르비아 출신으로 2012년 FC 흐로닝언에서 프로 데뷔전을 치렀다. 2년 뒤 슈투트가르트로 이적해 주전으로 활약했다. 그의 능력을 높게 평가한 함부르크는 여름 이적 시장에서 구단 최고액을 지불해 영입에 성공했다.

위치별 슈팅-득점: 0 - 0 / 30 - 5 / 19 - 0

경기수	출전시간	득점	도움	경고	퇴장	패스시도	패스성공률	태클성공	MOM
30	2603	5	5	5	0	775	62%	34	4

MF Albin Ekdal

20 / 알빈 에크달

함부르크가 수비진에 안정감을 더하기 위해 지난해 여름 이적 시장에서 야심차게 영입한 수비형 미드필더. 깔끔한 태클로 수비가담 능력이 뛰어나다. 공격형 미드필더 출신이기에 기습적인 중거리 슈팅능력도 갖췄고, 드리블 능력도 일품이다. 그러나 부정확한 크로스로 전방으로 볼을 배급하는 능력은 다소 떨어진다. 카드 수집이 많다는 점도 단점으로 꼽히고, 종종 치명적인 실수를 한다.

국적 : 스웨덴

브롬마포이카르나 유스 출신으로 유벤투스와 시에나, 볼로냐, 칼리아리 등 다수의 팀을 거치면서 이탈리아 무대에서 성장했다. 그의 부친은 레나르트로 스웨덴에서 저널리스트상도 수상했을 정도로 유명한 아나운서다.

위치별 슈팅-득점: 0 - 0 / 3 - 0 / 2 - 0

경기수	출전시간	득점	도움	경고	퇴장	패스시도	패스성공률	태클성공	MOM
14	1143	0	0	4	0	614	77%	27	1

MF Alen Halilović

23 / 알렌 하릴로비치

여름 이적 시장을 통해 바르셀로나에서 영입한 유망한 미드필더다. 공격형 미드필더로, 왼발을 주로 사용한다. 드리블 능력도 뛰어나 크로아티아의 메시라는 애칭을 얻었다. 그러나 개인플레이에 의존하는 경향이 있다. 장점으로 꼽히는 드리블 외에는 패스, 공중볼 장악력, 수비 가담 모두 약점으로 지적받고 있다. 약점을 보완한다면 큰 선수로 성장할 것으로 기대된다. 아직 20세에 불과한 만큼 성장 가능성은 무궁무진하다.

국적 : 크로아티아

디나모 자그레브 유소년 팀이 배출한 최고의 유망주다. 2012년 디나모 자그레브에서 프로로 데뷔했고, 리그 역사상 최연소 득점자에 등극하기도 했다. 2014년 여름에는 큰 기대를 모으며 바르셀로나 B팀에 합류했다.

위치별 슈팅-득점: 1 - 1 / 24 - 1 / 33 - 1

경기수	출전시간	득점	도움	경고	퇴장	패스시도	패스성공률	태클성공	MOM
24(12)	2349	3	5	6	0	801	79%	20	1

FW Bobby Wood

7 / 바비 우드

미국 최고의 유망주로 꼽히는 공격수. 빠른 발을 활용한 드리블 돌파와 군더더기 없는 슈팅이 최대 장점이다. 자신감 넘치는 플레이로 문전에서 어떤 상대와 마주하더라도 쉽게 주눅 들지 않는다. 지난 시즌 우니온 베를린에서 31경기에 출전해 17골을 터뜨리며 주전 공격수로 맹활약했고, 그의 활약을 인상 깊게 지켜본 함부르크가 여름 이적 시장에서 일찌감치 영입에 성공했다.

국적 : 미국

2013년 TSV 1860뮌헨에서 처음 프로 무대를 밟았다. 20세의 어린 나이에 미국 대표팀에 발탁됐고, 꾸준히 득점을 기록하며 자신의 진가를 발휘했다. 코파 아메리카 대회서도 발탁돼 인상적인 활약을 펼쳤다.

위치별 슈팅-득점: NO DATA

경기수	출전시간	득점	도움	경고	퇴장
30(1)	2522	17	5	0	

지난 시즌 독일 2부 리그

FW Pierre-Michel Lasogga

10 / 피에르-미헬 라소가

빠른 스피드를 활용해 골문으로 파고드는 유형의 공격수. 189cm, 88kg으로 다부진 체격조건을 갖췄다. 공간을 찾아 들어가는 움직임이 마치 들소를 연상시킨다. 강력한 중거리 슈팅도 특출하다. 잔 부상과 들쭉날쭉한 경기력이 단점으로 지적되긴 했지만, 지난 시즌 함부르크에서 리그 30경기에 출전해 8골 2도움을 기록하며 준수한 활약을 펼쳤다. 그러나 주전 자리를 보장받기 위해선 기복을 줄여야 한다.

국적 : 독일

2009년 레버쿠젠 유스팀에 입단했고, 헤르타 베를린을 거쳐 함부르크로 이적했다. 축구 집안으로, 그의 양아버지는 베르더 브레멘과 샬케에서 활약했던 골키퍼 올리버 레크다. 두 동생 지안-루카와 에티엔도 축구 선수 생활을 하고 있다.

위치별 슈팅-득점: 9 - 6 / 23 - 2 / 21 - 0

경기수	출전시간	득점	도움	경고	퇴장	패스시도	패스성공률	태클성공	MOM
21(9)	1755	8	2	5	0	477	69%	8	2

FC INGOLSTADT 04

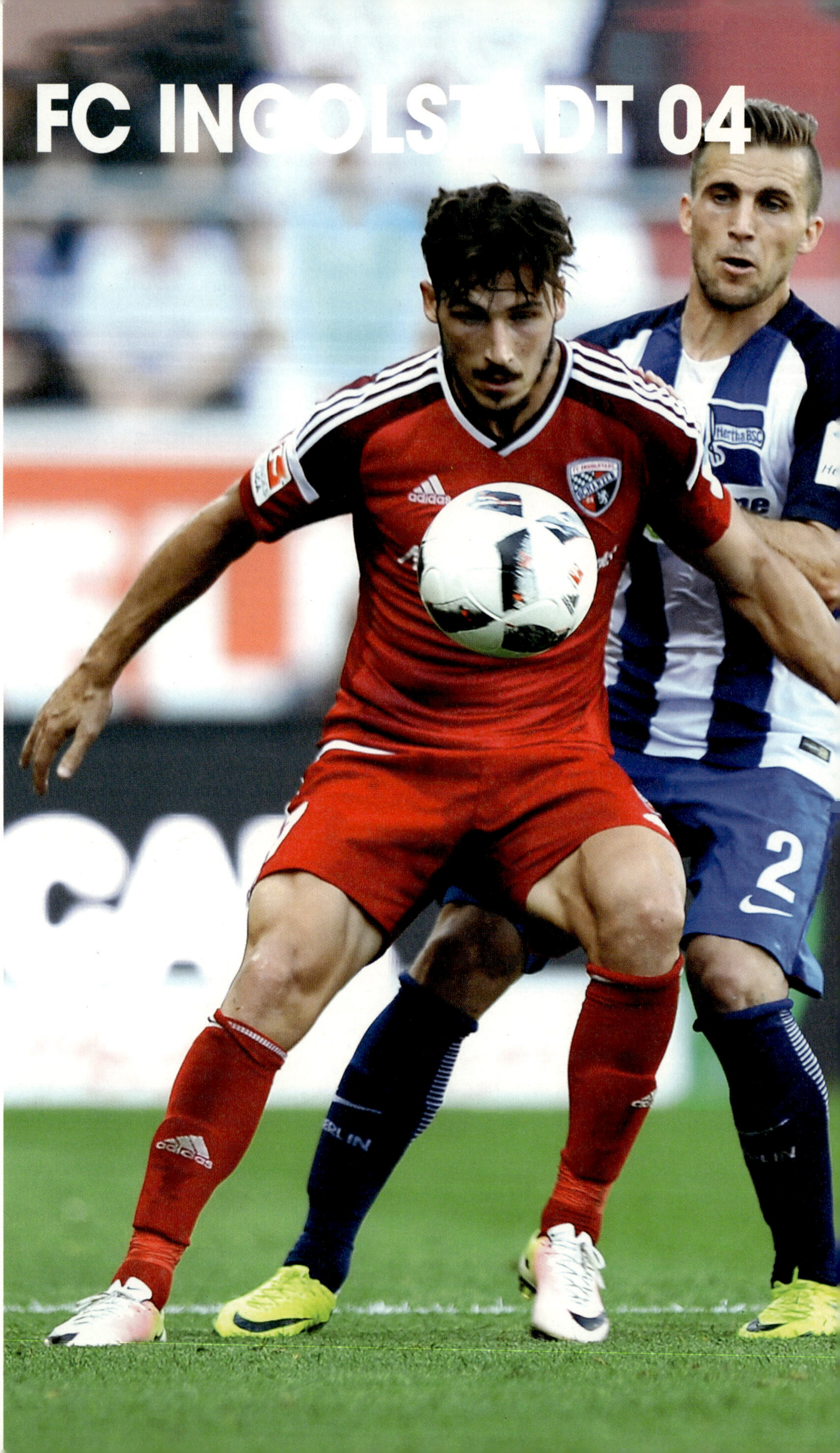

구단 창립 : 2004년
홈구장 : 마르쿠스 카우진스키
감독 : 랄프 하젠휘틀
2015-16시즌 : 11위(승점 40점)
10승 10무 14패 33득점 42실점
닉네임 : Der Schanzer

GERMAN BUNDESLIGA	0	GERMAN DFB POKAL	0
UEFA CHAMPIONS LEAGUE	0	UEFA EUROPA LEAGUE	0
FIFA CLUB WORLD CUP	0	UEFA-CONMEBOL INTERCONTINENTAL	0

UNIFORM

Home

Away

2004년 창단한 잉골슈타트
지난 시즌 신생팀의 돌풍 이어간다

2015-16 SEASON REVIEW

2004년 창단한 잉골슈타트는 지난 2014-15 시즌 2부 리그에서 우승하며 구단 역사상 처음으로 분데스리가에 진출했다. 승격의 기쁨도 잠시. 지난 시즌 초반부터 불안감이 감돌았고, 강등 1순위로 꼽혔다. 일단 잉골슈타트는 다른 승격 팀들과 비교했을 때 분데스리가 경험이 있는 선수들을 제대로 영입하지 못했고, 선수단 전체적으로 경험이 부족했다. 그러나 모든 걱정은 기우였다. 프리 시즌 동안 조직력을 강화하는 데 주력한 잉골슈타트는 예상했던 것보다 훨씬 안정적인 경기력을 보여줬고, 결국 리그 11위를 기록하며 잔류에 성공했다.

SUMMER TRANSFER

상당히 변화가 큰 잉골슈타트다. 지난 시즌 짠물 수비를 보여줬던 잉골슈타트의 수비진은 이번 이적 시장에서 꽤나 인기가 많았고, 결국 중앙 수비수 휩너는 호펜하임으로, 오른쪽 수비수 다 코스타와 베테랑 골키퍼 외즈찬은 레버쿠젠으로 이적해 전력에 구멍이 생겼다. 이에 잉골슈타트는 골키퍼 한센을 비롯해 마르셀, 하데르그요나이, 레이퍼츠 등을 영입해 보강을 진행했지만 얼마만큼 좋은 활약을 펼칠지는 미지수다. 일단 잉골슈타트는 영보이스에서 데려온 하데르그요나이와 샬케에서 이적한 레이퍼츠에 많은 기대를 걸고 있다.

2016-17 SEASON OUTLOOK

잉골슈타트가 지난 시즌 리그에서 33골밖에 성공시키지 못했는데도 11위를 차지했던 원동력은 수비에 있었다. 그러나 이번 시즌은 전력에 큰 구멍이 생겼다. 일단 인상적인 지도력을 보여줬던 하젠휘틀이 떠나간 것이 매우 아쉽고, 휩너, 다 코스타 등 주축 수비수들이 빠져나간 것도 큰 타격이다. 그래도 아직은 희망이 있다. 일단 주장이자 수비의 핵인 마팁을 비롯해 그로스, 하트만 등 주축 선수들이 잔류했다는 것은 긍정적이다. 여기에 칼스루어를 이끌었던 카우진스키 감독이 부임해 빠른 적응력을 보이는 것도 희망적이다.

감독 마르쿠스 카우진스키 (Markus Kauczinski)

화려한 선수시절을 보낸 감독은 아니다. 일찌감치 지도자의 길로 접어든 카우진스키 감독은 1999년부터 2001년까지 샬케의 U-16팀을 맡아 지도자로서의 첫 걸음을 시작했다. 이후 칼스루어 U17팀과 U19팀을 맡아 조금씩 경험을 쌓았고, 2009년부터 2012년까지는 칼스루어 2군 팀을 맡았다. 이후 2012년부터는 칼스루어 1군 사령탑에 올라 꾸준한 성적을 거두며 지도력을 인정받았고, 이번 시즌을 앞두고 잉골슈타트의 지휘봉을 잡았다. 잉골슈타트는 젊은 선수들을 잘 길러내고, 조직력을 중요시하는 카우진스키 감독에 많은 기대감을 걸고 있고, 2018년까지 계약을 맺었다. 카우진스키 감독은 강력한 압박과 조직력을 중요시하며 일단 수비력을 갖추는 데 많은 투자를 한다.

PROFILE
- 출 생 : 1970.2.20
- 국 적 : 독일
- 계 약 : 2018.6.30

STADIUM

Audi-Sportpark

- 구장 오픈 : 2010년
- 구장 개축 : -
- 구장 소유 : FC 잉골슈타트
- 수용 인원 : 1만 5000명
- 피치 규모 : 105m × 68m
- 잔디 종류 : 천연 잔디

SQUAD LIST

위치	번호	이름	국적	신장	체중	생년월일
GK	1	Ørjan Nyland	NOR	192	78	10-09-90
	24	Fabijan Bunti	CRO	194	88	24-02-97
	35	Martin Hansen	ENG	188	80	15-06-90
	39	Christian Ortag	GER	191	80	14-01-95
DF	3	Anthony Jung	GER	185	83	03-11-91
	17	Hauke Wahl	GER	185	79	15-04-94
	18	Romain Brégerie	FRA	190	88	09-08-86
	28	Tobias Levels	GER	186	81	22-11-86
	29	Markus Suttner	AUT	179	71	16-04-87
	32	Marcel Tisserand	COD	184	70	10-01-93
	33	Florent Hadergjonaj	SUI	183	75	31-07-94
	34	Marvin Matip	GER	184	83	25-09-85
MF	6	Alfredo Morales	USA	183	74	12-05-90
	8	Roger	BRA	181	73	10-08-85
	10	Pascal Groß	GER	171	66	15-06-91
	13	Robert Leipertz	GER	182	76	01-02-93
	14	Stefan Lex	GER	178	73	27-11-89
	19	Max Christiansen	GER	187	86	25-09-96
	21	Sonny Kittel	GER	176	64	06-01-93
	22	Nico Rinderknecht	GER	182	70	11-10-97
	31	Maurice Multhaup	GER	173	74	15-12-96
	36	Almog Cohen	ISR	170	65	01-09-88
FW	7	Matthew Leckie	AUS	180	79	04-02-91
	9	Moritz Hartmann	GER	181	74	20-06-86
	11	Dario Lezcano	PAR	178	72	30-06-90
	16	Lukas Hinterseer	AUT	192	82	28-03-91

2016-17 SEASON SCHEDULE

날짜	장소	상대팀	날짜	장소	상대팀
27/AUG	A	Hamburger SV	27/JAN	H	Hamburger SV
10/SEP	H	Hertha BSC	03/FEB	A	Hertha BSC
17/SEP	A	Bayern Munchen	10/FEB	H	Bayern Munchen
20/SEP	H	Eintracht Frankfurt	17/FEB	A	Eintracht Frankfurt
24/SEP	A	Bor. Monchengladbach	24/FEB	H	Bor. Monchengladbach
01/OCT	H	1899 Hoffenheim	03/MAR	A	1899 Hoffenheim
15/OCT	A	1. FC Koln	10/MAR	H	1. FC Koln
22/OCT	H	Borussia Dortmund	17/MAR	A	Borussia Dortmund
29/OCT	H	1. FSV Mainz 05	31/MAR	A	1. FSV Mainz 05
05/NOV	H	FC Augsburg	03/APR	A	FC Augsburg
19/NOV	H	SV Darmstadt 98	07/APR	A	SV Darmstadt 98
26/NOV	H	VfL Wolfsburg	14/APR	A	VfL Wolfsburg
02/DEC	A	Werder Bremen	21/APR	H	Werder Bremen
09/DEC	H	RB Leipzig	28/APR	A	RB Leipzig
16/DEC	A	Bayer Leverkusen	05/MAY	H	Bayer Leverkusen
19/DEC	H	SC Freiburg	13/MAY	A	SC Freiburg
20/JAN	A	FC Schalke 04	20/MAY	H	FC Schalke 04

RANK OF LAST 5 YEARS

2부 리그

2011-12	2012-13	2013-14	2014-15	2015-16
12 / 37점	13 / 42점	10 / 44점	1 / 64점	11 / 40점

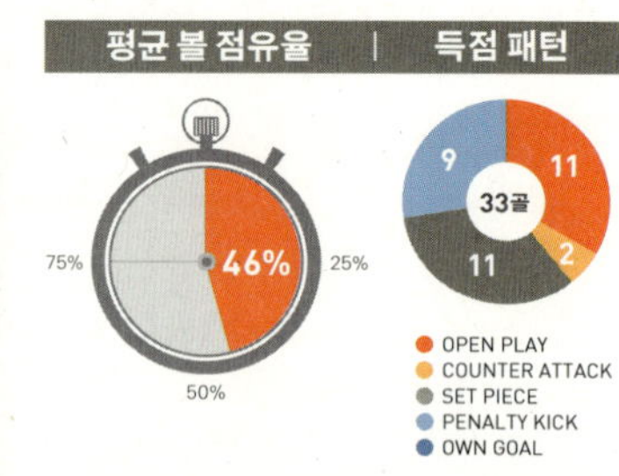

STRENGTHS & WEAKNESSES

OFFENSE		DEFENSE	
직접 프리킥	C	세트피스 수비	B
문전 처리	D	상대 볼 뺏기	B
측면 돌파	C	공중전 능력	C
스루볼 침투	C	역습 방어	D
개인기 침투	C	지공 방어	C
카운터 어택	C	스루패스 방어	D
기회 만들기	C	리드 지키기	C
세트피스	C	실수 조심	C
OS 피하기	D	측면 방어력	C
중거리 슈팅	C	파울 주의	C
볼 점유율	D	중거리슛 수비	E

매우 강함 A 강한 편 B 보통 수준 C 약한 편 D 매우 약함 E

시간대별 득점 | 시간대별 실점 | 득점 분포 | 공격 방향 | 볼 점유 위치 | 포지션별 득점 | 상대포지션별 실점

시간대별 득점: 76/75 7 4 15/16, 8 5, 4 5 30/31, 60 46 45

시간대별 실점: 76/75 13 9 15/16, 7 2, 6 5 30/31, 61 60 46 45

득점 분포: 9 / 19 / 5

공격 방향: 33% 24% 43%

볼 점유 위치: 상대진영 32% / 중간진영 43% / 우리진영 24%

포지션별 득점: FW진 25골 / MF진 5골 / DF진 3골

상대포지션별 실점: DF진 8골 / MF진 14골 / FW진 20골

FORMATION

4-2-3-1

TOTO GUIDE 지난 시즌 상대팀별 전적

상대팀	홈	원정
Bayern Munich	1-2	0-2
Dortmund	0-4	0-2
Leverkusen	0-1	2-3
Monchengladb.	1-0	0-0
Schalke 04	3-0	1-1
FSV Mainz 05	1-0	1-0
Hertha Berlin	0-1	1-2
Wolfsburg	0-0	0-2
FC Koln	1-1	1-1
Hamburger SV	0-1	1-1
FC Augsburg	2-1	1-0
Werder Bremen	2-0	1-0
Darmstadt	3-1	0-2
Hoffenheim	1-1	1-2
Frankfurt	2-0	1-1
Stuttgart	3-3	0-1
Hannover 96	2-2	0-4

GK Örjan Nyland

1

외르얀
닐란드

지난 시즌 주전 골키퍼인 외즈찬이 레버쿠젠으로 떠난 후 NO.1을 물려받았다. 192cm의 큰 키에 긴 팔과 다리를 활용해 상대의 슈팅을 저지해낸다. 페널티 킥 선방에도 일가견이 있을 정도로 뛰어난 반사신경을 보유하고 있고, 판단력도 좋아 상대의 슈팅 각도를 최대한 좁힌다. 공중볼에도 강하다. 킥 정확도 역시 준수한 편. 하지만 아직 경험이 부족하고, 수비 라인을 조율하는 능력은 부족하다.

국적 : 노르웨이

2013년 21세 이하 유럽 선수권에서 노르웨이의 4강 진출을 이끌며 대회 올스타팀에 당당히 이름을 올렸다. 2013년 11월, 스코틀랜드와의 평가전에서 대표팀 데뷔전을 치렀고, 기존 골키퍼 야른스테인을 제치고 주전 골키퍼로 올라섰다.

슈팅 위치별 선방

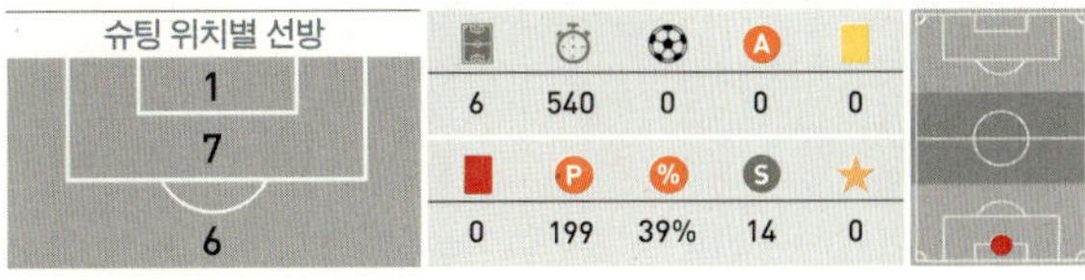

슈팅 위치별 선방					
1					
7	6	540	0	0	0
6	0	199	39%	14	0

GK Martin Hansen

35

마르틴
한센

외즈찬의 공백을 메우기 위해 영입된 골키퍼. 그러나 백업 골키퍼였던 닐란드가 주전으로 올라가고 한센이 NO.2 골키퍼가 될 가능성이 현재까지는 높다. 지난 시즌 네덜란드 ADO 덴 하그에서 주전 골키퍼로 활약했고, 안정감이 돋보이는 골키퍼. 공중볼과 크로스 방어가 조금 불안하지만 엄청난 반사신경을 바탕으로 일대일 상황에서 방어능력이 뛰어나고, 페널티킥도 잘 막아낸다.

국적 : 덴마크

리버풀 유스 출신이지만 1군 무대에서 기회를 잡지 못했고, 이후 브래드퍼드 시티, 비보르그, 덴 하그를 거쳐 2016년 잉골슈타트로 입단했다. 덴마크 U-16 대표를 시작으로 연령별 대표를 모두 거친 엘리트. 지난 시즌 필드골 기록이 있다.

슈팅 위치별 선방

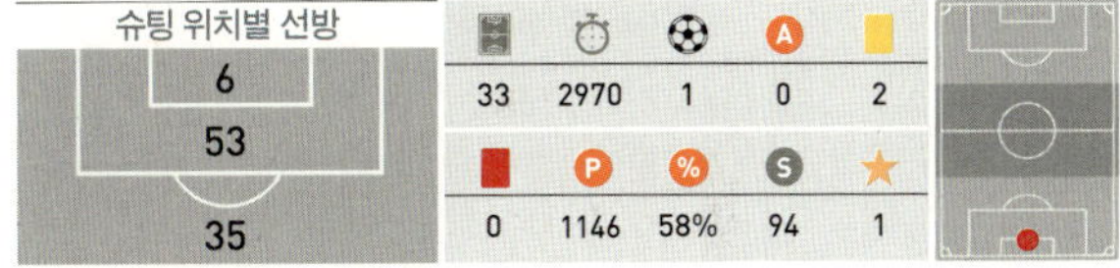

슈팅 위치별 선방					
6					
53	33	2970	1	0	2
35	0	1146	58%	94	1

DF Hauke Wahl

17

하우케
발

지난 시즌까지 파더보른에서 주전급으로 활약했던 중앙 수비수. 아직 어린 나이지만 침착한 플레이로 수비 라인에 안정감을 줄 수 있는 선수다. 189cm의 큰 키를 바탕으로 공중전에 능하고, 상대 공격수와 몸싸움에 밀리지 않는다. 센터백 치고 빠른 발을 가지고 있어 측면 플레이에도 능하지만 종종 거친 파울을 범하는 것은 단점이고, 후방에서 패싱력도 그리 좋지는 않다.

국적 : 독일

홀슈타인 킬 유스 출신으로 2013년 1군으로 데뷔해 2015년까지 좋은 활약을 펼쳤고, 파더보른으로 이적했다. 이후 안정적인 수비력을 자랑하며 이번 시즌 잉골슈타트에 입성하며 빅 리그 경험을 쌓게 됐다.

위치별 슈팅-득점

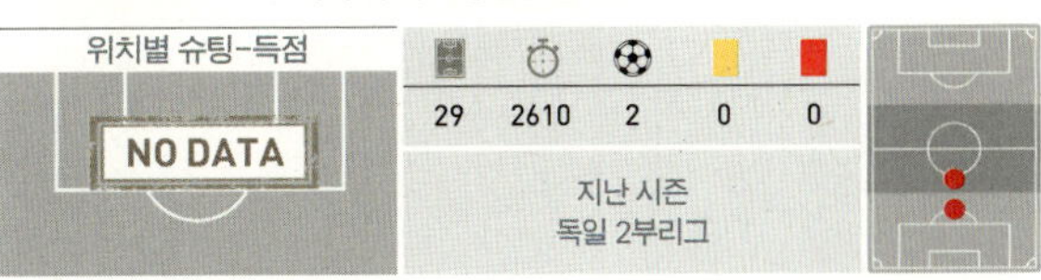

위치별 슈팅-득점					
NO DATA	29	2610	2	0	0

지난 시즌
독일 2부리그

DF Romain Brégerie

로마인 브레게리

중앙 수비수로 190cm의 장신에 탄력 높은 점프력을 살린 제공권에 강하고, 세트피스에서 위협적인 무기가 된다. 디나모 드레스덴에서 뛰던 2012-13 시즌에도 그는 에르츠게비르게 아우에와의 경기에서 헤딩으로 2골을 넣었다. 위치 선정이 좋고 수비 라인 조율에 능하다. 다만 대인 수비력은 떨어지는 편에 속하고 지난 시즌 확고한 주전은 아니었다. 종종 거친 파울을 범하는 것도 단점이다.

국적 : 프랑스

지로댕 보르도 유스 출신으로 2011년 디나모 드레스덴에 입단해 독일 무대에 발을 내디뎠다. 지난 시즌 다름슈타트 소속으로 잉골슈타트와의 2부 리그 원정 경기에서 1골 1도움을 기록하는 맹활약을 펼치며 2-2 무승부를 견인했다.

위치별 슈팅-득점

				A	경고
0 - 0	12(10)	1056	0	0	3
10 - 0					
3 - 0	1	368	64%	24	0

DF Tobias Levels

토비아스 레벨스

풍부한 분데스리가 경험을 자랑하는 오른쪽 측면 수비수. 묀헨글라드바흐와 뒤셀도르프에서 뛰면서 100경기 이상을 출전했고, 라이트백과 센터백 모두 가능하다. 중앙 수비수 출신답게 탄탄한 수비력을 자랑하고 있고, 정확한 오른발 킥을 바탕으로 패스도 준수한 편에 속한다. 다만 오버래핑 능력을 비롯한 공격적인 부분은 다소 아쉽고, 발이 느려 뒤 공간을 자주 내주는 것도 단점이다.

국적 : 독일

네덜란드 부모 사이에 독일에서 출생했다. 2014년 여름, 뒤셀도르프와 계약 만료 후 소속팀을 구하지 못했으나 잉골슈타트가 주전 오른쪽 풀백 다니 다 코스타의 장기 부상이 발생하면서 11월 입단했다.

위치별 슈팅-득점

				A	경고
0 - 0	16	1440	1	2	4
2 - 1					
2 - 0	0	677	77%	45	0

DF Markus Suttner

마르쿠스 슈트너

레프트백. 지난 시즌 잉골슈타트에서 로테이션 멤버로 활약했다. 비교적 안정적인 수비를 자랑한다. 수비 집중력이 뛰어나 좀처럼 실수를 하지 않는 풀백이다. 지구력이 좋아 다이내믹하게 터치라인을 따라 왕복한다. 앞 선에서 상대의 패스를 날렵하게 자른 뒤 바로 역습을 전개한다. 롱패스가 비교적 정확하고 크로스도 날카로운 편. 강력한 태클을 구사한다. PA 외곽에서 기습적인 중거리 슈팅을 날린다.

국적 : 오스트리아

오스트리아 명문 오스트리아 빈 유스 출신으로 2007년 1군에 데뷔해 2015년까지 무려 207경기에 출전했다. 이런 활약을 바탕으로 지난 시즌 잉골슈타트에 입단했다. 오스트리아 U-21 대표 출신이고, 현 국가대표다.

위치별 슈팅-득점

				A	경고
0 - 0	15(3)	1341	0	0	2
0 - 0					
20 - 0	0	420	65%	39	1

DF Marvin Matip

마빈 마팁

잉골슈타트 수비의 리더. 뛰어난 축구 IQ와 위치선정 능력을 바탕으로 많은 가로채기와 클리어링, 그리고 슈팅 차단을 기록한다. 유망주 시절 '검은 베켄바워'라는 애칭으로 불릴 정도로 수비 라인 조율에도 일가견이 있어 오프사이드 트랩을 자주 활용한다. 잉골슈타트 수비수들 중 가장 빌드-업에 능한 선수기도 하다. 과거 몸싸움에 약해 고전하는 경향이 있었으나 이제는 많이 좋아졌다.

국적 : 카메룬

카메룬(부친)-독일(모친) 혼혈. 보훔 유스 출신으로 쾰른과 칼스루어(임대)를 거쳐 2010년 잉골슈타트에 입단했다. 현재 팀의 주장이고 그의 동생 조엘은 샬케에서 수비수로 뛰고 있다. 두 형제 모두 카메룬 대표팀을 선택했다.

위치별 슈팅-득점

				A	경고
2 - 1	32(1)	2925	2	1	5
22 - 1					
1 - 0	0	1038	77%	33	3

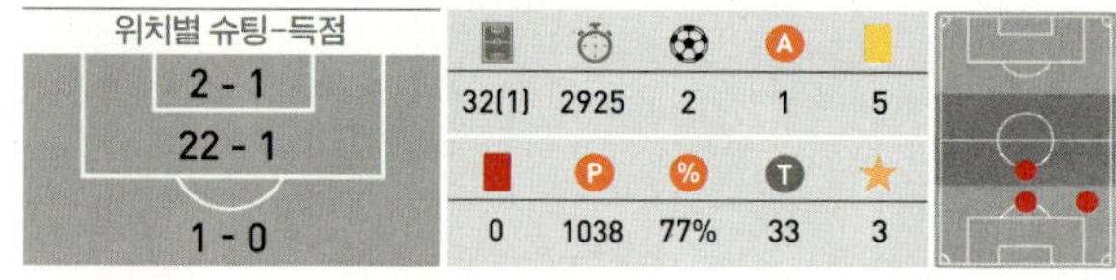

MF Alfredo Morales

알프레도 모랄레스

전형적인 박스-투-박스형 미드필더. 왕성한 활동량을 바탕으로 공수 모두에 높은 공헌도를 보인다. 빠른 발을 활용한 드리블 돌파에도 능숙하고, 가로채기와 태클능력이 좋아 포백을 잘 보호한다. 패스 정확도는 다소 떨어지는 편이지만 모험적인 패스를 시도하며 찬스를 만든다. 다만 문제는 거친 파울과 경고 누적. 지난 시즌에도 7개의 옐로카드를 받아 출전 정지 징계를 받았다.

국적 : 미국

페루계 미군 부친과 독일 모친 사이에 베를린에서 태어났다. 헤르타 베를린 유스 출신으로 2013년 잉골슈타트 입단. 클린스만 미국 대표팀 감독의 부름을 받고 2013년 1월, 캐나다와의 평가전 통해 A매치 데뷔전을 치렀다.

위치별 슈팅-득점

				A	경고
1 - 1	18(6)	1665	1	2	7
18 - 0					
11 - 0	0	501	59%	34	-

MF Roger

호제르

탄탄한 수비력을 자랑하는 중앙 미드필더. 과거에는 좀 더 공격적인 역할을 맡기도 했으나 나이가 들면서 수비형 미드필더로 자리를 잡았고, 가끔씩 중앙 수비로 출전하기도 한다. 높은 제공권과 가로채기를 통해 상대의 공격을 차단하고, 거친 몸싸움을 마다하지 않는다. 후방에서 궂은일을 도맡아해 공격진들을 편하게 해주지만 거친 파울로 위험한 상황을 만들기도 한다.

국적 : 브라질

2007년 폰테 프레타에서 프로 데뷔해 주벤투디와 구아라니, 피게이렌시를 거쳐 2009년 에네르기 코트부스에 입단하면서 독일 무대와 첫 인연을 맺었다. 2012년 여름, 잉골슈타트에 입단해 핵심 선수로 활약하고 있다.

위치별 슈팅-득점

				A	경고
0 - 0	28(1)	2501	1	1	3
3 - 0					
13 - 1	0	793	67%	60	1

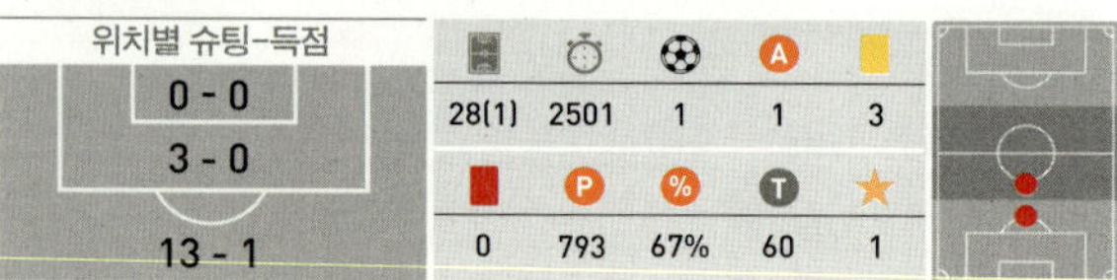

MF Pascal Groß

10

파스칼
그로스

잉골슈타트의 중원 사령관. 그를 통해 모든 공격이 이루어진다고 해도 과언이 아니다. 팀의 플레이메이커로 세트피스도 전담하고 후방 또는 중원에서 빌드-업을 시작한다. 아주 화려한 플레이를 펼치는 미드필더는 아니지만 기복 없는 플레이로 팀 공헌도가 아주 높다. 때로는 기습적인 중거리 슈팅으로 찬스를 직접 만들기도 한다. 다만 기술적으로 완벽한 선수는 아니고, 킥력도 조금은 가다듬어야 한다.

국적 : 독일

호펜하임 유스 출신으로 2011-12 시즌 칼스루어를 거쳐 2012년 잉골슈타트에 입단했다. 그의 부친 슈테판은 칼스루어에서 선수 생활을 했고, 은퇴 후 VfR 만하임과 잔드하우젠 감독직을 수행한 바 있다. 독일 U-18 대표 출신이다.

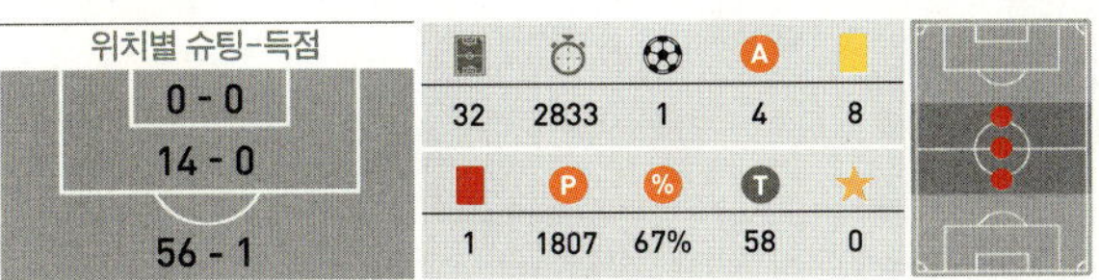

위치별 슈팅-득점				
0 - 0				
14 - 0				
56 - 1				

경기수	출전시간	득점	도움	경고
32	2833	1	4	8
퇴장	패스시도	패스성공률	태클성공	MOM
1	1807	67%	58	0

MF Robert Leipertz

13

로베르트
라이퍼츠

전형적인 윙어. 지난 시즌 2부 리그 소속인 하이덴하임에서 13골-5도움을 올리며 가능성을 남겼고, 이번 시즌을 앞두고 잉골슈타트로 이적했다. 아직 23세에 불과해 발전 가능성은 무궁무진하고, 오른쪽 측면을 허물고 시도하는 크로스가 상당히 예리하다. 최근에는 측면에서 중앙으로 이동해 과감하게 슈팅을 때리고, 문전까지 침투해 찬스를 만든다. 물론 아직 경험이 부족해 경기 조율능력이 부족하다.

국적 : 독일

알레마니아 아헨 유스 출신으로 2012년 1군에 데뷔했다. 이후 샬케 2군과 하이덴하임을 거쳐 이번 시즌 잉골슈타트 유니폼을 입었다. 어린 시절부터 주목받은 선수는 아니지만 최근 발전 속도가 빠르다.

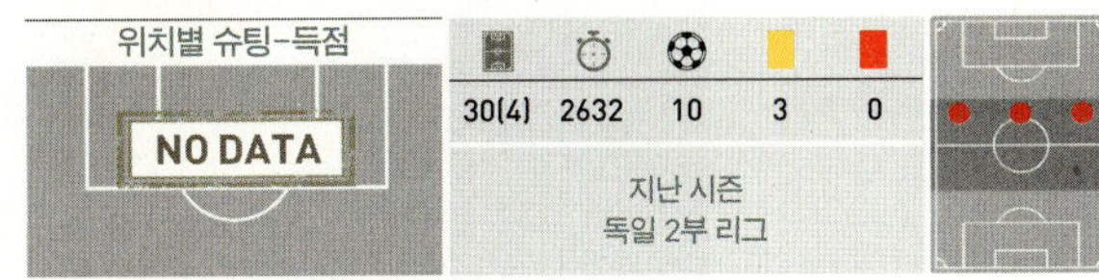

위치별 슈팅-득점
NO DATA

경기수	출전시간	득점	경고	퇴장
30(4)	2632	10	3	0

지난 시즌
독일 2부 리그

MF Max Christiansen

19

막스
크리스티안센

빠르게 성장하고 있는 잉골슈타트 중원의 신성. 이제 만 19세에 불과한 어린 수비형 미드필더지만 다양한 장점을 가지고 있다. 수비력이 좋아 중앙 수비수도 소화 가능하고, 강력한 중거리 슈팅능력도 보유하고 있다. 여름 프리 시즌에 좋은 활약을 펼치며 하젠휘틀 감독의 마음을 흡족케 했다. 아직 프로 경험이 부족하고, 팀플레이에 약한 모습을 보이고 있지만 발전 가능성은 무한하다.

국적 : 독일

한자 로스톡 유스 출신. 2015년 1월, 잉골슈타트에 입단했고, 2부 리그 최종전에서 후반 교체 투입되어 데뷔골을 기록했다. 17세 이하를 거쳐 현재 19세 이하 독일 대표팀에서 주축 선수로 뛰고 있다.

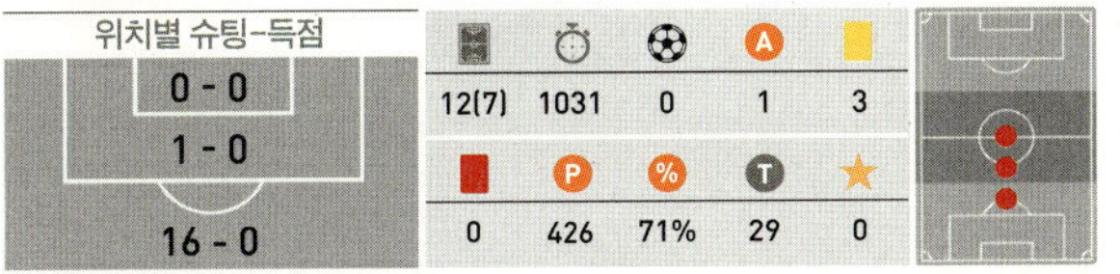

위치별 슈팅-득점				
0 - 0				
1 - 0				
16 - 0				

경기수	출전시간	득점	도움	경고
12(7)	1031	0	1	3
퇴장	패스시도	패스성공률	태클성공	MOM
0	426	71%	29	0

FW Matthew Leckie

7

매슈
레키

좌우 측면 공격수와 최전방 공격수를 동시에 소화할 수 있는 잉골슈타트의 돌격대장. 빠른 드리블을 바탕으로 문전에 침투해 날카로운 오른발 킥으로 골을 넣는 데에 능숙하다. 감각적인 패스를 통해 동료들에게 득점 찬스를 만들어주는 능력도 보유하고 있다. 역습 상황에서 특별한 능력을 보이고, 최전방보다는 2선 공격수로 활약할 때 더 위력적이다. 준수한 득점력을 가지고 있지만 볼 키핑과 크로스는 약하다.

국적 : 호주

호주 무대에서 활약하다가 2011년 뮌헨글라드바흐에 입단했고, 이후 프랑크푸르트 임대를 거쳐 2014년 잉골슈타트로 이적했다. 2012년 11월, 한국과의 평가전에서 호주 대표팀 데뷔전을 치렀다. 2015 아시안 컵 우승 주역.

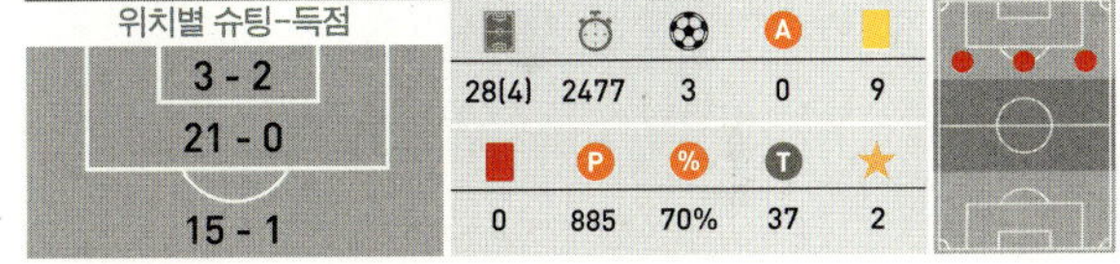

위치별 슈팅-득점				
3 - 2				
21 - 0				
15 - 1				

경기수	출전시간	득점	도움	경고
28(4)	2477	3	0	9
퇴장	패스시도	패스성공률	태클성공	MOM
0	885	70%	37	2

FW Moritz Hartmann

9

모리츠
하트만

독일 무대에서 잔뼈가 굵은 베테랑 공격수. 최전방은 물론이고 좌우 측면 공격수로도 활약할 수 있다. 지난 시즌 레키와 주전 경쟁을 펼치면서도 리그 30경기서 12골을 터트리며 준수한 득점력을 보여줬다. 빠른 발을 바탕으로 한 침투에 능하고, 과감하게 슈팅을 연결한다. 센스 있는 원터치 패스로 주변 동료에게 득점 기회도 제공해준다. 다만 하부 리그에서 오랜 기간 보냈기에 기본기가 떨어진다.

국적 : 독일

만 23세까지 퀼른 2군 팀에 있을 정도로 오랜 무명 생활을 보냈다. 이후 2009년 여름, 잉골슈타트에 입단한 후 팀의 주축 선수로 활약했다. 특히 입단 첫 해 3부 리그에서 무려 21골을 넣으며 팀을 승격시켰다.

위치별 슈팅-득점				
5 - 2				
29 - 10				
19 - 0				

경기수	출전시간	득점	도움	경고
24(6)	2011	12	1	4
퇴장	패스시도	패스성공률	태클성공	MOM
0	551	64%	24	1

FW Lukas Hinterseer

16

루카스
힌터제어

잉골슈타트의 최전방을 책임지고 있는 공격수지만 최근에는 치열한 주전 경쟁을 펼치고 있다. 수비 라인을 깨는 움직임과 공격 침투가 장점이고, 패스의 흐름을 읽는 능력도 뛰어나다. 176cm로 그리 큰 키는 아니지만 높은 점프력을 바탕으로 제공권에 강점을 보인다. 여기에 전방에서부터 강한 압박을 통해 수비 가담에도 적극적으로 나선다. 다만 과감성이 다소 부족한 편에 속하고, 오프사이드에도 자주 걸린다.

국적 : 오스트리아

그의 할아버지는 1960년 알파인 스키 올림픽 금메달 리스트로 1960년 올해의 오스트리아 스포츠맨을 수상한 에른스트 힌터제어이고, 그의 삼촌 역시 알파인 스키 선수이자 가수 겸 연기자인 한지 힌터제어이다.

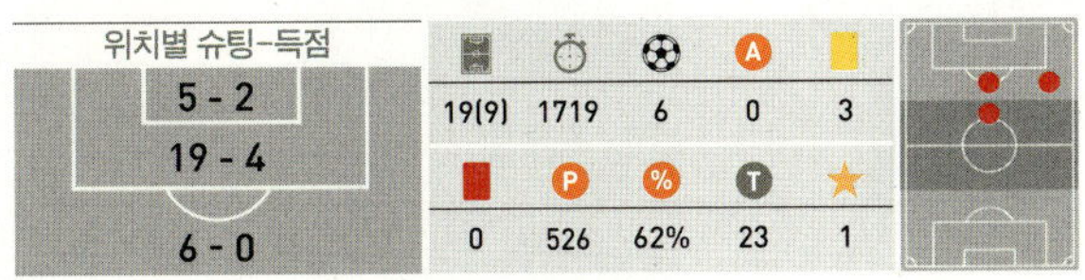

위치별 슈팅-득점				
5 - 2				
19 - 4				
6 - 0				

경기수	출전시간	득점	도움	경고
19(9)	1719	6	0	3
퇴장	패스시도	패스성공률	태클성공	MOM
0	526	62%	23	1

FC AUGSBURG

구단 소개

구단 창립 : 1907년
홈구장 : WWK 아레나
감독 : 디르크 슈스터
2015-16시즌 : 12위(승점 38점)
9승 11무 14패 42득점 52실점
닉네임 : Fuggerstadter

주요대회 우승횟수

GERMAN BUNDESLIGA	0	GERMAN DFB POKAL	0
UEFA CHAMPIONS LEAGUE	0	UEFA EUROPA LEAGUE	0
FIFA CLUB WORLD CUP	0	UEFA-CONMEBOL INTERCONTINENTAL	0

UNIFORM

Home

Away

바인치얼 감독 떠난 아우크스부르크
슈스터 감독과 새로운 시대를 열다

2015-16 SEASON REVIEW

지난 시즌은 잠시 주춤했다. 아우크스부르크는 지난 2014-15 시즌 구단 역대 가장 높은 순위인 분데스리가 5위를 차지하며 역사상 첫 유로파리그 진출에 성공했다. 그러나 유로파리그와 리그를 병행하는 것은 쉬운 일이 아니었고, 리그 순위는 강등권까지 추락했다. 특히 수비에 중점을 두고 후반에 승부를 보는 바인치얼 감독의 역습 축구가 큰 효과를 보지 못했고, 주축 선수들의 부상과 이탈로 어려운 시즌을 보냈다. 다행히 후반기에 경기력이 조금씩 살아나 리그 12위로 마무리했지만 분명 아쉬웠던 시즌이었다.

SUMMER TRANSFER

비교적 활발한 이적 시장이었고, 떠난 선수 대비 영입 자체는 나쁘지 않았다. 아우크스부르크는 이번 시즌을 앞두고 홍정호, 클라반, 마닝거, 에스바인 등이 팀을 떠나면서 수비에 큰 구멍이 생겼지만 힌터레거, 프리드리히를 영입하면서 수비를 보강했고, 슈미드, 우사마, 카차르 등을 영입하며 중원과 공격진도 강화했다. 특히 이적 시장 데드라인에 구단 역대 최고 이적료(700만 유로)를 주고 영입한 힌터레거에 많은 기대를 걸고 있고, 2선에 힘을 실어줄 우사미와 슈미드의 활약도 중요하다.

2016-17 SEASON OUTLOOK

아우크스부르크의 황금시대를 연 바인치얼 감독이 떠나고, 슈스터 감독이 새롭게 지휘봉을 잡았다. 선수단의 변화폭도 크다. 그러나 아우크스부르크의 역습 축구는 크게 달라지지 않을 것으로 보인다. 일단 슈스터 감독은 다름슈타트에서 선보였던 대로 중원을 강화하는 동시에 콤팩트한 피지컬 축구를 펼칠 것으로 보이고, 측면 플레이를 통해 공격의 활로를 찾을 것으로 예상된다. 이에 공격형 미드필더 구자철의 활약이 중요해졌고, 측면 공격수로 자리 잡은 지동원도 좀 더 좋은 활약을 펼쳐야 한다. 다만 문제는 홍정호가 없는 중앙 수비다.

감독 **디르크 슈스터**(Dirk Schuster)

구동독 출신의 명 수비수로 분데스리가내 대표적인 롱볼 축구 신봉자다. 잠머와 키르스텐, 토마스돌, 그리고 마샬과 함께 동독과 독일 대표팀에서 모두 A매치에 출전한 경험이 있는 8명의 선수 중 한 명이다. 2007년 은퇴 후 6부 리그 팀 두르라흐 임시 감독직을 수행한 그는 이후 쾰른 스포츠 전문대에서 지도자 수업을 받았고, 2009년 4부 리그 구단 슈투트가르트 키커스 감독직에 부임해 본격적으로 감독 경력을 이어나갔다. 2010-11 시즌 슈투트가르트 키커스를 3부 리그로 승격시킨 그는 2012년 12월 다름슈타트 지휘봉을 잡고선 2013-14 시즌 팀을 3부 리그에서 2부 리그로, 그리고 2014-15 시즌 2부 리그에서 분데스리가로 연달아 승격시켰다.

PROFILE
- **출 생** : 1967.12.29
- **국 적** : 독일
- **계 약** : 2019.6.30

STADIUM

WWK ARENA

구장 오픈 : 2009년
구장 개축 : -
구장 소유 : FC 아우크스부르크
수용 인원 : 3만 660명
피치 규모 : 105m × 68m
잔디 종류 : 천연 잔디

SQUAD LIST

위치	번호	이름	국적	신장	체중	생년월일
GK	1	Andreas Luthe	GER	194	90	10-03-87
	24	Ioannis Gelios	GRE	190	76	24-04-92
	35	Marwin Hitz	SUI	192	89	18-09-87
DF	2	Paul Verhaegh	NED	178	68	01-09-83
	3	Kostas Stafylidis	GRE	176	74	02-12-93
	4	Daniel Opare	GHA	172	65	18-10-90
	6	Jeffrey Gouweleeuw	NED	187	73	10-07-91
	15	Marvin Friedrich	GER	190	74	13-12-95
	16	Christoph Janker	GER	185	78	14-02-85
	28	Georg Teigl	AUT	178	74	09-02-91
	31	Philipp Max	GER	178	74	30-09-93
	32	Raphael Framberger	GER	179	73	06-09-95
	36	Martin Hinteregger	AUT	184	73	07-09-92
	40	Tim Rieder	GER	186	73	03-09-93
MF	7	Halil Altıntop	TUR	186	82	08-12-82
	10	Daniel Baier	GER	175	73	18-05-84
	11	Jonathan Schmid	FRA	177	69	26-06-90
	14	Jan Morávek	CZE	179	71	01-11-89
	19	Koo Ja-Cheol	KOR	183	75	27-02-89
	20	Gojko Kačar	SRB	186	79	26-01-87
	21	Dominik Kohr	GER	183	75	31-01-94
	29	Marco Schuster	GER	179	73	10-10-95
	37	Arif Ekin	TUR	176	69	14-09-95
	39	Takashi Usami	JPN	178	68	06-05-92
FW	22	Ji Dong-Won	KOR	187	78	28-05-91
	25	Raúl Bobadilla	PAR	180	82	18-06-87
	26	Bastian Kurz	GER	178	75	23-09-96
	27	Alfreð Finnbogason	ISL	184	78	01-02-89
	30	Caiuby	BRA	183	75	14-07-88

2016-17 SEASON SCHEDULE

날짜	장소	상대팀	날짜	장소	상대팀
27/AUG	H	VfL Wolfsburg	27/JAN	A	VfL Wolfsburg
11/SEP	A	Werder Bremen	03/FEB	H	Werder Bremen
18/SEP	H	1. FSV Mainz 05	10/FEB	A	1. FSV Mainz 05
21/SEP	A	Bayer Leverkusen	17/FEB	H	Bayer Leverkusen
24/SEP	H	SV Darmstadt 98	24/FEB	A	SV Darmstadt 98
30/SEP	A	RB Leipzig	03/MAR	H	RB Leipzig
15/OCT	H	FC Schalke 04	10/MAR	A	FC Schalke 04
22/OCT	A	SC Freiburg	17/MAR	H	SC Freiburg
29/OCT	H	Bayern Munchen	31/MAR	A	Bayern Munchen
05/NOV	A	FC Ingolstadt 04	03/APR	H	FC Ingolstadt 04
19/NOV	H	Hertha BSC	07/APR	A	Hertha BSC
26/NOV	A	1. FC Koln	14/APR	H	1. FC Koln
02/DEC	H	Eintracht Frankfurt	21/APR	A	Eintracht Frankfurt
09/DEC	A	Hamburger SV	28/APR	H	Hamburger SV
16/DEC	H	Bor. Monchengladbach	05/MAY	A	Bor. Monchengladbach
19/DEC	A	Borussia Dortmund	13/MAY	H	Borussia Dortmund
20/JAN	H	1899 Hoffenheim	20/MAY	A	1899 Hoffenheim

RANK OF LAST 5 YEARS

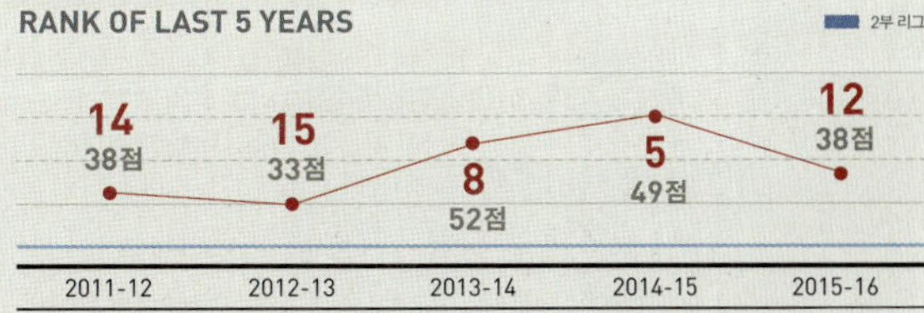

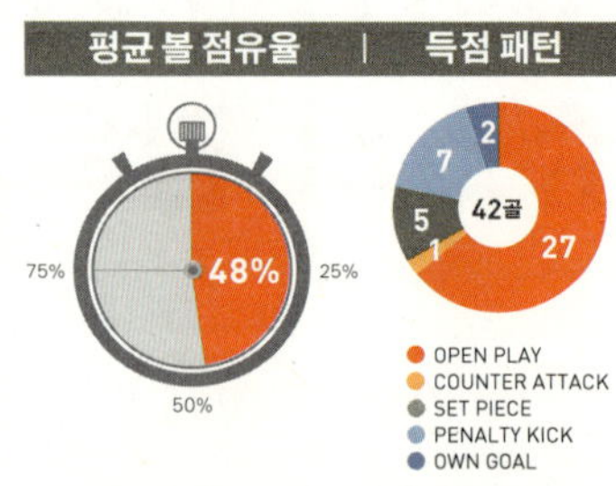

STRENGTHS & WEAKNESSES

OFFENSE		DEFENSE	
직접 프리킥	A	세트피스 수비	C
문전 처리	D	상대 볼 뺏기	A
측면 돌파	C	공중전 능력	A
스루볼 침투	C	역습 방어	C
개인기 침투	C	지공 방어	C
카운터 어택	C	스루패스 방어	C
기회 만들기	C	리드 지키기	B
세트피스	C	실수 조심	C
OS 피하기	C	측면 방어력	C
중거리 슈팅	B	파울 주의	C
볼 점유율	C	중거리슛 수비	C

매우 강함 A   강한 편 B   보통 수준 C   약한 편 D   매우 약함 E

FORMATION

TOTO GUIDE 지난 시즌 상대팀별 전적

상대팀	홈	원정
Bayern Munich	1-3	1-2
Dortmund	1-3	1-5
Leverkusen	3-3	1-1
Monchengladb.	2-2	2-4
Schalke 04	2-1	1-1
FSV Mainz 05	3-3	2-4
Hertha Berlin	0-1	0-0
Wolfsburg	0-0	2-0
FC Koln	0-0	1-0
Hamburger SV	1-3	1-0
Ingolstadt	0-1	1-2
Werder Bremen	1-2	2-1
Darmstadt	0-2	2-2
Hoffenheim	1-3	1-2
Frankfurt	0-0	1-1
Stuttgart	1-0	4-0
Hannover 96	2-0	1-0

GK **Andreas Luthe**

1

안드레아스
루테

당당한 신체조건을 가지고 있는 백업 골키퍼. 민첩성이 아주 뛰어나지는 않지만 안정적인 플레이를 선호한다. 195cm의 장신 골키퍼로 공중전에 강점을 가지고 있고, 볼 핸들링, 숏-스토핑 등 무난한 골키퍼 기술을 보유하고 있다. 전체적으로 안정감이 있는 골키퍼고 이번 시즌 주전 골키퍼인 히츠와 경쟁한다. 다만 스피드가 느려 일대일 상황에서 아쉬운 판단을 하는 경우가 있다.

국적 : 독일

보훔 유스 생활을 보낸 루테는 보훔 2군에서 프로로 데뷔했다. 2009년에 1군에서 처음으로 모습을 드러내며 본격적으로 주전급 골키퍼로 도약했다. 그리고 2016년 아우크스부르크로 이적해 분데스리가에 도전한다.

슈팅 위치별 선방

NO DATA

경기수	출전시간	득점	경고	퇴장
16	1440	0	0	0

지난 시즌
독일 2부 리그

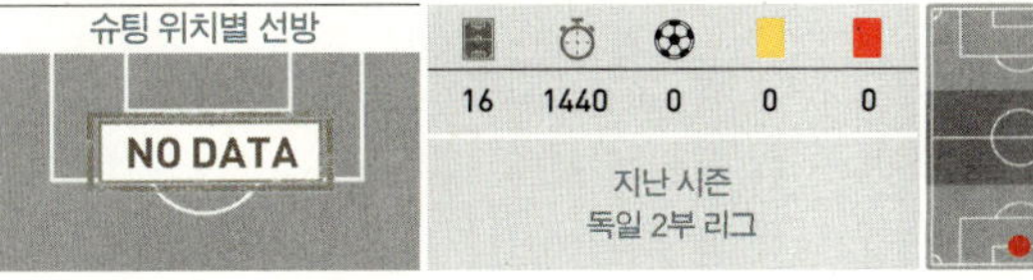

GK **Marwin Hitz**

35

마어빈
히츠

아우크스부르크의 주전 수문장. 동물적인 반사신경을 바탕으로 뛰어난 선방능력을 자랑하고 있다. 집중력이 좋아 실수가 적은 편에 해당한다. 193cm의 장신을 바탕으로 제공권에서도 강한 면모를 보이고 있고, 킥 정확도가 높지 않다는 평가가 있었으나 최근 빠른 속도로 발전해가고 있다. 다만 부상 빈도가 잦은 편에 속한다. 그러나 지난 시즌에는 33경기를 소화하며 모처럼 꾸준하게 출전했다.

국적 : 스위스

장기간 볼프스부르크 2군 팀에 있다가 2013년 아우크스부르크 이적과 함께 주전 자리를 꿰찼다. 2015년 2월, 레버쿠젠과의 경기에서 인저리 타임에 극적인 동점골을 넣으며 분데스리가 역사상 필드골을 기록한 3번째 골키퍼에 등극했다.

슈팅 위치별 선방

| | 4 |
| 70 |
| 52 |

경기수	출전시간	득점	도움	경고
33	2967	0	0	2

퇴장	패스시도	패스성공률	GK선방	MOM
0	1082	63%	126	3

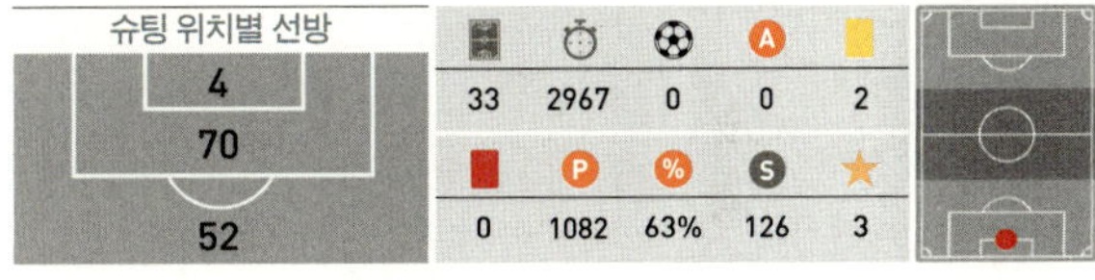

DF **Paul Verhaegh**

2

폴
페르헤흐

아우크스부르크의 주전 RB. 공수 밸런스가 잘 잡힌 선수로 비록 폭발적인 오버래핑을 구사하지는 않지만 안정적으로 볼을 키핑하면서 적재적소에 공격에 가담한다. 수비적인 부분에 있어서도 실수를 거의 찾아볼 수 없다. 정확한 킥력을 자랑하고 있고, 페널티 킥 전담 키커로 나설 정도로 담력도 강하다. 다만 30대에 접어들면서 최근 들어 부상 빈도가 서서히 늘어나고 있는 것이 아쉽다.

국적 : 네덜란드

PSV 유스 출신. 2004년 덴 보슈로 이적하면서 에레디비지에 데뷔전을 치렀다. 2013년 8월, 만 29세의 다소 늦은 나이에 포르투갈과의 평가전에서 네덜란드 대표팀 데뷔전을 치렀다. 리그에서 페널티 킥 성공률 100%를 자랑한다.

위치별 슈팅-득점

| | 0 - 0 |
| 8 - 6 |
| 2 - 0 |

경기수	출전시간	득점	도움	경고
25	2200	6	2	8

퇴장	패스시도	패스성공률	태클성공	MOM
0	1049	80%	25	1

DF Kostas Stafylidis

3

코스타스
스타필리디스

왼쪽 풀백, 수비형 미드필더, 왼쪽 윙어까지 소화할 수 있는 다재다능한 선수다. 일단 발이 빨라 상대 공격수와 속도 경쟁에서 뒤지지 않는다. 태클, 대인방어, 클리어링 등 수비능력도 나쁘지 않다. 문제는 전문적인 포지션이 없다는 것. 한 포지션에 전문성이 없어 선발보다는 교체로 활약하거나 부상 선수가 발생했을 때 백업으로 출전했다. 이번 시즌에도 교체 자원으로 경기에 나설 것으로 보인다.

국적 : 그리스

PAOK 유소년 출신으로 2012년 바이어 레버쿠젠으로 이적하며 독일에 진출했다. 이후 풀럼 임대를 거쳐 2015년부터 아우크스부르크에서 활약하고 있다. 그리스 대표 수비수로 연령별 대표팀을 모두 거쳤고 2012년 A매치 데뷔전을 치렀다.

위치별 슈팅-득점

0 - 0		
1 - 0		
9 - 1		

경기수	시간	득점	A	경고
8(3)	686	1	0	2

퇴장	P	%	T	★
0	269	73%	21	1

DF Jeffrey Gouweleeuw

6

제프리
하우레우

지난겨울 이적 시장서 칼센-브라커의 부상으로 급히 영입된 센터백. 이번 시즌 홍정호가 중국으로 떠났고, 라그라르 클라반까지 리버풀로 이적하면서 중요성이 높아졌다. 경험이 많지는 않지만 안정적인 경기력을 보여주고 있고 키도 187cm로 작지 않아 공중볼에서도 강점을 갖고 있다. 특별히 부족한 부분이 없어 성장세만 꾸준하다면 분데스리가 최고의 수비수로 성장할 가능성이 크다.

국적 : 네덜란드

헤이렌베인 유스 출신으로 프로 역시 이곳에서 데뷔했다. 이후 2013년 알크마르로 이적하며 2015년엔 주장 완장을 차기도 했다. 그해 12월 부상에 시달리며 경기에 나서지 못했고 결국 아우크스부르크로 새로운 도전을 선택했다.

위치별 슈팅-득점

1 - 0		
1 - 0		
0 - 0		

경기수	시간	득점	A	경고
11	990	0	0	2

퇴장	P	%	T	★
1	501	78%	20	0

DF Christoph Janker

16

크리스토프
얀커

독일 출신 수비수로 센터백과 함께 수비형 미드필더를 소화할 수 있다. 좋은 신체조건으로 몸싸움에 능하고, 상대 공격수와 경합 과정에서 밀리지 않는다. 여기에 예측과 판단력이 뛰어나 상대의 공격을 잘 차단하는 동시에 정교한 패스로 빌드-업한다. 그러나 기본적인 수비력이 떨어져 주전 경쟁에서 어려움을 겪고 있고, 지난 시즌에도 선발 기회는 3번밖에 없었다.

국적 : 독일

2003년 1860뮌헨에서 프로로 데뷔했다. 하지만 경기에 나서지 못하며 꾸준히 벤치를 지켰다. 결국 2006년 호펜하임으로 팀을 옮겼으나 여전히 벤치를 벗어나지 못했다. 결국 헤르타를 거쳐 2015년 아우크스부르크로 팀을 옮겼다.

위치별 슈팅-득점

0 - 0		
1 - 0		
0 - 0		

경기수	시간	득점	A	경고
3(9)	367	0	0	2

퇴장	P	%	T	★
0	148	83%	7	0

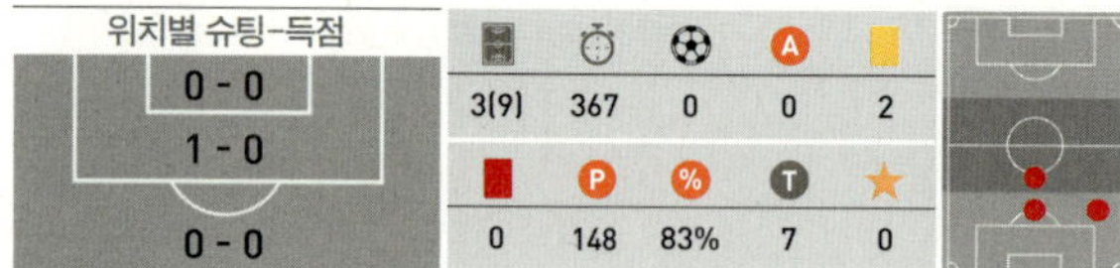

MF Halil Altintop

7

할릴
알틴톱

공격수 출신이지만 30대에 접어들면서 미드필더로 보직을 변경했다. 베테랑이지만 그 누구보다도 열정적으로 뛰고 거친 파울도 불사한다. 과거에 비해 득점력이 많이 떨어지긴 했으나 여전히 중요 순간마다 골을 넣는 습성이 있다. 다소 플레이가 투박하고 단조롭다는 인상을 지울 수 없지만 중원에서 존재감이 있는 선수고, 베테랑으로서 팀의 중심을 잡아주는 정신적인 지주다.

국적 : 터키

터키 이민 2세로 독일 겔젠키르헨에서 출생했다. 그의 쌍둥이 형제 하밋은 갈라타사라이에서 뛰고 있다. 카이저슬라우턴과 샬케, 그리고 아인트라흐트 프랑크푸르트에서 뛰면서 풍부한 분데스리가 경험을 쌓았다.

위치별 슈팅-득점

1 - 0		
9 - 1		
4 - 0		

경기수	시간	득점	A	경고
15(4)	1206	1	2	1

퇴장	P	%	T	★
0	375	79%	20	0

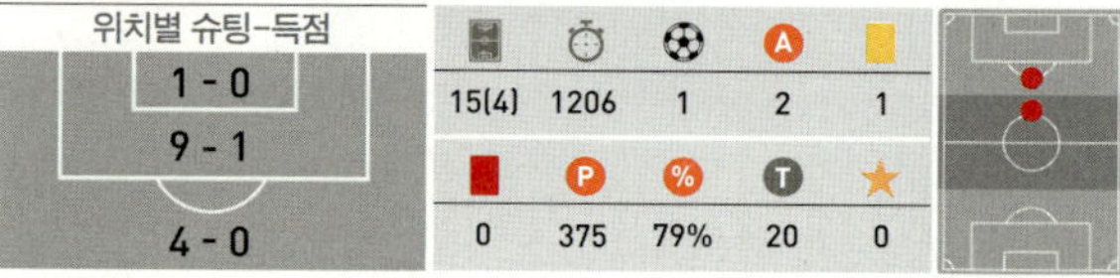

MF Markus Feulner

8

마르쿠스
포일너

측면 수비수와 중앙 미드필더 그리고 측면 미드필더까지 소화할 수 있는 다재다능한 선수. 역습에 능하고, 강력한 중거리 슈팅능력을 보유하고 있다. 수비 가담에도 적극적으로 참여하고, 과감한 태클을 통해 많은 파울을 양산해낸다. 단점을 지적하자면 옐로카드를 많이 받는 편이고, 패스가 부정확하며 볼 키핑력이 떨어진다. 게다가 잔 부상이 잦아 지난 시즌도 리그 11경기 선발 출전에 그쳤다.

국적 : 독일

바이에른 유스 출신으로 한때 사뮐의 후계자로 각광받았다. 현 바이에른 주장 람이 포일너에게 밀려 슈투트가르트로 임대를 떠나야 했다. 2006년부터 2010년까지 마인츠와 도르트문트에서 뛰며 위르겐 클롭 감독의 애제자로 불렸다.

위치별 슈팅-득점

0 - 0		
6 - 1		
25 - 0		

경기수	시간	득점	A	경고
11(9)	1082	1	0	5

퇴장	P	%	T	★
0	697	73%	62	0

MF Daniel Baier

10

다니엘
바이어

아우크스부르크 수비형 미드필더로 팀 전술의 키를 잡고 있다. 정확한 패스로 적재적소에 볼배급을 해준다. 공격형 미드필더 출신답게 스루패스에도 능숙하다. 아우크스부르크의 공격은 그의 발을 통해 이루어진다고 봐도 무방하다. 게다가 뛰어난 위치선정을 바탕으로 상대 패스의 줄기를 끊는 역할도 수행하고 있다. 기회가 있으면 기습적인 중거리 슈팅을 구사하고, 공격에 적극 가담한다.

국적 : 독일

1860뮌헨 유스 출신으로 볼프스부르크를 거쳐 2010년 아우크스부르크에 입단했다. 그의 부친 위르겐 바이어는 다름슈타트에서 선수 생활을 했고, 동생 벤야민 바이어는 로트-바이스 에센에서 공격형 미드필더로 뛰고 있다.

위치별 슈팅-득점

0 - 0		
2 - 0		
16 - 1		

경기수	시간	득점	A	경고
28	2334	1	2	7

퇴장	P	%	T	★
0	1476	77%	47	2

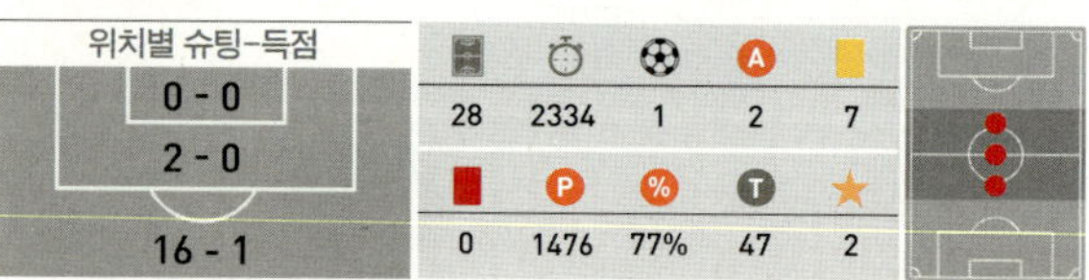

MF Koo Ja-Cheol

19

구자철

대한민국 국가대표 미드필더. 주 포지션은 공격형 미드필더로 활발한 움직임과 득점 감각이 장점이다. 제주 유나이티드에선 도움왕을 차지할 만큼 정확한 패스능력도 보유하고 있다. 몸싸움이 약해 드리블 과정에서 무게 중심을 잃는 모습이 자주 보이지만 투지는 결코 뒤지지 않는 선수다. 지난 시즌 아우크스부르크에서도 8골 1도움을 기록하며 에이스 역할을 수행하고 있고, 이번 시즌도 주전으로 활약한다.

국적 : 대한민국

논산 출신으로 보인고를 졸업한 후 제주 Utd에서 프로로 데뷔했다. 이후 K리그 도움왕을 기록하며 최고의 선수로 성장했고 볼프스부르크로 이적했다. 이후 아우크스부르크 임대에서 인상적인 모습을 보여주며 마인츠를 거쳐 완전 이적했다.

위치별 슈팅-득점

			A	
3 - 3	24(5)	2098	8	1	6
18 - 5				
19 - 0	P	%	T	★
	0	825	80%	51	2

MF Dominik Kohr

21

도미닉
코어

전형적인 수비형 미드필더. 중앙 수비수도 소화할 수 있을 정도로 수비에 거의 모든 능력치가 집중되어 있다. 가로채기에 능숙하고, 태클을 즐겨 하며, 공중볼 싸움에도 상당히 강하다. 파울을 자주 저지르는 편이다. 당연히 옐로카드를 자주 수집하는 경향이 있다. 다만 패스가 단조롭고, 공격적인 부분에선 거의 기대하기 어렵다. 최근 바이어가 서서히 하향세를 타면서 그의 대체자로 주목받고 있다.

국적 : 독일

레버쿠젠 유스 출신으로 2013년 1월, 아우크스부르크에 임대되어 1년 6개월간 뛰었고, 올 여름 200만 유로에 완전 이적했다. 그의 부친은 1980년대 아인트라흐트 트리어와 카이저슬라우테른에서 활약한 공격수 하랄트 코어이다.

위치별 슈팅-득점

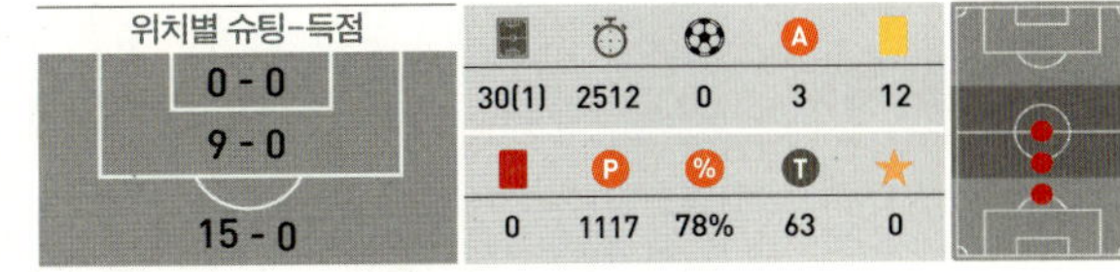

			A	
0 - 0	30(1)	2512	0	3	12
9 - 0				
15 - 0	P	%	T	★
	0	1117	78%	63	0

FW Ji Dong-Won

22

지동원

최전방은 물론이고 좌우 측면 공격수로 활약할 수 있는 다재다능한 선수. 좋은 체격과 훌륭한 기술을 동시에 갖췄다. 축구 IQ도 상당히 좋은 편에 해당한다. 제공권에도 능하고, 볼 키핑에도 일가견이 있다. 압박도 열심히 하고 파울도 자주 범한다. 하지만 킥력이 좋지 못하다보니 패스가 부정확한 편에 속하고, 무엇보다도 결정력이 떨어진다. 골 가뭄이 이어지다보니 자신감이 떨어진 모습은 아쉽다.

국적 : 대한민국

제주도 출신으로 광양제철고로 유학을 떠났다. 2007년엔 레딩 FC로 축구 연수를 간 적이 정도로 재능을 인정받는 유망주였다. 2012-13 시즌 후반기 아우크스부르크에서 임대로 뛰며 5골을 넣어 팀을 강등 위기에서 구해낸 바 있다.

위치별 슈팅-득점

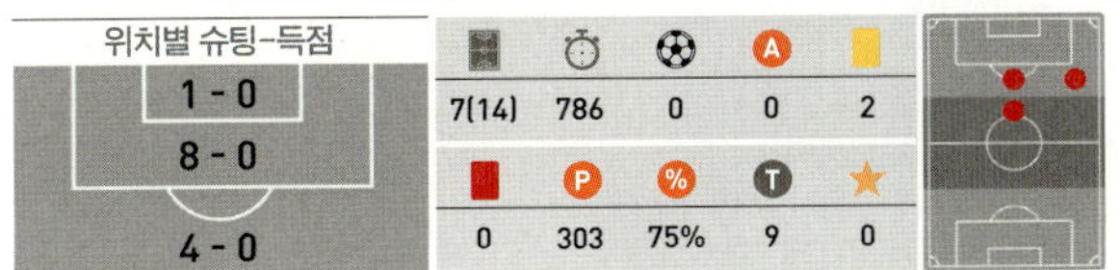

			A	
1 - 0	7(14)	786	0	0	2
8 - 0				
4 - 0	P	%	T	★
	0	303	75%	9	0

FW Raúl Bobadilla

25

라울
보바디야

명실상부한 팀의 에이스. 지난 시즌 리그와 유로파리그를 포함해 10골 4도움을 올리며 팀 공격의 상당 부분을 책임졌다. 파워와 스피드, 그리고 드리블 기술을 동시에 겸비해 가속도가 붙은 그는 좀처럼 막기 어렵다. 오른쪽 측면 미드필더로 주로 출전했으나 최전방 공격수로도 10경기에 출전해 5골을 넣었다. 공중볼 싸움에도 능하다. 다만 최전방 공격수로 나서기에는 볼 키핑이 떨어지고, 부상이 잦은 편에 속한다.

국적 : 파라과이

파라과이계 아르헨티나인. 아르헨티나 명문 리버 플레이트 유스 출신으로 스위스와 분데스리가에서 오랜 기간 활약했다. 2015년 3월, 파라과이 축구협회의 러브콜을 받고 파라과이 대표팀에 승선해 2015 코파 아메리카에 참가했다.

위치별 슈팅-득점

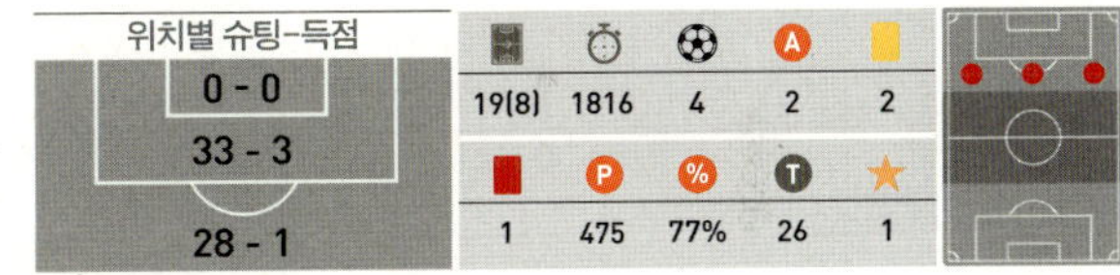

			A	
0 - 0	19(8)	1816	4	2	2
33 - 3				
28 - 1	P	%	T	★
	1	475	77%	26	1

FW Alfred Finnbogason

27

알프레드
핀보가손

아이슬란드의 스트라이커. 2013-14 시즌 네덜란드 에레디비지에 득점왕을 차지했을 만큼 슈팅 감각과 결정력이 있는 선수다. 지난겨울 이적 시장에서 아우크스부르크로 임대 이적하며 인상적인 활약을 펼쳤고, 결국 완전 이적까지 이어졌다. 속도가 빠르며 슈팅 정확도도 높아 일대일 찬스에서 득점 성공률이 높다. 볼 컨트롤에서 다소 투박함이 있지만 득점 감각은 뛰어난 선수이다.

국적 : 아이슬란드

아이슬란드 블레이다블리크에서 프로로 데뷔했다. 이후 2012년 헤이렌베인에서 전성기를 보냈고 레알 소시에다드를 거쳐 아우크스부르크 유니폼을 입었다. 최근엔 유로 2016에서 아이슬란드의 기적을 함께 만들었다.

위치별 슈팅-득점

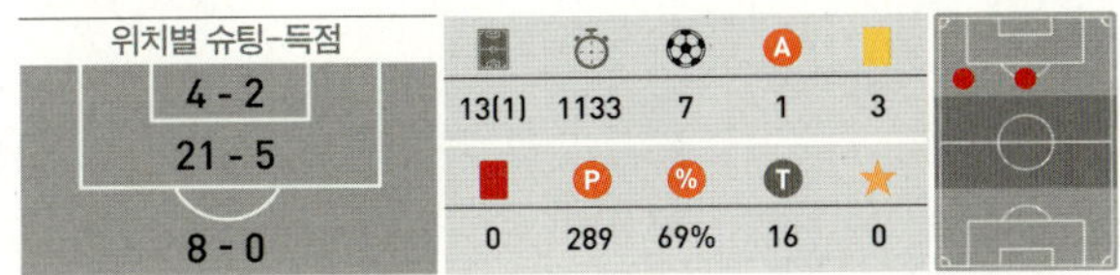

			A	
4 - 2	13(1)	1133	7	1	3
21 - 5				
8 - 0	P	%	T	★
	0	289	69%	16	0

FW Caiuby

30

카이우비

공격형 미드필더와 최전방 스트라이커에서 뛰는 공격자원. 전형적인 '저니맨'이다. 2005년 데뷔 이후 지금까지 총 10개 팀을 거치며 경험을 쌓고 있다. 브라질 스트라이커로 부드러운 몸동작과 화려한 개인기가 특징이지만 몸싸움이 약해 수비와의 경합에서 약점을 드러낸다. 최전방보다 측면에 배치돼 지동원의 실질적인 경쟁자다. 다만 거친 파울로 카드를 많이 받는 것이 단점이다.

국적 : 브라질

2005년 브라질 페로비아리오에서 데뷔한 카이우비는 상파울로로 이적했으나 단 한 경기도 뛰지 못했다. 코린티안스 역시 마찬가지였다. 2008년 볼프스부르크로 이적하며 본격적으로 분데스리가에 뛰기 시작했다. 브라질 대표 경력은 없다.

위치별 슈팅-득점

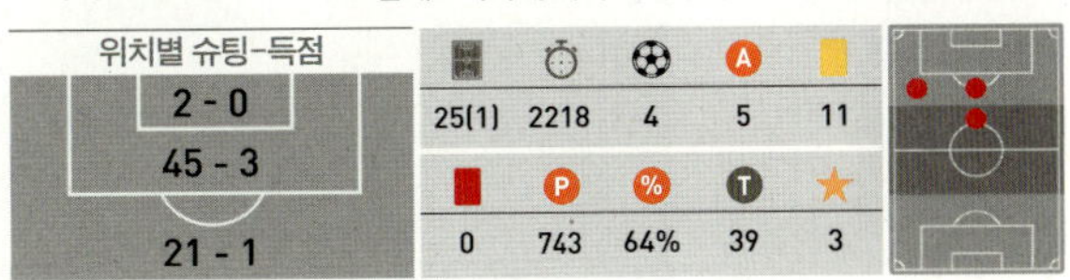

			A	
2 - 0	25(1)	2218	4	5	11
45 - 3				
21 - 1	P	%	T	★
	0	743	64%	39	3

WERDER BREMEN

구단 소개

구단 창립 : 1899년
홈구장 : 베저르슈타디온
감독 : 빅토르 스크리프닉
2015-16시즌 : 13위(승점 38점)
10승 8무 16패 50득점 65실점
닉네임 : Die Werderaner

주요대회 우승횟수

4	6
GERMAN BUNDESLIGA	GERMAN DFB POKAL

0	0
UEFA CHAMPIONS LEAGUE	UEFA EUROPA LEAGUE

0	0
FIFA CLUB WORLD CUP	UEFA-CONMEBOL INTERCONTINENTAL

UNIFORM

Home

Away

피사로 원맨팀 거부한 베르더 브레멘
폭풍영입으로 명가 재건을 노린다!

2015-16 SEASON REVIEW

브레멘은 지난 시즌도 베테랑 공격수 피사로의 원맨팀이라 불렸다. 피사로는 지난 시즌 리그 28경기서 14골을 터트리며 브레멘의 공격을 홀로 책임졌고, 득점 랭킹 상위권에 이름을 올렸다. 이것이 문제라면 문제였다. 브레멘의 득점 루트는 너무 단조로웠고, 잘되는 날은 대량 득점에 성공했지만 반대의 경우에는 극심한 부진을 보였다. 더 큰 문제는 수비. 지난 시즌 브레멘은 리그에서만 65실점을 허용했는데 이는 분데스리가 최다 실점 2위에 해당되는 수치로 결국 많은 골을 넣어도 승리할 수 없는 날이 더 많았다.

SUMMER TRANSFER

명가 재건을 노리는 브레멘이 이번 여름 이적 시장에서 폭풍영입을 진행하며 확실하게 전력을 보강했다. 질로보지, 베스터가드, 우야 등의 선수들이 나간 것이 아쉽지 않을 정도로 화끈하게 지갑을 열었다. 특히 공격력이 더 강해졌다. 2016 리우 올림픽에서 맹활약한 독일의 신성 나브리를 비롯해 크루제, 에거스테인, 타이, 엘리어스 등을 영입해 화력을 강화했고, 여기에 카인츠, 하이로비치, 바우어, 디아네, 사네 등을 데려와 중원과 수비도 든든하게 만들었다. 이제 중요한 것은 이들의 조합과 조직력이다.

2016-17 SEASON OUTLOOK

지난 시즌과 마찬가지로 확실히 공격력은 강하다. 피사로가 여전히 건재함을 과시하고 있고, 여기에 나브리, 크루제, 타이 등을 보강해 화력을 더 강하게 만들었다. 또한, 지난 시즌 12도움을 기록하며 팀 내 최다 도움자에 이름을 올린 유노조비치도 더 성장한 모습을 보여 기대감을 갖게 만들고 있다. 문제는 지난 시즌 65실점을 했던 수비진. 다행히 이번여름 이적 시장을 통해 사네, 디아네 등을 영입해 수비를 강화했지만 이들이 어떤 조직력을 보일지는 미지수다. 결국 이번 시즌의 승패는 수비력에 달려 있다.

감독 **빅토르 스크리프닉**(Viktor Skripnik)

제2의 샤프. 브레멘의 전설적인 감독 샤프와 마찬가지로 브레멘에서 수비수로 1996년부터 2004년까지 활약했고, 은퇴 후 브레멘 연령대별 팀을 단계별로 거쳤다. 2013년 여름, 브레멘 2군팀 감독직에 부임해 팀을 4부 리그 2위로 견인했다. 브레멘 2군 팀을 지도하는 동안 그의 통산 성적은 47전 31승 7무 9패로 66%에 달하는 승률을 자랑하고 있었다. 샤프와 마찬가지로 다이아 4-4-2 포메이션을 선호하고, 공격적인 축구를 구사한다. 다만 샤프에 비해 전술적으로 한결 더 유연한 편에 속하고, 수비 밸런스 조정에도 일가견이 있다. 지난 2014-15시즌 추락하던 브레멘을 구해내 독일 현지 언론들로부터 '빅토르의 기적(Wunder-Viktor)'이라는 찬사를 얻었다.

PROFILE
- 출 생 : 1969.11.19
- 국 적 : 우크라이나
- 계 약 : 2017.6.30

STADIUM

Weserstadion

구장 오픈 : 1909년
구장 개축 : 1965, 1989, 2005, 2008년
구장 소유 : 베르더 브레멘
수용 인원 : 4만 2,500명
피치 규모 : 105m × 68m
잔디 종류 : 천연 잔디

SQUAD LIST

위치	번호	이름	국적	신장	체중	생년월일
GK	1	Raphael Wolf	GER	190	86	06-06-88
	33	Jaroslav Drobný	CZE	192	88	18-10-79
	42	Felix Wiedwald	GER	190	82	15-03-90
DF	2	Santiago García	ARG	189	76	08-07-88
	3	Luca Caldirola	ITA	182	75	01-02-91
	18	Niklas Moisander	FIN	183	77	29-09-85
	20	Ulisses Garcia	SUI	182	75	11-01-96
	21	Fallou Diagné	SEN	185	75	14-08-89
	23	Theodor Gebre Selassie	CZE	182	70	24-12-86
	26	Lamine Sané	SEN	192	77	22-03-87
	37	Janek Sternberg	GER	181	78	19-10-92
MF	4	Robert Bauer	GER	181	75	09-04-95
	5	Sambou Yatabaré	MLI	190	82	02-03-89
	7	Florian Kainz	AUT	174	67	24-10-92
	8	Clemens Fritz	GER	183	81	07-12-80
	15	Izet Hajrović	BIH	177	71	04-08-91
	16	Zlatko Junuzović	AUT	172	69	26-09-87
	22	Fin Bartels	GER	175	65	07-02-87
	25	Thanos Petsos	GRE	184	80	05-06-91
	27	Florian Grillitsch	AUT	187	73	07-08-95
	29	Serge Gnabry	GER	173	73	14-07-95
	35	Maximilian Eggestein	GER	181	75	08-12-96
	44	Philipp Bargfrede	GER	174	71	03-03-89
FW	9	Aron Jóhannsson	USA	184	70	10-11-90
	10	Max Kruse	GER	180	77	19-03-88
	11	Lennart Thy	GER	182	75	25-02-92
	14	Claudio Pizarro	PER	184	79	03-10-78
	17	Justin Eilers	GER	184	75	13-06-88

2016-17 SEASON SCHEDULE

날짜	장소	상대팀	날짜	장소	상대팀
26/AUG	A	Bayern Munchen	27/JAN	H	Bayern Munchen
11/SEP	H	FC Augsburg	03/FEB	A	FC Augsburg
17/SEP	A	Bor. Monchengladbach	10/FEB	H	Bor. Monchengladbach
21/SEP	H	1. FSV Mainz 05	17/FEB	A	1. FSV Mainz 05
24/SEP	H	VfL Wolfsburg	24/FEB	A	VfL Wolfsburg
01/OCT	A	SV Darmstadt 98	03/MAR	H	SV Darmstadt 98
15/OCT	H	Bayer Leverkusen	10/MAR	A	Bayer Leverkusen
23/OCT	A	RB Leipzig	17/MAR	H	RB Leipzig
29/OCT	H	SC Freiburg	31/MAR	A	SC Freiburg
06/NOV	A	FC Schalke 04	03/APR	H	FC Schalke 04
20/NOV	H	Eintracht Frankfurt	07/APR	A	Eintracht Frankfurt
26/NOV	A	Hamburger SV	14/APR	H	Hamburger SV
02/DEC	H	FC Ingolstadt 04	21/APR	A	FC Ingolstadt 04
09/DEC	A	Hertha BSC	28/APR	H	Hertha BSC
16/DEC	H	1. FC Koln	05/MAY	A	1. FC Koln
19/DEC	A	1899 Hoffenheim	13/MAY	H	1899 Hoffenheim
20/JAN	H	Borussia Dortmund	20/MAY	A	Borussia Dortmund

RANK OF LAST 5 YEARS

■ 2부 리그

2011-12	2012-13	2013-14	2014-15	2015-16
9 42점	14 34점	12 39점	10 43점	13 38점

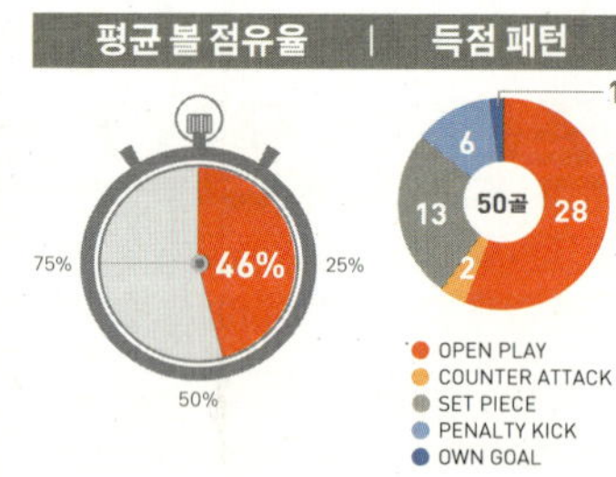

STRENGTHS & WEAKNESSES

OFFENSE		DEFENSE	
직접 프리킥	A	세트피스 수비	C
문전 처리	D	상대 볼 뺏기	A
측면 돌파	C	공중전 능력	A
스루볼 침투	C	역습 방어	C
개인기 침투	C	지공 방어	C
카운터 어택	C	스루패스 방어	C
기회 만들기	C	리드 지키기	B
세트피스	C	실수 조심	C
OS 피하기	C	측면 방어력	C
중거리 슈팅	B	파울 주의	C
볼 점유율	D	중거리슛 수비	C

매우 강함 A   강한 편 B   보통 수준 C   약한 편 D   매우 약함 E

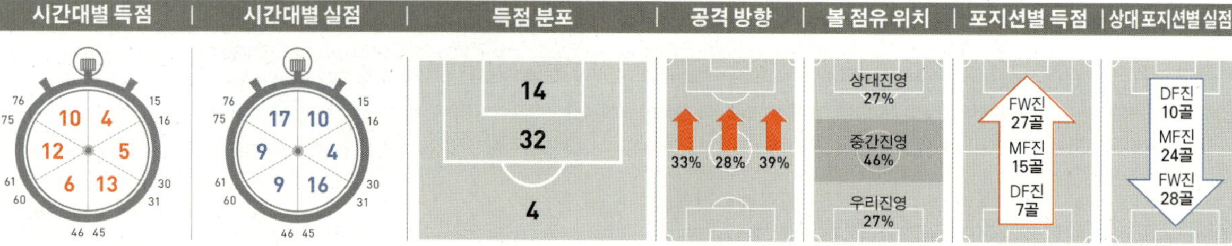

FORMATION

TOTO GUIDE 지난 시즌 상대팀별 전적

상대팀	홈	원정
Bayern Munich	0-1	0-5
Dortmund	1-3	2-3
Leverkusen	0-3	4-1
Monchengladb.	2-1	1-5
Schalke 04	0-3	3-1
FSV Mainz 05	1-1	3-1
Hertha Berlin	3-3	1-1
Wolfsburg	3-2	0-6
FC Koln	1-1	0-0
Hamburger SV	1-3	1-2
Ingolstadt	0-1	0-2
FC Augsburg	1-2	2-1
Darmstadt	2-2	1-2
Hoffenheim	1-1	3-1
Frankfurt	1-0	1-2
Stuttgart	6-2	1-1
Hannover 96	4-1	0-1

GK Raphael Wolf

2014-15시즌 분데스리가가 골키퍼들 중 가장 저조한 선방률을 기록해 비난의 도마 위에 오르내렸고 지난 시즌에는 완전히 주전에서 밀려났다. 공중볼 캐치 능력과 준수한 킥 실력을 갖췄지만 집중력이 부족해 이따금씩 큰 실수를 하고 만다. 안정감이 떨어지는 것이 최대 약점이다. 지난 시즌 한 경기도 출전하지 못했으며 2군으로 내려가 감각 유지만 했을 뿐이다. 비드발트가 있는 한 올 시즌 역시 출전이 어려울 전망.

라파엘 볼프

국적 : 독일

뮌헨에서 태어나 브레멘 더비 라이벌 함부르크 유스 출신. 함부르크에서 프로데뷔 한 후 2009년 오스트리아 리그 카펜베르거로 이적해 주전 골키퍼로 활약했고, 2012년 브레멘에 입단했다.

슈팅 위치별 선방

NO DATA

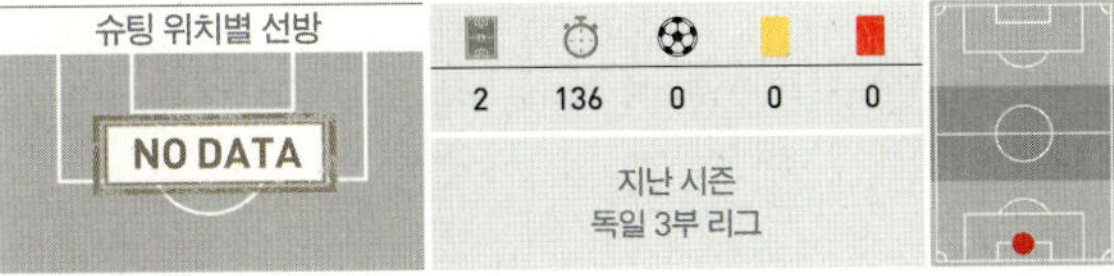

경기수	출전시간	득점	경고	퇴장
2	136	0	0	0

지난 시즌
독일 3부 리그

GK Felix Wiedwald

브레멘의 주전 수문장. 볼프의 부진으로 2015년 영입했고, 이후 꾸준한 경기력 보여주며 주전으로 자리 잡았다. 뛰어난 선방 능력을 자랑하고 있고, 패싱력도 상당히 준수한 편에 속한다. 커버 범위도 넓은 편이고, 수비 라인 조율도 인상적이다. 지난 시즌 리그 전 경기에 출전해 감독의 절대적인 신임을 받고 있다. 다만 지난 시즌 무실점 경기는 단 2경기이며 평균 1.91점을 실점했다. 다소 안정감을 찾을 필요가 있다.

펠릭스 비드발트

국적 : 독일

브레멘 유스 출신. 2009년 20세 이하 독일 대표팀에도 뽑힐 정도로 재능을 인정받았으나 비제라는 벽에 막혀 2011년 2부 리가 뒤스부르크로 떠났다. 뒤스부르크와 프랑크푸르트에서 경험을 쌓은 후 위기에 처한 브레멘에 복귀했다.

슈팅 위치별 선방

4		
59		
46		

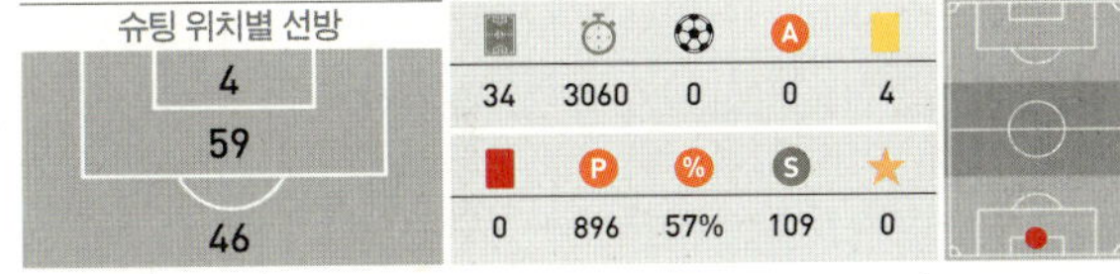

경기수	출전시간	득점	도움	경고
34	3060	0	0	4

퇴장	패스시도	패스성공률	GK선방	MOM
0	896	57%	109	0

DF Santiago Garcia

악착같은 수비력이 장점인 왼쪽 측면 수비수. 191cm의 큰 키를 통해 센터백에 준하는 공중볼 능력을 보여준다. 터프한 플레이로 상대를 제압하는데 탁월하고, 단순 수비력만 놓고 보면 풀백들 중 분데스리가가 상위권에 해당한다. 그러나 브레멘 입단 후 매 시즌 10장에 가까운 카드를 받아 팀을 위기에 빠뜨리는 경우도 있다. 지난 시즌에는 9장의 카드를 받았다. 또한 킥력이 정확하지 않아 빌드업에는 약하다.

산티아고 가르시아

국적 : 아르헨티나

아르헨티나 로사리오 태생으로 로사리오 센트럴 유스팀을 거쳐 프로 데뷔했다. 이후 팔레르모로 이적하며 유럽 무대를 밟았으며 노바라, 레인저스를 거쳐 2013년 브레멘으로 임대 이적을 했고, 2014년 완전 이적했다.

위치별 슈팅-득점

2 - 0		
9 - 0		
2 - 0		

경기수	출전시간	득점	도움	경고
29	2468	0	3	9

퇴장	패스시도	패스성공률	태클성공	MOM
0	974	67%	66	1

DF Luca Caldirola

루카
칼디롤라

국적 : 이탈리아

1년 만에 임대 복귀한 센터백. 칼디롤라는 지난 시즌 다름슈타트에서 리그 전 경기 풀타임 출전할 정도로 강력한 체력을 자랑했고, 수비 집중력이 뛰어난 수비수다. 센터백 뿐만 아니라 왼쪽 측면 수비수까지 소화할 수 있는 능력을 지녔다. 그러나 대인 방어에는 아쉬움을 보이는 수비수고, 60%대의 부정확한 패스 성공률과 측면 수비수로 나섰을 때 부족한 크로스 능력은 보완해야할 부분으로 손꼽힌다.

이탈리아의 명문 인터밀란 유스 출신으로 2010년 성인 팀으로 올라섰다. 하지만 주전을 꿰차지 못하며 AC체세나를 거쳐 2013년에 브레멘의 유니폼을 입었다. 이탈리아 각급 대표팀을 거쳤지만 성인 대표팀에는 승선하지 못했다.

위치별 슈팅-득점

| 4 - 0 |
| 11 - 0 |
| 15 - 0 |

경기수	출전시간(분)	득점	도움	경고
34	3060	0	0	4

퇴장	패스시도	패스성공률	태클성공	MOM
0	568	60%	71	0

DF Fallou Diagne

팔루
디아뉴

국적 : 세네갈

지난 시즌 분데스리가 최다 실점 2위의 멍에를 쓴 브레멘이 수비 보강을 위해 영입한 수비수. 디아뉴의 주 포지션은 센터백이지만 오른쪽 측면 수비도 소화할 수 있는 멀티맨이다. 날렵한 가로 채기와 강력한 몸싸움이 그의 최대 강점이다. 그러나 투박한 태클로 카드를 수집하는 경우가 많으며 볼 키핑이 다소 부족한 편이다.

세네갈 AS제네라시옹 풋에서 축구를 시작했고 프랑스 FC메츠를 통해 프로 데뷔했다. 이후 프라이부르크, 스타드 렌을 거쳐 브레멘에 입단했다. 2016년 5월에는 르완다와의 경기를 통해 세네갈 대표팀 첫 A매치를 치렀다.

위치별 슈팅-득점

| 2 - 1 |
| 10 - 4 |
| 3 - 0 |

경기수	출전시간(분)	득점	도움	경고
21(1)	1859	5	0	7

퇴장	패스시도	패스성공률	태클성공	MOM
0	907	80%	40	1

DF Theodor Gebre Selassie

테오도르
게브레 셀라시

국적 : 체코

공격성이 강한 풀백. 빠른 스피드에 왕성한 활동량을 겸비하고 있어 지속적으로 오버래핑을 시도, 상대 측면을 괴롭힌다. 출중한 패스 능력으로 측면 미드필더와 중앙 미드필더도 소화할 수 있다. 브레멘 데뷔골을 헤딩으로 넣을 정도로 제공권에도 강하다. 그러나 집중력 부족으로 큰 실수를 저지르는 경우가 있으며, 긴 패스를 비롯해 크로스 정확도가 그리 높은 편은 아니다.

이디오피아 부친과 체코 모친 사이에 체코 트레비치에서 출생했다. 2008년 입단한 슬로반 리베르치에서 재능을 꽃피웠고, 2011년 아프리카계 선수로는 최초로 체코 대표팀에 승선했다. 2012년에는 브레멘에 합류했다.

위치별 슈팅-득점

| 3 - 0 |
| 10 - 1 |
| 5 - 0 |

경기수	출전시간(분)	득점	도움	경고
33	2961	1	2	5

퇴장	패스시도	패스성공률	태클성공	MOM
0	999	74%	80	0

DF Lamine Sané

라미네
사네

국적 : 세네갈

세네갈 출신의 장신 센터백. 집요한 대인 방어 능력이 가장 큰 무기다. 여기에 깔끔한 가로채기 능력과 함께 흠잡을 데 없는 전체적인 수비 능력으로 안정감을 가져다준다. 그러나 문제는 잦은 부상이다. 2015년 4월부터 무릎, 종아리, 사타구니 등 6차례의 크고 작은 부상이 그의 뒤를 따라 다녔고 이로 인해 지속적인 경기 출전이 불가능 했다. 특히 무릎과 종아리 부상은 계속해서 문제가 되고 있다.

보르도 유소년 팀 출신으로 2006년 아그데에서 프로 데뷔했다. 2009년에는 보르도로 돌아와 7년간 활약했다. 지난 시즌을 끝으로 보르도와 계약이 만료돼 브레멘으로 자유 이적했다. 세네갈 대표팀으로 25차례의 A매치를 치렀다.

위치별 슈팅-득점

| 0 - 0 |
| 3 - 0 |
| 0 - 0 |

경기수	출전시간(분)	득점	도움	경고
11(2)	923	0	0	4

퇴장	패스시도	패스성공률	태클성공	MOM
0	510	85%	22	0

MF Robert Bauer

로베르트
바우어

국적 : 독일

이번 시즌 엄청난 기대를 받고 브레멘으로 이적한 멀티 플레이어. 중앙 미드필더와 왼쪽 측면 미드필더를 소화할 수 있고, 미드필더 임에도 불구하고 태클 능력이 수비수들에 버금갈 정도로 탁월해 브레멘에서는 왼쪽 풀백으로도 활약한다. 여기에 가로채기 능력과 대인 방어 능력도 좋은 편이고, 포백을 보호하는데 강점을 보인다. 다만 부정확한 패스와 크로스는 아쉬움을 남기며 자주 카드를 받는 모습을 보인다.

2014년 잉골슈타트서 프로무대에 데뷔해 활약했고 이를 통해 올 시즌 브레멘의 유니폼을 입게 됐다. 독일 대표팀에 발탁돼 2016 리우 데 자네이루 올림픽에도 출전했다. 브라질과의 결승전에서 패한 뒤 손으로 7을 표시해 논란을 일으켰다.

위치별 슈팅-득점

| 0 - 0 |
| 0 - 0 |
| 5 - 1 |

경기수	출전시간(분)	득점	도움	경고
18(6)	1677	1	0	5

퇴장	패스시도	패스성공률	태클성공	MOM
0	0	65%	67	1

MF Sambou Yatabaré

삼부
야타바리

국적 : 말리

중앙과 측면 플레이가 가능한 미드필더. 크로스 능력이 탁월해 측면 미드필더로 활약할 때 가장 인상적이다. 크로스 능력도 탁월하지만, 적극적인 수비가담과 훌륭한 태클 능력을 보여줘 공수 양면에 기여할 수 있는 선수. 그러나 볼 키핑 능력과 집중력 부족으로 순식간에 치명적인 결과를 내주는 것이 최대 약점이다. 이 밖에도 짧은 패스와 마무리 능력에서 부족한 모습을 보인다.

2008년 프랑스 캉에서 프로무대에 데뷔해 이후 5년 동안 AS모나코와 올림피아코스 등 6개 팀을 옮겨 뛰었다. 지난 시즌 겨울 이적 시장을 통해 브레멘의 유니폼을 입었다. 2008년에 승선한 말리 대표팀에서 A매치 25경기를 소화했다.

위치별 슈팅-득점

| 1 - 1 |
| 4 - 0 |
| 3 - 0 |

경기수	출전시간(분)	득점	도움	경고
6(2)	493	1	1	3

퇴장	패스시도	패스성공률	태클성공	MOM
0	182	62%	7	0

MF Clemens Fritz

클레멘스 프리츠

브레멘의 주장이자 정신적 지주. 만 35세의 나이가 무색하게 그 누구보다도 열심히 뛰면서 넓은 범위를 커버해낸다. 원래 오른쪽 측면 수비수 출신으로 지금도 종종 측면 수비수로 뛸 때가 있다. 하지만 대인 수비에 약점이 있어 주로 중앙 미드필더 역할을 수행한다. 저돌적인 플레이를 통해 태클도 많이 성공시키고, 파울도 많이 얻어낸다. 다소 투박한 편이지만, 그래도 팀 내에서 여전히 가장 필요한 선수로 활약하고 있다.

국적 : 독일

로트-바이스에서 1999년에 프로 데뷔해 이후 에르푸르트와 칼스루어 SC, 레버쿠젠을 거쳐 2006년 브레멘에 입단했다. 2006년부터 2008년까지 2년 동안 독일 대표팀에 몸담았으며 22경기의 A매치 출장 기록을 갖고 있다.

위치별 슈팅-득점

0 - 0				
2 - 0				
23 - 1				

		⚽	Ⓐ	🟨
29	2528	1	2	13
🟥	Ⓟ	%	Ⓣ	★
0.9	1006	74%	81	1

MF Zlatko Junuzovic

즐라트코 유누조비치

브레멘의 새로운 에이스. 감각적인 패스를 구사해 많은 도움을 양산해내고, 정확한 크로스를 전방에 제공한다. 또한, 날카로운 중거리 슛과 직접 프리킥으로 득점에도 가담하며 세트피스 상황에서 믿음직한 역할을 해낸다. 게다가 왕성한 활동량을 통해 수비 가담에도 적극적이다. 미드필더 전 지역을 커버할 수 있을 정도로 다재다능하며 가로채기 능력도 출중하다. 약점으로는 대인 방어를 꼽을 수 있다.

국적 : 오스트리아

세르비아 태생으로 보스니아 내전을 피해 만 5세에 오스트리아로 이주해왔다. 그라처 AK, 오스트리아 캐른텐을 거쳐 2009년 오스트리아 빈에 입단하면서 명성을 쌓았고 2010년 오스트리아 올해의 선수에 선정됐다.

위치별 슈팅-득점

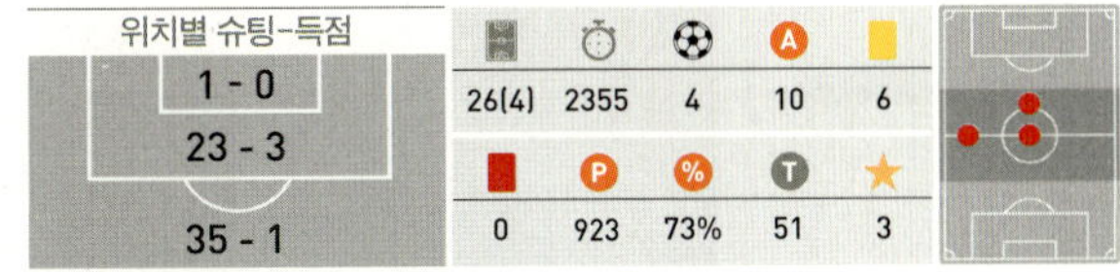

1 - 0				
23 - 3				
35 - 1				

		⚽	Ⓐ	🟨
26(4)	2355	4	10	6
🟥	Ⓟ	%	Ⓣ	★
0	923	73%	51	3

MF Serge Gnabry

세르지 나브리

화려한 개인 기술이 장점인 독일의 신성. 일찌감치 재능을 인정받은 측면 미드필더로 나이답지 않은 침착함과 탁월한 볼 키핑 능력을 과시한다. 가장 큰 장점은 드리블 돌파로, 폭발적인 스피드와 감각적인 턴 동작으로 상대를 쉽게 제친다. 여기에 벵거 감독을 사로잡은 패스 능력을 지녔고, 지난 리우 올림픽을 통해 득점력까지 있음을 증명했다. 폭넓은 활동량으로 공수 모두 큰 기여를 한다.

국적 : 독일

코트디부아르인 아버지와 독일인 아버지 사이에서 태어나 독일 국적을 갖고 있다. 아스널 유스팀을 거쳐 2012년 프로 무대에 데뷔했고 경험을 쌓기 위해 임대 생활 중이다. 지난 올림픽에 독일 대표팀으로 출전해 6골을 기록하며 맹활약 했다.

위치별 슈팅-득점

0 - 0				
1 - 0				
1 - 0				

		⚽	Ⓐ	🟨
0(1)	12	0	0	0
🟥	Ⓟ	%	Ⓣ	★
0	7	86%	0	0

FW Aron Jóhannsson

아론 요한슨

슈팅 타이밍을 잡는 능력만큼은 천부적인 공격수. 뛰어난 위치 선정을 통해 많은 슈팅 기회를 잡아낸다. 패싱력도 공격 수치곤 준수한 편에 속한다. 게다가 강력한 중거리 슈팅 능력도 보유하고 있다. 거친 몸싸움에 힘겨워 하는 모습을 자주 보이며, 제공권에도 약한 편이다. 볼을 키핑하는 능력도 떨어진다. 자신의 재능을 펼치기 위해서는 공격수 파트너가 필요하고, 문전에서의 파괴력이 아직은 부족하다.

국적 : 미국

아이슬란드인 부모 밑에서 태어나 났지만 미국 대표팀에서 활약 중이다. 아이슬란드 U-21 대표 출신이지만 2013년 자신의 출생지인 미국 대표팀을 선택했다. 2015년 AZ알크마르를 떠나 브레멘으로 이적했다.

위치별 슈팅-득점

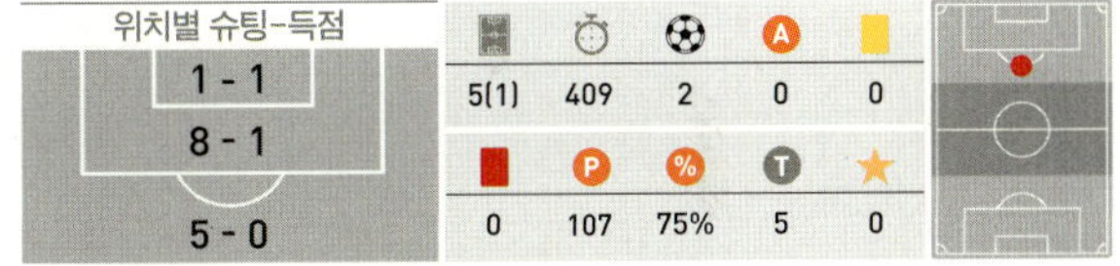

1 - 1				
8 - 1				
5 - 0				

		⚽	Ⓐ	🟨
5(1)	409	2	0	0
🟥	Ⓟ	%	Ⓣ	★
0	107	75%	5	0

FW Max Kruse

막스 크루제

9년 만에 고향 팀 브레멘으로 돌아온 공격수. 공격 진영에서 훌륭한 볼 키핑, 패스, 크로스 능력을 보여주며 상대를 공포에 떨게 한다. 또한, 드리블 능력과 중거리 슛 능력도 함께 지녀 상대하기 부담스러운 선수로 꼽힌다. 그러나 수비 가담에 취약점을 보여준다. 또한, 상대의 거친 플레이에 약한 모습은 보완해야 할 점으로 꼽힌다. 이번 시즌 초반 무릎 부상으로 10월까지 결장한다.

국적 : 독일

브레멘을 통해 프로무대에 데뷔했다. 이후 상파울리, 프라이부르크, 뮌헨글라드바흐, 볼프스부르크 등으로 팀을 옮긴 뒤 올 시즌 복귀했다. 시즌 도중 포커 대회 참석, 사진 기자 휴대폰 강탈 사건, 누드 비디오 인터넷 유출 등 구설수가 많다.

위치별 슈팅-득점

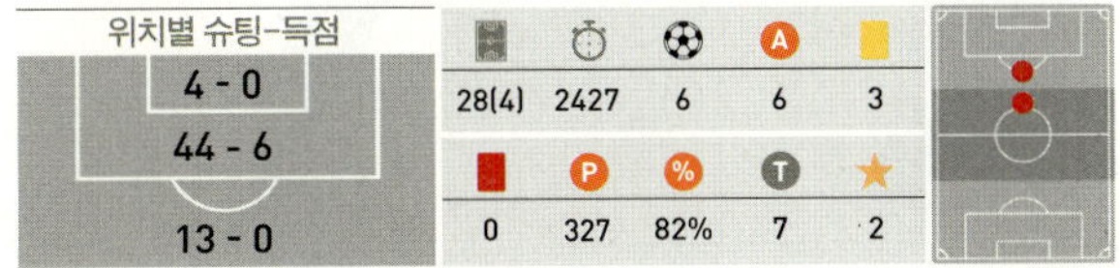

4 - 0				
44 - 6				
13 - 0				

		⚽	Ⓐ	🟨
28(4)	2427	6	6	3
🟥	Ⓟ	%	Ⓣ	★
0	327	82%	7	2

FW Lennart Thy

렌나르트 티

최전방과 좌우 측면 공격수로 활약할 수 있다. 독일 연령별 대표팀을 모두 거치며 일찌감치 재능을 인정받았다. 비록 브레멘에서는 자리를 잡지 못해 상파울리로 떠나게 됐지만 지난 시즌 30경기 8골을 기록하는 활약으로 브레멘의 눈길을 사로잡았다. 놀라운 슈팅 타이밍이 그의 최대 무기다. 투박한 볼 터치와 이따금씩 나오는 어처구니없는 실수가 흠이지만 탁월한 위치 선정과 골을 향한 집념으로 이를 커버한다.

국적 : 독일

1998년 빅토리아 프레첸에서 축구생활을 시작해 2010년 브레멘을 통해 프로에 데뷔했다. 그러나 브레멘에서 자리를 잡지 못했고 상파울리에서 4년간 활약을 펼쳤고, 이번 시즌을 앞두고 친정팀으로 복귀했다.

위치별 슈팅-득점

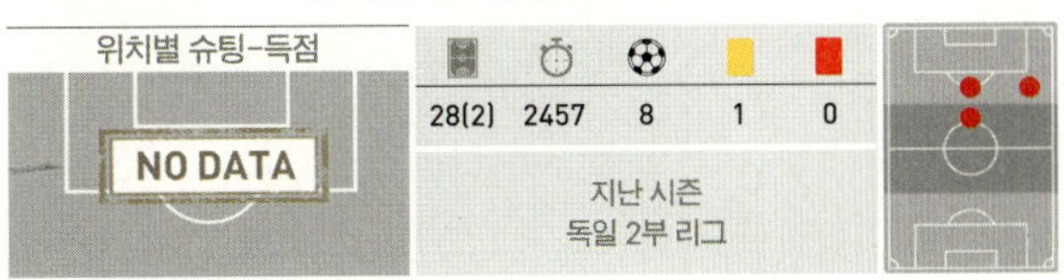

NO DATA

		⚽	🟨 🟥	
28(2)	2457	8	1	0

지난 시즌
독일 2부 리그

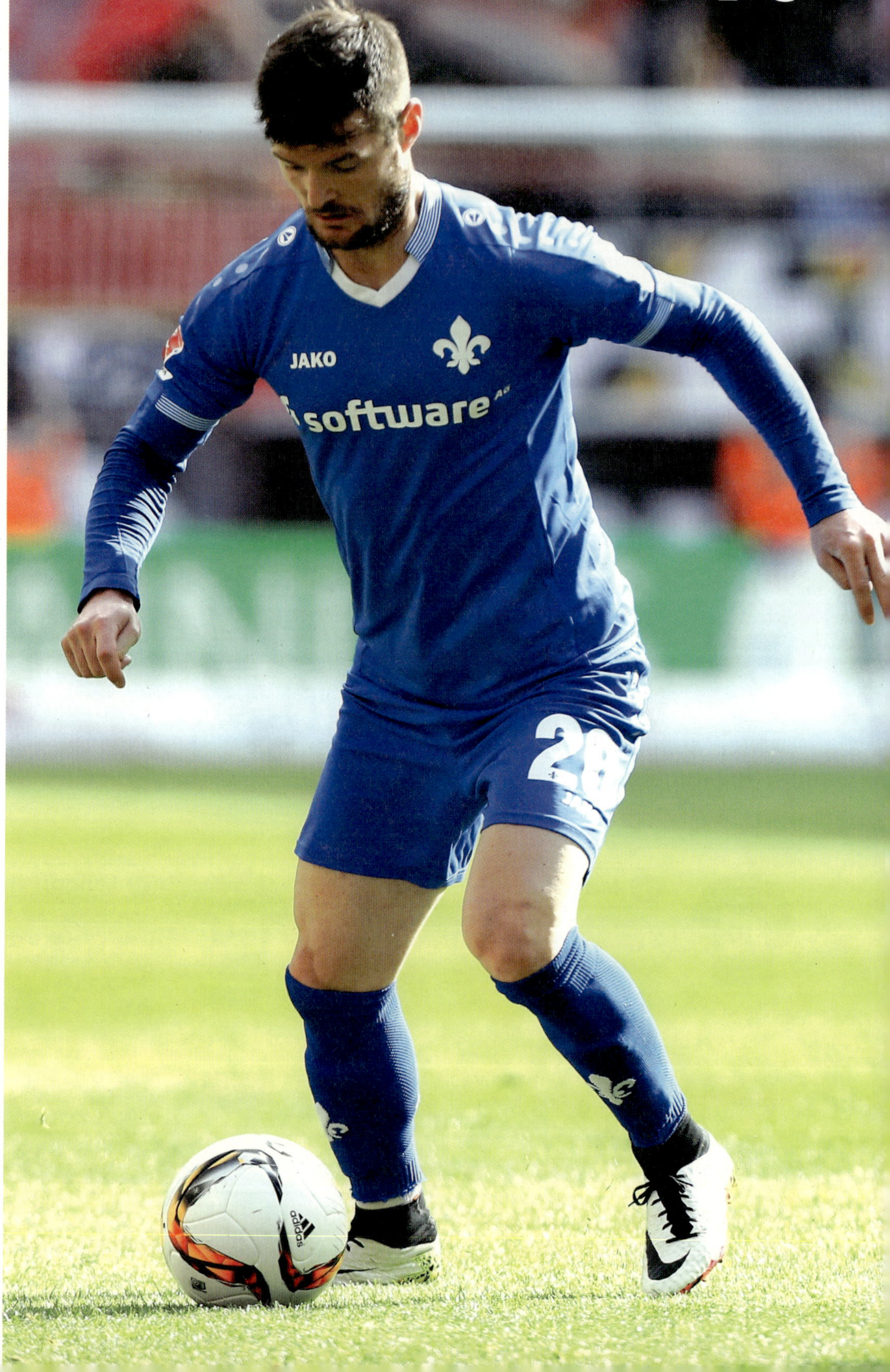

구단 소개

구단 창립 : 1898년
홈구장 : 메르크-슈타디온
감독 : 노베르트 마이어
2015-16시즌 : 14위(승점 38점)
9승 11무 14패 38득점 53실점
닉네임 : Die Lilien

주요대회 우승횟수

0	GERMAN BUNDESLIGA	0	GERMAN DFB POKAL
0	UEFA CHAMPIONS LEAGUE	0	UEFA EUROPA LEAGUE
0	FIFA CLUB WORLD CUP	0	UEFA-CONMEBOL INTERCONTINENTAL

UNIFORM

Home

Away

모든 것이 바뀐 다름슈타트 이번 시즌 목표도 1부 리그 잔류

2015-16 SEASON REVIEW

지난 시즌 33년 만에 분데스리가로 복귀한 다름슈타트의 1차적인 목표는 역시 잔류였다. 다름슈타트가 승격할 수 있었던 원동력은 단단한 수비에 있었는데 지난 시즌도 일단 수비를 든든하게 구축하고 역습을 펼치는 축구로 승점을 효율적으로 관리했다. 비록 리그에서 38골만 성공시켰지만 쉽게 실점을 내주지 않았고, 쉽게 패배하지 않았다. 결과적으로 이런 다름슈타트의 실리 축구가 분데스리가 잔류를 이끌었다. 여기에 공격수 바그너가 무려 14골을 터트리며 에이스 역할을 톡톡히 했던 것도 한몫했다.

SUMMER TRANSFER

엄청난 폭의 변화고, 주축 선수들의 공백이 크게 느껴지는 다름슈타트다. 지난 시즌 리그에서만 14골을 터트리며 해결사 역할을 한 바그너와 5개의 도움을 기록한 라우쉬 등 핵심 선수들이 차례로 이탈했다. 이에 다름슈타트는 횐, 페데츠스키, 베자크, 콜락 등 많은 선수들을 영입하며 보강을 진행했지만 확실한 해결사가 빠진 것은 여러모로 아쉽다. 여기에 3부 리그 시절부터 다름슈타트를 이끌고 산전수전 공중전을 다 겪었던 슈스터 감독마저 아우스크부르크로 떠났기에 이번 시즌 어려움이 예상된다.

2016-17 SEASON OUTLOOK

다름슈타트의 해결사였던 바그너와 특급 도우미 라우쉬가 팀을 떠난 데다 오랜 시간 팀을 이끌었던 슈스터 감독마저 떠나 어려운 시즌이 예상된다. 다행히 지난 시즌 인상적인 수비력을 보여줬던 수비진이 건재한 상황이지만 공격진에서 큰 변화가 있어 이번 시즌을 쉽게 예측할 수 없다. 일단 새롭게 지휘봉을 잡은 노베르트 감독이 팀의 조직력을 극대화시키기 위해 다각도로 노력을 기울이고 있지만 어디까지 통할지는 미지수다. 결국 다름슈타트의 이번 시즌 목표도 현실적으로 잔류다.

감독 **노베르트 마이어 (Norbert Meier)**

이번 시즌을 앞두고 다름슈타트의 지휘봉을 잡은 감독. 지난 시즌까지 독일 2부 리그 빌레펠트의 감독직을 맡으면서 한국 올림픽 대표팀의 미드필더 류승우를 지도하기도 했다. 1980년 베르더 브레멘에서 프로 선수 생활을 시작해 281 경기를 소화했고, 이후에는 보루시아 묀헨글라드바흐에서 활약하다가 은퇴했다. 아주 화려한 스타플레이어는 아니었지만 1980년대 서독 대표팀으로 발탁돼 16경기서 2골을 기록했다. 1997년 묀헨글라드바흐에서 지도자 생활을 시작했고, 이후 뒤스부르크, 드레스덴, 뒤셀도르프, 빌레펠트를 거쳐 다름슈타트로 왔다. 마이어 감독은 단 번에 상대진영을 파고드는 '빠른 축구'보다는 미드필드진에서 패스를 통해 '만들어가는 축구'를 선호한다.

PROFILE
- 출 생 : 1958.9.20
- 국 적 : 독일
- 계 약 : 2018.6.30

STADIUM

Merck-Stadion am Bollenfalltor

구장 오픈 : 1821년
구장 개축 : 1950, 1874, 2014년
구장 소유 : 다름슈타트 시
수용 인원 : 1만 7000명
피치 규모 : 105m × 68m
잔디 종류 : 천연 잔디

SQUAD LIST

위치	번호	이름	국적	신장	체중	생년월일
GK	1	Daniel Heuer Fernandes	POR	188	81	13-11-92
	24	Ihor Berezovskyy	UKR	194	83	24-08-90
	31	Michael Esser	GER	198	99	22-11-87
DF	2	Leon Guwara	GER	185	83	28-06-96
	3	Alexander Milošević	SWE	191	82	30-01-92
	4	Aytaç Sulu	TUR	183	81	11-12-85
	5	Benjamin Gorka	GER	195	90	15-04-84
	7	Artem Fedetskyy	UKR	183	76	26-04-85
	17	Sandro Sirigu	GER	182	73	07-10-88
	21	Immanuel Höhn	GER	183	72	23-12-91
	32	Fabian Holland	GER	172	71	11-07-90
	35	Johannes Wolff	GER	175	61	10-07-98
	36	Can Luka Aydogan	GER	178	64	31-12-98
	38	Daniel Thur	GER	180	64	28-04-98
MF	6	Mario Vrančić	GER	186	75	23-05-89
	8	Jérôme Gondorf	GER	175	74	26-06-88
	10	Jan Rosenthal	GER	184	76	07-04-86
	18	Peter Niemeyer	GER	191	83	22-11-83
	20	Marcel Heller	GER	173	70	19-01-86
	23	Florian Jungwirth	GER	180	76	27-01-89
	28	Änis Ben-Hatira	TUN	181	78	18-07-88
	30	László Kleinheisler	HUN	186	84	08-04-94
	37	Liam Fisch	GER	177	64	23-11-98
FW	9	Dominik Stroh-Engel	GER	197	90	27-11-85
	11	Victor Obinna	NGA	178	78	25-03-87
	14	Roman Bezjak	SVN	179	73	21-02-89
	16	Antonio-Mirko Colak	GER	187	80	17-09-93
	19	Felix Platte	GER	187	74	11-02-96
	22	Denys Oliynyk	UKR	172	69	16-06-87
	39	Sven Schipplock	GER	185	79	08-11-88

2016-17 SEASON SCHEDULE

날짜	장소	상대팀	날짜	장소	상대팀
27/AUG	A	1. FC Koln	27/JAN	H	1. FC Koln
10/SEP	H	Eintracht Frankfurt	03/FEB	A	Eintracht Frankfurt
17/SEP	A	Borussia Dortmund	10/FEB	H	Borussia Dortmund
20/SEP	H	1899 Hoffenheim	17/FEB	A	1899 Hoffenheim
24/SEP	A	FC Augsburg	24/FEB	H	FC Augsburg
01/OCT	H	Werder Bremen	03/MAR	A	Werder Bremen
16/OCT	A	1. FSV Mainz 05	10/MAR	H	1. FSV Mainz 05
22/OCT	H	VfL Wolfsburg	17/MAR	A	VfL Wolfsburg
29/OCT	H	RB Leipzig	31/MAR	A	RB Leipzig
05/NOV	A	Bayer Leverkusen	03/APR	H	Bayer Leverkusen
19/NOV	H	FC Ingolstadt 04	07/APR	A	FC Ingolstadt 04
27/NOV	A	FC Schalke 04	14/APR	H	FC Schalke 04
02/DEC	H	Hamburger SV	21/APR	A	Hamburger SV
09/DEC	A	SC Freiburg	28/APR	H	SC Freiburg
16/DEC	H	Bayern Munchen	05/MAY	A	Bayern Munchen
19/DEC	A	Hertha BSC	13/MAY	H	Hertha BSC
20/JAN	H	Bor. Monchengladbach	20/MAY	A	Bor. Monchengladbach

RANK OF LAST 5 YEARS

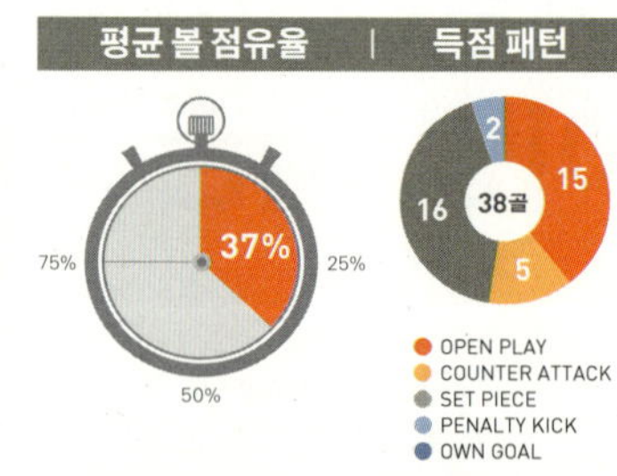

STRENGTHS & WEAKNESSES

OFFENSE		DEFENSE	
직접 프리킥	C	세트피스 수비	C
문전 처리	D	상대 볼 뺏기	C
측면 돌파	C	공중전 능력	C
스루볼 침투	C	역습 방어	C
개인기 침투	C	지공 방어	C
카운터 어택	C	스루패스 방어	C
기회 만들기	C	리드 지키기	B
세트피스	C	실수 조심	C
OS 피하기	D	측면 방어력	D
중거리 슈팅	C	파울 주의	D
볼 점유율	E	중거리슛 수비	C

매우 강함 **A**　강한 편 **B**　보통 수준 **C**　약한 편 **D**　매우 약함 **E**

시간대별 득점	시간대별 실점	득점 분포	공격 방향	볼 점유 위치	포지션별 득점	상대포지션별 실점

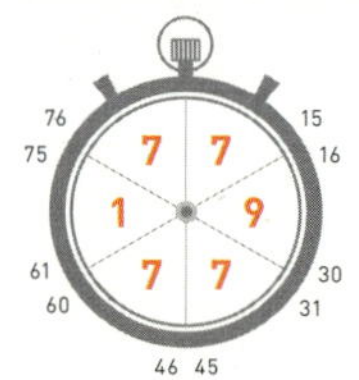

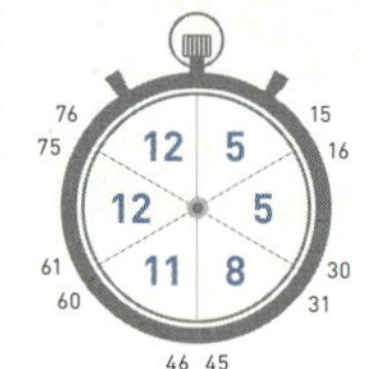

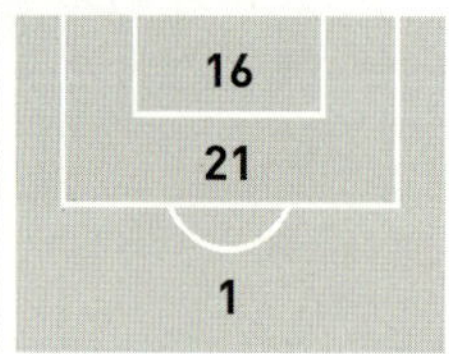

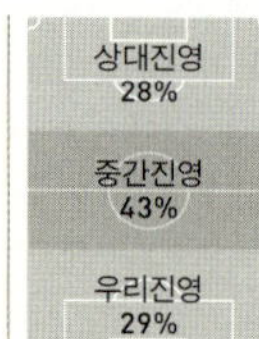

*자책골 실점 3골

FORMATION

TOTO GUIDE 지난 시즌 상대팀별 전적

상대팀	홈	원정
Bayern Munich	0-3	1-3
Dortmund	0-2	2-2
Leverkusen	1-2	1-0
Monchengladb.	0-2	2-3
Schalke 04	0-2	1-1
FSV Mainz 05	2-3	0-0
Hertha Berlin	0-4	2-1
Wolfsburg	0-1	1-1
FC Koln	0-0	1-4
Hamburger SV	1-1	2-1
Ingolstadt	2-0	1-3
FC Augsburg	2-2	2-0
Werder Bremen	2-1	2-2
Hoffenheim	0-0	2-0
Frankfurt	1-2	1-0
Stuttgart	2-2	0-2
Hannover 96	2-2	2-1

GK Daniel Heuer Fernandes

다니엘 오이어 페르난데스

파더보른에서 활약하다가 이번 시즌을 앞두고 다름슈타트로 이적했다. 전형적인 백업 골키퍼. 주로 2부나 3부 리그에서 활약하며 주전보다는 백업으로 경험을 쌓았다. 아직까지 분데스리가 출전 경험은 없지만 아직 나이가 어려 발전 가능성은 충분하다. 좌우에서 오는 크로스 방어능력이 장점이고, 무난한 공중볼 처리능력을 보여준다. 다만 경험이 부족해 판단력이 좋지 않다.

국적 : 포르투갈

도르트문트 유스 출신이지만 기회를 잡지 못했고, 이후 보훔 2군 팀, 오스나브루크, 파더보른을 거쳐 2016년 다름슈타트로 이적했다. 독일 출생이지만 포르투갈 U-21 대표로 활약하고 있다.

슈팅 위치별 선방

NO DATA

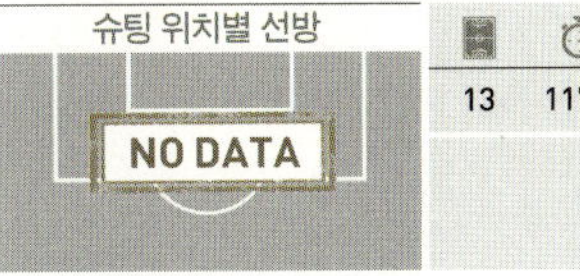

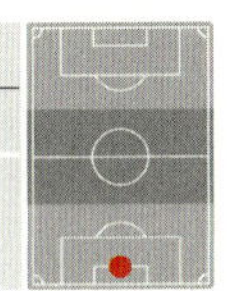

경기수	출전시간	득점	경고	퇴장
13	1170	0	0	0

지난 시즌
독일 2부 리그

GK Michael Esser

미하엘 에서

198cm의 장신 골키퍼. 이번 시즌을 앞두고 다름슈타트의 유니폼을 입었고, 곧바로 주전 자리를 꿰찼다. 지난 시즌 오스트리아 SK 슈투름 그라츠에서 활약하며 안정적인 선방능력을 보여줬고, 특히 페널티 킥 선방에 일가견이 있다. 압도적인 신체조건을 바탕으로 공중볼에 강하고, 빠른 판단력으로 페널티 박스 바깥까지 나와 클리어링을 한다. 다만 킥 정확도가 떨어지는 것은 아쉽다.

국적 : 독일

2008년 보훔 2군으로 이적하며 독일 무대에 입성. 이후 보훔 1군에서 성장했고, 오스트리아 리그 SK 슈투름 그라츠에서 활약하다가 이번 시즌을 앞두고 다름슈타트의 유니폼을 입었다.

슈팅 위치별 선방

NO DATA

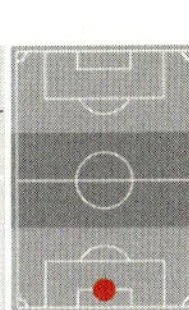

경기수	출전시간	득점	경고	퇴장
36	3240	0	4	0

오스트리아 리그
기록 없음

DF Alexander Milosevic

알렉산더 밀로세비치

191cm의 장신 수비수로 지난 시즌 하노버에서 활약하다가 이번 시즌 다름슈타트로 이적했다. 하노버에서 확고한 주전은 아니었지만 성장 가능성은 아주 높고, 공중볼에 매우 강하다. 압도적인 높이로 공수 모두에서 위력적인 모습을 보이고, 강력한 맨 마킹도 장점이다. 다만 패싱력이 그리 좋지 않아 후방 빌드-업이 불안하고, 투박한 볼 터치로 종종 실수를 범한다. 다만 슬라이딩 태클과 몸을 날리는 슛-블록은 좋은 편이다.

국적 : 스웨덴

스웨덴에서 태어났지만 아버지가 세르비아 출신이어서 세르비아 U-17 대표팀에 발탁됐다. 그러나 스웨덴에서 축구를 배워 결국에는 스웨덴 U-19 대표를 선택했고, 2013년부터 스웨덴 국가대표로 활약하고 있다.

위치별 슈팅-득점

	0 - 0
	5 - 0
	1 - 0

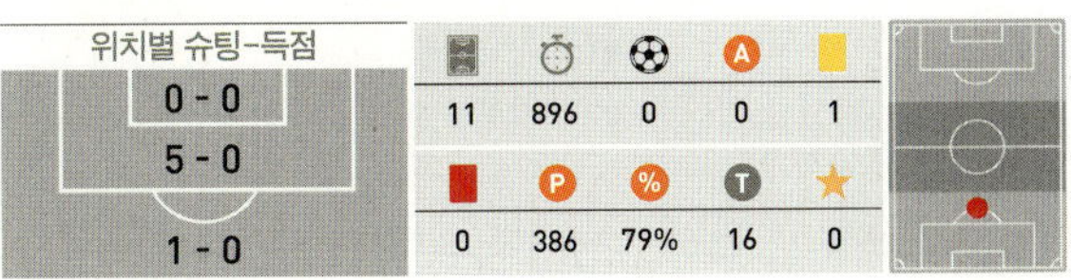

경기수	출전시간	득점	도움	경고
11	896	0	0	1

퇴장	패스시도	패스성공률	태클성공	MOM
0	386	79%	16	0

DF Aytac Sulu

아이탁 줄루

전투적인 중앙 수비수. 카드를 불사할 정도로 몸을 아끼지 않는 수비를 펼친다. 이를 바탕으로 많은 가로채기와 슈팅 차단을 기록한다. 183cm로 센터백 치고는 큰 편이 아니지만 제공권에 강해 지난 시즌 리그 33경기서 무려 7골을 기록했다. 다만 오랜 기간 하부 리그에서만 뛰었던 선수인 만큼 기본기가 다소 떨어진다. 패스 성공률도 상당히 저조한 편이고, 볼 키핑 능력도 부족하다.

국적 : 터키

인간 승리의 표본. 24세까지만 하더라도 4부 리그에서 뛰고 있었고, 1부 리그 경험은 터키 겐클레비를리기에서 뛴 1경기가 전부다. 2013년 3부 리그에 있던 다름슈타트에 입단해 주장직을 수행하며 팀을 2시즌 연속 승격으로 이끌었다.

위치별 슈팅-득점

6 - 3		
15 - 4		
0 - 0		

경기수	출전시간	득점	도움	경고
33	2970	7	0	6

퇴장	패스시도	패스성공률	태클성공	MOM
0	551	56%	52	5

DF Immanuel Höhn

임마누엘 횐

축구 IQ와 발기술이 좋은 센터백. 지난 시즌 2부 소속인 프라이부르크에서 주전으로 활약하며 3골 2도움을 기록했을 정도로 공격력을 갖췄다. 엄청 큰 키는 아니지만 위치 선정과 탄력이 좋아 공중볼 싸움에서 쉽게 지지 않으며 수비수 치고는 훌륭한 패싱력을 자랑한다. 여기에 안정적인 볼 처리와 빠른 판단력을 바탕으로 상대의 패스를 차단한다. 다만 몸싸움에 약하고 태클 능력은 조금 아쉽다.

국적 : 독일

프라이부르크 유스 출신으로 2군을 거쳐 2012년 1군으로 승격했다. 이후 지난 시즌까지 주전급으로 활약했고, 이번 시즌을 앞두고 다름슈타트의 유니폼을 입었다. 어린 시절부터 주목받지는 못해 여기저기 팀을 옮겨 다녔다.

위치별 슈팅-득점

경기수	출전시간	득점	경고	퇴장
25(1)	2276	3	3	0

NO DATA

지난 시즌
독일 2부 리그

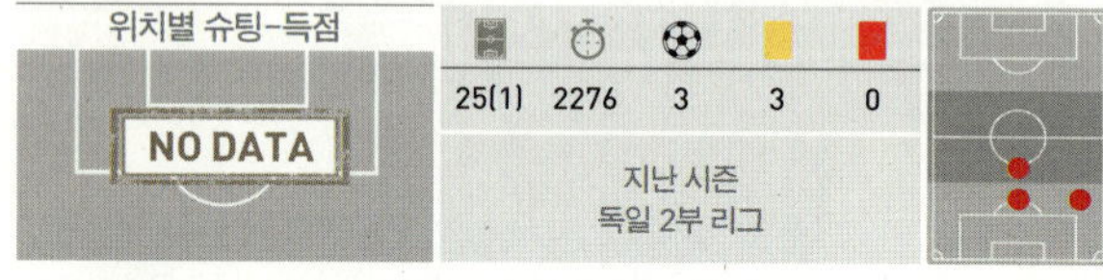

DF Florian Jungwirth

플로리안 융비르트

원래 주 포지션은 수비형 미드필더이지만 다름슈타트에서 오른쪽 측면 수비수로 뛰고 있다. 정확한 태클을 구사하고 위치 선정도 뛰어난 편에 속한다. 모험적인 플레이보다는 안전 위주의 수비를 선보이고, 공간을 잘 내주지 않는 것이 강점이다. 어린 시절 센터백으로 활약했기에 공중전과 몸싸움에 강하다. 다만 패스 정확도가 떨어져 중원에서 활약하기가 어려운 상황이고, 공격적인 면에서 약하다.

국적 : 독일

2008년 19세 이하 유럽 선수권 당시 독일 대표팀 주장으로 비록 결승전에서 퇴장을 당했으나 팀의 우승에 크게 기여했다. 그 공로를 인정받아 2008년 프리츠-발터상(독일 유망주상) 19세 이하 은메달을 차지했다.

위치별 슈팅-득점

0 - 0		
4 - 0		
4 - 0		

경기수	출전시간	득점	도움	경고
16(3)	1496	0	1	4

퇴장	패스시도	패스성공률	태클성공	MOM
0	322	61%	57	0

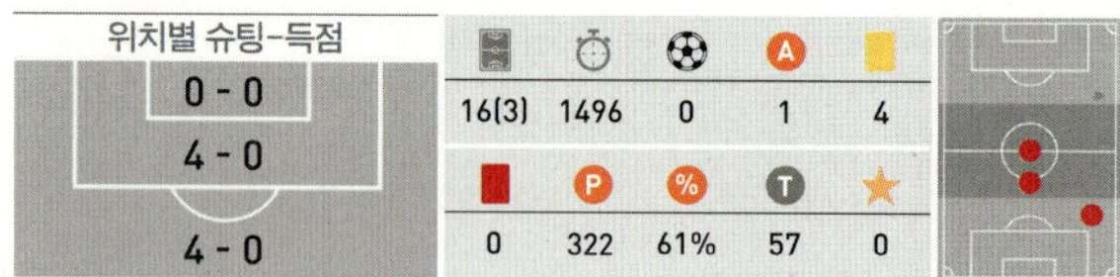

DF Fabian Holland

파비안 홀란트

안정적인 수비를 자랑하는 레프트백. 172cm의 단신이지만 힘이 좋아 상대 공격수와 경합 과정에서 밀리지 않고, 강한 투쟁심을 바탕으로 상대 공격을 제압한다. 패싱력이 아주 좋지는 않지만 왕성한 활동량을 자랑해 중앙 미드필더로도 활약할 수 있다. 부지런히 움직이며 태클을 빈번하게 시도하는 선수다. 지난 시즌에는 사타구니 부상으로 리그 18경기 출전에 그쳤고, 공격적인 능력이 부족한 편이다.

국적 : 독일

헤르타 베를린 유스 출신으로 2군을 거쳐 2012년 1군으로 승격했다. 지난 2014-15시즌 다름슈타트에서 임대로 활약하다가 지난 시즌을 앞두고 완전 이적했다. 독일 U-20 대표 출신이고 많은 기대를 받았다.

위치별 슈팅-득점

0 - 0		
1 - 0		
2 - 0		

경기수	출전시간	득점	도움	경고
16(2)	1436	0	0	5

퇴장	패스시도	패스성공률	태클성공	MOM
0	305	57%	47	0

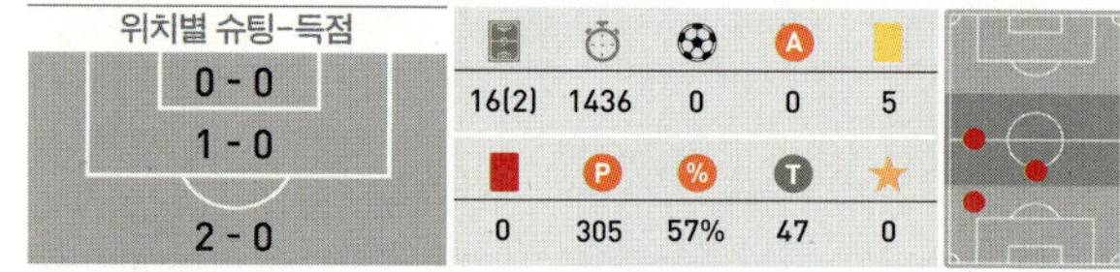

MF Mario Vrancic

마리오 브란치치

공격적인 능력이 뛰어난 중앙 미드필더. 세트피스를 전담해서 처리할 정도로 정확하면서도 강력한 킥을 자랑한다. 중앙 미드필더는 물론 오른쪽 측면 미드필더로도 활약할 수 있다. 감각적인 전진 패스로 동료들에게 득점 기회를 만들어주고, 뛰어난 발재간을 살린 드리블 돌파를 통해 공격의 활로를 연다. 그러나 수비력이 부족해 중앙 미드필더로는 조금 애매하고, 확고한 주전은 아니다.

국적 : 보스니아 헤르체코비나

보스니아 태생으로 독일로 이주해왔다. 독일 청소년대표 출신으로 2008년 19세 이하 유럽 선수권 대회 우승 멤버. 그러나 2015년 보스니아 헤르체코비나 대표팀을 선택했고, 그의 형 다미르는 브라운슈바이크에서 뛰고 있다.

위치별 슈팅-득점

1 - 1		
9 - 1		
4 - 0		

경기수	출전시간	득점	도움	경고
12(10)	1030	2	1	2

퇴장	패스시도	패스성공률	태클성공	MOM
0	333	69%	25	0

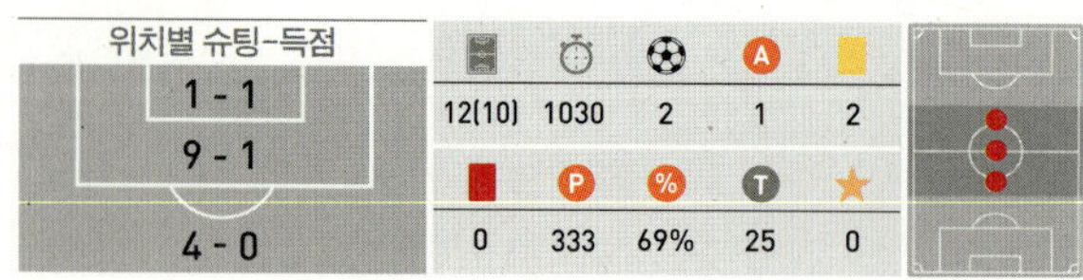

MF Jerome Gondorf

제롬 곤도르프

전형적인 박스-투-박스형 미드필더로 다름슈타트 중원의 핵심이다. 왕성한 활동량을 바탕으로 공수 모두에 기여하고, 존재감을 발휘한다. 지난 시즌 리그 33경기서 3골-4도움을 기록하며 좋은 활약을 펼쳤고, 수비적인 능력도 좋은 편이다. 태클을 자제하는 편에 속하지만 대신 영리한 위치 선정과 과감한 파울을 통해 많은 가로채기와 클리어링을 기록한다. 다만 볼 키핑과 패싱력은 다소 떨어진다.

국적 : 독일

칼스루어 유스 출신으로 5부 리그 두르라흐에서 프로 데뷔했다. 2009년 4부 리그 슈투트가르트 키커스에 입단해 2011-12 시즌 팀을 3부 리그로 승격시켰고, 2013년 3부 리그 다름슈타트에 입단해 팀을 2시즌 연속 승격시켰다.

위치별 슈팅-득점

0 - 0		
14 - 3		
9 - 0		

경기수	출전시간	득점	도움	경고
33	2918	3	4	9

퇴장	패스시도	패스성공률	태클성공	MOM
0	834	60%	77	0

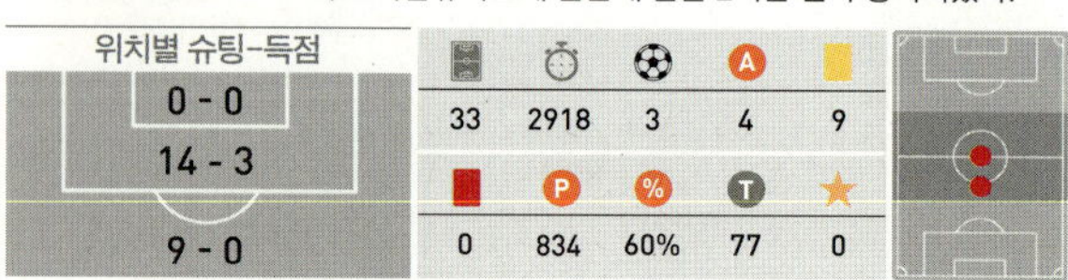

MF Peter Niemeyer

18 / 페터 니마이어

베테랑 수비형 미드필더. 센터백도 소화할 수 있을 정도로 수비에 특화되어 있다. 매 경기 많은 숫자의 태클과 가로채기, 클리어링을 통해 상대의 공격을 저지한다. 33세의 노장이지만 지난 시즌 리그 31경기에 출전해 노련한 경기 운영 능력을 보여줬고, 제공권에도 강한 모습을 보여줬다. 다만 공격적인 부분에선 거의 기대하기 어렵다. 부상도 잦은 편이고, 스피드도 많이 떨어졌다.

국적 : 독일

트벤테 유스 출신. 트벤테와 브레멘에서 뛰면서 UEFA컵과 챔피언스 리그에 출전한 경험이 있다. 다름슈타트 선수로는 보기 드물게 풍부한 유럽 대항전 출전 경험 및 포칼 우승 경험(2008/09 브레멘)이 있다.

위치별 슈팅-득점: 4 - 0 / 12 - 2 / 13 - 0

경기수	출전시간	득점	도움	경고
31	2573	2	0	13

퇴장	패스시도	패스성공률	태클성공	MOM
0	726	56%	83	1

MF Marcel Heller

20 / 마르첼 헬러

좌우 측면에서 활약하는 날개. 상당히 공격적인 미드필더이고, 지난 시즌 리그 33경기서 6골-5도움을 기록하며 팀의 공격을 책임졌다. 역습에 특화된 선수로 오프 더 볼 움직임이 좋고, 빠른 스피드를 활용해 드리블 돌파를 감행하며, 양발 킥을 바탕으로 많은 득점 포인트를 기록한다. 터치가 다소 둔탁하다는 평가가 있지만 빠른 볼 처리를 통해 약점을 최소화한다. 다만 정확도가 부족한 게 아쉬운 부분이다.

국적 : 독일

본너 SC 유스 출신. 2006년부터 2011년까지 프랑크푸르트에서 뛰며 분데스리가 출전 경험을 쌓았다. 독일 U-19 대표를 시작으로 U-21 대표까지 활약하며 기대를 모았지만 고질적인 등 부상으로 인해 기대만큼 성장하지 못했다.

위치별 슈팅-득점: 1 - 0 / 27 - 6 / 4 - 0

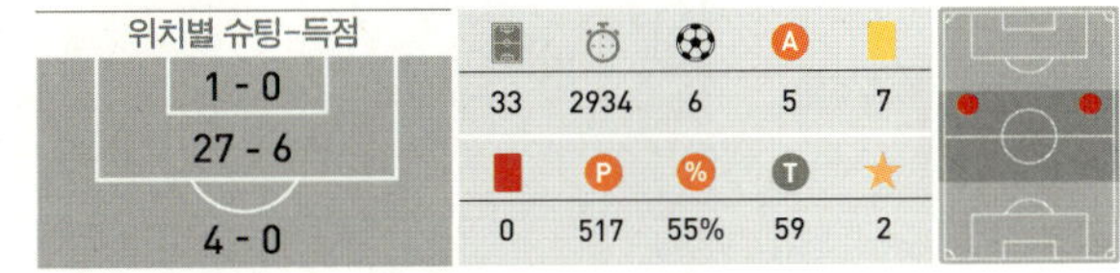

경기수	출전시간	득점	도움	경고
33	2934	6	5	7

퇴장	패스시도	패스성공률	태클성공	MOM
0	517	55%	59	2

FW Dominik Stroh-Engel

9 / 도미닉 슈트로-엥겔

195cm 장신의 정통파 타깃형 공격수. 타고난 신체 조건을 바탕으로 제공권에 강한 모습이고, 타점 높은 헤딩 슈팅으로 득점을 만든다. 포스트 플레이가 가능하고, 연계플레이를 통해 찬스를 만드는 데 능하다. 그러나 전성기에 비해 골 결정력이 확연하게 떨어졌고, 볼 키핑이 불안해 문전에서 파괴력이 약해졌다. 지난 시즌 역시 주로 교체 자원으로 출전했고, 후반 막판 제공권 강화를 위해 투입됐다.

국적 : 독일

4부 리그 발드그림스 유스 출신으로 프랑크푸르트와 베엔비스바덴, 바벨스베르크 등에서 뛰었다. 2013-14 시즌 다름슈타트에 입단하자마자 27골 9도움을 올리며 3부 리그 역대 최다 골 기록을 수립했지만 전성기가 지난 모습이다.

위치별 슈팅-득점: 1 - 0 / 3 - 0 / 2 - 0

경기수	출전시간	득점	도움	경고
6(9)	511	0	1	0

퇴장	패스시도	패스성공률	태클성공	MOM
0	133	55%	2	0

FW Jan Rosenthal

10 / 얀 로젠탈

최전방은 물론 좌우 윙어로도 활약할 수 있는 베테랑 공격수. 하노버, 프라이부르크, 프랑크푸르트 등 다양한 팀에서 활약했고, 경험이 풍부하다. 양발에 모두 능하고, 빠른 드리블 돌파를 자랑하며, 뛰어난 패스 센스로 동료들에게 득점 기회를 제공해준다. 다만 전성기를 지나면서 골 결정력에 아쉬움이 있고, 최근 들어 자주 부상을 당한다. 이번 시즌 초반도 아킬레스건 파열로 장기간 결장한다.

국적 : 독일

하노버 유스 출신으로 프라이부르크와 프랑크푸르트를 거쳐 다름슈타트에 입단했다. 2008년 12월, 볼프스부르크와의 니더작센 더비에서 골키퍼 퇴장으로 대신 골키퍼를 맡아 상대 페널티 킥을 선방해 하노버 팬들의 환호를 얻어냈다.

위치별 슈팅-득점: 3 - 0 / 10 - 0 / 3 - 0

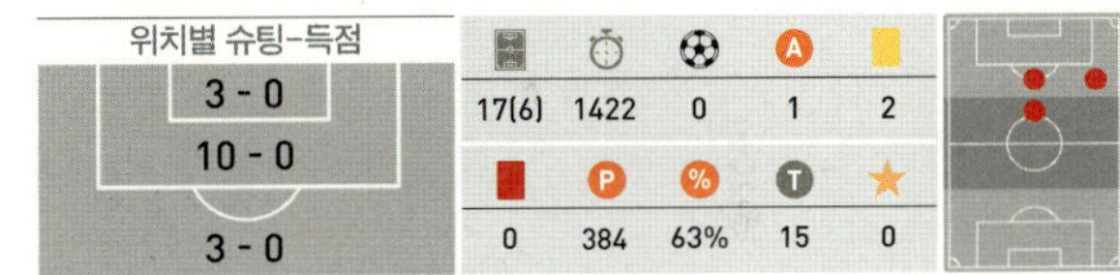

경기수	출전시간	득점	도움	경고
17(6)	1422	0	1	2

퇴장	패스시도	패스성공률	태클성공	MOM
0	384	63%	15	0

FW Roman Bezjak

14 / 로만 베즈약

지난 시즌 불가리아와 헝가리 무대에서 뛰다가 이번 시즌을 앞두고 영입된 슬로베니아 국가대표 공격수. 빠른 발을 이용해 문전으로 침투하는 능력이 탁월하고, 골 결정력도 좋은 편이다. 여기에 개인 기술이 뛰어나 측면 플레이도 가능하고, 이따금씩 창의적인 패스로 공격의 활로를 찾는다. 다만 큰 키가 아니어서 공중전에 약하고, 몸싸움에도 취약하다. 수비 가담도 떨어지는 편이다.

국적 : 슬로베니아

슬로베니아 첼레에서 프로 데뷔했고, 이후 불가리아 명문 루도고레츠에서 활약하며 챔피언스리그 무대를 경험했다. 슬로베니아 U-18 대표를 시작으로 연령별 대표를 모두 거쳤고, 2013년부터 국가대표로 활약하고 있다.

위치별 슈팅-득점: NO DATA

경기수	출전시간	득점	경고	퇴장
30(2)	2628	13	6	0

지난 시즌
크로아티아 리그

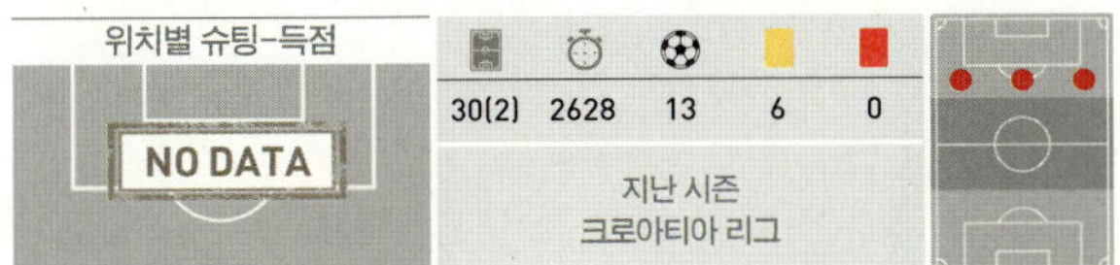

FW Sven Schipplock

39 / 스벤 쉽록

패스력에 강점을 보이는 만능형 공격수. 쉽록은 지난 시즌 함부르크에서 활약하며 리그 20경기에 출전했지만 4도움에 그쳤다. 특히 최전방 공격수로서 골이 없는 것이 아쉬웠고, 결국 이번 시즌 다름슈타트의 유니폼을 입었다. 윙어와 최전방을 소화할 수 있고, 스피드, 슈팅력, 침투 등 다양한 장점을 가지고 있지만 자신만의 무기가 없다는 것은 치명적이다. 여기에 기복이 심한 것도 단점.

국적 : 독일

SSV 로이틀링겐 05 유스 출신. 2007년 1군으로 데뷔했고, 이후 슈투트가르트, 호펜하임, 함부르크 등을 거쳐 2016년 다름슈타트로 한 시즌 임대됐다. 함부르크로 이적할 때 많은 기대를 받았지만 부응하지는 못했다.

위치별 슈팅-득점: 1 - 0 / 6 - 0 / 5 - 0

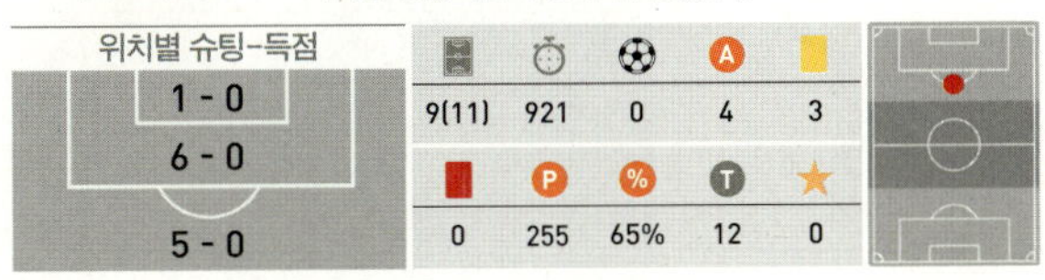

경기수	출전시간	득점	도움	경고
9(11)	921	0	4	3

퇴장	패스시도	패스성공률	태클성공	MOM
0	255	65%	12	0

TSG 1899 HOFFENHEIM

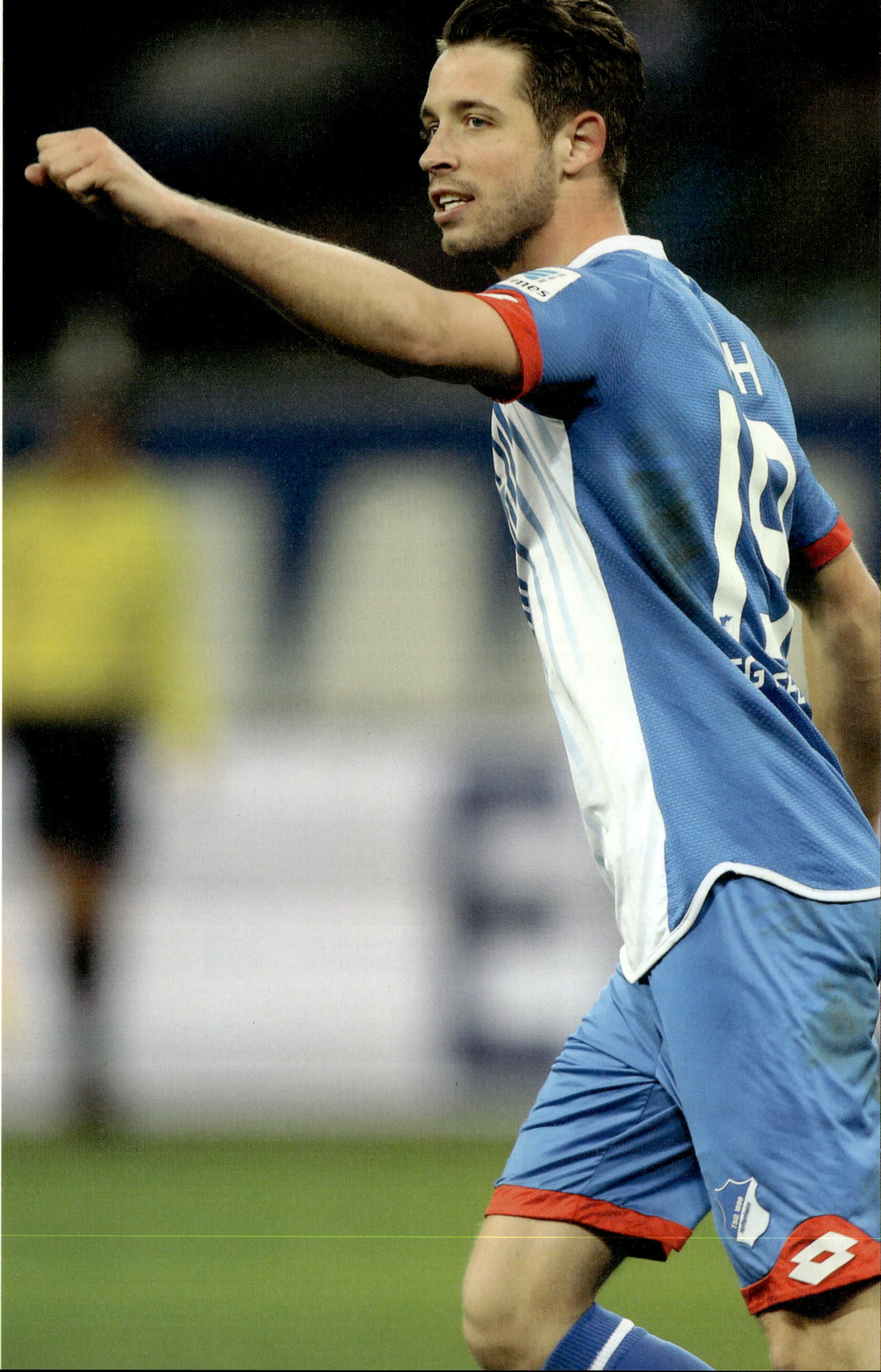

구단 소개

구단 창립 : 1899년
홈구장 : 라인-네카 아레나
감독 : 율리안 나겔스만
2015-16시즌 : 15위(승점 37점)
9승 10무 15패 39득점 54실점
닉네임 : Hoffe

주요대회 우승횟수

GERMAN BUNDESLIGA	0	GERMAN DFB POKAL	0
UEFA CHAMPIONS LEAGUE	0	UEFA EUROPA LEAGUE	0
FIFA CLUB WORLD CUP	0	UEFA-CONMEBOL INTERCONTINENTAL	0

UNIFORM

Home

Away

분데스리가 최연소 감독 니겔스만 공격 축구로 호펜하임의 비상 이끌까?

2015-16 SEASON REVIEW

과거부터 호펜하임은 '닥공축구'를 통해 많이 넣고 많이 실점하는 화끈한 축구를 구사했다. 그러나 지난 시즌에는 달랐다. 지난 시즌 기스돌 감독은 화끈한 공격 축구가 아닌 선수비 후역습을 통해 상대를 공략하는 형태로 전술을 바꿨다. 끈끈한 팀이 되기를 기대했지만 반대였다. 호펜하임은 자신들의 색깔을 잃어버린 채 극심한 부진에 빠졌고, 결국 기스돌 감독은 경질됐다. 이후 슈테벤스 감독이 잠시 지휘봉을 잡았지만 부진에서 탈출하지 못했고, 20대의 니겔스만 감독이 다시 지휘봉을 잡아 부진탈출과 함께 잔류를 이끌었다.

SUMMER TRANSFER

지난 시즌 8골 10도움을 기록하며 호펜하임의 공격을 책임졌던 볼란트가 레버쿠젠으로 이적했다. 볼란트의 공백을 메우기 위해 다름슈타트의 에이스 바그너와 크라마리치를 완전 영입해 공격진 물갈이에 나섰다. 전체적으로 많은 변화가 있었다. 호펜하임은 중원과 수비 강화를 위해 복트, 휘베너, 루프 등을 영입해 스쿼드의 두께를 늘렸다. 다만 니겔스만 감독이 추구하는 공격 축구를 위해서 확실한 공격형 미드필더가 없는 것은 조금 아쉽고, 많은 변화가 있는 만큼 조직력을 빠르게 정비하는 것이 중요하다.

2016-17 SEASON OUTLOOK

일단 분데스리가 최연소 감독인 니겔스만이 지휘봉을 잡고 호펜하임 특유의 닥공 축구는 어느 정도 부활했다. 2016년 지도자 자격증을 갓 딴 니겔스만 감독은 지난 시즌 다양한 전술을 실험했고, 특히 흥미로웠던 것은 변형 스리백이다. 니겔스만 감독은 스리백을 사용하면서도 공격적으로 나섰고, 양측 풀백을 최대한 공격적으로 운영하며 좋은 결과를 얻어냈다. 이번 시즌도 마찬가지다. 니겔스만 감독은 스리백과 포백을 혼용하며 변화무쌍한 전술 실험을 펼칠 것으로 보이고, 이번 시즌 또 한 번의 잔류를 노린다.

감독 율리안 니겔스만(Julian Nagelsmann)

지난 시즌 기스돌 감독과 슈테벤스 감독의 뒤를 이어 호펜하임의 지휘봉을 잡은 29세, 독일 분데스리가 최연소 감독이다. 선수 시절 1860뮌헨과 아우크스부르크 2군에서 소속됐지만 출전 기회를 잡지 못했고, 일찌감치 지도자의 길로 접어들었다. 2008년 아우크스부르크 유스 팀 어시스턴트 코치를 맡으며 지도자 생활을 시작했고, 이후 1860 뮌헨 U-17팀, 호펜하임 U-17팀, 호펜하임 U-19팀 등을 거쳐 2016년 호펜하임 1군 팀의 지휘봉을 잡았다. 특히 지난 시즌 도중 감독직을 맡아 다양한 전술로 잔류를 이끌어냈고, 변화무쌍하면서도 공격적인 전술로 호펜하임 팬들의 지지를 받았다. 다만 아직은 경험이 부족한 감독이어서 시행착오를 겪는 경우가 많다.

PROFILE
- 출 생 : 1987.7.23
- 국 적 : 독일
- 계 약 : 2019.6.30

STADIUM

Rhein-Neckar Arena

- 구장 오픈 : 2009년
- 구장 개축 : –
- 구장 소유 : 호펜하임
- 수용 인원 : 3만 150명
- 피치 규모 : 105m × 68m
- 잔디 종류 : 천연 잔디

SQUAD LIST

위치	번호	이름	국적	신장	체중	생년월일
GK	1	Oliver Baumann	GER	187	72	02-06-90
	33	Alexander Stolz	GER	189	85	13-10-83
	36	Gregor Kobel	SUI	193	90	06-12-97
DF	3	Pavel Kadeřábek	CZE	177	69	25-04-92
	4	Ermin Bičakčić	BIH	185	81	24-01-90
	5	Fabian Schär	SUI	186	85	20-12-91
	15	Jeremy Toljan	GER	182	74	08-08-94
	20	Kim Jin-Su	KOR	176	67	13-06-92
	21	Benjamin Hübner	GER	193	76	04-07-89
	25	Niklas Süle	GER	194	91	03-09-95
MF	6	Sebastian Rudy	GER	179	73	28-02-90
	7	Lukas Rupp	GER	178	64	08-01-91
	8	Eugen Polanski	POL	183	73	17-03-86
	11	Jiloan Hamad	SWE	170	66	06-11-90
	13	Kerem Demirbay	TUR	185	80	03-07-93
	16	Pirmin Schwegler	SUI	176	74	09-03-87
	17	Steven Zuber	SUI	177	68	17-08-91
	18	Nadiem Amiri	GER	178	69	27-10-96
	22	Kevin Vogt	GER	194	80	23-09-91
	30	Philipp Ochs	GER	174	73	17-04-97
	32	Dennis Geiger	GER	172	65	10-06-98
FW	9	Eduardo Vargas	CHI	173	74	20-11-89
	14	Sandro Wagner	GER	194	87	29-11-87
	19	Mark Uth	GER	185	68	24-08-91
	23	Marco Terrazzino	GER	181	67	15-04-91
	27	Andrej Kramarić	CRO	177	70	19-06-91
	28	Ádám Szalai	HUN	193	80	09-12-87
	34	Barış Atik	TUR	169	72	09-01-95

2016-17 SEASON SCHEDULE

날짜	장소	상대팀	날짜	장소	상대팀
28/AUG	H	RB Leipzig	27/JAN	A	RB Leipzig
11/SEP	A	1. FSV Mainz 05	03/FEB	H	1. FSV Mainz 05
17/SEP	H	VfL Wolfsburg	10/FEB	A	VfL Wolfsburg
20/SEP	A	SV Darmstadt 98	17/FEB	H	SV Darmstadt 98
25/SEP	H	FC Schalke 04	24/FEB	A	FC Schalke 04
01/OCT	A	FC Ingolstadt 04	03/MAR	H	FC Ingolstadt 04
15/OCT	H	SC Freiburg	10/MAR	A	SC Freiburg
22/OCT	A	Bayer Leverkusen	17/MAR	H	Bayer Leverkusen
30/OCT	H	Hertha BSC	31/MAR	A	Hertha BSC
05/NOV	A	Bayern Munchen	03/APR	H	Bayern Munchen
20/NOV	H	Hamburger SV	07/APR	A	Hamburger SV
26/NOV	A	Bor. Monchengladbach	14/APR	H	Bor. Monchengladbach
02/DEC	H	1. FC Koln	21/APR	A	1. FC Koln
09/DEC	A	Eintracht Frankfurt	28/APR	H	Eintracht Frankfurt
16/DEC	H	Borussia Dortmund	05/MAY	A	Borussia Dortmund
19/DEC	H	Werder Bremen	13/MAY	A	Werder Bremen
20/JAN	A	FC Augsburg	20/MAY	H	FC Augsburg

RANK OF LAST 5 YEARS

■ 2부리그

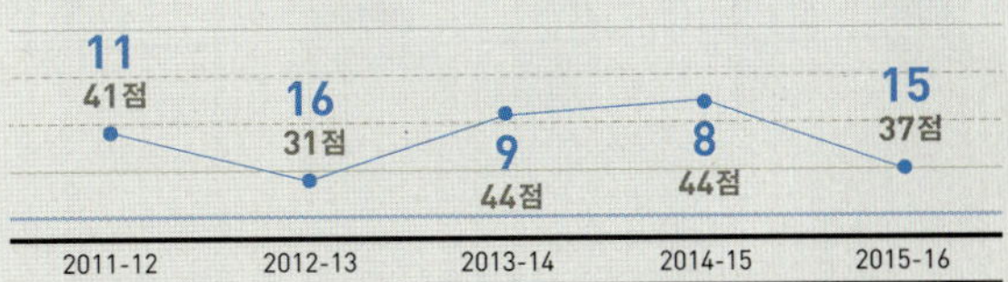

SAP
RUDY
6
TSG HOFFENH

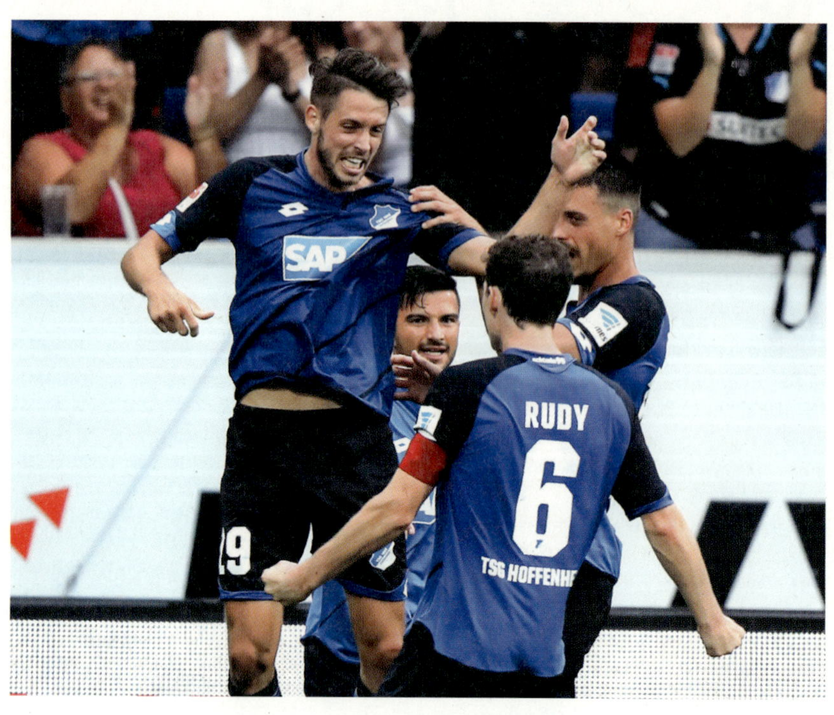

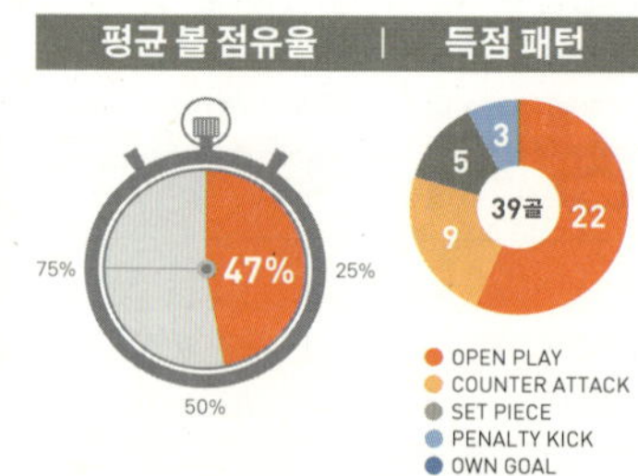

평균 볼 점유율 | 득점 패턴

75%
47%
25%
50%

3
5
39골
22
9
OPEN PLAY
COUNTER ATTACK
SET PIECE
PENALTY KICK
OWN GOAL

STRENGTHS & WEAKNESSES

OFFENSE		DEFENSE	
직접 프리킥	C	세트피스 수비	E
문전 처리	C	상대 볼 뺏기	C
측면 돌파	C	공중전 능력	C
스루볼 침투	C	역습 방어	D
개인기 침투	C	지공 방어	E
카운터 어택	B	스루패스 방어	C
기회 만들기	C	리드 지키기	D
세트피스	A	실수 조심	E
OS 피하기	C	측면 방어력	D
중거리 슈팅	C	파울 주의	C
볼 점유율	B	중거리슛 수비	C

매우 강함 A 강한 편 B 보통 수준 C 약한 편 D 매우 약함 E

시간대별 득점 | 시간대별 실점 | 득점 분포 | 공격 방향 | 볼 점유 위치 | 포지션별 득점 | 상대포지션별 실점

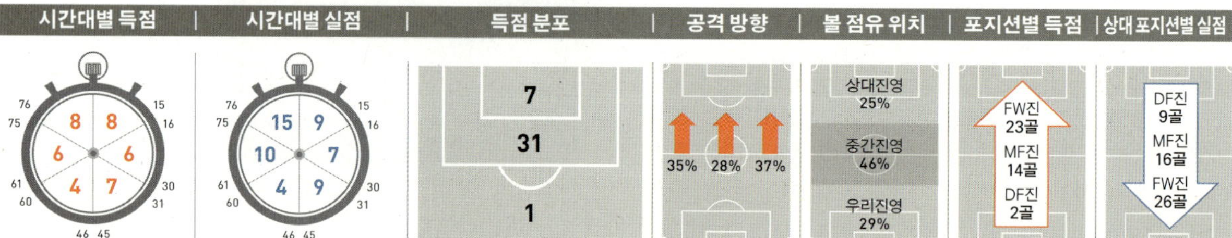

76
15
75
16
8
8
6
6
4
7
61
30
60
31
46 45

76
15
75
16
15
9
10
7
4
9
61
30
60
31
46 45

7
31
1

35%
28%
37%

상대진영
25%
중간진영
46%
우리진영
29%

FW진
23골
MF진
14골
DF진
2골

DF진
9골
MF진
16골
FW진
26골

*자책골 실점 3골

FORMATION

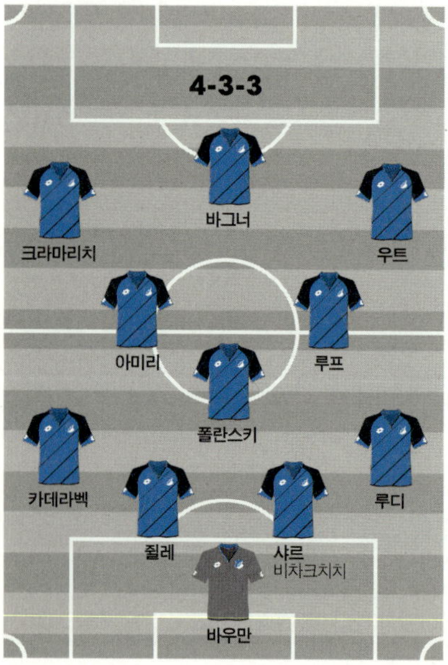
4-3-3
바그너
크라마리치
우트
아미리
루프
폴란스키
카데라벡
루디
쥘레
샤르
비차크치치
바우만

TOTO GUIDE 지난 시즌 상대팀별 전적

상대팀	홈	원정
Bayern Munich	1-2	0-2
Dortmund	1-1	1-3
Leverkusen	1-1	1-2
Monchengladb.	3-3	1-3
Schalke 04	1-4	0-1
FSV Mainz 05	3-2	1-3
Hertha Berlin	2-1	0-1
Wolfsburg	1-0	2-4
FC Koln	1-1	0-0
Hamburger SV	0-1	3-1
Ingolstadt	2-1	1-1
FC Augsburg	2-1	3-1
Werder Bremen	1-3	1-1
Darmstadt	0-2	0-0
Frankfurt	0-0	2-0
Stuttgart	2-2	1-5
Hannover 96	1-0	0-1

TSG 1899
Hoffenheim

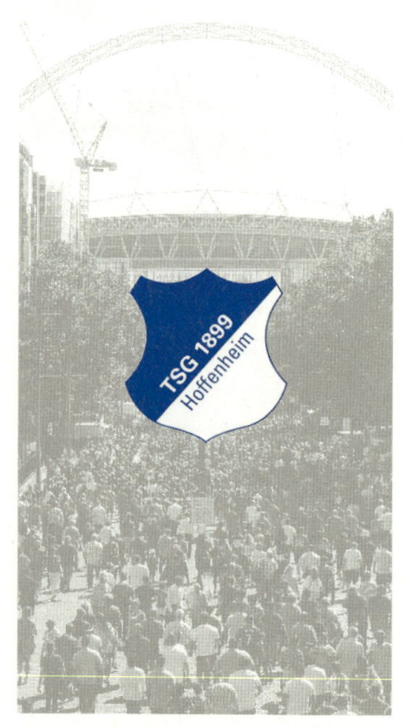

GK Oliver Baumann

올리버
바우만

스위퍼형 골키퍼로 호펜하임의 주전 수문장이다. 뛰어난 판단력을 바탕으로 넓은 범위를 커버해낸다. 수비 라인을 높게 가져가는 호펜하임에 딱 맞는 골키퍼다. 지난 시즌 33경기에 출전해 안정감 있는 선방 능력을 보여줬고, 수비 라인을 진두지휘했다. 슛-스토핑, 볼 핸들링, 크로스 방어 등 기본적인 GK 기술이 좋은 선수지만 공중볼에 약해 펀칭으로 처리하는 경향이 있고, 종종 대형 실수를 저지른다.

국적 : 독일

2000년 프라이부르크 유스 팀에 입단해 2007-08 시즌 19세 이하 분데스리가에서 프라이부르크의 우승을 견인하며 팀의 미래를 책임질 골키퍼로 주목받았다. 독일 연령대별 대표팀을 단계별로 거쳐나가며 성장하고 있다.

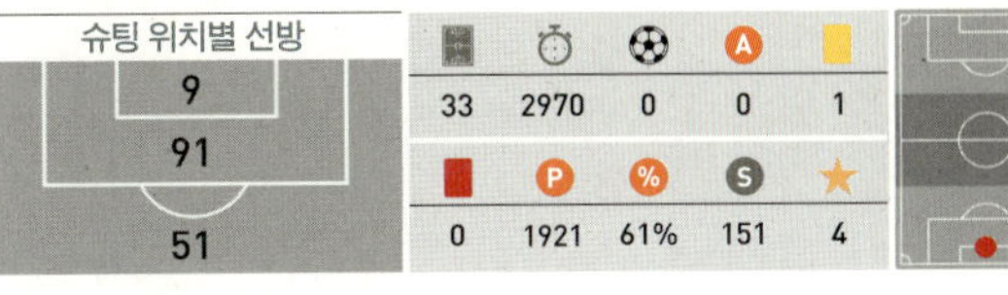

슈팅 위치별 선방		
	9	
	91	
	51	

	⏱	⚽	A	🟨
33	2970	0	0	1

🟥	P	%	S	★
0	1921	61%	151	4

GK Alexander Stolz

알렉산더
스톨즈

호펜하임의 백업 골키퍼. 2013년 호펜하임에 입단했지만 주전과는 거리가 멀었고, 단 1경기에만 출전했다. 이번 시즌 역시 벤치에서 경기를 지켜보는 일이 더 많을 것으로 예상된다. 189cm의 큰 키와 긴 팔을 이용한 공중볼 처리 능력이 좋고, 몸을 던지며 슈팅을 막아낸다. 전성기 때는 훌륭한 반사신경을 자랑했지만 나이가 들면서 민첩성이 떨어졌다. 여기에 실전 감각까지 떨어져 아쉬움을 남긴다.

국적 : 독일

노팅겐에서 프로 데뷔했다. 이후 슈투트가르트 2군과 1군을 거쳐 호펜하임(임대) 등에서 활약하다가 2013년 호펜하임에 입단했다. 대부분 선발이 아닌 교체로 경기를 지켜봤고, 이번 시즌도 마찬가지다.

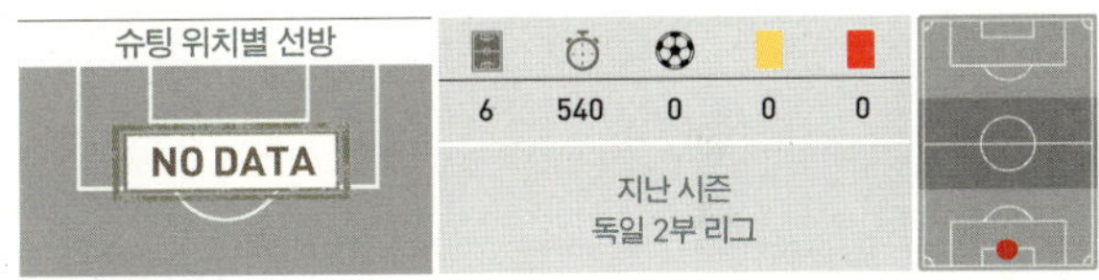

슈팅 위치별 선방		
NO DATA		

	⏱	⚽	🟨	🟥
6	540	0	0	0

지난 시즌
독일 2부 리그

DF Pavel Kaderábek

파벨
카데라벡

호펜하임의 주전 라이트백. 공수 밸런스가 잘 잡혀 있고, 판단력과 예측이 뛰어나 상대의 패스를 잘 가로챈다. 여기에 정확한 태클, 뛰어난 위치선정, 대인방어 등 다양한 장점을 가지고 있고, 풀백으로는 큰 키를 바탕으로 제공권에서도 강한 모습을 자랑하고 있다. 왕성한 활동량과 투지 넘치는 플레이도 인상적이다. 다만 킥 정확도가 다소 떨어지기에 패스와 크로스 성공률이 저조한 편에 속한다.

국적 : 체코

체코 명문 스파르타 프라하 유스 출신으로 2010년 B팀을 거쳐 2012년 1군으로 자리 잡았다. 3시즌 동안 좋은 모습을 보이며 2015년 호펜하임으로 이적하는 데 성공했다. 체코 연령별 대표를 모두 거쳤고, 2014년부터 A대표로 활약 중이다.

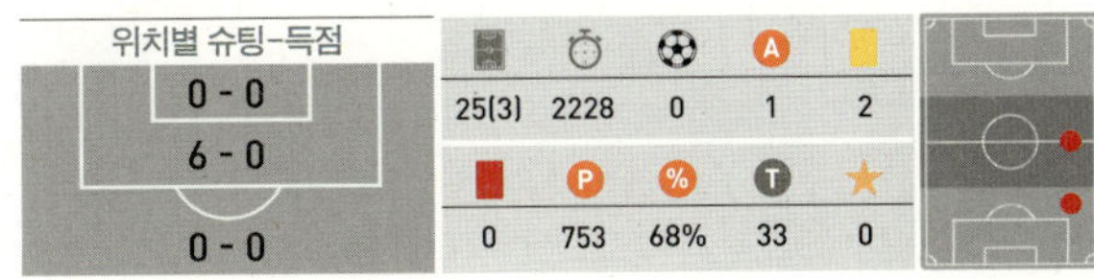

위치별 슈팅-득점		
	0 - 0	
	6 - 0	
	0 - 0	

	⏱	⚽	A	🟨
25(3)	2228	0	1	2

🟥	P	%	T	★
0	753	68%	33	

DF Ermin Bičakcić

빠른 발과 높은 점프력을 자랑하는 센터백. 아주 큰 키는 아니지만 몸싸움과 위치선정이 좋아 상대 공격수와 경합과정에서 쉽게 밀리지 않는다. 투쟁심이 넘치는 파이터형의 수비수로 상대의 슈팅을 온 몸으로 막아내고, 터프한 태클로 기선을 제압한다. 다만 패싱력이 떨어지다보니 걷어내기에 급급한 모습을 연출하는 경향이 있고, 빌드-업이 약해 현대 축구에는 맞지 않는 수비수라는 평가가 있다.

에르민
비차크치치

국적 : 보스니아 헤르체고비나

보스니아 내전을 피해 어린 시절 독일로 이주해 축구를 시작했다. 슈투트가르트 유스 출신으로 독일 U-18 대표팀에서 뛰었으나 이후에는 보스니아 U-19 대표팀을 거쳐 2014년 보스니아 국가대표를 선택했다.

위치별 슈팅-득점	경기수	시간	득점	A	경고
3 - 0	18(3)	1600	0	0	2
4 - 0	퇴장	P	%	T	★
1 - 0	1	734	84%	27	1

DF Fabian Schär

호펜하임 수비의 중심이자, 스위스의 미래를 책임질 대형 센터백. 정확한 롱패스 능력을 보유하고 있고, 공중볼 싸움에도 강점을 보인다. 위치선정과 판단력이 좋아 상대의 패스를 사전에 차단하고, 효율적으로 움직이며 역습을 내주지 않는다. 라인 컨트롤과 커버 플레이 같은 조직적인 수비에도 능숙하다. 다만 공격적인 성향이 있어 가끔 역습을 시도하다 실수를 하기도 한다. 안정감을 찾는 게 중요하다.

파비안
샤르

국적 : 스위스

FC 빌 유스 출신으로 스위스 명문 바젤을 거쳐 2015년 호펜하임에 입성했다. 스위스 U-20, U-21, 올림픽 대표를 거쳐 2013년부터 국가대표로 활약하고 있다. 2014 월드컵 예선 당시 3골을 넣으며 팀 내 최다 득점자에 등극했다.

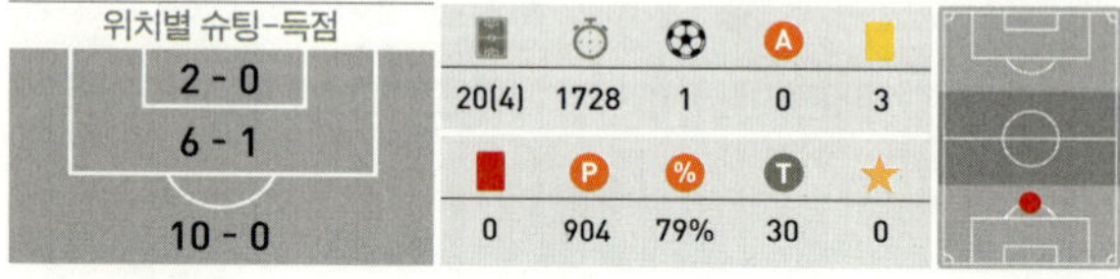

위치별 슈팅-득점	경기수	시간	득점	A	경고
2 - 0	20(4)	1728	1	0	3
6 - 1	퇴장	P	%	T	★
10 - 0	0	904	79%	30	0

DF Kim Jin Su

2015 아시안컵에서 맹활약하며 '제2의 이영표'로 엄청난 기대를 받았지만 최근에는 극심한 슬럼프에 빠져 있다. 지난 시즌 초반에는 주전으로 활약했지만 중반 이후 주전 경쟁에서 완전히 밀렸고, 리그 15경기 출전에 그쳤다. 이번 시즌도 톨얀과 치열한 경쟁을 예고한다. 정상 컨디션인 김진수는 스피드, 돌파, 투지, 롱스로인, 크로스, 대인방어 등 다양한 장점을 가지고 있는 수비수다.

김진수

국적 : 대한민국

알비렉스 니가타에서 프로 데뷔했고, 2014 월드컵 이후 호펜하임으로 이적했다. 한국 연령별 대표를 모두 거친 엘리트고, 2013년부터 국가대표로 활약하고 있다. 2014 아시안게임과 2015 아시안컵에 출전해 빡빡한 일정을 소화했다.

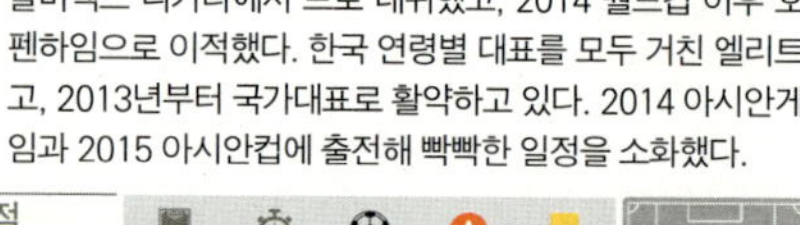
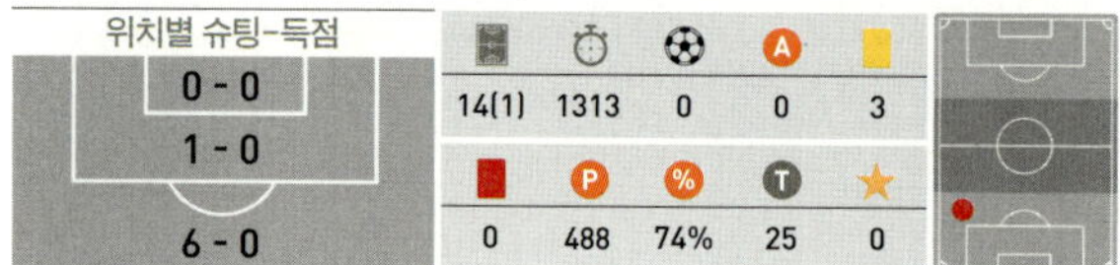

위치별 슈팅-득점	경기수	시간	득점	A	경고
0 - 0	14(1)	1313	0	0	3
1 - 0	퇴장	P	%	T	★
6 - 0	0	488	74%	25	0

DF Niklas Süle

호펜하임 수비의 핵심. 195cm의 당당한 체격을 바탕으로 공중볼에 강점을 보이고 있고, 뛰어난 위치선정과 정확한 태클을 바탕으로 상대 공격을 저지해낸다. 축구 IQ가 높아 영리한 수비를 펼쳐 카드를 쉽게 받지 않는다. 패싱력도 나쁘지 않고, 공격에 가담했을 때 위력을 발휘한다. 지난 시즌 리그 33경기에 출전해 꾸준하게 활약했지만 아직 어리다보니 집중력이 부족하다. 민첩성도 떨어져 다소 불안하다.

니클라스
쥘레

국적 : 독일

호펜하임 유스 출신. 이제 21세에 불과하지만 이미 18세였던 2013-14시즌부터 팀의 핵심 수비수로 활약하고 있다. 이미 독일 연령대별 대표팀을 모두 섭렵했고, 2016년에는 감격적인 국가대표 데뷔전을 치렀다.

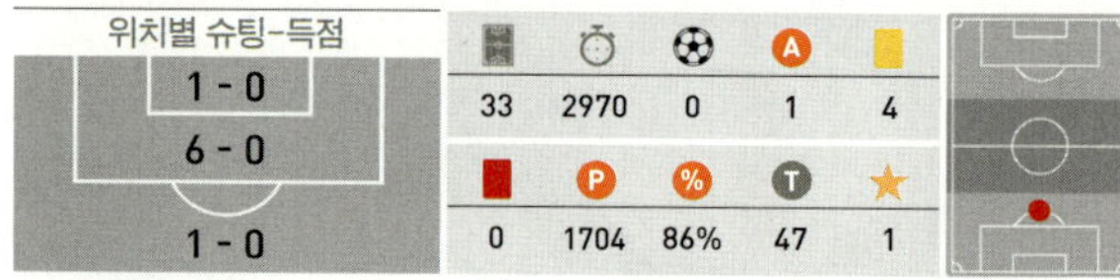

위치별 슈팅-득점	경기수	시간	득점	A	경고
1 - 0	33	2970	0	1	4
6 - 0	퇴장	P	%	T	★
1 - 0	0	1704	86%	47	1

MF Sebastian Rudy

세련된 기술을 자랑하는 멀티 플레이어. 중앙 미드필더는 물론이고, 오른쪽 측면 미드필더와 측면 수비를 모두 소화할 수 있을 정도로 전술 이해도가 뛰어나다. 정교한 킥을 바탕으로 플레이메이킹에 능하고, 양질의 패스와 크로스를 전방에 제공해준다. 볼 다루는 기술도 뛰어나 키핑력도 준수한 편. 다만 수비력이 떨어지고 몸싸움도 약하다. 이로 인해 다양한 포지션을 소화하고 있지만 아직 확실한 포지션은 없다.

제바스티안
루디

국적 : 독일

슈투트가르트 유스 출신으로 2010년 호펜하임에 입단했다. 2008년 토니 크로스(레알 마드리드)에 이어 프리츠 발터상 18세 이하 부문 은메달을 수상했다. 독일 연령별 대표를 거쳤고, 2014년부터 독일 국가대표로 활약하고 있다.

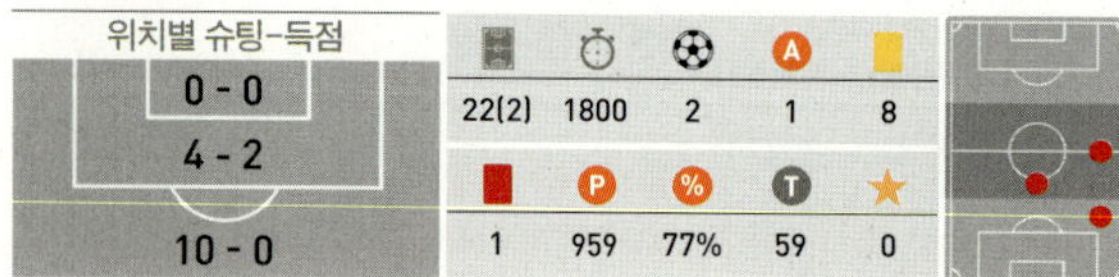

위치별 슈팅-득점	경기수	시간	득점	A	경고
0 - 0	22(2)	1800	2	1	8
4 - 2	퇴장	P	%	T	★
10 - 0	1	959	77%	59	1

MF Lukas Rupp

지난 시즌 슈투트가르트에서 활약하다가 이번 시즌 호펜하임의 유니폼을 입었다. 중앙과 측면을 모두 볼 수 있는 미드필더로 수비적인 능력이 뛰어나다. 수비 집중력이 좋아 실수가 거의 없는 편이고, 상대의 패스를 가로채는 능력이 뛰어나다. 여기에 속도를 이용한 공격 침투로 역습에 가담하고 찬스를 만들어낸다. 득점력이 있는 미드필더지만 크로스는 조금 부정확한 편이다.

루카스
루프

국적 : 독일

카를스루에 SC 유스 출신으로 2군을 거쳐 2009년 1군에 데뷔했다. 이후 묀헨글라드바흐, 파더보른, 슈투트가르트에서 활약하다가 이번 시즌을 앞두고 호펜하임의 유니폼을 입었다. 지난 시즌 리그 29경기서 5골 4도움을 기록했다.

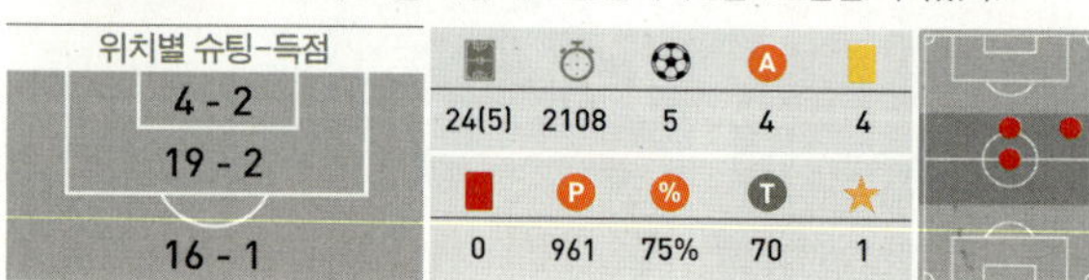

위치별 슈팅-득점	경기수	시간	득점	A	경고
4 - 2	24(5)	2108	5	4	4
19 - 2	퇴장	P	%	T	★
16 - 1	0	961	75%	70	1

 MF Eugen Polanski

유겐
폴란스키

호펜하임 중원의 중심을 잡아주는 미드필더. 과거에는 화려한 테크닉과 기술적인 축구로 주목을 받았지만 이제는 거친 축구의 대명사가 됐다. 특히 공격형에서 수비형 미드필더로 변신하는 과정에서 태클을 즐기고, 가로채기에 능하며, 터프한 수비를 펼치는 수비형 미드필더로 성장했다. 이로 인해 카드도 자주 수집하는 편에 속한다. 그래도 여전히 볼 키핑에 능하고, 집중력이 좋아 실수를 잘 저지르지 않는다.

폴란드 출생. 유아기에 독일로 이주해왔고, 만 8세 때 묀헨글라드바흐 유스 팀에 입단했다. 독일 연령대별 대표팀을 모두 거쳤으나 2011년 7월, 폴란드 국적을 선택했고, 8월 그루지아와의 평가전에 A매치 데뷔전을 치렀다.

국적 : 폴란드

위치별 슈팅-득점

| 0 - 0 |
| 6 - 1 |
| 17 - 0 |

	⏱	⚽	A	
20(7)	1758	1	3	8
	P	%	T	★
0	902	78%	64	0

 MF Pirmin Schwegler

피르민
슈베글러

전형적인 박스-투-박스형 미드필더. 공격적인 재능과 수비력을 갖추고 있어 공수 모두에 기여한다. 중거리 슈팅 능력이 좋고, 공중 볼에 강하며, 태클을 즐긴다. 왕성한 활동량과 투지 넘치는 플레이로 중원을 장악하는 유형이고, 거친 파울도 마다하지 않는다. 리더십이 뛰어나 프랑크푸르트 시절에는 주장직도 수행했다. 문제는 부상이다. 최근 들어 잦은 부상에 시달리고 있고 지난 시즌도 완벽한 컨디션은 아니었다.

생후 18개월이 됐을 때 백혈병에 걸렸으나 다행히 완치됐다. 스위스 U-21 대표 출신으로 2009년부터 국가대표로 활약하고 있다. 그의 동생 크리스티안은 레드 불 잘츠부르크에서 뛰고 있다.

국적 : 스위스

위치별 슈팅-득점

| 0 - 0 |
| 6 - 0 |
| 4 - 0 |

	⏱	⚽	A	
16(5)	1416	0	0	5
	P	%	T	★
0	750	81%	45	0

 FW Eduardo Vargas

에두아르도
바르가스

칠레의 간판 골잡이. 그러나 소속팀 호펜하임에서는 엄청난 득점력을 보여주지는 못했다. 지난 시즌 리그 24경기에 출전했지만 2골-3도움을 그쳤다. 최근 코파 아메리카에서 2연속 득점왕을 차지했던 것을 생각하면 조금 아쉬운 활약상이다. 바르가스는 폭발적인 스피드를 이용해 문전으로 침투하고, 날카로운 슈팅으로 득점을 만드는 것에 강점을 보인다. 여기에 드리블 돌파, 패싱력, 중거리 슈팅 능력도 갖췄다.

2012년 나폴리에 입단하며 유럽 무대로 진출했다. 이후 발렌시아, QPR 등에서 임대로 경험을 쌓았고, 2015년 호펜하임의 유니폼을 입었다. 칠레 국가대표의 간판 골잡이고, 칠레의 코파 2연패를 이끌었다. 2대회 연속 득점왕이다.

국적 : 칠레

위치별 슈팅-득점

| 1 - 0 |
| 17 - 2 |
| 13 - 0 |

	⏱	⚽	A	
16(8)	1506	2	3	1
	P	%	T	★
0	563	74%	8	0

 FW Sandro Wagner

산드로
바그너

194cm의 장신 공격수로 헤딩 머신이다. 지난 시즌 리그 32경기에 출전해 14골-4도움을 기록하며 다름슈타트의 공격을 책임졌다. 특히 경기당 7.3회의 공중볼을 따내며 고공 폭격기의 위력을 보여줬다. 여기에 볼을 키핑하는 능력이 좋아 포스트 플레이에 능하고, 연계를 통해 찬스를 만든다. 득점력과 패싱력도 나쁘지 않아 도움도 자주 기록한다. 다만 거친 파울로 인해 경고를 자주 받는 것은 문제.

바이에른 유스 출신으로 2군에서 좋은 활약을 펼쳐 2007년 1군으로 승격했다. 그러나 자리를 잡지 못했고, 이후 브레멘, 헤르타 베를린, 다름슈타트 등을 거쳐 2016년 호펜하임에 입단했다. 독일 U-21 대표 출신이기도 하다.

국적 : 독일

위치별 슈팅-득점

| 14 - 8 |
| 46 - 6 |
| 27 - 0 |

	⏱	⚽	A	
27(5)	2477	14	4	8
	P	%	T	★
1	898	50%	31	5

 FW Mark Uth

마크
우트

왼발 킥이 정교한 공격수. 최전방은 물론 좌우 측면 윙어로도 활약할 수 있다. 드리블에 능하고, 센스 있는 패스로 동료 선수들에게 슈팅 기회를 제공해준다. 수비 가담에도 적극적으로 참여한다. 상당히 다재다능한 공격수로 공수 모두에 기여한다. 지난 시즌 호펜하임의 유니폼을 처음 입고 리그 25경기서 8골 1도움을 기록하며 제몫을 해줬다. 다만 아직 경험이 부족해 기복이 조금 있는 편이다.

쾰른 유스 출신으로 2012년 만 20세의 나이에 에레디비지에 구단 히렌빈으로 이적했다. 2014-15 시즌 히렌빈에서 15골 11도움을 올리며 두 자릿수 골과 도움을 동시에 호펜하임의 부름을 받았다. 독일 U-20 대표 출신이다.

국적 : 독일

위치별 슈팅-득점

| 8 - 4 |
| 20 - 4 |
| 7 - 0 |

	⏱	⚽	A	
16(9)	1403	8	1	2
	P	%	T	★
0	385	74%	28	3

 FW Andrej Kramaric

안드레이
크라마리치

임대 신화를 쓴 공격수. 지난겨울 이적 시장을 통해 호펜하임으로 임대 이적해 리그 15경기서 5골-2도움을 올리며 좋은 활약을 펼쳤다. 이에 이번 시즌을 앞두고 완전 이적했다. 크라마리치는 빠른 발을 이용한 공격 침투와 마무리 능력이 좋은 공격수고, 볼을 간수하며 동료들에게 찬스를 만들어준다. 패싱력도 뛰어나 2선에서 정교한 스루패스를 찔러주기도 한다. 역습 상황에서 특히 위력을 발휘한다.

크로아티아의 미래로 불렸다. 모든 연령별 대표를 다 거치며 천재라는 평가를 받았고, 2014년부터 국가대표로 활약하고 있다. 디나모 자그레브에서 프로 데뷔했고, 레스터 시티 등을 거쳐 호펜하임으로 이적했다.

국적 : 크로아티아

위치별 슈팅-득점

| 1 - 0 |
| 31 - 5 |
| 11 - 0 |

	⏱	⚽	A	
12(5)	1107	5	2	0
	P	%	T	★
1	351	76%	0	

EINTRACHT FRANKFURT

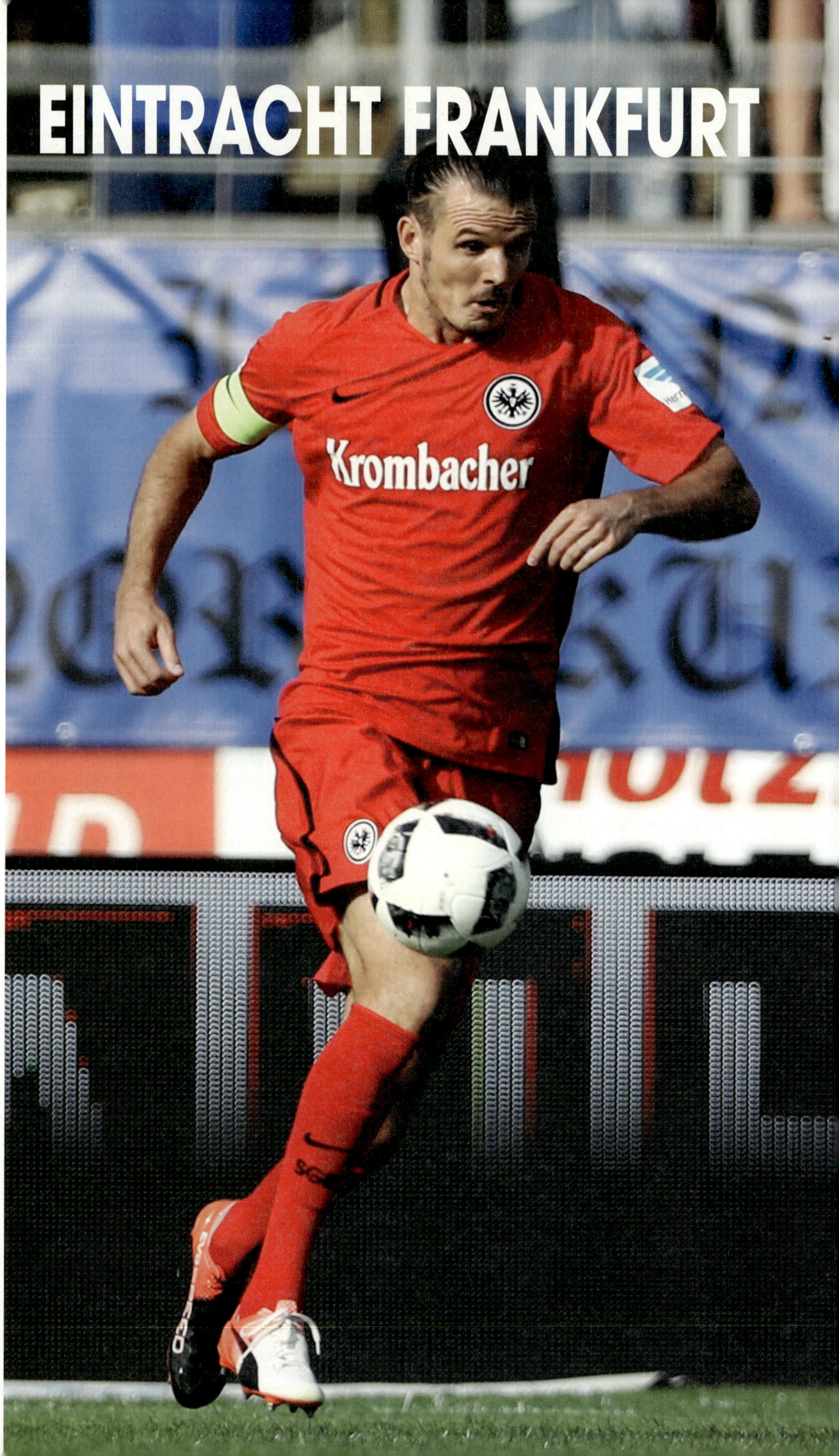

구단 창립 : 1899년
홈구장 : 코메르츠방크-아레나
감독 : 니코 코바치
2015-16시즌 : 16위(승점 36점)
9승 9무 16패 34득점 52실점
닉네임 : Die Adler

1		4	
GERMAN BUNDESLIGA		GERMAN DFB POKAL	
0		1	
UEFA CHAMPIONS LEAGUE		UEFA EUROPA LEAGUE	
0		0	
FIFA CLUB WORLD CUP		UEFA-CONMEBOL INTERCONTINENTAL	

UNIFORM

Home

Away

극적 잔류에 성공한 프랑크푸르트
다국적 군단의 힘으로 더 높은 순위 원해

2015-16 SEASON REVIEW

극적인 잔류였다. 지난 2014-15 시즌 공격적인 축구로 팀 최다 득점 4위(56골)와 팀 최다 실점 3위(62골)에 동시에 이름을 올리며 분데스리가 9위를 차지했던 프랑크푸르트가 지난 시즌에는 최악의 경기력을 보이며 리그 16위라는 부진한 성적표를 받았다. 결국 프랑크푸르트는 시즌 도중 아르민 페 감독을 경질하고 리그 10경기를 남겨둔 상황에서 크로아티아 출신의 코바치 감독에 지휘봉을 맡겼다. 이후 프랑크푸르트는 조금씩 경기력을 회복했고, 뉘른베르크와의 강등 플레이오프 끝에 기사회생하며 극적으로 1부 리그에 잔류했다.

SUMMER TRANSFER

최악의 시즌을 보냈기에 변화도 크다. 일단 시즌 도중 지휘봉을 잡은 코바치 감독은 많지 않은 예산 속에서 최대한 저렴하면서도 팀에 꼭 필요한 선수들을 영입했고, 여름 이적 시장을 통해 발 빠른 행보를 보였다. 프랑크푸르트는 아이그너와 잠브라노를 떠나보냈지만 국적과 리그를 가리지 않고 저렴하면서도 유망한 선수들을 대거 데려왔다. 특히 레알 마드리드 출신 마스카렐을 비롯해 맨유의 측면 수비수 바렐라, 레알의 중앙 수비수 바예호, 첼시의 헥토르, 에버턴의 타라샤이 등을 데려와 팀이 한 층 젊어졌다.

2016-17 SEASON OUTLOOK

한마디로 다국적 군단이다. 대부분 빅 리그 또는 빅 클럽에 소속돼 있는 젊고 유망한 선수들을 임대로 데려왔다. 이에 팀이 한층 젊어졌고, 현재 프랑크푸르트는 18개국에서 모인 글로벌한 스쿼드를 갖추게 됐다. 이것이 문제라면 문제. 너무 젊은 선수들만 데려와 경험이 부족한 문제가 발생할 수도 있고, 선수단 커뮤니케이션에 문제가 발생할 수 있다. 그러나 지난 시즌 맹활약한 마이어, 세페로비치 등이 건재한 것은 팀에 큰 힘이 될 것으로 보이고, 하세베 등 분데스리가에서 오랜 시간 활약한 선수들의 경험도 중요해졌다.

감독 니코 코바치 (Niko Kovac)

지난 시즌 성적 부진으로 페 감독이 경질되자 프랑크푸르트의 지휘봉을 잡고 극적인 잔류를 이끈 크로아티아의 레전드 출신 감독. 코바치 감독은 현역 시절 헤르타 베를린, 바이엘 레버쿠젠, 함부르크, 바이에른 뮌헨을 거치며 독일 분데스리가가 친숙한 인물이고, 크로아티아 대표팀을 이끌기도 했다. 코바치 감독은 오스트리아 명문 잘츠부르크서 유소년팀 감독, 수석코치를 역임하며 지도자 생활을 시작했다. 이후 크로아티아 21세 이하 대표팀을 거쳐 2013년 크로아티아 A대표팀 감독으로 승격됐다. 2014 브라질 월드컵에 출전했지만 16강 진출에 실패했고 지난해 9월 감독직에서 물러났다. 이후 6개월 만에 감독직에 복귀한 그는 처음으로 프로팀 1군을 이끌게 됐다.

PROFILE
- 출 생 : 1971.10.15
- 국 적 : 크로아티아
- 계 약 : 2017.6.30

STADIUM

Commerzbank-Arena

- 구장 오픈 : 1925년
- 구장 개축 : 1937, 1953, 1974, 2005년
- 구장 소유 : 발트슈타디온 프랑크푸르트
- 수용 인원 : 5만 1500명
- 피치 규모 : 105m × 68m
- 잔디 종류 : 천연 잔디

SQUAD LIST

위치	번호	이름	국적	신장	체중	생년월일
GK	1	Lukas Hrádecký	FIN	187	67	24-11-89
	13	Heinz Lindner	AUT	187	80	17-07-90
	34	Leon Bätge	GER	188	75	09-07-97
DF	2	Yanni Regäsel	GER	180	72	13-01-96
	3	Guillermo Varela	URU	171	69	24-03-93
	5	Jesús Vallejo	ESP	183	74	05-01-97
	6	Bastian Oczipka	GER	184	81	12-01-89
	15	Michael Hector	JAM	193	82	19-07-92
	19	David Abraham	ARG	188	85	16-07-86
	22	Timmy Chandler	USA	186	83	29-03-90
	23	Anderson	BRA	188	76	10-01-88
	33	Taleb Tawatha	ISR	176	81	21-06-92
	36	Furkan Zorba	GER	185	77	25-02-98
MF	4	Marco Russ	GER	190	75	04-08-85
	7	Danny Blum	GER	184	76	07-01-91
	8	Szabolcs Huszti	HUN	172	70	18-04-83
	10	Marco Fabián	MEX	170	65	21-07-89
	11	Mijat Gačinović	BIH	175	66	08-02-95
	14	Alexander Meier	GER	196	84	17-01-83
	18	Johannes Flum	GER	189	80	25-02-88
	20	Makoto Hasebe	JPN	177	65	18-01-84
	21	Marc Stendera	GER	171	70	10-12-95
	25	Slobodan Medojević	SRB	175	70	20-10-90
	32	Joel Gerezgiher	GER	176	77	09-10-95
	39	Omar Mascarell	ESP	181	71	02-02-93
FW	9	Haris Seferovic	SUI	185	83	22-02-92
	17	Ante Rebić	CRO	182	80	21-09-93
	30	Shani Tarashaj	SUI	176	76	07-02-95
	31	Branimir Hrgota	SWE	182	62	12-01-93
	38	Enis Bunjaki	GER	178	74	17-10-97

2016-17 SEASON SCHEDULE

날짜	장소	상대팀	날짜	장소	상대팀
27/AUG	H	FC Schalke 04	27/JAN	A	FC Schalke 04
10/SEP	A	SV Darmstadt 98	03/FEB	H	SV Darmstadt 98
17/SEP	H	Bayer Leverkusen	10/FEB	A	Bayer Leverkusen
20/SEP	A	FC Ingolstadt 04	17/FEB	H	FC Ingolstadt 04
24/SEP	H	Hertha BSC	24/FEB	A	Hertha BSC
01/OCT	A	SC Freiburg	03/MAR	H	SC Freiburg
15/OCT	H	Bayern Munchen	10/MAR	A	Bayern Munchen
21/OCT	A	Hamburger SV	17/MAR	H	Hamburger SV
28/OCT	A	Bor. Monchengladbach	31/MAR	H	Bor. Monchengladbach
05/NOV	H	1. FC Koln	03/APR	A	1. FC Koln
20/NOV	A	Werder Bremen	07/APR	H	Werder Bremen
26/NOV	H	Borussia Dortmund	14/APR	A	Borussia Dortmund
02/DEC	A	FC Augsburg	21/APR	H	FC Augsburg
09/DEC	H	1899 Hoffenheim	28/APR	A	1899 Hoffenheim
16/DEC	A	VfL Wolfsburg	05/MAY	H	VfL Wolfsburg
19/DEC	H	1. FSV Mainz 05	13/MAY	A	1. FSV Mainz 05
20/JAN	A	RB Leipzig	20/MAY	H	RB Leipzig

RANK OF LAST 5 YEARS

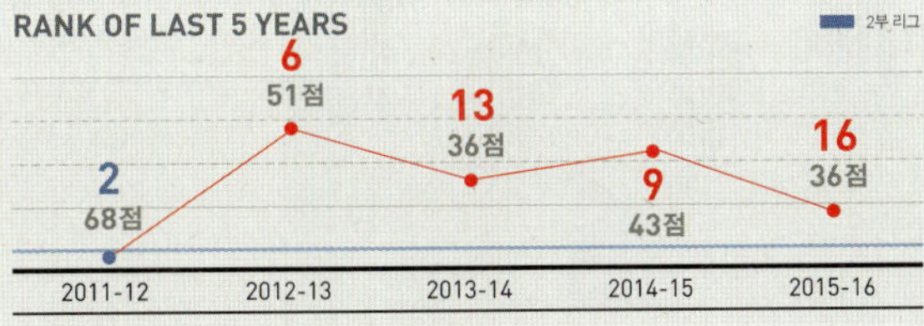

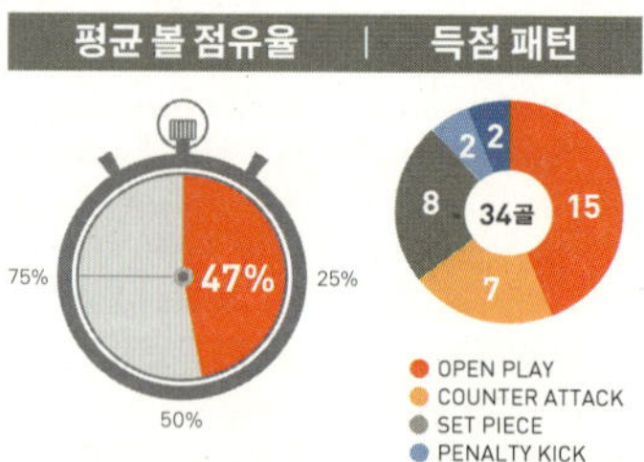

STRENGTHS & WEAKNESSES

OFFENSE		DEFENSE	
직접 프리킥	C	세트피스 수비	B
문전 처리	C	상대 볼 뺏기	C
측면 돌파	B	공중전 능력	B
스루볼 침투	C	역습 방어	D
개인기 침투	C	지공 방어	C
카운터 어택	C	스루패스 방어	C
기회 만들기	C	리드 지키기	C
세트피스	B	실수 조심	C
OS 피하기	C	측면 방어력	C
중거리 슈팅	B	파울 주의	C
볼 점유율	C	중거리슛 수비	C

매우 강함 **A**　강한 편 **B**　보통 수준 **C**　약한 편 **D**　매우 약함 **E**

FORMATION

TOTO GUIDE 지난 시즌 상대팀별 전적

상대팀	홈	원정
Bayern Munich	0-0	0-1
Dortmund	1-0	1-4
Leverkusen	1-3	0-3
Monchengladb.	1-5	0-3
Schalke 04	0-0	0-2
FSV Mainz 05	2-1	1-2
Hertha Berlin	1-1	0-2
Wolfsburg	3-2	1-2
FC Koln	6-2	1-3
Hamburger SV	0-0	0-0
Ingolstadt	1-1	0-2
FC Augsburg	1-1	0-0
Werder Bremen	2-1	0-1
Darmstadt	0-1	2-1
Hoffenheim	0-2	0-0
Stuttgart	2-4	4-1
Hannover 96	1-0	2-1

GK **Lukas Hradecky**

1

루카스
흐라데키

프랑크푸르트의 주전 수문장이자, 핀란드 국가대표 골키퍼. 당당한 신체조건(190cm 80kg)을 바탕으로 공중볼 장악력이 좋은 선수이고, 롱킥도 비교적 정확한 편이다. 여기에 상황 판단력이 빠르고, 민첩성이 우수해 일대일 상황에서 슈퍼 세이브를 연출한다. 수비 조율 능력도 갖추고 있고, 공중전을 펼칠 때 위험지역이 아닌 곳으로 펀칭을 하는 능력이 좋다. 다만 고질적인 무릎 부상을 조심해야 한다.

국적 : 핀란드

2013년 덴마크 리그 올해의 골키퍼를 수상한 능력 있는 골키퍼로 슬로바키아계 핀란드인이다. 슬로바키아 브라티슬라바에서 태어나 핀란드로 이주해왔다. 그의 동생 토마스(RoPS)와 마테이(TPS) 모두 축구 선수로 뛰고 있다.

슈팅 위치별 선방

3			
79			
44			

			A	
34	3060	0	0	0

	P	%	S	★
0	1173	58%	126	1

GK **Heinz Lindner**

13

하인츠
린드너

전형적인 선방형 골키퍼지만 기복이 심해 종종 치명적인 실수를 범한다. 잘 할 때는 선방쇼를 펼치며 영웅이 되지만 반대일 때는 한 없이 불안하다. 린드너는 동물적인 반사신경과 엄청난 민첩성을 갖췄고, 페널티킥도 잘 막아낸다. 문제는 제공권에 약하다는 데에 있다. 게다가 박스 장악력도 떨어지고 패싱력도 좋은 편이 아니다. 이런 이유로 롱킥이 자주 상대편에게 끊겨 역습을 허용한다.

국적 : 오스트리아

오스트리아 명문 오스트리아 빈 유스 출신으로 만 19세인 2010년 2월, 프로 데뷔했다. 2012-13시즌 오스트리아 분데스리가 우승을 견인해 2013년 리그 최우수 골키퍼에 선정됐다. 오스트리아 국가대표로 7경기 출전했다.

슈팅 위치별 선방

0			
0			
0			

			A	
0	0	0	0	0

	P	%	S	★
0	0	-	0	0

DF **Guillermo Varela**

3

기예르모
바렐라

우루과이가 기대하는 라이트백. 어린 시절부터 잠재력을 인정받으며 맨유에 입단했고, 이번 시즌을 앞두고 프랑크푸르트로 임대 이적했다. 준수한 스피드와 드리블 능력을 가지고 있어 과감한 오버래핑을 시도하고, 적극적으로 압박해 상대의 공격을 차단한다. 여기에 정교한 태클능력과 대인방어 능력까지. 좋은 풀백이 될 자질이 충분하다. 그러나 공중전에 약하고, 크로스도 부정확하다. 아직 경험이 부족하다.

국적 : 우루과이

엄청난 기대를 받으며 2013년 맨유로 이적했다. 그러나 출전 기회를 많이 얻지는 못했고, 레알 마드리드 카스티야 임대를 거쳐 이번 시즌에는 프랑크푸르트로 임대 이적했다. 2013 U-20 월드컵에서 맹활약하며 빠르게 성장하고 있다.

위치별 슈팅-득점

0 - 0			
0 - 0			
1 - 0			

			A	
3(1)	315	0	0	1

	P	%	T	★
0	145	79%	8	0

DF Marco Russ

4

마르코
루스

주 포지션은 중앙 수비수지만 수비형 미드필더로도 활약할 수 있다. 190cm의 큰 키를 활용한 제공권이 인상적이고, 세트피스 공격 시 위력을 발휘한다. 수비수로는 순간적인 드리블을 통해 빌드-업을 곧잘 하지만 탈 압박이 약해 수비형 미드필더로 출전하면 어려움을 겪는다. 수비수로 안정감이 다소 부족하고, 미드필더로서는 패싱력이 부족해 애매한 위치다. 지난 시즌 역시 두 포지션을 소화하며 리그 28경기에 출전.

국적 : 독일

프랑크푸르트 유스 출신으로 한 팀에서만 뛰다 2011년 볼프스부르크로 이적했으나 실패를 맛봤고, 1년 6개월 만에 다시 친정팀으로 복귀했다. 크로아티아 아내를 두고 있고, EURO 2012 본선 참가를 위해 귀화를 추진했으나 실패했다.

위치별 슈팅-득점			
3 - 1			
14 - 2			
6 - 0			

경기수	출전시간	득점	도움	경고
26(2)	2350	3	2	9
퇴장	패스시도	패스성공률	태클	MOM
0	1033	79%	30	1

DF Bastian Oczipka

6

바스티안
옥치프카

공수 밸런스가 좋은 왼쪽 측면 수비수. 유스 시절 왼쪽 측면 미드필더로 활약한 적이 있을 정도로 공격력이 좋고, 제공권에도 강하다. 준수한 드리블 능력과 세트피스도 처리할 정도로 정교한 왼발 킥으로 질 좋은 크로스와 패스를 전방에 제공한다. 다만 제공권에 약하고, 역동적인 부분이 다소 부족하다. 최근 몇 시즌 동안 치열한 주전 경쟁을 펼쳤지만 지난 시즌에는 리그 30경기에 출전하며 확고한 위치를 점령했다.

국적 : 독일

레버쿠젠 유스 출신으로 한자 로스톡과 상 파울리 임대를 통해 경험을 쌓았고, 2012년 정기적인 출전을 위해 프랑크푸르트로 이적했다. 독일 U-19, U-20 대표 출신으로 기대를 모았지만 성장세가 멈췄다.

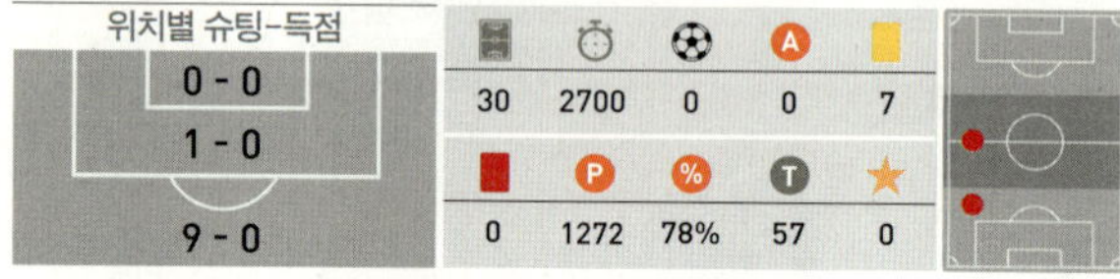

위치별 슈팅-득점			
0 - 0			
1 - 0			
9 - 0			

경기수	출전시간	득점	도움	경고
30	2700	0	0	7
퇴장	패스시도	패스성공률	태클	MOM
0	1272	78%	57	0

DF David Abraham

19

다비드
아브라함

프랑크푸르트 수비의 핵심. 중앙 수비수지만 발이 빠르고 민첩해 수비 뒤 공간을 잘 내주지 않는다. 여기에 공중볼 처리에도 강점을 보이고 위치 선정이 좋아 패스 길 차단 및 가로채기에 능한 모습을 보여준다. 경기당 3.8개의 클리어링과 2.5개의 태클을 기록할 정도로 수비력이 준수하다. 태클이 정확해 파울이 적고, 카드도 잘 수집하지 않는 선수. 그러나 패싱력이 부족해 빌드-업에는 약점을 보인다.

국적 : 아르헨티나

우라칸 차바스 유스 출신으로 2003년 인디펜디엔테에서 프로 데뷔했다. 2013년 겨울 이적 시장을 통해 호펜하임으로 이적했고, 곧바로 승강 플레이오프 2차전에서 선제골을 넣으며 팀의 분데스리가 잔류를 견인해 영웅으로 떠올랐다.

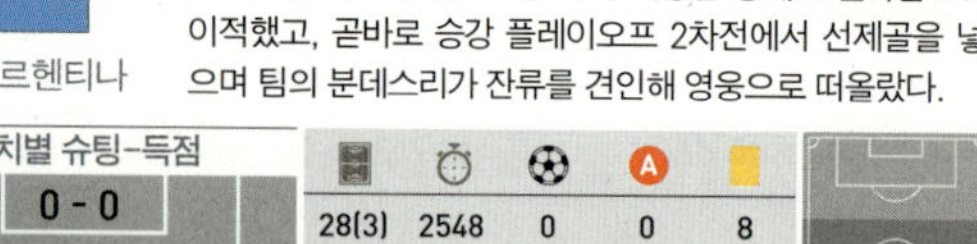
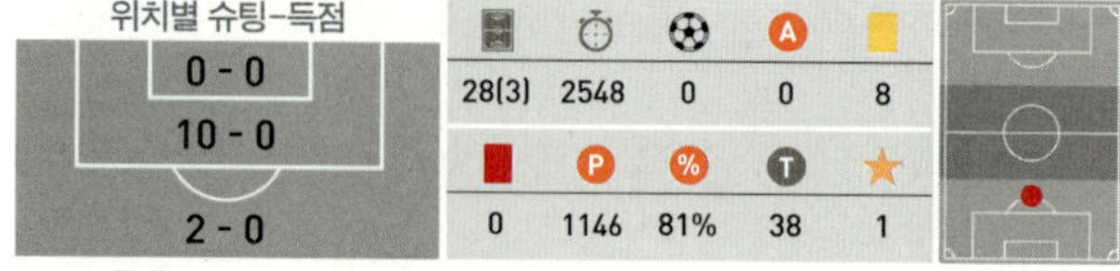

위치별 슈팅-득점			
0 - 0			
10 - 0			
2 - 0			

경기수	출전시간	득점	도움	경고
28(3)	2548	0	0	8
퇴장	패스시도	패스성공률	태클	MOM
0	1146	81%	38	0

DF Timothy Chandler

22

티모시
챈들러

오른쪽 풀백과 윙어를 동시에 볼 수 있는 멀티플레이어. 상당히 공격적인 성향을 가지고 있고, 빠른 발을 이용한 드리블 돌파와 정확한 태클이 강점이다. 가로채기에도 능하고, 왕성한 활동량을 바탕으로 터치라인을 쉴 새 없이 오간다. 다만 패스 및 크로스가 부정확해 실속이 떨어진다. 지난 시즌 프랑크푸르트의 주전 오른쪽 풀백 역할을 수행했으나 무릎 부상이 있어 리그 12경기 출전에 그쳤다.

국적 : 미국

미군 부친과 독일 모친 사이에 프랑크푸르트에서 출생했다. 프랑크푸르트 유스 출신으로 2010년 뉘른베르크로 이적했으나 2014년 다시 친정팀에 복귀했다. 2011년 위르겐 클린스만 감독의 부름을 받고 미국 대표팀을 선택했다.

위치별 슈팅-득점			
0 - 0			
0 - 0			
3 - 0			

경기수	출전시간	득점	도움	경고
5(7)	665	0	0	4
퇴장	패스시도	패스성공률	태클	MOM
0	214	68%	13	0

MF Szabolcs Huszti

8

사볼치
후스티

2선 전 지역(LW, CAM, RW)에서 활약할 수 있는 미드필더. 드리블로 경기를 풀어가는 유형은 아니고, 정교한 패스와 볼 키핑을 중심으로 플레이 메이킹을 담당한다. 세트피스에서 날카로운 프리킥을 시도하고, 크로스도 정확한 편이다. 좌우 측면과 중앙을 부지런하게 움직이며 정교한 스루패스를 시도하고, 수비 집중력과 태클도 좋은 편이다. 그러나 전성기는 조금 지났고, 체력적인 문제를 노출한다.

국적 : 헝가리

자국 리그 페렌츠바로스에서 프로 데뷔했고, 이후 소프론, 메츠, 하노버, 제니트 등 다양한 무대에서 활약하다가 2016년 1월, 프랑크푸르트로 이적했다. 특이하게도 중국 리그 창춘 야타이에서 활약한 경험이 있다.

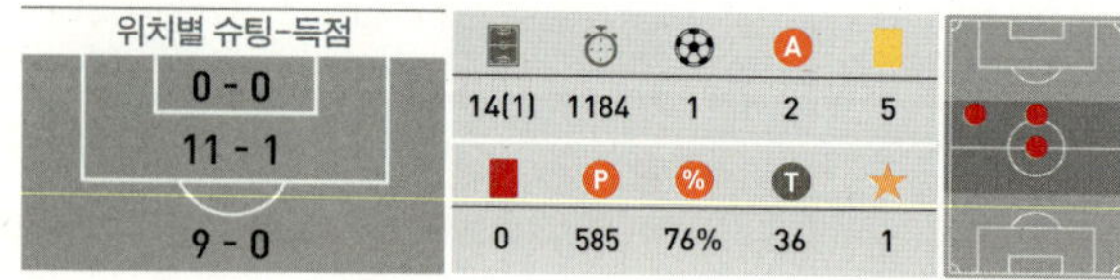

위치별 슈팅-득점			
0 - 0			
11 - 1			
9 - 0			

경기수	출전시간	득점	도움	경고
14(1)	1184	1	2	5
퇴장	패스시도	패스성공률	태클	MOM
0	585	76%	36	1

MF Marco Fabian

10

마르코
파비안

전형적인 공격형 미드필더. 빠른 발을 이용한 드리블 돌파가 좋고, 창의적인 패스를 시도한다. 화려한 개인 기술과 민첩한 움직임이 장점이지만 수비 가담은 아쉽고, 너무 무리한 플레이를 펼치는 것도 문제? 공중전과 골 결정력도 조금은 약하다. 그러나 세트피스에서 날카로운 한 방을 가지고 있고, 세밀한 패스 플레이로 찬스를 만든다. 여기에 문전에서 파울을 잘 이끌어내는 것도 능력이다.

국적 : 멕시코

과달라하라 유스 출신으로 2007년 1군 데뷔해 2015년까지 주전으로 활약하며 193경기에 출전해 50골을 기록했다. 지난겨울 이적 시장을 통해 프랑크푸르트의 유니폼을 입었다. 멕시코 연령별 대표를 거쳤고, 현 국가대표다.

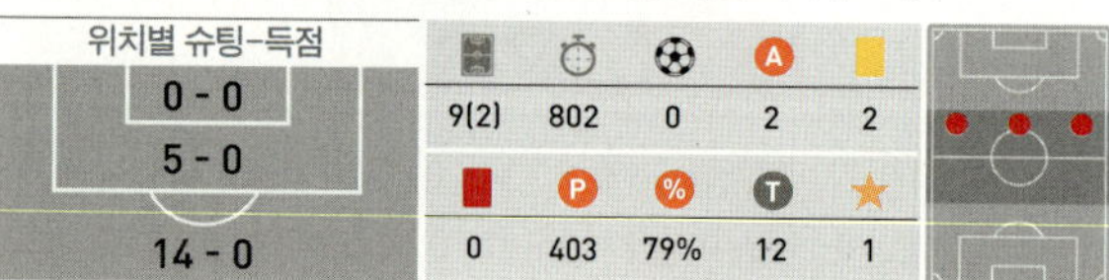

위치별 슈팅-득점			
0 - 0			
5 - 0			
14 - 0			

경기수	출전시간	득점	도움	경고
9(2)	802	0	2	2
퇴장	패스시도	패스성공률	태클	MOM
0	403	79%	12	1

MF Mijat Gačinović

11 / 미야트 가치노비치

지금보다 미래가 더 기대되는 윙어. 지난 시즌을 앞두고 프랑크푸르트로 이적했지만 적응에 어려움을 겪었고, 아직은 미완의 대기다. 그러나 이번 시즌 초반부터 주전 기회를 잡고 있고, 맹활약을 펼치며 찬사를 받고 있다. 아직 21세에 불과하지만 과감한 드리블 돌파와 날카로운 킥력을 바탕으로 프랑크푸르트의 공격을 이끌고 있다. 다만 몸싸움에 약하고, 경험이 부족해 경기력에 기복이 있다.

2015년 20세의 나이로 프랑크푸르트에 입단했다. 엄청난 기대와 함께 등번호 11번을 차지했고, 꾸준하게 성장하고 있다. 보스니아 U-17 대표 출신이지만 2013년 세르비아 U-19 대표팀을 선택했고, 현 세르비아 U-21 대표다.

국적 : 세르비아

위치별 슈팅-득점

	0 - 0
	3 - 0
	1 - 0

경기수	출전시간	득점	A	경고
4(3)	330	0	0	1

퇴장	P	%	T	★
0	106	66%	8	0

MF Hasebe Makoto

20 / 하세베 마코토

독일 분데스리가에서 잔뼈가 굵은 베테랑 미드필더. 왕성한 활동량을 바탕으로 어느 포지션에서도 궂은일을 해주는 선수이고, 수비 집중력, 가로채기, 패싱력, 대인방어 등 다양한 장점을 가지고 있다. 다만 30대에 접어들면서 장점인 활동량이 조금씩 줄고 있고, 민첩성도 떨어지고 있어 지난 시즌에는 오른쪽 풀백으로도 많이 활약했다. 상당히 안정적인 수비를 자랑해 이번 시즌도 다양한 포지션을 소화한다.

2008년 볼프스부르크에 입단해 오랜 기간 분데스리가에서 활약하고 있고, 뉘른베르크를 거쳐 2014년 프랑크푸르트에 입단했다. 2006년부터 일본 국가대표로 활약하며 90경기 이상 출전했다. 기부 활동에도 적극적이다.

국적 : 일본

위치별 슈팅-득점

	0 - 0
	0 - 0
	7 - 1

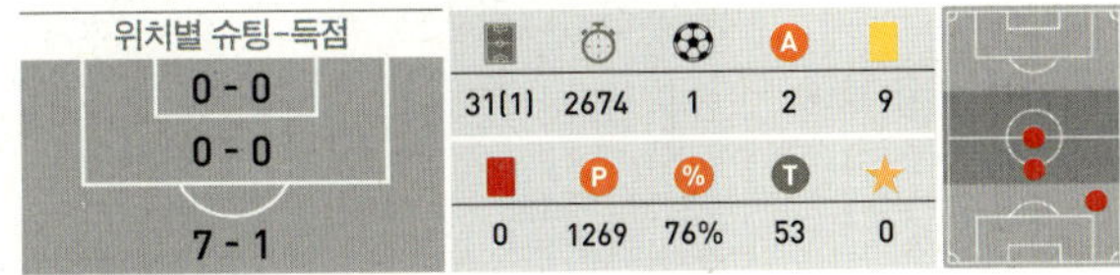

경기수	출전시간	득점	A	경고
31(1)	2674	1	2	9

퇴장	P	%	T	★
0	1269	76%	53	0

MF Marc Stendera

21 / 마크 슈텐데라

프랑크푸르트가 애지중지 키우는 보물. 뛰어난 패스 센스를 바탕으로 정교한 스루패스를 전방에 공급해주고, 감각적인 볼 터치와 드리블 돌파능력을 가지고 있다. 아직 21세에 불과하지만 지난 시즌 리그 26경기에 출전해 팀의 에이스 역할을 톡톡히 했다. 공수 모두 능하지만 프랑크푸르트에서는 확실하게 공격적인 역할을 한다. 그러나 이번 시즌을 앞두고 십자인대 파열을 당해 장기간 결장한다.

2010년 프랑크푸르트 유스팀에 입단. 독일 연령대별 차근차근 밟아나가고 있다. 2014년 19세 이하 유럽 선수권 우승 주역. 현재 율리안 브란트(레버쿠젠)와 함께 U-20 대표팀 에이스 역할을 수행 중이다.

국적 : 독일

위치별 슈팅-득점

	2 - 0
	14 - 2
	23 - 0

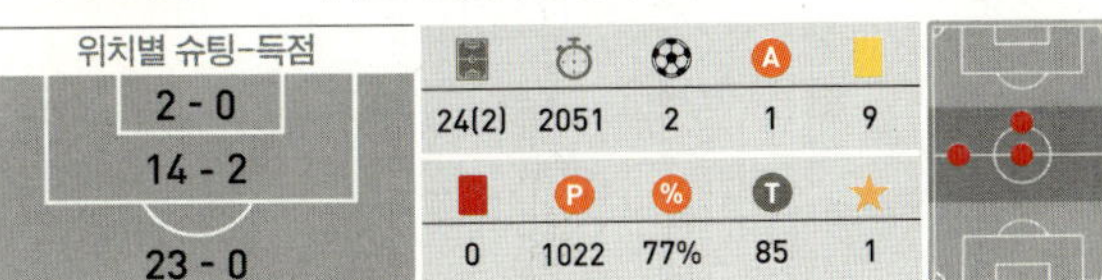

경기수	출전시간	득점	A	경고
24(2)	2051	2	1	9

퇴장	P	%	T	★
0	1022	77%	85	1

FW Haris Seferovic

9 / 하리스 세페로비치

다양한 장점을 가지고 있는 92년생의 젊은 공격수. 퍼스트 터치가 좋고, 볼 키핑도 준수하게 해내며, 포스트 플레이를 통해 동료들에게 질 좋은 패스를 공급해주는 능력도 갖추고 있다. 해가 갈수록 수비 가담도 적극적으로 해주고 있다. 여기에 슈팅력을 갖추고 있고, 골 결정력도 점차 나아지고 있는 모습이다. 그러나 아직까지는 경험이 부족해 문전에서 어이없게 찬스를 놓치는 경우가 있고, 침착성도 조금은 부족하다.

보스니아 이민 2세. 2009년 17세 이하 월드컵에서 5골을 넣으며 득점왕과 함께 스위스의 우승을 견인했다. 보스니아 대표팀 승선 가능성을 내비쳤으나 2013년 2월, 스위스를 선택했고, 그리스와의 평가전을 통해 데뷔전을 치렀다.

국적 : 스위스

위치별 슈팅-득점

	2 - 0
	42 - 3
	14 - 0

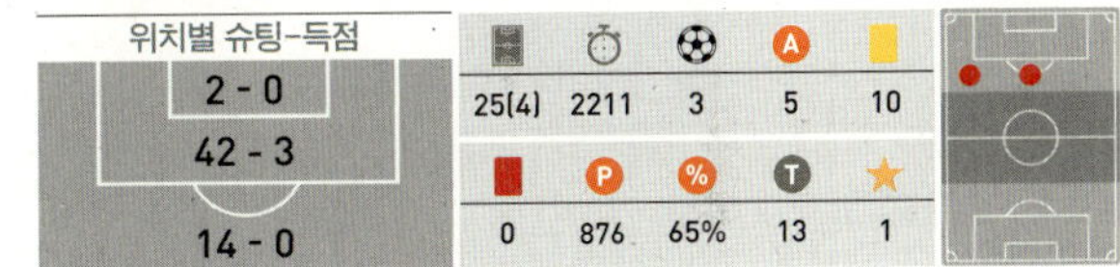

경기수	출전시간	득점	A	경고
25(4)	2211	3	5	10

퇴장	P	%	T	★
0	876	65%	13	1

FW Alexander Meier

14 / 알렉산더 마이어

프랑크푸르트 팬들의 사랑을 한 몸에 받는 공격수. 2011-12 시즌 2부 리그 득점왕(17골)에 이어 2014-15 시즌 분데스리가 득점왕(19골)을 차지했을 정도로 엄청난 득점력을 자랑한다. 196cm의 큰 키를 이용한 제공권도 장점이고, 포스트 플레이에 능해 동료들에게 찬스를 만들어 준다. 패스 센스도 갖추었고, 키핑력도 준수하며, 간결한 볼 처리에 능하다. 다만 고질적인 무릎 부상이 고민거리. 3차례나 수술을 받았다.

상 파울리와 함부르크를 거쳐 2004년 프랑크푸르트에 입단했다. 이후 프랑크푸르트가 2부 리그로 강등됐을 때도 팀에 대한 의리를 지켰다. '축구신(Fuβ ballgott)'으로 불릴 정도로 프랑크푸르트 팬들의 사랑을 독차지하고 있다.

국적 : 독일

위치별 슈팅-득점

	5 - 1
	31 - 9
	13 - 2

경기수	출전시간	득점	A	경고
19	1658	12	1	0

퇴장	P	%	T	★
1	499	67%	5	3

FW Branimir Hrgota

31 / 브라니미르 흐르고타

순간적인 스피드와 공격 침투가 뛰어난 공격수. 지난 시즌에 리그 9경기에 출전했는데 모두 후반에 투입돼 인상적인 모습을 보여줬다. 이번 시즌에는 초반부터 선발로 나서는 횟수가 많아지고 있고, 그만큼 빠르게 성장하고 있다. 준수한 골 결정력을 가지고 있고, 좌우 측면에서 활약할 수 있을 정도로 드리블 돌파에 능하다. 패싱력도 인상적인데 공중전과 슈팅력에는 약점을 보인다.

스웨덴 리그 소드라 IF에서 프로 데뷔해 2012년까지 활약했다. 이후 묀헨글라드바흐로 이적해 분데스리가에 입성했고, 2016년 여름 프랑크푸르트로 이적했다. 스웨덴 U-19, U-21 대표 출신이고, 2014년 A매치 데뷔전을 치렀다.

국적 : 보스니아 헤르체코비나

위치별 슈팅-득점

	0 - 0
	2 - 0
	0 - 0

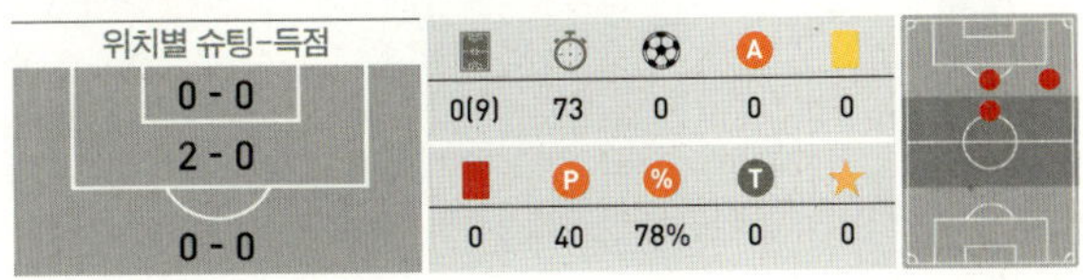

경기수	출전시간	득점	A	경고
0(9)	73	0	0	0

퇴장	P	%	T	★
0	40	78%		

SC FREIBURG

구단 소개

구단 창립 : 1904년
홈구장 : 슈바르츠왈트 슈타디온
감독 : 크리스티안 스트라이히
2015-16시즌 : 2부 1위(승점 72점)
22승 6무 6패 75득점 39실점
닉네임 : Breisgau-Brasilianer

주요대회 우승횟수

0	GERMAN BUNDESLIGA	0	GERMAN DFB POKAL
0	UEFA CHAMPIONS LEAGUE	0	UEFA EUROPA LEAGUE
0	FIFA CLUB WORLD CUP	0	UEFA-CONMEBOL INTERCONTINENTAL

UNIFORM

Home

Away

공격적인 축구로 2부 우승 차지
프라이부르크의 유쾌한 반란 지켜보라!

2015-16 SEASON REVIEW

프라이부르크가 돌아왔다. 지난 2014-15 시즌 2부 리그로 강등된 프라이부르크는 지난 시즌 2부 리그에서 월등한 기량과 좋은 성적으로 우승을 거머쥐며 다시 분데스리가에 복귀했다. 특히 공격력이 막강했다. 지난 시즌 프라이부르크는 2부 리그에서 75골을 터트리며 최다 득점 팀에 등극했는데 홀로 21골을 터트린 페테르젠과 14개의 도움을 기록한 그리포가 인상적인 활약을 펼쳤다. 그렇다고 수비가 약한 것도 아니었다. 물론 최소 실점 팀 자리는 레드불 라이프치히에 내줬지만 충분히 안정적인 수비력을 과시했다.

SUMMER TRANSFER

주축 선수들을 지켰다는 것만으로도 충분히 인상적인 이적 시장이었다. 지난 시즌 꾸준한 활약을 펼친 흰이 팀을 떠난 것은 조금 아쉽지만 세르비아 출신 오른쪽 수비수 이그노브스키를 영입하면서 지난 시즌 약점이었던 오른쪽 측면을 강화했고, 왼쪽 측면 수비수 귄터와 함께 훌륭한 좌우 측면을 보유하게 됐다. 가장 긍정적인 것은 역시 주축 공격수인 페테르젠, 필립을 지킨 것이다. 특히 페테르젠은 지난 시즌 맹활약을 펼치며 1부에서도 통할 공격수라는 평가를 받았는데 잔류를 시킨 것은 엄청난 힘이다.

2016-17 SEASON OUTLOOK

탄탄한 전력을 보유하고 있다. 한 시즌 만에 분데스리가로 돌아온 프라이부르크는 더 젊은 팀이 됐고, 빠르면서도 강해졌다. 일단 공격력이 막강하다. 29골을 합작한 공격수 페레트젠과 필립이 건재하고, 특급 도우미 그리포도 좋은 컨디션을 유지하고 있다. 특히 지난 시즌 21골을 터트린 페테르젠을 주목해야 한다. 뮌헨과 브레멘서 활동한 바 있는 페테르젠은 프라이부르크로 와서 기량이 만개했고, 이번 여름에는 와일드카드로 2016 리우 올림픽에 출전해 독일 올림픽 대표팀의 준우승을 이끌기도 했다.

감독 **크리스티안 슈트라이히 (Christian Streich)**

프라이부르크 U-19 감독으로 지도자 생활을 시작해 오랜 기간 팀의 철학을 만들고 공유한 감독이다. 선수 시절이 아주 화려하지는 않았지만 꾸준한 경기력으로 인정받았고, 1983년 프라이부르거에서 프로 데뷔해 슈투트가르트 키커스, 프라이부르크, 함부르크 등에서 활약하다가 1991년 친정팀 프라이부르크로 돌아와 1994년 은퇴했다. 이후 1995년에 프라이부르크 U-19팀의 지휘봉을 잡으며 경험을 쌓았고, 이후 수석 코치를 거쳐 2011년부터 프라이부르크 1군 팀을 이끌고 있다. 주로 4-4-2 포메이션을 사용해 공격적인 축구를 구사하는 것으로 유명하고, 강력한 압박과 날카로운 측면 공격을 통해 활로를 찾는다.

PROFILE
- 출 생 : 1965.6.11
- 국 적 : 독일
- 계 약 : 2018.6.30

STADIUM

Schwarzwald-Stadion

구장 오픈 : 1954년
구장 소유 : 프라이부르크 시
수용 인원 : 2만 4000명
피치 규모 : 105m X 67m
잔디 종류 : 천연 잔디

SQUAD LIST

위치	번호	이름	국적	신장	체중	생년월일
GK	1	Alexander Schwolow	GER	189	83	02-06-92
	21	Patric Klandt	GER	185	78	29-09-83
	44	Rafał Gikiewicz	POL	190	82	26-10-87
DF	2	Aleksandar Ignjovski	SRB	175	69	27-01-91
	3	Marc Torrejón	ESP	187	87	18-02-86
	4	Caglar Söyüncü	TUR	187	80	23-05-96
	5	Manuel Gulde	GER	183	73	12-02-91
	17	Lukas Kübler	GER	183	73	30-08-92
	20	Marc-Oliver Kempf	GER	186	88	28-01-95
	24	Georg Niedermeier	GER	188	74	26-02-86
	25	Jonas Föhrenbach	GER	185	74	26-01-96
	30	Christian Günter	GER	184	81	28-02-93
MF	6	Amir Abrashi	ALB	172	70	27-03-90
	8	Mike Frantz	GER	181	76	14-10-86
	11	Onur Bulut	GER	181	70	16-04-94
	15	Pascal Stenzel	GER	184	74	20-03-96
	16	Mats Møller Dæhli	NOR	177	72	02-03-95
	19	Janik Haberer	GER	187	71	02-04-94
	22	Jonas Meffert	GER	186	77	04-09-94
	23	Julian Schuster	GER	190	77	15-04-85
	26	Maximilian Philipp	GER	179	74	01-03-94
	27	Nicolas Höfler	GER	181	78	09-03-90
	29	Charles-Elie Laprevotte	FRA	179	73	05-10-92
	31	Karim Guédé	SVK	184	77	07-01-85
	32	Vincenzo Grifo	ITA	180	75	07-04-93
	35	Lucas Hufnagel	GER	182	71	29-01-94
FW	7	Florian Niederlechner	GER	187	84	24-10-90
	14	Håvard Nielsen	NOR	187	80	15-07-93
	18	Nils Petersen	GER	186	80	06-12-88
	34	Amir Falahen	PLE	193	84	15-03-93

2016-17 SEASON SCHEDULE

날짜	장소	상대팀	날짜	장소	상대팀
28/AUG	A	Hertha BSC	27/JAN	H	Hertha BSC
10/SEP	H	Bor. Monchengladbach	03/FEB	A	Bor. Monchengladbach
16/SEP	A	1. FC Koln	10/FEB	H	1. FC Koln
20/SEP	H	Hamburger SV	17/FEB	A	Hamburger SV
23/SEP	A	Borussia Dortmund	24/FEB	H	Borussia Dortmund
01/OCT	H	Eintracht Frankfurt	03/MAR	A	Eintracht Frankfurt
15/OCT	H	1899 Hoffenheim	10/MAR	H	1899 Hoffenheim
22/OCT	H	FC Augsburg	17/MAR	A	FC Augsburg
29/OCT	A	Werder Bremen	31/MAR	H	Werder Bremen
05/NOV	H	VfL Wolfsburg	03/APR	A	VfL Wolfsburg
19/NOV	A	1. FSV Mainz 05	07/APR	H	1. FSV Mainz 05
25/NOV	H	RB Leipzig	14/APR	A	RB Leipzig
02/DEC	A	Bayer Leverkusen	21/APR	H	Bayer Leverkusen
09/DEC	H	SV Darmstadt 98	28/APR	A	SV Darmstadt 98
16/DEC	A	FC Schalke 04	05/MAY	H	FC Schalke 04
19/DEC	A	FC Ingolstadt 04	13/MAY	H	FC Ingolstadt 04
20/JAN	H	Bayern Munchen	20/MAY	A	Bayern Munchen

RANK OF LAST 5 YEARS

■ 2부 리그

2011-12	2012-13	2013-14	2014-15	2015-16
12 / 40점	5 / 51점	14 / 36점	17 / 34점	1 / 72점

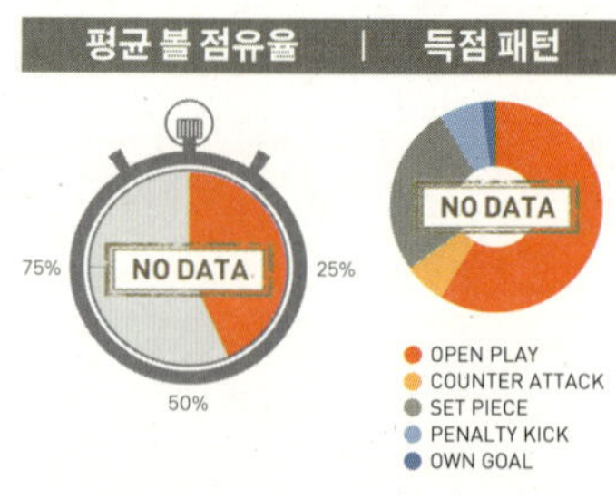

STRENGTHS & WEAKNESSES

OFFENSE		DEFENSE	
직접 프리킥	B	세트피스 수비	C
문전 처리	B	상대 볼 뺏기	C
측면 돌파	C	공중전 능력	D
스루볼 침투	B	역습 방어	D
개인기 침투	A	지공 방어	C
카운터 어택	C	스루패스 방어	C
기회 만들기	C	리드 지키기	B
세트피스	B	실수 조심	C
OS 피하기	C	측면 방어력	C
중거리 슈팅	A	파울 주의	C
볼 점유율	C	중거리슛 수비	C

매우 강함 A 강한 편 B 보통 수준 C 약한 편 D 매우 약함 E

FORMATION

TOTO GUIDE 지난 시즌 상대팀별 전적

상대팀	홈	원정
Dortmund	5-1	0-0
Leverkusen	3-0	0-0
Monchengladb.	1-1	1-3
Schalke 04	3-0	3-1
FSV Mainz 05	1-2	3-0
Hertha Berlin	2-0	2-0
Wolfsburg	5-1	2-0
FC Koln	4-0	1-0
Hamburger SV	5-0	2-1
Ingolstadt	2-0	2-1
FC Augsburg	2-1	3-1
Werder Bremen	5-0	1-0
Darmstadt	3-1	3-0
Hoffenheim	2-0	2-1
Frankfurt	1-0	0-0
Stuttgart	4-0	3-1
Hannover 96	3-1	1-0

GK Alexander Schwolow

알렉산더 슈볼로브

프라이부르크의 NO.1 골키퍼. 지난 시즌 안정감 있는 선방 능력을 보여주며 소속팀의 승격을 이끌었다. 압도적인 신체 조건(190cm 83kg)을 가지고 있어 공중전에 강하고, 빠른 판단력과 긴 팔로 일대일 상황에서 선방을 해낸다. 특히 민첩성이 뛰어나 페널티킥을 막는 데 장점이 있다. 다만 1부 리그 경험이 부족하다는 것이 문제고, 더 빠른 템포와 슈팅을 막아낼 수 있을지 관심사다.

국적 : 독일

프라이부르크 원클럽맨. 유스 출신으로 2010년 2군, 2012년에는 1군으로 승격했다. 잠시 빌레펠트 임대로 경험을 쌓았고, 다시 돌아와 주전으로 활약하고 있다. 독일 U-18, U-19, U-20 대표 출신이다.

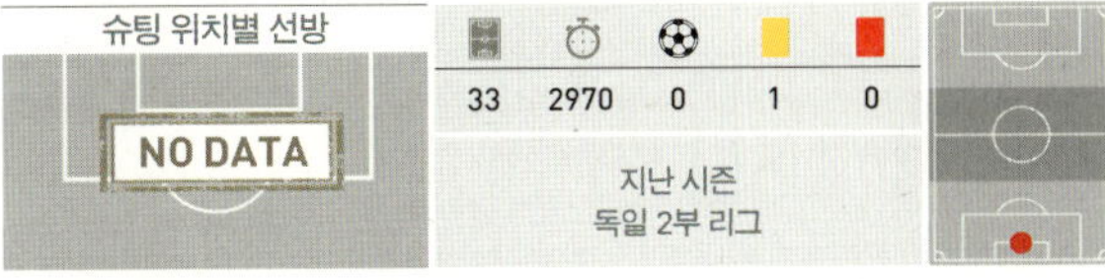

슈팅 위치별 선방

NO DATA

경기수	출전시간	득점	경고	퇴장
33	2970	0	1	0

지난 시즌
독일 2부 리그

GK Rafał Gikiewicz

라파우 기키에비츠

이번 시즌을 앞두고 아인트라흐트 브라운슈바이크에서 프라이부르크로 팀을 옮긴 골키퍼. 지난 시즌 2부 리그에서 안정감 있는 선방력을 보여줬고, 이번 시즌 슈볼로브와 경쟁하지만 현재까지는 백업 골키퍼다. 제공권과 몸싸움에 강하고, 강력한 중거리 슈팅을 잘 막아낸다. 여기에 몸을 사리지 않는 플레이로 일대일 상황 대처능력이 좋다. 그러나 패스성공률이 좋지 않고, 볼 핸들링도 불안하다.

국적 : 폴란드

여러 팀을 옮겨 다니며 선수 생활을 이어갔다. DKS 도브레 미아스토에서 데뷔했지만 기회를 잡지 못했고, 이후 다양한 무대에서 경험을 쌓다가 2014년 아인트라흐트 브라운슈바이크로 이적했다. 현재는 프라이부르크 소속이다.

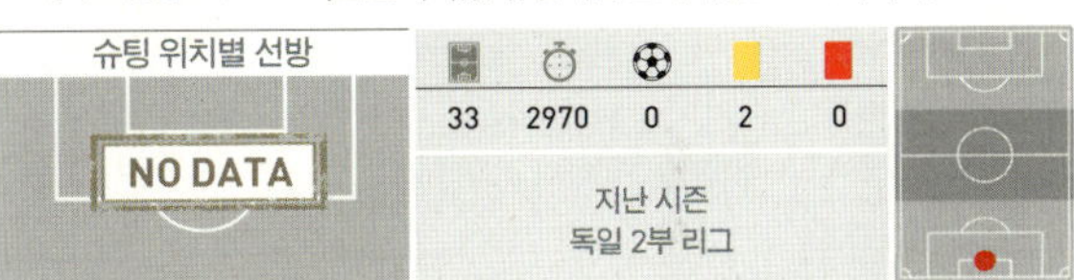

슈팅 위치별 선방

NO DATA

경기수	출전시간	득점	경고	퇴장
33	2970	0	2	0

지난 시즌
독일 2부 리그

DF Aleksandar Ignjovski

알렉산다르 이그뉴브스키

왼쪽 수비와 수비형 미드필더를 모두 소화할 수 있다. 지난 시즌 프랑크푸르트 소속으로 리그 18경기에 출전해 2도움을 올렸고, 이번 시즌을 앞두고 승격팀 프라이부르크에 합류했다. 수비 집중력이 좋아, 상대를 잘 놓치지 않는 것이 장점이고 태클과 가로채기 능력도 갖췄다. 공격에 가담했을 때는 크로스를 시도하며 드리블 돌파로 침투한다. 다만 킥 정확도가 부정확한 것은 단점이다.

국적 : 세르비아

베오그라드 유스 출신으로 2008년 1군에 데뷔했다. 이후 1860 뮌헨, 베르더 브레멘, 프랑크푸르트를 거쳐 2016년 프라이부르크의 유니폼을 입었다. 세르비아 U-21 대표 출신으로 2012년부터 국가대표로 활약하고 있다.

위치별 슈팅-득점

	1 - 0
	3 - 0
	5 - 0

경기수	출전시간	득점	도움	경고
13(5)	1221	0	2	3

퇴장	패스시도	패스성공률	태클성공	MOM
0	472	66%	40	0

DF Caglar Söyüncü

터키의 신성이자, 프라이부르크에서 많은 주목을 받고 있는 대형 수비수. 체격 조건이 좋아 몸싸움에 능하고, 투쟁심 넘치는 플레이로 상대 공격수들을 막아낸다. 거친 터키 무대에서도 파워풀한 수비수로 명성이 높았다. 다만 독일 분데스리가의 빠른 템포에 적응할 수 있을지 지켜봐야 하고, 패싱력이나 전체적인 수비력은 아직 아쉽다. 경험도 부족하다.

2013년 터키 알튼오르두 S.K에서 프로 데뷔해 지난 시즌까지 활약하다가 프라이부르크로 이적했다. 터키 U-18, U-19, U-20, U-21 대표를 거치며 엘리트 코스를 밟았고, 2016년 국가대표 데뷔전을 치렀다.

차을라르 쇠윈쥐

국적 : 터키

위치별 슈팅-득점

NO DATA

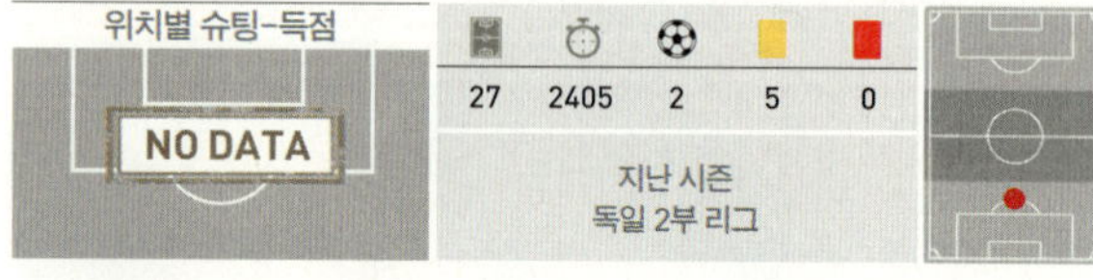

30	2700	2	11	0	

지난 시즌
터키 리그

DF Manuel Gulde

파이팅이 넘치는 센터백. 끈질긴 대인방어가 장점인 수비수로 지난 시즌까지 카를스루에 SC의 주전 중앙 수비수로 활약하다가 이번 시즌 승격 팀 프라이부르크로 이적했다. 중앙 수비수지만 민첩성과 빠른 발을 가지고 있어 상대와 속도 경쟁에서 뒤지지 않고, 큰 키는 아니지만 종종 헤딩골을 성공시킨다. 거친 면이 있지만 카드를 자주 받는 편은 아니고, 패싱력도 좋은 편이다.

호펜하임 유스 출신. 2008년 2군 팀에서 데뷔했고, 2009년 1군으로 승격했다. 그러나 기회를 잡지 못했고, 이후 파더보른, 카를스루에 SC를 거쳐 이번 시즌 프라이부르크의 유니폼을 입었다.

마누엘 굴데

국적 : 독일

위치별 슈팅-득점

NO DATA

27	2405	2	5	0	

지난 시즌
독일 2부 리그

DF Pascal Stenzel

1996년생의 젊은 수비수. 오른쪽 측면 수비와 수비형 미필더 그리고 오른쪽 측면 미드필더로도 활약할 수 있다. 도르트문트 유스 출신으로 엄청난 기대를 받았고, 안정적인 수비력을 갖췄다. 발이 아주 빠르지는 않지만 빠른 두뇌 회전을 바탕으로 상대의 공격을 차단하고, 볼 터치가 세밀하다. 풀백 치고는 큰 키에서 공중전에 강점이 있고, 정교한 패스 플레이가 가능하다.

도르트문트 유스 출신으로 많은 기대를 받았고, 2014년 2군 무대로 올라섰지만 1군으로 승격해서는 기회를 잡지 못했다. 이에 2016년 1월 프라이부르크 임대를 선택했고, 이번 시즌까지 활약한다. 독일 U-19, U-20 대표 출신이다.

파스칼 스텐젤

국적 : 독일

위치별 슈팅-득점

NO DATA

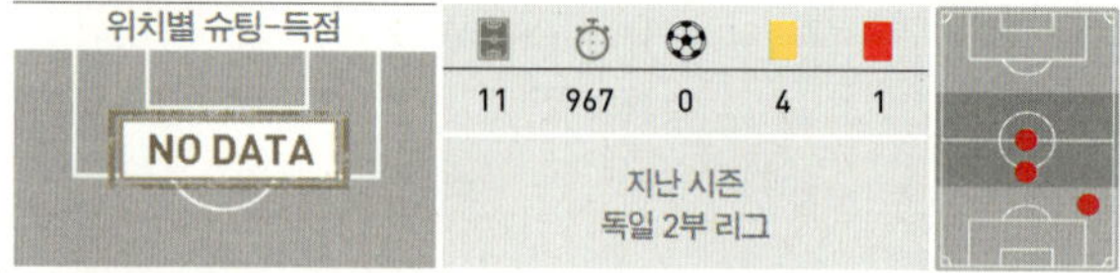

11	967	0	4	1	

지난 시즌
독일 2부 리그

DF Christian Günter

프라이부르크의 엄청난 기대를 받고 있는 레프트백이자, 보물. 프라이부르크 유스 출신으로 독일 국가대표로 성장한 케이스다. 지난 시즌 거의 전 경기에서 출전했을 정도로 확고한 주전이고, 날카로운 크로스와 드리블 돌파가 장점이다. 여기에 안정적인 대인방어, 태클, 가로채기, 몸싸움 등 다양한 능력을 가지고 있고, 공수 모두에 기여한다.

프라이부르크 유스 출신으로 2012년 1군으로 데뷔해 무려 100경기 이상 출전했다. 홈팬들의 가장 많은 사랑을 받는 선수 중에 하나고, 독일 연령별 대표를 모두 거쳤다. 특히 2014년에 21세의 나이로 독일 국가대표 데뷔전을 치렀다.

크리스티안 귄터

국적 : 독일

위치별 슈팅-득점

NO DATA

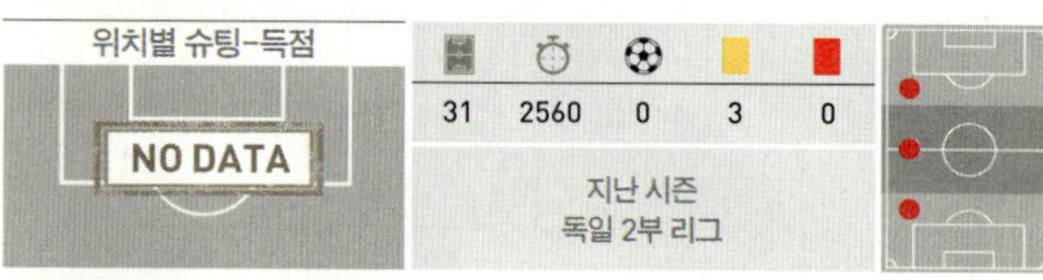

31	2560	0	3	0	

지난 시즌
독일 2부 리그

MF Amir Abrashi

전형적인 수비형 미드필더. 키는 작지만 다부진 체형을 가지고 있고, 왕성한 활동량과 강철 체력을 바탕으로 그라운드를 누빈다. 투쟁심이 넘치는 미드필더고, 강력한 태클로 상대의 공격을 저지한다. 수비형 미드필더이기 때문에 공격 포인트를 자주 기록하는 것은 아니지만 패싱력과 슈팅력도 준수하고, 때에 따라서는 문전까지 침투한다. 다만 킥의 정교함은 조금 떨어지고 카드를 많이 받는 것도 문제.

스위스에서 태어났지만 알바니아 이중국적자이기도 하다. 2015년 그라스호퍼에서 프라이부르크로 이적해 주전으로 성장했다. 어린 시절부터 주목받았고, 스위스 청소년 대표 출신이지만 2013년 알바니아 국가대표를 선택했다.

아미르 아브라시

국적 : 알바니아

위치별 슈팅-득점

NO DATA

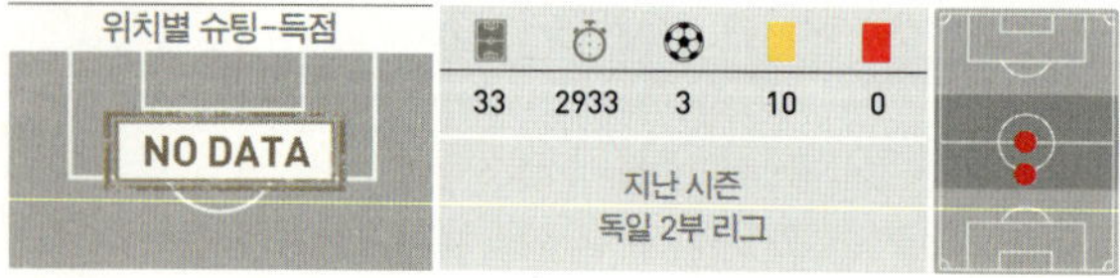

33	2933	3	10	0	

지난 시즌
독일 2부 리그

MF Mike Frantz

전형적인 독일 미드필더. 풍부한 경험을 바탕으로 다양한 포지션을 소화할 수 있다. 좌우 측면은 물론이고 중앙 미드필더 그리고 최전방 공격수로도 활약할 수 있다. 그러나 전성기가 조금 지나면서 이제는 중앙에서 활약하는 것이 더 익숙하다. 프란츠의 가장 큰 무기는 강력한 슈팅력. 많은 골을 넣는 선수는 아니지만 제대로 걸리면 치명적인 무기가 되고, 공중전과 태클 능력도 좋은 편이다.

보루시아 뇌인키르센에서 프로 데뷔했고, 이후 FC 자르브뤼켄, 뉘른베르크를 거쳐 2014년 프라이부르크로 이적했다. 지난 시즌 확고한 주전으로 활약하며 6골-7도움을 기록했고, 프라이부르크의 승격을 이끌었다.

마이크 프란츠

국적 : 독일

위치별 슈팅-득점

NO DATA

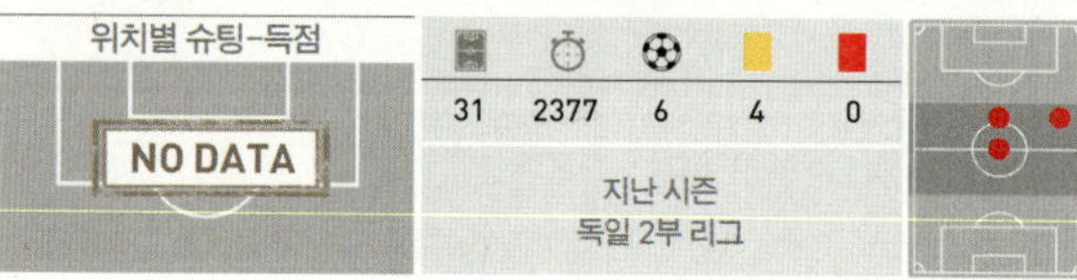

31	2377	6	4	0	

지난 시즌
독일 2부 리그

MF Onur Bulut

오누르
불루트

전형적인 윙어. 지난 시즌 보훔에서 엄청난 활약을 펼쳤고, 이번 시즌 승격팀 프라이부르크로 이적했다. 불루트의 최대 무기는 드리블 돌파와 사이드 플레이 그리고 날카로운 슈팅력이다. 지난 시즌 4골-5도움을 기록했을 정도로 측면에서 인상적인 모습을 보였다. 여기에 오른쪽 풀백을 소화할 수 있을 정도로 수비력도 갖췄다. 다만 경험이 부족해 수비로 나서면 종종 실수를 저지른다.

보훔 유스 출신으로 2011년 2군 무대에 데뷔했고, 2012년에 1군으로 승격했다. 이후 지난 시즌까지 54경기서 5골을 기록하며 준수한 활약을 펼쳤다. 독일에서 태어났지만 터키 U-19 대표를 선택했다.

국적 : 터키

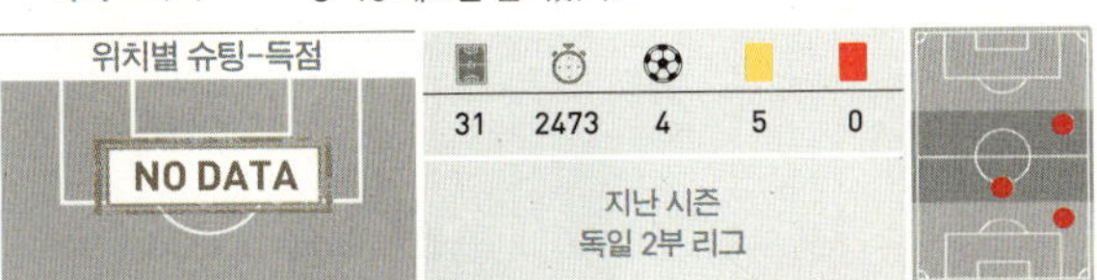

위치별 슈팅-득점 · NO DATA

경기수	출전시간	득점	경고	퇴장
31	2473	4	5	0

지난 시즌
독일 2부 리그

MF Julian Schuster

율리안
슈스터

베테랑 수비형 미드필더. 당당한 체격(189cm 80kg)과 왕성한 활동량을 바탕으로 중원을 장악하는 유형의 미드필더다. 과거 수비 집중력이 좋지 않아 수비형 미드필더로는 부적합하다는 이야기가 있었지만 경험이 쌓이면서 실수를 줄여나가고 있다. 슈스터의 가장 치명적인 무기는 강력한 중거리 슈팅과 제공권이다. 세트피스에서 종종 헤딩골을 만든다.

슈투트가르트 유스 출신으로 2005년 2군을 거쳐 2007년 1군으로 승격했다. 그러나 많은 기회를 얻지 못하고 단 2경기 출전에 그쳐 2008년 프라이부르크로 이적했다. 이후 전성기를 맞이하며 180경기 이상을 소화했다.

국적 : 독일

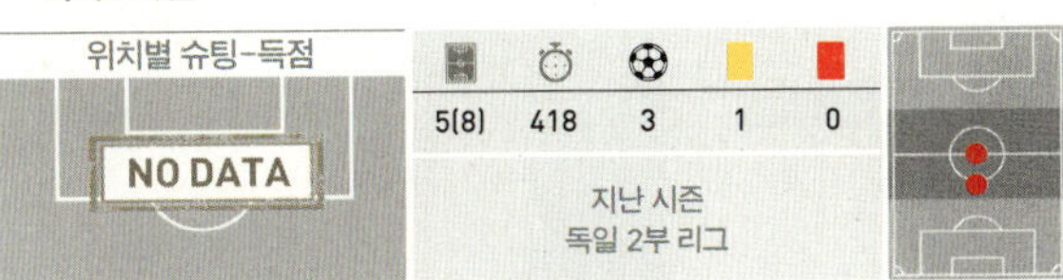

위치별 슈팅-득점 · NO DATA

경기수	출전시간	득점	경고	퇴장
5(8)	418	3	1	0

지난 시즌
독일 2부 리그

MF Vincenzo Grifo

빈첸조
그리포

프라이부르크 왼쪽 측면의 지배자. 날카로운 킥을 가지고 있어 거리와 상관없이 정교한 크로스를 연결한다. 지난 시즌 역시 주전으로 활약하면서 무려 12개의 도움을 기록했다. 득점력도 갖췄다. 양발을 모두 잘 써 어느 상황에서나 슈팅을 시도할 수 있고, 지난 시즌 14골을 기록했다. 이 중 6골이 프리킥이었을 정도로 정교한 킥력을 자랑한다. 다만 수비 가담은 조금 약한 편이다.

어린 시절부터 엄청난 기대주였다. 독일에서 태어났지만 이탈리아 U-20 대표를 선택했다. 카를스루에 SC 유스 출신으로 호펜하임, 프랑크푸르트를 거쳐 2015년 프라이부르크로 이적했다.

국적 : 이탈리아

위치별 슈팅-득점 · NO DATA

경기수	출전시간	득점	경고	퇴장
29(2)	2580	14	4	0

지난 시즌
독일 2부 리그

FW Florian Niederlechner

플로리안
니더레이너

전형적인 최전방 공격수. 이로 인해 시즌 초반 주전으로 중용되고 있다. 지난 시즌 8골 1도움을 올리며 충분히 제몫을 해줬고, 마인츠에서 소중한 1부 리그 경험을 했다. 기본기가 부족한 편이고, 패스 성공률도 상당히 떨어진다. 오프사이드 트랩에도 자주 걸리는 문제점을 노출하고 있다. 그러나 프라이부르크에서는 가장 위협적인 공격수 중 하나다.

하부 리그를 단계별로 거친 선수. 7부 리그 팔케 마르크트 슈바벤 유스 출신으로 5부 리그 이스마닝과 3부 리그 운터하힝을 거쳐 2013년 1월 하이덴하임에 입단했다. 2013-14 시즌 팀을 2부 리그로 승격시켰다.

국적 : 독일

위치별 슈팅-득점 · NO DATA

경기수	출전시간	득점	경고	퇴장
12(14)	1106	8	5	0

지난 시즌 독일 1부와
2부 기록 합산

FW Janik Haberer

야닉
하버러

상당히 이타적인 공격수. 지난 시즌 보훔에서 활약하며 리그 4골-7도움을 기록했을 정도로 도우미 역할을 자처한다. 하버러는 포스트 플레이를 통해 동료들에게 찬스를 만들어주는 동시에 자신이 슈팅에 가담하기도 한다. 제공권, 속도, 슈팅력, 패싱력 등 다양한 강점을 가지고 있지만 확실한 무기가 없다는 것과 기복 있는 플레이가 문제다.

운터하힝 유스 출신으로 2군 무대에서 활약하다가 2012년 1군으로 데뷔했다. 이후 호펜하임, 보훔(임대)를 거쳐 2016년 프라이부르크로 이적했다. 독일 U-19, U-20, U-21 대표 출신이다.

국적 : 독일

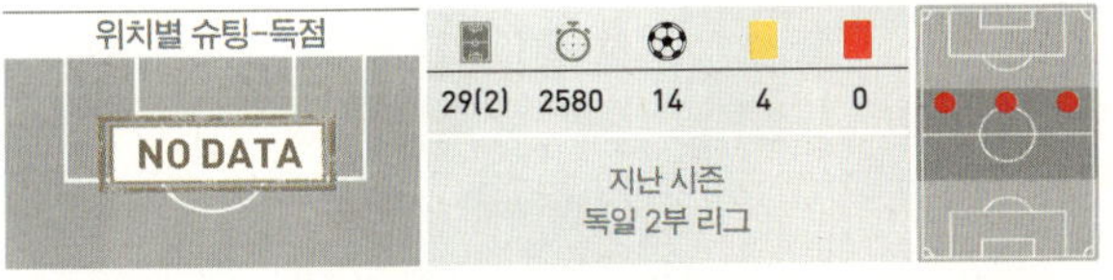

위치별 슈팅-득점 · NO DATA

경기수	출전시간	득점	경고	퇴장
25(8)	2211	3	5	0

지난 시즌
독일 2부 리그

FW Maximilian Philipp

막시밀리안
필립

계속해서 성장하고 있는 공격수. 최전방은 물론이고 좌우 측면 윙어로도 활약할 수 있고, 심지어는 중앙 미드필더로도 배치된다. 지난 시즌 8골-11도움을 올리며 프라이부르크의 공격을 책임졌고, 이번 시즌 역시 초반부터 득점포를 가동하고 있다. 골 결정력이 좋은 편이고, 문전에서의 세밀함이 인상적인 공격수다. 여기에 제공권, 강력한 슈팅, 드리블 등 다양한 강점을 가지고 있다.

프라이부르크 유스 출신. 그러나 프로 데뷔는 에네르기 콧부스 2군에서 했고, 이후 프라이부르크 2군을 거쳐 2014년 1군 무대에 섰다. 독일 U-20, U-21 대표 출신으로 현재도 많은 기대를 받고 있다.

국적 : 독일

위치별 슈팅-득점

경기수	출전시간	득점	경고	퇴장
25(6)	2254	8	1	0

지난 시즌 리그
독일 2부 리그

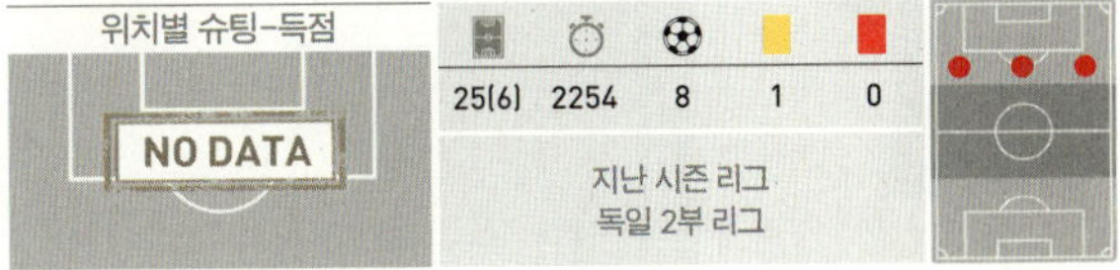

RB LEIPZIG

구단 창립 : 2009년
홈구장 : 레드 불 아레나
감독 : 랄프 하젠휘틀
2015-16시즌 : 2부 2위(승점 67점)
20승 7무 7패 54득점 32실점
닉네임 : Die roten Bullen

주요대회 우승횟수

GERMAN BUNDESLIGA	0	GERMAN DFB POKAL	0
UEFA CHAMPIONS LEAGUE	0	UEFA EUROPA LEAGUE	0
FIFA CLUB WORLD CUP	0	UEFA-CONMEBOL INTERCONTINENTAL	0

UNIFORM

Home

Away

공공의 적이 된 라이프치히
엄청난 투자로 분데스리가가 뒤흔든다!

2015-16 SEASON REVIEW

RB 라이프치히는 독일 축구의 공공의 적이다. 독일 분데스리가는 축구의 상업화를 지양하는 대표적인 리그로 팀 명칭에 기업의 이름을 넣을 수가 없지만 라이프치히의 RB는 모기업인 글로벌 음료 회사 레드불을 연상시키기에 충분하다. 그런 라이프치히가 분데스리가에 입성한다. 지난 2009년 레드불이 5부 리그 소속 마르크란슈테트를 인수하면서 탄생한 라이프치히는 지난 시즌 엄청난 투자와 함께 인상적인 경기력을 보여줬고, 20승 7무 7패의 성적으로 승격했다. 특히 리그 최소 실점 팀에 당당히 이름을 올리며 탄탄한 수비를 과시했다.

SUMMER TRANSFER

엄청난 투자를 감행하며 분데스리가의 판을 흔들려고 하는 팀이 바로 라이프치히다. 팀을 떠난 선수가 거의 없는 가운데 케이타, 베르너, 파파도풀로스, 베르날두, 슈미츠, 버크, 투레 등을 영입하며 엄청난 보강을 진행했다. 한마디로 폭풍영입이다. 특히 잉글랜드 챔피언십 노팅엄에서 활약했던 톱 레벨 유장주 버크를 주목해야 한다. 라이프치히가 19세의 유망주를 영입하기 위해 쓴 돈은 무려 1200만 유로. 이 선수에 대해 얼마만큼의 기대감이 있는지 알 수 있고, 레드불이라는 자본의 힘을 보여줬다.

2016-17 SEASON OUTLOOK

라이프치히는 현재 분데스리가 공공의 적이다. 오랫동안 죽어 있던 동독 축구에 생기를 불어넣었다는 점에서 좋은 평가도 있지만 지나치게 상업적인 운영에 반대하는 목소리가 월등히 높다. 그러나 라이프치히는 압도적인 자본력을 가지고 좋은 선수들을 대거 영입하며 분데스리가 입성을 준비해왔고, 이번 시즌 초반부터 인상적인 경기력을 보여주고 있다. 특히 엄청난 이적료를 주고 데려온 유망주 버크가 리그 2라운드 도르트문트전에서 맹활약하며 승리를 이끌어 엄청난 주목을 받고 있다. 이번 시즌 라이프치히의 돌풍을 기대해봐도 좋다.

감독 랄프 하젠휘틀(Ralph Hasenhuttl)

1980-90년대 오스트리아 리그를 대표하는 공격수로 선수 생활 말년에 쾰른과 그로이터 퓌르트, 그리고 바이에른 2군팀에서 보냈다. 2004년 은퇴 후, 운터하힝 유스팀 감독직에 부임한 그는 2007년 3월 수석코치에 임명됐고, 2007년 10월 정식 1군 감독에 올랐다. 2011년 1월, VfR 알렌 지휘봉을 잡은 그는 강등 위기의 팀을 잔류로 이끈 데 이어 내친 김에 2011-12 시즌 팀을 2부 리그로 승격시키며 능력을 인정받았다. 2013년 10월, 잉골슈타트 감독직에 오른 그는 팀을 구단 역사상 첫 분데스리가로 승격시켰고, 이번 시즌을 앞두고는 라이프치히의 지휘봉을 잡고 승격 팀의 반란을 준비하고 있다.

PROFILE
- 출 생 : 1967.8.9
- 국 적 : 오스트리아
- 계 약 : 2019.6.30

STADIUM

Red Bull Arena

구장 오픈 : 1954년
구장 소유 : 라히프치히 시
수용 인원 : 4만 2959명
피치 규모 : 105m X 68m
잔디 종류 : 천연 잔디

SQUAD LIST

위치	번호	이름	국적	신장	체중	생년월일
GK	1	Fabio Coltorti	SUI	197	95	03-12-80
	21	Marius Müller	GER	192	85	12-07-93
	22	Benjamin Bellot	GER	186	79	30-07-90
	32	Péter Gulácsi	HUN	190	83	06-05-90
DF	3	Bernardo	BRA	186	76	14-05-95
	4	Willi Orban	GER	185	80	03-11-92
	5	Kyriakos Papadopoulos	GRE	183	78	23-02-92
	16	Lukas Klostermann	GER	185	80	03-06-96
	20	Benno Schmitz	GER	182	75	17-11-94
	23	Marcel Halstenberg	GER	186	82	27-09-91
	33	Marvin Compper	GER	185	80	14-06-85
	36	Ken Gipson	DEN	178	65	24-02-96
MF	6	Rani Khedira	GER	185	78	27-01-94
	8	Naby Keita	GUI	172	64	10-02-95
	10	Emil Forsberg	SWE	179	78	23-10-91
	13	Stefan Ilsanker	AUT	186	74	18-05-89
	19	Oliver Burke	SCO	174	75	07-04-97
	24	Dominik Kaiser	GER	171	67	16-09-88
	31	Diego Demme	GER	170	66	21-11-91
	35	Zsolt Kalmár	HUN	184	78	09-06-95
FW	7	Marcel Sabitzer	AUT	176	70	17-03-94
	9	Yussuf Poulsen	DEN	193	78	15-06-94
	11	Timo Werner	GER	180	75	06-03-96
	18	Terrence Boyd	USA	185	87	16-02-91
	27	Davie Selke	GER	192	75	20-01-95

2016-17 SEASON SCHEDULE

날짜	장소	상대팀	날짜	장소	상대팀
28/AUG	A	1899 Hoffenheim	27/JAN	H	1899 Hoffenheim
10/SEP	H	Borussia Dortmund	03/FEB	A	Borussia Dortmund
17/SEP	A	Hamburger SV	10/FEB	H	Hamburger SV
21/SEP	H	Bor. Monchengladbach	17/FEB	A	Bor. Monchengladbach
25/SEP	A	1. FC Koln	24/FEB	H	1. FC Koln
30/SEP	H	FC Augsburg	03/MAR	A	FC Augsburg
16/OCT	A	VfL Wolfsburg	10/MAR	H	VfL Wolfsburg
23/OCT	H	Werder Bremen	17/MAR	A	Werder Bremen
29/OCT	A	SV Darmstadt 98	31/MAR	H	SV Darmstadt 98
06/NOV	H	1. FSV Mainz 05	03/APR	A	1. FSV Mainz 05
18/NOV	A	Bayer Leverkusen	07/APR	H	Bayer Leverkusen
25/NOV	A	SC Freiburg	14/APR	H	SC Freiburg
02/DEC	H	FC Schalke 04	21/APR	A	FC Schalke 04
09/DEC	A	FC Ingolstadt 04	28/APR	H	FC Ingolstadt 04
16/DEC	H	Hertha BSC	05/MAY	A	Hertha BSC
19/DEC	A	Bayern Munchen	13/MAY	H	Bayern Munchen
20/JAN	H	Eintracht Frankfurt	20/MAY	A	Eintracht Frankfurt

RANK OF LAST 5 YEARS

평균 볼 점유율 | 득점 패턴

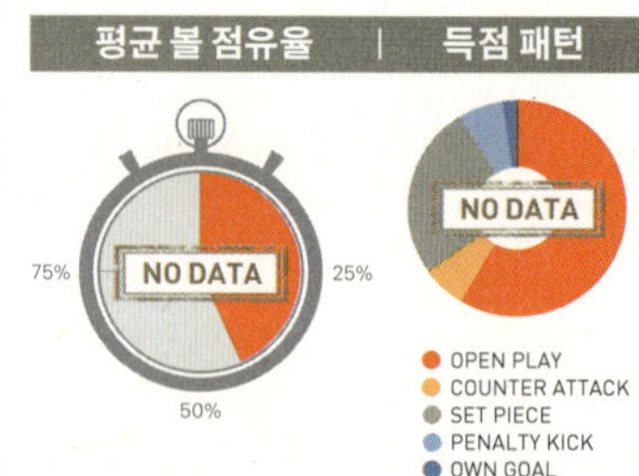

STRENGTHS & WEAKNESSES

OFFENSE		DEFENSE	
직접 프리킥	C	세트피스 수비	B
문전 처리	B	상대 볼 뺏기	C
측면 돌파	C	공중전 능력	B
스루볼 침투	C	역습 방어	D
개인기 침투	C	지공 방어	C
카운터 어택	B	스루패스 방어	C
기회 만들기	A	리드 지키기	C
세트피스	B	실수 조심	C
OS 피하기	C	측면 방어력	C
중거리 슈팅	C	파울 주의	C
볼 점유율	E	중거리슛 수비	C

매우 강함 A 강한 편 B 보통 수준 C 약한 편 D 매우 약함 E

시간대별 득점 | 시간대별 실점 | 득점 분포 | 공격 방향 | 볼 점유 위치 | 포지션별 득점 | 상대포지션별 실점

시간대별 득점: 76 75 / 15 16 / 61 60 / 30 31 / 46 45 — 0 0 0 0 — NO DATA

시간대별 실점: 76 75 / 15 16 / 61 60 / 30 31 / 46 45 — 0 0 0 0 — NO DATA

득점 분포: 0 / NO DATA / 0

공격 방향: NO DATA

볼 점유 위치: 상대진영 0% / NO DATA / 우리진영 0%

포지션별 득점: FW진 36골 / MF진 8골 / DF진 8골

상대포지션별 실점: DF진 4골 / MF진 9골 / FW진 19골

*상대자책골 2골

FORMATION

4-1-4-1

TOTO GUIDE 지난 시즌 상대팀별 전적

상대팀	홈	원정
Dortmund	–	–
Leverkusen	–	–
Monchengladb.	–	–
Schalke 04	–	–
FSV Mainz 05	–	–
Hertha Berlin	–	–
Wolfsburg	–	–
FC Koln	–	–
Hamburger SV	NO DATA	
Ingolstadt	–	–
FC Augsburg	–	–
Werder Bremen	–	–
Darmstadt	–	–
Hoffenheim	–	–
Frankfurt	–	–
Stuttgart	–	–
Hannover 96	–	–

GK **Fabio Coltorti**

1

파비오
콜토르티

36세의 노장 골키퍼. 스위스 대표로 2006 독일 월드컵에 참가했던 골키퍼지만 이제는 주전이 아닌 백업 골키퍼. 지난 시즌에는 리그 초중반까지 출전 기회를 잡았지만 이번 시즌에는 확실한 백업이다. 그러나 경험이 풍부해 여전히 유용하다. 압도적인 신체조건을 가지고 있어 공중볼, 크로스 방어에 강점을 보이고, 판단력이 빨라 확실한 타이밍에 나와 공을 처리한다.

국적 : 스위스

스위스 크리엔스에서 데뷔했고, 이후 샤프하우젠, FC툰, 그그라스호퍼 취리히, 라싱 산탄데르 등에서 활약했고, 2012년부터 라이프치히 유니폼을 입고 있다. 2006년부터 스위스 국가대표로 활동했고, 2006 월드컵에 참가했다.

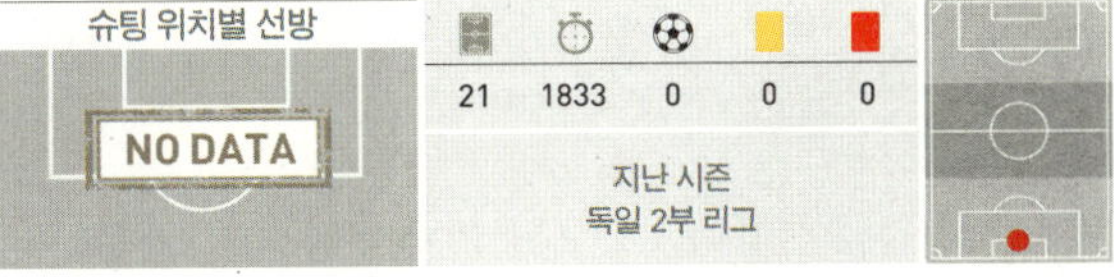

슈팅 위치별 선방	경기수	출전시간	득점	경고	퇴장	
NO DATA	21	1833	0	0	0	

지난 시즌
독일 2부 리그

GK **Péter Gulácsi**

32

페테르
굴라치

이번 시즌 주전으로 도약한 헝가리 출신의 골키퍼. 지난 시즌에는 콜토르티와 주전 경쟁을 펼쳤지만 이번 시즌에는 확고한 주전 자리를 꿰찼다. 190cm의 장신이지만 민첩한 움직임과 동물적인 반사신경을 바탕으로 많은 선방을 기록한다. 특히 페널티 킥 선방에 일가견이 있다. 빠른 판단력으로 페널티 박스 바깥까지 나와 클리어링하는 데에도 능하다. 커버 범위도 상당히 넓은 편에 속한다.

국적 : 헝가리

MTK 부다페스트에서 데뷔했고, 2008년에는 리버풀로 이적했지만 기회를 잡지 못해 임대 생활을 했다. 이후 잘츠부르크로 이적해 주전으로 활약했고, 지난 시즌 라이프치히로 이적했다. 2014년부터 헝가리 대표로 활약하고 있다.

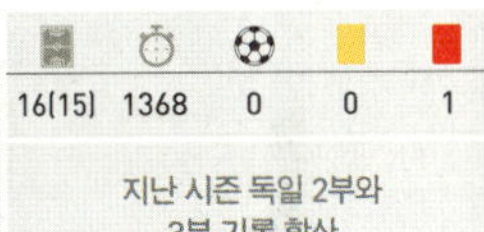

슈팅 위치별 선방	경기수	출전시간	득점	경고	퇴장	
NO DATA	16(15)	1368	0	0	1	

지난 시즌 독일 2부와
3부 기록 합산

DF **Willi Orban**

4

빌리
오르반

중앙 수비와 중앙 미드필더에서 모두 활약할 수 있다. 지난 시즌 2부 리그에서 22경기에 출전해 안정적인 수비력을 보여줬고, 영리한 축구 IQ를 바탕으로 가로채기에 능하다. 큰 키는 아니어서 공중볼에 약하지만 발 밑 기술이 좋고, 패싱력도 나쁘진 않다. 수비형 미드필더로 나설 때는 과감하게 올라가 강력한 슈팅을 시도하는데 종종 골로 연결될 정도로 파괴력이 있다.

국적 : 독일

카이저슬라우테른 유스 출신으로 2군을 거쳐 2011년 1군 무대에 데뷔했다. 이후 인상적인 활약을 펼쳤고, 2015년에 라이프치히로 이적했다. 독일 U-21 대표 출신이지만 많은 주목을 받지는 못했다.

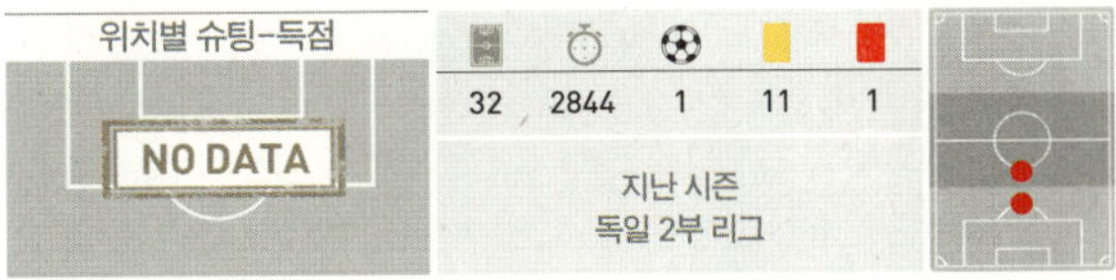

위치별 슈팅-득점	경기수	출전시간	득점	경고	퇴장	
NO DATA	32	2844	1	11	1	

지난 시즌
독일 2부 리그

DF Kyriakos Papadopoulos

5

키리아코스
파파도풀로스

터프하면서 파워가 넘치는 수비수. 183cm로 센터백 치고 큰 키는 아니지만 제공권에서도 강점을 보이고 있다. 수비형 미드필더도 소화할 수 있을 정도로 패싱력 역시 상당히 준수한 편에 속한다. 수비수에게 필요로 하는 거의 모든 요소를 갖추고 있다고 해도 과언이 아니다. 다만 파울을 자주 저지르는 경향이 있어 옐로카드를 자주 수집하는 편이고, 거친 플레이를 즐기다보니 부상이 잦다.

국적 : 그리스

올림피아코스 유스 출신으로 2007년 12월, 만 15세 283일에 프로 데뷔전을 치르며 그리스 리그 역대 최연소 출전 기록을 수립했다. 2007년 19세 이하 유럽 선수권 당시 최연소 선수로 UEFA 선정 10대 유망주에 당당히 이름을 올렸다.

위치별 슈팅-득점

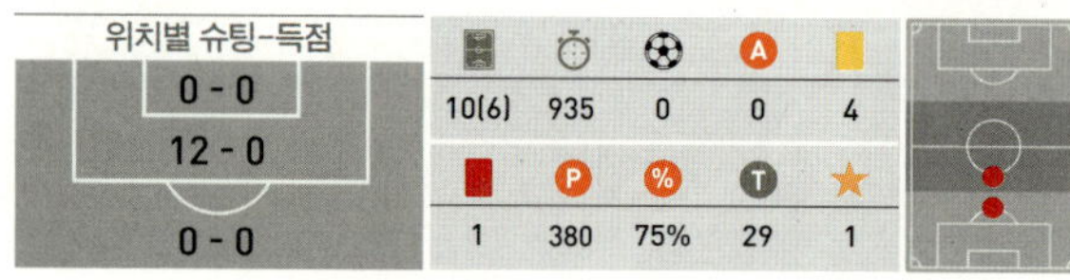

위치	0 - 0
	12 - 0
	0 - 0

경기수	출전시간	득점	도움	경고
10(6)	935	0	0	4

퇴장	P	%	T	★
1	380	75%	29	1

DF Benno Schmitz

20

벤노
슈미츠

1994년생의 젊은 오른쪽 측면 수비수. 지난 시즌 오스트리아 분데스리가 잘츠부르크 소속으로 RB, CM, CB, LB 등 다양한 포지션에서 활약했다. 그만큼 다양한 장점을 가지고 있다는 것을 의미하고, 전체적으로 안정적인 수비를 자랑한다. 슈미츠의 가장 큰 무기는 정교한 킥력. 이번 시즌 초반부터 날카로운 오른발 킥으로 도움을 생산하고 있다. 다만 아직은 경험이 부족하고, 뒤 공간을 자주 내준다.

국적 : 독일

바이에른 뮌헨 유스 출신. 그러나 1군에서 출전 기회는 잡지 못했고, 2012년 2군 팀을 거쳐 2014년 잘츠부르크에 합류했다. 이후 다시 라이프치히로 이적해 주전 경쟁을 하고 있다. 독일 U-20 대표 출신이다.

위치별 슈팅-득점

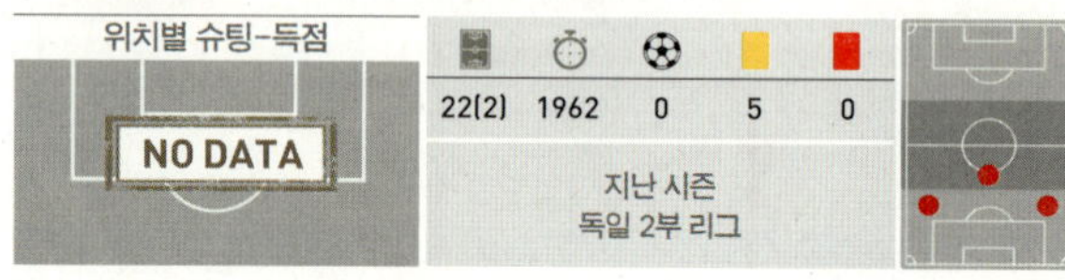

NO DATA

경기수	출전시간	득점	경고	퇴장
22(2)	1962	0	5	0

지난 시즌
독일 2부 리그

DF Marcel Halstenberg

23

마르첼
할스텐베르크

라이프치히 부동의 레프트백. 중앙 미드필더도 소화할 수 있지만 현 소속팀에서는 왼쪽 풀백으로만 출전한다. 187cm의 큰 신장을 가지고 있어 공중전에서 유리하고, 정교한 왼발 킥으로 공격 포인트를 생산한다. 지난 시즌에만 6개의 공격 포인트를 올렸다. 왕성한 활동량과 강철 같은 체력은 보너스지만 속도가 느려 발 빠른 공격수와 경합 과정에서 힘들어 한다. 터프한 맨 마킹은 장점.

국적 : 독일

하노버 유스 출신으로 2010년 2군으로 승격했지만 1군에서는 기회를 잡을 수 없었다. 이후 도르트문트 2군, 상 파울리를 거쳐 2015년 라이프치히로 이적했고, 꾸준한 활약상을 보이고 있다.

위치별 슈팅-득점

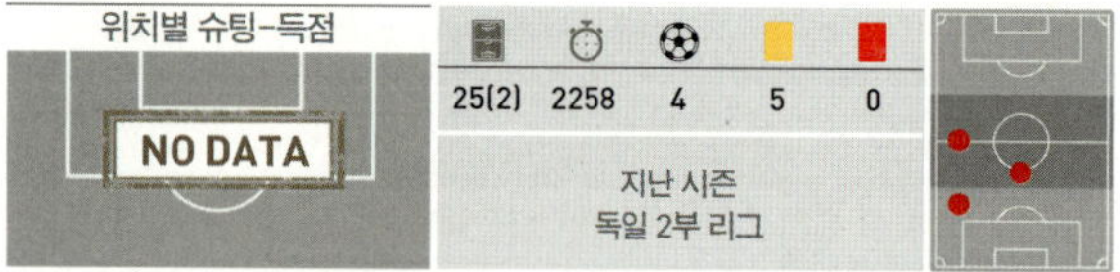

NO DATA

경기수	출전시간	득점	경고	퇴장
25(2)	2258	4	5	0

지난 시즌
독일 2부 리그

DF Marvin Compper

33

마르빈
콤퍼

끈질긴 대인방어를 자랑하는 중앙 수비수. 발이 빠르고 왼발 킥력을 가지고 있어 레프트백도 소화가 가능하지만 센터백으로 활약할 때 가장 좋은 모습을 보인다. 엄청나게 큰 키는 아니지만 점프력과 탄력이 좋아 타점 높은 헤딩 슈팅으로 득점포를 만든다. 여기에 빠른 발을 이용해 넓은 커버 범위를 자랑하고, 일대일 대인방어에도 장점을 보인다. 다만 수비 집중력이 좋지 않아 종종 실수를 범한다.

국적 : 독일

뮌헨글라드바흐 유스 출신으로 2군 무대를 거쳐 2005년에 1군으로 승격했다. 이때 인상적인 활약을 펼쳤고, 2008년에 호펜하임으로 이적했다. 이후 피오렌티나를 거쳐 2014년 라이프치히의 유니폼을 입었다. 독일 국가대표 경험이 있다.

위치별 슈팅-득점

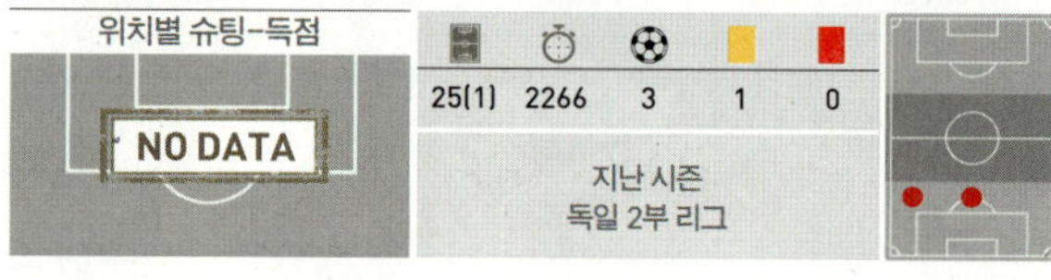

NO DATA

경기수	출전시간	득점	경고	퇴장
25(1)	2266	3	1	0

지난 시즌
독일 2부 리그

MF Naby Keita

8

나비
케이타

날카로운 슈팅력이 강점인 공격형 미드필더. 이번 시즌 초반 도르트문트와의 리그 2라운드에서 극적인 결승골을 터트리며 스타덤에 올랐다. 키가 작지만 발재간이 좋고, 빠른 발을 가지고 있어서 문전 침투에 강점을 보인다. 여기에 강력한 슈팅력을 가지고 있어서 득점을 만드는 데 탁월한 능력을 가지고 있다. 지난 시즌 12골-7도움을 기록했을 정도로 팀의 공격을 책임졌다.

국적 : 기니

2014년 오스트리아 리그 잘츠부르크로 이적하면서 본격적인 유럽 생활을 시작했고, 2시즌 동안 59경기서 17골이라는 준수한 활약을 펼쳤다. 이후 2016년 라이프치히로 이적했고, 2013년부터 기니 국가대표로 활약하고 있다.

위치별 슈팅-득점

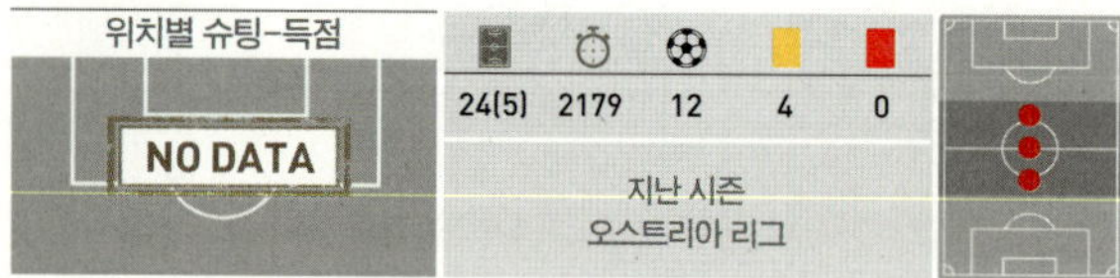

NO DATA

경기수	출전시간	득점	경고	퇴장
24(5)	2179	12	4	0

지난 시즌
오스트리아 리그

MF Emil Forsberg

10

에밀
포스베리

등번호 10번에서도 알 수 있듯이 라이프치히의 공격을 이끌고, 왼쪽 측면에서 플레이 메이킹을 담당한다. 왼발 킥력이 상당히 좋은 미드필더고 세트피스에서도 위력을 발휘한다. 측면에서 스피드를 살린 돌파가 위협적이고, 거리와 상관없이 날카로운 크로스를 올린다. 지난 시즌 9골-7도움을 올렸을 정도로 공격 포인트 제조기 역할을 충실히 했다. 다만 잦은 부상은 경계해야 한다.

국적 : 스페인

GIF 순스발 유스 출신으로 2009년 1군으로 데뷔해 좋은 활약을 펼쳤고 2013년에는 스웨덴 명문 말뫼에서 주전으로 뛰었다. 이후 2015년 라이프치히로 이적했다. 스웨덴 U-19 대표 출신이고, 2014년부터 국가대표로 활약 중이다.

위치별 슈팅-득점

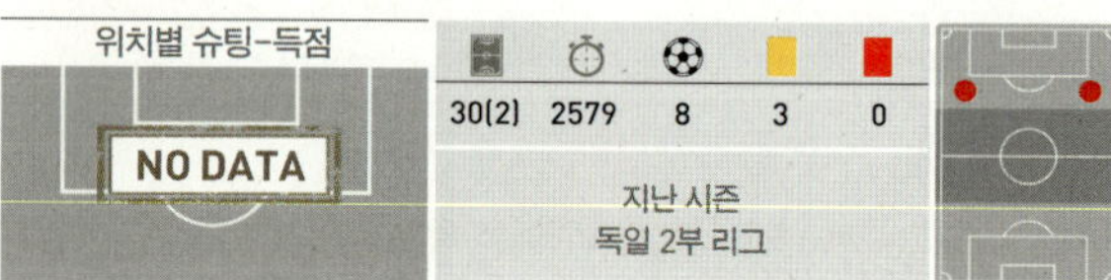

NO DATA

경기수	출전시간	득점	경고	퇴장
30(2)	2579	8	3	0

지난 시즌
독일 2부 리그

MF Stefan Ilsanker

13

슈테판
일잔커

수비형 미드필더와 중앙 수비를 볼 수 있는 멀티 플레이어지만 현 소속팀에서는 주로 수비형 미드필더로 활약한다. 압도적인 체격(189cm 86kg)을 바탕으로 강한 몸싸움을 시도하고, 거친 태클로 상대를 제압하는 유형이다. 여기에 제공권과 체력도 강해 그라운드를 여기저기 누빈다. 다만 공격적인 능력에 있어서는 아쉽고, 특히 후방 패스가 불안하다.

오스트리아 강호 잘츠부르크 유스 출신이지만 처음에는 기회를 받지 못해 팀을 떠났다가 2012년 다시 돌아왔다. 이후 빠르게 성장해 2015년 라이프치히로 이적했다. 오스트리아 연령별 대표를 거쳤고, A매치 9경기에 출전했다.

국적 : 오스트리아

위치별 슈팅-득점

NO DATA

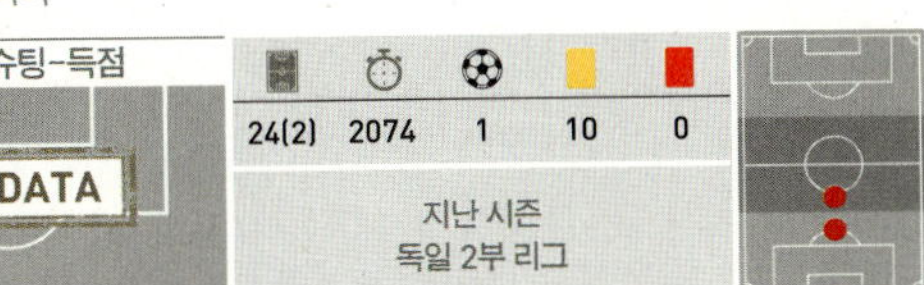

경기수	출전시간	득점	경고	퇴장
24(2)	2074	1	10	0

지난 시즌
독일 2부 리그

MF Dominik Kaiser

24

도미닉
카이저

전형적인 수비형 미드필더. 강철 체력과 왕성한 활동량을 바탕으로 그라운드를 쉴 새 없이 누비고, 빠른 상황 판단력으로 상대의 공격을 저지한다. 강력한 압박을 통해 공을 끊어내면 지체 없이 역습으로 연결하는 패싱력을 갖췄다. 여기에 드리블 돌파와 날카로운 킥력까지 보유하고 있어 측면 미드필더 역할도 소화한다. 지난 시즌 7골-6도움을 기록하며 충분히 인상적이었다.

2009년 호펜하임 2군에 입단했다. 이후 빠르게 성장하며 1군으로 승격했지만 많은 기회를 얻지는 못했다. 이에 2012년 라이프치히의 유니폼을 입었고, 이때부터 전성기를 누렸다. 이번 시즌 전까지 121경기서 31골을 기록했다.

국적 : 독일

위치별 슈팅-득점

NO DATA

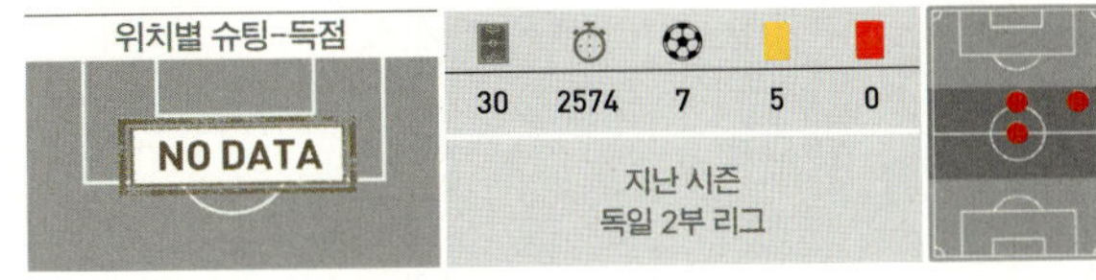

경기수	출전시간	득점	경고	퇴장
30	2574	7	5	0

지난 시즌
독일 2부 리그

MF Oliver Burke

19

올리버
버크

1200만 유로라는 엄청난 몸값을 주고 데려온 스코틀랜드의 초특급 신성. 처음에는 19세의 2부 리거를 데려와 말들이 많았지만 이적하자마자 공격 포인트를 올리며 자신의 가치를 증명했다. 버크의 최대 무기는 드리블. 폭발적인 스피드를 이용하는 동시에 상대의 허를 찌르는 페인팅 기술을 구사한다. 여기에 날카로운 슈팅과 침투 능력까지 갖췄다. 아직 경험이 부족해 연계 플레이에 약하지만 발전 가능성은 무한.

잉글랜드 챔피언십(2부 리그) 노팅엄 포레스트 소속의 1997년생 유망주를 무려 1200만 유로를 주고 데려왔다. 버크는 노팅엄 유스 시스템이 낳은 최고의 재능이라 평가받고 있고, 19세의 나이에 벌써부터 스코틀랜드 국가대표로 뛰고 있다.

국적 : 스코틀랜드

위치별 슈팅-득점

| 0 - 0 |
| 12 - 2 |
| 5 - 0 |

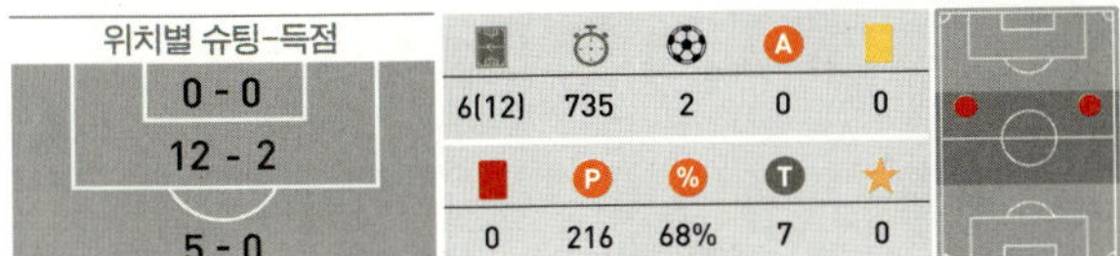

경기수	출전시간	득점	도움	경고
6(12)	735	2	0	0

퇴장	패스시도	패스성공률	태클성공	MOM
0	216	68%	7	0

FW Marcel Sabitzer

7

마르첼
사비처

왼쪽 측면에서 활약하는 미드필더. 빠른 스피드와 왕성한 활동량을 바탕으로 지속적인 침투를 통해 상대 수비진을 괴롭히는 데 일가견이 있다. 공격에서 수비로 전환될 시엔 거친 태클로 상대 역습의 예봉을 끊는다. 킥 정확도도 뛰어나 지난 시즌 9골-4도움을 올리며 제몫을 해줬다. 여기에 발이 빨리 라이프치히의 역습 첨병 역할을 톡톡히 한다. 다만 기복이 조금 심한 편이다.

오스트리아 빈 유스에서 성장했고, 프로 데뷔는 아드미라 왁커에서 했다. 이후 라피드 빈, 잘츠부르크(임대)를 거쳐 현재는 라이프치히에서 활약하고 있다. 오스트리아 연령별 대표를 모두 거치며 엘리트 코스를 밟았다.

국적 : 오스트리아

위치별 슈팅-득점

NO DATA

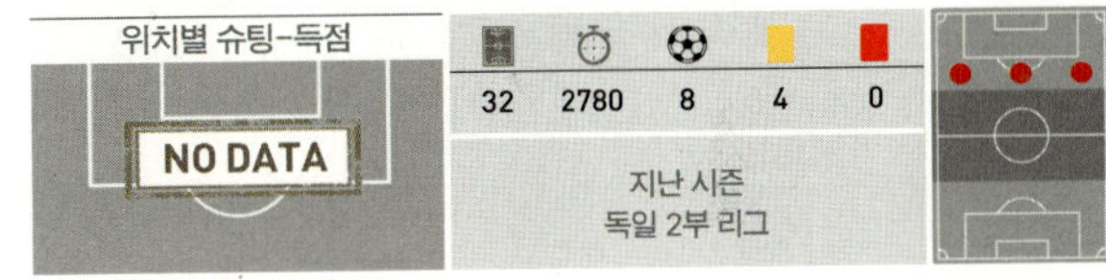

경기수	출전시간	득점	경고	퇴장
32	2780	9	4	0

지난 시즌
독일 2부 리그

FW Yussuf Poulsen

9

유세프
포울센

라이프치히의 최전방을 책임지는 193cm의 장신 공격수. 당당한 체격을 바탕으로 제공권에 강점을 가지고 있고, 발밑 기술도 좋아 문전에서 민첩한 움직임과 함께 슈팅을 시도한다. 좌우 측면 윙어를 볼 수 있을 정도로 스피드와 드리블 기술이 있는 편이고, 수비 라인 뒤로 파고들어 반 박자 빠른 슈팅으로 골을 넣는 능력이 있다. 또한 원터치 패스를 통해 문전으로 들어가는 동료에게 슈팅 기회도 만들어준다.

탄자니아인 아버지와 덴마크 어머니 사이에서 태어났고, 2013년부터 라이프치히에서 꾸준하게 활약하고 있다. 덴마크 U-16 대표를 시작으로 U-21 대표까지 모든 코스를 밟았고, 2014년부터 국가대표로 활약하고 있다.

국적 : 덴마크

위치별 슈팅-득점

NO DATA

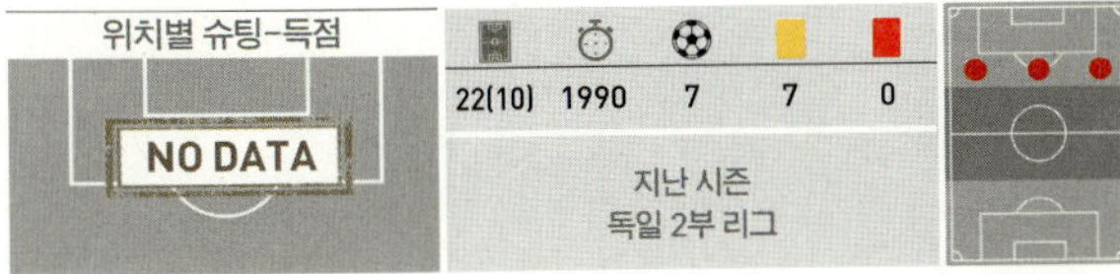

경기수	출전시간	득점	경고	퇴장
22(10)	1990	7	7	0

지난 시즌
독일 2부 리그

FW Timo Werner

11

티모
베르너

이번 시즌을 앞두고 슈투트가르트에서 영입한 공격수. 좌우 측면은 물론 최전방 공격수도 소화할 수 있다. 빠른 순간 스피드를 살린 침투에 능하고, 골문 앞에서 침착성을 가지고 있다. 발재간도 좋은 편. 기본적으로 오른발잡이이지만 왼발도 능숙하게 쓸 줄 안다. 다만 몸싸움에 약하고, 아직 경험이 부족하다보니 기복이 있다. 그러나 발전 가능성은 충분하다.

레코드 브레이커. 2013년 프리츠 발터상 17세 이하 부문 금메달 수상자. 2013년 9월, 프랑크푸르트전에 데뷔골을 넣으며 구단 역대 최연소 골을 기록했고, 11월 프라이부르크전에 2골을 넣으며 분데스리가 역대 최연소 멀티골을 기록했다.

국적 : 독일

위치별 슈팅-득점

| 10 - 1 |
| 47 - 5 |
| 7 - 0 |

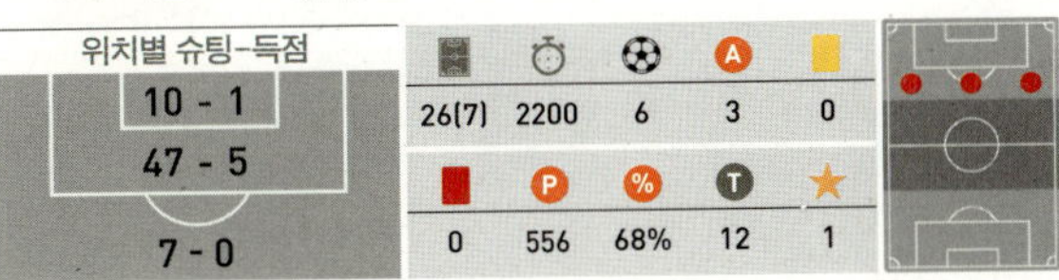

경기수	출전시간	득점	도움	경고
26(7)	2200	6	3	0

퇴장	패스시도	패스성공률	태클성공	MOM
0	556	68%	12	1

THE FOOT LEAGUE